RONTEN·NIHONSHIGAKU
© Takuji Iwaki, Susumu Uejima, Hideya Kawanishi,
Hiroyuki Shiode, Yutaka Tanigawa, Yukio Tsugei 2022
Korean translation rights arranged with MINERVA SHOBO
through Japan UNI Agency, Inc., Tokyo

논점·일본사학 – 일본사의 최전선
1판 1쇄 발행 2024년 12월 2일
이와키 다쿠지·우에지마 스스무·가와니시 히데야
시오데 히로유키·다니가와 유타카·쓰게이 유키오 편저
조국·황수경·김현경·김경옥·고대성·안준현·이소현·김정래·강유진 옮김
번역 감수 박훈 편집 정철 표지 Yamyam디자인
발행 정철 출판사 빈서재
이메일 pinkcrimson@gmail.com
ISBN 979-11-987652-3-9(94910)

빈서재는 근현대사 고전 전문 출판사를 지향합니다. 출간하고 싶은 고전·
연구서·저서가 있다면 연락주세요. 수업 교재용, 지도 교수님 저서의 소개,
동료 연구자들과의 스터디 용도 등 책을 번역·출간하는 동기는 다양한 것
같습니다. 기왕 출간하는 책이니 전문 출판사를 통해 좀 더 보람있는 결과물로
만들어보시길 권해드립니다. 제타위키에서 '빈서재 출판사'를 검색하시면
다양한 정보를 더 얻을 수 있습니다. https://zetawiki.com/wiki/beanshelf
이 책의 본문 편집은 LaTeX로 작업되었습니다. 많은 도움을 주신 KTUG 회원
여러분께 감사드립니다. http://ktug.org

논점·일본사학
일본사의 최전선

論点·日本史学

이와키 다쿠지·우에지마 스스무·가와니시 히데야
시오데 히로유키·다니가와 유타카·쓰게이 유키오 외 지음, 2022년
조국·황수경·김현경·김경옥·고대성
안준현·이소현·김정래·강유진 옮김
박훈 번역 감수, 2024년

빈서재

편저자

이와키 다쿠지(岩城卓二). 교토대학 인문과학연구소 교수. 일본 근세사 전공.
『近世畿内·近国支配の構造』(柏書房, 2006年)

우에지마 스스무(上島享). 교토대학대학원 문학연구과 교수. 일본 중세사, 일본 종교사 전공.『日本中世社会の形成と王権』(名古屋大学出版会, 2010年)

가와니시 히데야(河西秀哉). 나고야대학대학원 인문학연구과 준교수. 일본 근현대사 전공.『天皇制と民主主義の昭和史』(人文書院, 2018年)

시오데 히로유키(塩出浩之). 교토대학대학원 문학연구과 교수. 일본 근현대사 전공.『월경자의 정치사』(소명, 2024)

다니가와 유타카(谷川穣). 교토대학대학원 문학연구과 교수. 일본 근대사 전공.
『明治前期の教育·教化·仏教』(思文閣出版, 2008年)

쓰게이 유키오(告井幸男). 교토여자대학 문학부 사학과 교수. 일본 고대사 전공.
『摂関期貴族社会の研究』(塙書房, 2005年)

번역/감수

박훈   [감수] 서울대 역사학부 교수. 저서로『메이지유신과 사대부적 정치문화』외 다수.

조국   [근현대 대표 편집] 성신여대 사학과 조교수. 일본 근대사 전공.

황수경   [근세 대표 편집] 서울대 동양사학과 박사과정(수료). 일본 근세사 전공.

김현경   [고중세 대표 편집] 서울대학교 역사학부 강사. 일본 고중세사 전공.

김경옥   한국교원대 인문사회과학교육연구소 전임연구원. 일본근현대사 전공

고대성   도쿄대학대학원 박사과정. 일본 중세사 전공.

안준현   도쿄대학대학원 재학. 일본 근세사 전공.

이소현   도쿄대학대학원 석사과정. 일본 중세사 전공.

김정래   서울대 동양사학과 석사과정. 일본 근대사 전공.

강유진   서울대 동양사학과 석사과정. 일본 근대사 전공.

☐ 일러두기

1. 이 책은 서울대학교 역사학부 교수 박훈의 사료읽기 공부모임에 속했던 연구자들을 중심으로 번역팀을 구성하여 작업했다.

2. 전전戰前, 전후戰後 등의 일본사 특유의 용어들이 있지만 학계에 정착한 것으로 보아 더 풀어쓰지 않았다. '류큐 처분'이나 '대만 정복 전쟁' 등의 용어는 논란이 있지만 혼선을 피하기 위해 직역했다.

3. 그럼에도 불구하고 병기가 필요한 용어는 독도/다케시마, 사할린/가라후토 처럼 병기하거나 동해日本海 등으로 표기했다.

4. 참고 문헌이 한국어로 번역된 경우는 확인하여 번역서명까지 병기하였다. 해당 책은 번역되지 않았지만 저자의 다른 책이 번역되었을 경우는 저자명에만 작게 한글로 표기하였다. 예 : 中山茂 나카야마 시게루

차 례

차 례 5

제 I 편   일본 고대사의 논점   19

고대 총론 20

01. 조몬시대 – 언제 시작되었는가, 농경은 이루어졌는가, 격차는 있었는가 29

02. 야요이시대의 열도 사회 – 야요이 문화란 어떠한 것이었나 32

03. 야마타이국 – 이렇게 야마토 정권이 되었는가 35

04. 고분시대와 야마토 정권 – 고대국가는 어떤 방식으로 성립했는가 38

05. 야마토 정권과 한반도 – 임나란 무엇이었는가 41

06. 왜 5왕 – 동아시아에서의 위치는 어떤 것이었는가 44

07. 이와이의 난 – 왜국의 지배체제에 어떠한 영향을 미쳤는가 47

08. 베민제 – 야마토 정권의 지배는 어떻게 성립, 전개되었는가 50

09. 불교 전래 – 왜국은 불교를 어떻게 수용하였는가 53

10. 소가씨 – 어떤 정치를 폈는가 56

11. 다이카 개신 – 고대 최대의 개혁은 있었나 59

12. 동아시아의 소제국 – 고대 일본에 소제국주의는 있었는가 62

13. 임신의 난 – 고대 최대의 내란은 왜 일어났는가 65

14. 율령국가론 – 고대국가는 율령제 국가인가 68

15. 고대의 여제 – 임시로 세워진 중계자였나 71

16. 고대 장원 – 초기장원이란 무엇인가 74

17. 국가불교와 교키 – 교키는 변절한 것인가 77

18. 고대 가족론 – 고대 사람들의 생활을 어떻게 볼 것인가 80

19. 군사 – 재지수장제론은 성립하는가 83

20. 목간에 보이는 고대 일본 – 나가야 왕가 목간으로 무엇을 알 수 있는가 86

21. 덴지계와 덴무계 – 고닌·간무의 시대는 전환기인가 89

22. 헤이안 불교 – 사이초·구카이는 무엇을 가져왔는가 92

23. 고대의 사회 – 토지 매권으로부터 무엇이 보이는가 95

24. 10세기의 반란 – 다이라노 마사카도의 난, 후지와라노 스미토모의 난이란 무엇이었나 .. 98

25. 아형 사건 – 우다 천황과 후지와라노 모토쓰네의 정쟁이었나 101

26. 수령 – 어떤 역할을 했는가 104

27. 신불습합 – 신과 부처를 결합하는 사상은 어떻게 전개되었는가 107

28. 국풍문화 – 섭관기의 문화는 어떠한 것이었는가 110

29. 4원사와 6승사 – 섭관기와 원정기는 어떤 관계였는가 113

30. 헤이안 후기의 불교 – 북송·요 불교는 현밀불교에 영향을 주었는가 116

31. 무사론 – 무사는 어떻게 출현하였는가 119

제 II 편   일본 중세사의 논점   122

중세 총론   123

01. 세계에서 본 일본 중세 왕권의 특질 – 일본 중세 왕권은 세계적으로 보았을 때 특수한가 140

02. 세계 속의 일본 중세 종교 – 그 특색은 어떠한 것인가 143

03. 섭관정치와 원정 – 원정은 섭관정치를 부정하였는가 146

04. 장원제의 성립 – '입장론'과 그 과제 149

05. 헤이안 후기·가마쿠라기의 승려 네트워크 – 어떻게 이동하여 무엇을 가져왔나 . . 152

06. 지쇼·주에이 내란 – 왜 일어났고, 무엇을 초래했는가 155

07. 가마쿠라 막부의 전국 지배 – 가마쿠라막부는 어떻게 전국을 지배했는가 . . . 158

08. 가마쿠라기·남북조기의 조정과 공가사회 – 어떻게 변화했으며 무엇을 지향했나 . . 161

09. 가마쿠라기의 불교 – 가마쿠라기 불교를 어떻게 파악할 것인가 164

10. 중국 송·원 문화의 수용 – 일본 사회에 준 영향은 무엇인가 167

11. 남북조 동란의 의의 – 일본 사회를 어떻게 바꾸었는가 170

12. 무로마치 막부와 전국질서 – 중세 후기 중앙과 지방의 관계를 어떻게 생각할 것인가 . . 173

13. 무로마치기의 장원제 – 무로마치시대는 장원제의 시대였는가 176

14. 무로마치기의 유통 – 사람·물건은 열도에서 어떻게 움직였는가 179

15. 남북조·무로마치기의 불교 – '조사' 없는 시대의 사회와 종교 182

16. 오닌의 난의 의의 – 역사의 전환점 185

17. 무로마치·전국시대의 천황과 조정 – 어떠한 사회적 역할을 했는가 188

18. 전국시대 기나이 지역의 정치와 권력 – 기나이 정치사를 어떻게 묘사할 것인가 . . 191

19. 중세 후기 동국 지방의 정치와 사회 – 가마쿠라부에서 전국시대에 이르는 동국사를
    어떻게 묘사할 것인가 194

20. 전국다이묘의 권력과 문예 – 지역권력과 교토는 어떠한 관계에 있었는가 . . . 197

21. 중세 신분제와 차별 – 중세의 신분과 차별을 어떻게 볼 것인가 200

22. 중세의 도시 – 그 특질과 실태를 어떻게 그릴 것인가 203

23. 중세의 촌락과 신앙·의례 – 사람들에게 신앙·의례란 무엇이었나 206

24. 중세의 신기와 신도 – 중세인에게 신이란 무엇인가 209

25. 중세 사료의 다양성 – 전체를 묘사할 소재의 확장을 어떻게 파악할 것인가 . . . 212

26. 중세의 문자 문화 – 문장·문체에서 중세 사회의 어떠한 점을 알 수 있는가 . . . 215

27. 중세의 전투 – 어떻게 이루어졌고 어떻게 변화했는가 218

28. 중세 성관의 기능과 특질 – 중세 성관을 어떻게 평가할 것인가 221

29. 중세의 '이에'와 여성 – 중세사회를 특징짓는 것 224

30. 환경사에 참가하기 – 중세사 연구를 어떻게 바꿀 것인가 227

제 III 편 일본 근세사의 논점 230

근세 총론 231

01. 쇼쿠호 정권 – 근세의 성립을 어떻게 파악할 것인가 239

02. 에도 막부의 전국통치 – 막부는 어떻게 여러 다이묘를 통합하고 있었는가 . . 242

03. 무라와 백성 – 왜 근세의 인구의 8할은 백성인가 245

04. 막번권력의 도시지배 – 도시의 지배에 조닌은 어떻게 관여했는가 248

05. 해금·일본형 화이질서 – 대외관계를 어떻게 칭할 것인가 251

06. 에도 막부에 의한 조정의 위상 – 막부는 근세의 조정에 무엇을 바랐을까 . . . 254

07. 막번권력의 사사 지배 – 막부는 어떻게 사사를 지배했는가 257

08. 기리시탄과 과학 전래 – 선교사는 왜 서양과학을 소개했으며 어떻게 수용되었는가 . . 260

09. 에도 막부의 법 – 막부는 어떻게 법을 정비·운용했는가 263

10. 참근교대 – 참근교대는 어떻게 형해화되어 갔는가 266

11. 막번 관계 – 막부와 번은 어떻게 정치 교섭하고 있었는가 269

12. 번 재정 – 다이묘는 '파산'하는가 272

13. 유교 의례의 실천 – 유학자는 어떻게 유교 의례를 실천했는가 275

14. 쌀시장 – 쌀은 어떻게 매매되었을까 278

15. 지방 상인의 상거래 – 지방 상인은 어떻게 거래했을까 281

16. 에도의 조닌 사회 – 과밀하고 불안정한 조닌 사회가 어떻게 존속할 수 있었을까 . . 284

17. 지주와 소작인 – 지주는 어떻게 소작인과 소작계약을 맺었을까 287

18. 부담과 구제 – 백성은 납득하고 있었을까 · 290

19. 근세 후기의 무라 사회 – 근세 후기의 무라는 어떤 모순을 안고 있었을까 · · · 293

20. 환경변화와 농업·어업 – 왜 어비는 등귀했는가 · · · · · · · · · · · · · · · · 296

21. 토목기술 – 제방은 어떻게 구축되었는가 · · · · · · · · · · · · · · · · · · · 299

22. 무사의 대도 – 대도는 무사의 특권인가 · 302

23. 피차별신분 – 히닌의 정보망 · 305

24. 근세인의 불교신앙 – 불교를 신앙으로서 믿고 있었는가 · · · · · · · · · · · 308

25. 여행과 관광 – 근세의 여행자와 지역은 어떠한 관계에 있었는가 · · · · · · · 311

26. 지의 형성 – 민중은 어떻게 지식을 형성·계승하였는가 · · · · · · · · · · · · 314

27. 여성의 역할 – 육아와 돌봄은 여성의 역할인가 · · · · · · · · · · · · · · · · 317

28. 오시오 사건 – 오시오 헤이하치로는 왜 들고 일어났는가 · · · · · · · · · · · 320

29. 막말의 기나이 사회 – 정치의 중심지가 된 기나이 사회에서는 무슨 일이 일어나고 있었는가 · 323

30. 막말의 정치이념 – 근세의 정치이념은 어떻게 재편되었는가 · · · · · · · · · 326

31. 막말의 세계정세와 일본 – 외국선은 왜 일본에 왔는가 · · · · · · · · · · · · 329

32. 막말의 천황·조정을 논하는 방법 – 근세 후기와 막말을 어떻게 이을 것인가 · · 332

제 IV 편 일본 근현대사의 논점　335

근현대 총론 · 336

01. 개국 – '서양의 충격'을 일본은 어떻게 받아들였나 · · · · · · · · · · · · · · 348

02. 메이지유신 – 왜 '유신'에 이르렀는가, 무엇을 가져왔는가 · · · · · · · · · · 351

03. 문명개화 – '서양화'와 어떻게 다르고 어떻게 받아들여졌는가 · · · · · · · · 354

04. 조약개정과 청일전쟁 – 근대 일본의 형성 과정에서 어떤 의미를 가지는가 · · 357

05. 자유민권운동 – '민중'을 어떻게 파악할 것인가 · · · · · · · · · · · · · · · 360

06. 근대천황제 – 그 '근대'성이란 무엇인가 · · · · · 363

07. '무사'의 근대 – 다이묘나 무사는 어떻게 근대 사회에서 다시 태어났는가 · · · 366

08. 초기의회의 전개 – 의회는 어떻게 정착했으며 무엇을 바꾸었는가 · · · · · 369

09. 러일전쟁과 국제사회 – 국제정치에 미친 영향은 · · · · · 372

10. 근대도시의 성립 – 도시를 만들고 변화해나간 역학이란 · · · · · 375

11. '지방'의 성립 – 어떻게 '중앙-지방' 관계가 형성되었는가 · · · · · 378

12. 하층사회와 빈곤 – 어떻게 인식하고 어떻게 해결하고자 하였는가 · · · · · 381

13. 교통의 근대화 – 철도는 사람들의 생활과 사고를 어떻게 바꾸었는가 · · · · · 384

14. 학교교육 – '취학'과 그 경험을 어떻게 파악할 수 있는가 · · · · · 387

15. 아이누와 오키나와인의 근대 – 민족의 정체성을 만드는 것은 무엇인가 · · · · 390

16. 이민과 제국 일본 – 사람들은 왜 이민하였으며, 이민은 일본의 팽창과 어떤 관계를 가지는가 · · · · · 393

17. 신문·잡지 미디어 – 사회 안에서 어떤 역할을 수행하는가 · · · · · 396

18. 내셔널리즘 – '일본'은 어떻게 상상됐는가 · · · · · 399

19. 자본주의의 발달 – 그 일본적 특질이란 무엇인가 · · · · · 402

20. 젠더와 근현대 – '성'으로부터 근현대사를 어떻게 다시 읽을 것인가 · · · · · 405

21. 근대가족 – '일가 단란'상은 언제 구축되었는가 · · · · · 408

22. 식민지 대만 – '대만사'란 누구의 역사인가 · · · · · 411

23. 식민지 조선 – 그 '근대화'와 '황민화'를 어떻게 볼 것인가 · · · · · 414

24. 피차별 부락 – '부락'은 근대에 어떻게 만들어져 변용되었는가 · · · · · 417

25. 종교와 근대사회 – 구시대의 유물인가 · · · · · 420

26. 사회주의·마르크스주의 – 그 이념이 가져온 가능성과 문제는 무엇인가 · · · 423

27. 근대과학 – 진화론에서 우생학으로 · · · · · 426

28. 노동운동 – 노동자는 어디서 와서 어디로 가는가 · · · · · 429

29. 제국헌법하의 정당정치 – 전전의 일본은 민주화되었는가 432

30. 다이쇼 데모크라시 – 왜 '민본주의'가 주창되었으며 어떻게 확산되었는가 435

31. 대중소비사회 – 사람들은 어떻게 '소비자'가 되었는가 438

32. 질병·의료와 사회 – 근대화는 '병'과 의료를 어떻게 바꾸었는가 441

33. 근대의 농촌 – 지주-소작 관계는 어떻게 형성·변화되었는가 444

34. 국가신도 – 전전, 전쟁기의 신사나 신직은 어떠한 역할을 해냈는가 447

35. 전간기의 동아시아 국제관계 – 워싱턴체제는 어떻게 형성되었으며 왜 불안정했나 . . 450

36. 쇼와 천황과 궁중 – 무엇을 생각하고 어떻게 행동했는가 453

37. 근현대의 관료와 정당 – 전전·전후를 관통하는 관료와 정당의 관계란 456

38. 군부와 정치 – 육군·해군은 어떻게 정치와 연관되었는가 459

39. 병사의 경험 – 병사들은 어떻게 만들어지고 싸웠는가 462

40. 만주사변에서 중일전쟁으로 – 왜 일본의 침략은 확대되었는가 465

41. 재해와 근현대 일본 – 재해를 기억하고 기록한다는 것은 468

42. 대동아공영권 – 아시아의 해방인가 지배인가 471

43. 미일 개전 – '대동아건설'인가 '자존자위'인가 474

44. 전시하의 사회 변용 – 억압인가 평준화인가 477

45. 미국의 점령정책 – 왜 해방이라고 받아들여졌는가 480

46. 상징천황제 – 천황은 어떻게 '상징'이 되었는가 483

47. 55년 체제와 자민당 지배 – 자민당 정권은 왜 성립하고 장기화되었는가 . . . 486

48. 주일 미군 기지 – 왜 오키나와에 집중되었는가 489

49. 원자력과 핵 – 전후에 왜 원자력이 정착했는가 492

50. 재일코리안 – 식민지주의의 억압, 사회적 배제 속에서 어떻게 살아왔는가 495

51. 고도경제성장 – 장기 경제성장은 어떻게 발생했으며 사회는 어떻게 변화했는가 . . . 498

52. 전후사회와 젠더 – 전후 시기에는 어떻게 변화하였는가 501

53. 전후 학교 교육의 전개 – 교육의 '대중화'는 무엇을 가져왔는가 504

54. 평화운동의 전전·전후 – 그 논리와 담당 주체는 어떻게 바뀌었는가 507

55. 전후의 문화 운동 – 사회운동에서 왜 문화가 중요시되었는가 510

56. 냉전 하의 외교 – 미일안보체제는 어떻게 일본외교를 규정했는가 513

57. 동아시아의 전후처리 – 왜 화해는 어려운가 516

58. 공문서와 근현대사 연구 – 무엇이 기록·보존되는가 519

59. 청취·구술사 – 우리는 사람들의 목소리를 어떻게 들어 왔는가 522

60. 환경문제 – '문제'는 어떻게 구성되어 왔는가 525

61. 미국의 일본사 연구 – '근대화론'을 둘러싸고 어떤 논의가 진행되어왔는가 . . . 528

찾아보기 534

들어가며

본서는 일본사를 배우고자 하는 대학생은 물론, 널리 일본의 역사에 관심을 가진 독서인에게 구체적인 형태로 역사학의 매력을 전하고 싶어 편집한 것이다.

역사학 연구에서는 다양한 사료로부터 사실을 확정하는 것(실증)을 기초로 하여, 여러 사실로부터 어떠한 역사상을 구축할 것인지를 문제삼는다. 새로운 사료의 발견과 함께 지금까지 정설이 되어 있었던 평가나 역사상을 전환시키는 일은 연구자에게 학문적인 자극으로 충만한 경험이다. 본서를 통해 독자 여러분에게 그 프로 연구자의 흥분을 전하고 '역사를 생각한다'라는 것을 체감시켜, 그 사고방식을 익힐 수 있도록 기여하고 싶다.

그러기 위해 본서에서는 역사학에 필수인 실증과 논리(논의) 중 후자에 역점을 두었다. 지금까지 일본사 연구에서 주목되어 온 다양한 논점을 망라함으로써, 현재 연구의 도달점을 제시한다. 즉 개개의 논점이라는 관점에서 일본사 연구의 조감도를 제시하고자 한 것이다. 본서를 읽으면 일본사학에서 행해져 온 다양한 논의의 개요를 파악하고 이후 연구의 방향성도 전망할 수 있을 것이다.

요즈음 어떤 분야에서나 학술 연구의 개별 분산화가 진행되고 있다. 전공 분야를 상세하게 파고드는 것은 중요하지만, 동시에 '숲을 보는 것'도 중요하다. 일본사의 전체상을 파악하기 위한 것으로는 통사 개설서나 고등학교 교과서 등이 있으며, 또한 각 출판사가 간행한 신서新書·선서選書 등에는 특정 테마에 기반한 저자의 주장이 알기 쉽게 서술되어 있다. 다만 이런 서적들에서는 이미 특정 역사상이 명시되어 있는 경우가 많다. 한편 본서에서는 각 논점마다 전문가가 연구의 현상이라는 소재를 제시하는 것에 전념했고 그것을 조리해서 체계적인 일본사상像을 구축하는 것은 독자의 몫이다. 자신의 흥미·관심이 가는대로 어디서부턴 본서를 읽어나가, '역사를 생각하는 것'을 실천하여 독자적인 역사상을 쌓아나가는 일을 즐겼으면 한다.

그러면 일본사학이란 어떠한 학문이며 어떠한 과제가 있는 것인가, 사견을 쓰고 싶다. 일본의 연구·교육이라는 장에서 역사학은 일본사·동양사·서양사로 나누는 것이 일반적으로, 본서도 『논점·동양사학』 『논점·서양사학』의 자매서로서 간행되었다. 이 분류는 연구대상으로 삼는 지역에 기반한 것인데, 동양사·서양사와 비교하면 일본사는 특별한 위치에 있다. 동양의 일부일 터인 '일본'의 역사가, 독립된 연구분야로서 존립하는 것은 '자국사'이기 때문이다. 즉 근대 국민국가인 '일본'에서 그 역사를 연구대상으로 삼는 것이 일본사라는 것이다. 그 때문에 일본 내에서 일본사의 존재 의의 그 자체를 문제 삼는 일은 거의 없다.

하지만 국외로 나가면 상황은 일변한다. 일본이 세계 속 한 지역이라는 것은 당연한 것이지만, 세계의 역사 연구 속에서 일본의 고대·중세사는 거의 존재하지 않는 것과 다름없다. 일본 근세·근현대사에 대해서는 일본의 근대화나 전후 부흥 등의 탐구가 세계사의 중요한 과제로 여겨져 해외에도 어느 정도 연구자가 있다. 그러나 예컨대 구미의 주요 대학에서 역사학의 입장에서 일본의 고대·중세사 연구·교육에 연관된 연구자는 양 손으로 꼽을 수 있을 정도일 것이다.

이것은 일본의 고대·중세사가 세계사에서 존재 의의가 부족하다는 것을 의미하는 것일까. 일찍이 나이토 고난內藤湖南은 '대저 오늘날의 일본을 알기 위해 일본의 역사를 연구하려면, 고대의 역사를 연구할 필요는 거의 없습니다, 오닌應仁의 난 이후의 역사만 알고 있으면 그걸로 충분합니다'고 말했다. '평민 실력의 흥기'에 의해 오닌의 난 후 백년 정도간에 '일본 전체 생활身代의 변화'가 일어나, 오늘날까지 지속되고 있는 집안은 모두 오닌의 난 이후에 생겼다고 나이토는 지적한다.[1] 일본 사회의 큰 전환점을 오닌의 난에서 찾아낸 나이토의 논의는 시사하는 바가 많아 현재의 연구에도 계승되고 있다. 하지만 일본사 전체를 부감하자면 '오닌의 난 이후의 역사만 알고 있으면 그걸로 충분합니다'는 역시 극단적인 의견이다.

나이토는 일본의 오닌의 난에 중국의 당송변혁을 겹쳐 보고 있었을지도 모른다. 중국에서는 왕조교체에 의해 정치나 사회·문화의 양태가 전환되는 와중 특히 당송변혁은 큰 전환점이었다. 한편 일본에서는 전대의 틀을 남기면서도 비교적 완만하게 변화가 이루어져 나갔다. 그 때문에 고대 율령제 하의 국군제國郡制나 관위제는 유명무실화되면서도 중세·근세 내내 유지되었다. 또 천황제가 왜 존속되었는가 하는 질문은 각 시대의 일본사 연구자가 달려들어야 할 공통의 과제인데, 그 고찰에는 고대 이래 천황제의 역사를 전제로 삼는 것이 필수적이다. 물론 오닌의 난 이후, 나아가서 근대 이후 사회의 변화는 눈을 부릅뜨고 자세히 봐야 하겠지만, 일본의 근세나 근대는 고대·중세의 역사에 입각했고 오늘날의 일본을 알기 위해서도 고대 이래의 역사를 배우는 것은 필수불가결하다.

일본에서 일본사는 '자국사'로 여겨지지만, 원시 이래 일본의 역사가 자생적으로 발전해 온 것은 아니다. 오히려 국외로부터의 영향이야말로 일본의 역사를 움직이는 원동력이었다. 일본열도에는 옛날부터 중국이나 한반도 등을 경유해 새로운 문화가 파상적으로 전해지고 여러 문화가 중층되어 여러 층 사이에 다양한 반응이 일어남으로써 새로운 것이 태어났다. 예컨대 강묘剛卯(묘장卯杖)를 사용하여 나쁜 기운을 물리치는 습속은 중국의 한漢 왕실 유劉씨의 번영을 바라는 것으로(유劉라는 글자에 묘卯라는 글자가 포함되기에), 한대에는 널리 행해졌으나, 220년에 후한이 멸망하자 중국에서는 사라졌다. 하지만 이 습속이 변화하면서도 일본에 남아 있다. 정월 첫 묘일卯日에 나쁜 기운을 물리치는 묘장을 헌상하는 것은 『일본서기』 지토持統 천황 3(689)년 정월 을묘조에 보이는 것이 일본 사료상 첫 등장으로, 헤이안기에는 귀족사회에서 묘장을 서로 주고받는 관습이 성행하여, 지금도 가미가모上賀茂 신사 등에서 이루어지고 있다. 아마도 견수사보다 한참 이전에 중국에서 온 도래인이 일본에 전한 것으로 추측되어,

---

[1] 「應仁の亂について」『內藤湖南全集大九卷』筑摩書房, 1969(1921).

중국에서는 3세기에 소멸한 습속이 모습을 바꾸어 일본에 남아 있는 사실로 주목된다.[2]

민속자료뿐만 아니라, 역사학을 연구함에 있어서 근본이 되는 문헌사료가 풍부하게 잔존하는 것도 일본의 특징이다. 중국으로부터 전해진 서적 중에는 중국에서 이미 사라진 것도 많고, 시대가 지남에 따라 그 수는 지수함수적으로 증가해 나간다. 이것들은 헤이안 시대 이후 조정·귀족이나 무가·사사寺社에, 근세가 되면 서민의 집 등에 있었던 문고에 축적되어 갔다. 중세의 문고는 귀족의 집이나 사사가 사회적 집단으로서 존속하기 위해 계승해야만 하는 재산이며, 저택이나 사사의 부지·건물, 경제적 기반인 장원에도 필적하는 존재였다. 문헌은 필사되어 보관되면서 매일의 사회활동에도 이용되었다. 문고 안에서는 잠자고 있던 문헌이 재발견되는 일도 있고, 시공을 넘어 다양한 문헌과 대화함으로써 사람들은 새로운 사유를 획득해 왔던 것이다. 사회의 변동과 함께 사라진 것도 많지만, 그럼에도 일본에는 많은 문헌사료가 지금도 남아있다. 국가권력뿐만 아니라, 다양한 사회적 집단이 많은 사료를 전해 왔기에 잔존하는 사료군은 세계의 여러 지역 중에서도 유수의 질과 양을 자랑하고 있다.

현대에까지 전해진 문헌사료는 우리들이 역사를 생각하기 위한 소재로서 눈앞에 존재하고 있다. 민속자료 등도 포함하여 다종다양한 사료·자료군은 풍요로운 역사성을 탄생시키는 원동력이다. 물론 사료·자료의 편향을 고려해야 하겠지만, 세부까지 상세하게 사실을 해명할 수 있는 것이 일본사의 특징이다.

유라시아 대륙의 극동에 위치하는 일본열도는, 전근대에는 대륙으로부터 전파된 여러 문화의 종착점으로 다양한 것이 층을 형성하며 집적되어 왔다. 극동이라는 지리적 위치, 그 영향으로 유수의 질과 양을 자랑하는 사료·자료군의 존재. 이 두 가지가 일본사의 특질을 생각하고 연구하는 데에 있어서 열쇠가 된다. 실제로 정치한 실증과 착실한 논리구성을 가지는 일본사 연구의 축적은 세계의 역사학에서 자랑할 만한 성과라고 생각한다. 단 그 성과가 세계의 역사 연구 속에서 정당한 평가 및 위치를 점하고 있다고는 말하기 어렵고, 전술한 바와 같이 일본 고대·중세사 연구는 존재하지 않는 것에 가까운 상황에 있다. 그 책임은 우리들 일본사 연구자에게 있다. '자국사'에 안주하여 세계 역사학에 대해 적극적인 발언을 게을리해 온 것이 주된 원인으로, 자신의 연구성과를 영어로 발신하는 것에 소극적이었던 것을 반성해야 한다.

그렇다고 일본사 연구가 항상 내부지향적이었던 것만은 아니다. 레오폴트 폰 랑케에게 사사한 루트비히 리스Ludwig Riess가 1887년 제국대학에서 교편을 잡으며 서양 근대 사학의 사료 실증 방법과 연구시각이 도입되어, 통상 일본의 근대 역사학이 성립되었다고 여겨진다. 그리고 근대 국민국가에 이르는 각국의 역사를 논한다는 랑케 사관에 기반하여, 리스의 제안에 의해 제국대학에 국사과가 놓여졌다. 실태로서는 일본사학(국사학)은 근세의 한학이나 국학의 전통에 입각하면서 서양 근대사학의 수법을 체득함으로써 확립되었다고 하는 쪽이 적절하며, 세계 역사학 속에서 세계의 한 지역인 일본을 연구하는 학문이 되었다. 그 후 국민국가 '일

---

2) 劉曉峰「中國宗敎習俗の受容と展開」『日本宗敎史4』吉川弘文館, 2020.

본'의 역사연구에 힘이 실려 일부는 황국사관에 이르렀다는 사실은 잊으면 안 된다. 동시에 랑케에게 비판적인 칼 람프레히트의 이해가 참조되는 등 세계의 역사학(서양의 역사연구)의 동향도 의식하면서 일본사의 연구는 진전되어 왔다. 다만 서양의 연구성과 수용에 역점이 두어져 온 것은 확실하다. 그것은 전후가 되어도 바뀌지 않아, 칼 마르크스가 말하는 세계사의 발전단계에 일본의 역사적 사실을 끼워맞추어 고찰함으로써 세계사와의 거리를 재는 연구 등이 행해져 왔다. 일본의 역사적 사실로부터 쌓아올린 틀을 적극적으로 세계 역사학계에 발신하는 것에는 게을렀다.

　서양중심주의의 한계가 지적된 것도 오래이며 세계의 여러 지역은 동등한 가치를 지니고 있다. 유라시아 대륙의 극동에서 중국 문명의 주변부에 위치하는 일본의 역사연구는 그 지역적 특질을 살리면서 세계의 역사연구에 적극적으로 발언할 수 있는 것이 많을 터이다. 게다가 사료·자료도 풍부하여 치밀한 실증이 가능하다. 세계의 역사연구 속에서 일본사 연구가 수행해야 할 역할이 점점 커지도록 노력하는 것이 필요하다고 생각된다.

　글을 시작하며 말한 것처럼 본서는 널리 일본사에 흥미를 가진 독서인을 위해 편집한 것으로, 동시에 대학에서의 참고서 역할도 수행할 수 있다면 좋겠다고 생각한다. 한 발 더 나아가서, (학부) 졸업논문 집필 등 일본사의 연구를 꿈꾸는 사람을 위해 마지막으로 조금 써 두고 싶다. 우선 중요한 것은 스스로의 학문적인 '질문'을 발견하는 것, 그리고, 그 '질문'을 연구로서 결실을 맺게 하는 스킬을 체득하는 것이다. 역사에 대해 흥미·관심을 가지는 사람은 많지만, 그것을 학문적인 '질문'으로 승화시키는 것은 의외로 어렵다. 문제의식은 스스로가 살고 있는 시대나 사회와 같은 환경으로부터 성숙됨과 동시에, 그것이 학문적 '질문'이 되기 위해서는 그때까지의 연구사史와 대화를 하여 자신의 관점과 위치를 정할 필요가 있다. 학문적 '질문' 발견에 본서가 도움이 되면 좋겠다.

　연구의 스킬에 관해서는, 일본사 연구의 축적은 두텁고 연구의 방법도 어느 정도 확립되어 있다. 습득해야 할 것은 문헌사료의 정확한 독해력과 사료에 기반한 논리구성력이다. 자신이 연구하고 싶은 시대의 사료 독해력을 몸에 익히기 위해서는, 독학으로는 어렵고 해당 사료를 숙독하는 연습 수업이나 연구회에서 교원이나 선배로부터 배우는 것이 가장 빠르다. 어학과 같아서 시간을 들이면 확실하게 익혀진다. 한편 논리구성력은 자습으로도 가능하다. 선행연구를 읽고 저자가 사료에 기반하여 어떻게 입론했는지를 확인한 후 자신이라면 같은 사료로부터 어떠한 논리를 끌어낼 것인가를 생각하여, 우수한 발상으로부터 그것이 태어난 경위를 배우면 된다. 전공 수업이나 연구발표를 들을 때도 같다. 이리하여 논리구성력은 타자로부터 습득함과 함께, 자신의 연구발표나 논문집필을 통하여 스타일을 단련해 나가는 것이 중요하다. 어느 쪽이든 그 나름의 숙련이 요구된다.

　실은 프로 연구자여도 정확한 사료 독해력과 그것에 기반한 논리구성력을 양립시키는 것은 어렵다. 사료 해석은 명쾌하게 되지만 매력적인 논리가 없거나, 논리가 앞서서 실증이 따라가지 못하는 것도 자주 본다. 경험을 쌓으면서 자신이 잘 하는 것·못 하는 것을 객관적으로 인식해야 한다.

이것들이 전통적인 일본사의 연구방법으로, 모든 것의 기반이 된다. 그 다음 다른 『논점』 시리즈 등도 이용하여 국내외에 걸친 폭넓은 역사연구의 최전선을 알아주었으면 한다.

본서의 간행이 당초 예정보다 딱 1년 늦었다. 그 사이 세계 정세의 변화는 격렬했고, 새로 공표된 연구성과도 많아 모두 반영하지 못한 성과도 있을 것이라 생각된다. 그것들은 오롯이 편자의 책임이며, 집필자 분들에게 깊게 사과드리고 싶다. 독자 여러분께는 지금이라는 새로운 지평에 서서 자신의 시각으로부터 본서를 부감함으로써 독자의 일본사상을 생각해 주었으면 한다.

2022년 6월
편자를 대표하여 우에지마 스스무 上島享

한국어판 출간에 덧붙여

이번에 『논점·일본사학』 한국어판이 간행되었다. 번역·출판에 진력해주신 빈서재 출판사에 마음 깊이 감사를 표하고 싶다.

본서는 일본 국내에서 일본사를 배우는 대학생이나, 널리 일본의 역사에 흥미를 가지는 독서인을 위해 편집한 것이다. 일본 국내의 독자를 대상으로 집필된 서적이라는 점에 유의해 주셨으면 한다. 한국어판 간행에 즈음하여 원칙적으로 기술에 대해 증보·개정은 행하지 않은 채 일본어판을 번역하기로 했다. 이러한 본서의 간행 의도를 이해하고 활용해주시면 좋겠다.

2024년 9월
우에지마 스스무
(안준현 번역)

본서의 사용법

'들어가며'에서 언급한 것처럼, 본서에서는 널리 일본의 역사에 흥미를 가진 독서인을 위해, 지금까지의 일본사 연구에서 주목되어 온 다양한 논점을 망라하여 구체적인 형태로 역사학의 매력을 전하고 싶다. 독자께서는 '역사를 생각한다'는 것을 통해 역사학의 사고 방법을 배워 주셨으면 한다.

본서는 고대·중세·근세·근현대 시대순으로 우선 각 시대의 '총론'을 두고, 그 다음 시대별로 '논점' 합계 154항목을 나열하였다.

'총론'은 각 시대의 겨냥도를 제시하는 것을 목적으로 하여 지금까지의 연구사가 걸어온 길이나 이후의 전망·과제를 정리하였다. 각 시대 연구의 전체상을 파악한 뒤 개별 '논점'을 음미하면 좋겠다. '논점'에서는 선행연구에서의 주요한 논점을 가능한한 망라함과 동시에 향후 다루어야 할 과제도 넣었다.

'논점'의 각 항목은 좌우 2페이지[역서는 3페이지]로 정리하였다. 〔논의의 배경〕에서는 그 항목에 관한 기본적인 사실관계를 언급한 후 논의의 전제가 되는 사항을 썼다. 〔논점〕에는 3~4개의 작은 표제를 만들어 사실의 평가(논의)에 관한 논점(논쟁점)을 정리했다. 사실의 평가는 입장이나 시점에 따라 다른 것으로 각 항목의 저자 나름대로의 이해가 드러나 있다. 그리고 이 기술을 읽고 독자가 각 논점을 어떻게 판단할 것인가, 그 고찰의 길잡이로서 〔탐구 포인트〕가 있다. 그것을 힌트로 스스로의 시점으로 '역사를 생각하는' 것을 실천해 주셨으면 한다.

각 항목에는 측주側注[역서는 각주] 형식으로 어구나 사항의 보충 설명을 넣었다. 또 제목 밑에는 '관련항목'으로 관련된 항목 번호를, 측주의 마지막[역서는 본문의 마지막]에는 참고 문헌을 써서 배움을 심화시킬 도우미로 삼았다.

본서에서 연호는 '서력(일본력和曆)'으로 표기하고 있다. 메이지 5년 12월 3일, 태음력을 대신해 태양력이 채택되어 1873(메이지 6)년 1월 1일이 되었다. 그 이전의 연호에 대해서는 음력 연월일을 표기하여, 일본력만을 서력으로 바꾸었다.

제 I 편

일본 고대사의 논점

고대 총론

쓰게이 유키오告井幸男*) 집필 / 김현경 번역

1 시대구분

평소에 전공이 무엇이냐는 질문을 받고 "고대사를 공부합니다"라고 대답하면, "땅을 파시는 거죠?"라는 이야기를 듣는 일이 적지 않다. I-14[p.68]에서 요시다 가즈히코吉田一彦 씨가 서술하듯이 일반적으로는 고대라고 하면 조몬繩文·야요이彌生·고분시대古墳時代의 이미지를 떠올리는 경우가 많은 듯하다.

일본사 분야에서는 원시·고대·중세·근세·근현대로 시대를 구분하고, 국가 성립 이전의 구석기·조몬·야요이시대는 보통 원시시대에 포함시키는데, 역시 고대국가 성립기의 전사前史로서 적어도 조몬·야요이시대 정도는 항목으로 설정해야 한다고 생각했다. 그렇기는 하나 집필자도 편자도 두 시대를 고대라고 생각하지는 않음을 첫머리에 밝혀 둔다.

(1) 시작 시기 — 국가의 성립

원시와 고대를 구분하는 지표는 국가의 성립이다. 열도 사회에서 국가가 언제 성립하였는가에 대해서는 일찍이 7·5·3 논쟁이라 불리는 여러 설들이 제시되었다. 3세기의 야마타이국邪馬臺國을 국가로 볼 것인가, 그 후 4세기의 통일 과정을 거친 5세기의 왜 5왕倭五王 시기를 국가로 볼 것인가, 7세기의 스이코推古 천황天皇 재위기 이후 율령제로의 지향을 거쳐 성립되는 다이호大寶 율령律令을 고대국가의 확립으로 볼 것인가 하는 논의이다.

이 중 다이호 율령으로부터 국가 확립을 발견하는 견해는 율령제에 관한 연구의 진전과 맞물려 학계에서 중심적인 위치를 차지하였다. 그것은 1945년 이후 역사학에서 일정한 지위를 차지하고 있던 사적史的 유물론에 의한 국가의 정의가 근대국가와 같은 것을 상정하고 있었기 때문이다. 율령제 이전에는 그와 같은 것이 확인되지 않으며 국가가 없었다는 것이다. 그러나 쓰데 히로시都出比呂志가 1990년에 제창한 전방후원분前方後圓墳 체제론에 의해,1) 고분시대를 초기국가로 설정할 수 있다는 주장이 제기되었다. 그 후 마키무쿠纒向 유적2)의 조사와 규슈九州의 여러 유적들에 대한 검토도 진행되어 이른바 야마타이국 기나이畿內설이 우세해지게

---

*) 교토여자대학 문학부 사학과 교수 | 일본고대사
1) 日本史研究會大會シンポジウム報告;『日本史研究』343, 1991.
2) [역주] 마키무쿠 유적: 나라현 사쿠라이시에 위치한 유적으로 야요이시대 말기부터 고분시대 전기까지 번성하였다. 유적 안에는 대형 분구묘가 밀집해 있는데 그 안에는 일본에서 가장 오래된 전방후원분으로 알려진 하시하카 고분이 포함되어 있다.

되었고, 이는 야마타이국을 야마토ヤマト 정권의 전신으로 보는 견해로도 이어졌다. 최근에는 이른바 마키무쿠형 고분의 역사적 위상을 어떻게 설정할 것인가에 대해서도 논의가 이루어지고 있으며, 또 야요이시대의 편년에 대한 재검토가 이루어져, 야요이시대 후기의 시작 시기를 기원전으로 소급한 일도 이 문제를 고찰함에 있어 큰 영향을 끼치고 있다.

중국 역사서에는 이미 전한 시대부터 열도의 여러 나라들이 조공하여 알현했다고 기록되어 있다. 2세기까지는 기나이보다도 규슈 쪽이 선진적이었음은 고고학의 연구 성과를 통해 분명해졌지만, 그 후 열도 사회의 중심은 기나이로 옮겨갔음이 확인된다. 이는 당고黨錮의 금禁부터 황건적의 난에 이르는 한漢 왕조의 멸망과 왜국대란倭國大亂 후 히미코卑彌呼의 시기와도 겹친다. 그 무렵 대방군帶方郡을 지배하고 있던 공손씨公孫氏가 3세기 전반에 멸망하고, 반도와 열도의 여러 나라들은 다시 대륙의 왕조에 속하게 되었다. 적오赤烏 연호 명문 거울의 출토는 왜국倭國이 위나라뿐만 아니라 오나라와도 통교를 하였음을 말해준다. 오나라는 위나라를 협공하고자 공손씨와의 연계도 시도하였고, 해양국가로서 남방·북방·동방에 여러 차례 선단船團을 보냈다.3)

반도에서는 역시 중국과 경계를 맞대고 있는 고구려가 재빠르게 국가를 형성하였다. 그 후 마한馬韓의 여러 나라들 중에서 백제伯濟가 통일을 이룩하여 백제百濟가 되었고, 진한辰韓의 12국 중에서 사로斯盧가 중심이 되어 신라新羅가 성립함과 동시에, 열도에서도 야마토가 통일을 이룩해 나간다. 겐카이나다玄界灘를 사이에 둔 가라加羅(가야)와 북규슈北九州가 소국 분립 상태로 끝나버린 데는 지정학적인 의미도 있을 것이다. 어느 시기까지 어떤 의미로 후진적이었던 기나이 지방이 그 때문에 조숙하게 광역 정권을 형성한 것도 반도·대륙과의 관계라는 정치적 요소에 더하여 요도가와강淀川·야마토강大和川 수계의 지형이 미치는 영향도 컸으리라 여겨진다.4) 이처럼 열도의 국가 성립은 유라시아 대륙 및 한반도의 역사적 전개와 연관지어야만 이해할 수 있다. 앞으로 이 지역의 고고와 문헌 자료에 대한 검토가 진행됨에 따라 소국 분립 상태에서 국가로 전개되는 과정이 차츰 밝혀질 것이다. I-1[p.29] I-2[p.32]에서 이야기하는 조몬·야요이시대 연구의 진전도 해당 문제와 밀접하게 연관된 것이다.

(2) 끝나는 시기 — 분권 국가의 출현

고대가 언제 끝나는가, 바꿔 말하면 중세가 언제 시작되는가 하는 문제에 대해서는, 일찍이 소박하게 고대를 귀족의 시대, 중세를 무사의 시대로 파악하던 단계에서는 가마쿠라 막부鎌倉幕府의 성립이 중세의 시작이라고 여겨졌다. 이러한 생각의 배경에는 수도의 귀족정치가 퇴폐·쇠퇴 내지 붕괴·몰락하고, 그 대신에 동국東國에서 일어난 조야粗野하고 꾸밈 없이 강건한 무가武家 정권이 성립한다는 인식이 있다. 이는 서양 근대 역사학에서 논의되는 봉건적 주종제·장원제 같은 요소의 공통성, 그리고 기사·게르만 민족과 동국 무사의 유사성으로 인해 일반 대중에게도 수용되기 쉬웠고, 학계에서도 통설적인 위치를 유지하였다.

---

3) 金文京『中國の歷史 4 三國志の世界』講談社, 2005 / 김문경 저, 송완범·신현승·전성곤 역『삼국지의 세계』사람의 무늬, 2011.
4) 廣瀨和雄 他『畿內制 (講座 畿內の考古學Ⅰ)』雄山閣, 2018.

이러한 논의에 있어 1945년 이후 단서가 되는 연구는 이시모다 쇼石母田正의 『중세적 세계의 형성』5)이다. 실제 집필은 1945년 이전에 이루어진 이 책에는 이가국伊賀國 구로다 장원黑田庄을 무대로 하여 도다이지東大寺=고대 세력에게 무사=중세 세력이 도전하면서도 패배하게 되는 모습이 묘사되었다. 이후 이른바 영주제론領主制論이라 불리는 논의가 성행하였고, 많은 연구 성과가 나왔지만, 한편으로는 조정朝廷·교토京都·장원영주(사사寺社, 귀족)·율령·구불교舊佛敎는 고대적이고, 막부·가마쿠라鎌倉·지방 영주(무사)·조에이 시키모쿠貞永式目·신불교新佛敎는 중세적이라는 판에 박힌 관점이 일반적으로 널리 퍼지는 근거가 되기도 하였다.

애초에 이시모다의 책은 무사(중세 세력)가 끝내 고대 세력을 쓰러뜨리지 못한 채로, 이미 장원莊園의 바깥에서는 근세가 시작되려고 했다는, 얼핏 보면 이해하기 힘든 서술로 막을 내린다. 결국 중세란 중세 세력이 고대 세력에게 도전했지만 마지막까지 쫓아내지는 못하였고 완전한 중세가 되지는 못하였다는 논리 모순을 끌어안은 채 근세가 되어 버렸다는 것이다.

그 후로 헤이안시대平安時代의 정치사·제도사 연구가 진척됨에 따라 율령제의 쇠퇴·붕괴라는 관점을 재고해야 한다는 요구가 늘어났고, 또 장원제에 관한 정밀한 분석이 이루어진 결과, 원정기院政期6) 이후를 중세로 설정하는 견해가 통설이 되었고, 교과서·개설서 등의 기술에서도 일반화되었다. 이 점에서 연구사적으로 중요한 위치를 차지하는 것이 구로다 도시오黑田俊雄가 제기한 권문체제론權門體制論7)과 현밀체제론顯密體制論8)이다.

전자는 천황·귀족·사사 등 수도의 장원영주를 그 역사성을 무시하고 고대 세력으로 파악하는 견해를 물리치고, 이들 공가公家와 사가寺家도 무가와 함께 중세의 지배 계급임을 주장하였다. 이는 뒤집어 말하면 무가도 공가에 적대하는 세력이 아님을 의미하며, 그동안 무가 세력이 공가 정권을 타도하는 과정을 중세의 역사적 주축으로 삼던 사고방식을 부정하는 것이었다.

후자는 이른바 가마쿠라 신불교를 가마쿠라시대 이후, 중세의 중심적 사상으로 보는 견해를 부정하고, 이른바 구불교 즉 남도南都나 천태종天臺宗·진언종眞言宗이 국가·사회의 밑바탕을 이루었음을 제창하는 것이었다. 이른바 구불교 사원이 가마쿠라 문화의 건축유산·조각유산 등의 예로 들어졌던 것과도 부합하며, 이후의 중세 사상사·종교사 연구는 기본적으로 이 논의를 비판적으로 검토함으로써 진전하게 된다.9)

병행하여 장원사 연구와 무사론에서도 새로운 방법론과 시점이 등장하였고, 장원 세계가 결코 자급자족적으로 닫혀 있는 세계가 아니었다는 점이나 무사가 잇쇼켄메이一所懸命(자신의 땅에 목숨을 걺)적으로 지방의 영지에만 구애되지는 않았다는 점 등이 밝혀졌다. 아울러 교토·가마쿠라 등의 여러 도시부터 열도 전역에 이르는 사람·사물·정보의 네트워크 속을 종횡으로 오가며 농업뿐만 아니라 다양한 생업·기술자·상인 등과도 연관을 맺으며 존재하였음이 알려

---

5) 石母田正『中世的世界の形成』伊藤書店, 1946 / 김현경 역『일본 중세적 세계의 형성』AK, 2024.
6) [역주] 원정기: 12~13세기, 상황上皇이 실권을 쥐고 국정에 관여하던 시기.
7)「中世の國家と天皇」『岩波講座日本歷史 中世2』岩波書店, 1963.
8)「中世における顯密體制の展開」『日本中世の國家と宗教』岩波書店, 1975.
9) 平雅行『日本中世の社會と佛教』塙書房, 1992.

지게 되었다.[10]

고대=귀족, 중세=무사로 보는 단순한 이해는 이제는 옛날 것이 되었고, 원정과 헤이시平氏 정권도 가마쿠라 이후의 막부도 모두 중세 정치의 한 형태를 이루는 것으로 파악되기에 이르렀다. 이 시대의 정치·경제·사회 시스템을 짊어지고 있던 것이 장원제인데, 이전에는 초기 장원에서부터 장원제의 역사를 논하기 시작하는 것이 일반적이었다. 그러나 연구가 진전되면서, 특히 고야마 야스노리小山靖憲에 의해 초기 장원과 섭관攝關·원정기의 장원 사이에는 큰 단절이 있음이 밝혀졌다.[11] 물론 각각의 장원에 대해 살펴보면 그 중에는 나라시대(혹은 그 이전)부터 계속된 것도 있지만 단적으로 말해 초기 장원은 율령제(구분전을 주로 하는 반전수수)의 보완물이었고, 그것의 경영·유지는 율령제 시스템(국사國司·군사郡司에 의한 지방행정기구)에 힘입은 바가 컸다. 그에 반해 섭관기 이후의 장원은 율령 봉록제를 대신하는 것으로서 출현하였고, 율령제와는 다른 경제·지배제도로서 전개되어 간다.

섭관기의 장원을 고야마는 면전免田·요류도寄人형 장원이라 이름붙였다. 토지 면에서는 영역적이지 않고, 인적으로는 장민莊民이라 부를 만한 주민도 없고, 요류도에 의해 경영되고 있었기 때문이다. 단 이는 중세적 영역형 장원의 맹아를 이루는 것이었다. 즉 섭관기 장원은 원정기 장원으로 이어지는 역사적 성격을 지니는 것으로 규정된다. 섭관기는 과연 고대일까 중세일까? 애초에 고대·중세라는 시대구분은 유효한가? 앞으로도 정치·경제·사회·문화 등의 여러 측면에서 고찰이 진척됨에 따라 새로운 시대상이 떠오르게 될 것이다.

2 연구사 — 시대구분

(1) 세기초 전환기설

율령국가律令國家를 국가의 성립으로 간주하는 견해에서는 다이호 율령이 반포된 701년, 즉 8세기 초가 큰 전환기로서 파악되었다. 이는 8세기가 거의 나라시대(710~794)와 일치하고 『속일본기續日本紀』의 서술 기간(697~791)과도 겹치기도 해서, 율령제 연구와 맞물려 나라시대사·8세기사 연구가 성행하는 계기를 마련하게 되었다. 당연한 일이지만 이러한 이해에 바탕을 두면 다음 전환기는 간무桓武 천황 시기와 헤이안平安 천도이며, 8세기 말~9세기 초가 된다. 황통皇統이 덴무계天武系에서 덴지계天智系로 바뀐 점과 간무가 지니는 일종의 전제성專制性이나 불교 정치의 부정 그리고 나가오카長岡·헤이안 천도라는 대사업이 이루어진 점도 있어서, 일반적으로 받아들여지기 쉬운 견해였다. 그리고 9세기가 역시 한 시대로서 파악되어 10세기 초인 902년의 엔기延喜 장원정리령이 다음 전환기로 간주되기에 이른다. 이것도 다이호처럼 연호의 원년과 세기가 시작되는 해가 일치하며, 엔기 연간의 태평성대라는 인식이나 『고금와카집古今和歌集』의 편찬, 견당사遣唐使 폐지 시기 등과도 일치하여 어느 정도 설득력을 갖고 있다.

세세한 점에서는, 예를 들면 다이호 율령이 아니라 그 전에 나타난 기요미하라령淨御原令 및

---

10) 野口實『列島を翔ける平安武士』吉川弘文館, 2017.
11) 「古代莊園から中世莊園へ」, 『歷史地理敎育』329, 1981.

후지와라경藤原京 천도를 전환점으로 삼거나, 엔기가 아니라 그보다 앞선 쇼타이昌泰(898~901) 혹은 간표寬平(119~898), 더 거슬러 올라가 닌나仁和(885~889), 거꾸로 엔기延喜 2년(902) 이후까지도 포함하는 논의 등도 제기되었지만, 대략 세기가 바뀌는 시기에서 전환기를 찾는 점에서는 일치하고 있다.

이러한 인식의 전제가 되는 것이 이시모다 쇼의 재지수장제론在地首長制論이다.[12] 즉 베민제部民制와 그 밑바탕을 이루는 씨성제氏姓制는 뒤떨어진 시스템이고, 고대 일본의 율령제는 그것들을 포함하여 출발해야만 했으며, 예를 들면 지방 정치는 구니노미야쓰코國造의 후신인 군사郡司의 전통적 권위가 없이는 성립되지 않았다고 하는 것이다. 또한 요시다 다카시吉田孝가 제시한 율령제 청사진론[13]도 마찬가지이다. 요컨대 미개한 일본에게 있어 율령제는 곧바로 전면적으로 실행될 수 있는 것이 아니고, 어디까지나 장래에 완성을 기약하는 목표이며, 그것은 헤이안시대 초엽이 되어서야 겨우 확립되었고, 예를 들면 천황이 중국 황제와 비슷한 성격을 지니게 되었다는 등의 논의이다.

그러나 율령제를 받아들일 수 있었던 것은 오히려 그 이전의 국제國制(베민제·미야케제·도모노미야쓰코제·구니노미야쓰코제 등)가 충분히 성숙해졌기 때문에 가능했다고 생각해야 할 것이다.[14] 또한 재지수장제론이 성립되지 않음은 일찍이 니시야마 료헤이西山良平가 논하였다.[15] 재지 수장으로 간주되는 특정 군사 씨족에 의한 인격적 지배를 기초로 한 강력한 지역 지배라는 이미지는 현재로서는 성립하지 않게 되었다.[16]

왜국이 고도의 법체계인 율령제를 계수繼受할 수 있었던 것은 그보다 나았으면 나았지 뒤떨어지지 않는 국제가 성숙해 있었기 때문이라고 생각해야 자연스러울 것이다. 베민제도 또한 율령제와는 다른 형태의 국제이며, 어느 쪽이 낫다거나 못하다고 할 만한 성질의 것이 아니다. 당나라와 일본의 영令을 비교하면 다양한 면에서 계수하지 않은 요소들도 있지만, 그것은 선진적이라거나 후진적이라고 평가할 것이 아니고, 서로의 사회구조의 차이로 인한 것이라고 보아야 할 것이다. 당·일의 영令 비교 연구가 단순한 뺄셈 논의(비계수 규정을 고유법으로 간주함)가 되지 않도록 유의할 필요가 있다.

율령국가 청사진론도 마찬가지이다. 나라시대는 아직 진짜 율령제가 아니고 9세기가 되어서야 일본도 겨우 진짜 율령제가 되었다는 이해인데, 이러한 이해의 밑바탕에는 율령제는 선진적이고 베민제는 후진적이라는 선입견이 자리잡고 있다.

이시모다와 요시다 두 사람에게는, 달성해야 할 목표가 있어 그것을 향해 나아가는 것이 역사라는 관념이 엿보인다. 이 점에서는 이시모다의 재지영주제론도 마찬가지일 것이다. 무사가

---

12) 『日本の古代國家』岩波書店, 1971.
13) 『律令國家と古代の社會』岩波書店, 1983.
14) 吉野秋二『日本古代社會編成の研究』塙書房, 2010.
15) 西山良平「「律令制收奪」機構の性格とその基盤」『日本史研究』187, 1978;「〈郡雜任〉の機能と性格」『日本史研究』234, 1982.
16) 須原祥二『古代地方制度形成過程の研究』吉川弘文館, 2000; 磐下徹『日本古代の郡司と天皇』吉川弘文館, 2016.

고대 세력을 쓰러뜨리는 것이 최종 목표인 셈이다. 이시모다의 이러한 논의는 천황제 대對 민중이라는 구도가 투영되어 있음은 이미 거론된 바이다. 민중적이라는 점과 국가적이라는 점이 대립적으로 파악되고, 교키行基가 반국가적이고 민중 측의 영웅이었던 것처럼 간주된다든지, 조야하고 건전한 동국의 시골 무사들이 퇴폐한 교토의 귀족들을 대신한다는 등의 구도도 집필 당시의 시대 상황과 이시모다의 정치성, 사상성을 빼놓고는 이해할 수 없을 것이다.

(2) 세기 중엽 전환기론

(1) 다이카 개신

다이호 율령과 기요미하라淨御原령을 중시하는 입장에서 경시되고 있었던 것이 다이카 개신大化改新이다. 7세기 수·당 제국의 성립에 따른 국제 사회의 변동에 대하여, 한반도의 여러 나라들이 왕과 호족豪族들에 의한 정치 개혁·전제화를 이루었다. 그동안 왜국도 오키미大王·왕족·호족 등의 지배계층, 특히 소가씨蘇我氏가 주도하여 개혁·전권화가 행해졌다. 앞서와 같은 이해로는 7세기 초엽 이래 스이코 천황 시기의 정치에서도 획기성을 찾게 된다. 일반적으로는 아스카시대飛鳥時代의 시작으로 받아들여지고 있다.

그러나 이 시기의 개혁은 어차피 베민제의 틀을 벗어날 수 없고, 다이카 개신에서 이루어지는 베민제 폐지에 따라 율령제 도입이 본격적으로 행해지게 된다. 6세기 말과 7세기 초엽에도 1대代마다 설치되었던 나시로名代를 왕의 부인后·태자太子라는 신위身位에 대응시켜서 기사이베私部·미부베壬生部가 설치되는 등, 다소 추상화하는 움직임이 보이지만, 역시 베민제라는 틀 안에서의 수정에 머물렀다고 해야 한다. 개신 정부가 베민제를 완전히 폐지하고 새로운 봉록제·관제官制나 반전제班田制·세제稅制 등의 인민지배 제도를 창설한 것은 큰 전환기로 평가되어야 할 것이다.

이전에는 개신의 조詔가 윤색되기도 해서 역사적 사실로 보지 않는 학설도 있었지만, 목간木簡 등 신출新出 자료의 증가에 따라 대개혁의 실시가 사실이었음이 뒷받침되고 있다. 특히 덴지天智 천황 시기의 경오년적庚午年籍보다도 이전에 오십호제五十戶制의 시행이 확인되는 점은 하쿠치白雉 연간의 호적 제작 기사에 대한 평가로도 이어지며, 고토쿠孝德 천황 시기의 사적에 대한 고찰이 앞으로도 진전을 이룰 것이다. 덴무天武·지토持統 천황 시기를 중시하는 입장에서는 그 존재를 부정하고 있었던 오미령近江令에 대해서도, 최근에는 존재를 인정하는 논의가 나오고 있다.[17] 일찍이 다이호령의 직접적인 연원으로 간주했던 기요미하라령보다도 앞서서 덴지 천황 때의 오미령, 더 거슬러 올라가 하쿠치·다이카大化 연간의 획기성이 명확해지게 되었다. 오쓰궁大津宮과 나니와궁難波宮에 대한 앞으로의 발굴 성과도 기대된다.

---

17) 吉川眞司『飛鳥の都』岩波書店, 2011.

(2) 4자 연호 시대

이러한 생각에 따르면 다이호 율령은 다이카 이래 개혁의 흐름 속에 위치하며, 전환점이 되지는 않는다. 따라서 다음 전환점은 다른 시기에서 찾아야 하는데, 요시카와 신지吉川眞司는 '4자 연호 시대四字年號時代'라는 새로운 시대를 설정함으로써 8세기 중엽의 쇼무聖武~쇼토쿠稱德 천황의 시기에 새로운 역사적 전환이 일어나서 이후 시대로 이어진다는 것을 발견하였다. (I-21[p.89] 참조)

일반적으로 정당한 율령제적 시대였던 것이 쇼토쿠(혹은 고켄孝謙, 또는 쇼무) 시기에 이상해졌고, 고닌光仁·간무桓武에 의해 다시 원래대로 돌아왔다는 식으로 곧잘 파악되지만 과연 그러할까? 실은 쇼무의 치세 후기부터 시작되는 전제적 성격은 고닌·간무 이후, 헤이안시대 초엽에도 계승된다. 또한 도쿄道鏡 등에게서 보이는 잡밀雜密로 기울어지는 양상은 사이초最澄·구카이空海에 이르러 열매를 맺는다. 얼핏 보기에는 변칙적인 상황이 사실은 이후 역사의 선구자적인 움직임이자 선례였다고 하는 것은 고금의 역사에도 예가 있다. 예를 들어 고다이고後醍醐 천황의 얼핏 보면 엉뚱한 정치는 그 후 아시카가 요시미쓰足利義滿의 선례가 되는 요소도 있음을 알 수 있다. 또 가마쿠라시대의 정치는 쇼군將軍 전제→합의정치→도쿠소得宗 전제로 지그재그로 변천하였다고 이해되는 경우가 많지만, 이 또한 정권 구조의 변화가 아니라 행정 시스템·관료제의 성숙함을 보여주는 것으로 이해되기에 이르렀다.[18] 혹은 블러디 메리라는 호칭으로 유명한 영국의 메리 1세도 그 정치가 다음 왕인 엘리자베스 1세에게 계승되어 가는 측면도 있음이 지적되고 있다.[19]

8세기 나라시대가 덴무계 황통이었던 데 반해, 고닌·간무의 즉위를 통해 덴지계로 황통이 옮겨져 헤이안시대의 막이 오른다는 것이 일반적인 역사인식일 것이다. 그러나 이러한 구분으로는 나가오카경長岡京 시기는 어떻게 되는가, 몬무文武 천황과 천도 이전의 겐메이元明 천황 시기는 무슨 시대인가 하는 잘 들어맞지 않는 사례가 발생하게 된다. 애초에 정권 소재지로 시대를 구분하는 데 역사학적 타당성이 있는가 없는가는 가마쿠라·무로마치시대 등과 같은 명칭에 대해서 생각해 보더라도 의문인 것은 말할 것도 없다.

다이카 개신으로 시작되는 율령제 도입이 다이호 율령에 의해 확립되는 것처럼 4자 연호 시대로 나타난 양상도 결실을 맺는 것은 8세기 말의 간무 천황 시기의 일이지만, 획기적인 변화의 시기는 역시 그 수십년 전 시기로 보아야 한다. 덴지계로의 교체와 천도 등 여러 모로 전환기로 보이기 쉬운 간무 천황 재위기이지만, 간무 이후의 전제성은 쇼무·고켄이나 고묘光明 황후·후지와라노 나카마로藤原仲麻呂 등으로부터 시작되는 것으로 보아야 한다.

(3) 전환기로서의 닌묘 천황 시기

견당사의 폐지는 894년에 스가와라노 미치자네菅原道眞가 건의한 것으로 유명하지만, 실제로는 수십년 전인 조와承和 연간(834~848)의 견당사가 마지막이었다. 그 결과 국가에 의한 무역

---

18) 保永眞則「鎌倉幕府の官僚制化」『日本史研究』506, 2004.
19) 指昭博『イギリス宗教改革の光と影』ミネルヴァ書房, 2010.

관리의 멍에가 벗겨지고, 민간 교역에 의한 사람·사물·정보의 수출입이 증대한다.

9세기는 문화의 명칭과 편찬된 격格·식式의 이름을 따라 고닌弘仁·조간貞觀이라고 총칭되는 경우가 많지만, 최근에는 고닌과 조간 사이의 조와기가 전환기로서 주목받고 있다.[20] 정치·경제·사회·문화 등 다양한 관점에서 분석이 진행되고 있으며, 정치사적으로도 준나淳和·사가嵯峨 태상천황太上天皇의 죽음을 계기로 하여 조와의 변이 일어나, 후지와라노 요시후사藤原良房에 의한 정권 주도가 시작되었던 점으로 보아도 이른바 전기 섭관기의 시작으로 시대를 구분하는 데는 어느 정도의 설득력이 있음이 인정된다.

간무 천황 시기를 전환기의 시작점으로 보는 이해에서는 그 후의 고닌·조간을 포함한 1세기가 하나의 시대로 파악되며, 다음 세기 초엽인 엔기 연간의 국제 개혁이 전환기로 간주되었다. 그러나 9세기 중엽인 조와기를 전환점으로 여기는 경우, 10세기 초엽 전후의 정치 개혁은 조와 이래로의 흐름 속에 자리를 잡게 된다.

(4) 중세로의 전환

1990년 전후가 되어 전환기를 10세기 초엽이 아니라 중반으로 잡는 연구가 나오게 되었다.[21] 논자에 따라 10세기 중엽 이후를 고대와는 다른 새로운 시대의 시작으로 볼 것인가, 고대의 후기(후기 율령국가)로 볼 것인가의 차이는 있지만, 둘 다 10세기 초엽의 개혁을 전대부터 계승된 것으로 평가하는 점은 공통된다.

이 논자들에게는 전환기에 대해서는 10세기 중엽·10세기 후반·10세기 말로 견해가 나뉘지만, 정치적으로는 969년에 발생한 안나安和의 변이 역시 전환점이 될 것이다. 섭관의 상설과 천황 시호 등 무라카미村上 천황 이전과 레이제이冷泉나 엔유圓融 천황 이후로 변용이 있는 것은 이전부터 지적되고 있는데, 섭관제에 대해서는 후지와라노 가네이에藤原兼家의 무관無官 섭정攝政 창시創始도 주목받는다. 또한 무라카미 천황 시기의 덴토쿠天德 연간 내리內裏의 화재와 우린인雲林院 공양供養에서 전환기를 발견하는 연구자도 있고, 나아가 후지와라노 다다히라藤原忠平 정권, 즉 조헤이承平·덴교天慶기의 정치에서 변화를 찾는 논의도 있다.

어느 쪽이든 간에 이른바 엔기·덴랴쿠의 치治로 대표되는 9세기 말 닌나仁和·간표寬平 이래로 율령제적 시책은 포기되고, 중세적인 분권分權에 의한 작은 국가가 채용된다. 국정의 많은 부분이 각종 단체들에게 위임되었고, 중앙 정부가 직접 파악하는 것은 겨우 수도와 그 주변 지역이 되었다. 왕가王家는 어원사御願寺나 능묘 같은 종교 장치를 사용하여 그 권력·권위의 유지와 계속을 꾀하였고, 정치·경제·사회·문화(권문체제·장원제·현밀체제)의 모든 것이 그것에 들러 붙어서 전개된다. 불교도 중세적인 전개를 보이고 무사가 새로운 권문으로 출현한다. 그들의 역사적 전환기가 언제인가, 또 그 전환이 어떠한 것이고 어떠한 역사적 의의를 찾을 수 있는지에 대해 앞으로의 연구가 진척되기를 기대한다.

---

20) 角田文衛 監修 『仁明朝史の研究』 思文閣出版, 2011.
21) 吉川眞司 「律令官人制の再編」 『日本史研究』 320, 1989; 「特集 平安時代の國家システム」 『日本史研究』 339, 1990.

(3) 시대구분론과 역사인식

세기 초를 전환기로 볼 것인가, 세기 중엽 전후로부터 전환점을 발견할 것인가, 이 두 가지 견해는 단순히 전환기의 시기가 반세기 차이가 난다는 식의 논의는 아니다. 여기에는 역사라는 것에 대한 인식 방법의 차이가 존재한다. 즉 전자의 논의는 일본이 후진국이었고, 더 나아가 1945년 이후 역사학의 일부에서 활발히 논의되었던 사적 유물론에서 말하는 미개 상태였으며 중국·율령은 문명이라는 이해를 전제로 한다. 그리고 역사는 진보해 나가는 것이라는 사고방식이 배경에 있다.

이에 반해 세기 중엽을 전환기로 보는 논의에서는 역사를 점점 진보·진전해 나가는 것으로는 보지 않는다. 새로운 것과 오래된 것은 어느 쪽도 선진적이거나 후진적인 것이 아니고, 시대는 이전과는 다른 것으로 이행한다는 사고방식이다. '오래되었다', '새롭다'가 반드시 '앞서 있다', '뒤쳐졌다'와 즉자적으로 같지 않다는 인식 하에, 씨성제에서 율령제, 그리고 율령제에서 권문체제로 시대가 전환하였다고 파악하는 것이다.

이러한 논의의 차이는 관동과 관서의 학풍 차이에 연원을 두는 바가 있는 것일까? 혹은 냉전체제와 그 붕괴 같은 동시대적 배경이 영향을 끼치고 있는 것일까? 그것은 앞으로의 사학사 연구에 맡겨진 과제일 것이다.

3 고대편의 편집 방침

같은 인물에 대한 호칭법 등이 집필자들 간에 다른 경우가 적지 않게 존재하지만(천황과 오키미 등), 통일시키지는 않고 집필자가 기재한 대로 두었다. 주注에 대해서도 최소한의 정리만 하였을 뿐이고 어떤 단어에 주를 달 것인지, 어떻게 해설할 것인지는 집필자 분들께 맡겼다. 전체적인 통일을 꾀하려고 하면 오히려 각각의 논고 서술이 통일성을 잃을 것을 우려했기 때문이다. 새로운 교과서를 지향하는 이 책이 목적으로 삼은 바의 의도를 짐작해 주신다면 다행이겠다. 본문에 대해서도 연대 등의 숫자를 아라비아 숫자로 적는 등 최소한의 조정 이외에는 건드리지 않았다. 각 항목의 집필자도 또한 한 사람의 논자이며, 결코 논의를 제3자적으로 심판하는 것이 아니다. 그 논자로서의 자세가 각 원고에 드러나는 것은 당연하며, 통일을 강제하는 것은 아니라고 생각한다. 역사는 무엇보다도 서술하는 것이 본분이기 때문이다.

역사는 과거를 복원하는 것이 아니다. 과거와 현재의 끊임없는 대화에 의해 역사인식은 나날이 바뀌어 간다. 고대사도 결코 현재와 무관하지 않다. 현재 그리고 미래에 대한 인식에 의해 고대에 대한 인식도 바뀐다. 이번에 선정한 항목은 그 중 극히 일부에 지나지 않는다. 특히 여성 연구자, 외국인 연구자에 대한 집필 의뢰가 소수에 그친 것은 담당자로서 매우 부끄럽게 생각한다. 도성제론 등 빠뜨린 논점도 적지 않다. 각 논고를 출발점으로 하여 독자 여러분들이 각자 흥미를 가지는 특정 분야에서 고대에 대한 인식을 심화시키기를 희망한다.

01. 조몬시대
언제 시작되었는가, 농경은 이루어졌는가, 격차는 있었는가

야마다 야스히로 山田康弘*) 집필 / 김현경 번역

관련항목: I-2 [p.32] I-3 [p.35]

〔논의의 배경〕

오랫동안 조몬시대는 수렵·채집·어로를 중심으로 한 식량 채집 경제 단계에 있었다고 여겨져 왔다. 또한 그 때문에 생산성도 낮고, 사회적으로도 평등사회라고 생각되어 왔다. 그렇지만 작금의 발굴조사·연구 성과를 통해서 조몬시대에 농경과 계층사회가 존재했다는 주장도 제기되기에 이르렀다. 또 지금까지 조몬시대·문화는 최종빙기[1] 종료 후의 기후 온난화에 적응한 결과 꽃핀 것으로 파악되어 왔지만, AMS[2]를 사용한 고정밀도 연대 측정법이 개발됨에 따라 토기의 출현이 최종빙기 중으로까지 거슬러 올라감을 알 수 있었고, 조몬시대는 온난화와 함께 시작되었다고 하는 견해에 대해 재고가 필요하게 되었다. 이처럼 현재의 고고학계에서는 사회발전단계설[3]의 한 단계로서 설정된 종래의 조몬시대의 틀을 재검토하는 움직임이 두드러지고 있다.

〔논점〕

(1) 조몬시대는 언제 시작되었는가

지금까지 조몬시대의 시작은 토기의 출현을 지표로 삼았고, 그것이 1만 5000년 전부터 시작된 기후온난화에 의한 식물성 식량의 이용 개시와 연결되는 것으로 이해되어 왔다. 그렇지만 아오모리현 오다이야마모토 大平山元 I 유적에서 출토된 토기에 부착되어 있던 탄화물을 AMS로 연대측정해보니 대략 1만 6500년 전이라는 연대가 나왔고, 토기의 출현은 온난화 이전인 최종빙기까지 거슬러 올라감이 판명되었다. 이로부터 조몬시대는 언제 시작되었는가 하는 논의가

---

*) 도쿄도립(東京都立)대학 인문사회학부 교수 | 선사학
1) 최종빙기: 현재로부터 가장 가까운 시기에 끝난 빙기(빙하기). 최종빙기는 대략 1만 5000년 전에 종료되었고, 온난화로 전환되었다고 추정된다.
2) AMS: 가속기질량분석(Accelerator Mass Spectrometry)의 약어. 동식물에 포함되어 있는 방사성 탄소 14는 양이 절반으로 줄어들기까지 대략 5730년이 걸린다. 따라서 출토된 동식물이나 탄화물에서 탄소 14의 남은 양을 측정함으로써 그 자료가 지금으로부터 몇 년 정도 이전의 것인지를 알 수 있다. 이 방법을 탄소 14 연대 측정법이라고 부른다. AMS를 이용하면 매우 적은 양의 탄소로도 연대 측정이 가능해지며, 또 매우 짧은 시간 안에 측정이 가능해진다.
3) 사회발전단계설: 사회 전체의 역사적 발전 과정에 몇 가지 단계를 구분하여, 사회 발전의 법칙을 밝히려고 하는 이론. 예를 들면 경제 단계에 착안하여 조몬시대=식량획득경제에서 야요이시대=식량생산경제로 발전했다고 보는 견해.

활발해졌고, 현재로서는 그 시작을 크게 세 가지 입장에서 파악하게 되었다. 첫 번째 설은 토기의 출현으로 구석기시대와 조몬시대를 구분하는 입장이다. 토기의 출현을 중요시하고, 토기가 달성한 역사적 의의를 크게 파악하는 입장이기도 하다. 따라서 조몬시대의 시작을 1만 6500년 전으로 보는 설이다. 두 번째 설은 토기의 일반화·보급을 조몬시대의 시작으로 보는 입장이다. 이 경우 조몬시대의 시작은 대략 1만 5000년 전, 즉 온난화가 시작된 무렵이 된다. 세 번째 설은 패총貝塚의 출현이나 본격적인 정주생활의 개시 등, 이른바 조몬문화적인 생업·거주형태가 확립된 단계를 가지고 조몬시대의 시작으로 보는 입장으로 대략 1만 1500년 전이 된다. 중요한 것은 어느 쪽이 맞는가 하는 것이 아니고, 구석기시대에서 조몬시대로의 이행은 결코 급격한 것이 아니라, 점차 온난화가 진행되는 환경에 대한 적응 속에서 5000년이나 되는 긴 시간에 걸쳐 천천히 잇따라 일어난 변화로 파악하는 것이다.

(2) 조몬시대에 농경은 이루어졌는가

조몬 토기의 표면을 상세히 관찰하면, 지름 5mm~1cm 정도 되는 작은 구멍을 발견하는 경우가 있다. 이 구멍에 실리콘을 주입하고, 끄집어낸 실리콘을 전자현미경으로 관찰하였더니 대두大豆와 팥 등의 콩류가 남긴 흔적이 있었음이 최근의 연구에서 밝혀졌다. 현재로서는 이와 같은 콩류의 흔적이 있는 토기가 많은 유적에서 발견되기에 이르렀고, 조몬시대에 상당량의 콩류가 재배되고 있었다고 추정할 수 있게 되었다. 이로써 조몬시대에 농경이 이루어졌다고 주장하는 연구자도 있지만, 우선은 당시의 식생활에서 콩류의 섭취 비율이 어느 정도였는가, 메이저 푸드[4]일 수 있었는가를 생각할 필요가 있을 것이다. 또한 농경의 존재를 증명하기 위해서는 경작 지점(밭)의 흔적을 찾고, 그 검토를 행하는 일을 빼놓을 수 없는데, 조몬시대의 확실한 밭은 아직 발견되지 않았다. 따라서 현재의 연구 단계로서는 아직 작물의 확정만이 가능할 뿐, 농경의 존재를 증명하지는 못했다. 게다가 이와 같은 콩류가 조몬시대의 관동關東와 주부中部 지방의 대형 취락을 유지하였다고 하는 설도 있지만, 그 점에 대해서도 현상태로서는 증거가 불충분한 가설의 영역을 벗어나지 못한다고 하겠다. 또 학술사적으로는 식량채집경제 단계를 조몬시대, 식량생산경제 단계를 야요이시대로 구분해 온 경위가 있고, 만일 오늘날 조몬시대라고 부르고 있는 시기에 농경이 존재했다고 하더라도, 그것을 조몬시대의 농경이라고 부르는 것은 불가능하다는 패러독스에도 주의해 둘 필요가 있다.

(3) 계층화 사회는 존재했는가

조몬시대의 사회는 오랫동안 평등사회였다고 이야기되어 왔지만, 지금까지의 발굴조사, 특히 조몬시대 후기의 홋카이도北海道 기우스キウス 주제묘周堤墓[5]와 가린바カリンバ 유적 등에서 다수의 장신구와 부장품이 나왔고, 또 평등사회의 산물이라고는 생각하기 어려운 대규모 무덤도 발견되었다. 예를 들면 가린바 유적에서는 붉은 칠을 발라 장식한 빗과 같은 방식의 손목

---

[4] 메이저 푸드: 조몬시대의 식량 중 양적으로 가장 많이 섭취되었던 식량. 일상생활을 영위하는 데 있어 중심적인 식량을 말함.

[5] 주제묘: 지면을 원형으로 깊게 파고 그 주변에 흙을 고리 모양으로 높게 쌓아올린, 위에서 보면 도넛 같은 모양을 한 조몬시대의 무덤. 큰 것은 지름 70m, 높이 5m를 넘는다.

장식·허리 장식 등 다종다양한 장신구·부장품이 다량으로 출토되었는데, 그 대부분은 묘지의 남쪽에 위치하는 규모가 큰 특정 무덤군에 집중된다. 이와 같은 상황은 조몬 사회가 단순한 평등사회였던 것이 아니라, 경우에 따라서는 계층화되어 있었을 가능성을 보여준다. 그렇지만 이와 같은 무덤은 이어지는 조몬시대 말기의 유적에는 보이지 않게 된다. 이 사실은 조몬시대 후기에 일시적으로 계층화를 동반한 특수한 사회 상황이 나타나기는 했지만, 그것이 장기간에 걸쳐 계속·발전되지 않았음을 말해준다. 왜 그러할까? 유력한 답은 바로 적은 인구이다. 당시 취락의 인구 규모는 100명 이하로 추정되며, 그러한 상황 하에서는 일시적으로 계층이 출현했다고 해도 그것을 항상적으로 유지할 수는 없었을 것이다. 어찌되었든 조몬 사회는 처음부터 끝까지 단순하고 평등한 사회였던 것이 아니고, 지역과 시기에 따라 계층화하는 등 사회복잡화가 발생하며, 복잡화와 단순화를 반복하면서 주기적인 움직임을 보였다는 것이 실태일 것이다.

탐구 포인트

① 구석기시대에서 조몬시대로의 이행을 어떻게 파악해야 할 것인가?

② 조몬시대의 식물 재배를 어떻게 평가해야 할 것인가?

③ 조몬시대에 보이는 무덤과 부장품의 격차를 어떻게 이해해야 할 것인가?

④ 조몬시대를 일률적으로 식량 채집의 단계, 평등사회라고 생각하는 것은 타당할까?

참고문헌

小林謙一·工藤雄一郎 編著『縄文はいつから!?』新泉社, 2012.

小畑弘己『タネをまく縄文人』吉川弘文館, 2015.

山田康弘『縄文時代の歴史』講談社, 2019.

02. 야요이시대의 열도 사회
야요이 문화란 어떠한 것이었나

후지오 신이치로^{藤尾愼一郎*)} 집필 / 김현경 번역

관련항목: I-1^[p.29] I-3^[p.35]

〔논의의 배경〕

빙기가 끝나고 따뜻한 후빙기가 되자, 홋카이도부터 규슈까지의 조몬 사회와 오키나와^{沖繩}의 패총 사회는 각각의 생태계에 고도로 적응한 채집·어로·수렵·재배 생활을 하고 있었다. 기원전 11세기에 한반도에서 무논^{水田} 벼농사를 행하는 청동기사회가 출현하자 조몬 사회와 패총 사회의 대응은 셋으로 갈린다. ①규슈부터 도호쿠^{東北} 중부까지의 사람들은 700년 정도 걸려 무논 벼농사와 문화를 받아들이고, 고분시대로 전환해 간다. ②도호쿠 북부는 무논 벼농사를 일부분은 받아들였지만 겨우 300여 년 만에 포기하고, 원래 생활로 되돌아가고 만다. 이후 고대까지 농경을 행한 적은 없다. ③홋카이도와 사쓰난^{薩南}제도 이남의 사람들은 무논 벼농사를 받아들이지 않고, 해양 자원에 더욱 치우친 채집·어로 생활을 하기를 선택하였다. 쌀과 철 등 필요한 물건은 혼슈나 규슈와의 교류로 입수하고 있었다. 이 중 ①과 ②를 야요이 문화로 파악하고, 둘 사이에 나타나는 차이를 지역성으로 생각하는 농경문화복합론[1]과, 야요이 문화와 그 밖의 다른 여러 개의 문화로 파악하는 다문화론[2]이 제시되었다. 전자는 야요이 문화를 무논 벼농사라는 생업으로, 후자는 생업뿐만 아니라 사회·제사까지 포함하여 야요이 문화를 규정한다는 점에서 다르다. 과연 열도 안에서 무논 벼농사를 행하는 문화는 모두 야요이 문화로 이해할 수 있는 것일까?

〔논점〕

---

*) 국립역사민속박물관 교수 | 선사고고학
1) 농경문화복합론: 야요이 문화는 다양한 곡물 재배를 행하는 문화가 모인 기원전 10세기부터 기원후 3세기까지의 혼슈·시코쿠·규슈 문화로, 이 기간 중에 단기간이라도 곡물 재배를 행했다면 그 지역은 그 기간 중에 줄곧 야요이 문화에 속해 있는 것으로 여겨졌다. 생업·사회·제사에 보이는 차이는 모두 야요이 문화의 지역성으로 파악한다.
2) 다문화론: 기원전 10세기부터 기원후 3세기까지의 일본 열도에서는 무논 벼농사를 행하지 않는 조몬 문화, 속조몬 문화, 패총 후기 문화 이외에도 무논 벼농사에 대한 대응을 달리 한 3개의 무논 벼농사 문화(규슈~호쿠리쿠·관동, 도호쿠 중·남부, 도호쿠 북부)가 있었다고 생각한다. 야요이 문화는 규슈~호쿠리쿠·관동의 무논 벼농사 문화로 지역적으로 한정된 문화이다.

(1) 고전적 이해

진秦·한漢이라는 이미 철기시대에 들어가 있던 동아시아세계의 가장 바깥쪽 세계에서, 야요이시대는 기원전 3세기에 초기 철기시대[3]로서 시작되었다. 무논 벼농사는 겨우 먹고 사는 생활을 보내고 있던 각지의 조몬인에게 받아들여져, 겨우 150년 만에 도호쿠 북부까지 퍼져나갔다. 서늘한 기후 등의 다양한 이유로 무논 벼농사를 행할 수 없어 채집·수렵생활을 계속한 홋카이도와 오키나와를 제외한 혼슈·시코쿠四國·규슈의 야요이 사회는 농업을 시작한 지 겨우 1000년 남짓만에 고대국가를 성립시키는 세계에서도 드문 선사사회로 평가받는다. 야요이시대는 무논 벼농사라는 생산 수단을 손에 넣은 열도 사람들이 고대국가 성립을 향해 스타트를 끊은 시대였던 것이다.

(2) 무논 벼농사를 행하고 있으면 야요이 문화인가

야요이시대의 계속 기간이 약 700년에서 약 1200년간으로 배로 늘어난 야요이 장기 편년編年[4] 하에서는 무논 벼농사를 좀처럼 받아들이지 않았던 조몬인과, 채용해도 얼마 뒤에는 그만두고 마는 사람들이 있었다는 새로운 시대관이 태어났다. 한편 무논 벼농사 개시 후 100년 이내에 농경사회가 성립하고, 기원전 4세기 이후에는 청동기 제사도 시작되어 기원후 3세기 후반에 고분시대로 이행한 서일본西日本의 야요이시대상은 변하지 않는다. 혼슈에서 가장 늦은 무논 벼농사가 주부·관동 지방에서 시작된 것은 규슈 북부에서 무논 벼농사가 시작되고 나서 700년이나 뒤의 일이다. 그 사이 조나 수수를 재배하고는 있었지만 생활 자체는 조몬시대와 그다지 달라진 것이 없었다. 그러나 무논 벼농사를 시작하자 도카이東海 이서以西와 마찬가지로 고분시대로의 길을 걷기 시작했다. 도호쿠 북부의 사람들은 주부·관동보다도 약 150년 빠르게 무논 벼농사를 시작하기는 했으나, 300년 정도 이어진 뒤 강수량의 증대에 따른 한랭화를 계기로 그만두게 되며 원래의 채집생활로 돌아가고 만다.

이와 같이 야요이시대의 혼슈·시코쿠·규슈에는 고전적 이해와 들어맞는 지역도 있는 반면, 그렇지 않은 지역이 여럿 있음을 알 수 있게 되었다. 이 모든 것을 야요이 문화의 지역성으로 이해하는 견해도 있는 한편, 야요이 문화는 고전적 이해가 적용 가능한 범위로 한정된다는 생각도 있다. 전자는 야요이 문화의 다양성으로 파악하고, 후자는 야요이 문화를 열도의 무논 벼농사 문화 중의 하나로 생각한다. 전자는 야요이 문화의 특징을 무논 벼농사라는 생산 수단에서만 찾는 것이고, 그렇다면 같은 시기의 한반도 남부에서 무논 벼농사를 행하는 지역이 야요이 문화가 아니라는 근거를 '한반도의'라는 지리적 조건에서 찾아야 한다. 섬나라가 아니라면 성립하지 않는 논의이며, 실로 일국사관의 고고학이라는 비판을 면치 못한다. 한반도

---

[3] 초기 철기시대: 석기와 철기를 병용하고 야금을 행하지 않는 단계를 초기 철기시대라고 한다. 야요이 토기에는 당초부터 철기가 동반되어 있었으므로, 야요이시대는 초기 철기시대로 시작되었다고 여겨져 왔지만, 무논 벼농사가 500년 정도 빨리 시작된 것이 알려진 오늘날에는 철기가 나타난 야요이시대 전기 말부터가 초기 철기시대라고 여겨지게 되었다.

[4] 야요이 장기 편년: 기원전 3세기부터 기원후 3세기까지 약 600년간 이어진 야요이시대를 야요이 단기 편년이라고 하는 데 반해, 기원전 10세기부터 기원후 3세기까지 약 1200년간 이어진 야요이시대를 야요이 장기 편년이라고 한다. 모든 토기 형식의 존속이 균등했던 단기 편년에 비해, 장기 편년 하에서는 모든 토기 형식의 존속폭이 불균등해지고 그 차는 1:6에까지 이른다.

남부의 무논 벼농사 문화와 야요이 문화를 구별하기 위해서 생산 수단 이외의 고고학적 증거가 필요하다고 생각한다.

(3) 주변의 여러 문화들

혼슈·시코쿠·규슈에서 무논 벼농사가 행해지고 있던 시대에 홋카이도와 사쓰난·아마미奄美·오키나와·미야코宮古·야에야마八重山제도에서는 채집·어로·수렵 생활이 이어지고 있었다. 기원전 4세기 전반 이후 홋카이도에서는 속조몬 문화續繩文化5)가 퍼져나가고, 기원전 10세기 이후 아마미 이남 지역에서는 패총 후기 문화6)가 시작되었던 것이다. 이 지역들에서도 무논 벼농사를 행하고 싶어했지만, 어쩔 수 없이 불가능했다는 것이 고전적인 이해였다. 그러나 오늘날에는 무논 벼농사를 선택하지 않고 그 지역의 생태계에 가장 적합한, 그 중에서도 바다에 크게 의존하는 생업과 교류에 의해 살 길을 선택했다고 추정하게 되었다. '속조몬'은 문화이고 '패총'이 시대인 것은, 오키나와에서는 중세에 류큐琉球 왕국이라는 국가가 성립했지만 홋카이도에서는 독자적인 국가가 성립하지 않았던 점과 무관하지 않다. 혼슈·시코쿠·규슈에 야요이시대가 설정되는 것도 고대에 국가가 성립한 이래로 현재까지 계속되고 있기 때문이다. 야요이시대의 열도 사회라는 제목으로 오키나와와 홋카이도를 언급하는 것도 현재의 일본 국가가 성립하는 과정의 역사라는 입장을 갖고 있기 때문이다. 어느 쪽이든 간에 기원전 10세기부터 기원후 3세기까지의 야요이시대와 그 병행기의 열도 사회는 국가 성립 이전이며, 야요이 문화, 조몬 문화(야요이시대의 혼슈·시코쿠·규슈에서의 채집·수렵 문화), 속조몬문화(홋카이도), 패총 후기 문화(아마미·오키나와)라는 여러 개의 문화가 병존하는 선사시대였던 것이다.

> **탐구 포인트**
> ① 동아시아 청동기 문화권의 가장 바깥쪽에서 성립된 야요이 문화의 의미란 무엇일까?
> ② 야요이 장기 편년 하에서 야요이시대관이란 어떠한 것인가?
> ③ 혼슈·시코쿠·규슈에서 무논 벼농사를 행하는 문화는 모두 야요이문화인 것일까?
> ④ 일본사에서 생산 경제로의 전환을 어떻게 평가해야 할 것인가?

참고문헌

藤尾愼一郎 『彌生時代の考古學』 講談社, 2015.

設樂博己 編著 『農耕文化複合』 雄山閣, 2019.

藤尾愼一郎·松本武彦 編著 『再考! 繩文と彌生』 吉川弘文館, 2019.

---

5) 속조몬 문화: 기원전 4세기 전반에 홋카이도에서 성립된 문화. 조몬 문화와 마찬가지로 채집·어로·수렵 생활을 하고 있던 점에는 차이가 없지만, 어로 활동에 더 중점을 두고 있었다. 전기는 해양 어로에 중점을 두고 있었지만, 고분시대와 병행하는 3~5세기에는 하천을 거슬러 올라오는 연어·송어 낚시에 중점을 둔 내륙 하천 어로에 중점을 두게 되었다.

6) 패총 후기 문화: 아마미·오키나와를 무대로 기원전 1000년대 전반에 시작된 문화로, 산호초에서 잡히는 어패류의 채집에 중점을 둔 생활을 하고 있었다. 특히 남쪽 바다에서 나는 대형 고둥을 소재로 만들어진 팔찌는 규슈 북부의 수장층들이 귀중하게 여겼기 때문에, 쌀이나 철과 대형 고둥을 교환하여 입수할 수 있었다. 이 시대는 10세기 무렵인 구스쿠시대까지 계속되었다.

03. 야마타이국
어떻게 야마토 정권이 되었는가

니시모토 마사히로西本昌弘*) 집필 / 김정래 번역

관련항목: I-2[p.32] I-4[p.38]

〔논의의 배경〕

『삼국지三國志』의 『위서魏書』 동이전東夷傳 왜인조倭人條(이른바『위지』왜인전)에는 야마타이국邪馬臺國에 대한 서술이 보인다. 위魏나라 239년(경초景初3)[1])에 왜倭의 여왕 히미코卑彌呼가 대방군帶方郡[2])에 사자를 보내 위나라에 조공을 바치겠다고 요청하였다. 위나라 천자는 왜의 사자를 수도인 낙양洛陽에서 맞이하여 히미코를 '친위왜왕親魏倭王'으로 봉하고 금인金印을 사여賜與하였다. 이는 이듬해인 240년(정시正始1)에 대방군의 관리 제준梯儁 등에 의해 왜에 전달되었고, 동시에 청동거울과 각종 견직물 등이 히미코에게 하사되었다. 대방군을 통한 왜와 야마타이국과의 교섭은 247년 무렵까지 이어졌으며, 히미코 사후에는 여왕 도요臺與(이요壹與)가 위나라 말부터 진나라 초인 266년(태시泰始2)까지 중국에 사자를 보냈다. 야마타이국이 약 40년 동안에 걸쳐 중국과 교섭한 사실은 당시 일본 열도 내의 유력한 정치세력이 존재했음을 의미한다. 이 정권의 중추가 어디에 있었는지를 둘러싸고 긴키近畿의 야마토로 보는 설과 북부 규슈로 보는 설 사이에 논쟁이 계속되고 있다.

〔논점〕

(1) 야마타이국에 달하는 여정

『위지』왜인전에는 대방군에서 야마타이국으로 가는 여정이 방위, 이수里數, 일수 등으로 표시되어 있다. 도중의 이토국伊都國·나국奴國·후미국不彌國 등은 후쿠오카현 북부로 비정해도 문제가 없다. 문제는 후미국에서 출발하여 '남쪽으로 물길로 20일南水行二十日' 거리에 있는 쓰마국投馬國, 쓰마국에서 더 나아가 '남쪽으로 물길로 10일, 육로로 1개월陸行一月' 거리에 있는 야마타이국을 어디로 볼 것인가 하는 점이다. 방위인 '남南'을 '동東'으로 바꿔 읽는 것이 긴키설이며, '육로로 1개월'을 '육로로 1일' 등으로 수정함으로써 일수를 단축하는 것이 규슈설이다.

---

*) 간사이대학 문학부 교수 | 일본고대사

1) 239년(경초3):『위지』왜인전에는 '경초 2년'이라 기록되어 있다. 현재까지 전해지는『위지』의 가장 오래된 판본은 12세기의 것이지만, 그 이전에 성립된『양서(梁書)』왜전(倭傳),『한원(翰苑)』의 주(注),『일본서기(日本書紀)』의 분주(分注) 등에 인용되어 있는「위지」에는 '경초 3년'이라고 되어 있으므로 경초 3년이 맞다고 추정된다.

2) 대방군: 후한(後漢) 말의 건안(建安) 연간(196~220)에 요동(遼東)을 지배하였던 공손강(公孫康)이 낙랑군(樂浪郡)의 남부에 설치한 중국의 군(郡). 238년에 위나라가 이를 접수하였고 진(晉)나라로 계승되었으나. 313년에 한인(韓人)·예인(濊人)에게 멸망되었다. 당초의 군치(郡治, 군의 관청)는 지금의 서울에 있었던 것으로 생각되지만, 머지않아 황해도(黃海道)로 후퇴하였다.

거리를 계산하자면 후미국~야마타이국 사이는 약 1300여 리가 되므로, 이 거리를 얼마로 어림하는가도 문제이다. 『위지』왜인전의 여정 기사에는 어딘가 시대의 제약에 따른 오인이 있기 때문에 그 오류를 객관적인 근거를 들며 풀어나가는 것이 중요하다.

(2) 긴키설과 고고학적 성과

야마타이국 논쟁에 큰 영향력을 가지는 것은 고고학의 연구성과인데, 최근까지의 발굴성과는 긴키설에 유리한 증거를 제시하였다. 우선 초기 고분에서 출토된 삼각연신수경三角緣神獸鏡3)에는 '경초 3년', '정시 원년' 등 히미코의 사신 파견과 연관된 위나라의 연호가 적혀있는데, 이 거울은 긴키를 중심으로 출토된다. 두 번째로 고분의 출현 연도에 관한 연구가 진행된 결과, 나라현 사쿠라이시櫻井市의 하시하카箸墓 고분4) 등 정형화된 최고最古의 전방후원분은 3세기 중엽에 성립했을 가능성이 높아졌다. 히미코의 죽음과 거의 동시에 하시하카 고분이 축조되어 고분시대의 막이 열렸다고 여겨진다. 세 번째로 하시하카 고분의 바로 북쪽에 위치한 마키무쿠纏向 유적에서 방위와 축선軸線을 갖춘 3세기 전후의 대형 굴립주掘立柱 건물군이 발견된다. 도시적인 양상을 가진 마키무쿠 유적에서는 기비吉備·시코쿠 동부·산인山陰·호쿠리쿠北陸·도카이東海 등 각지의 토기가 출토되며, 서일본에서 널리 많은 사람과 물자가 모이는 유통 거점이었던 것으로 보인다. 삼각연신수경이 중국에서는 아직 발견되지 않았기 때문에 위나라 거울이 아니라 일본산 거울로 보는 의견도 있지만 모델이 되는 거울의 유력한 후보가 낙양에서 발견되었다. 위나라 연호가 적힌 거울이 긴키를 중심으로 분포했다는 사실도 변하지 않는다. 이러한 고고학적 성과는 야마타이국의 왕도가 미와산三輪山의 서쪽 기슭의 마키무쿠 유적 부근에 존재했다는 것을 말한다.

(3) 규슈설의 현재

긴키설이 야마타이국 중추부의 구체적 양상을 밝혀나가고 있는 것에 비해 규슈설에는 이것에 비견할 만한 큰 발견이 이루어지지 않았다. 한때 주목받았던 요시노가리吉野ヶ里 유적은 야요이 전기부터 야요이 후기까지 이어진 최대급의 취락 유적이었지만 그 전성기는 야요이 전기로, 야요이 후기에는 그 세력을 잃었다. 최근 규슈설에서는 야마타이국의 비정지가 일정하지 않고 후쿠오카현의 야나가와시柳川市·미야마시みやま市·구루메시久留米市·야메시八女市·아사쿠라시朝倉市 등으로 후보지가 분산되는 점 또한 문제이다. 3~4세기에는 북부 규슈의 야마타이국 연합과 긴키의 정치연합(훗날의 야마토 정권)이 병존하였으며, 마침내 후자가 전자를 제압하였다고 말하는 논자가 있지만 그런 가설에는 고고학적인 뒷받침이 없어 설득력이 부족하다.

---

3) 삼각연신수경: 거울 테두리의 단면이 삼각형 모양이며, 거울 뒷면에 신선 사상에 기초한 신수(神獸)상을 주조해 만든 대형 거울이다. 명문(銘文)에 '경초 3년(景初三年)', '정시 원년(正始元年)', '낙양(洛陽)' 등 위나라의 연호나 수도명이 적힌 것이 있기 때문에, 위나라가 왜에게 준 특주경(特鑄鏡)이라 여겨지나, 중국에서 왜로 도래한 장인이 제작한 거울이라는 설도 있다.

4) 하시하카 고분: 나라현 사쿠라이시에 있는 가장 오래된 전방후원분이다. 전체 길이는 278m이다. 『일본서기』 스진 천황 재위 10년조에는 미와산의 오모노누시노카미(大物主神)의 아내가 된 야마토토토히모모소히메노미코토(倭迹迹日百襲姬命)의 오이치묘(大市墓)를 하시하카라고 이름 지었다고 되어 있다. 현재 궁내청(宮內廳)이 이 고분을 야마토토토히모모소히메노 미코토의 오이치묘로 확정하여 관리하고 있다. 출토 토기·하니와(埴輪)·무덤 형태로 보아 3세기 중엽에 축조되었다고 여겨진다.

(4) 야마타이국에서 야마토 정권으로

마키무쿠 유적 주변은 『일본서기日本書紀』 등에 보이는 스진崇神・스이닌垂仁・게이코景行 각 천황의 왕궁 자리이기도 하기 때문에, 히미코나 도요의 왕통에서 스진・스이닌 등의 천황 계보로 연결되었을 가능성이 제기되었다. 『일본서기』의 기년紀年[5]을 근거로 하여 스진 천황이 히미코를 보좌하는 남동생이며, 도요의 섭정 등으로 추정하는 설도 있지만, 『일본서기』의 기년을 무조건적으로 신뢰하는 태도에는 의문이 있다. 한편 시라이시 다이이치로白石太一郎는 마키무쿠 지역의 대형 전방후원분 6기를 시기순으로 나열하여 ①하시하카 고분을 히미코, ②니시토노즈카西殿塚 고분을 도요, ⑤안돈야마行燈山 고분(현 스진릉崇神陵)을 스진 천황, ⑥시부타니무코야마澁谷向山 고분(현 게이코릉景行陵)을 게이코 천황의 왕묘로 인정하였다. 현재의 스진・게이코릉을 진짜 스진・게이코릉으로 인정해도 될지는 더욱 조사가 필요하지만, 시라이시설에 의하면 히미코의 왕통은 여러 대를 거쳐 스진 천황으로 이어졌다.

『위지』 왜인전은 야마타이국 '남'쪽에 구나국狗奴國[6]이 있어 양국이 교전했음을 전하고 있다. 긴키설에서는 이 '남'을 '동'으로 바꿔 읽어, 이세만伊勢灣 연안의 노비濃尾평야를 구나국으로 보는 설이 유력하다. 긴키에서 규슈까지는 전방후원분이 발달한 데 반해, 노비평야부터 동일본東日本 지역에 걸쳐서는 전방후방분前方後方墳이 발달했다. 고분의 형태를 달리 하는 정치연합이 서일본(야마타이국 연합)과 동일본(구나국 연합)에 병립하고 있었던 것이 된다. 그런데 4세기 중엽에는 노비평야의 세력도 전방후원분을 만드는 쪽으로 변화하였다. 야마토 정권이 동일본의 구나국 연합을 통합하여 보다 큰 야마토 정권으로 발전한 것을 시사한다. 이렇듯이 3~4세기에 걸친 고분의 동향은 서일본을 통합한 야마타이국 연합이 3세기 중엽에 야마토 정권으로 발전하였고, 4세기 중엽에는 동일본을 통합하여 열도 지배를 확립해 나갔음을 짐작케 하는 것이다.

탐구 포인트

① 야마타이국에 이르는 여정 기사는 어떻게 해석하는 것이 타당할까?
② 고고학의 연구성과는 3~4세기 일본의 통합과정을 어떻게 보여주고 있는가?
③ 당시의 동아시아 정세 속에서 야마타이국의 움직임을 생각해 보자.

참고문헌

福永伸哉 『耶馬臺國から大和政權へ』 大阪大學出版會, 2001.
赤塚次郎 『幻の王國・狗奴國を旅する』 風媒社, 2009.
橋本輝彦・白石太一郎 ほか 『耶馬臺國から大和政權へ』 ナカニシヤ出版, 2014.
洋泉社編集部 編 『古代史研究の最前線 耶馬臺國』 洋泉社, 2015.
岡村秀典 『鏡が語る古代史』 岩波書店, 2017.

---

5) 『일본서기』의 기년: 기년은 특정 기원(紀元)으로부터 셈한 햇수이다. 『일본서기』는 진무(神武) 천황의 즉위 원년인 '신유(辛酉)'년을 기원전 660년으로 하기 위해, 유랴쿠(雄略, 418~479) 이전의 천황 연령을 늘리는 조작을 하였는데, 예를 들면 스진의 즉위 원년인 '갑신(甲申)'년을 기원전 97년으로 하였다. '갑신'은 60년을 주기로 순환하므로 이것을 264년, 324년 등으로 '보정(補正)'하는 설도 있다. 그러나 정확하게 '보정'하기 위해서는 중국・한국 관계 기사 등과의 대비 검토가 불가결하다.

6) 구나국: 『위지』 왜인전에 보이는 국명이다. 야마타이국의 '남쪽'에 있으며 남자가 왕으로 있다. 그 관직으로는 구고치히쿠(狗古智卑狗)가 있고, 여왕국에 속하지 않았다. 247년, 히미코는 구나국의 남자 왕 히미쿠코(卑彌弓呼)와 교전한 일을 위나라에 고하였다. 규슈설에서는 구마소(熊襲)나 히고(肥後)의 기쿠치(菊池) 등에 있다고 보며, 긴키설에서는 노비평야설이 유력시된다.

04. 고분시대와 야마토 정권
고대국가는 어떤 방식으로 성립했는가

히시다 데쓰오菱田哲郎*) 집필 / 김정래 번역

관련항목: I-3[p.35] I-5[p.41] I-6[p.44] I-7[p.47]

〔논의의 배경〕

율령국가 이전의 역사를 어떤 방식으로 구축할 것인지에 대해서는 긴 논의가 있다. 야마토大和 조정의 시대라 불리던 것이 고고학의 진전과 함께 고분시대로 불리게 되면서, 그 시대의 사회 변천 또는 지역 통합과정의 규명이 시도되어 왔다. 또한 쓰데 히로시의 전방후원분 체제[1])설로 대표되는 것처럼 고고학적 사상事象을 통해 국가의 형성과정을 확인하는 연구도 정착되고 있다. 한편『고사기古事記』나『일본서기』에도 많은 기록이 남아있는 시대이기도 한데 그 진위에 대해서는 논의가 계속되고 있다. 엄밀한 사료비판을 강조하는 측에서는 다이카 이전 시대의 사료를 역사적 사실로서 받아들이는 것을 기피해왔다. 그러나 게이타이繼體 천황의 묘소[2])가 이마시로즈카今城塚 고분의 조사에 의해 확인된 것처럼 발굴조사의 성과 등 고고학적 사실로 『고사기』·『일본서기』의 기록을 검증할 수 있게 된 경우도 증가하고 있다. 이러한 상황은 국가의 형성기로 여겨지는 다이카 이전 시대를 고고학과 문헌연구의 두 방식으로써 재구성할 수 있다는 가능성을 시사한다.

〔논점〕

(1) 왕권의 영역의 형성

국가의 필요조건으로는 국민과 영역이 있다. 영역에 대해서는 고고학적 사상으로부터의 접근이 비교적 용이하다. 왕권의 영역으로는 전방후원분의 분포범위가 자주 거론된다. 전방후원분은 야마토 왕권의 지배자 모두가 채용한 형태이며, 규모에 있어서도 왕릉을 정점으로 하는

---

*) 교토부립(京都府立)대학 문학부 교수 | 고고학
1) 전방후원분 체제: 쓰데 히로시가 1989년에「일본 고대국가형성론 서설」에서 제시한 개념. 고분의 무덤 형태와 규모라는 2중 기준으로 순위를 매겨 수장의 계보와 실력의 차이를 상호 승인하는 정치질서로 삼았다. 전방후원분을 정점으로 하는 정치체제의 성립이 국가형성에 있어서도 중요한 역할을 수행했다고 주장하였다. 都出比呂志「日本古代國家形成論序說――前方後圓墳體制論の提唱」『日本史研究』343, 1989.
2) 게이타이 천황릉과 이마시로즈카(今城塚) 고분: 게이타이 천황릉은 오사카부(大阪府) 이바라키시(茨木市)의 오타차우스야마(太田茶臼山) 고분(전체 길이 226m)으로 여겨졌지만, 이 고분에서 중기의 하니와가 출토되었으므로 게이타이천황의 사망 연도인 531년과 시기적으로 큰 차이가 있다. 한편 오사카부 다카쓰키시(高槻市)에 있는 전체 길이 190m의 전방후원분인 이마시로즈카 고분에 사용된 하니와는 6세기 전반의 특징을 지닌다는 점에서 진짜 게이타이 천황의 묘로 추측된다. 조사 결과 둑에 설치된 하니와 제사장소가 발견되어, 하니와 군상을 사용한 제사의 표현이 명확해졌다.

피라미드를 이루고 있어 지배가 미치는 범위를 보여준다는 견해도 뿌리깊다. 5세기에는 이와테현 남부에서부터 가고시마현의 오스미大隅반도에 이르는 범위에 전방후원분이 축조되었다. 그러나 그 최북단과 최남단이 이후의 율령국가의 경계를 넘어선다는 데서 알 수 있듯이 이 범위를 정치적인 영역으로 파악해서는 곤란하다. 왕권의 중심부에 대해 말하자면 대규모의 전방후원분이 축조된 범위에 변동이 있는데, 3~4세기에는 야마토분지에 한정되어 있던 것이 4세기말부터 오사카평야의 모즈百舌鳥 고분군, 후루이치古市 고분군으로 이동했다는 사실이 주목된다. 이 현상에 대해 왕권의 교체[3]라고 생각하는 견해가 있었지만, 고고학적인 검토에서는 고분 축조규격의 계승·하니와埴輪 생산기술의 계속성이 밝혀져 왕권의 기반 영역이 확대된 것으로 평가할 수 있게 되었다.

수공업생산 연구에서도 5세기에 들어서면 오사카 평야에 스에키須惠器의 대규모 생산지인 스에무라陶邑 가마나 대규모 대장간 공방인 오가타大縣 유적이나 모리森 유적이 성립했다는 것이 판명되었고, 말을 생산하는 목장을 포함하여 왕권 슬하의 생산지가 성립했음이 명확해졌다. 이러한 직능을 가지고 왕권에 봉사하는 사람들은 베민部民으로 파악되는데 그 원형은 5세기에는 성립되었다고 봐도 좋을 것이다. 그리고 왕권의 기반 영역도 이 시기에 형성되었음을 알 수 있다.

(2) 왕궁과 호족의 거점

왕궁이 어디에 있었는가는 여전히 수수께끼투성이의 과제이다. 『고사기』·『일본서기』에는 천황의 궁에 대한 기재가 있는데, 그 지명들을 단서로 어느 정도의 추측이 이루어지고 있다. 한편 고고학적으로는 아직 문자자료의 출토를 거의 기대할 수 없기 때문에 고분시대의 궁전 터를 추측하기 어렵다. 유랴쿠雄略 천황의 하쓰세아사쿠라노미야泊瀨朝倉宮에 비정되고 있는 나라현 사쿠라이시 와키모토脇本 유적[4]과 같은 예는 극히 드문 경우이다. 오사카시大阪市의 호엔자카法圓坂 유적[5]에서도 5세기 대의 창고군이 발견되었는데, 이는 나니와노 다카쓰궁難波高津宮과 관련된 유적이라 상정된다. 이 주위에는 스에키 가마나 옥 공방 등의 수공업 공방이 있으며, 또한 주변의 유적에서는 한식韓式 토기 등 도래인의 존재를 보여주는 유물이 많이 출토되어 왕궁에 봉사하는 사람들의 존재가 있었음을 추측할 수 있다. 왕궁의 이름을 받은 베민部民인 나시로名代·고시로子代의 원형을 왕궁 주변의 수공업민이나 도래인으로부터 추측할 수 있을 것이다. 반면에 호족들의 거점은 왕궁보다도 명확하게 판명된다. 호족거관豪族居館·

---

[3] 왕권교체론: 오진(應神) 천황이나 닌토쿠(仁德) 천황은 왕릉을 후루이치 고분군이나 모즈 고분군에 설치하였는데, 이는 그때까지의 야마토 북부의 사키(佐紀) 고분군에서 이동했다는 점에서, 가와치(河內) 왕조라는 명칭으로 왕조 또는 왕권의 교체가 논의되었다. 이 단계에 전환기가 있는 것은 사실이지만, 한편으로는 고분의 규격에 더해 궁전의 위치 등 답습되는 요소가 많아 교체가 실제로 이루어졌는지를 의문시하는 의견도 뿌리깊다.

[4] 와키모토 유적: 나라현 사쿠라이시에 있는 고분시대의 유적. 5세기 후반의 건물군에 더해 6세기부터 7세기의 건물군이 있으며 같은 장소가 반복해 사용되었다. 이 중에서 5세기 후반의 유적을 유랴쿠 천황의 하쓰세아사쿠라 궁에, 7세기 후반의 유적을 오쿠(大伯) 황녀(皇女)의 재궁(齋宮) 유적에 비정하는 의견이 유력하게 받아들여지고 있다.

[5] 호엔자카 유적: 오사카시의 우에마치 대지(上町臺地)에 위치한 7~8세기의 나니와 유적의 범위에 포함된다. 16기의 창고 터가 발견되었는데 각각의 규모가 크고 정연히 늘어서 있어서 왕권이 직접 관리하는 시설로 추측된다. 이러한 점에서 왕궁 기능의 일부로 생각되며 그 연대가 5세기 전반에서 중반 즈음으로 여겨지기에 나니와노 다카쓰궁에 관련된 시설일 가능성이 있다.

수장首長거관이라 불리는 시설로, 고분시대 내내 그 존재가 확인된다. 그 기능은 제사적 요소가 강하고 수리水利의 기점에 입지하는 등 정치 거점이라기보다도 제사장소였을 가능성이 지적된다. 왕권 기반지역에도 같은 종류의 제사장소가 존재하고 있어 제사나 의례를 공유하는 형태로 열도의 통합이 꾀해졌을 가능성이 높다.

(3) 지역지배의 침투과정

6세기의 지역지배로 미야케제屯倉制[p.50]나 구니노미야쓰코제國造制[p.50]가 거론되는 경우가 많다. 구니노미야쓰코에 대해서는 각 지역의 전방후원분의 동향을 통해 검토가 진행되고 있다. 미야케[6]에 대해서는 왕궁의 경우와 같이 문자자료의 출토를 기대하기 어려우며 취락 유적과의 구별이 어렵기 때문에 규슈의 일부의 사례를 제외한다면 대부분 명확하게는 알기 힘들다. 또한 기록에 남아있는 미야케제는 빙산의 일각이라고 생각된다. 다이카 시대에 나카노오에中大兄 황자가 헌상한 미야케만 해도 181개가 있었다는『일본서기』의 기술에서 알 수 있듯이 실제로는 이름을 알 수 없는 미야케가 다수 존재했다는 것이 명확하다. 이와 같이 이름없는 미야케를 추출하는 작업이 중요한데, 미야케가 개발의 거점이었거나 수공업에도 관여하고 있었다고 상정할 수 있기에, 지역사회의 동향을 추적함으로써 미야케의 존재를 추측할 수도 있다. 대형 군집고분의 형성 과정을 추적함으로써 반전에 수반되는 인구이동도 규명할 수 있다. 이러한 것처럼 6세기부터 7세기 전반의 지역사회의 동향을 살피는데 있어서 각지의 미야케의 역할에 주의를 기울이면 고리제評制[p.83] 이후 지역사회의 원형을 복원할 길이 열릴 것이라고 생각한다.

> **탐구 포인트**
> ① 전방후원분으로 대표되는 고분의 형태나 규모는 무엇을 나타내는 것일까?
> ② 수공업 생산에 있어서 5세기라는 전환기의 의의는 무엇일까?
> ③ 왕궁의 구조와 호족거관의 구조의 공통성은 무엇일까?
> ④ 지역사회에서 미야케의 설치가 지니는 의의란 무엇일까?

참고문헌

都出比呂志『前方後圓墳と社會』塙書房, 2005.

菱田哲郎『古代日本國家形成の考古學』京都大學學術出版會, 2007.

下垣仁志『古墳時代の國家形成』吉川弘文館, 2018.

---

6) (규슈의) 미야케 (관련 유적): 후쿠오카시 히에(比惠) 유적에는 정연히 배치된 굴립주(掘立柱)건물군이 6세기 후반으로 거슬러 올라가 나노쓰노 미야케(那津官家, 536)에 관련된 유적으로 상정된다. 고가시(古賀市) 시시부타부치(鹿部田淵) 유적에서도 6세기 후반의 굴립주건물군이 발견되었고 가스야노 미야케(糟屋官家, 528)와 관련된 유적이라고 추정된다.

05. 야마토 정권과 한반도
임나란 무엇이었는가

다나카 도시아키^{田中俊明*}) 집필 / 황수경 번역

관련항목: I-3^[p.35] I-4^[p.38] I-6^[p.44] I-7^[p.47] I-12^[p.62]

〔논의의 배경〕

여기서 '임나任那'[미마나]란 '임나관가任那官家'[미마나노 미야케]를 가리키며 『일본서기』가 그 존재를 기록하고 있다. 고대 한반도에 있었다고 하는 일본의 식민지를 말한다. 예전의 일본 학계에서는 『일본서기』의 주장을 근거로 부연하여 "고대 일본은 4세기 후반에 한반도 남부에 출병하여 그 곳을 점령하여 식민지로 삼아 562년까지 지배했고 이를 위한 통치기관이 '임나일본부任那日本府'였다"라는 식으로 생각하고 있었다. 고대 한반도 남부 지배 경영설, 임나 경영설 등으로 불렸다. 오늘날에는 그렇게 생각하는 연구자는 거의 없어졌다고 해도 되는데, 그렇다면 현실에서의 관계가 어떠했는가에 대해서는 여전히 의견이 갈리고 있다. 애초에 '임나란 무엇이었는가'라는 의문에 대해서는 예전의 일본고대사 학계에서의 임나 경영설 형성의 문제점을 생각하는 경향도 있다. 그러한 자성은 필요하지만 여기서는 '임나 경영설' 이후의 현실 관계를 생각하는 방향성에 대해서 서술한다. 이것은 『일본서기』의 기사를 어떻게 해석하고 어떠한 역사상을 그릴 것인가 하는 문제이다

〔논점〕

(1) 『일본서기』의 특수한 용법

'임나'라고 하는 용어는 본래 가야加耶(가라加羅) 제국諸國의 국명 중 하나로 현재의 경상남도 김해시에 해당한다. 그러나 『일본서기』는 다른 의미로 사용하고 있다. 가야 제국의 범칭 또는 상기와 같은 식민지로서의 '임나' 등이다. 한반도 사료나 중국 사료에 그러한 용법은 전혀 없고, 일본 특히 『일본서기』에 보이는 특수한 용법일 뿐이지만 일본사 연구자는 그 의식이 약하다. 애초에 '임나관가'는 존재하지 않았고 있었을 리도 없지만, 당시 일본에 실제로 그러한 용법이 있었다고 한다면 범칭汎稱으로 보는 견해가 가능하지 않을까? 임나국이 존재하고 있던 당시의 사람들이 잘못 사용했다고 생각하기는 어렵다. 왜국이 가장 일찍 친해진 '외국'이어서

---

*) 시가현립(滋賀縣立)대학 명예교수 | 한국고대사, 고대한일관계사

오랫동안 깊은 관계를 맺고 있었기 때문에 일본 국내에서는 임나국 멸망(532) 이후에 서서히 넓은 의미로 사용하게 된 것일지도 모른다. 그러나 확실하고도 중요한 것은『일본서기』가 매우 특별한 의도를 가지고 그러한 특수한 용법을 취했다는 점이며, 그 점은 이 문제를 생각하는 데에 의식해 두어야 한다.

(2) 『일본서기』의 정밀한 분석

현재의 논점으로서 상기와 같은 예전의 '임나 경영' 존재 여부를 논의할 필요는 없을 것이다. 현실의 가야 제국과 일본의 관계가 어떠했는가가 생각해야 할 대상이다. 그리고 그러기 위해서는『일본서기』의 정밀한 분석이 불가결하다. 관계가 아니라 가야 제국 자체에 대해서 생각하는 경우에도, 의외라고 생각될 지도 모르겠지만 무엇보다도『일본서기』가 현존하는 가장 풍부한 사료이다.

『일본서기』가 전하는 가야 제국과 왜의 관계는 스진기崇神紀 65년조에 보이는 임나국으로부터의 소나갈질지蘇那曷叱知[소나카시치] 파견이 최초이다(스이닌기垂仁紀에도 보임). 다른 가야 제국에 대해서는 진구神功 황후皇后 섭정기인 46~52년조까지 연대가 내려간다. 여기서의 중요한 분석대상은 탁순국卓淳國과의 관계와 가라칠국加羅七國 평정 기사이다.『일본서기』에는 임나국과의 통교 후 탁순국으로 사절이 파견되었고, 이어서 그 나라들을 포함한 7개국을 평정했다. 일찍이 사실로 여겨졌던 '임나 경영'의 시작점은 바로 칠국 평정, 점령 지배이다. 그것을 역사적 사실이라 할 수 있느냐 없느냐를 판가름할 필요가 있다.

그런데『일본서기』의 진구기神功紀·오진기應神紀는 잘 알려진 바와 같이 기반이 된 사료를 간지干支 두 바퀴(60년의 2배인 120) 빠르게 연대를 편성하고 있어서 이것을 복원하는 작업이 우선 필요하다. 그러나 최근에는 그것뿐만 아니라 목라근자木羅斤資라는 백제 장군이 등장하는 기사를 한 바퀴 더(합쳐서 180) 늦추는 수정이 필요하다고 보는 의견이 유력해지고 있다. 그 때문에 그런 연대 수정의 시비를 판단한 다음에 사실인지 아닌지를 생각해야 한다.

(3) 그 밖의 사료

『일본서기』이외에 사료가 있을까? 외국사 혹은 외국과의 관계를 생각하는 것이기 때문에 한쪽의 사료로 재구성하는 것이 이상함을 의식해야 한다. 그러나 대응하는 내용을 지닌 사료는 거의 없는 실정이다. 고구려의『광개토대왕릉비』[1](호태왕비好太王碑)나『송서宋書』[p.44] 왜국전 등 부분적으로 연관된 사료가 있어서 거기에도 주의를 기울여야 하는데, 전체의 흐름 속에서 어떻게 자리매김하느냐가 중요하다. 또한『일본서기』의 관련 기사는 긴메이기欽明紀까지 이어지는데, 그 중심은 이른바 '임나부흥회의任那復興會議' 기사가 되겠다. 게이타이·긴메이기가 되면

---

1) 『광개토대왕릉비』: 고구려 제19대 왕 (광개토대왕)을 현창(顯彰)하기 위해 아들인 장수왕(長壽王)이 414년에 세웠다. 지린성(吉林省) 지안시(集安市)에 있다.

『삼국사기三國史記』[2]) 등 한반도 측의 역사서에서도 관련 기사가 어느 정도 보이게 되니 그와의 대비對比도 필요해진다. 거듭 말할 것도 없이 고고학 자료를 무시할 수는 없다. 전체적으로 한정된 사료밖에 없지만 몇 가지 다양한 사료를 종합적으로 보는 시야가 필요하다.

(4) 앞으로의 전망

『일본서기』를 바탕으로 자국사를 생각하는 것처럼 외국과의 관계를 생각하는 것을 그만두고 어디까지나 외국과의 관계로서 외국 측의 시점도 의식해야 한다는 것에서 시작할 필요가 있다. 가야사의 흐름을 알고 그것에 입각하여 일본과의 관계를 생각한다는 관점이다. 사료적으로 『일본서기』가 중심이 되는 것은 어쩔 수 없지만, 가야사의 입장을 의식하여 임해야 한다.

탐구 포인트

① 한정된 '임나' 관련 기사를 망라하여 파악해 보자.
② 『일본서기』만을 놓고 분석할 때도 『일본서기』의 편자가 어떻게 묘사하려고 했는지, 그렇다면 실제로는 어떠했는지를 생각해 보자.
③ 일본과 깊은 관계를 맺었던 가야의 남부 제국뿐만 아니라 가야 전체의 역사를 파악해 보자.
④ 나아가 한반도의 여러 나라들, 즉 고구려·백제·신라가 어떻게 연관되어 가는가에 대해서도 의식해 보자.

참고문헌

末松保和『任那興亡史』吉川弘文館, 1949.

田中俊明『大加耶連盟の興亡と「任那」』吉川弘文館, 1992.

田中俊明『古代の日本と加耶』山川出版社, 2009.

---

2) 『삼국사기』: 고려 중기인 1145년에 왕명을 받아 김부식 등이 편수하였다. 기전체(紀傳體)로 50권이며, 한반도의 삼국을 다룬 현존하는 가장 오래된 역사서이다.

06. 왜 5왕
동아시아에서의 위치는 어떤 것이었는가

모리 기미유키森公章*) 집필 / 황수경 번역

관련항목: I-4[p.38] I-5[p.41] I-7[p.47] I-12[p.62]

〔논의의 배경〕

『송서』1) 왜국전에 등장하는 왜 5왕(찬讚·진珍·제濟·흥興·무武)과 중국 남조南朝 송宋과의 통교는 『고사기』·『일본서기』의 신빙성이 낮은 시대에 관하여 당시 왜국의 외교와 내정을 알려주는 양질의 사료이다. 동아시아에서는 고구려·백제가 선행하여 대對중국 외교를 전개하였는데 그들과의 비교를 감안하면서 왜 5왕에게 사여된 관작官爵의 의미, 국제적 질서의 실정, 왜국의 국가단계 등을 해명할 필요가 있다.

〔논점〕

(1) 중국 관작의 이해

왜 5왕은 송나라에 희망하는 관작명을 제시하고(자칭), 송나라 측의 판단으로 정규 사여賜與(제정除正)가 이루어졌다. 예를 들면 478년 왜왕 무는 '사지절使持節 도독都督 왜·신라·임나·가라·진한·모한의 육국 제군사諸軍事 안동安東대장군 왜왕倭王'이 되었다. 도독都督 제군사諸軍事호號에 등장하는 한반도 남부 지역에 관해서는 예전에는 고구려 『광개토대왕릉비』[p.42]의 비문에 보이는 4세기 말~5세기 초 한반도로의 출병, 『고사기』·『일본서기』에 묘사된 진구 황후의 '삼한三韓 정벌'이나 6세기에 출현하는 '임나일본부'의 존재 등에 의거하여 왜국이 한반도 남부를 영유하고 있었다는 증거로 보는 견해가 유력했다.

그러나 1970년대에 중국 관작에 대한 연구가 진전되어, 제군사호는 군사권의 위임 뿐이고 민정권民政權은 없으며 왜국이 해당지역을 영토적으로 점유하고 있었음을 보여주는 것이 아니라는 점이 분명해졌다. 또한 1980년대에는 한국 남부의 고고학적 조사가 진행되어 반도 남부의 역사는 가야 제국과 그 흥망으로 설명되었고 '임나'는 금관국金官國, '가라'는 북부 가야인 고령高靈의 대가야를 가리키는 것으로, 왜국의 지배거점·기관으로서의 '임나일본부'의 이미지도 대폭 수정되었다. '진한秦韓'은 진한辰韓, '모한慕韓'은 마한馬韓의 잔존세력이며, 후자

---

*) 도요(東洋)대학 문학부 교수 | 일본고대사
1) 『송서』: 양(梁)나라 심약(沈約)이 488년에 완성했다. 외교문서 등 원사료를 소재로 서술하여 사료적 가치가 높다고 여겨진다.

에 대해서는 마찬가지로 1980년대에 그 존재가 확실시된 전라남도의 전방후원분$^{前方後圓墳 2)}$을 축조한 세력을 이해하는 일이 해명의 열쇠가 되는데, 이 점은 여전히 검토 과제이다.

　장군호^{將軍號}의 서열이라는 점에서는 동아시아의 국가들 중에서는 고구려, 백제, 왜의 순서는 변하지 않았고, 왜국은 자칭한 제군사호에 백제를 넣었지만 송나라는 반드시 이것을 제외하고 있어서 이를 통해 왜국의 국제적 위치를 짐작할 수 있다. 또한 고구려가 평주^{平州}·영주^{營州} 혹은 요동^{遼東} 등의 제군사호, 백제는 자국인 백제의 제군사호만을 제정받은 데 반해, 왜 왜국만 한반도 남부의 넓은 영역에 대한 제군사호를 사여받았는지, 이 지역들은 송나라와 통교관계가 없었기 때문에 송나라가 특별히 신경을 쓰지 않았는지 등, 실제 관계가 어떠했는가를 해명하는 데에는 더욱더 고찰해 볼 필요가 있다.

(2) 국내지배의 여러 단계

　438년에 안동장군 왜왕 진은 왜수^{倭隋} 등 13명에게 평서장군^{平西將軍} 등의 제정을, 451년에 왜왕 제는 23명의 군軍·군郡(장군호와 군태수호^{郡太守號})의 제정을 신청하였다. 이것은 중국의 관작이라는 객관적인 기준으로 왜왕이 국내지배의 정점에 있음을 명시하는 것이고, 히미코^{卑}^{彌呼}의 '친위왜왕^{親魏倭王}'과 마찬가지로 중국 황제의 권위를 이용하여 왕의 지위를 유지하고 통교 창구를 일원화함으로써 자신의 권위를 확립하는 것으로 이어졌다. 또한 휘하에 거느리는 사람들에게 관위 사여를 중개함으로써 부관제$^{府官制 3)}$적 질서를 도입하여 국내 통치체제를 구축하는 것도 기대되었다.

　한편으로 왜왕 진과 왜수는 똑같이 제3품^{第三品}의 장군호로, 불과 한 등급 차이밖에 나지 않는 것도 사실이다. 또한 13명·23명이라는 인원수는 『송서』, 『위서^{魏書}』, 『남제서^{南齊書}』 백제전에서 볼 수 있는 백제의 장군·부관 신청이 최대 10명 정도이고 왕과의 등급 차가 크다는 점을 참고하면, 왜국의 왕권은 왕 그리고 왕에 맞먹는 여러 유력자들로 구성된 것이었다는 특색이 두드러진다.

　부관제 질서의 도입에 의한 국내 지배조직의 구축에 관해서도 고구려에서는 4세기 중엽 동수묘지^{冬壽墓誌}(안악^{安岳} 3호분)와 5세기 초의 모씨진묘지^{某氏鎭墓誌}(덕흥리^{德興里} 고분)를 비교하면, 후자에는 고구려 13등관위제의 관명이 보이고 독자적인 지배체제로의 전환을 알 수 있다. 백제에서도 독자적인 왕후호^{王侯號} 설정이 보이는데 이들과의 비교로 5세기 왜국의 지배조직을 해명하는 것은 더욱 연구가 필요하다.

---

2) 전라남도의 전방후원분: 현재까지는 14기가 확인되었고, 시기는 5세기 후반~6세기 전반이다. 전체 길이가 33~76m로 일본 열도와 비교하면 소형이다. 축조 설계는 규슈 북·중부의 고분과 유사하며 부장품으로는 백제·왜·대가야 등과의 관계를 보여주는 것이 있다.
3) 부관제: 장군호를 사여받으면 장사(長史)·사마(司馬) 등, 장군부(막부)를 떠받칠 이료(吏僚)를 임명할 수 있다.

(3) 왕실의 성과 중국 외교의 행방

중국 사람들에게 성姓은 빼놓을 수 없는 것이고 대중국 외교의 전개 속에서 고구려왕은 고高, 백제왕은 여餘(부여扶餘)라는 성을 칭하며 그것이 왕실의 성으로 정착했다. 왜국의 경우에는 처음에 왜왕 찬이 왜찬倭讚으로 기록되었고 왜수의 존재와 더불어 왕과 맞먹는 지배자층 등이 왜倭라는 성을 공유하는 관계에 있었음을 알 수 있다. 그러나 왜국은 478년을 마지막으로 중국 남조와의 통교를 중지하고, 약 120년 후에 재개된 수隋나라·당唐나라와의 통교에서는 조공하지만 책봉은 받지 않는다는 '불신不臣의 조공국'이 되었다.

따라서 왜라는 성은 정착되지 않고 대왕·천황과 노예에게는 성이 없다는 특이한 상태가 나타났다. 『고사기』·『일본서기』의 인교조允恭朝(왜왕 제로 추정됨) 전승에서는 씨성氏姓 제도의 정비가 묘사되는데, 이나리야마稲荷山 고분 출토 철검鐵劍과 에타후나야마江田船山 고분 출토 대도大刀의 명문銘에 의하면, 5세기의 왜국에서는 우지氏나 가바네姓4)는 성립하지 않았다고 생각된다. 오토모노 무라지大伴連·소가노 오미蘇我臣와 같이 우지·가바네를 합한 것이 성姓[세이]이며, 이것은 대왕·천황이 사여하는 것으로 왜국에서는 6세기에 성립한 것으로 보인다. 성을 수여하는 존재로서의 왕이라는 구조가 어떻게 성립했는지도 고대 국가의 성립과정을 생각하는 데 있어 검토해야 할 과제이다.

> **탐구 포인트**
> ① 한반도 남부와 왜국과의 관계의 실상은 어떠했는가?
> ② 『고사기』·『일본서기』의 천황과 왜 5왕의 관계를 어떻게 생각할 것인가?
> ③ 『고사기』·『일본서기』와 금석문을 더하여 5세기의 양상을 어떻게 복원할 것인가?
> ④ 478년 이후의 중국과의 통교 유무를 어떻게 평가할 것인가?

참고문헌

坂元義種『古代東アジアの日本と朝鮮』吉川弘文館, 1978.

森公章『倭の五王』山川出版社, 2010.

鈴木靖民『倭國史の展開と東アジア』岩波書店, 2012.

河内春人『倭の五王』中央公論新社, 2018.

---

4) 가바네: 왜 왕권 내 호족의 출신이나 서열을 반영한 칭호로, 오미(臣)·무라지(連)·아타이(直) 등 다양한 칭호가 있다. 48쪽 참조.

07. 이와이의 난
왜국의 지배체제에 어떠한 영향을 미쳤는가

요시노 슈지^{吉野秋二*)} 집필 / 강유진 번역

관련항목: I-4^[p.38] I-5^[p.41] I-6^[p.44] I-8^[p.50]

〔논의의 배경〕

게이타이^{繼體} 천황 재위기에 일어난 이와이^{磐井}의 난은 열도에서 일어난 고대의 전란으로서는 임신^{壬申}의 난과 함께 최대 규모의 전란이었다. 일본 고대의 국가사에서 이 사건이 갖는 획기성은 문헌사학계와 고고학계 양측에서 널리 인정된다. 그러나 그 내실에 대해서는 미야케제^[p.50], 구니노미야쓰코제^[p.50]와의 연관성 등을 둘러싸고 연구자 간에 평가가 크게 엇갈린다.

〔논점〕

(1) 고전 학설과 현재의 대세설

이와이의 난에 관해서는 『고사기』・『일본서기』・『지쿠고국 풍토기^{筑後國風土記}』 일문^{逸文1)}에 관련 서술이 있다. 서술이 가장 상세한 『일본서기』에서는 신라로부터 뇌물을 받은 이와이가 오미노 게노^{近江毛野}가 이끄는 신라 정벌군의 도해^{渡海}를 방해한 것을 난의 계기로 본다. 조정은 모노노베노 아라카히^{物部麁鹿火}를 파견하였고, 이와이가 살해되며 난은 진압되었다. 전란 이후 이와이의 아들인 구즈코^{葛子}는 속죄를 위해 '가스야노 미야케^{糟屋屯倉}'(현 후쿠오카시 히가시구^{東區} 및 가스야군^{糟屋郡}으로 비정되는 미야케)를 헌상했다. 또한, 『지쿠고국 풍토기』 일문에는 생전에 이와이가 축조한 묘에 관한 설화적 기술이 있다. 이 묘는 후쿠오카현 야메시^{八女市} 야메^{八女} 고분군²⁾에 있는 이와토야마^{岩戶山} 고분에 비정하는 것이 통설이다.

이와이는 『일본서기』에는 '쓰쿠시노 구니노미야쓰코 이와이^{筑紫國造磐井}', 『고사기』에는 '쓰쿠시노 기미 이와이^{竺紫君磐井}'로 표기되어 있다. 고전 연구에서는 실체는 동일하며, '기미^君'

---

*) 교토산업대학 문화학부 교수 | 일본고대사

1) 『지쿠고국 풍토기』 일문: 『풍토기』는 713년의 관명(官命)에 따라 구니(國)별로 편찬된 지리지이다. 현존하는 완본(完本)은 『이즈모국 풍토기(出雲國風土記)』뿐이며, 탈락이나 생략이 있는 것으로는 히타치(常陸)・하리마(播磨)・분고(豊後)・히젠(肥前)의 풍토기가 있다. 그 밖에 여러 문헌에 인용되어 확인 가능한 일문은 약 50개에 이른다. 『지쿠고국 풍토기』 일문은 『석일본기(釋日本紀)』에 인용된 것이다.

2) 야메 고분군: 지쿠고 평야의 구릉 위에 만들어진, 규슈 지방을 대표하는 고분군이다. 5~6세기에 축조된 전방후원분이나 원분(圓墳) 등이 약 300기 가까이 군집해 있다. 이와토야마 고분 등 8기가 일괄적으로 1978년에 국가 지정 사적으로 지정되었다.

라는 가바네[3]를 갖는 구니노미야쓰코를 어떻게 부를지에 대한 취향 차이라고 여겨져 왔다. 이시모다 쇼[p.68]는 재지수장제인 구니노미야쓰코의 직권職權으로 재판 및 형벌권·징세권·권농권·제사권이 있었다고 보았는데, 그러한 작업은 이와이를 구니노미야쓰코로 간주하는 것을 전제로 행해졌다.

그러나 최근에는 안칸安閑~긴메이欽明 재위 시기의 미야케 설치 기사 등을 중시해 구니노미야쓰코제의 성립을 6세기 중기 이후로 조정하는 관점(야마오 유키히사山尾幸久, 요시다 아키라吉田晶 등)이 대세설이 되었다. 이러한 설은 쓰쿠시노 기미씨筑紫君氏가 구니노미야쓰코가 되는 것은 구즈코 이후이며, '가스야노 미야케'의 '미야케'라는 호칭도 이와이의 난 이후에 『일본서기』 편찬자가 소급시킨 것이라고 본다. 이와이의 난은 고대국가형성기 영토 통일 전쟁의 최종 단계이며, 야마토 정권의 열도 지배는 전란 이후에 확립된다는 것이 대세설의 인식이다.

(2) 대세설의 문제점

그러나 대세설의 근거가 충분하다고 볼 수만은 없다. 이와이의 난 이후 '쓰쿠시노 구니노미야쓰코'가 사료에 등장하는 것은 『일본서기』 긴메이 재위 15년(554) 12월조이다. 야메 고분군의 고분은 전란 이후에 소규모화되나, 여전히 일정한 격식을 갖추고 있었다. 쓰쿠시노 기미씨의 세력이 야메를 중심으로 잔존했음은 확실하다.

대세설에 의하면 야마토 정권은 구니노미야쓰코제[p.50]라는 새로운 지역 지배 제도의 도입에 있어서 군사 및 외교의 요충지에서 반란을 일으킨 자의 자손을 굳이 발탁한 것이 된다. 상식적으로 이러한 인사는 상정하기 어렵다. 이와이의 대에 쓰쿠시노 키미씨는 구니노미야쓰코였고, 그에 따라 가스야노 미야케 헌상 등의 속죄를 통해 지위를 보전받았다고 보는 편이 자연스럽다.

대세설의 논자들은 유랴쿠雄略 재위기의 에타후나야마 고분에서 출토된 칼이나 이나리야마 고분에서 출토된 철검의 명문에 우지ウジ나 베部의 이름이 보이지 않는 것을 근거로 구니노미야쓰코제와 마찬가지로 베민제의 성립이 더 이후의 시기에 이루어졌을 것으로 본다. 그러나 구니노미야쓰코씨國造氏는 '기미'라는 가바네 외에 오미臣·아타이直 등 다양한 가바네를 갖고 있으며, 동국에는 도모노미야쓰코伴造(베민을 관할하고 특정한 직무를 세습적으로 분장하는 역직役職)로부터 유래하는 가바네를 갖는 경우도 많다. 씨성은 오키미(천황)와 여러 호족들의 종속 봉사 관계 여하를 나타내는 표상이다. 대세설에 입각할 경우 거의 같은 시기에 같은 역직에 있던 씨족이 어째서 이렇게까지 다양한 씨성을 갖는 것인지를 설명할 필요가 있다.

대세설은 이와이의 난을 야마토 정권의 영토 통일 전쟁의 최종단계로 파악한다. 그러나 『고사기』와 일본사기의 전란 관련 기사의 대부분은 왕궁과 직접 관계되는 기나이·근국近國

---

3) 가바네: 고대의 우지(氏)가 오키미·천황으로부터 부여된 것으로, 우지나(氏名)와 함께 불린 칭호이다. 율령제 이전의 성에는 오미(臣)·무라지(連)·기미(君)·기미(公)·아타이(直)·미야쓰코(造)·후히토(史) 등 다양한 것이 있었다. 684년 팔색의 가바네(八色姓)가 제정되어 마히토(眞人) 이하의 8종으로 정리·통합하려 했으나, 실제로 사여된 것은 이미키(忌寸)까지의 상위 4개 가바네에 그쳤고, 그 외에는 옛 가바네가 존속했다.

또는 한반도를 무대로 하는 것들이다.

고고학적으로 보아도 대규모 환호취락環濠聚落이나 고지성취락高地性聚落이 전개된 야요이 시대와는 대조적으로 고분 시대에는 전란이나 지방 유력자의 군사 충돌이라는 사태를 보여주는 재료는 거의 존재하지 않는다. 이와이의 난의 특이성은 군사·외교 거점의 경영을 위임받은 유력 구니노미야쓰코의 반란으로 파악하는 편이 이해하기 쉽다.

(3) 향후 전망

구니노미야쓰코는 '구니クニ'라는 영역, 도모노미야쓰코는 '베ベ'라는 인간 집단을 단위로 설정되었다. 앞서 서술한 구니노미야쓰코의 직권 가운데 이와이의 난을 평가할 때에 중요한 것은 군사 동원을 포함한 징세권이다. 구니노미야쓰코는 에다치エダチ라 불리는 임시 요역·군역에 관해서는 관할 영역의 인민들을 베의 여하와 관계없이 징발하는 권한을 갖고 있었다.

이와이는 북규슈 일대에 세력을 뻗고 신라와도 통교 관계를 갖고 있었다. 이와이의 권세는 순수한 지방 호족으로서의 것인지, 또는 구니노미야쓰코로서의 공적 직권을 매개로 형성된 것인지에 관해 앞으로도 다면적인 검토가 필요하다.

게이타이릉이라 여겨지는 이마시로즈카 고분에는 아소阿蘇 용결응회암溶結凝灰岩으로 제작된 석관이 안치되어 있다. 이와토야마 고분과 같은 시기인 북규슈 일대의 고분에는 같은 석재로 된 석제품石製品이 널리 분포한다. 이와이의 난의 역사적 성격은 문헌 사학과 고고학 양측에서 연구할 필요가 있다. 사료로서의 『고사기』와 『일본서기』, 『풍토기』에 대한 평가라는 오래되고도 새로운 문제도 있다. 과제가 많은 테마지만 접근 수단은 적지 않다.

탐구 포인트

① 이와이의 난에 관한 여러 사료의 기술은 어느 정도까지 사실로서 인정할 수 있을까?
② 이와이는 구니노미야쓰코인가? 구니노미야쓰코제·베민제·미야케제라는 여러 제도의 성립은 이와이의 난 이전일까, 이후일까?
③ 야메 고분군 등 이와이가 세력을 뻗친 지역의 고분이나 고고 유물의 특징을 어떻게 평가해야 할까?
④ 야마토 정권의 열도 지배의 여러 단계, 열도에서의 고대 국가의 성립 단계를 어떻게 생각할 것인가?

참고문헌

石母田正『日本の古代國家』岩波書店, 1971(문고판 2017)

小田富士雄 編『古代を考える 磐井の亂』吉川弘文館, 1991.

山尾幸久『筑紫君磐井の戰爭』新日本出版社, 1999.

吉田晶『古代日本の國家形成』新日本出版社, 2005.

吉野秋二『日本古代社會編成の研究』塙書房, 2010.

柳澤一男『遺跡を學ぶ094 筑紫君磐井と「磐井の亂」』新泉社, 2014.

08. 베민제
야마토 정권의 지배는 어떻게 성립, 전개되었는가

니토 아쓰시^{仁藤敦史}*) 집필 / 강유진 번역

관련항목: I-7[p.47] I-10[p.56] I-11[p.59] I-14[p.68]

〔논의의 배경〕

베민제는 미야케제1)나 구니노미야쓰코제2)와 함께 율령국가 성립 이전 시기 야마토 정권의 전국 지배 제도 중 하나였다. 각지의 인간 집단에게 '○○베'라는 명칭을 부여하고 노역이나 생산물의 공납을 의무화한 제도로 여겨진다. 『고사기』나 『일본서기』의 서술에 의하면 5세기 이전부터 설정되었다고 전해지며, 과거에는 이를 그대로 역사적 사실로 인정했었다. 『고사기』나 『일본서기』의 서술을 어느 정도로 신뢰할 수 있을지에 관한 이른바 기기 비판^{記紀批判}3)이 필요하다고 여겨지는 문제 중 하나이다. 또 해명을 더욱 어렵게 하는 요인은 베민제가 언제 제도적으로 시작되었는지를 보여주는 서술이 없고 단적인 설치 사례와 신빙성에 대한 논쟁이 있는 '다이카 개신의 조'4) 등에 폐지되었다는 사실이 적혀 있을 뿐이라는 점이다. 성격이나 형태에 대한 전체적 해명은 앞으로의 연구에 달려있다.

〔논점〕

(1) 히토제에서 베민제로

처음 '히토제^{人制}'를 제기한 것은 나오키 고지로^{直木孝次郎}로, 8세기 이후의 사료를 분류하여 '○○인^人[히토]'은 야마토 왕권의 관직명으로 사용되었고 베민제보다 늦은 6세기에 전개되었다고 논하였다. 이후 사이타마현 이나리야마^{稻荷山} 고분 출토 철검 명문 및 구마모토현 에타후나야마^{江田船山} 고분 출토 철검 명문에서 각각 '장도인^{杖刀人}'과 '봉사전조인^{奉事典曹人}'이라 표현되어 있는, 왕권에 봉사하는 '○○인'의 존재가 확인되었다. 이들은 5세기 후반의 유랴쿠

---

*) 국립역사민속박물관 교수 | 일본고대사
1) 미야케제: 인적(人的) 지배 제도인 베민제와 지배 원리가 다르며, 새로운 영역 지배라는 측면을 중시하는 경우가 많으나, 후에 마찬가지로 고리評[p.83]의 관리역인으로 임명되었듯이, 인간 집단과 공납 봉사의 거점이라는 원리는 베민제와도 동일하므로 후자인 야케(ヤケ, 집)나 구라(クラ, 창고)를 강조한 명칭이다.
2) 구니노미야쓰코제: 지역 유력 수장에게 군사나 공납 봉사의 의무를 부과하고, 그를 광역적인 지방 행정관으로 임명한 지방 지배 제도이다.
3) 기기 비판: 『고사기』, 『일본서기』의 사료적 신뢰도를 검증하는 학문적 절차. 동시대성이 뛰어난 금석문이나 외국 사료와의 크로스체킹이 필요하다.
4) 다이카 개신의 조: 646년, 소가 본종가(蘇我本宗家)가 멸망한 뒤에 새로운 시정(施政) 방침을 보이기 위해 발표된 조. 목간 등의 서술과 비교해보았을 때 윤색이 있었음이 확실해졌기 때문에, 내용에 대해서는 다른 사료와의 다면적인 검토가 필요해졌다.

시기의 실태를 보여주는 것이라 여겨진다. 한편 6세기 후반의 시마네현 오카다야마岡田山 1호분 출토 대도大刀에서 '누카타베노 오미各田ア臣(額田部臣)'라는 문자가 확인되며, 나오키의 설과는 반대로 5세기에는 히토제, 6세기에 베민제가 시행되었음이 유력시되기에 이르렀다. 『일본서기』 유랴쿠기雄略紀에는 '양조인養鳥人'(10년 9월조) 등 '○○인'이 집중적으로 나타나기도 하므로, 5세기 후반의 유랴쿠기에 실재했을 가능성이 높다. 이미 도노모리殿守 등 기나이의 중소 씨족으로 구성된 내정적內廷 도모トモ 제도가 성립되어 있었음을 고려하면, 도모와 베로 구성된 베민제와는 달리 히토제는 원초적 도모 제도라고 위치지을 수 있다. 다만, 성립 시기나 부관제[p.45](장군부 속료 임명 제도)와의 전후 관계에 대해서는 논쟁이 있다.

(2) 도모와 베

'베部'는 '도모'라고도 읽는다. 베민제의 구조는 왕권에 상번上番하여 봉사하는 집단과 그러한 사람들의 출신 모체로서 그들을 부양하는 토지로 양분되며, 전자는 도모, 후자는 베라고 불렀다. 베민제는 '○○인'을 포함하는 전자의 도모 제도에 그 기원이 있다. 베라는 명칭은 성립되어 있지 않았다 하더라도 이미 도모제가 베민제의 실질적 성립이었다고 평가하는 설도 있다. 그러나 베민제는 도모를 지탱하는 베 집단을 전국 각지에 설치한 것에 역사적 의의가 있으며, 전국적인 인민 지배 제도의 성립에 그 본질이 있다. 도모는 대왕과 호족의 관계가 중심이며, 호족 휘하의 집단에는 대왕의 지배가 미치지 않았다고 보인다. 도모에서 도모-베로 확대되는 데 있어서 커다란 계기가 된 것은 6세기 전반의 긴메이 시기에 왕족을 부양하는 베민(『고사기』에서는 미나시로御名代라고 표기)이 처음으로 두어진 것이었다고 생각된다. 중앙의 왕족의 궁에 출사하는 도모, 즉 도네리舍人・가시와데膳夫・유게이靫負・우네메采女5) 등을 지방에서 지원하는 베 집단이라는 조직이 전국적으로 전개되었다. 이렇게 베 제도는 전국적 민중 지배 제도로서 자리매김하는 데 반해, 도모 제도는 대왕과의 직접적인 관계성을 중시하는 점, 대가 바뀔 때마다 갱신되는 점, 직명에 중점이 놓여 아직 세습화・씨성화되지 않은 점 등이 베민제와의 차이로 지적될 수 있다. 나아가, 호족을 부양하는 베민 가운데 미나시로御名代와 고시로子代6)가 동일한 실체인지에 대해서는 논쟁이 있다.

(3) 시나베와 가키베

시나베品部의 통설적 이해는 미나시로나 고시로를 포함한 베 전반이라는 것이지만, 여기에 호족이 사유한 가키베部曲(가키カキ)가 포함되는지에 대해서는 논쟁이 있다. 오토모베大伴部나 모노노베物部 등 호족명을 붙인 베민에게는 조정에 속하는 공적인 베민이라는 성격과 베민을 통솔하는 도모노미야쓰코 씨족의 사유민이라는 양면성이 있고, 아울러 베민으로 편성되어 있지 않은 호족 사유민(가키베)의 존재를 어떻게 위치지을지에 대해서도 논쟁이 있다. 호족명을

---

5) 도네리・가시와데・유게이・우네메: 지방 호족이 대왕에게 복속할 때, 도모로서 일족의 자제를 대왕의 잡역・호위역으로서 도네리・유게이를 맡게 하고, 일족의 여성으로 하여금 대왕의 식사에 봉사하게 하는 우네메, 조리와 향선(饗膳)을 관장하는 가시와데를 맡게 함으로써 대왕을 가까이에서 모시게 했다.

6) 미나시로와 고시로: 궁호(宮號)를 달고 공납 봉사한 인간 집단. 기사키(キサキ, 오키미의 아내들)나 미코(ミコ, 오키미의 자녀)가 영유했다. 양자간에 커다란 질적 차이는 없다고 여겨진다.

붙인 베에는 공적 봉사에 대한 반대 급부로서의 역할이 있으므로, 베에 편성되지 않는 호족 사유민과는 질적으로 구별되는 것은 아닐까.

(4) 베민의 폐지

율령제도의 개시에 따라 베는 폐지되고, 칭호로서의 성격이 남았다. 670년의 경오년적^{庚午年籍}[7] 이후에는 모든 사람이 호적에 기재되었다. 베의 칭호는 개인의 성으로서 사용되고, 부모 쌍계^{雙系}적인 계승에서 부계적인 계승으로 전환되어 갔다. 일부 수공업 베민에 대해서는 국가적인 필요에 의해 시나베·잡호^{雜戶}[8]로서 편성되었으나, 머지않아 해방되었다. 베민제는 야마토 왕권이 필요로 하는 제품을 확보하기 위해 편성되었다는 점에서는 시나베·잡호와 유사하다. 아울러 경오년적 이전에 베에 관계되었던 씨성은 그다지 쓰이지 않았다는 견해도 있다.

(5) 앞으로의 전망

베민제는 미야케제나 구니노미야쓰코제와 구분되는, 명확히 별개의 제도로서 연구되어 왔다. 그러나 베민 지배는 미야케나 구니노미야쓰코와 밀접한 관련이 있으며, 고토쿠 시기에 고리^{評}의 관인^{官人}으로 도모노미야쓰코나 아가타이나기^{縣稻置}가 임명되었음을 중시하면 이 시기 공납 봉사의 거점과 인간 집단이 갖는 미분화^{未分化}된 동질성을 지적할 수 있지 않을까.

탐구 포인트

① 각각의 베를 세밀히 고찰함으로써 본질에 다가가는 것이 가능하지 않을까?
② 고고학 자료를 활용함으로써 수공업 베민 등의 실태에 다가갈 수 있지 않을까?
③ 미야케제나 구니노미야쓰코제와의 비교를 통해 베민제의 특질을 생각해볼 수 있지 않을까?
④ 7·8세기의 목간이나 금석문을 통해 베민제를 복원하는 것이 가능하지 않을까?

참고문헌

直木孝次郎「人制の研究」『日本古代國家の構造』靑木書店, 1958.
鎌田元一「部についての基本的考察」(1984)『律令公民制の研究』塙書房, 2001.
森公章「國造制と屯倉制」『岩波講座日本歷史2 古代 2』岩波書店, 2014.
仁藤敦史「欽明紀の王權段階と出雲」『國家形成期の首長權と地域社會構造』島根古代文化センター硏究論集22, 島根縣敎育委員會, 2019.

---

7) 경오년적: 670년에 만들어진 가장 오래된 전국 호적. 씨성의 대장으로서 영구 보존되었다.
8) 시나베·잡호: 율령제 하에서 특정한 관사(官司)에 예속되어 있었던 베민제의 수공업 베민에서 유래하는 기술자 집단을 나타낸다.

09. 불교 전래
왜국은 불교를 어떻게 수용하였는가

혼고 마사쓰구^{本鄉眞紹}*) 집필 / 김현경 번역

관련항목: I-10^[p.56] I-12^[p.62] I-17^[p.77] I-22^[p.92] I-27^[p.107]

〔논의의 배경〕

6세기 중엽에 백제로부터 전래된 불교는 거의 반세기에 걸친 갈등의 기간을 거쳐 6세기 말인 스이코 오키미^{推古大王1)} 시대에 조정 차원에서 흥륭^{興隆}을 추진하는 자세가 취해지기에 이르렀다. 원래 왜국에서는 야오요로즈노카미^{百八十神}라고 불리는 수많은 전통적인 신들에 대한 신앙이 존재했지만, 어떠한 경위로 조정은 불교의 수용·흥륭을 단행하였던 것일까?

〔논점〕

(1) 불교와 병

최초로 불교에 대한 신앙을 지향했다고 알려진 것이 585년에 즉위한 요메이^{用明} 오키미²⁾로, 병이 들게 되자 오키미는 신하들에게 불교에 귀의하고 싶은데 어떠한가라고 물어보았더니 찬반이 나뉘었다고 한다. 결국 오키미의 의지를 존중하여 도요쿠니 법사^{豊國法師3)}가 궁궐로 들어가 간병을 맡았지만, 그 보람도 없이 오키미는 붕어한다. 이러한 경위에 따라『일본서기』는 요메이 오키미를 '불법^{佛法}을 믿고 신도^{神道}를 숭상하였다'고 평가하고 있다.

최초로 오키미가 불교에 의지하려고 했던 기연^{機緣}이 자신의 병이었다는 점은 시사적인데, 이후 오키미(천황)나 조정의 요인이 병에 걸림에 따라 불교에서 구제를 찾으며, 사원 건립과 불상 제작이 기획되거나 법회가 거행되는 등의 사례가 많이 보이게 된다. 이는 전통적인 신들에 대한 신앙에서는 게가레^{穢[p.202]}로 연결되는 병을 신들이 기피한다고 받아들여졌던 데 반해 불교에서는 거꾸로 병의 구제는 중시해야 할 공덕^{功德}으로 여겨졌기 때문이다. 그렇기 때문에 승려 중에는 병의 치유를 기원하는 주술력뿐만 아니라, 실제로 의학·약학 지식을 가진 자가

---

*) 리쓰메이칸대학 문학부 교수 | 일본고대사, 종교사

1) 스이코 오키미: 재위 592~628. 긴메이 오키미의 자식이자 비다쓰(敏達) 오키미의 왕후. 어머니는 소가노 이나메(蘇我稻目)의 딸인 기타시히메(堅鹽媛). 최초의 여성 오키미. 우마야도(廐戸) 왕자(쇼토쿠 태자)를 황태자·섭정으로 삼고, 오오미(大臣) 소가노 우마코(蘇我馬子)와 함께 새로운 체제 창조를 지향하게 하였다.

2) 요메이 오키미: 재위 585~587. 긴메이 오키미의 자식이자 비다쓰 오키미의 동생. 스이코 오키미는 그와 어머니가 같은 여동생. 우마야도 왕자의 아버지.

3) 도요쿠니 법사: 도래인(渡來人)이 많이 거주하고 있던 규슈 동북부인 도요(豊) 지역에서 왔거나 이 지역을 출신지로 하는 승려로 추정된다.

많이 존재하고 있었다. 즉, 역병 유행이라는 사회현상도 포함하여, 병이라는 이변이야말로 불교 수용과 흥륭을 이끌어내는 제일 가는 기연이 된 것이다.

(2) 불교의 보편성

쇼토쿠聖德 태자太子가 작성했다고 여겨지는 헌법憲法 17조4)에서는 제1조에서 '화和' 정신의 존중, 제2조에서 불교 신앙의 장려, 제3조에서 오키미의 명령에 대한 복종을 말한다. 여기서 엿보이는 것은 혈연·지연에 의한 집단간의 대립을 멈추고 화합을 기약하려면 불교 신앙을 장려할 필요가 있고, 그것을 전제로 하여 오키미를 중심으로 결속하는 체제를 구축할 수 있다는 호소이다. 당시까지 신들에 대한 신앙에서는 고유의 신이 우지ウジ라는 혈연집단과 무라ムラ 등의 지연집단을 결속시키는 유대로서의 역할을 수행하였고, 집단 사이에 항쟁이 발생하였을 때는 그것이 중요한 의미를 갖고 있었다. 이러한 정세를 극복하고 왜국을 하나로 묶으려면 혈연·지연의 차이에 제한을 받지 않는 보편적인 신앙을 가능하게 하는 불교의 흥륭이 유익하다고 받아들여진 것이다. 격동하는 동아시아의 정세에 대처하기 위해서 왜국을 하나로 합치기 위한 수단으로서 불교의 보편성이 중시되었고, 신앙의 장려가 계획되었다고 할 수 있겠다.

(3) 불교의 가시적 효과

『일본서기』에는 백제로부터 전래된 불상을 목격한 긴메이欽明 오키미[p.57]가 그 자태에 감탄하는 장면이 기술되어 있다. 전통적인 신들이 보이지 않는 존재로서 빙의하는 매체에 강림할 필요가 있었던 데 반해, 부처·보살은 그 모습을 본뜬 상이 사원에 모셔졌다는 점에서 늘 그곳에 소재하는 것으로 인식되었다.

한편 불상을 안치하는 사원에 대해서는 대형 고분이 소멸하는 가운데 그것을 대신하는 존재로서의 역할이 부여되었다. 대륙과 한반도로부터 전래된 고도의 건축 기술과 소성된 기와라는 새로운 재료를 필요로 하는 사원을 건립할 수 있는 힘을 가진 지배자층으로서는 자신의 권력을 상징하는 것으로서 사원 건립을 추진하였던 것이다. 또한 규칙성을 갖는 가람의 배치가 확인되는 사원은 이전 시대의 고분과 마찬가지로 조정과의 관계를 나타내는 기능을 지닌 것으로 여겨진다. 초기 사원에서 고분의 부장품과 공통되는 매납물埋納物이 발견되는 것은 이러한 고분의 성격을 계승하는 존재임을 나타내는 것이라 할 수 있겠다.

게다가 신들에 대한 신앙이 성문화되었던 구제의 이론을 갖고 있지 않았던 데 반해, 불교에서는 경전이라는 가시적인 문자로 제시된 다양한 교의가 존재하였다. 이 또한 불교에 대한 관심을 이끌어낸 요소로 이해할 수 있다.

---

4) 헌법 17조: 604년, 스이코 오키미 때 작성된, 정무를 맡는 관인이 명심해야 할 사항을 17개 조항으로 정리한 것. 『일본서기』에는 우마야도 왕자가 만든 것으로 되어 있지만, 후세에 만들어진 것으로 간주하는 등 이설도 존재한다.

(4) 세계문화로서의 불교

동아시아 세계의 추세에 뒤처지지 않고 대륙과 한반도의 여러 왕조가 공통적으로 수용하고 있던 불교를 왜국도 역시 받아들인 데는, 수나라나 당나라를 모범으로 하여 오키미를 중심으로 하는 통치 체제를 수립함과 더불어 한반도의 고구려·백제·신라 같은 왕조들에 대해서도 손색이 없을 만한 문명화를 추진하며, 그것을 표방할 필요가 있었다. 불교의 공식적 전래 당시에 수용을 주장한 소가노 이나메蘇我稻目[5]가 그 이유로 이미 불교 수용에 나선 다른 나라의 실정을 주장했다고 하는 것은 이를 무엇보다도 단적으로 나타내고 있다. 견수사遣隋使 오노노 이모코小野妹子[6]를 수행한 승려 민旻[7]으로 대표되는 유학승留學僧에 의해 불교 도입이 계획되었는데, 위정자로서는 여러 계층의 선두에 서서 최첨단 문화를 받아들이는 역할을 수행함에 따라 왜국의 안팎에 호소하는 영향력에 기대가 모아졌던 것이다.

나아가 부차적으로는 유교 사상과 법전, 예제禮制나 습속 등 유학승이 가져오는 불교 이외의 지식과 기술, 다양한 대륙 문화도 왜국의 새로운 체제의 창조에 크게 공헌할 만한 것이었다.

> **탐구 포인트**
> ① 불교의 수용을 필요로 한 왜국의 정세는 어떠한 것이었을까?
> ② 불교 신앙과 재래 신들에 대한 신앙은 어떠한 점에서 달랐을까?
> ③ 다양한 조형물을 동반한 불교의 도입은 어떠한 내용으로 새로운 문화 형성에 공헌하였을까?

참고문헌
速水侑『日本佛教史 古代』吉川弘文館, 1986.
吉村武彦『聖德太子』岩波書店, 2002.
曾根正人『聖德太子と飛鳥佛教』吉川弘文館, 2007.
吉川眞司『シリーズ日本古代史 3 飛鳥の都』岩波書店, 2011.

---

5) 소가노 이나메: 6세기 중엽, 긴메이 오키미 밑에서 오오미(大臣)로서 정무에 관여하였다. 불교를 수용할 것인가 말 것인가를 둘러싸고 반대하는 오무라지(大連) 모노노베노 오코시(物部尾興)와 대립하였다.
6) 오노노 이모코: 7세기 초엽의 관리. 607년에 견수사로서 대륙으로 건너가 수나라 황제 양제(煬帝)에게 국서를 받들어 올린다. 이듬해, 수나라의 답례사 배세청(裴世淸)을 귀국시키면서 다시 수나라에 가는데, 이때 다카무코노 겐리(高向玄理)와 승려 민 등의 유학생·유학승이 수행하였다.
7) 승려 민(?~653): 608년에 견수사 오노노 이모코를 따라 수나라로 건너가, 632년에 귀국. 645년 을사의 변 이후 고토쿠의 조정에서 다카무코노 겐리와 함께 국박사(國博士)에 임명되었다. 이 해에 설치된 십사(十師) 중 한 명으로 승니(僧尼)의 교도(敎導)도 담당하였다.

10. 소가씨
어떤 정치를 폈는가

히라바야시 아키히토^{平林章仁*)} 집필 / 김현경 번역

관련항목: I-8[p.50] I-9[p.53] I-11[p.59]

〔논의의 배경〕

고대 씨족의 우두머리로 평가되는 소가씨는 [28대] 센카^{宣化} 천황 때 이나메노 스쿠네^{稲目宿禰}가 오오미^{大臣1)}에 임명되면서 그 세력이 커졌다. 스이코 천황[p.53], 우마코노 스쿠네^{馬子宿禰} 때는 전성기를 맞이하였고, 645년 을사^{乙巳}의 변^變으로 에미시노 스쿠네^{蝦夷宿禰}, 이루카^{入鹿}가 멸망할 때까지인 100년 남짓 동안 원초적인 관인^{官人}과 관청 체제인 관사제^{官司制}를 창출하고, 집권적인 새 지방지배 제도를 중심으로 정치 제도의 정비를 진행시켜 야마토 왕권의 정치를 주도하였다. 또 야마토노 아야씨^{倭漢氏2)} 등의 도래계 씨족과도 친밀하였고, 왜국 최초의 본격적 사원인 아스카데라^{飛鳥寺}를 창건하였으며, 중국으로 견수사^{遣隋使3)}를 파견하는 등 해외 교섭과 선진 문화 도입에 적극적이었고, 진취성 넘치며 개명^{開明}적인 씨족으로 평가되어 왔다. 게다가 소가씨 출신 여성을 천황의 비^妃로 입궐시켜 왕가의 외척이 되었고, 때로는 천황 자리의 계승을 좌지우지하는 등 일부 전권적인 행태를 보이기도 하였다. 따라서 소가씨의 실체 해명은 아스카시대를 중심으로 하는 6세기부터 7세기까지의 정치와 문화 연구에서 빼놓을 수 없는, 고대사에 있어 중요한 문제이다.

〔논점〕

(1) 소가씨의 출신과 대두하게 된 배경

소가씨의 기원에 대해서는『고사기』⁴⁾의 [8대] 고겐^{孝元} 천황 부분에 다케시우치노 스쿠네^{建內宿禰5)}의 아들 소가노 이시카와노 스쿠네^{蘇我石河宿禰}를 조상으로 한다고 적혀 있으나 진위 여부는 분명하지 않다. 이나메노 스쿠네^{稲目宿禰}의 오오미 임명이 갑작스럽게 등장하는 점으로 보아 한반도에서 온 도래인^{渡來人}을 조상으로 보는 설이 제창되었다.『일본서기』⁶⁾의 [15대] 오진^{應神}

---

*) 전 류코쿠(龍谷)대학 교수 | 일본고대사
1) 오오미: 야마토 정권의 집정관.
2) 야마토노 아야씨: 한자 표기는 東漢氏라고도 하며, 하타씨(秦氏)와 같은 도래계 유력 대호족이다.
3) 견수사: 수나라로 파견된 사신. 이 사신과 함께 수나라로 간 유학생이 가지고 돌아온 신지식이 나중에 국정 개혁에서 활용되었다.
4)『고사기』: 712년에 완성된 일본에서 현존하는 가장 오래된 역사서.
5) 다케시우치노 스쿠네: 소가씨의 계보는 다케시우치노 스쿠네—소가노 이시카와노 스쿠네—마치노 스쿠네—가라코노 스쿠네—고마노 스쿠네(高麗宿禰)—이나메노 스쿠네—우마코노 스쿠네—에미시노 스쿠네—이루카(入鹿)로 이어진다.
6)『일본서기』: 720년에 완성된 편년체로 된 최초의 일본 역사서.

천황 부분에 백제[7]의 내분으로 인해 도래했다고 되어 있는 목만지木滿智는 『삼국사기』[8]에서 백제 개로왕 때에 전란을 피하여 남쪽으로 갔다고 하는 백제의 목협만치木劦滿致와 동일인물이며, 왜국으로 건너가 소가노 마치노 스쿠네蘇我滿智宿禰가 되었다는 것이다. 하지만 인물의 연대와 출신, 관련 전승의 내용이 상이하다는 점 때문에 목만지와 목협만치는 동일인물이라 볼 수 없다. 소가씨 자체로도 한반도에서 건너왔음을 말해주는 전승이 없고, 소가씨를 도래계 씨족으로 이해할 수는 없다. 소가씨는 소가니이마스 소가쓰히코 신사宗我坐宗我都神社가 진좌鎭座하는 야마토국大和國 다케치군高市郡 소가曾我(지금의 나라현 가시하라시橿原市 소가초曾我町)를 본관本貫으로 하는 왜국 재래 씨족이다.

　　이나메노 스쿠네 이전의 소가씨에 대해서는 『고어습유古語拾遺』[9]에 유랴쿠雄略 천황[10]이 마치麻智(만지滿智)노 스쿠네宿禰에게 야마토 왕권의 창고를 관할하게 했다고 적혀 있다. 이는 소가씨가 나중에 왕권의 재정을 관장한 일의 기원을 전하는 것이다. 또 『일본서기』에는 유랴쿠 천황 때 가라코노 스쿠네韓子宿禰가 외교 문제로 한반도 남부에 출병하였는데, 내분으로 인해 현지에서 살해당했다고 전했다. 5세기 대의 소가씨는 가쓰라기씨葛城氏[11] 정권의 일부분을 담당하고 있었으며, 유랴쿠 천황에게 멸망당한 가쓰라기씨의 정치적 지위를 계승한 자로서 6세기 전반에 이나메노 스쿠네가 오오미에 임명되었다. 이를 계기로 하여 소가씨는 대두한 것이다.

(2) 소가씨의 정책

　　이나메노 스쿠네가 오오미에 임명된 역사적 배경으로는 오진 천황의 5세손이라고 하는 [26대] 게이타이繼體 천황이 507년에 즉위한 일이 있다. 실질적으로 이는 천황의 계통, 왕통王統의 교체였고, 이전의 야마토 왕권이 이어져 갈 수 없음을 의미하였다. 게이타이 천황 계통의 왕권에서 새 정책을 실시하기 위해 새롭게 오오미로 등용된 것이 소가씨였다. 새 정책의 목적은 정치적, 경제적 기반을 강화하고 왕권과 왕통의 안정을 실현하는 데 있었다. 그러기 위해 오오미 소가씨 등이 추진한 기본 정책은 왕권에 의한 백성과 토지에 대한 직접적 지배와 그 확대였다.

　　백성 지배책으로는 베部 제도의 시행이 있다. 베란 왕권의 직접적 지배 하에 있는 인간 집단을 말하며, 그것을 거느리는 호족을 도모노미야쓰코伴造라는 관인으로 임명하였다. 도모노미야쓰코에게 통솔되는 베는 왕권에 기술적 능력과 노동력을 제공하였고, 생산물을 공납하였다. 그 중에서도 주로 5세기 대의 천황이나 왕족과 연관된 이름을 붙인 미나시로御名代의 베는 긴메이 천황[12]의 아들을 비롯한 왕족들의 경제적 기반이 되었고 왕족·왕통의 안정화가 실현되었다.

　　토지 지배책으로는 왕권이 직접 지배하는 영지인 미야케의 설치가 있다. 그 중 대다수는 무논 벼농사 경영을 주체로 하는 것이었는데, 군사와 외교의 거점에 설치된 미야케도 있다. 전자는 중앙에서 관인을 파견하여 개발을 진행하였고, 지역의 백성을 다베田部라는 경작 농민으로

---

[7] 백제: 한반도 서남부에 있었던 고대 국가. 일본어로는 '구다라(くだら)'라고 부른다.
[8] 『삼국사기』: 1145년에 성립된 신라·고구려·백제의 역사서.
[9] 『고어습유』: 인베노 히로나리(齋部廣成)가 807년에 찬술(撰述)한 씨족지(氏族誌).
[10] 유랴쿠 천황: 제21대 천황. 중국 사서에 왜왕 무, 사이타마 이나리야마 고분에서 출토된 철검에는 와카타케루(獲加多支鹵)로 등장한다.
[11] 가쓰라기씨: 5세기 야마토 정권을 구성한 대호족.
[12] 긴메이 천황: 제29대 천황. 재위기에 백제 성왕(성명왕)에게서 불교가 전래되었다.

편성하여 경영하였다. 후자는 볍씨 등 필요한 물자를 수송하고 집적시킴으로써 운영되었다. 이렇게 해서 왕권의 지역 지배가 추진, 확충되었던 것이다.

왕권은 각지의 베와 미야케를 통일적으로 지배하기 위해 지방 호족을 구니노미야쓰코라는 관인으로 임명하였다. 구니노미야쓰코는 구니クニ라 불리는 영역을 관할하고, 재판권과 징병권을 보유하였다. 『수서隋書』[13] 왜국전에는 120명의 군니軍尼[구니]가 있다고 적혀 있으며, 스이코 천황 때에는 전국적으로 전개되었다. 야마토 왕권은 분권적 체제에서 집권적 체제로 전환된 것이다.

(3) 소가노 우마코와 스이코 천황과 우마야도 황자

소가씨는 일족 여성을 천황에게 왕비로 들이고 인척이 됨으로써 권력을 강대화시켰다. 6세기 후반부터 7세기에 걸쳐 우마코노 스쿠네가 오오미로 있던 때에 소가씨 여성을 어머니로 둔 요메이用明[p.53]·[32대] 스슌崇峻·스이코推古 천황 등이 차례로 즉위하여 전성기를 맞이하였다. 스이코 천황은 일본 역사상 최초의 여성 천황이었기 때문에 조카인 우마야도 황자[14]가 보필하였다.

이 시기의 중요한 내정책으로는 관인화한 씨족의 질서화를 목표로 한 603년의 관위冠位 12계階[15]와 그들에게 필요한 윤리를 설파한 이듬해의 헌법 17조[p.54] 제정이 있다. 외교에서는 선진 문물의 도입을 목표로 한 600년, 607년, 608년, 610년, 614년의 견수사 파견이 있다. 이로써 정치 체제의 혁신과 사회의 문명화가 크게 진전되었다.

소가씨는 645년 을사乙巳의 변에 의해 에미시蝦夷·이루카入鹿가 멸망함으로써 일시적으로 약체화하였지만, 덴무 천황 때 씨족의 명칭을 소가에서 이시카와石川로 바꾸고 율령귀족律令貴族으로서 존속한다.

탐구 포인트

① 소가씨는 새로운 정책에 대한 지식을 어떻게 획득하였을까?
② 왜국은 견수사를 파견할 때까지 왜 100년 이상이나 중국과의 교섭을 중단하였을까?
③ 소가노 우마코와 스이코 천황 및 우마야도 황자의 권력 관계는 실제로는 어떠했을까?
④ 소가씨가 지향했던 국정과 훗날의 율령체제와의 차이점은 무엇일까?

참고문헌

平林章仁『蘇我氏の實像と葛城氏』白水社, 1996.
水谷千秋『謎の豪族蘇我氏』文藝春秋, 2006.
倉本一宏『蘇我氏』中央公論新社, 2015.
吉村武彦『蘇我氏の古代』岩波書店, 2015.
佐藤長門『蘇我大臣家』山川出版社, 2016.
平林章仁『蘇我氏と馬飼集團の謎』祥傳社, 2017.

---

13) 『수서』: 수나라(581~618)의 역사서.
14) 우마야도 황자: 요메이 천황의 아들. 사후에 쇼토쿠 태자(p.71)로 불리며 숭상되었다.
15) 관위 12계: 스이코 천황 11년(603)에 제정되었다. 대덕(大德)·소덕(小德)·대인(大仁)·소인(小仁)·대례(大禮)·소례(小禮)·대신(大信)·소신(小信)·대의(大義)·소의(小義)·대지(大智)·소지(小智)의 12계가 있다.

11. 다이카 개신
고대 최대의 개혁은 있었나

이치 히로키市大樹*) 집필 / 김현경 번역

관련항목: I-8[p.50] I-10[p.56] I-13[p.65] I-14[p.68] I-16[p.74] I-19[p.83]

〔논의의 배경〕

720년에 성립된 『일본서기』에 의하면 645년 6월 정변으로 소가 본종가가 멸망하고, 고토쿠 천황을 수반으로 하는 정권이 탄생하여 중앙집권국가의 건설을 향한 정치 개혁이 시행되었다. 학계에서는 이 정변을 645년의 간지에 기인하여 '을사의 변'이라고 부르며, 또 고토쿠 천황 대에 이루어진 일련의 정치 개혁을 646년 정월 1일에 선포된 '개신의 조詔'[p.50](이하 개신조로 약칭)의 '개신改新'에 새 연호인 '다이카大化'1)를 붙여 '다이카 개신'이라고 부른다. 을사의 변을 부정하는 연구자는 없지만 다이카 개신에 대해서는 『일본서기』의 사료 비판과도 연동되어 그 존재 여부와 개혁의 실상을 둘러싼 논의가 끊이지 않는다.

〔논점〕

(1) 다이카 개신에 대한 의심

다이카 개신의 대강大綱을 보여준다고 알려진 개신조는 제1조에서 황족의 고시로의 오미타카라民·미야케와 호족의 가키部曲의 오미타카라·다도코로田莊2)를 폐지하고, 그 대가로 식봉食封3)·포백布帛을 지급한다고 서술하였다. 제2~4조에서는 구니國-고리郡-사토里라는 새로운 지방 행정구분을 바탕으로 호戶별로 공민公民을 호적·계장計帳에 기재하고, 반전수수班田收授를 실시하며, 새 세제稅制를 부과한다고 서술하였다. 이는 1945년 이전까지 메이지유신明治維新에 필적할 만한 대개혁으로 평가받았다.

그러나 1945년 이후 얼마 지나지 않아 쓰다 소키치津田左右吉의 『일본서기』 사료 비판을 계승한 이노우에 미쓰사다井上光貞에 의한 학회 발표를 계기로 하여 개신조의 신빙성을 둘러싸고 '군평논쟁郡評論爭'4)이 일어나, 일본 고대국가의 형성 과정이 활발하게 논의되었다. 1967년에

---

*) 오사카대학대학원 인문학연구과 교수 | 일본고대사
1) '다이카' 연호: 왜국에서 처음으로 공식적으로 사용된 연호. 서기 648년을 '다이카 4년'이 아닌 '무술년(戊戌年)'이라고 적은 목간이 출토되어(후술함), 다이카 연호의 존재를 인정하지 않는 견해도 있다.
2) 다도코로: 직접적으로는 논밭을 경영하는 거점을 가리키지만, 여기에 부속된 논밭도 포함된다.
3) 식봉: 귀족에 대한 봉록의 일종.
4) 군평논쟁: 개신조에서는 행정구역인 고리에 대하여 '郡(군)'이라는 글자를 사용하는데, 금석문 등에서는 '評(평)' 자가 사용된다는 점에서 의문이 제기되어, 개신조의 신빙성에 대한 논쟁이 발생하였다.

후지와라궁藤原宮 터에서 출토된 목간5)에 의해 개신조의 용어가 다이호령大寶令(701년 시행)의 표현으로 꾸며져 있음이 밝혀지자, 다이카 개신은 그렇게 획기적인 개혁이 아니고 백촌강白村江(백강) 전투(663)나 임신의 난(672)을 거쳐 율령체제의 구축을 향한 본격적인 개혁이 시작된다는 견해가 유력시되기에 이르렀다.

(2) 다이카 개신의 재평가

그런데 20세기 말부터 21세기 초엽에 걸쳐 다이카 개신의 재평가를 촉구하는 고고학적 성과가 나타나게 되었다. 첫 번째는 전기前期 나니와궁 터(오사카시에 위치)의 발굴 조사이다. 1954년 이래 이루어진 발굴조사에 의해 전기 나니와궁은 후세의 대극전大極殿[다이고쿠덴]에 해당하는 궁전 건물이 세워졌고, 광대한 조당원朝堂院과 관아 구역을 보유한 거대 왕궁이었음이 밝혀졌다. 발굴조사 담당자 대부분은 고토쿠 천황 때의 나니와노 나가라노 도요사키궁難波長柄豊碕宮6)으로 여겼지만, 다이카 개신에 대한 회의적인 시각도 있어서 덴무 천황 대의 나니와궁이라고 보는 의견을 완전히 물리칠 수는 없었다. 그러나 1999년에 전기 나니와궁에서 '무신년戊申年'(648)이라는 연도 표기가 있는 목간이 출토됨에 이르러 나니와노 나가라노 도요사키궁으로 보는 설이 거의 통설이 되었다. 왕궁은 관료기구의 정비와도 밀접하게 연관되어 있는 만큼 전기 나니와궁의 모습을 통하여 다이카 개신의 실상에 접근할 길이 열렸다는 데 큰 의의가 있다.

두 번째는 7세기 목간의 대량 출토이다. 그 중에서도 2002년 이시가미石神 유적(나라현 아스카촌에 위치)에서 출토된 '을축년乙丑年'(665) 연도가 표기된 목간7)은 이 시점까지 구니-고리評-사토五十戶8)의 중층적인 지방 행정구분이 성립된 점, 거주지를 기반으로 하여 사토가 편성되었다는 점을 나타내며, 학계에 큰 충격을 주었다. 특히 후자는 675년에 가키가 폐지될 때까지 영역적인 사토의 편성은 불가능했다고 보는 견해의 반증이 되는 것이다. 『일본서기』고토쿠기孝德紀에는 개신조 제1조條 외에도 베민의 폐지를 명하는 조詔가 여러 개 존재한다. 베민 폐지는 국가에 의한 새로운 민중 지배와 직결되는 만큼 다이카 개신에 회의적인 연구에서는 그 기사를 부정하거나 실제 시행에 의문을 가져 왔으나 이를 재고할 단계에 와 있다.

---

5) 후지와라궁 터 출토 목간: '己亥年十月上捄國阿波評松里'라고 기재되어 있다. '기해년(己亥年)'은 699년. '가즈사국(上捄國) 아와평(阿波評) 마쓰사토(松里)'는 지금의 지바현 보소시 지쿠라초(千倉町) 일대이다. '평(評)' 자가 다이호령 시행 직전까지 사용되었음을 밝혀 주었다.

6) 나니와노 나가라노 도요사키궁: 완성은 652년 9월로, 축조에서 완성까지 약 6년 반이 소요되었다. 『일본서기』는 '그 궁전의 모습은 말로 다 할 수 없다', 즉 말로 표현할 수 없을 정도로 근사했다고 특기하였다.

7) 이시가미 유적 출토 목간: '乙丑年十二月三野國牟下評/大山五十戶造/從人田部兒安'이라고 기재되어 있다. '三野國牟下評大山五十戶(미노국 무게평 오야마사토)'는 지금의 기후현 도미카초(富加町) 오야마(大山) 일대. '시라카베사토(白髪部五十戶)', '야마베사토(山部五十戶)' 등의 사례로 보아 베민(部民) 집단을 그대로 '사토'로 편성한 것으로 여겨져 왔는데, '오야마사토(大山五十戶)'는 지명에 바탕을 둔 사토 명칭으로, 이러한 견해에 재검토가 필요하게 되었다.

8) 사토(오십호): 사토(里)의 전신(前身) 표기. 사토는 50개의 호(戶)로 구성된다는 데서 유래한 표기. 681년 무렵부터 사용.

(3) 앞으로의 전망

앞으로도 발굴조사에서 새로운 정보가 얻어질 가능성은 크지만, 다이카 개신을 이해하는 데 있어 근본사료가 『일본서기』라는 점은 바뀌지 않는다. 『일본서기』 비판에 있어 주의할 점은 편찬 당시의 현상에 맞추는 형태로 용어의 글자가 고쳐지는 일이 드물지 않았다는 인식을 갖는 것이다. 용어의 표기가 7세기의 실태에 맞지 않는다고 해서 『일본서기』의 기사를 간단히 폐기해서는 안 된다. 여러 모로 의심받고 있는 개신조의 경우에도, 새로운 세제를 규정한 제4조처럼, 사용된 글자는 바뀌었어도 그 내용에까지 손을 대지 않았던 것이 존재한다.

『일본서기』의 사료 비판은 어려운 일이지만 고고학상의 새로운 지식을 활용하지 않을 수는 없다. 예를 들면 전기 나니와궁의 하층에는 관아의 유물이 펼쳐져 있어, 『일본서기』에 적혀 있는 나니와노 미야케難波屯倉(별칭 고시로노 미야케子代屯倉)였을 가능성이 높아지고 있다. 고토쿠 천황은 645년 12월 9일부터 이듬해 2월 22일까지 약 2개월 남짓 동안 고시로노 미야케로부터 유래하는 고시로 이궁子代離宮에 체재하고 있었다. 그 이유에 대해서는 『일본서기』에 특별히 적혀 있지 않지만, 고시로 이궁 자리에 나니와노 나가라노 도요사키궁이 건립되었다는 점을 고려하면, 다이카 개신의 새로운 무대에서 개신조를 선포하고 싶었기 때문이 아닐까 하는 가설이 떠오른다. 얼마 지나지 않아 고시로 이궁은 해체·철거되었고, 나니와노 나가라노 도요사키궁의 축조가 시작된다. 이는 고토쿠 천황이 개신조 제1조를 직접 실행한 것과 다를 바 없다. 바로 이러한 퍼포먼스가 있었기 때문에 고토쿠 천황은 나카노오에 황자에게 베민·미야케 반납을 요구할 수 있었고, 그것이 성공한 것을 바탕으로 광범위한 베민 폐지를 다시 명하였다고 해석하는 것이 가능해진다. 이 가설이 맞는지 틀린지는 차치하더라도, 다이카 개신의 실상을 파악하기 위해서는 새로운 관점에 입각한 『일본서기』의 사료 비판이 강력하게 요구된다.

탐구 포인트

① 고분시대의 호족과 나라시대의 관료는 어떤 점에서 차이가 났는가?
② 고분시대와 나라시대의 민중 지배 양상은 어떻게 달랐는가?
③ ①과 ②를 바탕으로 고대국가의 형성 과정 속 다이카 개신의 위치를 설정해 보자.
④ 박장령(薄葬令) 등 사회 습속과 관련된 법령이나 불교 정책, 외교 정책 등에 대해서도 조사해 보자.

참고문헌

津田左右吉 『津田左右吉全集 3 日本上代史の研究』 岩波書店, 1963.
井上光貞 『井上光貞著作集 1 日本古代國家の研究』 岩波書店, 1985.
坂本太郎 『坂本太郎著作集 6 大化改新』 吉川弘文館, 1988.
市大樹 「大化改新と改革の實像」 『岩波講座日本歷史 2 古代2』 岩波書店, 2014.
大阪市立大學難波宮研究會 編 『難波宮と大化改新』 和泉書院, 2020.
吉川眞司 『律令體制史研究』 岩波書店, 2022.

12. 동아시아의 소제국
고대 일본에 소제국주의는 있었는가

다나카 사토시田中聰*) 집필 / 김현경 번역

관련항목: I-5[p.41] I-6[p.44] I-7[p.47]

〔논의의 배경〕

고대 일본열도에 전개된 통일국가에 대해 고찰할 때는 중국을 비롯한 동아시아 세계의 여러 세력과의 다양한 교통관계1)를 이해할 필요가 있다. 통설에서는 5세기 이후 왜 왕권이 자신의 지배영역을 '천하天下'로 인식하고, 중국을 중심으로 한 국제질서로부터의 자립을 진행시켜 '동이東夷의 소제국小帝國'으로서 한반도의 여러 나라들이나 수·당 제국과의 국제관계를 유지했다고 이해된다. 이러한 '소제국주의'적인 해석은 과연 타당한 것일까? 이러한 이해로 인해 빠뜨리게 되는 관점은 없을까?

〔논점〕

(1) '천하' 관념의 수용

『송서』왜국전에 인용된 왜왕 무의 상표문上表文에는 '동쪽으로는 모인毛人을 정벌한 것이 55개국, 서쪽으로는 중이衆夷를 복속시킨 것이 66개국, 바다 건너 북쪽을 평정한 것이 95개국'이라고 적혀 있어, 역대 왜왕(찬·진·제·흥·무)이 충실한 신하로서 남조 송의 천하를 지탱해 온 공적을 서술하고, 고구려와 대치하기 위한 후원을 요청했다고 이해된다. 5세기, 왜왕은 송나라 황제로부터 책봉받아 송나라 조정의 '장군' 호칭 등을 하사받고, 이를 신하에게 분배함으로써 권력을 한 곳으로 집중시켜 나갔다. 왜왕 무武=유랴쿠雄略 천황의 시대는 일본 고대 왕권의 형성사에 있어 열도의 영역적 지배가 확립되는 전기로 평가받는다. 상표문의 '천하'를 같은 시기 이나리야마 고분 출토 철검 명문 등의 금석문에 보이는 '치천하대왕治天下大王'의 천하와 관련지어 '중국적 천하'와 구별된 독자적인 '왜적倭的 천하' 관념이 왜 왕권 주변에서 형성·공유되고 있었다고 하는 니시지마 사다오西嶋定生·스즈키 야스타미鈴木靖民 등의 설이 통설이 되어 있다. 상표문에 등장하는 모인을 일본열도 도호쿠 지방에 살았던 에미시蝦夷와 동일한 실체로 간주하고, 일정한 역사적 실태(이종 집단의 실재)를 근거로 하여 구축된 이해이다.

---

*) 리쓰메이칸대학 문학부 교수 | 일본고대사·일본사학사·교토 자료론
1) 교통관계: 여기서 말하는 '교통'이란, 경제적 측면으로는 상품교환과 유통·상업·생산기술의 교류이고, 정치적 영역에서는 전쟁과 외교를 포함한 대외적인 관계들이며, 정신적 영역에서는 문자 사용부터 법의 계수에 이르기까지의 다양한 교류를 가리킨다. 石母田正『日本の古代國家』岩波書店, 1971 제1장 참조.

이시모다 쇼는 공식령公式令2) 등의 율령법 규정을 근거로 하여 '동이의 소제국'론3)을 제창하였는데, 그 틀을 200년 전까지 소급시킨 것이 '왜적 천하'론이라고 할 수 있겠다. 하지만 중국 사료의 모인과 육국사六國史 등에 보이는 에미시를 비교하면, 양자가 이질적인 것은 분명하며, 이들을 직접 연결하는 해석에는 무리가 있다. 또한 왜의 대왕이 '도와서 다스리는左治' 천하란 왜가 독자적으로 지배하는 영역이 아니라, 송 왕조의 황제가 지배하는 천하의 일부라는 이해는 성립되지 않는 것일까? 어찌 되었든 왜인에 의한 5세기 전반과 7세기 후반의 동아시아 인식의 차이를 재고할 필요가 있을 것이다.

(2) '제국'의 확대

이러한 중화제국의 소형판인 '왜적 천하'론의 기반에는 이시모다 쇼가 제기한 '고대의 제국주의'론이 있다. 야마토, 즉 왜 왕권은 일본열도의 주변지역으로 지배 영역을 확장하는 지향성을 갖고, 한반도 남부에 직할지인 '임나일본부'를 확보했는데, 663년 백촌강 전투에서 대패하여 한반도로부터 철수한 뒤에도 고대 귀족의 국제의식 속에 한반도 여러 나라들을 일찍이 지배했던 신하=번국으로 간주하는 관념이 오랫동안 잔존했다고 한다. 고대 동아시아의 국제관계 하에서 중국 왕조와 한반도 삼국의 영향을 받으면서 그것을 국제적 계기로 삼아 내정으로 전화轉化하고, 왕권이 급속하게 지배 계급의 이해조정 장치인 국가 기구를 정비하였다고 하는 이해는 일본 고대의 국가형성사의 기축이 되었다. 1980년대 이래로 동아시아의 국제관계에 관한 연구가 급속히 진전되었고, 직할지로서의 '임나일본부'의 실재성實在性은 부정되었지만, 에미시·하야토隼人 등의 '의사민족疑似民族'4)과 한반도 여러 나라들을 군사적으로 제압하고 자신을 '대국大國'이라 하며 조공을 요구하는 왜왕의 팽창주의적인 대외정책을 '제국주의'적 확장으로 생각하는 이시가미 에이이치石上英一의 설 등으로 전개되었다. 또한 최근에는 일본의 고대국가를 극동지역의 여러 나라와 민족 집단과의 관계에만 그치지 않고, 국가의 형성이나 변용과정·지역간의 다양한 교통을, 중국 왕조에도 다대한 영향을 끼친 파미르 이동以東의 내륙아시아와 동남아시아에서 인도양까지를 포함하는 해역아시아의 확장 속에서 생각해야 한다고 하는 '동부 유라시아론'도 제기된다.

---

2) 공식령: 율령 편목(編目)의 하나로, 공문서의 양식 및 시행 규칙을 정한 것. 요로령(養老令)의 공식령은 89조로 구성되며, 선명체(宣命體) 조서(詔書)의 서식에 대하여 규정한 조서식(詔書式)의 '어우일본천황조지(御宇日本天皇詔旨)'에 대하여, 다이호령의 주석인『영집해(令集解)』고기(古記)에 대당(大唐)을 인국(隣國), 신라를 번국(蕃國)으로 부른다는 설명이 덧붙여져 있다.

3) '동이의 소제국'론: 공식령 조서식, 부역령(賦役令) 몰락외번조(沒落外蕃條), 호령(戶令) 변원국조(邊遠國條) 등에서 왜국의 주변에 위치하는 민족 집단이나 국가와의 관계에 대하여 규정하고, 중국을 인국, 한반도 여러 나라들(고구려·백제·신라·발해)의 왕조들이나 그 유민·이주자를 번국·제번(諸蕃), 일본열도의 동북쪽 변경에 위치하는 에미시, 규슈 남부의 하야토(隼人), 사쓰난제도부터 류큐열도·야에야마제도까지의 도서부에 사는 남도인(南島人)을 이적(夷狄)이라고 불렀다. 이들이 천황 아래 소속되는 왜인 사회(왕민공동체)를 지탱하는 이종(異種)으로 설정되었다고 이시모다는 이해하였다. 왜왕은 중국에 대하여 자신을 '동이'라고 겸칭하면서도 지배영역에서는 자신을 중화로 간주하고 주변의 여러 집단들을 번국·이적으로서 거느리는 제국이었다고 하는 이중성을 강조한다.

4) 의사민족: 이시가미 에이이치(石上英一)에 따르면 고대 동아시아의 민족 집단 중에는 신체 등 인류학적 형질이나 사용 언어, 공유하는 종교 등 객관적인 지표에 의해 다른 집단과 구별할 수 있는 '민족'과, 국가에 의한 자의적인 명명에 의해 동일 민족 속에서 정치적으로 구분되어 이민족으로 간주되는 '의사민족'이 있었다. 왜국에서 이적(夷狄)은 실질적으로 문화 면에서 왜인과 구별이 불가능하고, 후자의 범주에 들어간다.

문제삼아야 할 것은 고대 왜 왕권이 무엇을 위해 지배영역 외연부의 이종 사회에 개입하려고 했는가, 그럴 필요가 왜 있었는가 하는 점이다. 이시모다에 의해 '고대의 제국주의'론이 제기된 현대사의 배경을 살펴보지 않고 국가·왕권을 주어로 한 사료 해석을 행하는 것은, 문명화한 균질적 왜인 사회가 문명화가 늦어진 주변 사회를 일방적으로 포섭해 나간다는 정태적靜態的인 고대문명사론으로 연결되기 쉬운 것이 아닐까?

(3) '이적'의 위치

최근에 이적夷狄의 실태에 대하여 고고학 연구성과와 외국 사료를 동시대 일본사료와 함께 검토하여, 에미시와 류큐 사람들의 자율성과 독자적 정치 권력의 형성을 평가하는 북방사·남방사 연구가 전개되고 있다. 그 연구에서는 왜 왕권의 자기운동적인 대외 팽창이 아니라 열도 주변 지역에서의 민족 집단간의 대립과 국가 간의 전쟁에 의한 대량 이주 등 교통 관계의 대규모 변동이 일어났고, 지배 영역의 불안정화에 대응하기 위한 중국의 각 왕조와 한반도 여러 나라들, 중국 둥베이東北 지방의 우세한 민족집단(말갈의 여러 부 등), 왜국 등의 국가가 일시적으로 개입하여 각 집단 간의 조정을 행한다는 상황이 해명되고 있다. 이러한 실태는 소제국에 의한 '제국주의'의 전개라는 일방적인 이해만으로는 설명이 곤란하다. 스스로에 대하여 말하는 사료를 거의 남기지 않았던 이적의 시점에 서서 '제국'과 '천하'를 볼 때, 고대국가의 형성과 변용만으로 수렴되지 않고 개별 지역사회의 독자적 전개와 지역 간의 관계에 대한 자타인식[5]의 변용 등이 드러난다. 그것의 해명을 위한 새로운 연구 관점·방법이 앞으로 필요해질 것이다. 최근에 급속히 연구가 진척되는 아이누 민족의 통사通史나 설화 문학 등으로부터 오우奧羽에서의 계보 의식의 형성을 해명하는 연구 등,[6] 주목할 만한 성과가 나타나고 있다.

> **탐구 포인트**
> ① 소제국(주의)라는 명칭은 적절한 것일까?
> ② '제국'으로서의 왜국·일본국의 영역은 어디에까지 미쳤는가?
> ③ 변경 주민으로서의 '이적'의 실태, 율령국가와의 관계를 어떻게 파악해야 하는가?
> ④ 고대의 이문화를 이해할 때 어떠한 시점·연구방법이 필요한가?

참고문헌

石上英一「古代東アジア地域と日本」『日本の社會史 1』岩波書店, 1987.

石母田正「天皇と「諸蕃」」,「古代における「帝國主義」について」『石母田正著作集 4』岩波書店, 1989.

山尾幸久『古代の日朝關係』塙書房, 1989.

蓑島榮紀『古代國家と北方社會』吉川弘文館, 2001.

廣瀬憲雄『東アジアの國際秩序と古代日本』吉川弘文館, 2011.

田中聰『日本古代の自他認識』塙書房, 2015.

---

5) 자타인식: 문헌사료에 나타나는 하야토와 에미시는 국가측이 부여한 변경에 사는 복속집단으로서의 이적 신분을 수용하는 한편, 반란과 신분 변경 소송 등으로 거기서 벗어나려는 움직임을 보인다. 말하자면 오랑캐[夷]와 백성[民] 사이의 경계선을 직접 다시 그리려고 하는 자율적인 운동으로 생각할 수 있다. 이 글에서는 이 운동 속에 표현되는 인식을 자타인식이라 부르겠다.

6) 入間田宣夫『中世奧羽の自己認識』三彌井選書, 2021.

13. 임신의 난
고대 최대의 내란은 왜 일어났는가

구라모토 가즈히로(倉本一宏*) 집필 / 김현경 번역

관련항목: I-11[p.59] I-14[p.68]

〔논의의 배경〕

에도시대부터 이어지는 임신의 난의 연구사는 대의명분론을 전제로 하여 오토모大友 왕자가 즉위했는가 아닌가 하는 문제를 주요 테마로 삼아 왔다. 전후의 방대한 연구 축적도 임신의 난의 원인론이나 전투가 시작되기까지 다이카 이래의 정치의 흐름(특히 대왕 자리의 계승에 관하여)과 사회사적인 의미 부여, 그리고 난이 종결되고 난 후의 영향에 관한 것이 대부분을 차지하고 있었다. '급진' 대 '보수'나 '대호족' 대 '중소호족', '중앙' 대 '지방', '관병官兵' 대 '사병私兵'과 같은 도식이 설정되어 있던 것도 전후 연구사의 특색이었다. 그 결과 '지방호족군'·'대호족의 몰락'·'덴무의 전제지배' 등이 사실인 양 이야기되어 왔던 것이다.

임신의 난 전체도
(구라모토 가즈히로, 『임신의 난을 걷다壬申の乱を歩く』에서 인용)

〔논점〕

(1) 고전적 이해와 그 난점

덴지는 동생인 오시아마大海人 왕자를 황태자의 지위에 앉혔지만, 만년에는 맏아들인 오토모 왕자를 대왕 자리에 앉히고 싶다고 생각하였다. 671년에 오토모를 태정대신太政大臣에 임명하여 후계자로 삼고, 대호족으로만 구성된 오미近江 조정의 주재자로 삼았다. 임종 때 오시아마를 살해하려고 한 덴지는 병상에 오시아마를 불러 대왕 자리를 물려주겠다고 말하였다. 덴지의 음모를 눈치챈 오시아마는 이를 사퇴하고 출가하여, 비妃인 우노鸕野 황녀와 그녀가 낳은

---

*) 국제일본문화연구센터 교수 | 일본고대사, 고기록학

구사카베草壁[p.73] 왕, 소수의 도네리舍人를 데리고 오쓰궁大津宮에서 요시노吉野로 은둔하였다. 덴지가 사망하고, 672년에는 오토모는 오시아마를 공격하려고 병사를 모았다. 그 소식을 들은 오시아마는 6월에 요시노를 탈출하여 동국으로 들어가, 유노무라湯沐邑1)가 있는 미노美濃의 병력으로 후와不破를 제압하여 동국을 장악하였다. 야마토에서는 오토모씨大伴氏도 호응하여 거병하였다. 오토모 측은 대응이 늦어져, 서국西國의 군사 동원에 실패하고, 각지에서 지방 호족을 이끄는 오시아마군에 압도되어, 7월에 오토모는 자살하였다. 오시아마는 이듬해인 673년에 아스카 기요미하라궁飛鳥淨御原宮2)에서 즉위하여 덴무 천황이 되었다. 유력 중앙 호족은 몰락하였고, 전제권력을 획득한 덴무는 중앙집권국가의 건설을 강력하게 추진하였다.

이러한 도식은 『일본서기』 권28, 즉 임신기壬申紀3)의 논리에 얽매여 있다. 덴무를 시조로 하는 나라시대 전기의 천황과 친왕親王에 의해 만들어진 이 도식을 떨쳐내고, 임신기의 원사료론과 당시의 국가체제, 그리고 동북아시아의 국제정세를 통하여 임신의 난을 종합적으로 해명할 필요가 있다.

(2) 황위 계승으로 본 임신의 난

덴지로서는 오시아마를 왕위의 중계자로서 즉위시키고, 그 다음에 세대교체를 행할 때 오토모의 아들인 가도노葛野 왕, 오시아마의 아들인 오쓰大津 왕(어머니는 덴지의 딸인 오타大田 왕녀)이나 구사카베 왕(어머니는 덴지의 딸인 우노 왕녀)이라는, 모두 자신의 피를 이은 왕족에 대한 계승 혹은 한 대 더 중계자로서 우노 왕녀(훗날의 지토持統)가 즉위하는 것을 상정하고 있었다.

오시아마를 중계자로 하여 확실하게 자신이 낳은 구사카베 왕에게 계승시키고 싶다고 생각한 우노로서는 먼저 무엇보다도 오토모를 쓰러뜨려 가도노 왕을 배제할 필요성을 느끼고 있었다. 그리고 그 다음에 오시아마의 아들 중 구사카베 왕의 우위를 확립할 필요가 있었다.

우노에게 있어 오토모를 쓰러뜨리고 동시에 구사카베 왕의 우위성을 확립하며, 더 나아가 오쓰 왕을 위험에 빠뜨리는 수단으로서 선택된 것이 무력으로 오미 조정을 괴멸시키는 일, 그리고 그 전란에 자신과 구사카베 왕을 가능한 한 안전하게 참가시킨다고 하는 일이었다. 요컨대 임신의 난의 진짜 주모자는 우노였던 것이 된다.

(3) 국제 정세로 본 임신의 난

당·신라의 본격적인 개전開戰을 앞두고 있던 덴지 천황 10년(671), 당나라로부터도 신라로부터도 원군 파병 요청이 왔다. 양면 외교를 추진하고 있던 나카토미노 가마타리中臣鎌足도 세상을 떠났고, 친당파인 오토모는 망명 백제인 브레인의 진언을 듣기도 해서 대對신라 전쟁에

---

1) 유노무라: 율령제 이전에 왕족을 부양하기 위해 설정된 토지.
2) 아스카 기요미하라궁: 종전의 아스카 노치노 오카모토궁(飛鳥後岡本宮)을 개조하여 남쪽에 에비노코곽(エビノコ郭)이라는 구획(훗날의 조당원[朝堂院])을 증설하여 성립한 궁도(宮都).
3) 임신기: 『일본서기』 권28. 덴지의 죽음부터 임신의 난, 아스카 기요미하라궁 축조까지 기록하였다.

나서고자 대신라 전쟁용 징병을 서둘렀다. 다만 서국은 백제부흥전쟁4)을 위한 징병과 산성의 축조로 인해 피폐해져 있었고, 징병은 미노나 오와리尾張·이세伊勢 등 동국을 중심으로 이루어지게 되었다.

오시아마로서는 대외전쟁 반대의 기치를 내걸고 대신라전 계획을 주도하고 있는 오토모를 쓰러뜨림으로써 백제부흥전쟁의 대패배와 그 후의 경오년적庚午年籍[p.52]으로 대표되는 철저한 지방 지배를 지향하는 덴지의 정책에 대한 책임을 회피하는 것도 가능하다고 생각하였다.

그리고 계획적으로 후와·스즈카鈴鹿5)를 폐쇄하고 오토모가 동국에서 징병한 농민군을 자신의 수중에 넣음에 따라, 오시아마가 거병하리라고는 생각하지 않았던 오토모와 오미 조정을 쓰러뜨리고 이 전란에서 압승을 거두었다.

(4) 앞으로의 전망

임신의 난에 대한 논점도 거의 다 제기되었고 그 결론도 대체로 마무리지어진 듯 싶지만, 앞으로는 한층 더 폭넓고 종합적인 관점에 입각한 연구의 진전이 있을 것이라 기대한다.

그 때에는 역시 임신기 자체를 중국의 한문 서적과 비교하는 연구, 아시아 세계 전체를 내다보는 국제적인 연구, 그리고 국가성립사 전체 속에서 임신의 난을 자리매김하는 등의 관점이 필요해지게 될 것이다.

탐구 포인트

① 7세기 대왕 자리의 계승의 개요는 어떠했는가?
② 당시의 동북아시아 국제관계는 어떠했는가?
③ 임신기의 구조적, 사료적 특질은 어떠한 것이었는가?
④ 임신의 난의 결과, 국가형성은 어떻게 진행되었는가?

참고문헌

龜田隆之『壬申の亂』至文堂, 1961.
直木孝次郎『壬申の亂』塙書房, 1961.
義江彰夫「『舊約聖書のフォークロア』と歷史學」『UP』77, 1979.
丸山理「『壬申紀』史料批判」『千葉史學』141, 1989.
山尾幸久「倭國の亂·磐井の亂·壬申の亂」都出比呂志·田中琢 編『古代史の論點 4 權力と國家と戰爭』小學館, 1998.
倉本一宏『壬申の亂』吉川弘文館, 2007.
中野謙一「壬申紀述作における漢籍利用」『古事記年報』62, 2020.

---

4) 백제부흥전쟁: 660년에 백제가 멸망한 뒤, 유신(遺臣)들에 의한 백제 부흥에 가담하여 백촌강(白村江, 백강) 등에서 대패한 전쟁.
5) 후와·스즈카: 기나이와 동국의 경계. 당시에는 아직 관문은 설치되지 않았고, '산도(山道)'라고 불렸다.

14. 율령국가론
고대국가는 율령제 국가인가

요시다 가즈히코吉田一彦*) 집필 / 김현경 번역

관련항목: I-3[p.35] I-6[p.44] I-11[p.59] I-16[p.74] I-17[p.77] I-20[p.86]

〔논의의 배경〕

일본의 '고대'라고 하면 일반적으로는 조몬시대, 야요이시대, 고분시대, 혹은 『고사기』·『일본서기』의 시대나 나라·헤이안시대의 이미지를 떠올리는 경우가 많다. 이 책에서도 '고대'는 '조몬시대'부터 시작해서 '무사의 출현'으로 끝나고 있다. 그러나 조몬·야요이·고분시대는 '고고학'의 담당 영역으로, 대학의 사학과·일본사학과에서 '고대사'는 7~9세기인 이른바 '율령국가'의 시대를 주된 대상으로 하는 것이 오히려 일반적이다. '일본고대사'는 히미코나 와카타케루 대왕[유랴쿠雄略 천황] 시대가 아니라, '율령국가'의 성립과 전개를 대상으로 하는 것이 대학 일본사의 중심이 되어 있다. 그것은 타당한 것일까? 만일 타당하다면 '율령국가'는 일본고대사 속에서 어디에 위치하는 것인가? 애초에 '율령국가'라는 개념은 타당한 것일까?

〔논점〕

(1) 고전 학설 – '사카모토 패러다임'

오늘날에도 이어지는 '율령국가론'을 구축한 중심 학자인 사카모토 다로坂本太郎1)는 '일본고대사'는 '율령국가(율령제)'를 중심으로 이해해야 하며, 그 이전은 그것의 준비과정, 그 이후는 그것의 변질·붕괴과정으로 이해할 수 있다고 보았다. 이렇게 해서 ①쇼토쿠 태자의 신정新政부터, ②다이카 개신을 거쳐, ③율령제(율령국가)의 성립을 말하고, 율령의 여러 제도를 중심으로 고대국가를 설명하며, 이후를 ④율령제(율령국가)의 변질·붕괴과정으로 이해하는 일본고대사가 성립한다. 이 견해는 '사카모토 패러다임'이라고도 불릴 만한 틀을 구성하며, 이후 연구의 방향성을 규정하였다. 또한 사카모토는 당초에는 '율령제'·'율령제도' 혹은 '법치국가의 형성'이란 개념을 사용하였지만, 마침내 '율령국가'라는 용어도 사용하게 되었다. 이어서 이시모다 쇼2)는 마르크스주의 역사학의 관점에서 사카모토설을 발전시켰다. 이시모다는 다

---

*) 나고야시립대학 특임교수 | 일본고대사, 일본불교사
1) 사카모토 다로(1901~1987) : 전문 분야는 일본고대사. 도쿄대학 교수, 고쿠가쿠인대학(國學院大學) 교수. 저서로 『사카모토 다로 저작집(坂本太郎著作集)』(전 12권, 吉川弘文館, 1988~89) 등이 있다.
2) 이시모다 쇼(1912~1986) : 전문 분야는 일본중세사·일본고대사. 호세이대학(法政大學) 교수. 저서로 『이시모다 쇼 저작집(石母田正著作集)』(전 16권, 岩波書店, 1988~90) 등이 있다.

이카 개신의 역사적 의의를 높이 평가하고, 이를 '율령제국가'의 기점으로 설정하였다. 그리고 일본의 고대국가는 기요미하라淨御原령 또는 다이호 율령의 제정에 의해 성립된 '율령제국가'로 완성되었다고 논하였다.

(2) 천황 호칭의 도입과 천황제도의 성립

7세기 후기의 역사에 관한 연구로서 최근에 진전된 것은 천황 호칭 및 일본 국호의 성립에 대한 연구이다. 7세기 말, 군주 호칭은 '대왕大王'에서 '천황天皇'으로 변화하였다. '천황'이라는 호칭은 당나라 고종[3]이 674년에 '황제' 호칭을 바꾸어 칭한 것으로, 왜국은 그것을 도입하였다. 아울러 나라 이름을 '왜국'에서 '일본국'으로 변경하고, 그것을 다이호 연간의 견당사로 당나라에 전달하였다. '왜'는 타자에 의한 멸칭 표기였지만, '일본'은 자칭이었다. 요시다 다카시가 논한 것처럼 그것은 '천황'이 통치하는 왕조의 이름으로서 칭한 것이었다. 여기서 문제가 되는 것은 군주 호칭의 변경을 명칭 변경으로만 평가할 것인가, 아니면 천황제도라는 정치제도의 성립으로 평가할 것인가 하는 점에 있다. 7세기 말의 큰 변화는 율령제의 성립이라는 관점에서가 아니라, 중국의 황제제도를 개변하여 도입한 '천황제도'가 성립했다고 이해해야 하는 것이 아닐까? 법에만 초점을 맞추는 것이 아니라, 공간·시간의 통치, 법·경제의 통치 등 정치제도 전체의 변화로서 이해해야 하는 것이 아닐까?

(3) 『일본서기』에 대한 평가

그와 관련해서 중요한 것이 『일본서기』의 사료비판이다. 2차 대전 이전까지의 역사교육에서는 역사의 시작으로 『일본서기』의 현대어 번역을 이야기하였고, 아마테라스와 진무神武 천황 이래 역대 천황에 대해 가르쳤다. 전쟁 이후, 그러한 고대사 교육은 GHQ에 의해 부정되었다. 전쟁 이후의 역사학은 『일본서기』의 기술과는 다른 고대사의 재구축을 지향하였고, 진무 천황을 비롯한 초기 천황의 실재를 부정하였다. 그러나 『일본서기』의 뒷부분 3분의 1 정도의 기술은 역사로 남았다. 역사교육에서는 조몬·야요이·고분시대를 가르치고, 여기에 접붙이기 하듯이 쇼토쿠 태자·다이카 개신·율령제가 이어진다. 문제는 『일본서기』를 따르려면 일본에는 태곳적 옛날부터 천황이 존재했고, 7세기 후기에는 거기에 율령이 도입되었다는 것이 되는데, 최근의 연구성과에 입각한다면 이 책이 기록하는 천황 중에서 마지막 천황인 지토, 혹은 지토와 덴무 두 사람 이외에는 '천황'이 아닌 것이다. 율령의 계수는 천황제도가 개시되고 그것과 거의 비슷한 시기에 실시되었다. 이는 중국식 도성·연호·역사서·화폐 등의 개시와 마찬가지이며 천황제도의 성립과 더불어 도입되었다.

---

3) 고종(628~683) : 당나라의 황제. 아버지는 태종, 어머니는 장손황후(長孫皇后, 장손무기[長孫無忌]의 여동생). 황후는 무측천(武則天, 측천무후). 『구당서(舊唐書)』 고종본기 상원(上元) 원년(674) 8월조에 '皇帝稱天皇, 皇后稱天后'라 적혀 있어, 황제가 '천황'·황후가 '천후'를 칭하였음을 알 수 있다.

(4) 법치국가인가?

중국에서는 진한시대 이래로 법의 요체는 형벌규칙이었고, 율律이 먼저 있은 다음에 영令이 있었다. 추가법도 형벌규정을 지니는 격格이 먼저 생겼고, 그 다음에 형벌규정이 없는 식式이 생겼다. 7세기 후기 이후 일본은 중국법[4]을 계수하였지만, 그 근간 부분에 대한 이해는 애매하였다. 8세기 법의 실시 상황을 보더라도 형사 사건에 대한 형으로서 율의 규정과는 다른 처단이 내려지고 있다. 영의 경우에도 실제와는 동떨어진 조문이 많다. 율령은 문화로서 수입되었다는 측면을 갖고 있다. 또한 에노모토 준이치榎本淳一가 논한 것처럼, 요로養老 율령[5]은 미완성인 채로 시행되고 있으며, 시행이라고 해도 그 실시에는 애매한 부분이 많이 있다. 예를 들면 요로령의 부역령賦役令 중 조調의 규정은 오래된 규정이 그대로 남아 있으며, '중남작물中男作物' 등 실제 제도가 조문에 반영되어 있지 않다. 그렇다면 그 시행이란 도대체 무엇이었을까? 일본 율령 성립 이후의 국가를 근대국가의 개념인 '법치국가', '법에 바탕을 둔 국가'로 보는 데는 의문이 든다. '법의 지배'와는 다른 '사람의 지배'를 논점으로 두고 국가의 특질을 재고할 필요가 있다.

> **탐구 포인트**
> ① 일본의 고대국가는 '법에 바탕을 둔 국가'('법의 지배'에 의한 국가)였는가?
> ② 천황제도의 성립과 율령의 성립의 우열관계를 어떻게 평가할 것인가?
> ③ 『일본서기』 사료 비판을 어떻게 추진할 것인가?
> ④ '사카모토 패러다임' 전체를 어떻게 비판적으로 극복할 것인가?

참고문헌

坂本太郎『日本全史 2 古代Ⅰ』東京大學出版會, 1960.
石母田正『日本の古代國家』岩波書店, 1971.
榎本淳一「養老律令試論」『日本律令制論集』上, 吉川弘文館, 1993.
吉田孝『日本の誕生』岩波書店 1997.
吉田一彦『民衆の古代史』風媒社, 2006.
吉田一彦「古代國家論の展望」『歷史評論』693, 2008.

---

[4] 중국의 율령: 20세기 후기, 진나라 시대의 율이 '운몽진간(雲夢秦簡)', 한나라 시대 율령이 '강릉(江陵) 장가산한간(張家山漢簡)'으로 발견되었다. 당나라의 율은『당률소의(唐律疏議)』로서 현존한다. 또 최근에는 송나라의 영인 천성령(天聖令)이 발견되었고, 아울러 당나라 개원(開元) 25년령의 조문도 발견되었다.

[5] 요로 율령: 후지와라노 후히토(藤原不比等)를 책임자로 하여 718년에 편찬이 시작되었다. 하지만 작업은 진척되지 않았고, 미완성인 상태로 보류되었다. 그것을 후히토의 손자인 후지와라노 나카마로가 757년에 시행하였다.

15. 고대의 여제
임시로 세워진 중계자였나

요시에 아키코^{義江明子}*) 집필 / 김현경 번역

관련항목: I-3 [p.35] I-6 [p.44] I-21 [p.89]

〔논의의 배경〕

고대에는 스이코·고교쿠^{皇極}(=사이메이^{齊明})·지토·겐메이·겐쇼^{元正}·고켄(=쇼토쿠)이라는 8대 6명의 여제^{女帝}(여성 대왕/천황)가 있었다. 근세의 2명을 포함해도 전체적으로 보면 매우 적다. 여제는 황위 계승에 곤란한 일이 발생했을 때의 예외라는 것이 메이지^{明治}의 황실전범^{皇室典範}1) 이래 정부의 공식 견해가 되었고, 남계^{男系} 남자 계승은 천황제의 '전통'으로 여겨졌다. 학문적으로도 여제 '중계자'설이 오랫동안 정설의 위치를 차지하고 있다. 하지만 여제가 집중되는 6세기 말부터 8세기 후반까지는 고대국가 체제의 형성부터 확립에 이르는 격동의 시기이다. 그러한 시기에 남제^{男帝}와 여제가 거의 반반씩 존재했던 것은 당시 남녀의 즉위를 평범한 일로 여기는 역사적 조건이 있었고, 8세기에는 그 조건이 상실되었기 때문이 아닐까? 후세의 규범·이념을 전제로 하지 않으면서, 고대 왕권 구조와 계승에 대하여 고찰할 필요가 있을 것이다.

〔논점〕

(1) 통설과 그 전환

통상적인 황위 계승에 곤란한 일이 생겼을 때, 선제^{先帝}의 황후가 '임시로' 즉위하여 사이를 이어준다고 보는 것이 60년대에 확립된 '중계자'설의 요점이다. 실제 국정은 스이코의 경우는 쇼토쿠 태자2)/소가노 우마코^{蘇我馬子}, 지토의 경우는 다케치^{高市} 황자/후지와라노 후히토^{藤原不比等}와 같이 남성 황족·신하가 담당했다고 본다. 여기서 말하는 통상적인 황위 계승이란 형제

---

*) 데이쿄(帝京)대학 명예교수 | 일본고대사, 여성사
1) 황실전범: 황실에 관한 제도를 정한 법. 1889년에 대일본제국헌법과 동시에 제정되었는데, 황실의 가법(家法)으로서 일반에 공포(公布)되지는 않았다. 제2차 세계대전 후에 폐지되었고, 1947년에 현행 황실전범이 일본국헌법과 동시에 법률로서 공포·시행되었다. 황위의 남계 남자 계승 규정은 구 전범을 계승하였다.
2) 쇼토쿠 태자: 요메이 천황의 아들로 스이코의 조카. 『일본서기』에서는 황태자·섭정으로서 스이코 조정의 국정을 담당하였다고 되어 있다. 그러나 쇼토쿠라는 존칭과 황태자의 지위, 섭정은 당시의 실태가 아니었음이 현재로서는 밝혀지고 있다. 실제 이름은 우마야도(厩戸) 왕.

또는 부자 간에 이루어지는 세습이다. 그러나 세습 왕권·부계[3]·황후권皇后權과 같은 '중계자' 설의 전제는 80년대 이후 왕권론·친족구조론 등의 진전에 따라 흔들리기 시작한다. 각 여제에 대한 개별적 연구도 진행되어, 그녀들이 대왕/천황으로서 통치권을 행사하고 퇴위 후에도 태상천황으로서 천황을 보좌 내지 '공치共治'한 실태가 명확해졌다.

(2) 세습 왕권의 성립과 쌍계적 혈통관

왕통보王統譜의 사료 비판, 거대 고분(왕의 무덤)의 입지 등으로 보아 4~5세기는 연합정권 단계에 있었고, 왕위는 지역 세력 사이에서 이동하였다. 하나의 혈통에 의한 세습 왕권의 성립은 6세기의 게이타이~긴메이 이후로 여겨진다. 80년대에는 새로운 친족 이론에 의해 고대 사회의 친족 구조는 부계도 모계도 아닌 쌍계적인 것임이 밝혀졌다. 세습 왕위의 계승에서는 아버지 쪽과 어머니 쪽 양쪽의 혈통이 모두 중시되었다. 왕들은 어머니가 다른 남녀 형제 간의 결혼, 숙부와 조카 사이의 결혼 등 근친혼을 거듭하여 쌍계적 친족 결합을 강화하였다. 여제는 기사키后(왕후)이기 이전에 자기 자신이 선제~선선제의 미코御子로서 혈통적 권위를 지닌다. 복수의 기사키 상호 간의 서열은 6~7세기에는 명료하지 않으며, 황후의 지위가 정해지는 것은 7세기 말의 일이다. '황후 또는 오키사키大后가 즉위하여 여제가 된다'는 종래의 설은 재검토되어야 한다.

『삼국지』위지의 왜인전에 따르면 3세기의 여왕 히미코는 소국의 왕들에 의해 '공립共立' 되었다. 남왕이 옹립되는 경우도 있었다. 그 후로도 세습 왕권 성립을 전후한 시기 동안은 유력 호족들이 왕을 고른다는 것이 야마토 정권의 기본 시스템이었다. 5세기에는 한반도 여러 나라들과 군사적으로 경합을 벌이는 가운데 남왕이 선택되었고, 중국 왕조로부터 대장군 왜왕에 임명되었다(왜 5왕). 그러나 세습 왕권의 형성에 따라 혈통적 조건이 중요해지자, 쌍계적 친족 구조 하에 남녀 미코가 왕으로 선발되기에 이르렀다. 그 중 최초의 여제가 스이코였다. 고대의 역사서인『상궁 쇼토쿠 법왕제설上宮聖德法王帝說』[4]은 긴메이와 그 자식들(비다쓰·요메이·스슌·스이코)에 의한 연속 즉위를 '타인을 가담시키지 않고 천하를 다스렸다'고 서술하여 세습 성립에 대한 놀라움을 나타내고 있다.

2000년대에 들어서는 즉위 연령에 대한 연구가 진척되었다. 6~7세기 대왕/천황의 즉위 연령은 평균적으로 대략 40세 이상이다. 31세에 즉위한 긴메이는 '어리고 정치에 익숙하지 않으므로' 사퇴하려 했다고 한다. 31세는 통치자로서는 미숙한 나이였던 것이다. 게다가 2010년대가 되어 고대 촌락에서도 대략 40세 이상의 남녀를 장로로 간주하는 연령 원리가 있었음이 밝혀졌다. 남녀 리더의 존재는 세계 각지의 쌍계적 사회에서 나타나는 특색 중의 하나이다. 고대의 왜/일본은 옛날부터 부계 원리로 구성되었던 중국과는 전혀 다른 구조의 사회였다.

---

3) 부계: 아버지 쪽 집단에 속하며 아버지의 지위·재산·일족명 등을 이어받는 사회 시스템. 어머니 쪽의 집단에 속하는 것이 모계. 쌍계는 아버지 쪽과 어머니 쪽 양쪽 집단에 잠재적으로 속하며, 지위·일족명 등은 상황에 따라 선택 가능. 남계는 혈연의 계통을 남자로 따라가는 계승 방법.

4)『상궁 쇼토쿠 법왕제설』: 쇼토쿠 태자의 전기. 헤이안 중기에 성립되었지만, 관련 계보와 정치·불교 관계 기사에는 8세기 초엽~전반 이전에 성립된 내용이 포함되어 있다.

(3) 부계 원리의 도입과 침투

8세기 초에는 중국을 국제의 모델로 하여 체계적 법전=율령이 도입되었다. 율령에는 부계 원리가 포함되어 있다. 아들은 아버지에 부속시킨다는 부계 원칙에 의해 전국적 호적이 작성되었고, 관인의 가家 창출이 계획되었다. 그러나 권력 중추에 있는 황위 계승의 양상이 바로 변화하지는 않았다. 다이호령·요로령에는 모범으로 삼은 중국의 영 조문에는 없는 '여제의 자식'도 친왕(=황위 계승 자격자)이라는 규정이 부가되었다. 8세기에도 지토·몬무·겐메이·겐쇼·쇼무·고켄으로 남제와 여제가 번갈아가며 재위하였다.

큰 변화로서 7세기 말에는 15세였던 몬무文武가 할머니 지토의 양위에 의해 즉위하고, 지토는 최초의 태상천황이 되어 '공치'하였다. 장로 여성이 태상천황으로서 나이 어린 남성 천황을 도와주며 '공치'하는 형태는 겐쇼-쇼무 사이에서도 반복되었다. 장로 통치의 관행을 반쯤 계승하면서, 태상천황과 천황의 '공치'로 왕권의 강화를 꾀하며 중국적 시스템으로의 이행을 완수하였다고 할 수 있다. '중계자'설이 중시하는 '구사카베草壁[5] 적통' 주장이 빈번히 제기되었던 것은 증손인 고켄孝謙=쇼토쿠稱德 때의 일이다.

고켄=쇼토쿠 다음에는 덴무의 형 덴지의 손자 고닌, 그 아들인 간무가 즉위하였고, 고대 여제의 역사는 끝난다. 고닌도 간무도 방계 왕족이며, 관인으로서의 경력을 쌓은 뒤에 천황이 되었다. 관료제의 부계 이념이 황위 계승에도 영향을 끼치게 되었던 것이다.

> **탐구 포인트**
> ① 세습 왕권의 형성과 여제의 시작을 어떻게 파악해야 할까?
> ② 고대 사회의 대왕/천황은 어떠한 조건으로 선정되었을까?
> ③ 율령국가 성립을 전후하여 계승 원리는 어떻게 변화하였을까?
> ④ '전통'이 근대에 만들어진 것을 어떻게 생각하면 좋을까?

참고문헌

荒木敏夫『可能性としての女帝』青木書店, 1999.
仁藤敦史『女帝の世紀』角川書店, 2006.
義江明子『日本古代女帝論』塙書房, 2017.
義江明子『推古天皇』ミネルヴァ書房, 2020.
義江明子『女帝の古代王権史』筑摩書房, 2021.

---

[5] 구사카베: 덴무와 지토 사이의 아들. 689년에 24세 나이로 사망. 아들인 몬무(어머니는 겐메이), 손자인 쇼무(어머니는 후지와라노 미야코. 겐쇼는 큰어머니)로 이어지는 혈통을 '히나미시미코노 미코토(日竝知皇子尊, 구사카베)의 히쓰기(日嗣, 왕통)'라고 하며 증손인 고켄=쇼토쿠는 자기 정통성의 근거로 주장하였다.

16. 고대 장원
초기장원이란 무엇인가

오구라 마키코小倉眞紀子*) 집필 / 이소현 번역

관련항목: I-14[p.68] I-19[p.83] I-23[p.95] II-4[p.149] II-13[p.176]

〔논의의 배경〕

743년의 간전영년사재법墾田永年私財法 반포부터 9세기경에 걸쳐 성립된 장원은 영주가 장지莊地와 함께 장민을 지배하는 중세적인 장원과는 경영 방식이 다르다는 점에서 구별되며 '초기장원'이라고 불리고 있다. 이 초기장원은 사료상에서는 '장庄'이라고 칭해진다. 그러나 '장'이라고 기록된 토지 전부가 초기장원에 해당하는 것은 아니며, 그 중에는 농지가 아닌 '장'도 존재한다. 다양한 '장'이 있는 가운데, 초기장원이란 어떠한 성질의 토지였을까?

〔논점〕

(1) 사료에서 보이는 '장원', '장'과 초기장원

현존하는 사료에서 '장원莊園·庄薗'이라는 말이 처음 보이는 사례는 988년(에이엔永延2) 11월 8일자 '오와리국의 군사, 백성 등이 보낸 해尾張國郡司百姓等解'에 인용된 987년(간나寬和3)의 관부官符1)이다. 따라서 종래의 연구에서는 '장원'이라는 말이 율령제에 기초한 것이 아니라 대토지 소유제가 진전된 실태 속에서 사용되기에 이른 것으로 이해된 듯하다. 분명히 율령 조문에 '장원'이라는 말은 없지만, 일본의 사료에 '장원'이라는 말이 나타나는 것보다 일찍 중국 당나라의 사료에 '장원'의 사례가 보인다. 따라서 '장원'은 일본의 독자적인 말이 아니라 당나라의 '장원'에 관한 지식을 바탕으로 사용된 말이라고 봐야 한다.

당나라에서는 왕공王公 이하의 부호富豪·귀인貴人이 소유한 광대한 토지를 '장전莊田', '장원' 등으로 칭했는데, 본래 '장莊'과 '전田'·'원園'은 다른 종류의 토지이며 '장莊'은 오늘날의 별장, '전'·'원'은 농지('전'은 곡물을, '원'은 곡물 이외의 것을 재배)를 가리킨다. 그러나 장에는 경제적 자원이 되는 전원을 포함한 것도 많았기 때문에, 별장이 없는 경우에도 '장전'·'장원' 등이 광대한 소유지를 가리키는 말로 쓰이게 되었다고 한다. 일본에서는 당나라에서의 이와 같은 어법을 참고하여, 10세기경부터 '장원'이라는 말을 사용하기 시작했을 것이다.

---

*) 궁내청 서릉부(書陵部) 편수과 황실제도조사실 주임연구관 | 일본고대사

1) 관부: '태정관부(太政官符)'의 약칭. 태정관이 발급하는 부. '부'는 상급 관사(官司)가 그에 소속된 하급 관사에 발급하는 하달문서(下達文書).

일본의 사료에서는 어느 장원을 특정하지 않고 '장원 일반'을 가리키는 경우에는 '장원'이라는 말이 사용되나, 개별 장원은 '구와바라장桑原庄', '오쿠니장大國莊'과 같이 '(지명)+장庄·莊'이라고 칭해진다. 이 '(지명)+장'으로 불리는 토지는 '장원'이라는 말이 사용되기 이전부터 사료 상에 보였다. 9세기 이전의 '장'에는 후대의 '장원'의 초기적 형태라고도 해석할 수 있는 대규모 농지경영 사례가 존재하기 때문에, 학계에서는 9세기 이전에 '장'이라고 칭해진 농지이면서 특히 간전墾田이나 야지野地(개간 예정지)를 포함하는 것을 '초기장원'이라고 칭하고 있다.

(2) 다양한 '장'의 실태

위에 서술한 관점에서 고대의 장원에 관한 종래의 연구는 간전영년사재법 반포 이후 여러 사료에 보이는 '장'이면서 농지인 것을 주된 대상으로 삼아 왔다. 간전영년사재법을 계기로 귀족과 사사 등이 대규모 토지 점유와 개간지 집적을 행함으로써 초기장원이 성립했기 때문이었다.

그러나 간전영년사재법 반포 이전의 사료에서도 '장'이 보이고, 또 간전영년사재법 시행 후에도 간전을 포함하지 않는 '장', 나아가서는 농지가 부수되지 않는 '장'도 존재했다는 것에 유의해야 한다. 747~748년에 여러 사원들에서 작성된 자재장資財帳[2)]에 보이는 '장'은 '창倉'과 '옥屋'이라는 건물을 동반했으나 간전은 포함하지 않았다. 간전을 포함하는 '장'의 초견은 748년(덴표天平20) 10월 27일 '태정관부 안案'[3)]에 보이는 '도다이지장東大寺庄'이다. 그 후에도 예를 들면 헤이조경平城京 안에 있던 도다이지령 히가시이치장東市庄, 니시이치장西市庄, 셋쓰국攝津國의 나니와노호리에難波堀江[4)] 부근에 있던 도다이지령 시라기에장新羅江庄 등 농지가 부수되지 않는 '장'도 존재했다.

단적으로 말하면 '장'이란 창고 등의 건물을 동반하며 물품의 조달, 운송이나 곡물 수납 등 폭 넓은 경제활동의 거점으로서 기능했던 사적 영유지이며, 그러한 '장' 중에서 농경의 거점으로서 두어진 농지를 포함하는 것이 '장원'이다. 고대의 사료에서 보이는 '장' 전부가 '장원'이라고는 할 수 없다는 점, 또 농지가 아니라는 이유로 종래의 연구에서는 사상되어 왔던 '장'이 존재한다는 점에는 유의해야 할 것이다.

(3) '초기장원'에 대한 새로운 시각

고대의 '장'을 이와 같이 파악한다면 간전墾田·야지野地를 포함한 초기장원은 새로운 유형의 '장'으로서, 간전영년사재법 시행 후에 갑자기 나타난 것이 아니라 종전부터 존재하는 '장'에 간전이라는 요소가 더해진 것이라고 이해할 수 있다. 초기장원에 대해서는 후대의 장원과 비교하는 관점에서 현지의 국사國司·군사郡司가 경영에 관여하고 있다는 점이 큰 특징으로서

---

2) 자재장: 사원의 재산목록. 이 시기에 작성된 자재장으로서 호류지(法隆寺), 다이안지(大安寺), 구후쿠지(弘福寺)의 것이 현존한다. 또 간고지(元興寺)의 것이 초본 형태로 전래되었다. 이상의 사원은 모두 나라현에 있다.
3) 안: '안문(案文)'을 말한다. 정문(正文, 원본)의 사본 또는 부본으로서 작성된 문서.
4) 나니와노 호리에: 나니와궁의 북쪽에 있었으며, 오사카 만과 통해 있던 수로. 닌토쿠 천황 시대에 개통되었다는 전승이 있다. 예로부터 수로교통의 요지였다.

지적되었다. 하지만 농지를 포함하지 않는 '장'에서도 행정상의 필요에 따라 현지의 국사나 군사가 관여하고 있는 예가 보이므로 이 점은 초기장원과 공통된다고 할 수 있다.

앞으로의 연구에서는 10세기 이후의 '장'에 관해서도 농지가 아닌 것까지 포함하여 전체상을 다시 파악해볼 것이 기대된다. 그 다음에 농지인 '장원'의 특질은 어떤 것이었는가, 그 전신으로서 존재했던 초기장원은 역사적으로 어떻게 위치지을 수 있는가라는 점이 다시 생각해봐야 할 과제가 될 것이다.

> **탐구 포인트**
> ① '장원'이란 어떠한 토지였을까?
> ② 고대의 '장'의 특질은 어떻게 파악될 수 있는가?
> ③ 초기장원은 고대의 '장' 안에서 어떻게 평가될 수 있는가?
> ④ 10세기 이후 농지가 아닌 '장'의 양상은 어떠했는가?

참고문헌

岸俊男『日本古代政治史研究』塙書房, 1966.

加藤友康「初期莊園」『岩波講座日本通史5 古代4』岩波書店, 1995.

小口雅史『デジタル古文書集 日本古代土地經營關係史料集成―東大寺領・北陸編』同成社, 1999.

小倉眞紀子「日本古代における庄と初期莊園」佐藤信編『史料・史跡と古代社會』吉川弘文館, 2018.

17. 국가불교와 교키
교키는 변절한 것인가

스즈키 게이지鈴木景二*) 집필 / 김현경 번역

관련항목: I-9[p.53] I-14[p.68] I-27[p.107]

〔논의의 배경〕

헤이조경에 다이안지大安寺와 야쿠시지藥師寺・간고지元興寺・고후쿠지興福寺 그리고 도다이지東大寺가 세워진 것으로 상징되듯이, 고대국가는 불교를 신기神祇 제사와 함께 국가 안녕을 유지하기 위한 종교로서 중시하였고, 불교를 위한 시설(사원)을 건립하며 인재(승니)를 확보하였다. 승니僧尼에게는 교학敎學 연구와 더불어 재앙을 물리치고 복을 불러오기, 조상의 영혼을 달래기, 현세에서의 이익을 구하는 것 등을 목적으로 하는 실천적인 주술 능력이 기대되었다. 한편 종교를 매개로 하는 결집력과 기동력이 반체제 운동으로 발전할 가능성이 잠재되어 있었던 점은 선진국인 중국의 역사를 통해 알 수 있는 바였고, 위정자는 그것을 방지하기 위해 승니령僧尼令1)을 정비하고, 때때로 금령禁令을 발표하였다. 이러한 나라시대의 불교 체제는 일반적으로 국가불교라 불린다. 이러한 체제 하에서 종교 지도자 활동의 일면을 상징하는 인물이 교키行基이다. 그는 민중 구제 사업을 행함과 동시에 헤이조경을 중심으로 포교 활동을 실행하였고, 그로 인해 717년에 승니령 위반으로 규탄당했다. 그렇지만 731년 정부는 교키에 대하여 친화 정책을 취하고, 743년에는 교키가 직접 제자들을 이끌고 쇼무 천황이 발원發願한 대불大佛 건립을 위하여 민중들을 권유하였다. 그리고 745년에 대승정大僧正2)에 임명되었다. 이러한 국가와 교키의 관계에는 불교를 통제하는 국가권력과 민중운동의 리더인 교키의 대립, 그리고 변절과 패배라는 이미지가 부여되어 왔는데 과연 그런 것일까?

〔논점〕

(1) 국가불교론

국가불교라는 용어는 폭넓은 내용을 포함하고 있으며, 그 변천을 사토 후미코佐藤文子가 검토하였다. 그것은 다이쇼 시기 이후 사용되기 시작한 것으로, 고대국가에 의해 특히 중시되었던 불교라는 정도의 의미였다. 1945년 이후 미야자키 엔준宮崎圓遵에 의해 국가권력과 대치하는

---
*) 도야마(富山)대학 학술연구부 인문과학계 교수 | 일본고대사
1) 승니령: 요로령의 7번째 편목. 27개조로 구성되어 있다. 다이호령도 거의 같은 조문이었으리라 추정된다.
2) 대승정: 승강(僧綱)의 제1등관은 승정이지만, 745년(덴표17)의 조에 의해 교키 법사를 대승정으로 삼았다. 이는 쇼무 천황이 교키를 우대한 행위로 여겨졌다.

신란親鸞 등에 대한 연구를 통하여 반反율령불교라는 관점이 제기되었고, 후타바 겐코二葉憲香에 의해 그에 대응하는 개념으로서 율령불교라는 개념이 고대불교사에서 사용되었다. 나아가 이노우에 미쓰사다井上光貞가 그것을 정리하여, 고대국가는 불교를 통제하고 그 범위 안에서 보호하며 주술력에 의한 국가 번영의 역할을 기대하였다는 관점을 제시하여, 그것을 율령적 국가불교라고 이름붙였다고 한다. 국가불교론이라고 했을 때 떠오르는 것은 바로 이노우에와 같은 관점일 것이다.

그 후로 요시다 가즈히코吉田一彦가 이 개념이 지니는 모호성을 지적하였고, 그 특징이라고도 할 수 있는 승니 통제의 실효성에도 의문을 제기했지만, 국가불교라는 말은 불교가 국정에 큰 영향을 끼친 나라시대의 역사와 잘 들어맞기 때문인지 오늘날에도 통용된다.

(2) 승니령의 실효성

국가에 의한 승니 통제의 논의는 주로 승니령에 바탕을 두고 있다. 승니령은 당나라의 도승격道僧格을 바탕으로 만들어졌고 승니의 신분·행동규범·형벌에 대하여 규정한 것으로, 양형을 포함한 이질적인 편목이다. 여기서는 국가의 안위와 관련하여 언동에 의해 사람들을 미혹시키는 일, 살인과 간음, 도둑질, 사도私度 등 승니 신분의 사칭 같은 죄들에 속인俗人과 마찬가지 형벌을 적용한다고 명시되어 있는데, 한편으로는 사원 이외에 도량道場을 세워 민중을 교화하거나 멋대로 죄복罪福을 설파한 경우에도 환속還俗시키며, 그보다 가벼운 죄는 고사苦使3)에 처한다고 되어 있다. 애초에 승니는 과역課役을 면제받으며, 불교계의 일에 속세의 관리는 관여하지 않고 승강僧綱4)에게 맡기면서 자립이 인정되고 있는 것이다. 승니령에는 분명히 사원 밖에서의 주술력 적용의 제한이나 반체제 운동의 억지책이 명료하게 드러나 있지만, 그것은 당나라의 법제에서 유래하는 면도 있어 일본 사회 속 불교의 실태를 추구해 나갈 필요가 있다. 요시다는 승니령 위반에 대한 처벌이 교키의 사례 정도밖에 알려져 있지 않은 점, 관사官寺에 속하는 승니와 사도승私度僧5)이 공존하며 활동하고 있는 점 등을 밝히고 있다.

(3) 교키의 활동

교키行基(668~749)는 호코지法興寺(아스카데라)에서 도쇼道昭6)로부터 배웠다고 알려졌으며, 20대 전반에 산림 수행을 거쳐 30대 후반부터 가와치, 이어서 야마토에 원院을 건립하기 시작하였다. 이 시기는 마침 헤이조平城 천도 전후로, 도성 축조를 위해 모인 역민役民들을 구제하기 위함인 것으로 보인다. 이 무렵 지방 출신의 단신자單身者가 섞여 사는 신흥도시 헤이조경을

---

3) 고사: 역사(役使)의 일종으로 승니를 대상으로 한 형벌로서 부과되는 경우, 경전 필사·법구 제조·당사의 도장(塗裝)·청소 등에 충당된다. 고사 10일은 속인의 장형(杖刑) 10에 상응한다.
4) 승강: 불교계를 통괄하는 승려 관직으로, 승정(僧正)·대승도(大僧都)·소승도(少僧都)·율사(律師)·좌관(佐官)으로 구성된다.
5) 사도승: 정식 득도(得度)를 거쳐 국가에 의해 승니로서 인정받은 관승(官僧)에 반해, 사적으로 승니의 모습을 하게 된 자. 능력이 있으면서도 인가를 얻지 않은 경우나 과역 회피를 위장한 사례 등이 있었다. 『일본영이기(日本靈異記)』에 그 다양한 활동이 묘사되어 있다.
6) 도쇼(629~700): 호코지의 승려. 당나라로 유학을 가서 현장(玄奘)에게서 배우고, 다수의 경전을 일본에 들여왔다. 귀국 후 각지를 주유하며 사회 사업을 실천하였다. 교키가 사사한 것으로 여겨진다.

중심으로 속인이 승니 행세를 한다든지 승니가 허가 없이 절 밖에서 주술 치료를 행하는 등의 행동이 활발해졌고, 교키와 제자들도 주술을 동반한 길거리 선전 활동을 행하고 있었다. 717년, 겐쇼 천황은 조를 내려 이러한 승니령 위반 행위를 방치하고 있는 관사를 견책하고, 금령을 마을들에 널리 알리게 했다. 이른바 교키 탄압이다. 그러나 조서에는 위반자의 처벌에 대한 언급이 없고, 교키는 1년 뒤에 야마토국 소에시모군添下郡에 류후쿠지隆福寺, 그 이듬해에는 가와치국 가와치군에 이시고리원石凝院을 세웠다. 이러한 사업은 정부의 승니 자격 엄정화 정책과 병행하고 있다. 717년에 교키 등의 행동이 지탄받은 것은 사실이지만, 그것이 탄압이라는 사태에 이른 것인지에 대해서는 기존 연구에서도 의문시되었다. 721년에는 헤이조궁平城宮과 매우 가까운 스가와라菅原 땅의 희사喜捨를 받아 기코지喜光寺7)를 건립한다. 같은 해에 정부는 다시 승니의 위법 행위 금단령을 발령하였다. 그 대상에 교키 등도 포함되어 있었다는 견해도 있지만, 기코지는 헤이조경의 교키 거점 사원으로서 존속했다. 그 후, 724년부터 교키는 고향인 이즈미국和泉國에서 활동하였고, 730년에는 셋쓰국 우바라군兎原郡에 항구 시설을 건설하였다. 그것은 나니와경難波京 조영의 서포트를 의도한 것으로 여겨지며, 이듬해 정부에 의한 유화책, 즉 국가와 교키의 관계 변화로 이어졌던 것으로 보인다. 그러나 최근에는 727년에 교키가 건립했다고 하는 가와치국 오노데라大野寺 토탑土塔에서 출토된 스에키에 천황 조상의 영혼을 공양하는 기원문이 새겨져 있었음이 판명되어, 교키와 국가는 그 이전부터 친화성을 갖고 있었던 것으로 추정된다. 요로 연간부터 덴표 연간에 걸친 행동을 보면, 교키는 국가와 대립하고 있었다기보다도, 지탄받은 경험으로부터 배워 국가 정책에 유연하게 대응하면서 불교적 구제 사업을 실천해 나갔다고 생각할 수 있는 것이 아닐까?

> **탐구 포인트**
> ① 국가불교라는 용어를 다시 생각해야 할 필요가 있는 것이 아닐까?
> ② 승니령에 대하여 입법 의도와 실효성을 더 생각해 보자.
> ③ 교키와 정권의 관계에 대하여 개별적인 사실들을 재검토해야 하지 않을까?
> ④ 사도승을 포함한 승니의 활동에 대하여 실태 해명을 시도해 보자.

참고문헌

井上光貞『日本古代の國家と佛教』岩波書店, 1971.
石母田正『日本古代國家論 第一部 官僚制と法の問題』岩波書店, 1973.
吉田靖雄『行基と律令國家』吉川弘文館, 1986.
吉田一彦『日本古代社會と佛教』吉川弘文館, 1995.
吉川眞司『天皇の歷史 2 聖武天皇と佛都平城京』講談社, 2011.
佐藤文子『日本古代の政治と佛教』吉川弘文館, 2017.

---

7) 기코지: 721년, 데라노 후히토 오토마루(寺史乙丸)로부터 저택을 기증받은 교키가 건립한 사원. 헤이조경 우경(右京) 3조(條) 3방(坊)에 있었고, 지명에 따라 스가와라데라(菅原寺)라고도 한다. 교키는 이 절에서 세상을 떠났고, 그 후로도 후계자에 의해 교키 집단의 거점으로 유지된 듯하다.

18. 고대 가족론
고대 사람들의 생활을 어떻게 볼 것인가

사카에 와타루^{坂江涉*}) 집필 / 김현경 번역

관련항목: I-19^[p.83]

〔논의의 배경〕

일찍이 왕성하게 논의되어 왔던 고대의 가족과 공동체 연구는 1990년대 이후 상당 기간 저조해졌다. 그러나 최근에는 호적을 둘러싼 새로운 연구 방법이 등장하는 등, 서서히 활성화하고 있다. 여기서는 그러한 연구 조류를 소개하며, 당시의 가족과 사람들의 생활을 어떻게 볼 것인지에 대하여 생각해 보고자 한다.

〔논점〕

(1) 이마즈 가쓰노리설의 등장

새 연구의 기점이 된 것은 컴퓨터의 통계 처리적 방법을 구사한 이마즈 가쓰노리^{今津勝紀}의 연구이다. 이마즈는 702년(다이호2)의 「미노국 가모군 하뉴리[1] 호적御野國加毛郡半布里戶籍」에 보이는 부부 121쌍의 세대간 연령 격차의 차이에 주목하였다. 그에 따르면 20대 남성의 경우, 아내와의 나이차는 남성이 평균 2.87세 많을 뿐이지만, 40대의 경우 4.96세, 50대는 7.18세, 나아가 70대에는 평균 12.29세로 벌어지게 된다. 이는 당시의 부부관계가 안정적이지 않고, 배우자와의 사별이 빈번하게 일어나, 살아 있는 남성은 고령이 되어도 끊임없이 생식능력이 있는 여성 배우자를 계속 고집하며 재혼·재재혼을 거듭하고 있던 결과로 보면 이해하기 쉽다고 한다.

이마즈설의 특징은 실제 현상과는 다르지만 인위적으로 동일하다고 간주하는 성격이 강한 호적 사료에서 어느 정도 이용 가능한 '성^性'과 '연령'이라는 속성 정보에 주목한 점에 있다. 이러한 방법을 취했기 때문에 분석 성과에 대한 신뢰도는 높아졌다. 그에 따라 8세기 전후의 부부관계와 가족은 결코 영속적이지 않고, 배우자를 잃은 남녀(특히 과부), 어버이를 잃은 어린이, 의지할 친척이 없는 노인 등을 늘 만들어 내는 불안정한 것이었다는 사실이 공유되기에 이르렀다. 또한 그 전제에는 기근과 역병의 만성화를 바탕으로 하여 남녀의 평균수명[2]이 30

---

*) 효고현립 역사박물관 효고역사연구실 연구코디네이터 | 일본고대사
1) 미노국 가모군 하뉴리: 지금의 기후현 도미카쵸(富加町) 하뉴(羽生) 부근.
2) 평균수명: 출생시의 평균 여명(餘命)을 말함. 영어로는 'Life Expectancy at Birth'라고 한다.

세 전후라는 가혹한 사회의 현실이 있었음이 밝혀졌다. 요컨대 가족의 형태를 어떻게 정의하는가보다도, 가족관계와 생활조건의 취약성에 유의하며, 그것을 바탕으로 어떠한 생존과 사회 유지의 시스템이 있었는지를 묻는 일의 중요성이 드러나게 되었던 것이다.

그래서 이제부터는 출산·생식으로 이어지는 남녀 간의 혼인과 재혼에 대하여, 어떤 사회의식이 있었는가 또 그것에 공동체가 어떻게 관여하고 있었는가 하는 문제를 조금 더 깊이 들여다 보겠다.

(2) 다산의 유지와 공동체

니시노 유키코西野悠紀子는 호적 사료를 사용하여, 고대 여성 한 사람의 생애 출산수에 대하여 적어도 5~6명 정도, 영유아의 사망률이 높은 것을 고려하면 조금 더 많은 수가 된다고 추측하고 있다. 이는 현대 일본의 출산율合計特殊出生率[3])인 1.36명과 비교하면 상당히 높은 수치이다. 고대는 다산 사회였으며 아마도 일상적으로 마을 여기저기서 많은 임산부들의 모습이 보였을 것이다.

이러한 상황에 대하여, 몇가지 관련 자료를 바탕으로 하면, 당시의 지역사회에서는 적령기 이후의 여성은 생식 능력이 있는 한 모름지기 혼인 내지는 재혼해야 한다고 하는 '개혼皆婚[4])' 규범이 있었다고 여겨진다. 이는 극도로 정조를 굳게 지키는 것을 좋게 보지 않고, 미혼 여성의 적극적이고 빠른 혼인 그리고 배우자를 잃은 여성의 재혼(재재혼)을 권장하며 그에 따른 출산을 촉구하는 식의 사회의식이다.

이러한 의식은 단순한 통념으로서 잠재하고 있었던 것은 아니다. 그것을 집단적·구체적으로 현재화顯在化시키는 주술 행사가 있었다. 매년 마을의 제사에 수반되어 열리는 우타가키歌垣[5])(가가이燿歌·우타아소비歌遊び)가 그것이다. 우타가키에서는 적령기인 젊은 남녀뿐만 아니라 기혼자·노인·늙은 여성 등도 노래 부르는 자리에 나와서 각자의 경험과 견문에 따라 혼인과 성을 촉진하는 노래를 주고받고 있었다. 노래의 내용은 '꽃의 목숨은 짧다', '구혼을 거절하는 여성은 불행해진다', '아가씨의 헛된 약속을 믿지 마라' 등 농담 반 진담 반의 해학적인 것이 태반이었다.

요컨대 고대의 혼인과 성은 당사자 간의 개인적인 일이 아니고, 기근이나 역병에 의한 공동체의 붕괴를 막고 마을의 인구를 유지하기 위해 마을 멤버 전체가 나서서 지원·촉진해야 하는 사회적 문제가 되어 있었다. 그것이 웃음 가득한 노래의 형태로 나타나는 장이 제사와 일체화되어 행해지는 우타가키였다. 고대의 촌락 제사 공동체는 다산을 유지시키기 위해 일정한 역할을 수행하고 있었다.

---

3) 출산율: 여성 한 사람이 출산 가능하다고 여겨지는, 15세부터 49세까지의 시기 동안 낳는 아이의 수의 평균을 나타낸다.

4) 개혼: 문화인류학이나 사회학 등에서는 한 사회의 모든 사람, 혹은 거의 모든 사람이 인생의 어느 시점에는 혼인해 있는 상태를 영어로 'Universal Marriage'라고 부른다. 일본어로는 한자어로 개혼(皆婚)[가이콘]이라고 번역된다.

5) 우타가키: 젊은 남녀 외에 마을 사람들 대부분이 참가하여, 구혼과 성에 관한 노래를 서로 부르는 주술의례. 촌락 제사에서 음식과 술을 공동으로 먹고 마시는 장에서 행해진다. 남녀 간의 성적 해방을 동반하였다.

(3) 전근대 사회 속 '개인' — 앞으로의 전망

이미 1980년대 중반을 전후한 시기부터 가족만을 생산과 소비의 단위로 보거나, 아이 양육을 위한 기초 조직으로 보는 방법에 대한 의문이 제기되었다. 서양사 연구자인 구마노 사토시 熊野聰는 전근대 사회에서는 기근·역병·전쟁 등에 의해 자연스레 가족을 갖지 않는 대량의 '개인'이 존재했다고 말한다. 그들에 대한 사회적 배분과 소비의 메커니즘을 밝히고 그 안에 가족의 문제를 위치시키지 않는 한, 연구를 진전시켰다고 할 수 없다고 지적하였다. 구로다 도시오는 일본 중세에서는 돌연 이에와 가족을 잃고, 심연에 빠진 처지에 몰린 '고립된 개인'이 끊임없이 생겨나고 있었다고 한다. 그러한 일개 자연생체로서의 개인의 존립 형태를 규명하는 것이야말로 중요하다고 논하였다.

여기서는 서유럽의 근대적인 개인과는 다른 전근대 특유의 개인의 존재 방식에 초점이 맞추어져 있다. 게다가 그러한 개인의 생존조건과 그들에 대한 사회적 배분과 소비의 메커니즘을 찾는 일이 각 시대의 역사 전체상의 해명으로 이어진다고 제기되고 있다. 앞으로 일본 고대의 가족과 지역사회의 존재 형태를 살펴볼 경우에는 이와 같은 시각을 살리는 일이 중요해질 것이다.

탐구 포인트

① 호적 사료는 어떠한 방법으로 이용할 수 있는 것일까?
② 고대의 지역사회는 목가적이고 안정적인 사회였는가?
③ 전근대의 혼인과 성은 당사자 간의 퍼스널한 문제였는가?
④ 가족만이 고대의 소비와 육아를 위한 기초 단위인 것일까?
⑤ 가족을 아이 양육의 단위로 보는 것은 근대 이후의 이데올로기가 아닌가?

참고문헌

黒田俊雄「中世における個人と「いえ」」(1983)『黒田俊雄著作集 6』法藏館, 1995.

熊野聰「共同體·家族·世帶·家庭および個人」『歴史評論』424, 1985.

西野悠紀子「生殖と古代社會」『歴史評論』600, 2000.

坂江渉『日本古代國家の農民規範と地域社會』思文閣出版, 2016.

今津勝紀『戶籍が語る古代の家族』吉川弘文館, 2019.

19. 군사
재지수장제론은 성립하는가

고하라 요시키^{小原嘉紀*)} 집필 / 김현경 번역

관련항목: I-11[p.59] I-14[p.68] I-18[p.80]

〔논의의 배경〕

군사郡司는 율령국가 지방지배의 주축이 되는 율령관인으로, 주임관奏任官[1]인 군령郡領과 판임관인 주정主政·주장主帳으로 구성되었다. 이 중 군령은 7세기 중엽인 고토쿠 재위 시기에 설치된 고리評[2]의 관인 계보를 잇는 보제가譜第家로부터 임용되는 것이 원칙이었고, 좁은 의미로는 군령을 가리켜 군사라고 부르는 경우도 있었다. 율령에 규정된 군사는 다른 율령관인에 비해 상당히 특수하며, 그 규정에는 전통적 권위를 갖고 지역을 지배하는 재지수장在地首長으로서의 군령의 모습이 반영되어 있다고 생각하는 연구자도 적지 않다. 그리고 9세기에는 신흥 유력농민(부호층富豪層[3])의 대두에 의해 전통적 호족층인 재지수장은 몰락하고, 군사는 국사의 부하라는 성격을 강화하는 형태로 재편되어, 10세기에 발생하는 군가郡家[4]의 해체와 국·군 행정의 일체화로 이어진다고 하는 이해가 오늘날에는 일반화하고 있다. 이처럼 군사론은 재지수장의 흥망을 축으로 논의가 구축되고 있는 것이다.

〔논점〕

(1) 군사와 재지수장제

율령관인으로서의 군사의 특이성은 예를 들면 현지에서 등용되는 종신관終身官이라는 점과 관위상당제官位相當制가 적용되지 않는 점, 국사의 몇 배에 달하는 직분전職分田이 지급된다는 점 등에서 나타난다. 이러한 점을 전통적 호족의 오래된 체질이 율령법 속에 온존되는 결과로 간주하는 논의를 바탕으로, 군사를 모델로 하여 이시모다 쇼가 1971년에『일본의 고대국가』에서 제기한 것이 재지수장제론이다. 이는 공동체를 체현體現하는 재지수장이 공동체의 구성

---

*) 교토여자대학 문학부 준교수 | 일본고대사, 일본중세사
1) 주임관·판임관: 주임관은 태정관(太政官)의 심의를 거쳐 천황의 재가로 임명되는 관직인 데 반해, 판임관은 식부성(式部省)의 선고(選考)를 받아 태정관에 의해 임명되었다.
2) 고리(평): 고토쿠 재위기에 전국적으로 설치된 지방행정 조직. 다이호령의 시행으로 고리제는 군제(郡制)로 전환되었다.
3) 부호층: 대량으로 소유하는 벼를 바탕으로, 사영전(私營田)을 갖거나 출거(出擧)를 행하여 사적인 부를 축적한 유력 농민.
4) 군가: 군(郡)의 관청. 그 구역 안에는 정청(政廳)·주가(廚家)·관(館, 숙박시설)·정창군(正倉群) 등이 세워져 있었다.

원으로부터 요역 노동·공납물을 수취하는 종래의 생산관계를 전제로 하여 비로소 율령국가는 조용조租庸調·잡요雜徭 등의 징세를 실현할 수 있었다고 하는 학설이다. 국가와 인민의 관계는 재지수장을 개재시킴으로써 성립하는 이차적인 것이며, 율령국가는 수장제의 역사적 전개의 결과로서 성립했다고 논하였다.

다만 율령국가를 열도 최초의 국가로 보거나 열도 사회의 내적 요인으로 그 형성을 설명하거나 하는 것은 꽤 무리가 있고, 7세기 동아시아 정세의 영향 속에서 율령제가 도입되었다고 생각하는 것이 역시 타당한 견해이다. 그와 같은 관점에서 기나이 정권론畿內政權論5)의 입장에 있는 요시다 다카시吉田孝는 율령제와 재지수장제를 '문명'과 '미개'로 재해석하여, 8세기를 거치며 전자에 의해 후자가 점차 극복되어 간다고 하는 이해를 제시하였다. 군사에 관해서는 율령제의 침투에 의해 정부의 통제가 강화되고, 재지수장의 기능은 국사에 흡수되어 갔다고 논하였다. 마찬가지 입장에 있는 하야카와 쇼하치早川庄八는 식부성式部省에서 행해지는 군사시련郡司試練6)이 기가이畿外의 군사를 대상으로 하는 점에 주목하여, 영제令制 하에서도 기외의 재지수장이 중앙 지배자 집단에 복속하는 '외교'가 행해지고 있었다고 지적하였다.

(2) 재지수장제의 난점

재지수장제론은 오늘날에 이르기까지 고대사 연구에 절대적인 영향을 끼치고 있지만, 이것이 작업가설임에도 불구하고 재지수장을 실체가 있는 것처럼 여기면서 연구가 진행되어 온 점에는 큰 문제가 있었다. 애초에 군내 전역을 인격적으로 예속시키는 것 같은 수장의 실재는 실증된 적이 없고, 수장제적인 사회관계가 성립한다고 하면, 그 공동체의 범위는 기껏해야 반경 수 킬로미터 정도라는 것이 고고학과 역사지리학 등의 성과로부터 도출할 수 있는 상정이다. 군사를 군 수준의 생산관계의 정점에 서는 수장으로 성격을 설정하는 것은 불가능하다고 해야 한다.

또 재지수장제론에서는 율령국가의 조조租調·잡요 등은 공동체의 지배자인 수장에게 바쳐지는 하쓰호初穗7)·쓰키調나 에다치(노역)를 연원으로 하는 것으로, 지방 호족의 기나이정권에 대한 복속이라는 역사적 유래가 각인되어 있다는 점을 강조하는 경향이 있다. 그러나 수장에 대한 공납은 공동 비축과 그 재분배라는 공동성에 본질이 있는 데 반해, 율령 세제稅制는 관료기구의 운용이라는 공공성을 위한 체계적 수탈로, 양자 사이에는 논리적으로 큰 차이가 있다. 예전부터 있어 왔던 공납의 성질이 잔존한 것을 과도하게 중시하는 견해는 율령 세제로의 비약을 너무 경시하고 있으며, 역사성을 깎아낸 본질환원론적 이해에 빠질 위험성이 높은 것이 아닐까?

---

5) 기나이 정권론: 기나이(畿內) 호족 연합 정권이 야마토 정권에 복속한 기가이(畿外)의 지방 호족을 지배하는 체제에 있었다고 보는 논의로, 율령국가 단계에서도 그 원형은 유지되고 있었다고 본다. 다음 연구들에서 논의가 심화되었다. 吉田孝『律令國家と古代の社會』岩波書店, 1983; 早川庄八『日本古代官僚制 の 硏究』岩波書店, 1986.

6) 군사시련: 군사 임용을 위해 식부성에서 행해지는 심사. 군사 후보자는 구두로 보제(譜第)를 신고하고, 필기시험을 치렀다.

7) 하쓰호: 그 해에 수확한 첫 곡물을 이삭인 상태로 신에게 바치는 농경의례. 전조(田租)의 연원으로 추정되고 있으며, 영제 하의 시기 이후에도 그 종교적 성격을 강조하는 논의가 일정 정도 존재한다.

(3) 앞으로의 전망

　재지수장제론은 어떤 의미에서는 편리한 개념이기는 하나, 반드시 그것에 의거하여 영제 하의 지방 지배를 묘사하는 데 대한 타당성이 담보되는 것은 아니다. 재지수장제에 의한 군사론에서는 8~9세기에 걸친 군령 씨족의 동요와 몰락이라는 흐름으로 군사 임용과 조용調庸 공진貢進 등의 제도적 변천을 설명하지만, 군령 씨족이 10세기 이후에도 존속하는 것은 사료에서 확인되고 있으며 전통적 호족의 몰락이라는 도식에 구애받을 필연성은 없다. 그렇게 되면 10세기 전후에 군사로 편성된 신흥 지방 지배층 속에서 관료제적 숙달이 진행된다는 이해도 재검토할 필요가 생겨난다. 그럴 경우 군령 씨족뿐만 아니라 주정主政·주장主帳이나 군잡임郡雜任[8])을 포함하여 군무郡務 수행 체제를 총체적으로 파악하고, 또 다음 대代로의 전개도 염두에 두고 논의하는 것이 필요하겠다.

　또한 종래의 논의는 신흥세력에 의한 지방 사회의 동요라는 지역의 내재적 문제로 군사 제도의 변화를 설명해 왔지만, 오히려 중앙 정부에 의한 지방의 압박과 역병·불규칙한 날씨·재해·기근과 같은 외재적 요인도 고려해야 할 것이다. 당연히 그것은 지역편차를 동반하는 것이기도 하다. 기나이정권론에 특히 현저하게 나타나는 획일적이고 추상적인 기외라는 지방의 파악 방법이 아니라, 지역성에 유의한 추구가 필요해질 것이다.

> **탐구 포인트**
> ① 재지수장제론을 무비판적으로 전제로 하는 식의 논의는 재고할 필요가 있다.
> ② 군령 씨족의 동향뿐만 아니라 주정·주장이나 군잡임을 포함하여 군사 제도를 고찰한다.
> ③ 고고학과 자연과학에 의한 환경사적 데이터를 사용한 지방 사회의 실태 분석을 행한다.
> ④ 수령 지배와 중세 장원제로의 전개를 시야에 넣은 고찰을 행한다.

참고문헌

大町健『日本古代の國家と在地首長制』校倉書房, 1986.

森公章『古代郡司制度の研究』吉川弘文館, 2000.

山口英男『日本古代の地域社會と行政機構』吉川弘文館, 2019.

---

8) 군잡임: 군사 아래서 징세나 쓰키·니에(贄)의 생산·채취·수납 등의 잡역을 직무로 하는 하급 직원. 율령에 규정된 정식 관인이 아니라, 군사가 지방의 유력자를 편성하고 있던 것으로 여겨진다.

20. 목간에 보이는 고대 일본
나가야 왕가 목간으로 무엇을 알 수 있는가

요시카와 사토시 吉川聰*) 집필 / 김현경 번역

관련항목: I-14[p.68] I-18[p.80]

〔논의의 배경〕

사료가 적은 고대사 연구 중에서 앞으로도 사료의 증가가 확실시되는 분야가 있다. 그것이 바로 목간木簡1)이다. 새로운 목간의 발견에 의해 고대사를 새로 쓰게 된 사례는 많다. 앞으로도 목간을 통해 새로운 고대 사회상을 계속 그려낼 수 있을 것인가? 또한 애초에 종래의 고대 문헌사료로부터 구성해 낸 국가·사회상에 문제는 없는 것일까?

〔논점〕

(1) 고대사 이해의 어려움과 목간의 가능성

일반적으로 문헌사료는 시대가 오래될수록 남기 어렵다고 할 수 있다. 종이에 적혀 대대로 전해지는 사료이기 때문이다. 일본에서는 고대의 문헌사료 중에서 율령격식 등의 법제사료와 육국사2) 등의 편찬사료가 매우 양호한 상태로 남아 있으며, 국가가 기록한 제도와 역사는 상당히 명료하게 읽어낼 수가 있다. 그러나 고대 사회의 실태를 알 수 있는 사료는 거의 없다.

목간은 고대인이 폐기한 문자사료가 우연히 남아 있어서 그것을 현대인이 발굴해낸 것이다. 그러므로 육국사 같은 편찬사료, 율령격식 같은 법제사료와 비교해서 보다 실태에 들어맞는 사료라고 할 수 있다.

또한 대대로 전해진 물건과는 다르게, 앞으로도 출토 수량은 계속 증가할 것이다. 그런 점에서는 고대사 연구에 무한한 가능성을 열어준 것이라고 할 수도 있다.

---

*) 나라(奈良)문화재연구소 문화유산부 역사연구실장 | 일본고대중세사
1) 목간: 나무 조각에 문자를 적은 것. 고대에 폐기된 목간이 썩지 않고 남아, 발굴조사에 의해 흙 속에서 발견되는 경우가 있다. 중국에서는 토양이 건조하기 때문에 묵서(墨書)가 남아 있는 경우가 있지만, 일본에서의 출토 사례는 모두 지하수와 진흙으로 보호되어 부패로 인한 훼손이 진행되지 않은 케이스이다.
2) 육국사: 일본 고대국가가 편찬한 역사서.『일본서기』·『속일본기』·『일본후기(日本後紀)』·『속일본후기(續日本後紀)』·『일본 몬토쿠 천황 실록(日本文德天皇實錄)』·『일본삼대실록(日本三代實錄)』의 여섯 종류가 있으므로 육국사(六國史)라고 불린다. 신대(神代)부터 닌나(仁和) 3년(887)까지의 역사를 기록하였다.

(2) 목간의 특색과 한계

옛 시대에는 종이가 귀중했으므로 나무에 문자를 적는 경우가 있었다. 그것이 목간이라고 불린다. 하지만 종이의 단순한 대용품은 아니다. 목간은 운반하기에 적합하며, 또 물품에 매달기에도 용이하다. 그와 같은 특성을 살릴 수 있는 상황에서는 적극적으로 목간을 이용하였다. 그렇기 때문에 사람과 사물의 이동, 물품의 관리 등의 상황에서 많이 사용되었다. 따라서 비교적 즉물적인 측면에서 고대의 실태를 엿볼 수 있다.

다만 목간에서 얻어지는 정보에도 어느 정도 한계는 있다. 우선 고대 사회에서 대량의 문자를 구사하는 자는 국가 관료 등 소수의 사람들로 한정되어 있었다. 그렇기 때문에 목간이 출토되는 것은 헤이조궁[3] 등의 도성에서 나오는 것이 압도적으로 많고, 지방에서 출토되는 것도 그 중 대부분은 관아(관청) 등의 공적 시설 유적에서 나온다. 따라서 고대 관료제의 실태를 보여주는 것이기는 하나, 고대 사회의 다양한 측면 모두를 망라한다고 말하기는 어렵다. 또한 나무 조각이므로 크기에 제약이 있고, 긴 문장을 적기는 어렵다. 따라서 목간에 기술된 내용은 애초에 간결하다. 게다가 나무는 폐기하면 보통은 단기간에 썩어서 훼손된다. 현재 발견되는 고대 목간은 다양한 우연이 겹쳐서 부패에 의한 훼손이 진행되지 않은 결과 운좋게 문자가 읽히는 부분이 남겨진 것이다. 그렇기 때문에 목간의 문자 정보는 단편적인 것이 될 수밖에 없다.

(3) 나가야 왕가 목간 연구의 의의

앞서 서술한 한계를 어느 정도 극복하는 목간군木簡群이 있다. 그것은 바로 나가야 왕가長屋王家 목간[4]이다. 나가야 왕가 목간은 1988년에 출토된 일괄 사료이다. 우선 보존상태가 매우 양호하고, 방대한 양의 목간이 출토되었다. 또한 출토지는 헤이조궁이 아니라 그 바깥쪽인 헤이조경 안이었고, 목간의 내용은 나가야 왕가의 가정家政에 관한 것이었다. 나가야 왕가의 내부에 어떠한 사람들이 거주하고, 일하고 있었는지, 왕가의 가정을 지탱하기 위해 외부에는 어떠한 조직이 있었고, 거기로부터 어떠한 물품이 운반되어 왔는지 등이 상세하게 판명되었던 것이다. 가정 운영의 전체상이 이 정도로 상세하게 판명되는 사례는 고대·중세를 통틀어 유례가 없을 것이다.

나가야 왕長屋王[5]은 나라시대의 귀족이며, 그 가정기관家政機關은 기본적으로는 율령의 규정에 입각하고 있다. 그러나 그 운영의 실태는 율령격식이나 육국사로는 상상할 수 없는 면모를

---

3) 헤이조궁·헤이조경: 나라시대의 수도. 헤이조궁에는 천황의 거처·의식 공간·관청 등이 있었다. 그 바깥쪽인 헤이조경에 도시가 펼쳐져 있었다. 헤이조궁은 지금의 나라시 교외에 해당하며, 양호한 상태로 보존되어 있기 때문에 특별사적·세계유산으로 지정되었다. 지금의 나라시 구 시가지는 헤이조경의 동부에 해당한다.
4) 나가야 왕가 목간: 헤이조궁의 동남쪽에 해당하는 헤이조경 좌경(左京) 3조 2방으로, 광대한 부지를 차지한 나가야 왕의 저택 터 한구석에서 출토된 목간군. 저택 안의 도랑 터에서 716년(靈龜2) 무렵에 투기된 대량의 목간이 출토되었다.
5) 나가야 왕: 덴무 천황의 손자로, 다케치 황자의 아들. 구사카베 황자의 황녀인 기비(吉備) 내친왕(內親王)을 정처(正妻)로 삼는다. 나가야 왕가 목간의 연대인 716년에는 정3위(正三位), 식부경(式部卿). 720년에 후지와라노 후히토가 사망한 뒤에는 국정을 주도하는 입장이 되었다. 그러나 729년 2월에 무고를 당하여 자살하기에 이른다.

많이 포함하고 있었다. 헤이조쿄에서 그다지 멀지 않은 장소에 다수의 미타^{御田}·미소노^{御園} 등의 거점을 소유하고, 그곳으로부터 쌀·야채나 더 나아가서는 얼음까지도 일상적으로 진상시키고 있었다. 그 거점들과 근무 직원은 할아버지 덴무 천황과 아버지 다케치 황자 이래로 전해지는 유서 깊은 것이기도 했다. 이와 같은 존재 양상은 나라시대 사료보다도 오히려 『고사기』· 『일본서기』에 묘사된 다이카 전대^{前代}의 궁^宮과 닮은 측면을 지니고 있다.

요컨대 율령격식에 규정된 제도는 국가의 질서로서 기능하기는 한다. 그러나 제도의 틀 안에서 각각의 가정이 어떻게 운영되고 있었는지에 대해서는 유연한 발상으로 생각할 필요가 있을 것이다. 또한 다시 생각해 보면, 나가야 왕가의 운영은 율령격식에 규정된 천황가의 운영과 닮아 있다. 천황가에서도 궁내성^{宮內省} 산하에는 천황가에서 사용하기 위한 쌀·야채와 얼음 등을 생산·진상하는 기관이 있었다. 나가야 왕가도 천황가도 고대 사회 속에서 가^家를 운영하고 있다는 점에서는 동일한 존재이다. 그렇다면 그 조직이 닮아 있는 것은 사실은 당연한 일인지도 모른다.

(4) 앞으로의 전망

신출 사료에 대해서는 우선은 신출 사료에 적힌 문장 그 자체로 알 수 있는 점을 추구할 필요가 있다. 그러기 위해서는 신출 사료가 작성된 세계에 대하여 여러 모로 생각할 필요가 있다. 그것을 끝까지 파고들면 기존의 고대 사료에서 읽어내고 있던 세계가 사실은 고대 사회의 일면에 지나지 않음을 확인하는 일로 연결될 것이다.

고대의 문헌사료는 양이 적다. 그 문헌사료만으로 모든 일을 고찰하면 세계관이 한 쪽으로 치우칠 가능성이 있다. 현존하는 고대 사료가 고대 사회의 어느 부분을 말해주고 있는 것일까? 말해지지 않은 부분에는 어떠한 세계가 존재할 수 있을까? 목간 같은 신출 사료는 연구자의 세계관을 상대화하는 재료도 될 수 있을 것이다.

탐구 포인트

① 목간으로부터 어떠한 새로운 식견을 얻을 수 있을까?
② 목간은 고대 사회의 어떤 측면을 말해 주고 있는 것일까?
③ 기존 고대 사료로부터는 읽어내기 어려웠던 측면이 있는 것은 아닐까?

참고문헌

東野治之『木簡が語る日本の古代』岩波書店, 1997.
奈良國立文化財研究所 編『長屋王家·二條大路木簡を讀む』吉川弘文館, 2001.
木簡學會 編『木簡から古代がみえる』岩波書店, 2010.
奈良文化財研究所 編『木簡 古代からの便り』岩波書店, 2020.

21. 덴지계와 덴무계
고닌·간무의 시대는 전환기인가

쓰게이 유키오^{告井幸男*)} 집필 / 김현경 번역

관련항목: I-13^[p.65] I-22^[p.92]

〔논의의 배경〕

쇼토쿠 여제가 사망한 뒤, 덴지의 손자에 해당하는 시라카베 왕^{白壁王}이 즉위하였다(고닌 천황). 8세기 나라시대의 천황이 덴무·지토 부부의 손자인 몬무, 그 어머니인 겐메이, 그 딸인 겐쇼, 몬무의 아들 쇼무, 그 자식인 고켄^{孝謙},[1] 덴무의 손자인 준닌^{淳仁}, 그리고 고켄이 중조^{重祚}한 쇼토쿠로 모두 덴무계였던 데 반해, 이 이후는 덴지계로 황통이 옮겨가게 되었다. 고닌의 재위 시기에는 쇼토쿠 때의 시책에 부정적인 정치도 행해졌고, 또 다음 천황인 간무에 의해 나가오카·헤이안 천도가 행해진 점도 있어, 이 시기는 역사적인 전환점으로 파악되는 경우도 많다. 그러나 애당초 계통의 전환이라는 의식이 당시 사람들에게 있었던 것일까? 또 전환기로서 파악하는 것은 올바른 것일까?

〔논점〕

(1) 고전적 이해와 그 난점

원래 겐메이의 아버지는 덴지이고, 지토도 그렇다. 덴무 이후로 덴무의 계통이 연속해서 즉위했다고 하는 것은 사실에 반한다고도 할 수 있다. 또 당시의 계승 관계를 부계 만으로 설정하는 것도 고대 가족사[2]의 성과 등으로 보았을 때 적당하지 않을 것이다.

다케치^{高市} 황자를 아버지로, 기비^{吉備} 내친왕^{內親王}을 어머니로 둔 나가야 왕에 비해, 후지와라씨^{藤原氏} 여성을 어머니로 둔 쇼무^{聖武}는 다소 정통성이 떨어지는 점이 있었다. 이 점은 고켄도 마찬가지이다. 그 정통성[3]의 취약함을 보완하기 위해, 특히 고켄 무렵부터 강조되기

---

*) 교토여자대학 문학부 사학과 교수 | 일본고대사

1) 고켄: 쇼무와 고묘 황후의 딸. 역사상 유일한 여성 황태자가 되어 즉위하였다. 준닌(淳仁)에게 양위하였지만 나중에 그를 폐위하고, 여승 신분으로 다시 즉위(중조)하였다. 그리고 도쿄(道鏡)를 중용하여 불교정치를 행하였다(쇼토쿠[稱德] 천황).

2) 고대 가족사: 다양한 논의가 있지만, 8세기에는 남계에 바탕을 둔 가부장제적 가족은 성립되지 않았다는 것이 공통된 이해일 것이다.

3) 고켄의 정통성: 다치바나노 나라마로(橘奈良麻呂)는 738년에 아베(阿倍) 내친왕(훗날의 고켄)이 태자로 책립되어 있는데도 불구하고 745년 시점에 '폐하는 침석이 평안하지 않고, 병세가 거의 위중해지려고 한다. 그렇지만 아직 황태자를 세우지 않으셨다'고 말하고 있다.『속일본기』757년 7월 경자(4일)조

시작한 것이 구사카베草壁 직계라는 언설이었다. 구사카베 직계 혹은 덴무계라는 것은 나라시대 당초부터 결정되어 있던 것이 아니라, 이 무렵부터 소리 높여 주장되기에 이르렀던 것이다.

정통성이라는 점에서는 간무桓武도 마찬가지였다. 아버지 고닌은 쇼무의 딸 이노에井上 내친왕의 이른바 남편이었고, 둘 사이에 태어난 오사베他戶 친왕으로 이어지는 중계자로서 즉위한 것에 불과하였다. 이노에라는 여계女系에 의해 덴무계 천황이 이어질 터였던 것이다. 그러한 노선을 깨뜨리고 즉위한 것이 간무였다. 어머니가 백제 도래계인 다카노노 니가사高野新笠였던 것도 있고, 그가 즉위하기에는 상당히 무리가 있었다. 그 때문에 간무는 아버지를 새 왕조의 창시자로 설정함에 따라 자신의 정당성을 주장하였다. 중국의 조묘祖廟 제사인 호천제昊天祭4)를 거행하고, 고닌을 호천상제昊天上帝에 견준 것이 그것이다. 또 고닌의 능을 쇼무의 사호산佐保山 남릉南陵의 서쪽에 있는 후 사호 산릉後佐保山陵(히로오카 산릉)에서 다하라田原 동릉東陵으로 개장改葬한 것도, 전 왕조와 단절하였다는 인상을 주기 위한 것이었다. 거꾸로 말하자면 고닌이 사망했을 때는 쇼무의 능 근방에 장사지내는 것이 당연하다고 여겨졌음을 나타낸다고 하겠다.

(2) 헤이안적 전제정치의 단서

간무, 그 다음은 헤이제이平城, 그리고 사가嵯峨·준나淳和로 정치적으로 주도성을 지닌 천황이 이어진다. 그리고 그 주도성은 나중에 섭정·관백關白의 권력으로도 계승된다. 이와 같은 일종의 전제성은 간무에게 특히 현저하게 나타났고 그의 시기에 시작된 것처럼 보이지만, 사실은 쇼무·고켄 시기에 보이는 것이다. 후지와라노 후히토, 나가야 왕, 후지와라 4형제, 그리고 다치바나노 모로에橘諸兄로 이어져 온 나라시대 전반의 정치는 특정 개인에게 권력이 집중되는 식의 것은 아니었다.

그것이 4자 연호 시대가 되면서 단숨에 전제성이 높아진다. 4자 연호(중국 측천무후의 사례를 본뜬 것)의 시대란 덴표칸포天平感寶·덴표쇼호天平勝寶·덴표호지天平寶字·덴표진고天平神護·진고케이운神護景雲 연간으로, 쇼무 재위 후기~쇼토쿠 재위기에 해당한다. 그 시대를 이끌어간 것이 쇼무·고묘 황후·고켄·후지와라노 나카마로·쇼토쿠稱德·도쿄道鏡 같은 사람들이었다. 이 시기는 전무후무한 대형 불상이 만들어지거나 나카마로의 당풍唐風 복고정책과 쇼토쿠·도쿄의 불교정치 등, 나중에 부정당하게 되는 시책들이 이루어지기도 하여 특수·이상한 시기로 인식되는 경우가 많다. 그것이 고닌·간무에 의해 정상으로 되돌려졌다는 것이다.

그러나 분명 시책의 내용은 다르기는 하나, 그것이 입각하는 바인 정치권력의 형태와 정권구조는 네 글자 연호 시대의 그것들이 고닌·간무 이후로 계승되었다고 보아도 된다. 실은 나라시대 전반과 후반에 정치·경제·사회의 다양한 측면에서 변용이 나타난다는 것은 그동안 많은 연구가 밝혀 왔다. 그것은 나라시대를 전반과 후반으로 구분하는 것이 아니라 새로운 시대의 시작으로 보아야 하며, 전환점은 나라·헤이안시대의 경계가 아니라 이 시점에서 확인해야

---

4) 호천제: 중국에서 황제가 동짓날에 수도의 남교(南郊)에서 천제와 왕조의 초대 황제를 모시는 제사. 간무 천황이 785년 11월 임인(10)일, 787년 11월 갑인(5)일, 몬토쿠(文德) 천황이 856년 11월 신유(22)일에, 모두 헤이안경(平安京) 남쪽 가와치국 가타노(交野)에서 거행하고 있다.

한다는 것이다. 헤이조궁이 2기로 나뉘는5) 것은 문헌사료에서도 확인되며, 발굴에 의해서 확실해지게 되었는데, 그 후기의 양상이 나가오카·헤이안궁으로 계승되는 점은 시대구분의 양상을 상징하는 것이 되겠다.

천황들의 국가적 주기周忌 불사佛事인 국기國忌를 보더라도, 쇼무와 쇼토쿠의 국기가 간무 재위기인 791년에 제외 대상이 되지 않으며, 덴무계 천황은 결코 부정되지 않는다. 또한 불사라는 점으로 말하자면 도쿄 등에서 현저하게 나타나는 잡밀雜密에 대한 갈망은 사이초·구카이에 의해 정통 밀교로 열매를 맺는다. 이처럼 정치 문화의 여러 방면에서 헤이안기의 맹아가 보이는 것이다.

(3) 앞으로의 전망

고켄, 그리고 간무에 의해 만들어진 시대상은 그 후의 역사인식에 큰 영향을 끼쳤고, 나라·헤이안시대라는 시대구분으로까지 계승되고 있다. 그러나 우리들이 그들의 정치적 작위作爲에 얽매일 필요는 없다.

역사는 몇 번이고 바뀌어 만들어진다. 동시대 사람의 말에 귀를 기울이면서도 그와 동시에 그로부터 한 걸음 떨어진 자리에서 역사를 바라보는 것이 과거 그리고 현재·미래의 인식에도 새로운 빛을 비추는 일이 될 것이다.

탐구 포인트

① 나라시대를 덴무계의 시대로 파악하는 것은 올바른 것일까?
② 고닌 천황의 시대를 어떻게 평가해야 할 것인가?
③ 네 글자 연호의 시대는 이상한 시대였던 것일까?
④ 나라시대·헤이안시대라는 시대구분을 어떻게 생각해야 할 것인가?

참고문헌

吉川眞司「後佐保山陵」『續日本紀研究』331, 2001.
堀裕「平安初期の天皇權威と國忌」『史林』87(6), 2004.
吉川眞司「大極殿儀式と時期區分論」『國立歷史民俗博物館研究報告』134, 2007.
西本昌弘「後佐保山陵覺書」『續日本紀研究』382, 2009.
吉川眞司『聖武天皇と佛都平城京 天皇の歷史02』講談社, 2012.

---

5) 헤이조궁이 2기로 나뉨: 나라시대 전반에는 스자쿠몬(朱雀門) 북쪽에 광대한 전정(前庭)이 있는 조당(朝堂) 2당(堂)을 동반하는 제1차 대극전(大極殿, 중앙 대극전)과 미부몬(壬生門) 북쪽에 조당 12당으로 되어 있는 대극전(동쪽 대극전)이 있었다. 중앙 대극전이 조하(朝賀)·즉위식이나 외국 사절 알현 등의 조의(朝儀) 공간으로 사용되었던 데 반해, 동쪽 대극전은 일상의 조정 정무를 행하는 공간이었다. 나라시대 후반에는 중앙 대극전 터는 조의의 장으로서는 쓰이지 않게 되었고, 의식의 기능은 미부몬 북쪽 제2차 대극전인 동쪽 대극전에 집약되었다. 제1차 대극전 지구는 쇼무가 고켄에게 양위할 때 거주 구획으로 개조되어, '서궁(西宮)'이 된 듯하다. 仁藤敦史『古代王權と都城』吉川弘文館, 1998.

22. 헤이안 불교
사이초·구카이는 무엇을 가져왔는가

호리 유타카堀裕*) 집필 / 이소현 번역

관련항목: I-14[p.68] I-17[p.77] I-27[p.107] II-9[p.164]

〔논의의 배경〕

사이초最澄나 구카이空海에 대한 역사연구는 정치사의 시점에서도 진행할 필요가 있다. 선행연구 중에는 천태종이나 진언종의 종파 내부의 전개만을 보여주는 종파사 외에 사이초와 구카이의 제자를 둘러싼 대립에서 사이초의 밀교수법이 불충분했다는 것이나 구카이가 본격적으로 활약하기 이전의 기구한 반평생까지, 인간성이나 전기로 관심이 향하는 일이 많았다. 물론 이러한 점이 부정되는 것은 아니다. 그렇지만 사이초나 구카이가 역사의 표면에 등장하여 영광과 좌절을 경험했던 것은 정치사나 천황 등 권력자와의 관계를 빼고는 생각하기 어렵다. 당에서 무엇을 배우고자 했으며 무엇을 가져왔는가. 권력을 뒷받침한 사이초·구카이가 어떠한 과제를 짊어지고 있었는가 하는 점은 이제 막 밝혀지기 시작했을 뿐이다.

〔논점〕

(1) 사이초의 활동의 정치적 배경은 무엇인가

802년(엔랴쿠 21) 다카오산지高雄山寺(진고지神護寺)에서 와케和氣 씨가 주최하는 법화경강회法華經講會가 열렸다. 여기에 여러 대사大寺의 학승들과 함께 참가한 사이초는 간무 천황으로부터 주목을 받아 견당사의 일원으로서 당의 천태산에서 수학할 기회를 얻었다. 사이초가 귀국하자 간무 천황은 천태교학을 유포시키고자 천태종을 포함한 7종에 연분도자年分度者[1]를 분할하도록 허가했다. 이러한 활약의 배경으로는 ①헤이안쿄 천도 직후인 798년을 전환점으로 하여 불교 교학敎學이 중시되었다는 점, ②동시에 삼론종과 법상종의 대립이 심해져서 종파 통합의 역할이 기대되었다는 점, ③이미 일본과 당에서는 천태종조 지의智顗의 스승인 혜사慧思[2]가

---

*) 도호쿠(東北)대학대학원 문학연구과 교수 | 일본고대사
1) 연분도자: 매년 국가가 일정한 수의 득도자(得度者)를 허가하는 제도로, 후지와라경 천도 후에는 10명이었다. 806년에는 사이초의 상표(上表)에 의해 총 12명의 연분도자를 화엄종(華嚴宗) 2명, 천태종(天臺宗) 2명, 율종(律宗) 2명, 삼론종(三論宗) 3명(이 중 1명은 성실종[成實宗]), 법상종(法相宗) 3명(이 중 1명은 구사종[俱舍宗])의 각 종파로 나누었다.
2) 혜사(515~577): 중국 남북조시대의 승려로 중국 천태종을 개창한 지의의 스승. 남악형산(南嶽衡山, 지금의 호남성) 등에서 수행하여 법화삼매(法華三昧) 등을 행했다. 환생을 반복했다고 전해진다. 『당대화상동정전(唐大和上東征傳)』에서 감진(鑑眞)은 혜사가 왜국 왕자로 다시 태어났다고 말했으며, 『상궁황태자보살전(上宮皇太子菩薩傳)』에도 쇼토쿠 태자(574~622)로 환생했다고 기록되었다.

쇼토쿠聖德 태자의 전생이라는 설이 널리 퍼져있었다는 점 등이 들어졌다.

이것들은 분명히 중요한 점이긴 하나, 종파의 동향에 중점이 두어져 있어 정치사와의 관계가 충분히 밝혀져 있지 않다. 예를 들면 불교에 경도된 쇼토쿠稱德 천황이 죽고 고닌 천황이 즉위한 후에도 779년(호키 10)까지는 불교가 중시되었다. 그러나 그 이듬해부터 나가오카경長岡京 시기(784~794) 전후에 걸쳐 엄격한 불교통제가 행해졌고 각 국에 파견된 지방 승관(국사國師 또는 강사講師)은 부패 방지를 목적으로 세속적 권한을 박탈당했다.

이에 반해 앞서 언급했던 교학 중시 기조가 시작되는 798년경부터 지방 승관의 권한도 서서히 회복되었다. 단순히 엄격한 통제만 한 것이 아니라 7종에서 연분도자를 분할하는 제도를 제정함과 동시에 교학을 갈고닦아 지방 승관으로 진출하는 길을 열었다. 이 시기는 신기제도神祇制度나 다른 여러 정책에서도 개혁이 행해지던 간무 천황 재위기 제2기이다. 사이초의 활약과 이러한 정치상황의 관계는 한층 더 검토가 필요하다고 할 수 있다.

(2) 구카이의 밀교자로서의 본격적인 활약은 언제부터였는가

구카이는 분명 사가 천황과 친밀한 관계였다. 그러나 소노다 고유蘭田香融나 가와사키 쓰네유키川崎庸之는 그것은 1급 문인으로서였을 뿐 구카이가 밀교자로서 불교계의 중심에 받아들여진 것은 다음 대의 준나 천황이 즉위한 후였다고 논했다.

더 정확하게 말하자면 사가 천황 재위기 말인 822년(고닌 13)이 되자 구카이는 도다이지에 밀교의 관정도량을 신설하고 헤이제이 태상천황에게 관정灌頂3)을 행했다. 같은 해 헤이제이·사가 천황 재위기에는 활동이 정체되어 있던 사이초가 사망했고, 곧바로 천태종의 대승계大乘戒단 설치가 허가되었다. 이로부터 사가 천황의 양위 직전에 종교정책의 전환이 시작되었고, 준나淳和 천황이 즉위하자 일거에 전개되었음을 알 수 있다. 이에 대해서는 후술하겠다. 이에 구카이도 활동의 장을 부여받았다고 봐도 좋을 것이다.

한편 니시모토 마사히로는 헤이제이 태상천황이 관정을 받은 것의 중요성을 지적함으로써 연구 진전에 기여했다. 그는 다른 한편으로는 구카이가 구스코의 변藥子の變 이후 수법修法을 신청하고, 사가 천황에게 관정을 하고, 사가 천황으로부터 도지칙급東寺勅給을 받은 것과 관련된 사료를 들어 사가 천황대의 구카이의 활동을 평가했다. 그러나 이것들은 구체적인 내용이 명확하지 않거나 후대에 창작된 사료이다. 오히려 사료를 창작한 의도가 어디에 있는가를, 예를 들면 헤이안 시대의 왕통이 준나 천황이 아니라 사가 천황에 의해 형성되었다는 것과 관련이 있는가 하는 것 등을 검토해야 할 것이다. 사이초나 구카이와 관련된 사료는 남아 있는 것이 많아서 금후로도 다양한 문제 관심으로부터의 해명이 요구된다.

---

3) 관정: 밀교 의례의 하나로, 밀교의 사(師)인 아사리(阿闍梨)가 되기 위한 전법관정(傳法灌頂)이나 속인이 받는 결연관정(結緣灌頂)이 있다. 당에서는 황제가 관정을 받았으며, 헤이제이 태상천황이나 준나 천황, 몬토쿠 천황, 세이와(淸和) 천황 등도 받았다. 헤이제이 상황(上皇)의 관정은 일찍이 그와 대립하고 있던 사가 천황과의 융화였다고 보는 설도 있다.

(3) 구카이는 정치문화에 무엇을 가져왔는가

준나 천황이 즉위하자 ①도지東寺를 진언종 전용 사원으로 만든 것 외에, ②천황·황후를 위한 궁중 사경의 대상을 밀교적인 불공不空이 번역한 『인왕경』으로 변경하고, ③구카이의 거점인 진고지神護寺에서는 준나 천황이 재위하는 동안 진언종 연분도자를 허가하는 등 명확한 변화가 있었다. 이는 당 황제와 밀접한 관계에 있던 불공을 모델로 한 정책이었다. 닌묘仁明 천황 즉위 후 구카이는 국가 불교 행사의 중심인 궁중 정월 금광명최승회金光明最勝會(어재회御齋會)에 후칠일어수법後七日御修法이라고 불리는 밀교의례를 추가하는 데 성공했다. 안사의 난 이후 변화한 당의 문화를 본보기로 삼아 일본의 기존 법회 체계에 추가한 것이다. 또 준나 천황의 명으로 각 종파가 제출한 덴초 6본종서天長六本宗書 중에서도 진언종의 『비밀만다라십주심론祕密曼荼羅十住心論』이 각 종파를 통합하는 내용이 쓰여 있다는 점에서 당시 진언종의 역할을 보여준다는 것은 잘 알려진 사실이다.

또 준나 천황이 즉위하자 지방정치를 변혁하려는 양리정치良吏政治가 시작되었다. 국사의 활용을 중심으로 한 시책이었는데, 대사에 소속된 승려들도 국가의 협력을 얻어 각지에서 교량이나 저수지를 수리 및 건설하거나, 교통을 담당하는 후세야布施屋를 설립하거나, 빈궁한 자의 구제를 맡는 등 그 시책에 기여했다. 구카이도 이러한 사회정책과 관련된 활동을 했으며, 수도에서의 구카이의 활동과 전국적인 승려의 활동은 정치의 재건을 도모한다는 점에서 일체를 이루고 있었다고 여겨진다.

> **탐구 포인트**
> ① 사이초의 활동은 거듭된 천도 등 정치사와 어떻게 관련되어 있는가?
> ② 구카이의 밀교자로서의 활동은 언제부터였으며, 어떠한 것이었는가?
> ③ 안사의 난 이후의 당 문화로부터 사이초와 구카이는 무엇을 가져왔는가?

참고문헌

薗田香融「平安佛敎」『岩波講座日本歷史 4 古代 4』岩波書店, 1962.

川崎庸之『日本佛敎の展開　川崎庸之歷史著作選集 2』東京大學出版會, 1982.

高木訷元『空海思想の書誌的硏究　高木訷元著作集 4』法藏館, 1990.

堀裕「平安新佛敎と東アジア」『岩波講座日本歷史 4 古代 4』岩波書店, 2015.

薗田香融「最澄とその思想」『日本古代佛敎の傳來と受容』塙書房, 2016.

西本昌弘『空海と弘仁皇帝の時代』塙書房, 2020.

23. 고대의 사회
토지 매권으로부터 무엇이 보이는가

니시야마 료헤이^{西山良平*)} 집필 / 이소현 번역

관련항목: I-16^[p.74] I-18^[p.80] I-19^[p.83] II-4^[p.149]

〔논의의 배경〕

매권賣券은 재산 매매에 대하여 매매계약의 합법적 성립을 확인해 주고 미래에까지 그 효과를 보증하기 위해 판매자로부터 구매자에게 주어지는 증서證文이다. 율령제국가에서는 '택지宅地'는 관사官司에 신청하여 매매하고 '권문券文'을 작성했으며, 간전墾田은 영구적인 '사재私財'였기 때문에 마찬가지로 관사에 신청해서 매매할 수 있었다. 택지나 간전의 매매계약의 보증에는 판매자나 구매자, 양자에게 소속된 다양한 사회집단이 참여하기 때문에 그 매권으로부터 판매자·구매자나 그 사회집단의 특색이 판명된다.

〔논점〕

(1) 매권의 개요

신청을 받는 관사는 경京 안일 경우는 방령坊令,¹⁾ 각 국에서는 향장鄕長이었다. 판매자가 방령·향장에게 신청하면 방령은 경직京職에, 향장은 군·국에 상신했고 군판郡判·국판國判²⁾이 내려져 매매계약이 성립되었다. 매권은 공권公券과 사권私券 두 종류가 있다고 여겨지는데, 공권은 관사를 경유하므로 관사가 그 작성에 참여했고, 사권은 당사자 간에 작성되었다. 택지나 간전의 매권은 매매 공권이다. 매매 공권의 작성은 헤이안시대 중기까지 계속되었으나, 점차 당사자 간에 직접 주고받게 되었다.

(2) 매권 연구의 다양성

택지나 간전의 매권에는 다양한 지위·계층이 서명하기 때문에 사회집단·사회구조의 다면적인 검토가 가능하다. 1980년대까지 첫째로 판매자·구매자 등으로부터 소속 호의 해체·변질이, 또 매매 대상·매매 이유로부터 택지·간전의 집적이나 촌락 내부의 계층분화가 고찰되었다. 둘째로 매권에는 보자保子·보장保長이나 보증保證·증인, 영령領·하타리베徵部 등의 향잡임鄕雜任,

---

*) 교토대학 명예교수 | 일본고대·중세사
1) 방령·경직: 방령은 경의 조(條) 하나를 좌우로 나눈 반쪽(4방)을 방이라고 하며, 그 책임자를 말한다. 경직은 경 전체를 관할하는 관청으로 좌경직·우경직으로 나뉘었다.
2) 군판·국판: 군판은 국사의 재정(裁定)·연서(連署). 국판은 국사의 재정·연서.

도네刀禰3) 등 다양한 사람들의 연서連署가 있어, 그 연서로부터 지배질서가 분석되었다. 또 군판에 보이는 군사의 서명으로부터 군사제의 변질이 검토되었다. 특히 1980년대에는 매권의 작성 수속, 즉 판매자·구매자 양측 당사자로부터 군판·국판 부여까지의 과정을 고찰하고 매권의 성격·작성목적을 분석하게 되었다.

1980년대의 대표적인 견해는 다음과 같다. 첫번째, 토지 '매매공권賣買公券'은 국가적 토지소유의 유지와 경영耕營·조세부담자의 파악을 위한 지방행정문서였다고 여겨진다. 간전의 영구적 매도永賣의 장악·규제가 국가적 토지소유제의 중요한 과제가 되었고 호·호주 제도가 이완되자 국가는 전주田主를 납세책임자로 편성했다. 관사는 전도田圖·전적田籍을 감정勘定했고 공권은 '검전檢田'에 이용되었다.

두번째, 판매자·구매자의 본관本貫4)과 토지의 소재지가 달라 국 하나의 범위를 넘으면 일반적으로 토지소재지 쪽 군사해郡司解5)를 통해 국판國判을 획득했다. 9세기의 매권에서는 판매자·구매자의 본관이 타국에 있어도 군판으로 수속이 완결되었는데, 여기에서 군의 새로운 역할이 발견되었다고 여겨진다. 토지소재지와의 관계에서는 판매자·구매자 중 한쪽이 군 범위 안에 속할 경우 신청 수속은 향장해鄕長解의 형식을 취하며 국판이 아니라 군 하나의 수준에서 완결된다.

세번째, 9세기에는 국사·군사가 관여하지 않는 매권이 일부 작성되어 구매자에게 급부되었다. 군사와 향장이 감정을 하는 것이 원칙이었지만, 향장은 도네刀禰에게 의존했고 군사는 종종 횡령을 막지 못했다. 9세기 말부터 10세기에 매권은 구매자의 것 한 통만 작성되고, 국사나 군사는 그것을 보존해 두지 않았다. 군사가 도네에게 의존하며 도네의 서명이 '증서證署'로 평가되어 매권이 중시되었다.

첫번째·두번째 견해가 대상으로 삼고 있는 것은 8·9세기, 세번째는 9·10세기이다. 첫번째·두번째 견해에서는 매권의 국가지배적 측면이 분석되었으나 세번째에서는 군·군사가 도네 등 사회적 관계에 의해 규정되는 측면을 인지했다. 또 첫번째·세번째 견해는 매권과 군·향 이하의 사회적 관계를 검토했으나 두번째 견해의 주요한 관심은 국·군의 관계였다. 세번째 견해는 10세기로의 이행을 시야에 넣고 있기 때문에 9세기의 중간기적·전진적 측면을 중시했다.

(3) 앞으로의 전망

1980년대의 연구로부터 매권의 국가지배적 측면, 사회적 관계에 규정되는 측면, 국·군의 관계, 군·향 이하의 사회적 관계 등 매권의 전체상은 상당히 해명되었다. 또 매권 자체의 사료적 성격 즉 원본·사본조사, 문서군의 양상·전래과정 등도 검토되었다. 이러한 것들 이외에 전도田圖에는 택지는 '택宅'이라고 기재되며 본주本主는 등록되지 않았으므로, 택지매권과 간전매권의

---

3) 도네: 국·군 또는 경의 유력자이자 행정의 말단.
4) 본관: 율령제에서 호적에 기재된 토지, 예를 들면 야마시로국(山城國) 가도노군(葛野郡).
5) 군사해: 해(解)란 상급기관이나 귀인에게 상신하는 문서. 군사해는 군사가 국사에게 상신한다.

기능은 같지 않다고 하는 등 과제는 적지 않다. 이번에는 매인료買人料의 매권의 의미와 매권의 지역성이라는 두 가지를 다루겠다. 또 시모쓰케 국부國府 유적으로부터 칠지문서漆紙文書 '매지권賣地券', 시마네현 아오키靑木 유적과 니가타현 엔메이지延命寺 유적으로부터 '매전賣田(임조賃租)권 목간'이 출토되어, 시야의 확장이 기대된다.

우선 판매자 또는 향장 등 신청자의 매매 신청 문서는 2통(또는 3통) 작성되며 군판(혹은 국판)이 부여된다. 1통은 군(또는 1통은 국)에 보관되고 나머지 1통은 구매자에게 급부된다. 구매자는 택지 또는 간전의 합법적 소유의 증거를 획득한다. 즉 매매 신청 문서는 2통(또는 3통) 작성되고 1통은 반드시 구매자에게 교부된다. 문서주의의 원칙에서는 엄밀하게는 신청자는 안문案文[6])을 보유하고, 신청을 받은 군·국은 신청문서의 정문 즉 매권 각 1통을 보관한다. 게다가 매권에서는 양자 이외의 구매자가 정문을 교부받는다. 구매자로의 교부는 이례적이므로 구매자 즉 당사자가 매권 보유를 강하게 지향했음을 보여준다. 매인료 매권과 문서주의 원칙을 어떻게 관련지을 것인지가 과제이다.

다음으로 9세기 매권의 지역성은 분석이 불충분하다. 야마토국·야마시로국山城國·오미국에서는 10통 단위의 다수의 매권이 전래되었다. 야마토국·야마시로국에서는 일반적으로 작성된 매권의 수와 보관 장소가 기재되었는데 오미국에서는 전혀 기재되지 않았다. 오미국의 매권에는 국판이 보이지 않으므로 기재가 생략되어 있어도 1통은 군, 1통은 구매자가 보관했을 가능성이 있다. 그러나 예외 없이 기재되지 않은 것을 볼 때, 명기할 필요가 없어서 1통만 작성되어 구매자에게 교부되었을 가능성도 있다.

> **탐구 포인트**
> ① 고대 매권에 서명한 사람들의 역할은 무엇이었는가?
> ② 고대 매권은 8세기부터 10세기까지 어떻게 변화했는가?
> ③ 고대 매권에 국·군별 지역성은 있었는가?

참고문헌

佐藤進一『[新版]古文書學入門』法政大學出版局, 1977.

仲森明正「律令制的行政秩序と土地「賣買公卷」」『ヒストリア』92, 1981.

加藤友康「八·九世紀における賣券について」土田直鎭先生還曆記念會 編『奈良平安時代史論集』上, 吉川弘文館, 1984.

西山良平「平安前期「立券」の性格」岸俊男敎授退官記念會 編『日本政治社會史硏究』中, 塙書房, 1984.

田島裕久「八·九世紀における賣券作成についての一視點」『ヒストリア』112, 1986.

渡邊滋「東大寺の愛智郡關係文書の成立と傳來」『日本歷史』618, 1999.

---

6) 안문·정문: 안문은 문서의 효력에 입각하여 작성되는 사본. 정문은 정식 문서·원본.

24. 10세기의 반란
다이라노 마사카도의 난, 후지와라노 스미토모의 난이란 무엇이었나

데라우치 히로시^{寺內浩*)} 집필 / 김현경 번역

관련항목: I-26^[p.104] I-31^[p.119]

〔논의의 배경〕

덴교^{天慶} 연간(938~947)에 동국에서는 다이라노 마사카도^{平將門}가, 서국에서는 후지와라노 스미토모^{藤原純友}가 반란을 일으켰다. 시모사국^{下總國}을 근거지로 하는 다이라노 마사카도는 939년(덴교2) 11월의 히타치국^{常陸國} 공격을 시초로 하여 순식간에 반도^{坂東}의 여러 구니들을 점령하였다. 한편 세토내해^{瀨戶內海}에서는 940년에 전직 이요노조^{伊豫掾}인 후지와라노 스미토모가 해적을 이끌고 반란을 일으켰다. 스미토모는 이요국^{伊豫國}·사누키국^{讚岐國}·스오국^{周防國} 등 세토내해 각지를 공격하였고, 이듬해에는 규슈의 다자이후^{大宰府}를 공략하고 불태웠다. 덴교 연간의 거의 같은 시기에 동서에서 일어난 이 두 개의 반란을 다이라노 마사카도·후지와라노 스미토모의 난(덴교의 난)이라고 부른다. 그렇다면 이 두 개의 반란은 왜 일어난 것이며, 언제부터 시작된 것일까? 또 반란은 어떠한 영향을 끼쳤거나 끼치지 않았던 것일까?

〔논점〕

(1) 반란은 왜 일어났는가

9세기가 되면 율령제를 바탕으로 한 지방 정치가 점차 곤란해지고, 전국 각지에서 국사^{國司} 습격과 도적떼·해적의 봉기가 일어났다. 국사 습격 사건은 9세기 후반 이후 지쿠고국^{筑後國}· 이와미국^{石見國}·히다국^{飛驒國}·무사시국^{武藏國} 등 각지에서 빈번하게 일어났다. 도적떼의 활동은 9세기 말부터 동국에서 격렬해졌고, '추마의 무리^{僦馬の黨}'[1])라 불리는 수송업자 중 일부가 도적떼로 변하기도 하였다. 세토내해의 해적은 9세기 후반인 조간~간교^{元慶} 연간(859~885) 에 왕성하게 활동하였다. 이러한 소란을 일으킨 것은 수령국사^{受領國司}와 대립하는 임용국사^{任用國司},[2]) 지방에서 세력을 점차 강화하는 부호층, 임지에 토착한 전임 국사들이었다. 그들은

---

*) 에히메(愛媛)대학 명예교수 | 일본고대사
1) 추마의 무리: 말을 이용한 동국의 수송업자 집단으로, 도카이도(東海道)·도산도(東山道)를 중심으로 활동하였다. 일부가 도적떼가 되는 경우도 있었는데, 기동력이 있기 때문에 국사는 그들을 단속하는 데 어려움을 겪었다.
2) 임용국사: 국사는 가미(守)·스케(介)·조(掾)·사칸(目)의 4등관으로 구성되며, 현지에 부임한 국사의 최상위자를 수령국사, 나머지를 임용국사라고 한다. 9세기가 되면 국정의 권한과 책무가 수령국사에 집중되고 임용국사는 소외되었기 때문에, 양자가 대립하기도 하였다.

지방에 세력을 뻗치려고 하는 원궁왕신가院宮王臣家3)와 손을 잡고, 그 힘을 배경으로 국사의 지방 지배에 저항하였다. 덧붙이자면 다이라노 마사카도는 가즈사노스케上總介로 부임·토착한 다카모치高望 왕의 손자로, 젊은 시절에는 태정대신 후지와라노 다다히라藤原忠平를 섬기고 있었다. 후지와라노 스미토모도 후지와라 북가北家 출신으로 전직 이요노조伊豫掾, 즉 전임 이요 국사였다. 또한 이 무렵은 기근과 역병이 빈번하게 일어나고, 그 악영향을 가장 크게 받는 빈곤층이 유랑민으로 변하여 도적떼나 해적이 될 수밖에 없는 경우도 많이 있었다. 다이라노 마사카도·후지와라노 스미토모의 난이 시작되는 939년은 가뭄에 의한 기근이 발생한 해로, 1년 전에도 교토에서 대지진과 홍수가 일어났다. 이처럼 다이라노 마사카도·후지와라노 스미토모의 난은 10세기가 되어 갑자기 발생한 것이 아니고, 말하자면 9세기부터 계속되는 다양한 소란의 총결산으로서 일어난 것이다.

(2) 반란은 언제부터 시작되었는가

다이라노 마사카도·후지와라노 스미토모의 난은 지금까지 난이 발생한 때의 연호에 따라 조헤이承平·덴교의 난이라고 불려왔으나, 최근에는 덴교의 난이라고 불리게 되었다. 이는 조헤이 연간에는 마사카도·스미토모 둘 다 아직 봉기하지 않았고, 두 사람이 반란에 나서는 것은 덴교 연간에 들어서의 일임이 밝혀졌기 때문이다. 조헤이 연간의 동국은 마사카도와 그의 큰아버지 요시카네良兼의 대립을 축으로 다이라씨平氏 일족의 내분이 각지에서 벌어지고 있었다. 이 무렵은 어디까지나 다이라씨 일족 내부의 사적인 싸움이었고, 국가권력에 대한 반항이 아니었다. 그것이 국가에 대한 반란이 되는 것은 939년 11월 히타치국 공격부터이다. 스미토모는 936년(조헤이6)에 정부로부터 세토내해의 해적 추포追捕 명령을 받고 이요국으로 내려가, 해적 추포를 맡았다. 즉 조헤이 연간의 스미토모는 해적을 토벌하는 편에 있었던 것이다. 스미토모는 그대로 이요국에 토착하여, 마침내 세토내해 해적의 수령首領이 되었고 940년에 반란에 나선다. 이처럼 다이라노 마사카도·후지와라노 스미토모가 반란을 일으킨 것은 덴교 연간의 일인 것이다.

(3) 반란의 영향

다이라노 마사카도·후지와라노 스미토모의 난은 이전에는 없었던 대란大亂이었으므로, 정부는 난의 평정을 거듭 사원과 신사에 기원하였다. 난이 종결된 뒤, 스자쿠朱雀 천황은 보새報賽(소원이 성사된 데 대한 답례)를 위해 이와시미즈石清水 신사에서 임시제臨時祭를 행하고, 가모賀茂 신사로 행차한다. 이것이 이와시미즈 임시제臨時祭,4) 신사 행행行幸5)의 시작이며, 이후

---

3) 원궁왕신가: 상황, 황후 등의 황친(皇親)과 5위 이상의 귀족을 말함. 8세기 말 이후 경제적 이익을 노리고 지방으로 진출하게 되었다.
4) 이와시미즈 임시제: 이와시미즈 신사에서 매년 3월에 행해지는 제례. 다이라노 마사카도·후지와라노 스미토모의 난 후에 보새를 위해 칙사를 파견한 것이 기원이며, 971년부터 정례화하였다.
5) 신사 행행: 조정의 신사 제사는 봉폐사(奉幣使)가 신사로 향하여 폐백을 봉납하는 것이 통상적이었지만, 천황이 직접 신사로 행차하는 경우도 있었고 이를 신사 행행이라고 한다. 다이라노 마사카도·후지와라노 스미토모의 난을 계기로 시작되었고, 이와시미즈 신사·가모 신사·가스가(春日) 신사·히라노(平野) 신사 등이 주된 행차 장소이다.

그것들은 조정의 연중행사가 되어 간다. 이처럼 다이라노 마사카도·후지와라노 스미토모의 난은 조정의 제사 질서에 큰 영향을 주었던 것이다.

　다이라노 마사카도의 난에서는 승자가 패자의 근거지를 불태운다고 하는 '초토전술'이 채택되고 있었다. 또한 난 이후에도 동국에서는 다이라씨 일족의 분쟁이 계속되었기 때문에 국토는 황폐해졌다. 이러한 결과 동국은 '망폐국亡弊國', 즉 생산력이 낮은 황폐해진 구니로 간주되어, 사가미相模·아와安房·가즈사上總·시모사·히타치의 5개 구니는 2년 치 조세 납입을 면제받았다. 다이라노 마사카도의 난은 이후의 동국에 심각한 상처를 남긴 것이다. 한편 후지와라노 스미토모의 난은 국부나 다자이후 등에 대한 해상으로부터의 공격이 중심이었고, 논밭 등 농민의 생산 기반에 대한 피해는 작았다. 그렇기 때문에 세토내해 연안의 여러 구니들은 곧 회복될 수 있었다.

　다이라노 마사카도를 토벌한 것은 후지와라노 히데사토藤原秀鄕·다이라노 사다모리平貞盛 등의 무사들이라는 점에서, 율령제적인 군사력은 약체화되어 있었다거나 난 이후는 무사의 존재 의의가 높아졌다고 많이 이야기된다. 하지만 마사카도가 토벌된 것은 정부군이 도착하기 이전의 일이며, 마사카도의 편에 선 무리들은 모두 정부군에 의해 토멸되었다. 또한 후지와라노 스미토모의 난은 정부군에 의해 진압되었으므로, 당시에는 아직 율령제적 군사력이 충분히 기능하고 있었다. 난 이후에도 무사가 활약하는 기회는 한정되어 있었고, 국가의 군사력으로서 무사가 중요한 위치를 차지하는 것은 11세기 후반인 원정기 이후의 일이다. 다이라노 마사카도·후지와라노 스미토모의 난이 무사가 대두하는 하나의 계기가 된 것은 사실이지만, 무사가 군사면에서 큰 힘을 가지기까지는 아직 긴 시간이 필요했다.

탐구 포인트

① 정치와 사회의 어떠한 사건들이 다이라노 마사카도·후지와라노 스미토모의 난으로 연결되었는가?
② 난의 과정을 자세하게 살펴 보자.
③ 동국과 서국의 차이를 생각해 보자.
④ 난에서 활약한 무사와 그 자손은 그 후 어떻게 된 것일까?

참고문헌

福田豊彦『平將門の亂』岩波書店, 1981.
川尻秋生『戰爭の日本史 4 平將門の亂』吉川弘文館, 2007.
寺內浩「地方支配の變化と天慶の亂」『岩波講座日本歷史 4 古代 4』岩波書店, 2015.
寺內浩「平將門の亂·藤原純友の亂」『古代史講義 戰亂編』筑摩書房, 2019.
寺內浩『藤原純友』ミネルヴァ書房, 2022.

25. 아형 사건
우다 천황과 후지와라노 모토쓰네의 정쟁이었나

고토 신페이(古藤眞平*) 집필 / 김현경 번역

관련항목: I-14[p.68]

〔논의의 배경〕

아형阿衡 사건은 우다宇多 천황 시기의 정치를 혼란에 빠뜨린 정쟁政爭이다. 887년(닌나仁和1)3) 고코光孝 천황으로부터 천황 자리를 물려받은 우다 천황은 조를 내려 후지와라노 모토쓰네藤原基經를 관백에 임명하였지만, 두 번째 명령(칙勅)에서 관백을 바꾸어 말하는 수사修辭로서 아형이란 단어를 사용했기 때문에 논쟁이 일어났다. 이 사건은 '아형의 분의紛議'라고도 불린다. 종래의 학설은 친정親政의 의욕을 갖고 있던 우다의 기선을 모토쓰네가 제압한 사건으로 해석하였는데, 최근의 학설은 모토쓰네가 고코로부터 부여받은 집정執政의 권한에서 관백의 기점을 찾으려 하며, 이 사건을 거치며 관백의 역할이 명확해졌는 데 그 의의를 부여하고 있다.

〔논점〕

(1) 사건의 전개와 종래의 학설

우다 천황(867~931, 재위 887~897)은 아버지 고코 천황으로부터 다른 황자들과 함께 아손朝臣이라는 가바네姓를 하사받고 미나모토노 사다미源定省가 되었지만, 887년 8월에 아버지 고코의 지명을 받아 친왕·황태자가 되었고 천조踐祚2)하였다. 죽음을 앞둔 고코는 모토쓰네와 사다미를 불러 모토쓰네에게 사다미를 자식과 같이 여겨 보필해 줄 것을 부탁하였고, 모토쓰네가 응낙하여 황위를 계승할 수 있었기 때문에 우다는 모토쓰네의 집정이 필요하다고 인식하여 11월에 거행된 즉위식3) 후에 모토쓰네의 권한을 '온갖 정사의 크고 작은 일에 대하여 모든 벼슬아치를 스스로 통솔하라. 모두 태정대신에게 관여하여 아뢰고, 연후에 상주하고 하명하는 일은 오로지 예전과 같이 하라'는 내용의 조를 발표하였다. 그런데 윤11월에 모토쓰네가 의례상 사표辭表를 제출한 것에 대한 칙답勅答의 글에 '마땅히 아형의 임무를 경의 소임으로 삼아야 한다'고 적혀 있었기 때문에, 모토쓰네가 측근인 기전도紀傳道4) 학자 후지와라노 스케요藤原佐

---

*) 공익재단법인 고대학협회 연구원 | 헤이안시대사
1) 닌나: 고코·우다 천황 대의 연호(885.2.21.~889.4.27.).
2) 천조: 선대 천황의 붕어(崩御)·양위(讓位)와 동시에 새 천황이 황위를 계승하고 신새(神璽)와 보검(구사나기노 쓰루기[草薙劍]) 등의 보물을 수납하는 의식.
3) 즉위식: 새 천황이 다이고쿠덴(大極殿, 나중에는 시신덴[紫宸殿])의 다카미쿠라(高御座)에 올라 황위 계승을 천하에 드러내는 의식.
4) 기전도: 고대의 대학에서 중국의 역사와 문학을 전공한 학과. 교관은 문장박사(文章博士) 2명. 유학, 율령학을 전공한 학과는 명경도(明經道)·명법도(明法道)였다.

世의 의견을 듣고 전직典職(구체적 직책)이 없는 '아형'에 임명하는 것은 집정에서 배제하는 의도가 있는 것이 아닌가 의심하고 태정관太政官5) 정무에 대한 관여를 끊어 조정 정치의 혼란을 가져오는 결과를 낳은 것이다.

888년에 들어 명경도明經道·기전도의 학자들(스케요佐世를 포함)과 기전도 학자로서 칙답을 작성한 우다의 측근인 참의參議 다치바나노 히로미橘廣相 사이에 아형의 전직典職 유무를 놓고 논쟁이 벌어졌다(4월 28일부터 5월 30일까지의 사료가 『정사요략政事要略』6)에 보임). 논의의 구도는 중국 주나라 때의 관제官制에서는 아형에 전직이 없다고 보는 명경도·기전도의 학자들에 대항하여, 히로미廣相는 은나라 때 이윤伊尹이 임명된 아형과 후대 왕조 속 아형의 사례를 바탕으로 하여 아형은 집정 권한을 가진 것으로 인식하여 칙답을 작성했다고 반론하는 식이었다.

6월 2일 우다는 좌대신 미나모토노 도루源融에게 설득당하여 조를 다시 발포하기로 하였는데, 히로미가 칙답에 아형이라는 말을 인용한 것은 자신의 본뜻에 반하는 것이었다는 내용의 선명宣命을 발포하는 것을 인정하고 말았다. 그 때문에 사태는 히로미의 처분 문제로 발전하여 10월에는 명법도明法道 학자들에게 양형量刑에 대한 선례 보고 명령이 내려지는 단계에까지 이르렀지만, 우다가 후지와라노 온시藤原溫子(모토쓰네의 딸)의 입궁을 받아들이는 것으로 모토쓰네와의 화해가 성립하였고, 히로미에 대한 단죄는 회피되었던 것이다.

이와 같은 전개에 대하여 기존의 학설은 우다에게 친정하려는 의욕이 있었던 점, 모토쓰네가 히로미廣相(히로미의 딸 기시義子[혹은 요시코]가 우다와의 사이에 황자 도키나카齊中[3세]와 도키요齊世[2세]를 두었다)를 배척하려는 의도를 갖고 칙답의 문장 속 아형을 구실로 삼아 사건을 만들었다는 구도를 그리는 경향이 강하다.

(2) 최근의 학설

최근의 학설은 우다가 모토쓰네에게 명한 관백과 관련하여, 고코가 모토쓰네에게 집정할 것을 명한 데서 유래하였고, 한 대代마다 임명이 확정된다는 것의 역사적 의의를 바탕으로 사건을 해석하고 있다.

884년(간교元慶7)8), 섭정이자 태정대신인 모토쓰네는 거칠고 사나웠던 요제이陽成 천황을 퇴위시키고, 자신이 외척 관계를 갖고 있는 사다야스貞保 친왕·사다토키貞辰 친왕이 아니라 닌묘 천황의 황자인 도키야스時康 친왕을 옹립하였다. 그가 바로 고코 천황이다. 나이 55세의 천황과 49세인 모토쓰네는 사촌간이었다. 고코는 모토쓰네의 집정 계속을 희망하였지만, 어린 천황으로 즉위하여 모토쓰네를 섭정으로 삼았던 요제이와 자신은 사정이 전혀 달랐기 때문에 모토쓰네가 재임하고 있는 태정대신에 대하여 학자들에게 자문을 받았다. 태정대신의

---

5) 태정관: 율령제 하에서 국정을 심의하고 천황에게 상주하며 여러 관사에 명령을 하달하는 일을 행한 관청. 4등관제의 장관에 해당하는 것이 태정대신·좌대신·우대신이었는데, 태정대신은 천황의 사범(師範)이 될 수 있는 인물이 있을 때만 두는 즉궐(則闕)의 관직이었다.

6) 『정사요략』: 헤이안시대 중기의 법률가인 고레무네노 다다스케(惟宗允亮)가 지은 책. 『신정증보 국사대계(新訂增補國史大系)』(吉川弘文館, 2007)에서 읽을 수 있다. 아형에 관한 학자들의 논의 외에 닌나 3년의 조문·칙답, 닌나 4년의 『우다 천황 어기(宇多天皇御記)』 일문(逸文), 선명(宣命) 등이 권30에 수록되어 있다.

7) 간교: 요제이·고코 천황 때의 연호(877.4.16.~885.2.21.).

집정관으로서의 직무를 법적으로 뒷받침할 수 없다는 답신을 받았기 때문에, 천황은 선명을 발표하여 상주해야 할 일과 백관에게 하명해야 할 일을 반드시 모토쓰네에게 상의하라고 명하였던 것이다. 887년에 우다가 모토쓰네에게 명한 관백의 권한이 고코가 모토쓰네에게 주었던 권한과 동일하였음은 분명하다.

이상의 내용에 입각하면 아형 사건은 다음과 같이 이해된다. 우다가 고코과 마찬가지로 집정을 자신에게 부탁한다면, 884년의 집정 명령이 태정대신의 직무 문제를 일단 덮어놓고 이루어진 것인 만큼 천황의 대가 바뀌면 다시 임명될 필요가 있다고 모토쓰네는 인식하였고, 우다의 천조践祚 이래로 태정관의 정무를 감독하지 않는다는 대응을 보였다. 우다가 모토쓰네의 인식에 따라 행한 것이 즉위식 후의 관백 임명이었는데, 칙답에서 아형이란 말을 사용한 것을 계기로 사건이 불거졌다. 모토쓰네로서는 학자들 중에서 아형에 대하여 전직이 없다고 보는 의견이 있는 이상, 히로미가 그것을 관백의 다른 표현으로 사용한 칙답을 작성한 일에 대하여 우다의 참뜻을 확인할 필요가 있다고 생각했다는 것이다.

(3) 앞으로의 전망

최근 학설에 의해 세이와清和 천황 시기에 후지와라노 요시후사, 요제이 재위기에 모토쓰네가 어린 천황의 대권 대행자로서 맡았던 섭정과는 별도로 섭정 경험자가 어린 천황이 아닌 천황 치하의 집정 역할을 맡는 관백의 성립과정이 해명되었다. 따라서 우다와 모토쓰네 양측의 정쟁이라는 한정된 시야로 짜여진 종래의 학설이 충분하지 못하다는 것은 분명해졌다. 그러나 우다가 888년 1~2월에 청취한 의견봉사意見封事(의견을 올리는 상소)의 문제,『우다 천황 어기宇多天皇御記』의 일문에서 엿볼 수 있는 사건 관계자의 주장, 같은 해 11월 무렵에 스가와라노 미치자네가 모토쓰네에게 바친 편지「봉소선공서奉昭宣公書」, 히로미를 비판한 학자들이 모토쓰네의 권세에 눈치를 보고 그 뜻을 헤아렸다고 생각하는 쪽이 자연스럽다는 설 등 사건의 경과를 좇는 관점에서는 기존 학설에도 살릴 만한 논점이 있다. 제도사와 사건사의 균형이 잘 잡힌 평가를 모색해 나가야 할 것이다.

> **탐구 포인트**
> ① 아형 사건은 우다 천황과 후지와라노 모토쓰네 사이의 사건으로서 어떻게 전개되었던 것일까?
> ② 아형 사건은 섭정·관백의 성립사에서 어떠한 위치를 차지할까?

참고문헌

彌永貞三「菅原道眞の前半生」川崎庸之 編『日本人物史大系 1』朝倉書店, 1961.

坂本太郎『菅原道眞』吉川弘文館, 1962.

坂上康俊「關白の成立過程」笹山晴生先生還曆記念會 編『日本律令制論集』下, 吉川弘文館, 1993.

所功「阿衡紛議と菅原道眞」和漢比較文學會 編『菅原道眞論集』勉誠出版, 2003.

米田雄介『攝關制の成立と展開』吉川弘文館, 2006.

今正秀『攝關政治と菅原道眞』吉川弘文館, 2013.

古藤眞平『宇多天皇の日記を讀む 天皇自身が記した皇位繼承と政爭』臨川書店, 2018.

瀧川幸司『菅原道眞』中央公論新社, 2019.

森公章『天神樣の正體 菅原道眞の生涯』吉川弘文館, 2020.

瀧川幸司「阿衡の勅答について」『國語國文』90(10), 2021.

26. 수령
어떤 역할을 했는가

사토 야스히로^{佐藤泰弘*)} 집필 / 김현경 번역

관련항목: I-28[p.110] I-31[p.119] II-4[p.149]

〔논의의 배경〕

국사는 가미^守·스케^介·조^掾·사칸^目으로 구성되며, 각각의 권한에 따라 정무를 분장하고 있었다. 그 중 현지에 부임한 상석에 있는 자는 한 구니의 자산 관리를 전임자로부터 인계받아 수령국사, 즉 수령^{受領1)}이라고 불렸다. 수령 이외의 국사가 임용국사, 즉 임용^{任用}이다. 보통은 가미가 수령이지만, 공경^{公卿} 등이 가미가 되어 국무에 종사하지 않는 경우에는 스케가 수령이었다. 9세기 후반이 되자 국내의 행정 권한이 수령에 집중되었고, 9세기 말·10세기 초에는 조정에 대한 조용^{調庸} 등의 납입 책임이 수령에게 지워졌다. 임용은 수령 아래서 한정된 역할을 맡았다.

고전적인 수령의 이미지는 시나노노카미^{信濃守} 후지와라노 노부타다^{藤原陳忠2)}의 슬기로움을 묘사한 『금석물어집^{今昔物語集}』의 설화나 군사^{郡司}와 백성들이 오와리노카미^{尾張守} 후지와라노 모토나가^{藤原元命}의 가혹한 정치를 고소한 「오와리국 해문^{尾張國解文}」에 의해 형성되었다. 그것은 탐욕스럽고 엄혹한 세금 징수관의 모습이다.

1960년대에 탄생한 왕조국가체제론^{王朝國家體制論3)}은 태정관과 국사의 관계를 기축으로 하여 수령의 지배에 초점을 맞춘 연구였고, 10세기 초엽의 국사 검전권^{檢田權}과 면제영전제^{免除領田制4)}의 성립, 1040년대의 공전관물율법^{公田官物率法5)}의 성립과 군향제^{郡鄉制}의 개편을 논하였다. 그러나 수령이 자의적으로 세율을 결정한다고 논하여 고전적인 수령의 이미지를 온존시켰다.

1970~80년대에는 검전소^{檢田所}·수납소^{收納所6)} 등의 국아^{國衙} 행정기구, 관물율법, 군사·도

---

*) 고난(甲南)대학 문학부 교수 | 헤이안시대사
1) 수령: 수령의 어원은 전임자가 후임에게 '분부(分付)', 즉 넘겨주고, 후임이 '수령', 즉 인수하는 교체 절차에서 유래한다.
2) 후지와라노 노부타다·후지와라노 모토나가: 시나노노카미 후지와라노 노부타다는 982년에 아내가 나이시(內侍, 후궁의 관원) 직에 있었다. 오와리노카미 후지와라노 모토나가는 988년에 군사와 백성들에게 소송을 당하여 이듬해 정직당했다.
3) 왕조국가체제론: 10세기 초엽과 1040년대에 체제 전환이 일어났음을 논하며, 사카모토 쇼조의 『일본왕조국가체제론』과 『장원제 성립과 왕조국가』가 기본적인 문헌이다. 坂本賞三『日本王朝國家體制論』東京大學出版會, 1972;『莊園制成立と王朝國家』塙書房, 1985.
4) 면제영전제: 수령이 임기 초에 검전을 행한 뒤 사원이 불수(不輸)를 증명하는 태정관부 등을 곁들여 사전(寺田)의 관물(官物) 면제를 수령에게 신청하는 절차를 말한다.
5) 공전관물율법: 조용 등의 인두세와 정세(正稅) 출거(出擧)의 이자 벼 등이 10세기를 거쳐 토지세가 되었고, 공전의 지자(地子)도 뒤섞여 태어난 토지세의 부과 기준.
6) 수납소: 개편된 군·향별로 설치되어, 관물의 징수·수납에 관한 업무를 행하였다.

네[p.96] 등에 대한 연구도 진척되었다. 1990년대에는 수령이 시대의 전환을 추진하는 주체로서 주목받게 되었다. 검전의 강화(그에 동반되는 면제영전제)·공전관물율법의 성립·군향제의 개편은 일련의 조치들이며, 10세기 후엽에 이루어진 수령의 지방제도 개혁을 구성한다고 여겨진다. 수령이 징세 활동 속에서 사적인 부를 형성하는 것도 공사가 뒤섞이던 시대 상황 속에서 이해가 이루어지게끔 되었다.

〔논점〕

(1) 수령에 의한 지방행정기구의 개편

수령은 행정 스태프로서 수도로부터 다수의 낭등郞等을 데리고 부임하여 지방행정기구를 다시 조직해 나갔다. 낭등들의 활동은 10세기 초엽부터 확인할 수 있다. 그러나 수령에 의한 지방행정기구의 개편이 강력하게 추진된 것은 10세기 후엽이 되고 나서의 일이다. 그동안 임용국사뿐만 아니라 국아에서 일하는 잡색인雜色人,[7] 군사, 군잡임郡雜任 등이 그 역할을 바꾸어 나갔다. 공전관물율법의 성립과 병행하는 군향제의 개편과 부명負名[8]의 편성은 그들을 어떻게 재배치해 나갔을까? 또 관물에 비하여 임시잡역臨時雜役의 연구는 덜 이루어졌다. 변화의 전기에 관한 인식이 바뀜에 따라 여태까지 알려져 있었던 사항들을 새롭게 조명하는 일도 가능할 것이다.

(2) 국내에서의 수령의 여러 활동

1970년대에 국아 군제軍制가 논의되었듯이, 수령은 국내 군사권을 담당하고 있다. 국내의 치안 유지를 맡으며 추포도 행하고 있다. 아직 납부되지 않은 관물에 대한 강제 징수 등에서 보이는 폭력적 행동은 수령이 발동하는 군사·경찰권과 연관된 것이다. 또한 권농勸農[9]에 대한 관여도 중요한 논점일 것이다. 임기 초의 신에 대한 예배, 절과 신사의 수리, 불교 행사와 신도 행사의 거행 등 종교적 활동은 수령이 담당해야 하는 중요한 정치문화적 활동이다. 수령이 수행한 다면적인 역할, 지역에 초래한 폭력과 안녕, 그리고 수도나 다른 구니와의 문화적·종교적·기술적인 교류도 흥미로운 논점이 된다. 『조야군재朝野群載』 권22에 수록된 「국무에 관한 사안들國務條條事」[10]과 같은 잘 알려진 사료는 다시 읽을 여지가 있는 것이 아닐까?

(3) 수령의 지배에 대한 지역사회의 대응

수령에 의한 지방행정기구의 개편은 지역사회와의 알력으로서 논의되는 경우가 많다. 임지의 사람들이 수령의 악정惡政을 조정에 호소하는 국사가정상소國司苛政上訴가 빈발하는 구니도 있다. 그러나 국내에서는 수령과 결탁하여 새로운 제도에 대응함으로써 성장했던 지역의 유력자가

---

7) 잡색인: 국아의 사무를 담당한 사람들. 국부에서 근무하며 사무를 담당하는 서생(書生) 등 다양한 업무가 있었다.
8) 부명: 관물·임시잡역을 징수하기 위해 설치된 징세 단위가 부전(負田) 또는 명(名)이며, 그 책임자가 부명이다.
9) 권농: 연못과 도랑을 수리하고 농작에 필요한 재료를 지급하여 농업(주로 논벼 경작)을 권하는 행위를 말함. 농업사회에서 권농을 담당하는 자는 지배와 밀접하게 연관되어 있다.
10) 「국무에 관한 사안들」: 수령의 마음가짐을 기록한 것으로, 10세기 전반의 실정을 반영하고 있는 것으로 여겨진다. 『의심방(醫心方)』 지배문서(紙背文書)에도 수령이 임기 초에 행해야 할 일들의 목록이 보인다.

생겨났다. 예를 들면 국아의 잡색인은 판관대^{判官代} 등의 신분 호칭을 얻어 재청관인^{在廳官人}이라 불리게 되었고, 원정기에는 국부의 유력한 주인^{住人}이 되어 간다. 1980년대에 진척된 재청관인이나 군사·도네에 관한 연구를 수령의 지배와 관련지어 다시 자리매김하는 등 수령의 지배에 의한 지역사회의 변용을 고찰할 필요가 있다.

(4) 국내, 수도와 지방 사이의 네트워크

수령이 지방의 부를 중앙으로 옮기기 위해 이용하고 구축한 교통과 운수의 실태는 어떠한 것이었을까? 국내명사^{國內名士11)}는 수령의 관^館을 교류의 장으로 삼고, 수도의 문화를 접하며, 수령의 자제·낭등과 혼인관계를 맺기도 하였다. 수령이 수도에 머무르는 일은 특정 구니들에서 섭관기에 진행되었고 원정기에 일반화하는데, 수도에 있는 수령의 집에는 구니자무라이^{國侍}가 교대로 근무를 섰고, 지역 사람들이 수도에서 활동하는 거점이었다. 수령의 활동이 만들어낸 네트워크를 다양한 수준에서 고찰해 나갈 필요가 있다.

(5) 수령과 조정·귀족사회

수령을 통제하는 수령공과 사다메^{受領功過定12)}는 그 유효성에 대하여 평가가 갈리고 있다. 그러나 조정은 그 밖에도 수령을 통제하는 정책을 실시하고 있으며, 국사의 가정과 선정에 관한 신청을 받아들이는 것도 수령 통제의 일환이다. 한편 장원정리령을 수령이 요청하고 있는 것처럼, 수령의 지배는 조정과 관계 없이 이루어지는 것이 아니다. 왕조국가체제론은 태정관과 수령의 관계를 축으로 구성되어 있지만, 이후의 연구에서는 수령과 태정관의 관계에 언급하는 일이 적다. 그러나 수령의 지배는 조정의 정책에 대응하며, 수령의 존재 형태 자체가 조정·귀족사회 속에서 변화하고 있다. 앞으로의 연구에서는 그러한 관점도 필요할 것이다.

탐구 포인트

① 수령이 만들어낸 지방 행정 기구의 실태를 고찰해 보자.
② 수령의 지배가 지역 사회에 끼친 영향과 지역 사회의 대응을 고찰해 보자.
③ 수도와 지방 사이, 지역간의 네트워크에서 수령이 수행한 역할을 생각해 보자.
④ 수령 그 자체의 변화를 조정과 귀족 사회 속에서 생각해 보자.

참고문헌

戶田芳實『初期中世社會史の硏究』東京大學出版會, 1991.

佐藤泰弘「受領の誕生」吉川眞司 編『日本の時代史 5 平安京』吉川弘文館, 2002.

寺內浩『受領制の硏究』塙書房, 2004.

中込律子『平安時代の税財政構造と受領』校倉書房, 2013.

佐藤泰弘「受領の支配と在地社會」『岩波講座日本歷史 5 古代 5』2016.

---

11) 국내명사: 도다 요시미가『초기중세사회사 연구』에서 논한 지역의 명망가를 말함. 戶田芳實『初期中世社會史の硏究』校倉書房, 2001.
12) 수령공과 사다메: 공경이 수령의 근무 성적을 평가하는 제도로, 조정에 내는 각종 공납물(조용·잡미[雜米])의 납입 상황과 정세의 축적 상황 등이 심사되었다.

27. 신불습합
신과 부처를 결합하는 사상은 어떻게 전개되었는가

사이키 료코^{齋木涼子*)} 집필 / 이소현 번역

관련항목: I-9^[p.53] I-17^[p.77] I-22^[p.92] I-30^[p.116] II-2^[p.143] II-9^[p.164]

〔논의의 배경〕

신불습합神佛習合이란 서로 다른 종교체계에 속한 존재인 신기神祇신앙의 신과 불교의 부처가 사상적, 교의적으로 결합한 것을 말하며, 나라시대에 습합사상이 나타난 이래 신불의 결합은 근세까지 지극히 일반적인 현상이었다. 한때는 일본 고유의 신기신앙과 외래종교인 불교 사이에 일어난 일본의 독자적인 사상전개라고 여겨졌다. 그러나 근년의 연구에 의해 이미 중국에서 6세기 단계에 기존 재지신앙과 불교 사이에 같은 양상의 사상전개가 보인다는 점이 지적되었고, 그 습합논리·용어가 일본에도 도입되고 난 후에 다시 일본에서 독자적인 전개를 이루었다고 여겨지고 있다.

〔논점〕

(1) '신신(신도) 이탈'과 '호법선신'

일본에서 신불습합을 사료상에서 확인할 수 있게 되는 것은 8세기 이후로, 이때 신궁사神宮寺[1])의 건립, 신전독경神前讀經[2])이라는 현상이나 신이 불교에 의해 구원받는다는 설화가 등장했다. 이것들은 주로 두 가지 요소로 설명된다.

첫번째는 '신신神身(신도神道) 이탈'이다. 사실 신은 전생의 죄업 등으로 인해 신이 되어 고뇌하고 있으며 불교의 구제를 바란다는 이론이다. 이미 중국에서는 6세기에 승니들이 포교활동을 하는 중에 재지신앙(신·사묘社廟)과 대치할 때 이 이론을 사용했다. 불교신앙을 포교하기 위해서는 각지에서 신앙의 대상으로서 정착해 있던 재지의 신을 해체·배제하거나 공존할 필요가 있었기 때문이었다.

---

*) 나라국립박물관 학예부 열품실(列品室)장 | 일본고대사
1) 신궁사: 신사의 부지 안이나 근접한 장소에 건립된 사원. 그 신사를 수호하며 독경이나 법요(法要) 등 신을 위한 불사(佛事)를 행하는 장소였다. 나라시대에 성립한 신궁사로는 다도(多度) 신궁사(다도 신사), 게히(氣比) 신궁사(게히 신사), 신간지(神願寺, 와카사히코[若狹比古] 신사) 등의 창건 경위가 알려져 있다.
2) 신전독경: 신사의 신 앞에서 승려가 경전을 독송하는 일. 대반야경, 인왕경, 법화경 등이 종종 독송되었다. 독경을 들은 신은 기뻐했다고 한다.

이 이론은 일본에서도 신궁사 건립의 연기緣起 가운데 종종 등장한다. 다만 일본에서는 여러 재해·역병 등의 원인이 신의 분노나 괴로움 때문에 야기된 신벌祟り[다타리]이라고 생각되었으며 신벌을 발생시키는 신을 불교로 구하여 재앙을 없애기 위해 종래의 신기제사와는 다른 불교의 공양이 도입되었다. 일본에서는 구원받은 신은 반드시 공존한다는(신사측에는 변화가 없다는) 점이 특징이다.

두번째 요소는 승려나 불교를 수호하는 '호법선신護法善神'이다. 이것 또한 중국에서 보이는 개념으로 고승의 전기에 산신이 승려에게 영지靈地를 양보하거나 귀의하는 등의 예가 있다. 수행자가 산신신앙을 흡수하여 활동을 확대해 가는 가운데 제창되었다고 추측된다. 일본에서도 승려의 산림 수행을 지켜봐 주거나 사원을 수호하는 토지신 등이 등장한다. 유적으로 검증된 바에 따르면 산사山寺로 가는 산기슭의 신사, 산사를 지나 더 안쪽 깊은 산속에 있는 신사라는 8세기의 사례가 종종 보인다. 승려가 수행에 어울리는 청정한 땅을 고른 결과 그곳이 신의 땅이었기 때문에 불교와의 융합이 도모되었던 것이다. 호법선신 신앙은 헤이안시대 초기에도 빈번하게 보이며 사이초나 구카이 등도 그러한 사상을 가지고 있었다. 애초에 불교는 고대 인도의 신들을 천부天部[3]로 흡수하여 호법신으로 삼았고 재지의 신에게 호법의 역할을 부여한다는 사상전개는 불교에서 익숙한 것이었다.

이상 두 가지는 어디까지나 불교측이 신앙을 보급·정착시키기 위한 이론이었지 신의 입장이 변화하거나 신의 영역에 불교가 진출하는 일은 없었다.

(2) 본지수적설

헤이안시대 후반이 되면 상술한 개념과는 완전히 다른 성격의 습합이 등장한다. 부처(본지本地)가 일본의 중생을 구제하기 위해 모습을 바꾸어 나타난 것(수적垂迹)이 일본의 신이라는 사상이다. 이 사상의 원점은 습합과는 전혀 관계없는 중국불교의 교학이며, 만물을 현상으로서 나타나는 모습·행위(적跡=迹)과 그 배경에 있는 특별한 본질(본本)이라는 양면으로 이해하는 본적本迹[4] 이론이다. '수적'이란 '본'이 '적을 늘어뜨리다' 즉 본질이 현상으로서 나타난다는 의미로, 이 이원적인 해석법은 이후의 불교교학에 큰 영향을 미쳤다.

당연히 일본에도 이 개념이 전해졌다. 교학서 이외에 수적의 개념이 확인되는 것으로는 8세기 말 귀족이 작성한 원문願文이 있다. 그 이후로도 쇼토쿠 태자가 중국의 고승 혜사慧思[p.92]의 수적이라는 설이나, 부처·보살이 천황이나 신, 뛰어난 인물로서 수적한다는 표현이 사용되었다.

한편 덴교의 난[5] 평정 때 나라를 수호했다고 인식되었던 유력 신사의 신들은 그 위광威光이

---

3) 천부: 원래 고대 인도의 신으로 석가의 설법을 듣고 불교에 귀의했다고 한다. 불법이나 신자를 수호하고 복을 주는 존재. 제석천·범천·길상천과 사천왕에 속하는 다문천(多聞天, 毘沙門天)·증장천(增長天)·광목천(廣目天)·지국천(持國天) 등.

4) 본적: 승조(僧肇, 374~414)가 『주유마힐경(注維摩詰經)』이라는 책에서 유마힐이라는 위인을 논할 때 그 '본'(본질)과 눈에 보이는 형태로 나타나는 '적'(현상)이라는 이론을 전개했다. 유마힐은 고대 인도의 부호로 학식이 풍부하고 재가인 채로 보살행을 하며 석가의 제자로서 교화활동을 도왔다고 한다.

5) 덴교의 난: 거의 동시기에 일어난 동국의 다이라노 마사카도와 서국의 후지와라노 스미토모의 반란을 총칭한

증대되어 10세기 후반~11세기에 걸쳐 제사 등이 정비되어 갔다. 그 위광을 흡수하고자 한 불교측은 새로운 신불습합을 진전시켰다. 조정의 법회法會에 왕성진수王城鎭守의 신들이 권청勸請6)되고, 신사 경내에서 대규모 법회가 열리고, 신사와 밀접한 장소에 사원 시설이 건립되는 등 사람들의 이목에 띄는 형태로 신불의 거리가 가까워져 갔다.

동시기 진언종 승려가 천황 호지護持의 장에 신들을 권청할 때 특정한 신을 부처에 대응시키는 본지불本地佛 개념의 원형이 보이기 시작했다. 또 11세기 중엽이 되면 '수적'인 이와시미즈 하치만 궁石清水八幡宮7)의 '본각本覺'인 불보살을 묻는다는 기술이 문서에 등장한다. 11세기 후반에는 천황의 조상신 아마테라스アマテラス8)를 대일大日여래와 하나라고 해석하는 설이 진언밀교 승려의 저작에 보였으며, 또 아마테라스의 '본지'를 비로자나毘盧遮那불이라고 보는 이세伊勢 신관의 저작도 나타났다. '본각'·'본지'·'본체' 등 용어는 제각각이긴 하나 서서히 이러한 사상이 이야기되며 12세기 초까지는 특정 부처와 신을 일대일 관계로 대응시키는 '본지수적설'이 확립되어 많은 신들에게 '본지불'이 설정되었다.

나라시대와 비교하면 신불의 관계가 밀접해졌으며, 또 보편적인 상위존재인 부처 그리고 가까이 있는 존재인 신이라는 위치 설정이 명확해졌다.

(3) 앞으로의 전망

최근에 <신불융합>이라는 말이 제창되는 등 이 주제는 한단계 더 나아간 고찰과 검증을 필요로 하고 있다. 특히 본지수적설의 성립과정에 대해서는 논의가 깊어질 것으로 기대한다. 금후로는 사상과 현상의 연동, 동아시아사의 시점 등 다양한 분야의 성과를 참조하여 다각적으로 고찰할 필요가 있다.

> **탐구 포인트**
> ① '본지불' 개념은 어떻게 등장하고 정착해 갔는가?
> ② 의례나 건축 등 신앙의 장에서 습합 현상은 어떤 모습이었는가?
> ③ 신불습합 사상은 동아시아 불교문화권에서 어떤 위치를 점하는가?

참고문헌

久保智康編『日本の古代山寺』高志書院, 2016.

吉田一彦編『神佛融合の東アジア史』名古屋大學出版會, 2021.

다. 상세한 내용은 I-24(p.98)를 참조.
6) 권청: 신불의 왕림을 기원하는 것.
7) 이와시미즈 하치만궁: 헤이안시대 초기에 우사(宇佐)의 하치만 신을 권청했다. 하치만 신은 오진(應神) 천황과 동일시되며 황조신(皇祖神)이라는 성격을 갖는다.
8) 아마테라스: 천황가의 황조신으로 여겨지는 여신으로 이세신궁에서 제사지내진다. 천손강림(天孫降臨)으로 지상에 내려온 니니기노미코토(ニニギノミコト)가 그 손자에 해당한다. 11세기부터 궁중 나이시도코로(內侍所)에 안치된 신경(神鏡)이 아마테라스의 분신이라고 인식되었다. 11세기 후반~12세기에 걸쳐 진언밀교의 최고 신격인 대일여래가 본지불이라고 여겨지게 되었다.

28. 국풍문화
섭관기의 문화는 어떠한 것이었는가

쓰게이 유키오^{告井幸男}*) 집필 / 고대성 번역

관련항목: I-26[p.104] I-27[p.107] I-29[p.113] I-30[p.116] I-31[p.119] II-3[p.146]

〔논의의 배경〕

국풍문화라는 명칭은 아스카^{飛鳥}문화나 덴표^{天平}문화 혹은 가마쿠라^{鎌倉}문화나 히가시야마^{東山}문화 등과는 달리 연호나 시대명이 아니라 문화의 내용에 의거하여 명명되었다는 점에서 특이하다. 이 명칭이 널리 침투한 것은 제2차 세계대전 이후지만, 근대역사학의 이른 시기부터 이 시기의 문화를 화풍^{和風}·일본화라 파악하는 논의는 많이 있었다. 과연 그러한 이해는 올바른 것일까? 또한 국풍문화란 어느 시기의 문화인 것일까? 그리고 그 시작은 언제 즈음일까?

〔논점〕

(1) 고전적 이해와 그 난점

국풍문화에 대비하여 그 전의 고닌^{弘仁}1)·조간^{貞觀}2)문화는 당풍^{唐風}문화라고도 불린다. 즉, 국풍문화는 전대의 당풍문화와 대조적이라는 점이 특징으로 여겨졌다. 그 전환의 계기로 평가되는 것이 견당사의 폐지이다. 이른바 쇄국적 상황 가운데 일본 고유의 문화가 자라났다는 것이 초기 연구단계의 소박한 이해였다. 그리고 그 특징은 한시를 대신한 와카의 융성, 중국풍 회화^{唐繪}가 아니라 일본풍 회화^{大和繪}의 발달, 한자가 아니라 가나^{假名}의 사용(가나일기·여방문학^{女房文學}·모노가타리^{物語}, 삼적^{三蹟} 등), 진호^{鎭護}국가불교의 쇠퇴와 정토교의 유행, 신덴즈쿠리^{寢殿造}, 의관속대^{衣冠束帶}·여방장속^{女房裝束}, 요세기즈쿠리^{寄木造} 등이다. 특히 와카 분야에서는 고금와카집^{古今和歌集}3)이 최초의 칙찬와카집^{勅撰和歌集}이며 시기적으로 스가와라노 미치자네^{菅原道眞}의 견당사 폐지 건의와도 가깝기 때문에 가나와 함께 국풍문화를 대표하는 것으로 여겨져 왔다.

그러나 견당사는 미치자네가 건의하기 반세기 전인 조와^{承和} 때가 마지막이었기 때문에 이러한 이해는 시계열적으로 난점이 있다고 할 수밖에 없다. 한편 가나의 존재는 9세기 중반

---
*) 교토여자대학 문학부 사학과 교수 | 일본고대사
1) 고닌 : 사가·준나 천황 재위기의 연호(810.9.19~824.1.5).
2) 조간 : 세이와·요제이 천황 재위기의 연호(859.4.15~877.4.16).
3) 고금와카집 : 칙찬와카집의 시작. 기노 쓰라유키(紀貫之)·기노 도모노리(紀友則)·오시코치노 미쓰네(凡河內躬恒)·미부노 다다미네(壬生忠岑) 선. 905년 혹은 914년경에 성립되었다.

이전까지 거슬러 올라가는 것으로 견당사 폐지와 인과관계는 없다. 오히려 시기적으로는 조와 연간의 견당사와 거의 동시기가 될 가능성도 있다. 이러한 모순을 해소하기 위해서는 국풍문화의 시작을 조간 연간 이전까지 거슬러 올라가거나, 가나나 와카를 국풍문화의 중심 요소로부터 제외할 수밖에 없다. 후자 노선에서 20세기 말엽에 새로운 논의가 제기되게 된다.

(2) 당풍과 국풍의 상극

우선 견당사의 폐지로 중국 문물이 들어오지 않게 되었다는 이해는 크게 변경할 수밖에 없게 되었다. 오히려 조와를 마지막으로 견당사가 파견되지 않게 된 이후 쪽이 국가의 굴레에서 벗어나 자유롭게 해상에 의한 무역·교통이 활발히 이루어져 다량의 '당물唐物[가라모노]'이 일본에 들어와 귀족사회에 침투해 갔다는 사실이 재확인되었다.

1990년대 말부터 2000년대 초에 걸쳐 이 점을 강조하는 논의가 활발해졌고 중국 상선에 의한 교역활동이 국풍문화 형성의 계기가 되었다든가, 국풍문화의 기저에는 중국문화가 있고 일본적인 부분은 표층에 그친다든가 하는 평가가 나오기에 이르렀다. 특히 당물의 광범한 유통에 주목하여 당의 문물 없이는 성립할 수 없는 국제색 풍부한 문화였다는 평가도 이루어졌다.

단 2000년대 후반이 되면 이러한 이해에 대해 이론을 제기하는 논의가 나타난다. 이러한 논의의 공통점은 확실히 당의 문물은 전대와 변함없이 일정량 수입·유통되었지만, 그 질이나 수용 형태가 전대와는 달라졌다는 것이다. 도구적으로는 대륙으로부터의 수입품이 일본 문화에 결정적인 영향을 주지 않게 되었다. 대륙문화를 상대화하고 이념으로서 절대적 규범으로 삼지 않게 되었다. 즉 이전처럼 전면적이 아니라 선택적인 수용이 이루어지게 되었다는 것이다. 이 점에 대해서는 국제교류사·불교사·미술사·문학사 등 복수의 분야에서 검토가 이루어졌고 그 결과 재차 해당 문화의 '일본和'적 부분의 재인식이 제창되었다.

(3) 향후 과제

조정이 와카에 주목했다는 사실은 이미 9세기 중엽부터 찾아볼 수 있다. 또한 한시를 비롯한 중국문화가 10세기 이후에도 애호되었던 것도 사실이다. 진부한 표현이지만 9세기에도 10세기에도 당풍·일본풍 쌍방의 요소가 공존하면서 결국 어느 쪽이 큰 비중을 차지하고 있었는지, 어느 쪽이 더 본질적이었는가라는 점으로 귀결된다. 이는 시대구분 논의와도 관련이 있다.

어떤 시대의 국제에도 공적·제도적·시스템적인 측면과 사적·인적·퍼스널한 요소가 있다. 이른바 율령제 시대인 8·9세기는 전자에 중점이 실려 있었지만, 10세기 후반 이후가 되면 후자가 정치·경제·사회의 전면에 나서게 된다. 이 점에서 요시카와 신지吉川眞司가 중국적인 것이 '공·하레ハレ·이념'에 폐색되고 일본적인 것이 '사·게ケ·현실'로서 전면적으로 전개되는 가운데 국풍문화가 창조되었다는 전망을 제시한 것은 흥미롭다.

고금·후찬後撰4)·습유와카집拾遺和歌集5)은 팔대집八代集·삼대집三代集 등 하나로 묶이는 경우

---

4) 후찬와카집 : 무라카미 천황의 명으로 955년경 성립되었다.
5) 습유와카집 : 가잔 상황이 선별한 것으로 추정되며, 1005~7년경 성립된 것으로 여겨진다.

가 많지만, 가인이나 와카의 내용·특징이 크게 다르다는 사실은 해당 문화의 시작을 생각하는 데 있어 주목할 만하다. 국풍문화의 많은 특징 중에서도 정토교와 불상의 요세기즈쿠리寄木造는 거의 동시기에 보이며, 내용적으로도 서로 관련되어 있고 정치나 다른 요소와도 깊은 관련이 있다. 이제부터도 해당 문화의 내용이나 특징 및 전개된 시기를 동시에 고찰·분석해 나갈 필요가 있을 것이다.

탐구 포인트

① 국풍문화라는 명칭은 적절한가?
② 국풍문화는 당시 일본의 전계층·전지역에 확산되었을까?
③ 국풍문화와 대륙문화의 관계를 어떻게 파악할 것인가?
④ 문화사의 시대·시기 구분은 정치사 등 다른 분야와 공통되어야 하는 것인가?

참고문헌

吉川眞司「攝關政治と國風文化」京都大學大學院·文學研究科 編『世界の中の『源氏物語』』臨川書店, 2010.

河添房江『唐物の文化史』岩波書店, 2014.

西本昌弘「「唐風文化」から「國風文化」へ」『岩波講座日本歷史5』岩波書店, 2015.

佐藤全敏「國風とは何か」鈴木靖民·金子修一·田中史生·李成市 編『日本古代交流史入門』勉誠出版, 2017.

29. 4원사와 6승사
섭관기와 원정기는 어떤 관계였는가

구로하 료타黑羽亮太*) 집필 / 이소현 번역

관련항목: I-26[p.104] I-28[p.110] I-30[p.116] II-3[p.146] II-4[p.149]

〔논의의 배경〕

983년, 낙서洛西[교토 서부]의 하나조노花園에 새롭게 지어진 엔유 천황의 어원사인 엔유지圓融寺의 공양이 준어재회准御齋會[1])로 이루어졌다. 이후로 이치조一條·고스자쿠後朱雀·고산조後三條 3대의 천황에 의해 엔코지圓教寺·엔조지圓乘寺·엔슈지圓宗寺라는 세 사원이 인접한 곳에 차례로 건립되었다. 이 네 사원을 4원사四圓寺[시엔지]라고 부른다. 한편 1077년에 교토 동부洛東의 시라카와白河에 세워진 시라카와 천황의 어원사인 홋쇼지法勝寺의 공양이 어재회에 준하여 행해졌다. 이후의 호리카와堀河·도바鳥羽·스토쿠崇德·고노에近衞까지 4대의 천황에 의해 건립된 네 사원, 손쇼지尊勝寺·사이쇼지最勝寺·조쇼지成勝寺·엔쇼지延勝寺에 다이켄몬인待賢門院의 엔쇼지圓勝寺를 더한 여섯 개의 절을 6승사六勝寺[리쿠쇼지]라고 칭한다. 4원사와 6승사는 고대에서 중세로 시대가 크게 선회하여, 정치사로 말하자면 섭관기에서 원정기[2])에 해당하는 시기에, 당시 천황의 칙원勅願에 의해 건립된 사원군이다. 이 점에서 4원사와 6승사 양자의 관계는 이 시기의 특징을 비추어 내는 거울과 같다.

〔논점〕

(1) 4원사와 6승사는 어떻게 이야기되어 왔는가

6승사의 처음을 장식한 홋쇼지는 시라카와 천황이 후지와라노 모로자네藤原師實로부터 헌상 받은 후지와라 씨 누대의 별장 시라카와도노白河殿를 개축하여 창건한 사원이다. 수령의 협력을 얻어 점진적으로 진행되어 온 홋쇼지의 조영造營에서 시선을 끄는 것은 팔각구층의 대탑일 것이다. 현재는 교토시 동물원의 한 구석에 얼마 안 되는 흔적이 남아 있을 뿐이지만 당시의 교토에서 가장 거대한 고층 건축이었다. 또 수많은 장원이 보시되었고 북경 3회北京三會[3])의

---

*) 야마구치(山口)대학 인문학부 강사 | 일본고대사
1) 준어재회: 어재회에 준하여 태정관이나 율령관사가 참가하는 형식으로 행하는 법회. 섭관기·원정기어원사공양회에서 많이 행해졌다. 吉江崇「御願供養會の准御齋會化」『日本古代宮廷社會の儀禮と天皇』塙書房, 2018.
2) [역주] 섭관기와 원정기: 섭관기는 후지와라씨가 섭정, 관백의 자리를 대대로 이어받아 정권을 이끌던 시기로 10세기 후반~11세기 후반에 해당한다. 원정기는 양위한 상황(上皇)이 실질적으로 정권을 장악하던 시기로 11세기 후반~12세기 후반에 해당한다.
3) 북경 3회: 엔슈지의 최승회와 법화회, 홋쇼지의 대승회라는 세 가지의 법회를 말한다. 남도(南都)의 고후쿠지 유마회, 야쿠시지 최승회, 궁중 어재회를 일컫는 남경 3회와 대응되는 호칭이다. 上島享「中世の國家と佛教」『日本中世社會の形成と王權』名古屋大學出版會, 2010.

하나인 홋쇼지 대승회의 무대가 되기도 하는 등, '국가적' 성격을 가지고 있었다고 평가되었다. 이후 원정기에 '승勝'이라는 글자를 이름에 쓴 다섯 개의 어원사가 연달아서 건립되었던 것은 원정기를 상징하는 현상이라고 파악되었다.

그 선구가 된 것이 섭관기에 조영이 시작된 4원사이다. 4원사는 6승사와 마찬가지로 일정한 기간 동안 연이어서 건립된 천황의 어원사인데, '원圓' 자가 이름에 들어가며 닌나지仁和寺 주위에 입지한다는 점은 6승사와 명확한 대조를 이룬다. 한편으로 4원사는 6승사에 비하여 사원 규모가 크지 않고, 그곳에서 열리는 법회가 주로 원주願主의 추선이었으며 운영도 후원後院이나 구로도도코로藏人所가 맡는 등 '국가적'이지 않다는 (사적이라는) 점이 후대의 6승사와의 차이점으로 지적되었고, 이것이 섭관기와 원정기의 차이라고 평가되었다.

이러한 가운데 시라카와의 아버지인 고산조가 건립한 엔슈지는 홋쇼지로 이어지는 요소를 갖추고 있었다고 이야기되었으며, 또 후지와라노 미치나가藤原道長의 호조지法成寺[p.147]가 홋쇼지 나아가서는 엔슈지에도 영향을 주었다고 하는 지적도 등장했다. 근년에는 그것이 섭관기에서 원정기로 이어지는 정치 과정과 관련하여 논해지게 되었다.

(2) 엔슈지를 어떻게 평가할 것인가

이상과 같이 4원사와 6승사는 그 둘 사이의 단계차가 강조되었고 엔슈지가 6승사로의 가교로서 평가되어 왔다. 바꿔 말하자면 엔슈지는 '원' 자가 들어가는 다른 세 사원과도 차이가 있다는 뜻인데, 4원사 사이에 차이를 두는 이러한 평가는 과연 타당한 것일까. 이를 고찰하기 위해서는 4원사에 대하여 알 필요가 있다.

4원사의 단초가 되는 엔유지는 우다 천황의 황손이기도 한 닌나지 승려 간초寬朝가 지내던 승방住坊을 개축한 것인데, 역대 천황릉4)에 인접한 장소에 있었다. 이윽고 엔유 천황을 비롯한 4원사의 원주가 된 역대 천황들도 여기에 매장되었다. 4원사의 최대의 특징은 왕가의 묘가 두어지는 땅에 세워졌다는 점에 있다. 4원사에서 원주의 추선을 위한 어팔강御八講이 열렸던 것과 아울러 보면, 이 땅에 절을 짓는 것은 엔유 황통의 계승을 의미하는 것이었다. 엔유지도 예외가 아니었다. 당초 엔묘지圓明寺라고 했던 것을 개명할 때 엔슈지라고 하여 '원' 자를 고집한 것은 고산조 천황이 절을 지은 의도가 어디에 있었는지를 단적으로 이야기해준다. 엔슈지와 다른 3원사의 차이를 강조하는 것은 적절하지 않을 것이다.

그렇다면 왜 시라카와 천황은 이를 계승하지 않고 새롭게 홋쇼지를 창시했는가. 실은 고산조에게 시라카와는 다음 대의 천황이 즉위할 수 있을 때까지 잠시동안만 천황의 자리를 맡아줄 존재였다. 말하자면 그는 엔유 황통의 정당한 계승자가 아니었다. 그래서 엔슈지에 대해서도 냉담한 태도를 보여 당사가 무너지는 대로 방치했고 법회에도 불참자가 잇따르는 상태였다. 전환기가 찾아온 것은 1107년 시라카와의 아들 호리카와 천황이 어린 황자를 남겨두고 붕어했을 때였다. 시라카와는 엔슈지의 쇠퇴가 고산조의 저주를 불러와 자기 황통이 위기에 빠졌다고 인식했다. 엔슈지 오대탑이 이 이후에 건립된 것에서 보이듯, 엔슈지에 대하여 고찰할 때는

---

4) 천황릉: 능은 일본 고유어로 '미사사기(みささぎ)'라고 읽으며 천황이나 황후의 묘소를 가리킨다. '산릉(山陵)'이라고도 하는데, 섭관기 무렵부터 천황릉은 사원 안에 만들어지는 게 일반적인 것이 되었다. 黒羽亮太 「平安時代の寺院と陵墓の關係史」『日本史硏究』676, 2018.

그 당사나 법회에 대한 시라카와의 '재정의'에 의해 원주 고산조의 당초의 의도가 변경되었을 가능성에 주의할 필요가 있다.

(3) **4원사와 6승사로부터 무엇을 논할 수 있는가**

4원사와 6승사가 가장 명확한 대조를 이루고 있는, 소재지와 명칭의 차이는 이러한 황위계승 문제로부터 발생했다. 그렇다면 '국가적'인가 그렇지 않은가라는 차이는 어떠한가. 4원사와 달리 6승사는 '상경上卿-변관辨官'에 의해 사원 운영이 이루어졌다는 점에서 '국가적'이었다고 평가받아 왔다. 그러나 엔유지의 속별당俗別當5)(공경 별당)이 엔유지의 안건을 처리한 관부가 존재하는 한편 6승사에도 천황과의 인격적 연결을 상징하는 속별당이 두어졌다. 또 6승사의 불교 행사는 태정관의 공역 사다메公役定6)에 의해 봉사자를 정한다는 점이 주목받았는데, 당시 공역 사다메는 이미 실질성을 상실하고 '국가적'인 불교 행사를 장식하는 일종의 의례로 변해 버린 상태였다. 이 밖에도 장원 등 양자의 관계를 고찰할 소재는 아직 더 있다.

4원사와 6승사 사이에는 150년이라는 시간차가 있어 무시할 수 없는 차이도 존재한다. 그 차이를 무시하는 것은 아니나 그래도 필자 나름대로 평가를 해보자면, '국가적' 불교 행사의 장이 될 수 있는 어원사를 역대 천황이 계속적으로 지었다는 점에서는 이것을 일관적인 현상이라고 볼 수 있다고 생각한다. 단절면에 주의하면서도 섭관기와 원정기를 연속체로서 파악할 때, 우리는 고대·중세의 전환을 어디에서 발견해야 하는가?

탐구 포인트

① 4원사나 6승사란 구체적으로 어떠한 사원이며 어떤 특징을 가졌는가?
② 4원사와 6승사에는 어떠한 공통점과 차이점이 있는가?
③ 고산조 천황의 엔슈지를 어떻게 평가해야 하는가?
④ 4원사와 6승사 양자의 관계는 정치사나 국가제도사[國制史] 등과 어떻게 쟁점을 설정할 수 있을까?

참고문헌

竹內理三『律令制と貴族政權 第2部 貴族政權の構造』お茶の水書房, 1958.
平岡定海『日本寺院史の硏究』吉川弘文館, 1981.
遠藤基郞『中世王權と王朝儀禮』東京大學出版會, 2008.
上島享『日本中世社會の形成と王權』名古屋大學出版會, 2010.
黑羽亮太「圓融寺と淨妙寺」『日本史硏究』633, 2015.

---

5) 속별당: 사원에 두어진 별당 중 승려가 아닌 속관(俗官). 천황의 인격과 사원을 직접 연결하는 속별당의 성격은 10세기경부터 변화되어 대체로 '상경-변관'을 기축으로 하는 태정관 아래에 통괄되었다고 한다. 佐藤全敏「平安時代の寺院と俗別當」『平安時代の天皇と官僚制』東京大學出版會, 2008.
6) 공역 사다메: 조정의 의식이나 법회 등 구지(公事)에 봉사할 사람을 정하는 태정관의 정무. 다이리의 진노자(陣座)에서 행해졌다. 섭관기경부터 공역 사다메 단독으로만 봉사자를 정하는 일이 어려워지며 의례화되었다. 黑羽亮太「平安貴族社會の役と文書の變容」『日本史硏究』679, 2019.

30. 헤이안 후기의 불교
북송·요 불교는 현밀불교에 영향을 주었는가

요코우치 히로토^{橫內裕人}*) 집필 / 이소현 번역

관련항목: I-28^[p.110] I-29^[p.113] II-2^[p.143] II-5^[p.152]

〔논의의 배경〕

헤이안시대 후기는 일본의 독자적인 현밀불교가 체제화되어 이른바 현밀체제[1])가 완성된 시기라고 평가된다. 이 시기는 유학승을 통한 교의·수행 방법^{行法}의 유입이 단절되고 현밀불교의 모체가 된 종파를 전했던 당 제국이 멸망하여, 일본 불교가 독자적인 발전을 시작했다고 여겨진다. 그러나 그 후에도 일본의 승려들은 대륙으로 건너가 중국 해상^{海商}을 통해 새로운 불교 문물을 전했다. 과연 대륙 불교는 현밀불교의 형성에 어떤 영향을 미쳤는가.

〔논점〕

(1) 현밀불교론과 대외관계

남도^{南都} 6종[2])과 천태·진언 두 종파를 합하여 말하는 8종 교단은 헤이안 시대 동안 현교^{顯敎}[3])·밀교^{密敎}[4])가 일체가 된 현밀불교로서 성장하여 국가와 유착해 사회를 지배하는 정통 종교의 지위를 획득했다. 구로다 도시오는 중세불교의 확립 과정을 이렇게 설명했고, 국가와 종교의 상호의존관계를 현밀체제라고 명명했다. 우선 9세기에 밀교가 여러 종파와 통합되었고, 10세기에는 천태종 정토교가 관심^{觀心}[5])주의를 표방하며 독자적인 교의를 완성시켰으며, 11세기에는 왕법불법상의^{相依}론[6])을 기반으로 현밀불교가 국가지배의 일익을 담당하게 되어 체제불교로서 확립되었다. 구로다는 현밀체제에 대하여 당송변혁[7])을 맞이한 동아시아 세계에 뒤처져 '만당^{晚唐}의 '현밀' 불교가 일종의 변경적인 상황 하에 일본에 독자적으로 정착한 것'이라고 서술하며 변경이었던 일본에 전개된 후진적인 불교라고 규정했으나 그 실증과 역사적 의의는 과제로서 남겨졌다.

---

*) 교토부립대학 문학부 교수 | 일본중세사
1) 현밀체제: 구로다 도시오가 제창한 중세종교 개념. 중세국가가 정통이라고 인정한 종교질서를 가리킨다. 164쪽 참조.
2) 남도 6종: 나라시대까지 일본에 전래되었던 불교 종파. 삼론종·성실종·법상종·구사종·화엄종·율종의 여섯 종파.
3) 현교: 밀교에 비하여 알기 쉬운 가르침. 밀교 이외의 소승·대승불교의 가르침.
4) 밀교: 교지가 심원비오(深遠祕奧)한 가르침. 인도의 선무외(善無畏)와 금강지(金剛智)가 당에 전하고 당에 유학한 구카이가 당의 승려 혜과(惠果)로부터 전수받았다.
5) 관심: 천태종에서 이론적인 방면을 가리키는 교상(敎相)에 대응하여 실천적 방면을 가리켜 관심이라고 한다.
6) 왕법불법상의론: 국가(왕법)과 현밀불교(불법)이 상호 의존·보완한다는 교설.
7) 당송변혁: 당말에서 송까지 걸쳐 진행된 사회적 변혁. 관료제기구하에서 사회경제나 기술혁신이 진전되고 새로운 문화를 탄생시켰다. 불교에서는 정토종·선종이 확고한 지위를 쌓아올렸다.

1990년대 후반부터 글로벌리즘의 논의를 배경으로 비교 국정사國政史 연구나 국가·지역 간의 관계성을 탐구하는 연구가 활발해졌다. 한역불교[8]로부터 동아시아 세계에서 국가를 초월한 교류의 요소를 분석해 낼 수 있었기 때문에, 헤이안불교사에서도 당송변혁과 그 영향 관계를 의식한 중일불교교류사 연구가 성행했다.

현밀불교가 체제화된 헤이안 시대 중기부터 후기까지에 걸쳐 일본은 당을 중심으로 하는 동아시아 질서로부터 이탈했고, 대륙과의 정치외교 관계의 내실은 크게 전환되었다. 당은 10세기 초에 멸망했고 오대십국[9]이라는 다원화의 시대를 거쳐 북송(960~1127)·요(916~1125)라는 두 제국이 남쪽과 북쪽에 병존했다. 이 동아시아사의 동향은 현밀불교의 성립과 전개에 어떠한 영향을 미쳤는가.

(2) 천태정토교와 북송 불교

사실상 마지막으로 견당사가 파견된 838년 이후에도 일본 승려는 외국 상선을 이용하여 대륙으로 건너갔다. 일본에서 밀교가 여러 종파들을 통합했다고 평가되는 9세기는 대륙불교 수용의 전환기였다. 당에 유학한 승려가 만당의 밀교나 염불삼매念佛三昧를 중심으로 하는 오대산[10]불교를 일본에 전했다. 중국불교와의 동기화로 인해 밀교와 정토신앙이라는 현밀불교의 두 핵이 열도로 수입된 한편, 일본에 건너온 당의 승려가 가져온 선종은 일본에 뿌리내리지 못했다. 중국의 생활문화와 일체화된 선종을 수용할 밑바탕이 일본에는 없었다. 현밀불교의 성립기에 이미 중국불교와의 완전한 동기화는 포기되었던 것이다. 또한 841년(당나라 회창會昌 1), 도교에 경도된 당 무종은 많은 사원의 재산을 몰수하고 승려와 비구니를 환속시켰다. 이 회창 폐불廢佛[11]에 의해 중국 불교의 전통 교학은 쇠퇴하고 당 멸망 후인 오대십국 시기에 대륙불교는 지역별로 다원화되었다.

10세기 일본 천태정토교의 성행은 섭관가攝關家 주도의 외교와 연동했다는 지적이 있다. 일본 천태종은 오월吳越국왕을 통해서 쇠망의 위기에 있던 중국 천태산에 많은 불교 서적敎籍을 보내 부흥을 도왔으며, 오월과의 교류로 일본에 아직 전해진 적 없는 전적을 얻었다. 960년 북송 건국 이후에도 간헐적으로 송에 유학을 간 승려들이 대륙으로부터 불상·불전佛典 등을 가져와 현밀 여러 종파의 승려들이 이를 참조했다. 그렇다고는 해도 송대의 불전이나 그 교설은 전면적으로 수용된 것이 아니었다. 엄격한 비판 대상이 되거나 겐신源信[12] 등의 일본 승려가 자기의 설을 중국 천태종에 어필할 때 근거 자료로서 이용되는 데 그쳤다. 오히려 일본 천태종이 중시한 관상염불의 이론과 행의行儀를 중국 천태종으로부터 인증을 받아 일본 국내에 보급시킬 계기로 삼으려는 의도가 농후했다. 이쯤 되면 중국 불교를 이해하지 못하고 통째로 삼키기만 했던 단계는 지났고, 자기의 설을 주장하기 위해 중국 불교를 선택적으로 수용하는 태도가 보인다. 그리고 조넨奝然[13]이 수입해 오려고 한 선종을 일본 여러 종파는

---

8) 한역불교: 중국에서는 불교 전래 이래 인도의 언어로 쓰인 불전을 한어로 번역했다. 불전은 한어로 번역됨으로써 한자문화권에 널리 보급되었다.
9) 오대십국: 당부터 송까지의 사이에 중원(華北)에 세력을 구축한 다섯 개의 왕조와 중원 이외의 땅에 할거한 열개 나라를 말한다.
10) 오대산: 중국 산서성 북동부의 영산으로 문수신앙의 성지. 중국 절강성의 천태산과 함께 많은 당·송유학승이 여기를 방문했다.
11) 회창 폐불: 중국 체재 중이던 엔닌(圓仁)은 장안에서 목격한 폐불의 양상을 『입당구법순례행기』에 기록했다.
12) 겐신(942~1017): 천태종 승려로 료겐(良源)을 사사하여 학승으로서 이름을 높였으나 히에이산 요카와(橫川)에 은거하며 정토교 연구를 진행했다. 주된 저작 『왕생요집(往生要集)』 등을 송에 있는 천태종 승려에게 보내어 교학적으로 교류했다.
13) 조넨(938~1016): 도다이지 승려로 983년에 송으로 유학했다. 천태산을 거쳐 수도인 개봉에서 태종을 알현했

배척했다. 현밀불교는 대륙불교를 선택적으로 수용하여 9세기에 수용된 불교를 발전시키기 위해 전략적으로 이용했던 것이다.

(3) 원정기 불교와 요의 불교

섭관기에는 북송과의 사이에서 일정한 정도의 거리를 유지하며 승려의 교류가 계속되었으나, 원정기가 되면 송으로 유학을 가는 승려가 장기간 단절된다. 이 단절기에 고려를 사이에 끼고 요遼 불교의 불전이 일본에 수입되어 진언종 승려나 화엄종 승려가 이를 참조했다. 당 불교를 계승한 요 불교는 일본의 현밀불교와 친화성이 높아 일본불교계에 수용되었으나, 역시나 전면적인 수용이라고 하기는 어려웠다. 현밀불교를 심화시키기 위한 선택적 수용에 이용되었다고 할 수 있다.

대륙의 수당 불교를 기반으로 하여 탄생한 현밀불교는 열도의 변경성을 자각하면서, 그리고 동시대의 대륙불교를 선택적으로 수용(거부)하면서 대륙에서 쇠퇴하고 있던 수당 불교를 독자적으로 계승 발전시켰던 것이다.

(4) 앞으로의 전망

12세기 후반에는 조겐重源14)·에이사이榮西15)가 송에 유학을 가 남송불교를 들여와서 정토종·선종·율종이라는 대륙불교의 도입에 착수했다. 현저하고 이해하기 쉬운 남송 불교의 영향과 비교하여 북송·요 불교가 현밀불교에 끼친 영향은 파악하기 어려운 부분이 있지만, 무엇을 수용하고 무엇을 거부했는지 그 디테일과 배경을 탐구함으로써 일본 중세불교의 독자성이 해명될 것이다.

탐구 포인트

① 송에 유학한 승려는 중국에서 어떤 활동을 하고 있었는가?
② 송 불교의 수용 방식은 일본과 고려에서 어떻게 달랐는가?
③ 북송 불교와 남송 불교를 일본이 수용하는 방식은 어떻게 달랐는가?

참고문헌

黑田俊雄「佛敎革新運動の歷史的性格」『黑田俊雄著作集 2　顯密體制論』法藏館, 1994.
上川通夫『日本中世佛敎と東アジア世界』塙書房, 2012.
手島崇裕『平安時代の對外關係と佛敎』校倉書房, 2014.
橫內裕人「顯密佛敎の形成と東アジア交流」鈴木靖民·金子修一·田中史生·李成市 編『日本古代交流史入門』勉誠出版, 2017.

다. 송판대장경을 하사 받았고 석가서상(釋迦瑞像)의 모조품을 가지고 귀국했다.
14) 조겐(1121~1206): 다이고지(醍醐寺) 승려로 1167년에 송으로 유학했다. 다음해 에이사이(永西)와 합류하여 귀국했다. 송 체재 중에 아육왕산 사리전 재건을 약속하여 귀국 후에 고시라카와 상황(後白河上皇)의 권진(勸進)을 받아서 완성시켰다. 후에 도다이지 재건 사업에 관여했다.
15) 에이사이(1141~1215): 천태밀교승. 두 번째 송 유학 때 햇수로 다섯 해를 송에 체재하여 임제선을 터득했다. 천태종·진언종·선종을 겸학하고 일본 임제선의 조사가 되었다.

31. 무사론
무사는 어떻게 출현하였는가

노구치 미노루野口實*) 집필 / 김현경 번역

관련항목: I-24[p.98] I-26[p.104] II-3[p.146] II-4[p.149] II-5[p.152]

〔논의의 배경〕

중세 무사의 성립에 관한 논의는 재지영주제론('영주제론')과 '직능론'으로 구분된다. 영주제론은 무사를 재지영주(농촌에 거주하며 영지를 개발하고 경영하는 영주)로 간주하고 그들이 대두하는 과정으로 일본 중세의 역사를 이해하려고 하는 견해인데, 근대 초기 이래로 문약文弱하고 기개 없는 귀족과 건전하고 용맹하며 남자다운 지방 무사라는 도식과 들어맞는 형태로 오늘날에 이르러서도 통설적인 이해를 형성하고 있다. 한편 직능론은 재지영주와 무사의 역할을 구별하여 무사를 무예(기마와 활 쏘는 기예) 직능인으로서 파악하고, 왕가와 국가의 수호를 담당하는 존재로서 공적으로 인지된 신분을 지닌 존재로 이해한다. 전자는 사적 유물론에 입각한 1945년 이후 역사학에 의한 견해이며, 후자는 변혁보다도 역사의 정태적인 측면에 관심을 가진 1970년대 이후 '사회사' 연구의 소산이라고 할 수 있다. 무사와 무예는 하나이므로 두 이론은 상반된 것은 아니지만, 국가론과 연구 방법의 차이에 따라 연구자들 간에 대립하는 논의가 생겨나고 있다.

〔논점〕

(1) 무사를 재지영주로 파악하다

영주제론이란 지방의 무사가 도시에 자리잡은 고대 귀족을 타도하고 새로운 시대를 개척해 나간 과정을 통하여 일본 중세의 역사를 이해하려고 하는 학설이다. 황국사관皇國史觀[p.188]의 속박을 벗어난 1945년 패전 이후의 역사학은 사적 유물론史的唯物論1)에 바탕을 둔 역사 이해에 의해 구축되었는데 영주제론은 그러한 역사학의 일환이다. 출발점이 된 것은 이시모다 쇼의 저서 『중세적 세계의 형성』[p.22]과 『고대 말기 정치사 서설』2)이었다.

다이라노 마사카도의 난부터 가마쿠라 막부의 성립에 이르는 과정을 무사에 의한 투쟁의 축적으로 이해하는 도식은 1945년 이전의 군국주의 교육, 그리고 헤이케平家를 귀족의 심복,

---

*) 교토여자대학 명예교수 | 일본중세사
1) 사적 유물론: 마르크스주의를 바탕으로 하여 역사 발전을 물질적인 생산관계에 의해 파악하려고 하는 이론. 유물사관을 말한다.
2) 石母田正 『古代末期政治史序說』 未來社, 1956.

미나모토노 요리토모源賴朝를 동국 무사의 통합자로 묘사하는 『헤이케 모노가타리平家物語』의 역사관과 들어맞아 일반 국민들에게 널리 침투하였다. 그러나 영주제론은 사회경제사에 중점을 두었고, 사료로는 지방 구조의 분석에 이바지하는 고문서에 의거하는 바가 많고, 정치사에 관한 기록(『소우기小右記』3)와 같은 귀족들의 일기)·전적(『아즈마카가미吾妻鏡』4) 등의 편찬물) 등은 그다지 사용되지 않았고, 1945년 이전의 역사 연구에서는 활발하게 이루어졌던 개인의 전기傳記와 사건에 관한 역사적 사실을 추구하는 일도 줄어들었다.

1960년 무렵부터 패전 이후 역사학에 대한 재검토가 이루어지게 되면서 이시모다의 영주제론에 대하여, 재지영주(무사)는 장원영주(귀족·사원·신사)와 마찬가지로 봉건영주 계급에 속하는 존재이며 양자는 대립하면서도 상호 보완적인으로 농민 지배를 행하였다고 하는 새로운 이해가 확산되어 갔다. 이른바 '신新영주제론'이다. 신영주제론을 통하여 재지영주가 지배 계급으로 설정되었기 때문에 무사는 군제사軍制史의 틀로 파악되기에 이르렀고, 무사에 대한 연구는 사회경제사 중심에서 정치사를 중심으로 하는 방법으로 크게 전환되었다.

(2) 무사를 직능적으로 파악하다

무사가 무예를 직능으로 하는 것은 당연한 일이므로, 예를 들면 사토 신이치는 '요컨대 헤이안·가마쿠라시대의 무사는 무예를 특업特業으로 삼는 직능집단이다. 무예의 중심은 기마와 사기射技(활)이다. …… 무사에게는 이러한 특기가 필요하다고 한다면, 말의 공급량이 적은 일본에서는 고가의 말을 가지고 밤낮으로 특기를 갈고 닦을 정도의 경제적 여유가 있어야 한다. 이렇게 해서 무사는 '무샤武者의 이에家'라고 불리는 특정한 이에 출신자에 한정되는 사회제도가 발달하였다'(『남북조의 동란』5))고 하였으며, 무사의 야쿠자적인 성격에 대해서도 쓰치다 나오시게는 '무사의 폭력단적인 성격은 두려워할 만한 것이었'(『왕조의 귀족』6))다고 지적하고 있어 '직능론'은 결코 새로운 설이 아니고 영주제론과도 상반되지 않는다. 후쿠다 도요히코는 이 점에 대하여 '전자는 모든 시대의 "무사"에 적용할 수 있지만, 후자는 특수하게 중세 무사를 파악하기 위해 만들어진 규정으로 대상이 다르다'(「무사=재지영주론과 무사=예능인의 관계」7))고 명쾌하게 논하였다.

그러나 계급투쟁사관을 바탕으로 하는 패전 이후 역사학은 중세 무사론을 재지영주 연구로 환원시키고 있었으므로, 귀족사회와 교토를 대상으로 해야 하는 '직능론'은 일부 연구자들로서는 쉽게 수용하기 어려운 측면이 있었다.

---

3) 『소우기』: 우대신(右大臣)으로 재임했던 오노노미야 사네스케(小野宮實資, 본성은 후지와라)의 일기. 섭관시대의 근본 사료.
4) 『아즈마카가미』: 가마쿠라 막부의 공적인 역사서로 지쇼(治承) 4년(1180)부터 분에이(文永) 3년(1266)까지의 사적을 일기체로 편찬한 것. 156쪽 참조.
5) 佐藤進一 『南北朝の動亂』 日本の歷史 9, 中央公論社, 1965.
6) 土田直鎭 「武士の暴力團的性格は恐るべきものがあり」 『王朝の貴族』 日本の歷史 5, 中央公論社, 1965.
7) 福田豊彦 「武士=在地領主論と武士=藝能人の關係」 『日本歷史』 601, 1998.

(3) 무사 신분의 성립과 앞으로의 전망

무사를 무예와 무장의 측면으로만 평가하는 것만으로는 직능적 '신분'이라는 점이 설명되지 않는다. 그래서 군제와의 관련성이 논의되기에 이르렀다. 1970년대 이후 그 방면에서 실증적인 연구가 진척됨에 따라 무사의 기원은 헤이안시대 전기 무렵 지방의 치안 유지를 위해 배치된 군사귀족으로, 언제나 중앙의 권력과 생산·유통에 의해 규정되는 존재였다는 점과 원정기에는 일족이 나뉘어 지방·교토에 체재하는 분업 체제를 취하고 있었다는 사실이 밝혀졌다.

그들은 영주로서의 측면을 지니는 한편 국청國廳[8]의 경비와 다이리 오반야쿠內裏大番役[9] 등의 임무를 맡았고, 왕권과 국가의 수호에 직접 관여함으로써 '무사'로서 공적으로 그 신분이 인식되기에 이르렀다고 이해된다. 12세기 말, 이러한 무사를 통솔하는 '무가武家의 동량棟梁'은 왕조 신분 질서에서 긴다치公達(공경[10])에 도달하게 되었고, 무사 개개인은 그 '고케닌御家人'으로서 제대부諸大夫[11]·사무라이侍[12] 신분에 자리잡았던 것이다.

그러나 무사가 위와 같이 규정되면 서유럽의 '기사단'을 전제로 하여 만들어진 '무사단'이라는 개념이 문제가 된다. 또 헤이케平家(로쿠하라六波羅 정권)와 가마쿠라 막부를 국가제도사 속에서 어떻게 평가하고 그 위치를 설정할 것인가와 같은 큰 과제가 기다리고 있다.

탐구 포인트

① 왜 많은 일본인들은 무사에 대하여 긍정적인 인상을 갖고 있을까?
② 헤이케 정권과 가마쿠라 막부는 무사 정권으로서 어떤 차이가 있을까?
③ '무사단'은 어떠한 존재였을까?
④ 무사의 성격은 후대에 어떻게 변화하게 될까?

참고문헌

戶田芳實『日本領主制成立史の研究』岩波書店, 1967.
石井進『中世武士團』小學館, 1974.
元木泰雄『武士の成立』吉川弘文館, 1994.
高橋昌明다카하시 마사아키『武士の成立 武士像の創出』東京大學出版會, 1999.
野口實『東國武士と京都』同成社, 2015.

---

8) 국청: 여러 구니의 국부에 설치된 정청(政廳).
9) 다이리 오반야쿠: 천황의 거처(다이리)를 여러 구니의 무사들이 교대로 당번 근무하여 경비를 서는 직무. 헤이케 시대에 시작되었고, 가마쿠라 막부에서는 가장 중요한 고케닌의 직무로 여겨졌다.
10) 공경: 태정대신·좌대신(左大臣)·우대신·대납언(大納言)·중납언(中納言)·참의 및 3위 이상의 상급 귀족을 가리킨다.
11) 제대부: 위계가 4위, 5위 클래스인 중급 귀족의 신분 호칭으로, 섭관가 등의 가사(家司)로 근무하였다.
12) 사무라이: 왕조 신분 질서에서 위계가 6위 정도인 하급 귀족을 가리키며, 가마쿠라 막부의 고케닌 대부분이 이 계층에 속하므로 후세에 무사층 전체를 사무라이라고 부르게 되었다.

제 II 편

일본 중세사의 논점

중세 총론

우에지마 스스무^{上島享}*) 집필 / 이소현·고대성 번역

1 중세라는 시대를 어떻게 볼 것인가

일본의 중세라는 시대나 사회를 어떻게 이해하면 좋을까? 이 물음에 답하기는 의외로 어렵다.

고대·중세·근세·근현대라는 사분법으로 일본사의 시기구분을 할 때 중세는 고대와 근세 사이에 낀 시대가 된다. 그 앞뒤 시대에는 비교적 강력한 권력이 존재했다. 정치체제로 살펴보자면 고대는 천황을 정점으로 하는 율령제를, 근세는 쇼군을 중심으로 하는 막번제^{幕藩制}를 기축에 두었다는 점에는 대체로 동의할 것이다. 그러나 일본 중세의 정치체제에 대해서는 의견이 갈린다. 예를 들어 가마쿠라 후기에 국가권력을 체현한 것은 조정인가, 가마쿠라 막부^{鎌倉幕府}인가? 양쪽 모두 입론은 가능하다. 이는 중세의 권력구조가 비교적 취약했기 때문이며 그러한 권력구조를 규정한 것은 분권적이고 다원적인 사회 현실이었다. 이러한 중세사회의 실상을 고찰하는 것이 가장 중요한 과제이며, 다양한 중세사회를 총체적으로 어떻게 균형 있게 논할 수 있을지를 질문해야 한다.

본장에서는 일본중세사 연구의 궤적을 돌아보면서 중세라는 시대나 사회가 어떻게 인식되어 왔는지를 고찰한다. 일본의 근대사학은 통상적으로 서양 근대사학의 수법을 도입함으로써 확립되었다고 여겨진다. 그리고 전후^{戰後}역사학을 지탱한 것은 마르크스주의 역사학이며 전전^{戰前}(메이지 말년~쇼와 초기)부터 역사를 보는 시각이 크게 전환되었다고 보는 것이 일반적인 견해일 것이다. 다만 시각을 바꾸면 다르게 이해하는 것도 가능해진다. 여기서는 한정적인 시각이긴 하나 중앙의 연구동향으로부터는 약간 거리를 둔 지역적인 연구조류를 검토함으로써 중세라는 시대를 고찰하고자 한다.

2 일본사의 시기구분론과 <중세>의 성립 — 우치다 긴조과 하라 가쓰로

(1) 우치다 긴조의 사분법 제기

통상적으로 일본 근대역사학에서 처음으로 '중세'라는 시기구분 개념을 제창한 것은 하라 가쓰로^{原勝郎}(1871~1924)가 저술한 『일본중세사 1권』[1]이라고 여겨진다. 다만 그보다 3년 전에

---

*) 교토대학대학원 문학연구과 교수 | 일본중세사·일본종교사
[1] 『日本中世史 卷一』富山房, 1906.

간행된 우치다 긴조^{內田銀藏}(1872~1919)의 『일본근세사 제1권』²⁾ '서문^{緖言}'에는 주목할 만한 기술이 있다. 우치다는 넓은 의미의 근세가 시작되는 지점을 가마쿠라 초기에서 찾았다. 시대의 전환을 상징하는 인물로 미나모토노 요리토모^{源賴朝}와 에이사이^{榮西[p.118]}를 들었고 에이사이의 귀국과 그 후에 선종이 융성하게 된 배경에는 중국의 수당문화로부터 송원명 문화로의 변화가 있다고 보았다. 한편으로는 일본 근세의 시작을 메이지유신이라고 볼 수도 있다고 지적했지만, 또 다른 견해로서 근세의 시작을 에도시대 초로 보는 것이 가장 타당하다고 서술하여 일본사를 고대·중세(근고^{近古})·근세·최근세라는 사분법으로 시기구분할 것을 제창했다.

우치다는 『일본근세사』를 간행하기 전 해의 강의록 『일본경제사』³⁾에서 상고·중고·근고·근세·현대라는 오분법으로 시기를 구분했다. 이는 당시 (도쿄)제국대학 연구자들의 일반적인 이해를 반영한 것이며, 나아가 에도시대 국학^{國學}의 전통을 계승한 것이었다. 우치다의 시기구분이 아주 짧은 기간에 변화한 이유는 명확하지 않으나 상고·중고를 일괄하여 고대라고 한 것으로 보아 서양 근대사학의 고대·중세·근대 삼분법을 참조한 것은 틀림없을 것이다. 다만 우치다는 『일본근세사』에서 '가마쿠라 및 무로마치시대는 종래 종종 제창되었듯 이를 근고라고 하거나 혹은 서양사의 예를 따라 중세라고 하는 것'이 타당하다고 서술하여, 중세(근고)의 내실에 대해서는 기존 이해를 계승하고 있다. 예를 들면 근고의 시작을 가마쿠라라고 보는 인식은 국학자 스즈키 아키라^{鈴木朖}의 『하나레야각쿤^{離屋學訓}』(1814)에도 보인다. 이는 '고시라카와 재위말기^{後白河御末}' 혹은 호겐의 난^{保元の亂}을 전환점이라고 본 지엔^{慈圓}의 『구칸쇼^{愚管抄}』까지 거슬러 올라가는 전통적인 이해이다. 즉 『일본근세사』에서 제시된 우치다의 시기구분은 『일본경제사』에 의거한 전통적인 시대인식을 바탕으로 서양 근대사학의 삼분법을 응용한 것이라고 할 수 있다.

(2) 하라 가쓰로의 <중세> 이해

서양사를 전공한 하라 가쓰로도 가마쿠라 초기를 전환점으로 보는 전통적인 이해를 계승했으나 귀족 대신 새로운 시대를 이끌어 간 주역으로 무사를 높게 평가함으로써 상대^{上代}(우치다가 말하는 '고대')와는 다른 중세의 특질을 더욱 선명하게 부각했다. 즉 하라는 종래 가마쿠라시대부터 도쿠가와 시대 초기까지는 '우리나라 역사의 암흑시대'라고 평가되어 왔지만 이는 '상대에 중국에서 도래한 문물의 가치를 과대평가'했기 때문이고, 동국에서 일어난 무사단이야말로 '일본인이 독립적인 국민임을 자각했다는 점에서 우리나라 역사상의 일대 진보를 보여주었다'고 강조했다. 그리고 일본의 봉건제를 논한 후쿠다 도쿠조^{福田德三}(1874~1930)나 나카다 가오루^{中田薫}(1877~1967)에 의해 일본의 중세상은 더욱 명료해졌다. 하라·후쿠다·나카다는 일본 중세에서 '유럽의 중세봉건제도'를 발견했다고 평해진다.⁴⁾ 서양에 대한 동경은 호넨^{法然}·신란^{親鸞} 등의 '신불교' 교조의 활동을 서양의 종교개혁 주도자인 루터나 칼뱅에 견주어 본

---

2) 『日本近世史 第一卷』富山房, 1903. 하라의 『일본중세사』와 우치다의 『일본근세사』 모두 헤이본샤(平凡社) 동양문고(東洋文庫)에 재수록.
3) 『日本經濟史』; 『內田銀藏遺稿全集 第一輯日本經濟史の硏究 上卷』同文館, 1921에 수록.
4) 石井進「日本史における「中世」の發見とその意味」『石井進著作集 第六卷』岩波書店, 2005(1971).

하라의 논문「동서의 종교개혁」[5])에서도 확인된다. 이렇게 해서 주로 권력의 소재나 정치지배체제에 역점을 두고 서양을 모델로 하여 일본의 중세를 무사와 봉건제의 시대라고 보는 이해가 형성되었다고 보는 것이 일반적인 인식이라고 할 수 있다.

중세의 이해와 관련하여 우치다의『일본근세사』와 하라의『일본중세사』는 서로 가까워 보이지만 우치다가 전환기를 상징하는 인물로 삼은 것은 미나모토노 요리토모와 에이사이였다. 우치다는 무사의 시대가 도래한 것뿐 아니라 에이사이의 귀국에 당송변혁唐宋變革이 일본의 '국민' 생활에 끼친 문화적 영향까지도 주목하고 있다. '상대에 중국에서 도래한 문물의 가치를 과대평가'하는 것이 아니라 수당문화로부터 송원문화로의 전환에 주목한 것이다. 즉 우치다는 정치체제나 권력뿐만 아니라 국민생활과 문화의 성숙까지도 고려하여 시대를 파악하고 있으며 동시에 서양근대사학의 틀에 의거하면서도 서양 일변도가 아니라 중국과의 관계도 시야에 넣어서 근세 국학자의 견해를 비판적으로 발전시켰다. 그러므로 우치다의 견해는 서양만을 모델로 일본 중세를 고찰한 하라나 후쿠다·나카다와는 달랐다.

3 <중세> 개념의 정착 — 미우라 히로유키와 히라이즈미 기요시

(1) 사분법의 정착

우치다 긴조는『일본근세사』를 탈고하고 나서 곧바로 서양 유학을 떠나 1906년에 귀국해 교토제국대학 문과대학 개설에 진력했다. 국사학 제1·제2 강좌 교수로는 우치다와 미우라 히로유키三浦周行(1871~1931)가 취임했고 1908년부터 기타 사다키치喜田貞吉(1871~1939)가 비상근 강사를 맡았다. 강의는 1907년 9월부터 시작되었고 그 다음해부터는 체계가 잡혀 우치다가 국사통론·일본근세사·일본의 국가 및 문명·사학연구법을, 미우라가 일본중세사·일본제도사·고문서학·기록고문서강독을, 기타가 일본고대사·일본역사지리를 담당했다. 이 이후의 강의 제목을 확인하면 거의 매년 시대별 수업으로는 일본고대사, 일본중세사, 일본근세사가 개강되었다. 미우라가 담당하는 일본중세사에는 가마쿠라·남북조·무로마치·전국 시대라는 부제가 붙었던 것으로 보아, 중세는 가마쿠라기부터 전국기까지를 가리켰다. 즉, 교토제국대학 국사연구실에서는 주임교수 우치다가 제시한 고대·중세·근세(·최근세)라는 시기구분에 기초하여 일본사 수업이 편성되었다. 우치다는『일본근세사』에서 시기구분이란 연구의 편의를 위한 것으로 시대상을 비교할 때의 용어에 불과하며 그것에 구애되어선 안된다고 서술하는 등('서문緖言' 제8절) 시기구분 자체를 유연하게 파악하고 있었다. 국사연구실의 시기구분 역시 느슨하고 편의적이며, 정치체제나 생활문화 등 다양한 내용을 내포한 구분이었을 것이다 (후술).

미우라 히로유키는 부임한 후 매년 일본중세사를 강의했으나 자신의 논문에서는 상고·중고·가마쿠라·무로마치시대라는 구분을 사용하는 경우가 많았고 중세라는 말을 쓰는 경우는 거의 없었다. 그러나 1921년부터는 고대·중세·근세를 논문 제목에도 채용하게 되었고 1926

---

5)「東西の宗教改革」『日本中世史之研究』同文館, 1929(1911).

년에는 '지극히 개괄적으로 우리나라 역사를 고대·중세·근세 및 최근세라는 네 시기로 나눌 경우에 일반적으로 중세는 미나모토노 요리토모의 가마쿠라 막부 창립부터, 가마쿠라·무로마치 양 시대를 거쳐 오다織田·도요토미豊臣 두 가문의 시대, 즉 소위 아즈치모모야마安土桃山 시대까지를 포함하며 그 기간은 약 400년 남짓이다'[6]라고 서술했다. 이처럼 교토제국대학에서는 우치다가 제시한 사분법의 시기구분에 기초하여 시대별 강의가 편성되었고 학문적으로도 그 틀이 정착해 갔다. 미우라도 중세는 무가가 정치적으로 대두한 시대라고 파악했다. 그가 '중세의 일본문명'으로서 논한 것이 정치·법률·재정·상업 등의 물질적 문명과 종교 등의 정신적 문명에 걸쳐 있고, 특히 국민생활의 발전을 의식하여 중세사회의 특징으로서 잇키一揆와 하층민의 대두에 주목했다는 점은 중요하다.

(2) 히라이즈미 기요시에 의한 <중세> 개념의 제창

미우라가 「중세의 일본문명」을 발표한 해에 도쿄제국대학의 히라이즈미 기요시平泉澄(1895~1984)는 『중세의 정신생활』[7]을 간행했다. 그 서두에서 '중세라는 명칭은 우리나라에서는 아직 충분히 성숙하지 않았다'라고 하며 '종래에 일반적으로 이루어지던 시기구획에 따르지 않고' 자신이 새롭게 중세라는 시대를 논하겠다고 썼다. 이 '종래에 일반적으로 이루어지던 시기구획'이란 아마도 히라이즈미의 동료이자 선배였던 구로이타 가쓰미黑板勝美(1874~1946)의 구분을 의식한 것으로, 구로이타의 『국사의 연구』[8]에서는 '(1)씨족제도 시대, (2)율령제도 시대, (3)무가제도 시대, (4)메이지 입헌시대'라고 시기를 구분했다. 『국사의 연구』의 기술은 개정판을 낼 때마다 변화했지만 시기구분은 씨족·공가公家(율령)·무가武家·헌정이라는 정권담당자의 변천사를 기본으로 하고 있었다. 이를 보면 굳이 시대의 내실을 포착하기 위한 개념화를 하지 않는 것이 구로이타의 자세였다고 할 수 있다. 히라이즈미는 기존의 '시기구획'은 유익하며 그것을 배척하지는 않는다고 하면서도 '오직 정치방면에서만이 아니라 도덕·종교·미술·문학·과학 등의 정신생활, 교통·상업·농업·공업 등의 경제생활을 고찰하여 국민생활 전반에 걸쳐 문화발전의 경로를 추적할 때는 앞서 말한 시기구획으로는 상당히 불만을 느낄 수밖에 없다'고 했다.

그렇다면 히라이즈미는 중세라는 시대를 어떻게 이해하고 있던 것일까. 『중세의 정신생활』의 첫 장에서 히라이즈미는 일본사를 고대(스이코 조推古朝 이전), 상대(스이코 조~헤이안), 중세(호겐保元 원년[1156]~덴쇼天正 원년[1573]), 근세(덴쇼 원년~대정봉환), 최근세의 다섯 시대로 나누었다. 그리고 '중세는 그 당시의 사람에 의해 그리고 후세의 사람들에 의해 저주받고 경멸받아왔'지만 일본사는 '중세에 이르러 갱생'했다고 말했다. 그 사례로서 무사계급의 발흥, 신란親鸞의 사상, '자座'의 존재를 들며 '현대와 중세는 상당히 밀접한 관계를 갖고 있다'고 서술한 후 '중세의 정신생활'을 고찰하겠다고 했다. 다만 제2장부터 제8장의 중세에 대한 구체적인 서술에서는 상대의 관학교육의 쇠퇴, 천황·귀족의 상대上代에 대한 동경이나 고전 숭배, 사원·

---

[6] 「中世の日本文明」『日本史の研究 第二輯』岩波書店, 1930에 재수록.
[7] 『中世に於ける精神生活』至文堂, 1926.
[8] 『國史の研究 全』文會堂, 1908.

승려가 교육을 관장하며 중세인의 정신생활을 지도함으로써 사회에 퇴폐주의를 가져온 것 등을 다루었다. 그리고 가장 마지막 제9장에서야 '광명의 출현'으로서 무사의 정신과 선종의 사상을 들어 '상대문화의 타락적인 경향에 반대하며 일어나 마침내 별개의 인생관, 별개의 가치관념, 별개의 도덕을 창조했다'고 했지만 그러한 기술은 양과 질 모두 간략했다. 이처럼 히라이즈미는 중세의 특징('광명')을 무사, 신란이나 선 사상이라고 평가하지만 동시에 그가 '중세의 정신생활'의 실태라고 이야기하는 것은 귀족의 상대에 대한 동경, 종교의 우월성이다. 특히 타락한 승려가 중세인의 정신생활을 지도했다고 쓰며 분량의 태반을 중세의 '암흑'적인 측면에 할애했다. 즉 히라이즈미의 저서에서는 중세의 이상적인 '광명'과 상세하게 논해진 중세의 현실이 괴리되어 있다.

기존 연구사와의 관계를 확인하자면 히라이즈미는 호겐의 난으로 무가의 세상이 도래했다고 본 지엔 이래의 역사관을 계승하고 있다. 그리고 무사의 재흥이나 신란·선종이라는 '신불교'를 '광명'이라고 보는 시각은 그보다 20년 전에 발표된 하라 가쓰로의 연구에 가깝다. 그러나 중세인의 정신생활을 논한 히라이즈미는 하라가 극복하고자 한 '상대에 중국에서 도래한 문물의 가치를 과대평가'하는 관점을 계승했다고도 할 수 있다. 또 정치체제뿐만 아니라 국민생활 전반의 문화적 발전의 규명을 목표로 한 히라이즈미의 시각은 우치다 긴조와 공통되는 부분이 있지만, '상대에는 수당문화가 동경의 대상이었다. 중세가 되면 상대의 문화가 동경의 대상이 되었다'고 서술한 히라이즈미는 에이사이의 귀국에서 중국문화의 당송변혁을 발견했던 우치다와는 대조적이었다.

(3) 서양 일변도가 아닌 일본의 <중세> 이해

이상 두 절에 걸쳐 <중세> 개념의 형성에 대하여 논했다. 통상적으로는 이시이 스스무가 말했듯 서양사의 시기구분 개념인 <중세>가 도입되어 일본 중세에서 서양을 발견했다고 여겨져 왔다. 그러나 우치다가 중세 개념을 제창한 당초부터 그 내실은 반드시 서양 일변도가 아니라 중국문화와의 관련성도 강하게 의식되었다. 그것은 에도시대 국학자나 한학자가 가지고 있던 역사인식을 비판적으로 계승·발전시킨 것이었다. 에도시대 이래의 역사인식이 서양 근대사학과 융합되면서 일본의 중세개념이 형성되었고 그것은 일본 근대사학의 내실도 반영한 것이었다고 할 수 있다. 또 다이쇼 말년의 미우라나 히라이즈미의 논의를 보면 그들이 하라의 연구를 의식하고 있었는지 그렇지 않은지와는 무관하게, 일본 중세의 특징을 무사의 대두와 '신불교'의 발흥이라고 파악한 하라의 견해가 널리 정착되어 있었다는 사실을 알 수 있다.

4 다이쇼·쇼와 초기의 사회사와 문화사 — 니시다 나오지로의 학문 형성 토양을 중심으로

(1) 문화사학의 두 기수 — 히라이즈미 기요시와 니시다 나오지로

히라이즈미는 무사나 신란·선종 등 시대의 새로운 측면에서 중세의 특질을 발견하면서도 그것들을 중심적으로 논하지는 않았고, 귀족이나 승려의 정신생활이나 사원사회의 실태를

그렸다. 여기서 괴리나 모순을 지적하는 것은 쉽다. 하지만 히라이즈미는 오히려 귀족문화나 사원사회에 친근감을 갖고 그로부터 중세의 현실을 읽어냈을 것이다. 한편 물질문명에 더하여 정신문명까지 논한 미우라 히로유키는 하층민의 대두에서 중세사회의 특징을 포착했다.

히라이즈미는 다이쇼기부터 쇼와 초기에 융성한 문화사학의 기수 중 한 명으로 여겨진다. 그리고 또 한 명의 기수가 니시다 나오지로西田直次郎(1886~1964)였다. 니시다는 1924년에 『왕조의 서민계급』9)으로 문학박사 학위를 받았고 1932년에 간행된 『일본문화사서설』10)은 거듭 재판되었다. 『일본문화사서설』에서는 역사서술의 전개를 근대적 자아의 확립과 관련지어 논했다. 이러한 관점은 다이쇼·쇼와 초기의 시대상황을 반영한 것이었음과 동시에 니시다의 학문형성을 생각하면 스승인 우치다 긴조·미우라 히로유키·기타 사다키치나 동양사의 나이토 고난內藤湖南(1866~1934)의 영향이 컸다. 여기서는 우치다·미우라·기타가 논한 사회사와 문화사에 대하여 검토하겠다.

(2) 미우라 히로유키의 '사회사'

우치다의 『일본근세사』에서는 역사를 고찰하는 시각으로서 국민생활과 문화의 성숙을 중시했다. 미우라도 국민생활의 발전을 강하게 의식하여 논문「중세의 일본문명」에서 잇키를 분석해 하층민의 대두에 주목했다. 미우라가 1916·17년에 '일본사회사'를 강의하고 그 내용을 바탕으로 출판한 것이 『국사상의 사회문제』11)였다. 그 '제1강 서언'에는 미우라의 역사관이 명확하게 나타나 있다. '일본 역사는 황실의 역사, 귀족과 호족의 역사이며 일반 평민의 역사는 옛날에는 없었다고 하는 사람이 있다'고 기존의 시각을 서술한 후 '자세히 보면 사회 이면이나 하층에 흐르고 있는 암류暗流가 점차 넘쳐흐름에 따라 지금까지 표면세력이었던 상층 사람들도 어느샌가 그에 떠밀려 내려가 점차 하층과 자리를 바꾸는' 것이 '역사 사실의 진상'이라고 했다. 미우라는 '지금까지의 역사가 보통 정치적으로 종단되어 있는 경향이 있는 것에 반해 사회적으로 횡단해서 보고자 하는 것으로, 일종의 사회사라고 간주할 수 있다'('머리말')고 이야기했다.

미우라는 1922년 「문화사란 무엇인가」12)라는 짧은 글을 발표하였는데 당시 유행하던 문화사·문명사를 비판한 후 바람직한 문화사가 무엇인지 서술했다. 거기서도 서민과 민중에 착안하는 것의 중요성을 이야기하며 '많은 역사적 현상 안에는 언제 누가 행했는지 알 수 없는 것이 많다. 게다가 날짜나 사람을 알고 있는 것보다 더욱 중요한 사건들이 많다. 그것이 소위 편년체 역사에 걸러지면 모두 탈락되어 형체도 없이 사라져 버린다'고 기존 정치사를 비판했다. 여기서 말하는 '편년체 역사'란 일찍이 미우라가 근무한 제국대학 사료편찬계로 이어지는 근대의 수사사업을 가리키며 『대일본편년사大日本編年史』뿐 아니라 연월일별로 강문綱文을 만들어 사료를 수집하는 『대일본사료大日本史料』를 포함하는 것이라고 생각한다. 게다가

---

9) 『王朝の庶民階級』私家版, 1970(京都大學附屬圖書館 소장)
10) 『日本文化史序說』改造社, 1932.
11) 『國史上の社會問題』大鐙閣, 1920; 岩波文庫, 1990.
12) 「文化史とは何ぞや」『現代史觀』古今書院, 1922 수록.

'시대를 구분하는 방법에서도 뭐든지 정권의 이동이 그 표준이 되어 있다'고 하며 정권 이동에 기초한 시기구분론도 비판했다. 거기서 염두에 두고 있는 것은 시게노 야스쓰구重野安繹·구메 구니타케久米邦武·호시노 히사시星野恒의 『국사안國史眼』에서의 구분이자, 구로이타 가쓰미『국사의 연구』 등으로 계승된 시기구분일 것이다. 즉 미우라는 루트비히 리스Ludwig Riess에 의해 제국대학에 유입된 랑케 역사학 그 자체를 상대화했다.

아사오 나오히로朝尾直弘는 미우라의 『국사상의 사회문제』가 갖는 사학사상 의의는 일본 사회사로서 구상된 최초의 서적이라는 점에 있다고 봤다. 그리고 서양에서는 19세기적인 랑케의 정치사로 대표되는 '정통파 역사학'에 대한 안티테제로서 20세기 초에 민중운동이나 인류의 일상생활·습속, 경제활동에 주목한 사회사가 탄생했다. 아사오는 미우라의 연구도 그 영향 아래에 있었다고 서술하고 있는데,[13] 탁견이라고 할 수 있다. 구리타 히로시栗田寬에게서 미토학水戶學의 실증수법을 사사하고 '정통파 역사'의 편찬에 종사하여 『대일본사료 제4편』을 완성시키고 교토로 온 미우라는 람프레히트Lamprecht 등의 문화사를 흡수하여 자기 학문의 폭을 넓혀 갔다. 거기에는 최신 서양역사학 사정에 정통한 동료 우치다의 영향이 있었을 것이다.

(3) 기타 사다키치의 '사회사'

사회사에 강한 집념을 가졌던 것은 기타 사다키치도 마찬가지였다. 기타는 교토제국대학에서는 주로 일본고대사와 일본역사지리학을 강의했는데, 그 광범한 연구는 고고학·미술사·건축사 등에도 이르렀고 나아가 복신福神·오시라신オシラ神·빙의憑物 등 신앙과 민속에 관련된 논고를 발표했으며 야나기타 구니오柳田國男와 학문적인 논쟁을 벌이기도 했다. 기타가 주재한 잡지 『사회사연구社會史研究』에 대하여 혼조 에이지로本庄榮治郞(1888~1973)는 '지난번 산책 때 서점에 『사회사연구』라는 잡지가 있어서 잠깐 열어보았는데 거기엔 여우에 씐 자狐憑き에 대하여 쓰여 있었고 그 외에 민속학적인 기사가 많았으므로 이런 것까지 사회사라고 칭할 수 있는가 하고 생각하여 상당히 놀라웠을 따름이었다. 그러나 그 정도로 사회사라는 말은 남용되고 있다'라고 야유하며 사회사가 다루어야 할 문제는 '다종잡다한 문제를 사회문제라는 말 아래에 애써 감추고 경제문제가 아닌 것까지 끌어안는 것은 피해야 한다'고 썼다.[14] 이를 읽은 기타는 이듬해 「일본사회사란 무엇인가」[15]에서 반론했다. 기타는 일본사회사란 '일본 고래古來의 사회조직의 기원·연혁과 이에 수반하여 발생한 현상을 연구하고자 하는 것'이라고 서술하여 사회조직이나 그와 관련된 현상은 경제관계의 문제들을 수반하는 경우가 많으나 반드시 경제문제에서만 기인하는 것은 아니라고 하였다. 그리고 '전통과 감정은 종종 경제상의 이해에 반하여 행동하게 한다. 인간사회의 여러 문제를 모조리 경제방면에서 관찰하고자 하는 것은 이른바 유물사관의 폐해이며 어떤 의미에서는 인간을 모독하는 것'이라고 썼다. 유물사관에만 의거하는 것의 편협함을 지적한 데다, 인간사회의 전통과 사람들의 감정에서도 역사의 원동력을 발견했다는 점에서 중요하다. 게다가 기타는 피차별민의 기원과 연혁을 연구하는

---

13) 岩波文庫本『國史上の社會問題』「解說」
14) 「日本社會史に就て」『歷史と地理』12(5), 1923.
15) 「日本社會史とは何ぞや」; 『喜田貞吉著作集10 部落問題と社會史』要凡社 1982에 수록.

것도 사회사라고 강조했다. 그렇기 때문에 기타에게는 여우에 쒼 자에 대한 연구도 훌륭한 일본사회사 연구였다. '사회상 모든 현상을 오로지 경제적 방면에서만 관찰하고자 하는 것은 소견이 좁다'고 한 기타의 직설적인 반론에는 유물사관(마르크스주의 역사학)과 사회사의 관계, 나아가서는 전후 역사학의 실태를 고찰하기 위한 중요한 힌트가 있다고 생각한다.

(4) 니시다 나오지로의 '문화사'

이처럼 우치다·미우라·기타 아래에서 정치사나 경제사뿐만 아니라 민중운동, 피차별민을 포함한 사람들의 생활과 전승·민속까지 포함한 사회사·문화사의 토양이 양성되고 있었다. 니시다는 그것들을 흡수하여 자기의 학문을 형성함과 동시에 1920년부터 약 2년에 걸친 유럽 유학 동안 직접 서양의 사회인류학과 문화사학의 조류를 배웠다. 귀국 후 니시다는 『왕조의 서민계급』(1924)에서 역사학에서는 일반 서민에 대한 연구가 가장 뒤쳐져 있어 그 사회생활 속에서의 직능을 해명하고 문화 발전에서 일반 서민이 갖는 의의를 명확하게 밝히는 일이 필요하며 일반서민이 인류활동 전체에서 갖는 가치를 탐구해야 한다고 했다. 또 정치사관이 정치의 성쇠가 인류의 전체 생활에서 가장 중요하다고 주장하는 것과는 반대로 민중 생활에서 새로운 의미와 가치를 찾아낸 것이 문화사 연구이고, 문화사연구가 근대사학의 발전 속에서 일반 민중으로 시야를 넓혔다는 공적을 크게 평가하며 람프레히트를 비롯한 서양 문화사연구의 학술사를 서술했다. 이러한 주장은 『일본문화사서설』(1932)에서 더욱 선명해졌다. 제1편 제1강 「문화사와 역사학」에서는 세계의 한쪽 구석에서 일어난 하나의 사건도 모든 세계와 인류 역사의 일환이라고 보아 개개의 사건 안에서 역사의 보편성을 발견하고자 했다. '특별한 국민의 역사'도 일본문화사도 모두 인간사나 인류사가 될 수 있다고 서술했다. 각 사건의 역사적 가치에 우열은 없으며 위인의 사적도 서민의 일상적인 생활도 동등한 역사적 의의를 갖는다고 주장했다.

미우라와 마찬가지로 니시다도 19세기적인 랑케의 정치사를 비판한 새로운 서양의 문화사연구를 적극적으로 흡수했다. 그가 국민국가의 역사가 아니라 세계사와 인류사를 표방하여 서민생활의 한 장면이야말로 세계사 그 자체라고 본 점은 중요하다. 그렇기 때문에 니시다의 관심은 역사학에 머무르지 않고 민속학에도 이르렀다. 야나기타 구니오나 오리쿠치 시노부折口信夫 등이 교토제국대학의 강사로서 초빙되었고, 니시다 밑에는 히고 가즈오肥後和男·다케다 조슈武田聽洲·고라이 시게루五來重·히라야마 도시지로平山敏治郎·다카토리 마사오高取正男 등 전후에 민속학을 견인하는 연구자들이 모였다. 이렇게 문화사라는 이름 아래에 역사학과 민속학이 일체를 이루며 연구되고 있었음을 중시해야 한다.

(5) 두 기수의 차이

이상 니시다 나오지로의 학문 배경과 그 특징에 대하여 서술하였다. 히라이즈미와 니시다는 함께 다이쇼기·쇼와 초기에 문화사연구를 이끌었지만 각각이 중시한 '문화'의 내실은 상당히 달랐다. 히라이즈미가 귀족문화나 사원사회라는 사회 상층부에 중심을 두고 논했던 것에 반해, 니시다의 관심사는 일반서민이었다. 또 양자의 차이는 역사학의 근본인식에도 나타났다. 히라이즈미는 니시다『일본문화사서설』의 서평에서 이렇게 썼다.

> 이리하여 모든 학설을 섭취하고 종합하여 박대博大한 문화사를 조직하고자 한 저자에게도 문화사의 출발점이었던 계몽주의는 마지막까지 명백하게 잔존하여, 세계주의, 자유주의 그리고 비역사주의를 이 책의 기초로 삼았다. 생각건대 '역사'에 대한 성찰은 많은 문제를 남기고 있다. 나는 국사학계에서 지금껏 본 적 없는 참신한 글이자 깊은 철학적 사색에 오롯하게 빠져들었다는 점에서 이 책을 반기면서도 '국가정신에 가득 차'있는 한 사람으로서 역사의 근본문제에 대하여 저자와 견해를 달리함에 슬퍼한다.[16]

니시다보다 약 10년 늦게 구미 시찰에 나선 히라이즈미는 세계사나 인류 전체의 역사란 성립하지 않으며 역사는 하나의 국가·민족에서만 가능하다고 확신하며 일본 독자의 정신을 탐구하는 쪽으로 경도되었다.[17] 게다가 유학 이전인 1925년에 발표한 논문「나의 역사관」[18]에서 '사가史家는 사실 안에서 선택을 행하며 특히 채용할 가치가 있고 또 채용할 필요가 있다고 인정한 것만을 기술한다'고 하며 역사가의 문제의식과 역사인식에 의해 이루어지는 가치판단을 중시했다. 즉 히라이즈미는 30대 전반부터 역사적 사실에는 자연히 가치가 반영된다고 보았으며 일국사적 역사서술을 지향하고 있었다. 그렇기 때문에 니시다의 연구를 '비역사주의'라고 비판했던 것이었다. 그리고 히라이즈미는『중세의 사사와 사회의 관계』[19]에서 서양의 연구를 참조하여 중세 이후의 일본에 존재했던 아질Asyl을 논했지만 일본의 민속학과는 거리를 두고 있었다.

한편 니시다는 세계사·인류사를 표방하고 있었지만, 1931년 발표한 논문「천업회홍—『일본서기』서술의 정신사적 고찰」[20]에서는 '일본 민족이 가진 역사적 발전의 사상'을 해명하는 길로 향했다는 사실을 결코 잊어서는 안 된다.

이소현 번역

5 제2차 세계대전 이전과 이후의 중세사 연구 — 그 연속성

(1) 통설적 이해의 재검토

제2차 세계대전 이전과 이후의 일본 중세사 연구의 흐름을 대비적으로 서술한 나가하라 게이지永原慶二「역사인식과 역사의 시점」[21]은 전전에 관해서는 하라 가쓰로·나카다 가오루·쓰다 소키치에 대해 상세히 서술하며 그들의 연구를 '근대시민적 역사학'이라 평가하고 그 특징으로서 반권력과 국민적 독립, 일본-유럽 비교사적 방법과 '탈아'적 사상, 역사에서의 문화·생활·

---

16)『사학잡지(史學雜誌)』43편 6호, 1932.
17) 岩井敏明『平泉澄』ミネルヴァ書房, 2006. 제3장.
18)「我が歷史觀」『我が歷史觀』至文堂, 1926.
19)『中世における寺社と社會との關係』至文堂, 1926.
20)「天業恢弘—日本書紀敍述の精神史的考察」京都帝國大學文學部編『紀元二千六百年記念史學論文集』.
21)「歷史認識と歷史の視點」(1975);『歷史學序說』東京大學出版會, 1978년에 재수록.

고유법의 중시라는 점을 들었다. 그리고 전후에 관해서는 '근대시민적 역사학'을 대신하여 등장한 마르크스주의 역사학의 대표로서 이시모다 쇼石母田正(1912~86)와 스즈키 료이치鈴木良一(1909~2001)를 들었다. 나가하라는 이시모다의 『중세적 세계의 형성』[p.22]이 전전의 하라·나카다 등의 연구를 계승하면서도 무사=재지영주계급의 성장이 백성=자영농민의 성장과 대응한다고 본 점이 중요하며, 이러한 시각을 한층 더 밀고 나가 역사를 파악하는 데 있어 그 창조·변혁의 주체로서 민중을 중심에 둔 것이 스즈키 료이치의 중세 농민투쟁 연구라고 서술했다. 그리고 전전에는 나이토 고난 「오닌의 난에 대하여應仁の亂について」 이외에는 무로마치시대 민중 활동의 의의를 적극적으로 평가한 연구가 없었다. 나가하라는 스즈키의 연구를 높게 평가했다. 나이토의 무로마치시대관을 계승하여 '여기에 이르러 비로소 민중이 역사와 문화의 기본적 창조주체로서 파악되기에 이르렀으며 이는 실로 전후 중세사학의 기점이라고 부를 만한 성격의 것'이었다는 것이다.

나가하라의 이러한 이해는 미우라 히로유키의 연구를 무시한다는 점이 문제이다. 나가하라도 인용한 나이토의 「오닌의 난에 대하여」에 있는 '대체로 역사라는 것은 어떤 한쪽 면에서 말씀드리자면 언제나 하급 인민이 점차 향상 발전해 가는 기록이라고 해도 좋을 것이고, 일본의 역사도 대부분이 이러한 하급 인민이 점차 향상 발전해 간 기록입니다'라는 구절은 앞서 언급한 미우라 『국사상의 사회문제』의 '사회 이면이나 하층에 흐르고 있는 암류가 점차 넘쳐흐름에 따라 이제까지 표면세력이었던 상층 사람들도 어느샌가 그것에 떠밀려 내려가 점차 하층과 자리를 바꾸는' 것이 '역사 사실의 진상'이라고 한 기술과 말하고자 하는 바는 완전히 동일하다. 위에서 언급한 나이토의 강연은 1921년이고 미우라『국사상의 사회문제』(1920)는 1919년부터 그 이듬해에 걸친 오사카 회덕당懷德堂[p.276]에서 한 강연을 정리한 것이다. 거의 동시기에 미우라와 나이토가 같은 역사관을 설파하고 있는 것인데, 동료이기도 했던 두 사람은 직장에서 역사관에 대하여 토론할 기회가 있었을 것이다. 나아가 미우라는 1912년 논문 「전국시대의 국민회의」[22)]에서 '토민土民'의 단결·합의에 의해 하타케야마의 두 세력을 퇴진시킨 야마시로 구니잇키國一揆의 획기성을 강조하고 있었으며, 미우라의 연구에서는 메이지 말년에 이미 '민중이 역사와 문화의 기본적 창조주체로서 파악'되고 있었다. 게다가 그것은 마르크스주의 역사학과는 거의 무관한 문맥에서 생겨난 것이었다.

나가하라는 이시모다·스즈키의 연구가 민중을 역사의 창조와 변혁의 주체로 삼은 최초의 것이었다고 보며 그 획기성을 강조하고 전전과 전후 사이에 있는 중세사 연구의 단절을 과장했지만 그렇게 평가할 수는 없다. 비단 나가하라뿐만 아니라 전전과 전후 사이에 일본사학이 크게 전환되었다고 보는 것이 통설적인 이해일 것이다. 그러나 메이지 말년 이후의 연구동향에서도 전후 역사학의 확실한 맹아를 찾아볼 수 있다. 민중이야말로 역사를 움직이는 주체라고 파악한 미우라와 나이토의 시각을 계승한 니시다는 일반서민의 역사를 해명할 필요성을 역설했고 그 관심은 민속학에도 미쳤다. 그리고 니시다를 키워낸 것과 같은 토양에서 전후 역사학에 큰 영향을 준 연구자가 태어났다. 여기서는 전전과 전후의 중세사 연구를 잇는 연구자로서 시미즈

---
22)「戰國時代の國民會議」;岩波文庫本『國史上の社會問題』에 수록.

미쓰오淸水三男(1909~47)와 하야시야 다쓰사부로林屋辰三郎(1914~98)를 들고자 한다.

(2) 시미즈 미쓰오의 학문

1931년에 교토제국대학에 입학한 시미즈는 졸업논문으로 「봉건제도 성립에 관한 일고찰封建制度の成立に關する一考察」을 집필하고 대학원에서는 '장원의 연구'를 주제로 삼았다. 1935년에 와카야마상업학교의 교원이 되었지만, 1938년 치안유지법 위반으로 검거되고 이듬해 출소했다. 그리고 사상경찰의 감시 아래 있으면서도 『일본의 중세 촌락』[23]을 비롯하여 저서·논문을 정력적으로 집필했지만, 1943년에 출병하여 1947년에 시베리아에서 병사했다. 오야마 교헤이大山喬平는 『일본의 중세 촌락』이 장원제 구조의 배후에 있는 자연촌락의 실태와 중세농민의 생활·문화를 묘사한 서적이며 이 책의 좌표축이 되는 것이 자연촌락과 국가(근세적 국민국가)라고 본다. 그리고 자연촌락의 실태가 생생하게 묘사되는 것에 반하여 국가는 관념적이고 추상적인 채로 방치되어 있는데, 이는 시미즈가 '현실 속 일본제국의 존재양태에 의식적·무의식적으로 눈을 감은 것이라고 생각한다. 이것이 시미즈가 할 수 있던 최대한의 저항이 아니었겠는가'라고 오야마는 적고 있다.[24] 이러한 지적에 입각하여 시미즈가 1943년 발표한 『우리들의 역사교실ぼくらの歷史教室』, 『소묘素描 조국의 역사』를 검토한 히사노 노부요시久野修義는 시미즈가 '국체'라는 어구를 거의 사용하지 않는다는 점에 유의하고 "국가'적 의의를 강조한다 하더라도 시미즈 미쓰오의 시선은 어디까지나 그 기반이 되어야 마땅할 국민 대중을 향하고 있었다는 점도 분명하다. 이 점은 국체사관·황국사관과는 일선을 긋고 있었다'고 했는데[25] 이 지적은 중요하다.

시미즈는 자형인 나카무라 나오카쓰에게서 다양한 영향을 받았지만, 시미즈를 장원 연구로 이끈 것은 미우라 히로유키였다. 시미즈는 학부 1학년 때부터 미우라의 수업을 들었고 2학년 때 미우라 강독수업의 과제논문이 「무사 발생의 경제적·사상적 배경」이었던 것을 계기로 장원을 연구주제로 삼았다고 스스로 말하고 있다.[26] 시미즈가 미우라에게서 문헌에 기반한 실증연구의 방법을 배우고 미우라의 연구시각을 계승하여 그것을 자기 연구의 기초로 삼았다는 사실은 시미즈의 저술을 보면 잘 알 수 있다. 시미즈의 시선이 국민대중을 향하고 있었던 것은 실로 그런 이유에서였으며 무로마치시대의 서민문화를 높이 평가한 점(후술)에도 미우라의 영향이 있었을 것이다. 나아가 시미즈는 미우라가 퇴임한 뒤 지도를 받게 된 니시다 나오지로의 시각을 흡수하고자 노력했다. 『일본 중세의 촌락』「서문」에서 시미즈는 문헌사학에 입각하면서도 가능한 한 민속학 연구의 성과를 흡수할 필요성을 강조하고 동시에 역사지리학의 방법도 도입해야 한다고 서술한다. 그리하여 완성된 『일본 중세의 촌락』에서는 장莊·보保·향鄕·촌村 등 정치적·경제적 권력에 의해 위로부터 설정된 촌락 형식과 대비되는 '촌민이 현실에 만들어 낸 집단생활의 한 단위'인 자연촌락의 해명을 지향했으며, 근세가 되면 도시와 농촌의 분화가

---

[23] 『日本の中世村落』日本評論社, 1942; 岩波文庫, 1996.
[24] 岩波文庫本『日本中世の村落』「解說」.
[25] 「淸水三男の學問」, 『歷史評論』732, 2011.
[26] 「武士發生の經濟的思想的背景」; 『日本の中世村落』「あとがき」.

진행되는 데 반해 중세 촌락은 도시적 요소가 강하여 '중세 촌락은 나라·헤이안시대의 이국적 귀족문화를 선택·섭취하여 일본 토양에 적합한 문화로 편성해서 무로마치시대 문화의 기저를 만들어낸 것으로 이 시대의 촌락 문화는 일본문화사상 다른 시대에는 보이지 않는 중요한 의의를 가지고 있었다'고 주장했다. 이렇듯 시미즈는 미우라와 니시다의 좋은 부분을 계승하여 새로운 중세 촌락상을 제시했다. 그리고 『일본 중세의 촌락』은 전후에 연구를 시작한 구로다 도시오黒田俊雄·오야마 교헤이·도다 요시미戸田芳實·가와네 요시야스河音能平 등에게 큰 영향을 끼쳤으며 널리 중세사학계에서 주목을 받았고 그 시각은 다양한 형태로 계승되어 갔다.

학생시절부터 일본공산당 활동에 깊이 관여했던 시미즈가 유물사관 등 마르크스의 주장을 강하게 의식하며 연구를 했다는 것은 틀림없는 사실이다. 단, 동시에 미우라 히로유키가 지향한 사회사와 문화사의 한 달성이 시미즈의 촌락론이라고 평가하는 것도 가능하다. 제2차 세계대전 중부터 '시민적 역사학'과 마르크스주의 역사학이 상반되는 것이 아니라 실제로는 양자가 깊은 관계를 맺으면서 연구가 진전되고 있었다는 현실이 있었고 그것이 전후 역사학에 큰 영향을 미친 것이다.

(3) 하야시야 다쓰사부로의 학문

시미즈의 7년 후배에 해당하는 인물이 하야시야 다쓰사부로이다. 하야시야에 대해서는 사노 마사후미佐野方郁가 「하야시야 다쓰사부로와 전후 교토의 일본사 연구 환경」[27]에서 그의 연구자 인생을 평전 형식으로 상세히 정리했다. 거기서는 하야시야가 '민중의 입장에 선 역사학'을 확립하는 것을 목표로 삼아 '지방·부락·여성'의 역사에 주의를 기울이면서 민중의 역사를 해명하는 데 일관되게 몰두했다고 서술한다. 이러한 민중에 대한 관심은 앞서 서술한 미우라 등의 연구시각을 발전시킨 것이라 할 수 있다.

하야시야는 1935년에 교토제국대학에 입학했다. 우치다·미우라는 이미 세상을 떠났고 연구실은 니시다를 중심으로 운영되었으며 조교수는 나카무라 나오카쓰였다. 니시다가 주임교수가 되고 나서는 전임교관 이외의 강의도 늘어나 미시나 아키히데三品彰英·기타 사다키치·마키노 신노스케牧野信之助·우오즈미 소고로魚澄惣五郎·야나기타 구니오·오리쿠치 시노부 등 다채로운 연구자가 수업을 담당했다. 하야시야는 입학 당시의 모습에 대해 '교토대학 국사학과의 학풍은 당시부터 도쿄대학의 실증사학과 비교하여 문화사학이라고 불렸다. 그 중심은 물론 니시다 선생님의 문화사로 어느 쪽인가 하면 정신사적인 문화사, 즉 문화를 창출해내는 근원으로서의 시대정신을 고찰하는 것인데 비하여 나카무라 선생님의 문화사는 사회사적인 문화사로 문화의 근원을 사회생활 안에서 찾아내려는 것이었다'[28]고 술회했다. 하야시야는 나카무라를 '은사 중의 은사'라 하는 한편, 니시다에 대해서는 비판적인 말을 남기기도 했다. 단 2학년 때의 니시다의 과제논문이 「중세 예능의 사회적 의의」였고 그것이 졸업논문으로 이어졌다고 하야시야 자신이 말하고 있듯이, 하야시야의 평생동안의 연구의 기둥이 되는 예능사로

---

[27] 「林屋辰三郎と戰後京都の日本史研究の環境」小林丈廣編著『京都における歷史學の誕生』ミネルヴァ書房, 2014.
[28] 「私の履歴書」(1986); 『一歷史家の軌跡』悠思社, 1993에 수록.

이끈 한 사람이 니시다였던 것도 분명한 사실이다. 하야시야는 민속학의 방법론도 흡수하며 자신의 연구 기반을 굳혀 나갔다. 또한 교토대학 초창기의 교수였던 기타가 격년으로 출강하여 하야시야는 1·3학년 때 기타의 고대사 강의를 들었다. 하야시야는 기타로부터 고대사·예능사 분야에서 영향을 받았으며 동시에 부락사에 대해서도 눈뜨게 되었다고 적고 있다.[29] 하야시야가 부락문제나 여성 등 사회적 약자의 역사를 해명하는 일의 중요성을 역설하게 된 데에는 기타의 존재가 컸다. 이렇듯 하야시야도 미우라와 기타가 쌓은 토양에 입각하여 연구자로 성장해갔다.

전후 하야시야는 리쓰메이칸대학에 근무하면서 민간 학회인 일본사연구회를 창설하여 활동했다. 종전 직후에 역사학을 지망한 연구자의 대부분은 마르크스주의 역사학의 영향을 강하게 받았지만, 하야시야는 마르크스주의 역사학에 일정한 이해를 보이면서도 거리를 유지하며 특정한 사조에 가담하지 않았다. 때문에 하야시야 휘하에서는 연구상의 입장이나 출신 대학을 넘어 관서의 전후 역사학을 견인한 다채로운 젊은 연구자가 성장해 나갔고 다양한 형태로 그 연구시각이 계승되어 갔다.

이상으로 전전과 전후의 중세사연구를 잇는 존재로서 시미즈 미쓰오와 하야시야 다쓰사부로를 살펴보았다. 전후에는 관서에서도 일본사연구회를 중심으로 마르크스주의 역사학이 큰 영향력을 가졌고 세계사의 발전단계(노예제와 농노제), 사회의 기초구조와 계급투쟁 등이 논의되었다. 중세사 연구는 그 주요 전장 중 하나였다. 전후 역사학을 이론면에서 견인한 것이 마르크스주의였다는 사실은 분명하지만, 그 저류에는 '사회 이면이나 하층에 흐르고 있는 암류'가 '상층 사람들'과 자리를 바꾸는 것이 '역사 사실의 진상'이라고 본 미우라의 문제의식이 다양한 형태로 계승되어 간 점은 중요하다. 다른 방식으로 말하면 전전의 사회사연구가 마르크스주의의 틀을 얻어 명확한 이론적 방향성을 얻었다고 할 수 있겠다. 마르크스주의의 외피를 썼기 때문에 전전과 전후의 역사학은 단절된 것처럼 보이지만 현실에서는 다양한 형태로 연속되어 있었던 것이다.

6 '사회사' 연구의 융성과 그 후

(1) 전전의 '사회사'와의 연속성

1970년대 이후 마르크스주의 역사학이 퇴조한 대신에 프랑스의 아날학파의 영향을 받은 '사회사' 연구가 융성했다고 한다. 아미노 요시히코와 서양 중세사 연구자인 아베 긴야阿部謹也의 연구 교류 등을 계기로 일본 중세와 서양 중세의 비교검토가 이루어졌으며, 민속학과의 공동연구도 진척되어 특히 일본 중세사에서는 '사회사' 연구가 융성해졌다. 당시 '사회사'는 상당히 광범위한 의미로 사용되었지만 민중의 생활문화와 사람들의 사고방식·감각 등의 심성사에 주목한다는 점이 새로운 특징이라 할 수 있을 것이다. 이렇게 프랑스의 아날학파 등 해외의 연구동향을 직접적인 계기로 하여 심성사 등 새로운 시각이 들어왔지만, 그와 동시에 일본 중

---

[29] 「私の履歴書」(1986).

세사에서 활발해진 '사회사' 연구는 전전의 사회사·문화사 연구와 공통된 면도 적지 않았다고 생각한다.

　　예를 들면 '사회사' 연구의 융성을 배경으로 1987·88년에 간행된『일본의 사회사』에서는 편집위원[30]이「간행에 즈음하여」에서 해당 시리즈의 편집 의도를 밝히며 '단일국가·단일민족·단일문화관에 대한 비판 위에 서서 지역사를 중시'하고 '종래 경시되어 온 비농업민이나 여성·노인·신체장애자·병자 등에 주목'하며, 나아가서는 '사람들의 내면의 세계'를 검토할 필요성을 서술하고 있다. 이 기술에는 편집위원인 아미노 요시히코網野善彦의 견해가 강하게 반영되어 있는 것으로 보이지만, 지역사나 사회적 약자에 대한 주시는 '지방·부락·여성'의 역사적 해명의 중요성을 역설한 종전 직후의 하야시야의 주장을 부연한 것이라고도 할 수 있다. 이 하야시야의 주장은 '일반민중'·'토민'이 사회사 연구의 대상이라고 한 미우라 히로유키의 견해와 피차별민을 논한 기타 사다키치의 연구를 기반으로 삼아 패전이라는 신시대에 입각한 연구의 방향성을 제시한 것이었다. 또한 미우라와 기타가 구상한 사회사와 문화사는 역사학과 민속학을 일체화하여 연구를 진행한 니시다와 중세의 촌락생활을 논하는 가운데 무라村의 종교와 예능 문화의 실태를 밝혀낸 시미즈에 의해 심화되었고 그 수법과 논점을 하야시야가 자신의 예능사 연구로 발전시킨 것은 앞서 서술한대로이다.

　　전후 마르크스주의 역사학이 활발해지자 민중이 주목받게 되었지만 경제적 관계나 계급투쟁 등이 중시되어 민중의 생활문화는 주요한 과제가 아니게 되었다. 그러나 기타 사다키치는 이미 1923년에 '인간 사회의 여러 문제를 모조리 경제방면에서 관찰하고자 하는 것은 이른바 유물사관의 폐해이며 어떤 의미에서는 인간을 모독하는 것'이라고 했으며 인간사회의 전통이나 사람들의 감정에서 역사의 원동력을 발견해냈다. 기타의 시각이 니시다와 하야시야에게 계승되어 일본 중세사에는 아날학파의 '사회사'를 받아들일 토양이 정비되어 있었다고 할 수 있겠다. 이러한 시각에서 보면 전전의 사회사·문화사 연구와 전후의 마르크스주의 역사학이나 1970·80년대의 '사회사'연구를 일련의 흐름으로 이해할 수 있는 것이다.

(2)　서양사 연구와 일본사 연구의 흐름

　　메이지 이후의 일본 중세사 연구의 흐름은 매우 다양하며 여기서는 교토에서의 한 사례를 제시했을 뿐이다. 단 그것은 국내외의 역사학의 동향과도 밀접한 관련이 있었다. 미우라는 사회사를 구상할 때 독일의 람프레히트 등의 문화사 연구를 참조했는데, 이는 국민국가의 역사를 서술하는 랑케의 정통적인 역사학을 비판하는 것이었다. 베를린대학에서 랑케에게 배운 루트비히 리스는 제국대학에 취임했고 우치다 긴조와 구로이타 가쓰미 등은 리스에게서 실증사학의 방법과 정치사·외교사 중심의 역사학을 배웠다. 한편 제국대학에서 선과選科였던 미우라는 구리타 히로시로부터 미토학의 실증방법을 습득했으며, 교토에 부임한 뒤에는 정치사를 중심으로 한 랑케 류의 역사학을 상대화하고 사회사·문화사 연구를 진행해 나갔다. 도쿄제국대학에서는 구로이타가 랑케 류 역사학의 계승자라고 할 수 있으며, 히라이즈미 기요

---

[30]『日本の社會史』全8卷, 岩波書店. 編集委員:朝尾直弘·網野善彦·山口啓二·吉田孝.

시는 서양의 새로운 연구동향을 기반으로 삼아 문화사 연구를 진행했다. 히라이즈미의 문화사 연구는 미우라와 니시다 나오지로의 사회사·문화사과 공명하는 부분도 있었지만, 양자의 방향성은 크게 달랐고 전후 도쿄에서 히라이즈미의 시각이 계승되는 일은 거의 없었다. 같은 시대상황 하에서 직접적인 영향 관계가 없더라도 비슷한 시점에서 연구가 진전된 것은 흔히 있는 일이다. 다만 이러한 동시대적인 공진성共振性은 각 연구자가 놓인 현실의 다양한 사회적 상황에 따라 그 구체적인 전개 방식이 달라지게 되는 것이다.

7 향후 과제

(1) 다시 일본 중세를 생각한다 — 구로다 도시오의 논의로부터

1980년대 후반부터 90년대 전반에 걸쳐 베를린 장벽과 소비에트 연방이 붕괴하고 동서냉전이 종결되는 등 세계 정세가 크게 전환했다. 그 이전부터 사상 상황의 변화는 시작되었고 서양중심주의에 기반한 근대적인 지성이나 이성, 논리에 대해 회의적인 포스트모던 사조가 확산되어 갔다. 일본의 역사학이나 일본 중세사도 이러한 상황과 무관하지 않아 연구의 방식 그 자체가 전환되어 간다. 마르크스주의 역사학과 같은 포괄적인 논리체계는 매력을 잃고 사회사 연구의 융성을 마지막으로 현저한 연구 사조는 볼 수 없게 되었다. 연구의 개별분산화가 심화되었고 상세한 실증연구가 전개되었다. 그래서 1990년대 이후로는 끝없는 포스트모던의 나날이 이어지고 있다고 할 수도 있을 것이다.

그러한 가운데 중세사 연구의 과제도 한층 다양해졌다. 이 다양한 논점을 가능한 한 망라하고자 하는 것이 본서이다. 각 항목을 숙독한다면 현재의 연구동향과 과제를 상세하게 알아볼 수 있을 것이다.

여기서는 일본 중세라는 시대와 사회를 어떻게 이해하면 좋을 것인가라는 이 글의 처음에 제시한 과제로 돌아가 간단하게 사견을 적으며 글을 마치고자 한다. 지엔 이래의 역사관을 계승하면서 하라 가쓰로는 중세라는 시기구분 개념을 처음으로 제창하고 퇴폐한 귀족을 대신하여 무사를 새로운 시대의 담당자로서 높이 평가했다. 이러한 견해는 미우라 히로유키와 히라이즈미 기요시, 나아가서는 이시모다 쇼에게도 계승되어 전전·전후를 통하여 강고한 통설이 되었고 중세의 기점을 가마쿠라 막부의 성립으로 보는 이해가 정착되었다. 이 통설을 재검토한 것이 구로다 도시오(1926~93)이다. 구로다는 권문체제론權門體制論을 제기하여 중세의 국왕은 천황이며 국왕 아래에 공가·무가·사사라는 각 권문이 상호보완적으로 국가를 구성한다고 보았다.[31] 이러한 국정 구조의 이해를 따른다면 가마쿠라 막부는 조정 아래의 한 권문이 되어 그 위치가 역전된다. 예를 들면 가마쿠라도노鎌倉殿(쇼군)와 주종관계로 맺어진 고케닌御家人에게 있어 가장 중요한 임무가 궁궐 등을 경호하는 교토대번역京都大番役에 종사하는 것이었다는 사실이 중요하다. 가마쿠라도노가 천황 아래서 군사경찰권을 담당하는 권문의 장長이었다고 생각함으로써 비로소 정합적인 이해가 가능해지기 때문이다. 즉 가마쿠라 막부가 성립되어도

---

31) 「中世の國家と天皇」(1963); 『黑田俊雄著作集第1卷 權門體制論』法藏館, 1994에 수록.

천황(조정)이 국정을 장악하고 있었다는 것이 되며 더 이상 중세의 기점을 막부의 성립에서 찾을 수 없게 되었다. 그 결과 중세를 통하여 유지된 장원제의 형성이 진행되는 원정기(11세기 말·12세기 초)를 중세의 성립으로 보는 견해가 일반화해 갔다. 동시에 중세를 무사의 시대라 보는 견해도 흔들리게 되었으며, 장원제의 형성기는 치천의 군治天の君에 의한 원정이 시작되는 시대와도 겹치므로 중세의 특징으로서 권력과 사회의 다원화를 강조하게 되었다. 그러나 일본 고대와 비교하여 권력과 사회의 다원화가 진행된 것은 딱히 원정기가 처음은 아니므로 더욱 더 중세의 성립을 거슬러 올라가는 것도 가능하다. 고대나 근세와는 분명하게 다른 중세라는 시대와 사회를 어떻게 인식할 것인가 하는 근본적인 과제가 재차 제기되고 있으며, 그에 따라 일본 중세의 시작을 어디로 볼 것인지도 달라지게 되는 것이다. 사견에 대해서는 우에지마 스스무,「일본 중세의 종교사」[32])를 참조하기를 바란다.

(2) 향후 과제

중세 개념을 재검토하게 만든 구로다의 권문체제론에도 재검토할 점이 있다. 구로다는 중세 전체를 통해 권문체제가 유지되었다고 보지만, 천황 혹은 치천을 정점으로 하는 국정 운영이 실질적으로 기능한 것은 조큐의 난 혹은 13세기 중엽까지였다고 보는 것이 적절하며 동시에 국정을 담당하는 각 권문의 성격도 변화해간다고 생각한다. 가마쿠라 후기 이후에는 구로다가 구상한 권문체제가 그 형태 그대로 유지된 것이 아니기 때문에 13세기 중엽 이후—특히 중세 후기—의 국정구조를 어떻게 파악할 것인가는 중요한 과제이다.

이러한 지적은 구로다가 중세의 종교체제를 논한 현밀체제론顯密體制論에 대해서도 적용된다. 중세 불교의 중심은 무사와 민중이 신앙한 '가마쿠라 신불교新佛敎'였다고 보는 견해는 메이지시대의 불교 연구자 사이에서 생겨났는데, 그것을 일본 중세사 연구 가운데 명확하게 자리매김한 것은 하라 가쓰로였다. 이에 대해 구로다는 현실적으로 중세사회에 널리 침투해 있던 것은 '구불교'라 여겨져 온 현밀불교(남도南都·천태天臺·진언眞言)이며, 이들은 국가로부터 '정통'이라 인정받았고 '신불교'는 현밀불교의 '이단파'라 보았다.[33]) 현밀불교가 정치적으로도 사회적으로도 압도적인 우위에 있었던 것은 분명하지만, '신불교' 각 종파는 늦어도 전국시대에는 촌락과 도시에 거점을 세워 폭넓은 사람들의 신앙을 얻었다. '신불교'의 사회적 영향력이 늘어나는 것은 13세기 중엽 이후로 여겨지는데, 이와 동시에 현밀체제를 지탱하던 본사本寺·말사末寺 관계가 이완되기 시작하고 현밀 권문사원의 통제력이 저하되어 갔다. 13세기 이후, 특히 중세 후기의 종교질서를 어떻게 묘사할 것인가도 향후의 과제이다.

일찍이 미우라 히로유키는 중세의 특징으로서 잇키와 하층민의 대두를 강조했지만, 이는 주로 무로마치·전국시대에 일어난 현상이었다. 현재의 연구상황에 입각하여 재차 중세 후기(무로마치·전국시대)의 국가·사회와 종교의 특징을 어떻게 파악하고 그 전체상을 어떻게 그려낼 것인지가 문제가 되고 있다. 더 나아가서는 중세 전기(헤이안시대 후기·가마쿠라시대)와

---

32) 上島享「日本中世の宗教史」『日本宗教史Ⅰ 日本宗教史を問い直す』吉川弘文館, 2020.
33)「中世における顯密體制の展開」(1975);『黑田俊雄著作集第2卷 顯密體制論』法藏館, 1994에 수록.

중세 후기의 시대적 특질을 재검토하고 나서 양자를 같은 시대로 보는 것이 가능할지 아닐지를 고찰하는 것도 필요해질 것이다. 이는 중세라는 시대의 본질을 되묻는 것으로도 이어진다.

그런데 중세사 연구의 틀을 전환시킨 구로다의 권문체제론·현밀체제론은 하라 이후 확립된 강고한 통설을 반전시킨 견해를 제시한 것이라 할 수 있다. 권문체제론에서는 조정·귀족을 대신하는 무사라는 통설에 대하여 국정을 장악하고 있던 것은 조정(천황)이라고 했고 현밀체제론에서는 '구불교'라 여겨져 온 현밀불교야말로 중세 불교의 중심이라고 했다. 통설이 고대로부터의 전환을 강조하는데 반하여 구로다는 고대로부터의 계승면에 주목했다. 그는 중세 사회가 고대의 고층古層 위에 성립했다고 보았다는 관점도 가능하며 이러한 중세에 대한 이해는 계승되어야 한다. 그렇지만 조정과 막부, 귀족과 무사, 국가와 민중, '구불교'와 '신불교' 등 이항대립적인 개념 설정은 서양 역사학, 특히 독일의 영향을 받아 성립된 일본 근대사학의 특징 중 하나라 할 수 있는데, 결과적으로 통설을 비판한 구로다도 이 틀 안에 있는 것이다. 그리고 이러한 서양적 사유 안에 있는 마르크스주의 역사학에서는 상부구조와 토대(하부구조)의 대치와 그 해소에서 역사의 원동력을 추구해왔다. 물론 이항대립 도식으로 그려낼 수 있는 것도 많지만, 이러한 틀에 묶여버린 결과 놓쳐버린 사실과 논점도 적지 않다. 특히 사회의 다원화가 진척된 일본 중세를 논할 때에는 이항대립론의 공과를 염두에 두면서 어떻게 다양하고 혼돈스러운 상황을 보다 실태에 입각하여 체계적으로 그려나갈 것인지가 중요한 과제가 될 것이다.

이러한 곤란한 과제에 직면하면서 우리는 연구를 해 나가야만 한다. 그 해결의 실마리는 개별 실증 연구의 축적밖에는 없을 것이다. 그 점에서 '역사적 진실은 디테일에 있다'는 말은 일면의 진실을 보여주고 있다. 그렇지만 아무리 상세하게 개별 사실을 해명하더라도 숲과 산을 보고, 나아가서는 그 숲과 산을 움직이고자 하는 기개가 없다면 연구사는 결코 진전하지 않는다. '디테일에 유의하면서도 장대한 마음가짐을 가지라'는 것이 역사 연구를 지망하는 젊은 연구자들에게 보내고 싶은 말이다. 실증을 추구하면서도 시점을 바꾸어 가면서 새롭게 보이는 평가나 역사의 의의를 논해주었으면 한다.

고대성 번역

01. 세계에서 본 일본 중세 왕권의 특질
일본 중세 왕권은 세계적으로 보았을 때 특수한가

다니엘 슐라이^{Daniel F. Schley}*) 집필 / 고대성 번역

관련항목: II-2[p.143] II-3[p.146]

〔논의의 배경〕

일본의 중세 왕권[1])은 여러 측면에서 불명확한 점이 많다. 천황을 중심으로 하는 국가(율령제)가 성립한 고대와 무사가 다시 중앙집권을 성립시킨 근세와 비교하면 중세의 정치 질서는 복잡한 인상이 있다. 중세의 통치권은 주로 조정(천황가·공가)과 막부(쇼군가·무사) 사이에서 분열했을 뿐만 아니라 천황가도 일시적으로 두 왕통[2])으로 나뉘어 대립하였고, 더 나아가서는 사사세력과 지방의 무사, 국아國衙 기구도 정치에 일관되게 관여하였다. 바꿔 말하면 일본의 중세 왕권은 무엇보다도 확정적이지 않으며 유동적이었다 할 수 있겠다. 이 때문에 일본 중세의 주권자[3])는 누구였는지, 천황만이 이른바 왕이라고 할 수 있는 존재였는지 등 여러 논의가 있다. 여기서 비교 범위를 일본에서 세계의 왕권까지 확장하면 어떠한 새로운 측면을 발견할 수 있을까? 일본의 중세 왕권을 세계사적 시점에서 다시 파악해보고자 한다.

〔논점〕

(1) 고전적 이해

1990년 이래 일본사학계에서는 특히 문화인류학과 종교학의 영향을 받아 왕권이 새롭게 논의되었다. 그 가운데 중세 연구에서는 물적·인적 조건에 더하여 왕위계승의례와 종교의식 등도 포함하여 왕권에 대한 새로운 분석이 이루어졌다. 그 결과로 왕권은 천황가에 국한되지 않고 무사 중에서는 쇼군이, 섭관가 중에서는 후지와라노 미치나가^{藤原道長}가 각각 독자적인 왕권을 지녔다고 생각되었다. 한편, 세계적으로는 한 사람의 왕이 통일된 왕권을 보유하는 제도가 많은 문화에서 확인된다.

---

*) 본 대학(Universität Bonn) 일본학부 준교수 | 일본중세사·사상사
1) 왕권: 국왕의 권력, 통치권을 가리킨다. 역사상의 정치체제를 분석하는 개념.
2) 두 왕통: 황통이란 천황가의 혈통을 가리킨다. 가마쿠라 후기에 고후카쿠사 천황의 자손인 지묘인통(持明院統)과 가메야마 천황의 자손인 다이카쿠지통(大覺寺統) 둘로 분열했다.
3) 주권자: 국가의 의사와 정치를 최종적으로 결정하는 권력을 보유한 자. 군주제에서는 왕, 민주주의에서는 국민.

(2) 세계적 왕권의 공통점과 일본의 왕권

비슷한 점이 보이기는 하지만 세계적으로 보편적인 왕권은 존재하지 않는다. 각 문화의 독자성을 염두에 둔다면 어떠한 점을 왕권의 비교대상으로 삼아야 할까? 유럽과 이슬람 문화권, 인도, 중국 등의 왕권을 구조적으로 보면 주로 두 가지 공통적인 특징을 들 수 있다. 하나는 왕의 전제정치라는 이미지와는 달리 실은 왕은 조정의 귀족이나 관료와 함께 공동통치를 행한다는 점이다. 근대에 볼 수 있는 국가라는 정치질서가 존재하지 않았던, 즉 공적이라기보다는 사적인 연결관계가 강한 왕권에서는 구체적인 정치권력은 개인의 인간관계가 좌우했다. 다른 하나는 왕권의 의례와 그 종교성이다. 정치상의 인간관계는 대부분 의례로 조직되었으며 쓸데없는 경쟁을 배제하기 위하여 상하관계를 명확히 했다. 또한 종교의식도 왕권의 관념적인 위치 설정과 구체적인 운영에 빼놓을 수 없었다. 왕은 본인이 종교의식을 행하고 종교계의 문제를 해결하는 것을 통하여 종교와 정치 양쪽에서 주권자로서 존재했다.

이렇듯 세계적으로는 왕권의 공통적인 특징을 두 가지 들 수 있는데, 일본에서는 주권자여야 할 천황이 중세 이전(9세기)부터 공적인 정치의 장에서 거의 모습을 감추고 말았다. 천황은 굉장히 한정된 범위의 사람밖에 만나지 않기 때문에 많은 사람들 앞에 모습을 드러낼 것이 요구되는 다른 나라의 왕과 비교하면, 왕이라는 이름에 걸맞지 않은 것처럼 보인다. 그렇지만 동시대에 존재한 쇼군 등을 세계에서 말하는 왕이라 부르는 것도 약간 무리가 있다.

(3) 일본 중세 왕권을 세계적으로 어떻게 위치 지을 것인가?

중세 조정과 천황은 점차 정치권력을 잃어 가기는 했지만 조직으로서 존속했다. 조정과 막부 사이에서 왕권은 분열됐지만 무사는 황위까지 강탈하지는 않았다. 이는 단절이 많은 세계의 왕조와 비교하면 드문 사례이다. 왜 무사가 천황가를 폐위하지 않았는지는 시대별로 자세히 검토할 필요가 있지만 일반적인 설명으로서 왕권을 권력과 권위[4] 두 요소로 나누어 생각하는 것이 통설이 되었다. 전자는 실제로 사람들에게 군림하는 정치의 구체적인 운영을 의미하고 후자는 피지배자의 종속을 요구하는 관념적인 위력을 의미한다. 일본에서는 천황가가 권위를 독차지하는 한편, 권력을 장악한 자는 섭관가攝關家·태상천황·무가 등으로 변화해 갔다. 세계의 왕권에서는 보통 권위와 권력은 통치자 그룹(왕과 귀족, 관료 등)에게 집중되었고 분열되어 존재하는 경우는 없었다. 다만 이슬람의 왕권에서는 일본의 왕권의 이중 구조와 마찬가지로 정치적인 권력자 술탄과 종교적인 권위자 칼리프라는 예가 있었다.

(4) 향후 전망

무가는 점차 군사적·정치적 지배를 강화해 나가면서 불교와 유교를 이용하여 그 권위를 높여갔다. 즉 권위도 천황가와 조정의 전유물이 아니게 되어 갔다는 것이다. 무가의 권위는 천황가가 수행해 온 의례와 동일한 행위를 하는 등 천황가가 본래 가지고 있던 권위에 의존하는 경향이 있었지만, 한편으로는 조정에서는 보이지 않았던 쇼군과 무사 간의 주종관계에 기반한 의례

---

4) 권력과 권위: 권력은 국정을 운영하는 기능(위계질서와 정무·국무)을 갖는 것. 권위는 관념적인 것.

도 있으므로 조정의 권위와 동등하거나 동질적이었다고 하기는 어렵다. 나아가 세계에서는 중세에도 여성이 왕권을 장악한 곳이 적지 않다. 따라서 천황가와 무가의 여성의 정치권력과 종교적인 역할, 이를테면 후지와라노 센시藤原詮子부터 시작되는 여원女院5)의 입장이나 지토地頭 지위를 얻은 여성의 역할 등에 관한 검토를 심화시키는 것을 통해 세계와 일본의 비교 연구를 진행할 필요가 있을 것이다.

> **탐구 포인트**
> ① 무가의 권위를 어떻게 파악해야 할 것인가?
> ② 세계의 왕권이 존속·단절된 이유는 무엇인가?
> ③ 존속할 수 있었던 천황가·조정은 무엇이 달랐던 것인가?
> ④ 여성의 왕권에 대해 어떻게 검토할 수 있을 것인가?

참고문헌

伊藤喜良『中世王權の成立』靑木書店, 1995.
網野善彦아미노 요시히코·樺山紘一가바야마 고이치·宮田登·
安丸良夫야스마루 요시오·山本幸司 編『岩波講座 天皇と王權を考える 10』岩波書店, 2002~03
本鄕惠子『京·鎌倉ふたつの王權』小學館, 2008.

---

5) 여원: 천황의 생모나 황후, 내친왕, 여어(女御) 등 중에서 태상천황에 준하는 대우를 얻은 사람의 총칭. 중세 초기(12~13세기)의 여원은 미혼 황녀가 중심으로 광대한 영지에서 획득한 부를 가지고 정치적으로 큰 영향력을 가진 사람도 있었다. 단 실제 정치권력에 관해서는 시대에 따라서, 각 여원 개인에 따라서도 차이가 있었다. 1850년대에 그 제도가 폐지될 때까지 총 107명이 있었다. [역주] 여어(女御) : 황후, 중궁 다음 가는 후궁 여성.

02. 세계 속의 일본 중세 종교
그 특색은 어떠한 것인가

브라이언 루퍼트[Brian D. Ruppert*] 집필 / 고대성 번역

関連項目: II-1[p.140] II-5[p.152] II-9[p.164] II-15[p.182] II-24[p.209]

〔논의의 배경〕

일본의 중세 종교라 하면 1970년대까지 역사 연구자 사이에서는 '가마쿠라 신불교'를 기반으로 한 에도시대 이래의 기성 불교 각 종파의 개조와 교의가 그 중심으로 여겨졌다. 그러나 1970년대 이후 구로다 도시오 등이 재검토를 진행하여 새로운 시각에서 일본 중세 종교의 다양성과 특색을 해명하고 그 실상을 논의해 왔다. 그러한 연구동향을 염두에 두고 다음 네 가지에 주목하여 그리스도교 등과 비교하면서 일본 중세 종교의 특징을 밝혀보고자 한다. 논점은 ①순례, ②죽음·타계 개념, ③성인 유골 신앙과 사리 신앙, ④수학修學(교육)의 장場으로서의 수도원과 사원이다.

〔논점〕

(1) 순례

중세 그리스도교에서는 유럽과 중근동에서 순례가 활발히 이루어졌다. 대략 서기 4세기부터 13세기 사이에 지중해 주변에서 북유럽에 이르기까지 예수와 그 제자, 나아가 후세의 성인과 관련된 '성지'가 주로 순례대상이 되었다. 성인이 죽으면 그 유해는 일반적으로 생각되는 죽음을 초월한 것으로서 하느님의 구원을 나타낸다고 생각했기 때문에 신자들은 천국에 있다는 나무 모양을 본뜬 것을 심었다. 이는 순례자에게 있어 신의 은총을 나타내는 기적으로서 예수가 부활할 때에 인간이 되살아나서 구원받는다는 것을 나타내는 증거로 여겨졌다. 한편, 일본 중세에는 귀족들이 산악과 산림에 있는 사원을 성지로 삼아 순례했다. 이러한 산림 신앙을 선양한 것은 전국을 돌아다니는 히지리聖[1])였는데, 이들은 권문사원을 외연에서 지탱하는 존재이기도 했다. 즉 순례에 대해서 중세 그리스도교와 일본 중세 불교 사이에는 성인·성지 신앙이라는 공통점이 있지만, 부활 개념이 없고 산림을 수행의 장으로서 중시하는 것 등이 불교의 특징이라 할 수 있다.

---

*) 가나가와(神奈川)대학 국제일본학부 교수 | 일본종교사

1) 히지리: 속세를 버리고 수행에 전념하는 종교인으로 전국을 떠돌아다니며 교화에 힘썼다. 중세 성립기에는 간접적으로 권문사원과 관계를 맺는 자도 많았다.

(2) 죽음과 타계라는 관념

중세 그리스도교도는 사후 천국에서의 구원을 추구했다. 그들은 죽을 때에 큰 죄가 아니라면 연옥2)에서 불의 고행을 행하면 정화되어 속죄할 수 있다고 생각했다. 한편, 일본 중세에는 고야산 입정 설화高野山入定說話의 홍법대사弘法大師 구카이空海처럼 성인은 특별한 죽음을 맞이하지만, 일반 사람들은 사후에 육도六道3)를 순회한다고 믿었다. 육도 신앙은 지배자층이 먼저 받아들였고 중세 후기에 이르면 사회의 다양한 계층에도 침투되어 갔다. 그리스도교의 성인은 일반 사람과 달리 연옥 고행이 필요하지 않다고 여겨졌는데 이 점에서는 일본 성인의 해탈과 비슷하다. 그러나 예수의 천국과 불교의 내세관에는 현저한 차이가 있는데, 불교에서는 정토 관념도 있지만 육도 지옥에 떨어지는 경우도 있어 모든 인간이 평등하게 구제되는 것은 아니었다.

(3) 성인 유골 신앙과 사리

중세 그리스도교 연구가 성인 유골 신앙과 묘지 순례에 주목해 왔듯이 최근 일본의 종교 연구에서는 보편적 신앙과 그에 관련된 물질 문화적 측면에도 관심이 모이고 있다. 특히 일본을 포함한 동아시아에서는 서양의 성인 유골 신앙과 비슷한 석가·보살·나한의 '사리' 신앙을 해명하는 작업이 진척되었다. 예를 들면 산림 사원 등에 참배하고 성인의 유골이나 사리를 예배하는 것은 11세기부터 보이지만 유골뿐만 아니라 법화경 등의 경전도 '법신사리'로서 숭배되었다. 더욱이 10세기 말 이후 진언밀교眞言密敎의 사원에서는 사리를 모셨다는 여의보주如意寶珠가 귀하게 여겨지게 되어 수법修法의 본존으로도 이용되었다. 또한 조정과 막부의 지배층도 사리를 보물로서 중시하게 되었다. 한편, 그리스도교의 경우 예수 그리스도의 유골의 유무는 인식되지 않았고 성서 그 자체는 성전으로서 중시되었지만 그것이 직접 신앙의 대상이 되지는 않았다.

(4) 수학(교육)의 장으로서의 수도원과 사원

최근 밀교의 전수와 전파에 있어서 성교聖敎[p.153][p.214]라 불리는 방대한 경전 컬렉션이 만들어지고 현밀顯密 사원에서는 풍부한 수학 활동이 전개되었다는 사실이 밝혀졌다. 말법末法시대에 들어갔다고 여겨진 중세에 특히 즉신성불卽身成佛·본각법문本覺法門 사상과 의례를 기록한 차제서次第書4)와 구전을 전수하는 것은 승려에게 있어 사원사회에서 자신의 법류와 원가院家(문적門跡)을 번영시킬 뿐만 아니라 그 자신도 보살의 한 사람으로서 해탈이 보증된다는 사실을 나타낸다고 여겨졌다. 즉 수학의 장이기도 한 서양의 수도원에서는 수도사는 다소나마 플라톤 사상 관계의 철학서도 공부했지만 성전으로서는 성서만을 중시하였다. 한편 일본의 사원에서

---

2) 연옥: 그리스도교에서 사자의 영혼이 사후 일시적으로 체재한다고 여겨진 곳으로 천국과 지옥 사이에 있다고 한다. 여기서 영혼은 죄의 대가를 치르고 정화되어 천국에 갈 수 있다고 여겨진다.
3) 육도: 모든 중생이 생전의 죄업에 따라 생사를 반복하는 여섯 가지 번뇌의 세계. 지옥·아귀·축생·아수라·인간·천상을 말한다.
4) 차제서: 종교의례의 진행을 시간 순서대로 기록한 문헌.

성전은 폭넓게 인식되어 승려들은 경율론소經律論疏와 성교류를 중심으로 하되 한문서적 등 다양한 외전外典5)도 수학했다.

(5) 중세 일본 종교를 세계적으로 어떻게 자리매김할 것인가?

불교는 중앙아시아와 동아시아에 전파되는 과정에서 복수의 현지 종교와 그들이 갖는 생사관·타계관을 포섭해 왔다. 이는 그리스도교가 그리스도교 이전의 로마·그리스 신화를 포섭해 간 것과 비슷하다. 더욱이 동아시아에 전파된 불교는 산림신앙을 중시하는 도교·유교 등의 신과도 습합習合했고 이 때문에 중세 일본에서는 사후세계는 산 위에 있다는 개념이나 정토신앙 등 다양한 타계 관념이 생겨났다. 나아가 불교는 지주신地主神을 비롯한 일본의 신을 포섭하는 것으로 지역주민의 신앙을 얻어 나갔다. 또한 본각법문 사상에서 '초목국토실개성불草木國土悉皆成佛6)' 관념이 생겨났고 이는 성교 등에 기록되었을 뿐만 아니라 요곡謠曲을 비롯한 문학 작품에도 묘사되면서 일본 중세 불교는 널리 사회에 침투해 갔다. 요컨대 여러 종교의 융합은 세계에서 널리 보이는 현상이지만, 일본에서는 부처와 신의 융합이 뚜렷하였고 이것이 새로운 사상과 의례를 창출하여 예능과 문학에까지 영향을 미쳤다는 것이다.

> **탐구 포인트**
> ① 1970년대 이후 중세 불교를 파악하는 관점이 변화하자 중세 불교 연구는 어떻게 바뀌었는가?
> ② 그리스도교와 비교했을 경우에 일본의 중세 종교의 특징은 어떻게 파악할 수 있을까?
> ③ 불교와 동아시아의 여러 종교의 관계는 어떻게 파악할 수 있을까?

참고문헌
平雅行『日本中世の社會と佛敎』塙書房, 1992.
上島享「日本中世の宗敎史」吉田一彦·上島享 編『日本宗敎史 1 日本宗敎史を問い直す』吉川弘文館, 2020.
永村眞『中世醍醐寺の佛法と院家』吉川弘文館, 2020.
上島享「中世の神と佛」吉田一彦 編『神佛融合の東アジア史』名古屋大學出版會, 2021.

---

5) [역주] 외전 : 불교 경전을 가리키는 내전(內典)과 대비되는 말로 불교 이외의 서적의 가르침, 특히 유학 경전을 가리킴.
6) 초목국토실개성불: 중국 불교 문헌에는 6세기경부터 보이며, 구카이 이후 특히 천태밀교승인 안넨(安然, 814~915)등이 주목한 불성에 대한 설명.

03. 섭관정치와 원정
원정은 섭관정치를 부정하였는가

우에지마 스스무上島享*) 집필 / 김현경 번역

관련항목: II-1[p.140]

〔논의의 배경〕

1068년(지랴쿠治曆4) 섭관가를 외척으로 두지 않는 고산조後三條 천황이 즉위하여 천황 친정親政을 행한다. 그 방향성은 시라카와白河 천황(상황)으로 계승되어 이윽고 원정院政[p.22]이 시작된다. 즉 조정의 정치 형태는 천황의 외척이 실권을 쥐는 섭관정치攝關政治에서 천황의 직계존속(아버지, 할아버지)이 치천의 군治天の君1)으로서 주도하는 원정으로 옮겨 간다. 섭관정치에서 원정으로의 변화는 큰 정치적 전환점이며, 원정의 확립이 새로운 시대인 중세의 시작점이라고 평가받기도 한다. 과연 원정은 섭관정치를 부정한 새로운 정치 형태였을까? 시점을 바꿈으로써 얻어낼 수 있는 새로운 시각과 평가를 제시하고자 한다.

〔논점〕

(1) 고전적인 이해

후지와라 북가藤原北家가 섭정·관백關白으로서 조정 정치를 움직이는 것은 9세기 중엽, 후지와라노 요시후사藤原良房·모토쓰네基經 시대부터이다(전기 섭관정치). 후지와라씨는 다른 유력 씨족을 배척해 나갔고, 10세기 후반 이후 외척의 지위를 확보하였으며, 가네이에兼家·미치나가道長·요리미치賴通 3대는 섭관정치의 전성기로 여겨진다(후기 섭관정치). 이러한 과정을 거쳐 섭정·관백의 지위를 계승하는 섭관가가 탄생한다. 그러나 섭관가를 직접적인 외척으로 두지 않는 고산조 천황이 즉위하여 섭관가를 억압하였고, 마침내 시라카와 상황이 원정을 시작함으로써 천황의 외척이 실권을 쥐는 섭관정치는 부정되고, 천황의 직계 존속이 권력을 장악하는 원정이 시작되었다고 한다. 원정은 시라카와 천황이 호리카와堀河 천황에게 양위한 1086년(오토쿠應德3)에 시작되었다고 여겨져 왔으나, 성인이 된 호리카와 천황은 적극적으로 정치에 관여하였고, 1107년(가쇼嘉承2)에 호리카와 천황이 사망하며 당시 나이 4세였던 도바鳥羽 천황이 즉위함으로써 시라카와 원정이 본격화했음이 밝혀졌다. 이상으로 천황의 어머니

---

*) 교토대학대학원 문학연구과 교수 | 일본중세사·일본종교사
1) 치천의 군: 중세 조정 정치를 주도한 권력자를 가리키며, 원정의 경우에는 원정을 행한 상황이, 천황 친정 때는 천황이 치천의 군이 된다. 원정의 정착과 함께 '치천(治天)'·'치세(治世)' 등의 단어가 사료 상에 나타난다.

측인 섭관에서 아버지 측인 치천의 군으로 옮겨갔다는 도식은 권력의 소재를 바탕으로 한 정치 과정의 변천을 놓고 볼 경우 명확하고 합리적인 이해라 할 수 있다.

(2) 후지와라노 미치나가에 의한 새로운 권력의 형성

단, 역사에는 단절면과 연속면이 함께하므로 시야를 넓힘으로써 새로운 세계가 보이게 된다. 여기서는 어떻게 해서, 천황과는 다른, 전제적이라는 평가를 받는 원院 권력이 탄생했는가 하는 문제에 대하여 고찰하고자 한다. 10세기 중엽 이후 사회 구조의 변화를 전제로 새로운 시대에 부합하는 천황 권위의 창출이 진행되었고, 그것을 추진한 후지와라노 가네이에·미치나가 부자는 형성되어 가는 천황 권위 속에 자신의 존재를 구조적으로 끼워넣음에 따라 천황을 핵으로 하는 왕권 구조 속에 섭관가가 확고한 위치를 차지하였다(섭관가攝關家의 형성). 이러한 과정을 밟아 나가면서 만년의 미치나가는 천황과는 다른 새로운 권력 형태를 모색한다. 1018년(간닌寬仁2) 태정대신을 사직하고 천황의 신하라는 입장에서 이탈한 미치나가는 그때까지 외척이나 내람內覽으로서 길러낸 권력의 제도화·구조화를 진행시켰다. 그리고 미치나가가 지향했던 권력의 형태는 지안治安 2년(1022)에 완성된 호조지法成寺2)에서 잘 드러나고 있다. 호조지를 경영하기 위해 미치나가는 자신의 가사家司3) 수령受領[p.104]은 물론 귀족의 각 계층들에게도 널리 역役을 부담하도록 명령하였고, 그들은 현실적으로 미치나가의 권세 앞에서 명령을 거부할 수가 없었다. 미치나가는 귀족 각 계층도 종자從者처럼 다루고, 사원 건립의 수행을 통하여 자신의 권력을 가시적인 형태로 보여주었던 것이다. 그리고 완성된 호조지에는 진호국가鎭護國家를 기원하는 금당·강당을 가람의 중심으로 삼고, 그것을 둘러싸는 형태로 아미타당阿彌陀堂·오대당五大堂 등 미치나가의 내세 왕생과 섭관가의 보호와 유지를 기원하는 장소를 배치하였다. 국가의 평안함과 불법佛法의 융성을 빎과 동시에 자신의 평온함과 왕생을 희망하는 미치나가의 모습은 '왕'이라고 불리는 것이 어울렸다. 즉, 미치나가는 천황과는 다른 인적 편성을 행하여 당시 천황도 만들 수 없던 대규모 가람을 완성시키고, 새로운 권력의 형태를 세상에 드러내었던 것이다. 거기서는 인적 편성과 역의 부담, 종교 문화를 포함한 넓은 의미의 정치가 전개되고 있었다.

(3) 천황, 치천의 군, 섭관으로 구성되는 중세 왕권 구조

만년의 미치나가가 지향했던 천황과는 다른 권력 형태는 천황을 핵으로 하는 국정과 국가 재정의 영역 밖에 있었고, 왕권 분열의 위험성도 품고 있었다. 그것을 회피하고자 만년의 미치나가 정치를 국제國制 안에 위치시키고 원 권력을 확립시킨 것이 시라카와 상황이었다. 시라카와 상황의 권력에는 일찍이 자신이 가졌던 천황 권위도 내포되어 있었고, 천황 권위의

---

2) 호조지: 간닌 3년(1019)에 출가한 후지와라노 미치나가는 가모가와 강(鴨川) 서쪽에 아미타당(阿彌陀堂)을 건립하기 시작하였다. 아미타당은 이듬해에 완성되었고, 무료주인(無量壽院)이라는 이름이 붙여졌다. 무료주인에서는 당사(堂舍)의 정비가 진행되었고, 1022년에는 금당·오대당의 낙경공양(落慶供養)이 거행되었으며 절 이름이 호조지로 바뀌었다.

3) 가사: 율령제 하에서 친왕·내친왕과 3위 이상 귀족에게 부여된 가정기관(家政機關)의 직원에 대한 총칭. 헤이안 중기 이후, 섭관가 등의 권문세가가 형성되면서 사무라이도코로(侍所)·만도코로(政所) 등의 가정기관이 정비되는 가운데, 섭관 등과 주종관계를 맺는 수령 같은 종자들도 가사에 편성되어 갔다.

신장이 자기 권력 기반의 강화로도 이어졌다. 이 점이 미치나가와는 본질적으로 다르지만, 또 한편으로 원 권력은 만년의 미치나가 정치로부터 많은 부분을 계승하고 있다. 미치나가와 가사 수령의 주종제적 관계는 원사院司4) 제도로 계승되어, 미치나가 단계에서는 사적인 봉사였던 것이 수령성공受領成功5)이라는 형태로 국가 재정에 편입되었다. 또한 사원 건립을 비롯한 종교 문화의 패권 장악이 중요한 정치였다는 점도 계승되었다. 요컨대 시라카와 상황은 미치나가 가 지향했던 권력 형태를 받아들인 새로운 국제를 완성시킨 것이다. 그로 인해 왕권 분열의 가능성은 사라졌고, 왕권을 분장分掌하는 천황·치천의 군(원 권력)·섭관이 상호 보완적으로 국정을 주도하고 그들이 권문 계열화의 정점에 선다는 국제의 구조가 완성되었으며, 중세 왕권 질서와 권문체제6)가 일체화된 것으로 확립되었다.

(4) 앞으로의 전망

위와 같은 설명도 하나의 이해 방식에 지나지 않는다. 단, 권력의 소재를 축으로 하는 정치 과정론이 아니라 권력의 특질(내실), 그것을 지탱한 인적 편성과 경제적 기반, 나아가 문화적 패권의 장악 등의 시점을 도입함으로써 '정치' 그 자체가 보다 풍성하게 보여지게 되지 않을까? 앞으로도 역사적 사실을 전제로 하여 그것을 어떠한 시점에서 보느냐에 따라 섭관정치와 원정의 파악 방법도 달라지게 될 것이다.

탐구 포인트

① 섭관정치와 원정의 단절면과 연속면을 어떻게 파악해야 할 것인가?
② 중세의 천황, 치천의 군, 섭관의 권력과 권위를 어떻게 파악해야 할 것인가?
③ 나아가 정치를 어떻게 파악해야 할 것인가?
④ 일본에서의 고대에서 중세로의 변화를 어떻게 파악해야 할 것인가?

참고문헌

美川圭『院政の研究』臨川書店, 1996.

上島享『日本中世社會の形成と王權』名古屋大學出版會, 2010.

---

4) 원사: 태상천황과 여원을 섬기며 원의 가정기관에 관한 여러 사무를 담당한 직원. 원사는 사가(嵯峨) 상황 때 설치된 것이 처음으로, 순차적으로 정비되어 간다. 원정의 개시와 더불어 원령(院領) 장원의 관리 등을 담당하는 원청(院廳)의 확충이 계획되었고, 원사의 수도 증가하게 된다. 고시라카와(後白河) 원정기에는 주요 공경(公卿)들이 원사가 되었다.
5) 수령성공: 수령이 천황이나 상황·여원 등의 원 어소(院御所)와 그들이 발원하는 사원의 건축을 책임지고, 그 대가로서 수령의 중임(重任)과 다른 구니의 수령으로 전임하는 것 등을 인정받는 일.
6) 권문체제: 구로다 도시오가「중세의 국가와 천황(中世の國家と天皇)」(1963)에서 제시한 중세국가의 정치구조 이해의 틀. 구로다는 중세의 국왕은 천황이라고 하면서, 천황 아래 공가(公家)·무가(武家)·사가(寺家)가 상호 보완적으로 국가적 권능을 분장하였다고 보았다.『黒田俊雄著作集 第一卷 權門體制論』法藏館, 1994 에 수록.

04. 장원제의 성립
'입장론'과 그 과제

고하라 요시키^{小原嘉記*)} 집필 / 이소현 번역

관련항목: I-26[p.104] II-3[p.146] II-8[p.161] II-13[p.176]

〔논의의 배경〕

대체로 원정기부터 무로마치기에 걸친 중세 지방지배의 구조는 장원제를 기초로 하고 있었다. 이는 도시영주인 권문들이 국토를 분할통치하는 구조였으며, 분권적인 중세의 사회체제를 특징짓는 것이었다. 물론 장원 자체는 고대부터 존재했으나 공公적인 영역 지배가 행해지고 있었다는 점에서 중세 장원의 특징을 찾을 수 있다. 중세 장원의 형성은 한때는 재지영주가 국사에게 대항하기 위해 자신이 개발한 소령^{所領}을 귀족·사사에 기부^{寄進}하고 스스로 게시^{下司}가 되어 현지의 지배권을 확보했다고 이해되어 왔다. 이를 기진지^{寄進地}계 장원¹⁾이라고 부르며 고등학교 교과서에서도 이러한 설명이 지금도 일반적으로 기재되어 있지만, 중세사연구에서는 1990년대 후반에 '입장론^{立莊論2)}'이 제기되며 기진지계 장원에 근거한 장원제성립사 이해는 일신되었다. 현단계 장원사연구는 이 '입장론'에서 출발해야 할 것이다.

〔논점〕

(1) '입장론'의 제기

'입장론'이란 장원제 형성을 정치사적 시각에서 동태적으로 설명한 것으로, 중세장원 성립의 기점은 지방부터 시작된 귀족·사사로의 소령 기부에 있는 것이 아니라 원·여원·섭관가측이 국아에 명하여 능동적으로 행한 입장^{立莊} 행위를 중시할 필요가 있다고 논한 것이다. 입장 작업은 그 근거가 되는 소령이나 면전의 권계^{券契3)}를 기초로 하여 이루어졌고 그것에 의해 국아령 등도 포섭한 대규모 영역형 장원이 성립되었으며 입장 전후로 소령의 실태는 크게 달라졌다. 즉 왕권의 관여 아래 새로운 통치 구조가 발생했음을 밝혔다는 것이 '입장론'의 아주 중요한 성과이다.

---

*) 교토여자대학 문학부 준교수 | 일본고대·중세사
1) 기진지계 장원: 이 학설은 1906년에 발표된 나카다 가오루 「왕조시대의 장원에 관한 연구」에서 제시됐다. 「王朝時代の庄園に關する硏究」『法制史論集 2』岩波書店, 1938.
2) 입장론: 가와바타 신(川端新)과 다카하시 가즈키(高橋一樹) 등이 제기했다. 川端新『莊園制成立史の硏究』; 高橋一樹『中世莊園制と鎌倉幕府』塙書房, 2004.
3) 권계: 토지소유권을 보증하는 증거문서. 사령(私領) 전답의 면적, 소재지가 기재되어 있었다.

'입장론'이 전제로 삼은 것은 1980~90년대에 걸쳐 크게 진전된 수취제도·국가재정사·수령受領[p.104]제 등의 연구성과였다. 수령에 의한 징세·공납은 도비都鄙 납소納所4)의 활동 및 유통의 활성화를 촉진했고, 이로써 장원연공의 수납 시스템이 성립할 밑바탕이 만들어졌다. 또 수령이 현지에 부임하지 않게 되고 지행知行국제[p.156]가 정착되면서 소송이나 국무의 결재를 위해 중앙과 지방을 왕래하는 지방세력의 수도 늘고 있었다. 그들의 재경在京 활동 속에서 왕권 주변의 입장 세력과의 연결 관계가 구축될 수 있었을 것이다. 중앙과 지방의 활발한 인적 교류가 원정기에 잇달아 입장이 행해지는 동인이 되었다. 그러나 이렇게 형성된 장원제의 양상은 중앙과 지방의 정치정세가 직접적으로 연결되는 상황까지 탄생시켰다. 12세기 말 내란의 전국화는 장원제의 전개와 불가분한 현상이다.

(2) 영역형 장원과 그 지배

'입장론'이 전제로 삼은 또 하나의 논의가 영역형 장원5)이다. 11세기 단계의 장원은 수령이 교대할 때마다 국도國圖6)와 대조하여 관물 면제를 인가받을 필요가 있었다. 수령이 교체되면 전임자 때에 장호莊號를 공인받은 소령이 후임자의 장원정리에 의해 수공收公되는 일도 드물지 않아, 그 존립은 불안정성을 동반하는 것이었다. 또 영주에 의한 주민 지배도 아직 철저하지 못하여, 일부 다토田堵7)를 요류도寄人8)로서 장악하고 있었던 것에 불과했다. 이러한 섭관기의 장원은 면전免田·요류도형 장원이라고 불린다. 이와는 대조적으로 11세기 중엽에 사원령 장원 가운데 조정에 의해 불수·불입권을 인정받은 영역형 장원이 나타나기 시작했다. 이는 인간 생활과 생산활동의 장으로서 유기적으로 결합한 취락·경지·산야·하해河海를 통일적으로 영역 지배하는 새로운 유형의 장원으로, 사원령 장원을 선구로 하여 원정기에는 왕가령·섭관가령의 입장에 의해 더욱 큰 규모의 영역형 장원이 형성되어 갔다. 영역형 장원은 촌락을 포섭하기 때문에 주민은 장원영주(본소本所9))에게 귀속된 장민으로서 설정되고, 그들에 대한 재판·경찰권은 본소가 일원적으로 장악했다. 장원은 단순한 사적 토지소유라고만 할 수 없고, 국아의 간섭을 거부하는 독자적 법권法圈으로서 정립되어 있었고, 공적인 영역지배 단위라는 성격을 강하게 띠고 있었다.

(3) 앞으로의 전망

'입장론'은 중세장원의 틀이 정치적으로 성립되는 모습을 잘 설명해 주지만 장원영주가 영역적 지배를 행할 수 있었던 조건은 충분히 깊게 논의되지 않았다. 입장 전후로 재지사회가 어떠한

---

4) 납소: 관물(官物)을 납입·보관하는 창고로 수송이 편리한 항만이나 교통의 요지에 설치되었다. 교토 근교에 설치된 납소는 경고(京庫)라고도 불리었으며 수령의 명령에 따라 공납물의 출입이 수시로 행해졌다.
5) 면전·요류도형 장원, 영역형 장원: 고야마 야스노리(小山靖憲)가 제창된 장원 유형. 장원 경관(景觀)을 중심으로 중세 장원의 형성을 명쾌하게 논했다.「莊園制的領域支配をめぐる權力と村落」『中世村落と莊園繪圖』東京大學出版會, 1987.
6) 국도: 국아에 보관된 반전도(班田圖). 여기에 불수조전으로 기재된 장전(莊田)만 면제 대상이 되었다.
7) 다토: 헤이안 중기~후기에 걸쳐 장원·공령의 경작을 맡아 하는 백성.
8) 요류도: 장원영주에게 소속된 다토. 국아로부터 임시잡역을 면제받았다. 180쪽 참조.
9) 본소: 장원영주를 가리키는 말. 162쪽 참조.

동향을 보이고 있었는가는 탐구해야 할 과제이며, 수령受領지배 하에서 군·향의 잡무를 담당하고 있던 재지 문필층이 장원제적 지배체제 형성에 어떻게 관련되어 있었는지를 규명하는 것도 영역형 장원의 내실을 생각하는 데 필요한 문제라고 할 수 있다.

원래 '입장론' 이전의 장원 연구는 신분론·촌락론·사회집단론 등 중세의 사회체제를 넓게 논하려는 시야를 갖고 있었다. 이 점에 관해 말하자면 '입장론'은 아직 한정적인 사정射程밖에 갖지 못한 실정이다. 또 1980년대 장원연구에서는 수리·지명 등의 현황조사에 기초한 경관 복원론적인 수법이 사용되기 시작했고 이윽고 지형환경의 변화나 당시 기후의 복원에 의해 환경사 또는 생업론이라는 새로운 경지가 열려 갔다. 거기에는 인간의 생활, 노동, 자연과의 관계를 묻는 것이 장원제론의 중요한 과제라는 일관된 문제의식이 있었다. 현재로서는 이러한 논의와 '입장론'은 잘 맞물려 있지 않다. 그것을 어떻게 극복해 갈 것인가가 장원제론을 진전시키기 위한 열쇠가 될 것이다.

탐구 포인트

① 중세장원의 성립에는 소령의 기부가 아니라 왕권에 의한 입장이 중요하다.
② 영역형 장원의 형성에서 재지사회가 어떠한 동향을 보였는가 탐구한다.
③ 수령지배 안에서 배양된 재지의 지배시스템과의 관계를 생각한다.
④ 환경사·생업론 등의 시각을 참고하여 사회체제로서의 장원제론을 구상한다.

참고문헌

川端新 『莊園制成立史の研究』 思文閣出版, 2000.
水野章二 『日本中世の村落と莊園制』 校倉書房, 2000.
佐藤泰弘 『日本中世の黎明』 京都大學學術出版會, 2001.

05. 헤이안 후기·가마쿠라기의 승려 네트워크
어떻게 이동하여 무엇을 가져왔나

오카노 고지岡野浩二*) 집필 / 이소현 번역

관련항목: I-30[p.116] II-9[p.164]

〔논의의 배경〕

표제의 테마로부터 히지리[p.143]·유행승遊行僧 등 기성 교단 바깥에 위치한 민간포교승을 떠올릴지도 모르겠다. 나라시대에는 국사國師1)가 각 구니에 부임하여 승려와 비구니를 지도하고 국분사國分寺를 경영했으며 불교 의례를 집행했지만, 헤이안 중기에는 쇠퇴했다. 한편 11세기 중엽의 『대일본국법화경험기大日本國法華經驗記』2)에는 일정한 거점을 갖지 않고 각지를 유랑하는 승려가 등장한다. 국가의 불교통제가 해체되면서 민간포교승의 활동이 활발해졌다. 귀족화된 대사원으로부터 은둔(둔세遁世)하는 승려가 등장했다. 히지리 등의 민간포교승이 가마쿠라 불교의 모체가 되었다. 물론 그렇게 이해할 수도 있다. 그러나 그러한 구도로는 설명할 수 없는 승려의 이동과 왕래가 다수 존재했다.

〔논점〕

(1) 어떤 계층의 승려가, 무슨 이유로 이동했는가

이동하는 승려들 중 그 목적이 분명했던 예를 들어 보자.

국사國司가 수반한 승려 : 헤이안 중후기에 국사가 임지에 수신隨身(수반隨伴)하는 '국사 수신의 승려'가 있었음을 니시구치 준코西口順子가 지적했다. 그들은 엔랴쿠지 등의 주요 사원의 승려로 국사의 자식 또는 친척인 경우가 많았고 국사를 수호護持하며 임국任國에서 불교 의례를 집행했다고 한다.

권진승勸進僧 : 11세기에 사누키讚岐국 젠쓰지善通寺의 재건을 담당한 젠포善芳는 사누키 국사와 도지東寺와 교섭하여 아키安藝국으로부터 목재를 구입했다. 이바라키현 쓰치우라시土浦市 도조지東城寺 뒷산 출토 경통經筒에 이름이 새겨진 엔랴쿠지 승려 게이센經暹은 권진의 역할을 맡았다.

별원·말사·사령寺領의 경영을 맡은 승려 : 천태별원天臺別院3)의 별당別當으로서 히에이산比叡

---

*) 고쿠가쿠인(國學院)대학 겸임강사 | 일본불교사
1) 국사: 702년에 설치된 지방 승관. 795년에 강사(講師)로 개칭되었다.
2) 『대일본국법화경험기』: 히에이산의 진겐(鎭源)이 1043년경에 편찬한 설화집. 무쓰(陸奧)에서 부젠(豊前)에 이르는 지역의 승려와 사원이 실려 있다.
3) 천태별원: 천태종의 지방사원. 9세기에 무쓰에서 이요(伊豫)에 이르는 사원 약 10만 개가 있었고 그 후로도 증가했다.

山으로부터 이주해 온 승려가 10세기의 『승 묘타쓰 소생주기僧妙達蘇生注記』4) 등에 보인다. 또 12세기 초에는 각지의 장원을 돌고 다자이후의 다이센지大山寺의 별당이 된 엔랴쿠지 승려 호야쿠 선사法藥禪師가 있었다.

참배·순례 : 12세기 중엽에 온조지園城寺의 가쿠추覺忠가 기나이 주변의 관음 33개소 영장靈場을 참배했다. 12세기 말에 셋쓰국 가쓰오지勝尾寺의 승려가 하쿠산白山에 참배했다는 것이 알려져 있다.

(2) 승려는 어떻게 이동했는가

쇼렌인靑蓮院5)(교토부)·신푸쿠지眞福寺6)(아이치현)·조라쿠지長樂寺7)(군마현)·가네사와 문고金澤文庫8)(가나가와현)에 전래된 성교聖敎9)(불경)의 사경 오쿠가키奧書를 통해 헤이안 후기부터 가마쿠라기에 걸친 천태종 승려의 이동·왕래의 실정을 알 수 있다.

11세기 전반에 고케이皇慶는 히에이산을 떠나 이요·지쿠젠·지쿠고·교토·이세를 거쳐 단바로 이주하여 만년에 히에이산으로 돌아갔다. 이요·단바에서는 국사國司를 수호하기 위해 밀교 수법을 행했다. 또 이요·지쿠젠 등에서 천태·진언 밀교를 전수받고 불경을 필사했으며 이세·단바에서 제자에게 그 밀교를 전수하였고 단바에서는 엔랴쿠지에서 찾아온 제자의 질문에 답을 했다.

고케이의 계보를 잇는 야쿠닌藥仁·기코基好·에이사이[p.118]는 11세기 말부터 12세기 후반에 비젠備前·이나바·호키·지쿠젠에서 성교를 필사했다. 특히 에이사이는 지쿠젠에서 다른 종파의 승려와 논쟁을 벌였다.

또 고케이의 계보를 이은 주사이忠濟는 히에이산과 오와리 국 오야마데라大山寺10) 사이를 왕래하며 불경을 필사했다. 그 제자인 겐엔源延은 이즈를 거점으로 삼아 시나노에 진출하여 주사이로부터 밀교와 그 관련 성교를 전수받았다. 그리고 겐엔은 가마쿠라 막부의 신임을 얻어 미나모토노 사네토모·호조 요시토키의 불교 의례에 참가했다. 또 화재로 불탄 이즈국 소토산走湯山을 재건했다. 또 호넨法然으로부터 『정토종약요문淨土宗略要文』을 받았다.

(3) 승려의 이동·왕래가 가져온 것은 무엇인가

고케이는 다자이후에서 진언종 사원인 도지의 승려로부터 밀교를 전수받았고, 그에 따라 종래의 천태종 계열 밀교에는 없었던 합행관정合行灌頂(태장계胎藏界·금강계金剛界를 동시에 전수)이 탄생했고 그 의례의 법식을 야쿠닌藥仁이 썼다. 그러한 밀교(전적)의 필사 및 수수授受가

---

4) 『승 묘타쓰 소생주기』: 묘타쓰(妙達)가 명계의 사람들을 보고 소생하는 설화집. 10세기를 배경으로 하고 있으며 동국의 인물이 태반을 차지한다.
5) 쇼렌인: 교토시 히가시야마구에 있는 천태종 사원. 헤이안 말기·가마쿠라 초기에 지엔(慈圓)에 의해 정비되었다.
6) 신푸쿠지: 아이치현 나고야시에 있는 진언종 사원. 오스 관음(大須觀音) 호쇼인(寶生院)이라고도 한다. 가마쿠라 말기에 창건되었다.
7) 조라쿠지: 군마현 오타시(太田市)의 천태종 사원. 13세기 전반에 에이초(榮朝, 에이사이의 제자)가 임제종 사원으로서 창건했다.
8) 가네사와 문고: 가마쿠라 중기 이후, 가네사와 호조씨(金澤北條氏)가 쇼묘지(稱名寺) 옆에 세운 문고에서 유래했다. 이 가네사와 문고와 쇼묘지의 성교가 1930년에 설치된 가나가와 현립 가나자와 문고(요코하마시)에 보관되어 있다.
9) 성교: 불경의 총칭. 경·율·론·소 외에 일본 승려의 저작을 포함한다. 일반적인 역사 사료(문서·기록·편찬물)와 불교 관련 전적을 구분한다는 의미에서 이러한 명칭이 사용되었다. 214쪽도 참조.
10) 오야마데라: 아이치현 고마키시(小牧市)의 오야마 폐사(大山廢寺) 터가 이에 해당한다.

기코·에이사이, 주사이·겐엔 등에 의해 이루어졌고, 고케이류(다니류谷流11)) 밀교가 각지에 전파되었다. 호키국 다이센大山, 비젠국 니치오산日應山, 오와리국 아지오카味岡, 이즈국 소토산이라는 각 승려의 활동 거점이 그러한 활동의 중계지가 되었다. 또 야마토국 도노미네多武峰12)도 승려가 왕래 및 교류하는 네트워크의 거점이었다.

이상으로부터 다음과 같이 말할 수 있다. 히에이 산이나 교토에서는 이루지 못했던 다른 종파로부터의 밀교 전수가 행해져 새로운 유파가 생성되었다. 또 이동 및 왕래의 대상이 되는 지방 사원으로서 승려의 출신지와 그 이외의 거점 사원을 지적할 수 있다. 왕래하는 승려의 네트워크가 형성되었고 그 안에서 성교가 생성 및 필사되었던 것이다.

(4) 앞으로의 전망

고케이皇慶(천태·진언), 에이사이榮西(천태·임제), 겐엔源延(천태·정토)은 모두 종파의 틀을 넘어서서 인적 관계를 형성했다. 또 겐엔은 소토산, 에이사이는 도다이지의 재건 활동에서 권진을 맡았다. 개별 종파의 역사나 기성 교단 바깥에 위치하는 '히지리'같은 고정개념에 사로잡히지 않고 승려의 이동과 네트워크라는 관점에서 불교사를 새롭게 파악해야 할 필요가 있다.

무로마치시대 관동 지역의 천태종 담의소談義所13)를 기록한 『단나문적상승자檀那門跡相承資』14)에도 히에이산과 관동, 그리고 관동의 사원들 사이를 이동·왕래한 승려가 보인다. 담의소도 승려의 이동·왕래와 불가분의 관계에 있었다고 생각된다. 장기적인 시야를 가지고 파악해야 할 것이다. 성교 오쿠가키·금석문·사원 연기緣起로부터 알 수 있는 승려의 이동은 그 밖에도 지적되고 있다. 그러나 비슷한 사례의 검색 등 기초 데이터의 정리가 더욱 필요하다.

탐구 포인트

① 이동하는 승려는 교단 외연부의 사람이었는가?
② 어느 계층의 승려가 무엇을 목적으로 어디를 이동·왕래했던 것인가?
③ 이동·왕래로부터 볼 수 있는 승려 네트워크는 어떤 것인가?

참고문헌

西口順子『平安時代の寺院と民衆』法藏館, 2004.
橫內裕人「多武峰と宋佛敎」『アジア遊學』142, 2011.
久米舞子「金剛寺聖教にみえる僧仁範の足跡」『日本古代の地域と交流』臨川書店, 2016.
岡野浩二『中世地方寺院の交流と表象』塙書房, 2019.

---

11) 다니류: 천태종의 밀교(태밀)은 헤이안 후기에 다니류를 비롯해 오오하라류(大原流)·삼매류(三昧流), 법만류(法曼流)·나시노모토류(梨本流) 등으로 나뉘었다.
12) 도노미네: 나라현 사쿠라이시(櫻井市). 후지와라노 가마타리(藤原鎌足)를 모시는 도노미네데라(多武峰寺)는 묘라쿠지(妙樂寺)와 쇼료인(聖靈院)으로 구성되며 묘라쿠지는 천태종에 속했다. 메이지유신으로 단잔신사(談山神社)가 되었다.
13) 담의소: 교학을 강설·논의하는 것을 목적으로 하는 도량이나 사원으로, 학문소로서의 역할을 수행했다. 천태종의 경우 1276년의 시나노국(信濃國) 쓰가네 담소(津金談所)가 이른 예로 미노국(美濃國) 가시와바라(柏原) 조보다이인(成菩提院), 가즈사국(上總國)의 조후쿠주지(長福壽寺)가 유명하다.
14) 『단나문적상승자』: 이바라키 현 이나시키시(稻敷市) 호젠지(逢善寺)에 전래된 책으로 주카쿠(什覺)의 1380년의 기록, 고손(弘尊)의 1452년의 기록, 유세이(祐晴)·조친(定珍)의 기록으로 이루어져 있다. 1590년까지의 기록이 보인다.

06. 지쇼·주에이 내란
왜 일어났고, 무엇을 초래했는가

데시가하라 다쿠야^{勅使河原拓也*} 집필 / 김현경 번역

관련항목: I-31^[p.119] II-7^[p.158]

〔논의의 배경〕

12세기 말에 발발한 지쇼^{治承}·주에이^{壽永} 내란은 겐페이 전쟁^{源平合戰}이라고도 하는데, 『헤이케 모노가타리^{平家物語}』[1])에 나오는 많은 에피소드들이 알려져 있으며, 일반적으로는 거만해진 헤이케^{平家}(다이라노 기요모리^{平淸盛}와 그 일족을 가리킴)가 겐지^{源氏}의 공격을 받아 멸망하는 스토리로 인식되고 있다. 또한 내란으로 인해 가마쿠라 막부가 생겨났고, 그것이 내란의 의의로서 주목되고 있다. 헤이케의 멸망과 가마쿠라 막부의 성립은 필연적이었을까? 지쇼·주에이 내란은 왜 일어났고, 어떤 결과를 초래하였을까?

〔논점〕

(1) 고전적인 이해

이 전쟁은 『헤이케 모노가타리』에 입각하여 겐지(미나모토씨)와 헤이시^{平氏}(다이라씨) 사이의 '겐페이 전쟁'으로 파악되어 왔다. 하지만 전후의 계급투쟁사관, 영주제론^{領主制論}[2])이 융성해짐에 따라, '겐페이 전쟁'은 단지 겐지와 헤이시 두 가문의 싸움에 그치는 것이 아니라 광범위한 계층을 끌어들인 내란으로 파악되며 '지쇼·주에이 내란'이라고 불리게 되었다. 재지영주층(무사)의 성장에 따른 장원공령제^{莊園公領制}에 대한 반란으로 재인식되어, 고대적인 공가 정권, 즉 조정에 대항하여 새롭게 중세적인 무가^{武家} 정권인 막부를 성립시킨 점이 높이 평가되었다. 하지만 영주제론이나 귀족과 무사의 대립을 자명한 것으로 보는 시점 자체가 상대화됨에 따라 이러한 견해에 대해서도 재검토가 이루어지고 있다.

(2) 내란을 둘러싼 정치사의 재검토

지쇼·주에이 내란이 일어난 요인을 그러한 계급투쟁적, 공무대립적 시점 이외에서 찾는다면 어떻게 될까? 먼저 이즈국^{伊豆國}에서 미나모토노 요리토모가 거병(1180)한 일의 배경을 고찰해 보자. 요리토모의 거병은 고시라카와원^{後白河院}(고시라카와 상황)의 황자^{皇子}인 모치히토왕^{以仁王}의 영지^{令旨}를 기치로 내건 것이었다. 요리토모는 관동 지방 일대를 점거한 반란군이었지

---

*) 교토대학 비상근강사 | 일본중세사
1) 『헤이케 모노가타리』: 다이라노 기요모리를 중심으로 하는 헤이케 일족의 흥망성쇠를 그린 군기(軍記) 문학 작품. 여러 종류의 사본 계통이 있다.
2) 영주제론: 재지영주 계급, 즉 무사를 축으로 역사의 발전을 파악하는 이론. 전후 중세사 연구에서 큰 영향력을 가졌다.

만, 1년 전에 발생한 다이라노 기요모리平淸盛의 쿠데타3)로 원정을 중지당한 고시라카와원을 구출하는 것을 대의명분으로 삼았다는 점에 주의할 필요가 있다. 모치히토왕과 함께 거병한 미나모토노 요리마사源賴政는 이즈국의 지행국주知行國主4)였지만, 요리마사가 패배하여 전사함에 따라 이즈의 지행국주 자리는 헤이케 일문一門인 다이라노 도키타다平時忠에게 넘어갔다. 이 사건은 이즈 현지의 헤이케 측 가인家人과 헤이케의 가인 아닌 사람들 사이의 대립을 격화시켰고, 이러한 경합 상황 속에서 요리토모는 헤이케의 가인이 아닌 사람들의 지지를 받아 거병한 것이다. 헤이케 측과 비非헤이케 측의 대립은 1년 전에 일어난 쿠데타의 영향으로 이즈 이외의 지역에서도 발생하였고, 내란이 확대되는 요인이 되었다. 요리토모의 거병은 왕권 수호를 기치로 내걸었으며, 반란군 단계에서부터 고시라카와원과 연락을 주고받고 있었다. 게다가 재지영주라는 계급을 대표하는 것이 아니라 영주들 사이의 경합에 의해 지지를 얻고 있었던 것이다.

또한 요리토모를 유일한 반란세력으로 취급하는 것도 적절하지 않다. 내란 시기에는 미나모토노 요시나카源義仲와 가이 겐지甲斐源氏, 미노美濃·오와리 겐지尾張源氏 등의 겐지 일족을 비롯하여, 요리토모로부터 어느 정도 자립성을 갖고 있던 무사들이 존재했다. 이들 세력을 염두에 두지 않는다면 마치 요리토모가 무가의 대표로서 막부를 수립하는 것이 애초부터 규정 노선이었던 같은 인상을 주게 되고 만다. 헤이케와의 전쟁도 결코 요리토모의 승리가 필연적이었던 것은 아니었다. 지쇼·주에이 내란 연구는 종래에는 『헤이케 모노가타리』나 가마쿠라 막부의 역사서인 『아즈마카가미吾妻鏡』5)에 많은 부분을 의존하고 있었지만, 헤이케의 멸망과 막부의 성립을 필연적인 일로 보는 이들 사료에 과도하게 의거하는 것은 적절하지 않다. 동시대의 고문서와 고기록 등을 함께 살펴볼 필요가 있다.

(3) 지쇼·주에이 내란과 가마쿠라 막부의 지배 체제

오늘날의 지쇼·주에이 내란 연구에서는 전쟁의 실태(전투 양식이나 동원 형태 등)에 대한 분석이 진행되고 있다. 그러한 가운데 가마쿠라 막부의 형성도 전쟁의 실태 속에서 파악하려는 시도가 이루어지고 있다. 예를 들면 지금까지는 막부 성립의 전기轉機로서 1185년의 이른바 분지 칙허文治勅許6)와 1192년 미나모토노 요리토모의 정이대장군征夷大將軍 취임 등 조정으로부터 권한을 부여받은 일이 주목을 받아 왔다. 분지 칙허에 대해서는 이 때 슈고守護·지토地頭 같은 막부의 지배 체제가 정비되어서 막부 성립의 전기로 여겨져 왔다. 하지만 현재로서는 슈고守護(총추포사惣追捕使)와 지토는 그 이전부터 설치되어 있었고, 요리토모 휘하의 무사들이 전쟁 중에 적대하던 영주(무사)의 토지를 직접 몰수한 후 그것을 막부(요리토모)에게 추인 받음에

---

3) 다이라노 기요모리의 쿠데타: 1179년(治承3), 후쿠하라(福原, 지금의 효고현 고베시)에 있던 다이라노 기요모리가 병력을 이끌고 교토로 가서 대립 중이었던 고시라카와원을 유폐하고 원정을 중단시킨 사건. 일반적으로 지쇼 3년 정변이라고 불린다. 이 때 지행국의 인사 등에도 큰 변동이 가해졌다. 이듬해, 기요모리의 외손자인 안토쿠 천황(安德天皇)이 즉위하고 본격적인 헤이케 정권이 성립되었지만, 귀족들과 사원·신사 등 여러 세력의 반발을 샀다.

4) 지행국주: 특정 국(구니)의 국수(國守, 구니의 지방관 중 장관) 내지 국사(國司, 구니 지방관의 총칭)의 선정권을 부여받고, 자제들을 국수로 삼아 그 국을 지배하고 수익을 얻는 인물. 부여받은 국은 지행국이라고 한다.

5) 『아즈마카가미』: 가마쿠라 막부의 역사를 기록한 책. 가마쿠라시대 후기에 편찬되었다. 가마쿠라시대 연구의 중요 사료이지만, 기사의 오류가 여기저기에 보이고 막부와 호조씨(北條氏)의 입장에 맞게 곡필된 부분도 많다고 평가받는다. 120쪽 참조.

6) 분지 칙허: 1185년, 미나모토노 요시쓰네(源義經)가 거병함에 따라 요시쓰네에게 요리토모 토벌 명령을 내린 조정이 요시쓰네의 거병이 실패한 뒤 요리토모에게 강요당하여 발급한 칙허. 슈고·지토 설치를 허가한 조치로 이해하는 것이 일반적이지만, 그 내용과 의의에 대해서는 여러 가지 설이 있다.

따라 지토 제도가 성립되어 갔음이 분명해지고 있다.

마찬가지 평가는 고케닌御家人 제도에서도 이루어질 수 있다. 전구년前九年 전쟁[7] 등의 전란을 통해 세이와 겐지淸和源氏(세이와 천황의 자손으로 미나모토 성을 하사받은 일족)는 무가의 동량棟梁으로서 동국의 무사들과 주종관계를 맺고, 그것이 직선적으로 가마쿠라 막부의 고케닌 제도로 연결되었다고 이해하는 것이 통설이었다. 하지만 오늘날에는 11세기 단계의 세이와 겐지를 무가의 동량으로 간주할 수 없다고 본다. 그렇다면 이러한 인식은 어떻게 해서 양성되었을까? 그 무대로서 설정된 것이 내란의 최종국면인 오슈奧州 전쟁[8]이다. 요리토모는 오슈 전쟁에서 조상인 미나모토노 요리요시源賴義의 전구년 전쟁에서의 선례를 모방하여 종군한 무사들에게 전구년 전쟁을 추체험시켰다. 이에 따라 내란 속에서 자신을 따른 무사들을 다시금 여러 대에 걸친 고케닌으로 대우하며 고케닌 제도로서 정착시켰던 것이다.

지쇼·주에이 내란의 실태가 밝혀지는 가운데 가마쿠라 막부의 지배 체제가 결코 영주제의 건전한 발전의 결과로 탄생한 것이 아님이 지적되고 있는 것이다.

(4) 앞으로의 전망

이처럼 가마쿠라 막부라는 권력이 지쇼·주에이 내란 속에서 형성되었음을 알 수 있게 되었다. 앞으로는 내란의 과정·실태를 보다 구체적으로 규명해 나감과 동시에 앞뒤 시기와의 연결성을 의식해 나갈 필요가 있을 것이다. 원정기에는 겐페이 두 가문과 같은 다양한 군사귀족[9]이 존재하고 있었다. 막부 성립 후에도 고토바원後鳥羽院(고토바 상황)은 이 무사들과 가마쿠라 막부의 고케닌을 독자적으로 조직하였고, 이들은 1221년 조큐承久의 난에 이르러 마침내 해체되었다. 이런 점 또한 감안하면서 지쇼·주에이 내란의 의의를 고찰해 나갈 필요가 있다.

탐구 포인트

① 내란의 발발과 확대는 각 세력의 정치적 관계에 의해 어떻게 규정되고 있었을까?
② 지쇼·주에이 내란은 가마쿠라 막부의 지배 체제에 어떠한 영향을 끼쳤을까?
③ 원정기의 겐지와 무사 사회에 대한 재검토가 내란에 대한 평가에 어떠한 영향을 주었는가?

참고문헌

川合康『源平合戰の虛像を剝ぐ』講談社, 2010(초판은 1996)
野口實 編『中世の人物 京·鎌倉の時代編 2 治承~文治の內亂と鎌倉幕府の成立』淸文堂, 2014.
元木泰雄『源賴朝』中央公論新社, 2019.
下村周太郎「治承·壽永の亂」高橋典幸 編『中世史講義 戰亂篇』筑摩書房, 2020.

---

7) 전구년 전쟁: 1051~62년에 무쓰국에서 일어난 전란. 미나모토노 요리요시가 동국 무사를 조직하여 아베씨(安倍氏)를 토벌했다고 여겨져 왔지만, 실제로는 데와(出羽) 지방의 호족 기요하라씨(淸原氏)의 힘에 의지한 바가 컸다고 이야기된다.
8) 오슈 전쟁: 1189년, 미나모토노 요리토모가 오슈에 침공한 전쟁. 후지와라노 야스히라(藤原泰衡)가 패배하여 사망하고, 4대에 걸쳐 번성했던 히라이즈미(平泉)의 오슈 후지와라씨(奧州藤原氏)는 멸망했다.
9) 군사귀족: 5위 이상의 위계를 지닌 귀족 중에서 무예를 가직(家職)으로 삼는 자. 원정기에 수도를 지키는 무력의 중심이 되었으며, 이러한 군사귀족을 '교무샤(京武者)'라고 부른다.

07. 가마쿠라 막부의 전국 지배
가마쿠라막부는 어떻게 전국을 지배했는가

구마가이 다카유키熊谷隆之*) 집필 / 이소현 번역

관련항목: II-6[p.155] II-11[p.170] II-12[p.173]

〔논의의 배경〕

가마쿠라 막부의 전국지배라고 할 경우 일반적으로 먼저 떠오르는 것은 각 국을 관할하는 슈고와 장원공령에 설치된 장향 지토莊鄕地頭일 것이다. 그러나 슈고에 대해서는 원래부터 국 지토1)로서 설치되었다는 설이나, 동국2)·기나이 근국畿內近國3)·진서鎭西(규슈)를 각각 관할하는 광역지배기관 아래에 있었으므로 나중 시대에서만큼 큰 역할을 하지 않았다는 이해가 학계에서는 제시되고 있다.

이러한 것들은 연구동향의 극히 일부에 지나지 않는다. 우선은 이제까지 논의가 집중된 가마쿠라 초기뿐만 아니라 가마쿠라기 전체를 시야에 넣을 필요가 있다. 그 후에 가마쿠라 중후기에 관한 연구의 축적을 수용하여 정치사와의 관련성에도 주의를 기울이면서 열도 전체를 범위로 삼아 총체적 그리고 통시적으로 이해할 것이 요구된다.

〔논점〕

(1) 슈고·지토의 재검토

1192년(겐큐建久3) 미나모토노 요리토모의 정이대장군 취임 대신 1185년(분지文治1)의 슈고·지토 설치를 가마쿠라 막부의 성립이라고 보는 이해가 일반적으로 확산되고 있다. 그것이 타당한지는 차치하고서라도 슈고의 전신에 해당하는 총추포사惣追捕使나 장향莊鄕 지토는 그 이전부터 존재했다. 이견도 있긴 하지만 이때 설치된 것은 각 국을 관할하는 국 지토라는 설이 유력하다.

---

*) 교토대학대학원 인간·환경학연구과 교수 | 일본중세사

1) 국 지토: 존재 여부를 포함해 여러 논의가 있지만 국아(각 국의 정청)를 장악할 정도의 강한 권한을 가졌기 때문에 그 설치는 반발과 혼란을 낳아 반년여 만에 폐지되었고, 보다 권한이 제한된 슈고로 이행되었다는 이해가 있다.

2) 동국: 가마쿠라시대의 경우 사료상에서나 연구자의 용법에는 저마다 차이가 있다. 로쿠하라(六波羅)의 관할하에 있는 국들인 서국과 상대되는 의미에서의 동국은, 도카이도(東海道)의 미카와(三河, 나중에는 도토미) 동쪽, 도산도(東山道)의 히다(飛驒)·시나노 동쪽, 호쿠리쿠도(北陸道)의 노토(能登) 동쪽을 말한다. 또 가마쿠라 막부가 직접 군사동원을 하는 국들이라는 의미에서의 동국의 경우에는 도카이도의 도토미(遠江) 동쪽, 도산도의 시나노(信濃) 동쪽을 가리킨다.

3) 기나이 근국: 마찬가지로 사료상에서나 연구자의 용법에 차이가 있다. 로쿠하라의 관할하에 있는 국들을 말하는 서국에서 진서를 뺀 지역. 즉 도카이도의 오와리(尾張, 나중에는 미카와) 서쪽, 도산도의 미노(美濃) 서쪽, 호쿠리쿠도의 가가 서쪽, 산인(山陰)·산요(山陽)·난카이도(南海道) 동쪽을 가리키는 경우가 많다. 본 절에서는 이런 의미로 사용하고 있다. 또 단순히 기나이와 그 주변 국들을 뜻하는 경우도 많다.

국 지토의 존재를 인정할 경우 1186년(분지2) 국 지토는 폐지되고 슈고로 이행했다고 이해하는 설이 있다. 국 지토의 설치 범위도 전국으로 보는 설 등 여러 설이 존재하나 국 지토 폐지 당시의 사료를 보면, 오와리·미노·히다·엣추越中 서쪽의 46개국이었다. 그렇다면 슈고의 설치범위도 이와 겹치므로 슈고는 당초부터 전국에 설치되었던 것은 아니게 된다. 슈고가 설치되지 않은 국의 범위는 미카와·시나노·에치고 동쪽이었다.

후에 대체로 동국이라고 불린 이 국들에 대해서는 일부 설치되지 않은 국이 있긴 했지만 당초부터 슈고가 존재했다는 것 자체가 의심받지는 않았다. 그러나 지금까지 동국에서 슈고로 간주되어 온 것은 실은 국무國務[4]·국 부교國奉行[5]·유력 재청在廳[6] 등이었고 이들의 권한은 서국에 존재하던 슈고의 권한을 능가했다. 나중에 슈고라고 불리긴 했지만 이들을 슈고라고만 인식하는 것은 가마쿠라 막부 동국지배의 범위와 깊이를 과소평가하는 것과 다를 바 없다.

(2) 관동·로쿠하라·하카타로의 시선

슈고·지토나 국 지토의 재검토와 병행하여 동국을 관할하는 관동(가마쿠라), 기나이 근국·진서를 관할 아래에 둔 교토의 로쿠하라, 나중에 진서를 관할하게 되는 지쿠젠筑前의 하카타 등 광역지배기관의 연구가 진전되었다. 각 기관의 인원구성이나 각각이 파견한 사절[7]의 분석은 가마쿠라 막부의 권력 편성의 지역차를 부각했다.

진서에서는 슈고와 국 고케닌(각 국의 토박이 고케닌)에게 의거하는 한편 기나이 근국에서는 슈고보다도 이료吏僚계 고케닌(조정 하급관인의 자손으로 소송심리 등의 실무를 맡은 고케닌), 재경 고케닌(교토에 상주해야 한다는 의무를 지고 로쿠하라의 이료나 교토 안의 가가리야번역篝屋番役〈경고警固〉 등을 수행하는 고케닌), 국 고케닌에게 크게 의존했다. 동국에서는 슈고에 의한 매개나 슈고의 존재 자체를 반드시 필요로 하지는 않았으며, 기나이 근국이나 진서보다도 강력한 형태로 권력편성이 이루어졌다. 어느 쪽이든 다양하고 복선적인 지역지배라고 평가할 수 있다.

(3) 정치사와의 접합

이러한 지배체제의 형성은 정치적 동향, 특히 대규모 전투와 연동하여 진행되었다. 지쇼·주에이의 내란 후에 슈고·지토가 설치되고 동국 무사가 기나이 근국·진서에 많은 소령을 획득했다. 1221년(조큐承久3) 고토바 상황이 호조 요시토키 추토를 꾀했다가 패배한 조큐의 난을 거쳐 동국무사는 기나이 근국·진서에서 더욱 많은 소령을 받았다. 몽고습래襲來[8]에 대한 대처

---

4) 국무: 국수(國守)의 본래 권한을 장악한 지행국주의 아래에서 실제로 각 국의 지배를 담당하는 역직. 가마쿠라 막부의 지행국인 관동 지행국에는 스루가(駿河)·사가미(相模)·무사시(武藏)·에치고 등이 있고, 스루가·무사시의 국무는 대체로 도쿠소(得宗, 호조씨 적류의 당주)가 맡았다.

5) 국 부교: 사사의 관령(管領, 관리) 등 슈고를 초월하는 권한을 가졌다. 가즈사(上總)·고즈케(上野) 등에 존재 했는데 사료가 아주 적어 상세한 내용은 알 수 없다. 오슈 총부교(奧州惣奉行)도 국 부교에 준하는 직제로서 이해할 수 있다.

6) 재청: 국아의 실질적 운영을 담당한 하급 관리. 지방의 유력한 무사세력으로 성장하는 경우도 많았다.

7) 사절: 가마쿠라 막부의 각 기관으로부터 고케닌이 파견되어 메시부미(召文, 출두명령서)의 송달, 분쟁 토지의 인도, 악당의 추포(追捕) 등 다양한 임무를 맡았다.

8) 몽고습래: 중국 대륙의 원 군대가 1274년(文永11)과 1281년(弘安4)에 하카타로 공격해 온 전쟁. 분에이의 역(文永の役), 고안의 역(弘安の役)이라고 부른다. 가마쿠라 막부 세력이 1275년(建治1)에 한반도 고려로 출병하려고 계획하여 대거 진서 방면으로 이주하였으나, 오래지 않아 계획은 중지되었다. [역주] 이를 기록한

과정에서 기나이 근국 서쪽 특히 진서로의 동국무사의 이주가 한층 더 진전되었고 대부분은 그대로 후대까지 그곳에 정착했다.

이리하여 관동·로쿠하라·하카타 각각에 서로 다른 권력편성이나 무사세력의 형태가 서서히 구축되었고 때로는 전투 등에서 극적으로 갱신되면서 남북조 이후에도 착실하게 답습되어 갔다. 대규모 전투에 큰 영향을 받아 탄생한 가마쿠라 막부의 전국지배 형태가 열도의 그 이후의 역사의 방향까지도 결정한 것이다.

(4) 앞으로의 전망

슈고·지토, 관동·로쿠하라·하카타, 고케닌제 등을 개별적으로 다루어 세밀하게 재검토하여 새로운 견해를 제시하는 것 자체는 결코 무의미하지 않다. 그러나 가마쿠라 막부의 전국지배를 총체적이고 통시적으로 이해하기 위해서는 이제부터 이러한 것들을 잇거나 포괄하는 유효한 시각을 모색해 갈 필요가 있다.

정치사와 전국지배 형태의 쌍방향적인 관계에 대해서는 더욱 깊이 파고들어 검토해야 할지도 모른다. 관동·로쿠하라·하카타 상층부의 인사는 그때 그때 서로 연동되었다. 각 기관과 각 관할국의 슈고, 슈고와 각 국 안의 고케닌령御家人領의 관계에 대해서도 마찬가지이다.

이것들은 하나의 예에 불과하다. 연구를 진행해 갈수록, 다 검토된 것처럼 보이지만 여전히 손이 닿지 않은 부분이 남아 있는 분석 대상이 의외로 많다는 것을 깨닫게 된다. 착실한 연구 수법의 시행착오는 일견 멀리 돌아가는 것처럼 보이지만 그것이야말로 다음 단계로 나아가는 지름길일 것이다.

탐구 포인트

① 국 지토는 실재했는가? 슈고의 기원은 어떻게 생각해야 하는가?
② 동국·기나이 근국·진서라는 지역구분은 과연 타당한가?
③ 사료가 빈약한 가마쿠라 후기의 막부 정치사는 어떻게 하면 규명할 수 있는가?
④ 가마쿠라 막부의 성립, 조큐의 난, 몽고습래 중 가장 큰 전환점이 된 것은 무엇이었는가?

참고문헌

佐藤進一『增訂 鎌倉幕府守護制度の硏究』東京大學出版會, 1971(초출은 1948)
上橫手雅敬『日本中世政治史硏究』塙書房, 1970.
大山喬平「文治國地頭制の停廢をめぐって」『橫田健一先生還曆記念 日本史論叢』橫田健一先生還曆記念會, 1976.
熊谷隆之「モンゴル襲來と鎌倉幕府」『岩波講座日本歷史 7 中世 2』岩波書店, 2014.
熊谷隆之「鎌倉幕府支配の西國と東國」川岡勤 編『戎光祥中世史論集 1 中世の西國と東國』戎光祥出版, 2014.
外岡愼一郎『武家權力と使節遵行』同成社, 2015.

두루말이 그림인『몽고습래에코토바(蒙古襲来絵詞)』의 해설서가 있다. 김수미·송완범 저『몽고습래에코토바』이담북스, 2017.

08. 가마쿠라기·남북조기의 조정과 공가사회
어떻게 변화했으며 무엇을 지향했나

가나이 시즈카^{金井靜香*)} 집필 / 이소현 번역

관련항목: II-4^[p.149] II-13^[p.176] II-17^[p.188] II-29^[p.224]

〔논의의 배경〕

1198년 고토바 천황^{後鳥羽天皇}이 양위하여 상황(원)이 되어 원정을 시작했다. 그 치세가 조큐의 난(1121)에 의해 종료된 후에도 가마쿠라 막부가 옹립한 고타카쿠라원^{後高倉院}에 의해 원정이 재개되었고 남북조기에 아시카가 요시미쓰^{足利義滿}가 등장하기까지 조정의 정치체제는 기본적으로 원정(재위하는 천황이 원정에 상응하는 정무를 행할 경우는 친정)이었다. 가마쿠라 후기에는 황통이 지묘인통^{持明院統}과 다이카쿠지통^{大覺寺統}으로 분열^[p.140]되어 원정^{院政}·친정^{親政}을 행하는 상황·천황도 이 양통에서 배출되었다. 1333년 가마쿠라 막부가 멸망하고 고다이고 천황^{後醍醐天皇}이 겐무^{建武} 신정을 시작했지만 약 3년 후에는 아시카가 다카우지^{足利尊氏}가 고곤 상황^{光嚴上皇}의 조정(북조)하에서 교토에 무로마치 막부를 열었다. 요시노^{吉野}로 탈출한 고다이고 천황의 조정(남조)은 고다이고의 사망 후에도 북조와의 공방을 반복했다. 남북조의 대립과 그 가운데서 일어난 간노^{觀應}의 요란^{擾亂}은 지방의 무사들까지 끌어들여 일본 각지에 동란을 야기했으나, 1392년 아시카가 요시미쓰에 의해 북조·남조의 분립에는 일단 종지부가 찍혔다. 또 요시미쓰는 치천의 군^[p.146]이 가지고 있던 국가적 권능을 무로마치도노^[p.189]의 지배하로 흡수하여 공무통일정권을 성립시켰다.

〔논점〕

(1) 공가정권의 덕정

가마쿠라기의 공가정권은 덕정^{德政1)}을 정치과제로 삼아 왔다. 특히 공가 귀족들이 중시한 덕정 정책은 인사와 소송이었다. 그 배경에는 공가사회의 '이에^家'가 분열로 인해 증가했고 그에 따라 경쟁이 심해졌다는 상황이 있었다. 새로운 장원의 설립이 거의 보이지 않게 된 가마쿠라 중기 이후에는 장원영주인 공가들이 한정된 소령을 둘러싸고 서로 경쟁하는 일^{相論}은 피할 수 없는 상황이었다. 공가사회의 안정을 위해서는 부모 등에 의한 소령 배분이나 본가의

---

*) 가고시마(鹿兒島)대학학술연구원 법문교육학역법문학계 교수 | 일본중세사
1) 덕정: '덕이 있는 정치, 인정'이라는 뜻이나 일본 중세에서 그 본질은 '모든 사물을 있어야 할 곳으로 돌려놓는 것'이었다는 지적이 있다(가사마쓰 히로시[笠松宏至]).

영가領家·아즈카리도코로預所2)의 교체에 반발하는 공가의 소송을 수리하고 재판을 진행하는 기관의 정비가 필요해졌다.

헤이안 후기부터 이미 일정한 역할을 수행하고 있던 권문재판(본소재판)에 더하여 가마쿠라 전·중기에는 기록소 등을 기능하게 하는 태정관계통의 재판기구의 활성화가 꾀해졌다. 그러나 가마쿠라 중기에는 원정을 행하는 상황이 부재하는 기간이 길어지기도 해서 섭정·관백 하의 전하평정殿下評定도 장원소령에 관한 소송을 처리했다. 1246년 섭관가의 오토노大殿3)였던 구조 미치이에九條道家4)가 실각했고 같은 해 원정을 시작한 고사가 상황後嵯峨上皇 아래에서 덕정이 본격화되어 갔다.

(2) 가마쿠라 후기의 원정과 장원제

고사가 상황은 원평정院評定과 원전주院傳奏5) 등 남북조기에 이르기까지 치천의 군 권력의 기둥이 된 여러 제도들을 정비했다. 소송 안건은 전주를 통해 치세 중인 상황·천황에게 상주되었고 필요에 따라 원평정이라는 공경회의에서 심의된 후 치천의 군에 의한 판결裁許이 원선院宣이나 윤지綸旨의 형태로 발급되었다.

한편 장원의 영가나 아즈카리도코로에 대하여 그 영유권을 보장하는 권한은 여전히 권문에 있었다. 치천의 군 자신도 많은 장원의 소유자이며 그 장원을 근신들에게 지배시킴으로써 그들과 주종제적 관계를 유지하는 권문이었다. 그렇기 때문에 권문 아래의 영유체제에 치천의 군이 판결자로서 개입할 경우 그로부터 시작되는 치천의 군과 권문 사이의 교섭이 어떤 공가에게 영유를 인정할 것인지를 확정하는 데 중요한 역할을 했다.

이처럼 치천의 군에 의한 판결을 통한 영유권 보장과 권문에 의한 장원 지배권 보장이 병존하는 가운데 영가·아즈카리도코로 측에서도 자기의 영유권을 보장해 주는 상위자를 새롭게 본소本所6)로서 구하거나 재확인하려는 움직임이 있었다.

(3) 겐무 신정과 무로마치도노

겐무 신정의 평가에 대해서는 긴 연구사가 있는데, 근년에는 겐무 신정의 정책 가운데 가마쿠라 후기 공가정권의 정책의 연장선상에 있다고 여겨지는 것이나 무로마치기 공가정권으로 계승된 것이 있다는 지적이 나왔다. 겐무 정권과 그 전후 정권 사이의 연속성이 주목받고 있는

---

2) [역주] 영가·아즈카리도코로: 영가는 장원을 소유하면서 유력자의 보호를 받기 위해 본가에 토지를 기부하거나 관계를 형성한 영주이다. 아즈카리도코로는 영주를 대신하여 연공을 거두고 장원을 관리하는 직책이다.
3) 오토노: 섭관가에서 섭정·관백의 지위에서 물러난 후에도 현임 관백의 아버지 등의 입장에서 조정의 정무에 관여하는 자.
4) 구조 미치이에: 1193~1252년. 가마쿠라 중기 조정에서 섭정·관백을 맡았고 출가 후에도 정치의 실권을 쥐고 있었다. 1246년에 미치이에의 아들인 구조 요리쓰네(賴經, 가마쿠라 막부 제4대 쇼군)가 교토로 송환되고 미치이에도 은거했다.
5) 원평정·원전주: 원평정은 상황의 주재하에서 열리는 공경회의. 원전주는 상황에게 상주할 내용을 중간에서 전달하는 역직. 천황이 친정할 경우 원평정중(院評定衆)은 평정중, 원전주는 전주라고 했다.
6) 본소: 장원제에서 본소는 그 장원이 본래 귀속된다고 간주되는 권문을 가리킨다. 가마쿠라기 이후에는 장원의 본가의 영유권이 '본가직(本家職)'으로서 사원 등의 소유가 되는 케이스가 나타나는 한편, 상황이나 여원·섭관가가 본소로서 받들어지게 된다.

것이다. 고다이고 천황에 의한 가문 승인과 가령 일괄보장의 실시도 무로마치기로 이어지는 겐무정권의 정무의 일부이다. 공가의 가문家門7)을 승인의 대상으로 삼고, 그에 부속된 것으로서 가령장원을 일괄적으로 보장함으로써 고다이고 천황은 자신을 중심으로 공가사회를 편성하는 것이 가능해졌다. 겐무 신정의 붕괴 후에는 상황·천황이나 아시카가 요시미쓰 이후의 무로마치도노가 공가에 대한 가문 승인과 가령 일괄보장을 실시했다. 이러한 보장이나 쇼군의 편휘(이름 중의 한 글자)의 수여 등을 통해 공가는 무로마치도노와의 사이에서도 주종제적인 관계를 맺고 그 정무를 지탱하게 되었다.

(4) 앞으로의 전망

가마쿠라기·남북조기의 공가정치나 공가사회는 무로마치기로 어떻게 이행해 갔는가. 또 그 이행 과정에서 겐무 신정은 어떠한 위치를 점하는가? 근년에는 무로마치기 장원제 연구가 진전되고 있어, 무로마치기의 공가사회에 대해서도 가마쿠라기부터 무로마치기에 걸친 공가령장원의 변화를 고려할 필요가 있다. 또 가마쿠라기·남북조기를 살아간 공가들의 동향을 더욱 다각적으로 분석하는 것도 해당 시기의 공가사회의 실태 해명에 중요하다. 예를 들면 가마쿠라기·남북조기의 조정의 변화가 공가의 여성들에게는 어떠한 의미를 갖고 있었는가 등도 앞으로의 과제 중 하나이다. 이에 대해서는 여성사·젠더사나 가족사 분야에서의 연구 성과에도 기초하면서 고찰해 가게 될 것이다.

탐구 포인트

① 가마쿠라기·남북조기의 공가정치나 공가사회는 무로마치기로 어떻게 이행했는가?
② 가마쿠라기와 남북조기 사이에 있는 겐무 신정기는 공가정치나 공가사회의 변화과정에서 어떠한 위치를 차지했다고 볼 수 있는가?
③ 가마쿠라기·남북조기에 공가는 어떠한 활동을 했으며 그것이 그들을 둘러싼 사회에 어떻게 반영되어 있었는가?

참고문헌

黑田俊雄『日本中世の國家と宗敎』岩波書店, 1975.
笠松宏至『日本中世法史論』東京大學出版會, 1979.
笠松宏至『德政令』岩波書店, 1983.
岡田智行「院評定制の成立」『年報中世史研究』11, 1986.
富田正弘「室町殿と天皇」『日本史研究』319, 1989.
美川圭『院政の研究』臨川書店, 1996.
金井靜香『中世公家領の研究』思文閣出版, 1999.
金井靜香「鎌倉後期~南北朝期における莊園領主の變容」『日本史研究』535, 2007.
市澤哲『日本中世公家政治史の研究』校倉書房, 2011.
金井靜香「北政所考」『史林』99(1), 2016.

---

7) 가문: 가독인(家督人)을 그 관령자로 삼아 '이에(家)'의 일기·보리사나 가옥 등을 공유하는 친족 집단.

09. 가마쿠라기의 불교
가마쿠라기 불교를 어떻게 파악할 것인가

쓰보이 고坪井剛*) 집필 / 이소현 번역

관련항목: I-30[p.116] II-2[p.143] II-15[p.182] II-23[p.206]

〔논의의 배경〕

가마쿠라기에 등장한 호넨法然(정토종)·신란親鸞(정토진종)·잇펜一遍(시종時宗)·에이사이[p.118](임제종)·도겐道元(조동종)·니치렌日蓮(일련종)의 불교는 일반적으로 '가마쿠라 신불교'라고 총칭되며 현재도 많은 사원·승려·신도를 거느린 종파로서 존속하고 있다. 그렇기 때문에 이 '가마쿠라 신불교'는 오랫동안 중세불교를 대표한다고 여겨져 왔다. 그러나 실제로 헤이안 후기부터 가마쿠라기에는 그 이전부터 이어져 온 전통적인 대사사를 중심으로 하는 '구불교'=현밀顯密1) 불교가 여전히 사회적으로 중요한 위치를 점하고 있었고 이와 비교하면 '가마쿠라 신불교' 세력은 당시는 아직 작았다고 할 수 있다. 이 시기에는 여러 승려가 특색 있는 활동을 하고 있었다. 지금까지의 연구에서는 무엇을 축으로 하여 평가해 왔을까.

〔논점〕

(1) '신불교'와 '구불교'

위에서 든 '가마쿠라 신불교'의 조사들은 '히지리'[p.143]나 '상인上人'이라고 불린 민간종교자의 계보를 이었다고 이해되어 왔다. 그들의 활동이 가진 공통적인 배경으로 여겨져 온 것은 말법사상의 유포였다. 즉 내세에서의 구제를 희구하는 정토교나 법화경·여러 불보살에 대한 신앙이 고양되어 그 전개 속에서 호넨이나 신란·니치렌이 등장했다고 생각되었던 것이다. 이들 조사는 그때까지의 신앙을 고도로 이론화했다. 그들의 사상에는 '전수專修'2)나 '이행易行'이라고 하는 공통적인 요소가 보인다는 점이 지적되었다. 그리고 이것이 시대의 사상성과 합치하는 '혁신성'을 가진 것이라고도 파악되었다. 또 한편으로 그들은 그들 자신의 생각을 평이한 말로 서민에게 설파하였다는 점에서 그 '민중성'도 평가되어 왔다. 개개의 조사들에 대해서는 각각 특유의 논점도 있으나, 전체적으로 '신불교' 조사들은 그 '사상적 혁신성'과 '민중성'을 높이 평가받아 왔다고 할 수 있다. 한편으로 전대부터 이어져 온 대사사를 중심

---

*) 불교대학 불교학부 준교수 | 일본중세불교사
1) 현밀: 현교와 밀교를 가리킨다. 현교는 문자나 언어로 보여지는 가르침, 밀교는 쉽게 다 알 수 없는 비밀스러운 가르침을 의미한다. '현밀 8종'이나 '현밀성교'처럼 이 양자를 병칭하여 쓰는 말이다.
2) 전수: 한 가지만을 오로지 수행하는 것.

으로 한 불교세력은 '신불교'와 비교되며 일괄적으로 '구불교'라고 불렸다. '舊'라는 글자가 상징하듯 그 평가는 결코 높지 않았으며 형해화나 부패가 진행되었다는 등 시대와 맞지 않는 불교가 되었다고 이해되었다. 다만 그 가운데에는 조케이貞慶이나 고벤高辨처럼 남도불교南都佛敎의 부흥에 뜻을 두었거나, 에이손叡尊·닌쇼忍性처럼 계율 부흥이나 사회사업에 힘쓴 승려도 등장했다. 이들은 새로운 시대에 대응하고자 했다고 평가되어왔다. 그러나 그들도 '신불교'에 자극을 받아 '구불교'를 부흥하고자 한 것으로 위치지어지는 경우가 많았다. 이렇게 '신불교'를 중심으로 파악하는 중세불교사의 상은 근대 이후의 불교사연구 안에서 형성되어 왔다. 그러나 그 평가는 위에서 들었던 '사상적 혁신성'이나 '민중성'이라는 요소를 축으로 삼았다고 할 수 있다.

(2) '현밀불교'와 '이단=개혁운동'

다만 이른바 '구불교' 사사는 가마쿠라기가 되어서도 많은 승려와 장원을 보유하고 있었을 뿐 아니라 독자적인 무력으로서 '승병僧兵'[3])을 거느리는 등 큰 사회적 영향력을 보유하고 있었다. 그렇기 때문에 '신불교'보다도 '구불교'를 적극적으로 평가해야 한다는 입장이 등장했다(현밀체제론[p.164]). 이러한 입장에서는 '구불교'를 실제로는 당시 쓰이지 않았던 '현밀'이라는 말을 사용해 '현밀불교'라고 부르고 국가 제도와 사회 면에서 큰 역할을 수행했다는 점을 중시했다. 사실 현밀불교는 옥체 안온이나 질병 치유를 기원할 뿐 아니라 오곡 풍양이나 재액 퇴치를 위한 기도, 때로는 조정의 적을 항복시키기 위한 기도 등을 행하는, 중세의 국가와 사회에 필요한 존재였다. 또 각지의 사사와도 본말관계[p.206]를 맺고 있어 그 영향은 전국에 미쳤다. 따라서 '현밀불교'야말로 당시 불교의 '정통적' 존재였다고 평가해야 한다고 생각했던 것이다. 이와 반대로 '신불교'는 '정통파'인 '현밀불교'에게는 '이단=개혁운동'으로서 경계시되었다고 간주했다. 이러한 '현밀불교'를 중심으로 파악하는 견해는 근년에 정착되어 가고 있는데, 그 평가의 축이 '국가'와의 관계나 '사회적 영향력'이라는 특징이 있다.

(3) 중세불교의 총체적 파악

현밀불교를 중심으로 중세불교를 파악하는 견해가 제시된 이후 현밀불교에 대한 연구가 진전되어, 조정·막부와의 관계나 국가의 종교정책, 사사의 내부 조직이나 사사 사이의 본말관계 등 많은 역사적 사실이 밝혀져 왔다. 또 계율 부흥이나 사회사업을 행하던 승려들도 '선율승禪律僧'[4])이라고 불리며 조정이나 막부와 협력해서 활동하고 있었다는 점이 밝혀졌다. 그 영향은 미술사, 건축사 등 여러 관련 분야로도 확산되고 있다. 금후로는 현밀불교의 다양한 활동이 어떠한 단계를 거쳐 전개되어 갔는지가 중요해질 것이다. 한편으로 '신불교'를 포함한 중세불교의 총체적인 파악도 중요한 논점이다. 애초에 '신불교' 종파들이 어떻게 헤이안기부터 가마쿠라기에 등장하게 되었는가라는 근본적인 질문도 다시 검토되어야 한다. 또 그들과 현밀

---

3) 승병: 승려이면서 무기를 지니고 무예를 행하는 자. '승병'이라는 말은 근세 이후에 사용되었다. 중세에는 '악승(惡僧)' 등으로 불렸다.

4) 선율승: 선승과 율승을 함께 칭하는 용어. 가마쿠라 중기 이후 양자를 하나의 틀로 파악하는 '선율'이라는 말이 사료에 등장하게 되었다.

불교의 관계가 역사적으로 어떻게 변화했는지도 고찰할 필요가 있다. 최근에는 신구 양불교의 관계를 단순한 '대립'이라고 인식하지 않고 '현밀불교'의 주위에 '신불교'가 존재했다고 하며 구조적으로 파악해야 한다는 의견도 있다. '신불교' 조사의 유배나 박해^{法難事件}도 정치적인 측면이 크다는 해석도 나왔다. 지금까지 많은 연구가 축적된 분야이긴 하나, 이제부터는 새롭게 가마쿠라 불교의 전체상을 제시할 것이 요구되고 있다.

> **탐구 포인트**
> ① '신불교'를 중심으로 중세불교를 파악함으로써 무엇이 분명해졌는가.
> ② '현밀불교'가 국가 제도 및 사회 면에서 어떠한 역할을 수행했는가.
> ③ 중세불교에 보이는 다양한 활동을 어떠한 기준을 가지고 평가하면 좋을까.

참고문헌

井上光貞『井上光貞著作集 7　日本淨土教成立史の硏究』岩波書店, 1985(초출 1956)

高木豊『平安時代法華佛教史硏究』平樂寺書店, 1973.

黒田俊雄「中世における顯密體制の展開」『黒田俊雄著作集 2』法藏館, 1994(초출 1975)

黒田俊雄「中世寺社勢力論」『黒田俊雄著作集 3』法藏館, 1995(초출 1975)

平雅行『日本中世の社會と佛教』塙書房, 1992.

10. 중국 송·원 문화의 수용
일본 사회에 준 영향은 무엇인가

에노모토 와타루榎本渉*) 집필 / 이소현 번역

관련항목: I-30[p.116] II-9[p.164] II-15[p.182]

〔논의의 배경〕

전통적인 중세사 서술에서 대외관계는 다른 시대만큼 중시되지 않았다. 그러나 중세는 그 앞뒤의 고대·근세와 비교하여 대외교류 자체는 더욱 활발한 시대였다. 연구사상 대외관계가 경시되어 온 것과 실태로서의 대외교류의 성황이라는 갭은 어디에서 유래하는가. 그리고 대외교류는 중세일본에 어떠한 영향을 미쳤는가.

〔논점〕

(1) 중세 대외관계사의 평가

고대의 율령국가형성이나 일본의 근대화에서 대외적인 임팩트가 결정적으로 중요했다는 것은 말할 것도 없다. 근세사에서도 대외교통에 대한 강력한 국가적 규제는 막번체제와 불가분한 것으로 이야기되어 왔다. 한편 중세사 서술에서 대외관계가 간과되었던 것은 아니지만 (예를 들면 두 차례에 걸친 몽고습래[p.159]의 사회적 영향 등), 고대·근세·근대사 정도의 비중은 없었고 그 역사적 전개는 주로 일본열도 안의 사회적 변동이나 여러 세력들의 정치적 동향에 기초하여 논해져 왔다.

이는 중세가 대외관계의 영향이 희박한 시대였기 때문이 아니다. 중세사에 한정하지 않고 일본사의 통사적 서술에서 대외관계는 국가의 동향을 규정하는 외적인 요인으로서 다루어지는 경향이 있어, 국가사 등의 큰 논의와 친화성이 강하다. 중세사에서도 아시카가 요시미쓰가 명으로 조공한 것을 황위찬탈계획(II-11[p.170] II-12[p.173] 참조)과 관련 짓는 논의처럼, 국가사 서술에 대외관계를 편입시키는 시도도 있었다. 그러나 중세에는 대외관계에 있어서 국가의 존재가 애초에 작았고, 상인·승려·해적·지방권력자가 중요한 역할을 담당했다. 그것은 일면에서는 중세의 대외교류가 국가에 수렴되지 않는 확장성을 지녔다는 것이 된다. 그러나 그들의 동향은 큰 논의 가운데에서 다루어지는 일이 적었고, 그렇기 때문에 대외관계는 작게 취급될 수밖에 없었다.

---

*) 국제일본문화연구센터 준교수 | 일본중세사

(2) 사회로의 영향

중세에는 고대 율령기처럼 국가가 주도하여 외국의 제도를 도입하고자 한 시대와 달리 대외교류의 영향은 우선 민간교류를 통해서 열도사회에 나타났고, 그 결과 외국에서 유래한 문화가 확산되었고 그것이 권력자에 의해 추인되는 형태로 국가적 승인을 얻었다. 따라서 중세 대외교류의 성과를 고찰할 때에는 정책·제도보다도 사회·문화부터 분석하는 것이 더욱 효과적이다.

중세의 외국 문화(특히 중국 문화)라고 하면 지배자층의 사치품이나 사원의 보물이 가장 먼저 떠오르나, 열도사회에 영향을 준 관습·가치관까지를 넓게 문화라고 규정한다면 그 영향은 사회 상층부에 머물지 않고 널리 퍼졌다. 그 전형적인 예로서 송전宋錢을 들 수 있다.

송전은 일찍부터 하카타博多1) 주변의 송인 사회에서 사용되었으나 12세기 후반 이후에는 열도 규모로 유통되기 시작해 쌀이나 비단을 대신하여 화폐 기능을 수행하게 되었다. 그 사용의 가부가 조정에서 논의되기도 하였으나 가마쿠라 중기 이후에는 사용이 묵인되었다. 일본 열도의 사람들이 동전과 지폐(회자會子·교초交鈔)에 기초한 남송~명초의 화폐체계를 그대로 수용했던 것은 아니지만, 통화로서 전화를 사용하는 관습이 황조12전의 유통이 끊긴 이후 송인과의 접촉을 통해 다시 퍼져나간 것이었다. 그것은 국가 정책과는 별도의 차원에서 사회로 확대되었고 가마쿠라 시대에는 열도를 완전히 뒤덮었다. 중세의 대외관계는 이렇게나 강력하게 열도사회에 영향을 미쳤다.

(3) 문화 중심으로서의 선종·율종 사원

미술·문학·종교 등 협의의 중국문화의 도입에 대해서는 중국판본의 수입 등 다루어야 할 것이 많지만, 가장 중요한 것을 하나만 꼽자면 에이사이·슌조俊芿·엔니圓爾 등 민간 상선을 타고 가서 유학을 한 입송승入宋僧·입원승入元僧의 활동일 것이다. 그들은 귀국 후에 종교활동을 전개하여 남송에서 유래한 선종·율종을 일본에 퍼뜨렸다. 섭관가·가마쿠라 막부·천황가 등은 그들을 교토와 가마쿠라로 불러들여 그 활동을 후원했고, 막부는 더 나아가 송·원의 승려들을 가마쿠라로 초빙했다. 특히 선종에서 오산[p.183] 십찰[p.172]의 사격寺格이 정해진 사원은 관사官寺로서의 성격을 부여 받아 14세기에는 기존 현밀 8종2)에도 버금가는 세력이 되었다. 이 경우도 민간에서 선행한 문화 운동이 권력의 추인에 의해 확산되었다고 할 수 있다.

선종·율종 사원에서는 송·원의 사원과 동질한 신앙 공간의 재현이 목표가 되었고, 사원은 송원 문화의 도입과 소개의 장으로서의 역할을 했다. 그곳에서 행해진 송원풍의 음식문화·건축이나 유학儒學·서화 등이 무가와 공가의 문화에도 큰 영향을 주는 등, 선율승의 활동은 불교의 틀 안에 머물지 않는 영향력을 발휘했다. 그들에 의해 소개된 송원 문화는 가마쿠라·남북조기 문화의 중요한 요소이기도 했다.

---

1) 하카타: 후쿠오카현의 항구. 헤이안~무로마치시대에 일본 최대의 국제 무역항이었다.
2) 현밀 8종: 나라시대 이전부터 있던 남도 6종과 헤이안 초기에 시작된 천태종·진언종. 164쪽 참조.

(4) 앞으로의 전망

명대 중국은 무로마치기 일본과의 자유로운 왕래를 금했다(그래서 일본의 새로운 교류 대상으로서 조선과 류큐의 존재감이 커졌다). 또 전국 시대가 되면 명의 밀무역 상인(후기 왜구)[3]가 일본의 은을 목적으로 왕성하게 내항했던 데다 남만인의 활동도 시작되어, 전근대 대외교류의 최전성기가 출현했다. 그러나 명이 일관적으로 일본인의 장기 유학을 인정하지 않았고 명의 승려가 막부의 초빙에 응하여 일본으로 건너가는 일도 없었기 때문에 일본에서는 중국과 동질한 공간을 재현하려는 지향이 후퇴했다. 그래서 문화의 수용에 있어서는 수용자 측의 요청에 응하여 선택·변형이 가해지는 경향이 강해졌다. 박래품舶來品도 다기에서 현저하게 보이듯 어물御物·명물名物이라는 일본 독자의 가치관에 의해 분류되어 중국적 가치관으로부터 분리되어 유통되었다. 중세의 문화 수용을 고찰할 때에는 물리적인 교류의 성쇠, 문화 소개자의 성격, 문화 수용의 자세에 대하여 각각 검토할 필요가 있다.

> **탐구 포인트**
> ① 대외교류를 의식하게 되면 중세의 사회·문화는 어떻게 보이기 시작하는가?
> ② 송원문화의 수용에서 선종·율종 사원은 어떠한 역할을 했는가?
> ③ 송원문화와 명문화의 수용 사이의 차이점과 그 배경은 무엇인가?

참고문헌

大塚紀弘『中世禪律佛教論』山川出版社, 2009.
榎本涉『中華幻想』勉誠出版, 2011.
榎本涉「宋元交替と日本」『岩波講座日本歷史 7　中世 2』岩波書店, 2014.
本多博之「中世貨幣」『岩波講座日本經濟の歷史 1 中世』岩波書店, 2017.

---

3) 후기 왜구: 명에서 금지된 일본과의 무역에 종사하던 명 상인은 명 정권에 의해 종종 '왜구'라고 인식되었다.

11. 남북조 동란의 의의
일본 사회를 어떻게 바꾸었는가

가메다 도시타카龜田俊和*) 집필 / 고대성 번역

관련항목: II-10[p.167] II-12[p.173] II-13[p.176] II-15[p.182]

〔논의의 배경〕

1333년 고다이고 천황이 가마쿠라 막부를 멸망시키고 천황 친정을 개시한다(겐무建武 신정). 이어서 1335년 아시카가 다카우지가 반란을 일으켜 신정을 타도하고 다음 해에 무로마치 막부를 수립한다. 그러나 고다이고는 야마토국 요시노로 도망가 망명 정권을 수립하였고 이로써 교토의 북조와 요시노의 남조로 동시에 두 명의 천황이 병립하며 대립하는 이상異常 상황이 되었다. 이 사태는 1392년에 남조의 고카메야마 천황이 북조의 고코마쓰 천황에게 양위할 때까지(남북조 합일) 약 60년 간에 걸쳐 계속되었다. 그동안 복잡하기 짝이 없는 전란이 이어지고 정치·사회는 크게 혼란해졌다. 그러나 한편으로는 이 동란이 막부의 정치기반을 강화하여 3대 쇼군 아시카가 요시미쓰의 전성기를 불러온 일대 변혁의 시대였다는 점도 확실하다. 그렇다면 남북조 동란은 구체적으로 어떠한 변혁을 불러왔는가?

〔논점〕

(1) 정치사 분야의 통설적 이해

현재 남북조 시대 정치사 연구의 큰 틀은 사토 신이치佐藤進一가 만들었다. 초창기 무로마치 막부의 정치체제는 초대 쇼군 아시카가 다카우지와 그 동생 다다요시直義의 이두정치이며, 다카우지가 군사(주종제적 지배권1)), 다다요시가 정무(통치권적 지배권2))을 담당했다. 그러나 이는 간노觀應의 요란擾亂3)과 쇼헤이 일통正平一統4)의 요인이 되었다. 이두정치는 통치권적 지배권을 확장하는 형태로 2대 쇼군 아시카가 요시아키라足利義詮 아래서 일원화했고, 3대

---

*) 국립대만대학 일본어문학계 조리교수(助理敎授) | 일본중세사
1) 주종제적 지배권: 헤이안 시대에 무사가 등장한 이래 존재한 주군과 종자의 근원적인 주종관계에 기반한 지배권.
2) 통치권적 지배권: 피지배자 간의 분쟁을 제삼자의 입장에서 판정하는 지배권. 미나모토노 요리토모가 조정으로부터 공적·영역적인 권한을 부여받아 성립한 것으로 여겨진다.
3) [역주] 간노의 요란: 1349~1352년에 벌어진 무로마치 막부의 내부 분쟁. 형 다카우지와 그의 집사 고노 모로나오, 다카우지의 동생 다다요시가 대립하여 내전으로 발전하였다. 그 과정에서 다다요시와 다카우지가 차례로 남조의 편에 서기도 하였다.
4) 쇼헤이 일통: 1351년(남조 쇼헤이6) 11월에 체결된 무로마치 막부와 남조의 강화. 이로써 막부는 북조를 폐하고 남조의 천황을 추대했지만, 다음해인 1352년(남조 쇼헤이7) 윤2월에 남조가 일방적으로 강화를 파기하여 붕괴했다.

요시미쓰 시기에 관령管領(쇼군의 보좌역)의 지위가 확립되었다. 요시미쓰 시기에는 막부가 북조의 권한을 흡수해 나갔다. 사토는 특히 쇼군이 교토 시정권施政權을 직접 장악한 것에 주목했다. 요시미쓰가 천황이 되려고 했다거나 그 아들 요시쓰구義嗣를 황위에 앉히려 했다는 황위찬탈설은 사토의 연구 시각을 발전시킨 것이라 평가할 수도 있다.

지방에서는 슈고의 장원 침략이 진행되어 사사본소령寺社本所領의 장원 지배를 위협했다. 슈고는 반제령半濟令 등을 구사하여 분국 지배를 강화했다. 이 때문에 요시미쓰는 봉공중奉公衆을 편성하여 군사력을 강화하고 야마나山名 가문 등 유력 슈고를 토벌하여 쇼군 권력의 기반을 한층 강화하였다(메이토쿠明德의 난).

(2) 정치사 연구의 쇄신

초창기 막부 체제에 대해서는 최근 이두정치라기보다는 다다요시가 실질적인 막부의 최고 지도자 '산조도노三條殿'5)로서 막부 정치를 주도하는 체제였다는 견해가 나왔다. 사토의 이론과 실증 사이에 괴리가 있다는 사실이 분명해지자 이 이론으로 체제를 모순 없이 설명하기는 곤란해졌다. 쇼군 친재권 강화도 사토 이론과는 반대로 쇼군이 행사하는 은상恩賞 아테오코나이充行6)권 확충에 의해 이루어졌다. 또한 쇼무사타所務沙汰7)의 합리화와 신속화도 추진되었다. 이렇듯 막부는 자신을 지지하는 여러 계층과 폭넓게 이익을 공유하여 동란動亂에서 승리했다.

북조의 권한 흡수 및 교토 시정권 접수에 대해서도 남북조 동란과의 밀접한 관련성이 강조되고 있다. 쇼헤이 일통에 의해 경제면·권위면에서 타격을 받은 북조측이 적극적으로 막부를 이용하는 전략을 채택했다는 이해이다. 요시미쓰는 심신 미약으로 정무 수행이 불가능해진 고엔유 천황을 대신하여 북조의 일원으로서 권한을 대행한 것으로 여겨진다. 현재 황위찬탈설을 지지하는 연구자는 거의 없다.

(3) 사회 변혁

장원제는 예전에는 남북조시대 이후 쇠퇴했다고 여겨졌지만, 지금은 오히려 이 시대를 거치며 회복되어 상대적으로 안정되었다고 평가되고 있다. 무로마치시대의 장원은 사사본소와 무사가 토지를 절반으로 나누어 각자 일원적으로 지배했다(사사본소일원령·무가령 체제). 슈고의 지배를 받지 않는 무사나 사사도 상당히 많았기 때문에 슈고의 분국 지배력도 종래보다는 낮게 평가되고 있다. 즉 슈고 등이 재경하며 쇼군에게 봉공하고 수도의 경제력에 의존하는 체제를 중시하는 견해가 유력해지고 있다. 다만 슈고의 지방지배를 막부의 지배체제의 기축에 두는 견해도 일정한 지지를 얻고 있다(막부-슈고 체제[p.173]).

무사사회에서는 분할상속에서 적자 단독상속이 주류가 되어 총령제가 변질했다. 또한

---

5) 산조도노: 아시카가 다다요시 집정기(1336~49)의 다다요시의 칭호. 교토 시모교(下京)의 산조보몬(三條坊門)에 저택을 지어 거주하며 막부의 정청으로 삼았기 때문에 이렇게 불렸다.
6) 은상 아테오코나이: 전투에서 공을 세운 무사에게 은상으로서 영지를 내리는 권한.
7) 쇼무사타: 영지(所領)와 소직(所職)에 관한 재판.

혈연으로부터 확장하여 지연을 중시하게 되어 각지에서 고쿠진잇키國人一揆8)가 결성되었다.

대외관계 측면에서 남북조시대에는 정식 국교는 없었지만 민간교류가 활발했다. 아시카가 다다요시가 원에 파견한 무역선은 잘 알려져 있다(덴류지선天龍寺船). 왜구의 활동이 활성화한 것도 1350년 간노의 요란을 전후해서다. 나아가 대외교류는 종교와 문화의 발전도 불러왔다. 특히 임제종은 막부의 두터운 보호를 받았으며 안국사安國寺·이생탑利生塔9)이 건립되고 오산·십찰10)제도도 정비되었다. 임제종 승려는 송학宋學을 일본에 전파했는데 그 정치사상은 『태평기太平記』에도 영향을 주었다. 또한 당물唐物11)이 다수 수입되었으며 투차鬪茶 등이 유행하고 바사라バサラ12)가 등장한 것은 다음 세대의 무로마치 문화 융성의 복선이 되었다.

(4) 남북조 동란의 의의와 전망

요시미쓰 치하의 안정기를 불러오고 기타야마北山 문화를 만들어 내는 등 현대 일본 사회·문화의 원류를 형성한 점, 남조 정통 사관과 구스노키 마사시게楠木正成 충신 사관이 근세·근대사에 지대한 영향을 미친 점이 남북조 동란의 역사적 의의로 거론된다.

앞으로는 역사관 문제가 초점이 될 것으로 여겨진다. 남북조시대의 역사적 사실은 당시 사람들에게 어떻게 파악되었으며 후대에 어떻게 수용되어 역사관을 형성했는가? 근세사·근대사·일본문학 연구자와도 시대와 분야의 틀을 넘어선 학제적인 연구가 점점 더 필요해질 것이다.

> **탐구 포인트**
> ① 무로마치 막부가 동란에 승리할 수 있었던 정책적인 요인은 무엇인가?
> ② 조정-막부관계와 요시미쓰의 권력을 어떻게 파악할 것인가?
> ③ 수도와 지방의 지배를 어떻게 이해할 것인가?
> ④ 대외관계와 종교·문화면도 포함하여 남북조시대를 다각적으로 이해하려면 어떻게 해야 할 것인가?

참고문헌

佐藤進一『南北朝の動亂』中央公論社, 1965.
川岡勉『室町幕府と守護權力』吉川弘文館, 2002.
伊藤俊一『室町期莊園制の研究』塙書房, 2010.
吳座勇一『一揆の原理』洋泉社, 2012.
龜田俊和『觀應の擾亂』中央公論新社, 2017.

---

8) 고쿠진 잇키: 고쿠진이라 불린 재지의 무가 영주층에 의한 군사 동맹. 잇키 계약장을 작성하고 단결하여 슈고 지배에 대항하기도 했다. 중세에는 이외에도 사원 승려, 촌락 농민 등 다양한 잇키가 존재했다. 174쪽 참조.
9) 안국사·이생탑: 아시카가 다카우지·다다요시가 고다이고 천황의 명복을 빌기 위해 각 국에 설치한 1사 1탑. 나라 시대의 국분사(國分寺)를 모델로 했다고 여겨지며 막부·슈고의 군사거점적 성격도 아울러 가지고 있었지만 무로마치시대 이후에는 쇠퇴했다.
10) 십찰: 오산 다음가는 선종 사원의 격식. 1386년(北朝至德3), 최종적으로 도지지(等持寺) 이하 22사의 전국 십찰과 즈이센지(瑞泉寺) 이하 10사의 관동 십찰이 확립되었다.
11) 당물: 주로 중국에서 수입된 박래품. 무로마치 막부는 당물부교(唐物奉行)을 설치하여 당물을 관리했다.
12) 바사라: 남북조시대에 유행한 사치스럽고 화려한 복장과 파천황적인 언동. 바사라 다이묘로서 사사키 도요(佐々木道譽)가 유명하다.

12. 무로마치 막부와 전국질서
중세 후기 중앙과 지방의 관계를 어떻게 생각할 것인가

호리카와 야스후미堀川康史*) 집필 / 고대성 번역

관련항목: II-7[p.158] II-11[p.170] II-13[p.176] II-14[p.179] II-17[p.188] II-19[p.194] II-20[p.197]

〔논의의 배경〕

무로마치 막부라 하면 일본사상 존재한 세 개의 무가정권 중에서 가장 취약한 정권이라는 인상을 갖기 쉽다. 사실 약 250년에 걸친 무로마치 막부의 역사 속에서 최초 60년은 남북조 내란에, 최후 100년은 전국 동란에 휩싸였다. 남북조 내란으로 시작된 중세 후기가 약체화된 무로마치 막부(중앙)와 자립하는 지역권력(지방)이라는 대비로 특징 지어져 온 것도 수긍할 만하다. 그러나 근년에는 무로마치 막부를 중심으로 구심적인 전국질서가 재평가되고 있으며, 중앙과 지방의 관계에 대해서도 양자의 상호관계를 중시하는 새로운 이해가 정착해 나가고 있다.

〔논점〕

(1) 무로마치 막부-슈고 체제론의 제기

현재로 이어지는 무로마치 막부 재평가의 흐름을 만든 것은 1980년대의 무로마치·전국 이행기 연구에서 제기된 무로마치 막부-슈고 체제론이라 불리는 학설이다. 그때까지 전국시대라고 하면 각지의 지역권력이 지역국가로서 자립하는 '분열의 시대'로 파악되어 왔다. 그러나 이러한 견해는 전국시대 지역권력의 자립성을 너무 중시한 나머지 자기완결적인 지역권력상을 묘사하고 국가적·전국적인 권력질서와의 관계를 무시하기 일쑤였다. 그에 대한 반성에서 1980년대에 들어서면 무로마치 막부와 슈고로 구성되는 전국적인 무가권력질서(무로마치 막부-슈고 체제[1])와의 관련성 속에서 지역권력의 다양한 움직임을 파악하고자 하는 시도가 이루어지게 되었다. 그중에서 가와오카 쓰토무川岡勉는 중앙과 지방을 잇는 매개항으로서의 슈고 권력[2])에 착안하여 중세국가론과 지역권력론 양자를 시야에 넣은 무가권력론(무로마치

---
*) 도쿄대학 사료편찬소 조교 | 일본중세사
1) 무로마치 막부-슈고 체제: 15세기 전반, 슈고 제도를 근간으로 하는 무로마치 막부의 지배체제를 표현한 것으로 1970년대에 제기된 개념. 가와오카 쓰토무의 무로마치 막부-슈고 체제론은 이를 수정·확장한 것으로 슈고를 지역권력이라 평가하는 점, 무로마치 막부와 슈고의 상호보완적 관계를 중시하는 점, 전국시대에도 이 체제는 존속했다고 보는 점이 특징이다.
2) 슈고 권력: 가마쿠라 시대의 슈고에 대해서는 II-7(p.158)을 참조. 무로마치 막부의 슈고는 남북조 내란기에 권한을 확대하고 지역사회와 깊은 관계를 맺음으로써 지역권력으로서 성장했다. 대부분의 슈고는 교토에 거점을 두고 막부 정치에 참여하는 등 중앙권력으로서의 측면을 가지며 중앙과 지방을 잇는 역할을 했다.

막부-슈고 체제론)을 제기했다. 남북조시대부터 전국시대에 이르는 무로마치 막부-슈고 체제의 전개·변질을 논한 가와오카의 연구는 중세 후기의 국가와 지역을 종합적으로 파악하는 시도의 하나로서 그 후의 연구에 큰 영향을 미치게 된다.

(2) 분열에서 상호관계로의 관심 이동

무로마치 막부-슈고 체제론의 제기를 계기로 무로마치 막부론, 지역권력론, 그리고 양자를 잇는 정치사 연구·도비都鄙(중앙-지방) 관계 연구가 현저히 진전했다. 때마침 1990년대 이후의 일본 중세사 연구에서는 분권적·다원적인 중세사회를 통합하고 질서를 부여한 열도 규모의 권력질서와 정치체제에 대한 관심이 고조되었으며 사료집의 간행 등 연구환경의 정비, 아시카가 요시미쓰 왕권찬탈설·공무통일정권론[3]·무로마치기 장원제론(II-13[p.176] 참조)의 제기 등을 배경으로 무로마치시대 연구가 활성화했다. 무로마치 막부-슈고 체제론은 이러한 연구 조류에 힘입어 아시카가 쇼군가를 정점으로 하는 무가의례·혈통관념을 다루는 '예禮의 질서'론을 비롯하여 무로마치 막부의 본거지 교토를 중심으로 하는 사회의 존재양태에 착안한 재경영주론·장원제론·수도론·유통론·종교사·문화사·고고학 등 협의의 무가권력론에 그치지 않는 다양한 연구시각과 공명하면서 무로마치 막부·교토를 중심으로 하는 중앙과 지방의 밀접한 상호 관계를 밝혀 나갔다.

(3) 무로마치 막부-슈고 체제론 비판

무로마치 막부를 전국정권으로 재평가하는 점, 중앙과 지방의 상호관계를 중시하는 점, 무로마치·전국시대의 연속면에 주목하는 점 등 무로마치 막부-슈고 체제론이 제기한 시점 중에서는 오늘날 정착한 것도 많지만, 가와오카 설에는 이론도 많다. 첫 번째 비판은 무로마치 막부-슈고 체제론이 슈고를 중시하는 점을 비판한다. '슈고의 상대화'라 불리는 일련의 비판은 슈고로부터 자립적인 세력·영역의 존재, 고쿠진잇키[4] 등 슈고 이외의 세력의 역할, 도리쓰기取次[5]를 통한 도비간 교섭 등을 지적하며 중앙과 지방의 다원적인 연결 관계를 논했다. 두 번째 비판은 무로마치 막부-슈고 체제를 전국적인 권력질서로 여기는 점을 의문시한다. 무로마치 막부-슈고 체제론은 아시카가 쇼군가와 재경 슈고가 통치하는 지역(무로마치도노 어분국御分國[6])에서 입론된 것이지만, 그 외부(원국遠國)에서는 가마쿠라부(II-19[p.194] 참조)·오슈탄다이奧州探題·

---

[3] 아시카가 요시미쓰 왕권 찬탈설·공무통일정권론: 전자는 3대 쇼군 아시카가 요시미쓰가 조정 권한을 흡수하여 천황의 황위를 노렸다고 보는 학설. 현재로는 공무 협조면·상호의존 관계를 중시하는 후자의 학설이 유력하다. II-17(p.188) 참조.
[4] 고쿠진잇키: 고쿠진은 중세 후기의 무사 영주 계급을 가리키는 개념. 그들이 군사 협력 등을 목적으로 맹약·연합한 것을 고쿠진잇키라 한다. 고쿠진잇키 중에는 슈고를 통하지 않고 무로마치 막부와 직접 관계를 맺는 자도 있어 무로마치 막부의 지배체제가 슈고·고쿠진이라는 두 기둥으로 구성된다고 보는 견해도 있다. 172쪽 참조.
[5] 도리쓰기: 무로마치 막부와 먼 지역의 세력들의 중개자를 가리키는 개념. 도리쓰기를 맡는 것은 해당 국의 슈고뿐만 아니라 유력 막부 각료(다이메이[大名])나 쇼군 측근도 이를 맡았다. 무로마치 막부의 지배체제를 '근국은 슈고, 원국은 도리쓰기'라는 이중 동심원 구조라 보는 견해도 있다.
[6] 무로마치도노 어분국·원국: 전자는 대개 서쪽으로는 주고쿠·시코쿠 지방, 동쪽으로는 에치고·시나노·스루가까지를 가리키며, 후자는 그 외부(도호쿠·관동·규슈)를 가리킨다.

규슈탄다이^{九州探題7)}와 재국^{在國} 슈고 아래 독자적인 정치·사회 질서가 형성되어 있었다. 슈고의 존재 형태도 크게 다른 이들 지역을 무로마치 막부-슈고 체제는 논의에 충분히 포섭하지 못했다고 비판한다. 세 번째 비판은 무로마치 막부-슈고 체제를 중세 후기 전체에 걸친 권력질서라 여기는 점을 문제로 삼는다. 전국시대에도 무로마치 막부-슈고 체제가 존속했다는 점을 중시하며 전국시대 지역권력을 '전국기^{戰國期} 슈고'⁸⁾라 파악하는 가와오카 설에는 무로마치 막부의 영향력과 슈고직의 의의를 과대평가하고 있다며 많은 비판이 제기되어 있다.

(4) 향후 과제

무로마치 막부-슈고 체제론의 제기부터 가와오카의 저서가 간행된 2000년대 초까지를 제1기, 가와오카 설의 비판적 검토가 활발히 이루어진 2000·2010년대를 제2기라 한다면, 제3기에 해당하는 현재는 제1기뿐만 아니라 제2기의 문제점도 의식하면서 논의를 지양해 나갈 단계이다. 무로마치 막부-슈고 체제론은 무로마치 막부·슈고의 관계를 좌표축으로 삼아 그와 원근을 측정하는 것으로 지역의 동향과 개성을 추출해 낸다는 분석 도구로서는 유효하지만 대부분의 논자는 무로마치 막부-슈고 체제를 실재하는 체제로서 묘사하고 있으며 다양한 사례를 무로마치 막부-슈고 체제의 틀에 밀어 넣기 일쑤이다. 한편 제2기 연구는 연구 수준을 끌어올리기도 했지만, 무로마치 막부-슈고 체제론과의 관계에서는 단순한 예외 찾기나 슈고인지 아닌지, 지역권력이 자립했는지 아니면 무로마치 막부에 의존했는지라는 이항대립적인 연구사 이해에 빠지기 쉽다. 중세 후기는 지역에 따라 다른 전개를 보이는 시대이므로 무로마치 막부-슈고 체제를 둘러싼 논쟁도 각 연구자가 검토 대상으로 삼는 지역의 차이에 좌우되는 부분이 많다. 다양한 사례를 공통성과 다양성 양쪽에 주의하면서 어떻게 하여 지역횡단적·동태적으로 정리해 나갈 것인지, 보다 종합적인 시야가 요구되는 단계에 와 있다고 할 수 있을 것이다.

탐구 포인트

① 무로마치 막부의 권력질서·지배체제에 지역·시기에 따른 차이가 생기는 배경은 무엇일까? 그 차이는 전국적·장기적인 동향과 어떻게 관련 지을 수 있을까?
② 무로마치 막부의 전국 질서를 중앙·지방 간의 교류·상극이라는 시점에서 생각해 보자.
③ 무로마치 막부의 전국 질서의 특징을 다른 지역·시대와 비교하면서 생각해 보자.

참고문헌

川岡勉『室町幕府と守護權力』吉川弘文館, 2002.
中世後期研究會 編『室町·戰國期研究を讀みなおす』思文閣出版, 2007.
村井良介『戰國大名論』講談社, 2015.
大藪海「室町期守護論の「これまで」と「これから」」『增補改訂新版 日本中世史入門』勉誠出版, 2021.
川口成人「幕府の全國支配と「在京大名」の重要な役割とは?」『「室町殿」の時代』山川出版社, 2021.

---

7) 오슈탄다이·규슈탄다이: 도호쿠·규슈에 설치된 지방 통치 기관. 무로마치시대 이후 관령 시바(斯波) 가문의 방계 오사키(大崎)·시부카와(澁川) 가문이 세습하고 전국시대에 이르기까지 해당 지역의 권력 질서의 최상위에 위치했다.
8) 전국기 슈고: 전국시대에도 무로마치 막부-슈고 체제가 존속했다고 주장하는 입장에서 전국시대 지역 권력을 표현한 개념. 종래의 '전국 다이묘' 개념은 무로마치 막부-슈고 체제와의 관련성이 결여되어 있다고 비판한다.

13. 무로마치기의 장원제
무로마치시대는 장원제의 시대였는가

야마다 도루山田徹*) 집필 / 이소현 번역

관련항목: II-4[p.149] II-11[p.170] II-12[p.173] II-23[p.206]

〔논의의 배경〕

장원제란 본래 귀족이나 사사에 의한 토지소유제도를 말하는데, 그러한 제도가 결정적인 의미를 가졌던 중세사회를 나타내는 개념으로서도 사용된다. 다만 무로마치시대 등 중세 후기를 장원제사회라고 파악할 수 있는지 아닌지는 논의가 되고 있는데 이 점에 대해서는 특히 최근 20년간 연구가 진전되어 왔다. 그러한 연구의 결과 이 시대를 일반적으로 어떻게 파악하게 되었는가. 그리고 앞으로의 연구에서 어떠한 점이 논점이 될 것인가.

〔논점〕

(1) 고전적 이해

제2차 세계대전 이후 무사가 봉건적인 재지영주로서 성장해 갔다는 것을 중시했던 시기에는 남북조·무로마치시대에 슈고나 고쿠진[p.172]이 장원을 현지에서 압령押領함으로써 귀족에 의한 집단적 토지소유인 장원제가 붕괴해 갔다고 생각되었다.

이러한 이해에 대하여 1960~1970년대에는 ①남북조·무로마치시대에 장원영주의 지배가 재건·유지되었던 측면이 있다는 점, ②슈고의 지배도 장원제의 지배구조에 의거하고 있었다는 점, ③소령 현지의 장원제적 시스템이 전국 시대까지 잔존했다는 점 등의 비판이 제기되었다. 특히 이러한 여러 설을 통합하면서 무가관계자의 소령을 장원제의 구성요소로서 명확하게 정의한 구도 게이이치工藤敬一 설[1]은 중요하다.

그러나 그래도 무로마치시대를 장원제 개념으로 파악하는 견해는 반드시 일반화되진 않았다. ①②와 같은 입장을 표명했던 논자 중에서도 장원제를 귀족이나 사사에 의한 집단적

---

*) 도시샤대학 문학부 준교수 | 일본중세사
[1] 구도 게이이치 설: 구도는 구래의 장원영주인 귀족·사사(사사본소)의 소령으로서 유지된 '사사본소일원령(一圓領)'과 무사의 지행 아래에 들어간 '무가령' 양쪽을 장원제의 구성요소로 간주하고 무로마치시대의 장원제를 '사사본소일원령·무가령 체제'라고 표현했다. '무가'라는 용어는 기본적으로 막부를 가리키므로 무사의 소령을 모두 '무가령'이라고 호칭해 버린다는 점에는 문제가 있지만 이 구도 설의 사고방식 자체는 현재의 연구에 큰 영향을 준 중요한 것이라고 할 수 있다.

토지소유라고 보고 무사·재지영주에 의한 압령을 장원제의 종언과 결부하여 이해하는 경향은 뿌리깊었다. 그 결과 무로마치시대는 정체 내지는 긴 해체의 시대라고 이해되었다.

(2) 무로마치기 장원제론

하지만 1980~90년대를 거치며 사정이 달라졌다. 특히 각지에서 장원조사[2]가 진전되면서 장원이나 군郡의 틀이 지역사회를 강하게 규정했었다는 점이 해명된 영향이 컸다. 또 중세 전 시기에 걸쳐 무사의 도시적인 측면이 강조되었으며 가마쿠라 시대의 고케닌御家人이 장원제를 유지하는 기능을 했다는 점도 주목을 받았다.

그러한 일련의 동향에 따라 2003년에 이토 도시카즈伊藤俊一는 무로마치시대에 무가 관계자의 소령과 사사본소령의 내실이 그다지 다르지 않았다는 점, 무가관계자까지 포함한 도시영주(재경영주)에 의한 지배체제가 구축되어 있었다는 점을 강조했다(무로마치기 장원제론). 이에 따라 앞선 구도 설이 재평가되어 무로마치시대를 장원제사회라고 보는 이해도 확산되었다.

이러한 동향 안에서 무로마치시대에도 본가직本家職이 잔존했다는 점을 강조하는 견해도 새롭게 제기되었으나, 실제로 그 비중이 그렇게 크지 않았으므로 이는 지나치게 강조되어서는 안된다. 이 시기의 특징은 무엇보다도 무가 관계자의 소령이 중심이었다는 점이다. 교토를 중심으로 하는 국들(대체로 북쪽으로는 엣추·노토能登, 동쪽으로는 도토미遠江, 서쪽으로는 빗추備中·빈고備後 언저리의 지역)에서는 교토에 집주하는 아시카가 쇼군가와 가까운 친족이나 유력 다이묘들이 대규모 장원을 장악했다. 물론 일부 선종사원이나 기타노샤北野社처럼 소령을 집적한 사사도 있었으나 이와 같은 경우에도 지토地頭직[3]과 같은 무가 관계자의 소직所職을 기부 받는 것이 중요한 의미를 가졌다. 종래에는 본가직·영가직領家職 등 협의의 장원영주의 지배가 남북조 내란을 거쳐 어느 정도로 유지되고 있었는지가 주목받아왔으나 현단계에서는 무가관계자의 소령과 소직을 중심으로 무로마치시대의 장원제를 전체적으로 재검토하는 것이 필요해졌다.

(3) 장원제의 해체과정

이처럼 무로마치시대의 장원제연구는 진전되고 있으나 실태를 말하자면 그 평가에는 아직도 여전히 일치하지 않는 점도 많다. 특히 장원제의 해체과정에 대하여 그러한 경향은 현저하다. 애초에 ①현지의 장원제 틀과 ②중앙(교토)에서 지방을 지배하는 체제라는 두 가지에서 재평가가 진전되어 왔지만, 장원제의 본질로서 어느 쪽을 중시하는가는 논자에 따라 차이가 있다. 그 밖에 옛날 이론대로 협의의 장원영주 지배에서 본질을 찾는 논자도 있다. 즉 장원제의 정의

---

[2] 장원조사: 대형 개발에 의해 전통적인 촌락 경관이 상실되어감에 따라 수리나 지명에 대한 청취조사를 포함하여 다양한 수법을 사용해 각지에서 장원조사가 이루어졌다. 이러한 조사의 진전은 장원연구를 촉진하여 무로마치기 장원제론뿐만 아니라 II-4(p.149)에서 소개된 '입장론'의 전제가 되기도 했다.

[3] 지토직: 지토의 권한(지토직)이 귀족에게 부여되거나 사사에 기부된 경우도 많다. 이 점은 무로마치기 장원제의 형성을 고찰하는 데 아주 중요하다.

자체에 차이가 있는 것이다. 또 교토를 중심으로 하는 지배라고 할 때 그 실태에는 상당한 지역차가 존재한다. 그래서 어떤 요소를 중시하는가, 어떤 지역을 소재로 삼는가에 따라 장원제의 붕괴·해체라는 문제에 대해서도 논조가 달라진다. 현단계에서는 이러한 점들을 정리한 충분한 공통이해가 있다고 하기 어렵다.

이 문제를 다루고자 한다면 각 지역들에 대하여 전국기까지를 관통해서 여러 논점들을 재검토하는 작업이 필요하다. 예를 들면 가마쿠라부 체제하의 여러 세력의 장원·향鄕의 지배에 대해서는 어느 정도 연구가 축적되어 있지만 그 문제는 무로마치기 장원제 안에서 어떻게 정의해야 하는 것일까. 또 중앙에서 먼 구니들遠國에서는 유력 영주가 소령 현지에 있는在國 경우가 많은데 그러한 지역의 영주지배에서 장원이나 향의 틀은 어떠한 의미를 가지고 있었을까. 촌락 존재형태의 지역차도 이전부터 알려져 있었지만, 이 문제와 장원·향의 틀은 어떻게 관련지을 수 있을까. 이외에도 새롭게 검토·정리해야 할 점이 많다. 앞으로의 검토가 기다려진다.

> **탐구 포인트**
> ① 장원제를 파악하는 데는 어떤 요소가 중요한가? 장원제라는 용어는 어떻게 정의되어야 하는가?
> ② 지역차의 문제를 어떻게 파악할 것인가? 특히 중세 후기는 지역차가 크기 때문에 어떻게 지역 간의 질서를 정립하면서도 시대 전체상을 그릴 수 있을 것인지가 중요하다.
> ③ 전국기로의 전개는 어떻게 파악해야 하는가?

참고문헌

網野善彦아미노 요시히코『網野善彦著作集 2 中世東寺と東寺領莊園』岩波書店, 2007(초출 1978).

工藤敬一『莊園制社會の基本構造』校倉書房, 2002.

伊藤俊一『室町期莊園制の研究』塙書房, 2010.

伊藤俊一「室町期莊園制論の課題と展望」『歷史評論』767, 2014.

山田徹「室町時代の支配體制と列島諸地域」『日本史研究』631, 2015.

14. 무로마치기의 유통
사람·물건은 열도에서 어떻게 움직였는가

이토 게이스케(伊藤啓介*) 집필 / 이소현 번역

관련항목: II-12[p.173] II-13[p.176] II-22[p.203]

〔논의의 배경〕

일반적으로 가마쿠라 시대 후반부터 남북조 그리고 무로마치시대에 걸친 시기는 유통경제의 확대기라고 간주되고 있다. 이 시기의 전국적인 유통 발전에 대해 예전에는 농촌 또는 그곳을 다스리는 재지영주의 상품경제 참여가 진전되었다는 것을 근거로 논의를 해 왔다. 그러나 근년에는 장원제 공납의 대전납代錢納과의 관계나 슈고 재경在京제에 의한 교토의 인구 확대 등 정치사를 포함한 중세 전체의 사회구조 변화와 관련하여 논의되는 일이 많아졌다.

〔논점〕

(1) 공납 수송에서 상업유통으로

중세의 유통 연구에서 기나이로의 구심성과 지역성의 관계는 큰 논제이다. 기나이로의 원거리 교역에 종사하는 대형 선박이 기항하는 항만은, 지형이나 물자의 집산 정도의 문제 때문에 비교적 대규모인 허브항1)이라고 할 만한 항만도시에 한정되었다. 한편 허브항은 강을 다니는 선박이나 소형선 혹은 육로 운송을 통해 그 주변 지역의 상품집산지 항구·강의 항구·육로 운송의 거점 등과 연결되었다. 따라서 중세의 유통은 허브항 역할의 항구도시와 상품 집산지를 중심으로 형성된 분절된 유통권이 허브항들 사이를 관통하는 간선 항모를 통해 연결되는, 중층적인 구조였다고 생각된다.

전국적인 사람과 물건의 교통과 운수가 이 분절적인 유통권을 넘어서 기나이를 구심점으로 하여 집중되어 간 요인으로서는, 기나이 도시에 모여 거주중인 장원영주로의 공납 수송을 들 수 있다. 예를 들면 1404년(오에이應永11) 아시카가 요시미쓰는 요도가와강淀川의 모든 관소에서 상품을 적재한 연공선年貢船을 몰수하여 가스가샤春日社 조영 비용에 충당하라고 명령을 내렸다. 이는 교토로 향하던 다수의 연공선이 관료關料 면제의 특권을 이용해 공납물에 상품을 섞어서 적재했음을 보여준다. 당연히 원격지 장원으로부터의 연공을 적재한 배도 많이 포함되었을 것이다.

---

*) 리쓰메이칸대학 수업담당강사 | 일본중세사·화폐경제사

1) 허브항: 수운 용어. 대규모 항만으로부터 근린의 소규모 항만으로 방사상으로 뻗는 항로를 바퀴살에 비유하고 그 중심(허브)이 되는 항만을 '허브항'이라고 부른다.

그런데 『효고 기타제키 입선납장兵庫北關入船納帳』2)(이하 '납장'이라고 약칭)에 전해지는 세토내해 항로의 허브항 중 하나였던 효고 항에 입항한 상선의 기록(1445)을 보면 관료 면제를 받았다고 보이는 배는 1900여 척 중 겨우 80여 척으로, 유통의 주역이 공납 수송에서 상업 유통으로 바뀌어 가던 모습을 알 수 있다. 이 시기 상업유통의 발전은 13세기 중반에는 월 3회의 '삼재시三齋市'가 일반화되었는데, 14세기 중엽에는 월 6회의 '육재시'가 나타난 것으로부터도 알 수 있다.

(2) 상업유통과 대전납·슈고 재경제

상업유통 발전의 요인으로서는 우선 14세기 초에 발생한 대전납의 일반화를 들 수 있다. 그동안 기나이에 운반되어 오던 공납물이 상품으로서 유통되자, 거래의 장으로서의 시장市庭의 수와 거래 참가자·거래량이 급증하여 상업유통의 양적·공간적인 확대가 야기되었다. 한편 그러한 상품이 기나이로 유통되도록 촉진한 요소로서 14세기 후반에 시작된 슈고 재경제守護在京制3)가 주목받고 있다. 교토에 많은 슈고 피관被官이 집주하며 관할 구니管國를 왕래함에 따라 교토의 인구가 증가했고 원격지 상업의 발전에 기여했다고 여겨진다. 또 견직물·당물·약 등의 사치품도 영주층이 집주하는 기나이의 도시에 집중되었을 것이다.

(3) 항만도시의 중요성

개별적인 유통 거점으로서 중시되어야 할 것은 생산지로부터 소비지까지의 중계지점이다. 그리고 해운·하천교통·육로운송의 중심이자 유통의 허브로서 지역유통권의 중심이 되었던 항만도시로, '납장'에 등장하는 항구로는 효고 외에 아와지淡路의 유라由良·비젠의 시모쓰이下津井·빗추의 히라야마平山·빈고의 미쓰노쇼三庄, 아키安藝의 세토다瀨戸田 등을 들 수 있다. 요도가와 수운을 통해 교토와 연결되는 세토내해 항로 및 이세 만을 통해 관동으로 이어지는 태평양 항로 등 원격지간 해운의 실태는 '납장'과 같은 항만도시의 통행세와 관련된 사료를 중심으로 규명되어 왔다. 마찬가지로 기나이의 유통로에도 목재의 집산지로서의 아마가사키尼崎 등 항만도시를 중심으로 한 집산의 양상이 논의되고 있다.

(4) 특권상인에서 신흥상인으로

중세의 상인은 우선 사사에 편성된 지닌神人·요류도寄人,4) 천황과 연결된 구고닌供御人 등의 특권집단으로서 나타났다. 예를 들면 이와시미즈石淸水하치만구八幡宮과 리큐離宮하치만구의

---

2) 『효고 기타제키 입선납장』: 셋쓰국(攝津國)의 효고 기타세키에서 1445년 정월부터 다음해 정월까지의 기간동안 교토 방면으로 향하는 선박에 부과한 관세의 기록대장. 선적지·적재 품목 및 수량·관전(關錢) 및 납입일·선장(船頭)·선주(船主)·도이마루(問丸)·니우케닌(荷受人)이 기재되어 있다.

3) 슈고 재경제: 14세기 후반에 무로마치 막부는 슈고를 상시 재경시켰기 때문에 영국(領國)의 통치에는 슈고다이(守護代)를 파견하게 되었다. 그래서 다수의 슈고 피관(被官)이 교토에 상주하거나 영국을 왕복했다. 슈고 재경제는 교토의 인구증가와 영국과의 왕래 증가를 통해 기나이를 중심으로 한 원격지 유통을 활발하게 했다고 여겨진다.

4) 지닌·요류도·구고닌: 지닌은 신사, 요류도는 사원, 구고닌은 천황이나 율령 관사와 각각 결합하여 그 역(役)을 수행하는 대신 관료(關料) 면제·자유통행권 등의 특권을 인정받아 상업에 종사하던 집단. 오야마자키 리큐하치만구 지닌의 활동은 가마쿠라 시대부터 확인할 수 있다. 오닌의 난 전후까지 막부·조정의 보호 아래 들깨와 들깨 기름을 파는 상인으로서 긴키(近畿), 시코쿠, 규슈의 기름 제조와 판매를 독점했다.

등유 공진역貢進役을 맡은 오야마자키大山崎 아부라 지닌油神人들은 등유와 그 재료인 들깨 상인으로서 조정·막부의 두터운 보호를 받고 동업자에 대한 소송을 통해 상권을 확대해 나갔다. 중세의 상인집단으로서 유명한 '자座'5)는 이들 지닌·구고닌 집단의 하위조직이기도 했는데, 시대가 내려가면 상업세 수입을 노린 다양한 도시영주를 본소로 받드는 일반 상인들에 의해 결성되었다. 또 도시에서는 고도의 가공업과 상업이 이루어지는 한편, 그 근교나 지방의 농촌에서는 원료나 잡화를 생산 및 판매하는 형태로 상공업자의 분업이 진전된 결과, 도시부에서는 행상振賣이나 점포 등 판매형태별로, 농촌부에서는 원료의 중개 매매仲買나 수송과 판매에 각각 특화된 신흥 형태의 자가 나타났다. 일찍이 상업의 주역이었던 지닌·구고닌은 사사 본소의 보호자인 무로마치 막부의 지배가 쇠퇴함에 따라 통행세나 상업세를 징수하는 대가로 신흥 동업자에게 시장을 개방해 갔다. 그들이 권문의 보호에 의해 획득한 상권을 지켜내지 못하고 실제 거래로부터 유리되어 간 모습은 유통의 주역이 공납물 수송에서 상업 유통으로 변화했던 양상과 중첩된다. 그리고 16세기가 되면 비와호琵琶湖 동안과 이세 간의 상업에 종사하던 '야마고에 4본 상인山越四本商人'6)들은 그 상권을 둘러싸고 다른 곳의 상인들에게 대항할 때 엔랴쿠지나 교토의 권문에게 부여 받은 특권이 아니라 전국 다이묘로서 그들을 지배하던 롯카쿠씨六角氏와의 결합에 의지하게 되었다.

탐구 포인트

① 기나이를 구심점으로 하는 유통과 분절적인 지역의 유통권 사이의 관계를 고찰하자.
② 공납물 수송에서 상품유통으로의 변화 양상은 어떠한 것이었는가?
③ 항만도시와 그것을 중심으로 한 유통망의 모습을 밝혀 보자.
④ 상인집단은 시대와 함께 어떻게 변화했는가?

참고문헌

脇田晴子『日本中世商業發達史の研究』御茶の水書房, 1969.

佐々木銀彌『中世商品流通史の硏究』法政大學出版局, 1972.

燈心文庫·林屋辰三郎 編『兵庫北關入船納帳』中央公論美術出版, 1981.

櫻井英治·中西聰 編『新體系日本史12 流通經濟史』山川出版社, 2002.

深尾京司 후카오 교지·中村尙史·中林眞幸 編『岩波講座 日本經濟の歷史 1 中世 11世紀から16世紀後半』岩波書店, 2017.

---

5) 자: 중세에 조정·공경·대사사 등을 본소로 삼아 활동한 상공업자 집단. 자는 본소에 봉사와 공납을 행하고 그 대가로 여러 역이나 통행세 등의 면제 특권을 받았다('봉사의 자'). 무로마치기가 되면 일정한 공납을 바치는 대신 영업과세 면제와 영업 독점 등의 특권을 획득하는 등 새로운 유형의 자가 나타났다('영업의 자').

6) 야마고에 4본 상인: 16세기 비와호 동남안과 이세를 잇는 핫푸 가도(八風街道)를 통해 와카사(若狹)의 소금·미노(美濃)의 종이 등을 돌아다니면서 팔던 호나이(保內)·이시도(石塔)·오하타(小幡)·구쓰카케(沓掛) 네 곳의 상인의 총칭. 그들이 집단 안에서 정한 규율(掟)이나 다른 곳 상인과 소송한 모습 등이 이마보리 히에 신사 문서(今堀日吉神社文書)에 남아 있다.

15. 남북조·무로마치기의 불교
'조사' 없는 시대의 사회와 종교

요시자와 하지메芳澤元*) 집필 / 이소현 번역

관련항목: II-2[p.143] II-9[p.164] II-13[p.176] II-23[p.206] II-24[p.209]

〔논의의 배경〕

사사의 조직력이나 천하국가와의 관계, 문화성까지를 아울러 논하는 현밀체제론(II-9[p.164] 참조)은 사원사 연구를 분야사로부터 전체사로 확장했다. 사회를 규정한 중세 종교의 총체를 파악하기 위해서는 현밀·선禪·종교잇키가 다 등장하는 남북조·무로마치기 이후를 논할 필요가 있다. 그러나 연구가 활발한 가마쿠라기와 전국기를 연결하는 이 시기의 연구는 뒤처진 감이 있다. 애초에 '조사祖師'가 사망한 후에도 일본불교의 역사가 끊임없이 이어진 이상 다사다난한 남북조·무로마치기의 종교도 독자적인 평가를 필요로 한다. 근년에는 무로마치시대 연구와 연동하면서 현밀체제론을 비판적으로 계승하려는 특징적인 전개가 보인다.

〔논점〕

(1) 조정·무가정권과 중세종교

현밀체제론은 중세 전기의 공가정권을 전제로 하고 있지만 그 후의 전개를 추적한 연구에 의해 가마쿠라 막부나 무로마치 막부에 의한 종교정책이 실증적으로 검증되었다.

남북조기에는 조정이 주최한 원정기 이래의 국가적 불교 의례가 내란에 의해 정체되어 대신 무로마치 막부가 조정의 신불 의례를 재흥시켰다. 다른 한편으로 막부는 내란으로 분열된 남도북령南都北嶺의 틈을 파고들어 억압과 지원 양면에서 직접적인 통제를 꾀했고, 오랫동안 조정을 괴롭혔던 고소嗷訴1)는 소멸했다. 이리하여 무로마치도노[p.189]에 의해 편성된 현밀불교가 조정의 의례뿐만 아니라 무로마치기로 이어진 막부가 주최한 새로운 불교의례(무가기도祈禱)에도 따르게 되었다는 점에서 남북조기는 중세의 전기와 후기를 가르는 하나의 전환점이었다고 볼 수 있다.

---

*) 메이세이(明星)대학 인문학부 준교수 | 일본중세사
1) 고소: 원정기 이후 사사의 승려들이 도당을 결성해 신여(神輿)나 신목(神木)의 권위를 내세워 조정이나 막부에 호소하던 행위.

특히 다이고지醍醐寺의 산보인 문적三寶院門跡은 간노의 요란 이후 막부 아래에서 무가기도를 관장하게 되었고, 아시카가 요시미쓰가 조영한 쇼코쿠지를 중심으로 하는 교토 오산[2])에서도 무로마치도노의 신체호지身體護持나 선조의 진혼을 기도하는 의례를 개최했다. 이러한 다양한 불교 의례는 내란기부터 평시에 걸쳐서 정착했고, 현밀이나 선 등 종파적인 틀을 초월했기 때문에 주최자인 무로마치도노는 여러 불교 종파의 공존을 촉구하는 다른 무가보다 탁월한 군주를 지향했다고 여겨진다. 남도북령이나 오산에서의 수계나 출가도 잘 알려져 있지만 모든 것을 무로마치도노에 의한 종교통합정책이라고는 하기 어렵다. 무로마치도노의 권위로 치장을 하고 싶었던 사사측의 의도도 고려될 수 있다.

(2) 지역사회와 중세종교

대사사는 지방의 중소사원과 본말관계[p.206]를 맺고 각지에 보유한 장원을 경제기반으로 삼아 세력을 자랑했다. 근년 장원제는 무로마치기에 재편되었다고도 전망되는데, 장원에서 사사와 지역이 맺고 있던 관계의 역사적인 추이가 논점이 되었다. 다른 한편 무로마치기 이후 각 지역과 종교를 연결하는 매개는 다채로워진다. 소손[p.207]이라는 지역공동체의 결속을 촉진한 진수鎭守나 당堂같은 영세한 종교시설이나, 관동·오우奧羽로까지 확산된 천태담의소[p.154]라는 학문소 등 중앙과 지방을 연결하는 '선線'일지라도 그 성격이나 지역, 영향력은 다종다양했다.

또 15세기 이후 가마쿠라부鎌倉府가 교토에 대하여 자립적인 움직임을 보이면서 그때까지 활발했던 교토와 관동 사이의 불교계 인재교류가 축소되는 경향이 있었다. 교토의 중앙권력과 소원한 지역에서 융성했던 사사를 상정한다면 중세종교에 관한 사람이나 물건의 흐름은 중앙으로부터 지방으로 방사형으로 퍼져가는 동선만 존재했던 것은 아니다. 이 문제는 막부가 분열하는 15세기 말 이후 전국기의 지역과 종교의 관계를 추적할 때에도 중요해진다.

(3) 무로마치 불교의 통합성과 분산성

서양사에서는 교회나 국가에 의한 종파의 독자적인 교의나 정책으로부터 '종파화'를 설명한다. 일본사의 경우에도 정권이나 민중의 행동양식이 열쇠가 된다. 헤이안기 이후의 '현밀 8종'[p.168]이라는 틀은 전국기까지 계속 변천되었고 불교는 신기神祇나 유교와 혼합되었다. 또 에도 시대의 사단제寺檀制와 달리, 중세의 속인도 참배·교육·의료 등 목적에 따라서 복수의 종파를 나누어 사용했다. 혼간지本願寺와 이와시미즈하치만구 양쪽에 속해 있던 토호土豪나, 부부가 서로 다른 종파에 귀의하는 조슈町衆[상공업자]도 있었다. 이처럼 중세사원은 본존이나 교의를 통일하여 교단의 체제를 정비하는 한편 구성원이 이합집산을 반복했다는 점에서 단결성과 분산성이라는 양면을 아울러 갖춘 사회집단이었다. 단순히 신앙심만으로 포착해낼 수 없다는 점에 유의하고자 한다.

중세종교의 본질을 사회와의 협동관계에서 찾을 때 이러한 재속신도의 존재는 빼놓을 수

---

2) 오산: 선종 5대 사원. 교토 덴류지(天龍寺)·쇼코쿠지(相國寺)·겐닌지(建仁寺)·도후쿠지(東福寺)·만주지(萬壽寺)와 별격인 난젠지(南禪寺), 가마쿠라의 겐초지(建長寺)·엔가쿠지(圓覺寺)·주후쿠지(壽福寺)·조치지(淨智寺)·조묘지(淨妙寺).

없다. 승려 대신 도량의 주인이 되어 설법을 하는 속인도 있었고, 종교 잇키의 구성원이 되기도 했다. 중세 후기의 종교는 종교적 지위나 주체성이 높아진 속인을 내부로 끌어들임으로써 활로를 찾아냈다. 이러한 동향은 종교 잇키를 형성한 정토진종이나 법화종을 비롯하여 전국 다이묘나 상공업자에게 거사居士 호칭을 수여한 선종에서도 보인다.

13세기 말 이후 '8종'의 틀 밖에 두어진 선·염불·법화종3)·수험修驗4)이 토호나 부유층 등 신흥세력을 지배 기반으로 포섭하여 대두했던 것처럼 남북조·무로마치기는 종교계의 전환점이 되었다. 그때 엔랴쿠지가 혼간지와 싸웠듯 현밀을 포함한 15세기 이후의 사원에 신흥세력의 획득은 생존경쟁과 직결되는 문제였다.

(4) 앞으로의 전망

최근에 문적이나 여러 사사의 인사권, 비의의 전승 등이 무로마치도노나 공가정권과의 관계에서 활발히 설명되어 왔다. 하지만 언제나 당시 종교의 본질적인 문제가 질문되어야만 할 것이다. 서양처럼 종교변동이 산업의 '근대화'를 촉진하는 현상이 일본에는 없었던 이상, 오히려 지금까지 이상으로 동양사연구로부터 배워서 동아시아 규모에서 종교사를 재검토해야 하지 않을까? 다른 한편 명나라와의 무역은 원나라와의 무역기에 비하면 무로마치 막부 아래에서 사람이나 물건의 왕래에 제한이 많았다고 여겨지며, 종교사를 고찰할 때도 국내적인 배경에 입각한 이해는 빼놓을 수 없다. 막부의 쇠퇴기에는 조정이나 전국 다이묘와 손을 잡은 지방의 사사도 눈에 띄는데, 이들을 무로마치기와 전국기의 단절로 볼 것인가 연속으로 볼 것인가? 이 문제를 논하기 위해서는 지역적 시기적 편차에 입각하여 그 전개를 추적하는 것이 과제라고 할 수 있다.

> **탐구 포인트**
> ① 가마쿠라 불교나 전국 불교와 단절된 면 연속되는 면을 어떻게 생각해야 하는가?
> ② 남북조·무로마치기의 '종파'의 내실을 어떻게 파악해야 하는가?
> ③ 중세종교와 사회 및 속인과의 관계를 어떻게 파악해야 하는가?
> ④ 일본의 종교·문화와 동아시아 각국의 관계를 어떻게 파악해야 하는가?

참고문헌

原田正俊『日本中世の禪宗と社會』吉川弘文館, 1998.
下坂守『京を支配する山法師たち』吉川弘文館, 2011.
太田壯一郎『室町幕府の政治と宗教』塙書房, 2014.
西尾知己『室町期顯密寺院の研究』吉川弘文館, 2017.
芳澤元「中世後期の社會と在俗宗教」『歷史學研究』276, 2018.

---

3) 법화종: 일련종의 이칭. 니치렌은 불경 중 으뜸이라고 여겨진『묘법연화경』의 제목(나무묘법연화경)을 중시했다. 그 후에도 교의가 논쟁의 대상이 되었다.
4) 수험: 종교체계를 가진 야마부시(山伏, 산악수행자) 조직. 13세기에 현밀사사에 속하게 되었고 14세기부터 16세기까지에 걸쳐 천태종의 본산파(本山派)와 진언종의 당산파(當山派)가 세력을 폈다.

16. 오닌의 난의 의의
역사의 전환점

하야시마 다이스케^{早島大祐*)} 집필 / 고대성 번역

관련항목: II-12^[p.173] II-27^[p.218]

〔논의의 배경〕

오닌應仁의 난은 1467년(오닌1) 정월에 교토의 가미고료신사上御靈神社에서 벌어진 전투를 시작으로 약 11년간 계속된 전란이며 무로마치 막부의 해체와 전국 시대의 개막을 알리는 역사적인 사건으로 알려져 있다. 무로마치 막부 8대 쇼군 아시카가 요시마사足利義政의 후계자를 둘러싸고 요시마사의 조카 아시카가 요시미義視와 요시마사의 친아들 아시카가 요시히사義尚 사이의 다툼을 축으로 하여 막부의 관령管領 경험자인 야마나 모치토요山名持豊와 호소카와 가쓰모토細川勝元가 대립했다. 여기에 휘말리는 형태로 역시 관령 경험자인 하타케야마畠山 가문 내부에서도 후계 분쟁이 재점화되는 등 전쟁이 수렁에 빠진 모양새가 되어 장기화했다고 알려져 있다.

그 외에도 후세에 쇼군 부인인 히노 도미코日野富子가 전란의 장본인이라 지탄받거나 전장에서 아시가루足輕[1]라 불리는 하급 병사가 활약하는 등 교토를 무대로 하여 수많은 사람들이 휘말린 전쟁이었다.

이렇듯 오닌의 난은 검토할 점이 많은 전란이지만, 여기서는 이 전란이 아시카가 요시마사를 비롯한 위정자의 악정 때문에 일어났다는 단순한 이해가 아니라 무로마치 사회의 역사적인 소산이기도 하다는 점을 해명해 나가고자 한다.

〔논점〕

(1) 오닌의 난은 교토를 무대로 한 전쟁이다

오닌의 난이 무로마치 막부 해체과정의 서곡이라 평가받는 전란이라는 것은 위에서도 밝혔지만, 일반적으로 정치체제가 해체되는 전쟁이라는 것은 주변지역에서 반란이 일어나 정권 소재지까지 진행하는 형태도 가능하다. 그러나 이 전쟁은 정권 소재지인 교토에서 전투가 개시되었다. 실은 이 점에야말로 이 전란의 본질이 집약되어 있다.

---

*) 간세이가쿠인(關西學院)대학 문학부 교수 | 일본중세사
1) 아시가루: 하급 병사를 가리킨다. 장원의 주민이나 낭인 등으로 구성되어 오닌의 난에서 활약했다고 알려져 있다.

그 배경에는 무로마치 막부의 국가체제적 특징인 슈고 재경제가 있다. 슈고는 무가 정권의 지방 행정관으로 무로마치 막부에서는 호소카와 가문과 하타케야마 가문 같은 유력 무사를 기나이·근국의 슈고로 임명했다. 호소카와와 하타케야마는 쇼군 보좌역인 관령을 맡는 가문이면서 동시에 무로마치 막부의 중요 역직에도 임명되었다는 점에 정치체제적인 특징이 있었다. 그러나 한편으로는 슈고 재경은 중앙과 지방의 왕복을 활발하게 하는 결과도 가져와 수도인 교토를 중심으로 하는 도비 간의 교통도 활성화시켰다.

(2) 슈고 가문의 후계자 분쟁에 쇼군 이하가 개입했다

이러한 국가의 존재 방식은 특히 지방 정치의 운영에 중앙 정부의 의향이 반영되기 쉬워지는 결과도 초래했다. 상징적인 것이 슈고 가문의 후계자 문제이다. 누구를 슈고의 후계자로 삼을 것인가 하는 문제에 대한 가신들의 합의 형성에 있어서 무로마치도노[p.189]·관령 등 중앙정치가와의 커넥션이 중요한 요소로 작용하면서, 본래대로면 슈고 가문 내부의 문제일 터인 후계자 문제가 용이하게 중앙정계의 정국으로 발전하게 되는 것이다.

(3) '오닌의 난 이후의 역사를 알고 있다면 그걸로 충분합니다'

이 외에도 오닌의 난에서는 아시가루의 활약과 히노 도미코로 대표되는 여성의 대두 등 주목할 만한 논점이 있으나, 마지막으로 보다 큰 시점에서 이 전란의 평가에 대해 언급해두겠다.

나이토 고난內藤湖南은 1921년에 이루어진 '오닌의 난에 대하여'라는 제목의 강연회에서 오닌의 난에서의 아시가루의 도량跳梁과 하극상下剋上이라는 말을 거론하며 오닌의 난 이후에 민중의 시대가 도래했다고 말했다. 특히 '대체로 오늘날의 일본을 알고자 일본 역사를 연구한다면 고대의 역사를 연구할 필요는 거의 없습니다. 오닌의 난 이후의 역사를 알고 있다면 그걸로 충분합니다'라는 발언은 오닌의 난 획기설로 알려져 있다. 그러나 내용을 잘 읽으면 엄밀하게는 그런 뜻이 아니고 근세국가, 나아가서는 근대국가의 성립 과정에 이르는 '장기 16세기'론2)의 선구라 하는 편이 정확하다.

이 관점에서 보면 최근에도 16세기를 역사적 획기로서 주목하는 연구가 있다. 가쓰마타 시즈오勝俣鎭夫는 사키サキ·아토アト라는 말의 의미 변화로부터 16세기를 사이에 두고 17세기 이후 시간을 인식하는 관점이 변했다고 지적했다. 또한 하야시마 다이스케는 11세기에 시라카와 법황이 히가시야마東山 오카자키岡崎 땅에 세운 높이 80미터의 홋쇼지法勝寺 팔각 구층탑, 그 초극을 의도하여 무로마치 막부의 아시카가 요시미쓰가 세운 높이 109미터의 쇼코쿠지相國寺 대탑과 기타야마 저택 대탑의 존재를 들면서 중세 위정자들의 천하 관념은 높이에 있었다고 주장했다. 그리고 오닌의 난의 혼란 속에서 쇼코쿠지 대탑이 불타버려 천하=높이라는 사고방

---

2) '장기 16세기'론: 페르낭 브로델이 1949년에 공표한 역사 파악 개념이다. 구체적으로는 1450년부터 1650년 사이의 서유럽에서 가격 상승기가 확인되며 그 결과로 이 지역에서 다양한 발전이 보였다는 것이다. 시대 변화를 장기적인 기간으로 파악하고자 하는 입장으로 그 작업을 통해 확인된 이 시기의 유럽의 발전을 토대로 하여 그 후 구미를 중심으로 하는 세계경제가 형성되었다고 설명하는 경우가 많다. 근대국가 성립의 역사적 전제로 여겨지는 논의.

식의 물질적 근거가 사라졌으며 그러한 혼란 속에서 천하=넓이라는 공간 관념이 등장했다고 서술했다. 천하는 높이에서 넓이로 변용해 간 것이다.

(4) 향후 전망

그렇다면 왜 전국시대에 이렇게 커다란 변화가 생겨난 것일까? 이러한 문명사적이라고도 할 수 있는 전환의 배경을 전부 정합적으로 설명하는 것은 어렵지만 그 중요한 요인으로서 '하극상'이라는 말로 상징되듯이 계층과 출신을 달리하며 무명·유명을 아우르는 많은 사람들이 역사의 무대에 등장한 상황을 들어도 꼭 틀린 말은 아닐 것이다. 종래에는 천황·상황, 공가와 승려 그리고 쇼군 이하의 무가라는 지배자층이 역사의 무대에 올라 그 전개를 규정하고 연출해 왔다. 그러나 전국 시대에 일반 사람들이 대량으로 무대에 올라간 결과, 그곳의 룰과 사고방식 그 자체도 현대 사회로 이어지는 형태로 변용될 수밖에 없었던 것이다.

> **탐구 포인트**
> ① 오닌의 난은 왜 수도인 교토에서 발발했을까?
> ② 오닌의 난은 당시 사회를 어떻게 변용시켰을까?

참고문헌

フェルナン・ブローデル^{페르낭 브로델}(濱名優美 譯)『地中海』藤原書店, 2004(초출 1949) / 주경철 외 옮김 『지중해 — 펠리페 2세 시대의 지중해 세계 Ⅰ~Ⅲ』까치, 2017~2019.

伊藤俊一『室町期莊園制の硏究』塙書房, 2010.

勝俣鎭夫『中世社會の基層をさぐる』山川出版社, 2011.

吳座勇一『應仁の亂』中央公論新社, 2016.

早島大祐『德政令』講談社, 2018.

櫻井英治「歷史に法則性はあるのか」東京大學敎養學部歷史學部會 編『歷史學の思考法』岩波書店, 2020.

17. 무로마치·전국시대의 천황과 조정
어떠한 사회적 역할을 했는가

스에가라 유타카末柄豊*) 집필 / 고대성 번역

관련항목: II-8[p.161] II-11[p.170] II-12[p.173]

〔논의의 배경〕

남북조 통일이 이루어진 이후의 천황은 중등교육 교과서에서 언급되는 경우가 거의 없다. 오닌의 난 이후의 천황에 대해서는 전전에 제기된 황실식미론皇室式微論[1])처럼 천황이 경제적으로 곤궁하여 일상생활에까지 지장이 생기는 지경이었다고 이야기되는 경우가 많다. 그리고 천황의 존재에 다소나마 빛이 들게 되는 것은 쇼쿠호織豊시대 이후이다. 무로마치·전국시대의 천황과 조정은 일반적으로는 존재감이 약하고 그 존재의의도 매우 불명확하다고 할 수 있을 것이다. 그렇다면 이 시대의 천황과 조정은 사회 안에서 어떠한 기대를 받았으며 그들 자신은 무엇을 이루고자 했던 것일까?

〔논점〕

(1) 고전적 이해

황국사관[2])이라는 국정 역사관을 하나의 극으로 하는 전전역사학에서는 '겐무建武 중흥'이라는 위업을 파괴한 '역적' 아시카가 가문 아래서 천황은 계속 은인隱忍을 강요당했다는 견해가 일반적이었다. 그러나 이러한 파악은 다분히 도식적이며 실증적이지 않다. 2차 세계대전 중에 간행된 오쿠노 다카히로奧野高廣의 조정 경제에 관한 실증적인 연구는 전국시대 천황의 일상생활이 일정수준을 유지했다는 사실을 논증했지만, 동시에 조정의 중요 의식의 경비는 무로마치 막부가 부담했으며 오닌의 난 이후 의식이 쇠퇴한 것은 막부의 약체화에 기인했다는 사실도 밝혀냈다. 조정과 무로마치 막부가 운명공동체적인 성격을 가지고 있었다는 것이지만, 명분론상 무로마치 막부는 '역적'으로 단죄해야 한다는 굴레에 묶여 있어서 양자의 관계를 올바르게 인식하기는 쉽지 않았다. 공무가 대립한다는 선입견은 이후에도 불식되지 않아서

---

*) 도쿄대학 사료편찬소 교수 | 일본중세사
1) 황실식미론: 식미(式微)라는 말은 매우 쇠퇴했다는 의미로 천황·조정의 경제적인 궁핍이 현저했다는 사실을 강조한 논의를 가리킨다. 예를 들면 궁궐 건물이 시골 민가와 별 차이가 없었고 담장도 없이 대나무 울타리에 가시덤불을 두른 모습이었으며 마을 아이들이 자유롭게 출입하는 꼴이었다는 등의 논의.
2) 황국사관: 좁은 의미로는 1940년대에 문부성 교학국이 적극적으로 내세운 국가가 공식적으로 인정한 역사관을 가리킨다. 사학사상으로는 히라이즈미 기요시(平泉澄) 등에 의한 천황 중심의 명분론적 연구를 가리키는 경우도 많다.

전후 역사학에서도 무로마치 막부는 조정에서 권한을 탈취하여 권력으로서 성장했다는 견해가 지배적이었다. 한편 천황·조정이 어떠한 역할을 했는지에 대해서는 구체적인 검토가 부족하여 금관金冠적 존재 혹은 권위라는 말로 설명을 끝내는 경향이 오랫동안 이어졌다.

(2) 공무대립사관의 극복

천황이 쇼와에서 헤이세이로 바뀌는 것을 배경으로 천황 연구가 성행하는 가운데, 이마타니 아키라今谷明는 공무대립이라는 관점을 극한까지 밀어붙여 아시카가 요시미쓰의 황위찬탈 기도, 나아가 오다 노부나가織田信長의 앞을 막아선 오기마치 천황이라는 도식을 내놓았다. 동시에 개원·제사·관위서임 등의 권능에 주목하여 천황·조정의 구체적인 활동에 대한 검토를 본격화시켰다. 한편 도미타 마사히로富田正弘는 가마쿠라시대의 원정과 무로마치시대에 이르는 공가의 정무문서 연구에 기반하여 공무公武가 일체화한 왕권이라는 구상을 제시했다. 공가의 정무는 실질적인 권력을 쥔 치천治天과 의례면을 담당하는 율령태정관제 상의 천황으로 구성된 이중구조를 이루었는데, 무로마치도노3)의 권력은 전자를 계승한 것이라고 위치지은 것이다. 이로써 공무대립이라는 좁고 험한 길에서 빠져나갈 길이 만들어졌다. 이후 이마타니의 논의에 대한 검토가 진행되어 요시미쓰의 관여는 조정측이 적극적으로 불러들인 것으로 남북조 내란으로 쇠퇴한 조정의 부흥을 위해서는 막부의 지원이 필수적이었다는 사실이 밝혀졌다. 즉 요시미쓰의 의도는 북조 천황의 권위를 안정시키는 데 있었던 것으로 평가할 수 있다. 쇼군이 천황에게 임명 받는 자리인 이상, 천황·조정에게는 막부의 정통성을 담보하는 역할이 기대된다. 나아가 무로마치도노가 천황·조정과 일체화를 이룬 것은 교토에 집주하는 다이메이大名 이하의 각 층의 무사에게 쇼군가가 그들과는 격절된 존재라고 인식시키는 것으로도 이어졌다.

(3) 전국시대의 천황·조정

오닌의 난 이후 다이메이들은 본인이 슈고직을 가진 분국分國으로 내려갔고 막부가 소재한 도시 교토는 축소되었다. 막부의 약체화는 조정에 대한 경제적 지원을 감소시켰다. 한편 북조 내의 황통 분열 상황이 고하나조노後花園 천황4) 황통을 이음으로써 해소되고 구舊남조 세력의 활동도 오닌의 난 중에 단절되어 경쟁자가 소멸했기 때문에 황위계승은 전에 없이 안정되었다. 이것도 막부가 조정을 지원할 동기가 감퇴하는 것으로 이어졌다. 그 결과로 고쓰치미카도·고카시와바라·고나라 세 천황은 양위하여 상황이 되지 못하고 3대 연속으로 재위한 채로 사망할 수밖에 없었다. 이는 7세기 이래로 없었던 이상상태이다. 전국시대는 천황·조정의 활동이 최소화된 시대이므로 이러한 필요최저한의 활동을 검토하면 그 존재의의가 무엇이었는지

---

3) 무로마치도노: 무로마치 막부의 수장은 거처가 무로마치 저택인지 아닌지, 쇼군 재직중인지 아닌지와 관계없이 동시대에 무로마치도노라 불리는 경우가 많았다. 전임 쇼군이 실권을 장악한 채로 그 아들이 쇼군직에 있는 등 막부의 수장이 반드시 쇼군인 것은 아니므로 학술상으로도 무로마치도노라는 호칭을 쓰고 있다.

4) 고하나조노 천황: 북조 천황가는 남조와의 항쟁 중에 스코(崇光) 천황 계통과 그 동생 고코곤(後光嚴) 천황 계통으로 분열했다. 막부의 지원을 얻은 후자가 황위를 계승했지만 그 혈통은 고코마쓰 천황의 아들 쇼코 천황의 죽음으로 단절되었다. 그래서 전자의 후시미노미야(伏見宮) 사다후사 친왕(貞成親王)의 아들 히코히토 왕(彦仁王)이 고코마쓰의 아들이 되어 즉위했다. 이것이 고하나조노 천황이다. 고하나조노의 동생 사다쓰네 친왕(貞常親王)의 자손은 세습 친왕가로서 존속이 인정되어 천황가를 혈통적으로 백업하는 역할을 맡게 된다.

알아낼 수 있다. 천황의 신분과 지위身位의 재생산에 관한 의식 가운데, 대상제大嘗祭는 200년 이상 중단되었지만 즉위식은 몇 년씩이나 늦어지면서도 집행되었다. 개원도 자주 이루어졌다. 연중행사 중 규모가 큰 정월의 세 절회節會5)도 몇 번이나 부흥에 성공했다. 아가타메시노지모쿠縣召除目를 행한 해는 많지 않지만 관위서임은 소식선하消息宣下6)라는 약식으로 활발히 이루어졌다. 상인호上人號·선사호禪師號 등의 선하도 적지 않다. 이렇듯 천황과 공가는 의식이나 관위서임을 선례대로 계속 행하는 것이 사회의 안녕으로 이어진다고 여기고 거기서 자신들의 존재의의를 찾았던 것이다.

(4) 향후 전망

최근 남북조·무로마치시대에서 전국시대로의 연속성이 명확해졌으므로 전국시대에서 쇼쿠호시대, 더 나아가 에도시대로의 연속성이 향후의 초점이 될 것이다. 이 때 조정이 부흥 과정에서 어떠한 변용을 거쳤는지를 충분히 살펴볼 필요가 있다. 또한 연호와 매년의 역曆, 국군國郡, 관위는 시간·공간·인간을 구분하여 사회질서를 가시화하는 기능을 한다. 자연에 인위적인 구분을 가하여 예측가능성을 높이는 것이 문명이라고 한다면 조정의 존재의의는 실로 그것에 있다고 생각해도 좋다. 다만 이들은 결국 율령제를 미봉彌縫하면서 운용하고 있는 데 불과했고 일본 중세는 그것을 대체할 수 있는 체계적인 제도를 구축할 역량을 가지고 있지 못했다는 것이기도 하다. 전국시대의 천황·조정 연구는 보다 커다란 문제로 이어지는 것이다.

> **탐구 포인트**
> ① 전전에 시작된 공무대립을 전제로 하는 관점에 지나치게 사로잡혀 있는 것은 아닌가?
> ② 황위계승이 안정되는 것은 천황·조정의 경제적인 안정으로 이어지는 것인가?
> ③ 최소화한 활동에서 엿볼 수 있는 천황·조정의 존재의의는 어떤 것인가?

참고문헌

河內祥輔·新田一郎『天皇と中世の武家』講談社, 2011.

末柄豊『戰國時代の天皇』山川出版社, 2018.

久水俊和『中世天皇家の作法と律令制の殘像』八木書店, 2020.

---

5) 정월의 세 절회: 1일의 원일절회(元日節會), 7일의 백마절회(白馬節會), 16일의 답가절회(踏歌節會). 모두 비용은 막부가 부담하는 것이 원칙이었다.
6) 소식선하: 조정에서의 대부분의 결정은 공경인 상경(上卿)이 실무 관료인 외기(外記)나 변관(辨官)·사(史) 등에게 명령을 구두로 전달해야 할 필요가 있다. 그러나 이들이 한 장소에 직접 모이는 의식은 비용이 많이 들기 때문에 서류를 돌려가며 전달하는 방식으로 이루어졌다. 소식, 즉 서장(書狀)에 의한 명령 하달이라는 뜻으로 소식선하라 불렸다.

18. 전국시대 기나이 지역의 정치와 권력
기나이 정치사를 어떻게 묘사할 것인가

사토 료스케(佐藤稜介*) 집필 / 고대성 번역

관련항목: II-17[p.188] II-19[p.194] III-1[p.239]

〔논의의 배경〕

전국시대 정치사, 특히 기나이 지역의 정치사를 어떻게 묘사할 것인가? 종전에는 이 질문이 정면에서 논해지는 경우는 적었다. 1467년(오닌1)에 발발한 오닌·분메이의 난 이후 1568년(에이로쿠永禄11) 오다 노부나가의 상경에 이르기까지 약 100년간 교토와 그 주변지역을 장악한 정치권력은 극히 짧은 기간에 어지럽게 변천했지만, 이러한 유동적인 정치상황 때문에 어떤 일정한 평가 기준으로 개개 권력체를 논하기가 곤란하다고 인식되었기 때문이다. 그러나 중세에서 근세로 넘어가는 커다란 흐름 속에서 그 과도기인 전국시대 정치사를 소홀히 할 수는 없다. 오다 노부나가의 기나이 진출을 효시로 열도 사회가 통합되어 가는 전단계에는 어떠한 정치 질서가 잔존했으며 새롭게 창출되어 갔는지 그 양상을 밝히기 위한 논의가 요구되고 있다.

〔논점〕

(1) 누가 정치를 담당했는가?

전국시대 정치사를 고찰할 때 첫 번째 논점으로 제시된 것이 교토를 장악한 개별 권력체들에 대한 실태 분석이었다. 고전적인 연구에서도 권력체의 변천을 둘러싼 사실관계는 높은 수준으로 정리되었지만, 그 성과는 무로마치 막부의 쇠퇴와 사회적인 혼미라는 문맥에 포섭되었을 뿐이고 성숙한 논의로는 이어지지 못했다. 아래에서는 그 변천을 개관하고 이제까지 이루어져 온 논의의 포인트를 짚어보고자 한다.

오닌·분메이의 난이 수습될 당시 쇼군이었던 아시카가 요시히사는 1489년(조쿄長享3)에 오미近江 원정 중 진중에서 급사했다. 요시히사에게는 후사가 없었기 때문에 사촌동생인 요시타네義種가 쇼군의 자리를 계승했지만 1493년(메이오2)에 일어난 쿠데타로 요시타네는 쇼군 자리에서 쫓겨나고 말았다(메이오明應의 정변).[1] 이 쿠데타는 호소카와細川 경조가京兆家[2]의

---

*) 교토부 교토문화박물관 학예원 | 일본중세사

1) 메이오의 정변: 1493년 4월, 쇼군 아시카가 요시타네가 가와치국에 출병하여 자리를 비운 틈을 타 호소카와 마사모토·이세 사다무네(伊勢貞宗)·히노 도미코 등이 일으킨 쇼군 폐위 사건. 요시타네는 사로잡혔고 그를 대신하여 덴류지 고고인(香嚴院)의 승려이자 요시타네의 사촌인 세이코(清晃, 아시카가 요시즈미)가 새로운 쇼군으로 옹립되었다.

2) 호소카와 경조가: 아시카가 가문의 지류인 호소카와 가문의 종가. 셋쓰·단바·사누키·도사 4개국 슈고를

호소카와 마사모토政元가 일으킨 것으로 여겨지고 있다. 이후 마사모토가 유력자의 필두로 올라섰지만 호소카와 가문 내부의 주도권 싸움 와중에 마사모토가 암살당하자 이에 편승하여 요시타네가 쇼군으로 복귀, 호소카와 가문에서는 서류 출신인 다카쿠니高國가 실권을 잡았다 (에이쇼永正의 착란).3) 그 뒤 권력 투쟁 속에서 다카쿠니가 전사하자 호소카와 가문에서는 하루모토晴元가 대두하지만 하루모토의 가신에서 시작하여 입신한 미요시 나가요시三好長慶가 주군과 쇼군을 쫓아내고 기나이 지역의 실권을 장악하게 된다. 그리고 나가요시 사후의 혼란 속에서 오다 노부나가의 상경을 맞이하게 되는 것이다.

위와 같이 정리되는 전국시대 기나이 정치사에 대해서는 쇼쿠호 정권이 기나이 지역에 성립하는 전제로서 이를 파악하고 시대적인 연속성 속에서 평가하는 시각이 요구되었다. 그리고 그 가운데 주목받은 것이 호소카와 가문과 미요시 가문이 정치권력화하는 과정이었다. 논의의 초기단계에서는 호소카와·미요시 가문이 막부의 실권을 탈취했다고만 서술되었지만, 논점이 정리되는 과정에서 막부가 계속 보유했던 정치적 기능과 더불어 에이쇼 연간의 오우치大內·하타케야마 가문, 덴분天文 연간의 롯카쿠六角 가문이라는 호소카와·미요시 가문 이외의 다이묘의 정치 참여까지 논의가 미치게 되었다. 최근에는 보다 낮은 신분의 인물이 정치적으로 대두하는 과정이 논의되는 등 기나이 정치를 이끌어 나간 주체에 대한 분석은 여전히 중요한 논점으로 자리매김하고 있다.

(2) 전국시대의 무로마치 막부를 어떻게 묘사할 것인가?

메이오의 정변 이후 기나이 정치의 담당자로서 호소카와 가문과 미요시 가문의 중요성이 높아져 간 것은 분명한 사실이다. 한편 상대적으로 입장이 약화된 무로마치 막부와 아시카가 쇼군은 예부터 '형해화', '허수아비' 등의 말로 정리되었다. 그러나 열도 전체를 포괄하는 정치질서와 그 특질을 고찰할 때에는 막부와 쇼군이 전국시대에 이르러서도 여전히 독자적인 문서를 발급했으며 전국의 다이묘에게서 교류 요청이 이어졌다는 사실의 의미를 충분히 검토할 필요가 있을 것이다.

이 문제를 고찰하는 데 있어서 당시 막부가 호소카와 가문과 미요시 가문과는 별개로 기능하고 있었다는 사실을 파악해 두고 싶다. 이는 당시 쇼군이 기존 내정기관을 정비하면서 자주 측근을 조직하여 독자적인 정치기구4)를 창설했다는 점에서도 확인할 수 있다. 이러한 막부 기관에는 기나이 근국 영주들에게서 다양한 안건이 제출되었다. 나아가 전국의 다이묘는 막부와 쇼군을 영전榮典[p.195] 부여자이자 외교문제의 결정자로서 받들고 있었다. 막부를 정점으로

맡았으며 무로마치 막부 관령에도 임명되었다. 당주는 대대로 '우경대부(右京大夫)'라 칭했기 때문에 그 중국풍 칭호(唐名)인 경조가라 불렸다.

3) 에이쇼의 착란: 호소카와 경조가의 호소카와 마사모토가 암살당한 것에서 발단한 일련의 정치 사건. 마사모토의 양자인 스미유키(澄之)를 지지하는 일파가 마사모토를 암살하고 스미유키를 가독(家督)으로 세웠지만 마찬가지로 마사모토의 양자인 스미모토(澄元)를 옹립하는 일파가 스미유키를 쳐서 멸했다. 그 뒤 아시카가 요시타네의 상경이 결정적이 되자 서류 출신의 다카쿠니가 스미모토 파를 일소하고 이를 제압하여 경조가의 가독을 차지하게 되었다.

4) 독자적인 정치기구: 예를 들면 아시카가 요시하루는 내담중(內談衆)이라 불리는 쇼군 직속의 자문기관을 설치하여 쇼군의 친정을 펼쳤다.

하는 정치질서는 여전히 열도 사회를 덮고 있었으며, 다이묘와 영주는 자신의 권익을 유지하기 위하여 이를 이용했다고 할 수 있겠다.

(3) 쇼군 권력·호소카와 경조가의 분열과 지양

이러한 논점을 전개하는 데 있어서 여기서는 하나 더 무가 권력의 분열이라는 시점을 제시하고자 한다. 앞서 언급한 메이오의 정변으로 아시카가 요시타네가 막부에서 추방당하고 요시즈미義澄가 옹립되면서 쇼군 권력은 요시타네류와 요시즈미류 두 갈래로 분열하게 되었다. 이 분열상황에는 막부 직신直臣과 공가 사회도 휘말려 들어갔으며, 더 나아가 호소카와 경조가의 내부분열5)도 복잡하게 얽혀서 다이묘 간의 항쟁이나 명·조선과의 외교권에까지 영향을 미쳤다. 그리고 끊임없이 이를 해소하기 위한 방법이 모색되면서도 요시타네류에 속하는 쇼군 요시히데義榮가 노부나가 상경 직전에 사망할 때까지 재생산되며 지속되었다.

본래 상호보완적인 쇼군 권력과 호소카와 경조가가 각각 분열하자 그들이 거느린 사람들의 유동성·주체성이 높아지는 결과를 낳았다. 그리고 그중 일부는 교묘하게 각 세력 사이를 전전하면서 상위권력과 재지세력의 지지를 얻어내어 종래의 가격家格을 초월한 정치권력화에 성공했다. 호소카와 가문의 가신으로부터 입신한 미요시 가문도 크게 보면 이 흐름 속에서 평가할 수 있다. 무가 권력의 분열이 해소되어 가는 과정에 생겨난 새로운 형태의 권력체를 사회가 통합으로 향하는 과정 안에 자리매김하는 시각이 바로 지금 요구되고 있는 것이다.

> **탐구 포인트**
> ① 전국시대의 기나이 정치를 이끌어간 것은 어떠한 세력이었는가?
> ② 전국시대의 무로마치 막부의 역할은 어떤 것이었는가?
> ③ 중세에서 근세로 넘어가는 정치적 변화를 어떻게 파악할 것인가?

참고문헌

今谷明『室町幕府解體過程の研究』岩波書店, 1985.
山田康弘『戰國時代の足利將軍』吉川弘文館, 2011.
馬部隆弘『戰國期細川權力の研究』吉川弘文館, 2018.
天野忠幸『室町幕府分裂と畿內近國の胎動』吉川弘文館, 2020.

---

5) 호소카와 경조가의 내부 분열: 에이쇼의 착란 이후 호소카와 경조가는 다카쿠니류와 스미모토류로 분열하여 경조가의 가독을 다투는 상태에 빠졌다.

19. 중세 후기 동국 지방의 정치와 사회
가마쿠라부에서 전국시대에 이르는 동국사를 어떻게 묘사할 것인가

기노시타 사토시木下聰*) 집필 / 고대성 번역

관련항목: II-12[p.173] II-20[p.197]

〔논의의 배경〕

중세 후기의 동국[1] 지방에서는 가마쿠라부의 수장인 가마쿠라 구보公方를 중심으로 하는 정치체제가 관동에서 성립했고 무로마치 막부에게서 제약을 받으면서도 독자적인 지배체제를 구축했다. 가마쿠라부가 붕괴한 뒤에도 이 체제의 잔재가 남아 있어 동국의 다이묘들은 교토의 무로마치 막부나 조정, 오다 정권과는 때때로 관계를 가지면서도 일정한 거리를 유지하고 있었다. 이러한 동국 세력을 중앙 지배가 미치지 않는 자립한 권력체로 간주할 것인지, 아니면 어디까지나 타지역에 비해서 자립성이 강한 것이라고 볼 것인지는 시점에 따라 달라진다.

〔논점〕

(1) 고전적 이해

가마쿠라부는 남북조시대에 무로마치 막부가 전국을 지배하에 두는 과정에 설치되었다. 이는 가마쿠라 구보 아시카가 가문(아시카가 다카우지의 아들 모토우지基氏에서 시작되는 가문)이 관동관령關東管領[2] 우에스기 가문의 보좌 아래 동국 지역을 독자적으로 통치하는 기관으로서 군사·행정·재판 등에서 독자적인 권한을 보유했다. 관할국管轄國[3]은 남북조시대에 변화가 있었지만 기본적으로는 현재의 관동 지방과 이즈伊豆(시즈오카현)·가이甲斐(야마나시현)이다. 그러나 모토우지의 아들 우지미쓰氏滿 이후 가마쿠라부는 무로마치 막부와 대립관계가 되었고 우지미쓰의 손자 모치우지持氏 시기에 대립이 절정에 달했다. 1438년에 일어난 에이쿄永享의 난에서 모치우지가 패배하여 자결한 결과, 구보가 부재하게 된 가마쿠라부 체제는 일시적으로 소멸했다. 모치우지의 아들 시게우지成氏가 구보가 되어 부활했지만 1454년 말에 시작된

---

*) 도요(東洋)대학 문학부 준교수 | 일본중세사
1) 동국: 넓은 의미로는 동일본 지역을 가리키며, 좁은 의미로는 관동 지방과 주변 지역을 아울러 가리킨다. 여기서는 주로 후자의 의미로 사용한다.
2) 관동관령: 당초에는 관동집사(執事)라 불리다가, 우에스기 노리아키(上杉憲顯)의 재취임 이후 관동관령이라 불리게 되었다. 구보의 통상적인 정무의 보좌, 막부와 가마쿠라부의 교섭, 명령 전달을 담당했다. 명칭이 관동관령이 되고 나서는 대대로 우에스기 일족이 임명되었다.
3) 관할국: 가마쿠라부의 관할은 당초 관동 외에 에치고와 시나노도 들어있었지만 남북조시대에 막부측으로 이관되었다. 또한 1392년에 무쓰·데와가 가마쿠라부의 관할로 옮겨졌지만 이 지역은 대부분의 영주가 막부와 직접 연결되면서 유명무실해졌다.

교토쿠^{享德}의 난⁴⁾을 계기로 붕괴했다. 그러나 시모사국 고가^{古河}로 옮겨간 구보(고가 구보)와 관동관령을 정점으로 하는 정치질서의 틀은 여전히 남아 있어 '구보-관령체제'⁵⁾라는 개념으로 파악되며 1590년에 오다와라^{小田原} 호조 가문이 도요토미 히데요시에게 멸망할 때까지 이어졌다. 또한 관동 서부(우에스기 가문과 그를 대신한 호조 가문의 지배 지역)와 관동 동부(가마쿠라시대 이래의 전통적인 영주의 지배 영역)라는 양극화는 가마쿠라부시대부터 전국시대까지 거의 이어져 갔다.

(2) 가마쿠라부·동국의 영주와 교토의 관계

가마쿠라 구보의 지위는 조정이나 막부 쇼군에 의한 임명이 아니라 어디까지나 쇼군의 승인으로 성립되는 것이었다. 가마쿠라부의 존재 자체도 관동의 독자적인 기관을 사람들이 요구했다는 측면이 있다고는 하지만 막부의 용인에 의한 산물이다. 이 때문에 가마쿠라부를 생각할 때에는 막부와의 관계, 영향력의 정도를 살펴보는 것이 불가결한 일이며, 여러 권한 등 정치적 제도와 대립관계가 다양한 측면에서 고찰되었다. 지금은 관동뿐만 아니라 주변부의 정치상황·동향과도 관련시켜서 막부와 가마쿠라부의 관계도 새로운 시점에서 다시 파악되고 있다. 가마쿠라부의 자립성에 대해서는 아직 견해가 고정되지는 않았지만, 유무라는 양자택일적인 평가에서는 벗어나게 되었다. 또한 동국의 영주는 가마쿠라 구보와, 그 이외 지역의 영주는 막부 쇼군과 주종관계를 맺는 것이 기본이었지만 가마쿠라 구보와 정치적으로 대립하던 영주 중에서는 개별적으로 막부와 주종 관계를 맺는 자가 있었다. 연구사상 교토후치슈^{京都扶持衆}라 불리는 이러한 사람들의 존재는 대부분 아시카가 모치우지에 의해 몰락했지만 모치우지와 막부의 대립관계를 악화시킨 원인 중 하나라 할 수 있다. 막부측도 가마쿠라부를 위험시하게 되고 나서는 관동 주변부의 영주들을 중시하며 그들을 타지역 영주보다 우대하게 되었다. 교토쿠의 난 후에는 막부측의 동국에 대한 공작도 없어지고 동국의 영주측에서도 교토와 연락을 취하지 않게 되어 갔다. 이 때문에 예전에는 영주들이 각각 지역권력화하여 전국다이묘가 된다고 생각되어 왔다. 현재는 영주들이 영전^{榮典}⁶⁾의 획득 등 각자의 정치적 필요성에 따라 막부나 조정과 개별적으로 관계를 맺었다는 사실이 밝혀졌지만, 일정한 거리를 두고 있었던 것도 사실이다.

---

4) 교토쿠의 난: 가마쿠라 구보 아시카가 시게우지가 1454년 12월에 관동관령 우에스기 노리타다(上杉憲忠)를 살해하여 시작된 전쟁으로 1482년에 막부와 시게우지가 화해할 때까지 시게우지측이 교토에서 개원한 연호(고쇼·조로쿠·간쇼·분쇼·오닌·분메이)를 무시하고 교토쿠 연호를 계속 사용했기 때문에 교토쿠의 난이라 불린다.

5) 구보-관령체제: 사토 히로노부(佐藤博信)가 제창한 15세기 후반부터 16세기 후반의 관동 지방의 정치체제의 틀을 나타내는 연구개념으로 구보 아시카가 가문과 관동관령 우에스기 가문뿐만 아니라 우에스기 가문을 대체한 호조 가문과 동국의 여러 세력의 정치 동향에 영향을 주었다고 여겨지고 있다.

6) 영전: 여기서는 무로마치~전국시대의 무가 사회에서 중요시되었던 명예로운 대우를 가리키며, 조정의 관위·쇼군 이름 중 한 글자를 수여 받는 것, 막부 안의 명예 역직·신분, 특정한 신분·가문에 허용된 도구의 사용, 문서내 표기에 대한 특별 취급 등이 해당한다. 전국의 영주들은 주위 영주와의 관계(우월하거나 동격이 되는 등)에서 영전을 얻고자 했다.

(3) 동국의 다이묘와 사회

관동에는 가마쿠라시대 이래의 전통적인 영주(우쓰노미야宇都宮·오야마小山·유키結城·지바千葉·사타케佐竹 등)가 다수 있었다. 이들은 기본적으로 가마쿠라부 체제에 편입되어 가마쿠라에 출사하며 때로는 슈고도 역임했다. 그러나 다른 영주들도 여럿 존재했기 때문에 특히 관동 동부의 슈고는 일국 단위의 지역지배를 행할 수가 없었다. 교토쿠의 난 후에 동국과 그 주변부에서는 이들 웅족雄族 영주들이 일정한 자율성을 가지고 영역지배를 전개한다. 최근에는 이러한 영주 중 지배영역이 일국 규모인 자를 전국다이묘, 그보다 작은 군 규모인 자를 구니슈國衆라 표현한다. 이들 다이묘·구니슈는 일방적인 지배관계가 아니라 다이묘의 보호로 구니슈 권력이 안정화하고 구니슈의 힘으로 다이묘의 군사력이 강화되는 쌍무적 관계에 있었다. 다이묘·구니슈가 지역권력화하는 데 있어서는 영주측의 무력뿐만 아니라 지배를 받는 재지촌락측에서 분쟁해결 등 사회적 요청을 했다는 측면도 중요하다고 여겨지고 있다. 이 다이묘·구니슈 개념을 타지역에도 적용하여 일반화할 수 있을지 없을지는 아직도 과제로 남겨져 있다. 또한 이러한 전개의 배경에 있는 동국의 사회상황을 파악하기 위하여 경제·종교·유통·교통 등 다양한 시점에서 동국의 특질이 무엇인지를 이해하려는 시도가 이루어지고 있다. 이 영역지배를 뒷받침하는 촌락 그 자체에 대한 논의는 그 사료의 잔존 상황 때문에 전국시대의 호조北條 영국領國이 중심이지만 타지역에 대해서도 촌락 유적과 신앙형태로부터 상황 탐색이 이루어지고 있다.

(4) 향후 전망

가마쿠라부와 각 영주, 전국시대에 이르는 동국사회의 여러 모습에 대해서는 최근 개별 연구가 다수 축적되고 있다. 그러므로 이제부터는 가문·지역을 초월하거나 가마쿠라부·동국사회를 총체적으로 검토할 것이 기대된다. 또한 기나이와 서국과의 비교도 당연히 이루어져야 할 과제이다. 독자적인 지배라고는 하지만 타지역과 분리·격절되어 있던 것이 아니라 반드시 막부나 주변으로부터의 영향이 존재하기 때문이다. 그것도 포함하여 포괄적으로 논할 필요가 있을 것이다.

탐구 포인트

① 가마쿠라부의 독자성·자립성은 어떻게 파악해야 할 것인가?
② 무로마치 막부와 가마쿠라부·각 영주의 관계를 어떻게 봐야 할 것인가?
③ 전국시대의 고가 구보의 관동에서의 위치를 어떻게 생각할 것인가?
④ 영주들이 지역권력화하는 과정은 각각 어떠한 것인가?

참고문헌

戰國史硏究會 編 『戰國時代の大名と國衆』 戎光祥出版, 2018.

杉山一彌 編著 『圖說鎌倉府』 戎光祥出版, 2019.

植田眞平 「中世東國史硏究地域史と國家史のあわいで」 秋山哲雄·田中大喜·野口華世 編 『增補改訂新版 日本中世史入門』 勉誠出版, 2021.

20. 전국다이묘의 권력과 문예
지역권력과 교토는 어떠한 관계에 있었는가

오시타 시게토시^{尾下成敏*} 집필 / 고대성 번역

관련항목: II-12^[p.173] II-18^[p.191]

〔논의의 배경〕

전국기는 교토를 중심으로 하는 정치구조의 구심성이 현저히 약해진 시기이며, 이러한 분권적인 상황은 '전국다이묘' 혹은 '전국기 슈고'^[p.175]라 불리는 지역권력의 형성에서 촉발되었다. 또한 그들을 따르는 유력 영주('고쿠진영주', '구니슈', '전국영주'라는 개념이 있다)나 다수의 지역권력 중 광대한 분국을 형성한 대형 지역권력('지역국가', '지역적 통일권력'이라는 개념이 있다)도 분권적인 상황을 살펴볼 때는 중요한 존재이다.

한편 이러한 상황이기는 했지만, 전국기에 '일본국'이라 부를 수 있을 정도의 통합성이 존재한 것도 분명한 사실이다. 최근의 중세국가론에서는 중세 후기의 문화를 소재로 하여 지방에 대한 중앙(교토)의 구심력을 중시하는 견해도 있다. 그렇다면 전국기의 문예를 소재로 삼을 경우에 이러한 견해는 타당하다고 할 수 있을 것인가?

〔논점〕

(1) 전국기의 무가영주와 문예

전국기의 무가영주는 무사^{武事}에만 몰두하고 문사^{文事}와는 거리가 멀었다고 보는 견해가 있다. 실제로 그들 중에는 와카^{和歌}나 렌가^{連歌}와 같은 문예와는 담을 쌓은 사람들이 있었고 모든 사람이 문사에 소양을 갖추었다고 생각하기는 어렵다. 그러나 한편으로는 와카회·렌가회에 참가하는 사람이나 이러한 아회^{雅會}를 주최하는 사람이 지역을 따지지 않고 다수 존재했고 와카나 렌가는 무가영주 사이에서도 널리 수용되었다. 이 절에서는 이러한 문예의 수용에 주목하겠다.

교토를 중심으로 발달한 와카와 렌가가 지방에 보급된 것은 지방이 교토 문화를 모방했다는 사실을 의미하지만, 그렇다면 왜 무가영주들은 이러한 문예 소양을 쌓았던 것일까? 그 이유는 우선 문예 그 자체를 즐기는 것이나 법악^{法樂}1)으로서 와카와 렌가를 읊은 것을 들 수 있지만,

---

*) 교토타치바나(京都橘)대학 문학부 교수 | 일본중·근세사
1) 법악: 이 경우에는 신불에게 와카나 렌가를 봉납하는 것을 가리킨다.

그 외에도 무사가 자신의 역량을 보여주기 위해서는 전투를 비롯한 무사뿐만 아니라 문사에도 조예가 깊어야 했다는 사실을 들 수 있을 것이다.

역량을 보여준다는 것을 국주國主 클래스의 영주를 대상으로 하여 살펴보자면, 그들 사이에서는 문(문사)과 무(무사)는 양립해야 하는 것이었다. 따라서 문무이도文武二道2)를 닦았다고 여겨진 사람은 칭송받았지만, 문무이도에 미숙하다고 여겨진 사람은 비판받았다. 이러한 사실에서 문예 소양을 쌓으며 와카회와 렌가회의 주최자나 참가자가 되어 문사에 열중함을 어필하는 것은 문의 도에 미숙하다는 비판을 피하기 위한 수단이었던 것으로 보인다. 이른바 전국다이묘 중에 무예뿐만 아니라 문예에도 신경을 써서 자신의 역량을 과시하려고 한 사람이 많이 보이는 것은 이러한 점이 주된 이유가 아닐까 생각한다. 그들은 문예에 열중하는 것으로 지배자로서의 정당성을 얻고자 한 것이 아닐까?

지배의 정당성이라고 한다면 쇼군을 정점으로 하는 신분서열3)이나 슈고직의 문제를 무시할 수는 없을 것이다. 그러나 전국기에는 무로마치막부가 쇠퇴하여 그러한 것으로는 지배의 정당성을 담보할 수 없게 되었다. 이러한 상황이 다이묘의 역량이 중시되었던 배경으로 여겨진다.

(2) 이마가와 가문·다케다 가문과 교토

동국의 이마가와今川 가문과 다케다 가문의 문예 수용을 살펴보겠다. 두 가문의 아회는 정례 개최와 임시 개최로 크게 나눌 수 있다. 이 중에 전자에 주목하면 이마가와 가문에서는 1530년대에 정월의 첫 가회歌會始와 7월의 칠석가회 개최가 정례화한 동향이 보이며, 1540년대나 50년대에는 매월 개최를 원칙으로 하는 월례月次가회가 열렸다. 한편 다케다 가문에서는 1540년대에 정례 개최되는 아회로서 정월의 첫 가회와 월례가회·월례렌가회가 열렸다. 이러한 모임에는 주군뿐만 아니라 가신도 참가했다.

스루가와 가이에 재국在國4)한 가도가歌道家5) 공가인 가미노레이제이 다메카즈上冷泉爲和의 지도를 받았다는 점도 이마가와 문단文壇과 다케다 문단의 공통점이다. 중앙 문인의 지도를 받아 교토 문화를 모방하면서 두 가문의 문예가 전개된 것이다. 이 중에서 두 가문의 당주가 여는 정례가회는 조정이 정월에 개최하는 첫 가회나 월례가회를 본뜬 것이었는데, 이는 당주가 자신의 역량을 어필하고자 할 때 조정의 가회를 모방했다는 것을 의미한다. 즉 당주가 자신의 역량을 과시하려고 한 결과, 조정의 문단이 이마가와·다케다 가문의 문단에 대해 구심력을 가지게 되었다는 것이다.

---

2) 문무이도: 문무양도의 동의어. 사료상에서는 문무이도라는 표현이 많이 보인다.
3) 쇼군을 정점으로 하는 신분서열: 이 경우에는 무로마치막부에 의한 관위의 추거나 격식의 수여 등으로 형성된 신분서열을 가리킨다. 193쪽 '호소카와 경조가의 내부분열' 참조.
4) 재국: 공가가 장기에 걸쳐 지방에 체재하는 것. 이마가와, 오우치, 아사쿠라(朝倉) 가문의 분국 등이 주요 체재지였다.
5) 가도가: 가도(와카)를 가업으로 하는 공가. 구체적으로는 아스카이(飛鳥井)·가미노레이제이·시모노레이제이(下冷泉) 세 가문을 가리킨다.

이마가와·다케다 가문은 교토 문화를 수용해 나가며 중앙(교토) 문단과의 결속 관계를 강화했다. 그 배경에는 지배의 정당성을 담보하는 요소로서 당주의 역량이 중시되었다는 점과 문의 도에 미숙하다고 여겨진 사람에 대한 비판적인 시선이 있었던 것이 아닐까?

(3) 향후 전망

지방에 대한 교토의 구심력이 어떠한 것이었는지에 대해서는 이제부터 검토를 쌓아 나가야 할 필요가 있을 것이다. 또한 전국기의 지역권력 내부로 눈을 돌려 문예사를 그려낼 경우에 다음과 같은 점을 의식해도 좋을 것이다. ①문예와 거리를 두고 주군과는 다른 행동을 취한 가신을 어떻게 볼 것인가? ②문단에서 주군과 경합하는 가신을 어떻게 볼 것인가? ③전국 쟁란은 각 권력의 문단의 전개에 어떠한 영향을 미쳤는가?

여기에는 문무이도 관념이 관련되어 있다. 이 중 ①과 ②는 주군에 의한 지배의 정당성을 흔들 수 있는 경우이며, ③은 문무이도 관념이 어떻게 전개되었는지와 관련이 있다. 이러한 점에 유의하면 전국기 지역권력의 내실을 풍부하게 그려낼 수 있지 않을까?

탐구 포인트

① 전국기의 교토와 지방의 관계를 어떻게 이해할 것인가?
② 문무이도를 어떻게 볼 것인가?
③ 이른바 전국다이묘의 분국 지배와 문화는 어떤 관계에 있었는가?

참고문헌

米原正義『戰國武士と文藝の硏究』櫻楓社, 1976.
永原慶二 나가하라 게이지『戰國時代』上·下, 小學館, 2000.
新田一郎『中世に國家はあったか』山川出版社, 2004.
小川剛生『武士はなぜ歌を詠むか』角川學藝出版, 2008.
尾下成敏「戰國期今川氏と和歌·連歌」『年報中世史硏究』44, 2019.

21. 중세 신분제와 차별
중세의 신분과 차별을 어떻게 볼 것인가

시마즈 다케시 島津毅*) 집필 / 김현경 번역

관련항목: II-24[p.209]

〔논의의 배경〕

최근에 여러 선진국들이 하나같이 현저한 격차 사회가 되는 가운데, 세계적으로도 배외주의가 고양되고 있다. 또 소셜 미디어를 통한 사회의 분단이 진행되고, 이것이 새로운 차별로도 이어지고 있다. 이와 같은 차별은 그 시대 특유의 사회 구조와 밀접하게 연관되어 있다.

이 점은 일본의 고대나 중세·근세에도 들어맞으며, 차별은 각 시대의 고유한 신분[1]제도나 사회 구조와 떼려야 뗄 수 없는 관계에 있었다. 따라서 중세 사회 속 차별[2]을 이해하기 위해서는 당시 사회 구조와 신분제도를 이해해야 한다. 이러한 문제들을 중세사 연구가 지금까지 어떻게 파악해 왔는지, 그리고 어떠한 과제를 안고 있는지를 제시해 두고자 한다.

〔논점〕

(1) 중세 사회와 신분제

중세 사회의 제도적 틀은 고대의 율령체제와 근세의 막번체제처럼 확연하지 않다. 즉 국가권력이 공가·무가·사가寺家 등으로 분립된 다원적인 국가 사회이며, 각각의 사회에는 많고 잡다한 신분이 존재하였다. 이러한 점이 중세 신분제 연구를 곤란하게 만들고 있었다. 그러나 1970년대에 실증적인 사회사 연구가 심화되는 가운데, 이후의 중세 신분제론에 큰 영향을 끼친 구로다 도시오黑田俊雄와 오야마 교헤이大山喬平의 연구가 발표된다.

구로다는 다원적인 사회이기 때문에 중세의 기본적인 신분 구성을 여러 사회적 관계, 지배체제의 구조에 조응照應하는 형태로 파악하고, 그것을 ① 귀종貴種[3] ② 쓰카사司·사무라이侍[4]

---

*) 오사카대학대학원 문학연구과 초빙연구원 | 일본중세사
1) 신분: 사회 속 지위나 사회적인 서열을 의미하는 용어. 중세에는 신분(身分)이라는 말이 신체라는 뜻으로 사용되었고, 현대의 신분에 가까운 단어로는 '가이분(涯分)', '미가라(身柄)'가 있다.
2) 차별: 중세의 '샤베쓰'(差別)란 불교용어로서 '구별'을 의미하는 말로 사용되었고, 현대의 '사베쓰'(差別)처럼 다른 이를 깔보고 배척하는 의미는 들어 있지 않다. 여기서는 차별을 현대적인 의미로서 사용하겠다.
3) 귀종: 천황을 내는 가문인 '왕가(王家)'와 섭정·관백을 내는 '섭관가(攝關家)' 등 귀한 가문 태생이나 고귀한 혈통에 속하는 자.
4) 쓰카사·사무라이: 귀인을 섬기는 사람으로 관직과 위계를 보유한 자를 가리킴.

③ 백성百姓 ④ 게닌下人5) ⑤ 히닌非人6)이라는 다섯 가지 신분으로 분석해 내었다. 그리고 이 신분들은 출생, 즉 '종種'의 구별에 의한 것으로서 권문체제 속에 자리매김한다. 그러나 히닌 신분은 권문체제, 즉 장원제 사회로부터 이탈·탈락한 자들이며 신분 밖의 신분으로 규정되었다.

이에 반해 오야마는 중세 사회의 여러 신분이 성립하는 본질적 계기가 여러 집단의 내부 규범 속에 있다는 관점에서 국가적 규모로 현실화되어 있던 세 가지 기간基幹 신분으로서 ① 사무라이 ② 백성·범하凡下7) ③ 게닌·소종所從을 든다. 여기에는 최상층 신분이 제외되어 있지만, 히닌은 범하의 특수 형태로 규정된다고 하여 구분하여 적지 않는다.

이후 80년대를 거치며 신분마다의 관계성과 각 신분의 특성을 소재로 하는 개별 연구가 크게 진전한다. 그중에서도 히닌 신분을 어떻게 이해할 것인가 하는 점이 중세 사회 구조의 특질을 탐구하는 일이 된다는 인식으로 인해 히닌 연구에서 많은 성과가 나오게 되었다. 그렇다고는 해도 구로다·오야마가 제시한 신분제의 틀은 그 후로도 통설적인 이해로서 지지를 얻고 있다. 단 연구가 개별 분산화되었기 때문에 신분제를 거시적으로 다시 파악하는 것이 곤란해졌고, 90년대 이후 연구가 시들해져 갔다.

(2) 신분제 사회와 차별

앞서 언급한 구로다의 설을 채용하면 다섯 가지 신분 중 ① 귀종 ② 쓰카사·사무라이는 지배 계급이며 ③ 백성 이하는 피지배 계급이었다. 이처럼 신분은 지배·피지배를 전제로 한 질서이 므로 신분 규제가 사회·국가의 질서 유지를 위해서는 불가결하였다. 신분에 맞는 것이야말로 중요하다고 하여 '가이분涯分(자기 분수)'이 강조되었고, '과차過差8)'가 금지되었다. 따라서 백성이라도 신분에 걸맞은 취급을 받지 못하면 항의하였을 정도이다. 이 때문에 사회 생활에 있어서 신분의 차이는 일목요연하였다. 구로다 히데오黑田日出男가 지적하였듯이 그것은 가부리모노被り物9)나 복장 및 손에 드는 물건을 비롯하여 자세나 예의에 이르기까지 모든 것에 신분이 관철되어 있었다. 중세 사회는 이러한 신분제적 질서가 존재하는 사회였고, 신분의 차이에 바탕을 둔 차별은 불가피하게 존재하고 있었다. 사회 그 자체가 차별 구조였던 것이다.

그리고 이러한 신분 질서를 지탱하고 있던 것이 귀천존비貴賤尊卑의 관념이었다. 중세에서는 상하 서열은 일반적으로 귀천 혹은 존비를 의미하는 것으로 여겨졌고, 게다가 사람은 각자의 출생에 따라 저절로 귀천존비의 품品10)이 정해진다고 여겨지고 있었기 때문이다. 다만, 히닌 신분에는 오예부정관汚穢不淨觀이라는 관념도 동반되고 있었다. 그 자태도 그렇고 기요메淸目라

---

5) 게닌: 사적인 인격적 예속민으로, 채무·매매·양여(讓與)나 그 밖의 관계에 의해 백성 신분을 상실한 자로, 소종(所從, 종자)과 같은 의미로 불리는 경우가 많다.
6) 히닌: 나병자(한센병 환자)나 거지, 죽은 소나 말의 처분 등을 행하는 자인 가와라모노(河原者) 등, 당시 가장 비천하게 여겨진 신분.
7) 범하: 관직·위계를 가지지 않는 평범한 사람이라는 느낌의 말로, 실태로서는 백성 신분을 가리킨다.
8) 과차: 도를 넘게 화려하거나 낭비하는 일.
9) 가부리모노: 성인 남성이 쓴다고 여겨진 에보시(烏帽子)나 관(冠), 두건, 갓, 모자 등 머리에 쓰는 물건.
10) 품: 그 사람의 자리, 신분, 지위.

는 오예를 처분하는 것을 직분으로서 맡고 있었다고 여겨졌기 때문이다. 여기서 히닌이 부정한 존재이고, 가장 비천시되었던 피차별 신분으로 취급되기에 이르렀던 것이다.

(3) 남은 과제와 앞으로의 전망

이처럼 중세 신분제 연구는 비약적으로 진전되어 왔다. 하지만 남아 있는 과제가 없지는 않다. 예를 들면 중세 후기에 걸쳐 신분 질서가 어떻게 변화하였고, 나아가 근세로 어떻게 이행해 가는가 등은 지금까지 충분한 검토가 이루어져 왔다고는 할 수 없다. 대체로 신분제 연구가 사회의 구조를 부각시키는 것이라고 한다면, 그것은 앞으로도 연구의 축적이 필요하다.

이러한 가운데 최근에는 다원적이면서 복잡한 중세 사회의 구조, 신분 질서를 한눈에 보는 방법에 대한 모색도 시작되고 있다. 또한 '더러움穢'에 관한 연구도 진척되었다. 종래에는 히닌이 게가레[11]한 존재로 여겨진 데는 게가레로 여겨지는 장송葬送을 히닌이 담당하고 있었다는 점이 중요한 이유 중 하나로 작용하였다. 그렇지만 최근 히닌 중에서도 중심적인 존재로서 기요미즈데라清水寺에 이르는 언덕인 기요미즈자카清水坂에 모여 살았던 히닌들은 장송에 종사한 적이 없었음이 밝혀지고 있다. 히닌 신분을 어떻게 파악할 것인지 다시 생각해 볼 필요가 있다고 할 수 있을 것이다.

게다가 최근에는 사회학 분야에서 차별의 분석 수단에 관한 연구도 진화하고 있다. 중세 사회가 차별 구조였던 이상, 차별은 필연적이었다. 그러므로 그러한 차별의 실태를 연구하기 위해서는 새로운 분석 수법의 도입도 필요해질 것이다.

탐구 포인트

① 광범위하고 다원적인 중세 사회의 신분제적 질서를 어떻게 파악하면 좋을 것인가?
② 신분제적 질서를 뒷받침하고 있던 관념과 차별은 어떻게 연관되어 있었는가?
③ 피차별 신분이라고 불린 히닌 신분을 규정하고 있던 것은 무엇이었을까?

참고문헌

黒田俊雄「中世の身分制と卑賤觀念」『黒田俊雄著作集 6 中世共同體論・身分制論』法藏館, 1995(初出 1972)
大山喬平「中世の身分制と國家」『日本中世農村史の研究』岩波書店, 1978 (初出 1976)
黒田日出男「史料としての繪卷物と中世身分制」『境界の中世・象徵の中世』東京大學出版會, 1986 (初出 1982)
三枝曉子「中世の身分と社會集團」『岩波講座日本歷史 7 中世 2』岩波書店, 2014.
島津毅「中世京都における葬送と清水坂非人」『日本古代中世の葬送と社會』吉川弘文館, 2017.
佐藤裕『新版 差別論』明石書店, 2018.

---

11) 게가레: 불결, 부정한 것. 10세기 전반에 성립된 율령의 시행 세칙인『엔기식(延喜式)』에는 '게가레(穢)'를 꺼려야 할 것, 삼가는 것으로 보며 죽음에 의한 게가레, 출산 때의 게가레 등이 규정되었는데, 중세사 연구에서는 거기서 그치지 않고 보다 폭넓은 부정함의 의미로서도 사용되고 있다.

22. 중세의 도시
그 특질과 실태를 어떻게 그릴 것인가

다카하시 신이치로^{高橋愼一朗*)} 집필 / 이소현 번역

관련항목: II-13[p.176] II-14[p.179]

〔논의의 배경〕

중세에 들어서면 고대의 도성都城1)이나 국부國府2)와는 명백하게 다른 타입의 도시 즉 궁전이나 관아와는 관계가 없는 규모가 작은 도시가 열도 각지에 등장한다. 그중에는 구사도센겐草戶千軒3)처럼 문헌사료에는 거의 드러나지 않고 발굴조사 결과 대규모 취락 유적으로서 확인되는 것도 많다. 중세의 중소 도시는 교역의 장이 되었던 흔적이 있으며 또 어느 정도의 인구의 집중이 보인다는 점에서, 농림수산업만이 이루어졌던 일반적인 촌락과는 다른 성질을 가진 취락이었다. 그러나 그 규모가 작다는 점은 '도시'라고 부르기 주저하게 하는 요인이 된다. 중세에만 보이는 이 고유한 도시의 실태란 어떠한 것이었으며, 또 어떻게 평가할 수 있을까.

〔논점〕

(1) 중세에 도시는 없었는가

고대나 근세와 비교하여 중세만의 특징적인 도시 유형을 제시하는 것은 아주 곤란하다. 고대를 대표하는 도시유형은 나라·교토 등의 도성이고, 근세를 대표하는 유형은 에도를 비롯한 각지의 조카마치城下町이다. 양자의 중간에 위치하는 중세에는 고대의 도성 그 자체는 쇠퇴하고 있었고, 한편으로 조카마치의 원형이 겨우 그 모습을 드러내기 시작했을 뿐인 상황이었다. '도시'를 어떻게 평가하는가에 따라 다르겠지만 도성이나 조카마치와 같은 '나라의 정치 중심이 되는 거대한 취락'을 도시라고 정의한다면 교토·가마쿠라·나라를 빼고 '중세에 도시는 없'던 것이 되어 버린다. 그러나 실태로서는 거대한 정치도시의 범주에 다 들어가지 않는 '도시인 듯하면서 도시가 아닌 듯도 한 취락'이 중세에는 다수 존재했다. 그 밖에 수가 적긴 하나 교토,

---

*) 도쿄대학 사료편찬소 교수 | 일본중세사
1) 도성: 중국의 도읍을 규범으로 삼은 도시 형태로 황제·왕·천황의 궁전을 중심으로 주위에 관아와 주택이 전개됐다. 사각형의 도시 권역을 가로 세로의 직선 도로로 구획했다는 점이 큰 특징이다. 일본의 도성은 후지와라경(藤原京)으로부터 본격적으로 시작되었다고 여겨진다.
2) 국부: 행정을 위해 지방의 구니별로 설치된 기구. 조정으로부터 국사가 파견되어 행정의 장(長)이 되었고 국청(國廳)이라고 불리는 관아를 중심으로 몇 가지 시설이 존재했다.
3) 구사도센겐: 히로시마 현 후쿠야마시에서 발굴된 중세의 대규모 취락 유적. 가마쿠라 시대부터 무로마치시대에 걸쳐 아시다 강(芦田川) 하구 부근에서 번영했던 항구 시설 및 항구 도시(港町)의 유적으로 보인다.

가마쿠라 등 수도의 기능을 하는 거대 정치도시나, 국부國府에 부속된 부중府中,[4] 슈고가 거점으로 삼은 슈고쇼守護所[5] 등의 지방 정치도시가 존재했다. 또 대사사의 문전門前에는 종교도시가 형성되었다. 이상으로부터 결코 중세에 도시가 없었다고는 할 수 없다. '도시인 듯하면서 도시가 아닌 듯도 한 취락'도 모두 도시라고 정의한다면 오히려 중세는 열도 각지에 도시가 무더기로 생겨난 시대가 된다.

(2) '도시적인 장'의 정체

중세에 존재한 다양한 '도시인 듯하면서 도시가 아닌 듯도 한 취락'을 가리키는 연구용어로서 '도시적인 장場'·'마치바町場'·'마치マチ' 등이 있다. 특히 아미노 요시히코網野善彦[6]가 제창한 '도시적인 장'은 한 시대를 풍미했던 감이 있다. '도시인 듯하면서 도시가 아닌 듯도 한 취락'의 하나로 시장市(이치바市場·市庭)이 있다. 원래 중세의 시장은 정해진 장날市日에만 개최되는 정기시였다. 따라서 시장은 지속적인 취락이 아니며 그 자체로는 도시가 아니었다. 그러나 시장의 부지·시설을 관리하는 사람이나 금융업자의 주택, 도이야問屋·상인이 묵는 숙소인 슈쿠야宿屋, 사카야酒屋·모치야餠屋를 비롯한 상설 점포 등이 시장 주위에 형성되어 갔다. 이러한 '이치市'를 비롯하여 '슈쿠宿'·'쓰津'·'미나토湊'·'도마리泊'라는 말로 중세 사료에 나타나며 항상적인 물류 활동이 이루어지던 중소 교역도시야말로 '도시적인 장'이나 '마치바'의 정체였다. 13세기 후반부터 14세기에 걸쳐 각지에서는 미나토나 슈쿠 등이 도시로서 탄생했고 상호연결에 의해 유통 네트워크가 형성되었다. 이윽고 15·16세기에는 이치·슈쿠·미나토 등의 중소 도시가 대량으로 출현하여 전국 다이묘나 사사가 그에 적극적으로 관여하게 되었다. 게다가 중세 정치도시나 종교도시는 단독으로 도시 기능을 갖기보다는 교역도시로서의 기능을 겸비함으로써 비로소 도시로서 성립했다. 즉 중세 도시의 기본적인 성격은 교역도시였다고도 할 수 있겠다.

(3) 또 하나의 스토리

중세의 도시를 파악하는 시각으로서 논점 (1)·(2)에서는 '도시인 듯하면서 도시가 아닌 듯도 한 취락'을 '도시'로 딱 잘라 분류하는 입장을 제시했다. 그러나 거꾸로 '나라의 정치 중심이 되는 거대한 취락'을 도시라고 정의하여 별도의 스토리를 그리는 것도 가능하다. 즉 어디까지나 중세의 '도시'는 교토·가마쿠라·나라 등에 한정되지만 그 밖에 다양한 성격을 가진 '취락'이 형성된 것이 중세사회의 특징이라고 보는 것이다. '도시인 듯하면서 도시가 아닌 듯도 한 취락'

---

4) 부중: 국부가 두어진 장소를 말한다. 국부를 중심으로 그 주위에 관인(役人)의 거주지나 시장 등이 펼쳐졌고 대규모 취락을 형성했다. 무사시(武藏)의 부중(府中, 도쿄도 후추시)처럼 현재의 지명으로 남아 있는 것들도 있다.

5) 슈고쇼: 가마쿠라 시대부터 무로마치시대에 걸쳐 막부에서 파견한 슈고의 관(館)이 두어진 장소를 말한다. 국부·부중과 같은 장소에 두어지는 경우와 다른 장소에 두어지는 경우가 있었다. 관을 중심으로 주위에 취락이 형성되었다.

6) 아미노 요시히코(1928~2004): 일본 중세사 연구자. 직인(職人)이나 유녀, 도시 등의 연구를 중심으로 민속학적 성과를 받아들여 다수의 저작을 집필했다. 농촌·농업에 편중되기 일쑤였던 전후 일본의 중세사연구에 재검토를 촉구했다.

을 '도시가 아니'라고 하는 측에서 평가하면서도 생산업이 아닌 산업과 관련된 취락의 실태를 밝혀 가는 방향도 있다. 애초에 고고학에서는 발굴된 '취락'이 도시인가 촌락인가를 구별하는 객관적인 지표는 존재하지 않는다는 지적이 있어 왔다. 중세의 취락을 도시와 촌락으로 분별하지 않고 일괄적으로 파악하여 지역과 취락의 관계를 밝히는 것도 중요하다. 위와 같은 관점에서 볼 경우 한정된 '도시'='정치의 중심'이라는 실태가 고대나 근세와는 어떤 차이가 있는지도 함께 고찰할 필요가 있다. 여기서는 얼핏 보기에 정반대로 보이는 두 가지 시각을 제시했는데, 이 둘은 중세에는 거대한 정치적 중심 취락과 중소 교역중심이 되는 취락이라는 두 가지 타입이 병존했다는 점에서는 동일하다. 어느 타입을 잠정적으로 전형적인 '도시'라고 정의하는가의 차이일 뿐이다. 어느 쪽이 더욱 설득력이 있는지는 앞으로 논의가 심화되길 기대한다.

> **탐구 포인트**
>
> ① 도시를 어떠한 것으로 정의할 것인가?
> ② 중세의 도시가 갖는 고유한 성격은 무엇인가?
> ③ 중세의 도시는 기능 면에서는 어떻게 분류할 수 있는가?
> ④ 고대의 도시와 중세의 도시 혹은 중세의 도시와 근세의 도시는 각각 어떻게 변화하며 어떠한 연속면을 가지는가?

참고문헌

網野善彦아미노 요시히코 「中世都市論」(1976) 『網野善彦 著作集 13 中世都市論』 岩波書店, 2007.

仁木宏 編 『都市』 青木書店, 2002.

高橋紳一郎 「中世都市論」 『岩波講座日本歷史 7 中世 2』 岩波書店, 2014.

都市史學會 編 『日本都市史·建築史事典』 丸善出版, 2018.

23. 중세의 촌락과 신앙·의례
사람들에게 신앙·의례란 무엇이었나

오코치 유스케大河內勇介*) 집필 / 이소현 번역

관련항목: II-4[p.149] II-5[p.152] II-9[p.164] II-15[p.182] II-24[p.209]

〔논의의 배경〕

중세 촌락에 살았던 사람들은 풍수해·화재·지진·기근·역병·전란 등의 재난과 끊임없이 싸우면서 어떻게 하루하루 생업을 꾸려갈 것인가를 절실한 과제로 삼았다. 이러한 과제에 대하여 그들은 신불에게 기도를 바치며 현세에서는 재앙의 소멸이나 생업의 번영을 기원하고, 사후에는 보다 좋은 세상에 다시 태어날 수 있기를 바랐다. 이른바 '현세안온現世安穩, 후생선처後生善處'라는 말로 집약되는 신앙이다. 그리고 이러한 신앙을 전제로 하여 촌락의 진수鎭守·당堂에서는 각종 의례가 치러졌고 연중행사가 형성되어 갔다. 그 가운데에는 현재까지 이어지는 의례도 있었다. 이러한 신앙·의례는 어떻게 탄생하며 어떠한 의의와 특징을 가지는가.

〔논점〕

(1) 권력에 의한 지배·통합

중세 촌락의 신앙·의례가 어떻게 창출되었는가에 대하여 우선 주목되는 것은 권력으로부터의 전파이다. 중앙의 조정 주변에서 행해지던 의례는 11세기 이후 수령[p.104]을 매개로 그들의 임국任國으로 일제히 전파되었다. 구체적으로는 수령이나 그 지배기구인 국아國衙가 국내의 유력 사사에 중앙과 같은 의례를 담당시키는 한편 그 비용을 염출捻出하기 위한 면전免田을 보증하였다. 그 결과 수령·국아의 지배계통에 속하는 국·군·향 등의 사사로 의례가 침투하였다. 다른 한편으로 장원제가 본격적으로 전개된 12세기 이후 중앙의 장원영주도 장원 현지 사사에 면전을 설정하여 의례를 도입했다. 게다가 그들과 밀접하게 중첩되면서 전개된 본말관계[1]까지 더해진 세 갈래 길이 주요한 전파 경로가 되어 중앙의 의례가 점차 지방으로 퍼져 나갔던 것이다.

이러한 전파를 거쳐 향鄕·장莊 등의 촌락의 진수·당에서는 중앙에 준하는 의례가 이루어졌다. 그곳에서 각 영역의 안온이 기원된 것은 당연하지만 그뿐 아니라 수령·국아, 영주,

---

*) 후쿠이현립역사박물관 학예원 | 일본중세사
1) 본말관계: 본사(本寺·本社)와 말사(末寺·末社)의 관계를 가리킨다. 지방의 사사가 국아나 재지영주의 압력으로부터 벗어나기 위해 중앙의 유력 사사를 본사로서 받들거나 중앙의 유력 사사가 장원 현지에 말사를 설정해서 본말관계가 성립하는 경우가 많았다.

본사本寺·社, 국가 등 권력의 안태까지도 기원되었다. 다만 촌락의 사람들이 권력의 안태를 어디까지 의식했는지는 불명확하다. 그러나 현실적으로는 권력이 오곡풍양이라는 민중의 소원을 고려한 의례를 집행하거나 그 비용을 염출하는 것은 권농행위를 의미했다. 또 권력이 의례 부담자에게 신분을 보증하고 현세·내세까지의 안온을 약속하는 한편 적대자에게는 징벌을 내리는 등 의례에는 권력에 의한 지배라는 기능이 있었다. 게다가 수정회修正會2)나 5절구五節句 등의 의례가 조정으로부터 촌락까지 동일한 기일에 집행되었다는 사실로부터 의례가 천황을 핵으로 하는 국가적 통합의 기능을 하고 있었다고 보는 의견도 제시되었다.

(2) 촌락의 주체성·공동성

당연하게도 의례가 갖는 권력에 의한 지배·통합이라는 기능에도 한계가 있었다. 촌락 사람들이 어떤 의례를 받아들일지 선택하거나 실제 생업의 일정에 맞춰 의례의 내용이나 의미를 바꾸는 등 의례를 둘러싼 촌락의 주체성에도 눈을 돌려야 한다. 또 촌락에서는 진수·당을 기반으로 하여 미야자宮座3)·겟슈結衆4) 등이 존재했고 그들에 의해 의례가 반복적으로 공동집행되어 촌락의 공동성이(그와 동시에 계층성도) 유지·강화되었다는 점에도 주의할 필요가 있다. 특히 13세기 이후 집촌화5) 등을 거쳐 자치적인 촌락인 소손惣村6)이 출현했고 촌락의 역량이 높아져 가자 의례를 둘러싼 촌락의 주체성·공동성 측면이 탁월해져 갔다고 생각된다.

또 촌락에서는 영주가 설정한 면전 외에 영주로부터의 새로운 면제·지급의 획득, 촌락 내외의 사람들에 의한 토지·득분得分의 기진, 독자적인 도야쿠頭役7)·나오시모노直物8)라는 부담의 창출 등에 의해, 진수·당에 의례를 집행하기 위한 공유재가 축적되었고 의례의 자율화도 진전되었다. 게다가 이러한 공유재가 출거出擧9)로 활용되어 주민의 재생산활동을 지원하거나 의례비용의 부담에 의해 촌내의 신분이 보증되는 등 의례를 둘러싼 활동은 촌락의 경제분야·신분질서에까지 이르렀다. 그렇기 때문에 의례가 집행되는 진수·당을 촌락의 '자립의 상징'으로 보는 연구도 있다.

(3) 불교와의 관련성

지금까지 중세 촌락의 신앙·의례에 대하여 주된 전파경로와 의의라는 두 가지 측면을 개관했으나, 통틀어서 한 단어로 의례라고 부르고는 있지만 그 내실은 다양하며 연중행사를 구성하는

---

2) 수정회: 정월에 여는 법회. 연초의 행사로서 천하안태·오곡풍양·만민쾌락 등을 기원했다.
3) 미야자: 촌락의 신을 모시는 진수에서 제사를 집행하는 집단. 자슈(座衆) 가운데에서 제사 지휘자를 선출했다. 또 자 가입 기간을 기준으로 독자적인 신분질서를 형성했다.
4) 겟슈: 같은 신앙 아래에서 모인 집단. 촌락에서는 관음강(講)·지장강·염불강 등의 집단이 많이 보인다.
5) 집촌화: 주거가 특정한 장소에 집중되는 현상. 고고학 성과에 의하면 주로 기나이 근국의 평야부에서는 13세기부터 14세기에 걸쳐 집촌화가 나타났고 현재로 이어지는 촌락이 형성되어갔다고 한다.
6) 소손: 주민들이 자치적으로 운영하는 촌락. 촌락의 공유재산을 가지고 독자적인 법인 오키테(掟)를 제정했으며 연공납입을 청부하는 법적인 주체가 되었다.
7) 도야쿠: 미야자의 제사를 맡는 일, 또는 제사비용을 부담하는 일.
8) 나오시모노: 미야자에서 에보시나리(烏帽子成)·간토나리(官途成)·오토나나리(乙名成) 등 계급의 사다리를 올라갈 때마다 지불하는 비용.
9) 출거: 쌀이나 재물을 빌려주고 이자를 받는 것.

개개의 의례를 검토하면 그 전파경로와 의의도 다양하게 나올 것임은 말할 것도 없다. 그러나 중세 촌락의 신앙·의례 전체를 조망할 경우 그것들과 불교의 관련성은 간과할 수 없는 부분이 있으며 오히려 그것이야말로 가장 큰 특징이라고 할 수 있다.

애초에 기술과 주술이 분리되지 않았던 중세사회에서는 하루하루의 생업과 기도는 불가분하게 융합되어 있었고 불교에 대한 의존도는 특히 높았다. '현세안온, 후생선처'라는 말은 법화경에서 유래했다. 본래 이것은 사람들의 생활에 뿌리를 두고 생겨난 소원인데 그에 불교가 사고의 정형을 부여한 것이라고 이야기된다.

특히 중세 권력의 일익을 담당한 현밀불교는 집적된 지식이나 기술을 바탕으로 사람들의 소원에 대응하면서 신불습합(神佛習合)[10])을 배경으로 촌락의 진수·당에까지 깊게 침투했다. 이 점은 현밀불교가 중시한 '경전의 힘'을 활용한 의례가 널리 유포되었다는 것에서도 보인다. 예를 들면 대반야경이라는 경전은 장원 진수의 필수품이 되기도 했다는 지적이 있다. 또 점차 가마쿠라신불교가 촌락으로 본격적으로 진출해 가며, 종래의 촌락의 연중행사를 보다 다양하게 만들고 혹은 변질시키는 동향도 보이게 되었다.

> **탐구 포인트**
>
> ① 연중행사를 구성하는 의례는 무엇인가? 각 의례의 전파경로와 의의에 대한 검토가 필요하다.
> ② 촌락 고유의 의례, 지역 고유의 의례, 시대 고유의 의례로는 무엇이 있을까?
> ③ 촌락의 의례와 불교 각 종파의 관련성은 어떠한 것인가?
> ④ 탈주술화가 진전되는 근세에 의례는 어떻게 변화했고 어떻게 현대로까지 이어졌는가, 혹은 이어지지 못했는가?

참고문헌

平雅行「中世佛敎の成立と展開」『日本中世の社會と佛敎』塙書房, 1992(초출 1984)
藤木久志「村の惣堂」『村と領主の戰國世界』東京大學出版會, 1997(초출 1988)
園部壽樹「村落の世歲記」『日本村落史講座 6』雄山閣出版, 1991.
上島享「中世宗敎支配秩序の形成」『日本中世社會の形成と王權』名古屋大學出版會, 2010(초출 2001)
井原今朝男『中世の國家と天皇·儀禮』校倉書房, 2012.
苅米一志「莊園年中行事論ノート」山本隆志 編『日本中世政治文化論の射程』思文閣出版, 2012.

---

10) 신불습합: 일본 고유의 신기신앙과 외래의 불교가 융합하여 독특한 의례를 탄생시킨 현상. 중세에는 신들은 호법선신(護法善神)으로서 부처와 불법을 수호하고 불법은 신위를 증대시킨다는 관념이 확산되었다. 사원에는 진수사(鎭守社)가 권청(勸請)되었고 신사에는 신궁사(神宮寺)가 건립되었다.

24. 중세의 신기와 신도
중세인에게 신이란 무엇인가

이토 사토시(伊藤聰*) 집필 / 고대성 번역

관련항목: I-27[p.107] II-2[p.143] II-23[p.206]

〔논의의 배경〕

고대사회에서 일본의 신기神祇 신앙은 불교와의 융합으로 크게 변질되었다. 구체적으로는 신불습합이 진행되어 10세기까지 부처를 본체, 신을 부처의 화신으로 간주하는 본지수적설本地垂迹說1)이 형성되었다. 전국의 주요 신사에서는 본지불이 결정되었으며, 신사승社僧2)나 별당사別當寺3)의 승려가 신사의 관리를 주도하는 곳도 많았다. 그렇다면 본지수적설은 중세 이후에는 어떻게 변화해 갔을까? 그리고 그것은 어떠한 형태로 근세로 이어져 갔을까?

〔논점〕

(1) 신 관념의 변질

본지수적설의 형성으로 일본의 신 관념과 신앙의 형태가 크게 바뀌었다. 일본의 신기 신앙은 원래는 비인격적인 자연 숭배이며 개개인의 기원이나 구제와는 기본적으로 관계가 없었다. 그런데 부처·보살의 수적이라 여겨지게 되면서 부처·보살의 중생구제의 기능이 신들에게도 적용되었다. 중생구제를 위하여 부처가 보다 인간에게 가까운 존재로서 현현한 것이 신이라 여겨진 것이다. 부처가 오직 내세에서의 구제를 관장하는 데 반하여, 신은 현세에서 중생에게 은혜를 베푸는 것利益을 담당하게 된 것이다.

　신의 관념에 대해서도 그동안은 인간 외부에 있다고 여겨졌던 신이 인간의 마음 안에 깃든다는 사고방식이 나타났다. 이는 불교에서의 불성佛性(중생의 마음 속에 있는 부처의 인자) 사상이 본지수적설과 결합하여 마음(영혼)=신이라고 여겨지게 되었기 때문이다. 마음 속에서 신을 보게 된 결과 인간의 도덕윤리에도 신이 개재하게 되었다. 신에게 부여된 이러한 새로운 요소는 중세를 넘어 근세 이후에도 이어져 간다.

---

*) 이바라키(茨城)대학 인문사회과학부 교수 | 일본사상사
1) 본지수적설: 본지(본신)인 부처·보살이 중생구제를 위하여 신으로서 수적(자취를 드리우다)한다는 설. 본래 보신(報身) 석가와 응신(應身) 석가라는 불신론(佛身論)에 관한 용어지만, 일본에서는 신불 관계의 설명에 응용해 유포되었다. 관련어로 '화광동진(和光同塵)'이 있다.
2) 신사승: 승려의 모습을 하고 있으면서 신사에 소속되어 불사 등의 행사를 집행하는 승려. 나라시대 이래 각지에 다수 존재했지만, 메이지 시대의 신불분리령에 의해 환속하거나 신사에서 추방되었다.
3) 별당사: 신사를 관리·관장하는 사원. 신궁사라고도 한다. 신사의 부속시설로서 있는 경우와 다른 장소에 있으며 그 신사를 지배하에 두는 경우가 있다. 전자의 대부분은 메이지 시대의 신불분리로 폐사되었다.

(2) 신불 관계의 역전

본지수적설은 기본적으로 신을 부처에 의한 구제의 방편이라 생각하는 것이므로 신은 어디까지나 종속적인 존재에 불과했다. 그런데 중세에 들어서면 수적한 신을 부처보다도 높이 평가하는 경향이 나타났다. 거기에는 주로 두 가지 이유를 들 수 있다. 하나는 신은 부처와 비교했을 때 부처가 내세 등 미래의 구제를 약속하는 데 비해 신은 '지금 이곳' 현세에서의 구제를 관장한다고 여겨지게 되었기 때문이다. 그러나 이 점은 보살 등도 마찬가지이므로 신만의 전매특허라고는 할 수 없다. 오히려 나머지 한 이유, 즉 신은 일본에 거주하는 주민에게 은혜·구제를 가져다주는 존재로서 현현했다고 여겨진 사실이 중요하다. 이는 본지인 부처보다도 수적한 신에게 기원하는 쪽이 '일본'이라는 장소에서는 더 효험이 있다는 사고방식을 낳았다. 실제로 불교설화집『사석집沙石集』4)에는 일본의 신들에게 출리出離의 도를 비는 승려의 이야기가 나온다.

이러한 신앙면에서의 신불 관계의 역전 현상의 결과로 14세기경에 이르면 일부이기는 하지만 신이야말로 본지이며 부처가 수적이라고 하는 주장까지 나타난다. 이러한 주장은 몽골의 일본 원정 이후 서서히 강해져 간 신국神國사상5)과 연동하여 일본중심주의적인 발상의 온상이 되어 갔다.

(3) '신도'의 성립

신을 둘러싼 이론·언설의 대부분은 오늘날 '중세신도서中世神道書'라 총칭되는 서적에 기록되어 있다. 이들은 처음에는 이세신궁伊勢神宮 주변에서 제작되었다. 먼저 나타난 것이 이세신궁에 참배하는 밀교계의 승려가 저술한 양부兩部신도서로 이세신궁의 내외 양궁을 태금양부胎金兩部6)에 대응시키는 습합설을 전개했다. 이러한 움직임에 영향을 받은 것이 외궁 신관 와타라이度會 가문 일족으로 그들은 아마테라스오미카미를 모시는 내궁(황대신궁皇大神宮)과 동등한 지위를 획득하는 것을 지향하는 이세신도서를 저술했다. 양부·이세신도서는 둘 다 권위를 부여하기 위하여 작자를 구카이空海나 교키行基 혹은 나라시대의 와타라이 가문의 선조 등 옛 사람에게 가탁假託했다. 다만 이는 근세에 이러한 서적이 위서라고 규탄 받는 이유가 되기도 했다.

가마쿠라시대 후기 이후, 양부신도서는 각지의 사원·영장에 전해졌고 그곳에서도 새로운 신도서가 만들어졌다. 히에이산에서는 천태종의 교리와 진수신鎭守神인 히에산노日吉山王7)를 결부시키는 신도서(산노신도山王神道)가 나타났고, 이외에도 미와산三輪山, 하세데라長谷寺, 아

---

4) 『사석집』: 가마쿠라시대의 대표적인 불교설화집. 무주(無住, 1226~1312)가 편술했다. 1283년(고안6)에 성립. 설법과 창도(唱導)의 소재로서 근세에 이르기까지 널리 읽혔고 몇 번이나 출판되었다.

5) 신국사상: 일본의 국토관의 하나. 일본은 신의 자손(천황)이 통치하며, 그 때문에 신들이 수호해 준다는 사고방식. 『일본서기』진구황후기에 처음 나온다. 시대별로 그 뉘앙스를 바꾸어 가면서 고대부터 근현대에 이르기까지 지속적으로 일본인의 대표적인 자국의식으로 존재했다.

6) 태금양부: 진언밀교에서의 두 가지 진리인 태장계(胎藏界)와 금강계(金剛界). 태장계는 대일여래의 이치(현상세계 그 자체)를, 금강계는 그 지혜(깨달음의 내실)를 나타낸다. 이 양계(양부)를 도해한 것이 태금양계 만다라(兩界曼茶羅)이다.

7) [역주] 히에산노 : 히에대사(日吉大社)에 모셔진 신.

쓰타 신사熱田社 등에서도 마찬가지 움직임이 보인다. 이러한 흐름 속에서 그때까지 '신들'이라든지 '신기 제사'라는 의미로밖에 쓰이지 않았던 '신도'라는 말에 '신의 가르침'이라는 의미가 부여되었고, 나아가 그 가르침을 담당하는 집단도 '신도'라 불리게 되었다. 특히 무로마치시대 이후가 되면 '고류御流신도'[8]나 '미와류三輪流신도'[9] 등 독립적인 유파가 등장한다.

(4) 요시다신도의 성립

'고류'나 '미와류'는 어디까지나 불교(밀교)의 일부에 속하는 존재였다. 그런데 15세기 중반에 요시다 가네토모吉田兼俱[10]가 창시한 요시다신도吉田神道(유일신도)는 불교와는 분리된 종교체계로서의 '신도'의 수립을 목표로 한 것이었다. 신관이면서 공가이기도 했던 가네토모는 양부·이세신도, 음양도, 나아가 대륙의 도교경전 등을 참조하면서 천지와 인간신체에 신성(신神·영靈·심心이 편만遍滿해 있다는 독자적인 교리와 그에 기반한 제의를 만들어 냈다.

요시다신도는 가네토모의 자손이 이어받아 에도시대 초에 이르면 '신도'의 중심적 교리가 되었고 막번체제 아래서도 신기계의 권위자로서 인정받았다. 특히 도요토미 히데요시나 도쿠가와 이에야스 등 천하인天下人을 신격화[11]할 때에 요시다신도의 교리가 그 근거가 되었고, 실제로 요시다 가문 사람들은 신격화 프로세스에 관여했다. 다만 에도시대에는 여러 종교를 습합한 요시다신도의 성격이 도리어 신도의 순수화를 지향하는 신도가나 국학자에 의한 비판의 표적이 되어 사상적으로는 영향력을 잃어 갔다.

탐구 포인트

① 신불관계의 역사 안에서 중세는 어떻게 평가할 수 있을 것인가?
② 중세에 사람과 신의 관계는 어떻게 바뀌었을까?
③ 중세 신도의 형성에 대하여 외래 사상은 어떠한 영향을 미쳤을까?

참고문헌

末木文美士스에키 후미히코『日本宗教史』岩波書店, 2006
 / 백승연 역『일본 종교사』논형, 2009.

井上寬司『「神道」の虛像と實像』講談社, 2011.
伊藤聰『神道とは何か』中央公論新社, 2012.
伊藤聰『神道の中世』中央公論新社, 2016.

---

8) [역주] 고류 신도 : 법친왕(法親王, 출가한 천황의 아들) 등이 대대로 이어가는 법류의 신도. 양부신도가 진언밀교와 밀접하게 결부되면서 발달했다. 진언종신도라고도 한다. 사가 천황이 구카이에게 전수받았다고 하는 전승에서 이러한 이름이 붙었다.

9) [역주] 미와류 신도 : 나라의 오미와신사(大神神社)의 연기(緣起)를 기반으로 형성된 신도로 진언종의 영향을 받은 양부신도의 일파.

10) 요시다 가네토모: 1435~1511년. 신기대부(神祇大副)를 세습하는 우라베(卜部) 요시다 가문에서 태어났다. 요시다 가문은 동족인 히라노(平野) 가문과 함께 가마쿠라 이래『일본서기』를 서사하고 대대로 이어서 전해간 가문으로 가네토모는 그 전통을 배경으로 독자적인 신도 유파를 세웠다.

11) 천하인의 신격화: 히데요시는 사후 도요쿠니다이묘진(豊國大明神)으로 받들어지는데, 그 신격화에 가네토모의 증손인 요시다 가네미(兼見)·본슌(梵舜) 형제가 관여했다. 이에야스에 대해서도 당초에는 요시다식의 신격화가 이루어졌지만, 도중에 덴카이(天海)에 의해 산노신도식으로 변경되었다.

25. 중세 사료의 다양성
전체를 묘사할 소재의 확장을 어떻게 파악할 것인가

후지와라 시게오 藤原重雄*) 집필 / 고대성 번역

관련항목: II-22[p.203] II-26[p.215] II-30[p.227]

〔논의의 배경〕

학술연구 분야로서의 일본 중세사는 고문서古文書·고기록古記錄 등 동시대성이 높은 문헌사료를 망라적으로 수집하고 정확하게 해석하는 것을 전제로 성립한다. 근대에 학문으로서의 역사학이 형성될 때, 사실을 엄밀하게 확정하는 것으로 역사적 사실과 이야기物語를 준별할 필요가 있었다. 그러나 사건의 나열은 역사의 일부분에 불과하며 이야기로서의 역사에 대한 욕구도 뿌리 깊은 한편, 생생한 리얼리티나 사회·지역의 전체상을 파악하고자 하는 지향도 있다. 학문으로서의 역사는 한정된 문헌사료뿐만 아니라 다양한 소재를 이용하여 시대를 묘사하려고 해 왔다.

〔논점〕

(1) 사료론·사료학의 전면화

중세사 연구에서는 1980~90년대를 중심으로 '사회사'[1]라 불리는 동향이 융성했다. 서양 중세사의 영향을 첫 번째로 드는 것은 사후설명적인 이해에 불과하며, 그 실태는 전후 역사학의 내재적인 전개라 봐야 한다. 고도경제성장에 따른 사회·환경의 큰 변화를 배경으로 하여 연구과제의 확대와 연구의 소재가 될 사료의 다양화가 일체적인 관계에 있었다.

지방자치단체사 편찬이나 지역박물관의 설립 등은 학문 거점의 다원화·다극화를 촉진했고 지역의 현장성은 필연적으로 전문분야의 융합을 초래했다. 자연과 지형이라는 여태껏 자명하다고 여겨 왔던 환경이 크게 변화했기 때문에 역사지리적인 관점이 바탕에 놓이게 되었고, 개발에 수반되는 고고학 발굴조사에서는 중세도 본격적인 대상이 되었으며, 민속적인 세계의

---

*) 도쿄대학 사료편찬소 준교수 | 일본중세사
1) 사회사: 명확하게 정의되기보다도 새로운 경향의 중세사 연구의 총칭으로서 때로 비판·야유를 담아 편의적으로 사용되었다. 사회경제사·정치사·제도사에 비하여 여러 인접 학문분야의 관점과 성과를 참조하면서 비문자자료나 종래와는 다른 방법으로 문헌사료를 활용하여 환경부터 심성까지 폭넓게 그 연관성을 대상으로 삼았다. 특이한 사건을 재미있게 집어내어 일상의 사소한 것에 천착할 뿐 역사의 골격을 논하지 않는다고 하는 비난도 있지만, 이는 사회사의 연구 내용에 정확하게 근거한 것이라 할 수 없다. 淸水克行「習俗論としての社會史」中世後期研究會 編『室町·戰國期研究を讀みなおす』思文閣出版, 2007.

급속한 소멸은 일상성과 생활문화를 역사적으로 돌아보는 계기가 되었다. 도시주민 출신인 연구자가 늘어나 관심의 양태도 변화했다.

이리하여 종이에 문자를 기록한 문헌 이외의 사료가 적극적으로 중세사 연구의 대상이 되었고 서술의 소재가 되었다. 이는 여러 인접 학문분야가 충실해지고 진전했기 때문에 가능해진 것으로 넓은 의미의 역사학 범주에서는 이미 이들 학문을 전공하는 연구자가 활동하고 있었지만, 문헌사학에서 실적을 올린 연구자들이 방법론을 단련하면서 주변적인 위치에 있었던 소재를 적극적으로 다루게 되었다는 점에 그 특징이 있다. 1970년대부터 시작된 이러한 움직임은 출판시장에서도 전개되어 넓은 독자층을 형성하며 '사회사' 붐이라 불렸다.

(2) 고고자료·회화자료

사료론으로서 진전한 분야에 유적·출토품 등 고고학 관계자료와 에마키繪卷·병풍 등 회화작품이 있다. 고고자료는 고고학이, 회화작품은 미술사학이 다루는 대상으로서 문헌사학과는 별개로 전문성을 심화해 왔다. 중세 유적의 보존 운동과 연동하여 열도에 편재遍在하는 '도시적인 장'[2])에 대한 관심이 고조되었고, 이는 분야를 횡단하는 연계를 불러왔으며 문헌사학 출신의 연구자가 논하는 대상도 넓어졌다. 말이 없는 고고자료를 부활시키는 데에 회화작품 또는 민속학자료가 대상으로 삼는 일상생활 세계의 영위가 적극적으로 참조되었다.

회화작품에 관해서는 대형 컬러도판이 다수 출판되어 공통 기반이 쇄신되었고 민속학적인 관심에서 해설을 한 시부사와 게이조澁澤敬三 편『에마키모노에 의한 일본 상민 생활 그림색인繪卷物による日本常民生活繪引』의 신판 간행도 이에 기여했다. 특히 구로다 히데오는 방법론으로서의 회화사료론을 표방하여 역사학의 연구소재로서 회화를 어떤 식으로 파악하면 역사상의 쇄신이 가능한지 구체적인 실천을 지속적으로 제시하고 있다. 회화의 주제에서 동떨어진 부분 또는 관점에서 분석을 시작하여 시각 표상의 정치성을 읽어내는 미술사학의 새로운 동향과도 맞물려 작품의 주제에 육박하는 방향으로 심화되고 있다.

(3) 문헌사료의 다면성

문서나 기록 같은 기본적인 문헌사료의 연구방법과 시각도 다양해졌다. 고문서학은 문서의 진위감정과 형성분류를 그 근간에 두고 있지만, 문서의 물질적인 측면을 시야에 넣은 형태론과 이동이나 시간적 중층성을 포함한 기능론[3])을 한층 더 중시하게 되었다. 계보·유서서由緒書, 위문서의 사료론이나 장부류와 지게地下 문서의 발굴도 이 연장선상에 있다. 고대 출토 목간에

---

2) 도시적인 장: 도시사 연구에서는 서양이나 중국 등의 도시와 비교하여 어떠한 조건을 가지고 '도시'라 부를 수 있는지, 즉, 도시의 정의가 논점이 되었다. 일단 정확한 도시의 정의는 제쳐두고 농경 중심의 취락에서는 보기 힘든 요소·기능에 주목하여 교통의 요충지·중심지 등에 소재한 상공업이 활발한 취락 중 소규모인 것도 포함하기 위한 개념으로서 '도시적인 장'이라는 말이 사용되었다. 이리하여 이를 테면 항구[湊]·나루[泊]·역참[宿] 또는 광산 등 산업취락, 나아가 산사의 도시성이 논의되었다. II-22(p.203)도 참조.

3) 기능론: 망라적으로 고문서를 모아서 형식에 따라 분류·정리하는 양식론이 고문서학의 기초를 이루고 있지만, 문서 원본의 여러 특징을 파악하는 형태론에 입각하여 실제로 어떠한 절차로 발급·수령되었고 사회 속에서 작용했는가 하는 관점을 중시하는 것이 기능론이며 한 장의 문서에 축적된 시간의 층을 벗겨내 가는 작업은 전래론(傳來論)과도 연결된다.

자극을 받아 문자가 적혀 있거나 새겨져 있는 목제품을 다루거나 금석문을 고문서학적으로 재파악하는 작업도 이루어지고 있다. 기록에 대해서도 원본에 입각한 연구가 심화되어 쓰여진 내용뿐만 아니라 어떻게 일기가 생성·보관되어 왔는지를 논하고 나서 그 기사를 이해하는 수준에 이르렀다. 지배紙背문서 연구의 진전도 기록의 사료론과 문자 그대로 표리일체 관계에 있다. 중세사가 대상으로 삼는 문헌사료의 확장은 주로 일본문학이 다루어 온 대상이나 사원·신사가 소장한 성교류4)에도 미쳐 전적을 포함한 대규모 사료군에 대해 전체로서 그 성격을 파악하게 되었으며, 문고의 복원적 연구나 그 정치적·문화적 위치에 대해서도 논의하게 되었다.

중세사 분야에서 대서특필할 만한 동향으로는 '말의 문화사ことばの文化史'5)가 있다. 일본어학과는 다른 접근법으로 중세에 특징적인 어휘나 용법으로부터 사회와 법의 존재양태를 추출해 낸 연구로서 학계에 큰 자극을 주었다.

(4) 향후 전망

현재의 중세사 연구에서는 '사회사'적인 확장을 기피하고 문서·기록에 기반하여 정치과정을 상세하게 고증하는 것이 성행하고 있다. 인물 개인에게 관심이 편중되는 것은 현대사회에서의 '역사'의 범주를 중세사학 자신이 좁히고 있는 것은 아닌가 하는 의구심도 든다. 문서·기록의 현대어口語번역의 축적·정리라는 수평방향만으로 역사의 전체상을 묘사하기는 어렵다. 이질적인 사료를 교착시킨 단면으로부터 수직방향으로 낙차가 있는 사료를 사용할 필요도 있다. 세밀한 개별연구와 전체사의 서술을 어떻게 실천하면 좋을지 과제는 매우 크지만, 역사학은 단지 정보의 축적이 아니라 인간이 살아온 영위이기도 하므로 그렇게 비관할 일도 아니다.

> **탐구 포인트**
> ① 역사를 묘사하는 소재가 될 수 있는 대상은 어떠한 것이 있을까?
> ② 그것들을 사료로서 다루는 데 필요한 지식과 방법은 어떤 것이며 어떠한 논점을 그 사료에서 뽑아낼 수 있을 것인가?
> ③ 지역이나 특정 과제에 입각하여 그 역사적인 존재양태를 파악하기 위한 소재는 어디서 어떻게 모을 수 있을 것인가?

참고문헌

網野善彦아미노 요시히코 編集擔當『岩波講座日本通史 24 史料論』岩波書店, 1995.

藤原重雄「中世繪畫と歷史學」『日本の時代史 30 歷史と素材』吉川弘文館, 2004.

高橋一樹「中世史料學の現在」『岩波講座日本歷史 21 史料論』岩波書店, 2015.

---

4) 성교류: 대장경(일체경)을 중심으로 하는 불전[內典]에 더하여 그에 대한 연구·해설서를 중심으로 불사 수행을 위한 차제(次第, 매뉴얼)이나 기록·사례집, 나아가 사원내의 학문이었던 외전(外典, 일본과 중국의 문예·유교 등)도 포함하는 서적군으로 중세 사원의 영위를 반영한 지(知)의 체계가 되었다. 153쪽도 참조.
5) 말의 문화사: 아미노 요시히코·가사마쓰 히로시(笠松宏至)·가쓰마타 시즈오(勝俣鎭夫)·사토 신이치(佐藤進一) 엮음『말의 문화사』헤이본샤(平凡社)는 1988년부터 89년에 걸쳐 중세편 4권이 간행되었다. 사료 내 어휘의 동시대적인 해석을 검토하는 것으로 중세 사회의 단면을 밝혀내는 수법은 유연한 기술 형태와 맞물려 새로운 중세사학을 상징했다.

26. 중세의 문자 문화
문장·문체에서 중세 사회의 어떠한 점을 알 수 있는가

다나카 소타^{田中草大*)} 집필 / 고대성 번역

관련항목: II-25^[p.212]

〔논의의 배경〕

표기방법의 다양성은 현대에도 일본어의 특색으로 거론되지만, 이는 근대 이전에 한층 더 뚜렷했다. 일본어의 문자문화는 중세에는 어떠했을까? 또 그 다양성을 초래한 요소는 어떠한 것이었을까?

〔논점〕

(1) 문자문화 면에서 본 중세

우선 '일본어를 적는다'는 점에서 중세가 어떠한 시대였는지를 개관하겠다. 일본어를 문자로 적는 것은 중국어를 위한 문자인 한자를 차용하는 것으로 시작되었다. 나라시대에는 와카를 기록하는 등 특수한 경우를 제외하고는 중국어식으로 적는 양식인 한문이 사용되었다. 한문에는 크게 나눠서 정격^{正格}한문과 변체^{變體}한문¹⁾이 있으며, 대략적으로 말하면 전자는 격식이 요구되는 장면에서, 후자는 일상적으로 통용되는 것으로서 이용되었다. 헤이안시대에는 가타카나와 히라가나가 만들어지고 보급되었지만, 가타카나는 어디까지나 훈점의 일부였기 때문에 이를 이용해 문장을 적는 일은 많지 않았고 히라가나는 와카나 모노가타리^{物語} 등 한어를 그다지 사용하지 않는 문장에 주로 쓰였다. 한자로 주요한 단어를 표기하고 한자로는 표기하기 어려운 문법적인 부분(조사나 용언의 활용 등)을 가나(가타카나)로 커버하는 한자-가나혼용문^{漢字假名交じり文}이라는 양식이 두드러지게 되는 것은 원정시대이다. 즉 중세라는 시대는 정격한문·변체한문·가나문·한자-가나혼용문이라는 다양한 표기법이 확립되고 사용된 시대였다고 할 수 있다.

이러한 표기법으로 기록되는 일본어는 이른바 고전문법에 따른 문어문^{文語文}이었다. 고전문법은 헤이안시대의 구어체를 베이스로 하여 그것이 규범화한 것인데, 구어 자체는 시대에 따라 계속 변화한다. 즉 헤이안시대에는 구어체 문법과 문어체 문법이 비슷했지만, 시대가

---

*) 교토대학 문학부 강사 | 일본어사
1) 변체한문: 일본어적인 요소[和習]를 활용하면서 일본어문을 중국어풍으로 기록한 것. 『고세이바이시키모쿠』, 『아즈마카가미(吾妻鏡)』등 공적 문장에도 널리 쓰였다. 화화(和化)한문·기록체(記錄體) 등으로도 불린다.

내려가면서 양자에 괴리가 생겨난다. 그러한 괴리가 보이기 시작하는 것이 중세전기이고 괴리가 명료해지는 것이 중세후기이다. 중세후기에는 구어체를 반영한 문자사료가 상당량 보이게 되고(대표적인 것이 초물抄物2)·교겐狂言자료·기리시탄キリシタン 자료3)이다) 거기서 구어체와 문어체의 괴리를 읽어낼 수 있다. 그러나 이러한 구어체를 반영한 문장은 강의록·연극 대본·구어체 교재 등 특수한 목적의 글이었으며, 일반적으로는 실용문이든 문예든 앞서 언급한 문어문이 사용된 것이 중세였다(근세에 회화 부분에 구어문을 사용한 문예가 널리 보이는 것과는 대조적이다). 가마쿠라시대 후반의「기이국 아테가와장민 소장紀伊國阿弖河莊民訴狀」은 그 필치로 볼 때 서민이 적은 것으로 여겨지는데, 그래도 여전히 문어문 의식을 가지고 쓰인 것으로 보인다.

(2) 다양성과 그 요인

이상의 각종 표기법은 물론 랜덤으로 선택되었던 것은 아니고 용도에 따라 그 쓰임새가 달랐다. 다시 정리하자면 다음과 같다. 일상적으로 통용되는 표기법으로는 변체한문이 양적으로 중심을 이루었다.

- 정격한문: 문예(한문학)·의식·외교
- 변체한문: 기록·문서 등
- 가나문: 문예(일본문학)·사적인 편지
- 한자-가나혼용문: 들은 내용을 적은 글聞書·기록 등

이밖에 문어체가 다양성을 갖는 주요한 요인 중 하나로 '장면'이 있다. ①현대와 마찬가지로 경의의 고저가 말에 반영된다. 그 일단이 이른바 서찰례書札禮4)로 일본사학에서 연구가 축적되어 있다. 어휘에 관한 것(경칭 등)은 활자본에서도 검토가 가능하지만, 서체·서식에 관한 것(글자를 흘려 쓰는 정도의 차이 등)은 실물이나 사진 등을 보지 않으면 검토할 수 없는 부분도 있다. ②상정되는 독자에 따라 표기나 문체를 바꾸는 경우가 있다.『고세이바이시키모쿠御成敗式目』는 변체한문으로 쓰여있지만, 그 제정을 주도한 호조 야스토키北條泰時는 서찰에서 "율령격식律令格式은 마나眞名(=한자)를 아는 자가 그대로 한자를 읽는 것과 같은 것입니다. … 이 식목은 그저 가나만 아는 자가 세간에 많으니 널리 사람이 이해하기 쉽게 하고자 한 것이며, 오직 무가 사람들을 대상으로 만든 것일 뿐입니다"라 적고 있다. 한편 문서에서 변체한문이 아니라 가나문이 선택되는 경우가 있는 것도 읽는 사람에 대한 의식에 기반한 것이라 예상할 수 있다. ③가마쿠라시대의 재허장裁許狀에는 '가나를 한자로 바꿔 적는다以和字模漢字'라 주기하고 가나문으로 된 증거문서를 한자(주로 변체한문)로 바꿔 써서 인용하는 경우가

---

2) 초물: 중세후기부터 근세초기에 걸쳐 편찬된 한문서적[漢籍]·불교서적[佛書]·일본서적[國書] 등의 강의록. 가나로 기록된 것 중에는 당시의 구어를 포함한 것이 있다.

3) 기리시탄 자료: 그리스도교 선교사들이 일본어 학습 등의 목적으로 편찬한 서적. 구어체 문장을 로마자로 표기한 것은 중세말기의 일본어의 실태를 알 수 있는 최상급 자료이다. 예를 들면『아마쿠사판 이솝우화(天草版伊曾保物語)』,『아마쿠사판 헤이케 모노가타리(平家物語)』등.

4) 서찰례: 서찰의 형식 등에 관한 규칙 및 그 체계. 그 대상은 상대에 따라 어구를 가려 쓰는 법이나 문자를 쓰는 법, 종이를 고르는 법 등 다양한 방면에 걸쳐 있다.『고안 예절(弘安禮節)』은 중세에 편찬되어 큰 영향력을 가졌다.

있다. 한자문이야말로 판결문에 어울리는 표기법으로 인식되었다는 사실을 엿볼 수 있다.

다음으로 쓰는 사람이 소속된 사회집단이 문어체 글에 영향을 주는 경우가 있다. ①일반적으로 이 시대의 일기는 변체한문으로 적었지만, 승려의 일기 중에는 정격한문으로 적은 것이 있는데 그들의 학문 성과를 일상적인 필기에도 반영한 것이라 할 수 있다. 또한 단어 레벨에서도 어떠한 글자가 사용되는지에 대하여 위상 차이가 보이는 경우가 보고되었다. ②중세에 편찬된 마나본眞名本5) 중 복수에서 공통적으로 특이한 글자가 사용되었다는 사실이 알려져 있는데, 이들이 같은 문화권에서 기록되었기 때문이라고 해석할 수 있다. ③앞에서 언급한 '기이국 아테가와 장원 주민 소장'에서는 주로 가타카나가 사용되었다. 히라가나 문서보다도 낮은 리터러시 단계에 가타카나 문서를 위치시키는 해석이 있는 반면에 오히려 이것은 지역성을 반영한다는 설(아테가와 장원 주변 지역은 히라가나보다 가타카나 문서가 많이 남아 있기 때문에)도 제기되어 있다.

이 외에도 구어체와 비교하면 드러나기 어려운 점이지만 문어체에서도 어휘 등의 지역차, 즉 방언이 나타나는 경우가 있다는 사실이 알려져 있다. 예를 들면 규슈 지방의 고기록이나 고문서에서 그러한 예가 보고되어 있다.

탐구 포인트
① 여기서 언급한 것 이외에 문자문화의 다양성과 그 요인으로서 어떠한 것이 있을까?
② 또한 그것들은 개개 사료와 어떻게 대응하는가?

참고문헌
石井由紀夫「後期軍記と眞名本」『國文學解釋と鑑賞』75(12), 2010.

野村剛史『話し言葉の日本史』吉川弘文館, 2011.
矢田勉「中世初期舊佛教寺院における文字生活」高山寺典籍文書綜合調査團 編『高山寺經藏の形成と傳承』汲古書院, 2020.

---

5) 마나본: 변체한문의 일종. 내용이 대강 일치하는 가나로 적힌 책이 병존하는 문헌에 대해 이러한 호칭을 쓰는 경우가 많다. 예를 들어『마나본 이세 모노가타리(伊勢物語)』,『마나본 호조키(方丈記)』등. 훈점을 사용하며 특이한 글자를 선택하여 쓰는 경우가 있다는 점에서 일반적인 변체한문과는 다르다.

27. 중세의 전투
어떻게 이루어졌고 어떻게 변화했는가

토마스 콘란^{Thomas Conlan*)} 집필 / 고대성 번역

관련항목: II-16^[p.185] II-28^[p.221]

〔논의의 배경〕

중세 전투의 실태를 알 수 있는 사료로서 군충장^{軍忠狀1)}과 합전주문^{合戰注文2)}이 있다. 이는 전투에 종사한 무사가 자신의 지휘관에게 어디서 어떻게 싸워서 어떠한 전공을 올렸고 얼마나 부상을 입었는지를 보고한 문서이다. 이러한 문서는 몽골군과 전투가 벌어진 13세기 중엽부터 나타나 남북조내란기인 14세기에 활발하게 작성되었다. 당시에는 무사 개개인의 자립성이 강하여 전공이나 부상을 상세하게 보고하고 그에 대한 대가로서 '은상^{恩賞}'을 받았다. 군충장이나 합전주문에는 무사가 전투에서 어떠한 부상을 입었는지 등이 구체적으로 기재되어 있어서 전장에서의 전투의 실태를 상세히 알 수 있다. 한편 15세기 중엽에 일어난 오닌의 난에서는 '아시가루^{足輕}'가 중심적인 역할을 했다고 여겨져 왔지만 사료에 기반하여 심도 있게 분석한다면 통설을 다시 검토할 수 있을 것이다. 그리고 전국시대가 되면 다이묘가 무사 개개인에 대한 통제를 강화하게 되었기 때문에 군충장과 합전주문은 모습을 감추게 된다.

〔논점〕

(1) 전투의 실태

중세 무사의 전형은 활을 들고 마상에서 싸우는 기마무사였다. 그들은 전사로서 전장에서 어떻게 싸웠고 어떠한 부상을 입었을까? 그것을 알고자 한다면 14~15세기에 다수 작성된 군충장과 합전주문에 기재된 부상의 상태에 관한 기사를 수집하고 통계적으로 분석하는 것으로 해명할 수 있다. 그 결과 활에 의한 부상이 73%이며 칼이나 창에 의한 부상은 27%였다. 또한 칼이나 창이 사용된 것은 전쟁 초반이었고 전쟁이 장기화하면 칼을 직접 맞대는 일(다치우치^{太刀打ち})은 적어지게 되었다는 사실도 알 수 있다. 더욱이 14~15세기 내내 사용된

---

*) 프린스턴대학 역사학부·동아시아연구부 교수 | 일본중세사
1) 군충장: 전투에 참가한 무사가 전공 등을 기록하여 전투의 지휘자에게 제출한 문서. 전장에서 지휘자는 제출된 군충장의 오른쪽 여백[端] 혹은 왼쪽 여백[奧]에 '일견했다[一見了]' 등의 문언을 적고 서명을 하여 제출자에게 돌려주었다. 전쟁이 일단락되면 반환된 군충장은 은상 등을 청구할 때의 증거로서 총대장 등에게 제출되었다.
2) 합전주문: 군충장과 함께 전투에 참가한 무사가 지휘자 등에게 제출한 문서로 분도리(分取, 적을 포로로 잡음), 데오이(手負, 자신이 부상을 입음), 전사[討死] 등 전투에서의 구체적인 전공과 피해 내용을 기재한 것. 전투의 실태를 파악하는 데 있어 귀중한 사료이다.

무기는 바뀌지 않았지만, 목이나 다리의 방어구는 현저하게 강화되어 갔다. 그리고 15세기 중엽 이후에는 사용되는 무기에도 변화가 생겨나 슈고에 의한 영국지배 강화와 더불어 오닌의 난 발발 이전에 보병을 편성한 상설 군대가 나타났고 기마무사를 대신하여 창을 든 보병이 전장의 주역이 되었다.

(2) 병참 조달과 군사 편성의 변화

중세 일본의 전쟁에서는 자립한 무사는 자신의 식량과 무기를 스스로 조달할 필요가 있었다. 이러한 자기 부담 방식은 특히 전란이 일상화한 14세기에는 무사에게 커다란 부담이 되었다. 무사는 은상으로서 주로 토지를 받았지만, 은상이 될 수 있는 토지는 유한했고 전쟁의 부담을 마련하기에는 충분하지 않았다. 이 때문에 전쟁이 다발한 14세기 중엽에는 새로운 전비 조달 시스템이 도입되었다. 장원의 연공年貢·잡세公事의 절반을 병량미로 징수할 수 있게 하는 반제半濟[3] 제도가 채용된 것이다. 반제를 얻어서 슈고는 재력을 늘리고 세력을 강화했다. 한편 전사로서의 무사 개개인의 자립성은 약화되어 갔고 군사 편성의 형태에도 변화가 나타났다. 이러한 움직임은 결과적으로는 쇼군의 정치적 지위와 권위도 높이게 되었다.

(3) 전술과 군사 편성의 변화 – 오닌의 난에서의 변화

중세의 전사를 다룬 연구에서는 궁시를 들고 마상에서 싸우는 기마무사의 활동에 초점을 맞추어 왔다. 그리고 오닌의 난에서는 기마무사를 대신하여 '아시가루'가 중심적인 역할을 했다고 여겨지고 있다. 또한 철포鐵砲가 도입되어 대량의 보병이 활약하게 되었고 궁시로 무장한 기마무사에 의한 전투 질서는 종언을 맞았다고 본다.

그러나 당시 사료에 기반하여 전술을 상세하게 분석하면 이러한 통설적 이해는 수정할 필요가 있다. 오닌의 난에서 전투의 중심적 역할을 맡은 것은 아시가루가 아니라 창을 든 보병이었고 아시가루는 산병散兵으로서 보병을 보조하는 존재에 불과했다. 즉 전투의 형태는 전장에 산재한 기마무사를 주류로 하는 형태에서 창을 든 보병 집단이 진형을 짜는 형태로 변화했다. 기마무사는 화살을 쏘는 사수인데 이러한 궁시로 싸우는 기마무사를 중심으로 한 기동성이 높은 전술에서 창을 든 보병이 집단으로 방어하는 전술로 변화한 것이다. 이러한 편성 형태가 전국시대에는 보다 철저해지게 된다.

(4) 종교와 전쟁

중세 일본의 전쟁을 고찰할 때는 무사가 실제로 지상에서 전투를 수행하는 동안, 동시에 종교면에서도 전투가 벌어지고 있었다는 사실이 중요하다. 즉 승려나 신관은 적을 저주·조복調伏하기 위해 기도 등 종교의례를 행했는데, 이는 군사적인 행위로 간주되었고 승리했을 때에 그들은 은상을 요구했다. 이렇듯 군사적 행위라 간주되는 저주 등의 종교의례를 분석할 때에 종교인이

---

3) 반제: 장원 연공의 절반을 슈고 등에게 급부하는 법령. 1351년, 무로마치 막부가 오미·미노·오와리국의 본소령 장원의 연공 절반을 1년에 한하여 병량미로서 부여한 것이 첫 사례. 반제 대상국은 점차 확대되어 반제는 슈고에게 주어지는 급여로서 정착해 간다.

어떻게 육체적·관념적으로 '싸움'을 했는지를 고찰한다면 중세 일본의 종교적 권위와 세속적 권위의 관계를 해명할 수 있을 것이라 생각한다.

또한 사원의 당사^{堂舍}는 전투 때에는 군대가 주둔하는 장소로 이용되는 경우가 많았고 적뿐만 아니라 아군 군병에 의해서도 사원이 약탈 대상이 되는 경우가 있었다. 이 때문에 사전에 사원측은 전투 지휘자를 찾아가 군병의 행패 등을 금지하는 금제^{禁制}를 얻어 문전에 걸어 두었다. 사원 공간이 아질(무연無緣)의 땅이었다는 설도 있지만, 위와 같이 기도를 비롯한 종교활동은 군사행위와 일체를 이루는 것으로 사원도 전쟁에 휩쓸리는 것은 피할 수 없는 일이었다.

탐구 포인트

① 군충장과 합전주문에서 무엇을 읽어낼 수 있는가?
② 전술과 군사편성의 변화는 어떻게 하여 일어났는가?
③ 병참의 조달방법은 어떻게 변화했고 그것은 무엇을 초래했을까?
④ 전쟁에서 종교인의 역할을 어떻게 생각할 것인가?
⑤ 전쟁이 초래한 정치·사회에 대한 영향을 어떻게 생각할 것인가?

참고문헌

トーマス・コンラン「南北朝期合戰の一考察」『日本社會の史的構造 古代・中世』思文閣出版, 1997.
トーマス・D・コンラン『圖說戰國時代 武器・防具・戰術百科』原書房, 2013.
吳座勇一『應仁の亂』中央公論新社, 2016.
漆原徹「軍功の認定に關する若干の考察」『武藏野大學敎養敎育リサーチセンター紀要』7, 2017.

28. 중세 성관의 기능과 특질
중세 성관을 어떻게 평가할 것인가

후쿠시마 가쓰히코(福島克彦*) 집필 / 고대성 번역

관련항목: II-27[p.218]

〔논의의 배경〕

일반적으로 12~16세기의 중세성관城館은 흙과 간이 건조물로 지어진 '흙으로 이루어진 성'이라 인식되고 있다. 이 때문에 17세기 이후의 '석축石垣으로 이루어진 성'인 근세성곽과는 차이만이 강조되었다. 그러나 최근 성의 평면구조(나와바리繩張り1)) 분석이 필수적이게 되면서 양자를 같은 수준에서 비교 검토할 수 있게 되었다.

성의 고전적인 이해로는 고대말기부터 중세전기에 개발영주開發領主라 불리는 지방무사가 토벽土壘·해자堀를 둘러친 방형관方形館2)을 세웠다는 것이 하나의 기준점이었다. 그리고 중세 후기부터 슈고나 전국다이묘가 이러한 지방무사(구니슈)를 규합하고 방어기술을 집약하여 다양한 산성과 평지 성관을 세웠다고 여겨진다. 그러나 16세기 후반, 성은 오다·도요토미 권력에 의해 정리·통합되었고 이후 에도 막부에 의한 근세성곽의 통제로 이어졌다. 지금까지 성관의 발달은 무가영주제의 신장과 병행하여 파악되었고 장원제는 극복해야 할 존재로 평가되었다.

〔논점〕

(1) 검출되기 시작한 중세 전기의 성관터

최근의 발굴조사로 12~13세기의 평지 성관의 이미지도 변화하기 시작했다. 예를 들면 관동지방의 토벽을 수반하는 방형관은 최근의 고고학적 견지에서 중세전기까지 거슬러 올라가지 않으며 중세후기까지 내려갈 가능성이 확인되고 있다. 이 때문에 고대 말, 중세전기의 성의 이미지를 재구축하지 않을 수 없게 되었다. 이러한 가운데 장원제가 강고했던 긴키지방에서 12~13세기의 성관터의 발굴조사가 집적되고 있다. 예를 들면 대지臺地 위에 방형 구획을 구축한 오우치성터大內城跡(후쿠치야마시), 우에가이치 유적上ヶ市遺跡(후쿠치야마시), 조리형 토지구획條里型地割3)으로 규제되지 않는 가미나카 성터上中城跡(교토시) 등 다양한 유구遺構가 모여 있다. 나아가 13~14세기 전반까지 확장한다면 방형 복곽複郭인 이누카이 유적犬飼遺跡

---

*) 오야마자키초(大山崎町)역사자료관 관장 | 일본중세도시사·성곽사
1) 나와바리: 성관의 평면구조를 가리킨다. 구루와(曲輪, 성 안의 해자 등으로 구획된 구역. 근세에는 마루[丸]라 불림)·토벽·해자 등 방위시설의 조합에 의해 그 구조를 해명할 단서가 된다.
2) 방형관: 직사각형, 혹은 직사각형으로 만들고자 한 의식이 보이는 해자, 토벽으로 둘러싸인 거관(居館)을 가리킨다.
3) 조리형 토지구획: 고대, 중세전기에 구축된 1정(町, 약 109미터) 단위의 격자선에 기반한 토지구획제도. 전근대의 논 구획이나 촌락경관을 알 수 있는 귀중한 단서가 된다.

(가메오카시), 바깥쪽에 해자를 두른 아마루베성터餘部城跡(히키노쇼日置莊 유적, 사카이시), 요도가와淀川 연안의 방형관인 구즈하나카노시바 유적楠葉中之芝遺跡(히라카타시) 등 입지·구조 면에서도 다양한 양상이 보인다. 이들은 현지 장원을 내려다볼 수 있는 대지 위나 교통의 요충지에 위치하고 있어 공가나 사사의 장원 경영과 연관시켜 고찰해 나갈 필요가 있다.

(2) 만도코로저택의 시점

이러한 가운데 시사적인 사례가 가마쿠라시대 후기부터 에도시대 후기까지 사용된 가와시마성터革島城跡이다. 성의 유지 주체였던 가와시마 가문은 '가와시마가문서革島家文書'를 남겨 고노에 가문의 영지近衛家領인 가와시마미나미 장원革島南莊(교토시)의 게시직下司職[4]이었던 가와시마 가문이 18세기 초두까지 해자와 토벽을 두른 방형성관터에 거주했다는 사실을 확인할 수 있다. 이 성관터는 1326년 2월의 '가와시마미나미 장원 지도差圖'에 기재된 '어소 담 안御所カキ內'(만도코로저택政所屋敷)[5]의 구획을 계승하고 있어서 가와시마 가문이 동 장원의 만도코로저택를 점차 성관화해 나간 것으로 생각된다. 또한 1463년 니이미노쇼新見莊(니이미시)의 '지토 휘하의 백성 다니우치 가문 지도地頭方百姓谷內家指圖'(『도지햐쿠고문서東寺百合文書』사サ399)에 따르면 방어시설이 없는 지토 휘하의 백성 다니우치 가문의 사택에 인접하여 사면이 해자로 둘러싸인 만도코로저택의 방형구획이 있다. 접대나 연공 수납이라는 공적 공간이기 때문에 해자나 호구虎口,[6] 방패형 목책柵 등의 방어시설이 설치되어 있었다는 이야기다. 장원 지배의 거점이 공적 공간으로 인식되어 사택과 구별되고 있었다는 점은 주목할 만하다.

이제부터는 성관터의 유구나 그 출토유물을 재지영주의 사적인 측면에서만 볼 것이 아니라 장원 경영과 관련시켜 재검토할 필요가 있다.

(3) 전국시대의 성관의 발달

중세 문헌상의 '성'은 무력이 발동되었을 때 한시적으로 사용하는 시설로서 인식되었다. '성곽을 구축한다'이란 표현은 다분히 반체제적인 요소를 띠고 있었다.

그러나 15세기 중엽이 되면 재지영주는 산성[7]을 적극적으로 다음 세대로 계승하려고 했다. 16세기 전반에는 '성주城主'[8]라는 표현이 정착하고 산성의 유지가 재지영주에게는 기본적인 상태가 되었다(『단고국어단가장丹後國御檀家帳』).

무가의 정점에 선 무로마치 막부 쇼군은 무가의 생활양식에 관한 규범성이라는 점에서 지방무사에게 영향을 미쳤다. 단 방어시설은 채용하지 않아서 성이 권력의 상징이 된 에도 막부와는 큰 차이가 있었다. 전국시대의 『낙중낙외도洛中洛外圖』[9]에는 야구라櫓[10]·해자·흙담 土塀을 가진 낙중낙외의 취락이나 사원이 그려져 있지만, 이와는 대조적으로 무로마치도노나

---

4) 게시: 현지 장원이나 공령에서 연공·잡세·부역을 징수하는 역할을 맡은 하급직.
5) 만도코로 저택: 현지 장원의 경영 거점을 가리킨다. 본소가 임명한 아즈카리도코로(預所)가 현지에 부임하여 머무르는 장소였다. 장원에 인접한 미고지(微高地, 가는 모래가 두껍게 퇴적된 지형)이나 대지 위에 세워졌다.
6) 호구: 성이나 구루와의 출입구를 가리킨다. 16세기 후반이 되면 적의 침입을 틀어막기 위해 보다 복잡해졌다.
7) 산성: 생활공간과 비고차를 갖는 산꼭대기나 산등성이의 돌출된 부분에 세워진 성. 유사시에 생활공간으로부터 피난하고 전투를 하기 위해 농성하는 곳이 되었다.
8) 성주: 성의 유지 주체. 문헌상으로는 14세기경에 등장하지만 상시화하는 것은 16세기 전반으로 여겨진다.
9) 『낙중낙외도』: 16세기 초엽부터 에도시대에 걸쳐 그려진 낙중, 낙외를 부감적으로 묘사한 그림. 전국시대의 작품은 중세의 건물·구축물·풍속을 알 수 있는 귀중한 자료이다.
10) 야구라: '矢倉'라고도 적는다. 의식적으로 고저차를 두어 궁시나 총포로 방어하는 구축물. 성역 어디에나 세워졌지만, 점차 성벽의 꼭지점 부분이나 출입구 등에 세워져 상시화했다.

무가저택에는 현저한 방어시설이 없다. 한편, 1479년에는 정토진종을 중흥시킨 렌뇨蓮如가 야마시나혼간지山科本願寺(교토시)를 건립했다. 이는 토벽과 해자로 이루어진 이중(일부 삼중) 외곽선(소가마에惣構11))으로 지나이초寺內町12)를 둘러싼 본격적인 성벽도시로 발달했다. 1532년에 소실된 것을 하한으로 하는 성곽사상 귀중한 유적이다.

　　방어시설이 상시적인 설치는 공의公儀권력에도 점차 영향을 미쳤다. 1534년에 12대 쇼군 아시카가 요시하루가 난젠지南禪寺(교토시)의 뒷산에 산성을 구축하려고 한 것을 시작으로 차기 쇼군 요시테루 시기까지 낙동洛東에 복수의 산성을 구축하였다. 1559년에는 낙중의 '무위진武衞陣'에 정청政廳과 일체화한 성관이 세워졌다. 1569년 오다 노부나가의 후원을 얻은 15대 쇼군 요시아키는 같은 땅에 처음으로 '덴슈天主'13)를 가진 '교토어성京都御城'을 구축했다. 반체제적인 구축물이었던 '성'이 마침내 공의권력의 상징이 된 것이다. 이후 낙중낙외에는 도요토미 히데요시가 주라쿠聚樂·후시미伏見·교토신성京都新城을, 도쿠가와 이에야스가 니조성二條城을 구축하였고 그 규범성이 다이묘들에게도 영향을 주게 된다.

(4) 향후 전망

성관 유적의 출토유물은 교토 문화에 대한 동경 등 무가 영주의 사적인 기호로 파악되어 왔지만, 이제부터는 현지 경영과 관련시켜 다시 파악할 필요가 있다. 또한 쇼쿠호시대에 성관이 공의권력의 상징으로서 인정됨에 따라 복잡한 호구나 높은 석축, 기와지붕 건물14) 등의 요소가 지방으로 확산되어 갔다.

탐구 포인트

① 평시에 중세의 성관은 지역에서 어떠한 역할을 담당했는가?
② 무로마치 쇼군의 방어시설이 16세기 전반이 되어서야 뒤늦게 생겨난 이유는 무엇인가?
③ 일본열도의 각 지역별로 성관의 독자적인 발달은 있었는가? 있었다고 한다면 그것은 근세 권력에 의해 통합되었는가?

참고문헌

橋口定志「中世東國の居館とその周邊」『日本史研究』330, 1990.
酒井紀美『日本中世の在地社會』吉川弘文館, 1999.
中澤克昭『中世の武力と城郭』吉川弘文館, 1999.
齋藤愼一·向井一雄『日本城郭史』吉川弘文館, 2016.
中井均『織田·豊臣城郭の構造と展開』上, 戎光祥出版, 2021.
福島克彦「中世前期城館研究の問題點と上中城跡」『上中城の研究』龍谷大學文學部考古學實習室, 2021.

---

11) 소가마에: 방어시설의 가장 바깥쪽을 가리키는 표현. 문헌상에는 15세기 후반부터 등장한다. '소토가마에(外構)'라고도 한다.
12) 지나이초: 주로 정토진종이나 법화종 신도가 구축한 취락을 가리킨다. '지나이(寺內)'라고도 불리며 도시 취락화한 것 중에는 토벽이나 해자가 있는 곳도 있다.
13) 덴슈: '天守'라고도 적는다. 성관 중 가장 큰 망루를 가리킨다. 덴슈 및 덴슈다이(天守臺)의 존재는 근세성곽의 필수조건 중 하나가 되었다.
14) 기와지붕 건물: 기본적으로 임시적 존재였던 중세 성관은 널지붕[板葺]이었다고 상정되고 있다. 그러나 화재대책이나 항구적 구축물을 지향하게 되면서 16세기 후반부터는 기와지붕 건물이 채용되었다.

29. 중세의 '이에'와 여성
중세사회를 특징짓는 것

반세 아케미(伴瀬明美*) 집필 / 이소현 번역

관련항목: II-21[p.200]

〔논의의 배경〕

중세사회의 특징 중 하나는 고대가 '우지氏'를 단위로 한 사회였던 것에 반해 부계적인 '이에家'가 사회의 기본적인 구성단위가 되었다는 점이라고 여겨진다. 이 중세적인 '이에'란 어떠한 특질을 가지며 거기에서의 여성의 모습은 어떠한 것이었는가?

'이에'의 역사도 여성사도 반세기를 넘는 두터운 연구사가 있지만 여기서는 근년의 연구성과를 참조하면서 중세의 '이에' 그리고 '이에'와 여성을 고찰하고자 한다.

〔논점〕

(1) 중세의 '이에'란

중세의 '이에' 개념규정은 논자에 의해 차이가 있지만 통설적 견해를 정리해 보자면 다음과 같다. ①가옥의 부지와 가옥을 공유하고 부부 또는 부모와 자식을 중심으로 하는 생활공동체이다. ②소령·가업·사회적 지위·재산 등을 소지·관리하고 주로 부모자식간 관계로 계승한다. ③경영의 단위가 된다.

중세의 '이에'가 성립한 시기에 대해서는 성립의 지표를 무엇에서 찾는가에 따라 견해가 나뉘지만, '이에'의 영속성이야말로 중세적 '이에'의 특질이라고 보는 관점에서 보면 다음과 같다. 귀족층·재지영주층에서는 12세기 전반에 아버지로부터 적자[1]에게로 이어지는 계승에 기반한 영속성이 보이므로 이를 중세적 '이에'의 성립으로 보고, 14세기 이후에 적자계승이 확립됨과 동시에 15세기 중반에 걸쳐 중세적 '이에'는 질적으로 변화했으며, 근세의 '이에'로 이어지게 되는 '이에'로서 확립되었다고 하는 설이 제기되었다. 근년의 중세 '이에' 연구 다수가 이 설에 기초해 있다. 서민 레벨, 백성층의 '이에' 성립 시기에 대해서는 헤이안 시대 말부터 근세 초기까지 광범위한 논의가 있지만, 최근의 연구에서는 기나이 근국 지역에서는 전국기 16세기에 형성되어 갔다고 생각되고 있다.

---

*) 오사카대학대학원 인문학연구과 준교수 | 일본중세사
1) 적자: 율령제의 '적자'는 적처 소생의 장자를 가리키는 것이었으나 중세사회에서는 적처 소생의 장자가 자동으로 적자가 되는 것이 아니라 '이에'를 계승해야 할 사람으로서 조부나 부친에 의해 선택되는 존재였다.

(2) 중세 '이에' 연구의 현황

중세 전기의 '이에' 연구에서 근년 크게 진전된 것은 공가·천황가에 관한 연구이다. 천황가·구조 가九條家를 중심으로 한 섭관가·중류 귀족·관사청부官司請負2)에 직결되는 하급관인의 이에 등이 개별적으로 다루어지며 정치적 지위·가업의 계승, 선조 제사, 소령 상속, 구성원의 역할 등이 해명되었고, 각각 중세적 '이에'의 성립 양상이나 그 특질이 밝혀지고 있다. 중세 후기에 관해서는 풍부한 사료를 가진 공가 이에들에 대하여 거주 형태, '이에' 구성원에 의한 가업 수행의 실태, '이에'로서의 소령 경영, '이에' 구성원(가족·사용인들)에 대한 '이에'의 수입배분 등 '이에' 경영의 구체상이 해명되고 있다.

그러나 그러한 구체상이 밝혀질 수 있었던 것은 사료가 풍족한 몇몇 이에에 한정되며 아직 중세 전기에 대해서는 해명되지 않은 부분이 많이 남아 있다. 또 최근에는 유녀나 시라뵤시白拍子가 가족·주거(가재)·가업을 갖는 경영체인 '이에'를 15세기 전반경까지 여계로 계승하고 있었다는 것이 밝혀졌다. 여성에 의해 특정한 관직이나 직장職掌이 계승되는 사례는 그 밖에도 보이지만 유녀·시라뵤시의 '이에'는 '이에'의 여러 요소를 갖춘 경영체라는 점에서 주목할 만하다. 중세적 '이에'는 남계 계승을 특징으로 한다고 여겨지지만, 유녀·시라뵤시가 '이에'를 형성했다는 것은 '이에를 기본적인 구성단위로 하는 중세사회'의 본질을 고찰하는 데 중요한 지적이라고 할 수 있다.

(3) 중세적 '이에'에서의 여성의 모습

이에(가족·친족) 안에서의 여성의 모습은 여성사·젠더사3)의 주요 연구테마가 되어 왔다.

우선 부부의 형태는 11세기 후반에는 가장 먼저 동거한 아내를 정처라고 간주하는 일부일처형이었다고 생각된다. 중세의 '이에'는 이러한 부부를 핵으로 하며 아내는 이 '이에'에서 의류나 옷감의 제작, 이에 구성원의 총괄, 가내 물품의 관리 등 가정권을 맡았다고 여겨진다. 또 남편이 죽은 후의 아내는 '후가後家'로서 가장의 역할을 했다. 중세적 '이에'는 부계를 기본적 성격으로 하고 있지만 어머니 쪽의 친족, 혼인에 의해 발생한 인척관계도 '이에'의 유지·경영에서 중시되었다.

자녀에게 분할상속하는 것이 기본이었던 중세 전기와는 달리 적자 단독상속이 일반화된 중세 후기에도 여자에게는 혼인의 지참재持參財 등이 일기분一期分4)으로서 남겨지는 경우도 있었고 지배자층의 아내는 고유 재산을 가지는 경우가 많았다. 공가법에서는 부부동재同財,

---

2) 관사청부: 특정 관직이 특정 가계에 의해 세습적으로 독점됨으로써 관사와 관련된 직무가 가업이 되어 가는 상태. 헤이안 중기 이후에 나타나 중세에는 정착했다. 야마시나 가에 의한 내장두(內藏頭)의 세습은 그러한 사례 중 하나이다.

3) 젠더사: 젠더사란 '신체적 성차에 의미를 부여하는 지(知)'. 젠더 개념에 의하면 생득적 신체적 성차에 다양한 의미가 부여되어 여자와 남자가 차이를 갖게 된다. 젠더사에서는 그 차이를 갖게 되는 과정을 파악하고 젠더가 만들어내는 구조와 그것이 역사 속에서 어떻게 작용해 왔는가를 해명하는 것이 중요한 과제가 된다. 여성사가 '여성'의 역사를 대상으로 하는 것과 달리, 젠더사에서는 '남성'도 또한 젠더로 규정되면서 만들어진 존재로 상대화시킨다.

4) 일기분: 상속인이 살아 있는 동안에 한하여 소령 등을 상속받지만 그가 죽고 난 후에는 생가에 소령을 반환할 것이 미리 결정되어 있는 것. 또는 그렇게 결정된 상속 재산.

무가법에서는 부부별재別財 원칙이 있었으나 실태로서는 남편과 아내가 각자의 재산을 모아서 남편의 주도하에 '이에'로서 경영해갔을 것으로 생각된다. 내장두內藏頭[구라노카미]를 세습하여 가업으로서 천황의 의복禁裏御服을 만들어 진상한 야마시나 가山科家에서는 가장의 아내가 가장과 역할을 분담하면서 가업을 꾸려갔던 모습이 밝혀졌다.

(4) '이에'와 여성 ─ 앞으로의 과제

'여성의 지위'는 '이에'와 여성을 둘러싼 연구의 중요한 논점이다. 고전적 학설에서는 시대가 내려감에 따라 (특히 남북조기 이후) 가부장의 힘이 강해져 '이에'에서의 여성의 지위도 저하되었다고 여겨졌지만, 그 후의 연구에 의해 다양한 계층에서 부부간 분업 하에 아내도 '이에'의 경영에 참여하고 있었고 '이에' 내부에서는 부부가 비교적 평등한 관계였다고 생각되었다. 최근에는 '여성의 지위'의 고하를 측정하는 것의 어려울 뿐더러 그 의의 자체를 재검토해야 한다는 지적이 나왔다. 또 '이에'를 기초 단위로 하는 중세사회 전체가 여성뿐만 아니라 양성의 어떤 관계 안에서 구축되어 갔는가에 눈을 돌려야 한다는 젠더사연구의 시점에서의 제언도 이루어졌다. '이에'와 여성뿐만 아니라 중세의 '이에' 연구의 금후에 있어 중요한 문제제기라고 할 수 있을 것이다.

> **탐구 포인트**
> ① 중세적 '이에'가 원칙적으로 남계계승이 된 것은 어째서인가?
> ② 경영체로서의 '이에'의 활동을 해명하기 위해서는 어떠한 방법을 생각할 수 있을까?
> ③ 서민층의 '이에'를 분석하기 위해서는 어떠한 방법이 있을까?
> ④ 중세의 '이에'에서의 젠더사를 생각할 때 어떤 과제를 발견할 수 있을까?

참고문헌

高群逸枝『招婿婚の研究 高群逸枝全集 1・2』理論社, 1966.

峰岸純夫「中世社會の「家」と女性」『講座日本歷史 3』東京大學出版會, 1984.

久留島典子「婚姻と女性の財産權」『男と女の時空 日本女性史再考 3』藤原書店, 1996.

高橋秀樹『日本中世の家と親族』吉川弘文館, 1996.

後藤みち子『中世公家の家と女性』吉川弘文館, 2002.

菅原正子『中世の武家と公家の「家」』吉川弘文館, 2007.

坂田聰「戰國期畿內近國の百姓と家」加藤彰彦・戶石七生・林硏三 編著『家族硏究の最前線 1 家と共同體』日本經濟評論社, 2016.

辻浩和『中世の〈遊女〉 生業と身分』京都大學學術出版會, 2017.

30. 환경사에 참가하기
중세사 연구를 어떻게 바꿀 것인가

하시모토 미치노리橋本道範*) 집필 / 고대성 번역

관련항목: III-20[p.296] IV-41[p.468]

〔논의의 배경〕

1970년대에 아메리카 합중국에서 탄생한 Environmental History[1] (이하 '환경사'라 한다)라는 학제적인 연구 조류를 조속히 일본에 소개한 과학사가 나카야마 시게루中山茂는 환경사는 '기성 역사서술과 대결하는 새로운 종합을 요구'하는 것이라 적고 있다. 그런데 이 세계적 사조는 일본에서는 거의 수용되지 못하였으며, '일본사학' 분야 밖에서 환경사를 역사학의 일개 분야사로 왜소화하고 있다는 비판을 받고 있다. 과연 '일본 중세'사는 환경사와 어떻게 마주하면 좋을 것인가?

〔논점〕

(1) 시대구분

독일 환경사를 소개한 프랑크 위케터Frank Uekelter는 시대구분을 위한 실마리가 될 수 있는 분명한 구분은 거의 존재하지 않는다고 한 뒤에 '환경사상의 전환점이란 많은 경우에 고전적인 역사 연구에서 중시되어 온 사건이 아니라 오히려 다양한 테마 영역에서 변화가 가속하거나 변화가 서로 관계를 가지게 되는 시기를 말한다'고 서술하고 있다. '일본 중세'라는 시대 구분도 또한 얼마나 의미가 있는지를 묻지 않을 수 없다.

일례를 들어 보겠다. 논자는 환경사 연구의 핵심 중 하나로서 식료소비론을 내세우고자 모색하고 있는데, 일본 식문화사의 체계화를 시도한 이시게 나오미치石毛直道는 '왕조나 정부의 제도가 바뀌었다고 해서 민중의 식사 관습이 금방 변화하는 것은 아니'라고 명쾌하게 일본사학의 시대구분을 비판했다.

비와호 지역의 붕어초밥フナズシ[2]은 아마도 무논 벼농사와 함께 수용된 이후 강을 거슬러

---

*) 시가현립비와호박물관 전문학예원 | 일본중세사·환경사

1) Environmental History: 도널드 휴즈(J. Donald Hughes)는 환경사의 주제를 세 개로 정리하고 있다. ①인간의 역사에 환경 요인이 주는 영향, ②인간 활동에 기인한 변화와 인간이 일으킨 변화가 되돌아와 인간사회의 변화의 여정에 초래하는 다양한 영향의 양태, ③환경에 관한 인간 사상의 역사이다.

2) 붕어초밥(후나즈시): 물고기와 소금과 전분으로 유산발효시켜서 만드는 숙성초밥(ナレズシ, 나레즈시)의 일종. 비와호 지역에서는 에도시대에 특이하게 발달했다. 봄에 어획한 니고로붕어 등을 소금에 절여 대략 100

올라가는 산란기의 붕어속屬이 주로 초밥의 재료가 되었다고 여겨진다. 그러나 17세기에 갑자기 겨울에 잡히는 붕어寒鮒를 소재로 한 초밥이 명산품이 되었다. 이는 환경에 새로운 부하를 주었을 터이다. 그런데 그것이 어느샌가 쇠퇴하고 산란기의 붕어속을 사용하는 현재의 붕어초밥 제조법으로 변화한 것이다. 이러한 음식의 유행과 쇠퇴는 장기간에도 한 세대 안에도 일어날 수 있는 것으로 '일본 중세'라는 틀에 집착한다면 그 변천과 획기, 그리고 특질을 파악하는 것이 곤란해진다.

(2) 지역

오시오 가즈토小鹽和人에 따르면 현재 제2세대가 주역인 아메리카 환경사의 주제 중 하나로 '생태지역사'가 있다. '지역'은 종래의 역사학에서도 다루어 왔지만, 생태지역사에서 지역의 기반이 되는 것은 Biogeographic region(생태지리구)이다. 이는 '동식물·물·기후·토양·지세 및 인간의 생활권이 규정하는 지역 개념'으로 정의되며 대평원을 다루는 사례도 있지만 작은 계곡 하나를 잘라내어 고찰하는 경우도 있어 일국 단위의 환경사를 초월하는 것으로 여겨지고 있다. '일본 중세'라는 지역구분도 또한 얼마나 의미가 있는지를 묻지 않을 수 없다.

일례를 들어 보겠다. 논자는 담수어 소비라는 문제에서 역조사逆照射하여 지역의 생업이나 자연 이용의 특질·변화를 규명하는 것을 목표로 삼고 있지만, 일본열도의 담수어류상淡水魚類相3)의 특징은 열도가 남북으로 길기 때문에 냉수어부터 열대어까지 다양한 담수어가 생식하고 있다는 점, 산지가 많이 존재하여 이동분산이 제한되기 때문에 각지에서 다른 어류상이 형성된다는 점에 있다. 다바타 료이치田畑諒一·와타나베 가쓰토시渡邊勝敏는 일본 열도를 25개의 생물지리구로 구분하고 있다. 이것은 담수어 소비의 양태를 '일본 중세'라는 한 덩어리의 틀로 파악하기에는 무리가 있다는 점을 시사한다.

그중 Middle kinki region(긴키 중부)에 대해 말하자면 400만 년의 역사를 가진 비와호에는 고유종4)인 겐고로붕어ゲンゴロウブナ와 고유아종인 니고로붕어ニゴロブナ가 생식하고 있다. 『신원락기新猿樂記』에 기재된 이후 오미의 명산품은 붕어속으로 여겨져 왔다. 이는 호수에서도 육지에서 비교적 먼 부분沖合이라는 환경에서 생식하고 있어 흙냄새가 덜하고 고유의 형태적 특징을 가지고 있기 때문이라 생각한다. 이 생태와 형태의 지역적 고유성이야말로 왕권이나 시장과 관계를 맺으며 붕어초밥을 명산품으로 만든 것이다.

일 경과한 여름의 더운 시기에 물에 헹구어 말린 붕어속을 쌀과 교대로 쌓아서 담근 뒤 무거운 돌을 올려 두고 약 100일이 지난 뒤에 열어서 먹는다.
3) 어류상: 어떤 특정한 수역이나 환경에 생식하는 모든 어류의 종 조성(種組成)을 가리킨다. 수역을 축으로 환경이나 시기의 범위를 임의로 설정할 수 있기 때문에 동아시아의 어류상, 일본의 어류상, 도쿄만의 어류상, 도네가와 하구의 여름의 어류상 등 목적에 따른 틀 안에서 논해진다(『魚類學の百科事典』).
4) 고유종·고유아종: '어떤 일정 구역에서만 분포하는 종'(『旺文社生物事典』). '고유종은 주로 지리적인 격리가 원인이 되어 생긴 것으로 여겨지며' '일반적으로 이동능력이 작은 생물(달팽이 등)이나 해류나 기류에 의해 전파되지 않는 생물(담수어류 등)일수록 국지적으로 고유종과 고유형을 형성하기 쉽다(『日本大白科全書』). '종 가운데 지역에 따라 일정 정도의 차이가 보일 때 이를 아종으로서 구별한다'(『日本國語大辭典 第二版』).

(3) 주기

전후 역사학이 자연이라는 문제를 시야에 넣지 않았던 것은 아니다. 그러나 그것은 어디까지나 주체인 인간이 변화시키는 대상에 불과했던 것이 아닐까? 자연 고유의 운동법칙과 그 스케일의 관련성이 논의되는 경우는 거의 없었다. 그러나 자연과학의 정밀도精度가 높아지면서 자연 그 자체의 운동을 무시할 수 없는 상황이 도래하고 있다.

그 대표는 지각변동[5]과 기후변동(특히 기온과 강수량) 연구이다. 이들의 공통점은 주기성을 가지고 있다는 것이다. 그것은 수십년인 경우도 있고 천년 이상의 스케일인 경우도 있지만 당연히 '일본 중세'라는 틀에는 수렴되지 않는다. 예를 들면 온난 건조한 기후가 한랭 습윤한 기후로 전환된 것은 10세기로 '일본 중세'라는 틀과는 어긋나 있다. '일본 중세'만 연구한다는 자세로는 이 변화의 의의를 파악하는 것은 불가능하다.

(4) 환경사에 참가하기

일본사학이 장기로 삼는 엄격한 사료비판과 실증은 세계적으로 자랑할 만한 수준의 학문적 영위로서 앞으로도 계승되어 가야 한다. 그러나 거기에만 머물러 있다가는 새로운 연구 조류에는 참가할 수 없다. 기개를 가지고 시대와 지리적 공간을 초월하는 과제를 설정하여 그것을 여러 학문을 통합하면서 추구해 나갈 필요가 있다.

탐구 포인트

① 식료 소비의 변화는 어떠한 시기구분으로 논의되어야 할 것인가?
② 동식물상과 소비의 관계는 어떠한 지역구분에서 논의되어야 하는가?
③ 지각과 기후 변동의 영향을 고찰하기 위해서는 어떠한 틀이 유효할 것인가?
④ '일본중세사'라는 틀은 앞으로도 유효할 것인가?

참고문헌

中山茂나카야마 시게루「環境史の可能性」『歷史と社會』創刊號, 1982.
保立道久『歷史のなかの大地動亂』岩波書店, 2012.
フランク・ユーケッター(服部伸 ほか 譯)『ドイツ環境史』昭和堂, 2014.
石毛直道이시게 나오미치『日本の食文化史』岩波書店, 2015 / 한복진 역『일본의 식문화사』어문학사, 2017.
小鹽和人「環境史」『アメリカ史研究』40, 2017.
ドナルド・ヒューズ도널드 휴즈(村山聰・中村博子 譯)『環境史入門』岩波書店, 2018 / 최용찬 역『환경사란 무엇인가?』앨피, 2022.
日本魚類學會 編『魚類學の百科事典』丸善出版, 2018.
中塚武 監修『氣候變動から讀みなおす日本史 4 氣候變動と中世社會』臨川書店, 2020.

---

5) 지각변동: '지구 내부의 에너지에 의해 지각에 변형이나 이동이 생기는 것. 조산운동, 조륙운동과 그에 수반하는 화산, 지진, 토지의 변형 등 다양한 지각 운동이 모두 포함된다. 지각 변동에는 비교적 단기간에 알아차릴 수 있는 것과 긴 지질시대의 움직임을 거쳐서 인식되는 것이 있다'(『旺文社地學用語集』)

제 III 편

일본 근세사의 논점

근세 총론

이와키 다쿠지^{岩城卓二}*) 집필 / 안준현 번역

1 시대구분

(1) '무가 국가'

근세는 언제 시작되고 끝났는가? 그것은 정치제도, 농민의 토지 소유 형태, 자치적·자율적 정촌^{町村}의 성숙 등등 무엇을 지표로 할 것인가에 따라 다르지만, 아즈치·모모야마^{安土桃山} 시대(오다·도요토미 시대)부터 에도 시대(도쿠가와 시대)의 300년을 근세로 삼는 것이 일반적인 이해일 것이다. 그리고 이 시대의 국가적 특질을 간결하게 표현한다면 개인이 신분제에 의해 여러 집단으로 편성되고 그것을 통합한 '무가^{武家} 국가'를 이룬다는 점이다. '무가 국가'에서 근세의 특질을 찾는다면 1867년의 대정봉환·왕정복고까지가 근세가 되는 셈이다.[1]

'무가 국가'의 특질은 '평화'가 있었다는 것인데 그 시작 시기와 종료 시기에 격심한 국내외 전쟁을 경험한다는 점에 주의할 필요가 있을 것이다. 시작 시기에는 임진전쟁(분로쿠^{文祿}·게이초^{慶長}의 역^役)·세키가하라 전투·오사카 전투, 종료 시기에 메이지 초년까지 포함한다면 조슈 전쟁·보신 전쟁이라는 대규모 전쟁이 발발했다.

'무가 국가'의 특질은 '평화'가 오랫동안 지속됨에 따라 여러 산업의 발달, 학문의 흥륭, 서민 문화의 개화, 무사의 행정 능력의 향상 등 사회가 성숙했는데, 무사가 전투집단이라는 사실에는 변함이 없어 전쟁이 나면 무사는 무력을 행사했다. 그것이 무사 신분에 부과된 임무^{役務}였다. 평상시에도 칼과 갑주는 물론이거니와 군역 기준을 채우기 위한 일정 수량의 철포, 활, 창 등을 소지해야 했기에 그 유지와 재생산의 구조를 묻는 일도 '무가 국가'의 특질을 논하기 위한 과제일 것이다.

1837년 오시오^{大鹽} 사건에서 오시오 전체의 군세는 막부군에 압도당한다. 무사의 군대는 강하여 급조된 오합지졸이 대적할 만한 상대가 아니었다. 그것은 오시오 사건에 뒤이어 일어난 노세^{能勢} 소동에서도 마찬가지였다. '평화'의 시기에도 강대한 군사력을 유지하고 있었던 것은 이러한 위기에 대비해 폭력적으로 민중을 지배하기 위함이라는 시각도 가능할 터이나, 백성^{百姓}이 농기구를 소유하며 그것을 능숙하게 다룰 수 있는 것이 신분의 역할이었다는 것과 마찬가지로 무사는 칼·활·창·철포 등의 무구를 소지하고 그것을 무력으로 능숙하게 다룰 수

---

*) 교토대학 인문과학연구소 교수 | 일본근세사
[1] 藤井讓治^{후지이 조지}「近世史への招待」大津透 ほか編『岩波講座日本歷史10』岩波書店, 2014.

있는 것이 신분의 역할이었다는 관점에서 근세에서의 무력의 문제를 생각해볼 필요도 있을 것이다. 그것은 근세의 특질을 고려한 '근세적 무력'이란 무엇인가 라는 질문이다.

'무가 국가'에서 개인은 신분제에 의해 여러 집단으로 편성되어 있었는데, 에도 막부가 억압적으로 여러 집단을 지배하지 않았다는 이해는 현재의 근세사 연구에서 공유되고 있다. 에도 막부는 강대한 무력으로 뒷받침된 '무위武威'와 함께 백성 등의 생명과 생활을 보장하는 '인정仁政'의 두 가지를 정치이념으로 삼아 장기적인 '평화'를 유지하고 있었다. 백성은 농업에 열심히 종사하여 연공과 여러 의무를 다하면 자자손손까지 편안하게 살 수 있었고 생명·생활이 위협받을 때에는 막번 영주의 구제御救에 의해 그것이 보장되는 사회였다.[2]

'인정'으로의 주목은 근세 이해에 큰 전환을 가져왔다. '인정'의 구체적인 정책의 연구나 '인정'의 한계 및 전환으로부터 근세 후기·막말 사회를 자리매김하는 시각도 정착하고 있다. 다른 한편으로 이념으로서의 '무위'는 많이 논의되지만 그 실태에 관한 관심은 높지 않다. 무구武具의 정기 보수, 갱신을 지속하는 구조는 어떻게 구축·유지되고 있었을까? 왜 장기적인 '평화'가 계속된 근세에서 무력의 극적 소멸·포기라는 선택을 하지 않았을까? '무가 국가'이기에 당연한 것이 아니라 사회가 성숙하면서도 강대한 무력이 계속 유지된 것의 의미를 따져야 할 것이다. 그것은 후술할 안이한 근세찬미론과는 거리를 두기 위해서이기도 하다.

(2) '근세'의 세계화

근대 역사학을 낳은 유럽에서는 고대·중세·근대의 3분법이 일반적이며 '근세'라는 시대구분은 없었다. 이에 반해 일본사에서 '근세'라는 시대구분이 설정된 것은 16세기 후반부터 19세기 중반까지의 300년간이 중세와도 근대와도 다른 특질을 가진 시대라고 인식되어왔기 때문이다.

메이지 이후의 역사학에서 최초로 '근세' 개념을 명확히 한 것은 1903년 간행된 우치다 긴조內田銀藏『일본근세사日本近世史』[3]인 것은 잘 알려져 있다. 우치다는 15세기 후반 오닌의 난 즈음부터 국민생활의 면에서 문학(학문)의 부흥, 상공업·도시·화폐경제의 발달, 정치적 통일의 기운이 고조되고, 오사카 여름 전투大坂夏の陣 후인 1616년부터 페리가 내항하는 1853년까지의 2세기 반을, 국민생활이 성숙하여 '다가올 세계 교통의 시대에서 크게 비약하기 위한 수양'이 진전된 '근세'라고 평가했다.[4]

근세는 오랫동안 일본사 특유의 시대구분이었는데, 1990년대가 되면서 세계사에서도 일본의 근세에 해당하는 시기를 "고유의 구조와 사이클을 가진 시대로서 '근세'로 부르는 것"이 제창되었고[5] 2000년대에는 16세기 이후 지구상의 여러 지역에서 일어나는 사회의 유동화나 재질서화 속에서 중세·근대와는 다른 공통의 '근세화', '근세성'을 파악할 수 없을까 라는 문

---

2) 深谷克己후카야 가쓰미『百姓成立』塙書房, 1993 / 배항섭·박화진 역『백성성립』성균관대학교출판부, 2017.
3) 1919년에 간행된 저작과 함께『近世の日本·日本近世史』, 東洋文庫279, 1975에 수록.
4) 朝尾直弘아사오 나오히로「近世とは何か」『日本の近世』1, 中央公論社, 1991.
5) 近藤和彦「はしがき」『岩波講座世界歴史16』岩波書店, 1999.

제의식이 퍼져나갔다.[6]

왜 '근세'라는 시대구분의 세계화가 발생했는가? 상술한 서양사학에서의 시대구분으로서의 '근세'의 탄생과정을 정리한 나가이 가즈^{永井和}에 의하면, 그것은 서양중심이 아닌 새로운 세계사의 구축을 지향하는 글로벌 히스토리의 융성이 야기한 것으로, 글로벌 규모의 '단일세계'의 형성・전개를 문제화하는 것에서 "아시아가 중심성을 잃지 않으며 유럽보다도 우위에 있었던 시대가 세계사적 의미에서의 '근세'"이며 그 "우열관계가 역전된 이후가 '근대'"라는 인식이 '근세'의 세계화를 야기했다고 한다.[7]

그렇다면 여러 지역에서 보이는 '근세화'・'근세성'이란 무엇일까? 중국・조선・일본의 '근세'를 비교하여 일본의 특질을 물은 미야지마 히로시^{宮嶋博史}는 집약적 벼농사의 발전에 의한 가족경영을 단위로 하는 소농사회의 형성과 주자학에 의한 국가체제에 주목하여 다음과 같이 논한다. 즉 중국・조선・일본 모두 소농사회가 형성되어 갔으나, 중국・조선에서는 소농사회에 적합한 과거관료에 의한 집권적 국가지배=주자학적 국가지배체제가 수립된 것에 반해, 일본에서는 생래적인 신분의 차이를 부정하고 주자학 등을 배우는 것의 차이에 의해 사회 질서를 잡으려고 하는 체제가 확립되지 않고 "주자학의 이념과 맞지 않는 존재인 무사에 의해 '근세화'가 추진되었다"고 한다. 신분제에 의해 사회통합을 실현한 '무가 국가'는 동아시아 세계에서는 특이했다는 것이다. 미야지마는 이것을 "동아시아적 동시대성이 결여된 일본의 '근세화'"라고 평가하고 있다.[8]

그렇다면 왜 일본에서는 '무가 국가'가 탄생하고 주자학이 그것을 지지하는 학문이 될 수 있었는가? 현대의 역사학에서 일본의 '근세화', '근세성'을 생각하는 것은 세계의 '근세'란 무엇인가 라는 질문으로 이어진다. 그것은 일본 근세의 특수성과 보편성을 세계의 '근세'와 비교하면서 생각한다는 시점이 필요하다는 것이며, 또 세계사와 관계성을 가지는 테마는 외교사에 국한되지 않는다는 것이기도 하다.

2 현대의 근세사 연구

(1) 사회론의 융성

전후 역사학에서는 마르크스주의의 발전단계이론이 큰 영향력을 가져 지주제 연구가 굉장히 융성했다. 하지만 발전단계론의 이론적 파탄이 명확해진 1960년대 후반경부터 지주제를 대신해 국가론・변혁주체론・사회론에 대한 관심이 높아지고 나아가 정치・지역사회・도시・신분으로 연구대상・관심이 확대되어 나갔다(전게 후지이^{藤井} 논문).

크게는 이렇게 전개된 전후 역사학에서 1980년대는 하나의 전환기였다. 그것을 상징하는

---

6) 特集「「近世化」を考える(I)(II)」, 『歷史學研究』 821・822, 2006.
7) 永井和「近世論からみたグローバル・ヒストリー」『岩波講座日本歴史22』岩波書店, 2016.
8) 宮嶋博史^{미야지마 히로시}「東アジア世界における日本の「近世化」ー日本史研究批判」, 『歷史學研究』 821, 2006.

것의 하나가 사회론의 융성이다.

　1986년에 간행이 시작된『일본의 사회사日本の社會史』전8권(이와나미서점岩波書店)은 "전후 40년을 거쳐 비약적으로 긴밀해진 여러 국제관계 속에서 현저한 변모를 달성해 온 오늘날 일본 사회의 상황을, 어떻게 역사적으로 평가하고 인식할 것인가 라는 절실한 과제에 응답하는 데에 역사학은 그 사회적 의무를 충분히 수행하고 있다고 할 수 있을까?"라는 질문에서 시작한다. 그러기 위해서는 "단일 국가·단일 민족·단일 문화권에의 비판 위에 서서 지역사를 중시하며 게다가 그것을 고립된 것으로서가 아니라 주변세계와의 관련에서 파악하는 것", "비농업민이나 여성·노인·아이·장애인·병자 등에 주목하여 사회를 짊어지고 온 다양한 사람들의 중층적·복합적인 존재형태나 여러 관계를 총체로서 파악하는 것", "사람들의 사회적 활동 및 그 속에서 맺어온 사회적 여러 관계를 매개하고 있는 사람들의 내면세계, 즉 사물이나 사건에 대한 느낌·사고방식 내지는 그 속에 형성되어 있는 관념·이념·세계상 등에 주목하여 생생한 인간의 활동 및 상호관계를 다이나믹하게 파악하는 것"이 필요하다고 주장한다. 그리고 "문헌사료의 한계를 명확히 하면서도 문헌사료를 철저하게 활용하는 노력 속에서 새로운 시야를 열어 새로운 내용을 알아차릴 가능성을 추구해야 할 것이며 다른 한편으로는 문헌 이외의 사료를 다루는 여러 학문과의 협력도 불가결"하다고 한다.

　신분론에 대한 관심이 높아진 근세 사회론은『일본의 사회사』의 방향성과는 다른 전개를 보인 점도 있는데(전게 후지이 논문), 제시된 시점은 도시사·지역사회론 등으로 계승되었다. 또 사회론은 방대한 사료가 남아있으면서도 편파적인 활용밖에 할 수 없었던 근세사 연구를 활성화시켜 계속 중요한 사실이 발견되어갔다.

(2) '개별분산화'

다른 한편으로 사회론의 융성은 연구의 '개별분산화'를 초래하는 한 원인이 되었다.

　후카야 가쓰미深谷克己는 '개별분산화'되고 있다고 평가받는 현대의 근세사 연구에 대해 "'전후 근세사 연구'는 '거대이론'이라고도 불리는 '세계사 가설'에 견인되어 '발전단계 규정'과 '선진·후진의 규정'에 집착해왔다. 이러한 집착으로부터의 자유로움이 '현대 근세사 연구'"라고 한다. 그리고 '현대 근세사 연구'를 맡아 온 층이 "문제의식이 옅거나 '개별분산'적이라고는 생각하지 않는다. (중략) '국가의 사멸'이라는 보이지 않는 목표를 굳이 보려고 한 '전후 역사학' 세대보다도 더 솔직하고 생활성이 짙다. 생활적인 문제의식이란 환경파괴로부터 환경 역사학을 구상하고 도시문제로부터 도시사를 대상으로 삼고 고령화사회로부터 돌봄介護이나 라이프 사이클의 역사적 연구로 나아가고 지진·쓰나미로부터 재해사에 뛰어드는 등, 눈앞의 상황에 대한 불만이나 비판 혹은 강한 관심으로부터 직접적으로 테마를 만들어 씨름하는 모습"도 충분히 현대적 과제를 계승하고 있다고 한다.[9]『일본의 사회사』가 말하는 "현저한 변모를 달성해 온 일본 사회의 오늘의 상황을 역사적으로 어떻게 평가하고 인식할 것인가 라는 절실한 과제"에 현대의 근세사 연구도 응답하려고 하고 있을 터이다.

---

9) 深谷克己후카야 가쓰미「「戰後歷史學」を受け繼ぐこと」『岩波講座日本歷史10』「月報3」, 岩波書店, 2014.

나는 후카야의 견해에 찬동하는 한편으로 현대적 과제에 응답하려고 한 나머지 어떤 국면만을 문제 삼아 정치·사회구조의 차이 등을 무시한 채 근세와 현대를 비교하여 근세는 본받아야 할 시대 내지는 근세인은 대단했다 라든가, 지금도 옛날에도 사람은 같은 생각을 하고 있었다는 등의 논조로 수렴되는 것을 염려하고 있다. 다수 사람들의 공감을 얻어 미디어 등에서 주목을 받는 것이 연구의 가치를 좌우한다는 '연구의 상품화'가 진전되는 현대에서 그 위험성은 커지고 있다고 생각한다.

교육 수준은 높아지고 산업 기술은 계속 발전하며 민중이 서로 도우면서 활기찬 매일을 보내던 에도 시대. 행정관료화하여 샐러리맨과 같은 생활을 하는 무사. 환경을 배려한 재활용 사회. 이와부치 레이지岩淵令治는 이러한 담론을 '행복한 에도상'이라 파악하고, 그것이 유포되는 배경에 대해 '일본인'으로서의 자긍심을 자각시키려고 하는 교육 정책이나 관광 정책에 의한 문화재의 상품화 등으로 설명하며 '행복한 에도상'의 위험성을 호소한다.[10] '행복한 에도상' 현상은 역사성을 불문하고 시공을 자유롭게 넘나드는 것과 동일하게 사료를 골라 취하며 보기 쉬운 표층의 현상만을 채택하는 안이한 근세사 연구를 조장하고 긴 시간을 들여 정치한 분석을 쌓아올리는 역사학의 작업을 붕괴시킬 수도 있는 위험성을 내포하고 있다.

(3) '전체사'

그렇다면 '개별분산화'가 내포하는 위험성을 회피할 시점·방법이란 무엇인가? 요시다 노부유키吉田伸之『일본의 역사17 성숙하는 에도』[11])에는 그 한 해답이 제시되어 있다.

역사가의 작업은 통사를 서술하는 것이라는 의견도 있으나, 요시다는 국가 레벨의 정치사를 중심축으로 그것에 대외관계사를 포함시키고 배경으로 경제적 양상을 가미한다는 통사의 형식에 의문을 표한다. 그리고 역사적 사실의 확정만을 목표로 하는 역사인식과 하나하나의 고립된 역사적 사실을 상호 관련성 없이 제각각 파악하는 것 등을 비판하여, 중층적이고 다원적인 역사사회 구조의 총체를 '전체사'로서 파악하려고 한 프랑스의 사회사 연구를 본받으면서 에도 사회구조의 총체로부터 18세기 역사의 전체상을 파악하려고 했다.

요시다는 『희대승람熙代勝覽』이라는 제목의 에마키모노繪卷物[두루마리 그림책]를 실마리로 공동체로서의 마치町, 민간사회의 최상층부에 위치하는 초거대상점인 미쓰이 에치고야三井越後屋, 그 대극에 있어서 사회의 최하층을 이루는 걸인층勸進層 간닌보즈願人坊主와 예능자 고무네乞胸,[12] 중간층인 소경영 상인들의 구체상을, 문헌사료를 철저히 파고들어서 치밀하게 밝혀내 18세기 '성숙하는 에도'의 전체상을 그려냈다. 게다가 그것을 토대로 외부 압력·호레키寶曆-덴메이天明期[1751~1789]의 민중동향·문화상황에서부터 18세기 후반의 사회상황을 서술하는 스타일은 많은 통사와 그 궤를 달리한다. 한구석의 변두리 마치에 사는 사람들이나 걸인乞食坊主·예능자 집단에도 고유하고 소중한 역사가 있다는 점. 고구마에도 사회 전체의 역사를 풀어낼

---

10) 岩淵令治「遙かなる江戸の此方にあるもの―"幸せな江戸像"と文化ナショナリズムをめぐって」,『歷史學研究』966, 2018.
11) 吉田伸之『日本の歴史17 成熟する江戸』講談社, 2009.
12) [역주] 간닌보즈와 고무네는 모두 길거리 예술가를 뜻한다. 구걸에 가까운 경우도 많았다.

열쇠가 숨어 있다는 점 등을 제시하고, "개별적이고 미세한 국면 속에 전체상으로 연결되는 마이크로 코스모스가 내재"한다는 점, "전체사란 이러한 개별의 미세한 국면의 집적으로서 존립하고 있는 것은 아닐까"라는 지적 등 '개별분산화'의 위험성을 극복하기 위한 시사점이 풍부하다.

(4) '도쿠가와 사회론'

발전단계론적 사고를 회피할 해답에 관해서도 언급해 두려고 한다.

그것은 16세기 후반 이후의 300년을 '신분형 자력사회'로 정의한 미즈모토 구니히코水本邦彦『도쿠가와 사회론의 시점』[13]이다. 미즈모토는 이 300년 동안 일본열도상에 전개된 국가사회를 '도쿠가와 일본'이라고 하여, 그 사회는 스스로의 무력으로 생명·재산을 지키는 중세의 자력사회와는 달리 "스스로의 생업에 자력을 쏟아 지혜나 아이디어를 집중시키는 사회"였다고 한다. 근세의 특질을 생각하는 데에 신분제에 대한 평가는 피할 수 없는 논점인데, 미즈모토는 편성보다도 '합의'에서 신분제의 특질을 발견하려고 한다. 중세의 자력형 폭력은 무사 신분에 집중되는데 근세에 추진된 가타나가리刀狩り[p.302] 등 여러 정책의 배경에도 민중의 '합의'가 있었다고 한다. 그런 다음 생업기술·분업관계, 예를 들면 백성은 <신체>·<농기구>·<농지>, 무사는 <신체>·<무구武具>·<영지·영민>인 것과 같이 인간의 신체·도구(기술)·영역(장소)이 불가분의 일체로 전개된 '신분형'에 근세의 특질을 찾으려고 했다. 전술한 "'근세적 무력'이란 무엇인가"도 이 '신분형 자력사회'론을 의식한 물음인데, 다른 신분의 도구와는 달리 폭력행사의 도구가 될 수도 있는 무구의 특질을 어떻게 이해하면 좋을까 라는 것도 함의하고 있다.

'신분형 자력사회'론의 근저에 있는 것은 민주주의적 가치에서 신분을 차별·억압적으로 생각하는 근현대적 발상에서 벗어나는 것으로, "평등이나 인권에 가치를 두는 근현대사회와는 대조적으로, 신분에 맞는 생활양식을 미덕으로 삼아 각 신분이 생업에 전념하는 것을 긍정하는 사회"였다는 것이다. 그리고 사회의 질서(평화)는 정촌町村 규칙掟과 국가 법도의 조합으로 유지되고 있던 것, 통치기구는 막부(중앙정부)와 번(지방정부)으로 구성되어 있었는데 그것을 담당하는 층이 무사 신분에 의해 독점되고 있던 것이나 세금 체계가 토지경제에 기초하고 있어서 근대국가와는 다른 양상이 보인다고 한다. 전대에서 후대로 연결되는 싹, 근세라면 근대적 요소를 찾으려고 하지 않고 안이한 근세 찬미론·부정론에 가담하지 않으며 현대와는 다른 이문화사회로서 관찰하여 그 차이에 주목하고자 하는 것이 '도쿠가와 사회론'의 입장이다.

근세란 무엇인가가 아니라 '도쿠가와 일본이란 무엇인가'라는 질문에는 '무가 국가'나 정치사에 의한 통사와는 다른 시점에서 300년을 관찰하고자 하는 의도가 담겨 있겠으나, 그렇다면 '도쿠가와 사회'는 300년간 어떻게 변용했을까? 변용해왔다면 어디에서 피로가 누적된 것일까? 아니면 피로 누적이라는 발상 자체가 틀렸고 '도쿠가와 사회'는 성숙을 지속한 것일까?

---

13) 水本邦彦『德川社會論の視座』敬文舍, 2013.

(5) 이행기 사회론

'무가 국가'는 전국 다이묘 간의 전쟁의 승패로만 성립한 것이 아니며, 상술한 바와 같이 에도 막부는 억압적으로 다이묘나 민民을 지배하지도 않았다. 여전히 항간에서 뿌리 깊게 인식되는 강권적·억압적인 근세국가상으로부터의 전환을 가져온 것은 1980년대 이후에 전개된 사회 연구의 축적이었다. 중세적 '자력구제' 사회를 변혁하여 '평화'를 위한 질서화·규율화가 달성된 것은 영주층에서의 일방적인 강압이 아니라 사회 측에서의 내발적 동향과 그것을 헤아린 영주층, 쌍방의 운동이라는 발상이다.

이 발상은 백성이 형성한 무라 공동체의 연구를 심화시켜 그에 입각한 '공의公儀영주', '공의 국가'라는 이해도 만들어 냈다.14) 이것들은 근세사 연구의 공유재산이 되었는데, 전자의 무라 공동체 연구를 중심으로 중세사와 근세사 연구의 단절을 극복하려고 한 의의가 크다. 이나바 쓰구하루稻葉繼陽『일본 근세사회 형성사론』15)은 그것을 대표하는 성과이고 같은 책에 수록된 「일본 중세·근세사에서의 '지역사회론'의 사정」에서는 중세사의 입장에서 근세·근대까지를 통찰한 '지역사회론'이 서술되어 있다.

하세가와 야스코長谷川裕子『중근세 이행기의 무라의 생존과 토호』16)는 민중 생활의 실태를 '무라의 생존'이라는 시각에서 파악하여 중근세 이행기를 논하고, 중근세 이행기 사회론이란 "시대의 전환을 정권담당자의 교체로 보는 것이 아닌, 해당기 사회상황에 대해 강구한 대응의 결과 만들어낸 여러 정책·제도, 나아가서는 권력 그 자체 속에서 구하고자 하는 사고방식"이라고 정리하고 있다.

맨 먼저 근세 개념을 논한 우치다 긴조는 국민 생활에서의 문학(학문)의 부흥, 상공업·도시·화폐경제의 발달을 근세의 특질로 보았다. '민간사회'의 도래에서 근세의 특질을 찾아낸 후카야 가쓰미의 『사농공상의 세상』17), 재해와의 싸움을 통해 18세기에 '살아가는' 힘이 축적되고 '살아가는' 시스템이 구축되어, '민간지民間知'가 조성되었다는 구라치 가쓰나오倉地克直의 『도쿠가와 사회의 동요』18), 서책의 독자에 스포트라이트를 비추어 독서의 내실, 독자층의 분석 등으로부터 근세를 지知를 자아내는 서책 문화의 시대로 평가한 요코타 후유히코橫田冬彦의 『일본 근세 서책 문화사의 연구』19) 등등 근세사에는 사회의 성숙으로부터 근세란 무엇인가를 물은 연구가 많다.

『일본의 사회사』에는 근대를 다룬 논고가 없다. 『사회사』의 "천황이나 국가의 문제를 그 전제이며 기초인 사회 측에서" 다시 파악하고자 한 문제의식이나 상술한 방법론이 공유되지 못한 것인지 그 사정은 알 수 없지만, 간행으로부터 35년 이상 경과한 현재 근대를 시야에 포함한 근세사회론이나 근세를 시야에 넣은 근대사회론이 축적되어 성숙될 때, 국가체제와

---

14) 朝尾直弘『朝尾直弘著作集3』岩波書店, 2004.
15) 稻葉繼陽『日本近世社會形成史論』校倉書房, 2009.
16) 長谷川裕子『中近世移行期における村の生存と土豪』校倉書房, 2009.
17) 深谷克己『士農工商の世』小學館, 1988.
18) 倉地克直 구라치 가쓰나오『德川社會のゆらぎ』小學館, 2008.
19) 橫田冬彦 요코타 후유히코『日本近世書物文化史の研究』岩波書店, 2018.

정치사를 기축으로 하는 중세·근세·근대라는 시대구분은 재검토될 것이다.

3 근세의 편집방침

근세편은 주어진 테마 전체와 관련되는 연구사로부터 근세의 특질을 생각하기 위한 논점을 유도해 나가는 항목과 구체적 사실에 기초해서 논점을 끌어내어 서술하는 항목이라는, 크게 두 가지 스타일로 구성된다. 구체적 사실과 논점은 본문에서 서술하고 그것이 연구사와의 관계성에서 어떤 문맥에서 근세사의 연구과제로서 문제화될 수 있는 것인지는 각주에 기술되는 경우도 있다. '개별분산화'하는 연구를 모아서 하나의 논의·조류로 정리하여 방향성을 제시하는 것은 가능한 한 피했는데, 그것은 근세란 무엇인가 라는 질문을 잃어버리지 않고 개별의 작은 사실을 중요시하는 것이 근세사 연구에는 필요하다고 생각하기 때문이다.

'개별분산화'는 위험성을 내포하면서도 근세사 연구를 풍성하게 해왔다. '개별분산화'함으로써 다양한 테마, 과제 설정이 생겼다. 총론에서는 오로지 사회론만 다뤘으나 80년대 후반 이후 정치사도 '개별분산화'하면서 크게 진전되어 온 것이 각 항목에서 전해질 것이다. 한정된 지면에서 그 축적 모두를 항목으로 만들기는 불가능하며 주목할 만한 시점·대상이면서도 언급하지 못한 것이 많다.

독자 여러분들은 이 책을 통해 근세에는 이러한 사실이 있고 거기서부터 이러한 과제를 설정할 수 있다는 점을 알고, 근세란 무엇인가를 따져 묻는 작업의 매력을 맛보았으면 한다. 사소한 사실이란 없다. 역사성을 고려하여 근세란 무엇인가를 묻는 일로 이어지는 논점을 발견하여 문제화할 수 있는가 없는가이다.

01. 쇼쿠호 정권
근세의 성립을 어떻게 파악할 것인가

다니 데쓰야 谷徹也*) 집필 / 황수경 번역

관련항목: II-16[p.185] II-18[p.191] II-20[p.197] III-2[p.242] III-3[p.245]

〔논의의 배경〕

1568년 오다 노부나가織田信長는 아시카가 요시아키足利義昭를 추대하여 상경上洛을 완수했다. 1573년에는 요시아키를 교토에서 추방하고 덴쇼天正로 개원했다. 1576년에 아즈치 성安土城의 축성을 개시, 1580년에는 동국東國까지 세력을 넓히고 혼간지本願寺를 오사카로부터 퇴거시켜 기나이畿內도 통합했다. 1582년 혼노지本能寺의 변 후, 하시바 히데요시羽柴秀吉가 대두하여 3년 후에 관백에 임관되어 도요토미豊臣 성을 받았다. 1590년에는 호조北條 씨를 공격하여 멸망시키고 오우 평정奧羽仕置을 행하여 천하통일을 달성하였다. 1592년부터 임진전쟁[1]에 돌입했지만 1598년에 히데요시가 사망하고 1600년 세키가하라의 전투를 거쳐 다음해에 도쿠가와 이에야스德川家康가 막부를 열기에 이른다.

〔논점〕

(1) 막번제 성립사론

오다 노부나가·도요토미 히데요시의 권력은 전전戰前에는 주로 '쇼쿠호 두 씨織豊二氏'로 파악되었지만 전후에는 '쇼쿠호織豊 정권'으로서 논의가 활발하게 이루어졌다. 그 중에서 쇼쿠호 정권은 새로운 봉건제(논자에 따라 재편봉건제[2]·순수봉건제[3]·초기 절대주의[4]로 파악했다)를 수립했다고 평가되어 양자는 일관된 발전과정으로 파악되었다.

그러나 1950년대 후반의 태합검지논쟁太閤檢地論爭[5]에 의해 그 평가는 일변한다. 아라키 모리아키安良城盛昭가 태합검지를 중세와 근세를 구획 짓는 소농자립정책으로서 높게 평가한

---

*) 리쓰메이칸대학 문학부 준교수 | 일본근세사

1) 임진전쟁: 종래에는 자국사의 문맥에서 일본에서는 분로쿠·게이초의 역(文祿·慶長の役)이나 조선출병, 한국에서는 임진왜란·정유재란, 중국에서는 만력조선역(萬曆朝鮮役)이나 항왜원조(抗倭援朝)로 호칭이 달랐지만, 동아시아의 국제전쟁으로서 파악하기 위해 근년 제창되었다. 정두희·이경순 편『임진왜란, 동아시아 삼국전쟁』휴머니스트, 2007 / 일본어판 小幡倫裕 譯『壬辰戰爭』明石書店, 2008.

2) 재편봉건제: 나카무라 기치지(中村吉治) 등이 주장한 설. 중세봉건제가 변질되어 근세봉건제로 재편되었다고 파악했다.

3) 순수봉건제: 후지타 고로(藤田五郎) 등이 주장한 설. 근세를 순수봉건적 토지소유로 규정하고 노동지대에서 생산물지대로 이행했다고 파악했다.

4) 초기 절대주의: 핫토리 시소(服部之總) 등이 주장한 설. 쇼쿠호 정권의 초기 절대주의가 도쿠가와 정권에 의하여 봉건제로 역행했다고 파악했다.

5) 태합검지논쟁: 태합검지의 역사적 의의를 둘러싸고 ①봉건혁명설(아라키 모리아키 등)은 노예제에서 농노제로의 전환으로, ②상대적 혁신설(미야카와 미쓰루[宮川滿] 등)은 농노제에서 예농제(隸農制)로의 전개로, ③사실추인설(고토 요이치[後藤陽一] 등)은 봉건반동정책으로 각각 파악했다.

결과, 막번제의 성립과정에 주목이 집중했다. 이후 오다 정권·도요토미 정권·도쿠가와 정권의 각 단계의 의의가 탐구되어 그 연속·단절이 논의되었다. 이것들은 막번제幕藩制 성립사론(막번제 구조론)으로 정리할 수 있을 것이다.

쇼군 권력론을 전개한 아사오 나오히로朝尾直弘는 잇코 잇키一向一揆6)와의 대항으로부터 영주계급이 결집하고 천하인을 정점으로 한 공의公儀 국가가 형성되었다고 했고, 그 기점을 오다 정권 말기로 보았다. 봉건제 재편성설을 계승한 와키타 오사무脇田修는 오다 정권은 중세적 토지소유를 정리했지만 폐기에는 이르지 못했고, 구조적 모순이 극한화된 중세의 최종단계로 파악했다. 군역론軍役論을 제기한 사사키 준노스케佐々木潤之介는 태합검지의 획기성을 전제로 하면서 석고石高에 조응한 군역체계는 도쿠가와 정권이 되어서 성립했다고 보았기에 도요토미 정권을 과도적 정권으로 평가했다.

또한 이러한 논의 중에서 아사오는 막번제의 성립을 병농분리→석고제→쇄국의 논리구성 서열로 파악했는데 이 세 요소는 근세의 특질로서 중시되었다.

(2) 중근세 이행기론

태합검지논쟁 이후 전국 다이묘 권력에는 후진적 이미지가 강했지만 1970년대에는 전국법戰國法과 검지를 중심으로 재검토가 시작되었다. 그것을 이어받아 1980년대에는 가쓰마타 시즈오勝俣鎭夫·후지키 히사시藤木久志를 양 축으로 중근세 이행기론이 전개되었.

가쓰마타는 전국 다이묘 '국가'론을 제기하여 촌정제村町制7)에 입각한 전국 다이묘가 지역적인 국민국가를 형성했음을 평가하고 일본사를 이분하는 분기점을 전국기로 보았다. 또한 후지키는 촌락공동체의 자율성을 높게 평가하고 다양한 무라의 습속을 발굴하여 자력의 무라론村論을 전개했다. 그리하여 종래에는 자명하게 여겨졌던 장원제莊園制에서 막번제로의 이행이라는 전제가 흔들리고 근세란 무엇인가를 다시 물을 필요성이 생기게 되었다.

가쓰마타·후지키는 또한 전국기를 큰 획기로 보았는데, 가쓰마타는 인소령人掃令8)을 통해 국민 장악을 지향했다며 도요토미 정권의 국가통치를 중시하고, 후지키도 총무사령惣無事令·훤화정지령喧嘩停止令·도수령刀狩令[가타나가리][p.302]·해적금지령海賊停止令으로 구성된 '도요토미 평화령豊臣平和令'으로 중세의 자력구제自力救濟를 억제한 점을 높게 평가하고 있다. 이것으로 인해 결과적으로 전국기와 도요토미기 사이에 끼인 오다 정권이 역사적 자리매김에서 상대화되었다고 할 수 있을 것이다.

(3) 근년의 동향과 전망

주로 2000년대 이후 오다 정권론의 재검토가 활발해졌다. 기나이 전국사戰國史의 연구가 진행되고 노부나가의 전사前史로서 미요시 나가요시三好長慶나 호소카와細川씨 측근近習의 권력화가 평가되어 전국기의 쇼군 권력에 대해서도 조정능력이나 귀종貴種[p.200]으로서의 권위가 어느 정도 의미를 가지고 있다고 주장되었다(아마노 다다유키天野忠幸·바베 다카히로馬部隆弘·야마다

---

6) [역주] 잇코 잇키 : 무로마치 말기 에치젠(越前), 가가(加賀), 미카와(三河), 긴키(近畿) 등에서 일어난 종교 잇키. 일향종의 승려나 문도가 다이묘의 영국제 지배와 싸웠다.
7) 촌정제: 자율적인 무라(村)나 마치(町)를 기반으로 하는 사회체제가 성립한 전국 시대를 근대로의 태동기로 평가했는데 비판도 있다.
8) [역주] 인소령: 1592년 관백 도요토미 히데요시의 명령으로 실시된 전국 가구수(家數)·인구수(人數)의 조사를 말한다.

야스히로^{山田康弘} 등). 전국 다이묘 권력과의 동질성을 중시하는 입장에서는 노부나가의 전제성이 의문시되어 영역지배를 위임받은 중신층의 독자성이 강조되면서 오다 권력⁹⁾의 호칭이 제기되었다. 또한 노부나가 개인에 관해서도 영웅시에서 벗어나 있는 그대로의 모습을 그리는 경향이 강해지고 있다(마루시마 가즈히로^{丸島和洋}·간다 지사토^{神田千里} 등).

한편 도요토미기에 관해서도 통설적 이해에 대한 이견이 나타나게 되었다. 태합검지에 대해서는 중세의 검주^{檢注}나 전국 다이묘 검지와의 유사성이 지적되었고 석고도 연공부과기준고^{年貢賦課基準高10)}로 간주하게 되었다. 병농분리에 대해서도 정책이라기보다는 사회현상으로서의 측면이 중시되기에 이르렀다(이케가미 히로코^{池上裕子}·히라이 가즈사^{平井上總} 등). 또한 인소령이나 '도요토미 평화령'에 대해서는 법령의 존비나 성질이 논의되어 지역이나 임진전쟁 시의 정치·사회질서가 중시되었다(구루시마 노리코^{久留島典子}·다케이 히데후미^{竹井英文}·다니 데쓰야^{谷徹也} 등)

이상과 같이 이후는 정권론의 재구축이 요청될 것이다. 현상의 도달점으로부터 과제를 정리하자면 지역권력(메이오^{明應}·에이쇼기^{永正期}[1492~1521])→지역적 통일권력(덴분기^{天文期}[1532~1555])→통일권력(덴쇼기^{天正期}[1573~1592])의 각 단계(이치무라 다카오^{市村高男})에 대해서 무엇이 계승되고 또한 계승되지 않았는가를 고찰해야 할 것이다. 또한 오다 정권에 대해서는 군사·경제정권으로서의 색채가 농후한 것이 분명해지고 있다(이케가미 히로코). 한편 도요토미 정권은 그것을 계승하면서 국제^{國制}나 법을 정비한 면이 주목된다(미키 세이이치로^{三鬼清一郎}). 정권의 특질을 시기마다 파악한 다음, 권력자를 절대시하거나 민의^{民意}를 만능시하지 않고 국가나 사회의 통합과정에 대해서 다시 물을 필요가 있을 것이다.

탐구 포인트

① 일반적인 노부나가나 히데요시의 이미지는 어떻게 형성된 것일까?
② 전국기, 오다기, 도요토미기, 도쿠가와기는 각각 어디가 비슷하고 어디가 다를까?
③ 중세에서 근세로의 이행을 어떻게 생각하면 좋을까?

참고문헌

藤木久志·北島萬次^{기타지마 만지} 編 『論集日本歷史6 織豊政權』 有精堂出版, 1974.
三鬼清一郎 編 『豊臣政權の硏究』 吉川弘文館, 1984.
三鬼清一郎 編 『織豊期の政治構造』 吉川弘文館, 2000.
朝尾直弘^{아사노 나오히로} 『朝尾直弘著作集8 近世とはなにか』 岩波書店, 2004.
池上裕子 『織田信長』 吉川弘文館, 2012.
『岩波講座日本歷史10 近世1』, 岩波書店, 2014.
『岩波講座日本歷史9 中世4』, 岩波書店, 2015.
藤井讓治^{후지이 조지} 『戰國亂世から太平の世へ』 岩波書店, 2015.
織豊期硏究會 編 『織豊期硏究の現在<いま>』 岩田書院, 2017.

---

9) 오다 권력: 통일정권으로서가 아닌 전국 다이묘 권력 일반으로 파악하기 위한 호칭인데 비판도 있다. 戰國史硏究會 編 『織田權力の領域支配』 岩田書院, 2011.
10) 연공부과기준고: 아라키 모리아키의 단계에서는 석고를 생산고로 생각하여 쇼쿠호 정권을 선진, 전국 다이묘를 후진으로 간주하는 지표로 여겨졌는데, 이후 연공의 상한치나 표준치로 설정된 것이라는 생각에서 전국기와의 연속성이 주장되었다.

02. 에도 막부의 전국통치
막부는 어떻게 여러 다이묘를 통합하고 있었는가

미야케 마사히로三宅正浩*) 집필 / 황수경 번역

관련항목: II-7[p.158] II-12[p.173] III-1[p.239] III-9[p.263] III-10[p.266] III-11[p.269]

〔논의의 배경〕

에도 시대 전국에서 260~270 정도의 다이묘가大名家 각지에 독자적인 통치를 행하고 있었다. 번藩1)이라 불리는 그들의 지방정권은 각각 규모(석고)도 다르고 정치적·경제적인 자립의 정도도 다양했다. 그들의 다양한 번을 중세 이전과 비교하면 굉장히 집권적으로 통합하여 지배하고 있었던 것이 통일정권인 에도 막부였다. 막부는 어떻게 여러 다이묘를 통합하고 있었는가? 그리고 막부와 번에 의해 구성된 근세국가는 어떻게 형성되었고 어떤 구조를 가지고 있었을까?

〔논점〕

(1) 에도 막부와 여러 다이묘

예전에는 에도 막부가 압도적인 군사력을 배경으로 여러 다이묘를 강압적으로 지배하고 있었다는 이미지가 강했다. 즉 유력한 도자마다이묘外樣大名를 에도로부터 멀리 떨어진 곳에 배치하여 후다이다이묘譜代大名가 감시하게 하고 잘못落度을 발견하면 개역改易이나 전봉轉封을 했고 또한 참근교대參勤交代나 오테쓰다이후신お手傳い普請2)을 통해 재력을 빼앗아 반항할 수 없게 한다고 이해했다. 그러나 이러한 시각이 매우 일면적임이 여러 방면에서 밝혀지고 있는 것이 현재 연구의 도달점이다.

그 중에서도 근세 국가의 성격을 이해하는 데 주목해야 할 것은 공의公儀3)라고 하는 용어·개념이다. 예전에는 사료 속의 공의=에도 막부라고 무조건적으로 간주했는데 근년에는 공의는 영주권력의 공적 측면을 포착한 용어로서 주목되어 영주·영민 간의 '평화적 계약'에 의해 중층적인 것으로서 근세의 공의가 성립되었다고 이해하고 있다. 즉 공의=막번영주라는

---

*) 교토대학대학원 문학연구과 준교수 | 일본근세사
1) 번: 다이묘의 영지와 그 지배기구를 가리키는 용어로 지배기구만을 가리키는 경우도 있다. 에도 시대의 정식 명칭은 아니고 일부 유학자 등이 사용한 것이 막말유신기에 일반화되었다.
2) 오테쓰다이후신: 막부가 여러 다이묘에게 성곽이나 하천 공사 등을 담당하게 한 것.
3) 공의: 중세 후기 이후에 사용되어 ①사(私)에 대한 공(公), ②공적인 의향·결정, ③법적 주체(쇼군이나 막부)의 뜻이 있다. 근세에서는 막번영주권력을 공의로 불러 대체로 쇼군을 중심으로 한 막부를 가리키는 용어로서 사용되었는데 번도 또한 공의라고 불렀다.

이해이다. 이러한 이해의 전환으로 강대한 막부에 의한 억압지배적인 근세국가상이 변하여, 막번영주의 공동이해조정에 의해 성립된 근세국가상이 등장한 것이다. 강권적으로 보이는 막부의 다이묘 개역도 자의적인 것이 아닌, 어디까지나 여러 다이묘의 합의를 얻어내는 형식을 취한 뒤 행해진 면이 있다.

그러나 막부가 여러 다이묘에 대하여 압도적으로 우위의 입장에 있었고 여러 다이묘가 막부의 안색을 살피면서 행동하고 있었던 것도 또한 사실이다. 쇼군을 정점으로 하는 정치적 주체인 막부의 공의가 영주층의 공동이해를 조정하고 그 아래에서 여러 다이묘에 의한 공의의 존재가 보장된다고 하는 구조를 가지고 있던 것이 근세 공의국가였다.

(2) 공의 국가의 성립과정

도쿠가와 정권에 의한 전국통합의 과정은 도쿠가와 이에야스가 공의의 제일인자로서의 지위를 확립하는 과정으로 파악할 수 있다. 도요토미 히데요시의 사후, 도요토미 공의를 다이로大老로서 주도하는 입장에 있었던 이에야스가 언제 천하인天下人[4])이 되었는가에 대해서는 여러 설이 있는데, 결정적인 계기가 된 것은 역시 1600년의 세키가하라 전투의 군사적 승리일 것이다. 세키가하라 전투 후의 영지배분(구니와케國分[5]))은 이에야스에 의해 행해져 이에야스의 승리에 군사적으로 공헌한 다이묘들이 전국 각지에서 구니모치다이묘國持大名[6])로 벼락출세했다. 그러나 세키가하라 전투는 도요토미 공의의 주도권을 경쟁하는 형태로 싸운 것은 아니었기 때문에 여전히 오사카 성大坂城의 도요토미 히데요리豊臣秀賴가 장래에 공의를 장악할 명분과 가능성을 가지고 있었다. 이에야스는 1603년에 정이대장군征夷大將軍이 되어 천하인으로서의 지위를 굳히고 1611년에는 구니모치다이묘들에게 맹세문誓紙을 제출하게 하여 막부의 법도에 따를 것을 약속하게 했다. 그리하여 최종적으로는 전국의 여러 다이묘를 군사 동원하여 오사카의 전투에서 히데요리를 멸망시키고 전국을 완전히 통합했다.

이러한 경위에서 보면, 구니모치다이묘가 근세국가에서 별격別格의 지위를 가지고 있으면서도 절대적인 상위권력이라는 막부의 지위는 흔들림이 없다는 공의국가의 구조가 이해될 것이다. 물론 이러한 구조는 이에야스의 시대에 모두 완성된 것은 아니다. 구니모치다이묘에 대한 막부의 절대적 우위는 이에야스 사후 2대 히데타다秀忠 정권기를 거쳐 3대 이에미쓰家光 정권기에 확립된다. 히데타다도 이에미쓰도, 전국의 여러 다이묘를 동원하여 교토에 상경하고 전국적 군사지휘권을 발동하는 것과 함께 영지완행장領地宛行狀[7])을 일제히 발급하여 여러

---

4) 천하인: 천하를 장악한 최고권력자를 가리키는 용어로, 주로 오다 노부나가·도요토미 히데요시·도쿠가와 이에야스를 대상으로 사용하였다. 오고쇼(大御所) 시대의 이에야스·히데타다도 천하인으로 계속 존재하여 쇼군 취임자와는 반드시 일치하지 않는다.
5) 구니와케: 국(國) 단위로 영지배분을 실시하는 것. 도요토미 정권기부터 도쿠가와 정권 초기에 걸친 영지배분의 기본적 방식이었다.
6) 구니모치다이묘: 기본적으로는 일국(一國) 이상을 한데 모아서 영유하는 다이묘를 말한다. 다만 일국 미만이어도 센다이(仙臺) 다테(伊達) 가와 같이 광대한 영지를 소유하고 있던 경우나 유서와 혈통에 의해 높은 관위를 부여받은 자도 포함된다.
7) 영지완행장: 천하인 혹은 쇼군이 다이묘·하타모토(旗本)나 사사(寺社)에 대하여 그 영지의 영유를 인정함을 보증하여 발급한 문서

다이묘와의 주종관계를 명확하게 했다. 이에미쓰는 30만 명을 이끌고 상경한 다음해인 1635년 무가제법도武家諸法度8)를 개정하여 발포하였는데(간에이령寬永令), 그 최후의 개조에는 '만사 에도의 법도와 같이' 해야 할 것이 명기되었다. 특히 '공의의 법도'로 여겨진 기리시탄 금제9)는 막부가 원칙적으로 개입하지 않았던 구니모치다이묘의 영국領國도 포함하여 전국에 철저하게 시행되었다.

(3) 근세 다이묘 사회의 형성

그런데 다양한 근세 다이묘 중에서 세키가하라 전투 후의 구니와케에 의하여 성립한 구니모치 다이묘야말로 근세 다이묘제를 구성하는 본래적인 존재였다. 그러나 17세기 중반경부터 1만 석石 이상이라는 다이묘의 기준이 일반화되면서 1만 석 이상의 다이묘의 일률화가 진행되었다. 그것을 촉진한 요소 중에서 중요한 것은 이에미쓰 정권기에 전 다이묘를 대상으로 제도화된 다이묘 처자의 에도 거주와 참근교대제이다. 에도에 집결한 다이묘들은 도시 에도 특히 에도 성이라는 공간 속에서 일률화되면서 서열화되어, 서로 정보를 교환하면서 막부의 시책에 대응함에 따라 같은 가치관·질서를 공유하게 되었다는 것이다. 에도에서 태어나 에도에서 자란 세대가 당주가 되면서 그 경향이 더욱 강해진 것은 당연한 이야기다.

또한 신판親藩·후다이譜代·도자마外様10)라는 잘 알려진 다이묘 분류가 실태와 다르다는 것이 오래전에 지적되었지만, 후다이·도자마 구분에 대해서는 1만 석 이상이 다이묘로서 일률화되어 가는 과정에서 막부와의 여러 관계성(관위·전석殿席11)·석고 등)에 입각하여 정서整序되어 가면서 고정화된 것이라고 파악할 수 있다.

> 탐구 포인트
> ① 에도 막부와 여러 다이묘의 관계를 어떻게 파악해야 할까?
> ② 에도 막부의 전국통치란 어떠한 내실을 가진 것이었을까?
> ③ 여러 다이묘는 어떠한 정치의식이나 지향성을 가지고 있었을까?

참고문헌

藤井讓治『幕藩領主の權力構造』岩波書店, 2002.
朝尾直弘『朝尾直弘著作集3 將軍權力の創出』岩波書店, 2004.
笠谷和比古『武家政治の源流と展開』清文堂, 2011.
三宅正浩「江戸幕府の政治構造」『岩波講座日本歴史 11 近世2』, 岩波書店, 2014.

---

8) 무가제법도: 도쿠가와 쇼군이 다이묘를 주 대상으로 발포한 기본법전. 1615년 이에야스가 제정하여 히데타다의 이름으로 나온 겐나령(元和令)이 최초. 그 후 대체로 쇼군 교체 때마다 개정·발포되었다.
9) 기리시탄 금제: 기독교의 신앙을 금한 정책. 1637년 시마바라(島原)의 난을 획기로 강화되었다. 에도 막부의 기본방침으로 계승되어 신자가 아님을 확인하는 슈몬아라타메(宗門改)가 실시되었다.
10) 신판·후다이·도자마: 이 분류는 쇼군과의 친소(親疎)관계를 표현하는 용어로서 존재한 것은 있어도, 막부가 구분한 삼분법으로서는 존재하지 않았다. 삼분법은 막말유신기 인식의 소산인데 그것이 근대사학에 편입되어 역사교육에 의해 정착했다. 松尾美惠子「近世大名の類別に關する一考察」『德川林政史研究所研究紀要』, 1985.
11) 전석: 에도 성 중에서 다이묘·하타모토에게 할당된 방. 방마다 격식이나 서열이 존재했다.

03. 무라와 백성
왜 근세의 인구의 8할은 백성인가

마키하라 시게유키^{牧原成征*)} 집필 / 황수경 번역

관련항목: II-23[p.206] III-17[p.287] III-18[p.290] III-19[p.293]

〔논의의 배경〕

일본 근세는 무라와 백성의 시대이다. 전답은 검지를 통해 석고가 매겨졌고 어딘가의 무라의 토지=무라다카^{村高}로 분할되어 있었다. 전국은 6만 수천의 무라로 나뉘어 무라의 석고^{石高1)}에 대하여 연공이 부과되었다. 토지=다카^高를 소지하여 연공을 부담한 자가 백성이고 무라의 주인^{住人}은 종교자^{宗教者} 등을 제외하고 모두 생업을 불문하고 광의로는 백성으로 여겨졌다.

백성의 대표인 쇼야^{庄屋}(나누시^{名主}) 등은 무라역인^{村役人}으로 불리고 연공납입이나 영주의 법을 전달하는 책임을 맡았다. 무라역인의 집에는 그것들에 관한 방대한 문서가 작성되어 이어졌다. 이러한 지방문서²⁾의 조사나 연구는 일본 근세사의 기반이고 무라와 백성의 모습을 추구하는 것은 일본 사회의 역사적 특질이나 국제적으로 본 특징을 생각하는 데에도 중요하다.

〔논점〕

(1) 근세문서와 중세문서의 사이

17세기 말 겐로쿠^{元禄}[1688~1704] 즈음이 되면서 전국적으로 지방문서가 방대하게 전해지게 되었다. 그 무렵에는 소가족의 농가가 백성의 대부분을 차지하고 일부에서는 그들을 소작인으로 하는 지주가 있었는데, 소백성^{小百姓}이 무라 내에서 발언력을 늘리고 무라의 운영이 민주적으로 행해진 곳도 많아졌다. 하나하나의 무라를 보면 개성도 꽤 다양했는데, 어느 무라에서도 동일하게 보이는 사료가 무라역인 아래에 방대하게 남아있어 이리아이^{入會}·용수·스케고^{助鄉3)}등을 둘러싸고 비슷해 보이는 분규가 일어난 것을 알 수 있다. 그러나 그러한 무라와 백성은

---

*) 도쿄대학대학원 인문사회계 연구과 교수 | 일본근세사
1) 석고: 전답은 각각 상·중·하 등 등급에 따르고 또한 가옥부지[屋敷]에도, 예를 들면 상전(上田) 1단(反)에 1석(石) 5두(斗)라고 하는 기준(고쿠모리[石盛]·도다이[斗代])을 설정하고 단별(反別, 면적)에 따라 한 구획마다 석고를 산출하고 그것을 합계하여 무라의 석고(무라다카)를 산출했다.
2) 지방문서: 근세에서는 마치카타(町方)와 무라카타(村方)는 행정상 구별되어 무라카타를 지방이라고도 한다. 검지장(檢地帳)·연공할부장(年貢割付狀)·개제목록(皆濟目錄)·슈몬닌베쓰초(宗門人別帳)·어용류(御用留)·원서(願書)나 소장(訴狀)·재허장(裁許狀)과 무라에즈(村繪圖) 등이 있는데, 광의로는 개인의 일기나 편지 등 이에문서를 포함하여 지방문서라고 부른다.
3) [역주] 스케고: 에도 시대 숙역(宿驛)에서 상비하는 전마와 인부가 부족한 경우에 인근 향촌을 정해서 그 부족한 인마를 부담하게 했다. 스케고는 그 역을 진 향촌 또는 그 과역을 가리킨다.

어느 때에 갑자기 성립한 것은 아닐 것이다.

한편 중세에는 무라나 백성 자신이 써서 남긴 사료군은 극히 적다. 긴키近畿 지방에는 예를 들면 스가우라菅浦4)와 같이 많은 문서를 남긴 소손惣村도 있지만 전국적으로 보면 예외이다. 중세의 무라나 백성의 모습은 근세와 비교하면 극히 단편적인 것밖에 알 수 없다. 근세로 접어들면서 검지장이나 연공 관계를 비롯한 지방문서가 전해지기 시작했으나 17세기 중반 이전의 사료는 18세기 이후와 비교하면 극단적으로 적다. 그렇다면 전술한 것과 같은 특질을 가진 근세의 무라와 백성은 어떻게 성립했을까? 이 점은 중요하면서도 더욱 해명되지 않은 부분을 많이 담고 있다.

(2) 소농자립이라는 사고방식

이미 서술한 대로 17세기 말에는 소가족의 농가(소농)가 무라의 대부분을 차지하고 있음을 알 수 있는데 문제는 그 이전이다. 그 이전에 대해서는 대체로 검지장 이외의 장부가 남아있지 않아 백성의 실상을 파악하기 어렵다. 가족 형태 등을 보여주는 슈몬닌베쓰초宗門人別帳가 일반적으로 만들어지게 된 것도 17세기 말이다.

예전에는 도요토미 히데요시에 의한 태합검지에서 처음으로 소농이 검지장에 등록되어 자립한다고 해서, 그 이전은 게닌下人이나 종속농민을 거느리는 대경영이 백성의 중심을 차지하고 있었다고 보는 학설이 유력했다. 또한 태합검지에 의하여 곧 소농이 자립할 수 있었던 것은 아니고 17세기 전반까지는 가부장적인 대경영5)이 무라에서 큰 비중을 차지하고 그 후 게닌이나 종속농민이 자립하거나 분할상속이 진행되면서 소백성이 분립해왔다고 여겨졌다. 이것을 소농자립(론)이라고 부르고 있다.

그러나 적어도 긴키 지방에서는 중세에도 소백성·소농이 확실한 비중을 점하여 존재한 것이 분명하다. 긴키 지방 이외에서는 해명되지 않은 부분도 적지 않지만 '소농자립'이라고 하여 끝나는 것은 아니고 그 실태를 새로이 재검토하고 확인하는 태도가 필요할 것이다. 무라에는 농촌 외에 어촌이나 산촌도 있어 농업 이외의 생업도 많다. 그 의미에서는 소농보다 소백성이나 소경영이라고 부르는 것이 적합하다.

(3) 열린 촌락사로

중세 말 긴키 지방에서는 근세로 이어지는 무라가 스스로 '소추惣中'를 칭하면서 다른 소추와 대립·연대하거나 영주를 마주하게 되었다. 그러한 면을 보면 중세에서 근세로 무라가 연속하고 있다고 말할 수 있다. 무라의 자립적인 역량이 있어서 비로소 막부나 번의 지배를 책임지고

---

4) 소손과 스가우라: 중세 후기 주로 긴키 지방에서 '소(惣)'를 칭하는 자치적인 촌락이 발달했다. 이것을 연구상 소손이라고 부른다. 그 대표적인 예는 비와 호(琵琶湖) 북안의 스가우라로, 농촌이라기보다는 어업과 운송선(廻船)을 주된 생업으로 하고 협소한 경지를 가진 우라(浦)이다.
5) 가부장적인 대경영: 가장이 가족·방계 친족이나 게닌 등을 통솔하여 행한 대경영. 게닌은 가족을 형성하기도 했지만 주인에 의해서 재산으로서 매매되었고 게닌의 자식도 주인의 것으로 간주했다. 게닌이 토지를 대여·분여받으면 가도야(門屋)·히칸(被官)·게호(家抱)·나고(名子) 등으로 불렸다.

맡는 것(무라우케$^{村請6)}$)이 가능했다.

다만 그러한 무라의 자력·역량이 강해졌다고 하는 것만으로는 전국이 획일적으로 석고를 매긴 무라로 분할된 사정을 충분히 이해하기 어렵다. 긴키 지방 이외에서는 근세 초기까지 공동체로서의 무라의 모습 자체가 사료도 적어서 분명하지 않다. 아래로부터 자생적으로 형성되었다고 생각하기 어려운 사례도 많다. 즉 무라를 생각하기 위해서는 무라 외의 것도 보아야 한다. 중세 말 이후의 정치과정, 영지에 거주하는 중소 영주의 동향, 도시와의 관계 등을 넓게 시야에 취합할 필요가 있다.

(4) 지역의 문맥 속에서

사료가 적은 근세 전기의 촌락사를 심도 있게 탐구하기 위해서는 지역의 문맥 속에서 중세에서 근세까지의 여러 사료를 두루 살피는 것도 중요하다. 예를 들면 쇼야나 가와타$^{かわた7)}$ 신분의 가옥부지는 연공을 면제받은 조치^{除地}가 된 것도 많았는데 그 이유는 무엇일까? 가와타 무라가 독립 무라가 된 예는 드문데 그 이유는 무엇일까? 기나이 인근에서는 시중^{侍衆}·시분^{侍分}의 이에^{家}는 무라 내에서 부담하는 역의 종류가 달랐는데 그 이유는 무엇일까? 무라는 가도^{街道}를 따라서는 마치(슈쿠^{宿})와 재향^{在鄕}, 연안부에서는 오카^{岡}와 하마^{濱}(우라^{浦})라고 하는 다른 집락으로 나뉘어져 다른 역을 부담하고 있는 것도 많았는데 그 이유는 무엇일까? 이러한 문제는 근세 중후기의 사료에 나타난 사실이지만 근세 초기의 무라와 백성의 성립을 빼고서는 이해할 수 없다. 시기를 한정하지 않고 다양한 사료를 읽는 자세를 가지고 싶다.

탐구 포인트

① 근세의 지방문서란 어떠한 사료군인가? 중세의 소손 문서와 어떻게 다른가?
② 소농자립이란 어떠한 사고방식에서, 그 성과와 문제점은 어디에 있을까?
③ 근세의 무라나 무라역인은 이중의 성격을 가진다고 여겨지는데 그것은 무슨 말인가?
④ 각지의 무라에즈(村繪圖)에서 무라의 자연조건이나 다양성을 해독하고 생업을 상상해보자.

참고문헌

安良城盛昭『幕藩體制社會の成立と構造』御茶の水書房, 1959.

水本邦彦『近世の村社會と國家』東京大學出版會, 1987.

牧原成征『近世の土地制度と在地社會』東京大學出版會, 2004.

---

6) 무라우케: 무라가 영주에 대하여 연공납입 등을 책임지고 맡는 것. 중세에도 보이지만 근세에는 전국적으로 제도로서 도입되었다. 백성이 연공을 납입하지 않으면 무라역인이나 고닌구미(五人組)가 대신 납부하고 백성은 무라역인 등에게 토지를 전당 잡히는 등으로 차금하게 된다.

7) 가와타: 죽은 소와 말의 가죽을 취득·처리·가공하는 것을 생업으로 하는 사람들. 에도 시대에는 '에타(穢多)'라고 기록된 것이 많고, 권력으로부터도 백성들로부터도 차별이 점차 강화되었다. 무라의 한 구석에 집락을 이루어 거주하고 토지를 소지하는 자가 많았다.

04. 막번권력의 도시지배
도시의 지배에 조닌은 어떻게 관여했는가

마키 도모히로牧知宏*) 집필 / 황수경 번역

관련항목: II-22[p.203] III-16[p.284]

〔논의의 배경〕

근세의 지배신분을 구성한 무사집단에게 도시는 중요한 장소였다. 군사·방어의 거점이고 자신들의 거주지임과 동시에 소비 물자를 피지배신분인 조닌町人의 어용御用을 통한 생산·유통1)에 의해 조달하는 장이었다. 권력과 밀접한 관계를 가진 근세 도시에서 막번권력은 도시를 어떻게 지배했을까? 특히 피지배신분인 조닌 지배에 어떠한 형태로 조닌을 관여시키고 지배를 침투시켰을까?

〔논점〕

(1) 도시공간과 신분지배

근세도시의 원형인 조카마치城下町는 성곽을 중심으로 무가 저택이 모여 있는 무가지武家地(도시 내에서 6~7할의 면적을 점한다), 종교시설이 있는 사사지寺社地, 조닌들이 거주하는 조닌지町人地라는 형태로 신분마다 공간이 분절되어 있던 점이 특징이다. 다만 도시에 거주하는 사회집단은 상호 관계를 가지고 있어, 예를 들면 에도의 다이묘 번저를 하나의 핵(=사회적 권력)으로 하는 고유한 구조를 가진 부분사회로서, 사회=공간구조를 분석하는 연구가 근년에 성행하고 있다. 한편 병농분리에 의한 치자와 피치자의 분리를 특징으로 하는 근세 신분제에서는 무가지에 거주하는 무사집단이 공의권력으로서 도시를 지배하고 있던 점도 간과해서는 안 된다.

군사적 기능이나 무가지의 지배는 무가 집단 내의 논리에 의한다. 예를 들면 전국 정권인 에도 막부는 삼도三都나 나가사키長崎 등 전국의 주요한 직할도시에 부교奉行를 파견하고 주변에 영지를 가진 다이묘에게 소방 등을 담당하게 했다. 무가 저택의 배치도 군단편성에 준거하고 있었다.

조닌지에 대해서도 도시권력으로서 부교쇼奉行所 등의 기관이 설치되어 부교·요리키与力 등 무사가 조닌지의 지배를 담당했는데 지배를 더욱 침투시키기 위해서는 조닌 신분을 도시지배에

---

*) 스미토모(住友)사료관 주석(主席) 연구원 | 일본근세·근대사
1) 어용을 통한 생산·유통: 조카마치에서는 막부·다이묘가 소비 수요를 조달하기 위해 상인·직인(職人) 등을 집주시켜 필요로 하는 노동을 그들의 역(어용)으로 부과했다.

개재시킬 필요가 있었다. 그래서 각 도시에는 도시권력인 부교쇼와 조닌을 연결하는 존재인 마치역인^{町役人}을 설치하게 되었다.

(2) 조=지연적 공동체를 통한 통치와 마치역인

1970년대 이전의 근세도시사 연구에서도 삼도를 중심으로 마치역인의 성격 등이 밝혀졌는데 1970~80년대를 걸쳐서 근세도시를 구성하는 기초단위로서의 '조^町'^[p.285]라는 지연적 공동체와 그 내부의 마치야시키^{町屋敷}(이에야시키^{家屋敷})^[p.285]가 주목받게 되자, 도시구조에 파고 들어간 연구가 이루어지게 되었다. 근세의 도시는 가로^{街路}를 사이에 둔 집들에 의해 구성된 조=료가와초^{両側町}를 기초단위로 하고 개별 조–마치구미^{町組}–소초^{惣町}라는 중층구조를 취했다. 지배 상에서는 조(를 대표하는 마치역인)에 역役·어용이나 법을 청부시키는 형태를 취하여, 조를 통한 통치가 전개되었다.

아사오 나오히로는 권력에 의한 체제적인 분업편성의 중요한 고리로서 편입되어 있는 근세도시에는 '조 자치^{町自治}'를 기초단위로 하는 '도시행정의 구조적 파악'이 필요하고, 마치부교쇼^{町奉行所}와 조(개별 조의 역인)의 접점에 위치해 복수의 조에 걸쳐서 광역적으로 담당하는 마치역인(교토의 조다이^{町代2)})에 대해서 조닌의 의견이 반영되는 경로가 구성되어 있음을 밝혔다. 또한 쓰카모토 아키라^{塚本明}는 마치역인을 도시행정에서의 '주민의 대표자를 마치부교쇼 행정에 관여시키'려는 '행정관'으로 파악했다.

다만 마치역인의 역할을 민의의 흡수 등이라는 형태로 안정적인 관계로만 포착하면 막번권력과 조닌 사이의 긴장관계가 보이지 않게 된다. 마치역인이 설치된 당초에는 조닌의 대표로서의 성격을 가지고 있었다고 해도, 도시행정 속에서의 역할을 증대시키는 동안 마치역인이 권력과의 관계를 밀접하게 하는 한편 조닌과의 거리는 괴리되어 가는 측면에도 유의해야 한다. 예를 들면 1786~87년에 걸쳐 자이카타마치^{在方町}에 있는 오미하치만^{近江八幡}에서 발생한 소동에서 영주(구쓰키 씨^{朽木氏})는 마치역인(소토시요리^{惣年寄})이나 그 집무장인 소초카이쇼^{惣町會所3)}를 어용을 맡은 지배의 말단이라고 파악한 것에 반해, 조닌 측은 조닌으로부터의 원서^{願書} 등을 떠맡는 중개역이라고 포착한 것처럼 권력과 조닌 사이의 인식에는 어긋남이 있었다.

(3) 도시 간의 차이와 재편의 시도

각 도시에서 마치역인의 모습(태생이나 조직형태)에는 차이가 보였다. 막부의 직할도시라는 공통성을 가진 삼도로 한정해도 복수의 조를 담당하는 마치역인으로서 나누시(에도)⁴⁾·소토시

---

2) 조다이(교토): 교토의 마치역인에는 개별 조의 조도시요리(町年寄)와 마치구미별로 담당하는 조다이가 있었다. 겐로쿠~교호기(享保期, 1688~1736)에 행정상의 역할을 증대시킨 조다이에 대한 반발이 조다이개의일건(町代改儀一件, 1818~19)이라는 주민운동으로 나타났다. 그 결과 조다이는 행정상의 기능을 계속 수행하지만 마치구미에 종속하는 형태가 되었고 한편으로 조닌을 대표하는 마치구미도시요리(町組年寄) 층도 행정상의 역할을 하게 되었다.

3) 가이쇼 : 근세 도시의 가이쇼에는 교토나 나라와 같은 개별 조마다 존재하는 조카이쇼(町會所)와 전형적인 조카마치 내에 하나의 소초카이쇼가 병존하고 있었다. 소초카이쇼는 지배권력으로 설정되어 권력과의 관계가 밀접했다. 한편 아래에서 위를 향하는 조닌의 움직임으로서 소초카이쇼를 지향했던 교토나 오미하치만에서는 긴장관계도 생겼다.

4) 나누시(에도): 에도의 마치역인에는 특권 조닌 삼가(三家)가 조닌지 전제에 관련된 직무를 담당하는 마치도시요리(町年寄)와 그 이하에 위치하는 나누시가 있었다. 근세 전기에는 조(町)마다 1인의 '조의 나누시'나 나누시가 존재하지 않는 지역 등 다양했는데, 교호기에 나누시 한 명이 복수 조를 담당하는 형태의 '지배

요리惣年寄(오사카)5)·조다이(교토)로, 역명役名도 태생도 다르고 권력과의 관계가 밀접해지는 경과도 동일하지 않다. 한편 1691년 오사카에서는 소토시요리가 '어공의일미御公儀一味'로서 자리 잡게 되었는데, 교토에서 1792년에 조다이가 역명을 소토시요리로 변경하고 싶다고 원했던 것은 조다이가 그만큼 지배 측으로 옮겨갔음을 보이는 것이며 이후 조닌과의 사이에서 대립을 일으키는 복선이 되었다.

이렇게 다른 도시의 동향을 대강 살펴보아도 마치역인과 권력의 관계는 각 도시에서 다른 전개를 겪었는데 막부의 덴포天保 개혁기에는 직할도시 마치역인의 형태를 재편성하려고 한 흔적이 보인다. 즉 에도에서는 나누시와 여러 가카리掛를 재편하고 이것을 활용하여 개혁을 진행했는데, 1844년 막부는 오사카에서도 에도와 동일한 형태의 나누시 제도를 만든다는 안을 오사카마치부교大坂町奉行에게 지시했다. 직할도시인 고후甲府에서도 곤궁인困窮人 조사에서 복수의 조를 담당하는 기모이리나누시肝煎名主를 소토시요리와 개별 조 사이에 신설하고, 교토에서는 물가조사를 담당했던 마치구미도시요리町組年寄에게 급료를 지급하여 하급관리로 자리매김하려고 했다. 지배 측에 가까워진 지금까지의 마치역인과 다른 입장에서 조닌에 대응하고 지배(개혁)를 침투시키기 위해, 에도의 마치역인 제도를 모델로 삼아 통일적으로 재편하는 것을 목표로 했다고 생각된다.

탐구 포인트

① 도시권력으로서의 공권력과 사회적 권력의 차이는 어떤 것일까?
② 도시에서의 중간 지배기구의 특징은 무엇인가(지역사회의 그것과 비교하여)?
③ 마치역인의 태생이나 조직형태의 차이에서 각 도시가 어떠한 특징이 있는지 지적할 수 있는가?

참고문헌

朝尾直弘「元祿期京都の町代觸と町代」『朝尾直弘著作集6』岩波書店, 2004(1985).
西坂靖「大坂の火消組合による通達と訴願運動」『史學雜誌』94(8), 1985.
菅原憲二「日本近世都市會所論のこころみ」『日本社會の史的構造 近世·近代』思文閣出版, 1995.
塚本明「都市構造の轉換」『岩波講座日本通史14 近世4』岩波書店, 1995.
吉田伸之「問題提起 "都市の權力と社會=空間"に向けて」『年報都市史研究』14, 山川出版社, 2006.
牧知宏「近世後期京都における地域住民組織と都市行政」『日本史研究』606, 2013.
牧原成征「江戸城下における町人の編成と商人」『近世の權力と商人』山川出版社, 2015.
高山慶子「名主制度の成立」『シリーズ三都 江戸卷』東京大學出版會, 2019.

나누시'로서 지배체제 속에 자리매김했다. 중후기에 나누시는 전업화했고 조합(組合)을 조직하는 것과 함께 간세이(寬政)·덴포(天保) 개혁에서 나누시는 다양한 업무의 담당자인 가카리(掛)에 임명되어 광역행정을 맡았다.

5) 소토시요리(오사카): 오사카의 마치역인에는 개별 조의 조도시요리와 산고(三鄕) 각각에 소토시요리가 있었다. 소토시요리는 17세기 단계에서는 조닌 대표로서 존재했지만 18세기 이후 공의의 역인화가 진행되었다. 한편 조닌은 소방조합이라는 조합초(組合町)에 의한 소원 운동을 전개시킨 결과, 소방조합이 행정조직에 편입하게 되었다.

05. 해금·일본형 화이질서
대외관계를 어떻게 칭할 것인가

기도 히로나리木土博成*) 집필 / 조국 번역

관련항목: II-10[p.167] III-30[p.326] III-31[p.329] IV-1[p.348]

〔논의의 배경〕

최근 20~30년 사이 일본사 교과서는 크게 변했다. '쇄국'으로 파악해 온 근세 대외관계가 '네 개의 창구', 즉 나가사키(대 중국·네덜란드)·마쓰마에松前(대 아이누)·쓰시마對馬(대 조선)·사쓰마薩摩(대 류큐)를 통해 열려있었음이 강조되면서 '쇄국'은 복잡한 용어가 되었다. 그러나 '쇄국'이라는 용어·개념은 괄호를 붙인 형태로 여전히 남아 있고 '쇄국'을 대신해 제기된 해금海禁·일본형 화이질서의 개념도 완전히 정착하지는 않았다.

〔논점〕

(1) '쇄국'의 다양성

난학자 시즈키 다다오志筑忠雄[1]가 만든 조어 '쇄국'을 '나라를 걸어 잠그다'라는 의미로 이해한 아라노 야스노리荒野泰典는, 이 단어가 '네 개의 창구'로 열려 조선·류큐와는 통신, 중국·네덜란드와는 통상관계에 있었던 근세 일본의 실태를 올바르게 표현할 수 없다고 부정했다. 한편 '쇄국'은 본래 완전히 '나라를 걸어 잠그다'라는 의미가 아니라 국가가 대외관계를 한정한다는 의미로 이해한 야마모토 히로후미山本博文 등은 '쇄국' 용어의 유효성을 주장했다. 큰 틀로 보면 '네 개의 창구'를 통해 열려있던 점을 중시할 것인가, 아니면 겨우 '네 개의 창구'만이 열려 있었다는 점을 중시할 것인가의 차이다.

(2) 두 개의 '쇄국'

어느 쪽이든 1630~40년대(간에이寬永)에 도쿠가와 이에미쓰가 기리시탄 금제를 철저히 하는 동시에 일본인의 타국 왕래 금지·무역 통제·무구武具 수출 금지에 관한 제 정책을 강화하고

---

*) 규슈대학 비교사회문화연구원 준교수 | 일본근세사
1) 시즈키 다다오(1760~1806) : 일본 체류 경험이 있는 켐퍼(Engelbert Kämpfer, 1651~1716)의 연구서 『일본지(日本誌)』를 번역하고 1801년에 『쇄국론』을 저술했다.

포르투갈 세력을 추방한 것은 사실이다. 이들 정책을 이전과 같이 '쇄국령'[2])으로 이해하는 것은 부적절한데 마쓰카타 후유코松方冬子는 이를 '간에이 쇄국'이라 부르기도 한다.

한편 전술한 통신·통상 대상을 네 나라로 한정한다고 막부가 명언한 것은 의외로 근세 후기였다. 러시아 남하에 대응하는 가운데 막부 초기부터의 조법祖法으로 재검토한 결과로, 후지타 사토루藤田覺는 이를 '쇄국조법'관[p.330]이라 이름 붙였고 마쓰카타는 '간에이 쇄국'과 대비해 '막말 쇄국'이라 칭하였다.

(3) 해금과 일본형 화이질서

해금·일본형 화이질서론은 근세 대외관계를 국가가 외교를 독점하고 인민의 해외 도항이나 무역을 제한하는 해금정책 차원과 국가가 자국을 중심으로 외국과의 관계를 구축하는 화이질서 차원으로 나뉜다. 전자는 동아시아에 널리 보이는 대응이라는 점, 후자는 일본의 경우 천황을 받드는 무위武威의 나라라는 자의식이 현저했음을 지적하는 자극적인 제기이다.

이에 반해 해금[3])은 본래 명나라가 채용한 정책을 가리키는 용어로 일본사에 안이하게 적용할 수 있는 것은 아니라는 견해가 있다. 일본형 화이질서에 관해서는 아사오 나오히로朝尾直弘가 사용한 일본형 화이華夷의식[4])과는 다른 개념인 점에 주의가 필요하며 질서라 부를 정도의 실태가 있는가(의식에 불과한 것인가)를 볼 필요도 있다. 이처럼 해금과 일본형 화이질서라는 두 용어가 최적인가에 관해서는 논의가 있는데, 아라노 이전에는 국내에서 완결되지 않은 다양한 사항을 '쇄국'이라는 말로 안주시켜 논하는 경향이 있었음을 생각하면 두 차원으로 해체해 정리한 아라노의 설명에는 의의가 있다. 또한 '쇄국'을 해금이라 바꿔 말한 것이 아라노설이라고 단순화하는 경향도 있지만 이는 오해로 어디까지나 아라노는 해금과 일본형 화이질서라는 두 개념으로 '쇄국'을 바꿔 읽고자 한 것이다.

(4) '네 개의 창구'론의 현재

근세 일본이 열려 있었다는 측면에서 보면 '네 개의 창구'는 중요한 개념이다. 나가사키는 막부의 직할지였다는 특징이 있고 당선唐船과의 무역, 데지마에서 네덜란드 상관과의 무역이 이뤄졌다. 다른 세 창구는 다이묘가 관리했다. 마쓰마에에서는 마쓰마에번이 아이누와 접점을 가졌고 근세 후기에는 러시아 세력의 남하에 따라 중요성이 증대했다. 쓰시마에서는 조선과의 외교관계를 쓰시마번이 담당해 고려인삼 등 수입 창구가 되었다. 또한 사쓰마를 통해서는 류큐, 나아가서는 중국과 연결이 되었다.

---

2) '쇄국령'(의 부정): 제1~5차 쇄국령이라 통칭되어 온 것 중에 제1~4차는 로주가 나가사키부교에게 업무 내용을 하달한 명령문(下知狀)이고, 다이묘에게 직접 내려진 것은 아니기 때문에 문서 양식·기능상 '쇄국령'이라 간주할 수는 없다.

3) (중국사에서의) 해금: 명나라가 채용한 해금정책을 일본근세사에 맞추어 이해하고자 할 경우 일본에서는 기리시탄 금제에 종속하는 형태로 왕래·무역이 제한되었다는 점에 주의가 필요하다.

4) 일본형 화이질서와 일본형 화이의식: 아라노 야스노리는 천황의 존재를 근거로 한 화이질서가 설정되었다고 본다. 한편 아사오 나오히로는 병(兵)의 농(農)에 대한 지배를 뒷받침하는 '무위'에 기반을 둔 화이의식을 상정한다.

이러한 설명은 상식화되고 있지만 최근에는 각 번이 가진 독자적인 논리를 막부에 청원한 내용을 바탕으로 밝혀 나가는 작업이 진행되고 있다. 또한 '네 개의 창구'에 들어가지 않는 번들, 예컨대 나가사키 데지마로 옮기기 이전 네덜란드 상관이 있었던 히라도번平戶藩의 대외 의식을 다룬 연구가 있다. 나아가 네 창구 간의 관계나 막부가 바라보는 조선과 류큐의 상대적 위치라는 점에 관해서도 연구가 깊어지고 있다.

(5) 향후의 방향

기리시탄 금령에 기반을 둔 '간에이 쇄국'과 통신·통상국 이외 나라와는 관계를 갖지 않는다는 '막말 쇄국'은 시기도 정책의 목적도 다르지만 여기에 어떠한 관련성이 있을까? 혹은 양자의 매개항은 있을까? 이러한 고찰은 근세 전기 중심의 해금·화이질서론에서 시기적 변천도 포함해 근세 대외정책을 총체로서 심화해 가는 입론으로도 이어질 것이다.

그때 '네 개의 창구'마다의 차이나 공통점을 막부를 포함해 각 담당자의 의도에 유의하면서 밝혀내고 어떻게 총합하여 이해할 것인가가 핵심이 될 것이다. 또한 아라노가 최근 특히 강조하듯 '쇄국'의 재검토는 곧 '개국'의 실태를 되묻는 것으로도 이어질 것이다. 이른바 연구자의 '쇄국' 상태를 타파하고 근세 전기와 후기의 대화를 진행해 나감과 동시에 그 사이에 위치한 중기의 연구 축적을 늘려갈 필요가 있을 것이다.

> **탐구 포인트**
> ① '쇄국'과 해금·일본형 화이질서 중 어느 쪽의 용어가 적합할까?
> ② 근세 일본이 채용한 대외정책의 보편성과 특이성은 무엇일까?
> ③ '네 개의 창구'의 개별 연구를 바탕삼아 어떻게 이를 총합화할 것인가?
> ④ '쇄국'이 아니라고 한다면 '개국'이란 무엇일까?

참고문헌

朝尾直弘아사오 나오히로 『日本の歷史 17 鎖國』 小學館, 1975.
山本博文야마모토 히로후미 『鎖國と解禁の時代』 校倉書房, 1995.
池內敏이케우치 사토시 『大君外交と「武威」』 名古屋大學出版會, 2006.
鶴田啓 『對馬からみた日朝關係』 山川出版社, 2006.
吉村雅美 『近世日本の對外關係と地域意識』 清文堂, 2012.
檀上寬단조 히로시 『明代海禁=朝貢システムと華夷秩序』 京都大學學術出版會, 2013.
松方冬子마쓰카타 후유코 「2つの「鎖國」」 『洋學』 24, 2016.
木土博成 「朝鮮·琉球國の地位の變遷と確定」 『歷史評論』 820, 2018.
荒野泰典아라노 야스노리 『「鎖國」を見直す』 岩波書店, 2019.

06. 에도 막부에 의한 조정의 위상
막부는 근세의 조정에 무엇을 바랐을까

무라 가즈아키 村和明*⁾ 집필 / 황수경 번역

관련항목: II-17[p.188] III-2[p.242] III-32[p.332]

〔논의의 배경〕

에도 시대 조정의 위상에 대하여 생각하기 위해서 우선 천황이 관위를 수여한다는 고대 이래의 관행을 막부가 이용하는 구조, 이른바 '무가관위武家官位'1⁾를 살펴보자. 난부南部 번 9대 번주 도시카쓰利雄의 세자 난부 도시노리南部利謹는 1761년(호레키寶曆11) 12월 18일에 제대부諸大夫에 보임한다는 쇼군의 명을 에도 성중에서 로주老中로부터 전달받았다. 난부가는 성명서姓名書2⁾ 등의 서류를 작성하여 다음해 호레키 12년 1월 쇼군이 천황에게 보내는 연하사年賀使3⁾ 오다 노부요시織田信榮에게 맡겼다. 조정은 이것을 수령하여 공식서류(위기位記・선지宣旨・구선안口宣案)4⁾를 작성했다. 오다는 에도로 돌아왔고 2월 18일 이 서류들을 난부가에 전했다. 조정이 작성한 서류의 날짜가 조정에서의 수속일이 아닌 에도 성에서 전달된 1761년 12월 18일이라는 점은 중요하다. 또한 1762년 연두年頭 에도 성중의 의례에서는 조정이 서류를 작성하기 전이지만 난부 도시노리는 이미 제대부로서 대우받았다. 즉 그에게 무가관위를 수여한 자는 쇼군이고 천황・조정은 형식적인 서류를 갖추는 존재인 점이 명시되어 있었다. 이것은 근세의 통상 수속이었다.

다음으로 조정 내부의 대립 사례로부터 조정이 막부를 바라보는 시선을 보자. 1678년 좌대신 고노에 모토히로近衛基熙는 친하게 지내는 렌가시連歌師를 통해서 센다이仙臺 번주 다테 쓰나무라伊達綱村에게 부탁하여, 쓰나무라의 장인인 로주 이나바 마사노리稻葉正則에게 밀서로 조력을 구했다. 모토히로는 조정운영5⁾이 레이겐靈元 천황의 자의로 이루어져 관백關伯・삼공三

---
*⁾ 도쿄대학대학원 인문사회계연구과 준교수 | 일본근세사
1) 무가관위: 근세에서는 7단계로 아래부터 포의(布衣)・제대부(諸大夫)・사품(四品)・시종(侍從)・소장(少將)・중장(中將)・참의(參議) 이상. 최상층은 도쿠가와 쇼군가가 독점했다. 무가사회의 서열에서 쇼군과의 친소나 영지의 대소와 함께 중요했다.
2) 성명서: 관위신청자의 성명을 적은 서류. 공가(公家)라면 고오리가미(小折紙)라는 신청서류에 해당하는데, 무가관위의 경우 쇼군의 명을 받은 일시도 기록하고 있다.
3) 쇼군이 천황에게 보내는 연하사: 매년 신년인사를 위해 보냈던 관례적인 사자(使者).
4) 위기・선지・구선안: 위기는 위계를 수여할 때의 정식 사령(辭令)으로 율령국가 이래의 서식. 선지는 천황의 뜻을 전하는 고대 이래의 문서. 구선안은 사무담당자의 비망록이었는데 헤이안 중기경부터 정식화되었다. 근세 무가관위에서도 이 3종이 정식 서류였다.
5) 조정운영: 조정이라는 집단 내부의 통치. 번에서는 번정 등에 가까운 내용을, 조정에 대해서는 정치라고 하지 않고 조정운영이라고 부르는 경우가 많다. 무가의 그것과는 영민의 지배를 포함하지 않는 점 등에서 크게 다른 부분도 있다.

公6)이 경시되는 현상을 호소하고, 자신은 로주 이나바를 뒷배삼아 조정을 전단專斷하려고 한 것은 결코 아니고 "관위·봉록은 공무公武의 어은御恩"이기 때문에 조정을 위해서는 물론 영지(봉록)를 수여해주는 쇼군을 위해서도 가만히 있을 수 없다고 서술했다. 더욱이 조정에 대한 쇼군의 수고는 충분하지만 "지금 가장" 조정의 풍습風儀이 좋게 되기를 바란다고 넌지시 쇼군의 관여를 구했다. 한편 다른 한쪽의 레이겐 천황은 이 이후에도 조정에 오랫동안 군림했는데 마지막 해인 1732년에 숭경하는 시모고료샤下御靈社에 자필의 원문願文을 바쳤다. 원문에는 삼대가 거듭하여 섭관이 되어 있는 '사곡私曲[사익을 위해 왜곡하는]사녕邪佞[사악하고 부정한]의 악신惡臣' 즉 고노에 가(모토히로·이에히로家熙·이에히사家久)를 신력으로 빨리 물리치기를 바라고 있다. 또한 쇼군 요시무네吉宗의 조정을 중시하는 마음이 한층 '깊어深切'져서 빨리 '그 악신'을 물리치기를 이라고 적었다. 천황가와 섭관가라는 조정의 최상층은 각각이 바라는 조정운영의 실현을 위해 막부에 기대하고 있었고 그들에게는 쇼군이 조정에 결정적으로 관여할 수 있는 것은 대전제였다.

〔논점〕

(1) 막부에 의한 조정의 전통적 기능 이용

도쿠가와 이에야스는 도요토미 히데요시에 이어서 관위제도를 다이묘의 서열화에 이용하고 「금중병공가중제법도禁中幷公家中諸法度」7)에서 무가·공가의 관위 구별을 명확히 정했고 위에서 본 것과 같이 실질적으로는 막부의 제도로 삼았다. 이 외 천황이 전통적으로 수행해온 기능으로는 원호元號·역曆의 제정,8) 대사사大寺社에 여러 가지 기도를 명하는 것 등이 근세에도 기능하고 있었다. 이러한 전통적인 국가다운 의례가 에도 막부의 승인과 지원, 감독 하에서 이루어졌고, 이것은 막부가 일본의 전통을 이어받은 정당한 지배자임을 상징하게 되었다.

(2) 막부의 지원·통제 하에서의 조정운영

히데요시에 이어 이에야스는 무사만이 아닌 사사寺社와 조정에 대해서도 영지를 할당하는 대신, 역할을 부여하고 법도로 지배하는 통일적인 체제를 완성했다. 앞서 본 대로 근세의 조정이 수행한 역할은 무사가 영지의 대가로 전투나 정치를, 사사는 기도를 한 것과 비슷했다. 전국시대의 조정은 쇠미가 극에 달하여 교토京를 벗어나 전국 다이묘를 의지하거나 무사화하거나 하는 공가도 나왔다. 공가들이나 천황가가 통일정권으로부터 영지를 보장받는 것으로 근세의 안정된 조정이 성립되었다고 할 수 있다.

막부는 조정이 기대대로 기능하고 있는가에 주의하고 있었다. 막부의 서일본 지배 중심

---

6) 관백·삼공: 삼공은 좌대신·우대신·내대신. 차츰 오섭가(五攝家)가 독점했다. 중대한 결정에 관여하였다.
7) 금중병공가중제법도: 1615년 이에야스·히데타다, 관백(발포 시)의 연서로 발령. 천황가 이외의 존재가 천황의 바람직한 자세를 명문으로 정한, 일본사 상 획기적인 법령. 현재에서는 내용이 조정의 전통을 배려하고 있는 면이 중시되어 예전과 같이 막부가 천황을 억압한 것이라고 이해하지 않는다. 공가'중'이라는 것도 근년의 설
8) 원호·역의 제정: 원호를 고치는 이른바 개원(改元) 외 역을 고치는 것도 근세에는 수차례 행해졌다. 막부의 주도성이 강했는데 원호·역의 명칭 등에서는 조정의 의향도 일부 반영되었다.

지였던 교토에는 로주에 다음가는 중직인 교토쇼시다이京都所司代가 있어, 직무의 하나로 조정의 동향을 파악하고 교섭을 행하며 필요에 따라 개입하고 있었다. 그 아래에는 어소御所에 상주하는 쓰키부케付武家나 교토마치부교京都町奉行·교토다이칸京都代官 등의 막신幕臣이 있어 경비나 감시, 조정의 재정9)에 관여했다. 막부는 공가 중에서 섭관을 배출하는 오섭가에 큰 영지를 주었고 또한 무가전주武家傳奏·의주議奏에게는 재직중 역료役料를 지급하여 그들에게 천황을 지지하고 조정의 중심이 되도록 요구했으며 문제가 생길 때에는 책임을 물었다. 조정 내부의 문제라도 중요한 것은 사전에 막부와 상담할 것을 요구했다. 무엇을 상담할 것인가에 대해서는 모모조노桃園 천황이 부친 사쿠라마치櫻町 천황으로부터 전해 받은 내용을 자필로 써서 남겼는데, 대신大臣 이상의 승진, 승려에게 자의紫衣를 내리는 것, 공가의 양자에 의한 상속을 인정하는 것, 임시 의식이나 두절된 의식을 재흥하는 것 등이 해당되었다. 또한 천황의 교체는 삼공과 상담한 다음에 막부와 상담하는 것으로 이해하고 있었다.

(3) 조막관계 파악 방법의 변천

조정과 막부의 관계를 파악하는 방법은 역사학의 발전 속에서 크게 변화해왔다. 전전에는 막말유신기의 인식을 이어받아 본래 군주인 천황을 막부가 억압하고 있다고 파악했다. 전후까지도 일단 천황·조정은 근세에 중요하지 않았다고 간주되었으나 뒤에는 국가적인 지배 구조의 중요한 일부라고 생각하게 되었다. 최근에는 근세의 조정은 막부에 대항할 수 있는 통합된 정치세력이 아닌 막부의 승인과 지원을 전제로 성립한 근세적인 집단이고, 메이지유신에서 막부와 함께 해체되었다고 간주하게 되었다.

> **탐구 포인트**
> ① 천황·조정의 근세단계에서의 특징이란 어떤 것일까?
> ② 근세의 국가·사회에서의 천황·조정의 위치·역할·사람들의 이해, 그 변화란 어떤 것일까?
> ③ 과거를 보는 틀과 동시대의 영향이란 어떤 것일까?

참고문헌

三上參次『尊皇論發達史』富山房, 1941.
橋本政宣 編『近世武家官位の研究』續群書類從完成會, 1999.
藤田覺『近世天皇論』淸文堂, 2011.
村和明『近世の朝廷制度と朝幕關係』東京大學出版會, 2013.
高埜利彦『近世の朝廷と宗教』吉川弘文館, 2014.
佐藤雄介『近世の朝廷財政と江戶幕府』東京大學出版會, 2016.
山口和夫『近世日本政治史と朝廷』吉川弘文館, 2017.

---

9) 조정(의) 재정: 협의로는 천황·상황(上皇)의 어소(御所) 회계를 가리킨다. 그들의 영지를 막부 다이칸(代官)이 지배하고 있었기에 막부로부터의 자립성은 낮았고 특히 18세기 후반부터는 막부 간조쇼(勘定所)의 지배가 진행되었다. 막부는 필요하다고 판단하면 재정지원을 했다. 조정의 재정문제란 거의 검약이나 막부와의 교섭이었고, 막부나 번과 같은 재정개혁은 이루어지지 않는 구조였다.

07. 막번권력의 사사 지배
막부는 어떻게 사사를 지배했는가

호자와 나오히데(朴澤直秀*) 집필 / 황수경 번역

관련항목: II-15[p.182] II-24[p.209] III-2[p.242] III-24[p.308]

〔논의의 배경〕

막번권력은 어떻게 사사를 지배[1]했는가? 큰 틀에서 막부에 의한 승려·신직神職 등의 종교자 지배는 각각 집단·조직마다의 통제를 기본으로 했다. 다만 그러한 큰 틀의 공통성에 대해, 예를 들면 불교의 '본산本山'과 다른 종교의 '본소本所'[2]의 차이 등 구체적인 상이점에 대해서는 더욱 구명해야 할 점이 있다. 사원·승려와 신사·신직에 대한 막부의 통제·편성 방식은 크게 다르다.

〔논점〕

(1) 사원의 편성

막부는 불교교단에 대해서 기존의 교단이나 유력 사원마다, 대체로 각각의 기존 질서나 관습에 의거하여 파악하는 방책을 취했다. 막부는 게이초慶長 말년부터 겐나元和 초년에 걸쳐서(1614·1615년 전후) 개개의 유력 사원이나 교단에「사원법도寺院法度」라고 총칭되는 제법도諸法度를 개별적으로 공포했는데, 그것들은 유력 사원이나 교단에 각각 원안을 제출하게 하여 그것에 의거하여 교부한 것이었다.

또한 막부는 전국적인 교단조직에 자주「본말장本末帳」이나「말사장末寺帳」등이라는 말사의 가키아게書上를 제출하게 했다. 사원 중에는 본말관계가 분명하지 않은 것도 있었는데, 이러한

---

*) 도요대학 문학부 교수 | 일본근세사

1) 사사지배(의 연구): 사사지배에 관한 연구는 전전부터 이루어졌다. 특히 사원에 대해서는 쓰지 젠노스케(辻善之助)에 의한, 전전의 강의록을 바탕으로 한『일본불교사(日本佛教史)』근세편의 방대한 사료에 기반을 둔 실증적 성과가 지금도 가치를 잃지 않고 있다. 또한 이 책에서의 사단(寺檀) 제도나 본말(本末) 제도를 교단의 안주(安住)·형식화의 근원이라고 간주한 '불교의 형식화'론 내지 '근세불교 타락론'은 지금까지 큰 영향을 주고 있다. 그 후 '근세불교 타락론'에 대한 비판·계승 두 입장에서 특히 사원 출신의 연구자를 중심으로 사원지배에 관한 연구가 진행되었다. 한편 패전 후 전전·전쟁기의 국가와 강하게 결합하고 있던 신사에 관한 연구는 그에 비하면 정체되었다. 1970년대 말부터 80년대 초반에는 다카노 도시히코(高埜利彦)에 의한 사원·신사·슈겐(修驗)을 포괄한 '본말체제론'의 제기나 소마다 요시오(杣田善雄)에 의한 근세 전기의 막부에 의한 사원행정의 전개에 관한 연구보고 등 막번제 국가에서의 종교 통제의 자리매김을 묻는 연구가 나왔다. 이후 불교사 등의 분야사에 한정되지 않고 사사지배에 관한 연구가 진행됨과 동시에 불교관계에 그치지 않고 종교시설·종교자의 지배에 관한 연구도 왕성히 이루어지게 되었다. 90년대 이후의 연구에는 특히 사회집단론이나 신분적 주연론(周緣論)의 영향, 실태에 들어맞는 구조적 파악의 정밀화 경향이 보인다.

2) 본소: 근세에는 지배하의 종교자에게 면허장[許狀]을 발행하기도 하여 종교자임을 보증했고, 이들을 지배하는 공가 등을 본소라고 불렀다.

본말장 편성의 기회나 경우에 따라서는 데라우케^{寺請} 제도를 정비할 때에 본말관계가 확정되었다. 그러나 절에 따라서는 본말관계가 설정되지 않았거나 애매함을 보이는 것도 남아있었다. 또한 무가나 지역 유력자 등의 대단나^{大檀那}나 무라·마치^町 등의 영향력을 강하게 받는 절도 있었다.

　　막부와의 창구나 교단 내 행정의 중심이 된 시설로서 간분기^{寬文期}(1661~73)까지 전국적 교단조직인 후레가시라^{觸頭3)}(에도후레가시라^{江戶觸頭})가 성립했다. 막부로부터의 포고^觸 등은 에도후레가시라를 통하여 교단에 전달되었고, 여러 교단으로부터의 정보도 에도후레가시라를 통하여 막부에 전달되었다. 한편 국國·군郡이라는 영제^{令制}의 구조나 번령^{藩領} 등의 지배 구조에서 구니후레가시라^{國觸頭}나 로쿠쇼^{錄所}라고 불리는 사원이 설치되는 경우가 있어 지역적으로 사원을 통할했다. 지역적인 교단조직과 번이나 막부 다이칸 등과의 교섭은 이 구니후레가시라 등을 통해서 행해진 경우가 많았다.

(2) 승려의 통제와 격식

　　사원·교단별「사원법도」의 많은 경우나 1665년에 나온 전 종파공통의「제종사원법도^{諸宗寺院法度}」에는 승려의 수학^{修學}·수행에 관한 규정이 보이고 승려의 이른바 '질보증^{質保證}'이 각 교단에 요구되고 있다. 불교교단의 많은 곳에서는 교학기관(단린^{檀林}·단린^{談林4)} 등)이 정비되어 그곳에서의 면학^{勉學}연수가 주지^{住職} 자격과 연결되기도 했다.

　　한편 승려의 위계·관직(승위^{僧位}·승관^{僧官})이나 상인호^{上人號} 등은 본래 교단이나 막부가 아닌 천황으로부터 보임되는 것이다. 다만 일정 정도의 관위까지는 천황의 영선지^{永宣旨}에 의해 몬제키^{門跡5)}에게 보임권이 허가되었다(영보임^{永補任}). 또한 영보임이 인정되지 않는 관위에 대해서는 중개 가능한 공가(사사전주^{寺社傳奏})나 몬제키의 중개를 통해 칙허를 받을 필요가 있었다. 영보임을 인정받고 있는 몬제키 사원은 천태종^{天臺宗}·고의진언종^{古義眞言宗}·법상종^{法相宗}에 한정되었고, 다른 종파에서는 종파를 넘어서 몬제키 사원들로부터 직접 혹은 중개를 통해 보임을 받은 승려도 있었다. 또한 승려 대부분이 승위·승관을 가지지 않는 종파도 있었다.

(3) 신사·신직의 편성

　　신사에 대해서는 각각의 신직이 봉사하는 신사에 즉응하여 각지에 지역적인 신직조직이 형성되었다. 그러한 조직은 앞서 서술한 불교교단의 구니후레가시라에 해당하는 지역 조직의 후레가시라를 가진 경우가 많았다. 그러나 그들은 통일적인 제도 하에 설치된 것은 아니고 또한 전국 규모의 불교교단과 같은 전국적인 편성은 이루어지지 않았다. 더욱이 극히 국소적인

---

3) 후레가시라: 에도후레가시라는 많은 경우 교단의 교단행정기구의 정점이 됨과 동시에 막부와의 창구가 되었다. 구니후레가시라·로쿠쇼는 막번영주 또는 본산의 주도에 의해 설치 내지는 지정되었다. 구니후레가시라·로쿠쇼가 설치되지 않고 지역적인 본말조직에서의 본사, 가미카타(上方)의 본산이나 그 탑두(塔頭) 등이 그 기능을 하는 경우도 있었다.

4) 단린·단린 : 종파에 따라서 차이가 있었는데 전국에서 승려가 모이는 것을 전제로 한 것과 지역레벨의 것이 있었다. 면학연수의 증명서 발행도 했던 종파에 따라서는 단린·단린에서 배우는 것이 반드시 중요해지는 않았다. 또한 자체 교학기관을 가지지 못한 종파도 있었다.

5) 몬제키: 황족이나 섭가(攝家)의 자제 등이 주지가 되는 특정 사원이나 그 주지자리를 가리킨다.

본사—말사·섭사攝社 관계는 있을 수 있었지만 사원 본말조직과 같은 망라적인 본사—말사의 위계구조 같은 것은 없었다. 또한 원칙적으로는 주지가 있는(실제로는 주지 없는 사원도 어느 정도 있었다) 사원과 달리, 중소 신사에서는 전업 신직을 두지 않는 경우가 많았다.

신직에 관하여는 제종사원법도와 동시기에 나왔던 제사네기칸누시법도諸社禰宜神主法度(신사조목神社條目)에서는 신직이 위계를 받을 경우 신사전주神社傳奏가 오래전부터 있으면 그의 중개를 받을 것, 무위無位의 사인社人이 하쿠초白張(시라하리)[흰 승복]라는 장속裝束 이외의 옷을 입을 때는 요시다가吉田家의 허장許狀을 받을 것으로 정했다. 이에 따라 많은 신직이 요시다가를 본소로 하여 그 아래로 들어가게 되었다. 그에 따라 요시다가에 의한 신직 지배가 진전되어 에도후레가시라에 해당하는 역소役所도 설치되었으나 요시다가의 지배가 망라한 것은 아니었다. 요시다가의 움직임을 이어받아 1782년에는 제사네기칸누시법도가 다시 포고되었는데 한편에서는 시라카와가白川家가 요시다가에 대항하는 신직의 본소로서 대두했다.

(4) 종교시설의 직접 파악

교단 단위 혹은 본소를 통한 지배에 더하여 지역적인 영주 권력이나 일정 정도의 광역권을 지배하는 막부 기관 등이 사사와 같은 종교시설을 직접 파악하기도 했다. 그중 하나로 검지장에 종교시설의 토지를 등록하거나 무라명세장村明細帳 등에 종교시설을 기입하여 파악하였다. 또한 영주나 막부 기관을 주체로 하여 특정한 관할 지역의 「사사장寺社帳」등이라는 것도 작성했다. 대체로 종교시설은 막번영주의 영유지 내에 존재하여(스스로가 사사영주인 경우도 있지만) 그 토지의 전답이나 저택부지 등 다른 용도와 경합하거나, 종교 시설 내에 '치안을 어지럽힐' 가능성이 있는 인물이 종교자나 체재자로서 존재할 염려도 있어 막번 영주의 직접적인 관리·규제를 필연적으로 받았다.

탐구 포인트

① 막번권력에 의한 사사의 파악·통제를 둘러싸고 어떤 과제가 있었는가?
② 종교자·종교시설의 지배는 지배대상에 따라서 어떤 차이가 있었는가?
③ 막번권력의 사사지배 변천과 그 요인은 어떻게 파악할 수 있을까?

참고문헌

高埜利彦『近世の國家權力と宗教』東京大學出版會, 1989.
井上智勝『近世の神社と朝廷權威』吉川弘文館, 2007.
井上智勝「近世の神職組織」『國立歷史民俗博物館硏究報告』148, 2008.
朴澤直秀『近世佛敎の制度と情報』吉川弘文館, 2015.
朴澤直秀「新地建立禁令をめぐって」『佛敎史學硏究』60(1), 2017.

08. 기리시탄과 과학 전래
선교사는 왜 서양과학을 소개했으며 어떻게 수용되었는가

히라오카 류지平岡隆二*) 집필 / 황수경 번역

관련항목: II-10[p.167] III-5[p.251] III-26[p.314]

〔논의의 배경〕

근세 초기 일본에 처음으로 전래된 유럽의 과학기술 중, 특히 기리시탄 포교를 통해서 소개된 천문학·우주론 지식은 지금까지 주로 일본의 과학이나 문화의 근대화에의 공헌이라는 관점에서 평가·서술되어왔다. 전달자인 예수회[1] 선교사들은 일본 과학의 선구자로서 그려졌다. 받는 이였던 일본의 위정자나 학자들도 그 지식을 얼마나 빨리 정확하게 이해했는가라는 관점에서 평가받았고 그것에 들어맞지 않은 인물이나 저작은 '비과학적'이라고 간주되거나 혹은 무시당하곤 했다. 그러한 이해 방식이나 역사서술의 틀은 과연 적절할까?

〔논점〕

(1) 데우스로의 길

예수회가 서양우주론을 포교활동에 도입한 배경에는 당시 일본인에게는 친숙하지 않은 기독교의 유일창조신인 '데우스(신)'의 존재를 효과적으로 전도한다는 명확한 목표가 있었다. 서양의 자연신학自然神學[2]의 전통에서는 자연(피조물)이란 신이 엮은 한 편의 책과 다름이 없고 그 책을 읽고 이해하는 것으로 신의 위업御業을 이해하는 것이 가능하다고 생각되었다. 선교사는 특히 세례 지원자들에게 자연계에서 보이는 질서나 조화로부터 데우스의 존재를 이끌어내는 논법을 사용하고 우주론은 그것을 설득력 있는 형태로 전개하기 위한 '영적 도구'로서 도입되었다고 할 수 있다. 즉 선교사들의 진짜 목적은 과학지식의 소개가 아니라 자연의 사물을 통해서 초자연적인 존재(데우스)를 전하는 것에 있었다. 그것은 일본인의 자연인식 변화나

---

*) 교토대학 인문과학연구소 준교수 | 과학사·동서교류사

1) 예수회(와 과학): 1540에 공인된 로마 가톨릭 교회의 수도회. 1549년에 시작되는 일본포교를 통해서 천동설이나 대지구체설(大地球體說, 지구설) 등 16세기 서양우주론을 소개했다. 고전적인 연구로 에비사와 아리미치(海老澤有道), 『남만학통의 연구(南蠻學統の研究)』(創文社, 1958), 일본학사원(日本學士院) 편, 『메이지 전 일본천문학사(明治前日本天文學史)』(日本學術振興會, 1960) 등이 있다.

2) 자연신학: 신의 실재를 이성의 능력이나 자연계에서 보이는 질서·법칙 등을 통해서 추구하려고 하는 기독교 신학의 일부문. 芦名定道『自然神學再考』晃洋書房, 2007. 일본포교에서 이용된 자연철학적인 논법과 텍스트에 대해서는 다음을 참조. 折井善果 編著『ひですの經』教文館, 2011; 平岡『南蠻系宇宙論の原典的研究』花書院, 2013.

지리정보의 확대에도 분명히 기여했을 터이나 과학과 종교가 복잡하게 뒤얽히는 서양의 지적 전통을 배경으로 가지고 있었음을 간과할 수 없다.

(2) 서양 코스몰로지의 다양한 문맥화

선교사가 가져온 우주론 텍스트(남만계南蠻系 우주론서[3])는 금교禁教 후에도 기독교적인 언사가 제거된 일본어 저작으로서 살아남아 에도 시대에 유통되었다. 그 프로세스는 새로운 이론에 의한 구래 이론의 전면적인 갱신이 아니었고 또한 양자의 단순한 병존도 아닌, 서양의 우주론을 어떻게 동아시아 과학의 문맥으로 소화할까라는 작업과 직결된 것이었다.

예수회는 라틴어 우주론 교과서『천구론天球論』De sphaera을『스헤라의 발서スヘラの拔書』로 일본어 번역을 하면서 원전의 전문용어를 음역하는 방침을 취했는데(예를 들면 'planeta'[혹성]를 '파라네타パラネタ'로), 천문·기상이론의 번역에 동아시아 독자의 '기氣' 개념('양기', '습기' 등)을 사용할 수밖에 없었다. 금교 후에 그 텍스트에서 기독교적 요소를 제거하고 만든『이의약설二儀略說』(17세기 성립)에서는 전문용어도 모두 한어화漢語化 했는데 그것은 이 새로운 코스몰로지를 동아시아 과학의 술어나 개념을 통해서 자신의 것으로 삼는 시도나 다름없었다.

전 선교사인 사와노 주안澤野忠庵(크리스토방 페레이라Cristóvão Ferreira)이 번역한『건곤변설乾坤辨說』(17세기 중엽 성립)에도 서양설을 중국의 음양오행설이나 운기론(오운육기설五運六氣說)을 통해서 번역·해설하려고 하는 경향이 보인다. 특히 마찬가지로 주안의 역고에서 유래한『남만운기론南蠻運氣論』(17세기 중엽 성립)의 본문에는 운기론적인 개변·주석이 농후하게 달려있어, 같은 책을 입수한 후대의 학자들은 그것을 서양의 번역서가 아닌 일본인 의사의 저작이라고 볼 정도였다. 이 텍스트들이 기리시탄이라는 태생에서 벗어나 새로운 해석이나 의미를 부여받으면서 자립적으로 유통된 프로세스는 단순한 근대화론으로는 파악할 수 없는 동서 과학의 '대화'의 역사를 보여준다.

(3) 시계 기술의 전래와 월경

선교사가 가져온 서양의 문물 중에서도 기계 시계와 그 기술은 그 후 일본 사회에 큰 영향을 미쳤다. 일본인이 시계에 보이는 강한 관심에 주목한 예수회는 그것을 포교의 도구로서 활용할 뿐만 아니라 그 기술 교육에도 몰두하여 적어도 17세기 초엽에는 일본인 공장工匠에 의한 국산화를 실현시켰다. 이후 성립한 와도케이和時計[4]의 원류는 그 기술교육에 있었다고 여겨진

---

[3] 남만계 우주론서: 기리시탄 포교에서 유래하는 서양 천문학·우주론 텍스트의 총체를 가리킨다. 크게 두 가지 텍스트 계통이 존재하는데, 하나는 일본 예수회의 교리교과서『요강(要綱)』에서 유래하는 계통(『天球論』『スヘラの拔書』『二儀略說』등), 또 다른 하나는 사와노 주안(澤野忠庵)의 번역에서 유래하는 계통(『乾坤辨說』『南蠻運氣論』『天文備用』등)이다. 근년 발견된『스헤라의 발서(スヘラの拔書)』에 대해서는 스벤 오스터캄프(Sven Osterkamp) 의 이하 보고(독일어)를 참조할 것. 'Zum Wolfenbütteler Manuskript der jesuitischen Compendia der *Philosophie, Theologie und Kosmologie* in japanischer Übersetzung' https://www.hab.de/eine-wiederentdeckung-in-der-herzog-august-bibliothek/ (2021년 3월 1일 엑세스)

[4] 와도케이: 서양 시계 기술을 기반으로 일본의 부정시법(不定時法)에 대응하는 독자적인 구조·기구를 갖춘 기계시계. 현존 최고(最古)라고 여겨지는 전세품(傳世品)에는 1659년의 명문[銘]이 있다. 와도케이의 원류가 예수회의 기술교육에 있었다는 것은 근년 문헌·기물의 양면에서 지적되고 있다. 佐々木勝浩·近藤勝之「平山武藏作天文表示一挺天符櫓時計」『國立科學博物館研究報告-E類理工學』38, 2015; Ryuji Hiraoka,

다. 17세기 후반 와도케이는 새로운 산업으로서 자립하는 데까지 발전하여 도키노카네^{時の鐘}[시각 알림 종]가 전국적으로 보급됨에 따라 근세인의 생활이나 노동과 깊이 관련되었다. 또한 시계기구機構는 17세기 중엽부터 천문모형이나 태엽장치의 동력원으로 이용되었고 그것들은 다이묘부터 서민에 이르기까지 광범위한 계층·신분의 사람들의 관심을 모았다. 서양의 기술지技術知는 나라나 문화의 차이뿐만 아니라 사회적인 계층이나 신분의 차이까지도 용이하게 경계를 넘었다.

이리하여 남만 도래의 과학기술은 기존의 지식이나 사회 사이에서 여러 가지 이종교배나 화학반응을 발생시키면서 근세 사회로 들어가게 되었다. 그 만남과 융합의 프로세스는 '과학'을 번역하여 자기의 것으로 하는 작업이 가지는 다양성을 보임과 동시에 복수의 '과학'이 하나의 책이나 사회 속에 공존하는 가능성도 보이고 있었다. 앞으로의 연구에서는 이러한 다원중층적인 자연인식의 형성과정을 구조적으로 파악하기 위한 새로운 사학사^{historiography}가 요구될 것이다.

> **탐구 포인트**
> ① 서양의 과학기술은 근세사회에서 어떻게 수용되었고 또한 변용되었는가?
> ② 근세의 사람들은 어떠한 방법이나 텍스트에 의거하여 자연을 인식하고 있었는가?
> ③ '과학'이라는 단어를 어떻게 정의해야 할까?

참고문헌

尾原悟「キリシタン時代の科學思想」『キリシタン研究』10, 1965.

渡邊敏夫,『近世日本天文學史』上·下, 恒星社厚生閣, 1986~87.

平岡隆二『南蠻系宇宙論の原典的研究』花書院, 2013.

平岡隆二「アリストテレスを運氣論で讀み解く」『天と地の科學』, 京都大學人文科學研究所, 2019.

平岡隆二·クリストファーカレン「ジュネーブ天儀」『洋學』26, 2019.

平岡隆二「キリシタンと和時計關連史料」『近世日本のキリシタンと異文化交流』科學研究費中間成果報告書, 2021.

"Jesuits and Western Clock in Japan's 'Christian Century'", *Journal of Jesuit Studies* 7-2, 2020.

09. 에도 막부의 법
막부는 어떻게 법을 정비·운용했는가

오구라 다카시^{小倉宗*)} 집필 / 황수경 번역

관련항목: III-2^[p.242] III-11^[p.269]

〔논의의 배경〕

에도 막부는 자신의 정책을 사람들에게 전하고 행정을 진행하기 위해 여러 가지 법령을 내놓았다. 또한 사람들 사이에 발생하는 트러블(분쟁이나 범죄)을 해결하기 위해 많은 재판을 하고 그 기준이 되는 법전을 정비했다. 특히 8대 쇼군인 도쿠가와 요시무네^{德川吉宗}는 아이타이스마시령^{相對濟し令1)}의 실시나 막부의 기본법전「구지카타오사다메가키^{公事方御定書}」²⁾(이하 오사다메가키)·기본법령집「오후레가키슈세이^{御觸書集成}」³⁾의 편찬을 비롯하여 법에 관한 정책의 추진과 제도의 정비에 진력하여 '법률쇼군'으로 불렸다. 그러면 오사다메가키로 대표되는 막부의 법은 어떻게 정비되었고 어떻게 운용되었을까?

〔논점〕

(1) 「구지카타오사다메가키」와 명률

막부는 당초 재판이나 행정을 하는 데에 종래의 관습이나 과거의 법령·판례 등에 의거하여 개개의 안건을 그때마다 판단·처리하고 있었다. 그러나 사회나 경제가 발달하여 상정되는 안건이 증가하고 복잡해지면서 그것들을 신속하고 적절하게 해결하기 위해 향후 참고가 되는 법령이나 판례를 수집·분류한 법령집이나 판례집 및 기준이 되는 규칙을 집약한 법전을

---

*) 간사이대학 문학부 교수 | 일본근세사

1) 아이타이스마시령: 금전대차에 관한 분쟁을 막부의 삼부교(三奉行)·효조쇼(評定所)가 다루지 않고 당사자 간에 해결하도록 명한 법령. 에도 시대에 몇 차례인가 발령되었는데 1719년의 것이 유명. 단 다음해인 1720년 이후 판결을 내리지는 않았지만 효조쇼가 금전에 관련되는 소송을 수리(하여 당사자를 소환하여 해결을 강하게 촉구)한 것이 근년 오히라 유이치(大平祐一)의 연구에서 밝혀졌다.

2) 구지카타오사다메가키: 쇼군 요시무네의 주도로 편찬된 막부의 기본 법전. 1737년 요시무네가 로주와 삼부교에게 편찬을 명하여 1742년 상권 78개조·하권 90개조의 법문으로 이루어졌다. 상권은 법령류를 수록한 것에 대해, 하권은 개조를 마련하는 데에 추상화된 법전의 형식을 갖추어 형사적인 내용을 축으로 소송의 수속이나 민사적인 규정도 포함한다. 중요시된 하권을 중심으로 그 후에도 증보·수정이 거듭되어 1754년에 상권 81개조·하권 103개조의 최종적인 법문이 확정되었다.

3) 오후레가키슈세이: 효조쇼가 편찬한 막부의 기본법령집. 오사다메가키 성립 후인 1742년 쇼군 요시무네가 로주와 삼부교(효조쇼)에 편찬을 명하여, 1615년 이래의 약 3500통의 법령을 수록한『오후레가키칸포(寬保)슈세이』가 1744년에 완성되었다. 이것이 선례가 되어 속편인『오후레가키호레키(寶曆)슈세이』(1744~60년, 약 2000통),『오후레가키텐메이(天明)슈세이』(1760~87년, 약 3000통),『오후레가키덴포(天保)슈세이』(1786~1837년, 약 6600통)가 편찬되었는데 그 후에는 막말의 혼란도 있어 미완성으로 끝났다.

작성할 필요가 있었다. 한편 젊었을 적부터 명률明律을 좋아하여 배우고, 법에 강한 관심을 가지고 있던 요시무네는 1737년 로주와 삼부교(지샤寺社·에도마치江戸町·간조勘定의 각 부교)에게 오사다메가키의 편찬을 명했고 거기에 자신도 적극적으로 관여했다. 1742년에는 상하 2권으로 된 오사다메가키가 완성되어 운용을 개시했는데, 그 후에도 증보·수정이 거듭되어 1754년에 최종적인 법문이 확정되었다. 오사다메가키는 당시로서 굉장히 합리적·체계적인 내용을 가진 것으로 그 이후(에도 시대의 후반기) 막부의 재판이나 행정에서 가장 중요한 법이 되었고 여러 번의 법에도 큰 영향을 주었다.

그런데 번이 스스로의 소령所領(토지와 주민)을 지배하기 위해 정한 법에 대해서는 오사다메가키를 모범으로 하는 일본적인(오사카메가키 계통의) 것과 명(이나 청)의 율령을 모범으로 하는 중국적인(명률 계통의) 것으로 크게 나누는 것이 통설적인 이해였다. 이에 반해서 다카시오 히로시高鹽博는 ①요시무네가 현실 정치에 유용하게 쓰기 위해 교호기享保期(1716~36)에 명률을 비롯하여 일본과 중국의 율령 연구에 힘쓴 것, ②명령이나 금지를 많이 포함한 상권과 그 위반을 처벌하는 규정이 중심인 하권으로 이루어진 구성, 오사다메가키의 본체와 그 추가·개정법을 정리한 별책(「예서例書」)을 일체로 운영하는 방식, 과료過料·태형敲·이레즈미入墨[문신]라는 새로운 형벌 등 오사다메가키에 율령의 사고방식이 폭넓게 도입된 것을 밝혔다. 게다가 다카시오는 요시무네가 율령의 용어나 개념을 그대로 채용하는 것이 아닌, 일본의 실정에 맞추어 적절히 수정하여 언뜻 보기에는 율령과의 관계를 알 수 없는 '교묘한 입법의 방법'을 취한 점을 간파하여 막번의 법을 오사다메가키 계통과 명률 계통으로 이분하는 학설이 유효하지 않음을 보였다.

(2) 에도 시대의 법의 다원성

에도 시대의 정치의 구조는 중앙정부(통일정권)인 막부와 번으로 대표되는 다수의 지방정부(개별영주)에 의한 연방제적인 상태(막번체제)를 특징으로 한다. 거기서는 소령 내부의 문제는 원칙적으로 번 등의 개별영주가 스스로 해결하고, 복수의 소령에 걸쳐서 개별영주로서는 해결할 수 없는 문제는 통일정권인 막부가 대처했다. 또한 막부의 통일정권으로서의 역할을 실무면(재판이나 행정)에서 중심적으로 담당한 것은 에도의 삼부교와 그 합의체인 효조쇼評定所였다. 다만 막부의 재판관할을 규정한 오사다메가키 하권 제1조에는 소령이 걸치는 분쟁은 삼부교·효조쇼가 처리했는데 야마시로山城·야마토大和·오미近江·단바丹波의 4개국에서는 교토마치부교, 셋쓰攝津·가와치河内·이즈미和泉·하리마播磨의 4개국에서는 오사카마치부교가 각각 담당한다고 한다. 즉 막부의 통일정권으로서의 역할은 주로 에도의 부교가 했지만 교토·오사카의 부교도 그 일부를 담당했다.

게다가 ①진보 후미오神保文夫는 1720년에 오사카마치부교가 요시무네의 승인을 얻어 셋쓰나 가와치와 같은 주변 여러 국뿐만 아니라 서일본 전역(주고쿠·시코쿠·규슈의 28개국)과의 사이에서도 소령이 걸치는 금전대차의 분쟁을 처리할 수 있다고 하는 오사다메가키의 원칙을 크게 넘는 광범한 관할·권한을 확립한 것, ②우사미 히데키宇佐美英機는 금전대차에 관한 분쟁을 다루지 않도록 요시무네가 삼부교에 명한 1719년의 아이타이스마시령이 교토(·오사카)마치부교쇼에서 실시되지 않고, 전국적인 정책이 아니었던(어디까지나 에도의 지역적인 정책이었다) 것을 밝혔다.

(3) 앞으로의 전망

오사다메가키를 중심으로 하는 막부의 법이 율령의 영향을 강하게 받은 것이 판명된 이상 앞으로는 중국의 법과의 관계에 주목하면서 에도 시대(일본)의 법의 실태와 그 특징에 대해서 검토하는 것이 과제가 된다. 또한 종래에는 도쿄의 중앙정부에 권한이 집중되는 현재의 상황을 투영하여 막부의 것이나 에도의 것을 우선하는 형태로 법이 이야기되는 경향이 있었다. 그러나 실제로는 막부의 법만이 일원적으로 관철되는 것이 아닌, 각각의 번이 독자적으로 법을 정하고 같은 막부 안에서도 각지의 역소役所마다 에도와 다른 재판이나 행정이 행해지는 등 막번체제의 법은 다원적·중층적인 것이었다. 앞으로는 내용은 물론 대상이 되는 범위나 운용되는 과정에도 유의하며 법의 다원적인 모습을 구체적으로 해명하는 것이 한층 더 중요해질 것이다.

> **탐구 포인트**
> ① 막부의 법은 어떻게 정비되었고 어떠한 내용과 특징을 가지고 있었는가?
> ② 막부의 법과 여러 번의 법은 어떠한 관계에 있고 율령(중국의 법)의 영향을 어떻게 수용했는가?
> ③ 막부의 법을 둘러싸고 에도와 각지의 역소는 어떠한 관계였는가?

참고문헌

宇佐美英機『近世京都の金銀出入と社會慣習』淸文堂, 2008.
大平祐一『近世日本の訴訟と法』創文社, 2013.
小倉宗「近世の法」『岩波講座日本歷史12 近世3』, 岩波書店, 2014.
高鹽博『江戶幕府法の基礎的硏究 論考篇·史料篇』汲古書院, 2017.
神保文夫『近世法實務の硏究』上·下, 汲古書院, 2021.

10. 참근교대
참근교대는 어떻게 형해화되어 갔는가

후지모토 히토후미藤本仁文*) 집필 / 황수경 번역

관련항목: III-2[p.242] III-11[p.269]

〔논의의 배경〕

1722~30년에 시행된 아게마이제上米の制1)는 에도 막부가 참근교대제를 완화한 정책으로 유명한데 참근교대에 관한 그 외의 변화는 거의 알려지지 않았다. 약 200년 동안 동일한 내용으로 참근교대가 계속되었을까? 참근교대제의 변화를 밝히는 것으로 막번관계의 역사적 변천에 대해서도 살펴보고자 한다.

〔논점〕

(1) 고전적 이해와 그 난점

참근교대는 주종관계 표시로서의 배알拜謁·근역勤役을 전제로 한 상경上洛·참부參府 등을 의미하는 무가사회에 널리 보이는 관행인데, 에도 막부는 전국의 번주에게 에도 참근과 그 처자의 에도 거주를 요구했다. 전국 각지의 여러 번에 격년으로 에도와 번 영지國許의 왕복을 명하는 이 참근교대제는 막부가 여러 번을 압도하는 강한 권력을 가지고 있었음을 상징하는 제도이다. 이 이해 자체는 올바르지만 "재정을 궁핍화시켜 여러 번에 모반謀叛을 일으키지 못하게 하려고 참근교대를 행했다"라는 널리 일반적으로 유포되고 있는 이해는 의심스럽다. 오규 소라이荻生徂徠2)가 『정담政談』 속에서 서술하고 있는 것은 분명하지만 제도 개시로부터 근 100년이 지나 이것을 근거로 하는 것은 문제가 있다. 이치에 맞지 않는 무리한 제도가 200년 이상이나 계속되었다고는 생각하기 어렵고 막번관계 속에서 무슨 의미나 존재의의가 있었던 것은 아닌가 라고 생각된다.

일찍이 막번관계에 대해서는 에도 막부가 압도적인 권력으로 여러 번을 따르게 했다고 여겼으나 1980년대 이후 막부와 번, 더욱이 영주와 영민의 관계는 상호의 합의·계약으로 성립하고 있었다고 생각하게 되었다. 참근교대제에 대해서도 막부가 일방적으로 여러 번에 강제한

---

*) 교토부립대학 문학부 준교수 | 일본근세사
1) 아게마이제: 재정궁핍을 타개하기 위해 다이묘로부터 석고 1만 석에 대해 100석의 아게마이를 징수하고, 그 대가로 참근교대를 완화하여 다이묘의 에도 재부(在府) 기간을 단축한 정책
2) 오규 소라이(1666~1728) : 에도시대 중기의 유학자. 1722년에 막부 정치의 재정비의 필요성을 서술한 『정담(政談)』 4권을 막부에 헌상했다. 한국어판 임태홍 역 『정담』 서해문집, 2020.

것이 아닌, 여러 번에서도 필요한 측면이 있었기 때문에 200년 이상 계속된 것이 아닌가 라고 생각된다.

(2) 참근 시기의 지시

종래 도자마번은 4월에, 후다이번은 6월에 참근한다고 설명되었다. 거의 주목되지 않았지만 매년 각 번이 막부에 참근하는 시기를 문의하고 이에 대하여 막부가 매회 4월이나 6월 등의 시기를 답변하고 있었다는 점이 중요하다. 다른 사례를 조사해보면, 예를 들면 야마토국 고리야마번郡山藩에는 "단바국 가메오카번龜岡藩(또는 오미국 제제번膳所藩·야마시로국 요도번淀藩 등)이 번 영지에 도착한 후, 에도를 향해 출발하시오"라고 명하고 있다. 이것은 고리야마번 등이 교토다이묘히케시京都大名火消[3]라는 역할을 맡고 있어 네 번주들 중 두 번주가 반드시 번 영지에 남아서 교토를 지키는 역할을 담당했기 때문이었다. 같은 사례는 도토미국遠江國 하마마쓰번濱松藩·가케가와번掛川藩, 분고국豊後國 후나이번府內藩·우스키번臼杵藩 등 그 밖에도 알려져 시마바라島原의 난 이후에 형성되어 온 군사력 배치配備로서 자리매김하게 되었다.

이상과 같이 종래에는 막연하게 전국 각지의 여러 번이 격년으로 참근교대를 반복하는 것처럼 이해되었는데, 막부가 전국의 여러 번에 대해 매회 시기를 상세하게 지정하고 있는 점이 중요하다. 이에 따라 약 반수의 번주가 에도로 모이고 남은 반수의 번주가 번 영지에 남아 에도나 지방에서 군역[4]이나 의례를 수행하고 있었기 때문이다. 막부와 번이 협동하여 막번체제를 이루고 있었다고 할 수 있을 것이다. 참근교대제는 종래 생각되었던 것보다도 훨씬 정치한 구조나 장치로 이루어졌다. 동시에 이 참근교대를 전국 각지의 여러 번에 명령하여 지키게 한 에도 막부의 권력은 확실히 탁월한 것이었다고도 할 수 있다.

(3) 참근교대의 형해화

18세기 중반까지는 막부가 지정한 시기를 지켜서 참근교대를 행했던 여러 번이 조금씩 그 명령을 준수하지 않기 시작했다. 우선 많아지는 것은 사료상에서는 '체부滯府'로 나오듯이, 번주가 병 등을 이유로 번 영지에는 돌아가지 않고 에도에 쭉 체재한 대로의 상태이다. 막부는 영지에 틀어박혀 반기를 드는 것을 특히 염려했기 때문에 에도에 계속 거주하는 것은 큰 문제가 되지 않았다고 생각된다. 또한 번 영지에서 참근교대를 편성 받았던 고리야마번 등도 1780년대경부터 번주는 영지에 돌아가지 않고 서면에 의한 수속으로 교토다이묘히케시를 인계하여 가신단만으로 근무하게 되었다. 19세기가 되면 영지에서 출발하는 시기도 막부가 지정한 시기가 아닌 병 등을 이유로 더욱 늦은 시기에 참근하는 경우가 늘어갔다. 이미 큰 폭으로

---

3) 교토다이묘히케시: 1690년에 성립하여 1722년에 오미국 제제번·단바국 가메오카번·야마토국 고리야마번·야마시로국 요도번이 담당하는 형태로 확립된 교토의 소방제도. 번주가 재국(在國)하는 번이 교토의 번저에 상주하여 방화·소방 활동을 맡았다. 또한 교토에 대화재가 났을 경우에는 각 조카마치로부터도 출동했다.

4) 군역: 여러 다이묘가 쇼군에 대하여 완수하는 봉공 의무로서 자신의 가신단=군단을 구성하여 그 영지 석고에 상응한 일정 수량의 종군인수(從軍人數)·기마·철포·창·활 등을 제공하는 것. 이러한 직접적인 전투를 상정한 전시동원으로서의 의미·기능을 가진 군역부터, 겐로쿠기(元祿期)경부터 소방 외 하천공사[河川普請]·사사공사[寺社普請] 등이 군역과 동일한 원리로 여러 다이묘가 명받게 되었다.

지연되고 있음에도 불구하고 길을 돌아서 이세 신궁을 참배한 후 에도로 향하는 경우도 있었다.

　상기와 같이 18세기 후반부터는 여러 번은 지정된 시기가 아닌 자기가 편한 시기에 참근교대를 반복하게 되었고 에도·지방 모두 번주가 균형 있게 배치되고 있는 상태는 없어지게 되었다. 막부는 종래대로 명령해도 그 본질은 완전히 형해화되어 버렸고 여러 번도 다만 에도와 번 영지의 왕복을 반복할 뿐이었다. 또한 히젠肥前 히라도平戸 번주 마쓰우라 세이잔松浦靜山5)은 "참근교대의 시기를 고의로 놓쳐서 군역을 피하고 있는 다이묘도 있다"라는 내용을 서술하고 있어 다이묘 사이에도 참근교대를 둘러싸고 자꾸 의심疑心暗鬼이 생기고 있었다고 생각된다. 1862년까지 표면상으로는 참근교대가 계속되었지만 그 실태는 상기와 같아서 본래의 방식과는 크게 변용된 상태로 계속되었다. 참근교대뿐만 아니라 막부의 법·정책에 여러 번이 공개적으로 위반하거나 반항하지 않는 한 막부는 17세기 단계와 같이 개역·감봉減封·전봉 등의 엄한 처벌은 하지 않고 계속 묵인하는 방침을 취했다.

> **탐구 포인트**
> ① 참근교대가 변용함에 따라 어떤 영향이 있었을까?
> ② 개역·전봉·군역 등도 포함한 종합적인 평가가 필요하지 않을까?
> ③ 에도 막부의 강한 권력은 막번체제의 성립·유지에 어떤 의미나 역할을 가졌을까?

참고문헌

藤井讓治후지이 조지 編『日本の近世3 支配のしくみ』中央公論社, 1991.
山本博文야마모토 히로후미『參勤交代』講談社, 1998.
藤本仁文『將軍權力と近世國家』塙書房, 2018.

---

5) 마쓰우라 세이잔(1760~1841) : 에도시대 후기의 히라도 번주. 번 재정의 강화와 함께 번교학(藩敎學)을 진흥하여 당대를 대표하는 명군으로서 평가받는 한편 학예 다이묘로 알려졌다. 그의 수필『갑자야화(甲子夜話)』 278권은 에도시대 후기의 사회·문화를 이해하는 일대(一大) 자료로서 유명하다.

11. 막번 관계
막부와 번은 어떻게 정치 교섭하고 있었는가

아라키 히로유키荒木裕行*) 집필 / 황수경 번역

관련항목: III-2[p.242] III-9[p.263] III-10[p.266]

〔논의의 배경〕

에도 시대의 일본의 정치제도는 막번체제로 호칭되는 것이 일반적이다. 이것은 독자적인 영지·정치기구를 가진 독립된 국가인 번과 그것을 통솔하는 막부라는 구조였다. 에도 시대 전 기간을 통하여 막부와 번, 번과 번 사이에서는 활발한 외교교섭이 진행되었는데 그로 인해 막부는 원활한 전국 지배를 실현하고 번은 자신이 맡은 정치적인 문제를 해결하고 있었다. 이 교섭의 실태는 어떠한 것이었을까?

〔논점〕

(1) 여러 번의 루스이

모든 번은 막부나 다른 번과의 교섭을 전문직무로 하는 루스이留守居1)라는 역인役人을 에도에 배치하고 있었다. 막부가 번에 내린 명령은 오메쓰케大目付로부터 회장廻狀으로 전달되는 것이 많았는데 이것은 각 번의 루스이 사이에서 순차적으로 회람되는 구조로 되어 있었다. 번이 막부에 원서나 상신서를 제출하는 경우에도 로주 등의 막부 역인 저택에 루스이가 지참하는 것이 기본적인 규칙으로 여겨졌다. 이 외에 번주의 에도 성 등성에도 수행하는 등 루스이는 에도에서의 번 활동의 중핵적인 부분을 담당했다. 번주의 전석殿席2)을 기준으로 루스이는 10개번藩 내외가 모여 조합을 만들어 협력·활동했다.

1854년 막부는 루스이의 활동에 관한 실태조사를 실시했다. 그 기록을 통해 여러 번의 루스이들이 극히 농밀한 관계를 맺고 있었음을 알 수 있다. 루스이들은 직무상 미리 상의하기 위해 요리아이寄合나 조카이帳會라고 칭했던 회합을 개최했다. 회합이란 이름뿐이고 실제로는

---

*) 도쿄대학 사료편찬소 준교수 | 일본근세사
1) 루스이: '기키반(聞番)'이나 '조시(城使)' 등으로 불리는 경우도 있었다. 200석부터 300석 정도의 지행지(知行地)를 가진 중견 클래스의 번사(藩士)가 취임하는 것이 일반적이고 각 번에 2명 정도를 정원으로 하는 것이 통례였다.
2) 전석: 다이묘가 에도 성에 등성할 때의 대기석[控席]. 다이묘의 격식을 보여주는 구분으로서는 가장 기본적이고 중요한 것이었다. 고산케(御三家)와 가가번(加賀藩)이 대기했던 오로카(大廊下)나 구니모치다이묘의 오히로마(大廣間)를 비롯하여, 다마리즈메(溜詰)·데이간노마(帝鑑間)·야나기노마(柳間)·간노마(雁間)·기쿠노마(菊間)가 있었다.

에도 시중의 유명 요정料亭이나 요시와라吉原·나이토신주쿠內藤新宿·시나가와品川의 기루遊女屋를 회장으로 하는 유흥이었다. 번의 석고나 격식이 아닌 루스이가 된 순서대로 상하관계가 정해졌고 숙로宿老 등으로 불렸던 최선임자의 권위는 극히 강했다. 술자리에서도 신임자는 하오리羽織를 벗는 것도 허락되지 않은 채 별실에서 시종 평복平伏하지 않으면 안 되었다. 신임자는 유흥비용 전액을 부담해야 했는데 번의 지급액은 적었으므로 빚이 불어나자 출분出奔[도주]하지 않으면 안 되는 자도 많았다. 숙로에게 미움을 산 경우에는 여러 가지 괴롭힘을 받아서 일에 지장이 생겨버리기 때문에 부당한 대우에 인내할 필요가 있었다.

(2) 번의 외교 활동

막부와 번, 번과 번 사이에서는 활발하게 외교교섭이 이루어졌다. 막부로부터 명령이 내려져 그 해석에 고생할 경우 루스이는 다른 번의 루스이에게 연락을 취해 대응을 문의한 다음 대책을 취하는 일이 많았다. 예를 들면 1658년에 나온 주조반감령酒造半減令3)은 술 담그는 시기가 지나 발령되었기 때문에 대응에 고심한 도쿠시마번德島藩은 여러 번에 문의했는데 번마다 판단이 가지각색이었다. 그래서 막부의 중진인 이이 나오타카井伊直孝에게 문의하여 앞으로의 주조만 반감시키면 좋다는 지시를 받았다.

받아들이기 어려운 막부의 정책에 대해서는 여러 번이 연합하여 저항하는 일도 있었다. 1786년에 어용금령御用金4)令이 나왔을 때에는 각 번의 루스이는 회합을 가지고 의논하여 이 명령을 거부 혹은 유보한다는 기본방침을 결정하고 막부에 제의할 공동안을 작성하였다. 이러한 행동의 배경에는 유흥 등을 통하여 길러진 루스이 간 인간관계가 있었다.

게다가 여러 번은 막부 역인의 일부분을 골라서 개별적으로 접촉하고 있었다. 번과 유대를 맺는 막부 역인은 고요다노미御用賴로 불렸다. 각 번이 자신의 형편에 맞춰 선택했기 때문에 고요다노미가 된 막부 역인에는 번마다 차이가 있었는데 일반적으로 어느 번이나 로주·와카도시요리若年寄·간조부교·오메쓰케·메쓰케·마치부교쇼 요리키町奉行所與力·오시로보즈御城坊主5)·에도성의 몬반門番 등을 고요다노미로 삼았다. 고요다노미에게는 금품을 증정하여 이른바 뇌물을 동반하는 관계였다. 고요다노미가 된 역인은 자신의 직장에 맞춰서 번에 편의를 도모했다. 로주의 경우는 번으로부터 일상적으로 상담을 받거나 막부로 보내는 원서願書의 첨삭을 했고 경우에 따라서는 번정藩政의 지도를 맡는 일도 있었다.

---

3) 주조반감령: 막부는 미가의 조정이나 식량공급 관리를 목적으로 주조의 장려·제한에 의해 쌀의 유통량을 조정했다. 1658년에는 여러 국의 풍수해와 에도 대화재 때문에 주조가 제한되었다.
4) 어용금: 전국의 농민·조닌에게 출금을 부과하고 그것을 자본으로 공사 등 대규모 사업을 했다. 이때 어용금은 오사카에 설립하는 대금회소(貸金會所)의 원자(原資)로 삼을 계획이었다. 294쪽의 각주 참조.
5) 오시로보즈: 체발(剃髮)하고 법복을 입어 에도 성 내의 잡무에 종사한 고케닌(御家人). 오쿠보즈(奧坊主)·오모테보즈(表坊主)·스키야보즈(數寄屋坊主) 등이 있었는데 여러 번이 고요다노미로 삼은 자는 오모테보즈가 중심이었다. 이것은 오모테보즈가 에도 성내에서 다이묘를 응대하는 담당자였기 때문이다.

(3) 번 외교에 대한 규제와 한계

루스이를 중심으로 하는 번 외교에 대해서 막부는 단속을 반복했다. 단속의 중심은 루스이들의 유흥 금지였는데 가장 엄한 간세이寬政 개혁기의 규제에서는 조합을 폐지시키는 등 루스이에 의한 외교활동을 발본적으로 제한하려고 했다. 고요다노미를 비롯한 막부 역인에게 증회贈賄[뇌물수수]활동을 금지하는 법령도 빈번하게 나왔다.

단속의 목적은 루스이의 유흥이 초래한 에도 시중의 풍습 악화의 교정도 있었는데 보다 중요했던 것은 외교활동에 의한 지출이 가져온 번 재정의 악화를 개선하는 것이었다. 그 때문에 많은 번은 규제 강화에 적극적이었고 오히려 단속 자체가 번으로부터의 요구에 의거한 것이었다고 볼 수 있는 부분도 크다.

막부와 번이 협력했음에도 불구하고 외교활동의 규제는 충분한 성과를 거두지 못했다. 이것은 루스이가 만들어 낸 외교망을 전제로 막번 간의 정치 시스템이 구축되고 있었기 때문이다. 근세 국가의 정치를 분석할 때에는 루스이 간의 유흥이나 막부 역인에 대한 증회 등 극히 사람 냄새나는 활동人間臭い活動[6]이 배경에 존재하고 있었다는 것에 주의해야 한다.

> **탐구 포인트**
> ① 막정개혁이나 개국 등의 막부의 주요 정책 결정에서 번으로부터의 공작에 의한 영향은 어느 정도였을까?
> ② 루스이에게는 막부의 의사를 번에 전하는 측면과 번의 의사를 막부에 전하는 측면이 있었는데 어느 쪽이 보다 본질적인 것이었을까?
> ③ 대체로 근세 국가에서 번은 막부로부터 어느 정도 자립하고 있었는가? 번의 자립과 막부의 통합 어느 쪽에 중점을 두고서 평가하는가? 연구자 측의 근세 국가에 대한 이해가 요구되는 문제이다.

참고문헌

服藤弘司『大名留守居の研究』創文社, 1984.
笠谷和比古『江戶御留守居役』吉川弘文館, 2000.
荒木裕行『近世中後期の藩と幕府』東京大學出版會, 2017.

---

6) 사람 냄새나는 활동: 정치사 연구에서 고요다노미 등의 비제도적 존재에 의한 사적인 움직임에 주목할 필요성은 1970년대에 다카기 쇼사쿠(高木昭作)가 최초로 지적했다(「幕藩政治史序說」『歷史評論』253, 1971). 이 시점은 야마모토 히로후미(山本博文)의 도요토미 정권부터 에도 막부 초기를 대상으로 한 연구(『幕藩制の成立と近世の國制』校倉書房, 1990) 등으로 계승되어 특히 근세 초기를 대상으로 한 연구에서 많은 성과를 거두어왔다. 참고문헌에 있는『근세중후기의 번과 막부』는 18세기부터 19세기의 근세 중후기를 대상으로 하는데 막부 역인과 번의 루스이의 교제, 다이묘 간의 교류 등 사적인 관계에 주목하는 분석 시점을 중시한 연구이다.

12. 번 재정
다이묘는 '파산'하는가

이토 아키히로(伊藤昭弘*) 집필 / 조국 번역

관련항목: III-2[p.242] III-18[p.290]

〔논의의 배경〕

에도시대의 번 재정에 관해서는 2차 대전 이전부터 연구가 진행되어 모든 번의 재정이 궁핍했다는 모습이 대략 일반화되었다. 번 재정 궁핍은 막번체제 붕괴의 한 요인으로 자리매김하여 메이지유신으로의 과정이나 근대사회로의 도달이 논해졌다. 그러나 최근에는 각 번이 보유한 자산(현금이나 채권 등)에 주목해 번 재정에서 자산과 채무의 밸런스, 번의 영지에 투하된 자산이 지역경제에 미친 영향 등이 밝혀지고 있다. '재정궁핍' 일변도의 번 재정 이미지가 수정되어 다양한 모습이 제시되고 '재정궁핍'을 전제로 하는 번정사藩政史 자체에 새로운 논의를 촉구하고 있다. 여기에서는 이러한 최근 논의를 이전과 비교하며 논하고자 한다.

〔논점〕

(1) 번의 '도산', '파산'

번에 관해 '도산', '파산'이라는 단어가 사용된다. 어느 쪽이든 번 재정의 위기적인 모습이 전해지는데 구체적으로는 어떠한 상황이었던 것일까?

현재의 '도산', '파산'은 곧 법인·조직의 소멸을 의미하지는 않으나 다이묘의 도산·파산이란 '다이묘가 사라짐=개역改易'으로 많은 사람들이 생각할 것이다. 그러나 에도시대에 자금 부족으로 소멸된 다이묘는 없었을 것이다. 재정 정책의 실패로 증세 등 과도한 부담을 영민領民에게 강요해 발생한 잇키一揆로 개역된 예는 있지만, 가령 '빚을 갚지 못했다'라는 이유로 막부로부터 책임을 추궁당한 번은 없었다.

(2) 번 재정의 '궁핍'

번 재정 궁핍을 보여주는 근거로는 ①단년도 재정적자, ②방대한 빚, ③재정 재건을 목적으로 한 정책, 이 세 가지가 일반적일 것이다. 우선 ①은 분명 단년도 적자를 보여주는 고문서가 남아있는 다이묘는 얼마든지 있다. 그러나 대체로 단년도에 한정되어 있으며 이는 재정 수지

*) 사가(佐賀)대학 지역학역사문화연구센터 교수 | 일본근세사

실태라기보다 재정개혁을 진행하기 위해 작성된 자료라는 성격이 강하다. 사가번佐賀藩1)과 같이 장기간에 걸친 재정결산장부가 남아 있는 번을 분석해보면 재정이 어려운 해도 있지만 크게 흑자를 낸 해도 있다.

또한 단년도 수지의 적자를 보여주는 자료를 자세히 보면 수입에 차입금은 포함되지 않고 지출에는 차금 변제가 계상되어 있는 경우가 많다. 빚은 반드시 갚아야 하는 것이라 생각한다면 위화감이 없을지 모르나, 번 재정은 매년 차입과 변제를 반복했으므로 이 같은 형태의 적자는 사실상 의미가 없다. 적자는 새로운 빚으로 메워지는데 문제는 차입과 변제의 밸런스였다. 차입액이 변제액보다 많은 상황이 계속되면 빚은 눈덩이처럼 불어나지만 그 반대라면 빚은 점점 감소해 재정은 건전해진다.

다음으로 ②는 부채 총액이 제시되고 '석고石高의 몇 배'라든가 '수입의 몇 년분'이라는 선정적인 표현을 사용해 재정악화를 강조한다. 그렇다면 빚을 갚을 수 없을 때 번은 어떠한 제재를 받게 될까? 사가번은 몇 차례나 부채 떼어먹기를 반복했고 그때마다 채권자는 막부에 호소했으나 그로 인해 사가번이 책임을 진 일은 없었다. 이는 사가번에 국한되지 않았다. 막부는 부채를 둘러싼 분쟁은 당사자 사이에서 해결하도록 했기에 결국 다이묘가 유리한 조건으로 화해가 성립했던 것이다. 또한 1783년 막부는 오사카 상인으로부터 모은 어용금[p.294]을 기반으로 대부제도를 창설해 재정난을 겪는 번에 대한 안전망으로 삼았다.

③은 '번 재정御勝手方이 매우 곤궁'하다는 표현이 사용된 고문서가 여러 번에서 확인된다. 그러나 예를 들면 덴포기天保期[1830~1844] 사가번 번정은 재정 악화를 거론하고 있지만 주안점은 가신·영민에게 주자학에 기반을 둔 행동을 요구하는 것이었다. 오사카 상인 구사마 나오카타草間直方2)는 '부채는 검약의 수호신이다'라 표현했다. 부채가 많음을 호소하면 가신이나 영민의 풍기를 바로잡기 쉽다는 것이다. 고문서에 이와 같은 문언이 있다고 해도 이를 곧바로 사실이라 보는 것은 무의미하다.

(3) 번 재정의 다른 모습

막대한 채무를 품은 한편으로 막대한 자산을 보유한 번도 있었다. 예를 들면 마쓰시로번松代藩3)은 덴포기 무렵부터 부채도 증가하지만 자산 증가가 이를 크게 상회했다. 막말에는 부채가 따라잡게 되지만 그럼에도 부채와 자산을 비교하면 거의 동등했다. 이즈모出雲 마쓰에번松

---

1) 사가번: 석고 35만 7천석. 초대 번주 나베시마 가쓰시게(鍋島勝茂). 도자마다이묘. 번정 사료는 『나베시마가 문고』(공익재단법인 나베시마호코카이[報效會] 소장, 사가현립도서관 기탁)로 전래되고 있으며 재정 장부 「어물성병은어견방대목안(御物成幷銀御遣方大目安)」이 있다.

2) 구사마 나오카타(1753~1831) : 오사카의 거대 환전상 고노이케 젠에몬(鴻池善衛門) 가문에서 어린시절부터 봉공해 상점 지배인(番頭)으로 출세하고, 고노이케 일문인 구사마(草間) 가문의 데릴사위로 들어갔다. 에도시대 화폐나 경제에 관해 모은 『삼화도휘(三貨圖彙)』 등의 저서가 있다.

3) 마쓰시로번: 석고 10만석. 1622년 우에다(上田)번주 사나다 노부유키(眞田信之)가 입봉(入封)[토지를 수여받아 영지에 들어감]하여 성립. 도자마다이묘. 번정 사료는 『시나노국 마쓰시로 사나다가 문서』(국문학연구자료관 소장)로 전래지며 다양한 재정장부가 있다.

江藩4)도 막말에 번찰과 교환해서 얻은 현금이나 특산물 판매대금 등을 축적해 금 30만 냥에 가까운 자산을 보유하고 있었다. 종래 연구는 대차대조표의 우측(부채)만을 강조하고 좌측(자산)의 존재를 무시해 왔다. 또한 그 자산은 단년도 수지와는 별도로 회계처리되어 다이묘는 여러 돈 지갑을 가진 셈이었다.

대부분의 다이묘는 오사카 등 대도시 상인으로부터 거듭 빚을 졌지만 한편으로는 가신이나 영민에게 융자를 주었다(대부금곡貸付金穀). 그리고 메이지유신·폐번치현을 맞이하자 다이묘에게 대부했던 상인들은 번채 처분으로 큰 타격을 입었다. 또한 메이지 정부는 구번舊藩에 의한 대부금곡을 회수하고자 했지만 영세한 사람들은 변제를 면제받았다. 결과적으로 번에 대부한 부유한 상인들에게서 번에 대부받은 빈곤한 사람들로 부의 이동이 이뤄진 것이다. 에도시대에 다이묘가 도산하면 이러한 돈의 흐름이 멈춰 버리고 만다. 그러한 일은 현실에서는 일어날 수 없었고 돈은 일본 열도 안에서 순환하고 있었던 것이다.

> **탐구 포인트**
> ① 번 재정 궁핍을 논한 연구는 명확한 근거를 제시하고 있는가?
> ② 번정 개혁에서 재정 궁핍은 정말로 가장 중요한 과제였을까?
> ③ 번은 부채와 자산을 모두 보유하고 있었기에 그 밸런스를 검토해야 한다.
> ④ 오사카 등 대도시와 지방경제의 연결 고리로서 번 재정을 위치지어 보자.

참고문헌

土屋喬雄『封建社會解體過程の研究』弘文堂, 1927.

高槻泰郎『近世米市場の形成と展開』名古屋大學出版會, 2012.

伊藤昭弘『藩財政再考』清文堂, 2014.

---

4) 마쓰에번: 석고 18만 6000석. 1638년 신슈 마쓰모토번주 마쓰다이라 나오마사(松平直政, 도쿠가와 이에야스의 손자이자, 유키 히데야스[結城秀康]의 3남)가 입봉해 성립. 신판다이묘.

13. 유교 의례의 실천
유학자는 어떻게 유교 의례를 실천했는가

티엔 스민田世民*) 집필 / 황수경 번역

관련항목: III-7[p.257] III-24[p.308]

〔논의의 배경〕

에도 막부에 의하여 기독교를 금지하는 종교정책의 일환으로서 데라우케寺請 제도[1])가 실시되어 제도상 모든 사람이 불교도가 되어 그리하여 장의葬儀나 선조에 대한 공양은 그가 소속하는 보리사菩提寺가 담당하게 되었다. 유학을 배운 지식인, 특히 주자학[2])자들은 친족 사망 후 불교식 장의나 추선공양追善供養[3])이 아닌, 유교 의례에 의거한 장의나 선조祖先 제사를 실시하려고 했다. 그때 그들이 의거한 유교 의례儒禮의 텍스트는 어떠한 것이었을까? 또한 어떻게 상제의 례를 했고 그리고 그에 관련된 저술을 남겼을까? 게다가 유학자에게 유교 의례를 실천했다는 것은 무엇을 의미하는가? 아래에 구체적인 예를 들어가면서 상기의 질문에 다가가려고 한다.

〔논점〕

(1) 주자 『가례』와 에도 초기의 수용

중국 북송 이래의 새로운 유학을 대성한 남송의 주자(이름은 희, 1130~1200)는 관작을 가진 사인士人도 그렇지 못한 서인庶人도 실행할 수 있는 '관혼상제'[4])의 매뉴얼 책을 저술했다. 그것

---

*) 국립타이완대학 일본어문학계 부교수 | 일본근세사상사·동아시아비교사상사
1) 데라우케 제도: 사단(寺檀) 제도, 단가(檀家) 제도라고도 한다. 사원이 단가의 장제(葬祭)공양을 독점적으로 하는 것을 조건으로 절과 단가의 사이에 맺은 관계를 기초로 하여 데라우케나 슈시닌베쓰초(宗旨人別帳)에 기재하여 단가의 사람들이 기리시탄이 아님을 증명하게 하는 제도.
2) 주자학: 근세에 들어서 고대·중세의 박사(博士家)나 선승들을 대신하여 자각적인 유학자가 등장했다. 근세 유학의 개조로 평가 받는 후지와라 세이카(藤原惺窩, 1561~1619)이다. 세이카 문하의 하야시 라잔(林羅山)은 도슌(道春)이라 칭하며 승려의 자격으로 이에야스 이하 4대의 쇼군을 섬겨 문교(文教)의 이용에 관여했다. 그 손자인 하야시 호코(林鳳岡)는 다이가쿠노카미(大學頭, 쇼헤이자카학문소의 장관)가 되어서 이후 하야시 가는 그 직을 세습하여 막부의 공적 문서의 기초·교학 등을 담당하는 관학적인 지위를 얻었다. 하야시 가 외에 기노시타 준안(木下順庵)의 문하(木門)와 야마자키 안사이(山崎闇齋)의 문하(崎門)에서 우수한 주자학자가 많이 배출되어 하야시 가에 필적하는 세력을 이루었다. 특히 기노시타 문하의 아사미 게이사이(淺見絅齋)는 군신의 정의(情誼)·명분을 강조하였고 그것이 미토학(水戶學) 등에 영향을 미쳤다. 한편 처음에는 주자학을 배웠지만 이후 그것을 비판하여 직접 고대의 경서에 대해 배울 것을 주장하는 자가 나왔다. 야마가 소코(山鹿素行)·이토 진사이(伊藤仁齋)·오규 소라이 등이 그 대표적인 인물이다. 소라이 이후 소라이학을 계승하거나 소라이학을 비판하는 자가 등장하여 근세 후기의 유학계를 활기차게 했다. 절충학자는 소라이의 고학을 비판하고 여러 학의 장점을 절충하려고 했다. 주자학을 정학(正學)이라고 한 유자들은 소라이학을 '공리의 학'이라고 비판했고 도덕교화에 따라서 질서의 재건을 도모했다. 막부도 1790년에 쇼헤이자카(昌平坂)학문소에 대해서 주자학을 정학이라 하고 그것 이외의 유학을 금하는「간세이 이학의 금(寬政異學の禁)」을 포달했다.
3) 추선공양: 죽은 사람의 명복을 비는 공양.
4) 관혼상제: 관혼장제(冠婚葬祭). 성인식[元服], 결혼, 장의와 선조 제사.

이『가례』이다. 주자의 시호를 붙여『문공가례文公家禮』라고도 불리는 이 책은 중국에 그치지 않고 한국·일본·베트남·류큐 등 동아시아의 여러 지역에도 전해졌다.

『가례』가 일본에 전래되는 시기는 무로마치시대로 거슬러 올라가는데 당시에는 그다지 주목받지 않았고 그 본격적인 수용은 에도 시대 이후였다. 에도 초기에 이미『가례』의 화각본和刻本5)이 출판되었고 그리하여 그에 의거하여 장제의례가 실천되었다. 막부를 섬긴 하야시 라잔林羅山(1583~1657)이 1629년에 장남 요시카쓰叔勝를 유교 의례에 따라 장사 지낸 것이 그 이른 예였다. 또한 라잔의 아들인 가호鵞峰(1618~80)는 1656년에 모친 아라카와荒川 씨의 장의를『가례』에 의거하여 했고 그리고 그 기록을『읍혈여적泣血餘滴』으로 정리하여 출판했다. 또한 선조를 제사지내기 위한 '사당祠堂6)'을 맨 먼저 만들어 제례를 시작한 자는 도사번土佐藩의 가로를 맡았던 노나카 겐잔野中兼山(1615~63)이다. 그 이후 에도 시대를 통해 유자儒者들은 각각 입장에 따라『가례』에 의거하여 장제의례를 실천했고 그리고『가례』 전반이나 상제의례에 특화된 의례서를 편찬하기도 했다.

(2) 불교와 타협하여 유교 의례를 실시하다

많은 유자들은 불교식 장례佛葬에 대항하여 유교 상제례를 실시하려고 했다. 특히 불교에 의한 영향으로 본 화장을 격하게 비난했다. 예외로서 화장을 용인하는 구마자와 반잔熊澤蕃山(1619~91) 등이 있는데, 그런 반잔이라도 유교 의례를 부정하지 않고 학자 개인의 경제적 능력 등에 따라 상제례의 실시를 인정하고 있다. 그러나 데라우케 제도 아래 오쓰카 선유묘소大塚先儒墓所7)나 미토번水戸藩의 번사 전용의 묘소 등 일부의 유장儒葬 묘지를 제외하고, 유자들의 묘소는 거의 사원 경내에 자리잡고 있다. 그런 까닭으로 유교의 상제의례를 실시하기 위해서는 평소부터 보리사와 원활한 관계를 유지하지 않으면 안 되었다. 실제 불교에 대해서 강한 저항의식을 가진 근세 전기의 유자들과 비교하면, 17세기 후반부터 18세기에 걸쳐서 불교식 장제가 침투한 아래에서 얼마나 불교와 타협하면서 유교 상제례를 실시해야 하는가, 유자의『가례』를 둘러싼 논조가 그쪽으로 이동했다.

예를 들면 오사카 회덕당懷德堂8)의 유자 미야케 세키안三宅石庵(1665~1730)은 새롭게 신주神主9)를 만들어 선조 제사를 하려고 하는 학자를 위해서, 나무 대신 종이를 잘라서『가례』에 있는 것처럼 만들고 그것을 불교식 위패에 붙인다고 하는 타협책을 제시하였다. 또한 사원의 묘지에서 매장 전의 불사佛事에 대해서,『가례』에 의거하여 유해매장의 의례를 실시하거나 매장 후에 유교 의례와 불교식 추선의례를 동시 병행한 유자도 있었다고 한다.

---

5) 화각본: 일본에서 새롭게 판본을 새겨서 다시 만든 한적(漢籍)의 판본.
6) 사당: 일족의 선조를 모셔 놓은 곳.
7) 오쓰카 선유묘소: 도쿄도 분쿄구(文京區) 오쓰카에 있는 묘지. 에도 막부를 섬긴 유학자가 유장되었고 가족의 묘도 합하여 64묘가 있다. 중요한 것으로 시바노 리쓰잔(柴野栗山), 고가 세이리(古賀精里), 비토 지슈(尾藤二洲) 등 간세이의 삼박사(三博士)들의 묘가 있다.
8) 회덕당(가이토쿠도) : 1724년 오사카에 설립된 조닌 출자의 학교.
9) 신주: 죽은 자의 관위·성명을 써서 사당에 안치하는 영패(靈牌). 목주(木主)라고도 한다.

(3) 사회생활에서의 유교 의례 실천의 모습

근세 일본에서 복상은 '복기服忌'라고 하고 막부는 「복기령服忌令」[10])을 정하여 그것을 위한 기간이나 근신사항을 규정하고 있었다. 복기령에는 사망한 부모를 위해서 '기忌 50일, 복服 13개월'로 정하고 있다. 그 규정은 '부모를 위해 3년 복상한다'라는 유교 의례를 행하려고 하는 유자들을 만족시킬 수 없었고 그 때문에 '심상心喪'[11])을 주장하는 지식인들이 많았다. 즉 세간에 따라서 50일간 복상하고 그 후에는 자발적으로 3년까지 심상을 하는 것이다.

또한 유자들은 주택 사정에 의해 누구나 『가례』를 따라서 사당을 건립할 수 있는 것은 아니고 그 대신 자택에 한 방을 사실祠室로 마련하여 선조 제사를 실시하기로 했다.

그리고 유교 의례를 실시한 유자들은 그 자초지종을 기록하고 그것을 후세가 의례를 행하기 위한 모델로 삼는 일이 있다. 전술과 같이 하야시 가호가 모친 아라카와 씨의 장의를 실시한 사정을 『읍혈여적』으로 기록한 것이 그 대표적인 예이다. 그 외 회덕당의 나카이中井가에는 「나카이가역대양사록中井家歷代襄事錄」이라는 장의 기록이 남아있다. 특히 『읍혈여적』은 하야시가의 사문서로서 존재하는 데 그치지 않고 출판·유포되어 다른 유자들의 유교 의례 실천을 위한 중요한 참고가 되었다. 예를 들면 미토 도쿠가와가의 유장은 주로 하야시가의 장의와 『읍혈여적』을 모델로 하고 있었다.

이상을 요약하자면 유자들은 사생死生의 문제를 절실한 사상과제로 포착하고 그리하여 『가례』라는 주자학적 예를 진지하게 받아들이고 있었다. 그것은 그들이 사회생활에서 주자학을 실천하고 있었음을 의미한다. 다시 말하자면 정말로 '주자학을 살리는' 사상적 자세였다.

탐구 포인트

① 유학자가 의거한 유교 의례의 텍스트는 어떤 것이었을까?
② 유학자는 어떻게 상제의례를 행했을까?
③ 유학자는 유교 의례에 관하여 어떤 저술을 남겼을까?
④ 유학자에게 유교 의례를 실천했다는 것은 무엇을 의미하는 것일까?

참고문헌

田世民 『近世日本における儒禮受容の硏究』 ぺりかん社, 2012.

吾妻重二 編著, 『家禮文獻集成 日本篇』 1~9, 關西大學出版部, 2010~21.

松川雅信 『儒教儀禮と近世日本社會』 勉誠出版, 2020.

---

10) 복기령: 1684년에 제정된 막부의 법령.
11) 심상: 마음속에서 복상하는 것

14. 쌀시장
쌀은 어떻게 매매되었을까

다카쓰키 야스오^{高槻泰郎*)} 집필 / 조국 번역

관련항목: III-12^[p.272] III-15^[p.281]

〔논의의 배경〕

1960년대까지는 오사카가 전국의 연공미나 상품을 집산하는 중앙시장으로 기능했다고 설명했으나 그 후 반드시 전국의 쌀을 독점적으로 모은 것은 아니라는 점(오이시^{大石} 1975), 근세 후기에는 쌀을 포함한 상품 집하력이 약화된 점(혼조^{本城} 1994, 후지무라^{藤村} 2000) 등이 밝혀져 쌀시장이 오사카에만 존재했던 것처럼 그려내는 방식은 사라지고 있다. 한편 최근에는 오사카가 기준이 되는 쌀값을 전국에 발신하는 시장으로 기능했다는 점이 지적되고 있다(다카쓰키^{高槻} 2012). 반드시 독점적인 시장은 아니었음에도 근세사회의 사람들은 왜 오사카 쌀시장에서 형성된 쌀값을 기준으로 참조했을까?

〔논점〕

(1) 왜 오사카 쌀시장은 중요했을까?

17세기 후기부터 19세기 초까지의 관찰결과에 따르면 오사카에 쌀을 보낸 것은 주로 규슈·주고쿠·시코쿠 지방, 그리고 동해^{日本海} 연안 지역들의 다이묘·상인이었으며 주부^{中部}·관동과 서국^{西國}(=규슈·주고쿠·시코쿠)을 제외한 태평양 연안 지역들의 쌀은 에도로 보내졌다.

오사카 쌀시장은 유일한 쌀시장이 아니었으며 에도나 교토 등 다른 막부 직할령이나 다이묘령에도 쌀시장은 존재했다. 그러나 오사카에서 형성된 쌀값은 적어도 18세기 중기 이후에는 에도 막부에 의해 '제국^{諸國} 시세의 거울'[1]로 자리매김 되었다. 사실 오사카의 쌀값은 히캬쿠^{飛脚}[2]나 하타후리^{旗振} 통신[3] 등으로 전달되어 각지의 쌀값에 영향을 주었다. 예를 들면 농민이 연공을 현금으로 납부할 때에 적용되는 석대^{石代} 가격[4]도 오사카 쌀 시세와 연동하고 있었음이

---

*) 고베대학 경제경영연구소 준교수 | 일본경제사

1) 제국 시세의 거울: '제국 시세의 제조원(元方·元建·元立)'으로도 표기되었다. 오사카에서 형성된 쌀값이 전국의 쌀값에 영향을 주었다는 의미이며, 여러 차례 에도막부의 후레가키 등의 공문서에 "오사카는 쌀 시세가 만들어지는 장소이므로 제국까지 영향을 주는 일에 대해" 등의 형태로 등장한다(오사카상공회의소 소장, 『米商舊記』제3권).

2) [역주] 히캬쿠: 인편으로 우편물 등을 전하는 제도. 조직화되었으며 조직간 경쟁도 있었다.

3) 하타후리통신: 오사카의 쌀 시세를 깃발(手旗) 등으로 각지에 전하는 것. 훤히 보이는 성루나 산 위에 설치한 중계소에서 차례차례 연락해 신속히 전송되었다. 늦어도 18세기 초에는 실용화되었다.

4) 석대 가격: 근세에 연공을 미곡으로 상납하는 대신 화폐로 납부하는 것을 석대납(石代納)이라 불렀는데 그때에 쌀과 화폐의 환산율로 참조된 것이 석대 가격이다. 이와하시 마사루(岩橋勝)는 각지의 석대 가격을 조사해 이들이 오사카 쌀값과 연동하는 관계에 있었음을 해명했다.

밝혀졌다.

오사카는 대표성 있는 쌀값을 형성하는 역할을 기대받았고 그 의미에서 오사카 쌀시장은 당시의 중앙시장이었던 것이다. 그렇다면 어떻게 오사카는 수많은 쌀시장 가운데에서도 특별한 위치를 부여받을 수 있었을까?

(2) 쌀은 어떻게 매매되었을까?

오사카가 규슈·주고쿠·시코쿠 지방, 그리고 동해日本海 연안 제 지역 다이묘의 쌀을 항상적으로 모으게 된 것은 간분寬文~겐로쿠元祿(1661~1703) 시기부터라 생각되는데 이하에서는 오사카에서의 쌀 거래가 제도적 확립을 이룬 18세기 중엽 이후의 모습을 묘사한다.

주고쿠·시코쿠·규슈 지방 각 번의 쌀(통칭 서국미西國米)은 매년 10월~이듬해 4월경에 걸쳐, 동해 연안 지역의 각 번의 쌀(통칭 북국미北國米)은 매년 5~9월에 걸쳐 순차적으로 오사카로 운반되고 다이묘들은 오사카에 설치한 구라야시키藏屋敷5)에서 이를 입찰 형식으로 매각했다.

쌀을 낙찰한 쌀 중매상은 지정기일까지 대금을 지불하고 그 대가로 쌀이 아닌 각 구라야시키가 발행한 쌀 어음米切手6)라는 증권을 수취했다.

많은 경우 쌀 중매상은 이 쌀 어음을 도지마堂島 쌀시장7)에서 전매轉賣했다. 이 도지마 쌀시장에서 형성된 쌀 어음 가격이야말로 우리들이 사료에서 목격하는 오사카 쌀값이다.

쌀가마니가 아닌 쌀 어음에 의한 매매는 매매를 활성화시켰다. 상인으로서는 무겁고 부피가 큰 쌀가마니가 아닌 종잇조각으로 매매할 수 있고 쌀의 보관비용도 다이묘들의 구라야시키가 부담했기에 편의성이 높았다.

다이묘 입장에서도 쌀 어음은 편리했다. 서국 다이묘를 예로 들면 전술한 것처럼 그들의 쌀은 가을에 일괄적으로 옮겨지는 것이 아니었다. 가을~겨울에 걸쳐 목돈이 필요한 경우, 이듬해 봄에 보내기로 결정된 쌀도 전매前賣가 가능하기에 도움이 된다. 이를 가능하게 한 것이 쌀 어음이었다. 쌀 어음은 당분간 쌀과 교환되지 않은 채 도지마 쌀시장에서 매매되었기 때문에 창고에 보관하고 있는 쌀의 수량 이상으로 쌀 어음을 발행해도 곧바로 문제되지 않았던 것이다.

에도 막부는 1730년에 도지마 쌀시장에서의 쌀 어음 거래를 공인하고, 이후 막말에 이르기까지 감시와 보호를 더해 나갔다. 에도 막부의 관리하에 있는 공간에서 많은 상인이 경쟁적으로 쌀 어음을 매매하고 그 결과로 탄생한 쌀값이 일부 상인만이 아닌 누구의 눈에도 보이는

---

5) 구라야시키: 다이묘나 하타모토가 연공미나 산물을 판매할 거점으로 설치한 창고로 에도, 나가사키, 오쓰(大津), 오사카 등 상업이 활발한 도시에 설치되었다. 오사카에는 1835년 시점에 100개 이상의 구라야시키가 설치되어 연공미나 산물의 인수, 보관, 입찰이 이루어졌을 뿐 아니라 번의 자금 조달에 관해 금융 상인과 절충하는 장으로서도 기능했다.

6) 쌀 어음: 오사카에서 거래된 쌀 어음은 어느 다이묘의 구라야시키가 발행한 것이라도 1매당 쌀 10석(중량 약 1.5톤)과 교환하기로 약속한 것이었다. 다이묘에 따라 사용한 가마[俵]의 크기가 달랐기 때문에 액면에 표기된 가마 수는 고르지 못했지만 쌀 10석에 해당하는 수량이었음은 변함없었다.

7) 도지마 쌀시장: 오사카 쌀시장의 원류는 호상 요도야(淀屋)의 가게 앞에 모였던 쌀 상인이 노상에서 쌀 거래를 행한 것에서 찾고 있으나 17세기 말 도지마라는 모래톱이 개발되어 여기로 이전되었다. 1730년에 에도 막부의 공허을 얻은 이후 쌀 어음 거래, 쌀 어음을 대상으로 한 선물(先物) 거래가 성행해 1869년에 정지되기까지 쌀값을 전국 각지에 발신해 나갔다.

형태로 공개되었다. 그리고 이것을 에도 막부를 포함한 당시 사람들은 제국 시세의 거울이라 부른 것이다.

(3) 쌀 시장은 어떻게 참조·이용되었을까?

각지에 오사카 쌀 시세를 기록한 '시세장'이 남아있는 것에서 알 수 있듯, 오사카의 쌀값은 단지 공개되었을 뿐만 아니라 적극적으로 발신되었다. 그렇다면 왜 근세 사회의 사람들은 오사카의 쌀값을 알고 싶어 했을까?

이 점에 관해 사료에 의거해 밝혀진 것은 의외로 적다. 앞서 서술한대로 연공 납입시 참조된 석대石代 가격에 오사카 쌀값이 영향을 주었음은 명백히 밝혀졌지만, 농민이 연공을 납부하고 남은 쌀을 각 지역에서 매각할 때 오사카 쌀값이 얼마나 참조되었는가는 반드시 명확하지는 않다.

다이묘들에게 오사카 쌀값은 스스로의 연공미가 얼마나 팔렸는지, 나아가서는 번 재정의 세입이 어느 정도 수준이 되는가를 결정하는 것이었다고 생각되지만, 다이묘가 언제, 어떻게 하여 오사카 쌀값을 정보로 입수해 오사카에 연공미를 보낼 시기나 분량을 조정했는가에 대해서는 불분명한 부분이 많다.

이상기후로 각지에서 기근이 발생했을 때 오사카 쌀값과 지방 쌀값은 어떠한 움직임을 보였는가에 관해서도 충분한 검토가 이뤄지지 않고 있다.

이러한 점이 앞으로 밝혀질 때 근세사회에서 쌀시장의 위치가 보다 명확해질 것이다.

> **탐구 포인트**
> ① 오사카 쌀값은 정보로서 어떻게 입수·활용되었을까?
> ② 오사카 쌀값이 각 지방 쌀값에 영향을 주었다고 하는데 쌀 거래 방법이나 규칙은 오사카와 각지의 쌀시장에서 어떠한 차이가 있었을까?
> ③ 기후 변화나 기상재해가 발생했을 때 각지의 쌀값은 어떻게 변화했을까?

참고문헌

森泰博『大名金融史論』大原新生社, 1970.
大石愼三郎『日本近世社會の市場構造』岩波書店, 1975.
岩橋勝『近世日本物價史の研究』大原新生社, 1981.
宮本又郎『近世日本の市場經濟』有斐閣, 1988.
本城正德『幕藩制社會の展開と米穀市場』大阪大學出版會, 1994.
藤村聰『近世中央市場の解體』清文堂, 2000.
高槻泰郎『近世米市場の形成と展開』名古屋大學出版會, 2012.
高槻泰郎「近世期市場經濟の中の熊本藩」稻葉繼陽·今村直樹 編『日本近世の領國地域社會』吉川弘文館, 2015.
高槻泰郎『大坂堂島米市場』講談社, 2018.

15. 지방 상인의 상거래
지방 상인은 어떻게 거래했을까

히가시노 마사노부東野將伸*) 집필 / 조국 번역

관련항목: III-12[p.272] III-14[p.278]

〔논의의 배경〕

에도시대에는 전국 각지에 도시나 상점가가 형성되어 이를 거점으로 한 지방 상인이 상업·금융 활동에 종사했다. 지방 상인은 지역경제의 담당자이자 지방과 중앙 시장(에도·오사카)를 연결하는 역할도 담당했다. 그 활동 배경에는 금융면에서의 광역적 네트워크나 상거래 관행, 어음거래 방법이 있었다. 이들이 성립한 배경이나 통용하는 지리적 범위, 막부·영주와의 관계 등에 관해서는 아직 명확하지 않은 점이 많다. 이들의 내실과 역사적 의의에 관해 서일본, 특히 빗추국備中國과 오사카 사이에서의 결제 관계를 주요 소재로 생각해 보고자 한다.

〔논점〕

(1) 지방 상인과 중앙 시장의 어음 거래

에도시대 오사카는 각 번의 구라야시키[p.279]나 다양한 상품을 취급하는 상인이 모여 전국적인 유통 시장으로 기능했다. 그리고 영주 재정과도 깊이 관계된 환전상이 다수 있어 이들이 상거래 시에도 중요한 역할을 담당했다. 기나이에서는 유력 상인이 예금을 맡아두는 환전상 앞으로 발행한 '후리테가타振手形'와 오사카 환전상이 중소 상인들로부터 '맡겨진 은銀'에 대해 발행한 '아즈카리테가타預り手形'가 상거래에 이용되었다. 이는 상거래에서 편의를 추구하는 가운데 어음이 이용된 것으로 보인다. 한편 영주 지배나 연공 수납과 깊은 관계를 가지면서 보다 광범한 지역에서 오사카 환전상이 발행하는 어음이 거래되었다. 여기에서는 빗추국에서 오사카로의 연공은1) 송부와 산물 수출에 관한 사례를 보고자 한다.

1827년에 설치된 빗추국 남서부의 고산쿄御三卿2) 히토쓰바시一橋 가문 영지(3만 3천여 석)에서 연공은의 송부나 상품의 대은 결제를 어음으로 한 사례가 보인다. 같은 영지의 가케

---

*) 오카야마대학 학술연구원 사회문화과학학역 강사 | 일본근세사

1) 연공미·연공은: 에도시대 연공은 쌀로 부과된 것이 화폐로 납부되는 경우도 있어 이를 '석대납(石代納)'이라고 한다. 서일본에서는 에도시대 대부분의 시기에 주로 은이 거래에 사용되었기 때문에 '석대납' 중에서도 '대은납'이 일반적으로 보인다.

2) 고산쿄: 근세 중기에 8대 쇼군 요시무네(吉宗)의 자식(무네타케[宗武]·무네타다[宗尹])이 에도성 내의 다야스저(田安邸)·히토쓰바시저(一橋邸), 마찬가지로 9대 쇼군 이에시게(家重)의 자식(시게요시[重好])이 시미즈저(清水邸)에 살게 되어 전국에 각각 10만 석의 영지를 부여받게 되었는데 이들 3가를 고산쿄라 했다.

야掛屋3)를 맡았던 히라키가平木家는 영내의 다다미 돗자리疊表를 집하해 빗추국 가사오카笠岡의 운송선廻船 업자가 오사카로 수송했다. 다다미 돗자리 대금은 히라키가에 직접 보내지지 않고 빗추 히토쓰바시령의 오사카쿠라모토大坂藏元4)로 납부되고 오사카쿠라모토가 발행한 '아즈카리테가타'를 운송선 업자가 빗추에 가지고 돌아가 히라키가에 건넸다. 그리고 히라키가는 이 아즈카리테가타를 오사카쿠라모토로 보내는 히토쓰바시령의 연공은 일부로 사용했다. 또한 히라키가와 오사카쿠라모토 사이에서의 어음 결제 관계는 주변 다른 영지에서 오사카에 산물을 보낼 때에도 이용되었다.

(2) 어음 거래와 지배기구의 관계

위의 결제구조에서는 다다미 돗자리 대금(오사카→빗추)과 연공은(빗추→오사카) 송부라는 두 장면에서 어음이 사용되어 정화正貨를 취급할 때의 리스크(분실 위험 등)와 수고를 덜 수 있었고, 이는 지방 측(히라키가)과 중앙시장 측(오사카 상인) 쌍방에게 이익이었다. 이 결제 구조는 빗추 히토쓰바시가령의 성립이나 히라키가의 가케야 취임 이후의 일로 영지의 설치나 연공은을 취급한다는 가케야의 직무내용이 이상의 결제구조의 형성·전개에서 중요하다고 보인다.

또한 같은 영지 내에서나 다른 영지가 관여한 민간 상거래에서도 이 같은 대은·어음 결제 구조가 이용된 점은 중요하다. 민간 경제활동과 연공은에 관한 지배기구(가케야·오사카쿠라모토)가 연동하는 가운데 연공납입과 상거래가 이루어졌다. 일본 근세에는 신분제·영주제의 논리에 의거하여 형성된 지배기구나 유통구조가 엄연히 존재했지만 민간 측은 이에 때로는 대항對抗5)하는 한편 지배기구를 활용하는 가운데 상거래나 지역경제에 유리한 방식을 모색했다. 또한 영주들에게 영지 내에서의 막부 정화正貨6)의 확보는 중요한 정치적 과제의 하나로 이 점에서 어음 결제 구조는 각 영주들에게도 이익이 있었다.

(3) 연구사 상의 논점과 이후의 전망

어음 거래 연구사에서는 에도·오사카·교토 사이에서의 결제, 기나이 상인과 오사카 환전상의 결제, 메이지 초기 오사카를 중심으로 한 어음 유통의 축소와 재편 등이 밝혀졌다. 이때 주요 대상은 민간 경제관계에서의 결제로, 전술한 연공은 수납을 이용한 상거래와 결제 구조에 관해서는 연구가 적다. 또한 오사카 상인이 관여한 어음 결제는 기나이 지역 이외에 세토瀨戶

---

3) 가케야: 에도시대 막부령이나 고산쿄령에서 유력한 조닌이나 농민이 임명된 역직으로 다이칸 역소(代官役所)의 재정 관리, 연공 금은의 수합 등 영지 지배에 관계된 회계업무를 담당했다.
4) 오사카쿠라모토: 주로 오사카 조닌이 임명된 역직으로 각 번에서 구라야시키로 보낸 물품의 관리나 판매업무를 담당하고 동시에 금융면에서 기능을 한 경우도 있다.
5) (영주에 의한 유통 통제와 민간에서의 유통의) 대항: 예를 들면 근세 중후기에는 유채씨(菜種)의 판매·유통은 강하게 통제되었는데 기나이에서는 수백 이상의 마을들이 연합해 유채씨의 자유로운 판매·유통 등 다양한 사항을 출원하는 '국소(國訴)[p.298]'가 종종 이루어졌다. 이와 같이 막부가 정한 유통 기구에 대항하는 민간 활동이 확인된다.
6) 막부 정화: 영주는 영외에서의 결제나 재정운영을 위해 막부 정화를 어느 정도 확보해 둘 필요가 있었다. 그 때문에 영외 시장으로의 산물 수출을 추진하거나 영내 한정으로 통용하는 지폐('번찰')를 발행해 이것과 막부 정화의 교환을 의무화하는 사례가 보인다.

내 지역에도 퍼져 있었는데, 어음의 유통 범위나 상가商家·호농 경영 및 지역경제에서의 비중에 관해서는 불분명한 점이 많다. 지방에서도 막부 정화, 번찰, 어음 등 다양한 화폐와 결제수단이 이용되고 있었기에 결제수단의 내실과 그 의의의 해명이 이후의 연구과제다.

연공은 수납을 이용한 상거래와 결제 구조는 지방·중앙 간의 경제적 관계를 생각할 때에도 중요한 논점을 제시한다. 근세 중후기 지방·중앙 사이의 경제적 관계에 관해서는 지방시장의 상승과 오사카 시장의 비중 저하(오사카로의 물자 수송량廻着量의 감소 등)가 주목되어 왔다. 그러나 오사카나 에도에 연공미 등의 상품이 모이는 구조는 에도시대의 영주제·신분제에 의거해 형성된 측면이 있고, 이들 상품을 담보로 한 환전상의 영주에 대한 자금 대부도 지속적으로 이뤄졌다. 지방·중앙 간의 경제적 관계를 생각할 때에는 지방시장의 비중 상승에 주목하면서도, 신분제·영주제에 규정되어 정치체제가 계속되는 한 결정적인 변화가 보이지 않는 경제적 관계에도 유의하며 에도시대 각 시기별 경제 특징을 생각할 필요가 있을 것이다.

근대사회의 성립에 관해 막말기 경제적 네트워크나 상거래 관행은 일정 정도 근대로 이어져갔다고 여겨지나 근세 지배 기구를 매개로 한 금융·결제구조가 소멸한 후 무엇이 이를 대체해 갔는가도 밝혀질 필요가 있다.

탐구 포인트

① 지방-중앙 간 경제적 네트워크나 상거래 관행이 성립·발전한 배경은 무엇일까?
② 지방 상인은 중앙 시장의 상인이나 환전상에게 종속된 존재였을까?
③ 지방-중앙 간 금융이나 상거래 구조는 근대에 어떻게 변화했을까?
④ 일본 근세에서 신분제·영주제와 경제의 관계는 어떻게 평가할 수 있을까?

참고문헌

八木哲浩『近世の商品流通』塙書房, 1962.
竹村誠「御三卿の領知變遷」大石學 編『近世國家の權力構造』岩田書院, 2003.
石井寬治이시이 간지『經濟發展と兩替商金融』有斐閣, 2007.
西向宏介「近世後期における地域的市場の展開」『日本史研究』559, 2009.
鹿野嘉昭『藩札の經濟學』東洋經濟新報社, 2011.
高槻泰郎『近世米市場の形成と展開』名古屋大學出版會, 2012.
東野將伸「幕末期の掛屋と年貢銀收納」『歷史學研究』966, 2018.
東野將伸「近世後期の地域經濟と商人」『日本史研究』679, 2019.
森本幾子『幕末·明治期の廻船經營と地域市場』淸文堂出版, 2021.

16. 에도의 조닌 사회
과밀하고 불안정한 조닌 사회가 어떻게 존속할 수 있었을까

다카야마 게이코高山慶子*) 집필 / 조국 번역

관련항목: II-22[p.203] III-4[p.248]

〔논의의 배경〕

조카마치는 영주의 거성을 중심으로 가신단인 무사는 무가지, 상인이나 직인職人은 조닌지, 사원이나 신사는 사사지라고 하듯 원칙적으로 신분에 따라 거주지가 나뉘어진 도시다. 도쿠가와 쇼군가의 조카마치인 에도는 쇼군 가신단인 하타모토·고케닌 외에 참근교대로 각지에서 에도로 모인 다이묘의 거처가 존재했기 때문에 무가지가 넓고 조닌지의 비율은 적었다. 에도 조닌지의 인구1)는 18세기 중엽 이후 50만을 넘어 인구밀도가 극히 높았다. 주민 대다수는 다나가리店借2)였는데 다나가리 층 사람들은 영세한 생업을 꾸리고 9척 2칸3)이라고도 불리는 협소한 주거지에서 살았다. 에도의 조닌 사회4)는 취약하고 불안정한 생활을 하는 주민이 대다수를 차지하고 있었음에도 어째서 에도시대를 통틀어 존속할 수 있었던 것일까?

〔논점〕

(1) 생활기반의 정비

한정된 공간에 많은 주민이 밀집해 살기 위해서는 생활용수의 확보나 위생적인 환경의 유지 등 생활기반(인프라) 정비가 필수다.

---

*) 우쓰노미야(宇都宮) 대학 공동교육학부 준교수 | 일본근세사

1) 조닌지의 인구: 1721년 막부 조사에 따른 에도 조닌 인구는 50만 1394명. 그 이후는 오십수만 명의 추이. 무가 인구는 명확하지 않으나 50만 명으로도 추정되어 에도 총인구는 100만이라고도 일컬어진다. 1856년 쌀의 입진량(入津量) 견적으로부터 무가·사사·여행자 100만, 조닌 50만 명으로 보는 추계도 있다(『중보록(重寶錄)』4).

2) 다나가리: 조닌 사회의 주민은 이에모치(家持), 이에누시(家主, 야모리[家守]·오야[大家]), 지카리(地借), 다나가리라는 계층으로 나뉜다. 이에모치는 마치야시키(町屋敷)를 소유하고 그곳에 거주하는 [居付] 지주(다른 곳에서 거주하는 자는 부재지주). 이에누시는 지주로부터 마치야시키의 관리를 임명받은 자. 지카리는 마치야시키의 일정 구획을 빌려 점포·가옥을 자기 비용으로 세우는 자. 다나가리는 지주가 소유한 나가야(長屋)에 사는 자(즉 토지도 가옥도 빌린 자)이다.

3) 9척 2칸: 다나가리가 거주한 나가야는 한 동의 건물을 몇 개로 나누어 한 구획당 1호로 한 주택이다. 나가야의 1호를 '9척 2칸' 등으로 부르는데 9척은 1칸 반(1칸=6척)으로, 1호의 면적은 폭 1칸 반(1.5칸)에 깊이 2칸, 즉 3평(6첩)이다. 여기에 한 가족이 거주했다.

4) 에도의 조닌 사회: 최근 근세 도시사 연구에서는 예능인·유녀·행상인·일일 노동자 등 서민층의 다양한 실태가 밝혀지고 있고(신분적 주연론[周緣論], 그 서민층과 신분적·경제적 권위의 관계·질서에 관해서도 해명이 진행중이다(분절구조론). 吉田伸之『傳統都市·江戶』東京大學出版會, 2012; 同『都市: 江戶に生きる』시리즈日本近世史 4, 岩波書店 2015 등. 여기에서는 다양하고 영세한 서민층이 주민의 다수를 차지하며 다양한 긴장·대항관계를 품은 에도의 조닌 사회가 왜 존속할 수 있었는가를 다시금 생각한다.

에도에는 간다^{神田} 상수와 다마가와^{玉川} 상수[5]라는 2대 상수가 부설되었다. 도로 중앙의 지하에는 수도관(나무·대나무·돌 수로)이 매설되어 그곳에서부터 각각의 마치야시키^{町屋敷}[6]로 분수^{分水}되었다. 주민들은 마치야시키별로 설치된 공용 상수 우물에서 물을 퍼올려 생활용수를 확보했다. 한편 잡배수(부엌 등에서 나오는 배수)는 도로의 측면 고랑('우락하수^{雨落下水}') 및 나가야 사이를 흐르는 '우라다나^{裏店}의 하수구'로부터 소^小하수나 대^大하수,[7] 그리고 수로나 하천을 따라 이동해 최종적으로는 에도 내해(도쿄만)로 흘러갔다. 나가야의 주민은 공용 변소를 사용했는데 주민의 분뇨는 주변 농촌 사람이 퍼내어 비료로 구입(혹은 생산물과 교환)했다. 쓰레기는 막부가 공인한 업자가 쓰레기선으로 회수해 스미다가와 강^{隅田川} 동안의 에이타이지마^{永代島}(이후에는 엣추지마^{越中島}의 후방)에 매립했다.

이처럼 에도의 조닌 사회에서는 물의 확보와 잡배수의 배출, 분뇨나 쓰레기 처리가 유효하게 기능해 과밀한 도시생활을 가능하게 했다.

(2) 조닌의 자치와 무사의 지배

18세기 중엽 이후 에도의 조닌지는 1600~1700 정도의 조^町[8]로 구성되어 그곳에 50만의 사람들이 살고 있었다. 이들 조를 관리·통제하기 위해 에도 막부가 설치한 것이 마치부교쇼^{町奉行所}이다. 마치부교쇼는 마치부교를 하타모토가, 배하의 요리키·도신^{同心}[9]을 고케닌이 담당하는 무사 조직으로 주로 경찰이나 재판, 화재 방지나 진화의 지휘 등 쇼군의 조카마치를 지키는 역할을 맡았다. 마치부교쇼가 '역소^{役所}[관청]'가 아닌 '번소^{番所}[초소]'라 불린 것도 조닌 사회의 경비나 순찰이라는 성격을 반영한 것이라 생각된다.

마치부교쇼는 행정에도 관여하게 되었지만 당초부터 조닌 사회의 행정을 담당한 것은 조의 사람들이었다. 3가^家(다루야^{樽屋}·나라야^{奈良屋}·기타무라^{喜多村} 세습)의 마치도시요리를 필두로 250여 명 전후의 나누시^{名主}나 각 조의 가치교지^{月行事}가 조닌 사회의 운영을 담당했다. 마치도시요리는 인구의 집계나 상인·직인의 통괄 등 조닌 사회 전체에 관여된 직무를 담당했는데 각 조의 운용 비용, 닌베쓰초^{人別帳}(호적부)의 관리, 마치부레^{町觸}(법령)의 전달 등 주민의 일상생활에 관한 용무는 나누시와 가치교지가 맡았다.

에도의 조닌 사회는 치안유지를 중심으로 한 무사에 의한 지배와 조의 사람들에 의한 자치 쌍방에 의해 안정적으로 운영·유지되었다.

---

[5] 간다 상수·다마가와 상수: 간다 상수는 이노카시라(井の頭) 연못, 다마가와 상수는 다마가와(多摩川)를 수원으로 하는 상수도. 개수로에서 물을 끌어 에도 시중에서는 복개(覆蓋)하였다. 주요 조닌지는 에도성 동측의 시타마치 저지대에 위치해 양질의 지하수를 확보할 수 없었기 때문에 멀리서부터 물을 끌어오지 않으면 안 되었다.

[6] 마치야시키: 거택·점포나 창고가 세워진 부지. 통상 1필지의 마치야시키는 도로에 면한 수 칸(5칸 전후)의 폭에 깊이 20칸 정도다.

[7] [역주] 소하수와 대하수: 에도의 하수도 종류는 대하수, 횡절(橫切)하수, 소하수로 나뉜다. 대하수는 기존의 하천을 인공적인 배수로로 개수한 집수로(集水路)다. 횡절하수는 소하수를 모아 대하수로 잇는 중계수로로 도로를 횡단(橫切)했기에 붙여진 이름이다. 소하수는 생활배수, 우수 및 각 건물의 하수시설을 일컫는다.

[8] 조: 조닌지를 구성하는 자치·지배의 기초단위. 통상 도로를 끼고 마주보는 구역으로 구성된 료가와초(兩側町)였으며 복수의 마치야시키로 이루어진다.

[9] [역주] 요리키·도신: 도신은 서무·경찰 등의 업무를 담당한 하급 관리이며 요리키는 이들 도신을 지휘하며 부교의 업무를 분담·보좌했다.

(3) 사회보장의 구조

에도의 조닌 사회에는 현재의 사회보장제도에 해당하는 공적인 기구는 없었다. 에도 막부는 고이시카와小石川 양생소養生所(1722년 고이시카와 약원藥園에 설치된 시료施療 시설), 닌소쿠요세바人足寄場(1790년 이시카와 섬에 설치된 떠돌이 수용 시설), 에도 마치카이쇼町會所(1791년에 흉년대비備荒저축과 서민 금융을 목적으로 설치된 기관)를 창설하거나 대규모 재해시 쌀이나 금전을 지급하고 오스쿠이고야お救い小屋(피난소)를 경영하는 등 눈앞의 사회 문제나 위기에 대해 일정한 대책을 강구했다. 그러나 이 같은 제한된 기관이나 시책만으로 50만 사람들의 생활 안정을 유지할 수 없었다.

마치야시키를 소지한 지주는 토지나 주거(나가야)를 임대해 지대地代나 집세를 얻었다. 그 가운데 조町의 운용 경비를 제외한 부분이 지주의 수익이 되는데, 근세 후기에는 그 수익은 감소(적자) 경향이 있었다. 나가야의 개축이나 보수·유지, 도시 기능의 확대에 따른 조 경비의 증가, 물가 상승 등으로 지주의 부담은 증대했지만, 영세한 다나가리 층이 생활을 유지할 수 없게 된다고 하여 지주는 마음먹은 대로 지대·집세를 인상할 수 없었다. 지주로부터 마치야시키의 관리를 위임받은 이에누시(오야大家)와 다나가리(다나코店子)의 관계는 부모자식 관계처럼 간주되어, 이에누시는 다나가리의 생활이 성립할 수 있도록 일상의 다양한 측면을 보살폈는데 징수하는 지대·집세도 낮게 억제했던 것이다.

재해나 기근 등 비상시에는 부유층이 이재민이나 생활 곤란자에게 쌀이나 금전을 기부했다. 이러한 기부행위를 보시施行라고 했는데 덴메이天明의 우치코와시打ちこわし[10] 때에는 호상이 자신의 위기 회피 관점에서 신속히 (사전에) 주변이나 이웃의 조町들에 조치를 취하는 것을 검토하였다. 또한 덴포 기근[11] 때에는 기부자 일람이 출판물로 회람되어 누가 기부했는가(하지 않았는가)를 많은 사람들이 알 수 있게 되었다. 에도 시중에서 이루어진 보시는 선의도 있었겠으나 기부를 하지 않으면 때려부순다[우치코와시]는 긴장 관계를 내포한 것이었다.

에도의 조닌 사회에서는 지주를 비롯한 부유층과 영세한 다나가리 층이라는 주민들 사이의 일상·비일상 관계성 속에서 부유층에 축적된 부가 영세한 사람들에게 환원되는 구조가 생겨났고 이것이 사회보장에 해당하는 기능을 담당했다고 할 수 있다.

탐구 포인트

① 에도의 조닌 사회는 어떠한 내부구조가 있었을까?
② 에도의 조닌 사회는 어떠한 구조로 안정적인 운영·유지가 이루어졌을까?

참고문헌

吉田伸之『近世巨大都市の社會構造』東京大學出版會, 1991.

渡邊尙志『近世の豪農と村落共同體』東京大學出版會, 1994.

森田貴子『近代土地制度と不動産經營』塙書房, 2006.

髙山慶子「江戸の擴大と支配制度の變容」『史潮』67, 2010.

江戸遺跡研究會 編『江戸の上水道と下水道』吉川弘文館, 2011.

---

10) [역주] 덴메이의 우치코와시: 1787년 에도, 오사카 등 당시 주요 도시를 중심으로 전국적으로 발생한 도시 소요의 총칭. 연이은 흉작과 기근, 쌀값 폭등으로 분노가 폭발한 민중들에 의해 점포 파괴, 상품·금전·장부 파기 등이 이루어졌다.

11) [역주] 덴포 기근: 1833~1837년 간에 발생한 대기근으로 에도 시대 3대 기근 중 하나였다.

17. 지주와 소작인
지주는 어떻게 소작인과 소작계약을 맺었을까

만다이 유^{萬代悠*)} 집필 / 조국 번역

관련항목: III-3^[p.245] III-9^[p.263] III-19^[p.293] III-29^[p.323] IV-33^[p.444]

〔논의의 배경〕

지주제사_{地主制史} 연구는 특히 전전부터 전후 수십 년에 걸쳐 일본 경제사 연구의 인기 주제였다. 그러나 종래의 전통적 연구는 지주가 소유한 전답의 면적과 수확량을 계산해 자산과 소득의 성장을 좇는 것에 관심을 기울였고, 지주와 소작인이 맺는 소작계약의 내용이나 유지 방법은 소외되었다. 지주제사 연구가 오랫동안 정체된 오늘날에도 그 분석은 충분하지 않다. 현대의 기업경영자에게는 노동자의 근속을 충족시키면서 이윤의 최대화를 꾀할 것이 요구되고 있다. 근세 일본의 지주경영자[1] 또한 성실한 소작인과의 장기적 관계 구축을 바랐다고 한다면 왜 그러한 관계 구축이 가능했는가를 묻는 것은 해결해야 할 중요한 과제일 것이다.

〔논점〕

(1) 소작형태

근세 일본의 소작계약은 ①직소작_{直小作}계약,[2] ②별_別소작계약,[3] ③보통소작계약[4]으로 구별된다. ①과 ②는 동일본에서 많이 보이며 ③은 기나이에서 보급되어 갔다. 이 보급도의 차이는 지역성 차이에 의한 것으로 추측된다. 동일본에서는 자급 비료에 대한 의존도가 높고 상품작물의 생산 규모와 생산성이 비교적 낮았다. 지주로서는 생산성 낮은 경지를 고가로 구입해도 가치가 적었기에 고액의 금리로 소작료 수입이 기대되는 ①과 ②가 주류가 되었다. 이에 비해 기나이에서는 구입 비료의 도입시기가 빠르고 상품작물의 생산 규모와 생산성이 비교적 높았다. 생산성 높은 경지를 구입하는 가치는 높기에 고가라도 영대매매_{永代賣買}[5]를

---

*) 공익재단법인 미쓰이문고(三井文庫) 연구원 | 근세일본경제사

1) 지주경영자: 지주경영자는 해당 지주의 가족과 고용 노동자가 경작하는 수작지(手作地), 해당 지주와 토지 임대차계약을 맺은 소작인이 경작하는 소작지로부터 수익을 얻는다. 전자에 관해서는 약 2~3정(町, 약 2~3헥타르)이 경영 규모의 한계로 일컬어진다.

2) 직소작계약: 담보로 삼은 땅을 채무자(소작인)가 소작해 채권자(지주)에게 소작료를 지불하는 계약.

3) 별소작계약: 담보로 삼은 땅을 채무자, 채권자 이외의 제3자가 소작해 채권자에게 소작료를 지불하는 계약.

4) 보통소작계약: 질권이 설정되지 않은 지주의 소유지를 지주 이외의 자가 소작해 해당 지주에게 소작료를 지불하는 계약.

5) 영대매매: 1643년 전답영대매매금지령(田畑永代賣買禁止令)은 전국을 대상으로 한 법령은 아니었고 전국령이 된 1687년 이후에도 영대매매를 인정하는 번이 있었다. 藤井讓治「「法度」の支配」藤井讓治 編『日本

통한 경지 이동이 활발해져 일찍부터 지주와 무고無高(연공납부 의무를 수반하는 소유지를 가지지 않은 자)의 분화가 진전되어 ③이 보급되었다. 이 차이가 지금까지 충분히 유의되지 않았다.

(2) 토지법제

지주의 관심사 중 하나는 소작인의 채무불이행시 막부나 번이 채권회수에 어떻게 강제력을 발휘해 줄 것인가, 또는 그 강제력 행사를 얻기 위해 어느 정도의 비용[6]을 필요로 하는가라는 점에 있다. 환언하면 지주는 영주 역소에 소를 제기했을 때의 편익과 비용을 감안하여 계약을 체결할 것이다. 예를 들면 유지流地금지령[7] 철회 이후 직소작계약의 경우, 막부법이나 이를 참고한 번법藩法에 따라 질지質地[토지담보]계약과 직소작계약의 증문證文이 법에 준거해 완비되었을 때에 한해 채무불이행시의 유지流地를 인정했다. 이에 비해 보통소작계약의 경우, 증문이 완비되었다고 해도 채무불이행시 소작인의 신다이카기리身代限(재산 압류, 채무변제강제)에 그쳤다. 소작계약을 검토하기 위해서는 토지법제의 분석이 불가결하다.

(3) 계약방식

지주는 소작계약을 체결할 때 문서계약[8]이나 구두계약[9] 가운데 하나를 선택해야 했다. 다만 소작인 측에도 선택지가 있었다는 것에도 주의하고자 한다. 소작인 측은 채무불이행시 채무변제강제가 작동하는 문서계약을 피하고자 했다. 왜냐하면 법에 준거한 계약서는 객관적인 증거서류가 되어 채무불이행이 입증되어버리기 때문이다. 따라서 구두계약보다도 싼 소작료가 아니면 소작인 측은 문서계약에 합의할 리 없었다. 한편 예를 들어 막부법 적용 지역의 경우 직소작계약에 관해서는 지주에게 채무변제강제(질지의 소유권 획득)의 가치는 높았으므로 구두계약에 비해 소작료를 낮게 설정하더라도 외부의 강제력을 얻을 수 있는 문서계약을 선택했다. 그러나 보통소작계약에 관해서는 채무변제강제(빈곤한 소작인의 재산압류)의 가치는 낮기에 외부의 강제력을 기대하기보다는 많은 소작료를 얻고자 구두계약을 선택했다. 기존 연구는 기나이에서는 구두계약이 많았던 사실을 제시하면서도 이를 지주경영의 문맥에서 파악하지는 않았다.

の近世3 支配のしくみ』中央公論社, 1991. 다만 유질(質流)이라는 형태를 취하여 토지 소유권을 이전할 수 있었다. 본래 전답영대매매금지령이 유효한 지역이라도 소송시 영주의 강제력이 없을 뿐 채권자가 리스크를 감수한다면 비합법적으로 매매할 수 있었다.

6) 비용: 여기에서 주로 상정된 것은 법에 준거한 올바른 계약서 작성에 필요한 비용, 금전채권의 급부(給付) 소송시에 발생하는 비용이다.
7) 유지금지령: 요시무네 정권이 1722년(교호7) 4월에 시행한 법령. 유지(流地)는 채무자의 물적담보로 저당잡힌 토지의 소유권을 채권자인 지주에게 이전하는 것을 말한다. 직소작계약에서 채무자인 소작인이 채무불이행을 한 경우 막부는 유지 집행을 인정했으나, 해당 법령 시행에 따라 유지 집행을 정지했다. 그러나 이는 농업금융의 순환 악화를 불러와 이듬해인 1723년 8월 철회되었다.
8) 문서계약: 계약서를 당시 법에 준거해 올바르게 작성하고 법의 지배에 기대는 계약. 문서계약의 경우 막부나 번이라는 외부 강제력에 의해 채무변제 강제가 집행될 가능성이 높다.
9) 구두계약: 계약서를 작성하지 않고 외적인 강제력에 기대지 않은 계약. 다만 구두계약의 경우, 외부 강제력에 기대지 않기에 지주가 소작인을 붙잡아두고 해당 소작인에게 채무를 이행시키기 위해서는 계약의 유지가 소작인에게도 이익임을 납득시킬 필요가 있었다.

(4) 노동시장의 구조

근세 일본의 특징 가운데 하나는 가족의 이주와 노동자의 장거리 이동이 제한적이었던 점이다. 여기에서는 분석대상지역이 비농업부문의 성장지역이었는가가 요점이다. 왜냐하면 근대에 비해 폐쇄적인 특정 국지局地 내에서 비농업부문이 일정 수준 이상 성장하면, 노동 자원이 농업부문에서 비농업부문으로의 이동하는 현상이 발생하기 때문이다. 예를 들면 이즈미국和泉國 기시와다번령岸和田藩領(표고表高 5만 3천 석, 직소작계약은 막부법에 준거) 내 도시 근교지역의 경우, 18세기 말에는 농업부문의 정체와 비농업부문의 성장이 보이고 노동희소화와 비농업부문으로의 노동이동이 발생했다. 해당지역에 살고 있는 지주가 지주로서 살아남기 위해서는 적절한 임금(소작료) 수준을 제시해 비농업부문과의 경쟁에 승리해 희소한 노동을 조달할 필요가 있었다.

(5) 지주의 선택

여기에서 문제가 되는 것이 서두의 과제다. 노동희소화가 발생한 기시와다번령 내에 터를 잡은 지주였던 가나메 겐다유要源太夫 가문을 예로 삼아보자. 가나메가要家는 법제도로부터의 제약과 편익을 감안해 소작인 측과 구두계약(보통소작계약)을 선택하고 노동시장의 변화에 맞추어 소작지 수확물의 소작인 몫을 적절히 증가시켰다. 그리고 소작계약에 각종 특약[10]을 부대해 소작인 측에 장기 소작계약을 맺도록 유인하는 방안도 연이어 고안했다. 이를 통해 가나메가는 소작인과 장기적인 관계를 구축하는 데 성공했다. 다년간 소작계약 이행에서도 구두계약으로서는 일정한 성과를 거두었다. 한편 장기소작 계속자를 우대하여 그들의 소작계약 이행 의욕과 소작계속 의욕을 높이는 선택도 취했다. 가나메가가 촌내의 최대 지주로 메이지 시기를 맞이할 수 있었던 것은 위와 같은 합리적이고 도전적인 선택의 부단한 시도가 있었기 때문이다.

> **탐구 포인트**
> ① 지주는 소작인과 소작계약을 맺기 위해 어떠한 방안을 마련했을까?
> ② 질지소작이 주류인 지역 또는 노동 과잉 지역에서 지주의 선택은 무엇일까?
> ③ 지주제사 연구의 축적을 어떻게 계승하고, 어떻게 경제학이나 법학의 견지를 반영할 것인가?

참고문헌   萬代悠『近世畿內の豪農經營と藩政』塙書房, 2019.

---

10) 각종 특약: ①시장을 반영한 정률의 감면(소작료의 인하)액 설정, ②그 계약 기간 중의 적용, ③흉작시의 임시감면특약, ④ 말린 정어리(干鰯) 구입 대금의 대여 또는 지급, ⑤ 장기 소작 계속의 대가로 장래의 일정 기간 내에 일정액 감면 비율 상승 약속.

18. 부담과 구제
백성은 납득하고 있었을까

후쿠자와 데쓰조^{福澤徹三*)} 집필 / 조국 번역

관련항목: III-3^[p.245] III-12^[p.272] III-16^[p.284] III-19^[p.293]

〔논의의 배경〕

에도시대 백성의 이미지가 크게 재검토된 지 오래되었다. 특히 에도시대 후기 백성은 백미^{白米}를 먹고 패션도 좋아하며 마을 축제에서는 가부키나 스모를 즐겼고 하이카이^{俳諧1)}도 읊었다. 백성상^像의 전환에는 후카야 가쓰미^{深谷克己}의 백성성립^{百姓成立} 논의가 큰 역할을 했다. 에도시대의 백성은 연공^{年貢2)} 납부를 일방적으로 강제당한 것이 아니며(부담^{負擔}) 그 반대급부로서 무사에게 스스로의 생활을 풍요롭게 보낼 권리를 주장할 수 있었다(구제^{御救})라는 논의는, 1980년대 이후 에도시대 연구에 커다란 영향을 주었다. 에도시대는 농업사회로 백성이 인구의 8할 이상을 차지했다. 이 전환은 근세 사회 전체의 이미지 전환으로도 이어졌다.

〔논점〕

(1) 사상사적 이해

부담과 구제는 당초, 지배·피지배관계를 은폐하는 인정^{仁政3)} 이데올로기 관계의 폭로라는 사상사적 관점에서 논의되었다. 이념으로서의 구제에 실태가 동반하지 않는다는 비판은, 에도시대에는 안도 쇼에키^{安藤昌益4)} 등 일부 사람들에 의해 이뤄지는 데 그쳤고 백성은 이를 감수한 것으로 여겨졌다. 그러나 구제가 충분하지 않을 때에 이를 벌하는 주체를 코스몰로지적 관점에서 하늘로부터 구한 쇼에키의 사상은 결코 주류가 아니었기 때문에 후세의 우리들에게는 커다란 충격으로 받아들여진다. 한편, '절충학파' 유자^{儒者}인 호소이 헤이슈^{細井平洲}의

---

*) 스미다(すみだ)향토문화자료관 자료관학예원 | 일본근세촌락사·폭죽사(花火史)

1) [역주] 하이카이: 하이카이렌가(俳諧連歌)라고도 한다. 익살스러운 형식의 렌가로 5·7·5 음절과 7·7 음절로 주고받으며 이어지는 긴 시가(詩歌)다. 렌가의 첫 구[發句]를 따로 떼어내 하나의 양식으로 정착시킨 것이 하이쿠(俳句)다.

2) 연공: 혼토모노나리(本途物成)와 고모노나리(小物成)로 나뉘는데 여기에서는 영주에게 납부하는 연공 전반을 말한다. 이 외에 부유한 백성이나 조닌은 어용금 납부를 명받기도 했다. 294쪽 참조.

3) 인정: 은혜 깊고 동정심 있는 정치. 에도시대에는 '백성(民)은 나라의 근본'이라는 말로 근세 전기부터 무사층의 정치 규범으로 일반화되어 갔다.

4) 안도 쇼에키(1703~62): 에도시대 중기의 의사, 사상가. 하치노헤(八戶)의 조카마치에서 의원을 개업해 나이 다무라(二井田村, 현 아키타현 오다테시)에서 사망했다. 주요 저서로『자연진영도(自然眞營道)』가 있다.

학문이 수행한 정치적 역할과 민간의 수용을 밝혀낸 고세키 유이치로小關悠一郞의 연구도 매우 흥미롭다.

(2) 다양한 구제의 현장

교호享保 기근5)에 맞닥뜨린 막부는 호농상豪農商에 대해, 어려움을 겪는 자에게 힘을 보태어 아사하는 자가 없도록 하라는 포고觸를 냈다. 그 후 막부는 이에 응한 자를 포상했다. 또한 『인풍일람仁風一覽』6)이 간행되어 이들은 세상에 이름을 알리는 영예도 받았다. 막부가 해야 할 구제를 피지배 신분인 백성과 상인에게 전가했다는 논의는 당시 일어나지 않았던 듯하다.

동북 지방에서의 덴메이 기근은 농작물의 흉작만이 원인은 아니었고 오사카 상인에게 빚을 변제하기 위해 회미廻米7)가 우선된 번령藩領 하에서 일어났다. 이를 기근 이출移出이라 부른다. 전국 시장에 편성된 막번제 국가의 구조가 구제에 의한 백성성립인가, 번 재정을 우선하는가라는 선택에 직면했던 것이다. 이처럼 목숨을 잃게 되는 장면을 전제로 한 기쿠치 이사오菊池勇夫의 연구성과에 배울 점은 크다. 또한 덴포기 마쓰모토번松本藩8)의 첨간添簡(자번自藩 백성이 다른 번에 청원하는 것을 승낙하는 문서)을 손에 넣은 촌락들이 마쓰시로번松代藩이나 에치고越後 다카다번高田藩으로 쌀 매입을 위한 탄원에 나서 이를 인정받은 것처럼, 지배영역을 넘어선 영주층의 구제에 관한 공통된 인식의 형성도 새로운 논점이다.

(3) 국산정책과 호농의 정체

구제연구9)를 리드해 온 후카야 가쓰미의 논지는 다음과 같다. 본래 영주-백성 사이의 구제 관계는 에도시대를 통틀어 유지되었지만 상품화폐경제의 진전과 영주·번 재정 궁핍화를 배경으로 19세기가 되면 번령 내에서 산출한 상품을 매점해 오사카·에도 시장으로 이출하는 국산國産(산물통제)정책10)으로 전환한다는 것이다. 한편 마쓰자와 유사쿠松澤裕作는 관동關東 농촌을 필드로 19세기가 되면 무사는 영주로서의 구제책임을 포기하고 호농豪農11)에게 이를 전가했기 때문에 전망을 상실한 호농은 새로운 사회체제를 희구하고 그것이 메이지유신으로 이어졌다고 본다. 후카야의 구제 전환론은 경제발전을 논의에 집어넣은 점이 특장이다. 구제정책도 사회경제 단계 발전에 맞춰 일종의 경제정책으로 진화를 이루었다고 읽어낼 수도 있을 것이다. 그에 비해 마쓰자와의 논의는 어디까지나 영주-백성의 원리원칙에 천착한 점이

---

5) 교호 기근: 1732년(교호17)에 기나이를 덮친 대기근. 덴메이·덴포 기근과 함께 에도의 3대 기근이라 불리며 통설에서는 아사자 1만 2천여 명이라 일컬어진다.
6) 『인풍일람』: 인풍이란 인덕의 풍화. 혜택. 교호 기근 2년 후 쌀과 금은 등을 내어 빈궁하고 굶주린 사람들을 구한 기특한 자를 모든 사람들에게 알리기 위해 오사카서림(大坂書林)이 출판한 책.
7) [역주] 회미: 연공미 등을 쌀 시장인 에도·오사카로 수송한 것.
8) 마쓰모토번: 마쓰모토번은 시나노국(信濃國) 남부의 6만 석 규모의 후다이번(譜代藩)이다.
9) 구제연구사(御救研究史): 참고문헌인 『民衆史研究—特輯「御救」と近世社會』95를 참조.
10) 국산정책: 막부나 번이 영내에서의 상품 집하를 독점해 에도·오사카 등 영외 시장에서의 판매를 통해 상품화폐경제에 대응하고자 한 정책.
11) 호농: 촌락의 상층 농민(백성)으로 지주이자 상업, 금융을 운영하고 무라역인(村役人)으로 근무하는 일이 많았다.

매력인데 서국 웅번雄藩12)에도 이것이 맞아들어가는가, 경제발전의 과실을 충분히 획득한 호농이 사회체제의 변혁을 바랐는가라는 점에 과제가 남겨져 있다.

(4) 번 지역 분석의 가능성과 인정의 구별

도자마 중번中藩이었던 마쓰시로번에서는 덴메이 기근 전후부터 연공 대납立替 등으로 촌락의 경제적 기반인 호농이 쇠락해 연공 납입에 차질이 발생한 촌락을 난주무라難澁村로 지정했다. 난주무라로 지정된 곳에서는 연공 수납에 책임을 진 간조역勘定役이 다이칸을 대신해 일정 기간 지배하며 회복을 꾀하고, 상황이 개선되면 다이칸 지배로 되돌리는 제도가 만들어졌다. 구제를 미연에 방지하는 틀을 촌락 단위로 정비했다는 평가가 가능할 것이다. 그러나 분세이기文政期[1818~31]가 되면 영내의 금융 시장이 채권자보다 채무자 쪽이 유리해지는 방향으로 변질되며, 난주무라의 차용금을 관리해 회복을 꾀하는 제도에 파탄이 보이기 시작한다. 가로·군부교郡奉行·간조역은 논의를 거듭해 난주무라 정책을 포기하고 국산정책에 따른 부가富家(호농)의 창출, 영락한 백성을 위한 사창社倉13) 설치 정책으로 크게 방향을 전환했다. 부가에게는 공적·사적인 번 자금이 대부되어 그 이자는 번 재정의 재건에 크게 기여했다. 한편 국산정책의 정체停滯는 번의 관심이 금융부문으로 향하는 요인이 되었다. 또한 사창 설치는 마쓰다이라 사다노부松平定信의 차남인 번주 유키쓰라幸貫의 주도로 이뤄졌는데, 실제 정책 수행에는 농정農政을 지탱한 군부교·간조역의 제안이 불가결했다. 에도·오사카 시장으로의 국산품 판매에 실패한 마쓰시로번과 이에 성공한 서국 웅번에 공통점이 존재한 것도 명확하다. 번 지역 분석에 의한 각 지역의 사례 비교를 통해 많은 논점이 드러나고 있는 것이다. 또한 항상적 경제정책을 구제에 포함시킬지 여부, 인정과의 경계·구별을 의식한 논의도 필요해지고 있다.

탐구 포인트

① 구제를 담당한 자는 누구인가? 무사인가, 백성인가? 백성 중에서는 누구인가?
② 구제의 장면은 어디일까? 생명이 위협받고 있는 상황 하에서일까, 경제적 문제일까?
③ 어느 지배 영역에서 검토할 것인가? 시대는 에도시대 전기인가, 중기인가, 후기인가?

참고문헌

深谷克己 후카야 가쓰미『百姓成立』塙書房, 1993 / 배항섭·박화진 역『백성성립』성균관대학교출판부, 2017.
菊池勇夫『飢饉から讀む近世社會』校倉書房, 2003.
若尾政希『安藤昌益からみえる日本近世』東京大學出版會, 2004.
渡邊尚志『百姓の力』柏書房, 2008.
松澤裕作『明治地方自治體制の起源』東京大學出版會, 2009.
小關悠一郎『〈明君〉の近世』吉川弘文館, 2012.
『民衆史研究-特輯「御救」と近世社會』95, 2018.

---

12) 서국 웅번: 사쓰마번이나 조슈번 등 근세 후기에 번정 개혁을 행하여 재정에 여유를 가지고 국정에서의 발언력을 높여 간 번.
13) 사창: 곤궁민에게 저리로 대여하거나 기근 등을 대비하는 것을 주목적으로 설치된 곡물 저장고. 막부나 번주도로 이뤄진 경우도 있었다.

19. 근세 후기의 무라 사회
근세 후기의 무라는 어떤 모순을 안고 있었을까

고마쓰 겐지^{小松賢司}*) 집필 / 황수경 번역

관련항목: III-3^[p.245] III-18^[p.290] III-29^[p.323]

〔논의의 배경〕

근세 후기의 무라 사회에는 대조적인 두 가지 평가가 존재한다. 무라 사회의 내부에서 모순이나 대립이 심해지고 있었다는 평가가 있고 다른 한편으로 무라 사회가 '민주화'되어 갔다는 평가가 있다. 이 두 평가에 입각하여 근세 후기의 무라 사회를 어떻게 파악하면 좋을까?

〔논점〕

(1) 대조적인 두 가지 평가

1970년대까지의 연구에서는 막말에 대규모 잇키一揆나 소동이 각지에서 발생하는 것을 염두에 두고 근세 후기 사회 내부에 모순·대립이 조성되어 갔다고 보는 견해가 주류였다. 주목받은 것은 근세 중후기 전국 각지에서 빈발하는 무라카타 소동村方騷動1)이었다. 소전백성小前百姓2)이 무라역인과 대립하는 무라카타 소동은 근세 중기 이후의 경제발전에 따른 격차 확대 속에서 무라 사회에 발생한 모순이나 대립의 결과로 평가받았다.

1980년대가 되자 무라카타 소동은 경제발전 속에서 힘을 축적한 소전백성에 의한 '민주화' 운동으로 보는 견해가 주류가 되었다. 무라카타 소동에 의하여 무라역인의 부정이 추궁되어 무라역인의 파면이나 선거 등이 행해져 그 결과 무라역인은 소전백성의 의향을 헤아린 무라 운영을 하게 된다고 해서, 이러한 경향을 '민주화'로 평가한 것이다. 그리하여 이전의 연구가 중시하고 있었던 막말의 잇키나 소동은 '민주화'가 진행되지 않았던 무라나 지역의 사건으로 간주하게 되었다.

---

*) 후쿠시마대학 인간발달문화학류 준교수 | 일본근세사
1) 무라카타 소동: 소전백성이 무라 운영의 개선을 요구하여 일으키는 운동. 많은 경우 무라역인의 부정이 지적되어 규탄받았다. 중재자를 개입한 교섭으로 끝나는 경우도 있었고 재판이 되는 경우도 있었다. 무라역인과 소전백성의 대립에 그치지 않고 무라를 분단하는 대립으로 발전하는 경우도 있었다. 근세 중후기에 많이 보인다. 한편 근세 초기(대체로 1680년경까지)에도 일어났는데 초기의 소동은 근세 특유의 무라 사회가 서서히 형성되어 가는 도중에서 전국시대 이래의 유력자를 무라의 질서로 편입하려고 하는 운동이 중심이어서 중후기의 소동과는 성격이 조금 달랐기 때문에 '초기 무라카타 소동'이라고 부르며 구별하는 경우가 많다.
2) 소전백성: 무라역인이 아닌 일반 백성. '소전(小前)'은 당시 문서에 자칭·타칭 어느 쪽에서도 보이는 사료용어이다. 사료에 의하면 '소전'은 소유한 석고 양이 많은 백성인 '대전(大前)'의 대의어로서 모치다카(持高, 석고의 양)가 적은 백성을 가리키는 경우도 있지만, '역전(役前)'=무라역인의 대의어로서 사용되는 경우가 일반적이며 연구자는 주로 그 의미로 사용하고 있다.

(2) '민주화'에 의해 모순은 해소되었는가?

그러나 구체적인 사례를 조사해보면, 예를 들면 선거로 뽑힌 무라역인이 수년 후에 소전백성에게 사직을 요구받고 소동이 반복하여 발생하는 경우도 많다. 역으로 특정 이에家에 의해 무라역인이 독점되는 '비민주적'인 무라지만 소동이 발생하지 않는 경우도 있다. 또한 막말의 잇키나 소동에서 우치코와시 등을 겪은 무라역인이라도 실제로는 많은 무라역인이 소전백성의 의향을 헤아리는 노력을 하고 있었다.

구체적인 사례를 하나 소개하려고 한다. 현재 사이타마현 사카도시坂戸市에 있는 아카오무라赤尾村에서는 근세 후기 무라카타 소동이 반복하여 발생했다. 1840년부터의 소동에서는 구미가시라組頭·햐쿠쇼다이百姓代에 대해서 역료役料3)를 감축하고 제비뽑기로 선정된 소전백성이 1년 교체로 근무하는 구조를 만들었다. 여기에 이어서 나누시에 대해 영주가 부과한 여러 부담의 처리를 둘러싼 '의심'이 제기되었는데 부정은 발각되지 않았지만 나누시가 가진 몇 가지 특권이 폐지되었다. 나누시는 일기에 소전백성들이 '무라를 위해'라고만 말하고 있다고 비판적으로 적었다. 이리하여 새로운 체제에서의 무라 운영이 시작되었는데 구미가시라·햐쿠쇼다이는 무라 운영에 적극적으로 관여하려 하지 않아 업무의 많은 부분은 나누시에게 떠밀렸다. 제비뽑기가 유자격자 전원을 한 차례 돌자, 구미가시라·햐쿠쇼다이가 될 사람이 없어지게 되어 1851년에 선거가 치러져 무라역인은 종래의 형태로 돌아갔다. 그 4년 후 소전백성은 번에 상납하는 어용금御用金4)의 대납을 무라역인에게 요구했는데 요구가 거부되자 그들은 무라의 장부에서 '뭔가 부정한 조목'을 찾아내서 소송하는 방침을 정했다. 이리하여 무라역인의 부정을 추궁하고 4년 전에 선거로 선출한 구미가시라·햐쿠쇼다이의 사직을 요구하여 무라카타 소동이 다시 발생했다.

이 일련의 소동에서는 부정 추궁 등이 무라 운영에 대한 비판이 목적이 아니라, 무라역인에게 요구를 받아들이게 하는 수단으로서 사용되고 있다. 무라 운영이 일견 '민주화'되어도 소동은 거듭 일어났다. 소전백성이 일관되게 요구하고 있는 것은 영주가 부과한 것까지도 포함한 부담의 경감이고 그것은 무라역인의 노력만으로는 해결할 수 없다. 영주가 무리한 부담을 계속 부과하는 한, 무라 내의 대립은 끊임없이 계속 발생했다.

이로부터 무라 운영이 '민주화'되어 무라역인이 소전백성의 의향을 헤아리게 되는 것이 무라 사회의 모순이나 대립의 해소로 직결되는 것은 아님을 이해할 수 있을 것이다. '민주화'의 진전과 모순이나 대립의 심화는 어느 것이나 근세 후기의 무라 사회에서 널리 보이는 경향인데, 많은 경우에는 '민주화'가 진전되면서도 동시에 모순이나 대립이 심화되어 그 양면을 아울러

---

3) 역료: 무라역인에게 주어진 수당. 무라에서 결정된 액수의 금전이 지불되는 경우나 무라가 결정한 규모의 토지에 매겨지는 여러 부담이 면제되는 경우 등이 있고, 지역이나 시기에 따라서는 영주로부터 수당이 지급되는 경우도 있었다. 아카오무라에서는 이 이전 구미가시라·햐쿠쇼다이에게는 역료로서 모치다카의 일정량에 매겨지는 여러 부담이 면제되었으나 무라에 부과되는 여러 부담의 총액은 변하지 않았기 때문에 역료는 소전백성이 부담액을 떠맡는 형태가 되었다.

4) 어용금: 막부나 번이 임시로 징수하는 돈. 특정 부유자에게 징수하는 경우나 무라다카 등에 상응하여 무라들로부터 균등하게 징수하는 경우, 그리고 양자가 짜 맞춰지는 경우 등이 있었다. 명목상은 막부나 번에 의한 차용이기에 장래 갚겠다는 약속이지만 반제할 즈음에 새로운 어용금이 부과되거나 반제의 수령 거절을 강요받는 등 약속대로 반제되지 않는 것도 많았다.

어떻게 이해하는가가 근세 후기의 사회를 생각할 때의 큰 문제이다.

(3) 근세 후기의 무라 사회를 어떻게 파악할 것인가?

'민주화'에 의해서 무라 사회가 안정된다는 이해는 현대의 위정자와 여론의 관계를 닮아서 이해하기 쉽다. 그러나 근세의 무라역인은 현대의 위정자와는 달리 무라우케제(村請制5))의 아래 영주 지배의 말단으로서의 역할도 동시에 담당하고 있다. 많은 영주들은 근세 중기 이후 재정난에 시달렸고 무라들에 여러 가지 부담을 부과했다. 무라역인은 많은 경우 영주의 요구를 가능한 한 받아들여 영주와의 양호한 관계를 유지하는 것으로 무라를 안정시키려고 했다. 그러나 부담을 지는 소전백성 입장에서 보면 무라역인의 이러한 자세는 무라를 돌보지 않는 존재로 비칠 수도 있을 것이다.

무라 운영이 '민주화'되어 무라역인이 아무리 소전백성의 의향을 헤아리는 노력을 하려고 해도, 무라우케제에 의해 무라역인에게 각인된 영주 지배의 말단이라는 성격은 지워지지 않는다. 오히려 무라역인이 무라를 위해 진력하고 소전백성도 그것을 강하게 요구하기 때문에 불식되지 않는 무라우케제의 각인이 무라 사회에 모순이나 대립을 만들어 버렸다. 대조적인 두 가지 평가를 아울려 이해하기 위해서는 무라우케제에 의해서 무라역인이 처한 입장을 충분히 고려할 필요가 있다. 현재와 다른 사회의 구조 속에서 무라역인과 소전백성이 저마다 '무라를 위해' 생각하여 행동한 것을 우선은 그들의 입장에 맞추어 이해하는 것이 근세 후기의 무라 사회를 생각하기 위해서 무엇보다도 중요하다.

> **탐구 포인트**
> ① 소전백성에게 부정을 추궁 받은 무라역인은 정말로 부정을 행한 '악인'인가?
> ② 여러 가지 행동을 하는 소전백성들은 무엇을 요구하고 있을까?
> ③ 현대 사회의 문제도 포함하여 새삼스럽게 '민주화'란 무엇일까?

참고문헌
久留島浩「百姓と村の變質」『岩波講座日本通史 近世5』岩波書店, 1995.

渡邊尙志『百姓の主張』柏書房, 2009.
小松賢司『近世後期社會の構造と村請制』校倉書房, 2014.

---

5) 무라우케제: 영주가 연공 여러 역을 무라 단위로 부과하고, 무라역인이 매개가 되어 무라 단위로 납입하게 하는 구조. 무라역인은 부담 완제의 책임을 지고 납입할 수 없는 무라 사람의 분은 주로 무라역인이 대납[立替]하여 납입했기 때문에, 미납분은 무라역인과 소전백성 사이의 대차관계로 바뀌었다. 연공 여러 역의 납입만이 아닌 무라 사람의 인구[人別] 파악, 무라 사람으로부터 영주에게의 신고나 원서 제출, 법령 전달이나 준수의 책임, 치안이나 질서 유지 등 여러 가지 일이 무라역인이 매개하여 무라 단위로 행해졌다. 그러한 영주와 무라 사이의 청부관계의 총체를 무라우케제라고 일컫기도 한다.

20. 환경변화와 농업·어업
왜 어비는 등귀했는가

다케이 고이치武井弘一*) 집필 / 황수경 번역

관련항목: II-30[p.227] III-17[p.287]

〔논의의 배경〕

에도 시대 전기인 17세기에는 경지 개발이 진전되어 일본 열도의 역사상 처음으로 한 면에 논이 넓게 펼쳐지는 광경이 출현했다. 이리하여 쌀을 중심으로 한 수전도작水田稻作 사회가 성립되었지만 그 반면 대지를 개척함에 따라 자연환경도 크게 개조되었다. 이윽고 18세기가 되면 경지 개발은 정점에 달했고 백성이 벼농사를 지었기 때문에 농업생산은 새로운 어려움을 지게 되었다. 여기서는 물고기를 가공한 비료인 어비魚肥에 주목하면서 사회에 생긴 딜레마를 해명하겠다.

〔논점〕

(1) 신전 개발의 시대

에도 초기까지는 안정적으로 물을 얻기 쉬운 골짜기나 산기슭 등에 조그맣게 정리된 무논이 많이 경작되었다. 전국戰國의 쟁란이 종언되고 국내에 평화로운 시대가 계속된 17세기에 들어서면 사람들의 에너지는 대지 개척에 집중되었다. 신전개발新田開發1)이다. 이에 따라 하천의 상류에서 하류로 향하여 개발이 진행되었고 충적 평야로 불리는 하류의 평단부에까지 대규모 신전이 조성되었다.

17세기의 열도 대개조에 의해 경지 면적은 거의 배로 늘었다. 신전에는 지금까지 얼마 안 되는 경지밖에 가질 수 없었던 자 혹은 분가한 차남·삼남 등이 들어가 자립해갔다. 이리하여 17세기에는 인구도 배로 늘어나는 등, 쌀은 사회가 경제성장을 달성하는 한 원인이 되었다.

한편 쇼군이나 다이묘 등의 영주는 백성이 연공으로서 바치는 쌀을 주된 재원으로 했다. 쌀이 증산되면 그만큼 수입도 늘어났다. 가신의 급여도 쌀을 기준으로 하여 지불되었고 매각된

---

*) 류큐대학 국제지역창조학부 교수 | 일본근세사
1) 신전개발: 용수·간척공사 등에 의해 원야나 호수·늪 등에 새롭게 경지를 개발하는 것. 특히 에도시대에는 막부나 여러 번의 연공증징정책의 일환으로서 왕성히 행해졌다. 연구사에 대해서는 사이토 요이치「신전개발과 기술」(齋藤洋一「新田開發と技術」村上直編『日本近世史研究事典』東京堂出版, 1989)에 1980년대까지의 동향이 정리되어 있다. 그 이후의 연구축적은 많지만 연구의 도달점으로는 기무라 모토이『근세의 신전촌』(木村礎『近世の新田村』吉川弘文館, 1964)이 거론된다.

쌀은 도시 등에서 유통·소비되었다. 신전개발은 쌀을 중심으로 한 수전도작 사회를 성립시키는 요인이기도 했다.

(2) 높아지는 어비의 수요

18세기가 되면 신전개발을 정점에 달하여 경지면적을 늘리는 것이 어렵게 되었다. 이 이후 농업 생산은 어떤 어려움을 지게 되었을까?

매년 벼농사를 계속 하면 아무래도 토지의 생산력이 떨어져 버린다. 그 생산력을 높이기 위해 비료로서 주로 사용된 것이 풀이었다. 풀은 그대로 무논에 밟아 넣으면 가리시키刈敷,[2] 겹겹이 쌓아서 썩히면 퇴비堆肥, 말이나 소의 분뇨와 배합하면 구비厩肥라고 하듯이, 토지의 생산력을 높이기 위한 자급비료로서 활용되고 있었다. 물론 풀은 가축의 사료가 되기도 했다.

에도 시대의 백성은 풀을 확보하기 위해 야산을 개척하고 그대로 두어서 풀을 무성하게 하여 굳이 인공적으로 풀산으로 만들고 있었다. 그러나 개발이 정점에 달한 18세기 이후에는 풀산까지도 무논으로 조성해버렸다. 이것은 경지는 늘어났지만 자급비료가 부족하게 된다는 딜레마를 일으키게 되었다.

풀이라는 자급비료가 부족한 백성은 필연적으로 무라의 외부로부터 비료를 입수하지 않으면 안 되어서 예를 들면 금전을 지불하여 어비를 구입했다. 그 대표적인 예가 정어리イワシ[3]를 말린 호시카干鰯이다. 이리하여 백성이 벼농사를 짓기 때문에 어비의 수요가 높아지고 그 가격도 등귀하게 되었다.

(3) 정어리의 풍흉사

정어리는 일본 근해에 서식하고 있고 에도 시대의 어법漁法으로서는 구주쿠리하마九十九里濱의 지예망어업地曳網漁[4]이 일찍부터 알려져 있다. 대량으로 포획된 정어리가 해변에서 건조되어 호시카가 완성된다. 게다가 정어리 기름(어유)을 짜낸 찌꺼기로 된 시메카스〆粕도 비료로 이용되었다.

당연하게도 정어리 잡이에는 풍어豊漁도 있고 아닐 때도 있다. 정어리의 풍흉이 지역사회에 미치는 영향에 대해서는 예를 들면 동북 지방의 하치노헤번八戸藩에서는 정어리(어비·어유)는 영외 이출품移出品이고 번 재정을 지지하는 중요한 상품이기도 했다. 17세기 말~18세기 초의 풍어기에 어망잡이網漁는 급성장을 이루었지만 18세기 중반에는 불어기로 돌입했다. 어쩔 수 없이 번은 그물 주인에게 자금을 대여하거나 혹은 풍어기원을 하는 등 적극적인 어업 진흥책을

---

2) 가리시키: 산야나 논두렁 등에서 자라나는 풀잎 등을 그대로 논밭에 깔아 넣고 땅 속에서 부패시켜 비료로 이용했다. 모내기 전의 논에서는 베어 온 풀잎을 사람이나 소·말이 밟아 넣어서 밑거름으로 삼았다.

3) 정어리: 정어리(マイワシ), 멸치(カタクチイワシ), 눈퉁멸(ウルメイワシ) 등의 총칭을 가리킨다. 그 중 정어리가 주로 호시카로 사용되었다. 근연종인 청어(ニシン) 또한 어비로서 대량으로 소비되었다.

4) 지예망어업: 지예망이란 어망의 일종으로 '지인망(地引網)'이라고도 쓴다. 떼 지어 이동해가는 물고기떼를 그물로 둘러싸고 그물의 양끝에 연결한 그물을 바닷가에서 끌어서 고기를 잡는다. 모래톱에서의 물고기잡이에 적합한 어법이라고 할 수 있다.

강구하지 않을 수 없었다고 한다.

　게다가 근년에는 지구적인 규모로 정어리가 수십 년 단위로 늘었다가 줄었다가 하는 것도 판명되고 있다. 어비가 농촌부로 이출되었다는 것은 무라 사회로부터 머나먼 대해원을 헤엄치는 정어리가 그 자신의 생명력으로 늘었다가 줄어들기도 하고 또한 그것이 무라 사회의 내부에도 깊은 영향을 미치게 되었다는 것이다.

　특히 정어리의 수가 감소하게 된다면 어비가격의 등귀를 가져오고 이어서 비료 부족, 더욱이 흉작으로 연쇄작용을 일으킨다. 정어리라는 바다의 자연에 외부 의존했기 때문에 농업생산은 정어리 잡이의 풍흉의 영향을 받게 되었다. 이것도 또한 백성이 벼농사를 짓기 때문에 생긴 딜레마라고 할 수 있을 것이다.

(4) 앞으로의 전망

에도 중기 이후 호시카의 등귀는 백성을 피폐하게 하는 한 원인이 되었다. 백성은 부족한 어비를 어떻게 해서든 입수하지 않으면 안 되었다. 그 예로서는 기나이의 백성들이 주체적으로 소원한 국소國訴[5]를 들 수 있을 것이다.

　이와 같이 에도 시대 자연환경[6]을 보자면 사람이 자연에 대하여 강하게 손을 썼고, 역으로 자연으로부터도 뼈아픈 보복이 돌아왔음을 알 수 있다. 그렇기 때문에 에도 시대부터는 '생물로서의 사람'의 리얼한 모습도 보이지 않을까?

탐구 포인트

① 신전개발이 사회에 초래한 이점과 결점을 들어보자.
② 백성이 벼농사를 짓기 때문에 사회에는 어떠한 딜레마가 생겼을까?
③ 사람이 자연으로부터 받은 또다른 보복으로 생각해볼 수 있는 것은 무엇일까?

참고문헌

水本邦彦『草山の語る近世』山川出版社, 2003.
川崎健『イワシと氣候變動』岩波書店, 2009.
高橋美貴『近世・近代の水産資源と生業』吉川弘文館, 2013.
武井弘一『江戶日本の轉換點』NHK出版, 2015.

---

[5] 국소: 에도 중후기에 기나이 백성들은 광역적으로 결집하여 소송이라는 합법적인 수단으로 영주에게 소원했다. 예를 들면 1823년에 국소가 일어났을 때에는 셋쓰・가와치국 1007개 무라에도 영향을 미쳤다. '구니소'라고도 부른다.

[6] 자연환경: 에도 시대의 자연환경의 평가에 대해서는 둘로 나뉘고 있다. 예를 들면 '환경선진국'으로 부르며 높게 평가하는 의견도 있다(鬼頭宏『環境先進國・江戶』PHP研究所, 2002). 반면 무논을 통해서 자연환경을 보면 오히려 여러 가지 난제가 생겨나 '수전(水田) 리스크 사회'로 휩쓸리게 되었다는 견해도 있다(武井 2015).

21. 토목기술
제방은 어떻게 구축되었는가

이치카와 히데유키^{市川秀之*)} 집필 / 황수경 번역

관련항목: III-8^[p.260] III-20^[p.296] III-26^[p.314]

〔논의의 배경〕

토목기술의 역사연구는 일본사에서는 저조하지만, 지금까지의 연구 중에서 불연속제방^{不連續堤1)}에 의한 관동류^{關東流}에서, 근세 중기에 연속제방이나 세가에^{瀨替え2)}를 특색으로 하는 기슈류^{紀州流}로의 변화가 서술되어 왔다. 현재 전국에 보이는 하천의 연속제방은 여기에서 유래한다는 이해가 있는데 과연 그것은 구체적으로 검증할 수 있는 것일까? 또한 현재 우리들이 보는 제방은 도대체 언제 생긴 것일까?

〔논점〕

(1) 고전적 이해와 그 난점

전전^{戰前}부터의 연구에서 하천공법에는 고슈류^{甲州流}·관동류^{關東流}·기슈류^{紀州流} 등의 유파가 존재한 것, 관동류는 제방을 그다지 중시하지 않고 홍수 시에는 물을 넘치게 하여 유수지^{遊水地3)}를 설치하여 피해를 억제했던 것, 기슈류는 8대 쇼군 요시무네가 기슈의 이자와 야소베^{井澤彌惣兵衛4)}를 등용하여 보급한 것으로 하천의 직선화와 연속제방의 구축을 핵심으로 했다는 것 등이 서술되었다. 또한 이 변화에 의해 연속제방이 전국적으로 퍼져서 하천 중류 지역의 유수지에서는 개발이 진행된 것을 서술하는 연구도 많고 일반 서적에 그러한 시점으로 기술되어 있는 것도 있다. 지금까지의 연구에서는 불연속제방을 '가스미테이^{霞堤}'로 표현하는 것도 많았다.

그러나 연속제방의 구축이 사료적으로 확인 가능한 예는 적다. 일본 하천행정의 주축으로 여겨져 온 요도가와강^{淀川} 수계에서는 「깃카와 가보^{吉川家譜}」 등에 도요토미 히데요시가 1594년에 여러 다이묘에게 수로 양쪽에 제방 쌓기를 명한 것이 기록되었고, 근세 초기의 지도^{繪圖}

---

*) 시가현립대학 인간문화학부 교수 | 일본민속학
1) 불연속제방·연속제방: 하천 제방이 연결되어 있는가 아닌가에 따른 구분.
2) 세가에: 하천의 유로를 바꾸는 것. 새로운 하천을 만들어 유로를 변화시키는 아라카와(荒川)나 야마토가와(大和川)와 같은 대규모인 것과, 공사 등에 따라서 하도(河道) 내에서의 유로를 변화시키는 소규모인 것이 있다.
3) 유수지: 홍수 시의 하천 유수를 일시적으로 모아두는 장소.
4) 이자와 야소베: 기슈 번주였던 요시무네의 명령으로 기노카와(紀の川) 유역의 신전개발에 종사했고 요시무네가 쇼군이 되고 나서는 전국의 하천 개수에 관여했다.

등에도 제방이 그려져 있다. 또한 근년의 발굴조사에서는 우지시^{宇治市}나 히라카타시^{枚方市} 등에서 분로쿠제^{文祿堤}(태합제^{太閤堤})5)로 보이는 제방이나 호안^{護岸}이 출토되고 있어 근세 초기에는 연속제방이 구축되어 있었던 것으로 보인다. 다만 기나이에서도 요도가와강 수계 이외에서는 이 시기의 지도에 그려진 제방의 다수는 불연속제방이다. 그 이후의 지도나 메이지 중기의 지형도에서도 많은 하천에서는 불연속제방을 볼 수 있는데 지금까지의 연구에서 서술되어 온 것처럼 근세 중기에 연속제로의 변화가 있었음을 확인할 수 있는 하천은 거의 없다.

(2) 하천공법의 유파

관동류·기슈류 등에 대해서 구체적으로 서술한 사료는 거의 없다. 근세 중기까지의 농서·지방서^{地方書}에 유파의 기재는 없고, 교호기에 설립한 막부 영내의 하천 공사^{普請} 매뉴얼 「천제보청정법서^{川除普請定法書}」6)에는 이 유파들의 특색으로서 제방의 각도나 물을 넘쳐흐르게 하는 부분의 구축방법이 실렸지만 제방의 연속·불연속이라는 광역의 토목계획에 대해서는 기록이 없다. 이후의 농서나 지방서도 마찬가지이다. 이처럼 근세에는 관동류·기슈류 등의 하천공법의 유파가 존재했지만 그 차이는 구체적인 시공기술 레벨의 문제이고 개발에 관련되는 토목계획의 문제는 아니었다.

(3) 불연속제방에서 연속제방으로

근세에는 하나의 하천에서도 대단히 긴 시간을 들여 제방을 구축하였다. 오미국^{近江國} 에치가와강^{愛知川}의 예를 보면 근세 초기의 제방은 물이 넘치기 쉬운 곳에만 불연속제방이 구축되었는데, 그 기능은 제방 내에 물을 가두는 것이 아니라 하도^{河道}를 고정하고 홍수 시 급류로부터 경지나 집락을 지키는 것이었다. 근세 전기~중기에는 상류 개발 때문에 토사의 퇴적량이 증가하고 천정천^{天井川}7)화가 진행되었는데 그에 대응하여 제방이 구축되었다. 그러나 이것도 불연속제방이었고 에치카와강에서 이 불연속 제방들을 연결하는 형태로 연속제방이 완성되는 시기는 메이지 30년대였다. 이러한 장기간에 걸친 제방구축의 역사는 다른 하천에도 들어맞을 것이다. 또한 지금까지의 연구에서는 불연속 제방은 지역적으로 쓰였던 명칭을 이용하는 형태로 가스미테이로 불리는 일이 많았는데 이것은 안개가 길게 깔리는 것과 같이 제방이 늘어선 상태를 표현한 것이어서 초기의 부분적으로밖에 제방이 없는 상황을 가리키는 단어로서는 적절하지 않다.

불연속제방에서 연속제방으로의 변화의 배경에는 물론 토지 개발이 한계에 달하고 하천 가까운 장소나 해변부 등에도 괭이질을 할 필요가 생긴 것이 있다. 상류의 개발에 의해 토사가 퇴적된 장소에도 근세 중기 이후에는 새로운 경지가 만들어졌다.

---

5) 분로쿠제(태합제): 요도가와 양안의 제방으로 도요토미 히데요시가 1594년에 깃카와 히로이에(吉川廣家) 등에게 명령하여 착공, 1596년에 완성된 것으로 알려졌다. 제방 위에 교카이도(京街道)가 뻗어 있다.
6) 천제보청정법서: 막부가 작성한 하천공사의 매뉴얼로 게이초기[1596~1615]에 성립. 공법이나 품셈[步掛り] 등이 기록되었다.
7) 천정천: 하천의 밑바닥에 토사가 퇴적됨에 따라 양안의 제방을 더 높이 쌓아올리고 결과적으로 강 밑바닥이 주위의 토지보다도 높게 된 하천. 상류의 개발과 관련된다.

(4) 앞으로의 전망

　이처럼 우리들이 오늘날 보는 제방의 역사는 새롭고 지역별 역사과정에도 차이가 있다. 앞으로는 하천별 연구를 축적해갈 필요가 있는데 그때 왜 근세에는 불연속제방이 많이 보였는가를 고려해야 할 것이다. 불연속제방에서는 홍수 시에 물이 하천 지역에서부터 흘러넘치지만 이윽고 그 물은 하천으로 되돌아갔다. 거기에는 수세^{水勢}를 약하게 하면서 어느 정도의 침수를 전제로 홍수에 대처하는 사상이 보인다. 홍수는 수해와는 다른 개념이었던 것이다. 연속제방의 구축에 의해 하천 내에 물을 가두고 하천 근처까지의 개발을 가능하게 했는데 제방의 결괴^{決壞} 시에는 큰 피해를 일으키는 것은 근년의 수해에서도 분명할 것이다. 또한 근세의 하천관리에 대해서 막번 권력은 큰 관심을 보이고 있었지만 그 시책과 구체적인 하천 공사와의 관련 연구도 향후 진전시켜 나가야 할 부분이다.

　지역별 토목기술, 토목시설의 역사를 연구하는 것은 그 땅에 사는 사람들의 방재나 환경을 생각하는 기반이 되는 작업이며 향후 연구의 진전이 강하게 요구된다.

> **탐구 포인트**
> ① 각각의 하천 제방은 언제, 어떻게 구축되었을까?
> ② 관동류·기슈류 등의 하천공법의 명칭은 적절한가?
> ③ 하천 제방의 정비와 유역의 개발은 어떻게 관련된 것일까?

참고문헌

大熊孝『洪水と治水の河川史』平凡社, 1988.

市川秀之「近世河川堤防の技術史」『日本史研究』597, 2012.

22. 무사의 대도
대도는 무사의 특권인가

오와키 히데카즈尾脇秀和*) 집필 / 황수경 번역

관련항목: I-31[p.119] IV-7[p.366]

〔논의의 배경〕

근세에서의 '대도帶刀'란 가타나刀1)·와키자시脇差2)로 불리는 대소 두 자루大小二本의 우치가타나打刀3)를 평상시 의복의 오비에 꽂아서 몸에 지니는(=차다) 풍속을 가리킨다. 이 '니혼자시二本差し'4)의 모습은 무사에게만 허용된 특권이었다는 인식이 일반적으로 유포되어 왔다.

그러나 '대도'가 특별한 풍속으로서의 가치를 대략적으로 확정한 것은 5대 쇼군 쓰나요시綱吉 시대였던 1683년이고 그 후에도 무사 신분 이외에 '대도'하는 자가 존재했다. 근세에는 누가 무엇을 위해 '대도'하고 있었을까?

〔논점〕

(1) 대도 풍속의 발생

평상시 중세의 무사는 다치太刀나 대형의 우치가타나를 종자에게 들게 하고 자신은 단도인 고시카타나腰刀5)만을 몸에 걸쳤다. 그러나 전국시대가 되면 거기에다가 대형의 우치가타나까지도 자신의 오비에 꽂는 풍속이 출현했다. 그것은 난세의 자기방어 의도에서 생겼다고 할 수 있는데 대소 두 자루의 우치가타나를 오비에 꽂는 풍속은 이 무렵 시작되었다. 16세기 중엽에는 무사나 서민의 구별 없이 가타나·와키자시를 차는 것을 성인 남성의 정장으로 하는 습속도 형성되었다. 백성의 무장해제를 기도했던 도요토미 히데요시의 '가타나가리刀狩'6) 후에

---

*) 하나조노(花園)대학 비상근강사 | 일본근세사
1) 가타나: 근세에는 2척 정도의 우치가타나를 '가타나'로 부르고 '대소 두 자루'의 '대大'를 의미한다.
2) 와키자시: 근세에는 '대소 두 자루'의 '소小'의 우치가타나를 말한다. 다만 서민이 차는 한 자루는 길이에 관계없이 모두 와키자시로 불렸다.
3) 우치가타나: 칼날을 위로 하여 허리의 오비에 꽂는, 날밑이 있는 도검의 총칭. 시노기즈쿠리(鎬造)라고 불리는 휨이 있는 도신을 사용한다.
4) 니혼자시: 근세 중기 이후 가타나와 와키자시를 차는 '대도' 풍습을 가리키는 용어. 후타코시(二腰) 또는 대소·양도(兩刀)·쌍도(雙刀)를 차다 등으로도 표현되었다. 와키자시 한 자루를 차는 것은 히토코시(一腰)·일도(一刀)·다이켄(帶釼) 등이라 하여 이것과 구별하였다.
5) 고시카타나: 중세에는 오비에 꽂는, 날밑 없이 휘지 않은 단도를 '가타나'라고 하고 고시카타나·사야마키(鞘卷) 등으로도 불렸다. 이후 날밑을 넣은 시노기즈쿠리의 우치가타나가 사용되었고 전국기에는 대형화되어 '가타나'가 다치의 대용이 되기도 했다.
6) 가타나가리: 1588년 도요토미 히데요시가 잇키 방지를 목적으로 시행한 농촌부에 대한 가타나·와키자시·활·창·철포 등의 몰수명령. 신분표식으로서의 '대도' 풍속의 형성과는 직접적인 관계가 없다. 또한 무기의 유통규제를 동반하지 않았고 정기적·계속적으로 시행하지 않았기에 철저하지 못했다. 이어서 도쿠가와 씨는

도 무사·서민이 함께 가타나·와키자시를 차는 풍속에는 규제도 없어 여전히 일상적 모습으로 계속 존재했다. 와키자시 한 자루인가, 가타나·와키자시 두 자루인가의 차이는 특별히 의미를 가지지 않았다.

(2) 패션화의 규제와 신분 표식화

17세기 초기 이후 무사의 종자들을 중심으로 '가부키모노^{かぶき者}'[7]가 발생·횡행했다. 그들은 눈에 띄는 것만을 목적으로 화려한 의복에 이상한 머리모양으로 무기로서의 실용을 도외시한 큰 가타나·와키자시('오가타나^{大刀}·오와키자시^{大脇差}')를 찼다. 이 풍속의 유행이 일반 무사나 조닌 등에도 만연했기 때문에 막부는 풍기를 어지럽히는 나쁜 패션으로서 그 폐절을 위해 규제했다. 1668년에는 조닌 일반이 에도 시중에서 가타나를 찬 채로 배회하는 것 자체의 금지까지 단행했지만, 와키자시는 규제의 대상이 아니었고 또한 여행·화재·제례 등 시외^{市外}나 비일상적인 장면에서는 지금까지처럼 조닌이 가타나를 차는 것도 뜻대로 할 수 있었다. 그러나 결과적으로 에도 시중에서는 니혼자시인가 아닌가로, 무사와 서민을 식별할 수 있는 상황이 발생함에 따라 서서히 가타나를 특별한 신분표식으로 보는 의식이 조성되었다. 이리하여 1683년 막부는 조닌들이 가나타를 차는 것을 예외 없이 전면적으로 금지하고 여러 다이묘에게도 이 조치의 준수를 지시했다. 여기에서 무사는 가타나·와키자시의 두 자루, 서민은 와키자시 한 자루만을 차는 풍속이 대체로 확정되었다. 서민이 여행이나 관혼장제 등에서 와키자시를 차는 것은 극히 보통의 자유로운 습관으로서 계속되었다. 근세에서의 '대도'는 와키자시에 더하여 가타나를 차는 풍속만을 말한다.

근세를 통해 도검류의 소지·매매는 금지되지 않았고 도검류 소지의 등록제도도 존재하지 않았다. 근세에 중시된 것은 무기로서의 가타나·와키자시의 규제나 관리가 아닌 그것들을 차는 외견·풍속, 즉 신분표식으로서의 '대도'였던 것이다.

(3) 대도인의 다양화

18세기 이후 대도^{帶刀}는 사^{士}(지배하는 자)와 서^{庶}(지배받는 자)의 사회적 역할을 외견으로 식별하는 신분표식, 즉 공무에 종사하는 '사'의 '표지'로서의 기능이 중시되었다. 막부나 영주들은 서민이 사가 수행하는 공무를 겸^{兼}대^{帶}하는 경우, 그 공무의 시간과 공간에서만 대도를 허가하는 방법을 취하게 되었다. 이 경우 백성·조닌 신분인 개인이 특정한 시간·공간에서만 대도하였고 백성·조닌으로서의 '사용^{私用}'으로는 대도하지 않았다. 공사 모두 늘 대도하는 것을 상대도^{常帶刀}라고 하는데, 비상대도^{非常帶刀}라 불리는 화재 발생이나 여행 때에만 한정하여 허가되는 대도나 어용(공무) 한정, 신사^{神事} 한정 등 여러 가지 제한이 붙은 대도 허가가 있어 어느 경우나 서민이 때때로 대도하는 광경이 발생하였다. 또한 사서^{士庶} 겸직의 증가는 동일 인물이 사무라이^{侍}로서는 '오시마 가즈마^{大島數馬}'로 이름을 대며 대도하고 동시에 무라에서는 백성 '리자에몬^{利左衞門}'이기도 하다는 것으로, 다른 신분과 이름을 가지고 있으면서 구분하여

이와 같은 무기몰수 정책을 일절 실시하지 않았다.

7) 가부키모노: 근세 초기 이상한 차림새로 시중을 횡행했던 무뢰배 무리. 반사회적 태도는 막부의 단속을 받은 한편 일반 민중으로부터는 어느 정도 공감을 얻었다고 한다.

사용하는 '일인양명壹人兩名'[8]의 이중신분적 존재형태도 발생했다.

　18세기 중반에는 백성인 선행자에게 포상으로서 대도를 허가하는 규정도 만들어졌고 19세기에는 조닌이 바치는 헌금의 대상으로 대도를 허가하는 일도 증가했다. 이것들은 신분표식으로서의 대도의 가치를 전제로 한 명예 훈장으로서의 용도였다.

　서민에게의 대도허가는 무사 신분이 되는 것과 같은 뜻은 아니다. 서민에서 무사신분으로의 이동 즉 다이묘의 가신 등이 되는 경우 백성·조닌으로서의 생업을 그만두고 현재의 신분에서 이탈하는 수속이 진행되었지만, '대도어면帶刀御免' 등으로도 불리는 대도허가의 경우 신분은 원래 서민인 채로 종래의 생업도 계속 영위했다.

　무사는 공사 모두 늘 대도했는데 대도의 신분표식으로서의 의미가 확립됨에 따라서 그것은 착탈의 자유 없이 의무화되었다. 무사는 사용私用에서도 와키자시만 혹은 칼을 차지 않은 채로 외출한다면 신분사칭의 행위로서 처벌받게 되었다.

　이 외 신직神職·슈겐修驗[9]·의사 등도 준무사 신분이라는 의식에서 대도했다. 근세에 대도하고 있었던 자는 무사만이 아닌, 무사를 포함하여 '대도인'[10]으로 총칭되는 사람들이었다. 그 가타나·와키자시는 사士의 신분표식이어서 이것을 자의적으로 발도하여 공갈·살상 등의 행위를 한다면 당연하게도 범죄로서 엄히 처벌되었다.

(4) 앞으로의 전망

　가타나가 무기로서의 본질 이상으로, 신분표식으로서의 용도가 중시된 것이 근세 사회의 특징이다. 그것은 1876년 폐도령廢刀令[11] 이후 서서히 망각·왜곡되었는데 근세 대도의 의미를 놓치는 일 없이 고찰·분석하는 것이 요구된다.

탐구 포인트

① 후세의 무사·대도의 이미지는 사료로 실증되는 사실과 합치될까?
② 근세 사회에서 대도의 가치와 효과는 어떻게 이용되고 있었을까?
③ 서민에게의 대도허가는 지역이나 사람들의 활동에 어떠한 영향을 주었을까?
④ 백성·조닌 등에게도 사회적 지위나 역할을 보이는 신분표식이 있었을까?

참고문헌

尾脇秀和『刀の明治維新』吉川弘文館, 2018.

尾脇秀和『壹人兩名』NHK出版, 2019.
尾脇秀和『近世社會と壹人兩名』吉川弘文館, 2020.

---

8) 일인양명: 한 사람이 두 개의 이름을 가지고 있는 것. 특히 한 사람이 공적인 이름을 동시에 두 개 가지고 있어서 구분해서 사용하는 상태를 가리킨다. 이중신분이 되는 존재형태인데 지배 측이 명확하게 공인한 것과 그렇지 않은 것의 두 종류가 병존한다.
9) 슈겐: 야마부시(山伏)라고도 하며 산악 수행을 하는 종교자. 근세에는 마치나 무라에도 거주했다.
10) 대도인: 대도하는 자 전반을 가리키는 용어. 무사 일반도 이 일종이다.
11) 폐도령: 1876년 제복을 착용한 군인·경찰·관리 등을 제외하고 도검류의 패용[佩帶]을 금지한 정부의 명령

23. 피차별신분
히닌의 정보망

다카쿠 도모히로^{髙久智廣}*) 집필 / 안준현 번역

관련항목: II-21[p.200] IV-24[p.417]

〔논의의 배경〕

근세 사회에서 히닌^{非人} 신분으로 자리매김한 사람들은 전국에 존재했다. 하지만 그 존재형태나 사회적 역할은 지역에 따라 차이가 있다. 오사카의 히닌 집단에 대해서는 몇 번인가의 사료집 간행을 계기로 주로 피차별신분, 주변^{周緣}적 신분[1] 혹은 도시 하층민으로 보는 시점에서 연구가 축적되어왔다. 그것에 의해 그들이 나카마^{仲間} 조직을 만들어 오사카마치부교쇼의 어용을 맡은 존재였다는 것이 해명되었다. 그들은 어용을 통해 권력과 밀접해지면서 유서^{由緒}를 형성하고 히닌 신분으로부터의 탈피를 모색했으나, 한편으로는 권위화된 활동은 백성·조닌으로부터 기피되어 천시로 연결되었다. 그들의 신분적 자리매김은 어용을 매개로 하여 권력이나 민중 사회와의 사이에서 동요하고 있었다. 그렇다면 그들이 맡은 어용, 사회적 역할이란 어떠한 것이었을까?

〔논점〕

(1) 오사카의 히닌 조직과 오사카마치부교쇼의 어용

오사카의 히닌들은 덴노지^{天王寺}, 도비타^{鳶田}, 도톤보리^{道頓堀}, 덴마^{天滿}의 네 군데에 설치된 가이토^{垣外}라고 불리는 집주지에 살고 있었다. 가이토는 오사카의 도시 기반 정비에 따라 설치되었다고 하며 그들은 여기에 나카마 조직을 형성했다. 네 개의 가이토 조직 전체는 시카쇼^{四ヶ所}라고 불린다. 각 가이토에는 조리^{長吏} 한 명과 고가시라^{小頭} 5명이 배치되어 그들이 조직의 지도층을 이루었다. 일반 구성원은 와카키모노^{若キ者}로 불리며 그 아래에는 그들이 거느리는 제자^{弟子}가 존재한다. 오사카의 히닌들이 마치카타^{町方}에서의 권진^{勸進}[2]을 주된 생활 방식으로 삼은 한편, 오사카의 마치들이나 큰 상점^{大店}의 경비^{番人}(가이토반^{垣外番})로 일하거나 오사카마

---

*) 간사이대학 문학부 교수 | 일본근세사
1) 주변적 신분: 사농공상에 속하지 않는 사람들 혹은 사회적 집단을, 그 주변에 자리 잡는 신분으로서 이해하려고 하는 관점.
2) 권진: 본래 불교에서 승려가 선도를 행함이나 사원 및 불상을 건립, 수리하기 위해 기부를 모집하는 것을 의미했으나, 오사카를 비롯한 도시 히닌이 행하는 권진은 길흉 축의나 문간에의 예능[門付け藝]에 대한 답례로서 금품을 비는 행위를 가리킨다.

치부교쇼 도적방盜賊方3) 등의 밑에서 시중에 유입되는 노히닌野非人4)의 단속이나 범죄자 수사 등의 어용도 맡았다. 또 셋쓰·가와치·하리마 3국의 무라들에서 무라 범위의 치안 유지를 목적으로 고용하고 있던 자이카타히닌반在方非人番5)들은 근세 중기까지, 아마가사키尼崎 번령의 아마가사키·니시노미야西宮·효고兵庫의 히닌 조직도 서셋쓰 지역의 치안 악화가 현저해지는 1740년대에 오사카마치부교쇼의 명에 의해 시카쇼 조리長吏 하에 편성되어 오사카마치부교쇼의 경찰적 어용에 동원되었다.

(2) 히닌 조직은 어떻게 정보 수집 활동을 맡게 되었는가?

19세기의 에도에서는 실효성이 높은 합리적인 도시정책을 시행하기 위해 사전에 마치부교쇼가 정보 수집을 했다는 것이 지적된다. 오사카마치부교쇼 하에서 그 역할을 맡은 자가 시카쇼 조리 아래에 편성되었던 히닌 조직이다.

히닌 조직이 맡은 어용이 제도화된 것은 대략 호레키기寶曆期(1751~1764)이다. 그 목적은 광역적인 치안 유지로, 19세기에는 그들의 활동범위가 시코쿠나 규슈까지 확대된다. 실제로 1837년 오시오 헤이하치로大鹽平八郎의 난 발생 당시, 조리들이 사누키讚岐 국에서 수사를 하던 도적방 요리키와 동행하고 있던 것을 야부타 유타카藪田貫가 밝혀냈다.

그들의 어용에 각종 정보수집 활동이 포함된 것은 간세이기寬政期이다. 간세이 개혁을 주도한 마쓰다이라 사다노부는 정권 운영에서 정보수집을 중요시했는데, 그 영향이 오사카마치부교쇼의 조직 개편에도 미쳤다. 특히 긴미야쿠吟味役·메쓰케야쿠目付役의 신설 등 감찰 기능의 강화는 중요해서 이에 의해 부교쇼 내의 내탐이나 '시노비마와리忍廻6)'라 불리는 밀정적 활동도 히닌 조직의 중요 임무로 자리매김하게 되었다. 그 결과 히닌 조직은 오사카마치부교쇼의 정책 입안을 위한 극비 정보수집에도 동원되어, 농작물의 전국적 작황이나 시세, 오사카 만에 내항한 이국선 정보 등 정치성이 높은 정보 수집에도 관여하기에 이른다. 1833년 덴포 기근의 초기 대응으로서 미곡의 유통 정책을 입안하기 위해 행해진 쌀 매점이나 확보에 관한 은밀 탐색에 그들의 조직이 관여하고 있던 것은 그 일례이다. 1845년 가이토垣外를 '히닌 무라'라고 기재한 간행 오사카도刊行大坂圖7)에 대해 조리들은 어용에 지장을 초래한다며 그 기재를 삭제할

---

3) 도적방: 치안 유지나 범죄 수사, 죄인 포박 등을 직무로 하는 오사카마치부교쇼의 역직. 원래는 적성·능력에 따라 본역(本役)과의 겸무로 명받는 가역(加役)이었는데 1787년 범죄의 증가나 담당 지역의 확대 등에 따라 본역으로 승격된다. 히닌 조직을 사역하는 역직으로는 그 외에도 조마치마와리카타(定町廻方), 마치메쓰케(町目付)가 있으며 덴포기 이후에는 지방역(地方役)도 여기에 더해진다.
4) 노히닌: 외부에서 시내로 유입되어 체류하며 시카쇼의 나카마 조직에 속하지 않은 채 인구 조사[人別]에도 파악되지 않은 걸인이나 히닌 모습의 사람.
5) 자이카타히닌반: 무라 범위의 치안 유지를 목적으로 무라들에 고용되어 경비를 맡은 히닌. 셋쓰·가와치·하리마 3국의 자이카타히닌반은 수개 무라에서 십수 개 무라의 히닌반을 통괄하는 고가시라(小頭), 더욱이 수십 개 무라에서 백 개 무라를 통괄하는 구미가시라(組頭) 단위로 조직되어 시카쇼 조리 하에 편성되었다.
6) 시노비마와리·다노미마와리: '마와리'란 본래 치안 유지 등을 목적으로 시내를 순찰·경계하는 일을 의미하나, 오사카의 히닌 조직은 경계뿐만이 아니라 범죄인의 수색이나 다양한 정보 수집 활동도 함께 행했다. '시노비마와리'란 스스로의 정체를 숨기고 순찰을 도는 일. 또 '다노미마와리'는 협력자에게 의뢰하여 순찰을 돌게 하는 것.
7) 간행 오사카도(에서의 '히닌 무라' 기재 삭제 부탁): 덴포기 이후 시카쇼 가이토와 그것에 부속된 히닌의 거주지를 '히닌 무라'라고 기재한 오사카도가 간행되었다고 하여, 그 삭제를 오사카마치부교쇼에 출원한 것. 실제로는 히닌 무라가 기재된 지도는 덴포기 이전에도 간행되었는데, 조리들이 어디까지나 덴포기 이후의

것을 출원하여 오사카마치부교는 그들의 요구를 거의 전면적으로 들어 주었다. 이것은 부교 자신이 그들을 정책 수행상 불가결한 조직으로서 인식하고 있었기 때문임이 틀림없다.

(3) 어떤 네트워크를 통해 정보를 수집했는가?

조리들이 정보수집에 이용한 것은 기본적으로는 오사카 시내의 가이토반番이나 셋쓰·가와치·하리마 3국의 무라들이 고용한 자이카타히닌반을 통한 네트워크이다. 쌀 매점에 관한 조사에서는 히닌반들은 여러 무라들의 백성이나 드나드는 도시에 가까운 촌리 상인들을 주된 정보원으로 삼았다. 또 오사카, 사카이堺 등의 도시부에서는 전국적인 유통에도 관여하는 도이야問屋 상인이나 도지마 쌀시장[p.279]에 집산하는 여러 국의 상인, 뱃사람船頭들을 정보원으로 삼았다. 조리가 여러 국에서 오사카 상인에게 보낸 편지의 내용까지 알 수 있었던 점에 비추어 보면, 양자가 매우 긴밀한 관계에 있었던 것을 추측할 수 있을 것이다.

이 외에도 '다노미마와리賴廻'라고 불리는 협력자의 한 무리와도 관계를 맺어 시중 탐색 등을 의뢰하기도 했다. 오사카의 히닌 조직은 오사카마치부교쇼의 주겐中間, 몬반門番들의 부정을 추궁하는 일이나 오사카 성의 수위를 맡은 다이묘 가신·무가 봉공인奉公人 등 무사 층의 내탐도 맡았는데, 1858년 구니모치國持의 큰 도자마外様 번이 오사카 만의 방비에 동원되자 오사카마치부교의 명에 의해 파병 상황을 비롯한 각 번의 군사정보에도 접근하기 시작했다. 이 어용들에서 조리는 스스로 내탐에 임하는 한편 각 번이 오사카에 둔 구라야시키藏屋敷[p.279]나 주변 숙소에 수하 또는 의지하는 협력자를 몰래 잠입시켜 정보 수집을 행했다. 유감스럽게도 다노미마와리나 협력자의 실태에 관해서 자세히 알 수는 없으나 이들도 오사카의 히닌 조직이 가진 중요한 정보 수집 경로였다.

이와 같이 오사카의 히닌 조직은 사방에 정보망을 뻗쳐 요청에 따라 필요한 정보를 제공할 수 있는 태세를 갖추고 있었다. 막말의 오사카마치부교는 정치도시화가 진전된 기나이의 군사·외교면에서도 중요한 위치를 차지하며 오사카의 히닌 조직은 그 부교를 정보수집이라는 형태로 떠받치는 측면을 가지고 있었다고도 말할 수 있을 것이다.

탐구 포인트

① 오사카마치부교는 히닌 조직이 수집한 정보를 정치에 어떻게 이용하고 있던 것일까?
② 어용을 담당하는 히닌 조직을 시정의 사람들은 어떻게 보고 있었을까?
③ 어용의 전개는 오사카의 히닌의 신분의식에 어떠한 영향을 끼쳤을까?

참고문헌

寺木伸明·中尾健次 編著『部落史研究からの發信1 前近代編』解放出版社, 2009.

髙久智廣「「長吏の組織」と大坂町奉行」宇佐美英機·

藪田貫 編『江戶の人と身分Ⅰ 都市の身分願望』吉川弘文館, 2010.

塚田孝『大坂の非人』筑摩書房, 2013.

寺木伸明·藪田貫 編『近世大坂と被差別民社會』淸文堂, 2015.

문제라고 주장한 것은 극비 정보 수집 등 덴포기 이후 현저해지는 새로운 어용에 동원되는 것을 계기로 히닌 호칭 불식을 목표했기 때문이라고 생각된다.

24. 근세인의 불교신앙
불교를 신앙으로서 믿고 있었는가

우에노 다이스케^{上野大輔*)} 집필 / 안준현 번역

관련항목: II-2^[p.143] II-15^[p.182] II-23^[p.206] II-24^[p.209] III-7^[p.257] III-13^[p.275] III-25^[p.311]

〔논의의 배경〕

연구사를 돌아보면 에도 막부의 통제 하에서 불교의 '형식화'나 승려의 '타락' 등을 중시해서 근세 불교의 쇠퇴를 주장하는 논의(근세불교타락론¹⁾)가 고전적인 위치를 점해왔다. 또 사상사 연구에서 중세는 불교의 시대이며 근세는 유교(유학)의 시대라는 인식이 상당히 공유되었다.

한편으로 근세의 민중(피지배 신분의 사람들)과 불교의 연결성에 주목한 연구도 불교사·민속학의 분야에서 축적되었다. 그 성과를 참조하여 신도와 불교를 기본으로 하는 '국민적 종교'²⁾의 성립도 주장되고 있다.

불교를 신앙으로서 믿고 있었는가? 연구사로부터는 긍정적·부정적 어느 쪽의 '대답'을 끌어낼 수 있어 보이는데, '그 나름대로 믿고 있었다'라는 것이 본 절의 입장이다.

〔논점〕

(1) '불교', '신앙', '종교'

애초에 '불교'나 '신앙'을 어떻게 이해할 것인가 라는 문제가 있다. 본절에서는 '불교'를 '호토케^佛'에 관한 다양한 가르침으로서 넓게 파악한다. 신불습합^{神佛習合3)}과 같이 호토케와 가미^神가 연결된 경우도 있다. 또 '신앙'이란 믿고 존숭하는 일인데 본절에서는 '믿는' 것을 '확실하지 않지만 그렇다고 치는' 것으로 간주한다. 신앙에는 강약이나 흔들림도 있다.

또 불교·신앙과도 관계있는 '종교'에 대해 본절에서는 초자연적인 존재와 인간의 관계로 파악하는데 근세 사회에서 특정 신분·조직을 형성한 불교·신도 등을 염두에 두고 있다.

---

*) 게이오기주쿠대학 문학부 준교수 | 일본근세사
1) 근세불교타락론: 본문에서 쓴 것처럼 쓰지 젠노스케(辻善之助) 등이 근세 불교의 쇠퇴에 관한 논의를 했고 이 논의는 근세불교타락론이라고 불리며 근세불교사 연구의 고전적인 위치를 점했다.
2) 국민적 종교: 신도(가미 신앙)와 불교를 기본으로 하여 국민적 규모에서 공유된 종교를, 비토 마사히데(尾藤正英)가 국민적 종교로 부르며 15·16세기 경에 성립했다고 논했다. 민속종교(명확한 교의·조직을 가지지 않는 민간 종교)도 구성요소로 여겨지는 경우가 있다.
3) 신불습합: 본절에서는 가미에 대한 사물과 호토케에 관한 사물을 하나로 합치는 것으로 이해하고 있다.

(2) 종교적 환경의 성립

현재 일본 각지에 소재한 대부분의 사원은 전국시대에서 에도시대 전기에 걸쳐 창건되었다고 여겨진다. 이들 사원은 장제·기도를 통해 사람들이나 이에와 연결된다.

사원에 소속된 승려는 장제·기도를 주재함으로써 죽음이나 화복의 문제에 관여했다. 승려가 각 종파에서 수학·수행 등을 거쳐 사원의 주지가 되는 구조도 정비되었다.

사원을 둘러싼 지역에서는 사원의 종파나 주민의 생활에 규정되어 장제·기도에 그치지 않는 다양한 종교적 행사가 전개되고 승려에 의한 설법도 이루어졌다.

이에 더하여 불교를 다룬 서책(불서)이 사본·판본으로서 전대前代 이상으로 폭넓은 독자를 얻어 유포된 것도 불교신앙과 연결되는 요소로서 중요하다. 독서를 통해 승려의 설법·저작에 대한 일정한 비판 능력이 키워졌을 것도 상정할 수 있다.

(3) 신앙 주체의 존재 양태

일례로서 무사시武藏 국 가와고에川越의 상인인 에노모토 야자에몬榎本彌左衛門(1625~86)을 들어 보자. 1683년 그는 '진실된 도리眞實之道理'를 몰라 '마음心'이 진정되지 않았던 듯한데, 임제종 승려의 저작(가나 법어假名法語4)류인 듯하다)에, 지옥·극락은 밖에 있는 것이 아니라 그 몸의 '마음' 안에 있으며, 나쁜 마음惡念이 들 때는 지옥, 착한 마음善心이 나올 때는 극락이 틀림없다고 적힌 것을 읽었다. 그리고 이듬해 그는 '기氣'에 '마음'이 나쁜 쪽으로 이끌려 가면 지옥, '마음'이 '기'를 잘 사용하면 극락이라고 생각하게 되었다. 이렇게 선심학禪心學5)에 관한 신앙이 형성되었다고 판단된다.

그를 포함한 근세인의 신앙은 종파차, 지역차, 신분·계층차, 성차 등에 의거한 다채로운 다양성이 있었다. 한편 작은 차이를 넘은 공통성을 발견하는 것도 가능할 것이다. 어떤 인물에 주목할 경우 승려를 포함하여 특정 신앙을 가지고 있는 경우도 있고 아닌 경우도 있으며, 종파 의식의 강약에도 차이가 있다. 특정 신앙을 갖고 있는 경우, 그 내용에 대해서는 복수의 구성 요소를 상정할 수 있다. 그것들은 그 인물의 생활 체험을 통해 키워짐과 동시에 변용되기도 했다.

(4) 신앙 대상이 된 가르침

불교의 가르침은 종파에 따라 다양하며, 그 모두가 신앙 대상이 될 수 있었다.

천태종이나 진언종은 기도를 적극적으로 행했는데, 한편으로는 다양한 중생(생물)이 본래적으로 깨달음을 갖고 있다는 천태 본각本覺 사상이 주장되고, 진언종에서도 다양한 사물에 궁극적인 원리를 인정하려는 입장이 유지되었다.

---

4) 가나 법어: 가나를 사용하여 평이하게 풀어낸 불교의 가르침. 서책으로도 유포되었다.
5) 선심학: 선종계의 '마음'을 중심으로 한 세계관·인생관을 가리킨다. '마음'은 뇌신경이나 그 작용과 동일한 것이 아닌, 세계를 관철하여 자신에게도 내재하는 궁극적인 원리로서 이야기되는 경우가 있다.

선종에서는 에노모토 야자에몬의 예와 같은 선심학을 확인할 수 있고 '마음'이 곧 부처임을 아는 것(견성)을 중시했다.

정토종에서는 나무아미타불 명호를 외는 염불稱名念佛의 공덕에 의해 서방극락정토에 왕생하는 것을 목적으로 삼았다. 공덕을 남에게 돌리는 회향回向에 의해 타자를 왕생시키는 것도 가능하다고 여겼다.

진종에서는 렌뇨蓮如의 『어문장御文章』(『어문御文』)에 의거한 가르침이 설명되었다. 그 내용은 아미타여래에 귀의함으로써 내세의 극락왕생이 확정되고 이후에는 감사의 염불을 외우며 영주의 법령이나 세간의 도덕에 따라 생활한다는 것이었다.

법화종(니치렌종)은 『법화경』을 중심에 두고 나무묘법연화경이라는 제목을 낭송하는 것(창제唱題)을 중시했다.

종파간이나 종파 내에는 가르침을 둘러싼 대립도 있었다. 한편 여러 종파 어느 쪽이나 불법으로서 존숭하는 제종일치諸宗一致 입장이나 신불유神佛儒의 삼교가 서로 통한다고 설명하는 삼교일치의 입장도 보인다. 이러한 입장은 일견 관용적으로 보이지만, 같은 입장을 공유하지 않는 타자에 대한 공격을 낳기도 했다.

탐구 포인트
① '불교', '신앙', '종교'를 어떻게 이해할 것인가?
② 근세인을 둘러싼 종교적 환경은 어떠한 것이었는가?
③ 근세인의 신앙은 어떠한 존재양태로 성립하고 있었는가?
④ 종파에 따라 교의는 어떻게 다른가?

참고문헌

奈倉哲三「近世人と宗教」『岩波講座日本通史12』 1994.
尾藤正英「國民的宗教の成立」『日本文化の歷史』, 岩波書店, 2000.
榎本彌左衛門『榎本彌左衛門覺書』大野瑞男 校注, 平凡社, 2001.
末木文美士스에키 후미히코『近世の佛敎』吉川弘文館, 2010.
上野大輔「近世日本における民衆と佛敎」『現代思想』46(16), 2018.

25. 여행과 관광
근세의 여행자와 지역은 어떠한 관계에 있었는가

아오야기 슈이치^{靑柳周一*)} 집필 / 안준현 번역

관련항목: III-24^[p.308] IV-13^[p.384]

〔논의의 배경〕

신형 코로나 바이러스의 감염 확대에 의해 2020년 3월부터 8월 말까지의 일본 방문 외국인 여행자(인바운드)는 전년 동시기와 비교하면 99% 감소했다. 관광이란 교통운수업·숙박업·음식업 등 다양한 업종이 얽히는 종합적 산업이며 그 때문에 여행자의 급감은 많은 사람들의 생활에 큰 영향을 미치고 있다. 이러한 와중 인바운드 유치를 중시하며 관광에 의한 수입을 얻어 온 지역에서는 향후 어떻게 경제를 유지해 갈 것인가? 새로운 국내여행자 대책도 포함하여 지역으로서의 대응력이 문제가 되고 있다.

어떤 지역을 방문하는 여행자의 증가 혹은 감소가 그 지역에 살아가는 사람들의 생활에 적지 않은 영향을 끼쳐 지역 측에서 어떠한 대응을 시도한다는 것은 현대 특유의 상황은 아니다. 이미 근세의 시점에서 이것과 공통되는 움직임을 관찰할 수 있다. 근세의 여행[1]과 지역의 관계에 대해 여행자 유치를 둘러싼 지역 측에서의 대응 방식에 주목하면서 생각해 보자.

〔논점〕

(1) 근세의 여행과 여행목적지로서의 후지산

근세에는 전국적으로 가도^{街道}와 숙역^{宿驛}의 정비가 진행되고 게다가 출판물을 매개로 각지의 명소 고적이나 명산품에 관한 정보의 유통량도 증가한다는 복수의 요인이 겹쳐 많은 사람들이 빈번히 여행을 즐기게 되었다. 이세^{伊勢} 신궁이나 교토·나라·가마쿠라 등 각지의 절과 신사,

---

*) 시가(滋賀)대학 경제학부 교수 | 일본근세사
1) 근세의 여행: 근세를 포함하여 전근대 여행의 주요한 형태로서 사사 참배를 동반한 여행을 들 수 있다. 각 사사에의 참배에 관한 연구는 이세 신궁을 중심으로 축적되어 그 종합적인 성과가 신조 쓰네조『신고 사사참예의 사회경제사적 연구』이다. 新城常三『新稿社寺參詣の社會經濟史的研究』塙書房, 1982. 하라 준이치로 『근세 사사참예의 연구』는 여행자 자신에 의한 '여행 일기(道中日記)'나 출판물 등도 분석하면서 사사참예사 연구의 체계화를 내세웠다. 原淳一郎『近世寺社參詣の研究』思文閣出版, 2007. 근세의 여행에 대해서는 여행 루트나 여행자의 행동, 또 여행자와 여행지인 지역사회의 관계를 해명하려고 한 연구도 번성하여, 지역 사회에 관점을 둔 연구로는 아오야기(2002)나 다카하시 요이치『근세여행사의 연구』등이 있다. 高橋陽一『近世旅行史の研究』淸文堂, 2016. 여성에 의한 여행 연구로서 후카이 진조『근세 여성여행과 가도교통』이나 시바 게이코『근세의 여성여행일기사전』등도 중요하다. 深井甚三『近世女性旅と街道交通』桂書房, 1995; 柴桂子『近世の女旅日記事典』東京堂出版, 2005. 근세로부터 근대에 걸친 여행사에 관해서는『국립 역사민속박물관연구보고』155집(2010)의 특집「여행-에도의 여행에서 철도여행으로」도 참조.『國立歷史民俗博物館研究報告』「旅-江戸の旅から鐵道旅行へ」.

또 후지산 외 각지의 영산과 같은 여행목적지에는 많은 여행자가 모여 그 주변에는 여행자를 상대하는 생업이 발달했다. 이렇게 일정한 수의 여행자를 끊임없이 받는 것으로 주민이 생활을 꾸려가는 지역이 탄생하게 된다.

후지산과 그 산기슭의 사례를 보자. 후지산에 있는 여러 등산로 중 스바시리구치須走口(동구東口) 등산로의 입구에 위치한 스바시리무라須走村(현 시즈오카靜岡현 슨토駿東군 오야마초小山町 스바시리)를 찾은 여행자―당시의 후지산 외 영산으로의 여행은 참배 등산登拜이 주목적이었기 때문에 여기서는 '참배자參詣者'라고 부른다―의 수는, 1789년에 1만 명이었고 1800년에는 2만 3700명에 달했다. 근세 내내 스바시리무라는 70채 전후의 규모로, 무라 인구를 훨씬 상회하는 수의 참배자가 방문했던 것이다.

스바시리무라에서 참배자를 맞이하는 중심이 되었던 것이 오시御師2)이다. 오시는 후지산 신앙에 기반을 둔 단나檀那3)가 각지에 있어, 그들 사이를 돌며 배찰配札4)이나 하쓰호初穗[p.84]의 징수 등을 하고 단나를 후지산 등산에 권유하여 숙소宿坊를 보살피는 것을 직분으로 했다. 즉 오시는 각지의 단나를 방문하여 얻는 수입과 함께 그 단가를 참배자로서 무라에 맞이하는 것으로 얻는 숙박료나 기도료·가구라료神樂料 등에 의해 생계를 꾸리고 있었다. 이러한 오시는 당시의 스바시리무라에 17채가 존재하고 있었다.

스바시리무라에서는 오시 이외의 주민 중에도 숙박소를 경영하는 자가 있었다. 그 외의 주민도 후지산 속에서 이시무로石室(휴박용 시설) 경영이나 고리키強力(짐꾼 겸 안내인) 등 참배자와 관계된 생업에 종사하고 있었다. 원래 후지산 산기슭은 농경에 적합하지 않은 자연환경이므로 전지田地를 가지지 않았고 1707년 후지산 분화 재해5) 이후에는 교통 노동에 사용할 말을 먹일 채초지까지 잃은 스바시리무라에서는 참배자에 의존하여 무라 전체를 유지시키고 있었다. 그리고 이러한 마을이기 때문에 참배자 수나 질적 변화에 큰 영향을 받았으며 대응하지 않을 수 없었다.

(2) 여행자의 변화와 지역 측의 대응

18세기 후기의 후지산에서는 참배자가 증가하여 그에 따라 산중에서의 조난이나 실종도 많이 일어났다. 또 단독으로 등산을 하러 온 참배자도 늘었는데 그들은 여럿이 행동하는 참배자보다도 조난의 위험성이 높았다. 게다가 당시 오시의 단나가 아닌 초행 참배자도 증가하고

---

2) 오시: 오시는 이세(伊勢)·구마노(熊野)·이즈모(出雲) 등 여러 신사나 구마노·하구로산(羽黒山)·후지산과 같은 영산 등 각소에 보이는데, 근세에는 특히 이세온시(이세만 '온시'라고 읽는다)의 활동이 현저했다. 후지산의 경우 등산로 입구와 인접한 집락 중 가이(甲斐) 국의 가미요시다무라(上吉田村)·가와구치무라(川口村), 스루가(駿河) 국의 스바시리무라·스야마무라(須山村)에 무라 내 센겐(淺間) 신사에 봉사하는 오시가 모여 살았다.
3) [역주] 단나: 불가에서 재물을 시여하는 신자를 부르는 말로 시주라고도 한다.
4) [역주] 배찰: 수호부(御札)를 배부하는 것을 말한다.
5) 후지산 분화 재해: 1707년 11월 23일 후지산이 동남 경사면에서 대폭발했다. 광범위하게 강사(降砂) 피해가 발생했고 특히 스바시리무라가 심각한 영향을 받았다. 마을에 화재가 발생했고 재나 토사가 마을을 뒤덮었다. 재해 후 현지 부흥을 담당한 이나(伊奈) 다이칸이 스바시리무라에 적극적으로 원조를 하여 집들은 복구되었으나 주위의 환경이 격변했다.

있었다. 이러한 참배자들은 무라 내에서 숙박할 장소를 미리 정하지 않아, 조난당했을 때 영주에게 신고하기 위해 그 행적을 알아보려고 해도 마을 내 어디에 묵었는지를 확인하는 것이 어려웠다. 당시의 스바시리무라는 이러한 정해진 숙박처가 없는 단독 참배자—사료에는 '정해진 숙박처 없는 단독 참배자定宿無之一人導者'로 기록되었다—를 어떻게 관리할 것인가 라는 과제에 직면했다.

그래서 1765년 스바시리무라에서는 '준마와리도메順廻留'를 도입한다. 이것은 오시와 숙박소 간에 순번을 정하여 그 날의 당번이 된 자가 '정해진 숙박처 없는 단독 참배자'를 묵게 하는 제도이다. 본래 목적은 '정해진 숙박처 없는 단독 참배자'를 관리할 책임의 소재를 밝히려는 것이었지만, 이윽고 여럿이 방문하는 초행 참배자들에게도 적용되었다. 이러한 손님은 오시나 숙박소가 각각 그들을 불러들여 숙박시켰는데, 점차로 호객이 과열되어 무라의 주민끼리 충돌하는 사태가 벌어져 그 해결을 위해 '준마와리도메'에 의해 순번으로 숙박시키게 되었다.

게다가 이 시기 스바시리무라에서는 숙박업에 대해 큰 규모의 오시나 숙박소에게만 손님이 집중되는 격차가 생겨나고 있었다. 이 점에서 '준마와리도메'는 참배자의 일부를 오시와 숙박소 간에서 순번으로 배분했기 때문에 중소규모의 오시나 숙박소에는 경영상의 원조가 되었다. 이러한 효과도 발휘하면서 '준마와리도메'가 운용되고 있었다.

(3) 근세의 '관광지'란?

근세에는 여행자의 변화나 시기적인 상황에 대해 유연하게 대응하는 능력을 갖춘 지역이 등장하게 되었다. 필자는 게스트(여행자)가 호스트(지역 주민)에게 끼치는 영향과 호스트 측의 대응에 관한 관광인류학에서의 논의에 의거하여 이러한 지역을 근세의 '관광지'라고 부르고 있다. 근세에 많은 사람들이 여행을 향유할 수 있었던 배경에는 '관광지' 측에서의 부단한 노력이 있었다고 생각할 수 있을 것이다.

> **탐구 포인트**
> ① 근세의 여행사 연구로부터 현대의 관광과 그 문제를 역사적으로 파악할 수 없을까?
> ② 근세에 여행이 발달한 요인은 지역 속에서 발견할 수 있는 것은 아닐까?
> ③ 근세의 '관광지'에서의 경험 축적은 근대 이후에 어떻게 계승되었을까?

참고문헌

高埜利彦「移動する身分」朝尾直弘 編『日本の近世 7 身分と格式』中央公論社, 1992; 高埜利彦『近世史研究とアーカイブズ學』青史出版, 2018.
青柳周一『富嶽旅百景』角川書店, 2002.
永原慶二 나가하라 게이지 『富士山寶永大爆發』集英社, 2002.
靜岡縣富士山世界遺產センター・小山町『富士山巡禮路調査報告書 須走口登山道』2018.
ヴァレン・L・スミス 編 市野澤潤平・東賢太朗・橋本和也 監譯『ホスト・アンド・ゲスト』ミネルヴァ書房, 2018.

26. 지의 형성
민중은 어떻게 지식을 형성·계승하였는가

구도 고헤이^{工藤航平*)} 집필 / 안준현 번역

관련항목: II-26^[p.215] III-5^[p.251] III-8^[p.260] IV-17^[p.396]

〔논의의 배경〕

에도시대 일본은 세계에 유례없는 높은 식자율을 가지고 고도의 지식이나 기술을 획득하고 있었다는 점에서 민중의 문화적 역량이 높게 평가되는 경향이 있다.

이는 전후 오래도록 마르크스주의 역사학[1] 아래서 어둡게 부정되어야 했던 에도시대 상이나 우민상에 대해 1970년대 이후의 사회사[2]나 민중사의 등장이 역사를 보는 방법에 변화를 가져온 것과 근대화론[3]이나 포스트모던[4]에 의한 진보적이며 밝고 풍요로운 에도시대의 재발견이 영향을 미쳤다. "식자·지식의 획득=행복"이라는 인식이 민중의 진보·성장의 일면적이고 과대한 평가로 이어진 것이라고 할 수 있을 것이다.

문자는 정보의 축적이나 지식의 형성에 큰 역할을 담당하는데, 그렇다면 민중은 획득한 식자능력을 가지고 어떻게 지식을 형성·계승했던 것일까?

〔논점〕

(1) 지식 형성의 배경

신분제 사회 아래 사람들은 많고 다양한 정보에 접할 수 있게 되었다. 문서, 금석문, 전승 등 고유의 지역적·경험적인 정보, 가와라반^{瓦版} 등 정치사회정보 외에도 난해한 학문서뿐만 아니라 다양한 실용서나 교육서 등도 출판되어 생활의 온갖 측면이 서책의 지식과 결부되었다. 한편 대량화하는 정보나 복잡·광역화하는 사회문제에 직면하여 그것에 대처할 수 있는 정보의 정리와 지의 구축이 필요하게 되었다.

---

*) 국립역사민속박물관 준교수 | 일본근세사
1) 마르크스주의 역사학: 역사의 진보를 전제로 세계사를 원시공산제에서 공산주의로의 단계적 발전으로 이해하는 역사이론. 근세는 봉건제(농노제)로 자리매김되어 부정적으로 보았다.
2) 사회사: 전후 역사학에서 주변으로 떠밀린 영역에 눈을 돌려 생활 사상(事象)이나 풍속, 심성, 성·신체 등에 주목한 이론. 균질화되지 않은 민중의 생활·문화 등을 넓게 포괄하는, 민중세계의 역사적 존재양태에 시선을 돌린 사고방식.
3) 근대화론: 근대 이후의 역사적 전제로서 근세의 정치·경제·사회를 발전의 역사로 파악하여 해금(海禁)정책 하에서의 지식·기술의 내재적 발전을 강조하는 역사이론. 메이지 이후 일본의 근대화를 높게 평가하고 근세와 근대의 연속성을 강조한다.
4) 포스트모던: 자본주의에서의 성장에 가치를 두는 근대를 비판적으로 파악하여, 민속적인 것·비근대적인 것에 주목하는 역사관. 고도경제성장기에 경제적·사회적 모순에 직면하여 인간다운 생활이나 환경에 대한 공감 속에서 등장했다.

지식이란 단순한 정보의 나열이 아니다(정보≠지식). 각자가 직면하는 과제를 의식하면서 정보의 수집, 정리, 분류, 검증(고증), 해석, 체계화라는 지적 영위를 거쳐 형성된다. 다만 그 이해는 저술자의 의도를 정확하게 해석하는 일에 주안점을 두기보다는 각자의 관심에 따라 부분적으로 수용하거나, 편의적으로 해석하는 경우도 많다. 또 민중의 지식은 수준이 높은지 낮은지, 합리적인지 비합리적인지 등 단일한 가치기준에 기반을 둔 이원론으로 평가할 수는 없다. 각자가 믿는 합리성―규범이나 가치관―에 따른 것이며 그것에 근거한 지식의 다양한 존재양태에 눈을 돌릴 필요가 있다.

(2) 민중의 지식 형성을 읽어내다

특정 저명한 사상가나 지식인이 아닌 전국에 존재하고 결코 화려한 활동을 보인 적 없는 다양한 사람들의 지식 형성은 어떻게 해명할 수 있을까?

이것의 전제는 의무교육이 없었던 에도시대에, 학습의 목적이나 기회는 입장에 따라 사람마다 달랐고 습득해야 한다고 생각된 식자능력도 달랐다는 것이다.

누구나 역사적 사회적 규정성[5] 아래에 있으며 기록(문서 등)의 작성·계승이나 지식의 구축에는 그것을 행한 인물의 입장이 강하게 반영된다(언어적 전회轉回[6]). 바꾸어 말하면 위문서僞文書나 서사성物語性을 포함하는 기록뿐만이 아닌, 담담하게 기록된 일상의 실무적 기록도 철저한 사료비판을 가해 시대배경 등의 입장을 명확하게 함으로써 당시를 살아간 사람들의 육성을 간파하는 것이 가능하다는 것이다.

지역사회에서는 개인을 둘러싼 정치·경제·사회·문화·자연적 요인 하에서 전국 획일적이 아니라 고유의 이론에 기반을 둔 지식(지역 '지식')을 형성·체계화했다. 그 민중의 지식형성을 읽어내기 위해서는 보다 자각화된 일상적인 실천의 장에서 널리 보이는 문화적 영위에 주목할 필요가 있다.

(3) 편찬물―사안별 지식의 집약판

편찬물이란 매일 꾸준하게 적어나가는 일지와는 다르다. 일차적 이용이 끝나 축적된 문서류나 정보를, 명확한 의도가 담긴 이차적 이용을 목적으로 편찬한 것이다. 편찬자의 의도는 직무나 사업 등의 원활한 운영, 집단·조직 내부의 이해조정, 이에·집단·지역의 정당성이나 권익을 증명하기 위한 논리의 구축, 막부나 영주층에의 보장 요청이나 부정 고발까지도 사정거리에 넣은 것이었다. 그 때문에 시간축에 따라 단순히 정리·망라하는 것이 아니라 증명해야 할 사항이나 주어야 할 교훈에 맞춰 주체적인 해석과 선택적인 언급, 항목별 분량의 차이 등 구성을 고안했다.

그 지식은 문서 등 지역정보(경험 '지식')[7]와 보편적·학문적인 지식인 서책 '지식'의 상호

---

[5] 역사적 사회적 규정성: 개인이나 집단은 시대나 역사적 조건, 사회구조에 조건이 붙은 규범·가치관을 갖고 있어서 기록자나 역사가는 자신의 가치관, 정치·사회 상황 등에 영향을 받는다.

[6] 언어적 전회(linguistic turn): 역사서술은 쓴 사람의 표상 결과물인 사료와 그것을 해석하여 표상한 인물의 저술의 이중적 표상행위라는 사고방식.

[7] 경험 '지식' : 생활 속에서의 체험이나 전승 등 기록되지 않는 관습적·일상적·실천적인 지식·기술(민속적 '지식')을 일반적으로 경험지식이라고 부른다. 문서류도 지역활동 속에서 작성·수수된 것으로 개인이나 무라·

보완 관계에서 형태가 만들어져 과제 해결의 매뉴얼이나 교유서^{教諭書}와 같은 기능을 가진, 특정 사안별로 정리된 지식의 집약판이라고 할 수 있다.

(4) 장서 – 체계화된 지식의 집적체

장서구축자의 의도를 읽어내기 위해서는 장서인식의 과제[8]에 입각하여 장서목록 등 당시의 기록을 분석할 필요가 있다. 실제로 에도시대의 장서목록을 보면 서적뿐만이 아니라 문서나 편찬물 등이 함께 구성되어 있는 것이 많다는 점을 알 수 있다. 또 내용도 당사자의 과제에 따라 특정 분야에 편중되며, 단순한 서적의 총체가 아닌 서적만 있는 장서를 포함하여 계획적 의도에 기반을 둔 지식의 집적체라고 할 수 있다. 이것은 편찬물이나 서적 등 전문화된 지식을 종합화하고 생업이나 역직 등에 필요한 자질을 담보한다는, 큰 틀에서 지의 형성을 실현하는 것이다.

즉 장서란 문서, 기록된 체험, 편찬물, 서적 등 다양한 정보·지식으로 구성된 지의 체계적 집적체라고 할 수 있다. 또 장서량이 증대함에 따라 구축자의 의도·고유한 가치기준에 따른 재선별이나 분류 등으로 적절하게 지식 매니지먼트를 꾀하면 효율적인 이용으로 이어질 수 있다.

이러한 지적 영위를 통해 자기의 즉물적인 경험을 이성적 인식으로까지 고양시켜 가는, 합리적·과학적인 사고를 익혔다고 할 수 있을 것이다. 그리고 이 일상의 장에서 행해진 편찬물이나 장서라는 특유한 문화적 영위는 문화자본[9]이 되어 신분·생업의 틀을 넘어 전국 각지의 다양한 사람들에게서 널리 확인할 수 있다.

탐구 포인트

① 지식의 공유—문화—가 집단의 행동·사상에 어떻게 영향을 미쳤는가?
② 민중이 지식을 획득함으로써 정치·사회에 어떠한 변화가 생겼는가?
③ 문화자본이 되는 지식의 소유·계승과 계층성·권위성의 관계를 어떻게 생각할 것인가?
④ 지식이나 문화의 다양성과 전국적 균질화·통합화 동향의 관계를 어떻게 생각할 것인가?

참고문헌

塚本學『都會と田舍』平凡社, 1991.
青木美智男『日本の歷史別卷 近世庶民文化史』小學館, 2009.
工藤航平『近世藏書文化論』勉誠出版, 2017.
若尾政希『百姓一揆』岩波書店, 2019.

지역의 경험을 기록한 경험 '지식'이라고 평가한다.
8) 장서인식의 과제: 과거에 구축된 장서를 복원하기 위해서는 주로 현존하는 서류군의 정리를 바탕으로 하는데, ①조사자가 형태로 선별·분류하는 관리상의 문제와 ②연구자에 의한 자의적인 연구대상의 선택·추출이라는 인식상의 문제라는, 현대의 서적·장서에 대한 상식이나 선입관에 기인하는 두 가지의 문제를 가진다.
9) 문화자본: 행위자가 습득한 문화는 자본으로서 기능한다는 사고방식. 일상적인 규범이나 가치관, 그것에 기반을 둔 행동이나 가치판단은 사회구조로 규정된다. 타자에 대한 차별화나 탁월화의 동기가 포함되어 계층을 재생산하는 것이다(문화적 재생산론).

27. 여성의 역할
육아와 돌봄은 여성의 역할인가

지바 마유미千葉眞由美*) 집필 / 안준현 번역

관련항목: I-18[p.80] II-29[p.224] IV-20[p.405] IV-52[p.501]

〔논의의 배경〕

현대 일본 사회의 여성은 사회진출이 촉진되는 한편, 육아와의 양립에 더하여 고령화 사회에 동반되는 부모 돌봄과의 양립 문제라는 무거운 부담에 짓눌린다. 남성도 육아나 부모 돌봄에 적극적이어야 한다는 주장도 많아졌으나, 애초에 육아와 돌봄 그리고 그것들을 포함하는 '가사' 그 자체가 여성의 역할이라는 전제에서 생각되어 온 것이 아닐까? 남성 가장을 중심으로 하는 '이에家'를 토대로 사회 시스템이 구축된 근세에서 과연 육아와 돌봄은 여성의 역할이었을까?

〔논점〕

(1) 여성은 이에의 '안'에 있는가?

여성은 인생의 각 단계에서 부친·남편·아들을 따른다는 '삼종三從', 시부모를 따르지 않거나 자식이 없는 등 이혼의 일곱 가지 이유로 여겨진 '칠거七去'. 어느 쪽이나 근세 중기의『화속동자훈和俗童子訓』1)의 「여자를 가르치는 법」에 나온 것으로 여성이 이에의 '안'에서 조신하게 남성을 섬기며 살아가는 모습이 그려진다. 하지만 1980년대 이후 여성사 연구2)의 진전은 상기의 이미지와는 다른 여성의 모습을 밝혀왔다. 남편이 부인에게 일방적으로 이혼을 통보하는 것으로 여겨진 이혼장離緣狀인 이른바 미쿠다리한三下り半3)에 대해, 근년에는 남편이 부인의 재혼을 허가하는 문언과 그 기능이 중요시되어 특집항목을 만든 고등학교 교과서도 있다.

　　근세 사회의 대다수를 점하는 백성 가족의 경우, 여성은 남성과 같이 농사일을 하는 중요한 노동력이었다. 남편 등과 사별한 여성이 '과부後家'가 되어, 이에의 대표자로서 자신의 도장을

---

*) 이바라키대학 교육학부 교수 | 일본근세사

1)『화속동자훈』: 유학자 가이바라 에키켄(貝原益軒)에 의한 교육서. 1710년 성립. 「총론」「나이에 따라 가르치는 법」「글을 읽는 법」「습자법」「여자를 가르치는 법」으로 구성된다. 「여자를 가르치는 법」은 여자교훈서『여대학(女大學)』의 원전이 되었다고 여겨진다.

2) 근세의 여성사 연구: 근세의 여성은 당시의 법제나 도덕규범에 보이는 것과 같은 억압된 존재이며 근세는 여성의 '암흑시대'라고도 생각되었다. 일본 사회에서 전후에도 남은 여성차별 문제 등을 배경으로 여성사 연구가 진전되어 여성사총합연구회 편『일본여성사』제3권 근세로 대표되는 것처럼, 여성의 노동·상속·지식이나 기능 외 다양한 시각에 의한 연구성과가 그 후에도 차례차례 발표되었다. 女性史總合研究會 編『日本女性史』第3卷 近世, 東京大學出版會, 1982. 근년에는 젠더 시점도 도입하여 여성 부재, 남성 중심의 역사상을 다시 묻는 시도가 계속되고 있다.

3) 미쿠다리한: 본문을 세 줄 반으로 쓰는 형식을 갖춘 이혼장의 속칭. 통상적으로 남편이 부인에게 교부했다.

가져 문서에 도장을 찍거나 때로는 촌정村政에 참가하여 의사를 표명하는 등 남성과 동일한 역할을 수행하는 일도 있었다. 이에의 밖에서도 씩씩하게 사는 여성의 모습이 거기에 있다.

(2) 육아와 돌봄의 책임

근세사회에서 가사에 종사하여 육아와 돌봄을 맡았던 것은 여성만이 아니었다는 점도 밝혀졌다. 근세 후기 이세국 구와나桑名번의 하급무사 와타나베 가쓰노스케渡部勝之助가 부임지인 에치고越後국 가시와자키柏崎에서 쓴「가시와자키 일기」4)에는, 가쓰노스케가 출산한 부인을 대신하여 아이들을 보살피거나 식사를 준비하는 등 가사를 하고 때로는 역소 안에 아이들을 들여 상대를 하는 모습이 기록되었다. 남성 가장에 의한 육아가 자연스럽게 이루어지고 또한 공적 장소에서도 그러한 행위가 수용되고 있던 것을 알 수 있다.

남성 가장은 가족 돌봄에도 종사했다. 에도 막부나 여러 번은 무사가 친족의 간병이나 돌봄을 위해 휴가를 얻는 '간병원看病願'5) 제도를 두었다. 친족의 범위나 병의 증상 등에 따라 허가 조건은 제각각이었으나 무사는 이 제도에 근거하여 실제로 간병이나 돌봄에 전념할 수 있었다.

무라에서는 어린 아이의 양육이나 고령 부모의 돌봄을 이유로 무라역인이 직을 사퇴하는 일도 있었다. 백성 가족에서도 남성 가장이 육아와 돌봄의 책임을 지고 있었던 것이다. 거기엔 민중에게도 '이에'의 계승 의식이 침투했다는 배경이 있다. 대략 5인 전후의 소가족 형태가 일반적이며 수가 적은 아이를 잘 기르려고 하는 의식이 높아지는 가운데, 이에 계승자가 될 아이들에 대한 교육은 남성 가장이 책임을 져야 하는 중요 사항으로 여겨졌다.

또 사회가 안정화되어 사람들이 장수할 가능성이 높아지자 각 이에에서 부모 돌봄 문제를 끌어안게 되었다. 막부나 번은 부모 돌봄을 효 도덕의 실천행위로서 민중교화책의 하나로 자리매김하여 돌봄을 행한 자를 선행 포상의 대상으로 삼았다. 1801년에 막부가 간행한『관각효의록官刻孝義錄』6)의 기록을 통해 여성만이 아닌 많은 남성도 부모 돌봄을 행하고 있는 것을 알 수 있다.

(3) 이에의 '밖'에서 활약하는 여성들

물론 이에 속에서는 여성도 육아와 돌봄을 행하고 있었지만, 스스로의 지식이나 능력을 살려 이에 밖에서도 활약하는 여성도 있었다. 근세 중기 센다이 번의藩醫 구도 헤이스케工藤平助의 딸 다다노 마쿠즈只野眞葛7)는 번의 오쿠奧에서 일한 후 수필이나 기행문을 써 자신의 생각을 정리한

---

4)「가시와자키 일기」: 가쓰노스케가 매일의 사건을 기록하여 구와나에서 번의 임무를 맡은 양부 와타나베 헤이다유(渡部平太夫)에게 보낸 일기. 헤이다유가 가쓰노스케에게 써 보낸「구와나 일기」도 있는데 둘 다 1839년~1848년의 기록이 있다.

5) 간병원: 가족 중 중병자가 나왔을 때 무사가 막부나 번에 제출한 출사원려원(出仕遠慮願い).

6)『관각효의록』: 에도 막부가 편찬하고 1801년에 간행한 선행집. 채록된 사람 수는 약 8600명. 효행, 충의, 정절 등 선행의 내용·이름·신분 등을 국별로 배열하고 있다.

7) 다다노 마쿠즈(1763~1825): 16세로 번의 오쿠 근무를 한 후 사카이(酒井) 가신과 결혼하지만 얼마 안 가 이혼. 그 후 센다이 번사 다다노 쓰라요시(只野行義)와 재혼. 수필『옛날 이야기(むかしばなし)』나 기행문『시오가마 순례(鹽竈まうで)』등을 썼다. 사회비판서『독고(獨考)』는 교쿠테이 바킨(曲亭馬琴)에게 비평을

경세서 등 많은 저작을 남겼다. 근세 후기의 우키요에 화가 가쓰시카 호쿠사이葛飾北齋의 딸 가쓰시카 오이葛飾應爲8)는 호쿠사이의 조수로 일하면서 스스로도 뛰어난 작품을 남긴 화가다.

또 무라 사회에서 데라코야寺子屋의 선생이 된 여성이 각지에 있었던 것도 알려졌다. 예컨대 히타치常陸국 이바라키茨城군 고야무라高野村의 구로사와 도키黑澤とき9)는 1859년 전 미토 번주 도쿠가와 나리아키德川齊昭의 무고함을 천황에게 호소하고자 교토에 올라가는 등의 기개를 가진 사람으로 훗날 데라코야의 선생으로서 교육에 종사, 메이지 초기에는 소학교 교사가 된다.

(4) 앞으로의 전망

육아와 돌봄을 여성만의 역할이라고 하는 사고방식은 근세사회에는 없었다. 하지만 근대에 들어서면 무사 신분의 해체와 더불어 이에의 계승 의식도 변용되고 또한 양처현모良妻賢母의 사고방식이 침투되어 여성만이 가내노동자로서의 역할을 요구받게 되었다. 이에의 안은 여성, 밖은 남성이라는 성별 역할 분업이 성립한 것이다.

남성 중심의 사회 시스템에서는 일하는 여성의 모습은 사료에서는 보기 힘들다. 그렇기에 향후에도 여성들의 생각이나 이야기를 밝혀 사회에서 여성이 수행한 역할에 눈을 돌릴 것이 요구된다. 그렇게 하는 것으로 근세 사회 전체의 파악 방식도 바꾸어 갈 것이다.

탐구 포인트

① 근세사회에서 여성은 어떻게 살았을까?
② 근세 육아와 돌봄의 실태는 어떠한 것이었을까?
③ 육아와 돌봄은 여성의 역할이라는 사고방식은 어째서 끈질기게 남는가?
④ 여성에 착안하는 것으로 새로운 시점에서 근세 사회를 보는 것이 가능하게 된다.

참고문헌

女性史總合硏究會 編『日本女性生活史3 近世』東京大學出版會, 1990.
林玲子 編『日本の近世15 女性の近世』中央公論社, 1993.
高木侃『[增補] 三くだり半』平凡社, 1999.
柳谷慶子『近世の女性相續と介護』吉川弘文館, 2007.
太田素子『近世の「家」と家族』角川學藝出版, 2011.

의뢰한 것으로도 알려졌다.
8) 가쓰시카 오이(생몰년 미상) : 부친 가쓰시카 호쿠사이의 육필 미인화의 대작을 했다고도 한다. 대표작에「월하 다듬이질하는 미인도(月下砧打美人圖)」,「요시와라 격자 앞 그림(吉原格子先圖)」등. 현존하는 작품은 적어 십수 점이라고 한다.
9) 구로사와 도키(1806~90) : 고야무라의 슈겐자(修驗者) 구로사와 쇼키치(黑澤將吉)의 딸로 태어난다. 1859년 전 미토 번주 도쿠가와 나리아키의 무고함을 천황에게 호소하고자 교토로 올라가나 막부 역인에게 잡혀 에도로 송환된 경력이 있다. 일본 첫 여성 소학교 교사라고도 한다.

28. 오시오 사건
오시오 헤이하치로는 왜 들고 일어났는가

마쓰나가 도모카즈(松永友和*) 집필 / 안준현 번역

관련항목: III-12[p.272] III-18[p.290] III-29[p.323]

〔논의의 배경〕

역사상의 인물 중에서 '오시오 헤이하치로'의 지명도는 매우 높다. 그것은 초중고등학교의 학교교육에서 반드시 다루기 때문이다. 문자를 통한 설명뿐만 아니라 오시오의 초상이나 사건 당일의 모습을 그린 시각 자료가 게재되어 아동·학생에게는 '오시오의 난'에 의해 오사카의 마치가 소실되었음에도 불구하고 빈민을 구제하려고 한 인물로서 기억되고 있다. 이른바 '오시오 헤이하치로≒빈민구제에 진력한 인물'이라는 인식이 재생산되는 것이다.

그렇다면 왜 오시오는 들고 일어났을까? 당시의 정치·사회 상황은 어떠했을까? 또 오시오는 오사카의 무사 속에서 특이한 존재였을까?

〔논점〕

(1) '오시오의 난'과 '오시오 사건'

학교교육에서 '오시오의 난'이라고 불리는 역사적 사건은 그 단어 자체에 특정 역사관이 내포되어 있다. 즉 '난'이라는 단어에는 '사회를 어지럽히다', '질서를 잃어버리다'라는 의미가 있다. 막번 영주의 시점에 서면 오시오가 일으킨 사건은 틀림없이 '난'이지만 오시오 본인은 '난'을 일으킬 목적으로 결기한 것이 아니었다. 오히려 격문(檄文1))에 적힌 것처럼 "반드시 잇키 봉기의 기도와는 다르"며 "만물 일체의 인(仁)"을 결여한 자에 대한 "천벌(天討)"(천주天誅), 즉 "하민(下民)"을 괴롭히는 "여러 역인(役人)"를 "주벌"하여 막부 정치를 다시 세우는 것이 목적이었다고 생각된다. '도쇼신군(東照神君)'(도쿠가와 이에야스)의 치세는 오시오에게 이상적인 정치·사회였던 것이다. 이런 관점에서 오시오가 일으킨 사건을 '오시오의 난'이 아닌 '오시오 사건'으로 부르는 연구자가 있다. 사건을 보다 객관적으로 파악하려는 의식에서 나온 것이다.

---

*) 도쿠시마현립박물관 학예사 | 일본근세사
1) 격문: 오시오 헤이하치로가 거병할 때 결기의 취지를 서술하여 행동을 호소한 문서. 또한 오시오 자신은 '격문'이 아닌 '문서(書付)'라는 단어를 사용하고 있다. '오시오 문서'로부터 셋쓰·가와치·이즈미·하리마 무라 주민의 역사의식이나 정치의식을 읽어내려고 하는 연구가 있다. 深谷克己「攝河泉播村々の歷史·政治意識」大鹽事件硏究會 編『大鹽平八郞の總合硏究』和泉書院, 2011.

(2) 격문과 건의서

일반적으로 '오시오의 난'이라고 하면 1837년(덴포8) 2월 19일에 오사카에서 발생한 사건으로 이해된다. 실제로 거병에 즈음하여 오시오는 오사카 주변 농촌의 백성들에게 '문서書付'를 나누어주고 행동을 같이 할 것을 널리 호소했다. "사해가 곤궁해지면 천록天祿도 영원히 끊어질 것이다"로 시작되는 격문은 결기의 취지를 서술한 것으로 오시오가 생애를 건 문서이기도 했다. 하지만 오시오 사건은 2월 19일의 결기에만 집약되는 것은 아니다.

오시오는 결기 전날인 18일 막각幕閣에 건의서建議書2)를 보낸다. 「오시오 헤이하치로 건의서」라고 불리는 일련의 문서이다. 그 주된 내용은 막부 중역들의 부정을 고발하는 것이다. 로주 오쿠보 다다자네大久保忠眞나 미즈노 다다쿠니水野忠邦 등이 행한 부정한 계不正無盡가 하나하나 오시오에 의해 조사되었다. 당연히 막각은 부정에 관한 서류의 증거 인멸을 꾀한다. 실제로 미즈노가 문서에는 미즈노 다다쿠니가 관련 서류의 '소각燒捨'을 명한 문서 사본이 남아 있다. 오시오 결기의 소식을 접하고 미즈노 다다쿠니는 오시오의 토벌을 명한다. 이에 의해 오시오의 결기는 '난'이라고 인식된다.

오시오 사건의 배경에는 덴포 기근에 따른 빈민 구제뿐만이 아니라 막번 영주의 정치 문제3)를 규탄하는 의도도 있었다고 생각된다. 오시오 사건의 본질을 규명하는 데에는 격문과 건의서 두 자료를 이해하여 분석을 심화시킬 필요가 있다.

(3) 오시오의 문인들

다만 오시오 사건은 오시오 헤이하치로 한 사람이 일으킨 사건은 아니다. 오시오의 사상과 행동에 공명한 문인의 존재 없이 이 사건을 파악하는 것은 불가능하다. 오시오의 사숙 '센신도洗心洞'4)의 문인은 40~50명 있었다고 전해지는데 게다가 그들의 주위에는 '오시오 당大鹽與黨'이라고도 할 수 있는 사람들이 있었다. 오시오의 문인은 크게 다음의 ①~④의 그룹으로 분류할 수 있다. ①은 오사카마치부교쇼의 요리키·도신을 비롯한 오사카의 하급 무사이다. 요리키 세타 사이노스케瀨田濟之助, 도신 쇼지 기자에몬庄司儀左衛門 등이 있다. ②는 기나이 근국을 중심으로 한 여러 다이묘의 가신이다. 셋쓰 다카쓰키高槻 번사 쓰게 우시베에柘植牛兵衛, 오미 히코네彦根 번(가로의 아들) 우쓰기 야스시宇津木靖, 사누키 다도쓰多度津 번(가로) 하야시 료사이林良齋

---

2) 건의서: 2월 17일자의 오쿠보 다다자네 외 로주 앞의 서간(건의서)과 막부 유관 하야시 줏사이(林述齋) 앞의 서간, 미토 번주 도쿠가와 나리아키 앞의 서간의 3통의 밀서 및 부정의 증거가 되는 서류로 구성되었다고 생각된다. 건의서를 소개한 것으로『오시오 헤이하치로 건의서』등이 있다. 仲田正之 編校註『大鹽平八郎建議書』文獻出版, 1990.

3) 막번 영주의 정치 문제: 근세 후기 번 재정의 궁핍은 심각한 상태가 되어 부정 계에 의한 수입이 번 재정의 구조적 일환에 편입되었다고 지적된다. 藤田覺「近世後期政治史と朝幕關係」『近世政治史と天皇』吉川弘文館, 1999. 번이나 다이묘는 위법 계라는 부정행위를 충분히 알면서도 실행하였고 그것이 밝혀지자 로주를 비롯한 막각이 일제히 증거인멸을 꾀하는 등, 구조적이며 뿌리 깊은 정치문제가 존재하고 있었다.

4) 센신도: 1825년경에 주쿠(塾)로서의 체재를 갖춰 문인에게 양명학을 강의했다. 오시오의 주저『센신도 차기(洗心洞箚記)』는 주쿠의 이름에서 따 온 것이다. 또한 오시오의 사상을 분석한 연구로 미야기 기미코『오시오 헤이하치로』, 문인의 연구로 쓰네마쓰 다카시「오시오의 난 후에 보는 이에의 재흥과 촌락공동체」등이 있다. 宮城公子『大鹽平八郎』ぺりかん社, 2005(朝日新聞社, 1977); 常松隆嗣「大鹽の亂後にみる家の再興と村落共同體」『近世の豪農と地域社會』和泉書院, 2014. 문인에 관한 사료로 국립사료관 편,『오시오 헤이하치로 일건서류』등이 있다. 國立史料館 編『大鹽平八郎一件書留』東京大學出版會, 1987.

등이 있다. ③은 오사카 주변 농촌의 호농들이다. 셋쓰 한냐지무라般若寺村 하시모토 주베에橋本忠兵衛, 가와치 모리구치초守口町의 시라이 고에몬白井孝右衛門, 가도마산반무라門眞三番村 맛타 군지茨田郡士 등으로 이 그룹이 문인의 중핵이었다. ④는 ①~③ 그룹에 속하지 않는 사람들로 의사 시무라 슈지志村周次나 화가 다노무라 조쿠뉴田能村直入 등이 있다.

문인 각자가 놓인 상황이나 사건 전후의 동향을 해명하는 것은 문인들 입장에서의 오시오 사건을 밝히는 일이 된다.

(4) 오시오 헤이하치로를 둘러싼 평가

오사카의 무사에 대해 논할 때 오시오 헤이하치로 한 사람이 주목되거나 혹은 특이한 존재로서 인식되는 경향이 있다. 과연 그럴까? 오시오와 마찬가지로 오사카마치부교쇼 구미요리키에는 우치야마 히코지로内山彦次郎가 있고 오사카 조반定番 요리키에는 사카모토 겐노스케坂本鉉之助가 있다. 또 최근 오시오 사건과 노세能勢 소동에서 무공을 올린 미즈노 쇼다유水野正大夫에 대해서도 밝혀지고 있다. 오시오는 사건을 일으켜서 돌출된 존재가 되지만, '문'과 '무'의 관점에서 새롭게 무사 오시오를 다시 파악할 필요가 있다.

현재 오시오 헤이하치로에 대해서는 청렴결백한 인품과 '3대 공적',[5] 양명학자로서의 측면이 높이 평가되는 한편 국가·사회를 어지럽힌 인물로서 평가되는 일이 있다. 그 극단적인 예는 '오시오의 난≒테러 행위'가 있는데, 역사적 사상事象을 현대적 용어로 설명하는 것은 문제가 있을 것이다. 어찌되었든 인물이나 사건에 대한 평가는 다양하며 다양성이 없는 고정적인 평가·사관이 문제일 지도 모르겠다. 폭넓은 관점에서 다시 파악하고 자료에 근거한 연구가 요구되고 있다.

> **탐구 포인트**
> ① '오시오의 난'이라는 호칭에는 어떠한 의미가 담겨 있을까?
> ② 오시오 사건이 천하의 부엌 오사카에서 발생한 의의는 무엇일까?
> ③ 오시오 헤이하치로와 다른 무사들의 공통점과 차이점은 무엇일까?
> ④ 근세 후기의 막번 정치를 어떻게 파악해야 할까?

참고문헌

大鹽事件研究會 編『大鹽研究』創刊號~第86號(繼續刊行中), 1976~2022.

相蘇一弘『大鹽平八郎書簡の研究』(全3冊) 淸文堂, 2003.

大鹽事件研究會 編『大鹽平八郎の總合研究』和泉書院, 2011.

酒井一『日本の近世社會と大鹽事件』和泉書院, 2017.

薮田貫「堺鐵砲鍛冶と大鹽事件」『大鹽研究』83, 2020.

---

[5] 3대 공적: 오시오가 요리키 시절에 세운 세 공적. ①게이한(京坂) 기리시탄 사건, ②간리(奸吏) 규탄 사건, ③파계승 처분 사건이라는 난제를 해결한 적이 있다. ①에 관해서는 미야자키 후미코 편『게이한 기리시탄 일건과 오시오 헤이하치로』등에 상술되어 있다. 宮崎ふみ子 編『京坂キリシタン一件と大鹽平八郎』吉川弘文館, 2021.

29. 막말의 기나이 사회
정치의 중심지가 된 기나이 사회에서는 무슨 일이 일어나고 있었는가

이와키 다쿠지岩城卓二*) 집필 / 안준현 번역

관련항목: III-16[p.284] III-18[p.290] III-19[p.293] III-28[p.320]

〔논의의 배경〕

막말기의 교토·오사카(게이한京阪)는 정치의 중심지가 되었다. 막부는 낭사의 폭발뿐만 아니라, 쇼군·막번 영주층의 게이한 체재가 길어지면서 이어진 민력 피폐로 인한 민중의 폭동을 두려워하고 있었다. 여러 다이묘나 전국의 사람들도 정치판단에 영향력을 가진 기나이畿內 사회를 주시하고 있었다. 그렇다면 막말기의 기나이는 어떤 사회였으며 정치의 중심지가 되면서 무슨 일이 벌어지고 있었을까?

〔논점〕

(1) 정치의 중심지가 된 교토·오사카

1863년(분큐文久3) 3월 쇼군 이에모치家茂는 '황도皇都'로서 정치적 지위가 상승한 교토에 들어간다. 쇼군의 입경은 실로 229년만의 일이었다. 그 후 이에모치는 조슈 정벌을 위한 세 번째 입경 후 오사카 성에서 사망했으며 뒤이은 요시노부는 쇼군 취임부터 대정봉환까지 니조二條 성·오사카 성에서 계속 체재하게 된다.

쇼군의 장기 체재는 게이한이 에도와 나란히 정치·군사의 중심지가 된다는 것이었다. 교토 시중에서는 다이묘 저택, 오사카 만 연안에서는 포대 건설이 계속되어 인부人足·식료품·생활필수품의 수요가 팽창하여 '번성한賑々敷' 사회 등으로 불렸다. 하지만 이 혜택을 받은 사람들이 있는 한편 여러 물가의 폭등, 과중한 인부 징발 등에 의해 사회에는 불만이 가득 차 있었다. 그 대폭발이 1866년(게이오慶應2) 5월의 우치코와시打ちこわし)이고 막말기 기나이 사회를 논하려면 거기에 이르는 과정을 19세기의 사회 상황 전체부터 설명할 필요가 있다.

---

*) 교토대학 인문과학연구소 교수 | 일본근세사
1) 게이오 2년 우치코와시: 제2차 조슈 정벌 직전 오사카 주변에서 식료를 요구하며 대규모의 우치코와시가 일어났다. "오사카 십 리 사방에 잇키가 일어나지 않는 곳이 없다"라고 하며 셋쓰(攝津)의 니시노미야·효고 등에서 시작된 우치코와시는 오사카 근교 농촌에서 오사카로 파급되어 가와치(河內)·이즈미(和泉)로 비화했다.

(2) '부귀번창'과 '환과고독'

이노우에 가쓰오井上勝生는 19세기를 민간사회에서 경제적·정치적 '성숙'이 진전되고 사람들이 경제 성장을 위해 매일 일하는 '부귀번창'의 세기라고 평한다. 이 견해의 근간이 되는 것은 부농2)의 지속적 발전, 농촌가공업의 전개, '쌀을 사고 면을 파는' 농민, 국소國訴[p.298]·군중의정郡中議定3) 등이며 그 대부분은 기나이 사회에서 보이는 현상이다. '부귀번창'은 19세기 기나이의 사회 상황을 알아맞힌 것이라고 해도 좋다. 한편으로 '부귀번창' 사회로부터 탈락하거나 내지는 애초에 그와 연이 없는 궁민窮民도 있었다. 후카야 가쓰미는 오시오 헤이하치로의 '문서書付'(격문[p.320])에서 기나이 사회에서도 소가족자영층4)으로부터 떨어져나가거나 혹은 그렇게 될 것을 두려워하는 '환과고독鰥寡孤獨'층 형성이 진행되어 그 계층에 대한 '연민'이 사회의 중요한 과제가 되어 있었다는 점을 읽어낸다. 이노우에도 '부귀번창'을 구가하는 부민富民에게는 그 대척점에서 탄생한 궁민의 인명을 지키는 '인의'가 요구되어 '불인不仁'한 부민은 궁민에 의한 우치코와시에 의해 응징당했다고 한다.

19세기 사회를 이해하는 열쇠는 궁민의 실정을 아는 것에 있다. 그것은 부민의 활동력에의 관심이 높은 기나이 사회론에서 특히 중요한 과제라고 해도 좋다.

(3) 인부 일을 하고 보병이 되는 궁민

궁민의 실정을 알 수 있는 한 가지 실마리가 되는 것이 입경한 다이묘에 의한 인부·보병의 징발이다. 무라역인은 영주의 인부 징발에 즉시 응하여 촌민이 일정 기간 영주의 교토 저택에서 일하게 되는데, 인부의 대부분은 기근 등이 있을 때에 영주의 구제御救나 '연민'·'인의'가 있는 무라 내의 '상호부조助合'를 필요로 하는 궁민이었다. 특히 소가족자영층에서 떨어져 나가는 것을 두려워하는 궁민이 인부가 되었다. 1864년(겐지元治1) 7월 금문의 변5)은 교토 시중에서 시민이 휩쓸린 시가전이 되었기에 그 후에는 전쟁으로 죽을지도 모른다는 공포 속에서 일하게 되었는데, 특정 궁민이 몇 번이나 게다가 장기간 일하게 되었다. 이것을 품삯벌이의 기회가 늘어나 궁민도 '번성한' 사회의 혜택을 받았다고 볼 수도 있겠으나, 구제·'상호부조'에 의한 무언의 강제력이 작동한 것에 주의할 필요가 있을 것이다. 무라우케村請제에 의한 징발이 훌륭하게 기능한 것은 이 강제력이 있었기 때문이며 궁민 구제를 위한 '연민'·'인의'는 귀찮고 위험한 일을 궁민에게 시키는 압력이 되었다고도 말할 수 있다.

하지만 궁민도 침묵하고만 있었던 것은 아니었다. 임금 인상을 비롯한 대우 개선을 요구했

---

2) 부농: 노동규모가 가족 단위를 넘는 소지 토지를 소작 경영하는 것이 아닌, 고용 노동을 써서 자영하는 생산자 농민. 山崎隆三『地主制成立期の農業構造』青木書店, 1961.

3) 군중의정: 기나이는 막부령이나 다이묘·하타모토 등의 소령(所領)이 분산 착종된 지역이었다. 18세기 이후의 기나이 촌락은 이러한 영주지배 단위를 넘어서 오사카의 가부나카마(株仲間)에 대한 대항책, 봉공인·일용직[日雇] 등의 품삯규제, 기부[勸化]·낭인 등에 의한 무신(無心)·조르기 행위의 금지 등등을 규정한 군중의정을 맺었다. 영주권위에 의존하지 않는 재지 법질서로 평가되고 있다. 藪田貫『國訴と百姓一揆の研究』校倉書房, 1992(清文堂, 2016).

4) 소가족자영층: 논밭·농구를 소지하고 단혼소가족의 가족노동에 의해 소규모 경영을 행한 본백성(本百姓).

5) 금문의 변: 금문의 변으로 교토 시중에서 2만 8000여 채가 소실되었다고 여겨진다. 조슈번과 사쓰마·아이즈번을 중심으로, 다이묘와 다이묘의 군대가 시가전을 전개한 것은 오사카 여름 전투(1615) 이래 처음이다.

고 무라역인이 자신들의 대변자가 아니라는 것을 알자 '인부 나카마人足中間'를 결성하여 직접 영주와 교섭하는 일도 있었다. 궁민은 인부보다도 죽을 위험성이 높은 보병으로도 일했는데 '무신無心'·'고료쿠合力'[6]를 반복하여 무라역인을 곤란케 했다.

게이오 2년 우치코와시는 정치의 중심지가 되며 확대된 이러한 궁민의 불만과 이어진다고 할 수 있지 않을까?

(4) '평화'의 희구

19세기 기나이 사회의 무라역인은 지역 사회의 여러 문제 해결에 몰두하는 군중의정을 맺었다. 이노우에는 군중의정이 부민의 이해를 지키는 데에 그 주안점을 두어 궁민에게는 억압적이었다고 하면서도, 촌민의 위임을 받은 무라역인들이 복잡한 이해를 주고받으며 조정했다는 점에 주목하여 '부귀번창'에 따른 정치적 '성숙'의 지표로 보았다. 막말기의 인부·보병 징발에서는 이러한 군중의정적 사회가 나왔다고도 할 수 있는데, 부민과 궁민은 전쟁 기피라는 의식을 공유하고 있었다. 무라역인은 인부·보병으로서 궁민을 보냈으나 전쟁을 용인한 것은 아니었다. 전쟁이 일어나면 '어은御恩'을 위해 목숨을 걸고 충성을 다하고자 하는 무사에 반해, 죽음에 대한 공포심을 숨기지 않고 '겁 많기로는 제일인 백성臆病第一之百姓'이라고 하여 징발을 거절하는 일도 있었다. 긴 '평화'를 경험해도 전쟁에서의 죽음을 불사하는 무사와의 의식 차이는 명료하다. 그것이 전쟁에 의하여 '부귀번창'이 혼란해지고 붕괴하는 것에 대한 두려움이라는 자기보신에 지나지 않았다고 할지라도 막말기 기나이 사회에서 표출된 민중의식은 근세의 '평화'를 따지는 데에 검토할 가치가 있을 것이다.

탐구 포인트

① 정치사와 사회의 동향을 관련지어 막말이라는 시대를 생각해보자.
② 개항에 의한 경제적 변동은 기나이 사회에 어떠한 영향을 끼쳤을까?
③ 기나이 사회에서는 어떠한 민중운동이 일어나고 있었던 것일까?

참고문헌

井上勝生이노우에 가쓰오『日本の歷史18 開國と幕末變革』講談社, 2002(講談社學術文庫, 2009).
岩城卓二「幕末期の畿内·近國社會」『ヒストリア』188, 2004.
深谷克己「攝河泉播村々の歷史·政治意識」『大鹽平八郎の總合的研究』和泉書院, 2011.
岩城卓二「幕末期畿內社會論の視點」『日本史研究』603, 2012.
澤井廣次「慶應二年大坂騷擾と戰時下の社會變容」『大坂の歷史』82, 2014.
酒井一『日本の近世社會と大鹽事件』和泉書院, 2017.
深谷克己후카야 가쓰미「大鹽の檄文」『大阪春秋』168, 2017.
岩城卓二「幕末期京都警衛における夫人足徵發」『民衆史研究』97, 2019.

---

[6] '무신'·'고료쿠': 금품을 조르는 행위. 도시의 일용층(노동력 판매자층)은 '나카마(仲ヶ間)'·'일통(一統)'으로 결집하여 조르기 행위나 품삯투쟁을 했는데 이러한 도시 일용과 같은 행위가 농촌 내에서 확인할 수 있는 점에 19세기 기나이 사회의 특질을 볼 수도 있을 것이다. 吉田伸之「日本近世都市下層社會の村立構造」『歷史學硏究』534, 1984;『近世都市社會の身分構造』東京大學出版會, 1998.

30. 막말의 정치이념
근세의 정치이념은 어떻게 재편되었는가

고세키 유이치로(小關悠一郞*) 집필 / 안준현 번역

관련항목: III-5[p.251] III-18[p.290] III-32[p.332] IV-1[p.348] IV-2[p.351]

〔논의의 배경〕

에도시대의 국가통치·정치지배는 '인정仁政'과 '무위武威'를 핵심적인 이념으로 행해졌다. 막부·여러 번은 압도적인 무력을 배경으로 하는 위광('무위')과 민民의 생명·생활의 보장으로 이어지는 여러 시책('인정')의 실시에 의해 장기에 걸친 정치지배를 실현했던 것이다. 근세의 정치·사회가 키워낸 이념은 근세 후기에 걸쳐 어떻게 변용되고 막말기 이후의 정치구상에 어떠한 영향을 끼쳤을까? 여기서는 '인정' 이념을 축으로 생각해 보자.

〔논점〕

(1) 근세의 정치이념을 둘러싼 고찰의 초점

1980년대 이후의 근세사 연구는 영주와 민 사이의 합의나 계약적 측면을 연구 대상으로 하여 예전의 전제적·억압적인 막번체제의 이미지를 일신해 왔다. 이러한 전환을 추진한 연구 동향의 하나가 '인정'이라는 이념·사상을 둘러싼 논의다. 그 논의에 의하면 근세 국가·사회의 확립기를 거쳐 '권농'(치수나 볍씨 대여 등의 생산 기반 정비)과 '구제御救'(연공 감면 등의 구제책)를 구체적 시책으로 삼아, 민백성民百姓의 연공 상납과 막번 영주의 '인정'이 쌍방의 책무라고 하는 관념이 널리 민중에게까지 공유되어 위정자도 구속하는 사회통념·상식으로 정착했다고 여겨진다. 한편으로 18세기 중반 이후에는 막번 재정의 궁핍이나 대외관계의 긴박화에 따라 '인정'은 정책 면에서 막다른 길에 도달해서 이념과 현실이 괴리되어 변용이 생겼다는 전망도 제기되고 있다.

이러한 연구 동향에 대해 2000년대 이후 동아시아 세계가 웨스턴 임팩트에 대응하면서 어떻게 '근대'로 이행해가는가 라는 문제에 대한 관심이 높아져 근세·근대의 '정치문화' 특질을 해명하는 것이 중요한 과제가 되었다. '인정'·'목민'·'명군'이라는 이념이 근대 이후 민중의 정치의식이나 지방행정사상·군주상을 해명하는 데에 논점으로 여겨져, 메이지유신이라는 정치체제의 큰 변화를 겪으면서 19세기를 통틀어 '비슷한 통념·상식이 통용되고 있'던 것이 지적 받게 된 것이다.

---

*) 지바(千葉)대학 교육학부 준교수 | 일본근세사

그렇다면 근세의 정치이념은 막말에 걸쳐 어떻게 변용되고 막말기 이후의 정치이념에 어떠한 영향을 미쳤을까?

(2) '인정' 이념의 변용과 새로운 정치이념의 등장

18세기 중반 이후의 막번 정치에서는 재정 수입의 증대('국익')가 '인정' 실현에 불가결한 과제로서 부상하여 막부·여러 번을 단위로 상정하는 '부국'('부국안민', '부국강병'≒'부강')[1])이라는 말이 정치이념화되어 중요성을 증대하기 시작했다. 민백성의 생존·생활보장이라는 면에서도 선행자 표창이나 강석講釋·교유서敎諭書 등에 의한 '교화' 정책을 통해 경제사회화에 대응하기 위한 주체적 노력이 설명됨과 동시에 '민리民利'의 확보, '민력'의 충실—민간의 경제적 안정—을 중시하는 정치 의견이 많이 보이게 되었다.

18세기 중반 이후의 사회 변동과 막번 정치의 난항 속에서 '인정'의 내용을 따져 묻게 되었고 그 구성요소가 변용되기 시작한 것이다.

더욱이 18세기 말이 되면 쇼군·다이묘 권력의 불안정이 조막朝幕 관계의 변화와 천황·조정의 정치적 부상으로 연결되는 대정위임론의 등장을 촉구했다. 막부 로주 마쓰다이라 사다노부를 비롯한 여러 학자들이 그때까지의 천도위임론天道委任論[2])을 대신하여 천황이 쇼군에게 정치를 위임했다는 대정위임론이나 존황론을 표명하기 시작한 것이다.

천황·조정의 정치적 부상에 관해서 유의해야 할 점은 19세기 초반에 걸쳐 여러 번사들 가운데서 다이묘에 의한 '안민'이나 '부국'의 실현을 '금리禁裡·禁裏'(천황·조정)에의 '충근忠勤' 혹은 '천자'에의 '봉공'이라고 의미를 부여하는 무사가 나타난 것이다. 근세 후기의 '근왕' 이념은 그 출발점에서 '인정'('안민') 실현과 연결되어 있던 것이다.

이리하여 18세기 말 이후가 되면 '쇄국조법'관[p.330]의 확립에 보이는 것과 같은 대외관계 인식의 변용과도 맞물려 '인정'의 주체를 따지기 시작했다고 생각된다.

(3) 근세·근대 일본 정치이념의 기능과 가능성

'인정' 이념의 변용 결과로서 등장한 이상의 여러 이념('국익'·'부국안민'·'부국강병'·'부강'· '교화'·'민리'·'민력'·'근왕')이 '공의公議'나 '복고', '병농합일兵農合一'[3]) 등과 함께 막말기 이후

---

1) 부국: 근세 중후기에 '부국안민'이라는 말이 정치목표를 나타내는 이념으로서 침투하여 정치적·사회적으로 기능했다. 번정개혁의 표어로서 사용된 것 외에 니노미야 손토쿠(二宮尊德) 등도 국가에 의한 복리책(福利策)을 전제로 민중의 주체적 노력을 주장할 때 썼다. 한편 근세의 '부국강병'이란 말은 '패술'(覇術, 무력에 의한 지배)에 의한 중형·중세(重稅) 학정을 상징하는 (제자백가 중) 법가 계의 용어로서 유학자들에게 비판적으로 취급되는 경우가 많았다.

2) 천도위임론: 에도시대에는 '민의'를 반영하는 존재로서의 '천'이 쇼군에게 정치를 위임하고 더욱이 그 쇼군으로부터 다이묘가 위임을 받는다는 '천도위임론'이 널리 퍼졌다. 근세 후기에 걸쳐서도 막부 유관이며 간세이 삼박사의 한 명으로 꼽히는 시바노 리쓰잔 등이 '천'-쇼군-다이묘라는 위임관계를 설파하는 등 일정한 영향력을 계속 유지했다.

3) 병농합일: 농공상의 서민이 유사시 병역을 맡는다는, 병농분리 이전 고대 일본으로의 '복고'를 표현하는 말로서 막말유신기에 사용되었다(鹽谷宕陰「浴澤遺香」1849 등). 야마가타 아리토모(山縣有朋) 등에 의한 『징병고유(徵兵告諭)』(1872)에서도 신분을 불문하고 인권을 부여하는 '병농합일' 실현의 기반으로 징병제가 설명된다.

근대 일본의 정치 이념이나 표어로서 매우 큰 의미를 가진 것은 명백하다. 근세 정치의 이념이었던 '인정'은 여러 새로운 이념을 포함하면서도 막말기 이후 정치론의 기반이 되는 이념·용어를 낳은 것이다.

정치제도의 근본적 변경, 사회의 큰 변동도 경험하면서 '인정'과 그것을 둘러싼 여러 이념은 서로 어떻게 관련되어 정치적·사회적으로 기능한 것일까? 그것들의 의미와 내용은 언제 어떻게 변화하고 시기별로 어떤 가능성을 띠고 있었을까? 근세·근대를 통해 이 점들의 해명이 앞으로 한층 요구된다.

탐구 포인트

① 에도시대 후반부터 막말에 걸쳐 등장한 정치이념에는 어떠한 것이 있었을까?
② 여러 이념의 등장은 '인정' 이념의 변용과 어떻게 관련되었을까?
③ 여러 이념은 근세부터 근대에 걸쳐 어떠한 의도에서 이용되었고 정치적·사회적으로 어떻게 기능했을까?

참고문헌

深谷克己(후카야 가쓰미) 編『東アジアの政治文化と近代』有志舎, 2009.

若尾政希「近世後期の政治常識」明治維新史學會 編 『明治維新と思想・社會』有志舎, 2016.

小關悠一郎「江戸時代の「富國強兵」論と「民利」の思想」『日本歷史』846, 2018.

小關悠一郎『上杉鷹山』岩波書店, 2021.

小關悠一郎「近世日本の政治理念とその變容」『明治維新史研究』21, 2022.

31. 막말의 세계정세와 일본
외국선은 왜 일본에 왔는가

고토 아쓰시(後藤敦史*) 집필 / 안준현 번역

관련항목: III-5[p.251] III-30[p.326] IV-1[p.348] IV-2[p.351]

〔논의의 배경〕

막말·유신의 시작이라고 하면 1853년 페리 내항(흑선 내항)을 들 수 있다. 실제로 이 사건을 기점으로 일본의 정치·사회는 큰 변화를 맞았다. 다만 외국선이 일본에 영향을 미친 것이 1853년에 시작된 것은 아니었다. 18세기 말부터 19세기 전반에 걸쳐 많은 외국선이 일본 열도 근해에 모습을 나타냈다. 외국선은 왜 일본에 왔는가? 또 그로 의해 일본은 어떠한 영향을 받았는가? 이러한 장기적 시점에 서서 막말기의 역사[1]를 전망한다.

〔논점〕

(1) 외국선은 왜 왔는가?

18세기에는 서양의 여러 국가에 의한 태평양 탐험이 활발해졌다. 그 조사와 관련하여 외국선이 일본 근해에도 모습을 나타내게 되었다. 또 서양 여러 국가의 태평양 탐험에 더불어 북태평양에 서식하는 해달 모피 교역이 번성하게 되자 중국에서의 모피 판매를 목적으로 한 교역선이 일본에도 접근하게 되었다. 1794년에 네무로根室에 내항한 러시아 사절 락스만Adam Laxman 도 1804년 나가사키에 내항한 러시아 사절 레자노프Nikolai Rezanov 도, 그들이 일본에 온 배경에는 러시아의 모피 교역을 둘러싼 경영 전략이 있었다.

19세기에 들어서면 유럽에서의 대립이 일본으로의 외국선 내항으로 이어지는 사태도 발생했다. 1808년 페이튼Phaeton 호 사건[2]은 영국과 프랑스·네덜란드의 대립이 배경에 있었다. 또 19세기 초에 일본 근해는 향유고래의 좋은 어장으로 서양 여러 국가에 알려져, 서양의 포경선이

---

*) 교토타치바나대학 문학부 준교수 | 막말정치·외교사
1) 막말기의 역사: 근년 18세기 말부터의 장기적인 시점 및 세계사적인 시점을 조합하여 막말의 역사를 새로 파악하는 연구 성과가 잇따르고 있다. 여기서의 논점으로 말하면, 국제 환경의 변화와 일본 국내의 정치나 사회의 동향을 관련지으면서 근세 후기의 통사를 그리고 막말에 대한 전망을 제시한 요코야마 요시노리(橫山伊德), 후지타 사토루(藤田覺)의 연구가 참고가 된다.
2) 페이튼 호 사건: 1808년에 영국 군함 페이튼 호가 네덜란드 국기를 걸고 나가사키에 진입하여 네덜란드 상관원 등을 인질로 식료품 등을 요구, 그것을 받은 후 나가사키를 떠났다. 이 사건의 책임을 지고 나가사키부교가 할복하고 경비 담당인 사가(佐賀) 번도 처분을 받았다.

어업을 하게 되었다. 1825년에 발령된 이국선 격퇴령異國船打拂令3)은 전년의 영국 포경선원의 상륙 사건이 계기가 되었다. 게다가 표류한 일본인을 송환하기 위해 일본에 온 배도 있었다. 1837년 미국의 상선 모리슨 호4)는 정말로 일본인 송환을 목적으로 우라가浦賀에 내항했으나, 이국선 격퇴령에 의해 쫓겨났다.

(2) **1840년대의 세계사적 상황**

1840년대에 들어서자 일본을 둘러싼 국제 환경은 더욱더 변화했다. 1840~42년의 아편 전쟁5)을 거쳐, 영국·프랑스·미국이 중국 근해에서 더욱 활발히 활동했다. 그 활동은 일본 근해에까지 미쳐서, 1849년 영국 측량함이 내항하여 우라가나 시모다下田 등을 측량한 사건은 막부에 충격을 주었다. 그에 앞서 1846년에는 미국 동인도 함대 사령관 비들James Biddle이 우라가에 내항하여 통상을 요구한 사건도 벌어졌는데, 이 1840년대는 미국이 구체적으로 일본의 개국을 요구하여 움직이기 시작한 시기이기도 하다. 1844년 청조와의 조약에 의해 미국 국내에서는 동아시아 무역에 대한 기대가 높아졌고 또 동시기에 영토가 태평양 연안에 도달하여 태평양을 통한 증기선 항로의 계획이 생겨났다. 증기선을 위한 석탄 보급, 일본 근해에서 조업하는 포경선원 보호, 그리고 통상 요구를 내세워 1853년 페리가 이끄는 미국 동인도 함대가 우라가에 내항했다.

(3) **일본에 미친 영향**

18세기 후반부터 외국선이 일본 열도 근해에 모습을 드러내게 되었고 이에 대해 일본인들이 우선 보인 반응 중 하나는 경계였다. 『해국병담海國兵談』(1791)을 쓴 센다이 번의 하야시 시헤이林子平와 같이 러시아의 남하를 경계하고 해방海防 강화의 필요를 주장하는 자도 있었다. 인심을 현혹시켰다며 하야시를 처벌한 에도 막부도 에조치蝦夷地나 에도 만의 방비 강화를 추진하기 시작했다.

외국선의 거듭된 접근·내항에 응하여 '쇄국조법鎖國祖法'관6)이 형성된 점도 중요하다. 막부의 외교 방침으로 조선·류큐와의 통신관계, 중국·네덜란드와의 통상관계로 한정하는 것이 전통적인 법령이라고 내세워지게 되었다. 하지만 실제로 그러한 전통적 법령 등은 존재하지 않았다.

---

3) 이국선 격퇴령: 1825년 막부는 접근하는 외국선을 '두 번 생각 말고(無二念)' 즉 주저하지 않고 포격한다는 방침을 정했다. 이 격퇴령은 1824년에 일어난 오쓰하마(大津濱, 현 이바라키현) 및 다카라지마(寶島, 현 가고시마현)로 영국 포경선원이 상륙한 사건을 겪고 발포되었다. 1842년 아편 전쟁의 정보를 얻은 막부는 격퇴령을 정지한다.
4) 모리슨 호: 1837년 우라가에 내항한 미국 상선으로, 일본인 표류민 7명을 태우고 있었다. 우라가에서 포격을 받고 가고시마 만에서도 송환을 시도하나 그곳에서도 포격을 받았기에 표류민들을 태운 채로 철수했다. 이 사건 후 막부의 대응을 비판한 와타나베 가잔(渡邊華山)이나 다카노 조에이(高野長英) 등이 탄압받는 '만사의 옥(蠻社の獄)'이 발생한다.
5) 아편 전쟁: 1840~42년에 영국과 청조 사이에 발생한 전쟁으로 영국이 승리했다. 영국에 의한 아편 밀수에 대해 청조가 아편을 몰수·폐기한 것을 계기로 발발했다.
6) '쇄국조법'관: 18세기 말 이후의 대외 교섭 과정에서 정착된 '쇄국'을 조종(祖宗)으로부터의 전통적 법('조법')이라고 여기는 관념. 1792년 락스만에 대한 대응을 계기로, 19세기 전반을 통해 막부는 조선·류큐와의 통신관계와 중국·네덜란드와의 통상 관계만으로 대외 관계를 한정해야 한다는 인식을 점점 강해졌다.

한편 해방 강화에 관해서도 새로운 문제가 부상했다. 포대臺場[7]의 축조 등 해방 강화에는 큰 재정 지출이 동반되고 또 외국선에의 접근·내항 때마다 대응하는 여러 번의 피폐도 문제가 되었다. 이국선 격퇴령은 아편 전쟁의 정보를 계기로 중지되었으나 그 후 1846·1848·1849년의 세 번에 걸쳐 막부 내에서 그 부활이 검토되었다. 결국 부활하지는 못했으나 그 평의評議에서는 영속적인 해방 체제를 어떻게 구축할 것인가 하는 점도 중요한 논점이 되었다. 또 격퇴령 부활의 평의 때에 해방 강화의 일환으로 농병[8] 채용에 관한 논의도 있었는데, 이것은 근세 신분제에도 연관되는 중요한 문제였다.

(4) 막말에 대한 전망

1853년의 페리 내항, 이듬해의 미일화친조약 체결 등을 계기로 일본은 구미의 여러 국가들을 중심으로 한 국제질서 속에 들어간다. 이에 따라 종래와는 비교도 되지 않을 만큼 많은 군함이나 상선이 여러 이유로 일본을 찾아오게 되었다.

또 개항 후 일본 국내의 여러 변화는 18세기 말 이래의 여러 논점을 계승하는 것이기도 했다. 예컨대 막말기에는 '쇄국'은 '조법'이라는 생각을 전제로 어떻게 개국으로의 전환을 정당화할 것인가가 중요한 논점이 된다. 뿐만 아니라 페리 함대를 앞에 두고 종래의 해방이 무력했다는 것을 본 막부나 여러 번은 군함 구입이나 서양식 병법의 도입 등, 더욱더 방비 강화를 지향한다. 농병의 논의가 본격화되는 것도 막말이라는 시대의 특징일 것이다.

여기서는 18세기 말 이래의 외국선 내항 이유를 보았다. 그 이유 하나하나에 일본을 둘러싼 국제환경의 변화가 여실히 반영되어 있다. 또 외국선의 내항에 따라 부상한 많은 문제가 막말이라는 시대를 규정했다고 할 수 있을 것이다.

> **탐구 포인트**
> ① 장기적인 시점에 의해 막말사는 어떠한 특징이 뚜렷해질까?
> ② 외국선이 일본에 접근·내항한 이유로는 어떠한 것이 있었을까?
> ③ 외국선의 접근·내항을 겪은 일본에서는 어떠한 문제가 부상했을까?

참고문헌

上白石實『幕末の海防戰略』吉川弘文館, 2011.
橫山伊德『日本近世の歷史 5 開國前夜の世界』吉川弘文館, 2013.
藤田覺『シリーズ日本近世史 5 幕末から維新へ』岩波書店, 2015.
後藤敦史『忘れられた黒船』講談社, 2017.

---

7) 포대: 대포를 설치한 포대. 1853년 페리 내항을 계기로 축조가 시작된 시나가와 포대가 유명한데 외국선의 접근·내항의 증가에 따라 일본 연안 각지에 많은 포대가 건설되었다.
8) 농병: 농촌에서 모집한 농민들로 구성된 병. 막부령에서는 1863년에 다이칸 에가와(江川)가의 지배지에서 먼저 실현되었다.

32. 막말의 천황·조정을 논하는 방법
근세 후기와 막말을 어떻게 이을 것인가

사토 유스케(佐藤雄介*) 집필 / 안준현 번역

관련항목: III-6[p.254] III-30[p.326] IV-6[p.363]

〔논의의 배경〕

에도시대의 천황·조정은 무력한 존재였으나 막말의 조약 칙허 문제를 계기로 일거에 정치의 메인 무대에 등장한다는 것이 에도시대의 천황·조정에 대한 일반적인 이해일 것이다. 물론 그들이 막말 이전에 거의 정치적 권력을 지니지 못했던 것은 사실이다. 하지만 종래의 연구[1]에 의해 (막말 이전에도) 근세국가·사회 속에서 일정한 역할을 수행하는 필요 불가결한 존재였다는 것이 밝혀지고 있다.

〔논점〕

(1) 막말기의 천황·조정과의 '접속'

1779년에 즉위한 고카쿠光格 천황[2]은 주로 막부의 재정 지원 하에 조정의 다양한 제사神事나 의례를 복고·재흥시켰다. 또 막부와 조정의 관계=조막관계의 한 획기로 여겨지는 존호 사건尊號一件[3]도 일으켰다. 그 후 오고쇼大御所 시대[4]에는 고카쿠 천황을 중심으로 한 조정에 쇼군 도쿠가와 이에나리德川家齊가 전례 없이 현역 쇼군의 태상대신 승진을 요망하여 그것을 실현시키는 등, 쇼군 권위 강화를 위해 천황·조정 권위가 더욱 활용되었다. 해당기에는 막부가 천황·조정에 '바짝 다가'서서 특히 '화목和睦'한 관계가 생겨났다고 여겨진다. 전체적으로 막부

---

*) 가쿠슈인(學習院)대학 문학부 준교수 | 일본근세사

[1] 근세의 천황·조정 연구: 이에나가(家永) 교과서 재판이나 쇼와(昭和) 천황 사망 등을 계기로 1970·80년대 경부터 특히 연구가 많이 이루어졌다. 그 후 80년대 말경부터 다카노 도시히코(高埜利彦)나 후지타 사토루(藤田覺) 등에 의해 보다 동태적·총체적인 연구가 이루어지게 되었다(그 성과의 대표격이 高埜利彦『近世の朝廷と宗教』吉川弘文館, 2014; 藤田覺『近世政治史と天皇』吉川弘文館, 1999). 현재에는 조막관계사, 신분론, 문화적 문제 등 다양한 측면에서 연구가 이루어지고 있다.

[2] 고카쿠 천황: 간인노미야 스케히토(閑院宮典仁) 친왕의 자식. 급사한 고모모조노(後桃園) 천황의 양자로서 황위를 이었다. 1817년에 양위하여 1840년에 몰했다.

[3] 존호 사건: 고카쿠 천황이 친부 스케히토 친왕에게 태상천황 호(존호) 선하(宣下)를 억지로 실시하려고 했으나, 막부는 그것에 강하게 반대했다. 결국 1792년에 선하는 중지되고 그 후 관련된 일부 공가가 막부로부터 처벌을 받았다.

[4] 오고쇼 시대: 간세이 개혁 후, 1810년대 후반부터 11대 쇼군 도쿠가와 이에나리가 죽는 1841년경을 대상으로 한 시대. 이에나리는 1837년에 쇼군직에서 물러난 후에도 오고쇼로서 실권을 쥐었기 때문에 이렇게 불린다. 질이 나쁜 화폐의 개주가 실시되어 막부는 그 차액으로 거대한 이익을 얻었다. 그것을 배경으로 이에나리나 오오쿠는 사치스러운 생활을 하고 이에나리의 친척 다이묘에 대한 우대 등도 있었다.

권위의 그늘이 보이는 가운데, 천황·조정의 권위가 사회 속에서 서서히 상승하고 있었다는 것이 밝혀지고 있다.

그러나 이런 고카쿠 천황(상황)기(이하 고카쿠기)의 천황·조정의 존재양태와 막말의 그것이 직접 연결되는 것인가 아닌가에 대해서는 논의가 있다. 조막의 특히 '화목和睦'한 관계 하나만 보더라도 가에이기嘉永期(페리 내항 전[1848~1853])[5]에는 해소되었다고 생각된다. 막말과 고카쿠기, 양자 사이를 연결하는 연구의 필요성이 근년 강력히 주장되고 있다.

(2) 조약 칙허 문제와 천황·조정

한편 막말의 조정·천황을 논할 때 그 하이라이트 중 하나는 전술한 조약 칙허 문제일 것이다. 미일수호통상조약 체결 때 막부는 고메이孝明 천황의 허가=칙허를 구했으나 천황은 부정적이었다. 이에 대해 막부도 여러 공작을 벌여 한때는 이 문제에 대해 막부에 거의 완전히 위임한다와 같은 조정 측의 답변안이 만들어졌다. 그러나 공가 사이에서 반대 운동이 고조되어 하급 공가들이 집단적으로 이의를 주장하는 사건(88경 열참列參 사건)도 발발했다. 이러한 움직임을 배경으로 답변안이 수정되어 결국 막부의 조약 칙허 획득은 실패로 끝났다. 이 이후 막말 정치는 더욱 혼미하게 되었다.

이 문제 당시 흥미로운 움직임을 보인 것이 당시 조정의 실력자, 태합(관백을 그만둔 자의 경칭) 다카쓰카사 마사미치鷹司政通이다. 마사미치는 개국파이며 고메이 천황에게는 대립적 의견을 지닌 어려운 존재였다. 천황은 관백 구조 히사타다九條尙忠에게 마사미치를 마주하면 생각하는 바도 말하지 못하겠다는 등의 심경을 내비칠 정도로 마사미치를 무서워하고 있었다. 또 막부에 대한 대응을 관백의 양해 없이 마사미치에게 멋대로 결정하게 해 버리는 움직임도 일부 있는 듯하다는 등의 걱정도 하고 있었다. 마사미치의 존재는 고메이 천황의 고민거리였다.

최종적으로 마사미치는 조정 내에서 힘을 잃고 조약 칙허 반대로 의견을 바꾸었다. 그것이 막부에 의한 칙허 획득 운동 실패의 요인 중 하나가 되었다는 지적도 있다. 어찌되었든 마사미치가 해당 문제에서 중요인물 중 한 사람이었다는 것은 확실할 것이다.

(3) 다카쓰카사 마사미치의 개성

이상과 같이 마사미치는 막말 정국 속에서 중요한 위치를 차지하고 있었는데, 그것뿐만이 아니라 전술한 고카쿠기부터 이미 관백으로서 존재감을 보이고 있었다.

에도시대의 섭정·관백은 조정 직제상의 정점이며 막부로부터 큰 힘을 부여받았다. 마사미치는 그런 관백을 1823년부터 1856년까지 30년 넘게 맡았고 관백 사직 이후에도 태합으로서

---

5) 가에이기의 조막 관계: 해당 시기, 무가전주(武家傳奏) 산조 사네쓰무(三條實萬)는 근년 막부가 천황·조정의 요망을 좀처럼 이뤄 주지 않고 조막 간 무언가 '어긋남'이 있는 것이 아닌가 등 불만·의심을 표하고 있었다. '화목'한 관계를 구축한 이에나리나 고카쿠 상황의 사망, 막부 재정의 악화 등에 의해 조막의 특별히 '화목'한 관계는 해소되었다고 생각된다. 물론 조막 관계가 악화된 것이 아니라 통상의 관계로 돌아온 것에 불과하지만, 특별히 '화목'한 관계와의 차이에 사네쓰무 등은 불만을 느꼈을 것이다.

조정에 군림했다. 정치적 능력이 뛰어나고 조부·부친 모두 관백을 역임했다. 게다가 증조부는 히가시야마東山 천황의 자식인 간인노미야 나오히토閑院宮直仁 친왕(고카쿠 천황의 조부)이라는 좋은 혈통과 경제력도 가지고 있었다.

고카쿠기와 막말기의 조정을 연결하는 연구의 필요성이 강조되는 가운데, 양 기간 조정에 군림한 마사미치는 이 과제를 해결할 수 있는 연구대상으로 주목되고 있다.

(4) 과제와 전망

그러나 마사미치에 관한 연구 축적은 그다지 두텁지 못하여 많은 과제가 남는다. 예컨대 마사미치가 조약 칙허 반대로 의견을 바꾼 것이 정국에 끼친 영향 등은 충분히 논의되지 않았다. 또 마사미치의 권세에도 미상인 부분이 종종 보인다. 전술한 경제력 하나만 보아도 다카쓰카사가가 운용하고 있던 거액의 대부금에 관한 연구는 거의 없다. 이 대부금은 여러 공가나 하급관인, 막신들에게 대부되고 있어 무가전주武家傳奏6)를 다수 배출한 공가 히로하시廣橋 가나 무가전주로 유능한 인물이라고 평가받은 산조 사네쓰무三條實萬, 다카쓰카사 가와 혼인관계가 있는 공가 등에도 대여되고 있었다. 이 대부금의 운용 이익이 다카쓰카사 가의 가계에서 점한 비율 등은 논점의 하나가 되고 사네쓰무 등에게의 대여는 마사미치가 자신의 조정 운영을 원활하게 행하기 위해서였다는 가능성이 있다. 대부금을 통해 형성된 마사미치와 다른 공가들과의 관계성이 장기에 걸친 마사미치의 조정 운영에서 수행한 역할의 내실과 그 변천은 검토해야 할 과제이다.

그 외에도 권세(경제력)를 자랑하는 다카쓰카사 가에 대한 다른 공가의 감정이나 의식이 막말기 공가의 행동(예컨대 88경 열참 사건 등)에 끼친 영향 등도 논점으로 제기되고 있고 근년 깊어지고 있는 마사미치의 사상·언설 등에 관한 연구도 중요한 테마일 것이다.

종합적으로 근세의 천황·조정 연구에 관한 과제는 더욱 많이 남겨져 있으나 그 중에서도 마사미치에 관한 연구는 시급한 과제 중 하나라고 할 수 있을 것이다.

탐구 포인트

① 막말의 천황·조정과 그 이전의 천황·조정, 양자의 관계를 어떻게 파악해야 하는가?
② 조약 칙허 획득 실패에 대해 그 요인을 어떻게 생각하는가?
③ 다카쓰카사 마사미치가 가진 권세의 존재 양태와 그 변천을 고찰해보자.

참고문헌

井上勝生이노우에 가쓰오『日本の歷史18 開國と幕末變革』講談社, 2002.
佐々木克『幕末の天皇·明治の天皇』講談社, 2005.
家近良樹『幕末の朝廷』中央公論新社, 2007.
佐藤雄介「嘉永期の朝幕關係」藤田覺 編『幕藩制國家の政治構造』吉川弘文館, 2016.
藤田覺『天皇の歷史6 江戸時代の天皇』講談社, 2018.
佐藤雄介「近世後期の公家社會と金融」『日本史研究』679, 2019.
金炯辰김형진「近世後期の朝廷運營と再興理念」『歷史學研究』1004, 2021.

---

6) 무가전주: 조정 집행부의 일원으로, 막부와의 교섭이나 연락 등을 담당했다.

제 IV 편

일본 근현대사의 논점

근현대 총론

시오데 히로유키*⁾·가와니시 히데야†⁾·다니가와 유타카‡⁾ 집필 / 안재익 번역

1 시대구분

(1) 뒤늦은 근대

일본 근현대사 연구에서 시대 구분은 그 자체로 중요한 논점이 되어 왔다. 일본의 근대가 언제 시작되었는가 하는 질문은, 본래 현재의 일본을 어떻게 이해하는가와 항상 불가분의 관계에 있다. '근대'라는 개념은 현재로 이어지는 특징에 의해, 그 이전의 과거와 구별되는 시대를 가리키기 때문이다. 이 정의를 따른다면 가장 새로운 시대를 가리키는 '현대'도 근대와 다른 시대라기보다는, 오히려 근대의 일부라고 여겨야 할 것이다.

과거 일본에서는 근대를 서양의 근대와 같은 뜻이며, 이념과 목표로서 인식해 왔다. 이 때문에 현실의 일본이 근대화했다고 말할 수 있는 것인가, 일본의 근대는 뒤늦은 것이며 불완전한 것이 아닌가, 하는 절실한 문제에 대한 관심에 의해 일본의 근대가 시작되는 시점을 둘러싼 논의도 규정되어 왔다.

근대가 시작되는 시기로 관심이 집중된 시점은, 말할 필요도 없이 메이지유신明治維新이다. 그러나 전후 역사학에서 강한 영향력을 지닌 마르크스주의 역사학에서는 이론적으로 근대가 시작되는 시기를 봉건제(중세)로부터 자본제(근대)로 전환한 시점인 산업혁명으로 보고 있으며, 일본에서는 1880년대 이후 일어났다고 인식되어 왔다. 전후 대표적인 근대사 연구자인 도야마 시게키遠山茂樹는 이 때문에 메이지유신이 '상식적'으로는 '근대 최초의 단계'라 말하면서도, '학문적'으로는 '근대의 준비기'로 설명할 수밖에 없었다. 뿐만아니라 메이지유신 자체는 절대주의의 성립(봉건제의 최종 단계) 혹은 봉건제의 요소를 강하게 남긴 불철저한 부르주아 혁명이며, 그 절대주의적 성격은 아시아 태평양 전쟁에서 패전한 1945년까지 잔존했다고 논했다.[1]

여기에서 파악할 수 있는 점은 일본 근대의 특수성과 불완전성, 더 나아가 말한다면 전근대성이라고 하는 인식이다. 이념·목표로서의 서양 근대에 '도달할 수 없고, 빈약하고 어두우며,

---

*⁾ 鹽出浩之, 교토대학대학원 문학연구과 교수 | 일본 근현대사
†⁾ 河西秀哉, 나고야대학대학원 인문학연구과 준교수 | 일본 근현대사
‡⁾ 谷川穰, 교토대학대학원 문학연구과 교수 | 일본 근대사
1) 遠山茂樹, 永原慶二「時代區分論」家永三郎ほか編『岩波講座日本歷史22』岩波書店, 1963; 永井和「現代史の時期區分論とその變遷」紀平英作編『ヨーロッパ統合の理念と近現代統合運動の歷史的考察』2000.

봉건제를 농후하게 남겨 놓은 근대'는 전후 일본에서 실감하는 바였다.[2]

(2) 근대화론에서부터 근대 비판으로

이러한 일본근대 이해에 충격을 가져다 준 것이 1960년대 미국 사회과학자와 일본사학자가 제기한 근대화론이었다. 냉전기 미국의 세계전략을 배경으로 두고, 그들은 고도경제성장을 맞이하고 있었던 일본을 자유주의 진영에서 근대화를 성공시킨 사례로 설명했다. 근대화를 서양화가 아니라 경제 발전을 주된 지표로 삼아 측정 가능한 '증후군'으로 정의하고, 일본은 명백히 근대화를 이루고 있다고 평가했던 것이다.[3]

고도경제성장하에서 일본 사회가 큰 변화를 경험하는 가운데, 근대화론은 사람들의 관심에 부응하는 것으로 받아들여졌다. 일본 국내 학계에서도 일본의 근대화가 성공한 것을 어떻게 설명할 것인가 묻고, 서양 모델과는 다른 근대화의 경로로 이해하는 조류가 생겼다. 또 경제사에서는 일본이 경제 발전을 이룬 전제조건들을 근세(초기 근대)에서 찾아내는 분석 시각이 유력해졌고, 시대 구분과 관련한 메이지유신의 획기성이 상대화되었다.[4]

한편 근대화론의 충격을 받아들이고 일본의 근대화라고 하는 인식을 공유하면서, 근대 그 자체를 비판하는 방식으로 문제 설정의 전환을 이룬 것이 야스마루 요시오安丸良夫의 민중사民衆史 연구이다. 야스마루는 고도경제성장하에서 사람들이 '사생활의 충족'에만 관심을 기울이는 상황에 대해 마르크스주의 역사학이 제대로 대응하지 못하고 있다고 비판했다. 그리고 근대화론의 '도전'에 대해 '곤란과 괴로움苦澁'으로 가득찬 민중의 삶을 통해 '근대화해 가는 일본'의 어두운 부분을 조명하고자 했다.[5] 야스마루는 일본이 이룬 근대화를 인정하는 것으로 마르크스주의가 본래 지니고 있던 근대 비판의 논리를 재생시켜 냈다고 평가할 수 있다. 그것은 같은 시대에 사회학자 I. 월러스틴이 근대화를 나라별로 다른 '진보의 행진'으로 보는 견해를 비판하고, '발전의 불균형'이나 단계성을 만들어 내는 세계 시스템에서 근대의 특징을 도출해낸 것과 근본적으로 서로 통하는 것이었다.[6]

1990년대에 일세를 풍미한 국민국가론은 일본 근대의 이데올로기성이나 억압·차별이라는 여러 문제에 관해, 이들 문제를 근대화의 뒤늦음이나 왜곡으로서가 아니라 근대 그 자체의 특징으로 파악하는 논리를 펼쳤고, 이러한 점에서 야스마루 요시오의 근대 비판을 이어 받은 것이었다.[7] 대표적인 논자인 니시카와 나가오西川長夫는 프랑스 혁명과 메이지유신도 국민국

---

2) 朝尾直弘「「近世」とはなにか」『朝尾直弘著作集8』岩波書店, 2004.
3) ジョン・W・ホール「日本の近代化にかんする概念の變遷」マリウス・B・ジャンセン編, 細谷千博編譯『日本における近代化の問題』岩波書店, 1968. / John Whitney Hall and Marius Jansen, eds. *Studies in the institutional history of early modern Japan*, 1968.
4) 佐藤誠三郎「近代日本をどうみるか」中村隆英・伊藤隆編『近代日本研究入門[增補版]』東京大學出版會, 1983.
5) 安丸良夫『日本の近代化と民衆思想』青木書店, 1974.〔平凡社, 1999.〕/ 이희복 역『일본의 근대화와 민중사상』논형, 2021; 同『〈方法〉としての思想史』校倉書房, 1996.〔法藏館, 2021.〕/ 남춘모 역『방법으로서의 사상사』대왕사, 2010.
6) I・ウォーラーステイン〔川北稔譯〕『近代世界システム』I 名古屋大學出版會, 2013年 / 나종일·박상익·김명환·김대륜 역『근대세계체제 1』까치, 2013.
7) 大門正克『歷史への問い／現在への問い』校倉書房, 2008.

가를 탄생시켰다는 점에서 차이가 없다고 논하면서 메이지유신을 근대의 시작점으로 간주하고 있다.[8]

(3) 동아시아의 근대

최근에는 도대체 '일본의' 근대란 무엇인가가 중요한 논점으로 여겨지는 가운데, 근대가 시작하는 시점에 대해서도 다시 한 번 질문이 던져지고 있다. 우선 글로벌화가 진행되는 가운데 근대를 세계가 일체화되는 것으로 파악하는 견해가 영향력을 키워 가고 있다. 월러스틴처럼 근대를 단일한 세계 시스템으로 편입되어 가는 과정으로 정의한다면, 일본 한 나라만을 보고 근대의 시작 시기를 묻는 것은 의미가 없게 된다. 애초에 마르크스주의 역사학에서도 메이지유신의 기점을 1830년대(덴포기天保期) 이래 내발적인 발전이 시작된 시점에 둘 것인가, 혹은 세계 시장에 일본이 편입된 1854년의 개국이라는 시점에 둘 것인가 하는 질문이 큰 논점이었다. 후자의 견해가 세계 시스템론과 상통하는 것은 명백하다.

한편 메이지유신 이전의 내발적 발전을 중시하는 관점도 일국사관에 머물러 있는 것은 아니다. 1980년대 이후 중국이나 한국의 경제발전이 현저해지면서, 경제사에서는 일본의 근세·근대를 동아시아라는 시점에서 새롭게 파악하려는 움직임이 생겨났다. 일본을 포함한 동아시아에서 16세기 이후 역내 교역이나 독자적인 경제 발전이, 19세기 웨스턴 임팩트 이후 시작되어 오늘날에 이르기까지 이어지고 있는 경제 발전을 준비한 것이라는 해석이 유력해진 것이다.[9]

또한 비교사적 관점에서 메이지유신이 어떠한 의미에서 근대의 시작점이라고 말할 수 있는지에 대해서는, 자명하다고 볼 수 없다. 일반적으로 메이지유신이 가져온 획기적인 변화라 여겨지는 신분제의 해체라든가 중앙집권적 관료제의 도입은 분명 유럽의 근대와 공통되는 점이지만, 중국에서는 10세기 송대 이후 이미 확인되는 변화이다. 즉 중국에 메이지유신은 불필요했다는 해석이 가능한 것이다. 또한 아이누나 오키나와(류큐)·대만·조선의 사람들에게 근대를 가져온 것은 일본의 지배였는가, 하는 중대한 논점이 있다. 국제사회에서 역사 인식의 상호 이해가 중요한 과제가 되고 있는 오늘날, 이러한 비교를 가능하게 하고 또 상호 연관을 설명할 수 있는 인식의 틀이 요청된다.

기시모토 미오岸本美緒에 따르면 동아시아는 16세기 이후 은이 유통되는 것과 같은 세계사적 동향에 의해 유럽과 더불어 근세에 진입했다. 그러나 동아시아 각지의 근세사회는 다양한 것이었으며 19세기 서양과의 접촉에 대해서도 상이한 반응을 보였다.[10] 또한 가와시마 신川島眞은 근대를 동아시아의 공통 경험으로 파악하고 있다. 아편 전쟁이나 일본의 개국 등을 통해 세계 시장에 편입된 동아시아 각 지역에서는, 자유 무역과 그것을 위한 기술·규범이

---

8) 西川長夫「日本型國民國家の形成」西川長夫·松宮秀治編『幕末·明治期の國民國家形成と文化變容』新曜社, 1995.
9) 濱下武志·川勝平太編『アジア交易圈と日本工業化1500~1900』リブロポート, 1991; 杉原薫『世界史のなかの東アジアの奇跡』名古屋大學出版會, 2020.
10) 岸本美緒『明末淸初中國と東アジア近世』岩波書店, 2021.

국제 표준으로서 서양으로부터 이식되고 형성되었으며 사람·물건·정보 등이 역내 각 지역을 대규모로 이동하게 되었다. 국제 표준 가운데는 주권국가나 국민국가의 시스템도 포함된다. 국가간의 대립이나 충돌, 식민지 지배와 그에 대한 저항 등을 포함하면서 그 속에는 공통의 경험이 있었던 것이다.[11]

즉 메이지유신은 동아시아 각 지역이 세계 시장에 편입되는 가운데 일본 독자적인 정치·사회구조를 전제 조건으로 해서 일어난 반응이었다고 말할 수 있다. 메이지유신 이후의 일본은 조선의 개국, 류큐의 병합을 거쳐 청일전쟁에서 청·조선과의 관계를 단절함과 함께 대만을 영유하고, 러일전쟁 이후에는 한국을 보호국화하고 병합했다. 그것은 서양에서 유래한 국제 표준을 일본 자신이 근린 지역에 강요하는 과정이었으며, 이를 중요한 계기로 삼아 중국도 주권국가를 향한 전환을 단행한 것이었다.[12]

(4) 현대는 언제 시작되었는가

서두에서 밝힌 것처럼 현대는 근대 가운데서도 가장 새로운 부분을 가리키며, 또한 동시대라는 의미로 사용하는 말이기도 하다. 전후 역사학에서는 일본사가 완전히 세계사의 일부가 된 시기를 현대라 파악하고, 20세기 이후 혹은 러시아 혁명(1917) 이후를 현대라고 간주했다.[13] 이제까지 논해온 것처럼 근본적으로 근대 자체가 세계사적 관점에서 논할 수밖에 없는 시대이기도 하고, 러시아 혁명 기점론은 소련이 붕괴함에 따라 설득력을 잃었다. 하지만 제1차 세계대전(1914~1918)을 기점으로 해서 일본은 도시화·공업화·평준화 등 이후 고도경제성장으로 이어지는 사회 변동의 과정에 진입했다.[14] 이를 현대의 기점으로 보는 것은 충분히 가능하다.

일반적으로는 제2차 세계대전이 종결된 1945년을 일본 현대의 기점으로 보는 시각이 정착되어 있다. 패전은 일본의 정치 체제나 가치관, 지배 영역이나 대외관계 등에 큰 변화를 가져왔기 때문에 새로운 시대라고 여겨져 왔던 것이다. 그러나 세계적 관점에서는 반드시 1945년이 근대를 양분하는 기점이라고 생각되지는 않는다. 또한 근년의 연구에서는 일본 사회의 전쟁 이전·전쟁기·전후의 연관성이 다양한 측면에서 명백해지고 있다.

최근 세계사에서는 1970년을 전후해서 현대가 시작되는 시점을 설정하는 새로운 견해도 제시되고 있다. 월러스틴은 1968년 이후 인종이나 성에 관한 피억압자의 운동이 세계 시스템을 흔들게 되었다고 이해했고, 오노자와 도루小野澤透도 1970년대 이후의 세계는 신자유주의와 경제적 글로벌화의 영향 아래 국가가 경제적 자율성을 잃어버렸다고 여겼다. 리우 지에劉傑와 가와시마 신에 따르면 동아시아에서도 중국의 국제적 지위가 변화하고 시장경제를 향한 전환이 이루어진, 오늘날의 국제 정세를 특징짓는 변화가 1970년대에 시작되었다.[15]

---

11) 川島眞「國際公共財の形成」三谷博ほか編『大人のための近現代史 19世紀編』東京大學出版會, 2009 / 강진아 역『다시보는 동아시아 근대사』까지, 2011.
12) 岡本隆司『中國の誕生』名古屋大學出版會, 2017.
13) 遠山茂樹·永原慶二「時代區分論」家永三郎ほか編『岩波講座 日本歷史 22』岩波書店, 1963.
14) 筒井淸忠『二·二六事件とその時代』筑摩書房, 2006; 高岡裕之『總力戰體制と「福祉國家」』岩波書店, 2011.
15) I·ウォーラーステイン〔山下範久譯〕『入門·世界システム分析』藤原書店, 2006 / 이광근 역『월러스틴의

일본에서도 1970년 전후를 현대의 시작점으로 여기는 것은 유효한 견해이다. 후지이 조지 藤井讓治에 따르면 고도경제성장기가 되어서야 전국시대나 근세를 '현재'로부터 유추해 낼 수 있는 시대로 보는 감각이 사라졌다.[16] 즉 '뒤늦고 불완전한 근대'라는 견해는 달리 말하면 근세와의 연속성을 강하게 의식한 것이며, 이러한 감각을 불식시킨 고도경제성장은 일본 사회에 있어서 거대한 변화였던 것이다.

1970년대 이후 일본을 대상으로 하는 역사 연구는 이제 갓 시작한 단계라고 말할 수 있다. 하지만 근현대사 연구 자체가 애시당초 동시대의 역사로서 정치학·경제학·사회학 등 인접 학문들과 협업하면서 시작된 것을 잊어서는 안된다. 사료의 수집이나 동시대인에 대한 구술 청취도 오늘의 연구자에게 맡겨진 사명이다. (시오데 히로유키)

2 연구 흐름

(1) 근현대사 연구의 시작

메이지유신 직후 '복고'를 기치로 내건 메이지 정부는, 고대의 정사正史 편찬 사업을 부활시키고자 1869년(메이지明治2) 사료편집국사교정국史料編輯國史校正局을 설치하고 산조 사네토미三條實美를 총재에 임명했다. 그러나 제대로 진행되지 못하고 중단된 뒤 우여곡절을 거쳐 1877년 1월 수사관修史館이 설치되었고, 한학자漢學者 시게노 야스쓰구重野安繹가 중심이 되어 1867년(게이오慶應3)까지를 대상으로 삼는『대일본편년사大日本編年史』편찬이 개시되었다. 이는 1차사료에 기반해서 역사를 기술한다는 실증적 역사학 연구의 출발점이 되었으며,[17] 막말유신기도 기술 대상으로 되어 있었던 점으로부터 이것이 일본 근현대사 연구의 시작점이었다고 말할 수 있을 것이다. 그러나 이 사업도 1893년에는 사업 정지가 명해지고 수집한 고문서류를 사료집으로 간행할 것을 목적으로 한 사료편찬괘史料編纂掛(현재의 도쿄대학 사료편찬소)가 1895년 설치되었다. 이 과정에서 만들어진 것이 보신戊辰 전쟁을 중심으로 한 사료를 날짜순으로 정리한『복고기復古期』이다.[18] 국가에 의한 역사 편수 사업으로 막말유신기를 대상으로 한 사료집이 작성된 것이다.

또 대일본제국헌법 제정에 발맞추어 막말유신기의 인물들을 현창顯彰하고자 하는 움직임이 점차 활발해져 갔다. 1911년에는 문부성 소관 조직으로서 유신사료편찬회維新史料編纂會가 설치되었고, 이 또한 유신기를 대상으로 한 편찬 사업을 시작하여『대일본유신사료大日本維新史料』가 1938년(쇼와昭和13)부터 개시되었다. 그리고 외곽단체로서 일본사적협회日本史籍協會도 만들어져서, 이와쿠라 도모미岩倉具視·오쿠보 도시미치大久保利通·기도 다카요시木戸孝允 등 메이지유신

세계체제 분석』당대, 2005; 小野澤透「「同時代」と歷史的時代としての「現代」」『思想』1149, 2020; 劉傑·川島眞「日中國交正常化から中國の改革開放へ」川島眞·服部龍二編『東アジア國際政治史』名古屋大學出版會, 2007.

16) 藤井讓治「近世史への招待」大津透ほか編『岩波講座日本歷史10』岩波書店, 2014.
17) 松澤裕作『重野安繹と久米邦武』山川出版社, 2012.
18) 宮地正人「『復古記』原史料の基礎的研究」『東京大學史料編纂所研究紀要』1, 1991.

시기 활약했던 인물의 사료를 수집해서 일본사적협회 총서를 출판했다.[19] 이처럼 국가가 메이지유신기의 인물들을 현창할 목적으로 사료를 수집하고 간행하는 사례가 잇따랐다. 현창운동과 더불어 역사 연구가 진전되었던 것이다.

한편 이렇게 국가에 의한 역사 편찬이 아니라 민간에서는 요시노 사쿠조吉野作造・오사타케 다케키尾佐竹猛・미야타케 가이코쓰宮武外骨 등이 중심이 되어, 1924년 11월 메이지 문화 연구회를 결성하고 사료의 수집을 진행해서 『메이지 문화 전집明治文化全集』이 간행되었다. 이러한 활동은 관동대지진에 의한 사료 소실에 대응하겠다는 것과 함께, 다이쇼大正 데모크라시라는 시대 상황의 영향을 받아 메이지 헌법 체제의 원점인 자유민권운동의 의의를 탐색하고자 하는 의식에서 시작된 것[20]이었다. 따라서 당초에는 전문적인 역사가가 참가하는 경우가 적었지만 오사타케가 저술한 『일본헌정사대강日本憲政史大綱』과 같은 전전 일본에서 헌정사가 도달한 경지를 보여준다고 할 수 있는 저작이 이 연구회의 성과에 의해 탄생한 것이며, 오쿠보 도시아키大久保利謙 등 젊은 세대의 일본근대사 연구자가 연구회에 참여하면서 육성되었다.[21] 이러한 점에서 일본의 헌정사나 메이지 시대사를 연구하는 토대가 이 연구회를 통해 형성되었다고 말할 수 있을 것이다.

또 20세기에 들어서 일본 사회에서 마르크스주의의 영향력이 급속히 확대되어 갔다. 그리고 1932~33년에 노로 에이타로野呂榮太郎가 중심이 되어 편찬한 『일본 자본주의 발달사 강좌日本資本主義發達史講座』가 이와나미서점에서 출판되었다. 이 강좌에서 코민테른이 내린 27년 테제・32년 테제를 지지하는 사람들이, 메이지유신에서부터 시작된 일본의 자본주의 발달사와 제국주의화 된 일본의 현상을 절대주의로부터 시작해서 부르주아 민주혁명으로 이어진다는 근대 성립의 2단계론으로 설명했고, 이러한 관점으로 이론을 구축해서 이후 사회과학이나 역사학에 큰 영향을 끼쳤다. 메이지유신으로 탄생한 절대주의 천황제국가에 기생지주 등의 봉건적 요소 그리고 자본가가 결합한 결과라고 일본사회를 이해한 강좌파는, 메이지유신이라는 변혁을 불철저한 부르주아 혁명으로 파악했던 노농파를 상대로 일본 자본주의 논쟁을 전개했다. 쇼와 공황 등 당시의 사회 상황은 일본 사회를 반半봉건적인 것으로 파악했던 강좌파의 주장에 힘을 실어주었고, 이들의 주장은 일반 사회에 대한 영향력이 컸으므로 관학 아카데미즘에 대항하는 논리로서 수용되어 갔다.[22] 이러한 상황에서 전쟁을 맞이하게 되었다.

(2) 전후 역사학에서

아시아 태평양 전쟁의 패전 이후 강좌파는 연구의 자유를 회복했고, 패전 후 찾아온 '민주화' 정책 속에서 그 주장이 세간에 널리 받아들여지게 되었다. 도야마 시게키나 이노우에 기요시井上淸는 강좌파의 이론을 받아들였고 도야마는 농민 투쟁을, 이노우에는 국제 환경을 중시하면

---

19) 高田祐介「『日本史籍協會叢書』稿本の傳存と構成」明治維新史學會編『明治維新と史料學』吉川弘文館, 2010.
20) 松本三之介「吉野作造と明治文化研究」『吉野作造選集11』岩波書店, 1995.
21) 大久保利謙『日本近代史學事始め』岩波書店, 1996.
22) 永原慶二『20世紀日本の歷史學』吉川弘文館, 2003 / 나가하라 게이지 지음, 하종문 역『20세기 일본의 역사학』삼천리, 2011.

서 메이지유신사를 통일적 서술에 바탕을 두고 파악하는 시도를 했다. 한편 강좌파 역사학은 주로 지주제를 일본 자본주의의 기저基底로 파악하고 이를 포함한 경제사적 분석을 주류로 삼고 있었다. 그리고 메이지 헌법체제의 정치구조에 대해서는 마루야마 마사오 등이 정치학·정치사상사적 관점에서 해명해 가게 되었다. 이러한 관점에서는 근대 천황제 국가의 사상 구조를 분석 대상으로 삼아 강좌파 역사학과 더불어 메이지 헌법 체제를 국가론으로서 포괄적으로 파악하고 이를 절대주의 천황제로 규정했다.[23] 경제사적인 강좌파 역사학과 정치사상사적인 '마루야마 정치학'과 같은 사회과학적 지식이 느슨하게 연대해 근대 일본을 파악하는 것으로 전후 역사학이 형성되었던 것이다.

이러한 흐름에 대해 1955년 도야마 시게키·이마이 세이치今井淸一·후지와라 아키라藤原彰가 편집한 『쇼와사昭和史』가 간행된 것을 계기로 시작된 '쇼와사 논쟁'은 다양한 역사 연구상의 논점을 부각시켰다.[24] 그 가운데 첫 번째로는 여태까지 정치구조를 논해왔던 방법에 대해 구체적인 정치과정에 기반한 정치사 서술이라는 방법론이 제기되었다. 두 번째로는 『쇼와사』가 '국민'을 단일적 존재로 묘사한 나머지 '인간이 없다'는 비판이 가해졌다. 첫 번째 방향성으로부터 정치과정론적인 정치사 연구가 이후 전개되어, 반노 준지坂野潤治처럼 번벌 세력과 정당 사이 존재했던 구체적인 대립 양상과 타협 과정을 포착해 메이지 헌법 체제의 특질을 드러내는 연구도 탄생해 갔다. 그리고 두 번째 방향성으로부터 1960년대에 야스마루 요시오와 같은 민중사 연구가 탄생하게 된다. 앞서 시대 구분과 관련한 부분에서 밝힌 바와 같이 역사학계에 등장한 근대화론의 영향과 함께, 1960년 안보 투쟁에 이르는 '정치의 계절'·고도경제성장·베트남 전쟁·60년대 말 불어닥친 학생운동의 바람 등 여러 가지 사회 상황은 사람들의 생활에 대한 의식을 높였고 이는 민중사를 포함한 다양한 연구 영역에 큰 영향을 미쳤다.[25] '쇼와사 논쟁'과 이러한 시대 상황이 전후 역사학의 모습을 변화시켜 가게 되었다.

그리고 점차 근현대사 연구도 메이지유신사 연구에서 다이쇼 데모크라시 연구와 제국주의사 연구로, 기생지주寄生地主연구에서 산업혁명 연구로 중심이 이동해 갔다.[26] 상세한 내용은 「다이쇼 데모크라시」 항목에서 서술되겠지만 마쓰오 다카요시松尾尊兌나 가노 마사나오鹿野政直는 민중 운동이 고양되는 것을 중시하고, 미타니 다이이치로三谷太一郎는 정치 체제의 민주화 과정을 논하는 것을 통해 다이쇼 데모크라시라는 시대 상황을 명백히 했다. 세 연구가 모두 전후 민주주의의 원형으로서 다이쇼 데모크라시를 파악했으며 또한 다이쇼 데모크라시로부터 파시즘으로 전환해 가는 역사상을 지니고 있다고 말할 수 있다.

이러한 다이쇼 데모크라시 연구와 겹치는 형태로, 1960~70년대에 걸쳐 마루야마 등에 의한 일본 파시즘 연구가 전개된 것과 같이 역사학 연구에서도 전쟁 이전 쇼와기에 대한 연구가 진행되었다. 에구치 게이이치江口圭一는 1930년대를 데모크라시에서 파시즘으로 전환한 기점으로 묘사하고 그 시대상을 명확히 하고자 했다. 한편으로는 다이쇼 데모크라시나 파시즘의 정의가

---

23) 安田浩·源川眞希「解說·明治憲法體制」『展望日本歷史19 明治憲法體制』東京堂出版, 2002.
24) 大門正克編『昭和史論爭を問う』日本經濟評論社, 2006.
25) 中村政則『日本近代と民衆』校倉書房, 1984.
26) 大門正克『歷史への問い／現在への問い』校倉書房, 2008.

철저하지 못함을 지적했던 이토 다카시伊藤隆는 정치 과정을 사료에 바탕을 두고 제시하면서 '혁신'파론을 제기했다. 이리하여 근대 후반부터 현대가 역사 연구의 대상이 되어 갔던 것이다.

또한 1970년대 전반부터 미국 국립공문서관(NARA)에서 점령기의 사료 공개가 진행된 것은 역사학에 충격을 가져다 주었다고 생각된다. 다케마에 에이지竹前榮治나 소데이 린지로袖井林二郞에 의한 점령사 연구회는 그러한 사료 공개의 성과를 바탕에 두고 일본 점령기의 다양한 상황을 해명해 갔다. 이리하여 아시아 태평양 전쟁 이후의 역사가 본격적으로 역사학의 대상이 되어 연구가 진행되어 갔다.

(3) 새로운 연구로

1979년 『사상』 663호가 '사회사' 특집을 마련하면서 새로운 역사 연구의 양상이 모색되었다. 이러한 흐름과 함께 1980년대에는 역사 교과서문제나 수정주의적인 언설도 모습을 드러내게 되었다. 또 국제화 사회가 되어 감에 따라 일국사가 아니라 경계를 의식해서 '일본'을 되묻는 태도를 지닌 연구도 다수 출현했다.[27] 그리고 1980년대 후반 이후 냉전 구조가 해체되고 사회주의 국가가 차례로 쓰러져 가는 가운데 마르크스주의의 영향력도 점차 쇠퇴해 갔다. 전후 역사학이 행해 왔던 구조 파악이 개별 연구에 채용되지 않자 그 역할은 크게 흔들렸다.

그 가운데 1990년대에 등장했던 것이 전술한 시대 구분 부분에서의 국민국가론이다. 이 주장은 근대에 분출하는 다양한 문제를 전근대의 잔여 영향으로 파악하는 것이 아니라 근대 그 자체의 특징으로 파악하고 근대를 비판적으로 파악하는 태도이며, 사람들은 국민국가에 의해 국민화되어가는 존재로서 연구 대상이 되었다. 이는 야스마루에 의한 민중사적 관점에서 근대를 비판한 것을 이어 받은 것일 뿐만아니라 사회사 영역에서 근대를 인식하는 방식에도 크게 영향을 받은 것이다. 또 베네딕트 앤더슨『상상의 공동체』나 에릭 홉스봄 외 편『만들어진 전통』혹은 문화 연구cultural study·젠더 연구·표상론 등 새로운 연구 분야에 시사점을 얻은 역사 연구가 진행되었다.[28] 이들 연구에 의해 종래의 시점과는 다른 형태로 근현대 일본의 모습이 파악되었던 것이다.

단, 국민국가론도 2000년대에 들어 급속히 그 영향력을 잃어 갔다. 현대사회는 더욱 글로벌화가 진행되고, 신자유주의적인 사고도 널리 퍼져 갔다. 오카도 마사카쓰大門正克가 이러한 움직임에 대해서 민중사의 관점을 계승하면서 '생존의 역사학'을 전개했던 것은 아직도 기억에 새롭지만,[29] 전후 역사학을 대신할 만한 새로운 흐름은 여전히 모색중이라고 생각된다. 최근 고도경제성장 이후의 현대사 연구도 활발히 전개되고 있지만, 정치학이나 사회학 등 타 분야의 연구로부터 영향을 받으면서 오늘을 살아가는 우리들에게 좀 더 강하게 연결된 시대의 역사상이 규명되어 가고 있는 것도 이러한 모색 가운데 하나라 할 수 있을 것이다. (가와니시 히데야)

---

27) 成田龍一『歷史學のポジショナリティ』校倉書房, 2006.
28) 牧原憲夫編『「私」にとっての國民國家論』日本經濟評論社, 2003.
29) 大門正克『戰爭と戰後を生きる』小學館, 2009.

3 시대와 연구의 특질을 둘러싸고

(1) '근현대사' 항목의 목표

여태까지 '근대란 무엇인가', '현대의 사회와 세계는 어떠한 역사적 지평 위에 놓여 있는가'라는 질문을 둘러싼 움직임에 대해 논해 왔다. 이 책은 그러한 질문을 던질 때 그와 관련된 관점이 얼마나 다양해져 왔는지에 대해 그 가장 앞선 논의들을 전달하려는 목적을 지니고 있다고 말할 수 있다.

근현대사의 각 항목에서 의식하고 있는 것은 저마다 다양하고 주목할 만한 동향이 구체적으로 어떠한 것들이고 어떻게 만들어져 나온 것인가를, 특히 주된 연구자의 이름을 명기하여 드러내는 것이다. 개별 연구자는 큰 산과 같은 질문을 그때까지 발견한 등산 루트를 따라 오르기도 하고, 또 새로운 길을 찾아내어 또다른 조망을 얻고자 노력해 왔다. 이렇듯 개성적인 등산가들에 의한 격투를 의식하면서 각 항목은 구성되어 있다. 단 이러한 구성을 따르지 않은 항목도, 특히 전후 시기의 역사에 해당하는 것들 가운데 약간 있다. 그러한 경우는 지금은 아직 연구의 축적이 충분하지 않지만 이후 발전해 갈 것으로 보이는 새로운 등산로의 입구라고 이해해 주길 바란다. 또 문학·예술·스포츠·의식주 등 개설해야만 하는 항목도 아직 남아 있다. 특히 앞서 서술한 국민국가론의 등장 이후 테마는 다양하게 확대·확산되어 갔다. 그러한 현상 자체에 대한 찬반도 있긴 하지만 근현대 일본의 역사를 되짚어 가는 입구와 등산로는 본래 그러한 길을 따라 가고 싶은 사람의 수만큼 존재할 수 있는 것이다. 한편으로 서술하고 있는 내용이 부분 부분 유사한 항목도 있다. 등산로가 겹치는 곳은 근현대사 연구 영역에서 뜨거운 쟁점이 어디에 있는지를 보여주는 것이기도 하다(그럴지도 모른다).

(2) 시대적 특질에 대해

새삼스럽지만 일본 근대의 시대적 특질은 무엇인가.

국경의 획정과 그 영역 내를 구석구석까지 통치하고 중앙집권적으로 제도가 설계된 국가의 모습. '공의公議'·'여론輿論'을 기점으로 한 의회의 창설, 전개와 헌법을 근간으로 하는 법치 그리고 민주주의라고 하는 이념의 전개. '일본'이라고 하는 국가·국민 의식의 침투. 징병제에 의한 국민군의 창설과 대외전쟁을 통한 인근 지역의 식민지 지배. 3천 수백만 명에서 1억 2천만 명으로, 아마도 유례 없는 규모의 인구 증가. 현저해진 사람과 물건의 국내 그리고 국외 이동. 학교 교육 제도의 창출·정착과 문해력literacy의 향상. 생업과 산업 구조의 전환, 사회를 완전히 덮은 자본주의 경제와 생활습관의 격변 등. 설명이 필요한 수많은 요소가 당장 떠오른다. 이러한 변화들은 19세기 중반부터 21세기 전반까지를 대체적으로 관통하고, 각각 떨어진 것이 아니라 서로 서로 연결되어 있다. 예를 들어 전쟁이나 식민지 지배도 단순한 '과거의 일'이 당연히 아니다. 국내외의 사람들이나 사회에 남긴 화근·기억은 지금까지도 쉽게 해소되지 않았고 그렇기 때문에 오히려 평화라는 가치와 단어가 여전히 강한 울림을 가진다. 그렇듯 쌓아올려진 역사적인 경험과 감각을 과거 유례가 없을 정도로 많은 사람이 공유할 수 있고,

근대 이전까지 포함해서 상기·이용·검토를 끊임없이 할 수 있도록 노력해 왔다는 점에서 '역사의 시대'라 불러도 좋을 것이다.

이상과 같은 여러 가지 설명은 어디까지나 '일본사학'이라는 학문 영역을 일단 역사학의 한 섹션으로 설정한 경우에 적용되는 것에 지나지 않는다. 생각건대 근현대사 연구의 특질은 역사학자로서 전문적인 트레이닝을 받아 온 사람이 아니라 하더라도 역사를 학술적으로 논할 수 있고, 또 논하고 싶은 사람들의 계층이 전근대 시대의 계층과 비교할 때 압도적으로 넓다는 것이 아니겠는가. 근현대사의 항목 집필자들에게도 정치학·경제학·사회학·교육학·종교학·문화연구 등을 학문적 배경으로 해서 출발한 연구자가 포함되어 있다. 각각의 학문 영역에서 행해져 온 시대 구분에 대한 시도나 연구의 계보를 통시적으로 바라보려는 시도는 세밀하게 살핀다면 꽤 다른 것일지도 모르겠다. 등산길 입구는커녕 올라야 할 '산' 그 자체가 애초부터 완전히 잘못되었다는 결론도 충분히 있을 수 있다.

(3) 사료와 '실증'

그것은 왜 그러한가. 그리고 무엇을 의미하는 것인가.

떠오르는 첫 번째 이유는 근현대의 역사 연구에 발을 들일 때 그 허들이 다른 시대에 비해 낮다는 점이다. 역사자료(줄여서 '사료')의 성질도 그 한가지 원인으로 들 수 있다. 쓰여진 문자가 현재의 언어적 용법이나 감각과 그다지 큰 차이가 없다. 또 인쇄기술이나 종이 질의 향상에 의해 대량의 인쇄와 복제물이 만들어져서 현대인이 해독 기능의 수련을 거치지 않고서도 접하기가 쉽다. 당연한 것처럼 생각되기도 하지만 매우 중요한 특질이다. 또 사료는 문자 이외의 형태로도 대량으로 존재한다. 신문이나 잡지라고 하는 새로운 미디어가 등장했을 뿐만아니라 사진·음성·영상 등도 그에 포함된다. 위정자나 지식인뿐만 아니라 시골이나 도시에 사는 '평범한 사람'이 쓴 편지나 일기 등도 역시 근대 이전의 시대보다 압도적으로 많은 양이 남아 있다. 여러 가지 형태로 '생생한 목소리'가 남아 있고 그래서 접하기 쉽다고 말하는 것이다.

물론 그것이 그대로 해당 시기 사회의 양상을 부족함 없이 드러낸다고 소박하게 이해할 수 있을 정도로 간단하지는 않다. 반증이 될 만한 사료도 찾아내기 쉽거니와 다원적인 이해가 필요한 면도 있다. 그리고 문자 기록을 계속해서 남기는 쪽과 증언을 남길 수 없는 쪽의 문제도 있다. 예를 들어 1990년대 종군위안부를 둘러싼 역사인식 문제는 그러한 점에 대한 문제도 불러일으켰다. 사회학자인 우에노 지즈코上野千鶴子[p.425]는 정치권력자들이 남기는 공문서에 특히 높은 가치를 부여하면서 '실증적'으로 연구·구축되어 온 역사상을 신봉한 나머지, 다양한 당사자들에 의한 증언이 지닌 리얼리티를 '편향된 것'·'중립적이지 못한 것'으로 경시해 왔다고 역사학이 지닌 태도를 비판했다.[30] '실증적'·'객관적'이라는 단어에 기대서 스스로 권력성에 대해 무자각해진다든가, 사료가 풍부한 주제나 기록을 남기기 쉬운 쪽의 '생생한 목소리'를

---

30) 上野千鶴子『ナショナリズムとジェンダー』青土社, 1998 / 이선이 역『위안부를 둘러싼 기억의 정치학』현실문화, 2014.

바탕으로 생각하는 경향이 지나치다든가 하는 역사학의 문제점을 날카롭게 지적한 것이었다. 분명히 남겨진 사료를 바탕으로 연구하는 이상 거기에 일정한 제약이 걸리게 되는 것은 부정할 수 없다. 그러나 우에노도 알고 있는 바처럼 '일본사학' 연구자라 해서 모두가 '공적인 기록에 쓰여 있으니까 사실이다'라고 여기는, 단순한 '실증'에 만족해 왔던 것은 결코 아닐 것이다. 하나 하나 예를 들지는 않겠지만 수많은 테마에서 사료의 성격이나 편향됨에 유의하면서 그 해석이나 방법이 다양한 레벨에서 고민되어 오기도 했다. 또 우에노가 밝힌 것과 같은 비판을 각각 받아들이면서 연구가 새롭게 전개되고 있다고도 생각한다. 이 책의 많은 항목에서 소개되고 있는 것처럼 특히 1990년대 이후의 연구는 (아마 우에노의 비판 이외의 이유도 배경으로 해서) 현저한 변화를 보이고 있는 것으로 파악된다.

(4) '역사가 필요 없는 시대'에 '역사'를 되짚는다

떠오르는 두 번째 이유는 인식에 필요한 시간폭의 변화이다. 현대 일본사회가 지닌 많은 문제, 특히 절박하게 다가오는 곤란한 문제나 바로잡아야 하는 과제에 대해 어떻게 맞서 싸울 것인가 하고 생각할 때, 그와 관련해서 인식상 필요하다고 생각되는 역사적 경위에 관한 시간폭이 그다지 길게 설정되는 일이 없어졌다. 따라서 역사 중에서도 근현대사에 관한 관심이 집중되는 경향이 커진 것 아닌가하는 인식이다. 이 책에서도 서술된 바처럼, 과거 '일본사학'에서는 중세의 마치슈町衆[31]로부터 '도시의 자치'가 존재했다는 사실을 증명하려 애쓰거나, 에도시대에 이미 자본주의 사회가 준비되고 있었다고 강조하거나, 혹은 종교 개혁이 없었다고 논증하는 등의 '근대 찾기'가 이루어지고 있었다. 점차 그러한 활동은 1970년대 이후 그 자의적인 해석이나 서양 근대적 가치를 예찬한다는 점에 대한 비판 그리고 '실증적' 연구의 진전과 함께 고쳐져 갔다. 각각의 시대사를 연구하는 방법은 전문화·고도화되어 쉽사리 뛰어들 수 없는 분야가 되어 가기도 했다.

그러한 변화는 동시에 몇 가지 영향을 사회에 미쳤을지도 모른다. 한 가지 예를 든다면, 현대에 직접 연결시켜서 생각하기 어려울 정도로 먼 과거인 시대를 뭉뚱그려 손이 닿지 않는 다른 문화·다른 세계인 것처럼 취급하는 경향이다. 혹은 역사의 '낭만화'·'소비'라고 부를 수도 있겠다. 역사학자가 그러한 경향을 한탄하려 하는 이유를 이해하지 못할 것은 아니다. 단, 그러한 경향은 메이지 이전에도 문예·시바이芝居[32]·고샤쿠講釋[33] 등을 통해 이루어진 역사의 이야기화에 의해 오랜 기간 행해져 온 것이기도 해서 '최근 들어 생긴 안타까운 경향'이라고만 볼 수 없다. 오히려 그러한 과거의 대중적 이미지 public image 의 형성을 '올바르지 못한 역사'라고 단순히 부정하고 끝내는 것이 아니라, 그 자체를 우선 하나의 역사상으로 이해하고 이를 다원적인 역사상 상호간에 형성된 관계를 파악하려는 연구 시각으로 확장시켜 가는 것이 필요할 것이다. 근현대사는 특히 그러한 시각으로부터 연구가 이루어지고 있기도 하다. 각각의 시대를 대상으로 한 학술적 역사 연구의 허들이 높아지면서 시대를 거슬러 올라가는

---

31) [역주] 중세 일본 도시에서 일정한 자치 활동에 참여한 상공업자를 가리키는 말.
32) [역주] 연극, 인형극 등을 포함한 전통적인 형태의 각종 공연.
33) [역주] 역사 소설, 인물의 전기 등을 흥미로운 해석을 덧붙여 대중 앞에서 읽는 공연.

것에 대단한 노력이 필요하게 되고 있는 가운데, 오늘을 살아가는 사람들이 역사를 어떻게 이해하는지 그 인식 자체에 대한 흥미가 높아지고 있기도 하다고 생각한다.

달리 말하면 그만큼 현대 일본사회가 변질되어 가고 있다거나 '열화劣化'되어 가고 있다는 인식이 점차 넓어지고, 그 과제도 더욱 더 '유예 없이' 직접적으로 느껴지게 되었다는 것이기도 하다. 자연히 여태껏 쌓여 온 역사도 어느 정도 중요하긴 하겠지만 그렇게까지 느긋하게 옛날 일만 생각하고 있을 수는 없다는 태도로 이어지기 쉬울 것이다. 생각해보면 아시아 태평양 전쟁이 종결된지 75년 이상 경과했고 메이지유신도 이미 150년도 더 지난 일이다. 역사적 영향을 실감할 일도 없고 기껏해야 최근의 일만 배경 지식으로 알아 두면 충분하다는 생각을 가지게 되는 것도 이상할 것이 없다. 앞서 '역사의 시대'라고 말했지만 반대로 '역사가 필요 없는 시대'(혹은 역사학이 필요없는 시대)라고 표현하는 것이 가능할지도 모른다.

하지만 '왜 오늘날 이렇게 되어 있는가'라고 질문한다면 그 이유는 '그보다 이전' 시기에 물어볼 수밖에 없다. 되짚어 올라가면 과거의 기록을 읽는 일로 이어지고 결국 여태까지 과거의 기록을 읽어 온 사람들의 발자국을 오랫동안 되짚어 가는 일이 되기도 한다. 그렇다면 '모든 역사는 현대사'(이탈리아의 역사가 베네데토 크로체Benedetto Croce의 말)라고 말할 수 있는 정도까지는 아니겠지만 '모든 학문은 역사학'이라고 소박하게 말할 수는 있을 것이다. 그것은 현대사, 근대사, 근세사… 등으로 구획짓는 것으로는 충분하지 않은 경우가 틀림없이 많을 것이기 때문이다. 사람과 자연환경을 둘러싼 문제, 예를 들면 산림이나 하천의 보전·유지·이용 방식 등에 대한 탐구는 이해하기 쉬운 사례일 것이다('역사가 필요 없'거나 혹은 '역사학이 필요 없'다는 태도에 비춰지는 이유도 또한, 왜 이렇게 되었는가 하고 거듭 거듭 질문해야 할 내용에 포함된다).

요즘 이른바 공적 기록의 은폐나 개찬改竄이 여러 번 보도되었다. 페이크 뉴스의 유포가 활발해짐에 따라 탈진실post-truth주의의 문제도 부상했으며, 구체적 근거나 전문 지식에 기반한 의견이 너무도 간단하게 무시당하는 광경이 자주 발생하고 있다. SNS가 일반화된 상황 때문이라고만 한정할 수는 없겠지만, 보고 싶은 것만 보면 된다는 기분으로 보고 싶지 않은 현실을 없는 셈 치고 시야에서 제거하는 그러한 성향도 나날이 늘어 가는 것이 아닌가. 그렇기 때문에 이에 대한 민감도와, '도대체 무슨 일인가, 왜 이렇게 되었는가' 하며 끊임없이 질문하고 해석하는 태도는 더욱 더 시험받게 된다.

그것은 우회적이고 조마조마한 등산과도 같아 보이지만 의외로 그렇지 않을 수도 있다. 역사 연구가 지금까지 걸어온 길은 그 날카로움을 갈고 닦아 해석을 계속해 온 등산로 그 자체인 것이다. '일본사학'의 산은 많고 그 산줄기는 넓게 펼쳐져 있다. 이 책이 제시하는 다양한 등산로 입구로 들어가 때로는 근현대사에서 시작해 좀 더 오래된 시대로 이어서 읽는 것을 통해, 문제가 의외로 뿌리깊다는 것을 이해할 수 있을 것이고 새로운 길을 찾아내는 기쁨과도 만날 수 있을 것이다. (다니가와 유타카)

01. 개국
'서양의 충격'을 일본은 어떻게 받아들였나

후쿠오카 마리코福岡萬里子*) 집필 / 안준현 번역

관련항목: III-5[p.251] III-31[p.329] IV-2[p.351] IV-4[p.357]

〔논의의 배경〕

근세 일본은 나가사키長崎·쓰시마對馬·사쓰마薩摩·마쓰마에松前라는 '네 개의 창구'를 통해, 중국이나 네덜란드·조선·류큐琉球·에조치蝦夷地와의 관계를 한정적이나마 유지하고 있었다. 서양 국가들 중에는 네덜란드만이 나가사키에서 제한된 범위의 통상을 행하는 관계가 오랫동안 계속되었다. 18세기 말 이후 러시아 선박이 내항하여 통상을 요구하거나 네덜란드가 국왕 친서를 가지고 개국을 권고하거나, 미영프의 포경선이나 군함이 근해에 출몰하는 정세 속에서도 이러한 체제의 유지가 꾀해졌다. 오히려 일본에서는 외국과의 통신·통상은 조선·류큐·중국·네덜란드 이외에는 행하지 않는 조법祖法이 있었다는 '쇄국조법'관(후지타 사토루藤田覺)[p.330]에 기반한 대외정책이 명확해져 갔다. 이러한 와중 페리 내항으로 상징되는 '서양의 충격'이 일본에 도래한다. 그 후 막부는 여러 열강과 화친조약 또는 협약을, 1857/58년 이후에는 연속적으로 통상조약을 맺으며 일련의 개항지에서 조약 체결국과의 '자유무역'이 개시되었다. 그 과정에서 일본이 취한 대외적 대응은 어떠한 특징을 가지는 것일까.

〔논점〕

(1) 막부의 외교에는 정견이 없었는가

'서양의 충격'을 받은 막부의 대외 정책은 무정견定見하며 외압에 농락당한 몰주체적 대응만 할 수밖에 없었다는 견해가 종래 지배적이었다. 그러한 평가는 전전의 고전적 통사 『유신사』로 대표되며, 전후에도 막말유신기 대외관계사의 실증적 연구를 열어젖힌 이시이 다카시石井孝 등에 의해 계승되었다. 예컨대 이시이는 저서 『일본개국사』 중 미일화친조약을 다룬 장에서 '막부의 무정견'이라고 제목을 붙인 항목을 만들어 미국 페리 함대의 재내항에 대비해 막부가 1853년 말에 발포한 막령幕令인 이른바 '대호령大號令'의 애매모호한 내용을 지적하며, 막부는 세계정세에 대응할 대외 정책을 아무 것도 세우지 못했다고 평가한다. 그 후 막부 외교의 이러한 저평가는 미타니 히로시三谷博·가토 유조加藤祐三·이노우에 가쓰오井上勝生 등의 연구자에 의해 다시금 검토되기에 이르렀다. 그 중에서도 미타니는 막부의 대외 대응은 근세 후기를 거치며

*) 국립역사민속박물관 준교수 | 일본외교사·동아시아 국제관계사

주로 쇄국·피전避戰·해방海防이라는 세 차원에서 형성되어 대외 긴장의 정도에 따라 중점이 변화했다고 분석한 뒤, 그 대응축은 페리 내항 후에도 유지되었다고 논한다. 피전·해방으로 중점을 옮겨가면서도 가급적 쇄국을 유지하려 꾀한 것이 화친조약기의 막부 외교이며 그런 의미에서 막부의 대외 대응에는 연속성이 있었다고 해석된다. 미타니는, 막각幕閣은 그 후 주체적으로 개국 정책을 전면에 내세워 통상조약의 프로토타입으로서 1857년에 일란추가조약[1])을 맺었으나, 미국 사절 해리스의 '자유무역' 요구에 의해 그 한정적인 통상규정을 확대할 것을 강요당해 안세이 5개국 조약이 맺어진 것을 논하며 개국 과정 속에서 막부 외교의 주체성을 재평가할 것을 촉구하고 있다. 그리고 근년에는 후모토 신이치麓愼一가, 이러한 연구사 상의 상반되는 평가는 막부의 대외 정책 그 자체에 내포되어 있던 두 측면인 온건한 교역허가론을 포함한 막리幕吏들의 다양한 의견과, 도쿠가와 나리아키德川齊昭로 상징되는 양이주의적 방침에 유래한다는 견해를 보이고 있다.

(2) 막말의 조약 체결 후, 쇄국 정책은 완전히 방기되었는가

일반적으로 여러 조약의 체결에 의해 일본은 쇄국에서 개국으로 전환되었다고 이해되나, 그것에 의해 종전 '조법'으로서의 '쇄국의 법도鎖國之法'는 완전히 포기된 것일까. 하가 쇼지羽賀祥二는 막부가 땔감, 물, 식료, 석탄 등의 지급[2])이나 표류민 구제撫恤[3])를 인정한 화친조약을 두고, 쇄국 체제(통신·통상 관계에만 외교관계를 한정하는 체제) 아래에서의 이국선 대책이었던 신수급여령新水給與令을 계승하는 것이라고 하여 통신·통상과의 구별을 강조함으로써 쇄국체제에는 기본적인 변화가 없다는 입장을 취했다고 지적한다. 미타니도 그와 비슷하게 개국의 최소화 및 가급적 쇄국 유지를 꾀한 것이 화친 조약이며, 그 방침이 변경되는 것은 막부가 여러 외국과의 통상 용인 쪽으로 방향을 전환하여 이윽고 일란·러일추가조약이나 안세이 5개국 조약이 체결되기에 이른 후라고 본다.

한편 후쿠오카는 5개국 조약 후의 막부가 쇄국 정책을 완전히 방기했다는 견해에 의문을 제기한다. 1860년대 초 독일 통일 이전의 프로이센이 사절단[4])을 파견해 독일내 30여 국가와의 조약 체결을 요구했을 때, 막부는 이를 거절하였고 교섭 끝에 프로이센만 신규 체결을 하는 대신 새로운 조약 체결은 당분간 동결한다는 대외정책을 정해, 그것이 막부 최말기까지 유지되는 기본 방침이 된다. 후쿠오카는 그 경과를 전 독일 여러 나라와의 통상 개시를 문제시하지 않은

---

1) 일란추가조약 : 1855년 일란화친조약의 추가조항으로 1857년 나가사키에서 체결되었다. 종래 나가사키에서 행해진 일란무역은 모토카타(本方) 상법(공무역)과 와키니(脇荷) 상법(사무역)으로 구성되어, 둘 다 나가사키 무역장[會所]을 통한 거래로 입항 선박 수나 무역액을 엄격히 제한하고 있었다. 일란화친조약은 기본적으로 이를 명문화한 것이나, 추가조약에서는 나가사키 외에 하코다테(箱館)를 통상항으로서 열고, 무역장을 끼고 무역을 하는 구조는 온존하면서 와키니 상법을 확대하는 형태로 통상 규정을 정해 선박수·무역액의 상한을 원칙적으로 철폐했다.
2) 땔감, 물, 식료, 석탄의 지급 : 증기선의 항해에는 승무원의 선상 생활이나 증기기관 구동을 위해 땔감, 물, 식료, 석탄의 수시 보급이 필요하여 이를 지정된 항구(하코다테·나가사키·시모다[下田])에서 외국선에게 보급할 것이 허용되었다.
3) 표류민 구제 : 배가 난파했을 때 도움을 요하는 표류민을 어루만지고(撫) 긍휼히 여겨(恤) 구조하는 것.
4) 프로이센 사절단 : 북독일의 강국 프로이센이 독일 관세동맹 국가들이나 한자(Hansa) 도시 등 일련의 독일 제국을 대표하는 형태로 1860~1862년 동아시아에 파견한 사절단(프로이센 동아시아 원정이라고도 불린다). 중국(청)·일본(도쿠가와 정권)·샴(짜끄리 왕조)과 영프 열강 사이 수준의 수호통상조약을 독일 국가들을 위해 맺는 것이 목표였다. 독일 통일의 맹주 지위를 둘러싼 오스트리아 제국(帝國)과의 대항관계를 배경으로 한다.

중국·샴(태국)의 사례와 비교하여 일본 대외정책의 폐쇄성을 지적하고, 그 폐쇄성은 통신·통상국을 최소화하는 종래의 '쇄국의 법도'가 일부 개변되어 개국 후에도 유지되었다는 것에 유래한다고 논했다.

(3) 안세이 5개국 조약은 '불평등'이었는가

흔히들 안세이 5개국 조약은 영사재판권, 관세자주권의 결여, 일방적인 최혜국 대우라는 세 특징을 지닌 '불평등 조약'이었다고 한다. 하지만 최근에는 그 의의에 관해 특히 영사재판권의 재검토를 통한 새로운 논의도 적지 않다. 미타니는 영사재판권은 외국인이 영사에 의해 자국법에 기반하여 재판받는 것과 동시에 외국인과 분쟁이 일어난 일본인이 일본의 법으로 재판받는 것을 규정하여, 일본인의 해외 도항이 상정되지 않았던 당시의 상황 하에서는 제도상 대등했다고 지적한다. 아라노荒野는 도쿠가와 정권은 전통적으로 외국인의 범죄에 대해 속인주의[5]를 취하여, 영사재판권의 인가는 그 연장선상에 있는 대응이었다고 한다. 영사재판제도의 운용과정을 고찰한 모리타森田는 이문화간 분쟁 해결 시스템으로서 해당 제도를 분석하여 일본이 구미 법제도의 가치를 인정하게 되자 그것이 구미에 비해 일본이 열등하다는 지표로 바뀌었다고 논한다.

탐구 포인트

① 도쿠가와 정권의 대외정책은 '서양의 충격'을 통해 무엇이 바뀌며 무엇이 바뀌지 않았을까.
② 쇄국이나 개국, 조약의 '불평등' 성을 어떻게 받아들여야 할까. 근대로부터 보는 시점, 근세로부터 보는 시점, 비교사적 시점 등 시점을 바꿔 생각해 보자.

참고문헌

維新史料編纂會『維新史』全6冊, 維新史料編纂事務局, 1939~41.
羽賀祥二「和親條約期의 幕府外交에 대해서」『歷史學研究』482, 1980.
三谷博미타니 히로시『ペリー來航』吉川弘文館, 2003.
加藤祐三『幕末外交와 開國』筑摩書房, 2004.
森田朋子『開國과 治外法權』吉川弘文館, 2005.
藤田覺『近世後期政治史와 對外關係』東京大學出版會, 2005.
井上勝生이노우에 가쓰오『幕末·維新』岩波書店, 2006 / 이원우 역『막말·유신』어문학사, 2013.
荒野泰典「言說로서의「不平等」條約說」貴志俊彦 著『近代アジア의 自畫像과 他者』京都大學學術出版會, 2011.
福岡萬里子『プロイセン東アジア遠征과 幕末外交』東京大學出版會, 2013.
麓愼一『開國과 條約締結』吉川弘文館, 2014.

---

5) 속인주의 : 어떤 자에게 법을 적용하려고 할 때, 그 사람의 국적국 법을 적용하여 대처하는 방식. 이와 같이 사람 본위로 법을 적용하는 속인주의와 달리, 영역적 요인에 기반하여 법을 적용하는 속지주의가 있다. 이는 범죄와 그 외의 위법행위 등 발생지의 법을 적용하는 방식이다. 영사재판제도는 외국인이 거류지의 국민과 분쟁을 일으켰을 때 외국인의 국적국 법령이 영사를 통해 적용된다고 보는 것으로, 속인주의에 입각해 있다.

02. 메이지유신
왜 '유신'에 이르렀는가, 무엇을 가져왔는가

나라 가쓰지^{奈良勝司}*⁾ 집필 / 안준현 번역

관련항목: III-31^[p.329] III-32^[p.332] IV-1^[p.348] IV-7^[p.366]

〔논의의 배경〕

메이지유신이란 19세기 중반에 일본열도 지역에서 발생한 대규모 구조 변혁의 총칭으로, 직접적으로는 서양 열강의 동진(웨스턴 임팩트[1]))에 대한 대응으로서 전개되었다. 이에 의해 기존의 '쇄국' 체제는 주권국가 체제로 이행하여 국내에서는 막번체제가 붕괴하고 천황을 중심으로 한 통일적 중앙집권 하에 여러 방면에서 개혁이 진행되었다.

근대의 기점(근세의 종언)으로 여겨지는 메이지유신 연구는 그 성격때문에 이행기의 사실을 해명하는 것임과 동시에 현대 사회 구조의 뿌리를 과거에서 찾는 동시대적인 영위이기도 하다. 또 정치과정의 복잡함 때문에 실증 연구의 축적을 어떻게 추상화시킬 것인가(요약해서 가치로서 제시할 것인가)라는 역사학 방법론상의 문제도 존재한다.

〔논점〕

(1) 시작 시기와 종료 시기는 언제인가

메이지유신의 기간에 대해서는 여러 설이 존재한다. 시작 시기의 설정은 덴포^{天保} 개혁과 페리 내항으로 크게 갈리는데, 이것은 변혁의 본질적 계기를 안에서 찾을 것인지 밖에서 찾을 것인지라는 문제이기도 했다. 종료 시기에 대해서는 폐번치현·세이난 전쟁·류큐 처분·제국 헌법 제정·청일전쟁 등 더욱 다양한 획기가 설정되어 왔다. 크게는 집권적 통일국가의 성립을 두고 하나의 획기로 삼을지, 자유민권운동의 전개부터 헌법·의회의 정비까지를 범주에 포함시킬 것인지가 논의의 분기점이 되어 왔다.

1980년대 이후에는 요구되는 실증의 정밀도가 높아짐에 따라 개별 연구가 다루는 직접적 사정거리는 시기·대상 모두 좁혀지는 경향이 있어, 막말 정국의 한 과정만을 다룬 저작도 흔

---

*) 히로시마대학대학원 인문사회과학연구과 준교수 | 메이지유신사·일본 근세근대 이행론
1) 웨스턴 임팩트 : 산업혁명에 의해 생겨난 잉여 생산품을 팔려고 하는 필요성에서 서양 열강 제국이 때로는 군사 침략과 식민지화를 동반하며 진행시킨 유라시아 대륙 동부 지역으로의 진출을, 당한 측의 입장에서 표현한 말. 동아시아에서 근대가 시작된 계기라고도 할 수 있으며, 웨스턴 임팩트를 맞은 현지의 여러 왕조는 스스로를 서양식 주권 국가로 개조하여 여기에 대치할 것인가, 식민지로서 종속될 것인가의 선택을 강요받았다.

해졌다. 한편에서는 근세사·근대사라는 시기 구분도 '왕정복고'나 보신 전쟁 전후에서 연구의 시각이나 작업을 쪼개게 되었다.

다른 한편으로 보다 장기적인 관점에서 18세기 말 러시아와의 접촉으로부터 비롯된 중장기적 사회변화로서, 근세사의 성과도 받아들여 여러 사실을 파악하는 시점도 탄생했다. 앞으로의 연구에는 기계적으로 기간을 설정하는 것이 아닌, 변혁의 본질을 어떻게 생각할 것인가라는 물음과 구체적 분석의 긴장으로 가득찬 대화가 요구될 것이다.

(2) 단절인가, 연속인가

메이지유신으로 사회제도가 격변한 반면, 타국의 혁명에 비해 희생자가 적고 체제 변혁은 상대적으로 부드럽게 흘러갔다. 고전적 연구에서는 단절이 강조되어 '도막파'(사쓰마, 조슈 등)의 도쿠가와 정권('막부') 타도를 하나의 도달점 삼아, 양 번의 '양이파' 탈피(사쓰에이薩英 전쟁, 외국함대 시모노세키下關 포격)나, 공동투쟁에 이르게 된 획기(삿초 동맹)가 주목되어 왔다. 사회구조로서는 하급무사들을 토대에서 지지한 호농이나 영세 농민에 의한 계급 투쟁이 변혁의 근본적인 추진력이었다고 평가되어 왔다.

다른 한편 변혁의 연속성을 중시하는 입장에서는 희생이나 파괴가 비교적 작았다는 점에 주목하여 '도막파'나 하층 농민이라는 특정 '변혁주체'[2]를 설정하지 않고 국가 방침이나 '공의公議',[3] 양이[4] 등 해당 시기에 세력이 컸던 과제나 개념과 여러 세력이 어떻게 관련되었는가를 다각적으로 검증하려고 하는 연구 조류가 생겨났다. 국가 방침을 축으로 정국을 통관通觀한 하라구치 기요시原口淸, 당파 대립의 과도한 강조에 주의를 환기한 사사키 스구루佐々木克, 막말에 신분을 넘은 논의나 합의 형성 시도가 추진된 점에 착안한 미타니 히로시, 양이적 세계의 뿌리깊음과 메이지기의 급격한 서양화 정책의 관계를 지적한 나라 가쓰지의 연구 등이 그 일례이다. 거기서는 여러 세력·계층간의 대립보다도 협조가, 차이보다도 공통성이 중시되어 보다 포괄적인 관점에서 정치와 사회 변혁이 파악되었다.

또 연속론과는 다르지만 이노우에 가쓰오는 국민국가 비판의 입장에서 근대를 진보로 보는 전제를 반전시켜, 성숙한 근세사회가 유신 정권에 의해 억압적·침략적인 관리국가로 바뀌어 가는 과정으로 변혁을 파악했다. 메이지 초기의 내외 환경에 대해서도 실제 정부에는 여유가 있었던 것으로 보고 와해의 분수령이었다고 하는 고전적 이해를 반박했으나, 이것은 위기 '감'과 현실 위기와의 관계를 어떻게 생각할 것인가 하는 문제로도 이어질 것이다. 아오야마 다다마사青山忠正는 근세사회의 정치 관행을 감안하여 삿초 동맹을 재검토했고, 나라 가쓰지는

---

[2] 변혁주체 : 변혁(혁명)에는 지도층이나 원동력이 된 집단이 있다는 전제 아래 고전적 연구에서는 정치세력으로는 삿초 양번, 사회계층으로서는 호농이나 영세농민층이 주목되어 그 성격이 논해져 왔다. 근년에는 이러한 견해는 저조하고 보다 다양한 세력에의 시선, 정치사회의 구조나 그 변동, 당시 사회에서 영향력을 가진 이념의 분석 등이 변혁을 이해하는 방법으로서 중시되고 있다.

[3] 공의 : 도쿠가와 정권으로 대표되는 근세 권력은 종종 '공의(公儀)'라고 불렸으나, 막말이 되면 신분제에 기반한 전통적인 계층 질서가 동요하고 상대적으로 개인의 행동이나 언동이 사회에 주는 영향이 커진다. 이러한 상황 하에 '공의(公議)'나 '공론'이라는 말이 폭넓은 정치 참가나 이를 통해 추구할 목표를 나타내는 개념으로 넓게 보급되어, 메이지 이후에도 정당성의 표상으로 정착한다.

[4] 양이 : '이적' 배격을 호소하는 주장으로, 고전적으로는 막말기 전반부에 흥성하나 정국의 진전에 따라 극복되었다고 파악되어 왔다. 그러나 이를 민족주의에 기반한 보편적 내셔널리즘 현상으로 위치짓거나, 물리적인 축출에 구애되어 있던 것은 아니고 개국론과도 공존할 수 있었다는 견해도 존재한다. 후자에 관해서는 현실 위기와 위기감 사이의 어긋남을 낳은 양이적 세계관의 구조에 주목해야 한다는 지적이 있다.

조약을 둘러싼 이해의 상극이 결착된 1865년을 왕정복고나 보신전쟁에 필적하는 획기로 보았다.

(3) 개별 실증인가, 이론화인가

1980년에 메이지유신사 학회(처음에는 폐번치현 연구회)가 발족하자, 막말유신사는 독자적인 연구 장르가 되어간다. 그러한 와중 하라구치는 정교한 정치과정 분석을 방법론으로 확립시켜 이후 실증 연구의 한 형태로 정착한다. '패배자負け組'인 도쿠가와 정권이나 이른바 관망번日和見諸藩, 그리고 조정 연구도 크게 진전되었다. 메이지기에서는 전제 정치가로서 비판의 대상이었던 오쿠보 도시미치大久保利通나 이와쿠라 도모미岩倉具視, 야마가타 아리토모山縣有朋 등에 대한 본격적 분석이 진전되었고, 또 근년에는 산조 사네토미三條實美가 재평가되고 있다.

다른 한편 이러한 흐름은 연구의 개별 세분화나 실증의 자기목적화 경향을 낳아, 개개의 성과가 총체로서의 메이지유신 이해에 어떻게 관련되는지, 또 그것을 어떻게 쇄신해 나갈 것인지는 오히려 가려지게 되었다. 이 점은 근세로부터의 영향이나 연속성의 논증이 오히려 변혁의 다이나미즘을 논하는 회로를 막아버리는 문제라고도 할 수 있을 것이다. 이러한 와중 미야치 마사토宮地正人는 과도기 국가론과 사회적 정치사라는 시점에서, 이치카이소一會桑[5]로 불리는 중간 권력 등에 빛을 비추어 민족의 위기와 분발로서 체계적 통사를 제시했다. 세계의 혁명 비교나 복잡계 이론을 응용한 미타니, 언어나 개념이 가진 의미와 변화에 주목한 아오야마, 보수적 세계관이 거꾸로 현실의 변혁을 래디컬화시킨 역학을 낳았다고 보는 나라의 연구 등도 위의 구도를 염두에 두고 실증 연구와 메이지유신론 사이에 가교를 놓는 실험의 하나라고 할 수 있다.

탐구 포인트

① 논자의 근세상이나 근대상은 메이지유신을 파악하는 방식과 어떻게 관련이 될까.
② 에도 사회 특질의 단절과 연속, 그 양면을 어떻게 통일적으로 파악해야 할까.
③ 개별 실증 성과를 고립된 지식으로 끝나지 않게 하기 위해서는 어떻게 해야 할까.

참고문헌

井上勝生이노우에 가쓰오『幕末·維新』岩波書店, 2006 / 이원우 역『막말·유신』어문학사, 2013.
原口清『原口清著作集』1~5, 岩田書院, 2007~2009.
明治維新史學會編『講座明治維新』全12卷, 有志舍, 2010~2018.
青山忠正『明治維新』吉川弘文館, 2012.
宮地正人『幕末維新變革史』上·下, 2012.
佐々木克『幕末史』筑摩書房, 2014.
三谷博미타니 히로시『維新史再考』NHK出版, 2017 / 조국 역『메이지 유신을 다시 본다』빈서재. [예정]
奈良勝司『明治維新をとらえ直す』有志舍, 2018.

---

5) 이치카이소 : 막말에 금리수위총독을 지낸 히토쓰바시 요시노부(一橋慶喜), 당주 마쓰다이라 가타모리(松平容保)가 교토수호직을 지낸 아이즈(會津) 번, 똑같이 당주 마쓰다이라 사다아키(松平定敬)가 교토쇼시다이(所司代)를 지낸 구와나(桑名) 번의 앞 글자에서 유래한다. 도쿠가와 정권의 역직을 기반으로 하면서도 막각의 수하 기관에 머물지만은 않는 중간 세력으로, 1864년(겐지1) 이후 기나이(畿內)에서 독자 활동을 전개했다.

03. 문명개화
'서양화'와 어떻게 다르고 어떻게 받아들여졌는가

다니가와 유타카谷川穣*) 집필 / 안준현 번역

관련항목: IV-5[p.360] IV-17[p.396] IV-24[p.417] IV-25[p.420] IV-31[p.438] IV-32[p.441]

〔논의의 배경〕

메이지 초기 세상의 특징을 '문명개화'라고 표현하는 일은 자주 있으며 고등학교 일본사 교과서에도 반드시 등장한다. 이 말 자체는 후쿠자와 유키치福澤諭吉가『서양사정 외편西洋事情 外編』(1868)에서 civilization의 역어로 삼은 것이 빠른 용례로 알려졌는데, 우선 그것이 구체적으로 가리키는 것은 주로 서양으로부터 영향을 받아 1871년(메이지4)의 폐번치현 전후부터 추진된, 종래에 없던 여러 정책이나 문물의 유입 및 서민생활에서 발생한 서양화化 유행의 총체라고 할 수 있다. 분명 신화新貨조례·학제·징병제·신력新曆 채택[1] 등 사람들의 생활 전반에 관련된 여러 개혁과 가스등·벽돌 건축·육식 등의 생활양식 그리고 메이로쿠샤明六社[2] 동인들과 같은 계몽사상가에 의한 '자유'·'인권' 등 이념의 소개가 크게 진전되었다. 다만 이것들이 모두 전적으로 서양에서 받아들이기만 한 것이라거나 이 때 새롭게 시작된 것이라고 단순하게 말할 수는 없다. 그것을 예비한 사회적·사상적 기반의 존재나 그 이후의 영향을 파악하는 방식도 연구자에 따라 다양하다. 그 다양함은 근대 일본의 형성과 전개에 대한 역사상이 솔직하게 반영된 것이라고 할 수 있다.

〔논점〕

(1) 내력과 영향을 어떻게 볼 것인가

근년 정치사상사가 가루베 다다시苅部直는 후쿠자와도 무조건적으로 예찬하지만은 않은 서양 문명을 사람들이 매우 자연스럽게 수용했던 것은 왜인지를 물으며, 그 이유를 막말 이전의 근세 사회와 그 사상적 심층에서 찾아 '문명'관의 긴 명맥을 포착하려고 하여 주목을 받았다. 흑선

---

*) 교토대학대학원 문학연구과 교수 | 일본근대사

1) 신력 채택 : 1872년 11월 9일(메이지 5년 12월 9일) 태음력을 폐지하고 태양력(신력, 그레고리력)을 채택하여 메이지 5년 12월 3일을 1873년(메이지6) 1월 1일로 하는 조칙(詔)이 내려졌다. 다만 그 후도 서민생활, 특히 농사에 관해서는 구력 사용이 제법 계속되었다.

2) 메이로쿠샤 : 1873년(메이지6) 가을에 도쿄에서 결성된 계몽활동 단체. 모리 아리노리(森有禮)의 참가 호소로 후쿠자와 유키치·가토 히로유키(加藤弘之)·니시 아마네(西周) 등이 월 2회 회합을 가졌으며 기관지『메이로쿠 잡지』를 무대로 학술·종교·외교·재정·가정생활 등 다채로운 테마에 관해 논했다. 한국어판 이새봄 저역『메이로쿠 잡지』빈서재, 2021.

내항 이전의 태동을 시야에 넣은 언급이 지금까지 없었던 것은 아니지만, 문명개화를 막말 이전에서부터 포착하는 고찰이 새삼 강렬해 보이는 것은 메이지 초기의 일시적 현상이라는 이미지가 뿌리깊기 때문일 것이다.

다른 한편으로는 이를 근대 국민국가의 '문명'화 정책의 일단으로 파악하여 그 후의 영향에 대해 고찰하는 연구도 거듭되고 있다. 이 '문명'의 함의는 다의적이다. 오쿠보 도시아키大久保利謙 등 1960년대까지의 연구에서는 '자유'·'권리'를 계몽적으로 선전하는 서양 '문명'적 측면을 긍정하던 정부가 자유민권운동의 고양에 직면하여 형식상의 억제로 전향해간 점이 강조되었다. 그것이 제국헌법 제정과 제국의회 개설로 결실을 맺었다는 정치사적 평가가 행해지는 한편으로, 야스마루 요시오安丸良夫 등 1970~90년대의 민중사상사 연구는 '문명'의 다른 면을 포착했다. 구체적으로는 사람들이 보는 곳에서 나체를 드러내는 것을 꺼리는 등의 풍속 통제,[3] 우란분회盂蘭盆會 등 토착 신앙에 대한 억압이나 구걸物乞い·창부娼婦 규제 등, 민속적 풍습의 부정과 마땅히 그러해야 할 '국민'상의 급격한 제시를 불러온 면을 강조한 것이다. 거기에 착안하면 메이지 20년대에 정비되어 가는 소학교의 의식儀式체계나 가도마쓰門松·하쓰모데初詣·신도식 결혼神前結婚式같은 생활 의례가 선전되는 제1차 세계대전 후의 민력함양운동民力涵養運動[4]으로의 연결성을 볼 수 있다. 또 동아시아 제 지역·민족에 대한 우월의식이나 더 나아가서는 사론가 다케코시 요사부로竹越與三郎[5] 등의 '문명사' 서술 등에 연결시키는 것도 가능할 것이다.

(2) 사회에 끼친 영향의 양상

영향받는 쪽으로 눈을 돌리면 문명개화적 제 정책을 추진한 부현청이나 지역 지도자층과 종래의 생활양식을 유지하고자 한 일반 민중 사이에서 다양한 경합을 볼 수 있음이 밝혀졌다. 그것은 신정新政 반대 잇키一揆와 같은 현저한 다툼에 그치지 않고 매장이냐 화장이냐와 같은 습속의 선택에까지 이르렀다. 또 이마니시 하지메今西一 등은 사민평등의 이념과는 반대로 실태로서의 피차별부락 잔존이나 예창기藝娼妓 해방령의 불철저가 근현대 일본사회의 차별 구조를 조장하여, 그 어둠 속에서 살아간 많은 사람들을 만들어낸 면을 강조했다. 나아가 천황을 받드는 정체政體를 취하는 메이지 정부의 제 정책이 '복고'와 '개화'라는 상이한 이념을 내포하여 전개되었다고 파악하는 연구도 이루어졌다. 태정관제로 '복고'하여 친정親政하는 천황 자신도 교토에서 도쿄로 나가, 서양 옷을 입고 군대의 대원수가 되는 서양적 군주상을 보이며 순행 실시나 그 초상화 사진('어진영御眞影'[6]) 등을 통해 인지되는 '개화'의 체현자이기도 했다. 한편 19세기 말까지 문명개화의 수용을 외래품 구입이라는 기준으로 살펴보면 도쿄·

---

3) 풍속 통제 : 1872년 11월에 도쿄에서 위식괘위조례(違式詿違條例)가 제정되었다. 이 조례는 이듬해 이후 개항지를 중심으로 전국에서 정해져, 문신(入れ墨)·대중목욕탕(風呂屋)의 혼욕 영업·여성의 단발 등이 처벌 대상이 되었고 오늘날의 경범죄법으로 계승되었다.

4) 민력함양운동 : 1919년(다이쇼8) 3월, '민력함양에 관한 내무대신의 훈령'이 발표되어 각 지자체가 그 구체적 실행계획을 입안·실행한 관제 사회교화 운동. 러일전쟁의 지방개량운동(p.439)으로 이어져, 제1차 세계대전 후의 전후경영으로서 내무성이 주도하여 현대에 이어지는 일상생활의 규범이 다수 제시되었다.

5) 다케코시 요사부로 : 1865~1950년. 메이지·다이쇼기의 역사평론가. 도쿠토미 소호(德富蘇峰)의 『국민신문』에서 기사를 쓰는 한편, 1891~92년에는 『신일본사』 상·중권을 간행하여 혁명으로서 메이지유신이 지니는 의의를 설파했고, 『이천오백년사』에서는 진무(神武) 이래의 역사를 황국사관과는 다른 문명 발전사로서 서술했다.

6) 어진영 : 천황이나 황후의 공식적인 초상사진·초상화의 경칭. 1890년대부터 궁내성에서 각 학교에 본격적으로 배포되다. 지급 내지 대여된 어진영은 학교에서 엄중하게 관리했으며 의식에서 의무적으로 사용되었다.

오사카나 개항장에서의 부분적 보급에서 수송망의 발달에 따라 주변 지역의 부유층으로, 이후 지방도시의 소매상 증가에 따른 도시 근교 농촌까지 단계적으로 전개되었다. 다만 20세기에 들어서도 전통적 생활 양식은 자작농층에서 뿌리깊게 남아있었고, 외래품과 기모노吳服·약 등 전통적 용품을 함께 사용하는 소비생활은 주로 유력자산가층에서 진전된 것으로 보인다.

(3) 어떻게 '거부'당했는가

이렇게 문명개화를 파악하는 시도는 폭이 넓은 만큼 초점을 맞추기 어려운데, 수용·거부의 이항대립이 아닌 구체적 고찰이 다시금 필요할 것이다. 그 점에서 메이지 10년대의 외래품 배척 운동은 흥미로운 사례다. 승려 사타 가이세키佐田介石7)가 '램프 망국론' 등 외래품 불매不使用를 주장했다. 대도시의 서민을 매료시켜 지지하는 결사도 다수 낳은 이 운동은 일견 단순한 반동적 문명개화 거부로 보인다. 하지만 실제로는 수입 초과에 의한 정화正貨 유출에 경종을 울려, 국내시장과 도시·농촌의 소비활동의 진흥을 의도한 사타의 '황국 고유의 개화' 구상의 일부이며, 이노우에 고와시井上毅나 후쿠자와 등으로부터도 일정한 지지를 얻고 있었다. 그리고 사타 자신은 외래 쇳덩어리라고도 할 만한 기차를 타고 외래품 반대 연설 회장에 가기도 했던 것이다. 거부와 이용이 '개화'라는 말에 동거하는 그 모습은 사타뿐만이 아니라 문명개화에 대한 서민감정의 깊이를 말하고 있다. 새로운 문화나 생활양식을 접하는 경험이라는 보편적이며 현대적인 과제에도 시사를 주고 있는 테마라고 할 수 있을 것이다.

탐구 포인트

① '문명개화 시대'란 언제부터 언제까지일까.
② 타국의 '근대화'와 어떻게 관련지어 비교할 수 있을까.
③ 애초에 이 단어를 사용할 때의 장점과 단점은 무엇일까.

참고문헌

大久保利謙「文明開化」『岩波講座日本歷史15 近代2』岩波書店, 1962.
安丸良夫야스마루 요시오『神々の明治維新』岩波書店, 1979 / 이원범 역『천황제 국가의 성립과 종교변혁』소화, 2002.
牧原憲夫마키하라 노리오「文明開化論」『岩波講座日本通史16 近代1』岩波書店, 1994.
今西一『近代日本の差別と性文化』雄山閣, 1998.
谷川穣「＜奇人＞佐田介石の近代」『人文學報』87, 2002.
苅部直가루베 다다시『「維新革命」への道』新潮社, 2017.
中西聰·二谷智子『近代日本の消費と生活世界』吉川弘文館, 2018.

---

7) 사타 가이세키 : 1818~1882. 막말·메이지 전기의 승려. 불교적 세계관에 기반한 천동설을 주장하는 한편으로 다수의 건백서나 주저『재배경제론』에 근거하여 소비를 축으로 한 사회사상과 외래품 비판 연설을 전개했다. 사후 반세기 가까이 지난 1930년대에 메이지 문화 연구나 자급경제론의 고양과 함께 다시금 주목을 받았다.

04. 조약개정과 청일전쟁
근대 일본의 형성 과정에서 어떤 의미를 가지는가

이오키베 가오루^{五百旗頭薫*)} 집필 / 김민 번역

관련항목: IV-1^[p.348] IV-2^[p.351] IV-8^[p.369] IV-9^[p.372] IV-18^[p.399] IV-38^[p.459]

〔논의의 배경〕

조약개정이란 막말기부터 메이지 초기에 걸쳐 서양 각국과 체결한 수호통상조약을 불평등한 것으로 간주하고 보다 대등한 조약으로 개정하기 위한 교섭을 말한다. 오랜 협상 끝에 1894년 7월 16일 영일교섭이 타결됨으로써 실현의 전망이 서게 되었다. 같은 달 말 마찬가지로 장기간 조선을 둘러싸고 이어진 청조^{淸朝}와 일본 사이의 경합이 결국 전쟁으로 이어졌고 일본이 승리를 거두었다. 두 사건이 거의 비슷한 시기에 이루어졌기 때문에 조약개정과 청일전쟁은 일본 근대사의 여러 맥동^{脈動}이 서로 얽혀든, 흡사 복잡하게 얽힌 실뭉치처럼 되어버려서 그 전모 파악이 지극히 어렵다. 이것을 어떻게 풀어서 이해하면 좋을까.

〔논점〕

(1) 국민·국가·제국

맥동^{脈動}은 무엇을 말하는 것인가. 가장 먼저 국민^{nation [p.392]}의 형성이다. 일체성을 지닌 국민으로서의 자의식이나 참가의 실현을 의미한다. 조약에 반발하는 내셔널리즘이 개정교섭의 추동력으로 작용하는 동시에 장애요인이 되기도 했다. 청일전쟁에서 일본군은 높은 사기와 훈련도로 우위에 섰다. 그리고 전승^{戰勝}에 열광하면서 사람들은 국가의 운명과 자신의 운명을 일체시하는 체험을 하게 되었고, 그런 의미에서 국민이 완성되었다.

두 번째로 국가^{state}의 형성이다. 통일적이고 유효한 통치의 실현이다. 일본이 차츰 서양식 법·재판·행정을 구축하고 있다고 서양 국가들이 인식하게 되자 이것이 조약개정을 뒷받침하게 되었다. 청일전쟁에서도 징병제를 통한 효율적인 동원과 대부대를 운용하는 능력이 뛰어났던 점이 유리하게 작용하였다.

세 번째로 제국^{empire}의 형성이다. 조약개정을 추진하기 위해 일본은 스스로를 청조·조선과는 다른 문명권인 것처럼 차별화하였다. 청일전쟁은 조선을 둘러싼 청일 간의 대립에 종지부를 찍었다. 일본은 조선 왕궁을 점령하고 동학¹⁾농민군을 소탕하였다. 청조로부터

---

*) 도쿄대학대학원 법학정치학연구과 교수 | 일본정치외교사
1) 동학: 그리스도교(서학)에 대항한 민중 종교. 조선 남부에서 확산하여 1894년 초에 봉기를 일으켰으나 일본과 청조의 출병 사실을 알고 조선 정부와 화약을 맺었다. 일본군이 한반도를 제압한 것에 대항하여 11월에 재차 봉기하였으나 이듬해 초 진압되었다.

배상금과 대만을 획득하고 대만 주민의 거센 저항을 제압하였다. 요동반도도 획득하였지만 삼국간섭[2]으로 반환하였는데, 이때의 울분은 대륙진출의 기운을 고조시켰다(와신상담).

이렇게 뒤엉킨 실뭉치 속으로 역사가는 어떻게 파고들어가야 할까.

(2) 조약개정

일본은 서양형의 국가형성을 추진하고, 그 성과를 토대로 조약 내용 중 영사재판[3]이나 협정관세 조항의 개폐改廢를 압박하는 것으로서 주권 회복을 꾀했다.

그러나 주권의 제약이 꼭 나쁘기만 했던 것일까. 모리타 도모코森田朋子의 연구는 사법권의 일부를 구미에게 나누어 준 것이 서양과의 협력·교류에 기여하였다는 점을 시사한다.

일본 정부도 한동안은 영사재판이나 협정관세와 공존할 생각이었던 것 같다. 이오키베 가오루에 따르면 진짜 문제는 영사재판의 확대 운용을 통해서 외국인에 대한 행정권이 제약받는 것에 있었다. 국가형성의 핵심이라고 할 수 있는 행정의 통일성이나 속도가 저해되었기 때문이다. 이러한 운용을 타파하기 위해서 정부는 행정권 회복을 위한 교섭을 시도하였지만 난항을 겪었다. 이에 이노우에 가오루井上馨 외무대신은 근본적인 개정이 필요하다고 생각하여 영사재판 그 자체의 철폐를 목표로 삼았다. 높은 목표를 설정한 만큼 국내에서의 공격도 거세져서 1887년에 이노우에는 외무대신 사임에 내몰리게 되었다. 그리고 고미야 가즈오小宮一夫가 묘사하는 것처럼 정부의 외교를 비난하는 대외경파對外硬派가 대두하였다.

일본이 주변 여러 나라에 비해서 순조롭게 국민국가를 형성한 것은 사실이라고 할 수 있다. 그러나 구미에 대한 자기주장이라는 맥락에서 본다면 국가형성은 기존의 이해보다는 난항을 겪었고(행정권의 저해), 내셔널리즘[p.399]의 발화는 늦은 편(1887)이었는지도 모른다.

(3) 청일전쟁

청일전쟁과 관련해서 최대의 논점은 전쟁 원인에 대한 것이다. 후지무라 미치오藤村道生의 고전적인 개설에 따르면 일본 국내는 대체로 강경노선 쪽으로 기울어진 상태였고, 서양 열강의 간섭을 경계한 이토 히로부미伊藤博文 수상이나 무쓰 무네미쓰陸奧宗光 외무대신 정도가 신중한 태도를 취하는 것이 고작이었다. 그리고 개전에 적극적이었던 군부[p.459]에 이끌려갔다. 그러나 나카쓰카 아키라中塚明는 국내기보다는 정부가 일치단결하여 청조와의 개전을 추진했다고 강조한다. 대외경파의 힘을 무시할 수 없어 그 창끝을 돌리기 위해서 전쟁이 필요했기 때문이다.

정부가 대체로 일치된 입장이었다고 한다면 거꾸로 개전 직전까지는 대체로 일치단결하여 전쟁을 회피해 왔다고도 생각할 수 있지 않을까. 실제로 다카하시 히데나오高橋秀直나 오사와 히로아키大澤博明는 이토·이노우에 등 정부 주류가 조선에 대한 청조의 우위를 사실상 용인하는

---

2) 삼국간섭: 1895년 4월 시모노세키조약(강화조약)을 통해 청조가 약속한 요동반도 할양이 러시아·프랑스·독일 삼국의 권고로 인하여 좌절되었다.
3) 영사재판: 일본에 있는 외국인이 재판에서 피고인이 된 경우 그 외국인의 본국에서 파견된 영사에게 재판을 받도록 한 제도. 주로 사람과 사람 사이의 분쟁·범죄에 적용하는 것으로 상정되었으나, 일본 국내의 법규를 위반한 외국인도 영사재판의 보호를 받도록 운용되어 외국인에 대한 일본 정부의 행정권을 저해하게 되었다.

협조노선을 취하여 강경론을 억눌러왔다는 것을 상세하게 논하였고 이것이 통설이 되었다. 사이토 세이지齋藤聖二는 군부의 개전 준비 과정을 세밀하게 추적하였는데, 군부가 전쟁 준비를 하면서도 문민지도자의 의사결정을 존중하여 기다리고 있었다고 지적하며 문민통제가 일단은 기능하고 있었다고 인정하였다.

일본의 한반도 진출 의욕은 메이지 초기부터 있었다. 그러나 청조와 전쟁을 하게 되더라도 이것을 실행하겠다고 결단을 한 것은 청일전쟁 개전 직전이었다는 이야기가 된다.

(4) 일본근대사에 대한 시사점

전쟁을 바라지 않는 이토 히로부미가 권력을 쥐고 있었는데 어째서 전쟁을 시작하게 되었던 것일까? 이에 대해서는 대외경파의 압력에서 원인을 찾는 다카하시의 설과, 정부 스스로 조선에 대한 영향력을 확대하기 위한 기회를 엿보고 있었는데 타협의 기회를 놓쳤다고 하는 사사키 유이치佐々木雄一의 설이 있다. 어느 쪽이든 자율적·합리적으로 의사결정을 한다는 의미에서의 국가이성이나, 계획적으로 대륙에 진출하는 제국주의가 제대로 갖추어져 있지는 않았다는 지적이다.

국민의 열광에 대해서도 과한 해석은 주의해야 한다. 개전 초기에는 전쟁을 꺼리는 분위기나 정부에 대한 비판 목소리가 강했고, 이는 평양 점령과 황해해전을 거치면서 일본의 우세가 확실해질 때까지 계속되었다.

지금까지 많은 역사가들이 조약개정과 청일전쟁을 길고 거대한 역사적 맥동의 중심부로 간주하고 연구해왔다. 그러나 그 결과 국민·국가·제국의 형성이 세찬 맥동을 시작하는 것은 의외로 늦었고, 오히려 조약개정·청일전쟁이라는 우연한 경위를 통해서 겨우 진전된 측면도 있다는 것을 알게 되었다. 이로써 조금은 뒤엉킨 실뭉치가 풀렸을까.

탐구 포인트

① 일본이 서양형의 국가형성과 병행하여 열심히 조약개정을 추구한 이유는 무엇인가
② 청일전쟁 개전에 대하여, 설득력 있는 개전 원인은 무엇이라고 생각하는가

참고문헌

中塚明나카쓰카 아키라『日淸戰爭の硏究』靑木書店, 1968.
藤村道生『日淸戰爭』岩波書店, 1973.
高橋秀直『日淸戰爭への道』東京創元社, 1995.
檜山幸夫『日淸戰爭』講談社, 1997.
大澤博明『近代日本の東アジア政策と軍事』成文堂, 2001.
小宮一夫『條約改正と國內政治』吉川弘文館, 2001.
齋藤聖二『日淸戰爭の軍事戰略』芙蓉書房出版, 2003.
森田朋子『開國と治外法權』吉川弘文館, 2005.
五百旗頭薫이오키베 가오루『條約改正史』有斐閣, 2010.
大谷正오타니 다다시『日淸戰爭』中央公論新社, 2014 / 이재우 역『청일전쟁』오월의봄, 2018.
佐々木雄一『帝國日本の外交 1894~1922』東京大學出版會, 2017.

05. 자유민권운동
'민중'을 어떻게 파악할 것인가

마쓰자와 유사쿠(松澤裕作*) 집필 / 안준현 번역

관련항목: III-18[p.290] IV-3[p.354] IV-7[p.366] IV-8[p.369] IV-17[p.396] IV-18[p.399]

〔논의의 배경〕

1874년 이타가키 다이스케(板垣退助) 등이 '민선의원(民撰議院) 설립 건백서'를 제출하자 국회 개설, 헌법 제정을 요구하는 자유민권운동이 각지에 퍼져나갔다. 그 배경에는 무엇이 있었던 것일까. 또 정부·자유민권운동·민중 3자간의 관계는 어떠한 것이었을까.

〔논점〕

(1) 정부와 민권파의 관계

막말의 정치적 동란 속에서 어떠한 형태로든 정치체제의 변혁이 필요하다는 것이 널리 인식되었고 또 서구형 의회제를 포함한 입헌정이 하나의 모델이라는 것도 이해되었다. 하지만 의회 개설이 구체적인 정치 쟁점으로서 부상한 것은 정한론 정변 패배로 정부를 떠난 이타가키 다이스케 등이 1874년에 '민선의원 설립 건백서'를 제출하고 나서였다.

민선의원 설립 건백서의 논리는 '유사(有司)전제'[1] 비판으로도 알려졌다. 건백서는 당시 정부의 지배자가 천황도 인민도 아닌 '유사'의 권력 독점 상태에 있다고 했다. 그러한 상태는 정통성을 결여하기 때문에 국가는 붕괴의 위기에 빠져 있다고 그들은 주장했다. 위기를 벗어나기 위해서는 인민을 국정에 참여시킴으로써 정치는 누군가에게 맡겨 놓는 것이 아닌 자신들의 것이라는 의식을 가진 국민을 창출해내야만 한다는 것이 건백서의 논리였다.

이러한 논리는 메이지유신 후에 형성되고 있던 일본 근대 국가를 부정하는 논리가 아니라 그것을 강화하기 위한 것이었다. 건백서는 신문에 게재되어 각종 신문 상에서 그 내용을 둘러싼 논쟁이 전개되는데, 도리우미 야스시(鳥海靖)는 그 쟁점은 민선의원의 즉시 설립인지 혹은 그것이

---

*) 게이오기주쿠대학 경제학부 교수 | 일본근대사

1) 유사전제 : '유사'란 관료를 일컫는 말로, 정부 중추의 정치가들이 지배의 정통성을 지니지 않는 관료임에도 불구하고 독단적으로 국가의 의사결정을 행하고 있는 것을 비판하는 말로서 사용되었다.

시기상조인지를 둘러싼 것이며 민선의원 자체를 부정하는 의견은 없었다고 지적하고 있다. 또 도리우미는 민권파가 기초한 이른바 '민간私擬헌법'²⁾도 큰 틀에서는 정부의 헌법구상과 공통되는 점이 많다고도 말한다. 이러한 정부와 민권파 간 정책의 유사성은 그 지도자들이 정부에 복귀했다가 이탈하는 것을 반복하는 사실과도 정합적이다.

(2) '민중운동'의 자율성

1960~70년대까지의 연구에서는 정부 대 민권파라는 이항대립적 도식으로 자유민권운동의 전개를 이해하는 견해가 일반적이었다. 그런데 논점 (1)에서도 논했듯 민권파의 논리는 정부의 논리와 그다지 동떨어진 것이 아니었다. 한 마디로 정리하자면 그것은 근대 국민국가형성을 지향하는 운동이다. 도리우미 야스시는 정치사 측에서 그것을 논한 것이고 운동사·사회사 측에서는 1980년대 이후 국민국가를 포함한 근대사회의 구조가 사람들을 억압하는 장치라는 근대 비판적 연구 동향이 발생한다. 여기에서는 그러한 근대에 반발하고 저항하여 마침내 포섭되어 가는 민중이, 민권파와는 별도의 운동 주체로서 주목된다. 예컨대 마쓰카타松方 디플레이션 시기에 빚 감면과 변제 유예를 요구하는 농민 운동='부채농민소요'가 동일본을 중심으로 빈발하는데, 쓰루마키 다카오鶴卷孝雄나 이나다 마사히로稻田雅洋는 이것들을 전통적인 토지소유 관념에 기반한 운동이자 '민권운동'과는 구별되는 '민중운동'으로 파악했다.

(3) 운동은 왜 퍼졌고 왜 끝났는가

자유민권운동은 일부의 정치 엘리트나 지식인만의 운동이며 다수의 민중은 관계없었는가 하면 그렇지도 않다. 그렇다면 자유민권운동이 일정 정도 퍼지게 된 것을 설명할 수 없기 때문이다.

이러한 점에 설명을 부여한 것이 마키하라 노리오牧原憲夫였다. 마키하라는 이 시기의 사회를 정부·민권파·민중 세 극으로 구성된다고 파악했다. 마키하라에 의하면 정부와 민권파는 근대적 사회를 지향하여 국민국가형성을 목표로 하고 있었던 점에서는 공통되는 점이 있다. 한편 민중은 국민으로서 국정에 참여하고 징병으로 대표되는 의무를 짊어지는 것에는 소극적이어서, 오히려 국가의 '객분客分'이라는 입장에서 생활의 안정을 바라고 있었다. 하지만 민권파와 민중은 반정부라는 점에서 접점을 가지기도 한다. 예컨대 민권파의 연설회에서 민권파의 정부 공격에 민중이 열광하여 양자가 '스파크'를 일으켜 거대한 운동의 에너지를 낳은 것이라고 논의를 전개했다.

마키하라가 주목한 것은 연설회였으나 이나다 마사히로는 연설회와 함께 신문이라는 미디어가 일본 사회에 도입되어 새로운 정치문화를 낳은 점에 자유민권운동의 획기성을 발견하고 있다.

마쓰자와 유사쿠는 위와 같은 민중에 주목하는 연구를 계승하며 민중운동과 민권운동

---

2) 민간헌법 : 민간에서 만들어진 헌법안. 오우메이샤(嚶鳴社)나 고준샤(交詢社)와 같은 도시 지식인 결사에 의해 만들어진 것을 비롯해, 우에키 에모리(植木枝盛) 등 지식인이 개인적으로 만든 것, 지역의 학습 결사에서 만들어진 것 등 약 100여 종이 알려져 있다.

양자를 신분제 사회의 해체라는 문맥 속에 통일적으로 위치지으려고 했다. 근세 신분제 사회 속에서 개인은 무라^村·마치^町·나카마^{仲間}라는 사회 집단 속에 소속되어 있었지만, 메이지유신으로 그러한 사회집단이 해체되자 사람들 사이에 불안이 생겨났다. 그때 민권파가 등장하여 새로운 사회질서 구상을 제시하자 그 구상을 충분히 이해할 수 없는 사람들에게도 보다 안정된 생활을 실현하는 희망으로 받아들였고, 이러한 유토피아적 열망이 자유민권운동과 결합되며 운동의 확산을 뒷받침했다. 한편 정부 측이 제도 정비를 진전시켜 근대사회의 모습이 정해져 버리자 자유민권운동은 그 에너지를 잃어 종언을 맞게 된다. 이상으로부터 마쓰자와는 1884년 지치부^{秩父} 사건[3])과 자유당의 해체로 민중운동은 종언을 맞았다고 주장하였으며, 의회제와 지방제도 등 근대사회의 틀이라는 존재를 전제로 하는 3대 사건 건백 운동^{三大事件建白運動}[4])은 민권운동과는 성격이 다르다고 규정했다.

> **탐구 포인트**
> ① 자유민권운동과 정부의 관계는 적대관계라고 할 수 있는 것일까.
> ② 자유민권운동기의 민중은 무엇을 바라고 있었던 것일까.
> ③ 자유민권운동이 퍼진 것은 어떠한 요인에 의한 것일까.

참고문헌

鳥海靖『日本近代史講義』東京大學出版會, 1988.
稻田雅洋『日本近代成立期의 民衆運動』筑摩書房, 1990.
鶴卷孝雄『近代化と傳統的民衆世界』東京大學出版會, 1992.
牧原憲夫^{마키하라 노리오}『客分と國民のあいだ』吉川弘文館, 1998.
稻田雅洋『自由民權の文化史』筑摩書房, 2000.
松澤裕作『自由民權運動』岩波書店, 2016.

---

3) 지치부 사건 : 1884년 11월에 사이타마(埼玉) 현 지치부 군에서 일어난 농민봉기. 자유당원이 관여했기에 자유민권운동의 일환으로 파악해야 할 것인가, 요구항목의 중심이 부채 변제 연기에 있었기에 부채 농민 소요로 간주해야 할 것인가 하는 논의가 있다.
4) [역주] 1887년 발생한 자유민권론자들의 정치 운동으로 외교 회복, 토지세 감면, 언론 자유를 요구했다. 정부는 치안조례를 제정하고 민권파를 도쿄에서 추방하는 것으로 대응했다.

06. 근대천황제
그 '근대'성이란 무엇인가

이케다 사나에(池田さなえ*) 집필 / 김경옥 번역

관련항목 III-32[p.332] IV-18[p.399] IV-29[p.432] IV-30[p.435] IV-36[p.453] IV-46[p.483]

〔논의의 배경〕

근대천황제에 관한 연구는 1970년경과 1990년경을 경계로 각각 연구과제나 시각, 연구의 초점이 되는 시기나 대상에 큰 변화가 있었다. 이 두 획기적인 변화를 거치며 전근대까지의 국가체제도 아니고 전후의 상징천황제와도 다른 '근대'천황제의 특징이란 무엇인가 하는 문제에 대한 이해가 심화되었다. 이하에서는 이 두 획기를 축으로 근대천황제 연구의 흐름을 더듬어 보기로 한다.

〔논점〕

(1) 전후 역사학의 고전적 근대천황제 연구

전후 역사학의 근대천황제 연구는 크게 나누어 세 시기에 집중되었다. 막말 유신의 근대천황제 성립기, 메이지 헌법 체제 확립기, 쇼와 전전기戰前期이다. 그리고 이 각각의 시기마다 주요 논점(과제)이 존재했다. 막말 유신사 연구는 메이지유신은 절대주의 단계인가, 시민혁명인가 하는 논점으로부터 진행되어 혁명의 이념이 된 '천황제 이데올로기'를 분석하는 것이 주된 관심이었다. 메이지 헌법 체제 확립기에는 그 제도나 국가기구의 '전제적'·'비민주적' 성격을 강조하는 것이 주요한 과제였다. 쇼와 전전기에는 사회의 여러 영역에 남아 있는 '봉건적 유제遺制'의 지적을 통해 근대천황제의 '파시즘'적 성격을 강조하는 데 주안점을 두었다. 모두 마르크스주의적 발전단계사관의 영향을 강하게 받은 것이었는데 가치판단이 우선되고 유력한 학설이 등장하자 이후에는 대동소이한 설명이 반복되고 사료나 방법론도 이 논점에 묶여 새로운 기초적 연구가 나타나기 어려운 문제도 있었다.

(2) 새로운 연구의 등장

그런데 1970년경을 기점으로 다른 테마로부터의 영향이나 실증적 연구 기운의 고조 등으로 메이지유신·쇼와 전전기의 논쟁은 정체되고, 천황제와 분리된 여러 논점에서의 연구가 등장하게 되었다. 메이지 헌법 확립기에 관해서도 지금까지 부정적·소극적으로 파악되어 온

---

*) 교토대학 인문과학연구소 준교수 | 일본근대사

인물이나 조직의 연구가 크게 진행되었다. 그리고 냉전의 붕괴에 따른 금기의 해체, 천황 즉위에 수반되는 천황이나 궁중 관계자에 관한 사료가 잇따라 공개됨으로써 실증적 연구는 더욱 진전되었다. 1990년대 이후의 근대천황제 연구는 이 실증적 연구의 진전 위에 이하의 두 방향으로 분기되었다. 하나는 다이쇼~쇼와기 정치사를 중심으로 한 메이지 입헌군주제의 구조 분석이다. 야스다 히로시安田浩·마스다 도모코增田知子·나가이 가즈永井和 등에 의한 천황대권과 보필기구에 관한 이해가 깊어지면서 근대천황제의 구조 분석은 하나의 도달점에 이르렀다. 그중에서도 그 후의 근대천황제 연구를 이해하는 데 필수적인 '만기친재萬機親裁' 시스템,[1] '다원적 보필제輔弼制'[2]라고 하는 중요한 개념을 만들어낸 나가이의 연구는 특필해야 할 것이다.

그러나 메이지 입헌군주제의 구조 분석을 실시한 논자들이 입헌군주제가 근대천황제의 유일한 구성요소라고 파악하고 있었던 것은 아니었다. 그들은 근대천황제에는 정치체제로서의 측면('입헌군주제')과 사회관계를 규정하는 권위로서의 측면('만세일계萬世一系'의 국체론國體論[3] 이데올로기)이 있음을 간파하고 있었다. 이 후자의 측면에 대한 해명이야말로 1990년경을 경계로 해서 두드러지는 또 하나의 연구 조류이다. T·후지타니, 하라 다케시原武史 등의 행행계行幸啓[p.385]나 퍼레이드 등의 연구, 하가 쇼지羽賀祥二의 지역사회나 종교에 초점을 맞춘 연구로 인해 근대천황제의 사회적 측면에 관한 지견이 차례차례 밝혀졌다. 이러한 축적 위에 국민국가론의 영향을 받아 전개된 다카기 히로시高木博志의 연구로 인해, 근대천황제란 서구 왕실의 영향을 받으면서도 특정 지역이나 개인과의 연계를 서서히 재편하며 새로운 전국적 질서로서 나타난 것이라는 큰 틀의 이해가 확립되었다고 할 수 있을 것이다.

(3) 최근의 동향-연구의 비약적 확대

이러한 상황 속에서 근년 근대천황제 연구는 비약적인 확대기에 접어들고 있다. 이 상황을 만들어낸 하나의 요인은 2009년 '공문서관리법'에 근거한 궁내청 서릉부 궁내 공문서관의 공문서 공개에 있음이 틀림없다. 이로 인해, 지금까지의 궁중·천황 측근자의 일기 사료만으로는 한계가 있던 시기·대상에 관한 기초적 연구가 크게 진전되었다. 현재로서는 대체로 논점 (2)

---

1) '만기친재' 시스템: '만기'란 '모든 국정상의 중요사항', '친재'는 '천황이 스스로 재가를 내리고 결재하는 것'을 의미한다. 나가이 가즈는 근대천황제에는 태정관 정부시대부터 입헌제 확립 후에도 일관되게 이 '만기친재'의 구조가 포함되어 있었다고 한다. 이 시스템하에서 천황은 국가 의사결정 과정에 따라 수동적 군주로서 행동할 뿐만 아니라, 보필기관의 책임자가 상호 대립하여 결정[裁定]을 내려야만 하는 경우에 능동적 군주로서 행동하는 상반된 두 가지 측면을 가지고 있었다.
2) 다원적 보필제: '보필'이란 대일본제국헌법에서는 제55조 국무대신의 규정에서만 나오는 용어지만 현재의 일본 근대사 연구에서는 헌법의 운용 실태로부터 국무·궁무·군무 전반에 걸쳐 '천황의 통치를 돕는 것'이라고 광의적으로 해석된다. 국무의 '보필'은 국무대신이, 궁무의 '보필'은 궁내대신이, 군무의 '보필'은 군부가 맡고 추밀원이나 내대신, 원로 등 여러 국가기관이 '보필' 기능을 보완하여 국가를 통치하고 있었다. 대일본제국헌법의 '천황대권(大權)'과 '천황무답책(無答責)' 원칙을 관철하기 위해 '보필'에는 반드시 군주에 대한 책임이 생긴다.
3) 국체론: '국체'라는 용어 자체는 미토학(水戶學)을 중심으로 한 존왕양이론 속에서 주목받게 된다. 국체·주권·군위 등의 의미를 포함해 메이지 입헌제 확립과 동시에 발포된 교육칙어에 의해 거의 정의되었다고 한다. 국가의 정치체제나 지배양식을 나타내는 '정체(政體)'와 짝을 이루는 말로 사용되어 '정체'가 변화하는 데 반해, 만세일계 천황이 다스리는 일본의 '국체'는 국가나 신민이 망하더라도 영원히 지속되어야 할 것으로 생각되었다.

에서 기술한 근대천황제의 두 측면 ('입헌군주제'와 '만세일계의 국체론 이데올로기')에 따라 진행되고 있다고 할 수 있겠지만 새로운 경향을 몇 가지 지적하고자 한다. 먼저 입헌군주제에 관해서 메이지기 연구가 비약적 확대되었다. 특히 일찍이 반노 준지坂野潤治나 마스다 도모코增田知子도 지적한 1900년의 획기성4)에 주목해 이 시기에 행해지는 황실 제도 개혁이 하나의 큰 토픽이 되고 있다. 특히 니시카와 마코토西川誠 등의 선구적 연구를 거쳐 고쿠부 고지國分航士 등이 진행하고 있는 황실 관련법 형식을 둘러싼 궁중·부중府中 관계의 해명이 중요한 논점이 되고 있다. 또 추밀원이나 궁내성, 군사고문, 내대신 등 '보필'을 담당한 국가기관의 활동에 대한 해명이 한층 더 더해져 '보필'기관 상호의 관계나 '보필'의 실태도 상당 부분 밝혀졌다. 이 외에 제도 밖의 일탈이나 제도 내의 다양한 관습, 황실 재산과 같이 지금까지 거의 해명되지 않았던 영역의 분석도 급속히 진행되고 있다.

이데올로기로서의 천황제 연구도 대상을 확대하면서 심화되고 있다. 후지타니·하라 등이 다룬 행행계에 관해서는 지역을 넓히고 혹은 천황·황태자뿐만 아니라 왕족에게도 대상을 넓혀 실증 연구가 축적되고 있다. 이 밖에 초상, 축제 상품, 영화, 군대 내에서의 천황·황족, 역사 인식, 지금까지 주목받지 못했던 사상가나 신도가 등의 언설 등 다양한 사례·단면에서 고찰이 진행되고 있다.

탐구 포인트

① 다양한 '보필'기관은 상호 어떠한 관계를 구축하고 있었던 것일까.
② '다원적 보필체제'는 어떤 과정을 거쳐 어떻게 정비된 것일까.
③ 메이지 입헌제에 관한 연구와 근대천황제의 사회적 측면에 관한 연구는 어떤 관계가 있는 것일까.

참고문헌

高木博志『近代天皇制の文化史的硏究』校倉書房, 1997.

安田浩『天皇の政治史』靑木書店, 1998.

增田知子『天皇制と國家』靑木書店, 1999.

永井和『靑年君主昭和天皇と元老西園寺』京都大學學術出版會, 2003.

---

4) 1900년의 획기성: 구체적으로는 내각 제도에서 1907년의 내각관제 개정과 공식령 제정이라는 국가 의사결정 절차의 통일적 제도 개정이 이루어지고, 관료제는 '야마가타 벌(山縣閥)'의 형성이라는 형태로 독립·강화되었으며, 정당은 원로 권력에 의거해 정권 담당 능력을 획득했다. 또 지방행정 이념은 메이지 입헌제 창설기의 군부·명망가 지배로부터 도시상공업자 지배로 이행했다. 이 같은 변화 시기에 황실 제도 개혁이 진행되어 황실전범 증보와 '황실령'이라는, 국가법과는 다른 황실법 체계가 탄생하는 것의 중요성은 일찍부터 지적되고는 있었지만 근년 궁내 공문서관의 사료에 그 구체적인 과정이 더욱 선명하게 드러나고 있다.

07. '무사'의 근대
다이묘나 무사는 어떻게 근대 사회에서 다시 태어났는가

우치야마 가즈유키(內山一幸*) 집필 / 안준현 번역

〔논의의 배경〕

메이지유신에 의해 신정부가 성립함으로써 무사 신분은 소멸한다. 1869년(메이지2) 판적봉환(版籍奉還)[1] 후에 제후(다이묘)는 공경과 함께 화족으로, 무사들은 사족으로 재편되었다. 다이묘였던 화족은 번지사(知藩事)[2]로서 여전히 구 영지를 통치했으나, 1871년의 폐번치현(廢藩置縣)[3]으로 해직되어 도쿄로 이주했다. 한편 일부 사족이 신정부나 새롭게 놓여진 부현의 관원이 된 것은 잘 알려져 있으나 고전적인 이해로는 많은 사족이 신정부 정책으로 그때까지의 특권을 잃었기에 몰락했거나 정부에 반발했다고 간주된다. 하지만 그러한 이해는 지나치게 일면적인 것이 아닐까.

〔논점〕

(1) 고전적인 이해

화족 및 사족을 둘러싼 종래의 연구는, 제도적 분석을 제외하면 특정 분야만 잘라내는 형태로 분석이 심화되어왔다. 화족에 대해서는 일찍이 '황실의 울타리(藩屛)'라는 한 마디로 설명되었으나, 그 후 정치사에서는 귀족원 의원의 모체가 어떻게 형성되었는가, 경제사에서는 어떠한 과정으로 그들은 자본을 축적했는가 등의 문제제기가 있었다. 최근 전자에 관해서는 그들의 주체성을 발견하는 작업이, 후자에 관해서는 사례연구의 심화가 나타났다. 애초에 이 연구들은 화족의 전직 다이묘라는 측면 중 가록(家禄)이 많다는 점만이 주목되었고 그 이외의 부분에 대해서는 별로 주의가 기울여지지 않았다.

---

*) 오사카경제대학 경제학부 준교수 | 일본 근현대사
1) 판적봉환 : 1869년 삿초도히[薩長土肥]의 네 다이묘가 천황에게 판도(版圖, 토지)와 호적(인민)을 반납하였으며 다른 다이묘도 이를 따랐다.
2) 번지사 : 판적봉환에 따라 각 다이묘는 천황으로부터 각지에 파견된 지방장관이라는 형식으로 구 영지의 지배를 이어나가도록 명받았다. [단독으로 사용될 때는 知藩事로], 구체적인 지역명이 붙는 경우는 무슨무슨 번지사(藩知事)로 표기되었다. 폐번치현에 의해 폐지된다.
3) 폐번치현 : 1871년 7월, 신정부는 전국을 직할지로 삼아 3부 302현을 두었다. 같은 해 3부 72현으로 통합되었다. 번지사는 폐지되어 부에는 부지사가, 현에는 현령 또는 권령(權令)을 두었다. 구번의 채무는 신정부가 이어받았다.

또 사족에 대해서는 메이지 정부의 중심적인 인물이 된 구 하급무사나 구 막신幕臣[4]의 그 이후를 다룬 연구나, 질록처분秩禄處分[5]·사족반란[6]·사족수산授産[7]·홋카이도 개척·자유민권운동 등 해당기의 특징적 사건을 분석하는 것으로 그 상이 그려져 왔다. 그 결과 그들은 특권을 뺏긴 것에 반발했다거나 큰 자산을 손에 넣어도 장사에 실패했다는 등 기본적으로는 부정적인 평가가 다수를 점해 왔다. 사족반란의 성격을 재조명한 이카이 다카아키猪飼隆明와 같은 연구도 나타났지만 사족 연구는 오래동안 정체되어 있었다.

(2) 전직 무사라는 경력

기존의 사족상을 크게 흔들어 놓은 것은 소노다 히데히로園田英弘 등 역사사회학자들이다. 통계 데이터를 구사하며 무사의 몰락을 둘러싼 논의를 뒤집으려고 했다. 그 논점은 매우 다양해서 예컨대 얼마나 많은 수의 사족이 중앙관청이나 지방행정 관리, 학교 교사, 경찰, 군인 등 공직에 앉았는가가 해명되었다. 또 역사학에서는 질록처분이나 사족수산을 정치사 속에서 검토한 오치아이 히로키落合弘樹가 메이지 정부로부터 받은 수산금에는 지방의 식산흥업 촉진과 함께 사족 중 지도적 인물을 파악한다는 효과가 있다는 것을 지적하며, 사족수산을 재평가했다. 당시의 신문을 보면 대금업을 행한 사족 기사가 눈에 띄는데, 일반적으로 사족의 장사는 오래 가지 못했다고 여겨진다. 하지만 최근에는 사족이 취직한 직종의 특징이 밝혀지기 시작했다. 마쓰무라 사토시松村敏에 의하면 그들은 막말에 역임한 직위와 관련이 있는 직업이나 그때까지 하던 부업과 같이 근세로부터 연속되는 직종 뿐만 아니라, 사진사·활판인쇄[8]·우유가게 등 근대에 새로 등장한 직종에도 취직했다. 거꾸로 야채가게나 생선가게와 같이 경험이 중요한 장사에는 맞지 않았다고 한다. 전환기이기에 많은 사람들의 장사에도 기복이 있었다고 생각되는데, '사족의 상법商法'[9]이라는 이미지에 현혹되지 않고 사족의 취업 사례를 꾸준이 집적해 나갈 필요가 있다.

---

4) 구 막신 : 도쿠가와 쇼군가를 섬기고 있던 무사들. 메이지유신에 의해 그들은 도쿠가와를 따라 시즈오카 번으로 옮길 것인가, 신정부에 출사할 것인가, 귀농·귀상할 것인가 등 선택을 강요받았다.

5) 질록처분 : 전직 다이묘였던 화족과 사족에게는 종래의 석고에 기반하여 신정부로부터 매년 가록(녹미[禄米])이 지급되었다. 정부는 재정상의 부담을 경감하기 위해 1876년에 가록(당시는 금록[金禄])을 금록공채증서로 교환했다.

6) 사족반란 : 주로 1874년 사가의 난, 1876년 아키쓰키(秋月)의 난, 신푸렌(神風連)의 난, 하기의 난, 1877년 세이난 전쟁을 가리킨다. 반란을 일으킨 사족들은 신정부의 정치체제나 대외정책을 비판하고 있었다.

7) 사족수산 : 신정부가 곤궁한 사족을 구제하기 위해 행한 시책. 사족들에게 토지 불하나 기업자금 대부를 행했다.

8) 활판인쇄 : 당시의 인쇄에는 '활자'라고 불리는 금속제의 직방체(한 면에 하나의 글자가 좌우 반대로 양각되어 있다)를 사용했다. 조판 장인이 수작업으로 활자를 한 글자씩 골라서 그것들을 틀 안에 늘어놓아 '활판'을 짰다.

9) 사족의 상법 : 사족이 장사에 손을 대었다가 실패하는 것을 의미하는 말. 이 말은 1874년 이후 신문지상에서 보이며 라쿠고(落語) 등의 소재가 되기도 했다.

(3) 전직 무사들의 유대

종래의 연구에서는 화족이라는 구분이 중시되는 한편, 전직 다이묘라는 측면에는 그다지 주의가 기울여지지 않았다. 그 이유로서 다이묘나 화족의 1차사료가 정리·공개되지 않았던 것을 들 수 있다. 또 화족의 존재 자체가 양장이나 양관洋館이라는 서양화 이미지와 결부되어 있었기에 구 가신과의 구태의연해보이는 관계가 시야에 들어오기 힘들었다고 생각된다.

하지만 사료의 공개가 진전됨으로써 다이묘 화족의 실태 분석이 심화되었다. 그 결과 화족과 사족의 틀을 횡단하는 논의가 제기된다. 우치야마 가즈유키는 판적봉환 이후 전직 다이묘와 전 가신과의 연결고리를 구의舊誼(옛 친분) 관계로 불러, 양자의 유대를 축으로 삼은 사회적 결합이 구 번령이나 도쿄에서 어떠한 의미를 가지는지를 분석했다.

다만 현재는 양자의 관계가 순조롭게 전개된 사례가 중점적으로 검토되어 있는 한편, 보신전쟁에서 구 막부군 측에 붙은 구번이나 막말기 번 내부가 크게 혼란했던 구번, 혹은 자산이 부족했던 구 소번을 사례로 삼은 연구는 별로 진전되지 못했다. 이러한 사례도 포함하여 어떠한 전체상을 그릴 것인가가 앞으로의 과제이다.

(4) 화족과 사족을 다시 묻다

이상과 같이 메이지가 되어서도 다이묘와 가신의 관계는 형태는 바뀌며 지속되고 있었다는 것이 명백하다. 그렇다면 화족 및 사족이라는 어구를 사용하는 것에도 주의를 기울일 필요가 있다. 즉 이 어구들을 통해 무사의 근대를 설명하고자 하면, 처음부터 명확하게 두 가지로 나뉘어 존재하고 있던 것처럼 착각할 수 있기 때문이다.

하지만 동시에 무사의 근대를 생각할 때에 구의 관계를 유지하는 것과 화족 내지는 사족임이 어떻게 병존하고 있었는지가 따져져야 할 것이다. 우치야마는 질록처분까지의 천황과 화족 및 사족과의 관계를 염두에 두면서 구의 관계는 잠재화되어 갔다고 지적하지만 그것도 시론에 불과하다. 이 시기의 화족이나 사족이 어떠한 존재였는지는 보다 다각적으로 연구될 여지가 있다.

탐구 포인트

① 화족이나 사족들의 다양한 활동을 1차사료에 기반하여 조사해 보자.
② 전직 다이묘와 전 가신과의 관계는 각지에서 어떻게 전개되었을까.
③ 화사족을 둘러싼 논의를 횡단적으로 파악하기 위해서는 어떠한 틀이 유효할까.

참고문헌

園田英弘·濱名篤·廣田照幸『士族の歷史社會學的硏究』名古屋大學出版會, 1995.
落合弘樹『明治國家と士族』吉川弘文館, 2001.
松村敏「武士の近代」『商經論叢』45(4), 2010.
內山一幸『明治期の舊藩主家と社會』吉川弘文館, 2015.
內山一幸「舊誼と朝臣」『日本史研究』655, 2017.

08. 초기의회의 전개
의회는 어떻게 정착했으며 무엇을 바꾸었는가

구노 요久野洋*) 집필 / 조국 번역

관련항목 IV-4[p.357] IV-5[p.360] IV-6[p.363] IV-11[p.378] IV-29[p.432]

〔논의의 배경〕

초기의회란 제1의회(1890년 11월~91년 3월)부터 제6의회(1894년 5월~6월)까지, 즉 제국의회개설부터 청일전쟁 직전까지의 의회를 가리킨다. 여기에서 메이지유신 이래의 국가형성을 선도해 온 번벌정부와, 자유민권운동의 흐름을 이어받아 중의원 다수를 차지한 자유당·입헌개진당立憲改進黨 등의 민당民黨 세력이 격하게 대립했다. 이 대립관계는 결국 제휴관계로 변화해 양자의 상호의존 하에 정치운영이 이루어지게 된다. 이는 '국민'을 대표하는 의회가 국가의 의사결정에 관여하며 굴곡을 거치면서도 일본에서 의회제가 정착해 간 과정이기도 했다.

〔논점〕

(1) 예산문제를 둘러싼 번벌정부와 민당 – 제1~4의회

제1~4의회의 최대 쟁점은 예산문제였다. 번벌정부는 '부국강병'을 목표로 군확軍擴을 주축으로 한 예산안에 대해 이해를 구했지만 중의원 민당은 '민력휴양民力休養'을 들어 예산 삭감에 의한 지조감세를 요구했다. 정부의 예산안은 예산심의권을 가진 중의원에 막혀 실현되지 못하고 다른 한편으로 민당의 지조경감 법안도 귀족원에 저지되어 실현될 수 없었다. 쌍방의 정책이 막힌 가운데 민당 가운데 자유당이 제4의회 즈음에 정부의 산업육성책 등 적극정책에 동조해 입헌개진당과의 민당 연합에서 벗어나 당시 제2차 이토 히로부미 내각과의 제휴로 향했다.

이상과 같이 예산문제를 축으로 한 초기의회 정치사의 개요는 반노 준지坂野潤治에 의해 제시되었다. 반노는 의회의 예산심의권이나 입법권 등 메이지 헌법 규정이 실제 정치의 장에서 어떻게 기능했는가에 주목해 번벌정부와 자유당이 대립에서 타협으로 나아가고 메이지 헌법 아래 의회운영의 양상이 정해져 간 과정을 그려냈다.

후속 연구는 반노의 도식을 수정하는 형태로 진행되었다. 번벌이 자기 억제적 헌법해석을 해나간 실태 등 메이지 헌법 운용상의 합의 형성이 육성되어 가는 과정이 상세히 분석되어 반노가 생각한 것보다 정부와 민당이 서로 다가갈 소지는 컸음이 제시되고 있다. 여기에 최근에는

*) 노트르담세이신(ノートルダム淸心)여자대학 강사 | 일본 근현대사

이오키베 가오루五百旗頭薫가 정책대립을 연출한 입헌개진당의 정책입안능력을 재평가하기도 했으며 또한 정부 측에 기울어간 자세를 취한 것으로 여겨져 온 이당吏黨[1]이나 귀족원의 동향에 관해서도 분석이 진행되고 있다.

이러한 정치사연구의 축적에 의해 국가기관 내부의 정치 행위자의 동향이나 구상이 상세히 밝혀짐과 동시에 제1~4의회의 예산 투쟁을 둘러싼 시행착오를 통해 제반 세력이 입헌정치의 관습을 형성해 가는 양상이 드러났다.

(2) 조약개정문제를 둘러싼 번벌정부와 민당 – 제5・6의회

나아가 번벌정부와 자유당이 제휴하는 주요 원인에 관해서도 재검토가 이루어졌다. 반노는 정부가 철도건설 등 지방의 이익이 되는 적극정책을 제시했다는 점을 중시했다. 이에 대해 이토 유키오伊藤之雄는 산업혁명이 미성숙한 상황에서 지방이익은 정당의 동향에 근본적인 영향을 주지 않는 것으로 보고 양자의 접근을 촉진한 요인으로 외교노선의 일치를 들었다. 고미야 가즈오小宮一夫는 보다 명확히 제5・6의회에서 최대 정치적 쟁점으로 부상한 조약개정문제가 양자의 제휴를 가져왔음을 논했다.

예산문제에 더하여 조약개정문제의 중요성을 환기한 고미야의 논의는 이후 정설화되었다고 봐도 좋다. 메이지정부는 불평등조약 개정교섭을 열국과 진행해 왔는데 제2차 이토 내각의 개정안이 외국인에게 내지개방을 인정하기로 하자 국내에서 반발이 일어났다. 이 문제를 파악한 입헌개진당이나 국민협회[2]는 중의원에서 새롭게 다수파를 구축하고자 '현행조약여행'[3]을 슬로건으로 대외경파(경6파)를 형성했다. 그 결과 제5・6의회에서 대외경파와 이토 내각은 조약개정안을 둘러싸고 격하게 대립했다. 고미야는 이 시점에서 자유당은 정부지지로 선회하고 현실적인 정책을 목표로 한 책임정당임을 어필했다고 지적한다. 이러한 자유당의 여당화 전략은 이토 수상의 신뢰를 얻는 것으로 이어져 청일전쟁 이후 자유당은 정권 참여를 이루었던 것이다.

(3) 제국의회와 지방사회

최근에는 사회변동과의 연관에서 초기의회의 정치과정을 파악하고자 하는 연구가 나오고 있다. 이들은 지방사회에 시점을 두면서 정당이나 지방명망가地方名望家[4]의 고찰을 다시금 깊이 해 나가야 할 것을 요청하고 있다.

---

1) 이당 : 제국의회 내 번벌정부 지지파의 통칭. 대성회(大成會)・국민협회 등 정부지지 입장을 취하는 세력에 대해 민당이 붙인 이름이다. 다만 민당과 이당의 대립축은 그렇게 명료하지 않았다고도 여겨진다. 자유당이 제2차 이토 내각과 제휴해 여당화하자 민당・이당이라는 호칭은 점차 사용되지 않았다.

2) 국민협회 : 사이고 주도(西鄕從道)・시나가와 야지로(品川彌二郞)・삿사 도모후사(佐々友房) 등을 중심으로 1892년 6월에 결당. 이해 2월의 유명한 간섭(干涉) 선거에서 당선된, 이른바 이당의 흐름에 선 의원이 중심. 1899년에 제국당(帝國黨)으로 개편되었다.

3) 현행조약여행 : 불평등조약개정이 아닌 그 여행(勵行)[충실히 행함]을 주장하며 외국인의 일본 국내 활동이나 생활을 제약하고 이를 지렛대삼아 조약을 개정해 평등조약을 실현하고자 했다.

4) 지방명망가: 지주나 지방재산 등 일정한 토지나 재산을 가지고 지역사회에서 명성이나 인망을 얻은 자. 에도 시대 이래 도시나 촌락 운영에 관여한 집안으로 메이지유신 후에도 지역을 결집시키는 존재로서 행정능력이나 문화교양에 뛰어나고 지역 발전에 관심을 가지고 있었다는 점 등이 일반적 특징으로 거론된다.

제국의회의 개설에 따라 열도의 사람들은 스스로의 정치적 의사를 표명하는 제도적 회로를 얻었다. 당시 제한선거[5] 하에서 제국의회에 선출된 의원 대다수는 지방명망가였다. 그들은 당초 민당을 비롯한 정당과의 관계는 희박했는데 서서히 정당을 통해 국정에 관여하게 되었다. 초기의회 시기에 커다란 계기가 된 것은 제4의회에서의 집회 및 정사법政社法 개정이다. 이에 따라 정당지부의 설치가 해금解禁된 것은 지방명망가의 소속당파를 명확히 해 정당의 지방기반 강화로 이어졌다. 자유당은 개정을 기회로 입헌개진당과의 관계를 단절하고자 하는 움직임을 강화함과 동시에 마에다 료스케前田亮介에 따르면 당 지부를 활용해 각지의 치수治水 요구를 받아들여 지방 통치 능력을 정부에 과시했다는 것이다. 지방 레벨에서 자유당의 여당화 전략이 재검토되고 있다 하겠다.

정당이 지방명망가를 본격적으로 조직한 것은 청일전쟁 이후인데, 제국의회라는 전국적 관점에서 각지의 이해를 조정·통합하는 장場이 생긴 후 어떻게 정당은 지방과 중앙을 잇는 파이프가 되어 갔을까. 이 점을 시기적 단계차를 감안하며 검증하는 작업은 앞으로도 필요할 것이다. 각지의 사례연구를 풍부히 쌓아가는 것이 요구된다.

탐구 포인트
① 메이지헌법은 어떻게 운용되었을까.
② 번벌정부와 민당은 언제 어떻게 타협·제휴했던 것일까.
③ 지방명망가가 정당에 참가하는 계기나 요인은 어떠한 것이었을까.

참고문헌
坂野潤治반노 준지『明治憲法體制の確立』東京大學出版會, 1971.
佐々木隆『藩閥政府と立憲政治』吉川弘文館, 1992.
伊藤之雄이토 유키오『立憲國家の確立と伊藤博文』吉川弘文館, 1999.
小宮一夫『條約改正と國內政治』吉川弘文館, 2001.
五百旗頭薫『大隈重信と政黨政治』東京大學出版會, 2003.
前田亮介『全國政治の始動』東京大學出版會, 2016.
飯塚一幸『明治期の地方制度と名望家』吉川弘文館, 2017.

---

5) 제한선거: 최초의 중의원의원선거법에서는 선거인은 만25세 이상의 남자로 만1년 이상 그 부현(府縣)에 본적을 두어 거주하고 직접국세 15엔 이상을 납부하는 자, 피선거인은 만30세 이상의 남자로 그 부현에 직접국세 15엔 이상을 납부하는 자로 제한되었다.

09. 러일전쟁과 국제사회
국제정치에 미친 영향은

가타야마 요시타카(片山慶隆*) 집필 / 김정래 번역

관련항목: IV-4[p.357] IV-23[p.414] IV-35[p.450]

〔논의의 배경〕

러일전쟁은 일본이 대국 러시아에 승리하여 국제적 지위를 크게 향상한 사건으로 알려져 있다. 그렇다면 이 전쟁은 국제정치에 어떠한 영향을 미쳤을까? 동맹국인 영국, 적국인 러시아, 또한 미국이나 프랑스 등의 구미열강, 이웃 국가인 한국이나 청나라와의 관계에 어떠한 변화를 초래하였을까? 혹은 일본의 승리가 아시아의 근대화나 민족주의운동에 자극을 주었다고 말하지만 그것은 사실이라 할 수 있을까?

〔논점〕

(1) 구미제국과의 관계

동맹국 영국은 전쟁종결 직전인 1905년 8월에 제2차 영일동맹[1]을 체결하여 일본과 동맹관계를 강화하였다. 개전 이후 러시아에서의 반영감정이 강해진 것을 위험하게 여긴 영국이 전후 일본과 러시아가 화해할 경우 극동에서 고립될 것을 두려워해 동맹의 개정을 희망하였기 때문이다. 3월부터 시작된 교섭은 인도로 동맹범위 확장을 희망한 영국과 한국의 보호국화를 요구하는 일본의 의견이 대립하였지만 결국에는 타협이 이루어졌다. 이후 1911년 7월에 제3차 영일동맹이 맺어질 때까지 동맹은 최고로 견고한 시기를 맞이하게 되었다.

한편 적국이었던 러시아는 전쟁에서 2년이 지난 1907년 7월에 제1차 러일협약을 체결하였다. 러일전쟁 이후 러시아는 차츰 발칸반도나 지중해 방면으로 외교정책의 중점을 옮겨 일본과의 긴장완화를 모색하고자 하였다. 일본 측에서도 러시아의 제안을 환영하여 만주에서 일본과 러시아의 세력 범위를 정하고 한국에서 일본의 우선권을 확인한 협약이 성립되었다. 또한 러시아의 동맹국인 프랑스는 1906년 일본이 프랑스에서 공채를 모집하자 프랑스령 인도차이나의 안전보장문제를 포함한 협약을 제시하였다. 1907년 3월 프랑스가 공채 발행을 결정

---

*) 간사이외국어대학 영어국제학부 준교수 | 일본 근현대사

1) 영일동맹 : 1902년 1월에 성립한 제1차 영일동맹은 제3국이 전쟁에 가담하지 않는다면 다른 동맹국은 공동전쟁을 하지 않음을 규정하였다. 1905년 8월 제2차 동맹에서는 만약 한 나라 혹은 여러 나라의 공격을 받는 경우, 즉시 영일 양국이 공동전선을 취하는 것, 그 동맹대상을 인도로 확장할 것, 영국의 일본 한국보호국화 승인을 조문에 포함해 동맹을 강화하였다. 그렇지만 1911년 7월 제3차 영일동맹에서 미국이 동맹에 적용되지 않아 동맹은 약체화되었다.

하자 교섭에 속도가 붙어, 6월에는 불일협정日佛協約이 성립하였다. 이 협정에 의해 프랑스는 인도차이나의 안전을 보장받았는데 일본은 그 대가로 인도차이나에서 최혜국대우를 부여받아 푸젠성을 세력범위로 인식하게 되었다.

영국·러시아·프랑스와의 관계에서 학설상 큰 대립은 없지만, 미국과의 관계를 어떻게 받아들일 것인가에 대해서는 견해가 갈린다. 미국은 러일화평교섭에 개입하여 강화회의 개최지를 자국의 포츠머스로 결정하였다. 또한 1905년 8월 가쓰라-태프트 협약에서 일본은 필리핀, 미국은 한국에 대한 침략적 의도를 버리고 상호의 지배를 인정하는 것에 합의하였다. 일본과 러시아의 강화를 중개하여 일본의 한국지배를 승인한 미국의 자세는 일본에 호의적이었다고 할 수 있다. 그러나 미국의 일본인 이민배척문제나 만주에서 일본의 배타적 지배가 그 후 양국 관계에 그림자를 드리웠다며 미일관계에서 대립적 측면을 강조하는 견해도 있다. 확실히 러일전쟁 후의 미일관계는 긴장을 내포하고 있었지만, 1908년 10월 미국 함대의 일본 내항이나 11월의 다카히라-루트 협정[2]과 같은 관계개선 시도도 진행되고 있었기에 협조의 측면을 중시하는 논자도 있다. 러일전쟁 후의 미일관계에서 가장 쟁점이 되는 것은 1905년 10월의 고무라 쥬타로 외무상이 가쓰라-해리먼 협정[3]을 파기한 것이다. 이 시기 남만주철도의 미일 공동경영이 실현되었다면 만주를 둘러싼 대립은 없었을 것이란 견해가 있다. 또한 야마다 아키라山田朗는 협정 파기를 러일 양국에 의한 만주 권익 분할의 흐름에 위치지어, 만주의 권익 중에서도 철도이권을 둘러싼 미일 대립의 싹이 되었다고 주장하기도 하였다. 한편으로는 일본이 사활적 이익을 가진, 지배가 진전되고 있던 한국의 인접지역에 미국이 개입해 오는 것은 미일간 충돌을 앞당기는 위험성조차 있었다고 말하는 설도 있다.

(2) 아시아 각국, 각지에 미친 영향

러일전쟁으로 가장 큰 영향을 받은 아시아 국가는 한국이다. 전쟁 중에는 한일의정서,[4] 제1차 한일협약[5]으로 일본의 지배가 강화되었다. 전후 1905년 11월에 제2차 한일협약이 조인됨으로써 한국은 일본의 보호국이 되었다. 한국은 외교권을 박탈당하고, 큰 권한을 가진 통감이 설치되었다. 초대 통감은 이토 히로부미가 취임하여 여러 '개혁'을 실시하였지만 무력을 동반

---

[2] 다카히라-루트 협정 : 1908년 11월 30일 다카히라 고고로 주미대사와 루트 국무장관이 조인한 미일협상에 관한 교환문서이다. 태평양의 현상유지와 미국과 일본의 상호불가침, 청나라의 영토보전 및 각국에 대한 문호개방과 기회균등이 규정되었다. 미국은 독립주의의 전통이 남아있던 상원이 반대할 것을 두려워하여 상원에 심의할 필요가 없는 교환 공문서를 희망하였기에 조약 형식을 취하지 않았다.

[3] 가쓰라-해리먼 협정 : 정식으로는 가쓰라-해리먼 예비 협정 각서이다. 1905년 9월 미국의 철도왕 해리먼이 일본정부에 대해 한국과 만주의 철도 연결을 전제로 철도나 탄광 등에 대한 공동출자 및 경영참가를 제안하였다. 가쓰라 다로 수상은 한국의 철도 권익을 지키고 싶었기에 남만주철도의 미일공동경영에 한정해 찬성하였지만, 결국 10월 12에 협정이 맺어지게 되었다.

[4] 한일의정서 : 일본군이 한국의 주요지역을 점령한 가운데 1904년 2월 23일 한일 양국이 체결한 조약이다. 한국의 황실 및 한국의 독립과 영토보전을 보증하였지만 일본은 군사상 필요한 한국의 지점을 임시로 수용하는 한편 한국도 충분한 편의를 일본에 제공하도록 규정하였다. 일본과 한국은 공수동맹을 맺은 것으로 여겨졌기에 이후 일본이 한국에 간섭하는 근거가 되었다.

[5] 제1차 한일협약 : 1904년 8월 22일 일본과 한국이 조인한 조약. 한국정부는 일본정부가 추천한 일본인 재무고문 한명과 외국인 외교고문 한명을 고용할 것, 외교안건은 사전에 일본정부와 협의할 것을 규정하였다. 이 협약에 근거하여 재무고문에 대장성 주세국장(主稅局長)인 메가타 다네타로가, 외교고문으로는 주미일본공사관 고문의 스티븐스가 취임하여 한국의 재정과 외교에 영향을 행사하게 되었다.

한 저항에 부딪혔고 1909년 10월에 암살당했다.

청나라와의 관계에 대해선 연구자의 의견이 나뉜다. 포츠머스 조약에서 결정된 만주권익의 일본 양도를 청나라가 인정하게 한 1905년 12월의 베이징 조약은 청국에게 있어 굴욕적이었으며, 21세기까지 이어지는 '반일'의 원천이 되었다고 오카모토 다카시岡本隆司는 주장한다. 한편 일본으로 유학생이 증가하여 청나라에서 '일본 붐'이 일어났기에 청일 사이의 우호관계를 강조하는 견해도 있다.

인도 등에 대해선 일본의 승리가 내셔널리즘을 고양하여 독립운동에 영향을 주었다고 여겨진다. 단 일본은 불일협정 이후 베트남 혁명가를 외국으로 추방하는 등 반드시 아시아의 독립운동에 호의적인 것은 아니었으며 많은 사람들이 이에 실망하였다. 그러나 인도의 온건한 지도자가 일본의 사례를 빈번하게 들어 민중을 고무한 것은 확실하다. 아시아의 독립운동에 러일전쟁이 미친 영향은 단편적으로 파악할 것이 아니라 복합적으로 연구할 여지가 있다고 여겨진다.

(3) 앞으로의 전망

현재 러일전쟁 시기를 국제관계사의 관점에서 파악하는 연구는 활발하지 않다. 그러나 일본과 프랑스 양국의 사료를 섭렵한 불일협정의 분석 등, 연구의 여지가 있는 분야도 있다. 또한 아시아 각국이 러일전쟁을 어떻게 파악하고 있는가를 본격적으로 분석하는 연구의 출현도 기대된다.

> **탐구 포인트**
> ① 러일전쟁은 국제정치에 어떠한 구조변화를 미쳤는가?
> ② 적대국인 러시아나 프랑스는 어째서 일본과의 화해를 지향한 것인가?
> ③ 미일관계가 다른 열강과의 관계보다 복잡한 전개를 보인 것은 어째서인가?
> ④ 아시아에 있어서 러일전쟁의 의미를 어떻게 다시 파악할 수 있을까?

참고문헌

日露戰爭研究會編『日露戰爭硏究の新視點』成文社, 2005.

山室信一야마무로 신이치『日露戰爭の世紀』岩波書店, 2005 / 정재정 역『러일전쟁의 세기』소화, 2010.

千葉功『舊外交の形成』勁草書房, 2008.

山田朗야마다 아키라『世界史の中の日露戰爭』吉川弘文館, 2009.

岡本隆司오카모토 다카시『中國「反日」の源流』講談社, 2011.

10. 근대도시의 성립
도시를 만들고 변화해나간 역학이란

노가와 야스하루能川泰治[*]) 집필 / 김정래 번역

관련항목: III-4[p.248] III-18[p.290] IV-11[p.378] IV-12[p.381] IV-20[p.405] IV-51[p.498]

〔논의의 배경〕

일본 근현대사 연구에서 도시에 대한 관심 고조는 고도경제성장기의 도시문제를 배경으로 하고 있다. 1980년대에는 오사카의 세키 하지메關一[1]) 시정市政에 관심이 집중되었다. 시바무라 아쓰키芝村篤樹와 고지타 야스나오小路田泰直는 도시행정에 관한 전문지식을 축적한 관료가 사회정책을 통해 사회를 통합하고 있다는 의미에서 이를 '도시전문관료제'라고 규정하였다. 또한 하라다 게이이치原田敬一는 세키 하지메 시정 이전의 오사카시 행정을 분석하여, '토착 자산가에 의해 결성된 유지단체 내부 예선에서 다수의 지지를 얻은 자가 선거에 당선되는 지역 지배 질서'를 발견하였고 이것을 '예선豫選체제'라 규정하였다. 다른 한편 나리타 류이치成田龍一는 도시공간의 분석을 중시하는 입장에서 근대 국민국가의 형성에 따라 도시공간의 균질화가 진행되었다고 보았고, 사람들의 중층적인 결합 관계가 형성되었던 여러 상을 고찰하였다.

〔논점〕

(1) 도시정치는 어떻게 전개되어 왔는가

1990~2000년대에 들어서는 다른 도시에서도 '선거체제에서 도시전문관료제로'라고 하는 틀을 확인할 수 있는가를 검증하거나, 이러한 틀로 도시 지배를 이해하는 것의 문제가 제기되거나 하였다. 더욱이 최근 이와는 다른 분석 시각의 설정이나 새로운 문제 영역의 개척도 진행되고 있다. 하나는 도시에서의 민주주의 상황에 대한 재파악이다. 예를 들면 나카무라 하지메中村元는 1930~40년대의 도쿄 근교 도시·하치오지시의 정치적 변화를 사례로 도시 공간 변화에 주목하였다. 그는 민주주의의 정치적 발현인 정치 참가 확대와 사회적 발현인 평등화·동질화 지향과의 관계에 주의하면서, '무산無産' 정치세력과 기성 정당세력과의 대항관계를 고찰하였고 그 정치과정이 도시 고유의 공간변화로 나타난 것을 지적하였다. 다른 하나는 근세도시의 정치·사회 양상을 감안하며 19세기에 의회정치가 도입된 과정을 고찰하고자 하는 연구이다. 나카지마 히사토中嶋久人는 도쿄회의소에서 부회府會·시의회로 이르는 의사기구와 신문 여론이

---
[*]) 가나자와대학 인문사회연구역(域)교수 | 일본 근현대사
1) [역주] 세키 하지메(1873~1935). 시즈오카 태생의 사회정책학자이자 도시행정가. 오사카 시장으로서 오사카항 정비, 시영(市營)주택 건설, 공설시장 건설 등 사회기반 시설 개발에 많은 역할을 하였다.

운동해나가며 공공권公共圈2)을 확립해나가는 과정을 분석하여 자산가 사회로서의 시민사회 형성을 도출해냈다.

(2) 도시공간·도시사회는 어떻게 재편되어 갔는가

도시공간에 대해서는 근세도시의 공간구조가 메이지시기에 어떻게 재편되었는지, 더욱이 다이쇼 말기·쇼와 초기에 걸쳐 어떻게 대도시권으로서의 전개를 이루었는가를 묻는 연구가 축적되었다. 예를 들면 마쓰야마 메구미松山惠는 도쿄 천도에 수반된 에도의 무가 토지 재편과정을 고찰하여, 정부에 의한 중추화가 진행된 성내郭內와 조닌에 의한 침투가 진행된 성외郭外의 이원적 구조가 창출된 것을 지적하였다. 스즈키 유이치로鈴木勇一郎는 철도망 발달에 의해 새로운 도시 생활 모델로서 '교외생활'이 제기된 것을 실증하였다.

다른 한편 근세·근대 이행기의 도시사회에 대해서 사가 아시타佐賀朝는 근세 도시사 연구에서 제기된 유곽사회론3)을 근대 유곽을 고찰할 때 활용할 수 있다는 것을 제기하여 새로운 문제영역을 개척하였다. 다만 유곽사회론에 대해서는 요코야마 유리코橫山百合子가 젠더 문제와 근세 신분제 사회의 해체를 묻는 시점이 결여된 것을 비판하였고, 히토미 사치코人見佐知子는 이를 통해 각 도시 유곽사회의 재편과정을 검증하였다.

(3) 제국은 도시를 어떻게 형성하고 재편하였는가

근대 일본이 제국이 되었던 것도 도시의 형성과 재편에 영향을 미쳤는데 이 점에 관해 연구성과를 놀라운 기세로 축적하였던 것이 군사도시론軍都論과 군항도시론軍港都市論이다. 이러한 연구들은 육군의 사단·군대가 위치한 지방 중핵 도시를 군사도시로, 해군의 진수부가 위치한 중요 항구를 군항도시로 파악하여 군사시설 설치가 인프라 정비 등에 미친 영향이나 군사시설 유치를 둘러싼 도시 간 경쟁을 밝혀내었다. 또한 조선·대만·만주 등에 형성된 식민지 도시에 관해서는 형성과정의 유형화와 인구구성 분석, 도시사회나 건축물의 특질 분석, 그리고 식민지의 신사神社가 완수한 통합 기능 등에 관한 분석이 진행되고 있다.

또한 천황제 이데올로기가 상징 공간의 형성을 촉진한 것도 지적된다. 예를 들면 다카기 히로시高木博志는 입헌정치의 확립에 수반하여 나라와 교토에서 '진무창업神武創業'이나 '만세일계萬世一系'를 가시화하는 공간의 정비가 진행되었던 것을 지적하였고, 더욱이 '역사도시'라 하는 개념을 사용하여 구 시가지城下町에서 번 역사를 현창藩祖顯彰하는 등, 근대도시가 가진 역사를 표상하는 기능에 주목할 필요성을 제기하였다.

---

2) 공공권 : 일반적으로는 각종 회의나 신문·잡지 등, 사회의 바람직한 상태나 공통의 이익을 토의하는 장이라고 하지만, 나카지마는 시민의 공동 이익 창출, 도시행정에 의한 정책으로의 합의 조달, 국민국가에 의한 통합 등 여러 기능이 경합하는 대화 공간이라 하였다.

3) 유곽사회론 : 쓰카다 다카시(塚田孝)는 근세의 유곽 연구에 도시사 연구와 신분론의 시점을 도입하여 유곽 조합(仲間)과 지역 제도 기구와의 관계, 유곽의 소유와 경영의 방식, 유곽 조합에 종속적으로 편성된 다양한 이해집단의 존재 형태를 고찰하였다. 요시다 노부유키(吉田伸之)는 쓰카다의 분석 시각을 받아들여 유곽 조합 중심으로 구조화된 사회구조를 '유곽사회'라 하고 그 총체를 파악해 제시하였다.

(4) 현대사회를 어떻게 전망할 것인가

최근 신자유주의의 확대와 더불어 복지 시스템의 붕괴, 수도 도쿄에서 도시 재개발의 진전과 포퓰리즘의 대두는 도시사 연구의 과제설정에도 영향을 미치고 있다. 예를 들면 이다 나오키飯田直樹에 의한 오사카의 방면위원제도[p.383]에 관한 연구와, 오카와 히로무大川啓에 의한 19~20세기 초두 지방도시에서 자산가의 복지활동에 관한 연구는 구빈사업에 관한 다양한 주체와 사업대상으로서 도시민중의 동향을 고찰하였고, 그 총체를 다카다 미노루高田實가 제기한 '복지의 복합체'4)로 파악하고자 했다.

한편 하쓰다 고세이初田香成는 패전 직후부터 1960년대 중반까지 도쿄의 전쟁 피해 복구·도시 화재 대비不燃化운동·재개발을 고찰하였고, 이후 도시공간형성의 새로운 주체로 대자본의 민간 개발이 등장하여 도쿄가 현대도시로 전환되었음을 발견하였다. 또한 미나가와 마사키源川眞希는 1964년 도쿄 올림픽 후의 도시개조를 둘러싼 정치를 고찰하였다. 그는 정부·도쿄도東京都·자본의 이해가 일치하는 가운데 도시 재생 정책이 진행된 것을 지적하였고, 그곳에서 포퓰리즘의 대두를 생각할 수 있는 실마리를 발견하였다. 말하자면 도시의 복지나 재개발 분석을 통해서 현대 사회를 역으로 조명하는 연구가 진행되고 있다.

> **탐구 포인트**
> ① 근세도시에서 근대도시로, 근대도시에서 현대도시로 어떻게 변화하였는가?
> ② 도시공간·도시사회의 재편과 변화는 도시정치의 전개 과정과 어떤 관계인가?
> ③ 일본이 제국으로 존재한 것과 도시의 존재는 어떻게 관계를 하는가?
> ④ 현재의 도시문제는 무엇인가? 거기에서부터 어떠한 과제설정을 할 수 있는가?

참고문헌

小路田泰直『日本近代都市史研究序說』柏書房, 1991.
原田敬一하라다 게이이치『日本近代都市史研究』思文閣出版, 1997.
芝村篤樹『日本近代都市の成立』松籟社, 1998.
成田龍一나리타 류이치『近代都市空間の文化經驗』岩波書店, 2003.
鈴木勇一郎『近代日本の大都市形成』岩田書院, 2004.
橋谷弘『帝國日本と植民地都市』吉川弘文館, 2004.
高木博志『近代天皇制と古都』岩波書店, 2006.
坂根嘉弘「軍港都市と地域社會」坂根嘉弘編『軍港都市史研究I 舞鶴編』清文堂, 2010.
中島久人『首都東京の近代化と市民社會』吉川弘文館, 2010.
初田香成『都市の戰後』東京大學出版會, 2011.
横山百合子「19世紀都市社會における地域ヘゲモニーの再編」『歷史學研究』885, 2011.
高木博志編『近代日本の歷史都市』思文閣出版, 2013.
松下孝昭『軍隊を誘致せよ』吉川弘文館, 2013.
佐賀朝·吉田伸之編『シリーズ遊廓社會2 近世から近代へ』吉川弘文館, 2014.
松山恵『江戶·東京の都市史』東京大學出版會, 2014.

---

4) 복지의 복합체 : 복지를 독자적인 공동성과 경제원리를 가진 다양한 담당자가 관계하는 구조적 복합체로서 파악해 그 활발한 변화를 묘사하는 방법론이다. 복지의 공급자와 수요자의 쌍방향적 관계를 명확하게 하는 것을 통해 민중의 삶의 실체에 다가가고자 하는 문제의식을 토대로 한다.

11. '지방'의 성립
어떻게 '중앙–지방' 관계가 형성되었는가

이케다 마호池田眞步*) 집필 / 김정래 번역

관련항목: III-2[p.242] IV-8[p.369] IV-10[p.375] IV-13[p.384] IV-33[p.444] IV-37[p.456] IV-47[p.486]

〔논의의 배경〕

지금의 우리에게 친숙한 '중앙'과 '지방'이라 하는 2차원의 구조는 메이지유신 이후에 정비된 것이다. '지방'을 둘러싼 제도는 어떻게 형성된 것인가? '중앙'과 '지방'의 성립과 전개는 정당정치의 전개와 어떻게 얽히게 된 것인가?

〔논점〕

(1) 지방제도의 정비 – 번에서 부현으로

일본의 '지방'은 근대에 들어와 성립하였다고 말하는 것은 기이하게 느껴질지도 모른다. 확실히 일본 열도의 대부분은 17세기부터 전국적인 통치 권력이 된 에도 막부와 막부에 순종을 맹세한 제번에 의해서 어느 정도 일체적인 정치질서 속에 있었다. 그러나 막부와 번의 관계를 현재의 중앙정부와 지방정부의 관계에 비교하는 것은 어렵다. 쇼군과 260여의 번주들은 특정 토지와 그곳에 사는 인민을 지배하는 영주였다. 영내의 마을이나 촌락도 그 각자가 영주제적인 지배체계에 포함된 신분집단[1]이었으며, 고유의 이해나 질서를 내부에 가지고 있었다.

1868년 막부가 타도되고 신정부는 중앙집권국가의 건설에 착수하였다. 그러하던 중 1871년 폐번치현이 단행되었고 1878년에는 이른바 삼신법[2]이, 헌법 반포 전년인 1888년에는 시제市制와 정촌제町村制, 1890년에는 부현제·군제가 공포되어 지방제도 정비가 일단락되었다. 오쿠무라 히로시奧村弘는 20여년에 걸쳐 진행된 이 과정이 신분제 사회가 곡절을 거쳐 해체되는 과정과 다르지 않았다고 주장하였다.

---

*) 홋카이(北海)학원대학 법학부 준교수 | 일본근대사
1) 신분집단 : 근세 일본 사회를 특징짓는 다양한 사회집단. 특정의 생업을 운영하는 사람들이 집단화되어 각자 막부나 번이 부과하는 '역(役)'을 다하고 특권을 보장받는 것으로, 일종의 '신분'을 인정받은 자들을 가리킨다. 촌락이나 마을은 중세 유래의 지연적 성격이 강한 신분집단으로, 촌락을 예로 들자면 많게는 '백성'의 생업과 관련된 연공 공납이나 부역을 담당하였다.
2) 삼신법 : 1878년에 제정된 군구정촌(郡區町村) 편제법·부현(府縣)회 규칙·지방세 규칙의 총칭. 지방 삼신법이라고도 한다. 이 중 부현회 규칙은 각각 지조 5엔 이상·10엔 이상을 납입하는 성년 남자가 선거권·피선거권을 지닌 공선(公選)의회를 부현별로 설치하는 것 등을 규정하고 있으며, 지방세 규칙은 기존의 부현세·민비(民費) 등을 신설된 '지방세'로 통일하고, 지방세 예산의 확정에는 부현회 의결이 필요한 것 등을 규정했다.

그러면 이 중 어느 단계에서 '지방'은 성립했다고 할 수 있을까? 연구자들 사이에도 견해가 나뉘지만 마쓰자와 유사쿠松澤裕作는 삼신법이 공포되었던 때라고 주장한다. 마쓰자와에 의하면 상기의 과정에서 발생한 것은, 무수한 신분 집단이 공간을 불균질하게 메우고 있던 '모자이크 형태의 세계'가 해체되고 시정촌–도부현道府縣–국國이라는 경계로 구획된 균질한 공간이 개개인을 둘러싸는 '동심원 형태의 세계'로 변하는 사태였다. 부현마다 징수되는 '지방세'나 그 예산을 심의하는 '부현회' 설치를 정한 삼신법은, 주민이 이해를 공유하는 '지방'이라 하는 의제를 도입하여 우선 부현 수준에 '동심원 형태의 세계'를 출현시켰다고 마쓰자와는 지적하고 있다.

(2) 지방정치의 발달 – 전국정당에 의한 이익의 조직화

이렇게 완성된 지방제도에 기초해 전전 일본의 '중앙'과 '지방'은 어떠한 관계를 쌓아갔는가? 아래에서는 전국정당이 '지방'에 어떻게 접근했는가에 주목해보자. 전전 일본의 정치구조는 대개 번벌·관료세력과 의회 세력이 서로 대립하는 것으로 규정된다. 의회세력은 정당을 만들어 국민·주민의 지지를 모아 번벌·관료 세력에 도전하고자 하였고, 이 때문에 '중앙'의 정책이나 예산에 '지방'의 요구를 반영시키는 것이 지지 조달의 중요한 수단이 되어 갔다. 아리즈미 사다오有泉貞夫는 이 점을 19세기 종반 야마나시현이라 하는 한 '지방'의 사례를 들어 논하였다. 전전 2대정당의 하나였던 자유당(이후 헌정당, 입헌정우회로 이어진다)이 도로나 철도와 같은 운수·교통을 중심으로 한 사회자본을 한시라도 빨리 자신의 지역에 유치하려는 절실한 '지방이익욕구'의 고조를 파악하고 '적극주의'³⁾를 제창하여 욕구 충족의 대변인처럼 행동하였다. 아리즈미는 자유당이 이러한 접근을 통해 '지방'에 침투하였다고 지적한다.

이 '지방이익'론은 반향을 부른 한편 다양한 관점에서 비판을 받았다. 특히 자유당이나 초기의 정우회에는 '지방이익'의 집약·조정을 행하기 위한 조직이나 수단 등이 없었다고 하는 지적이 중요하다. '지방'이 자연적으로 발생하지 않는 것과 같이 '지방이익'이나 그 실현 절차도 일정한 형태를 갖추지 못한다면 다양한 사람들을 끌어들일 수 없기 때문이다. 그러나 최근에는 초기 정우회가 철도예산을 둘러싼 번벌정부와의 사전 교섭 과정을 장악하는 역학을 논한 후시미 다케토伏見嶽人 등에 의해, 제한된 재원 하에서도 '지방이익'을 둘러싼 기대감이 집약·이용되는 과정에 대한 고찰이 깊어졌다.

(3) 지방 진흥의 그림자 – 주변·후진적 '지방'에서 '농촌문제'까지

균질한 '지방'이나 '지방이익'의 성립이, 실제로 일본열도 전체의 균질한 번영을 의미하는 것은 결코 아니다. 애초에 훗카이도나 오키나와현과 같이 메이지유신 이후 일본국가에 편입된 지역에는 참정권의 부여가 늦어지기도 하였으며, '지방'으로서의 제도적 지위도 오랫동안 부분적으로만 부여되었다. 당초부터 '지방'에 편입된 공간이라 할지라도 그 구조는 일그러진

---

3) 적극주의 : 1890년대 종반 이후의 자유당–정우회가 다소의 지출증대도 마다않고 '적극'적인 사회자본 정비를 행할 필요성을 호소하기 위해 사용한 슬로건. 인민을 짓누르는 조세 부담을 억제하는 '민력휴양' 요구에서 '적극주의'로 당 슬로건이 이행한 것은 증세찬성·대(對)번벌제휴로 향하는 당 방침의 변화를 상징하는 것이었다.

것이었다. 러일전쟁 이후 도호쿠 지방에서는 정우회가 철도 건설로 기대를 끌어올려 세력을 넓혔지만, 후시미는 이 시기가 그야말로 지역 간의 경제격차가 고정화되어가는 시기임을 지적한다. '지방이익욕구'는 종종 다른 '지방'에 뒤처진다는 초조함에 의해 한층 심화되었다.

그리고 제1차 세계대전 후가 되면 '지방이익'에 초점을 맞춘 당세 확대전략이 정우회 이외에도 확대되는 한편, 이러한 전략을 기초로 만든 '지방' 진흥의 비전 자체에 균열이 발생하였다. 미야자키 류지宮崎隆次는 공업발전과 도시로의 인구 이동이 가속하는 중, 농업이 상공업 대비 불리해진 것과 농촌의 곤궁이라 하는 '농촌문제'가 부상한 것에 주목한다. 정당이 이 문제의 해결사가 되지 못하자 당시 '지방'의 주 세력이던 농촌·농업관계자 사이에서 정당이나 의회에 대한 불신감이 강해졌다. 자본주의적 시장의 발달에 의한 '지방' 발전의 기회와 농업의 불리화에 의한 '지방' 쇠퇴의 리스크는 동전의 앞뒤이며, 후자에 대해 당시의 정당이 어떻게 대응(하지 못)하였는가를 묻는 것은 농협 등을 매개로 하는 전후 자민당의 '지방'장악을 재고하는데 일조할 수 있을 것이다.

탐구 포인트

① 근세의 번 및 정촌과 근대의 부현 및 시구정촌은 어떠한 점에 관해 다른가?
② '지방' 진흥을 위해 중시된 사업은 시대에 따라 어떻게 변천하였는가?
③ '지방이익'을 통한 정당의 세력확장과 그 한계는 어떠한 것이었는가?

참고문헌

有泉貞夫『明治政治史の基礎過程』吉川弘文館, 1980.
宮崎隆次「大正デモクラシー期の農村と政堂」(1)~(3)『國家學會雜誌』93(7·8), 9·10, 11·12, 1980.
奥村弘「近代地方權力と「國民」の形成」『歷史學研究』638, 1992.
松下孝昭『近代日本の鐵道政策』, 日本經濟評論社, 2004.
伏見嶽人『近代日本の豫算政治』東京大學出版會, 2013.
松澤裕作『町村合併から生まれた日本近代』講談社, 2013.
前田亮介『全國政治の始動』東京大學出版會, 2016.

12. 하층사회와 빈곤
어떻게 인식하고 어떻게 해결하고자 하였는가

마치다 유이치町田祐一*) 집필 / 김정래 번역

관련항목: III-24[p.308] IV-10[p.375] IV-19[p.402] IV-21[p.408] IV-24[p.417] IV-28[p.429]

〔논의의 배경〕

20세기 초두의 일본에서는 하층사회와 빈곤이 사회문제화 되었다. 그곳에 살았던 사람들은 때로 폭동의 주도자가 되기도 했다. 그 이유는 무엇이었을까? 하층사회의 사람들은 어떻게 살았으며 빈곤을 어떻게 해결하려 하였는가?

〔논점〕

(1) 하층사회란 어디인가?

19세기 후반 이후 일본 하층사회는 주로 도시의 '빈민굴'(슬럼) 르포르타주에 의해 다양한 문제의식과 같이 그려졌다. 이러한 '빈민굴'이나 메이지 말기 이후의 '세민'細民 조사1)에서 지정된 일부 지역을 시작으로 하여 불안정 고용의 빈민층이 집주하는, 독특한 공동성과 상호 의존을 가진 사회를 도시하층사회라 한다. 예를 들면 요코야마 겐노스케横山源之助2)의『일본의 하층사회』(1889)에서는 도쿄의 '세민'細民(직인·일용노동자·공장노동자), '빈민'('빈민굴'의 일용노동자·인력거꾼 등)이 싸구려 여인숙木賃宿이나 나가야長屋3)에 거주하며 잔반처리나 고리대, 착취적 노동 등에 의존하여 살아가는 실태를 분석한다.

도시하층사회는 도쿄의 요츠야사메가바시四谷鮫河橋·시바신아미芝新網·시타야만넨쵸下谷萬年町를 시작으로 오사카의 닛폰바시日本橋·가마가사키釜ヶ崎·니시하마西濱·히가시나리東成, 고베

---

*) 니혼대학 생산공학부 교양·기초과학계 전임강사 | 일본 근현대사
1) '세민' 조사 : 광의의 '세민' 조사는 4기로 분류할 수 있다. 제1기는 메이지 중후기 신문기자에 의한 '빈민굴' 조사로 빈곤대책을 환기시켰다. 제2기는 1910년대~20년 경의 '세민조사'로 내무성이나 지방 행정이 '세민'의 분포와 생활상황을 파악하여 주택 개량 정책으로 이어졌다. 제3기는 1920년대 후반~34년 지방행정이 수행한 불량 주택지구 조사로 개량사업의 참고자료가 되었다. 제 4기는 1929년 이후 지방행정이 수행한 보호필요 세대 조사로 구호법의 참고자료가 되었다.
2) 요코야마 겐노스케 : 1871~1915년. 저널리스트, 노동운동가. 도야마현 우오즈(魚津)에서 상경하여 법률가를 목적했으나 좌절하였다. 후타바테이 시메이(二葉亭四迷), 마쓰바라 이와고로(松原岩五郎)에 영향받아 빈민문제에 관심을 가지게 되었다. 청일전쟁을 서민의 실정에서 인식한 르포를 계기로『마이니치 신문』·『노동세계』등에 조사기사를 발표,『일본의 하층사회』·『내지 잡거 후의 일본』을 남겼다. 노동운동에서 이탈 후 문필로 생계를 이어 나갔지만 빈궁 속에서 죽었다.
3) [역주] 일본의 전통 주택 중 하나로 길고 좁은 건물의 형태를 띠고 있다. 최하층 서민의 주거용도로 사용되었다. 284쪽 참고.

神戶의 신카와新川 등 일부 지역이 알려져 있으나 각 지방 도시에서도 찾을 수 있다. 각 지역은 근세의 신분제도나 근대 공업화 등 다양한 배경을 가지며 지방농촌뿐만 아니라 근교 농촌, 다이쇼 시기 이후에는 식민지 등에서의 이주자를 포함하며 변화하였다. 생활 수준 향상에 의한 주민 이탈, 도시행정의 전개, 화재 등에 의해 해체된 지방도 많으나 패전 후에 계승·재편된 지역도 적지 않다.

(2) 도시하층사회를 어떻게 인식할 것인가?

도시하층사회 인간들 다수가 저임금의 직공, 공장노동자, 잡업 등에 임하였기에 도시사연구나 경제사연구에서는 일본자본주의의 '이중구조'를 지탱하는 노동력의 공급원, 빈궁에 허덕이는 빈곤층으로서 수동적으로 인식해 왔다.

그러나 도쿄의 '세민' 조사를 분석하여 사람들의 상승욕구와 세대[가족]형성이라는 능동성에 주목한 나카가와 기요시中川淸는 애초에 도시 제계층이 구조적으로 하층이었다는 것을 근거로, 메이지 중기의 도시하층은 '빈민'·'세민'·'궁민'窮民(구휼규칙의 대상이 되는 극빈자)으로 형성되었으나 '세민'에서 메이지 후기 이후 공장노동자가 이탈했고 1920년대에는 구성원들이 대개 세대를 형성하고 정착했음을 지적한다.

세대형성을 목적으로 하는 인간들의 능동성에 대해서는 타당하지만 공장 노동자에 대한 시각에는 이견이 있다. 니시나리타 유타카西成田豊는 대기업 숙련공의 생활수준이 애초에 '세민'에 해당하지 않기에 하층사회에서의 이탈설에는 의문이 있다는 점과 도시하층사회 전반에 대해 당시의 차별의식의 존재를 지적하고 있다.

도시 하층사회를 묘사하는 기록에서는 작성자의 인식을 반영해 종종 서구화·문명화를 내면화한 일방적인 멸시나 남성 관점의 호기심 혹은 악의에 찬 시선도 보인다. 또한 대상에 따라 피차별부락이나 민족·성별에 대한 차별의식이 포함되어 있는 것도 의식할 필요가 있다.

(3) 도시하층사회와 민중소요

도시하층사회의 사람들이 참여한 히비야 방화 사건이나 쌀소동 등의 민중소요에 대해서는 빈곤을 배경으로 하는 정치적 억압에 대한 반발이라는 견해가 주류였다. 그러나 이것을 사람들의 능동성과 함께 재검토한 민중사 연구에서는 폭동에 이르는 배경과 이유를 다각적으로 설명해왔다. 고베를 사례로 검토한 누노카와 히로시布川弘는 사람들의 생활·소비구조에 입각하여 자본주의의 생산과 소비 속에 자기를 대응시키고자 하는 '이에家' 형성의식과 내셔널리즘에 대한 친화성을 배경으로, 공권력의 조직화에 일부 적응하면서도 생활 위기에 맞닥뜨린 상황에서 민중 소요가 발생했다고 주장했다.

한편 도시 하층사회의 남성성과 내부서열·위상의 차이에 주목한 후지노 유코藤野裕子는 도쿄 폭동의 주체였던 남성 노동자를 분석하였다. 빈곤을 규정하는 노동, 생활속의 친밀한 관계, 서열('형님親分'·'부하子分' 관계), 강렬한 상승욕구와 현실의 소외감, 근면과 절약 등을 규범으로 하는 '통속도덕'에 대하여 '술마시고, 노름하고, 계집질하기'로 대표되는 '대항문화'

를 내재적인 논리로서 지적했다. 도시하층사회의 생활위기에 대한 즉흥성·남성성 같은 특징이나 서열·권력관계는 그 후에도 해소되지 않았고, 관동대지진 때에는 조선인 학살을 일으킨 요인이 되기도 하였다.

(4) 빈곤은 얼마나 해결되었는가?

근대사회의 빈곤은 거의 자조적 노력에 의한 해결이 원칙이었지만, 민중소요나 사회주의·공산주의 사상에 대한 위기감 등을 배경으로 각 시기마다 다양한 도시사회 정책이 대응되었다. 도시사 연구나 사회복지사 연구에서는 공권력의 조직화와 도시계획의 진전과 함께 희박한 공적 지원과 대비되는 민간의 대응을 지적해왔다. 민간의 자선구제사업, 1920년대 이후 행정의 사회정책(불량주택지역 개량사업4)이나 방면方面위원제도,5) 직업소개사업 등), 실업구제사업, 공적 부조 의무를 인정한 구호법6)의 전개에 따른 사람들의 '배제'와 '포섭', 도시하층사회의 재편 없는 통합을 지적하였다.

다만 정책 대상인 사람들을 수동적으로 파악하는 견해에는 이견이 있다. 스기모토 히로유키杉本弘幸는 교토 사회정책의 진전을 피차별부락이나 여성·재일조선인 등 다양한 마이너리티의 능동성과 함께 파악해, 그들이 주체로서 사회정책에 참가하여 각종 사업이나 정치에 변화를 가져왔다고 지적하였다. 패전 후 도시 하층사회의 실태나 인식이 얼마나 변화했는가에 대해서는 현재의 다양한 빈곤도 의식하며 역사적으로 검토할 필요가 있다.

> **탐구 포인트**
> ① 하층사회의 정의, 범위, 구성원을 어떻게 파악할 수 있는가?
> ② 세대형성을 목적으로 한 것이 폭동에 다다르게 된 내재적 논리는 어떻게 형성되었는가?
> ③ 빈곤을 어떻게 해결하려했고 도시하층사회는 어떻게 변화하였는가?

참고문헌

中川淸『日本の都市下層』勁草書房, 1985.
布川弘『神戸における都市「下層社會」の形成と構造』兵庫部落問題研究所, 1993.
西成田豊『近代日本勞動史』有斐閣, 2007.
杉本弘幸『近代日本の都市社會政策とマイノリティ』思文閣出版, 2015.
藤野裕子『都市と暴動の民衆史』有志舍, 2015.

---

4) 불량주택지역 개량사업 : '세민'의 주택지구 조사를 기초로 하여 영국의 주택정책을 참고로 시행된 불량 주택지구 개량법(1927년 공포)에 의해 불량주택 밀집지를 개량하는 사업. 지구지정권·시행명령권이 국가에 있었는데 국고 보조 등의 재원액이 적었고, 6대 도시의 불량주택에 한정되어 지구조사 대상의 선정 기준은 없었다. 현지 재거주(現地再居住)주의가 철저했지만 주택의 협애화(狹隘化)와 고층화로 이어졌다.

5) 방면위원제도 : 1918년 공포된 오사카부 방면위임규정을 효시로 하여, 소학교의 학구를 한 방면으로 하여 독지가(篤志家)나 명망가 위원이 빈곤주민을 조사하는 제도. 구호법에서 시정촌장의 보조 기관으로 위치지어졌고, 1936년 공포된 방면위원령으로 시정촌이나 경찰 등과의 연대가 강해지면서 마을자치단체(町內會) 등과 연결되어 행정 말단조직으로서의 성격이 강했다.

6) 구호법 : 구휼규칙과는 다르며 공적 부조 의무를 처음으로 인정해 빈곤상황에 있는 어린이, 노인, 임산부, 취학 불가능자에 일정조건으로 현금을 지급하는 것을 정한 법률. 1929년 공포되어 1932년 시행되었다. 그러나 모든 구호 필요자가 대상이 되지는 않았고, 피구호자는 선거권이 박탈되었으며 구호자의 생존 확보도 사실상 어려웠다.

13. 교통의 근대화
철도는 사람들의 생활과 사고를 어떻게 바꾸었는가

히라야마 노보루^{平山昇*)} 집필 / 김정래 번역

관련항목: III-25^[p.311] IV-11^[p.378] IV-16^[p.393] IV-17^[p.396] IV-31^[p.438]

〔논의의 배경〕

증기기관의 발명은 증기선이나 철도라는 근대교통기관을 탄생시켜 세계에 큰 변화를 가져왔다. 그러면 '일본사'의 맥락에서 교통의 근대화는 어떻게 인식할 수 있을까? 종래의 근대교통사(주로 철도나 해운)는 주로 물류에 주목하는 한편, 사람들의 생활이나 사고에 어떤 영향을 미쳤는가에 대한 관심은 저조하였다. 이하 교통의 근대화를 견인한 철도를 중심으로 생각해 보자.

〔논점〕

(1) 전근대와의 비교 - 자연환경의 극복

근대교통기관은 인류의 이동에 항상 수반되던 자연환경에 의한 제약을 극적으로 경감시켰다. '○월 △일 XX에 도착한다'는 목표가 상당한 정도로 실현 가능해진 것이다(일본 도항에 몇번이나 실패한 감진鑑眞[1])이 타임머신으로 근대에 왔다면 어떻게 생각했을까?). 이 '교통혁명'은 국제관계 형성에도 영향을 미쳤다. 예를 들면 1871년 일본을 출발한 이와쿠라 사절단은 그 2년 전에 개통한 직후의 대륙횡단열차와 수에즈 운하를 이용하였다.

일본에서는 어떠했는가? '여름의 고시엔 야구[2])'와 '겨울의 첫 신사 참배初詣'는 모두 철도가 계절성을 극복한 과정에서 정착한 행사이다. 냉난방이 보급된 오늘과 다르게 전전 일본에서 행락은 봄과 가을에 집중되는 경향이 강했다. 당시의 철도경영에서는 통근·통학자가 아직 주 수입원이 아니었으므로 미디어 기업과 협력하여 여름과 겨울의 행락 이벤트를 흥행시킬

---

*) 가나가와대학 국제일본학부 준교수 | 일본 근현대사·관광사

1) [역주] 감진(688~763)은 중국 당나라의 승려이다. 742년 일본의 요청으로 일본에 가고자 했으나 실패하였다. 이후 753년 여섯 번째 일본행 시도만에 성공하여 나라 도다이지(東大寺)에 갔다. 일본에 불법·건축·미술·의약 등을 전하였다.

2) 여름의 고시엔 야구 : 여름의 고시엔(전국고등학교야구선수권대회)의 뿌리는 1915년 제1회 전국 중등학교 우승 야구대회였다. 당초의 회장이 비좁았기에, 1924년(십간십이지의 '甲子'에 해당하는)부터 신설된 '고시엔(甲子園) 대운동장'이 회장이 되었다. 주최가 아사히 신문사였던 것은 잘 알려져있지만, 고시엔 구장은 한신전철의 소유였다. 또한 전국 고등학교 럭비풋볼 대회('겨울의 하나조노[花園]')는 마이니치 신문사 주최로, 긴테츠(近鐵)가 소유한 하나조노 럭비장(현재는 동오사카시 소유)에 정착하였다. 올림픽 등 20세기의 스포츠 대회가 미디어의 강한 영향을 받은 것은 알려졌지만, 일본 계절의 상징처럼 자리잡은 구기 이벤트가 '신문사+철도회사'에 의해 형성된 것은 흥미로운 사실이다.

필요가 있었다. 더운 여름과 추운 겨울에 대규모의 행락객이 몰려다니게 된 것은 일본사에서 일찍이 없었던 혁명적 변화였다.

(2) 세계와의 비교 ① – 사회·생활

철도의 탄생이 극적인 변화를 가져온 것은 세계 교통으로, 이에 대해 볼프강 쉬벨부시의 고전적 저작[3]이 있다. 하지만 야나기타 구니오柳田國男가 주목한 일본의 독자적 변화도 놓쳐서는 안 된다. 예를 들면 근세 이래의 신불신앙과 철도가 결합하면서 레크리에이션을 겸해 교외의 유명 사사寺社에 도시주민이 몰려드는 '첫 신사 참배初詣'가 성립하였다. 전근대와의 연속/단절의 이면성에 대해서는 세계사의 '여행'연구를 참고한다면 고찰이 깊어질 것이다.

그 밖에도 열차가 수 분 늦어지는 것으로 사죄 방송을 하는 것은 어째서인가? 신사, 불각에 자동차의 액막이お祓를 하러 가는 것은 어째서인가? 같은 동아시아에서도 근대 초기의 중국에서는 증기 기관차의 검은 연기에 민중이 강하게 저항한 것에 비해, 일본 민중이 처음 보는 철도를 대개 호기심과 환희로 맞이하는 것은 어째서인가? 이처럼 일본 특유의 교통문화에 관한 역사 연구는 『지각의 탄생』[4]이라 하는 귀중한 예외를 제한다면 미개척인 채로 있다.

(3) 세계와의 비교 ② - 경제·정치

경제면에서 말하자면 일본의 철도사에서 독특한 것은 국영 철도(관철·국철)[5]와 사철이 누차 경합한 것이다. 도쿄~요코하마와 같이 중요도시를 잇는 철도는 세계 각지에 있지만, 거기서 국영과 민영 노선이 병행하여 여객을 쟁탈하는 일은 세계적으로 흔치 않다. 따라서 일본의 철도사는 '국철+사철'을 한 쌍으로 생각할 필요가 있지만, 종래의 연구에서는 사철경영자의 공적을 과도하게 강조하는 경향이 있었다(자기 PR에 능했던 한큐阪急의 창업자 고바야시 이치조小林一三의 사례와 같은 자서전의 영향이 크다). 동시대 사료에 기반해 통설을 재검토하면 국철이 완수한 역할에도 충분히 관심을 가지고 일본의 철도사를 총체적으로 다시 파악할 필요가 있다.

정치면에서는 근대천황제와의 관계에 주목한 연구가 있다. 하라 다케시原武史는 철도망을 활용한 천황의 행행行幸[6]이 국민 통합에 미친 영향에 주목하였다. 히라야마 노보루는 황실 연고의 '성지'(이세신궁 등)로의 투어리즘이 '국철+사철'의 경쟁/협동의 관계 사이에서 형성되어 내셔널리즘의 형태에도 영향을 미쳤던 것을 논하였다.

---

3) [역주] Wolfgang Schivelbusch, *Geschichte der Eisenbahnreise: Zur Industrialisierung von Raum und Zeit im 19. Jahrhundert*, Hanser, 1977.
4) [역주] 橋本毅彦·栗山茂久 編『遅刻の誕生: 近代日本における時間意識の形成』三元社, 2001.
5) 관철·국철 : 정부가 경영하는 철도를 말한다. 현재의 JR의 전신에 해당한다. 정부가 경영하는 철도에 대해서 철도작업국·제국철도청·철도원·철도성이라 하는 시기별로 달라진 관할관청의 명칭을 사용하는 것은 번잡하므로, 철도국유법 시행(1906) 이전은 '관설철도[官鐵]', 그 이후는 '국유철도[國鐵]'라 칭하는 것이 연구자 간의 통례가 되었다. 다만 어느 것도 연구자가 만들어낸 용어가 아니고 당시 사람들이 실제로 사용한 호칭이다. 또한 '국철'은 전후(1949) 발족한 일본 국유철도의 약칭이기도 하다.
6) 행행 : 천황이 궁중에서 나오는 것. 황후나 황태자의 경우에는 행계(行啓)라고 한다.

(4) 코로나 사태 이후와의 비교

　2019년 말에 중국 우한시에 확인된 신형 코로나 바이러스가 잠깐 사이 세계 중에 퍼진 것은 금세기의 세계화와 사람의 이동이 역사상 이전에 없는 규모로 활발해졌기 때문이다. 약 100년 전의 팬데믹이었던 '스페인 독감'[p.441]도 미국에서 발생한 바이러스가 제1차 세계대전으로 인한 병사의 대규모 이동때문에 세계로 확산되었다. 근대는 '국경'에 가로막힌 '국민국가'가 세계 각지에 구축된 것과 동시에, 국경을 넘은 이동도 비약적으로 활발하게 된 시대였다.

　'스페인 독감'에서는 대량의 사망자를 내면서도 이동을 동반한 생활이나 전쟁이 계속되었지만, 2020년 이후의 코로나 사태에서는 사상 처음 올림픽에서 무관객 경기가 실시되었고, 경기 그 자체가 가상 virtual 에서 벌어지는 e-스포츠도 주목되었다. 앞으로의 세계에서는 정보통신 미디어의 중요성이 지금까지 이상으로 높아지고 산업과 생활을 지탱하는 화물운송도 계속해서 필수로 여겨지는 한편, 여객 운송은 '그 이동은 정말로 필요한가?'라고 되묻게 될 것이다. 이러한 지점에 선 지금 우리들의 사회를 규정해 온 교통의 근대화를 새롭게 재검토한다면 무엇을 볼 수 있을까?

　마지막으로 교통사는 특정 분야로 실증연구가 축적되었지만 '교통과 젠더'와 같이 극히 중요함에도 불구하고 개척되지 않은 영역이 많이 남아있다.

> **탐구 포인트**
> ① 사람의 이동 형태는 교통의 근대화로 어떻게 변화하였는가?
> ② 철도는 전 세계에 도입되었다. 일본과 세계를 비교한다면 어떤 보편성이나 특수성을 찾을 수 있을까?
> ③ 코로나 사태에서는 이동이 크게 제한되었다. 역사상에서 전쟁이나 재해 등에 의해 통상의 이동 수단이 제한(혹은 파괴)되었을 때 사람들은 어떻게 대처하였는가?
> ④ 근현대 교통사에 젠더의 시점을 도입한다면 어떠한 새로운 역사상을 볼 수 있을까?(예를 들면 현대에서 당연하게 여겨지는 '여성 전용 여행'은 전후의 어느 시점에서 정착한 비교적 새로운 경향이었다.)

참고문헌

柳田國男 야나기타 구니오 『明治大正史世相篇新裝版』講談社, 1993 / 김정례·김용의 역 『일본 명치·대정시대의 생활문화사』소명, 2006.
小風秀雅『帝國主義下の日本海運』山川出版社, 1995.
有山輝雄『甲子園野球と日本人』吉川弘文館, 1997.
橋本毅彦·栗山茂久 編『遲刻の誕生』三元社, 2001.
原武史『可視化された帝國增補版』みすず書房, 2011.
W·シヴェルブシュ 볼프강 쉬벨부시 (加藤二郎譯)『鐵道旅行の歷史新裝版』法政大學出版局, 2011 / 박진희 역, 『철도 여행의 역사』궁리, 1999.
老川慶喜『日本鐵道史』全 3冊, 中央公論新社, 2014~19.
平山昇『初詣の社會史』東京大學出版會, 2015.
鈴木勇一郎『電鐵は聖地をめざす』講談社, 2019.

14. 학교교육
'취학'과 그 경험을 어떻게 파악할 수 있는가

다니가와 유타카^{谷川穰*)} 집필 / 김정래 번역

관련항목: III-26^[p.314] IV-3^[p.354] IV-6^[p.363] IV-53^[p.504]

〔논의의 배경〕

근대 국민국가에서 학교 교육은 필수적인 제도로 인식되며, 현대세계에서 널리 '바람직한 것'으로 시행된다. 따라서 학교 현장에 대한 다양한 사상事象은 강한 관심을 동반하는 사회문제가 된다. 신분이나 계급을 초월한 평등화의 이상과, 격차를 고착화시키는 현실과의 어긋남齟齬도 종종 지적된다. 그러면 일본의 학교 교육은 어떻게 정착하였고 무엇을 초래하였는가? 이 물음은 학교를 '근대화'나 고도경제성장을 이끈 요인으로 보는 것뿐만 아니라, 학교가 사람들에게 준 의미나 일본 사회의 구조에 대한 고찰로도 이어진다. 아래에서는 쇼와 전전기까지의 초등교육을 중심으로 서술한다.

〔논점〕

(1) '취학'이란 무엇을 가리키는가?

1872년(메이지5) 문부성의 학제¹⁾가 발포되며 근대 학교 교육 제도가 개시되었다. 취학아동 수를 학령아동 수로 나눈 '취학률'은 당초 50%가 되지 못했다. 그것이 1886, 1890, 1900년 3차에 걸친 소학교령 제정에 의해 의무교육 4년제가 확립된 20세기 초두에는 90%를 넘었고, 1907년 6년제로의 연장을 거쳐 1917년(다이쇼6)에는 98.7%에 달하였다. 이러한 숫자를 초등교육제도·정책의 '중앙에서 지방으로'의 '하향식' 침투율만으로 보지 않고, 숫자의 의미를 지역의 실태에서 파악해 거슬러 올라가는 연구가 1970년대 이후 왕성하게 행해졌다. 그 결과 취학률의 고조와 지역의 생산력과의 깊은 상관성이나, 교육이 가져오는 복리福利에 대한 자각·요구, 모두가 같이 학교에 다닌다는 감각의 양성, 또한 제1·2차 소학교령의 온습과溫習科·보습과補習科²⁾ 제도가 '취학기간'의 일상제도화에 기여한 것 등, 취학의 제 요인이 다양하게 지적되었다. 한편으로 히지카타 소노코土方苑子는 여자의 소학교 졸업이 일반화되는 것은 1920

---
*) 도쿄대학대학원 문학연구과 교수 | 일본근대사
1) 학제 : 1872년 8월에 발포된 근대 학교 제도에 관한 법령. 프랑스, 미국 등 여러 외국의 제도를 참고하여 학구·학교·교원·생도·유학생규칙·학비 등을 규정하였다. 1879년 교육령이 공포되며 폐지되었다.
2) 온습과·보습과 : 온습과는 심상 소학교나 그 위의 고등 소학교의 졸업 후에 다른 학교에 입학할 수 없는 아동을 위해 6~12월 간 학과를 보습하는 과정이다. 보습과는 그 후신이며 수업연한은 3년이었다.

년대 이후였다는 성별 간 차이나, 1920년대 후반까지 소학교와는 별개로 빈곤아동에 대한 교육기관이 다수 존재·지속되었던 도쿄의 '미취학' 구조 등을 밝혀 '취학'의 윤곽을 뒤흔드는 고찰을 거듭하였다. 취학률 문제를 넘어, 어느 계층·사회 상황의 '취학' 양상에 초점을 맞출 것인가라는 질문이 등장하고 있다.

(2) 학교에서 무엇을 얻을 수 있는가? / 무엇이 주입되었는가?

그런 점에서 학교에 한정되지 않고 근대 일본의 '배움', '인간형성'의 실상을 넓게 포착하는 관점도 중요하다. 그렇다고는 하지만 압도적 다수에게 '배움'이나 새로운 정보를 최초로 접할 수 있었던 창은 역시 학교였다. 거기서의 경험이 '입신출세'라는 말로 상징되는 것처럼 사회 이동을 가능하게 하는 희망(그리고 좌절)을 주로 남자에게 부여한 것도 사실이다. 메이지기에는 관료·의사·교원 등 자격제도나 시험임용을 전제로 하는 직업이 등장하고 1920년대 이후에는 민간 기업의 증대에 의해 학력을 능력표시로서 살아가는 샐러리맨 층의 수요가 높아졌듯, 학교와 직업이 연계를 강화하여 '대중교육사회'가 형성되었다. 동시기 농촌에서도 젊은 리더층은 도시에서 교육 받은 경험을 가진 자가 채우는 등, 학교제도는 인재 선발의 측면을 갖추어갔다. 교육사회학자의 역사연구를 중심으로 이러한 점이 밝혀져 갔다.

한편 국가는 모든 아동을 일정 기간 학교에 가두어 넣어 장래의 '신민'으로 육성하려는 의도도 있었다. 천황에 대한 숭경崇敬과 헌신을 아동·학생의 내면에 각인시키는 시설로서 어떻게 학교가 위력을 발휘했는가? 그것은 전후의 교육사연구에서 논점이라기보다 전제였다. 학교 의식의 제도와 실태를 넓게 검토한 사토 히데오佐藤秀夫가 학교를 천황제라 하는 교의의 체계를 넓히는 교회敎會로서의 측면을 강조한 것은 상징적이라 할 수 있다. 이에 대해 히로타 데루유키廣田照幸는 육군 부속학교 생도의 일기나 작문 등을 검토하여 '내면화'를 전제로 하는 이해는 달라져야 한다고 주장한다. 전전의 천황제라 하는 시스템은 여러 종류의 단속이나 정보 격리를 통해 사람들의 입신출세에 대한 욕구나 보신적 심리를 천황·국가에 대한 헌신으로 연결하였고, 학교를 통한 천황에 대한 헌신의 내면화 과정을 거치지 않고도 충분히 작동할 수 있는 것이었다고 논하였다. 그 후에도 대표적인 '교의'였던 교육칙어[3]의 수용이나 '어진영御眞影'[p.355]에 초점을 맞춘 학교의식의 전개 등이 현대의 교육정책에 대한 비판과 함께 검토되고 있다. 다양한 '불경'사건[4]을 통한 천황의 금기화 과정을 탐구한 오마타 노리아키小股憲明의 연구 등 히로타의 논의와 호응하는 고찰도 정리되는 중이지만, 일반적으로 내면화의 문제는 보류하고 그 외부의 체계를 탐구하는 방향으로 연구가 넓어지는 중으로 보인다.

---

3) 교육칙어 : 1890년 10월 30일, 메이지 천황이 교육의 기본방침으로서 하사한 칙어. 이노우에 고와시(井上毅)·모토다 나가자네(元田永孚) 등이 기초하여, 유교적 덕목을 기초로 '충군애국'을 말하였다. 학교에 배포해 예배·봉독하도록 명하였다. 1948년 국회에서 무효화가 결의되었다.

4) 불경사건 : 형법의 불경죄에는 해당하지 않는, 국민도덕상 '불경'이 적용된 사건. 1891년 제1고등중학교 교원 우치무라 간조(內村鑑三)가 교육칙어에 대해 충분한 예를 표하지 않았다며 '불경'이라 비판받았던 것이 전형적이다. 이는 언론을 통해 알려져 대사건으로 번졌다.

(3) 교육경험의 시점과 과제

물론 아이들은 이러한 '신민'으로서의 마음가짐이나 규율·규범과 함께 읽고 쓰기를 포함한 여러 지식 습득의 경험을 거듭한다. 이러한 교육경험이 후의 인생이나 사회에 어떻게 나타나는가? 국가나 농촌·도시의 아이들 상像, 모범생으로서 전시를 살아내고 이후 회고를 통해 규범을 상대화해 가는 여성의 모습을 묘사한 오카도 마사카쓰大門正克의 연구 등은 거기에 접근하려는 시도이다. 전시 중의 학생소개疏開[5]일기나 전후의 시집을 분석한 오카도는 '소국민少國民'[6] 규범의 내면화와 그에 대한 극복 모두가 학교에서 얻은 '쓰기' 능력과 습관으로 얻어졌다고 하며 교육 경험의 다양성을 보여주었다.

다만 무엇을 교육경험의 성과라고 파악할지, 어떻게 실증할 것인지는 간단한 문제가 아니다. 아동의 자발성을 존중한 다이쇼 신교육[7]의 도입이나 총력전 시기 국민학교[8]에서의 '육성錬成'이 남긴 영향을 어떻게 측정할 수 있을까도 여전한 과제이다. 역으로 학교라고 하는 인간 형성의 방식이 1930년대 이후 다방면에서(예를 들면 도제수업에서 기업 내 교육시설로) 정착하여 전후의 '학교화사회'를 준비한 것으로 보는 기무라 하지메木村元의 최근 연구와 같이 교육경험의 제도적 반영을 포착할 수 있는 시각도 필요하다.

> **탐구 포인트**
> ① 전전 시기의 학교 교육 비판은 현대의 그것과 어떤 차이가 있는가?
> ② 근대 학교 교육에서의 성별 차이는 어떻게 형성되었는가?
> ③ 학교 이외의 '교육'을 경험하는 곳은 어떻게 확장되었는가?

참고문헌

佐藤秀夫「解說」『續·現代史資料8 教育1』みすず書房, 1994.
廣田照幸『陸軍將校の教育社會史』世織書房, 1997.
土方苑子『東京の近代小學校』東京大學出版會, 2002.
天野郁夫『教育と選拔の社會史』筑摩書房, 2006.
小股憲明『明治期における不敬事件の研究』思文閣出版, 2010.
柏木敦『日本近代就學慣行成立史研究』學文社, 2012.
木村元編『日本の學校受容教育制度の社會史』勁草書房, 2012.
大門正克『增補版 民衆の教育經驗』巖波書店, 2019.

---

5) 학생소개 : 아시아·태평양전쟁 말기, 전쟁상황이 악화하자 대도시의 아동을 개인·집단 단위로 근교 농촌 등에 이동시킨 것을 말한다. 1944년 7월 이후에 집단소개가 진행되었고, 1945년에는 그 수가 45만 명에 달하였다.
6) 소국민 : 중일전쟁기 이후, 후방에 위치한 아이들을 '나이 어린 황국민'이라 하는 의미로 가리키는 단어.
7) 다이쇼 신교육 : 다이쇼 시기를 중심으로 구미의 신교육사상·실천의 수입과 같이 고조된 자유교육 운동. 아이들의 개성·자발성 등을 중심으로 근거로 하여, 사범학교 부속학교나 사립학교 등에서 새롭게 실험적 교육실천이 시도되었다.
8) 국민학교 : 1941년(쇼와16)부터 47년까지 이어진 일본의 초등학교 명칭. 종래의 교과를 국민·이수(理數)·체련(體鍊)·예능의 4교과로 통합하여, 총력전체제에 대응하는 황국민 '육성'의 교육을 목표로 하였다.

15. 아이누와 오키나와인의 근대
민족의 정체성을 만드는 것은 무엇인가

시오데 히로유키 鹽出浩之*) 집필 / 김정래 번역

관련항목: III-3[p.245] IV-18[p.399] IV-22[p.411] IV-23[p.414] IV-48[p.489] IV-50[p.495]

〔논의의 배경〕

아이누와 오키나와 사람들의 역사는 오늘날 일본사의 일부로 이해된다. 이는 메이지유신 이후 홋카이도와 오키나와가 일본의 영토가 된 것과 무관하지 않다. 그들이 '일본인'인 동시에 종종 '아이누 민족'이나 '우치난츄(오키나와인)'라는 독자의 정체성을 가진 것은 어떤 이유때문일까? 전후의 연구에서는 홋카이도와 오키나와를 일본 '국내'의 특수한 지역으로 자리매김하였으나, 근래에는 일본의 국경이 근현대에 몇 차례 바뀐 것을 감안하여 아이누와 오키나와인의 경험을 대만인이나 조선인의 경험과 비교하기도 한다.

〔논점〕

(1) 홋카이도와 오키나와는 식민지화되었는가?

근세에 아이누는 마쓰마에번松前藩에 복속했지만, 아이누가 거주하는 땅(에조치蝦夷地)은 마쓰마에번의 영지가 아니었다. 도쿠가와 정권은 러시아를 경계하여 19세기 초와 막말기에 에조치를 직할했지만, 이것도 일본에 대한 아이누의 복속을 근거로 하는 것이며 에조치를 일본 지배영역으로 간주한 것에 불과하고 토지의 영유라고 하는 인식은 없었다. 한편 근세의 류큐琉球는 중국(명, 청)에 복속하면서 사쓰마번薩摩藩에도 복속하였지만 중국과도 일본과도 다른 국가였다. 즉 도쿠가와 정권이나 여러 다이묘의 통치하에 있던 사람들(여기서는 야마토인이라 부르겠다)과는 다르며, 아이누와 오키나와인은 각자 홋카이도 영유(1869), 류큐 처분(1879)에 의해 새롭게 일본의 통치대상이 되었다.

1970년 이후의 연구에서는 메이지유신 후의 홋카이도와 오키나와를 다른 현과 구별하면서도 다른 한편에서는 대만이나 남사할린(남카라후토), 조선과도 구별하는 관점에서 '내국 식민지'라는 개념을 사용하였다. 홋카이도와 오키나와현에 대한 연구에서는 홋카이도와 오키나와가 자치제도나 참정권의 적용이 늦어져 다른 현과 제도상의 격차가 있었다는 점을

*) 교토대학대학원 문학연구과 교수 | 일본 근현대사

중시하는 한편, 제국 헌법상 다른 법역法域1)이었던 대만이나 남사할린, 조선과는 다르다고 인식해 '국내'로 보기도 한다.

이에 대해 시오데 히로유키는 홋카이도와 오키나와가 식민지화되었다는 인식을 공유하면서 양자를 '국내'라 하여 대만이나 남카라후토南樺太,2) 조선의 식민지화와 구별할 수는 없다고 주장한다. 그에 따르면 홋카이도 영유나 류큐 처분은 주권국가 일본의 국경을 정해 현지인을 새롭게 그 지배하에 둔다는 점에서 대만, 남카라후토의 영유 및 한국 병합과 같다. 또한 제도적 격차의 유무나 법역의 이질성은 차별이나 동화정책 등 아이누와 오키나와인이 경험한 식민지주의3)와는 다른 차원의 문제라고 설명한다. 또한 나미히라 쓰네오波平恒男는 동아시아 국제질서의 변용, 즉 중국에 복속한 류큐와 조선이 일본에 병합되었다는 관점에서 류큐 처분과 한국 병합과의 공통성을 지적하고 있다.

(2) 왜 '동화'가 받아들여진 것인가?

야마토인이 홋카이도에 이주하게 되면서 아이누는 생활 공간을 빼앗겨 급속도로 마이너리티화되었다. 정부는 아이누의 보호·구제를 목적으로 농업을 장려하고 일본어나 일본의 생활관습을 이식하고자 하였다. 다카쿠라 신이치로高倉新一郎는 이러한 동화정책은 '민족성의 파괴'를 동반하여 아이누는 '완전한 국민으로 양성'되어갔다고 보았다. (『아이누 정책사アイヌ政策史』, 1943) 그러나 오가와 마사히토小川正人는 아이누가 차별이나 생활환경의 격변에 괴로워하면서도 야마토인과 대등하게 살기 위해 언어나 문화의 계승을 스스로 단념했다고 말하며, 이러한 선택에서 '민족으로서의 자부심'을 발견할 수 있다고 지적한다.

한편 오키나와에서도 정부 동화정책의 일환인 표준어 장려 운동4) 등이 오키나와인 자신들에 의해 행해졌다. 오구마 에이지小熊英二는 그 목적이 역시 평등의 획득이나 문명화에 있다고 하였다. 단 일본 통치하의 대만이나 조선에서 '문명화'와 '일본화'는 구별되었고 '문명화'가 선호되어 수용된 것과 달리, 오키나와에서는 '문명화'와 '일본화'를 구별하기 어려워 '동화만이 발전과 차별 해소의 유일한 방법'으로 받아들여졌다고 논하였다. 이것은 아이누까지 포함해 거듭 비교 검토할만한 논점이다.

---

1) 법역 : 어느 국가의 영토가 법의 적용을 받는 방식의 차이에 의해 복수의 영역으로 구분될 때, 그 영역을 법역이라 한다. 여기서는 일본 통치하의 대만, 남사할린, 조선에서 제국의회에서 제정된 법률이 직접적으로 적용되지 않았던 것을 가리켜 본국과 구별되는 다른 법역 즉 이법역(異法域)이라 부른다. 홋카이도나 오키나와도 정도의 차이가 있지만 20세기 초까지는 다른 법역이었다고 한다.
2) 남사할린/남카라후토 : 사할린섬은 상트페테르부르크 조약(1875)으로 러시아령이 되었으나, 러일전쟁의 결과 포츠머스 조약(1905)에서 북위 50도 이남이 일본령 남카라후토가 되어 1907년 가라후토청의 관할이 되었다. 남카라후토의 사할린 아이누·윌타인·니브흐인 등의 선주민이 일본 국적에 편입되는 한편, 본국에서의 이민이 인구 대부분을 점하게 된다. 1945년 소련이 대일전에 참전하며 남카라후토를 점령하였고, 1951년 일본은 샌프란시스코 강화조약에서 남카라후토의 영유권을 포기하였다.
3) [역주] 식민지주의란 식민지를 획득하고 지배하는 정책 활동과 그것을 정당화하고 추진하는 사고를 말한다.
4) 표준어 장려 운동 : 중일전쟁 개전 후 국민정신 총동원 운동의 일환으로 오키나와현청의 지시에 따라 '일본 정신의 선양'을 위해 현 전체에서 표준어 사용을 장려한 운동. 학교에서 표준어 교육이 철저하게 된 것뿐 아니라 지역주민에게도 표준어 습득을 강요했다.

(3) '민족'이란 무엇인가?

전술한 다카쿠라 신이치로의 주장에서도 보이듯 과거 '민족'이라는 개념은 '국민'과 명확하게 구별되지 않았다. 현재 민족적 귀속ethnicity은 국가에의 귀속(국적)과 구별되며, 또한 민족집단[5]은 정치적 공동체로서의 네이션[6]과도 개념상으로는 구별된다.

사카타 미나코坂田美奈子에 의하면 근현대에 일본어를 익혀 생활양식을 바꾼 아이누는 일본어를 사용해 아이누의 권리 회복을 요구하였다. 또한 그는 동화나 혼혈로는 아이누를 소멸시킬 수 없다고 주장하였다. 이것은 민족적 귀속이 언어나 문화, 가족관계 등에 의해서만 결정되는가, 아니면 당사자가 선택한 정체성이 중요한 것인가의 문제이다.

전전 오키나와에서는 차별이나 동화정책을 배경으로 하여 '오키나와인'은 '일본민족'이라고 주장하였다. 더욱이 전후 미국 통치하의 일본 복귀 운동은 '민족통일'을 목표로 하였기에 오키나와사 연구에서도 류큐 처분이 '민족통일'이었는지, 아니었는지가 중대한 논점이 되었다. 그러나 오구마 에이지에 의하면 전전에도 전후에도 오키나와인이 '일본민족'이었다고 하는 언설의 실상은 오키나와인으로서의 내셔널리즘을 포함하고 있다. 일본 통치하의 대만인이나 조선인과 같이 일본의 지배를 부정하지 않고 지위 향상을 추구하기 위해서는 '일본 내셔널리즘의 언어'를 사용할 수밖에 없었다고 설명한다.

즉 '민족'과 '국민'이 동일시된 상황에서 오키나와인이 민족집단인가, 네이션인가 하는 논의는 곤란했다. 그러나 나미히라 쓰네오가 지적한 바와 같이 이제는 '오키나와나 일본을 둘러싼 문제상황'의 변화로 인해 류큐 처분이 '민족통일'인가 아닌가 하는 문제설정은 그 자체가 '시대에 뒤쳐진' 것이 되고 말았다.

탐구 포인트

① 일본, 러시아(소련) 간의 국경변화는 아이누의 처지를 어떻게 좌우해왔는가?
② 류큐 처분 후의 오키나와 통치는 어떠한 점에서 대만, 조선 통치의 전례가 되었는가?
③ 아이누나 오키나와인에 대한 일본어 교육은 어째서 단순한 표준어 교육과 차이가 있었는가?
④ 일본 근현대사를 복수의 민족집단의 역사로서 포착하고자 한다면 무엇이 보이는가?

참고문헌

小川正人 『近代アイヌ教育制度史研究』 北海道大學圖書刊行會, 1997.

小熊英二오구마 에이지 『「日本人」の境界』新曜社, 1998 / 전성곤 역 『'국민'의 경계』소명, 2023.

鹽出浩之 「北海道·沖繩·小笠原諸島と近代日本」 『岩波講座日本歷史15』岩波書店, 2014.

波平恒男나미히라 쓰네오 『近代東アジア史のなかの琉球併合』岩波書店, 2014年 / 윤경원·박해순 역 『근대 동아시아 역사 속의 류큐 병합』진인진, 2019.

坂田美奈子 『先住民アイヌはどんな歷史を歩んできたか』清水書院, 2018.

---

5) 민족집단(ethnic group) : 역사나 언어·문화·종교·외견적 특징 등에 의해 다른 민족집단과 구별되는 정체성을 혈연이나 가족 등의 형태로 공유하고 계승하는 집단. 어느 민족집단에 속하는 것을 민족적 귀속(ethnicity)이라 한다.

6) 네이션(nation) : 어떠한 정체성을 공유하며 스스로가 국가나 자기 결정권을 가지는 것이 정당하다고 자인하는 정치적 공동체. 혹은 그러한 정치적 공동체로서의 국가(nation-state). 과거에는 '민족'이라 해석하였고 오늘날에는 '국민'이라 해석하는 경우가 많지만, 여기서는 둘 중 어느 쪽으로도 쓰지 않는다.

16. 이민과 제국 일본
　　사람들은 왜 이민하였으며, 이민은 일본의 팽창과 어떤 관계를 가지는가

시오데 히로유키^{鹽出浩之*)} 집필 / 김정래 번역

관련항목: IV-15^[p.390] IV-18^[p.399] IV-22^[p.411] IV-23^[p.414] IV-40^[p.465] IV-50^[p.495]

〔논의의 배경〕

근래 일본에는 외국인 노동자가 늘고 있지만, 19세기 말부터 20세기 전반엔 일본인이 왕성하게 이민을 갔다. 그것은 어째서였는가? 또한 이 시기는 일본이 인근 지역으로 지배를 넓히던 시기와 상당히 겹치는데, 이민한 사람들은 제국화하는 일본과 어떠한 관계에 있었던 것인가?

〔논점〕

(1) 어디로 이민하였는가?

일본인의 국외 도항은 1866년에 해금되어, 1868년에는 하와이 왕국에 '원년자^{元年者}1)'로 불리는 이민노동자가 보내졌다. 1880년대에는 조선으로 도항이 시작되어 청일전쟁 후 급증하였다. 같은 시기 하와이나 미합중국·캐나다 등으로의 이민도 본격화되어, 20세기 초두에는 백인 노동자들의 일본 이민자 배척이 심각해졌다. 미국(1898년 병합된 하와이 포함)에서는 1924년에 개정된 이민법으로 일본인의 이민을 전면 금지하여, 국외 이민은 브라질이나 페루 등의 남미 여러 나라나 미국령이면서 1924년 이민법의 적용 범위 바깥이었던 필리핀 등으로 향하게 되었다.

다만 실제로는 외국에 건너간 일본인보다도 일본이 새롭게 지배한 지역에 건너간 일본인 쪽이 훨씬 많았다. 먼저 홋카이도는 메이지유신 직후 처음으로 명확하게 일본의 영토로 정해져, 이후 다른 어느 지역보다도 압도적으로 많은 이민을 흡수하였다. 그 후 일본의 영토가 된 대만·남사할린·조선이나 일본의 지배하에 놓인 관동주^{關東州}·만철부속지^{滿鐵付屬地2)}·남양군

---

*) 교토대학대학원 문학연구과 교수 | 일본 근현대사
1) 원년자 : 일본 주재 하와이 총영사였던 미국인 유진 반 리드(Eugene Van Reed)의 알선으로 사탕수수 농장과 3년간 노동 계약을 맺고, 1868년에 요코하마에서 하와이로 건너간 약 150명의 일본인. 가혹한 노동조건 등으로 인해 일본인과 농장 측의 충돌이 다발하였고, 일본·하와이 양측이 교섭한 결과 1870년 40명이 귀국하였다. 남겨진 사람들 일부는 미국으로 건너갔고 나머지 사람들은 그대로 하와이에서 살았다.
2) 만철부속지 : 러시아가 중국에 부설한 중동철도[東淸鐵道] 중 하나로, 다롄(大連)에서 창춘(長春)까지의 구간은 러일전쟁의 결과물로 일본에게 양도되었고, 일본 정부가 설립한 남만주 철도 주식회사(만철)가 경영을 담당하였다. 이 시기 일본은 철도 연선(沿線)에 대해 '절대적·배타적 행정권'도 러시아로부터 계승받았다. 이 영역을 만철부속지라 부르며 행정은 만철이 담당하였다.

도南洋群島[3]) 등에도 많은 일본인이 건너갔다. 또한 일본이 중국 동북부에 건설한 '만주국'에는 전쟁 중 일본인의 개척 이민이 격증하였다.

(2) 제국 일본의 형성과 이민

물론 외국에 건너간 자만을 이민이라 부르는 입장도 있으며, 실제로 전후 이민사 연구는 오랫동안 오로지 남·북미의 일본인 이민을 대상으로 해왔다. 그러나 경제사 등에서 식민지 일본인 활동을 연구하는 과정 중 양자를 포괄적으로 고찰하는 접근 방법이 진행되었다. 그 중에서도 기무라 겐지木村健二는 일본인의 이주지역을 '비세력권=이민권'(태평양제도, 남·북미)과 '세력권=식민권'(동아시아)으로 분류하는 틀을 제시하였다. 오카베 마키오岡部牧夫도 이주지역을 구미 제국의 지배 지역과 일본의 주권이 배타적, 혹은 부분적으로 미치는 지역으로 구별하여 일본인 이민의 전체상을 제시하였다.

또한 아라라기 신조蘭信三는 제국 일본의 형성과 붕괴가 가져온 인구이동의 총체를 전망하는 틀을 제시하였다. 일본의 지배 확대는 일본인의 '내지에서 외지·세력권으로의 이동'뿐만 아니라, 재일조선인 등 '외지·세력권에서 내지로의 이동'이나 만주로 건너간 조선인 등 '외지 간의 인구 이동'도 대규모로 가져왔다는 것이다.

시오데 히로유키는 최근 주권국가의 지배영역이나 국경은 변동해 왔기에 기무라의 이주처 구분도 고정적이지 않았다고 주장하고 있다. 예를 들면 미국령 필리핀은 제2차 세계대전 중 일본에 점령되었기에, 일본인 이민은 뒤바뀌어 지배자 측에 서게 되었다.

(3) 어째서 이민하였는가?

일반적으로 빈곤이나 인구 과잉이 이민의 요인이었다고 하는 설명은 흔히 보인다. 그러나 하와이나 미국에 건너간 일본인은 오늘날의 일본 내 외국인 노동자와 마찬가지로 임금이나 물가의 격차를 이용하여 고향 친족 등에게 송금해 이익을 얻는 것이 주된 목적이었으며, 또한 도항에는 상당한 비용이 필요했다. 오카베는 이민의 필요성을 설명하는 사람들이 빈곤이나 인구 과잉을 근거로 하지만, 이민이 발생하는 근본적인 요인은 메이지유신 후 일본에 자본주의가 침투하여 사회가 유동화한 것이라 지적한다. 애초에 브라질이나 '만주국'으로의 이민은 정부가 사회정책의 관점에서 알선하거나 도항비를 지급하였기에 이들에 대해서는 빈곤과의 상관도 고려할 필요가 있을 것이다.

이민처로서 외국과 일본 지배 영역에 차이가 있었을까? 시오데는 경제적인 기회를 찾기 위해 고향을 떠난 사람들에게 행선지가 일본 국내인가 아닌가는 그다지 중요하지 않았다고 파악한다. 다만 기무라는 조선의 사례에서 '식민권'으로의 이민에 정부가 여러 편의를 도모한 것을 지적한다. 또한 1934년에 브라질이 일본인 이민의 수용을 대폭 제한하자 '만주국'을 향한 이민이 격증했다. 외국으로의 이민이 상대국의 입국 관리 정책에 좌우된 것에 비해 일본 지배

---

3) 남양군도 : 제1차 세계대전 중 일본은 미크로네시아의 독일령 중 적도 이북의 마샬 제도, 마리아나 제도, 캐롤라인 제도를 점령하였다. 전쟁 후 이 지역들은 국제연맹의 위임통치령으로서 일본 통치하에 두는 것이 승인되었고, 남양청 산하로 제당업(製糖業) 독점을 인가받은 남양흥발주식회사(南洋興發株式會社)가 개발을 추진하였다. 원래의 주민은 캐롤라인인(Carolinian)이나 차모로(Chamorro)인 등이지만, 1940년경에는 오키나와인을 중심으로 한 일본인 노동자가 인구의 약 6할을 차지하게 되었다.

영역에서는 일본인 이민에 장벽이 없었으며, 또한 보호나 지원도 할 수 있었다.

(4) 이민자는 무엇을 경험하였는가?

과거 하와이나 남·북미로의 이민은 일방통행적으로 일본을 이탈하여 수용 국가의 국민이 된 것으로 여겨져 왔다. 그러나 아즈마 에이이치로東榮一郎 등이 명확히 밝힌 것처럼, 일본인 이민이 현지에 정착해 현지 국적[4]을 가진 아이들(일본계 외국인)이 성장하고 나서도 그들은 고향이나 일본이라 하는 국가와의 결합을 유지하였다. 그것은 이민의 보편적인 특징이며, 또한 그들이 아시아계 이민으로서 인종차별을 받은 결과이기도 했다.

또한 기무라는 일본인이 '이민권'에서는 상술한 바와 같이 '피억압자'가 된 한편, '식민권'에서는 현지민에 대한 '억압자'가 되었다고 위치지었다. 시오데는 이것을 타당하다고 보면서도 일본인 이민이 이민지에서 경험한 민족 간 관계에는 그 지역을 어떤 국가가 지배하고 있는가 뿐만 아니라, 민족 간의 인구비도 영향을 준다고 하였다. 일본인의 인구비는 대만이나 조선, '만주국', 남·북미 등에서는 극히 적었으나, 홋카이도나 남사할린에서는 9할 이상, 남양군도에서는 약 6할, 하와이에서는 약 4할을 차지하였다. 또한 시오데는 외국과 일본 지배지역의 공통된 특징으로 일본인 이민자와 조선인 이민자의 관계나 일본인 이민 내부에서 야마토인과 오키나와인과의 관계의 예처럼, 출신지에 의한 식민지주의적 민족간 관계가 이민지에서도 유지된 것을 지적하고 있다.

탐구 포인트

① '이민'을 어떻게 정의하는가? 그 자체가 이민사의 논점이다.
② 이민 활동이나 그 이민지에 영향을 준 것은 어떠한 요인인가?
③ 지역에 따른 일본인 이민의 경험에는 어떠한 차이점과 공통점이 있었는가.

참고문헌

木村健二「近代日本の移民·植民活動と中間層」『歷史學研究』613, 1990; 柳澤遊一·岡部牧夫編『展望 日本歷史20 帝國主義と植民地』東京堂出版, 2001에 再錄.

岡部牧夫『海を渡った日本人』山川出版社, 2002.

移民硏究會編『日本の移民硏究』1·2, 明石書店, 2008.

蘭信三編著『日本帝國をめぐる人口移動の國際社會學』不二出版, 2008.

早瀨晋三 하야세 신조『フィリピン近現代史のながの日本人』東京大學出版會, 2012.

東榮一郎(飯野正子監譯)『日系アメリカ移民 二つの帝國のはざまで』明石書店, 2014.

鹽出浩之 시오데 히로유키『越境者の政治史』名古屋大學出版會, 2015 / 임경화·은희녕·이승찬 역『월경자의 정치사』소명, 2024.

細谷亨『日本帝國の膨脹·崩壞と滿蒙開拓團』, 有志舍, 2019.

---

4) (이민과) 국적 : 미국·캐나다·브라질 등 남북미 국가들의 국적법은 현지 출생자에게 국적을 주기 때문에, 이민자의 자식들은 기본적으로 현지 국적을 가진다. 다만 일본의 구 국적법은 일본인을 아버지로 하는 자식에게 일본 국적을 부여하였기에, 일본계 2세는 자동적으로 이중 국적이 되었다(1984년 개정된 국적법에서 부모 양측의 국적 중 선택이 가능해졌다). 일본인(1세)의 국적취득(귀화)은 미국에서는 1952년까지 인정되지 않았으나 그 외의 국가에서는 가능하였다.

17. 신문·잡지 미디어
사회 안에서 어떤 역할을 수행하는가

나가오 무네노리長尾宗典*) 집필 / 김정래 번역

관련항목: IV-3[p.354] IV-4[p.357] IV-18[p.399] IV-30[p.435]

〔논의의 배경〕

근세에서 천변지이天變地異 혹은 사건을 전달하는 정보원이었던 목판기사瓦版1)·목판화에서 근대의 신문·잡지로의 이행은 인쇄기술의 측면에서 보자면 목판인쇄에서 활판인쇄[p.367]로의 이행에 대응한다. 균질하고 세분화된 주조활자에 의한 인쇄물의 등장은 새로운 언론 공간의 창출을 촉구하며 정보전달 수단의 면목을 일신했다고 할 수 있다. 활판인쇄는 법령의 포고나 교과서에도 사용되었지만, 특히 사람들에게 대량의 정보를 제공하였던 것은 정기 간행물로서의 신문·잡지 미디어였다.

이하에서는 1990년대 이후 발전해 온 미디어사 연구의 성과를 발판삼아, 특히 메이지·다이쇼기에 걸친 근대 일본 사회와 신문·잡지와의 관계를 논하고자 한다.

〔논점〕

(1) 신문·잡지의 탄생과 발전

1872년(메이지 5)에 『닛신신지시日新眞事誌』를 간행한 영국인 블랙John Reddie Black은 창간 당초 매일 새로운 기사를 실어 발행하는 신문을 사람들이 이해하지 못했다고 회고했다. 1876년 『내무성 제1회 연보』의 집계를 보면 그런 신문이 수십 종이었으므로 단기간에 많은 신문의 보급이 있었음을 짐작할 수 있다. 1874년 메이로쿠샤明六社[p.354]가 발행한 『메이로쿠 잡지』도 수준 높은 내용이 신문 각지에서 논평되어 당시의 활발한 언론 상황 속에서 수용되어 갔다. 『내무성 제1회 연보』가 지적한 것처럼 '신문 독자의 증감'은 '인민 지식의 진보 여부'와 밀접하게 연관되어 있었다.

1874년 이타가키 다이스케 등이 좌원左院에 제출한 '민선의원설립 건백서'가 『닛신신지시』에 전재轉載되면서, 각 언론에는 의회 개설을 둘러싼 다양한 논설이나 투서가 게재되는 등 미

---

*) 조사이(城西)국제대학 국제인문학부 준교수 | 일본근대사·사상사·미디어사
1) [역주] 가와라반 : 에도시대에 정보를 빠르게 전달하기 위해 목판 등에 정보를 새긴 정보지이다. 가와라반을 읽으며 팔았기에 요미우리(讀賣)라고도 했다. 메이지 초까지도 출판했으나 신문의 등장으로 쇠퇴하였다.

디어 상에서의 '논쟁'이 활발해졌다. 정치 논쟁을 중심으로 한 신문이 대신문(大新聞)2)이라 불린 것에 대해, 보다 서민 대상이고 후리가나를 덧붙인 읽기 쉬운 신문을 소신문(小新聞)이라 하였다. 1874년에는『요미우리 신문』이 창간되었다. 1875년 정부는 신문지 조례3)·참방률(讒謗律)4)을 제정하여 규제를 강화하였지만, 자유민권운동의 고조 속에서 정치 논쟁 신문은 정부 비판의 자세를 강화했다.

메이지 14년 정변5) 후에는 정당 등의 기관지로서 다양한 신문이 창간되었다. 이 시기 정부는 내각 기밀비로 여러 신문사에 조성금을 지원하였다. '중립'의 입장을 표방하던 오사카의『아사히 신문』도 실은 1880년대부터 90년대에 걸쳐 정부로부터 보조를 받았다는 사실이 아리야마 데루오(有山輝雄)나 사사키 다카시(佐々木隆)에 의해 지적되었다.

(2) 독자의 확대와 미디어의 전환

메이지 20년대가 되면『국민의 벗(國民之友)』이나『일본인』등 오늘날의 종합 잡지의 형태에 가까운 잡지가 창간되어 사상·문화에 커다란 영향을 주었다. 신문에서도『일본』,『국민신문』등 독자적 주장을 가진 신문이 등장하는 한편,『만조보(萬朝報)』와 같이 가십 기사나 예리한 사회비판으로 독자를 확보하는 신문도 등장하였다.

청일·러일전쟁은 독자 확대라는 점에서 큰 전환점이 되었다. 이후 신문은 정치 논쟁보다도 보도 중심의 지면 만들기를 지향하게 된다. 박문관(博聞館)6)의 잡지『태양』이 특정한 주의·주장에 상관없이 각 분야 대가의 논설을 게재하여 성공을 거둔 것도 넓어져가는 독자의 기호에 대응하고자 한 결과였다. 나가미네 시게토시(永嶺重敏)는 메이지 30년대 이후 활자 미디어를 일상적으로 읽는 습관을 몸에 지닌 '독서국민'이 도시부를 중심으로 등장하여 곧 지역사회로 파급되어 갔다는 구도를 주장하였다.

광범위한 독자를 필요로 하는 신문은 민중을 움직이는 세력이 되었다. 중요한 것은 아리야마 데루오가 지적하는 것처럼 당시의 신문 독자 수가 중의원 의원 선거권 보유자를 압도적으로 상회하고 있었다는 것이다. 정치적 발언의 기회가 없는 민중의 사회적 불만은 때로 폭발하였다. 1918년(다이쇼7) 쌀 소동의 보도 규제는 정부의 위기감을 나타낸다. 신문기자들은 맹렬히 항의했지만, 계속해서 일어난『오사카 아사히 신문』의 필화(筆禍) '백홍(白虹)사건'7) 이후

---

2) 대신문·소신문 : 메이지 초기의 신문 구별. 공무원·교원·호농(豪農)·호상(豪商) 등을 독자 대상으로 하여, 정치 논쟁을 주로 다룬 것을 대신문이라 하며, 서민 대상으로 사회기사·오락기사를 주로 다루면서 후리가나를 붙인 신문을 소신문이라 한다. 종래의 신문사(新聞史)는 정치사와의 관계에서 대신문을 중요시해 왔지만, 발행 부수에서 양자가 대등한 수준이었으므로 앞으로 검토가 필요할 것으로 보인다.

3) 신문지 조례 : 1875년 포고된 신문 단속 조례. 발행 허가제가 체계화되고, 징역·금고형 등도 정해지게 되었다. 83년 개정에서는 창간시 보증금 제도가 도입되어 규제가 강화되었지만, 87년 개정에서는 허가제가 신고제로 변경되는 등 약간의 완화도 있었다. 1909년 개정되어 신문지법이 되었다.

4) 참방률 : 1875년 포고된 명예 훼손에 관한 법률이다. 천황·황족·관리에 대한 비방죄를 규정하여, 저작·문서 등에서 정부에 비판적인 언론을 단속할 수 있는 근거가 되었다. 1880년 형법이 포고됨으로써 폐지되었다.

5) 메이지 14년 정변: 1881년 영국식 입헌정체를 주장한 오쿠마 시게노부가 정부에서 축출된 사건. 이후 오쿠마를 당수로 한 입헌개진당이 1882년 창간되어 자유당과 함께 대표적인 민당 세력을 형성했다.

6) 박문관 : 1887년 오하시 사헤이(大橋佐平)에 의해 창설된 출판사.『일본대가논집(日本大家論集)』의 성공을 거쳐 청일전쟁 후에는『태양』『중학세계』『문예구락부』등의 잡지를 차례로 성공시켰다.

7) 백홍사건 : 1918년 8월 26일『오사카 아사히 신문』석간에 게재된 관서 기자 대회의 보도기사에서 반란 징조를

각 신문사는 '불편부당不偏不黨'을 내세워 정면에서의 권력 비판을 피하면서, 기업의 존속을 기도하는 방향으로 전환하였다. 이는 1930년대 정부의 통제를 받으면서 전시체제에 동조하는 보도 자세로 이어지게 되었다. 사토 다쿠미佐藤貞己는 1920년대 신문의 변화가 공적 의견(여론)이 세간의 분위기(세론)로 변화하는 과정과 겹친다고 지적한다.

(3) 사료로서의 신문·잡지 미디어

신문·잡지는 복각판 발행이나 디지털화의 진전 등으로 인해 역사연구 사료로써 현격히 이용하기 쉬워졌다. 그러나 편리한만큼 신문·잡지를 이용하려면 엄격한 사료 비판이 필요하다는 점을 강조하고 싶다.

또한 국립 국회 도서관이나 도쿄대학 메이지 신문 잡지 문고, 오야 소이치大宅壯一문고,[8] 일본 근대 문학관 등에서 신문·잡지 기사를 열람할 수 있다고 해도, 본래 출처인 신문사나 출판사 내부 사료에의 접근은 여전히 어려워 역사 해명에 과제를 남기고 있다. 제국 도서관 시대의 자료수집·보관 상의 문제로 장서를 인계받은 국립 국회 도서관에서도 모든 신문을 망라하고 있는 것은 아니다.

새로운 사료 발굴이 신문·잡지의 역사 탐구에 중요한 것은 물론이다. 이후에는 종래의 연구 성과에 더해 지방이나 해외의 새로운 사료 발굴이 가져오는 지식이나, 서점·도서관 등 신문이나 잡지의 독자가 어떤 장소에서 각각의 미디어와 접했는가 하는 점도 논점이 될 것이라고 생각한다.

> **탐구 포인트**
> ① 신문·잡지의 사료 비판의 정밀도를 높이기 위해서는 어떠한 점에 주의가 필요할까?
> ② 검열 등의 통제는 기사 내용에 어느 정도 영향을 주었을까?
> ③ 지방이나 해외에 묻혀있는 미디어 사료의 발굴·수집도 앞으로 중요한 과제이다.

참고문헌

山本武利『近代日本の新聞讀者層』法政大學出版局, 1981.
有山輝雄『近代日本ジャーナリズムの構造』東京出版, 1995.
佐々木隆『日本の近代14 メデイアと權力』中央公論新社, 1999.
永嶺重敏나가미네 시게토시『<讀書國民>の誕生』日本エディタースクール出版部, 2004 / 송태욱·다지마 데쓰오 역『독서국민의 탄생』푸른역사, 2010.
佐藤貞己『輿論と世論』新潮社, 2008.

의미하는 '흰 무지개가 해를 꿰뚫다(白虹日貫けり)'라는 구절이 신문지법 위반에 걸린 사건. 공판에서 이후의 발행 금지를 예고 받은 아사히 신문측은 사장인 무라야마 료헤이(村山龍平) 이하, 도리이 소센(鳥居素川)·하세가와 뇨제칸(長谷川如是閑) 등 간부의 퇴임을 결정함과 동시에, 기존 보도의 자기 비판을 내걸고 사태 수습에 나섰다. 1심에서는 편집발행 명의인과 집필기자만 유죄를 선고받고『오사카 아사히 신문』은 발행금지를 피했다.

8) 오야 소이치 문고 : 도쿄도 세타가야구에 있는 잡지 전문 도서관. 평론가인 오야 소이치가 수집한 약 1만 종류의 잡지 콜렉션을 소장하였으며 독자적인 잡지 기사 색인을 통한 자료 검색이 가능하다.

18. 내셔널리즘
'일본'은 어떻게 상상됐는가

나카가와 미라이(中川未來*) 집필 / 김정래 번역

관련항목: III-26[p.314] IV-1[p.348] IV-4[p.357] IV-14[p.387] IV-15[p.390] IV-16[p.393] IV-17[p.396] IV-22[p.411] IV-23[p.414]

〔논의의 배경〕

20세기 말 이후 정보통신 기술의 비약적인 발달에 동반해 경제나 문화가 지구 규모로 융합하는 한편, 국민국가의 구조가 녹아내리기는커녕 엄존하며 집합적 정체성으로서 내셔널리즘은 오히려 강해지는 경향이 있다. 일본사회에서 내셔널리즘이 정착한 19세기 말도 마찬가지로 인간이나 사물·정보의 유통이 열도 내, 그리고 세계와의 사이에서 촉진되는 시기였다. 어째서 글로벌화의 진전이 '일본'이나 '국민'과 같은 상징을 축으로 하는 사람들의 결집, 더 나아가서는 분열을 촉진하는 것인가?

〔논점〕

(1) 내셔널리즘은 언제 맹아가 싹텄는가?

내셔널리즘은 나와 타자의 차별을 기초로 한다. 그 때문에 내셔널한 구조에 의거한 자기상 구축의 역사적 과정은, 자기를 둘러싼 타자를 인식하고 그 상을 조형하는 행위와 표리일체의 관계이다. 18세기 후반을 '상상의 공동체'[1]로서의 국민국가형성의 맹아기로 본 미타니 히로시三谷博는 '잊을 수 없는 타자'라는 개념을 제시하였다. 그 가치를 부정하고자 하면서도 부정할 수 없는 타자로 중국의 존재를 강조한 것이다.

17세기에 성립한 출판업에 의해 실용서나 대중서通俗書를 포함한 다양한 출판물이 널리 사회에 유통되었다. 독서 경험은 문장어의 통일을 가져왔고, 18세기 말 모토오리 노리나가本居宣長 등의 국학자가 발견한『고사기古事記』등 일본고전에 관한 지식과 이해는 중국과는 다른 문화적 독자성을 가진 '일본'이라는 인식을 함양하였다. 또한 향토애[2]가 내셔널리즘에 바로 연결되는 것은 아니지만, 하가 쇼지羽賀祥二는 19세기 지역사회의 독서경험을 매개로, '일본' 역사에 향토를 자리매김하고 사적史蹟을 현창하는 움직임이 시작되었음을 보여주었다.

---

*) 에히메(愛媛)대학 법문학부 준교수 | 일본 근현대사

1) 상상의 공동체 : 베네딕트 앤더슨은『상상의 공동체』(1983)에서 '국민'을 '이미지로서 마음에 그려진 정치공동체'라 정의하였다. 특히 광범위한 독자층을 대상으로 삼은 속어 미디어의 유통을 중시하는데, 이는 상업 출판의 본격화(출판자본주의)를 지탱하여 국민의식 형성의 계기가 되었기 때문이다. 서지원 역『상상된 공동체』길, 2018.

2) 향토애 : '향토'에 대한 자연적인 애착은 단선적으로 '조국'에 대한 사랑과 연결되지 않는다. 내셔널리즘은 끊임없는 교육에 의해 단계적으로 구성·함양되는 정념이다. 19세기에 융성한 사적(史蹟) 현창은 향토 의식을 고조함과 동시에 '일본'과 결합한 역사의식을 기르는 교육장치로서 기능해 내셔널리즘 형성에 기여하였다.

또한 상용 통신망의 발달은 서신을 사용하는 정보 네트워크의 기반이 되어 신분이나 지역차를 넘은 지식과 견해의 교환을 촉진하였다. 그리고 19세기 중반 개국으로 서양 제국과의 외교 관계가 맺어진 이후 중국이나 서양과는 다른 '일본'의 독자성에 대한 인식은, 서양에 맞설 새로운 정치질서의 창출을 목표로 하는 막말 유신기의 정치운동을 지탱해 체제 변혁을 정당화하는 등 정치과정에 크나큰 영향을 미쳤다.

(2) '국수'의 발견

내셔널리즘 형성 과정에서 국가 구성원이 통치를 지탱하고 담당한다는 정치참가 의식도 탄생하였다. 공의여론公議輿論3)에 기초한 정치라는 이념은 막말유신기에 넓게 침투하였고, 천황을 복권시켜 중앙집권의 축으로 삼았던 유신정권도 통치 정당성을 확보하기 위해 서양근대가 선행적으로 구축한 국민국가 모델을 채용하였다. 19세기 말까지 도입된 초등교육이나 징병제, 의회제도 등은 이를 위한 장치로도 기능하였다.

동시에 도로·우편·전신 등 사람이나 물건, 정보의 유통에 관련된 인프라가 정비되며 우후죽순으로 탄생한 신문잡지 미디어가 육성한 언론 공간이, 동일 시공간을 살아가는 공동체로서의 '일본'이라는 이미지를 보급·정착시킨 점도 중요하다. 세기 전환기에는 잡지『일본인』이나 신문『일본』4) 등, 실로 '일본'의 의미와 내용을 묻는 미디어가 등장하였다. 거기서 미야케 세쓰레이三宅雪嶺나 시가 시게타카志賀重昂, 구가 가쓰난陸羯南 등 일군의 지식 청년은 처음으로 '국수國粹'(내셔널리티의 역어)를 자각하며 다루었고 그 내용과 범위에 대해 철학·지리학·정치학과 같은 근대 학문에 근거한 탐구를 시도하였다.

이와 같은 세기 전환기의 동향을 마루야마 마사오는 후발국의 '상향식' 내셔널리즘의 대표 사례라 하여, 아시아·태평양 전쟁기의 내셔널리즘과 비교하여 건전한 것으로 파악하였다. 국민의 정치참여와 자유, 민족 독립 등 전후 일본사회의 제 과제와 중첩시켜 적극적으로 평가한 것이다. 한편으로 나카노메 도루中野目徹는 역사학 분석 방법으로서 이념형理念型에서의 원근을 평가 축으로 하지 않고, 사료를 통해 내셔널리즘으로서 주장된 내실內實을 위치짓자는 주장을 제기하였다.

(3) 제국화와 내셔널리즘

청일전쟁, 그리고 대만 정복 전쟁5) 과정에서 대량 동원이 요구되는 전쟁 수행을 위해 국가에 대한 충성과 협력이 요구되었으며 국민통합이 진전되었다. 또한 조선이나 대만으로 넘어간

---

3) 공의여론 : 공의여론의 존중은 막말 유신기 이후 통치의 정당성을 나타내는 이념으로 정치적 입장을 막론하고 넓게 공유되었다. 상정되는 국가 체제나 정치참가의 형태는 군주제에서 공화제까지 다양하였으나, 국가의 정치적 의사결정은 구성원인 '국민'이 담당한다는 사상으로, 그 범위는 제국의회 개설부터 참정권 확대 요구에까지 미쳤다.

4) 『일본인』·『일본』: 잡지『일본인』(1888년 창간)에 모였던 미야케 세쓰레이나 시가 시게타카 등과 신문『일본』(1889년 창간)을 주재한 구가 가쓰난은 체계적인 고등교육을 누린 첫 세대에 해당한다. '국수주의', '국민주의'를 제창한 그들의 운동은 신문잡지의 활용, 서양 근대의 학문 수용, 세계정세의 주시, 아시아 지역으로의 관심 등의 특징을 가진다.

5) 대만 정복 전쟁 : 청일전쟁 즈음 설치된 육해군의 최고통수기관인 대본영은 저항하는 대만을 무력점령한 후인 1896년 4월 1일 해산하였다. 대만 점령 과정은 전쟁이라는 실체를 가졌던 것이다. 청일전쟁에는 병사뿐만 아니라 대량의 민간 노동력이 탄약이나 식료를 운송하는 군부(軍夫)로 투입되어 전장이 된 조선이나 대만으로 건너갔다.

대량의 병사나 군무원, 저널리스트 등에 의해 후각을 비롯한 신체 감각이 동반된 아시아 경험의 확대는 자기와 타자의 구별을 강화하여 '일본'으로의 소속감을 높였다.

청일전쟁 후에 성립한 제국으로서의 일본국가에서 식민지는 본국과 다른 법체계를 기반으로 통치[p.391]되어 헌법의 시행도 보류되었다. 국민국가 일본은 아이누·조선인·오키나와인·대만인 등 역사나 문화가 다른 주민을 정치경제나 사회의 제 측면에서 차별하는 동시에 '국민'으로 통합하는 모순을 포함하고 있었다.

세기 전환기는 나와 타인의 차별이 재구성되는 획기였다. 고마고메 다케시駒込武는 식민지나 외지를 대상으로 하는 교육·언어 정책을 검토하며, '일본어'라는 종적種的 동일성에 기반한 언어 내셔널리즘과 혈통 관념을 중시하는 혈족 내셔널리즘 각각의 동요와 모순을 명확하게 했다. 또한 '단일민족이 거주해온 일본'이라는 설명의 형성과정을 분석한 오구마 에이지小熊英二는 오히려 전전엔 혼합 민족론이 주류였으며, 단일민족론은 혈족 내셔널리즘이 아시아 지역으로 확장되며 성립했음을 발견하였다.

새로이 최근에는 통상 측면에서 아시아 지역과의 접촉이 확대되었던 이 시기에, 어떠한 일체성을 가진 '아시아'를 상정하고 '일본'을 중심으로 결집을 촉구했던 '아시아주의'가 본격적으로 발현된 점이 주목받고 있다. '아시아'라는 인식 구조는 '일본'이라는 내셔널리즘의 승인을 전제로 하며, 내셔널리즘 운동과 '아시아주의'의 담당자는 겹치는 경우가 많다. 이 때문에 나카가와는 타자상 형성 과정에서 아시아 지역으로의 진출을 꾀한 실업가·생산자층이 사상가나 정치가 등과 접촉하게 된 동방협회나 동아동문회6) 등 중간단체가 수행한 역할을 중시한다.

탐구 포인트

① 자기 인식과 타자 인식은 표리일체이며 모두 내셔널리즘의 요소이다.
② 일본 사회에서 내셔널리즘의 독자성과 보편성 쌍방을 항상 시야에 넣어두자.
③ 개념사에 머무르지 말고 '아시아' 등 타자와 구체적으로 접촉한 장소에 주목하자.

참고문헌

丸山眞男마루야마 마사오「陸羯南―人と思想」『丸山眞男集 3』岩波書店, 1995; 初出『中央公論』, 1947.2 / 김석근 역「구가 가쓰난의 삶과 사상」『전중과 전후 사이』휴머니스트, 2011.

中野目徹『政教社の研究』思文閣出版, 1993.

小熊英二오구마 에이지『單一民族神話の起源』新曜社, 1995 / 조현설 역『일본 단일민족신화의 기원』소명출판, 2003.

駒込武고마고메 다케시『植民地帝國日本の文化統治』岩波書店, 1996 / 오성철·이명실·권경희 역『식민지제국 일본의 문화통합』역사비평사, 2008.

三谷博미타니 히로시『明治維新とナショナリズム』山川出版社, 1997.

羽賀祥二『史蹟論』名古屋大學出版會, 1998.

中川未來『明治日本の國粹主義思想とアジア』吉川弘文館, 2016.

---

6) 동방협회, 동아동문회 : 시가 시게타카나 구가 가쓰난 등 '국수주의'를 둘러싼 사람들 사이에서 탄생한 동방협회(1891년 창립)는 지식인이나 실업가의 해외 체험을 통해 집적된 아시아 지역의 정보를 적극적으로 알리고자 하였다. 또한 동아동문회(1898년 창립)는 아시아·먼로 주의를 주장한 고노에 아쓰마로(近衞篤麿)를 회장으로 하였고, 상업교육을 주된 수단으로 중국 문제의 해결을 지향하였다.

19. 자본주의의 발달
그 일본적 특질이란 무엇인가

나카니시 사토루^(中西聰*) 집필 / 김정래 번역

연관항목 : II-14^[p.179] III-14^[p.278] IV-3^[p.354] IV-26^[p.423] IV-31^[p.438] IV-33^[p.444] IV-51^[p.498]

〔논의의 배경〕

'자본주의'란 18세기 말부터 영국에서 진전된 산업혁명으로 인한 사회변화의 결과로 성립된 사회를 표현하기 위해 역사적으로 만들어진 개념이다. 토지를 집적하여 자본을 축적한 자와 토지를 잃어 농업을 그만두고 노동력을 판매하는 자가 등장하여, 사회에서는 크게 자본가와 노동자로 계층이 분리되었다. 산업혁명[1]을 세계에서 최초로 달성했다고 하는 영국에서는 자본가가 기계제 대공장을 설립하고 다수의 노동자를 고용해 대규모 생산활동을 수행하여 국제경쟁력을 획득할 수 있었고, 19세기에 전 세계로 영국제품을 수출할 수 있었다. 그에 대항하기 위해 구미의 여러 나라나 중국·일본에서는 독자적 공업화를 진행하여 영국과는 다른 '자본주의'사회가 형성되었다. 그 과정에서 '자본주의'의 개념도 다양화되었다.

〔논점〕

(1) 생산면에서 본 자본주의 사회

근대자본주의의 본모습은 근대국가 밑에서 직업선택의 자유가 있는 노동자를 민간의 자본가가 고용하여 생산 활동을 수행하는 것이라 여겨지지만, 산업혁명의 후발국으로서 조기에 자본주의 사회를 성립시킬 필요가 있던 국가들은 정부가 과하게 세금을 걷어 강제적으로 자본을 집적하거나 노동자를 강제적으로 만들기도 하였다. 예를 들면 미합중국이나 러시아에서는 근대 이후에도 노예에서 해방된 흑인이나 농노가 예속적 노동자로서 생산을 담당했으며, 프랑스나 일본에서는 국가가 기계제 대공장을 설립하고 노동자를 고용해 대량생산을 수행하는 경우가 있었다. 또한 산업혁명 이후에도 소규모 공장을 이어나간 중소자영업자가 다수 남아있어, 다양한 생산에 대응할 수 있는 중소경영의 강세가 동일제품을 대량으로 생산하는 기계제 대공업화를 억제하는 경우도 있었다. 그것을 후진국 특유의 특수성으로 보는 견해도 있지만, 현대에는 당초의 자본주의의 개념에 구애받지 않고 자본주의의 다양한 형태가 있다고

---

*) 게이오기주쿠대학 경제학부 교수 | 일본경제사

[1] 산업혁명 : 증기기관, 방직기계의 발명에 의해 기술적으로 기계제 대규모 공업이 가능해졌다. 자본가는 기계제 대규모 공장을 설립하고 대량의 노동자를 고용하여 물건을 생산하였고, 이로써 자본가와 노동자가 사회의 주요 계층이 되었다. 산업혁명이란 그 사회적 변화를 말한다.

얘기한다. 그것을 배경으로 하여 산업혁명 자체의 개념도 재검토되고 있다. 기계제 대공업을 지향하는 자본집약적인 산업혁명과는 다른, 노동집약형 공업화가 동아시아에서 발생했다는 견해를 스기하라 가오루杉原薰 등이 제시했다. 일본에서는 근세 시기에 노동집약적인 혁명적 변화로 '근면혁명'[2])이 발생하였다고도 한다.

(2) 유통면에서 본 자본주의 사회

한편 근대 영국사회에서도 생산을 담당하는 공장주들보다 오히려 지주나 금융업자가 일관된 경제적 지배계층이라고 생각하는 방식이 있어(젠틀맨 자본주의론) 자본주의 사회에서 유통의 중요성이 지적되었다. 애초에 자본주의 개념에서도 상품유통이 사회 전체로 침투하는 것을 중요시했으며, 이는 자본주의 사회를 시장경제 사회로 생각하는 것으로 이어진다. 그런데 시장에서 상품을 거래하는 것은 산업혁명 이전에도 널리 보이며, 유럽에서는 16세기경부터 자본주의 사회로 보는 시각도 있다. 일본에서도 아미노 요시히코網野善彦와 같이 중세사회에 시장경제가 있었음을 강조하여, 자본주의의 원류를 중세로 거슬러보는 시각도 존재한다. 엄밀하게는 자본주의적 생산 형태로 생산된 상품이 시장에 널리 거래되는 것이 자본주의 사회의 성립이라고 생각되지만, 시장에서 거래되는 상품의 생산 방식까지 물을 수는 없으므로 시장경제는 생산 형태와는 독립적으로 존재한다. 시장경제의 시점에서 자본주의를 파악하기 위해서는 그 사회적 침투 정도가 지표가 된다. 전술한 '근면혁명'과 관련하여 일본에서는 근세 후기부터 시장경제 사회로의 전환이 시작되었다고 생각된다.

(3) 소비면에서 본 자본주의 사회

자본주의의 발전에서 중요한 것은 소비라고 할 수 있다. 기계제 대공장에서 대량생산이 이루어진다고 하더라도 대량의 생산물이 소비되지 않는다면 생산을 순조롭게 계속할 수 없으므로, 대량소비는 영국형 자본주의 사회의 정착에 있어서 중요하다. 노동집약적 산업혁명으로 형성된 시장경제 사회를 대량생산을 동반하지 않은 타입의 자본주의 사회로 생각한다면, 대량소비가 전제되지 않는 자본주의 사회를 상정할 수 있다. 그러나 실제로는 영국에 대항하기 위해 구미 국가들이나 중국·일본도 기계제 대공장을 설립하였고, 그 결과 19세기 후반~20세기 전반에는 대량생산체제로 나아갔기에 대량생산물의 소비시장이 중요하게 되었다. 일본의 경우 국내에서는 국산 의류제품을 충분히 소비할 수 없었기에 많은 섬유제품을 동아시아 시장으로 수출하게 되었다. 제1차 세계대전시기 중화학공업화가 진행되면서 도시에 노동자가 정착하고, 화이트칼라나 공무원·전문기술자 등이 증가하기도 하여 전간기 일본의 대도시에서는 소비사회의 맹아가 나타나게 되었다. 다만 1920년대의 일본에서는 대기업과 중소기업 노동자 사이, 공업 노동자와 농가 사이에 소득격차가 발생하였으며, 대도시에서 지방으로 소비사회[p.438]가 확산되지 못하였다. 본격적으로 소비사회에 도달한 것은 제2차 세계대전 이후 노동개혁과

---

2) 근면혁명 : 위의 각주처럼 산업혁명은 대규모 시설을 도입하여 노동자의 1인당 생산량을 늘린, 생산형태의 변화를 의미한다. 기계제 대규모 공장을 통해 생산량을 폭발적으로 늘리는 것이 중요한 특징이다. 다만 기계를 도입하지 않고 1인 노동량을 늘리는 것으로도 노동자 생산량 증가가 가능하다. 이렇게 노동량 증대를 통한 생산확대의 방향성을 하야미 아키라(速水融)는 근면혁명이라 이름지었다.

농지개혁으로 노동자와 농가 소득이 상승하며 이중구조가 해소된 고도경제성장기이다. 전후 일본 자본주의에서는 소비사회가 전국적으로 확대되어 대량소비가 이루어지게 되었다.

(4) 자본주의 사회의 일본적 특질

19세기 후반 일본 공업화의 특징으로는 겸업형 농촌 공업화를 지적할 수 있다. 농민이 토지를 잃고 도시로 떠나 노동자가 되는 공업화가 아니라 풍족한 농민이 농업경영과 공장경영을 농촌에서 겸업하여, 토지를 잃은 농민도 도시로 떠나지 않고 농업노동자·공장노동자로서 농촌에 머물러 농촌 공업화가 진전되는 방식이다. 이러한 지역 공업화와 그에 입각한 지역 내에서의 시장경제로의 침투를 조합하면, 자원·에너지의 '지산지소地産地消'에 기반한 지속적인 경제발전을 달성할 수 있었으리라 생각된다. 현실에선 영국형 자본주의에 대항하기 위해 일본에서 이러한 방식이 추진되지는 못했지만 또다른 '자본주의 사회'로서 생각해볼 수 있는 논점이다.

> **탐구 포인트**
> ① 자본주의와 환경문제의 연관성을 어떻게 파악할 수 있을까?
> ② 산업혁명을 어떠한 변화라고 볼 수 있을까?
> ③ 근면혁명과 겸업형 농촌 공업화의 연관성을 생각해보자.

참고문헌

網野善彦아미노 요시히코『日本中世に何が起きたか』日本エディタースクール出版部, 1997.

速水融하야미 아키라『近世日本の經濟社會』麗澤大學出版會, 2003 / 조성원 역『근세 일본의 경제발전과 근면혁명』혜안, 2006.

齋藤修『比較經濟發展論』岩波書店, 2008.

中西聰 編『日本經濟の歷史』名古屋大學出版社會, 2013.

石井寬治『資本主義日本の歷史構造』東京大學出版會, 2015.

金井雄一·中西聰·福澤直喜 編『世界經濟の歷史 第2版』名古屋大學出版會, 2020.

杉原薫스기하라 카오루『世界史のなかの東アジアの奇跡』名古屋大學出會, 2020.

20. 젠더와 근현대
'성'으로부터 근현대사를 어떻게 다시 읽을 것인가

후지노 유코藤野裕子*) 집필 / 안준현 번역

관련항목: III-27[p.317] IV-3[p.354] IV-21[p.408] IV-22[p.411] IV-31[p.438] IV-52[p.501]

〔논의의 배경〕

현대사회에서 '성' (성행위·성욕·성적 지향 등 섹슈얼리티)은 가장 개인적이고 숨겨야 할 일이자 행위로 인식된다. 그렇기에 일본 근현대사 연구에서도 정치·경제 등 공적 영역의 역사와 비교했을 때 성의 역사는 연구대상이 되기 어려웠다. 하지만 특히 1990년대 이후 페미니즘 운동이나 인접 학문 분야의 동향에 영향을 받아 성을 둘러싼 다채로운 역사연구가 나타나기 시작했다.

성은 국가·사회와 밀접하게 연관되어 시대와 함께 변화한다. 국가·사회가 어떻게 성을 규정해 왔는지 생각함으로써 근현대의 국가·사회의 특질이 보이기 시작한다. 여기서는 성의 역사 연구 중에서도 가장 논의의 축적이 풍부한 성매매에 관한 역사연구를 선택하여 그 논의의 변천을 쫓는다. 더하여 근년 새롭게 주목받고 있는 동성 간의 성에 관한 연구도 다루어 현재의 성과를 개관한다.

〔논점〕

(1) 성매매의 역사 ① – 1990년대까지의 논점

인신매매 금지를 둘러싼 근대화 정책을 추진하던 메이지 정부는, 열강으로부터의 비판도 있어 1872년에 예창기해방령藝娼妓解放令1)을 발포한다. 다른 한편 특정 구역(유곽)에서만 가시자시키貸座敷(유녀 가게) 영업을 허가하여 창기를 등록제로 전환하고 성병 검사를 의무화하는 공창제도를 만들어 냈다.

전후 여성사 연구에서 이 공창제도는 에도시대로부터 이어지는 일본의 봉건제가 근대 이후에도 잔존한 것으로 여겨져 왔다. 전차금前借金2)에 묶여 착취당한 창기의 비참한 실태가

---

*) 와세다대학 문학학술원 교수 | 일본 근현대사
1) 예창기해방령 : 1872년에 발포된 태정관포고 제295호, 사법성달(達) 제22호의 통칭. 예창기 등의 '해방'과 전차금 해소를 명기하여 양자(養子)라는 명목으로 예창기 일을 시키는 것 등을 금지했다.
2) 전차금 : 가시자시키 영업자 등이 창기 등의 고용계약 때 빌려준 금전을 가리킨다. 많은 경우 전차금은 창기가 되는 여성의 친권자에게 지불되며 그 전차금을 변제하기 위해 여성은 기간이 끝날 때까지 창기로서 계속 일해야만 했다.

강조되어 기독교주의의 입장에서 유곽을 없애는 운동을 전개한 폐창운동을 높이 평가한 것이다.

여기에 대비되어 1990년대에는 후지메 유키藤目ゆき가 지금까지의 평가를 크게 바꾸는 연구를 저술했다. 성과 생식의 문제를 중시하여 계급·민족 등 여성 내부의 차이를 시야에 넣은 페미니즘 운동의 문제제기를 받아들인 결과였다. 후지메는 공창제도가 일본의 후진성에서 오는 것이 아닌, 근대국가에 공통되는 제도였다는 것을 지적했다. 여러 유럽 국가들에도 강제 성병 검사 제도나 창부 등록 제도로 구성되는 공창제도가 존재했으며 일본은 오히려 그것을 모방하여 제도를 만들어낸 것이다. 폐창운동에 관해서도 기독교적 성윤리에 기반한 운동이었기에 창기 일을 천시하였으며, 여성이 창기가 될 수밖에 없는 사회구조 그 자체를 문제시하는 시점은 약했다고 지적한다.

(2) 성매매의 역사② – 2000년대 이후의 논점

2000년대 이후 성매매의 역사는 다시금 다양한 시점에서 연구되기 시작한다. 한 가지는 남성사의 시점이다. 지금까지의 연구에서는 공창제도나 창기, 폐창운동에 초점이 맞춰진 반면 손님인 남성에 대해서는 충분히 언급되지 않았다. 이 점에 관해 요코타 후유히코横田冬彦는 유객 명부 분석을 통해 제1차 세계대전 후 대중소비사회의 진전과 함께 남성의 매춘이 대중화, 일상화되어 대중매춘사회가 형성되었다는 것을 지적한다. 또 후지노 유코는 남성노동자 중에는 '술마시고, 노름하고, 계집질하기'[p.382]를 '남자답다'라고 하는 문화가 있었다는 것을 지적하고 있다. 전전의 일본 사회에서 이렇게 성매매가 정착되어 있던 것이 군대의 진군과 함께 '위안소' 설치를 당연시하는 하나의 토양이 되었다고 할 수 있다.

공창제도는 식민지에도 이식되었다. 김부자金富子·김영金榮은 일본의 조선침략과 함께 '점령지 유곽'·'식민지 유곽'이 만들어진 것에 착안하여, 조선 주둔 일본군이나 재조 일본인 남성을 고객으로 삼은 성매매 시스템 형성과 전개를 밝혔다.

다른 한편으로 근년의 근세 도시사 연구에서는 유곽·유녀 뿐만이 아니라 그들과 이해관계를 형성하여 공존해 온 다양한 신분 집단과의 관계를 포함해 유곽의 성립을 생각하는 유곽사회론이 제기되었다. 이 시점에 서서 근세로부터 근대로의 이행을 지역사회 레벨에서 밝히는 연구가 생기고 있다.

공창제도 뿐만 아니라 사창私娼3)에 대해서도 연구가 진전되었다. 데라자와 유寺澤優는 사창이 경찰이나 업자의 손에 의해 공창과 유사한 방법으로 통제되고 있었다는 것을 지적하고 있다. 사창은 공창과 대립하는 것이 아닌 준공창으로 위치지어지는 것으로, 공창·사창의 2단계 체제로 국가의 성매매 관리가 행해지고 있었던 것이다.

---

3) 사창 : 공인되지 않은 채 성매매를 운영하는 자. 술을 낸다는 명목으로 성매매를 행하는 고급 술집[銘酒屋] 등이 있다.

(3) '동성애'의 역사

상술한 성매매의 역사적 연구는 남자가 여자를 사는 시스템에 관한 연구다. 공창제도는 그 자체가 이성애 규범[4]을 만들어 내는 장치였다고도 할 수 있을 것이다. 이에 반해 퀴어 스터디가 활성화된 1990년대 이후 특히 역사사회학 분야에서 동성간의 성을 연구대상으로 삼아 이성애 규범이 역사적으로 형성되어 온 과정을 밝히는 연구가 등장했다.

이들 연구가 보여주는 것은 이성애 규범은 보편적인 것도 자연의 섭리에 따르는 것임도 아니며 사회적·국가적으로 구축되어 왔다는 것이다. 후루카와 마코토는 근세 일본에서는 남성간 성행위(남색)에 대해 풍기를 문란시키지 않는 한 관용적이었다고 한다. 하지만 메이지 초기 계간죄鷄姦罪[5]에 의해 범죄시되어, 그 후의 『변태성욕심리變態性欲心理』[6]의 번역과 성과학의 유행 등을 통해 1920년대경부터 병적인 '변태성욕'으로 간주하는 인식 구조가 만들어졌다고 주장한다. 사료적 제약도 있어 현재 상황에서는 남성 간의 성에 관한 연구가 다수이다. 금후 여성간의 성에 관한 역사연구가 진전됨으로써 국가·사회에 의해 성을 둘러싼 정상/이단이 어떻게 창출되었는지, 그리고 그 규범 속에서 어떠한 실천이 지속되어 현재에 이어졌는가 하는 점이 더욱 명확해질 것이다.

탐구 포인트

① 근현대사에서 성은 국가·사회에 의해 어떻게 규정되어 온 것일까.
② 성이라는 영역에서 젠더의 권력관계는 어떻게 작용하는 것일까.
③ 성매매는 어떠한 주체에 의해 계속해서 유지되어 온 것일까.
④ 성을 둘러싼 정상/이단의 경계는 어떻게 역사적으로 만들어져 온 것일까.

참고문헌

古川誠「セクシュアリティの變容」『日米女性ジャーナル』17, 1994.

藤目ゆき『性の歷史學』不二出版, 1997.

橫田冬彦「「遊客客簿」と統計」歷史學硏究會·日本史硏究會編『「慰安婦」問題を／から考える』岩波書店, 2014.

佐賀朝·吉田伸之編『遊郭社會2 近世から近代へ』吉川弘文館, 2014.

寺澤優「東京府の二大私娼窟形成にみる近代日本の賣買春とその管理體制」『日本史硏究』626, 2014.

藤野裕子『都市と暴動の民衆史』有志舍, 2015.

藤野裕子「男性史とクィア史」歷史學硏究會編『第4次近現代歷史學の成果と課題1 新自由主義時代の歷史學』績文堂出版, 2017.

金富子(김부자)·金榮『植民地遊郭』吉川弘文館, 2018.

---

4) 이성애 규범 : 이성애를 유일한 성적 지향으로 취급하여 그 이외를 '이상'·'이단'·'일탈'로 간주하는 사고방식.
5) 계간죄 : 항문성교를 금한 규정. 1872년에 계간조례가 제정되어 이듬해 개정율례에 계간죄가 들어갔다. 1881년 형법으로 계간죄는 삭제되었다.
6) 『변태성욕심리』: 리하르트 폰크라프트에빙(Richard von Krafft-Ebing)의 저작으로, 1913년 일본에 번역 출판되었다. 이를 계기로 동성간을 포함한 다양한 섹슈얼리티를 '변태'라고 간주하는 담론이 일본 사회에 퍼졌다고 여겨진다. *Psychopathia Sexualis: eine Klinisch-Forensische Studie*, 1886 / 홍문우 역 『광기와 성』파람북, 2020.

21. 근대가족
'일가 단란'상은 언제 구축되었는가

다나카 도모코^{田中智子*)} 집필 / 김정래 번역

관련항목: IV-14[p.387] IV-20[p.405] IV-26[p.423] IV-31[p.438]

〔논의의 배경〕

현대의 사회 문제의 핵심은 '가족'에 있다. 이와 같은 시점에서 1980년대 중반 이후 '근대가족'의 연구가 융성하게 행해졌다. 그리고 그것은 필연적으로 '역사학'이라 칭해지는 학계에 머무르지 않고 오히려 다른 학문영역에서 활발히 논의가 확대되어 갔다. '근대가족'은 어떻게 논의되었는가?

〔논점〕

(1) '근대가족'론이란 무엇인가?

19세기 이후의 산업화와 시민사회의 진전을 배경으로 새로운 가족형태가 탄생하였다. 사회학자 오치아이 에미코^{落合惠美}는 이 '근대가족'의 이념적 특징을 ①가내영역과 공공영역의 분리, ②가족구성원 상호의 강한 정서적 유대, ③자녀 중심 주의, ④남자는 공공영역, 여자는 가내영역이라는 성별 분업, ⑤가족의 집단성 강화, ⑥사교의 쇠퇴와 프라이버시의 성립, ⑦비친족의 배제, ⑧핵가족으로 정리하여 논의의 토대를 제시하였다.

'근대가족' 연구는 기본적으로 '여성'이 처한 상황에 대한 관심과 병행하여 진행되었으며, 오늘날까지 이어지는 가족의 억압성에 대한 비판 정신을 갖추고 있다. 방법론으로는 가족을 둘러싼 위정자나 계몽사상가의 발언·연설, 혹은 그것을 '내면화'하는 사람들의 기록을 분석하여 담론의 규범성이나 영향력을 측정하는 방법이 많이 사용된다. 현대적 관심의 강도나 담론 분석의 방법론, 특히 사회학이나 문학 영역에서 연구가 축적되고 있는 것과 무관하지 않다.

또한 '근대가족'론을 통해 근대 일본의 가족을 보는 시각이 바뀌었다. 뒤처진 봉건적 가족제도가 아직까지 남아있다는 관점 대신, 서양에서 유래한 시민 사회적인 것으로 보는 견해가 확신된 것이다. 이와모토 요시하루^{巖元善治}는 '근대가족'의 선구적 주창자로 언급된다. 이와모

---

*) 교토대학대학원 교육학연구과 교수 | 일본 근현대사·교육사

토가 『여학잡지女學雜誌』[1]에 연재한 사설 '일본의 가족'(1888)에서 설파한 것은 부부 한 쌍의 대등한 애정에 기초한 '일가의 단란한 행복'이었다.

(2) '가정'의 탄생과 그 계기

이미 메이지 초년 단계에서 이에家 단위의 호적제도가 마련되어 어머니로서 국민을 키우는 여자에 대한 교육의 필요도 국가적 관점에서 언급되었으나, 가족의 성립에 관해서는 도시화의 진전이나 매스컴의 발달, 교육수준의 상승이 가져온 전간기가 핵심적이라는 주장이 있다. 교육사학자인 고야마 시즈코小山靜子는 근대에 와서 공동체로부터 가족의 독립성이 강해져 가족과 국가가 직접적인 관계를 구축하게 되었으며, 특히 러일전쟁 이후, 본격적으로는 제1차 세계대전 후에 성별 역할 분업이 관철되는 새로운 가족='가정'이 산업화뿐만 아니라 국가의 요청에 의해 탄생했다고 보았다.

'아이의 예절교육 방법 비결 100개조'(1928) 삽화

그림에 보이는 광경은 직접·간접으로 전술한 ①~⑧의 특징을 갖추고 있다. 그리고 이 단란이 성립하기 위해서는 '양처현모良妻賢母'[2]로서의 여성의 태도가 불가결하다. 고야마는 양처현모의 이념은 가사·육아에 여성이 힘쏟기를 요구하는 '관官'의 생활개선 운동으로서 전개되어, 기대되는 '가정' 모델이 신 중간층[3]에 수용되었다고 주장한다.

(3) '근대가족'의 중층성과 변용

가족의 본 모습에 대한 국가의 작위를 강조하는 태도는 니시카와 유코西川祐子도 마찬가지이다. 프랑스 문학을 전문으로 하는 니시카와는 전술한 ①~⑧에 '근대 국민국가의 기초 단위'라는 요소를 첨가하였다. 또한 이 요소야말로 본질이라고 여겨 다른 특징과 분명하게 구분되는 '근대가족'의 정의로 독립시키기까지 했다.

또한 니시카와는 전전의 '근대가족'은 메이지 민법[4]상 '이에家' 제도의 호주가 이끄는 가

---

1) 여학잡지 : 메이지 중기의 여성 대상 잡지. 1885년 발간 이래 약 20년간 주 2~4회의 주기로 간행되어, 통산 500호를 넘겼다. 크리스천으로 메이지 여학교 교원이 된 계몽사상가 이와모토 요시하루(1863~1942)가 주재하여 '우리들이 바라는 바는 일본 부녀자를 교도하는 것으로, 그 진정한 지위를 얻게 하는 것을 원함에 있다'(제11호)라고 목적을 제시하였다. 또한 다이쇼 시기에 들어서면 『부인공론(婦人公論)』, 『주부지우(主婦之友)』 등 더욱 다양한 '주부잡지'가 간행되었다.

2) 양처현모 : 여성의 본분을 아내와 어머니에서 찾아 그 활동 영역을 집 안으로 한정하는 사고 방식. 근세 유래의 유교적인 부덕(婦德)보다는, 서구 시민사회적 일부일처제 가치관에 기반하여 사랑이 있는 가정(home)을 만드는 데 필요한 이상적 여성상을 제시한 것이라는 이해가 주류이다. 전전 일본에서 남자의 중학교 수준에 해당하는 고등여학교는 여성에게 자립지향을 함양한 한편, 가사·재봉 과목을 설치하여 양처현모의 양성을 목적으로 하는 교육을 실시하였다. 위생이나 가정경제에 관한 기초지식도 중시하였다.

3) 신 중간층 : 자본주의의 발달과 같이 일본에서 제1차 세계대전 이후 주로 도시에 등장·확대한 계층을 말하며 화이트 칼라층이라고도 한다. 고야마는 데라데 고지(寺出浩司)의 지적을 수용하여 두뇌 노동의 노동형태(학교교육을 매개로 하는 공무원·교원·회사원·직업군인 등), 봉급(샐러리) 수령, 사회계급 구성상 자본가와 임금노동자의 중간에 위치, 중간 수준의 생활을 영위하는 특징을 가진 자라 지적하였다.

4) 메이지 민법 : 1898년 공포된 민법을 말한다. 주거지·혼인·입양 등에 대해 호주가 강한 권한을 가지도록 하였고 호주와 가족을 그 이에(家)의 씨(氏)로 칭했다[역주 : 부인까지 포함하여 이에 공통의 성을 사용했다].

족과 차남·삼남이 도시부에서 형성한 '가정' 가족이라는 이중구조를 취했다고 한다. 그리고 전후의 민법은 '가정' 가족을 지지하는 형태였으며, 가족의 개인화가 차츰 진행되면서 새로운 이중 구조가 탄생했다고 파악한다.

(4) '근대가족'론은 어디까지 유효한가?

이상과 같은 '일본의 근대가족' 연구의 주류와 거리를 둔 연구도 계속 등장하고 있다. 예를 들면 일본 실증사학의 기반 중 하나인 지방자치단체사自治體史5)를 살펴보면 가족에 관한 다양한 사료―혼인·출산·양육·생업 등―가 발굴되며, '근대가족'상에 해당하지 않는 실태가 여기저기서 꼭 발견되곤 한다. 이와 같은 역사연구는 최근 150여 년의 일본 역사상의 가족, 말하자면 '일본 근대'의 가족은 '근대가족'상이라는 말로 모두 포함할 수 없다고 암묵적으로 표명하는 것인가 싶기도 하다. 시대에 의한 변화도 물론이지만, 지역에 의한 차이·생업에 의한 차이·계층에 의한 차이는 크다. '메이지 민법이 만들어낸 이에家 제도'이든 '양처현모주의가 배경인 가정상像'이든, 그것이 어느 정도까지 일본사회의 '가족'을 현실적으로 규정했는가, 시대의 본질이었는가를 되묻는 문제가 가로놓여있다.

한편으로 오치아이와 같은 '근대가족' 연구 측도 그 규범성을 극복하여 상대화하려는 관점이므로 '근대가족'과는 다른 가족상의 추출을 지향한다. 그러나 그것을 근대 안에서 찾고자 하지 않고 근세(도쿠가와 일본)의 가족 실태에 주목해 '근대가족'과의 차이를 파악하고자 하는 경향이 강하다.

어쨌든 과거의 가족 실태를 해명한다는 점에서 민속학·문화인류학·경제학·인구학과 같은 학문영역의 여러 연구들도 큰 공헌을 하고 있다.

> **탐구 포인트**
> ① '근대가족'상은 어떻게 남성에게 이득이 되었는가? 혹은 어떻게 남성을 괴롭혀 왔는가?
> ② 근대일본, 특히 비도시 지역에서는 가족이 어떻게 나타나는가? 그것은 '근대가족'과 비교해 어떤 위치에 있다고 생각할 수 있는가?
> ③ 근대세계, 특히 19세기부터 20세기 전반에 걸친 동아시아 세계에는 어떠한 가족이 나타났는가? 근대일본 가족의 특징은 어떤 점인가?

참고문헌

山田昌弘『近代家族のゆくえ』新曜社, 1994.
小山靜子『家庭の生成と女性の國民化』勁草書房, 1999.
落合惠美子『近代家族の曲がり角』角川書店, 2000.
西川祐子 『近代國家と家族モデル』吉川弘文館, 2000.
澤山美果子『近代家族と子育て』吉川弘文館, 2013.

부인은 남편의 집에 들어가 동거의 의무를 졌으며, 남편이 재산을 관리하도록 하는 규정을 두었다. 일방적인 간통죄나 낙태죄를 정한 형법과 같이 여성 차별적인 법제였으며 시행 이후 이혼율은 낮아져 갔다. 1947년 새로운 민법이 공포되면서 폐지되었다.

5) 지방자치단체사 : 도도부현사(都道府縣史)·시정촌사(市町村史) 등 지자체마다 편찬된 역사서. 행정 주도의 기획이지만 역사 연구 전문가가 조사나 집필에 참가하여 지역의 귀중한 사료가 발굴되는 계기가 되기도 한다. 통사편, 자료편 등으로 나뉘어 여러 권으로 구성된 경우가 많다.

22. 식민지 대만
'대만사'란 누구의 역사인가

기타무라 가에(北村嘉惠*) 집필 / 조국 번역

관련항목 IV-15[p.390] IV-16[p.393] IV-20[p.405] IV-23[p.414] IV-24[p.417] IV-50[p.495]

〔논의의 배경〕

우선 '일본사'란 누구의 역사인가라는 질문을 던져보자. 아스카·가마쿠라·메이지라는 시대구분 명칭이 보여주듯, 야마토를 중심으로 권력을 쥔 자들의 행적이 '일본사'의 기축을 이루어 왔다. 반대로 권력에 대항한 자들에게 빛을 비추어 패자의 역사라고도 할 계보를 더듬어 보는 것도 가능하다. 나아가 정치적 투쟁의 중추에서 떨어져 살았던 자들이나 부득이 휘말려 들어간 사람들에게 시점을 맞춘다면 또다른 시공간의 확장이 보일 것이다. 이러한 의미에서 식민지 대만이라는 주변부에서 '일본의 역사'란 누구의 역사인가를 묻는 일은 역사학의 시각이나 방법에 관한 근원적 문제이고 '일본사'를 인식·사고하는 틀에 질문을 던지는 것이기도 하다.

뒤집어서 '대만사'란 누구의 역사인가라는 질문은 대만 사람들이 스스로의 정체성을 모색하는 가운데, 또한 대만사가 학술영역으로 확립되는 과정에서 계속 직면해 온 실존적 문제다. 여기에는 대만사 고유의 과제와 함께 일본사 연구가 대면해야 할 질문도 포함되어 있다. 대만사 서술을 둘러싸고 어떠한 과제가 부각되어 왔는가, 그 윤곽을 더듬어 찾아보자.

〔논점〕

(1) 대만사는 일본사의 일부인가

1895년 청의 패전으로 대만은 일본에 할양된다. 중화제국의 변경에서 일본제국의 변경으로 편입된 대만은 1945년 일본의 패전으로 중화민국에 접수된다. 이 사이 반세기에 걸친 대만의 역사는 일본사의 일부를 구성한다고 말할 수 있을 것이다. 다른 한편으로 일본통치로부터의 이탈을 '광복光復'1)으로 표현하듯 대만 역사를 중국사의 일부로 파악하기도 한다. 이 때 대만의

---

*) 홋카이도대학대학원 교육학연구원 준교수 | 대만 근현대사·대일(臺日)관계사
1) 광복 : 실지(失地) 회복을 의미하는 한자어. 중화민국 국민정부는 일본으로부터의 대만통치권 계승을 '대만광복'이라 칭했다. 대만주민 사이에서도 '조국복귀'에 따른 권리회복에의 기대를 포함해 사용된 국면이 있다. 그러나 1990년대 이후 국민정부를 외래정권으로 파악하는 시점에서 이 용어에 대한 이의제기가 강해져 최근에는 역사적 용어로 사용되는 추세이다.

존재는 대만 해협 양안兩岸 관계나 대일臺日·중일 관계의 변동에 따라 중화민국(사)[2]와 중화인민공화국(사)의 틈 사이 복잡한 위치에 놓여진다.

하지만 패전 후 일본의 역사학계에서 대만의 존재는 일본사로부터도 중국사로부터도 등한시되기 십상이었다. 패전으로 인한 통치권 포기의 결과, 일본 근현대사를 대만과의 관계에서 다시금 파악할 기회마저 놓쳐버리게 되었다고 할 수 있다. 이러한 의식적·무의식적 망각은 학술계의 문제로서 패전 후 얼마 지나지 않은 시기부터 제기되었으나 충분히 추구되지 않았고 일본의 탈제국화 과제로서 재차 논의의 장에 오른 것은 21세기에 들어서부터였다.

(2) '대만도사'라는 관점

한편 대만사회에서는 1990년대 이후 대만사를 제국·대국大國의 역사의 일부로 보는 방식에 대한 재검토가 진행되었다. 즉 대만사란 대만섬을 무대로 한 사람들의 역사이지 17세기 이후 이어진 외래 통치자들 역사의 조각 모음이 아니라는 것이다. '대만도 사관臺灣島史觀'으로 공감을 불러 일으킨 이 주장은 아시아 해역을 향해 열린, 독립된 지리공간으로서의 대만섬에 관점을 두고 그곳에 켜켜이 쌓인 역사경험을 대만사 서술의 기축으로 삼는다. 나아가 기왕의 한족중심사관에 대한 선주민족[3]측으로부터의 이의 제기에도 마주하면서 역사적으로 중층된 주민 모두가 대만사의 주체라는 공통의식을 육성해 왔다.

이같은 대만사 서술의 재구축 작업과 접하면서 떠오르는 것은, 일본의 식민지연구나 제국사연구가 대만의 역사를 대만의 문맥에서 파악하지 못했던 것은 아닌가, 결국 제국의 의식이나 시선을 재생산해 온 것은 아닌가라는 질문이다. 피식민지 시점에서의 역사이해가 경시되어왔다고는 할 수 없으나 시공간의 구분 방식이나 역사 담당자를 파악하는 방식이 통치자측 시점에 치우쳤던 것은 부정할 수 없다. 이 문제를 타개해 갈 방법은, 듣기 좋아 보이는 대만도 사관을 단순하게 이입하는 것이 아니라 우선 일본측의 탈제국화를 역사서술 차원에서 구체화하는 방도를 찾는 일에 있을 것이다.

(3) 누가 역사를 만드는가

대만사의 주체를 둘러싼 논의의 진전과 함께 중요한 것은 지금까지 역사자료로서 주목되지 않았던 기록이나 물건에 새로운 빛을 비추고, 없는 듯 치부해 왔던 사람들이 남긴 생사의 흔적이 대만인의 집합적인 역사기억으로 재현되고 있는 점이다. 일기·사진·구술사 등 개인이나 가족에 관한 기록의 집적과 공유화가 최근 특히 눈부시다. 또한 외래 통치자의 유물도 '우리들'

---

2) 중화민국사: 청조 멸망에서 중화인민공화국 성립에 이르기까지, 중화민국이 존재했던 시기 중국의 역사다(1912~49). 일본에서는 이러한 파악 방법이 일반적이지만 중국이나 대만에서는 상황이 다르다. 중국에서 해당 시기 역사서술의 주축은 공산당사나 혁명사이고 민국사는 이들과 병립한다. 한편 대만에서는 1949년 이후로도 이어지는 중화민국의 역사가 국가사의 위치를 점하고 있다.

3) 선주민족: 대만은 내력이 다른 여러 집단으로 구성된 이민사회다. 그 중층적 사회관계를 구별하기 위한 개념으로 족군(族群, 에스닉 그룹에 해당하는 중국어)이라는 말이 1990년대부터 널리 사용되었다. 최근에는 오스트로네시아어족계에 속한 여러 선주민족, 17세기 이후 증가하는 민남(閩南)계·객가계 한족, 1945년 이후 중국대륙 각지에서 건너온 한족, 20세기 말부터 급속히 증가한 동남아시아로부터의 신이민이라는 5대 족군으로 묶이는 경우가 많은데 그 경계나 내부·상호관계는 복잡하다.

의 역사기억을 환기하는 자원으로 새로운 의미를 발견해내 길거리의 건조물이나 덤불 속에 묻힌 기념비의 보수, 재건이 이어져 네덜란드어나 일본어로 된 방대한 식민지 정부 문서의 번역 출판, 디지털화가 진척되었다.

　이같은 동향은 일본사의 창으로 들여다보면 식민지 통치의 소산을 재평가하는 것으로 보일지도 모른다. 그러나 이들 탐구를 통해 부각되는 것은 연이은 외래자의 통치 하에서 살다 죽어간 사람들의 역사로, 일본 통치는 그 일부를 구성하는데 불과하다. 스스로의 말이나 표현 방법에 의해 개시開示된 역사기억의 단편은 일본어 자료에 근거해 일본어에 의해 축적되어 온 역사연구의 일면성을 선명히 비추어냄과 동시에 우리들은 누구의 역사를 만들고 있는가라는 질문을 새롭게 던지고 있다.

탐구 포인트

① 패전 결과 일본은 대만을 중국에 반환했다고 하는 파악 방식에는 어떠한 이의 제기가 이루어지고 있을까.
② 중화제국에서 일본제국, 나아가 중화민국으로의 통치권 이행이라는 충격이 대만의 선주민족들과 한민족 사이에 어떻게 달랐을까.
③ 일본어 자료만으로 식민지기 대만의 역사를 재구성한다고 하면 어떠한 사상(事象)이나 주제가 사각지대가 되기 쉬울까.

참고문헌

吳密察(帆刈浩之譯)「臺灣史の成立とその課題」溝口雄三ほか編,『アジアから考える3周縁からの歷史』東京大學出版會, 1994.

駒込武고마고메 다케시「臺灣史をめぐる旅 (1)~(7)」『前夜』第1期第1~11號, 2004~07.

川島眞가와시마 신「戰後初期日本の制度的「脫帝國化」と歷史認識問題」永原陽子編『「植民地責任」論』靑木書店, 2009.

北村嘉惠「臺灣先住民族の歷史經驗と植民地戰爭」『思想』1119, 2017.

若林正丈「「臺灣島史」論から「諸帝國の斷片」論へ」『思想』1119, 2017.

洪郁如『誰の日本時代 : ジェンダー・階層・帝國の臺灣史』法政大學出版局, 2021.

23. 식민지 조선
그 '근대화'와 '황민화'를 어떻게 볼 것인가

오노 야스테루(小野容照*) 집필 / 김민 번역

관련항목: IV-18[p.399] IV-22[p.411] IV-50[p.495] IV-57[p.516]

〔논의의 배경〕

1910년 한국병합[1])으로 인해 1945년까지 조선은 일본의 식민지가 되었다. 일본에 의한 식민지배는 조선의 자원을 수탈하거나 '황민화' 정책을 통하여 조선인을 일본에 동화시키려고 하는 등 가혹한 것이었다고 인식되어 왔다. 다른 한편, 1990년대 이후에는 일본의 식민지배를 통해서 조선이 '근대화'를 이룰 수 있었다는 논의도 활발해졌다. 이러한 이해는 정확한 것일까. 또 황민화정책은 어째서 추진되었으며 조선인은 이것을 어떻게 받아들였을까.

〔논점〕

(1) 식민지근대화론

근대화에는 다양한 요인이 있는데, 경제발전 역시 그 지표 중 하나이다. 대한민국[2])에서는 해방 이후로 오랫동안 일본의 식민지배로 인하여 조선의 자원이 착취당하였고, 이로 인하여 조선인들이 빈곤에 허덕이게 되었다는 것을 전제로 한 연구가 이루어져 왔다. 그러나 1990년대에 들어서자 일본에 의한 '수탈'의 측면만이 아니라 '개발'의 측면에도 주목하기 시작하여 식민지 시대에 조선의 경제가 발전하고 있었다고 주장하는 연구가 등장하였다. 이것을 '식민지근대화론'이라고 한다.

식민지근대화론은 주로 한국의 경제학자들이 제창한 것이다. 그들은 각종 통계 자료를 바탕으로 식민지 시대에 들어선 이후 조선의 쌀 생산량이 증가하였다는 것, 공업화가 진전되었다는 것, 병원이나 철도망 등 인프라가 정비되었다는 것 등을 경제학적인 기법을 활용하여 해명하였다. 식민지근대화론이 등장함에 따라 일본이 조선에 어떠한 발전도 가져오지 않고 오직 자원을 수탈하기만 하였다는 역사상(像)은 과거의 것이 되어버렸다.

---

*) 규슈대학대학원 인문과학연구원 준교수 | 조선 근대사
1) 한국병합: 1392년에 건국된 조선은 1897년에 국호를 대한제국으로 변경하였다. 대한제국기인 1910년 8월에 일본에 병합되었기 때문에, 한반도의 식민지화를 한국병합으로 부른다.
2) 대한민국: 현재의 한국. 한반도는 1945년에 일본의 식민지 지배로부터 해방되어, 1948년에 반도의 남측에는 대한민국, 북측에는 조선민주주의인민공화국(북조선)이 각각 수립되었다.

그러나 식민지근대화론은 역사학자나 허수열許粹烈과 같은 일부 경제학자들로부터 다음과 같은 비판을 받았다. 먼저 식민지 지배에는 수탈과 개발의 양면이 있음에도 불구하고 개발이라는 한 측면만을 강조하고 있다는 것. 두 번째로 누구를 위한, 무엇을 위한 개발이었는지를 분석하고 있지 않다는 것. 일본이 식민지 조선을 개발한 것은 조선인을 위해서라기보다는 제국 일본의 이익을 위해서였다. 식민지근대화론은 이러한 두 가지 점에 주의를 기울이지 않았기 때문에 결과적으로 마치 식민지 지배를 찬양하는 듯한 연구가 되어버렸다. 마지막으로 세 번째는 경제발전이 근대화의 전부가 아니라는 것이다. 근대화에는 신분제의 해체와 시민사회의 진전, 민주주의 성숙, 내셔널리즘, 문화의 발달 등 다양한 요소가 있다.

이러한 논쟁을 거쳐서 2000년대 이후에는 '식민지근대성론'이라고 하는, 근대화를 긍정도 부정도 하지 않은 채 경제발전뿐만이 아니라 조선 사회 전반을 대상으로 하여 식민지화와 함께 근대화가 진전된 것의 의미나 특징을 탐구하는 연구도 진전되고 있다.

(2) 황민화정책

조선총독부[3]의 통치정책도 식민지 조선에 대해 고찰할 때 빼놓을 수 없는 부분이다. 그 중에서도 대표적인 것이 1937년 중일전쟁 발발과 함께 본격화한 황민화정책皇民化政策이다.

조선인을 전쟁에 동원하기 위해서는 우선 조선인에게 '황국신민', 즉 천황天皇에 충성을 다하는 제국 일본의 신민으로서의 자각을 갖도록 할 필요가 있었다. 이를 위해서 조선총독부는 '내선일체內鮮一體'[4]라는 표어 아래 일본어 보급, 신사참배, 창씨개명 등 조선인의 민족성을 말살하고 일본인과 동화시키는 정책을 추진하였다. 이러한 일련의 동화정책의 총칭이 황민화정책이며 이에 대해서는 일본과 한국에서 수많은 연구가 이루어졌다.

그 중에서 창씨개명은 종래 조선인에게 일본식의 이름을 쓰도록 강요하는 정책으로 이해됐다. 이러한 이해는 완전히 틀린 것은 아니지만 미즈노 나오키水野直樹 등의 연구를 통해서 창씨개명의 주된 목적은 조선의 가족제도를 일본의 가족제도로 개편하는 것에 있었음이 밝혀졌다.

또한 황민화정책을 조선인이 어떻게 받아들였는가에 대해서도 다양한 관점에서 연구가 진행되고 있다. 미야타 세쓰코宮田節子의 연구가 자세하게 밝힌 것처럼, 황민화정책에 대해서 조선인은 거부반응을 보이는 경우가 많았지만 조선총동부의 압력 때문에 받아들이지 않을 수 없었다. 그런 한편 적극적으로 황민화정책이나 전쟁동원에 협력한 조선인도 있었다. 이러한 인물들은 과거에는 한국에서 '친일파親日派'[5]로 단죄됐으나, 최근에는 황민화정책에 협력한 조선인의 논리에 주목한 연구도 발표되고 있다. 그 결과 조선인은 의무교육을 받을 수 없는

---

[3] 조선총독부: 한국병합 후에 일본이 조선에 설치한 식민지 통치 기관. 초대 총독으로 데라우치 마사타케(寺內正毅)가 취임하였다.

[4] 내선일체: 내(內)는 내지, 즉 일본(인)을, 선(鮮)은 조선(인)을 가리키며, 이는 양자가 일체화되는 것을 주창하는 황민화정책의 슬로건이었다.

[5] 친일파 : '친일'은 일반적으로 일본에 우호적인 것을 의미하지만, 한국에서는 식민지 지배에 협력한 매국노를 의미한다. 한국에서는 일반적인 의미의 '친일'을 '지일(知日)'이라고 부른다.

등 일본인과 비교하여 여러 면에서 차별적인 대우를 받는 상황 속에서 일부 조선인은 일본인과의 동화를 지향하는 황민화정책을 통해서 민족차별이 철폐될 가능성이 있다고 인식하고 있었다는 것, 전쟁동원에 적극적으로 협력하는 것에 대한 보상으로서 일본인과 동등한 권리를 획득하고자 했다는 것 등 황민화정책에 협력하는 논리가 선명하게 드러나게 되었다.

(3) 식민지 조선의 다양성·복잡성과 마주하기

식민지근대화론이 주장하는 것처럼 식민지 시대에 조선의 경제는 발전하였다. 이를 통해 막대한 부를 획득한 조선인이 있었는가 하면, 지배정책으로 인하여 토지를 잃고 빈곤에 고통받은 조선인도 다수 있었다. 또 한국에서는 지배정책에 저항하는 것을 민족적 행동으로서 높이 평가하는 반면, 정책에 협력한 인물에 대해서는 이를 반민족적 행동이라고 단죄해왔다. 그러나 지배에 대한 협력은 일본의 조선인에 대한 민족차별을 바로잡기 위한 것이기도 했기 때문에, 단순히 일본에 협력적이었던 것만으로 반민족적이었다고 단언하기는 어렵다. 이처럼 조선인이 식민지 지배를 받아들이는 방식은 다양하고 복잡한 것이었다. 식민지 조선에 대한 연구를 심화시켜나가기 위해서는 이러한 다양성이나 복잡성과 마주하지 않으면 안 된다.

탐구 포인트

① 일본이 식민지 조선의 경제를 발전시켰다는 사실뿐만이 아니라, 그 의도도 중요하다.
② 식민지화와 근대화가 동시에 진행되었다는 점에, 일본과는 다른 근대 조선의 특색이 있다.
③ 자본가나 농민, 지식인 등 계층이 차이에 주목하여 지배정책의 영향을 고찰해보자.

참고문헌

宮田節子미야타 세쓰코『朝鮮民衆と「皇民化」政策』未來社, 1985.

許梓烈허수열 (保坂祐二호사카 유지 譯)『植民地朝鮮の開發と民衆』明石書店, 2008 / 한국어 원서『개발 없는 개발 — 일제하, 조선경제 개발의 현상과 본질』은행나무, 2005.

水野直樹미즈노 나오키『創氏改名』岩波書店, 2008 / 정선태 역『창씨개명』산처럼, 2008.

Gi-Wook Shin신기욱 and Michael Robinson, eds., *Colonial Modernity in Korea*, Harvard University Asia Center, 1999 / 도면희 역『한국의 식민지 근대성』삼인, 2006.

24. 피차별 부락
'부락'은 근대에 어떻게 만들어져 변용되었는가

사사키 마사야(佐々木政文*) 집필 / 조국 번역

관련항목 II-21[p.200] III-23[p.305] IV-10[p.375] IV-11[p.378] IV-12[p.381] IV-21[p.408]

〔논의의 배경〕

에도 시대의 일본에는 막번 권력에 의해 '에타穢多'라는 천칭賤稱으로 불리며, 백성·조닌町人과는 구별되는 피차별 신분의 사람들이 있었다. 1871년(메이지4) 8월 28일 천민폐지령('해방령'이라고도 한다)에 의해 '에타'·'히닌非人'이라는 호칭이 폐지된 이후 그들은 옛 백성·조닌과 같은 평민으로 취급받게 되었지만, 그들에 대한 사회적 차별의식은 없어지지 않았다. 이것이 근현대 피차별 부락의 원류가 되고 있다.

〔논점〕

(1) 기묘한 차별의 정체

오늘날 흔히 사용되는 차별이라는 말에는 특정 사람들을 정당한 이유 없이 낮게 대한다는 의미가 포함되어 있다. 이에 반해 에도 시대의 일본에서는 '천민' 신분의 사람들과 공적인 관계를 끊는 것이 평민(백성·조닌 신분의 사람들)의 올바른 자세라고 생각되어 이러한 생각을 전제로 대부분의 법령이나 규범이 형성되어 있었다. 즉 신분의 차이는 특정 사람들을 사회생활에서 배제하는 정당한 이유에 해당한다고 생각된 것이다.

　　메이지유신에 의해 근세의 신분제는 폐지되었지만, 그 후에도 구 '에타' 신분의 사람들은 지역 사회생활에서 계속 배제되었다. 이에 대해서는 '에타'·'히닌' 두 신분을 제도상 폐지한 천민폐지령 자체가 애초에 사회적 차별의 해소를 의도한 것은 아니었다는 지적이 있다. 우에스기 사토시上杉聰는 천민폐지령이 지조개정地租改正1)에 따른 토지 상품화를 위한 법령이었음을 밝혀냈다. 즉 에도 시대에는 '에타'·'히닌' 양 신분의 사람들이 사는 부지에는 세금이 면제되는 경우가 있었지만, 지조개정으로 그러한 토지에 지권地券이 발행된다면 특정 토지만이 무세지

---

*) 교토첨단과학대학 인문학부 준교수 | 일본 근현대 사회사상사
1) 지조개정: 메이지 초년에 행해진 토지·세금 제도 개혁. 토지 소유자에게 소유한 토지의 지가를 기록한 지권을 발행하고, 지가에 따른 지조를 납부시키는 것으로 했다. 1870년(메이지3)경부터 정부 내에서 구상되기 시작해 1873년 7월 공포된 지조 개정 조례에 따라 구체화되었다.

無税地인 채 매매할 수 있게 된다. 이는 새로운 토지제도·세금제도와의 정합성에 맞지 않기에 차라리 '에타'·'히닌' 두 신분을 폐지하고 '평민과 마찬가지'로 취급해 버리자는 발상이 생겨났다는 것이다. 우에스기의 지적은 설득력이 있지만 '천민' 제도가 있는 한 토지의 상품화가 불가능했다고까지 말할 수 있는지에 대해서는 의견이 분분하다.

어쨌든 천민폐지령에 의해서 제도상으로는 확실한 차별이 존재하지 않게 되었음에도 현실 사회에서는 구태의연한 차별이 잔존하는 기묘한 현상이 생겼다. 이것이 근현대의 부락 차별이다.

(2) 차별은 왜 남았던 것일까

그런데 천민폐지령의 발포로부터 오랜 세월이 지난 후에도 부락 차별이 없어지지 않았던 것은 왜일까. 스즈키 료鈴木良는 이 문제를 메이지 중기에 만들어진 지방자치제도와의 관계에서 설명하려고 했다. 즉 1889년(메이지22)의 정촌제町村制2) 시행에 앞서 1887~89년에는 몇 개의 자연촌(에도 시대 이래의 촌락)을 합쳐 새로운 행정촌으로 하는 정촌 합병이 이루어졌다. 이때 정부는 행정촌이라는 새로운 지배 단위를 창설하면서 구체적인 지배 방법에 관해서는 기본적으로 각 지역의 '구관舊慣'에 맡기기로 했다. 에도 시대 이래의 '구관'으로는 지역사회로부터 피차별 부락을 배제하는 것이 당연하게 여겨졌기 때문에 정부는 지방자치제도의 확립과 함께 부락 차별의 존재도 인정한 것이 된다. 그리고 각 지역의 지배자가 된 사람들은 기생지주제寄生地主制3)를 축으로 하는 지역 지배 구조를 만들어내고 그 일환으로 부락 차별을 계속 보존했다는 것이다. 이러한 스즈키의 시점은 오늘날 높이 평가되고 있지만 기생지주가 수행한 정치적 역할을 과장하는 경향이 있다며 의문을 표하는 논자도 있다.

한편 부락 차별은 에도 시대 이래의 '구관'의 잔재가 아니라 근대에 태어난 새로운 현상인 것은 아닐까 하는 시점에서 슬럼4)으로 대표되는 도시 하층사회에 주목하는 견해도 있다. 고바야시 다케히로小林丈廣에 의하면 교토시와 그 주변에서는 피차별 부락여부에 관계없이 슬럼을 가리키는 '빈민 부락'이라는 말이 1880년대부터 사용되었다. 한편 농촌에는 슬럼이 존재하지 않기 때문에 1900년대 초두의 교토부 내 농촌 지역에서는 '빈민 부락'이라는 말이 구 '에타' 촌 지역(피차별 부락)을 가리키는 것으로서 사용되었다. 즉 이 시기에는 슬럼과 피차별 부락은 똑같은 하층사회라고 하는 카테고리에서 종종 혼동되고 있었다. 그 후 1900~1910년대가 되면 슬럼을 포함하지 않고 피차별 부락만을 가리키는 '특수 부락'이라는 말이 생겨났고, 거기에

---

2) 정촌제: 1888년(메이지21) 4월에 공포되어 이듬해 4월 시행된 지방자치제도. 납세액을 근거로 한 제한선거와 명예직 제도를 채용해, 각 지역의 유력자(지방 명망가)에 의한 지배를 확립시켰다고 평가된다.
3) 기생지주제: 많은 소작지를 소유하고 직접 경작에 종사하지 않는 지주를 기생지주라고 한다. 이 기생지주와 소작인의 관계로 만들어지는 농촌 사회의 구조를 기생지주제라고 하며, 대체로 1880~1920년대 일본 농촌이 갖고 있던 중요한 특징 중 하나로 꼽는다.
4) 슬럼 : 도시 안에서 빈곤자가 집중되어 사는 지구를 말한다. 빈민굴이라고도 한다. 주택·위생 상태가 열악했기 때문에 도시의 사회 문제가 집중적으로 나타나는 지구로 간주되어 종종 행정적 시책의 대상이 되었다.

사는 사람들을 '특수'하게 간주하는 듯한 인식이 사회에 퍼져 갔다. 이처럼 단순한 빈곤자의 거주지가 아닌 '특수'한 지역으로서의 피차별 부락이 언제 어떻게 생겨났는지가 중요한 논점이 되고 있다.

나아가 인류학에서 유래된 '인종'이라는 개념이 피차별 부락 사람들을 '이종異種'으로 간주하는 인식을 낳았다고 하는 구로카와 미도리黒川みどり의 견해도 있다. 메이지 시대 이후에는 피차별 부락 사람들은 다른 사람과는 다른 유전적 특징을 가지고 있는 '인종'이라는 인식이 널리 퍼졌다. 이러한 인식이 메이지 민법으로 대표되는 근대의 '이에家'(혈통) 의식과 결부된 결과, 피차별 부락 사람들만이 혼인 관계로부터 엄격하게 배제되는 부락 차별이 생겼다고 구로카와는 지적한다. 국민국가의 일체감이 어떻게 피차별 부락에 대한 결혼 차별을 만들었는지를 보여준 중요한 지견이라 할 수 있을 것이다.

> **탐구 포인트**
> ① 천민폐지령 발포에 대해서 구 백성·조닌 신분이나 구 '에타' 신분의 사람들은 각각 어떻게 반응한 것일까.
> ② 정부와 지자체는 피차별 부락의 존재를 어떻게 파악하고 있었던 것일까.

참고문헌

鈴木良『近代日本部落問題研究序說』兵庫部落問題研究所, 1985.

上杉聰『明治維新と賤民廢止令』解放出版社, 1990.
黒川みどり『異化と同化の間』靑木書店, 1999.
小林丈廣『近代日本と公衆衛生』雄山閣出版, 2001.

25. 종교와 근대사회
구시대의 유물인가

나가오카 다카시^{永岡崇*)} 집필 / 조국 번역

관련항목 III-8[p.260] III-24[p.308] IV-3[p.354] IV-26[p.423] IV-34[p.447]

〔논의의 배경〕

근대화 속에서 과학기술이 발달해 지금까지 종교가 이야기하고 다루어왔던 신이나 부처, 혹은 기적이나 신화류는 현실성을 잃어버렸다 할 수 있다. 스스로를 '무종교'라 인식하는 사람의 비율이 높은 일본사회에서는 특히 그렇게 생각할지 모른다.

그러나 세속화[1])가 진행 중이라 여겨지는 근현대에도 종교는 형태를 바꾸며 살아남아 일본의 근대에 예상외의 큰 영향을 미쳐 왔다. 실제로 근대 종교사 연구는 최근 양적으로도 방법적으로도 급속히 진전해 6권으로 구성된 최초의 통사『근대 일본 종교사』(2020~2021)가 간행되기에 이르렀다.

〔논점〕

(1) 근대화 vs. 종교의 구도

마르크스주의의 강한 영향 아래에서 출발해 정치·경제사를 중심으로 전개된 전후 역사학에서 근대 종교라는 테마는 오랫동안 주변적인 지위를 감내해 왔다. 초자연적인 존재나 신비체험, 기적 등 종교가 중시하는 제 요소는 근대사회의 합리주의적 가치관과 맞지 않고 따라서 중요성도 낮다는 선입관이 근대 종교사 연구가 경시되어 온 이유 가운데 하나일 것이다. 금광교^{金光教}, 천리교, 대본^{大本}(교) 등[2])으로 대표되는 민중종교는 무라카미 시게요시^{村上重良}나 야스마루 요시오^{安丸良夫} 등에 의해 비교적 이른시기부터 주목받은 영역이지만 이는 일본의 '위로부터의 근대화'에 대한 안티테제로서 이들 종교를 취급한 것이었다. 이른바 민중종교와 근대국가의

---

*) 고마자와(駒澤)대학 총합교육연구부 강사 | 근대 종교사

1) 세속화: 근대화로 사회에서 종교의 영향력이 저하해 가는 현상을 가리킨다. 세속화론은 20세기 중반 유럽에서 주창되어 교회 출석률의 저하나 여러 사회적 제도들의 종교로부터 이탈·독립 등을 근거로 널리 받아들여졌다. 그러나 종교의 관여도는 지역에 따라 차이가 크고 특히 최근 이슬람 세계나 사회주의 체제 붕괴 후 러시아·동유럽 국가들에서는 오히려 종교 부흥의 흐름이 발생하고 있다. 미국에서도 종교가 정치를 비롯한 공공적 영역에 크게 관여하고 있음이 알려지고, 현대 일본에서도 '정신세계'나 '스피리추얼'한 종교적 성격을 띤 대중문화가 건재해 단순한 종교의 쇠퇴를 이야기하는 논의는 재검토되고 있다.

2) [역주] 일본의 3대 신흥 종교로 언급된다. 금광교는 곤코 다이진(金光大神)을, 천리교는 나카야마 미키(中山みき)를, 대본(교)는 데구치 나오(出口なお)를 교조로 하며 불교 및 일본 신도의 영향을 받아 막부 말기~메이지 시기에 탄생했다. 대본교의 경우 정식 명칭은 '오모토'이며 교를 붙이지 않는다.

가치관 대립을 역이용한 평가로, 여기에서도 근대화 vs. 종교라는 이항대립 구도가 관통하고 있다.

(2) '종교'의 탈구축

'종교'3)라는 말에서부터 우리는 불교·신도神道·기독교 등 다른 사회 영역과는 떨어진, 어떤 의미에서 특수한 존재를 떠올린다. 그러나 2000년대에 이소마에 준이치磯前順一 등 종교학자가 전개한 종교개념론이라 불리는 연구를 통해 오늘날 사용되는 '종교'의 개념·이미지는 근대에 이르러 새롭게 구성된 것임이 밝혀졌다. 이는 근대화 과정에서 서양 열강과의 외교 관계나 국내 정치적 권력관계 속에서 형성되었으며 사적이고 내면적인 신앙 영역에 전념해야 하는 것으로 여겨졌다. 그 결과 일찍이 행정이나 사법, 교육, 복지 등 다양한 영역에서 활동한 사사寺社는 공공적 영역에서의 활동범위가 대폭 축소되었다. 다른 한편 병의 치료나 점괘, 신탁 등의 행위로 생계를 꾸려간 민간의 종교적 직능자들은 '미신'이란 이름으로 '종교'의 카테고리에서 배제되고 억압받게 되었다는 것이다. 이러한 논의에서 도출된 과제는 크게 두가지 방향으로 나뉘어질 것이다. 하나는 '종교' 개념을 낳고 변용시킨 정치적·사회적·문화적 기제(메커니즘)를 보다 정치하게 분석하는 방향이다. 또 하나는 종교사의 가능성을 제한해 온 좁은 의미의 '종교'라는 카테고리에 구애되지 않고 그곳에서 따돌려진 혹은 스스로의 의지로 뛰쳐나간 집단이나 개인의 활동에도 주목해 넓은 의미의 종교적 사상이나 실천(여기에서는 '종교'+α라 부르기로 한다)의 범위를 밝히는 방향이다. 여기에서는 후자의 성과에 관해 조금더 살펴보고자 한다.

(3) 근대화와 교섭해 변모하는 '종교'+α

먼저 '종교'는 적극적으로 사회 상황의 변화에 적응하려 했다. 그들은 (앞서 살펴본 민중종교 교단을 포함하여) 잡지나 라디오와 같은 뉴미디어를 활용하면서 문명국가 건설에 기여할 수 있는 존재로서 스스로의 유용성을 어필해 나갔다. 실제로 학교와 병원, 사회복지시설의 설립 및 운영, 교도소 교화, 전장 위문 등의 형태로 다시 한번 공공적 영역에서의 활동을 전개해 나갔다. 한편 '종교'라는 제도적 틀의 주변이나 외부에서 활동한 사람들의 활동은 종종 합리성이나 과학성과 같은 가치, 그리고 근대 일본 사회의 모습을 상대화하여 재편을 시도했다. 가령 신내림神がかり4)이나 영술靈術5) 등 눈에 보이지 않는 에너지의 실재나 이에 의한 병의 치유, 혹은 영계靈界와의 교신을 주장하는 운동이 근대 사회에서 일정한 지지를 얻었다. 나아가 일부

---

3) '종교': 근대의 산물로서 '종교'라는 개념이나 틀은 고대부터 현재에 이르는 연속성을 단순히 전제한 (따옴표 없는) 종교와 구별하는 의미로 따옴표를 붙이는 경우가 많다.
4) 신내림(가미가카리) : 신이나 부처, 사령(死靈)·생령(生靈), 동물령 등 초자연적 존재가 사람으로 옮겨 타는 것, 혹은 그와 같은 심신 상태. 빙의라고도 한다. 심신이 일상적인 상태에서부터 변화·일탈하고 당사자나 주변 사람들이 그 요인을 생활세계 외부에서 구하는 경우 사회적인 사건으로서의 신내림이 발생하게 된다. 다른 한편, 요인이 생활세계 내부에서 구해지는 경우 광기나 정신이상 등으로 해석되어 정신의학의 대상으로 취급되는 경우가 많다.
5) 영술 : 수험도(修驗道) 등의 신앙 치료나 최면술을 원류로 다이쇼 시기에 유행한 민간요법의 일종. 영술가들은 암시, 기합, 처치, 영동(靈動, 신체의 자동 운동) 등에 의한 기적적인 치료나 차력술, 텔레파시 등을 행했다고 한다. 종교와 의학의 틈에 위치해 그 어느쪽으로도 환원할 수 없는 성격을 가지고 있었다. 또한 당시에는 정신요법이라고도 불렸다.

니치렌日蓮주의6)자에게 보이듯 종교적 이상이 근대적 정치사상과 결부되어 사회운동이나 대외전쟁, 테러리즘을 정당화하는 이데올로기로 기능하기도 했다. 이처럼 '종교'+α는 근대화를 아래에서부터 지탱하는 봉사자로서의 측면과 근대화가 품은 문제를 부각해 이를 초월하는 방향성을 제시하고자 하는 비판자로서의 측면을 아우르고 있었다. 근대화 vs. 종교라는 단순한 이항대립이 아닌 양자의 비틀어짐을 품은 교섭과정이 부상하고 있는 것이다.

이같은 연구 동향은 종교개념론의 영향에서 생겼다기보다 정치사나 사회사, 제국사, 사상사, 민속학, 미디어사라는 인접 제 분야의 견지를 종교사에 녹여내며 시작되었다. 그 속에서 '종교'라는 영역의 고유성·특수성은 점차 무너졌으며 종교개념론은 그 흐름을 자각적으로 언어화한 것이라 할 수 있다. 앞으로도 이러한 연구동향은 계속되리라 생각하는데 이와 동시에 '종교'+α와 이들 제 분야와의 접합면에서 발생하는 알력과 갈등에 주목함으로써 역설적으로 종교사가 맡아야 할 역할이 드러나게 되는 것이 아닐까.

탐구 포인트

① 오늘날 우리들이 상상하는 '종교'는 어떻게 형성되어 온 것일까.
② '종교'+α와 근대 의학이나 과학 사이에는 구체적으로 어떠한 관계성이 있을까.
③ 불교·신도·기독교는 근대화 가운데 어떻게 변화했을까, 또한 그 변화에 의해 어떠한 갈등을 품게 되었을까.

참고문헌

村上重良『近代民衆宗教史の研究』法藏館, 1958.
安丸良夫야스마루 요시오『出口なお』朝日出版社, 1977.
川村邦光『幻視する近代空間』靑弓社, 1990.
磯前順一이소마에 준이치『近代日本の宗教言説とその系譜』岩波書店, 2003 / 제점숙 역『근대 일본의 종교담론과 계보 — 종교, 국가, 신도』논형, 2016.
大谷榮一·吉永進一·近藤俊太郎編『近代佛教スタディーズ』法藏館, 2016.
栗田英彦·塚田穗高·吉永進一編『近現代日本の民間精神療法』國書刊行會, 2019.
島薗進·末木文美士·大谷榮一·西村明編『近代日本宗教史』全6卷, 春秋社, 2020~21.

---

6) 니치렌주의 : 가마쿠라 시대의 승려 니치렌의 사상을 근대적으로 재해석해 태어난 일군의 사상을 가리킨다. 20세기 초 재가(在家)불교교단인 국주회(國柱會)의 다나카 지가쿠(田中智學)가 만든 신조어로 전전 일본에 확산되었다. 협의의 '종교'에 그치지 않고 군인·우익이나 문학, 사회운동 등 다양한 영역에 영향을 주었다.

26. 사회주의·마르크스주의
그 이념이 가져온 가능성과 문제는 무엇인가

우메모리 나오유키梅森直之*) 집필 / 김경옥 번역

관련항목 IV-10[p.375] IV-12[p.381] IV-19[p.402] IV-21[p.408] IV-28[p.429] IV-30[p.435] IV-31[p.438] IV-54[p.507]

〔논의의 배경〕

19세기 말기부터 20세기 초두에 걸쳐 일본에 사회주의라고 불리는 사상이 수입되어 사회주의자를 자인하는 한 무리의 사람들이 등장했다. 그들은 '빈곤'이라는 인류의 보편적인 문제를 현대 사회, 즉 자본주의라는 시스템의 문제로서 파악하고 그 내력을 과학적으로 분석하여 자유롭고 평등한 사회주의 사회로의 길을 이론적으로 보여주려고 시도했다. 사회주의·마르크스주의는 내부에 다양한 대립을 포함하면서도 사회의 과학적 분석을 위한 방법론(유물사관)을 공유하고 전후 일본의 사회과학에서 압도적인 영향력을 갖기에 이르렀다. 그 후 사회주의·마르크스주의는 냉전의 종결과 현존 사회주의 국가의 붕괴라는 사태에 직면해 그 의미와 타당성을 엄격하게 다시 묻게 되었다. 그러나 신자유주의의 전개로 인해 빈부의 차가 확대되고 있는 현재, 그 사상과 실천의 역사는 자본주의 비판을 위한 영감의 원천으로서 그 중요성을 더해 가고 있다.

〔논점〕

(1) '유물사관'과 '주체성'

사회주의자·마르크스주의자의 대부분은 '유물사관'을 역사 발전의 법칙에 근거하여 사회주의 혁명의 실현을 '과학적'으로 변증하는 방법으로 받아들였다. 그러나 혁명의 필연성이 과학적으로 변증된다고 한다면, 개개의 활동가가 혁명의 실현을 향해서 하는 주체적인 개입의 의의는 어디에서 찾을 수 있을까. 과학적 진리와 주체적 실천과의 관계는 '유물사관'의 본격적인 도입과 함께 드러난 근본적인 논쟁점 중 하나이고 이후 다양한 변주를 동반하면서 역사 안에서 반복적으로 질문되어 왔다.

---

*) 와세다대학 정치경제학술원 교수 | 일본 근현대사

이 문제가 '주체성 논쟁'[1]으로 명시적으로 질문된 것은 패전이라는 경험을 거친 전후 직후의 일이었다. 마르크스주의 철학자인 우메모토 가쓰미(梅本克己)[2]는 쇼와 전전기(戰前期)의 탄압으로 인해 발생한 마르크스주의자의 대량 전향이라는 현상을 바탕으로 마르크스주의의 이론과 실천 사이의 '공극(空隙)'을 문제화했다. 우메모토는 기존 마르크스주의에서의 '인간의 실존적 지주'로서의 '철학'의 부재가 이러한 전향을 가져온 요인이라고 생각한 것이다. 이러한 우메모토의 문제 제기는 문학이나 정치학 등 다양한 분야의 학자를 끌어들이면서 사회주의·마르크스주의의 이론과 실천의 관계성을 역사적으로 다시 묻는 중요한 계기가 되었다.

(2) '대중사회'에서의 마르크스주의와 데모크라시

모든 사상에는 그것이 탄생한 시대가 각인되어 있다. 19세기 서양에서 탄생한 '유물사관'이 그 시간적·공간적 규정을 넘어 어떻게 적용되어야 하는가 하는 문제는 일본과 같은 비서양권의 이론가에게 있어서 항상 중요한 관심사였다. 1950년대 중반에 제기된 '대중사회 논쟁'[3]에서는 자본주의 그 자체의 변용 유무와 그에 대응하는 사회주의·마르크스주의의 갱신 가능 여부가 주제화되어 논의되었다.

'유물사관'에 따르면 자본주의 형성과 함께 탄생한 노동자 계급이 '시민사회'로부터 철저히 소외됨으로써 사회주의 사회를 실현하는 혁명의 주체가 되는 것이 예측되었다. 이에 대해 정치학자 마쓰시타 게이이치(松下圭一)[4]는 선진국의 노동자 계급이 사회정책과 보통선거 실현으로 체제 내부에서 '대중'으로서 정착하고 관료기구의 수동적인 조작 대상으로 변화하고 있는 현상에 주의를 촉구했다. 마쓰시타는 이러한 '계급의 대중화'가 현존하는 사회주의 국가에서도 공통되는 문제임을 지적하고, '대중'이 스스로의 시민적 자유를 일상적으로 행사할 수 있는 민주적인 조직 형성의 중요성을 주장했다. 이러한 문제 제기는 역사적으로는 주로 비공산당계의 사회주의자가 담당해온 수평적인 운동 네트워크에 대한 역사적 재평가로 이어져 갔다.

(3) 마르크스주의와 페미니즘

1980년대가 되면 세계적인 페미니즘 운동의 진전을 배경으로 기존 마르크스주의 이론에 대한 새로운 시각으로부터 문제 제기가 일본에서도 널리 이루어지게 되었다. 페미니즘 입장에서의

---

1) 주체성 논쟁: 1947년부터 1949년에 걸쳐 전후사회에서의 새로운 주체성 확립을 위한 조건과 방법을 둘러싸고 행해진 논쟁. 우메모토 가쓰미는 기존의 마르크스주의 이론에 대한 문제 제기로 제출했지만, '유물사관'이 도그마로서 기능하는 것에 대한 위험성을 지적하고 다원주의와 상대화를 근대적 주체의 성립요건으로 간주한 마루야마 마사오 등의 논의도 공명하여 학계를 넘나드는 영향을 남겼다.
2) 우메모토 가쓰미(1912~1974): 도쿄제국대학 윤리학과를 졸업한 후 1942년에 구제(舊制) 미토(水戶) 고등학교 교수가 된다. 전후 마르크스주의에 접근해 1947년 발표된 「인간적 자유의 한계」(『전망(展望)』 2월호) 및 「유물론과 인간」(『전망』 10월호)에서 주체성 논쟁의 포문을 열었다.
3) 대중사회 논쟁: '대중사회'를 특집으로 한 『사상(思想)』(1956년 11월호)에 게재된 마쓰시타 게이이치(松下圭一)의 논문을 계기로 약 2년여에 걸쳐 전개된 논쟁. 20세기적 현상으로서의 '대중사회'를 마르크스주의적으로 파악하는 것의 가능성과 한계가 제기됐다. 마쓰시타의 논문에 대한 마르크스주의자로부터의 반응은 대체로 부정적인 것이었지만 거기에는 관리사회에 대한 비판이나 참여 데모크라시의 주장 등 현대 데모크라시 이론을 선점한 중요한 논점이 포함되어 있었다.
4) 마쓰시타 게이이치(1929~2015): 1952년 도쿄대학 법학부 졸업. 마루야마 마사오의 훈도를 받는다. 호세이대학(法政大學) 법학부 교수로서 일본정치학회 이사장·일본공공정책학회 회장 등을 역임. 1956년 「대중국가의 성립과 그 문제성」을 발표, 대중사회 논쟁의 선봉에 섰다.

마르크스주의 다시 읽기를 통해 노동자 계급의 재생산을 담당하는 제도로서의 '근대가족'의 역할과 거기에 나타난 '가부장제家父長制5)'라는 성 지배의 형태가 새롭게 주제화되었다.

우에노 지즈코^{上野千鶴子6)}는 기존 마르크스주의가 자본주의에서 사회주의의 이행을 '계급투쟁'의 귀결로 설명하는 등 '육체노동'과 '정신노동'의 분업에 입각한 '계급'의 발생을 중시해 온 한편, 남녀 사이의 '성 분업'에 대해서는 이를 '자연'적인 것으로 간주하고 불문에 부치고 있는 현상을 비판했다. 우에노는 스스로의 입장이기도 한 마르크스주의 페미니즘의 과제를 자본주의하에서의 가부장제에 의한 여성의 억압을 해명하는 것이라고 서술하고 있다. 마르크스주의 페미니즘은 근대적인 성 분업 그 자체를 비판하는 점에서 종래의 사회주의적 부인해방론과는 선을 긋는 것이고, 사적 영역에서 기능하는 성 지배의 양태를 가부장제의 물질적 기초와 함께 해명하는 것으로 마르크스주의의 역사 연구를 새로운 수준으로 끌어올렸다.

> **탐구 포인트**
>
> ① 현존 사회주의 국가의 변용과 붕괴 이유를 사회주의·마르크스주의를 둘러싸고 축적된 다양한 논쟁을 단서로 생각해 보자.
> ② '사회과학'으로서의 마르크스주의는 개인의 윤리적 차원과 어떠한 관계를 맺고, 또 어느 정도의 로컬한 특수성을 가미한 것이어야 하는가. 일본의 사례에 입각해서 생각해 보자.
> ③ '가사'를 노동으로 간주할 수 있는가. 기존 마르크스주의에 근거한 해석을 확인하고, 이에 대한 마르크스주의 페미니즘 비판을 정리해 보자.
> ④ 전통적인 사회주의·마르크스주의의 자본주의 비판은 오늘날의 신자유주의 비판으로서 어느 정도 타당할까. 그 가능성과 한계를 생각해 보자.

참고문헌

梅本克己·佐藤昇·丸山眞男『現代日本の革新思想』 上·下, 岩波書店, 2002(1966).
山泉進『社會主義事始』社會評論社, 1990.
上野千鶴子^{우에노 지즈코}『家父長制と資本制』岩波書店, 1990. (2009년 재간행) / 이승희 역『가부장제와 자본주의』녹두, 1994.
松下圭一^{마쓰시타 게이이치}『戰後政治の歷史と思想』筑摩書房, 1994.
梅森直之『初期社會主義の地形學』有志舍, 2016.

---

5) 가부장제: 남성이 여성을 지배하는 것을 가능하게 한 사회적 권력관계의 총체를 의미한다. 자본주의 하에서의 가부장제의 출현으로는 여성을 임노동에서 배제하는 것, 여성의 노동을 남성의 노동보다 낮은 것으로 위치 짓고 여성을 거기에 가두어 두는 것을 들 수 있다.
6) 우에노 지즈코(1948~) : 교토대학 문학부에서 사회학을 전공, 동 대학원을 거쳐 헤이안여학원(平安女學院) 단기대학, 교토세이카대학(京都精華大學), 도쿄대학에서 교편을 잡는다. 1980년대에 마르크스주의 페미니즘에 접근하여 그 연구자가 된다. 가사노동이나 근대가족을 문제로 발견하여 그 이론적·역사적 검토를 진행하는 한편, '자녀동반 출근'의 시비에서 '탈성장'에 이르는 다양한 분야에서 논쟁적인 발언을 계속하고 있다.

27. 근대과학
진화론에서 우생학으로

요코야마 다카시橫山尊*) 집필 / 김경옥 번역

관련항목 IV-3[p.354] IV-12[p.381] IV-20[p.405] IV-24[p.417] IV-32[p.441] IV-52[p.501]

〔논의의 배경〕

고교 일본사 교과서나 참고서에는 반드시 근대과학에 대한 설명이 있고 진화론에 관해서도 언급이 있다. 그런데 진화론은 모스[1]의 동물진화론을 언급한 것인가 하고 보면, 가토 히로유키加藤弘之[2]가 사회진화론의 입장에서『인권신설人權新說』을 간행해 천부인권론을 비판했다는 언급이 있다. 이 상황은 무엇으로부터 기인하는 것일까. 한편 2018년에는 우생보호법優生保護法[3](1948~1996) 재판이 있었고, 매스컴 등의 고발 캠페인이 잇따랐다. 이 법은 우생학[4]에 근거한 진화론의 연장선에 있다. 근대과학의 산물인 진화론, 우생학은 전후 정신에 의한 비판이나 규탄의 대상이 되어 왔다. 그러나 근년의 과학사 연구나 실증 연구에서는 그 내용이 상대화·수정되고 있다. 그 내용이 어떤 것인가를 살펴본다.

〔논점〕

(1) 19세기 자연과학주의란 무엇인가.

한 마디로 '근대과학'이라고 해도 다양하지만, 그중에서 진화론은 사상 전반이나 인문·사회과학과도 결부되었다는 점에서 독특하다.

다윈[5]의『종의 기원』(1859)을 획기적인 기원으로 해서 진화론의 원리를 인간사회에 적용한 사회진화론이 1870년대부터 출현해 20세기 초두에 전성기를 맞이했다. 사회진화론은

---

*) 규슈대학 비교사회문화연구원 특별연구자 | 일본 근현대사회사
1) 에드워드 S. 모스(Edward Sylvester Morse, 1838~1925) : 미국인 동물학자. 1877년에 일본 방문, 도쿄대학 생물학 교수. 같은 해 가을에 오모리 패총(大森貝塚)을 발견해 다윈의 진화론을 소개했다.
2) 가토 히로유키(1836~1916) : 독일학자. 다지마 이즈시(但馬出石) 번사. 구 막부 신하. 유신 후 메이로쿠샤(明六社)에 참가하였고『진정대의(眞正大意)』,『국체신론(國體新論)』에서 입헌정체나 천부인권론을 소개했다. 1877년 도쿄대학 총리(總理)를 거쳐 1890년 제국대학 총장 역임.
3) 우생보호법: 1947년 가토 시즈에(加藤シヅエ) 등 사회당 의원이 제1안을 내었지만 통과하지 못하고 참의원 의원 다니구치 야사부로(谷口彌三郎)에 의해 48년에 통과했다. 강제불임수술만 1만 6500여 건을 실시했다. 1996년에 모체보호법으로 개정되었고 2018년 이후 피해자의 소송과 보도의 영향으로 2019, 보상법이 성립되었다.
4) 우생학: 인류의 유전적 개량을 꾀한 생물과학의 응용이론. 다윈의 사촌 형 F. 골턴이 창시자로 꼽힌다. 유전자 개량을 도모하는 적극적 우생학과 '열악'한 종의 박멸을 꾀하는 소극적 우생학으로 나뉘어 미국에서는 1906년부터 세계 최초의 단종법이 성립되고 30년대는 나치 독일이나 북유럽 등 각지에서 성립했다.
5) 찰스 다윈(Charles Robert Darwin, 1809~1882). 영국의 박물학자. 1831~1836년에 측량선 비글호로 남반구를 항해하고 생물진화를 확신, 1859년『종의 기원』을 간행했다.

전후 정신의 영향하에서 자본주의와 제국주의의 약육강식을 정당화하고 나치 등 전체주의로 이어지는 위험사상처럼 여겨져 왔다. 일본에서도 후지노 유타카藤野豊는, 사회진화론의 유행은 일본이 구미 열강과의 생존경쟁에서 살아남기 위해 '인종 개조'에 대한 관심을 환기하고 '일본 파시즘'을 체현하는 우생사상의 수용 토양을 형성했다고 한다. 한편 요네모토 쇼헤이米本昌平는 사회진화론을 사상의 비과학적인 부산물로 보는 생각에서 벗어나 보다 넓은 문맥, 19세기 특유의 자연과학주의의 일종으로 보는 생각을 여러 저작에서 전개한다. 기독교적 세계 해석에 대해 인간이나 자연의 모든 현상을 자연과학적으로 통일적으로 해석하려는 철학적 경향이다.

요코야마 다카시横山尊는 이를 바탕으로 일본의 진화론과 우생학이 어떻게 연결되는지 실증을 시도했다. 20세기 초두의 일본에서도 진화론으로 우주의 통일적 세계관을 찾는 경향이 현저했다. 진화론은 철학, 사회학으로도 다루어져 인간사회를 유기체로 파악하는 사회유기체론과도 결부되었다. 그 시선이 인체라는 우주로 향해, 그 병리를 해결하는 사고가 우생학과 결부되어 과학 저널리즘[6]과도 친화적이었다.

(2) 진화론 수용은 '왜곡'된 것인가

고용 외국인 모스가 일본에 처음 본격적으로 진화론을 소개했다고 한다. 모스는 진화론을 소개하는 강연회를 각지에서 열었다. 모스의 모국 미국 등에서 볼 수 있었던 기독교의 저항은 없었고, 기독교인과 불교인의 진화론 수용도 볼 수 있었다. 한편 일본에서의 진화론은 생물학설보다도 사회진화론을 중심으로 도입되었다고 한다. 그 대표적인 예가 『인권신설』(1882)에서 천부인권론으로부터 '전향'해 자유민권운동을 공격한 가토 히로유키이다. 이처럼 진화론 수용이 올바른 '수용'에서 벗어나 '왜곡'된 요인에는 인간사회의 현상을 인용하여 진화를 설명한 모스의 소개에 문제가 있다는 이해가 1970년대까지 유력했다.

그러나 영미에서도 스펜서[7]의 사회진화론이나 우생학이 유행하고 일본에서는 생물진화론과 사회진화론이 동시에 수용된 상황이었다. 세토구치 아키히사瀬戸口明久는 이를 근거로 도입기 일본의 진화론이 사회진화론 중심인 것은 의외라거나 예외적인 '왜곡'도 아니며, 주장이나 권위를 부여하기 위해 원용援用한 진화론의 내용이 중요하다고 지적했다.

근년 다나카 유카리田中友香里는 가토 히로유키의 '전향'에 대해 그 '우승열패'의 진화론은 국가 통치의 안정화와 권리의 진보를 조화시켜 명목적인 '왕후정부王侯政府'와 현 시점의 '강자'인 '상등 평민'에 의한 입헌군주제를 실현시키는 이론이고, 『인권신설』은 막말 이래 시책의 연장선상에 위치한다고 논했다. 다나카는 가토의 사회진화론에 근거한 입헌정치상이나 대외론·교육론은 정부 시책에 비판적인 면도 있었다고도 지적했다.

한편 우에다 히로노리右田裕規는 미국에서의 창조론 논쟁을 근거로 일본에서도 근대 일본의 지배층에게 인수동조설人獸同祖設과 황국사관의 모순이 큰 문제였다고 지적했다. 인수동조설을

---

6) 과학 저널리즘: 일본에서도 메이지 시대부터 신문이나 종합잡지에 과학기사가 게재되어 『동양학예잡지』(1881년 창간), 『이학계』(1903년 창간) 등 과학잡지와 보다 통속적인 『과학세계』(1907년 창간)도 간행되었다.

7) 허버트 스펜서(Herbert Spencer, 1820~1903) : 영국의 철학자, 사회학자. 진화론을 현실사회에 적용한 종합철학의 구축을 꾀했다. 특히 인간사회가 군사형 사회에서 산업형 사회로 진화한다는 설이 유명하다. 일본에서도 저작은 많이 번역되어 자유민권운동에도 정부나 그에 가까운 학자에게도 영향을 주었다. 다만 만년엔 인기가 시들해졌다.

바탕으로 한 불경행위도 있어서 사상경찰도 경계했다. 이에 대해 세토구치는 진화론과 황국사관의 대립은 구메 구니타케(久米邦武8))의 「신도神道는 제천祭天의 옛 풍속古俗」으로 대표되는 기기신화記紀神話를 둘러싼 고대사 논쟁에 비하면 중대한 문제가 아니었고, 진화론과 황국사관 사이 모순의 현재화는 1930년대 이후의 단기간에 한정되는 것이 아닌가 하고 비판했다.

(3) 일본의 우생법은 어디까지 나치적일까.

일본에서 우생학은 1910년경부터 잡지나 서적에서 논해지기 시작해, 20년대는 우생학 잡지나 단체도 등장하고, 30년대는 일본민족위생학회라는 큰 단체가 결성되어 제국의회에서는 단종법제정운동도 시작되었다. 40년 국민우생법이 정부 입법으로 성립되었다. 48년에 우생보호법이 성립되어 단종斷種수술은 증가했다. 이 법은 단종법과 동시에 중절中絶법으로서의 성격도 지닌다.

1970년대부터 우생학을 나치, 나아가 전쟁·우익·국가주의·여러 차별과 동일시하고 양수검사 등을 새로운 우생학이라 결부시키는 형태의 비난이 강해졌다. 그 가운데 우생보호법은 국민우생법을 본보기로 한 나치의 단종법을 계승한 법률이라는 통념이 형성되었다. 작금의 보도도 유사한 풍조가 짙다. 그러나 요코야마는 이렇게 지적한다. 30년대 후반 후생성 심의회에도 참가자를 배출한 일본민족위생학회의 멤버는 나치의 민족정신이나 인종주의에 그다지 공감하지 않았고 그것을 단종법에 반영시킨 흔적이 없다는 것이다. 나치 단종법은 격렬한 단종법 논쟁을 배경으로 하면서 이른바 '학술적 논리'에 근거함을 보여주는 편법이었기 때문에 그 형식이 본보기로서 사용되었다. 다만 조문이 표면적으로 비슷해도 확대해석해서 정치범까지 포함하여 단종시킨 나치법과 달리, 국민우생법은 단종법으로서 충분히 기능하지 않았고 패전 후에 기능부전이라는 비판을 받은 것이다.

> **탐구 포인트**
> ① 과거에는 '과학'이었지만, 현대는 그렇지 않게 된 것을 어떻게 관찰, 이해할까.
> ② 연구사의 축적과 매스컴 보도에 괴리가 생기는 현상을 어떻게 관찰, 이해할까.

참고문헌
米本昌平「社會ダーウィニズム」渡邊正雄編『ダーウィンと進化論』共立出版, 1984.
藤野豊『日本ファシズムと優生思想』かもがわ出版, 1998.
瀬戸口明久「日本における進化論の導入」『生物科學』 56(1). 2004年.
右田裕規『天皇制と進化論』青弓社, 2009.
横山尊『日本が優生社會になるまで』勁草書房, 2015.
田中友香理『〈優勝劣敗〉と明治國家』ぺりかん社, 2019.

---

8) 구메 구니타케(1820~1903) : 사학자. 이와쿠라 사절단(岩倉使節團)을 수행하여 『미구회람실기(米歐回覽實記)』를 편집했다. 수사국(修史局)을 거쳐 제국대학 교수가 되었다. 1891년에 발표한 「신도는 제천의 옛 풍속」(『사학회잡지』)이 신도가들의 비난을 받아 교수를 사직했다.

28. 노동운동
노동자는 어디서 와서 어디로 가는가

후케 다카히로^{福家崇洋*)} 집필 / 조국 번역

관련항목 IV-19[p.402] IV-26[p.423] IV-51[p.498] IV-59[p.522]

〔논의의 배경〕

예로부터 인류는 자연에 노동을 가하여 생산 수단을 만들어 내는 활동을 해 왔다. 근대에 이르러 노동은 부의 원천으로 파악되었다. 아울러 노동 본연의 자세에 큰 변화를 준 것이 기계이다. 생산 과정에서 기계의 역할이 커지고, 생산의 조직화가 진행되었다. 생산에 관계된 것 중에서 사람들은 설비를 소유하는 자본가와 그들에게 고용되는 노동자로 나누어졌다. 노동자는 자기의 노동력을 상품으로 자본가에게 팔고 자본가는 그 대가로 임금을 지불한다. 이때 임금이나 대우를 둘러싸고 노동자-자본가 사이에 평가의 차이가 생기기 때문에 노동자들은 단결해서 노동조합을 결성하고 노동운동에 임했다. 그 목적은 자본가에 대한 노동조건의 유지·개선 요구에 그치지 않았고 노동자의 정치적·사회적 지위 향상을 목표로 하는 것이었다. 노동운동 자체도 그렇지만, 그 역사 연구도 미래 사회를 전망하는 데 있어서 불가결한 분야이다.

〔논점〕

(1) 노동자는 어떻게 태어나 활동한 것일까

일본에서 '노동' 관계 개념이 구미로부터 수용·유통된 것은 근대 이후이다. 고마쓰 류지^{小松隆二}의 연구에 따르면 19세기 후반에 구미의 경제학 서적이 일본어로 번역되어 노동관계 개념이 침투되었다. 자본주의 발달이나 구미의 노동문제 보도, 전문적인 경제학의 수용을 배경으로 노동운동의 개념도 사회적으로 인지되어 갔다. 노동관계의 여러 개념 도입과 거의 같은 시기부터 노동운동은 존재했다. 청일전쟁 무렵까지는 탄광이나 금속광산의 운동이 중심이었다. 19세기 말 노동문제가 사회문제가 되어, 미국에서 노동운동을 직접 접한 다카노 후사타로^{高野房太郎1)}와 가타야마 센^{片山潛} 등이 일본에서 최초의 근대적 노동조합을 결성했다. 당시의 노조는

---

*) 교토대학 인문과학연구소 준교수 | 일본근대 사상사
1) 다카노 후사타로(1869~1904) : 나가사키 태생. 동생은 다카노 이와사부로(高野岩三郎). 1886년 도미하여 샌프란시스코 등지에서 일하면서 고학. 노동문제를 연구하며 세이조 다로(成城太郎) 등과 직공의우회(職工義友會)를 조직. 1894년에 뉴욕으로 옮겨 미국 노동총동맹(AFL) 본부에서 사뮤엘 곰퍼스(Samuel Gompers)와 알게 되어 AFL 조직책으로 임명. 1896년 귀국, 이듬해 세이조 등과 직공의우회를 재조직하고 그외 노동조합 기성회(勞働組合期成會)와 철공조합을 결성해 초기의 노동문제에 진력했다. 후에 사회주의로 기울어진 가타야마 센과 대립하고 운동에서 벗어났다.

법적 지원도 없고 관헌이나 자본가의 압박도 있어 운동은 한정적이었다. 계속해서 아시오 광산足尾銅山 등에서 대규모 폭동이 일어나지만, 노조의 지도하에 노동운동이 일어난 것은 제1차 세계대전 즈음부터이다. 그 흥륭에 큰 역할을 한 것이 우애회(1913년 결성)이다. 당초는 상호부조 조직이었지만, 일본노동총동맹으로 개칭(1921)하는 가운데 노조의 중심으로서 쟁의를 지도했다. 법적 뒷받침이 약한 노동운동은 정치적 권리 확장에도 적극적으로 몰두했지만, 그 때문에 정치적 대립이나 무산정당 분열의 영향을 받았다. 한편 노조는 사회에서 확고한 지반을 구축해 세계공황으로부터 얼마 지나지 않은 1931년에 파업 건수, 노조 조직률 모두 전전 최고 수준에 달했다. 중일전쟁 이후에 당국의 탄압이 강해져 인민전선 사건으로 합법노조 좌파의 결사가 금지된 것 외에도 1940년에는 모든 노조가 해산으로 내몰렸다. 패전 후 노동조합법이 공포되면서 노조는 일본 역사상 최초의 법적 보호를 얻었고 노동운동도 활기를 보였다. 그러나 2·1 총파업[2] 중지 지령을 경계로 한 노조의 내부 대립, 닷지 라인[3]에 근거한 기업 정비, 레드 퍼지[4]로 인해 노동운동은 침체되기 시작했다. 1950년 결성된 일본노동조합 총평의회는 직장투쟁이나 춘투春鬪[5] 확대를 중심으로 노동운동을 실시했지만, 1970년대 이후에는 점차 영향력이 저하되었다.

(2) 노동운동사 연구의 현대화

1980년대 말 이후 냉전 붕괴 전후부터 전후 역사학[6]의 영향력이 저하되기 시작해 그 중요한 일각이었던 사회운동사 연구, 노동운동사 연구도 침체되기 시작했다. 마르크스주의를 축으로 형성된 전후 역사학에서는 역사 연구의 실천과 보급을 통한 혁명 주체의 형성이 중요한 목적 가운데 하나였다. 이에 호응하는 형태로 1960·70년대 노동운동사 연구에서는 이누마루 기이치犬丸義一, 이와무라 도시오岩村登志夫, 야스다 히로시安田浩, 와타나베 도루渡邊徹 등의 여러 성과가 나왔다. 그러나 이상의 연구에서 볼 수 있는 방법론은 1970년대 이후의 사회사, 국민국가론 등 역사학의 신경향과 침체된 사회·노동운동 등 일본의 사회 상황과 맞지 않는

---

2) 2·1 총파업(二·一ゼネスト): 1947년 2월 1일 자정을 기해 계획된 관공노동자 260만 명을 중심으로 한 총파업. 패전 후 인플레이션 하에서 저임금 상태에 놓여 있던 관공노동자의 각 노조는 1946년에 전관공청노동조합 공동투쟁위원회(全官公廳勞働組合共同鬪爭委員會, 전관공청공투)를 결성, 정부에 연말 상여금 지급이나 최저임금제 확립 등 10개 항목을 요구했다. 그러나 정부는 그 대부분을 거부한 데다 이듬해 1월 요시다 시게루(吉田茂) 수상이 노동운동 지도자를 '불온[不遜]한 무리'라고 말했다. 때문에 1월 15일 노조 측의 통일적 조직인 전국노동조합공동투쟁위원회가 결성되었고 3일 후, 전관공청공투로부터 2월 1일 총파업 선언이 내려졌다. 그러나 1월 31일 맥아더는 파업 중지를 명령하고, 전관공청공투 의장들에게 파업 중지 지령을 라디오로 방송하게 했다.
3) [역주] 닷지 라인: 패전 후 일본의 경제적 자립과 안정을 위해 실시한 긴축 정책. GHQ의 경제 고문 조셉 닷지(Joseph Dodge)가 주도했다.
4) [역주] 레드 퍼지: 조직적인 공산주의 세력 탄압 방침. 이에 따라 일본공산당 당원이나 동조자가 기억과 공직에서 추방당했다.
5) [역주] 춘투: 춘계생활투쟁의 약칭. 매년 봄에 이루어지는 임금인상을 비롯한 노동조건 개선을 위한 노사 교섭 협상.
6) 전후 역사학: 전전(戰前)의 비과학적으로 여겨졌던 '황국사관'에 대해서, 패전 후의 민주주의에 기여하기 위해 과학성·객관성·실증 연구를 중시한 역사학의 총칭. 마르크스주의의 영향을 받아 토대가 되는 하부구조(생산관계의 총체=경제적 구조)와 상부구조(법률적·정치적·종교적 등의 사회적 의식 제 형태)를 바탕으로 사회를 파악하는 사회구성체론과 변혁주체론(1950년대 프롤레타리아 계급에 기초한 계급투쟁사관에서 60년 안보투쟁 후의 '통일전선'을 의식한 인민투쟁사관으로 이행)에 의거해 일본의 역사적 '발전'을 해명하려고 했다.

부분도 있었다. 근년에는 기존의 연구 동향을 극복하는 형태로 새로운 연구가 나왔다. 우에노 데루조^{上野輝將}의 연구는 쟁의사를 '사회의 넓이'와 '사회의 깊이' 쌍방으로부터 파악하는 방법에 근거해 오미 견사^{近江絹絲} 인권쟁의를 사례삼아 분석했다. 노동운동의 개별 분석뿐만 아니라 지역사회나 매스미디어 등 '주변부에 있는 다양한 사회 제 세력, 사회 제 관계'에서 열린 사회운동사 연구로서의 인권쟁의 연구가 제기되었다. 미와 야스후미^{三輪泰史}의 연구는 서장을 노동운동사 연구의 사학사적 검토에서 시작한 것처럼 전후 역사학 방법론의 쇄신을 기도했다. 특히 야스마루 요시오^{安丸良夫}의 민중사[p.523] 연구를 참조해 '보통 노동자'의 의식·심정 분석을 시도했다. 따라서 써클 운동이나 잡지 등도 대상으로 삼아 방적 노동자의 사회의식·심리와 그 중층성, 의식 내의 정념이나 정동 등에 주목하는 형태로 노동운동이 분석되었다. 일본사 이외의 인접 분야에서는 국제관계사의 방법론에 입각해 국제적인 시야와 해외의 1차 자료를 이용해 전후 일본의 '노동정치'를 파악한 나카키타 고지^{中北浩爾}의 연구나 글로벌한 시점에서 일본 노동운동을 재검토한 시노다 도루^{篠田徹}의 연구가 있어, 계발되는 점도 많다.

(3) 노동운동사연구를 어떻게 재흥할 것인가.

이러한 연구 상황과 더불어 연구 자체의 재흥도 논점의 하나이다. 근년엔 노동운동사에 임하는 젊은 일본사 연구자가 줄고 있다. 이와 함께 각 노조에 잠들어 있는 자료를 발굴해서 정리나 보존하는 것도 어려워지고 있다. 노조 측도 현재 조합원 수의 감소와 고령화 등으로 자료 보존 문제에 직면하고 있다. 호세이^{法政} 대학 오하라^{大原} 사회문제연구소나 엘·라이브러리[7] 등 노조 자료를 받아들인 기관도 있지만 소수이고, 전국적으로 볼 때 산재해 있어 일부가 없어질 위험성이 있다. 향후 젊은 연구자들이 전후의 노동운동사 연구가 쌓아온 많은 축적을 계승하고 노조에 적극적으로 접근해 자료의 정리·보존에 관계하면서 성과를 발표하고 연구 수준을 높여 나가는 것이 강하게 요망되는 바다.

탐구 포인트

① 노동의 역사에 관심을 가지는 것으로 인간의 생활에 대한 역사적 상상력을 기를 수 있다.
② 노동에 관한 개념의 수용과 노동운동의 실태는 어떻게 연동하고 있는가.
③ 노동운동사 연구는 전후 역사학의 비판적 계승과 어떻게 관계되고 있는가.

참고문헌

二村一夫『勞働は神聖なり, 結合は勢力なり』岩波書店, 2008.
中北浩爾^{나카키타 고지}『日本勞働政治の國際關係史 1945~1964』岩波書店, 2008 / 임영일 역『일본 노동 정치의 국제 관계사』후마니타스, 2017.
上野輝將『近江絹絲人權爭議の研究』部落問題研究所, 2009.
三輪泰史『日本勞働運動史序說』校倉書房, 2009.
小松隆二『日本勞働組合論事始』論創社, 2018.
田中ひかる編『社會運動のグローバル・ヒストリー』ミネルヴァ書房, 2018.

---

7) [역주] エル・ライブラリー : 오사카 산업노동자료관(大阪産業勞働資料館)의 통칭.

29. 제국헌법하의 정당정치
전전의 일본은 민주화되었는가

무라이 료타 村井良太*) 집필 / 김경옥 번역

관련항목 IV-6[p.363] IV-8[p.369] IV-30[p.435] IV-36[p.453] IV-37[p.456] IV-38[p.459] IV-47[p.486]

〔논의의 배경〕

현대 일본의 민주정치는 패전과 점령에 의해서 주어진 것일까. 1945년 12월 남녀평등의 보통선거권이 실현되었고, 1947년 5월 일본국헌법이 시행되어 수상은 국회의 지명으로 국회의원 중에서 선출되었다. 정당을 중심으로 정치가 운영되는 것을 정당정치라고 한다. 서두의 물음에 답하려면 전전 일본의 민주화 경험을 논해야 한다. 여기에서는 제국헌법하의 정당정치를 다루고 민주정치를 지탱하는 '가치관'과 '구조'(선거제도와 민주적인 정권 형성)와 '담당자'의 형성을 논한다. 입헌국가는 어떻게 민주국가로 변용해 갔을까.

〔논점〕

(1) 왜 정당내각은 연속했는가

1890년의 대일본제국헌법은 의회를 설치하고 선거권의 확장도 진행했다. 그러나 일본국헌법과 달리 정당정치를 예정하고 있지 않았고, 당초 정권을 담당한 번벌세력은 '초연주의超然主義'를 주창하여 정부가 일당일파에 치우치지 말 것을 주장했다. 제도에 의해 보장되지 않는 정당정치는 정권을 담당할 수 있는 복수의 정당을 탄생시켜, 번벌정부와 민당세력의 대항·협력 관계를 정당세력 간의 경쟁으로 변화시킬 필요가 있었다.

이 역할을 먼저 맡은 것은 1900년 이토 히로부미가 조직한 입헌정우회였다. 다음의 획기적인 계기는 1912년 말부터 1913년 초에 찾아왔다. 제1차 헌정옹호운동이다. 여기서 재야에서 '헌정의 상도常道'[1]라는 말로 정당내각을 요구하고, 또 입헌동지회가 조직되면서 이후의 양대 정당으로 이어져 갔다.

그 후 제1차 세계대전(1914~1918)의 종결은 세계적으로 '민주주의의 승리'라고 일컬어졌다. 주요 전승국인 일본에서도 한층 더 민주화가 진행되었다. 대전 중에 '민본주의'나 '데모크라시'가 높이 주창되었고, 휴전 직전인 1918년 9월에는 하라 다카시原敬가 중의원 제1당 정우회를 배경으로 정당내각을 조직해 중의원에 의석을 가진 첫 수상이 되었다.

---

*) 고마자와(駒澤)대학 법학부 교수 | 일본정치외교사
1) 헌정의 상도: 헌법에 근거한 정치(헌법정치), 즉 의회정치에서 당연한 정치 본연의 자세로서 의회 중심의 국정운영을 의미하며, 양대 정당화된 후에는 번갈아 집권하는 정치 관행을 일컫는 말로 신문 등 사회에 침투했다. 당초 중의원 다수당이 정권을 담당해야 한다는 의미로 주장되는 등 다양한 정당정치의 양상을 포함해, 현실정치의 전개 속에서 의미가 수렴되어 갔다.

이후 정당내각의 시대를 맞이하는가 싶었으나 그렇게 되지 않았고, 1924년 정우회·헌정회·혁신구락부가 '정당내각제의 확립'을 주장하는 제2차 헌정옹호운동을 일으켰다. 해산·총선거의 결과 이들 '호헌 3파'가 승리하고 원로는 헌정사상 처음으로 선거 결과에 근거한 수상 선정[2]을 했다. 여기에 제1당 당수에 의한 가토 다카아키加藤高明 3파 연립내각이 탄생해 1932년 사이토 마코토齋藤實 내각의 성립으로 중단될 때까지 정당내각이 이어진다.

(2) 정당내각기 중 민주화

그러나 가토 내각이 성립된 시점에도 정당 간의 정권교체는 자명하지 않았다. 수상을 선정하는 원로 사이온지 긴모치西園寺公望는 오히려 정당에 대해 낮은 평가를 내렸다. 이를 회복시킨 것이 가토의 정권 운영이었다. 연립정권인 가토 내각은 공약대로 남자보통선거제[3] 도입을 실현하고 귀족원 개혁도 실시했다. 게다가 국제협조를 중시하는 시대하라 기주로幣原喜重郎 외상의 외교를 사이온지는 높게 평가했다. 이렇게 정당 간의 정권교체는 야당의 주장을 넘어 사회에서 당연시되었고, 수상 선정자(원로와 내대신內大臣) 사이에서도 기준으로 여겨짐으로써 '헌정의 상도'라 불리며 예측 가능성을 높였다.

연구상에서 '다이쇼 데모크라시'라고 불리며, 사회운동(마쓰오 다카요시松尾尊兌)과 정당내각제 확립과정(미타니 다이치로三谷太一郎)이라는 역점에 차이는 있지만 정당정치의 실질성을 둘러싼 논의가 거듭되었고(이토 유키오伊藤之雄·다케나카 하루카타竹中治堅), 무라이 료타村井良太는 수상 선정 방식의 변화에서 논했다. 남자보통선거의 실현과 동시에 치안유지법이 성립되지만, 후자의 적용이 크게 변화하는 것은 후년이다. 민주화는 계속 진행되어 첫째로, 남자보통선거의 실현으로 정당제는 무산정당도 포섭했고 내지에서는 식민지 출신 의원도 탄생했다. 둘째로, 입헌민정당이 탄생해 양대 정당화[4]되고 선거에서의 투표도 양당에 집중되었다. 국민의 지지를 받은 양대 정당이었다. 민정당은 천황 통치하의 의회 중심 정치를 설파했고 정우회는 총재 공선公選을 도입하는 등 민주화에 적극적이었으며 국제사회와의 조화와 군축軍縮을 지지했다. 셋째로, 양대 정당이 경쟁하는 가운데 부인참정권 운동도 활발해져 지방에서부터의 단계적 실현이 전망되었다.

그런데 민주화의 흐름은 폭력에 의해 일변한다. 세계대공황 속에서 이시와라 간지石原莞爾 등 관동군의 일부 장교들은 정부의 온건한 방침을 꺼려 만주사변을 일으키고, 중앙의 불확대 방침도 성공하지 못하고 이누카이 쓰요시犬養毅 수상은 5·15사건으로 살해되었다. 차기 수상

---

2) 수상 선정: 대일본제국헌법에서는 천황이 수상을 임명하지만, 군주 무답책이므로 천황이 선택하는 것은 아니다. 번벌 출신의 수상 경험자 등 원로가 의논하여 수상을 선택하게 되었지만, 사이온지 긴모치만 남은 원로(元老)를 늘리는 것도 부정적이었기 때문에 정당 간 정권교체라는 규범이 수상 선정 지침으로 의미를 갖게 되었다. 이 지침이 흔들리자 원로를 대신하는 중신이 생겨났고, 다시 개인적인 선정으로 회귀했다.

3) 남자보통선거제: 1890년 제1회 총선거에서는 직접 국세 15엔 이상이라는 납세 자격이 있었지만, 점차 10엔·3엔으로 인하되어 1925년 중의원 의원 선거법 개정으로 25세 이상의 남자에게 경제 조건 없이 선거권이 주어졌다. 납세액에 관계 없이 선거권이 인정된 의의를 평가하여 '보통선거'라고 불렸지만, 이미 부인참정권운동이 시작되어 현재는 '남자'를 붙여 부르는 경우가 많다. 1945년의 여성참정권 실현은 '완전 보통선거'라고도 하지만, 오키나와의 국정 참가는 1970년이다.

4) 양대 정당화: 헌정회와 정우본당 합동으로 입헌민정당이 탄생하자 입헌정우회와 공존하며 양대 정당화했다. 양당은 남자 보통선거제 하에서 정당 간에 정권을 교체하는 '헌정상도'의 관행이 전망되는 가운데 대중의 지지를 겨루었다. 민정당이 도시정당으로서 국제협조외교를, 정우회가 농촌정당으로서 자주외교를 지향했다고도 하지만 국내에서는 민주화의 진전, 외교에서는 국제협조와 군축을 지지하고 제국 일본의 발전을 도모했다는 점에서 공통성이 크다.

에는 정당 총재가 아닌 해군 출신의 사이토 마코토齋藤實가 선출되어 정당내각은 패전 후까지 성립되지 않는다.

(3) 정당내각기를 넘어선 세력

그럼에도 전전 민주화의 이야기는 아직 끝나지 않았다. 사이토 내각은 비정당 내각이었으나 비상시를 완화하고 정당정치의 문제점을 개선하여 다시 정당정치로 되돌리는 것을 사명으로 한 잠정 정권이었다. 다음 오카다 게이스케岡田啓介 내각도 마찬가지로 1936년 초두의 총선거에서는 정당내각의 부활을 느낄 수 있었다. 그러나 그 직후 다시 폭력적인 2·26 사건5)이 일어났다. 정당의 열화劣化가 정권으로부터의 배제를 초래한 것은 아니었지만, 정권으로부터의 배제는 점차 정당의 열화를 초래했다. 이후에도 1937년 총선거에서의 무산정당·사회대중당의 신장을 평가하는 이해도 있는가 하면(반노 준지坂野潤治), 전시의회에서도 의회세력은 권력을 유지했다는 논의도 있다(고든 버거Gordon Mark Berger). 그러나 정당 내각제가 붕괴해 의석수가 정권과 결부되지 않은 가운데 할 수 있는 일은 한정되어 있었다.

패전 후 선거권은 다시 확장되어 점령하의 제국의회에서는 여성 의원이 참가하여 일본국헌법이 심의되었다. 전후의 정당정치는 3개의 기원을 이어받았다. 첫째로 점령자가 반입한 민주주의, 둘째로 전전 2대 정당제의 경험, 셋째로 그 후의 상실 체험이나 반성이다. 전전 민주화에는 한계6)가 있었고 일본국헌법에서 제도화된 의의도 크지만, 패전국에서의 민주화 정착에 미친 영향은 높게 평가할 수 있을 것이다.

> **탐구 포인트**
> ① 전전의 정당정치와 전후의 정당정치는 무엇이 다르고, 무엇을 계승한 것일까.
> ② 민주화가 됨으로써 국민의 생활은 무엇이 바뀌는 것일까.
> ③ 전전의 민주화의 부족한 면, 지나친 면은 무엇이었던 것일까.

참고문헌

三谷太一郎미타니 타이치로『大正デモクラシー論 第三版』東京大學出版會, 2013(1974).
村井良太『政黨內閣制の成立 一九一八~二七年』有斐閣, 2005.
井上壽一『政友會と民政黨』中央公論新社, 2012.
筒井清忠『昭和戰前期の政黨政治』筑摩書房, 2012.
村井良太『政黨內閣制の展開と崩壞一九二七~三六年』有斐閣, 2014.

---

5) [역주] 2·26 사건: 육군 황도파 청년장교들이 일으킨 쿠데타. 이로 인해 사이토 내대신, 다카하시 대장대신등이 살해당했으나 천황의 원대복귀 명령에 따라 쿠데타는 곧바로 와해되었다. 주모자들을 포함해 이들의 정신적 지주로 알려진 기타 잇키 등이 재판을 통해 사형 처벌을 받았다.
6) 한계: 전전 민주화에는 한계도 있었다. 첫째, 관행에 따라 진행되었기 때문에 추밀원이나 통수권 독립 등 정당정치의 실현을 위해서는 아직 개혁이 필요한 제도들이 남아 있었다. 둘째, 메이지 헌법 제정 후 식민지가 확대됨에 따라 정당정치가 미치지 못하는 영역이 있었다. 셋째, 일본에서의 정당정치의 실현은 지연된 개혁이었으므로 러시아 혁명에 자극받은 사회주의와 그것에 자극받은 국수주의에 의해 자유주의 의회가 협공을 받게 되었다.

30. 다이쇼 데모크라시
왜 '민본주의'가 주창되었으며 어떻게 확산되었는가

무라이 료타^{村井良太*)} 집필 / 김경옥 번역

관련항목 IV-26^[p.423] IV-29^[p.432] IV-37^[p.456] IV-47^[p.486]

〔논의의 배경〕

'다이쇼 데모크라시'란 천황주권 하에 논의된 '민주주의'적인 사상과 운동이다. 기간은 러일전쟁 후를 기점으로 해서 만주사변을 종점으로 하는 것이 일반적이고 그 역사적 위치를 둘러싸고 전후 민주주의, 총력전체제와의 관계가 각각 논의되어 복잡한 양상이 밝혀져 왔다. 또 당시 요시노 사쿠조^{吉野作造}가 주장한 '민본주의'는 큰 반향을 일으켰다(민본주의 논쟁). 논전에 참가한 지식인은 우에스기 신키치^{上杉愼吉1)}(천황친정설^{天皇親政說})부터 야마카와 히토시^{山川均2)}(사회주의)까지 다양하다. 이처럼 '민본주의'는 당시 큰 반향을 일으켜 다수의 지식인이 논전에 참가했다. '민본주의'는 어떻게 많은 사람을 사로잡고 일본 사회에 정착했는지 검토해 보자.

〔논점〕

(1) 요시노 사쿠조의 '민본주의'란 무엇인가

우선 '다이쇼 데모크라시'의 역사적 위치에 관해서는 마쓰오 다카요시^{松尾尊兊}의 전후 민주주의 원류론, 미타니 다이치로^{三谷太一郎}의 '아메리카니즘' 석권론, 반노 준지^{坂野潤治}의 유신 이래의 연속적인 '민주화의 물결' 등 전후 민주주의와의 관련성을 중심으로 하는 논의가 있다. 한편 민중의 '다이쇼 데모크라시'를 묻는 가노 마사나오^{鹿野政直} 이후 이토 다카시^{伊藤隆} 등의 국가주의, 우익 '혁신'의 논리나 운동의 기점으로서도 논의되어 왔다.

다자와 하루코^{田澤春子}는 '다이쇼 데모크라시'론의 효시가 되는 요시노 사쿠조의 '민본주의'가 천황기관설^{天皇機關說3)}을 전제로 정치의 목적을 민중의 이익과 행복의 실현, 민중의 의사라는

---

*) 기후(岐阜)대학 교육학부 준교수 | 일본사상사
1) 우에스기 신키치(1878~1929) : 후쿠이현 출신의 헌법학자, 천황주권설의 입장에 따라 도쿄제국대학 동료 미노베 다쓰키치(美濃部達吉)와 논쟁한다. 흥국동지회(興國同志會), 칠생사(七生社), 민간우익단체 경륜동맹 등의 지도자가 된다.
2) 야마카와 히토시(1880~1958) : 사회주의자. 1916년 사카이 도시히코(堺利彦)의 매문사(賣文社)에 가입하고 1921년 사회주의동맹에 참가해 일본공산당 창립의 주요 멤버가 되기도 하지만 서서히 이탈했다.
3) 천황기관설: 헌법학자 미노베 다쓰키치(美濃部達吉)가 설파한 헌법학설로 주권은 법인으로서의 국가에 귀속한다는 국가법인설의 입장을 취하고 천황을 그 최고기관으로 하는 설이다.

정치수단의 중시, 보통선거제도의 실현을 논했다고 정리했다. 요시노가 논한 '민본주의'는 다음과 같이 정리할 수 있다.

① 일본의 현실에 맞추어 '데모크라시'를 도입했다. 번역어로 '민주주의'(인민주권)를 사용하지 않고 천황주권의 '국체'와의 양립을 도모했다. 또 그 주장인 정당 내각제, 양대정당, 보통선거제도는 모두 쇼와 초두까지 실현되었다.
② '민본주의'는 보편성을 지향했다. 군주제, 공화제 등 정치 체제를 불문한 정치 정신이고 기독교 정신을 기초로 하면서 중국 혁명운동이나 식민지 독립운동 등에서 발견되는 것처럼 동서에서 통하는 보편적인 정신으로 여겨진다.
③ '민본주의'는 정치 정세에 따라 그 강조점을 바꾸어 대응할 수 있다. 1916년에는 사회주의와의 제휴를 논하지만 언론 탄압이 강했던 1918년의 재론에서는 부정된다. 그러나 대전 후의 사상조류에서는 부활하게 된다.

(2) '민본주의' 논쟁이란 무엇인가

요시노의 논의에 대해 동조나 비판이 다수 등장했다. 우에스기 신키치(국가주의)는 '민본주의'를 군주의 '선정善政'으로 해석해 천황친정설을 주장하고 의회정치를 비판했다. 야마카와 히토시山川均(사회주의)는 '인민주권'의 입장에서 요시노의 논의가 애매한 것을 비판하고 '민본주의'자의 '군국주의'(제국주의) 용인을 비판했다. 후쿠다 도쿠조福田德三4)(경제학)는 사회 이익 실현을 위한 최저한의 요구로서 '생존권'을 주장하고 경제적 데모크라시를 최우선으로 해야 한다고 했다. '민본주의'는 전제주의, 의회주의, 민주주의, 국가주의, 사회주의의 어느 이론에도 적합한 측면이 있어 활발하게 논의되었다.

요시노 자신도 경제·문화를 포함한 개념으로 '민본주의'를 확대해서 사회주의나 아나키즘을 받아들인다. 1918년 11월 언론의 자유를 둘러싸고 국가주의단체·낭인회浪人會와 입회 연설회에 임하자 그 사회적 반향은 컸고, 12월에는 후쿠다와 '민본주의' 옹호 지식인 단체·여명회5)를 발족시켜 보통선거론, 치안경찰법 17조 철폐문제, 일본의 조선 정책 비판 강연회를 열어 다수의 청중을 모았다.

(3) '민본주의'는 사회에 침투했는가

일약 시대의 인물이 된 요시노는 전국 주요 도시로 강연활동을 진행했다. 나고야에서는 요시노의 강연을 계기로 18년 초두 기류 유유桐生悠々6)(『신아이치新愛知』주필)와 고바야시 깃센小林橘

---

4) 후쿠다 도쿠조(1874~1930) : 경제학자, 도쿄상과대학(현 히토쓰바시대학)에서 경제학, 경제사를 가르쳤다. '생존권의 사회정책'에서 '생존권'을 인간 공동생활의 근원적 요구로 논했다. 1918년 12월에 요시노와 함께 여명회를 조직해 적극적인 언론 활동을 실시했다.
5) 여명회(黎明會): 1918년 12월에 요시노, 후쿠다 등이 중심이 되어 결성된 '민본주의' 옹호 지식인 단체. 대학교수를 중심으로 발족 당초 23명, 1920년 해산 시에는 43명, 여성으로는 유일하게 요사노 아키코(與謝野晶子)가 참가. 일부 저널리스트나 사회주의자의 입회를 거부했다. 주로 강연회가 활동의 중심이 되어 보통선거론, 치안경찰법 17조 철폐문제, 조선정책론 등 시국에 입각한 주제를 논했다.
6) 기류 유유(1873~1941) : 본명은 마사시(政次)로 이시카와현 출신의 저널리스트, 『시나노 매일신문(信濃每日新聞)』주필을 거쳐 『신아이치』주필이 되어 논진을 펼쳤다. 전시하에는 군부를 비판하고 반전론을 고수한

川7)(『나고야 신문』 주필) 사이에 민본주의 논쟁이 일어나 그해 말에는 나고야시에서 '민주주의' 대 '국민도덕'이라고 명명한 사상연설회가 실시됐다. 연설회는 보통선거운동에 힘이 되었다. 운동에는 '민본주의'자뿐만 아니라 계급 이익 실현을 지향하는 사회주의자, 농촌자치론자, 병역 의무에 대한 혜택부여론자, 거국일치를 위한 보통선거론자, 차별 철폐를 목표로 하는 사람들 등 사상이나 입장을 초월해 다수의 사람이 참가했다. 1925년 남자만의 보통선거제가 실현되었다.

당시의 신문 투서란에는 '민본주의'가 '국체'와 양립하는 것이 사람들의 수용을 촉진하고 있는 모습을 볼 수 있다. 단기간에 '자유', '평등'이라는 단어가 도시부에서 농촌 지역으로 침투해 갔다.

(4) '민본주의'에서 1930년대 사상으로

제1차 세계대전 후 '개조改造' 사조 가운데 마르크스주의가 청년들의 마음을 사로잡는다. 재벌·기성 정당의 '금권' 정치 비판이 높아지고 노동자나 농민을 위한 무산정당無産政黨8)이 결성되어 사회민주주의가 논의되자 요시노도 무산정당에 기대하며 그 결성에 관계한다. 한편 천황과 개인을 잇는 직접민주주의, '거국일치' 실현의 보통선거론, 사회보장의 경제정책론이 일본주의·국가사회주의 운동과 결부되어 30년대 '혁신' 사상의 기초가 되어 간다. 근년에 오카 유야岡佑哉가 우치다 료헤이內田良平를 검토하면서 이 점을 상세하게 논했다. 이와 같이 '민본주의' 논쟁에서 이루어진 논의가 마르크스주의의 영향을 받으면서 우익 혹은 좌익 '혁신' 운동으로서 30년대 사상으로 전개되어 가는 것이다.

> **탐구 포인트**
> ① 왜 '민주주의'가 아니라 '민본주의'가 논의된 것일까.
> ② '민본주의'의 해석은 어떠한 것이 있는가 조사해 보자.
> ③ '민본주의'론과 1930년대의 사상과의 관계를 생각해 보자.
> ④ '다이쇼 데모크라시'와 전후 민주주의는 어떤 관계에 있는지 생각해 보자.

참고문헌

伊藤隆『大正期「革新」派の成立』塙書房, 1978.
松尾尊兌마쓰오 다카요시『大正デモクラシー』岩波書店, 2001 / 오석철 역『다이쇼 데모크라시』소명출판, 2011.
坂野潤治반노 준지『明治デモクラシー』岩波書店, 2005.
田澤晴子『吉野作造』ミネルヴァ書房, 2006.
住友陽文『皇國日本のデモクラシー』有志舎, 2011.
三谷太一郎『大正デモクラシー論 第3版』東京大學出版會, 2013.
岡佑哉『內田良平「純正普選」運動と大日本生産黨結成』『ヒストリア』242, 2014.
田澤晴子『吉野作造と柳田國男』ミネルヴァ書房 2018年.
米原謙『山川均』ミネルヴァ書房, 2019.

---

7) 고바야시 깃센(1882~1961) : 시가현 태생의 저널리스트.『나고야 신문』주필(후에 부사장)로서 보통선거운동, 노동운동을 견인했다. 요시노의 '민본주의'론을 지지하고 기류 유유와 논쟁했다. 전후 나고야 시장(3기)을 지냈다.
8) 무산정당: 임금에 의해서 생활하는 계급(노동자·농민 등)의 이익을 대표하는 합법적인 정당의 총칭으로, 농민노동당을 시작으로 사회민중당 등이 결성되었다. 요시노는 사회민중당 결성에 관여했다.

31. 대중소비사회
사람들은 어떻게 '소비자'가 되었는가

미쓰조노 이사무^{滿薗勇}*⁾ 집필 / 김경옥 번역

관련항목 IV-3^[p.354] IV-12^[p.381] IV-19^[p.402] IV-21^[p.408] IV-26^[p.423] IV-51^[p.498]

〔논의의 배경〕

자본주의가 끝자락에 이르면 필연적으로 사회주의로 이행한다는 마르크스주의적 발전단계론의 전망은 20세기를 지나며 곧바로 받아들일 수는 없게 되었다. 선진 자본주의 제국의 경제 발전이 많은 사람에게 풍요를 누리게 했기 때문이다. 일본 또한 그러한 풍요로운 사회를 실현한 나라 중 하나로 꼽힌다. 그럼 대중소비사회라는 용어를 단서로 삼아, 그 역사나 일본의 특징을 어떻게 이해할 수 있을까.

〔논점〕

(1) 대중소비사회란 무엇인가

대중소비사회라는 용어에는 여러 가지 함의가 있지만, 경제사 연구에서는 자본주의 경제의 단계적인 변화 속에서 내구 소비재 중심의 대량생산·대량소비 구조를 갖기에 이른 경제사회를 지칭하는 경우가 많다. '20세기 시스템론'[1)]은 그 대표적인 논의로 임금을 매개로 한 대량생산과 대량소비의 관계를 시야에 넣어 생산시스템의 구체적인 내실에 깊은 관심을 기울이고 있다. 그 발상의 베이스에는 미국의 자동차 메이커인 포드^{Ford} 사의 전략이 있다. 포드사는 대중차의 대량생산에 종사하는 노동자의 임금을 인상함으로써 노동자가 차를 구입할 수 있게 되었고, 그것으로 인해 시장이 확대되었기 때문에 한층 더 대량생산이 실현된다는 선순환을 만들어내었다. 다만 20세기 시스템론은 소비를 오직 임금의 문제로 취급하는 것에 머무르고 있다는 점에서 과제를 남기고 있다.

한편 다양한 입장의 논자가 대중소비사회의 고유한 소비 실상을 찾으려는 견해를 제시했다. 예를 들어 카토나^{George Katona}는 생존 수준을 넘은 소비의 실현을 구매력(=자유선택적 구매력)이라고 한다면 그 구매력이 소비로 연결되는지의 여부는 소비자의 구매 의욕에 달려 있기 때

---

*) 홋카이도대학 경제학연구원 준교수 | 일본 근현대사

1) 20세기 시스템론: 20세기의 국제적 정치 경제 관계를 하나의 시스템으로 보고 1950~60년대에 미국의 패권에 의해 안정된 세계질서를 종합적으로 파악하려고 한 논의. 경제면에서 20세기는 '경제성장의 시대'로서 특징 지어져 미국 경제의 높은 효율과 거대한 규모가 20세기 시스템의 기축에 있다고 여겨진다. 대량생산체제에 초점을 맞추어 그 특징을 분명히 함과 동시에 대량생산을 가능하게 하는 시장 기반을 시스템 내부에서 스스로 창출하는 구조를 갖게 된 것을 중시하고, 현대 자본주의의 단계적 파악에 새로운 이해 방식을 제시했다.

문에 심리적인 요소가 중요하다고 말한다. 한편 갤브레이스$^{John\ Kenneth\ Galbraith}$는 본래 소비자의 욕망이 어디에서부터 비롯되는가 하는 질문을 던지고 소비자 자신이 아니라 광고선전이나 마케팅과 같은 생산자 측으로부터 생기는 것이라고 설파해, 그 작용을 '의존 효과'라고 불렀다. 그 밖에 베블런$^{Thorstein\ Veblen}$은 주위로부터의 선망의 눈초리를 받아 자기 현시욕을 채우려고 하는 '보여주기의 소비'에 주목하고, 보드리야르$^{Jean\ Baudrillard}$는 제품의 품질·성능·기능이라고 하는 유용성보다도 거기에 부여된 의미의 기호성에 가치를 두는 '기호소비'라고 하는 파악 방식을 제시했다.

(2) 대중소비사회의 성립사를 어떻게 파악할 것인가

산업구조 면에서 보면 일본에서 내구소비재산업이 중요한 위치를 점하게 된 것은 고도성장기 이후의 일이므로 패전을 기점으로 한 급격한 변동 속에서 대중소비사회의 성립을 파악하려는 견해는 뿌리 깊다(이시이 신石井晋 등). 그러나 대중소비사회의 성립사를 오로지 전후사의 틀에서만 파악하는 것은 역사 이해로서 지나치게 일면적이지 않을까. 덧붙여 비교경제사의 시점에서 말하면 사회 경제 구조의 실상에는 국가나 지역에 따라 역사적인 개성이 담겨 있고 기업 규모의 구조와 자영업의 비중 등도 동일하지 않기 때문에, 한 마디로 대량생산이라고 해도 그 생산시스템의 역사나 구체적인 내실에는 다양한 변형이 있을 수 있을 것이다. 이러한 인식에 근거하여 미쓰조노 이사무滿薗勇는 전전기 일본의 소매업, 구체적으로는 통신판매와 월부판매를 대상으로 한 검토 결과를 근거로 '일본형 대중소비사회'의 맹아를 전간기에서 찾는 논의를 전개했다. 다만 대중소비사회의 성립사를 밝혀 가기에는 대상과 방법 양면에서 많은 과제를 남기고 있다.

(3) '소비자'로서의 의식과 규범

생활규범 면에서 보면 근세 중후기 이후에 나타난 상품경제의 발전에 즈음하여 근면이나 검약이라고 하는 통속도덕[2]이 사람들의 욕망을 억제하는 생활규범으로서 널리 받아들여져 갔다. 메이지 시대가 되면 러일전쟁 후의 지방개량운동[3] 등으로 근면·검약의 에토스가 설파되어 갔지만, 제1차 세계대전 후에는 통속도덕적인 생활규범과는 이질적인 내용을 가진 새로운 생활문화가 전개되어 간다. 위생·영양·건강·능률·과학 등에 기초를 둔 '합리적'인 생활상이 그 기조로 이를 실현하기 위한 실천은 '생활개선'이라고 칭해져, '생활개선'을 위해서라면 소비가 적극적으로 긍정되는 일도 많았다. 주된 담당자는 근대가족으로서의 성격이 짙었던 도시부의 신중산층이었지만, 전간기 단계에서 이미 공장노동자 세대나 농촌부에도 그 문화적인 영향이

---

2) 통속도덕: 근면·검약·정직·효행 등으로 이루어진 일련의 덕목이나 그것을 체현하는 생활 태도를 말한다. 일본의 근대화 과정에서 통속도덕이 민중의 자기규율·자기단련으로서의 의미를 가진 것을 논한 야스마루 요시오(安丸良夫)의 연구는 통속도덕론이라 불리며 큰 임팩트를 가지고 받아들여져 이른바 민중사 연구의 조류를 만들어 갔다.

3) 지방개량운동: 러일전쟁 후 내무부가 실시한 관제 국민운동. 일본이 열강의 일원으로서 어떻게 어깨를 나란히 할 것인가 하는 새로운 과제에 대해서, 정촌(町村)의 재편성이라는 형태로 대응하려고 하고, 정촌 재정의 피폐와 공동체 질서의 동요라는 주제가 부상하는 가운데, 국가적 과제에 즉응할 수 있는 행정 정촌으로 '지방'을 '개량'하는 것이 목표가 되었다.

미치고 있었던 것으로 보인다.

　전후 일본 사회의 특징은 평등도가 높은 소득 분포 하에서 '1억 총중류'라고 불릴 정도로 '두툼한 중산층'을 형성했고 '중류'로서의 생활문화를 많은 사람이 공유한 점에서 찾을 수 있는데, 전간기에 성립된 생활문화는 그 원형으로 위치지을 수 있을 것이다. 그리고 많은 사람이 '소비자로서의 나'라는 자기 인식을 갖게 되는 것은 1960년대 이후의 일이지만, 거기서 반복적으로 설파되는 '영리한 소비자'라고 하는 바람직한 소비자상에는 통속도덕과의 상극 속에서 옥신각신해 온 '합리적인' 생활규범의 영향을 볼 수도 있을 것으로 생각된다. 또 '소비자'가 아니라 '생활자'를 육성하려는 사회운동도 볼 수 있었다. 가족이나 젠더의 시점을 근거로 하면서 전전·전중·전후의 소비사를 어떻게 읽어 나갈 것인가는 큰 논점이다.

탐구 포인트

① '대중소비사회'라는 용어의 다양한 함의를 어떻게 받아들일까.
② 비교사의 관점을 취하면서, 사회경제구조의 역사적인 개성을 어떻게 파악할까.
③ 가족과 젠더의 시점을 바탕으로 소비사를 어떻게 읽어나갈 것인가.

참고문헌

佐藤慶幸·天野正子·那須壽編著『女性たちの生活者運動』マルジュ社, 1995.

東京大學社會科學研究所絹『20世紀システム』全6卷, 東京大學出版會, 1998.

石井晋「高度成長の展開と經營構造の變化」『經營史學』42(4), 2008.

原山浩介『消費者の戰後史』日本經濟評論社, 2011.

大門正克編著『新生活運動と日本の戰後』日本經濟評論社, 2012.

滿薗勇『日本型大衆消費社會への胎動』東京大學出版會, 2014.

ペネロピ・フランクス[Penelope Francks]・ジャネット・ハンター[Janet Hunter] 編 (中村尙史·谷本雅之監譯)『歷史のなかの消費者』The Historical Consumer 法政大學出版局, 2016.

滿薗勇「「かしこい消費者」の成立史をめぐって」『歷史と經濟』243, 2019.

32. 질병·의료와 사회
근대화는 '병'과 의료를 어떻게 바꾸었는가

히로카와 와카廣川和花*) 집필 / 김경옥 번역

관련항목 IV-1[p.348] IV-12[p.381] IV-14[p.387] IV-27[p.426]

〔논의의 배경〕

2020년 이후 세계를 석권한 신종 코로나 바이러스 감염증 팬데믹은 감염증 유행이 현재의 정치·경제·사회의 모든 국면에 심대한 영향을 준다는 것을 알려주었다. 세계 통합이 진행되는 가운데 근대 일본은 어떤 병(주로 감염증)을 경험하고 국가와 사회는 어떻게 대응해 왔을까.

〔논점〕

(1) 어떤 질병이 왜 문제가 되었던 것일까

고대부터 일본 열도에 존재했던 천연두나 홍역과 같은 '오래된 병'은 반복되는 유행으로 어느 정도 면역이 획득되어 풍토병(엔데믹)[1]화하고 있었다. 거기에 인도의 한 지방의 풍토병이었던 콜레라가 식민지화와 교통혁명을 배경으로 세계를 석권해(팬데믹), '쇄국'하의 일본에도 '새로운 병'으로서 침입, 유신 후에도 계속해서 유행했다. 20세기 초두의 페스트나 1918~19년의 스페인 독감[2]도 세계적인 유행이었다. 메이지 후기 이후에도 장티푸스나 이질 등 급성 감염증이 도시화에 따른 위생환경 악화로 때때로 대유행했다(에피데믹). 공업화에 따라 만들어진 여공의 기숙사는 결핵의 온상이 되었다. 병영 등도 마찬가지다.

대응이 시급한 급성 전염병이 어느 정도 진정되면 결핵, 나병, 매독 등 만성 전염병이 전면에 등장하고, 20세기 중반 이후에는 전염병의 중요성이 감소하고 만성질환과 생활습관병이 사망의 주요 원인으로 바뀌게 된다. 위생행정은 이러한 역학적 전환에 어느 정도 궤를 같이했다. 역사연구에는 병원체의 동태를 정확히 파악하는 1차적 연구와 유행 시 정치-사회경제적 측면에서 인간의 동향을 파악하는 2차적 연구가 있다. 질병마다 다른 특성과 맥락을 고려한 1차적 연구의 축적과 이를 바탕으로 한 2차적 연구의 충실이 과제이다.

---

*) 센슈(專修)대학 문학부 교수 | 일본근대 의료·질병사
1) 엔데믹(endemic)·에피데믹(epidemic)·팬데믹(pandemic): 엔데믹이란 어떤 지역에 있는 감염증이 반복적으로 유행하여 정착하고, 사람이 이에 항체를 갖게 되어 유행해도 파국적인 사태는 피할 수 있게 된, 즉 그 감염증이 '일상화'된 상태를 가리킨다. 에피데믹은 경험하지 못한 감염증이 유입되어 대유행이 되는 상태이고, 팬데믹은 에피데믹이 동시다발적으로 세계적 규모로 일어난 상태를 가리킨다.
2) 스페인 독감: 1918년부터 1919년에 걸쳐 전 세계적으로 유행한 신종 인플루엔자. 일본에도 파급되어 관련 사망자 수는 45만 명에 달했다는 추계도 있다.

대응의 긴급도가 높은 급성 감염증이 일정 정도 진정된 후에는 결핵·한센병·매독 등 만성 감염증이 전면에 등장한다. 20세기 중반 이후에는 감염증의 중요성이 저하되어 만성질환과 생활습관병이 사망의 주된 원인으로 변화한다. 위생행정은 이 같은 역학적疫學的 전환3)에 어느 정도 따라서 실시되었다. 역병사疫病史 연구에는 병원체의 동태를 정확하게 파악하는 것을 목표로 하는 일차적 연구와 유행 시의 정치·사회 경제면에서의 인간의 동향을 파악하는 이차적 연구가 있다. 질병에 따라 다른 특성과 문맥에 근거한 일차적 연구의 축적과 그것에 입각한 이차적 연구의 내실화가 과제이다.

(2) 의료는 언제 어떻게 근대화했는가

메이지 정부는 1873년에 '의제醫制'를 발포하여 근세 일본에는 존재하지 않았던 전국 통일적인 의료정책의 도입을 꾀했다. 의료의 근대화는 '의사의 근대화(서양화)'이기도 했다. '의제'는 의사 지망자에게 서양의학 습득과 국가가 발행하는 의사면허 취득을 의무화했다. 다만 정부는 의사 수 확보를 위해 메이지 초년 단계에서 대다수를 차지하고 있던 한방의를 '종래 개업의'로서 일대一代에 한해 의업을 계속하는 것을 인정하고, 의술 개업 시험 합격자를 학력 불문하고 '시험급제의及第醫'로서 채용했다. 이 때문에 근대 일본의 의사 집단 내에는 대학을 졸업한 의학사부터 도제 수행으로 배운 사람까지 학력에 따른 현저한 계층차가 존재했고, '의사의 근대화' 달성은 1920년대가 되어서야 가능했다. 종래 '의료의 근대화'는 근세 후기의 종두 전파와 콜레라 유행을 계기로 서양의학의 지위가 높아져 한방의학을 능가해 가는 과정으로서 그려졌지만, 근년 그러한 단순한 구도에 대한 재검토도 진행되고 있다.

근세 일본은 시설 수용형 의료를 거의 갖고 있지 않았다. 그래서 '병원'은 일본의 의료에 있어서 그야말로 '근대적'인 존재였다. 기독교 자선 사상과 중세 이래의 전통을 가진 구미의 병원과는 달리, 초기의 일본 공립 병원은 자선의 기능이 없었고 첨단 의료의 장이라는 성격을 가졌다. 빈곤자 시료施療4)를 위한 병상의 수도 한정적이어서 다수의 병상을 사립병원이 압도적으로 갖게 된 것도 일본의 특징이다.

1930년대의 '의료의 사회화'5) 운동의 논자는 '개업의開業醫제'를 만악의 근원으로 간주하고, 의사가 돈을 벌기 힘든 농촌부에서 철수하여 무의촌화가 가속중이라고 비판했다. 이카이 슈헤이猪飼周平는 이것을 역사적 사실로 간주한 통설에 대해 무의촌화는 치료의학이 발달하자 의료에 대한 결핍감이 높아졌고, '의사의 근대화' 즉 의사의 세대교체와 근무의화勤務醫化의 과정에서 진행되었음을 밝혀 연구의 틀을 쇄신했다. '의료의 사회화' 사관의 재검토와 극복은 일본 의료사 전반에 걸친 과제이지만, '의사의 근대화' 과정에서 각 지역의 의료 자원은 크게

---

3) 역학적 전환 : 오므란(Abdel Omran)은 사인으로 본 질병 구조의 변화를 역병과 기근의 시기·감염증 대유행 감소의 시기·만성병과 생활습관병의 시기의 3기로 나누어 파악하고, 그 프로세스를 역학적 전환이라고 불렀다. 라일리(James C. Riley)는 이것을 사망률 저하와 수명 연장의 프로세스와 관련지어 '건강 전환'이라고 부른다.
4) 시료 : 가난한 환자에게 무료 또는 가벼운 비용으로 의료를 제공하는 것. 메이지 시대의 빈곤자에 대한 시료는 시료 병원의 설치나 시료권 배포 등의 방법으로 실시되었지만, 낮은 수준에 그쳤다.
5) 의료의 사회화: 1911년 러일전쟁 후의 불안정한 사회상황 속에서 나온 이른바 '제생칙어(濟生勅語)'는 은사재단 제생회(恩賜財團濟生會)의 발족에 더해 저소득자에게도 의료를 전파시키는 것(의료의 사회화)을 목표로 하는 운동을 이끌었다. 스즈키 우메시로(鈴木梅四郎)에 의한 실비진료소운동, 가가와 도요히코(賀川豊彦)가 추진한 산업조합법에 따른 의료이용조합운동 등도 있었다. 1938년 공포된 국민건강보험법에 따른 국민건강보험조합 설립으로 의료비 경감을 부분적으로 달성하게 되었다.

변동해 많은 지역에서 인구당 의사 수의 감소와 편재를 낳은 것도 사실이다(다카오카 히로유키高岡裕之). 치료의학이 어느 단계에서 어느 정도 실제로 '유효화有效化'했는지에 대한 구체적인 검증도 필요할 것이다.

(3) 의료·환자에 대한 사회의 대응

의료의 사회사에는 하나의 질병을 주제로 고찰하는 수직적 접근법과 어느 지역과 시대의 사람들의 건강을 폭넓게 파악하는 수평적 접근법이 있다(스즈키 아키히토鈴木晃仁). 일본사 분야에 콜레라에 관한 수직적 연구는 수없이 많지만, 그것은 질병 그 자체에 대한 관심은 아니었다. 1960년대 이래 소요사나 민중사상사가 융성하는 가운데 콜레라 소동이 주목받으면서 자유민권운동이나 신정新政 반대 잇키와 관련해서 논의되었다. 이러한 '소동을 일으키는 민중'상과는 대조적으로 1990년대 이후는 근세 이래의 민속적인 역병 대응을 부정하고 국민국가의 위생규범에 '적응하는 민중'상이 그려졌다. 이러한 근세와의 '단절'을 자명하게 하는 연구동향에 대해 2000년대 이후의 연구(니타니 도모코二谷智子, 다케하라 마사오竹原萬雄)는 역병이 유행할 때 지역사회 유력자의 행동에 주목해 근세와의 '연속' 속에서 파악하려고 한다.

이어서 연구 축적이 많은 것이 한센병에 대한 수직적 접근이지만, 유행 상황이나 사회적 대응이 아니라 오로지 격리 정책과 병자의 인권 침해에 중점을 두어 왔다. 즉 1909년에 시작되는 한센병 요양소에 수용하는 것을 격리 정책의 기점으로 간주하고 전쟁기에 이르기까지를 격리 강화의 과정으로서 그렸다. 이에 대해 근년의 연구 (히로카와 가즈카廣川和花, 이노카이 다카아키猪飼隆明, 마쓰오카 히로유키松岡弘之)는 정책을 근세신분제 하의 병자 대응을 대신하는 '시설화'의 과정으로서 파악하고 환자가 살아가기 위해 추구한 장과 주체성에 주목한다.

수평적 접근 연구는 그리 많지 않은 것이 현실이지만, 콜레라와 한센병 이외의 질병의 역학적 중요성에 기반한 통사적 파악이 필요하고 소비자로서 환자의 주체적인 의료 선택 행동이라는 관점도 향후 더욱 중요해질 것이다.

탐구 포인트

① 역병의 유행 실태를 파악하는 데이터 리터러시와 사료 비판을 어떻게 몸에 익힐 것인가.
② 역병 유행과 의료에서의 근세와 근대의 '연속'과 '단절'을 어떻게 파악할 것인가.
③ 실제 지역의료의 현장에서 '근대화'란 무엇이었을까.

참고문헌

鈴木晃仁「治療の社會史的考察」川越修·鈴木晃仁編『分別される生命』法政大學出版局, 2008.
高岡裕之「「醫師の近代化」と地域的分布」『歷史科學』199, 2009.
二谷智子「1879年コレラ流行時の有力船主による防疫活動」『社會經濟史學』75(3), 2009.
猪飼周平『病院の他紀の理論』有斐閣, 2010.
猪飼隆明『近代日本におけるハンセン病政策の成立と病者たち』校倉書房, 2016.
海原亮「日本近世における疫病流行と醫療環境」『歷史學研究』1003, 2020.
竹原萬雄『近代日本の感染症對策と地域社會』清文堂, 2020.
廣川和花「ハンセン病者の社會史」秋田茂·脇村孝平編『人口と健康の世界史』ミネルヴァ書房, 2020.
松岡弘之『ハンセン病療養所と自治の歷史』みすず書房, 2020.

33. 근대의 농촌
지주-소작 관계는 어떻게 형성·변화되었는가

고지마 요헤이小島庸平*) 집필 / 김경옥 번역

관련항목 III-10[p.266] III-12[p.272] IV-11[p.378] IV-19[p.402] IV-44[p.477]

〔논의의 배경〕

근세기의 일정한 생산력 발전을 배경으로 형성된 지주는 메이지유신 후의 지조개정[p.417]과 마쓰카타松方 디플레이션을 거치며 성장해 제국의회와 메이지 지자체의 담당자가 되었다. 전전 일본에서는 농촌 인구가 도시 인구를 일관되게 웃돌고 있었고, 게다가 국내 농가의 약 3분의 2가 많든 적든 소작지를 차입하고 있었다. 소작지율은 논이 약 5할, 밭이 약 4할 수준으로 추정된다. 소작인은 소작료로서 평균 수확의 50~60%를 지주에게 지불하고, 흉작 시에는 감면받을 때도 있었다(감면 특약포함 정액 소작減免特約付き定額小作1)). 소유 경지 면적 50정보町步 이상의 대지주는 최대치였던 1923년에는 전국 약 5000가구에 달했다. 긴키近畿 지방에서는 상대적으로 일찍부터 대지주의 수가 줄어들기 시작한 데 반해 도호쿠東北·호쿠리쿠北陸 지방에서는 오랫동안 대지주가 강한 영향력을 가지는 등 일정한 지역 차가 있지만, 지주는 전전기의 농촌 지역에서 큰 역량을 갖고 있으며 많은 사람이 그 영향하에 있었다. 지주제란 이러한 지주와 소작인과의 토지임대차 관계를 기축으로 하는 사회관계를 의미한다.

〔논점〕

(1) 전전 – 일본 자본주의 논쟁

지주제에 관한 본격적인 연구는 전간기에 시작된다. 그 계기가 된 것이 이른바 강좌파講座派와 노농파勞農派 사이에서 전개된 일본 자본주의 논쟁이었다. 강좌파는 메이지유신을 거쳐 성립된 천황제 국가를 절대주의 국가로 간주하고, 그 기초를 지탱하는 지주제를 타도해야 한다고 생각했다. 한편 노농파는 메이지유신을 부르주아 혁명으로 부르며, 어쨌든 자본주의 국가인 일본에서는 지주가 아니라 독점 자본이 당면한 적수라고 하며 강좌파를 비판했다. 강좌파·

---

*) 도쿄대학 경제학연구과 준교수 | 일본농업사·금융사

1) 감면 특약포함 정액 소작: 소작 계약은 정액 소작 계약과 정률 소작 계약으로 크게 나뉜다. 정액 소작에서는 항상 정액의 소작료를 지불하지 않으면 안 되므로 흉작시의 리스크 부담은 크지만, 수입이 늘면 그만큼 소작인의 몫이 늘어난다. 한편 정률 소작에서는 수확량의 일정 비율이 소작료로서 납부되므로, 흉작시에는 소작료가 자동적으로 줄어들지만, 수입이 늘면 소작료도 비례하여 증가한다. 전전 일본의 소작 계약은 흉작 시 감면 특약포함 정액 소작 계약이 주류이고, 지주의 '온정'에 의해 소작료가 감면되기도 했다. 이러한 감면 관행이 소작인의 리스크 부담을 경감하면서 증산 노력을 이끌어낸 반면, 1920년대 이후 본격화하는 소작쟁의의 요인이 되기도 했다.

노농파 모두 '혁명'을 궁극의 목표로 하는 일본 자본주의 논쟁은 지주제의 단계적인 성격을 논의의 초점으로 했지만, 언론 통제가 강화됨에 따라 주요 논자가 잇따라 검거·투옥·전향·사망하면서 전쟁기에는 실증 연구 속에 그 문제의식을 숨기게 된다.

(2) 전후 – 지주제의 생성·확립·후퇴를 둘러싼 논쟁

패전 후의 농지개혁[2])은 일본 농촌에서 지주를 거의 일소했다. 그러나 산림을 중심으로 대토지 소유가 남아있고, 재군비가 진행되는 가운데 1950년대 전반에는 지주제 부활 저지라는 실천적인 문제의식을 담아 외국사 연구자까지 참여하여 지주제 생성 과정에 관심이 집중되었다. 기생지주제[p.418] 논쟁이라 불리는 이 논쟁에서는 일본 자본주의 논쟁과 마찬가지로 봉건제→지주제→자본제라는 세계사의 발전단계에 관한 법칙적 파악이 전제가 되어 전후 역사학을 대표하는 논쟁의 하나가 되었다. 논쟁은 봉건제의 붕괴 과정에서 농민층의 격차가 확대되어 양극으로 분해될 때, ①상층 농민이 축적한 부를 투입해 자본 임노동 관계를 창출하는 '부르주아적 분해'의 방향과 ②농업부문의 토지 구입에 부를 투입해 소작인의 노동에 기식하는 '기생지주적 분해'의 '두 가지 길'이 상정되어 ②의 길을 걸었던 일본의 '후진성'을 문제삼았다.

1960년대 후반에 들어서자 고도경제성장 하에서 지주제 부활에 대한 위기감은 후퇴하는 한편 지주제 '확립'의 획기를 둘러싼 논쟁이 일어났다(지주제 확립 논쟁). 나카무라 마사노리中村政則가 지주제는 산업혁명기=메이지 30년대에 일본 자본주의의 구조적 일환으로 편입됨으로써 확립되었다고 주장한 것에 대해, 야스라기 모리아키安良城盛昭는 정치적 지배의 담당자로서 또 일본 자본주의의 기초로서 지주제가 메이지 20년대에 확립되었다고 비판했다. 야스라기·나카무라는 모두 지주제와 천황제 국가·일본 자본주의와의 관련을 중시한다는 점에서 강좌파 이래의 '전 기구적 파악全機構的把握'을 목표로 하고 있었다.

1970~80년대에는 전쟁기도 시야에 넣은 후퇴기의 개별 지주 경영 분석이 축적되어 대지주의 식민지 진출이나 배당이자 수입에 의존하는 '렌트너rentner(이자생활자)화'가 밝혀졌다. 또 1920년대에 고양되었지만 소작쟁의가 종식되어버린 '자연소멸眠り込み' 문제, 농촌의 '파시즘'화와도 관련된 지주제의 변용 등의 연구가 부상했다. 지주를 대신하여 헤게모니를 쥔 중농층에 주목하는 농촌 중견 인물론, 소작쟁의를 통한 지주와 소작인의 '동권화'를 지적한 협조체제론, 산업조합[3])을 통한 농촌 통합을 중시하는 경제주의적 조직화론 등 지주제 후퇴에 앞서 농지개혁이나 전후의 농촌사회를 전망하는 논의가 거듭되었다.

---

2) 농지개혁: 부재지주의 소작지 전체와 농촌지주의 소작지 중 1정(町, 홋카이도는 4정) 이상의 부분을 국가가 강제 매수한 뒤, 소작농에게 매각한 토지 개혁. 이 개혁으로 당시의 전 소작지 약 245만 정의 약 80%가 소작농의 손에 넘어가 소작지 비율은 개혁 전의 46%에서 1949년에는 13%로 격감했다. 개혁 성공의 배경에는 점령군의 강한 의향이 있지만 이 외에도 전간기 이래 농림성에 의한 소작농 보호방침이나 전시 농지정책에 의한 토지소유권 제약 등의 역사가 있다. 근년에는 농지개혁 실시과정에서 식량공출과의 관련성, 농지매도를 둘러싼 귀환자·조선인 농민의 배제와 포섭에 관한 연구도 진행되고 있다.

3) 산업조합: 전후 농업협동조합(JA)의 전신. 1900년 제정된 산업조합법에 의해 설치되기 시작해 1930년대에는 정책적 압력도 있어서 거의 전국에서 조직됐다. 저금을 모으고 조합원에게 대출하는 신용 사업, 생산물을 공동 출하하는 판매사업, 비료 등을 공동구입하는 구매사업, 시설을 함께 쓰는 이용사업의 4종 사업을 실시하는 것으로 되어, 소농 산업·경제의 발달을 돕는 사회정책적인 기능이 기대되었다. 한편 경영체로서 일정한 이윤을 추구할 수밖에 없었고, 사회정책적 측면과 경영체적 측면의 상극 속에서 서서히 후자가 부각되었다.

(3) 지주제에 대한 재평가

1990년대에는 일본이 경제대국화한 것도 있어 전전 일본의 격차와 빈곤의 상징이라고 할 수 있는 지주제에 대한 관심은 한때 저조했다. 그러나 21세기에 들어서자 지주제사 연구는 일본의 경제발전과 결부되어 새로운 평가를 받게 된다. 예를 들어 사이토 오사무齋藤修는 수많은 농업 노동자를 거느린 유럽이나 아시아권 농촌과의 비교를 바탕으로 일본에서는 토지를 빌려 자율적으로 농업을 경영하는 소작인이 많다는 것을 지적하고 소작인의 지주에 대한 교섭력이 높은 것을 재평가하는 동시에 지주제는 격차의 원흉이 아니라 오히려 격차를 축소하는 기능을 가졌다고 주장했다. 이것은 '1억 총중류'라고도 불리던 전후 일본 사회의 특징을 암묵적 근거로 삼아 지주제에 대한 평가를 180도 전환시킨 대담한 문제제기이고, 지주제와 경제발전의 친화적인 관계를 지적하는 사카네 요시히로坂根嘉弘에게도 영향을 미쳤다. 그렇지만 아직은 가설 단계에 머무르고 있어 지주와 소작인의 교섭력이 사료에 입각해 밝혀진 것은 아니다. 대지주 지역과 중소지주 지역은 사정이 다를 것으로 생각된다. 지주와 소작인 사이의 격차나 힘의 관계라는 일본 자본주의 논쟁 이래의 논점을 새로운 역사학이나 경제학의 지식을 도입하여 다시 실증적으로 재검토해야 할 시기가 도래하고 있다.

> **탐구 포인트**
> ① 지주제사 연구는 어떠한 시대적 상황 하에서 축적되어 왔을까.
> ② 왜 지주제를 부정하는 농지개혁이 실시된 것일까.
> ③ 지주와 소작인은 어떠한 관계를 맺고 있었던 것일까.

참고문헌

大門正克『歷史への問い／現在への問い』校倉書房, 2008.

齋藤修『比較經濟發展論』岩波書店, 2008.

小島庸平『大恐慌期における日本農村社會の再編成』ナカニシヤ出版, 2020.

34. 국가신도
전전, 전쟁기의 신사나 신직은 어떠한 역할을 해냈는가

아제가미 나오키畔上直樹*) 집필 / 안준현 번역

관련항목: IV-6[p.363] IV-14[p.387] IV-18[p.399] IV-25[p.420]

〔논의의 배경〕

전전, 전쟁기 일본에서는 메이지기 이래 신사를 특별시하여 천황 숭배나 국가의 사상적 지배에 이용했으며 GHQ의 점령 정책의 하나인 '신도지령神道指令'[1](1945년 12월)으로 이 국가와 신사의 관계가 해체되었다는 서술이 일반적이다. 그 키워드가 '국가신도'이다. 이 국가신도와 그 아래 있었다고 여겨지는 신사나 신직神職에 대해 현재의 연구에서는 어떤 것이 밝혀졌을까.

〔논점〕

(1) 전후사회에서의 '국가신도' 용어 정착과 신사, 신직상

국가신도라는 용어는 실은 전전·전쟁기 일본에서는 거의 사용되지 않았다. 침략전쟁을 유도한 사상을 제거하기 위한 목적으로 발표된 신도지령에 등장한 것이 용어 보급의 직접적 계기로, 정착된 것은 더욱 뒤다. 1950~70년대 야스쿠니 신사 국영화[2]의 움직임을 둘러싼 긴박한 정치 상황 아래, 종교학자 무라카미 시게요시村上重良가 교육칙어나 대일본제국헌법 등까지 포함하여 포괄적으로 재정의하여 전후민주주의를 위협하는 국가신도 부활 저지라는 명쾌한 메시지로 일련의 저작(『국가신도國家神道』이와나미서점, 1970 등)에 사용하여, 정교분리 소송[3]과도 결합하며 전후사회에 정착된 용어였다.

이 국가신도론은 메이지유신으로부터 태평양 전쟁 패전에 이르기까지 국민을 정신적으로 지배하기 위해 미성숙한 근대 국가가 창출해낸, 시대착오적 국가종교가 국민과 여러 종교를 억압·군림하여 전쟁기의 신들린 군국일본의 대외침략전쟁과 그 붕괴를 이끌었다고 설명했다. 신사와 그 신직은 국가의 두터운 보호하에 들어가, 신사는 메이지 초기의 신불분리를 거쳐

---

*) 조에츠교육대학 인문·사회교육학계 교수 | 일본 근현대사·지역사회사

1) 신도지령 : 정식 명칭은 '국가신도·신사신도에 대한 정부의 보증, 지원, 보전, 감독 및 홍보(弘布) 금지에 관한 건'.
2) 야스쿠니 신사 국영화 문제 : 일본유족회 등 야스쿠니 신사 국가 호지(護持) 운동(1956년~), 자유민주당의 이세 신궁·야스쿠니 신사 등 국가 관리 검토 운동을 배경으로, '야스쿠니 신사 법안'이 국회에 제출되어(1969년~) 이것을 전전회귀, '국가신도' 부활로 여긴 반대 운동이 일어났다.
3) 정교분리 소송 : 1965년에 미에현 쓰(津)시가 주최한 신도식 공사 안전 기원 고사(地鎭祭)가 헌법 위반이라며 제소된 것에서 시작된다. 1971년 나고야 고등법원 판결에서는 헌법학이나 무라카미 시게요시의 논의를 참조하여 '국가신도'의 용어를 이용한 위헌 판례가 나와 논쟁이 본격화되었다.

신도국교화의 기본노선 아래, 공적인 '국가의 종사(宗祀)[4]'로 여겨졌고, 메이지 중기 이후가 되면 신사 비종교[5]의 입장에서 입헌제와의 양립이 위장되었다고 논해졌다.

(2) 연구의 진전과 근대 신사, 신직상의 전환

국가신도론은 개별 역사적 사실이나 그 관계에 대해 설명할 수 없는 점이 많아 학술연구로서 미흡함이 두드러져, 그 후의 연구도 신사와 국가의 관계로 논의가 집중되는 일이 많았다. 이러한 와중 현재 학술적 사용이 불가하므로 국가신도론으로부터 연구가 자유로워져야 한다는 입장(야마구치 테루오미山口輝臣 등)이나 반대로 국가신도론이 전전 일본을 종교적인 근대국가로서 포괄적으로 그려낸 점을 현대 종교학 관점에서 평가하고 이를 적극적으로 전후~현대까지 적용하자는 입장(시마조노 스스무島薗進) 등과 같은 학설이 있다.

연구가 진전되는 와중에 메이지 초기의 신도국교화 방침과 전쟁기를 직결시키는 국가신도상(像)은 가능하지 않다는 것이 밝혀졌다. 타 종교와는 다르게 행정 하에서 공적 보조를 받은 신사와 신직이 비종교이며 동시에 국가의 종사로서 국민교화를 위해 동원되는 상황은, 기본적으로 20세기의 제도와 정책[6] 이후였다. 이 전의 헌법이나 교육칙어 등 국가의 골격이 정해지는 19세기 말 시점에서는 신사의 국가 보호·동원은 소극적이어서 국가 관할 신사의 민영화까지도 준비되고 있었다. 이미 절과 같은 독립 자영을 요구받고 있던 압도적 다수의 지방청 관할 신사에 이르면, 국가의 종사나 비종교라는 점조차도 당시 제도상으로 불명확[7]한 상태였다.

(3) 단순한 국가동원의 대상에 그치지 않았던 신사, 신직

나아가 신사·신직이 단순히 '위로부터' 국가적으로 동원된 것 이상의 역할을 맡은 것이 아닌가 하는 것도 최근의 논점이다(아제가미 나오키).

특히 1920년대에는 지방 신사의 젊은 신직이 추진력이 되어 국민교화정책이 지역에서 적극적으로 추진되었다. 하지만 그 과정에서 소수의 국가적 신사가 중심이 되었고, 관료 통제도 강했던 당시 지방 신사계의 내부개혁과 지방 신사층의 계층적 이해 주장이 강해지기도

---

4) 국가의 종사 : 신사 세습 금지에 관한 메이지 4년(1871) 5월 14일 태정관 포고 제234호로, 신사가 한 사람이나 한 집안의 사유물이 아니라고 설명하며 사용한 말. 제국 시대 내내 신사의 근본 규정으로 여겨졌다.
5) 신사 비종교 : 메이지 초기 정토진종 혼간지(本願寺) 파의 승려 시마지 모쿠라이(島地黙雷)가 제창한 신도비종교론이 유명하다. 직접적으로는 1882년 신도 중 신사를 '종교'와는 다른 것이라 하여 제사에 한정한 신관교도직(神官教導職) 분리에서 시작된다. 1900년 관할관청인 내무성 사사국(社寺局)에서 신사국이 따로 독립하면서 제도적으로 확립되었다.
6) 20세기(메이지 시대 후기 이후)의 (신사) 제도 정비와 정책 : 내무성 신사국 설치로 '신사행정'이 성립했다. 국가적 신사의 민영화를 위한 보존금 제도(1887) 철회와 국고 지불 부활(1905), 지방신사에 대한 공적 보조(공물료 헌상, 神饌幣帛料供進)를 가능케 하는 법률(1906), 국가적 신사·지방 신사에 공통된 신사 신직 봉무(奉務) 규칙 제정으로 '국가의 종사(宗祀)' 담당자 명기(1913) 등의 제도가 정비되었다. 러일전쟁 후 지방 신사를 선별하는 신사합사정책과 신사를 적극적으로 지역 행정·사회 생활과 연관시키고자 하는 신사 중심주의 정책이 개시된다.
7) (국가의 종사, 비종교가) 제도상 불명확 : 1882년의 신관교도직 분리로 신도 중 '비종교'로 명시된 것은 국가가 관리하는 관사(官社, 약 150사) 뿐이다. 압도적 다수를 점하는 지방의 제사(諸社, 약 20만사)는 당분간 종전대로였다. 한편 메이지 초기 이래 신사는 '국가의 종사'로 여겨졌으나, 1891년 신사·신직 봉무 규칙이 관사와 제사로 분할되며 '국가의 종사' 담당자가 명기된 것은 관사 규칙 뿐으로, 제사는 불명확하게 취급되었다.

했다. 1920년대 중반 내부의 민주화·자주화 동향은 전국 지방 신사의 횡단적 결집 그리고 정체상황에 있던 국가적 신사 중심의 전국 신사 조직 개혁으로 이어져, 전쟁기의 신사 행정은 이 '아래로부터'의 움직임을 반영하는 면이 있었다.

이 '아래로부터'의 과정에는 전쟁기의 신사숭배 강요로 이어지는 면도 있었다고 생각된다. 여러 종교와 신앙의 자유를 둘러싸고 알력이 발생했을 때 공적인 신사는 비종교이기 때문에 신사의 국가동원책은 헌법 위반이 아니라는 점이 강조되었는데, 그것은 거꾸로 신직 개인의 내면에 관여하는 종교활동에 대한 제약으로도 작용했다. 이에 반해 지역에서 활동하는 신직들의 종교 이해는 보다 폭넓어서 신사는 신앙의 자유를 초월하는 특수한 공적 종교로서 내면 관여가 가능하다고 보았고, 신사 비종교란 사적인 일반종교와는 다르다는 의미일 뿐이라고 해석되었다. 이 입장은 앞서 말한 내부 개혁 이후 신사계의 통일된 견해였다. 전쟁기 동안은 중앙관료도 동일한 종교·신사 이해를 공유하게 되어 신사의 국교화조차 내부에서 검토되기에 이르렀다.

(4) 앞으로의 전망 - 제국 일본 사회가 만들어낸 신사 이미지의 문제

이러한 신사계의 움직임은 20세기 신사 제도 정비와 정책 전개 아래에서 종교나 신사 이미지의 비대화가 발생했고, 그것이 역으로 현실에 작용해갔다는 의미이기도 하다. 최근 연구에서는 이러한 신사 이미지의 비대화는 신사나 신도가 마땅히 그러해야 할 모습을 논한 학자의 논의, 나아가서는 사회통념으로서 널리 사회적으로 키워진 것으로서, 신사 숭배 거부자에 대한 배격이 강해지는 것과도 관련되었을 가능성이 지적되고 있다. 또 이 문제는 전전 일본의 식민지 세력 범위나 아마미奄美와 같은 남도南島 등과 상호관련해 전개되어, 신사·신도의 존재를 자명시하지 않고 제국 일본 전체라는 시야에서 생각할 필요성도 제기되고 있다. 이러한 점으로부터 국가신도라는 논의를 재고해 보는 것도 금후 중요해질 터이다.

> **탐구 포인트**
> ① 근대 일본의 국가와 사회를 종교로부터 보면 어떠한 특징이 보일까.
> ② 근대의 신도나 신사의 존재 양태는 지역 사회에 어떠한 의미를 가졌을까.
> ③ 역사를 말하는 용어, 역사적 사실, 시대를 살아간 사람들의 시각이나 이미지, 각각의 관계를 어떻게 생각해야 역사를 보다 더 잘, 풍부하게 파악할 수 있을까.

참고문헌

島薗進『國家神道と日本人』岩波書店, 2010.
及川高『「宗教」と「無宗教」の近代南島史』森話社, 2016.
山口輝臣編『戰後史のなかの「國家神道」』山川出版社, 2018.
畔上直樹「地域社會と神社」『近代日本宗教史3教養と生命大正期』春秋社, 2020.

35. 전간기의 동아시아 국제관계
워싱턴체제는 어떻게 형성되었으며 왜 불안정했나

구보타 유지久保田裕次*) 집필 / 김경옥 번역

관련항목 IV-9[p.372] IV-29[p.432] IV-40[p.465]

〔논의의 배경〕

미일관계와 이를 중시하는 일본 외교에 관한 연구가 축적되어 전간기의 동아시아 국제질서를 워싱턴체제로 파악하는 견해가 정착된 결과, '태평양전쟁'으로 이어지는 경로가 미일관계에 입각해 명쾌하게 그려졌다. 그러나 근년에는 국제관계사나 일본외교사의 진전으로 연구 상황은 새로운 국면을 맞이하고 있다.

〔논점〕

(1) 워싱턴체제의 형성

제1차 세계대전기의 군비 확대 경쟁이나 일본의 적극적인 대중국 외교를 배경으로 미일 간의 대립은 깊어지고, 동아시아 국제관계의 조정과 국제적인 해군 군축의 틀이 요구되었다. 그리하여 1921년 11월부터 22년 2월에 걸쳐 미국의 제창으로 워싱턴 회의가 개최되어 태평양의 현상 유지에 관한 4개국 조약(미일영불), 주력함에 관한 해군 군축 조약(미일영불이伊), 중국의 '독립·영토보전·기회균등'이라는 외교 원칙을 약속한 9개국 조약(미일영중 등)이 체결되었다. 세 개의 조약에 관한 기본적인 사고방식은 '워싱턴 회의의 정신'으로서 계승되었기 때문에 전간기의 동아시아 국제질서는 워싱턴체제로 불리게 되었다.

이리에 아키라入江昭·호소야 지히로細谷千博·아사다 사다오麻田貞雄는 조약의 교섭 과정에서 일본 외교가 전환 내지는 재편성을 강요받은 결과, 신외교新外交1) 이념의 영향을 받은 신질서로서의 워싱턴체제가 형성되었다고 했다. 아사다는 체결된 개개의 조약들보다도 미일 간의 우호적인 '새로운 분위기'의 양성을 중시했으며, 이리에는 제국주의 국가 간 기존 외교 개념·정책의 방기에 지나지 않았다는 체제의 취약성을 지적했다. 한편 핫토리 류지服部龍二는 세력권 인식을 전제로 하는 기존의 외교와 큰 변화가 보이지 않았다고 했다.

---

*) 고쿠시칸(國士館)대학 문학부 준교수 | 일본 근현대사
1) 신외교: 제1차 세계대전 이전, 구미나 일본은 상호의 이익을 옹호하기 위해 주로 두 나라 간에 조약·협정 등을 체결함으로써 중국에 세력 범위를 설정하는 등 제국주의적 외교(구외교)를 펼치고 있었다. 미국의 윌슨 정권은 구외교를 비판하고 다국간 협조나 세력 범위의 철폐라는 새로운 국제정치의 프레임 워크를 형성하고자 했다. 이는 구외교에 대한 신외교라고 불렀다.

(2) 워싱턴체제의 전개

우선은 동아시아 국제관계나 미일관계 속에서 워싱턴체제의 의의에 관한 연구가 축적되었다. 호소야, 아사다 등은 개별적인 중국 문제를 둘러싼 대립은 존재하고 있었지만, 워싱턴체제가 큰 틀에서 미·일·영의 제휴 시스템으로서 동아시아의 국제정치 속에서 어느 정도 기능했다고 보았다.

다만 워싱턴체제는 중국이나 소련을 충분히 편입하지 못했다. 쑨원孫文의 중국 국민당을 중심으로 한 광둥廣東 정부는 중국 통일을 목적으로 북벌北伐[2]을 개시해 일본이나 구미 여러 나라에 불평등 조약의 철폐 등을 요구하게 되었다. 소련은 중국에서의 영향력 확대를 목표로 국민당을 지원했다. 워싱턴체제의 전제였던 중국 상황이 크게 변화해 일본이나 구미 여러 나라에 기득권의 포기를 요구한 결과, 미·일·영 간에 중국 문제를 둘러싸고 대립이나 마찰이 발생했다. 이리에는 체제에 포섭되지 않았던 중·소의 동향, 열강 간의 이해관계나 정책 불일치에 주목해 체제의 실효성에 의문을 드러냈다. 호소야는 소련의 혁명외교, 중국의 내셔널리즘 운동, 일본의 반워싱턴체제파라는 세 가지 교란 요인 때문에 체제가 불안정했다고 했다. 그 후 이리에는 전간기의 '평화' 지향 국제관계의 형성이라는 관점에서 국제협조 이념의 산물이자 전통적인 세력 균형책의 연속선상에서 워싱턴체제를 파악하게 되었다. 핫토리는 중국 외교 등의 불안정 요인에 주목해 국제협조 시스템으로서 워싱턴체제의 기능에 회의적인 견해를 나타냄과 동시에 워싱턴체제와 구질서간의 연속성을 주장했다.

협조관계에 있었다고 여겨져 온 미영관계의 재검토와 근대 중국 외교사 연구의 진전을 배경으로 동아시아 국제질서로서의 워싱턴체제라는 존재 자체에 의문이 제기되었다. 이안 니시Ian Hill Nish는 영국 외교는 대전 후의 동아시아 국제질서를 워싱턴체제로서 파악하고 있지 않았다고 설명했고, 근년에는 이리에와는 다소 다른 시각에서 중국과 영국 등 미일 이외의 주체를 토대로 한 연구도 증가하고 있다. 또 니시다 도시히로西田敏宏 등은 워싱턴체제와 그 외의 국제질서나 조약과의 관계에 관한 연구를 진행하였고, 특히 1928년 파리 부전조약不戰條約[3] 이후 워싱턴체제와 국제연맹·유럽의 국제정치가 서로 관계했음을 밝혔다.

(3) 전간기 일본의 대중국 외교

워싱턴체제의 전개와 일본의 대중국 외교는 밀접한 관계에 있었다. 우스이 가쓰미臼井勝美는 일본의 대중국 외교를 시데하라 외교나 다나카 외교라는 시각에서 그렸다. 시데하라 외교는

---

[2] 북벌: 1923년 3월 중국 국민당을 중심으로 베이징 정부에 대항하는 광둥 대원수부가 조직되었다. 24년 9월 무력통일노선을 내걸고 쑨원은 북벌을 개시한다. 25년 3월 쑨원 사후 광저우에서 중화민국 국민정부가 성립했다. 26년 7월 국민혁명군 총사령 장제스는 북벌을 본격적으로 재개했다. 국민정부는 28년에 베이징을 점령하고, 중국 둥베이(東北)를 본거지로 하는 장쉐량을 지배하에 두며 북벌을 완료했다.

[3] 파리 부전조약: 정식으로는 '전쟁 포기에 관한 조약'. 켈로그-브리앙 조약이라고도 불린다. 1928년 8월 채택되었다. 이 조약은 국제 분쟁을 해결하기 위해서 또는 국가정책 수단으로서 전쟁에 호소하는 것을 금지했으며 모든 국가 간 분쟁은 평화적 수단만으로 해결을 도모하는 것이 규정되었다. 다만 각국의 자위권을 인정했고 위약국에 대한 제재 규정도 결여되어 있었다.

시데하라 기주로幣原喜重郎4) 외무상, 다나카 외교는 다나카 기이치田中義一 수상 겸 외무상의 이름에서 유래했다. 우스이는 시게하라 외교를 기본적으로 중국의 통일화를 염두에 둔 대중국 내정 불간섭 정책, 다나카 외교를 중국 분립화를 의도한 군사적인 간섭정책으로 파악했다. 핫토리는 제1차 시데하라 외교(가토 다카아키加藤高明·제1차 와카쓰키 레이지로若槻禮次郎 내각기)와 제2차 시데하라 외교(하마구치 오사치濱口雄幸 내각기)의 질적 차이에 주목해, 전자는 경제적 이익을 중시한 나머지 미영과의 협조를 희생했지만, 후자는 그러한 한계를 극복하려고 했다고 말했다. 하마구치 내각을 계승한 제2차 와카쓰키 내각은 관동군이 일으킨 류타오후 사건柳條湖事件(1931)을 억지하지 못하여 만주사변이 확대되었다. 시데하라 외교에서 국제 협조의 가능성을, 다나카 외교에서 자주외교적 성격을 찾아낸 우스이설은 일본 내에서 워싱턴체제에 비판적인 정치세력의 대두가 체제 붕괴의 내부 요인 중 하나였다고 보는 워싱턴체제론과 정합적이다. 호소야와 아사다는 워싱턴체제라는 국제질서를 염두에 둘 때 시데하라 외교가 국제 협조적이었다고 말했다. 사토 모토히데佐藤元英는 육군의 만몽滿蒙 정책 구상에 주목하며 다나카 외교에서는 영미 종속이 아닌 일본 주도의 워싱턴체제를 추구했다고 주장했다.

근래에는 ①시데하라의 외교지도指導에 관한 재검토, ②외교 정책의 결정 과정이나 외무성의 조직 분석, ③다나카 외교의 다면성에 관한 연구가 이루어지고 있다.

탐구 포인트

① 미국은 대전 후의 동아시아 국제관계·질서를 어떻게 구상하고 있었을까.
② 전간기의 중국 외교와 영국의 동아시아에 대한 외교는 어떻게 전개된 것일까.
③ 시데하라 외상과 다나카 내각은 중국 문제에 어떻게 대응한 것일까.

참고문헌

入江昭이리에 아키라『極東新秩序の模索』原書房, 1968.
臼井勝美우스이 가쓰미『日中外交史』塙書房, 1971.
臼井勝美『日本と中國』原書房, 1972.
細谷千博·齋藤眞編『ワシントン體制と日米關係』東京大學出版會, 1978.
入江昭·有賀貞編『戰間期の日本外交』東京大學出版會, 1984.
麻田貞雄『兩大戰間の日米關係』東京大學出版會, 1993.
I·ニッシュ Ian Nish(宮本盛太郎監譯)『日本の外交政策 1869~1942』Japanese Foreign Policy, 1869~1942. ミネルヴァ書房, 1994.
佐藤元英『近代日本の外交と軍事』吉川弘文館, 2000.
服部龍二핫토리 류지『東アジア國際環境の變動と日本外交1918~1931』有斐閣, 2001.
小池聖一『滿州事變と對中國政策』吉川弘文館, 2003.
西田敏宏「ワシントン體制と國際連盟·集團安全保障」伊藤之雄·川田稔編『20世紀日本と東アジアの形成』ミネルヴァ書房, 2007.
服部龍二『增補版幣原喜重郎』吉田書店, 2017.

---

4) 시데하라 기주로(1872~1951) : 일본의 외교관, 정치가. 제2차 오쿠마 시게노부(大隈重信) 내각에서 하라 다카시(原敬) 내각 중반까지 외무차관을 맡아 주미 대사로 부임했다. 전간기의 국제 협조 외교를 담당하고, 무쓰 무네미쓰(陸奧宗光)나 가토 다카아키(加藤高明) 등과 함께 근대 일본의 '정통 외교'를 체현한 인물이었다. 제2차 와카쓰키 내각의 외무상 사직 후에는 정계의 장로로서 활동했으나 패전 후 과거의 미일 관계에서 완수한 역할이 인정되어 내각총리대신에 취임했다.

36. 쇼와 천황과 궁중
무엇을 생각하고 어떻게 행동했는가

자다니 세이이치^{茶谷誠一}*⁾ 집필 / 조국 번역

관련항목 IV-6[p.363] IV-29[p.432] IV-35[p.450] IV-38[p.459] IV-46[p.483]

〔논의의 배경〕

쇼와 천황의 반생半生을 이야기하는 것은 '일본은 왜 무모한 전쟁을 시작해 패전에 이르렀는가'라는 질문에 대한 설명이기도 하다. 국가 붕괴의 길로 돌진하는 가운데 쇼와 천황은 무엇을 생각하고 어떻게 행동했던 것일까. 당시 천황의 생각이나 행동을 분석할 때에 근대 천황제 하에서 천황을 보좌했던 사이온지 긴모치西園寺公望와 같은 원로元老,[1] 천황의 측근인 궁내대신宮內大臣(궁상宮相), 시종장, 내대신內大臣[2] 등 궁중 그룹의 정치사상이나 언동에 관해서도 분석할 필요가 있다.

전전戰前 쇼와 천황과 궁중 그룹의 행동을 규정한 정치이념은 입헌군주론과 협조외교였다. 그러나 군부의 대두는 이 두 이념 모두를 유지하기 곤란한 상황으로 몰아갔다. 천황과 궁중 그룹은 어떻게 대응했을까.

〔논점〕

(1) 즉위 전후의 국내외 정세

쇼와 천황이 즉위할 무렵 일본 내외의 정치사회 정세는 커다란 변동기를 맞이하고 있었다. 국내에서는 정당정치가 유지되었지만 격한 정권 투쟁과 연이은 오직汚職으로 국민의 신뢰를 잃어가고 있었다. 육군 내부에서는 정당정치를 비판하고 만몽滿蒙 권익의 확대를 부르짖는 중견 막료가 발언력을 강화해 장쭤린張作霖 폭살사건[3]과 만주사변을 일으켰다. 국제정세에

---

*) 시가쿠칸(志學館)대학 인간관계학부 교수 | 일본 근현대사

1) 원로: 전전 시기 천황을 보좌해 중요 정무나 황실 안건 등의 결정에 관여한 정치가들. 메이지유신에서 공적을 세운 자 가운데 천황으로부터 종신고문으로 보좌하도록 신임을 받은 자들이 원로가 되었다. 원로는 청일·러일전쟁 시기 전쟁 지도에도 관여했고 천황에 수상을 추천하는 중요임무를 맡아 정계에서 절대적인 영향력을 보유하고 있었다.

2) 내대신: 고대 율령제 하에도 설치되었던 관직으로 여기에서는 근대 내대신을 가리킨다. 1885년 내각제도 발족과 동시에 정치와는 관계 없는 궁중의 명예직으로 설치되었다. 관제상 직무는 어새(御璽)·국새(國璽)(천황·국가의 인감)의 보관, 조칙(詔勅) 처리 등이었는데 천황을 '상시 보필'하고 정치상의 상담 상대가 되는 임무도 맡았다. 다이쇼 시대에 원로 사이온지가 후계 수상의 추천에 내대신과 협의하는 방식을 취하자 내대신의 권한은 한층 높아졌다.

3) 장쭤린 폭살사건: 중국 동북부 '만주'로의 세력권 확대를 꾀한 관동군 고모토 다이사쿠(河本大作) 등이 계획한 모략 사건. 고모토 등은 군웅할거 상태에 있던 중국에서 펑톈(奉天) 군벌을 이끌며 베이징 정부의 지배자가 된 장쭤린을 배제하고자 1928년 6월 4일 장쭤린이 탄 객차를 폭파시켜 살해했다. 당초 계획으로는 살해 후 관동군을 출동시킬 예정이었으나 상층부나 중앙과의 연계가 이뤄지지 못해 장쭤린 살해만으로 끝났다. 사건

서는 국민혁명을 이룬 중국이 국권회수운동을 추진하며 영미일을 중심으로 한 워싱턴체제가 동요하기 시작했다.

젊은 쇼와 천황은 입헌군주라는 자각 하에 정당내각에 공정한 정치운영을 요구했으며 외교에서는 열강과의 협조외교를 지지했다. 쇼와 천황의 정치신조는 황태자 시대부터 그를 섬겨온 사이온지나 마키노 노부아키牧野伸顯 내대신 등 측근의 보위가 큰 비중을 차지했고 천황도 그들에 절대적인 신뢰를 보였다. 만주사변 이후 쇼와 천황과 궁중 그룹은 열강과의 협조외교 유지를 추구하지만 통수권[p.474]을 내세워 무리한 군사행동을 반복하는 육군을 어떻게 억제할 것인가라는 난제에 직면한다.

(2) 쇼와 전전기의 천황·측근과 연구의 진전

전후戰後의 천황제 연구는 마르크스주의적 발전단계론에 기반한 분석 방법을 취해, 오로지 정치구조의 해명에 역점을 두어 왔다. 때문에 쇼와 전전기 쇼와 천황이나 궁중 그룹에 관한 실증적 연구도 불충분했고 '천황제 절대주의'의 전근대성이나 특수성에 대한 지적으로 시종일관했다.

또한 쇼와 전전기 천황·측근의 행동분석에 관해서는 『사이온지 긴모치와 정국政局』, 『기도 고이치木戸幸一 일기』라는 기본 사료의 의존도가 높았고 연구 진전도 더뎠다. 그러나 쇼와 천황 사후, 쇼와 초기를 중심으로 마키노나 가와이 야하치河井彌八 등 측근의 신사료가 발굴·공개되면서 쇼와 천황과 궁중 그룹의 언동을 보다 정치精緻하게 분석한 연구가 발표되었다.

근년 에구치 게이이치江口圭一·마스다 도모코增田知子는 천황제 절대주의론에서 설명이 곤란했던 정당정치나 협조외교의 전개를 논하는, 천황제의 입헌주의적 측면을 그려낸 연구 스타일을 도입하며 발전단계론적 분석 수법에서 벗어났다. 나아가 근대 천황제를 능동적 군주·수동적 군주 양면성을 가진 정치체제로 위치짓고 메이지·다이쇼·쇼와의 공통성과 특수성으로 각 치세의 동태를 논하고자 한 나가이 가즈永井和나 야스다 히로시安田浩의 연구도 발표되었다. 이 시기 이토 유키오伊藤之雄 등은 근대 천황제는 수동적 군주를 기본으로 하는 입헌군주였다고 설명하며 영국 등 보편적인 입헌군주제의 비교사로부터 쇼와 천황이나 궁중 그룹의 언동을 해석하고자 했다.

나가이·야스다가 군주제에서 천황제의 특수성(능동성)을 드러내고자 한 것에 비해 이토는 천황제의 보편성(수동성)을 말하는 분석방법이었기 때문에 양자 사이에는 입헌군주제 속에서 천황제를 어떻게 위치짓느냐를 둘러싼 논쟁이 발생했다.

(3) 궁중 그룹의 역할변화와 정국에의 영향

자다니 세이이치茶谷誠一나 마쓰다 요시후미松田好史는 종래의 궁중 그룹 연구를 더욱 심화시켜 마키노나 기도 고이치 같은 궁내 관료의 개인적 언동까지 상세히 분석해 궁중이라는 정치주체의 중요성을 지적했다. 이들 연구는 궁중 그룹 내부에서 권력 구조의 변용과정을 다음과 같이 해석했다. 사이온지가 이상으로 삼은 궁상·내대신·시종장 '삼위일체'의 측근 체제가

후 후계자가 된 아들 장쉐량(張學良)은 장제스(蔣介石)의 국민정부에 합류하게 된다.

협조외교를 지지하는 마키노 내대신 등이 차례로 퇴관하면서 붕괴하는 한편, 군부의 대륙정책에 이해를 보인 기도 고이치나 고노에 후미마로近衞文麿 등 젊은 화족의 영향력이 증가해 가는 실태를 해명한 것이다.

내대신의 정치적 비중이 높아지는 가운데 1940년 6월에 기도가 내대신에 취임한다. 기도 고이치는 후계수반 주청奏請방식4)을 원로 주도형에서 내대신 주도형으로 바꾸어 자신의 영향력을 강화했다. 그 아래에서 성립한 제2차 고노에 내각은 삼국동맹 체결, 프랑스령 인도차이나 북부 점령을 단행하며 영미와의 관계를 결정적으로 악화시켰다.

(4) 미일 개전과 쇼와 천황의 전쟁 지도

미일교섭이 교착되면서 퇴진한 고노에 내각을 대신해 도조 히데키東條英機 내각이 성립하자 천황은 입헌군주로서 통제력이 있는 도조에 시정施政을 맡기고 영미를 상대로 한 개전을 받아들인다. 당초 천황은 영미와의 개전에는 소극적이었지만 주위에는 더이상 사이온지나 마키노와 같은 기댈 만한 측근이 없었다.

패전후 쇼와 천황이 군사면에는 문외한으로 전시 중에도 통수부에 전쟁 지도를 일임했다라는 잘못된 인식도 확대되었다. 이 연구 과제에 관해 이노우에 기요시井上淸나 후지와라 아키라藤原彰는 천황의 전쟁지도를 논한 선구적 연구를 발표했고 그 성과를 발판으로 야마다 아키라山田朗가『전사총서戰史叢書』등의 사료를 철저히 분석해 쇼와 천황이 육해군의 최고사령관·대원수로 적극적 전쟁지도를 행한 실태를 밝혀냈다.

탐구 포인트

① 전전과 현대의 궁중 역할에는 어떠한 차이가 있을까?
② 협조외교를 지지한 쇼와 천황이 왜 개전을 결의하기에 이르렀을까?
③ 천황제를 입헌군주제 속에서 어떻게 위치지을 수 있을지가 논점이 되고 있다.

참고문헌

井上淸이노우에 기요시『天皇制の戰爭責任』現代評論社, 1975(岩波書店, 1991).
藤原彰『昭和天皇の十五年戰爭』青木書店, 1991.
山田朗야마다 아키라『大元帥 昭和天皇』新日本出版社, 1994(筑摩書房, 2020).
江口圭一『日本帝國主義史研究』青木書店, 1998.
安田浩야스다 히로시『天皇の政治史 睦仁·嘉仁·裕仁の時代』青木書店, 1998(吉川弘文館, 2019) / 하종문·이애숙 역『세 천황 이야기 — 메이지, 다이쇼, 쇼와의 정치사』역사비평사, 2009.
增田知子『天皇制と國家』青木書店, 1999.
永井和『靑年君主昭和天皇と元老西園寺公望』京都大學學術出版會, 2003.
伊藤之雄이토 유키오『昭和天皇と立憲君主制の崩壞』名古屋大學出版會 2005.
茶谷誠一『昭和天皇側近たちの戰爭』吉川弘文館, 2010.
松田好史『內大臣の研究』吉川弘文館, 2014.

---

4) 후계수반 주청방식: 원로가 생존 중에는 원로들이 협의하여 천황에게 후계 수상을 주청(추천)했다. 다이쇼기에는 사이온지만이 원로로 남았고 사이온지는 내대신과 협의해 주청하는 방식을 취하게 된다. 쇼와기가 되면 이 방식도 몇 차례 개정되어 고령화한 사이온지를 대신해 내대신이 주도권을 장악하게 되고 수상 경험자인 중신(重臣)도 협의에 가담하게 되었다.

37. 근현대의 관료와 정당
전전·전후를 관통하는 관료와 정당의 관계란

와카쓰키 쓰요시若月剛史*) 집필 / 조국 번역

관련항목 IV-8[p.369] IV-29[p.432] IV-38[p.459] IV-47[p.486] IV-58[p.519]

〔논의의 배경〕

1990년대 후반 이후 일본에서는 바람직한 관료와 정당의 관계(정관관계政官關係)에 관해 논의가 거듭되어 현재에 이르기까지 많은 변혁이 시도되었다. 그러나 정관관계의 존재 방식을 둘러싼 논쟁이 최근 수년 사이의 이야기만은 아니다. 20세기에 들어선 이후 정당이 서서히 힘을 강화함에 따라 정관관계의 존재 방식도 모색된 것이다. 이는 어떻게 구상되었던 것일까. 또한 실제로 근현대 일본의 정관관계는 어떻게 변화한 것일까.

〔논점〕

(1) 우위에 선 관료

전후 일본에서 정관관계를 논할 경우 정당에 대해 관료가 우위에 서 있다고 생각하는 논의가 오랫동안 통설적인 지위를 차지했다. 대표적 논자인 쓰지 기요아키辻淸明는 '정치가는 행정 지식을 충분히 갖지 못했고 실질적으로 정책을 결정한 것은 관료'라고 주장했다. 그리고 이같이 관료가 강한 권력을 가진 것은 전전부터의 연속이라고 파악했다(전전전후 연속론). 이러한 파악 방식 하에서 전전 정관관계에 관한 연구는 관료의 강함을 강조하는 형태로 진행되었다. 그리고 그 강함을 제도적으로 담보한 것이라 생각된 문관임용령[1] 등의 관리제도나, 관료가 하나의 거대 정치세력이 되어 정치과정에 적지 않은 영향을 미친 '야마가타벌山縣閥'[2]이나 '혁신관료'[3] 등이 주목되었다.

---

*) 간사이대학 법학부 준교수 | 일본정치사·일본 근현대사

1) 문관임용령 : 1893년에 제정된 문관 임용자격에 관한 칙령. 이에 따라 주임(奏任) 문관의 임용은 원칙적으로 문관 고등시험 합격자에 한정되었다. 이에 비해 차관·국장급인 칙임(勅任) 문관은 자유임용이었는데 제2차 야마가타 아리토모 내각에 의한 개정으로 일정 관력(官歷)을 지닌 주임관 가운데 임용한다는 원칙이 마련되었다. 이후 칙임 문관의 자유임용 범위를 둘러싸고 정당세력과 관료세력사이에 다툼이 발생하게 된다.

2) 야마가타벌 : 청일전쟁 후에 번벌과 민당 사이에 제휴가 진전되어 간 것에 대해 이에 반발하는 관료나 군인 등이 야마가타 아리토모 밑에 집결하여 형성된 정치 집단. 육군과 귀족원을 주요 기반으로 정우회 등 정당세력에 대항하며 야마가타 사망시(1922)까지 정계에 커다란 힘을 가지고 지속되었다.

3) 혁신관료: 쇼와 전전기에 총력전 수행을 위해 전시통제의 기획·입안을 맡아 국내체제의 변혁을 추진한 관료군을 지칭한다. 1937년에 설치된 기획원에 모인 관료가 중심으로 마르크스주의의 영향을 받았다고 일컬어진다. 오쿠무라 기와오(奧村喜和男)나 기시 노부스케(岸信介), 미노베 요지(美濃部洋次) 등이 그 일원이었다.

(2) '정당화'하는 관료

이처럼 전전 일본에서 관료를 우위로 하는 견해가 압도적으로 강한 가운데 마스미 준노스케^升味準之輔는 1920년대 일본에서 관료에 대한 정당의 영향력이 확대된 측면이 보인다고 논했다. 마스미는 내무성[4] 관료를 중심으로 당파적인 인사가 이뤄진 것이나 관료의 정당 참가라는 현상이 보이게 된 것을 밝히고 '관료의 정당화^{政黨化}'가 진행된 것이라 주장했다. 이후 '관료의 정당화'는 근대 일본의 정치적 민주화 과정을 밝히는데 중점을 두어 온 일본 정치사 연구 속에서 정당 세력이 대두해 간 하나의 요인으로 중요한 위치를 부여받게 된다.

나아가 1990년대 후반 이후 '관료주도'에서 '정치주도'로의 전환을 요구하는 목소리가 현실 정치 세계에서 강화된 것을 배경으로, 전전 일본에서 '관료의 정당화' 과정을 정치^{精緻}하게 분석한 연구가 거듭되었다. 이러한 연구 조류를 리드한 시미즈 유이치로^{淸水唯一朗}는 정당내각 시대의 관료 인사 측면에서는 '관료의 정당화'가 진행되었지만 제도적으로는 '정무'와 '사무'의 구별을 명확히 해 행정의 안정을 도모하는 것으로 새로운 정관관계의 구축이 지향되었음을 밝혔다.

(3) '전문화'하는 관료

1920년대는 '관료의 정당화'가 대폭 진전한 시대였지만 다른 한편으로 마스미도 지적하듯 '관료의 전문화'가 진전한 시대이기도 했다. 1920년대를 거치며 크게 진전된 중화학공업화나 도시화, 도시-농촌 격차 확대 등을 배경으로 새로운 정책과제가 등장하고 각각의 분야에서 높은 전문성이 요구된 것이다.

와카쓰키 쓰요시^{若月剛史}는 이점에 주목해 1920년대에 관료제 내에서 전문성을 존중하는 분위기가 양성되고 그러한 전문성의 관점에서 나온 정책 요구의 정통성은 강화되었으며 그 결과 성청^{省廳}간의 섹셔널리즘^{sectionalism} 적 대립이 강화되어 갔음을 논했다. 또한 와카쓰키는 이러한 전문성 존중 풍조를 배경으로 각 성청 내에서도 특수한 전문성을 담당한 기술관료나 현업부문(우편이나 철도 등)의 관료군이 정치적으로 활성화되어 갔음을 밝혔다.

(4) '관료의 정당화'와 '관료의 전문화'의 상극

이처럼 1920년대 일본은 '관료의 정당화'와 '관료의 전문화'가 거의 동시에 발생해 관료도 정당도 그 대응에 직면하게 된 시대였다. 정당으로서는 '관료의 정당화'를 추진하면 관료제에 통제를 강화할 수 있지만 그것이 지나치면 전문성에 기반한 행정이 곤란하게 된다. 다른 한편으로 '관료의 전문화'를 촉진하면 새로운 정책이 나오기 쉬워지나 그것이 과도하게 진전되면 각 성청에서의 정책 요구가 분출해 조정이 어려워진다. 양자의 밸런스를 어떻게 잡을 것인가라는 과제가 전전 일본의 정당 내각을 담당한 정우회·헌정회-입헌민정당라는 양대 정당[p.433]에게

---

4) 내무성: 1873년 설치되어 1947년까지 존속한 관청. 지방행정이나 토목, 위생 등 폭넓은 범위를 관할하고 내정의 총합 관청으로 거대한 권한을 가지고 있었다. 또한 경찰과 의원 선거도 관할하고 있었기 때문에 정당세력이 신장하는 1920년대에는 '관료의 정당화'가 대폭 진전하게 되었다.

던져진 것이다. 그러나 양당 모두 이에 답하지 못하는 가운데 정당내각제는 붕괴해버렸다.

이 과제에 답할 수 있다고 생각되는 것이 전후 자민당 정권이다. 무라마쓰 미치오^{村松岐夫}는 자민당(및 그 전신)이 관료에 대폭적인 권한을 '위임'해 관료들에게 정책면에서 힘을 발휘할 수 있는 체제를 정비했음을 논하였다. 그리고 자민당은 그 결과로 탄생한 새로운 정책을 실현에 옮겨 전후의 사회 변화에 유연하게 대응할 수 있었다. 다른 한편으로 이 과정에서 구축된 관료와 정당의 밀접한 제휴관계를 배경으로 이케다 하야토^{池田勇人}나 사토 에이사쿠^{佐藤榮作} 등 관료 출신 자민당 정치가가 다수 태어나게 되었다.

이러한 전후의 과정은 역사학적으로 충분히 밝혀졌다고는 할 수 없다. 금후 일본사학이 해명해야 할 '과제'다.

> **탐구 포인트**
> ① 바람직한 정관관계에 관해 어떻게 논의되어 왔을까.
> ② 정관관계는 어떻게 변화되어 왔을까.
> ③ 정관관계가 변화해 간 요인으로 무엇을 생각할 수 있을까.

참고문헌

升味準之輔^{마스미 준노스케}『日本政黨史論』東京大學出版會, 1968.

辻清明『新版 日本官僚制の研究』東京大學出版會, 1969.

清水唯一朗『政黨と官僚の時代』藤原書店, 2007.

村松岐夫『政官スクラム型リーダーシップの崩壊』東洋經濟新報社, 2010.

若月剛史『戰前日本の政黨內閣と官僚制』東京大學出版會, 2014.

38. 군부와 정치
육군·해군은 어떻게 정치와 연관되었는가

모리 야스오(森靖夫*) 집필 / 조국 번역

관련항목 IV-6[p.363] IV-29[p.432] IV-35[p.450] IV-36[p.453] IV-37[p.456] IV-40[p.465] IV-42[p.471] IV-43[p.474]

〔논의의 배경〕

1930년대 이후 일본제국 육해군은 정치적으로 대두해 마침내 내각의 생사를 좌우할 정도의 권력을 손에 넣었다. 그 때 '통수권[p.474] 독립'은 커다란 무기가 되었다. 그렇다면 왜 1920년대에 통수권 독립이나 육해군의 정치 개입은 커다란 정치문제가 되지 않았을까. 애초 1930년대 이후 군부의 대두나 전쟁으로의 길은 계획적이었을까.

〔논점〕

(1) '통수권의 독립'은 군부의 정치적 대두를 가져왔는가

메이지정부는 정당정파가 군으로 파급되는 것을 우려해 문민에 의한 군사개입을 막는 제도를 구축했다(통수권의 독립). 참모본부의 독립(1878), 육해군성의 무관전임武官專任(1886), 군부대신현역무관제[1](1900), 유악상주帷幄上奏[2]의 관행화(1885~), 군령의 제정(1907) 등이 그것이다. 종래 연구를 대표하는 마쓰시타 요시오松下芳男 등은 이러한 일련의 제도들이 성립함에 따라 군부가 내각을 능가하는 정치적 권력을 장악했다고 보았다.

확실히 통수권 독립제는 유악상주의 남용이나 육해군대신의 단독사직으로 인한 내각 붕괴의 형태로 1890년대 이후 이미 정치문제화되었다. 그러나 삿초번벌薩長藩閥 주류가 정치의 의사결정을 주도하는 이상, 군부가 정부로부터 자립해 강대한 권력을 갖지는 못했다. 최근 이토 유키오伊藤之雄가 지적한 대로 원로이자 종신 현역 육군군인으로서 군의 통제를 담당한

---

*) 도시샤대학 법학부 교수 | 일본정치사

1) 군부대신현역무관제: 1900년에 군부대신은 현역장관(대·중장)으로 한다는 규정이 육해군성 관제로 정해졌다. 현역 군인의 인사가 통수권에 속하는 이상, 문민수상은 군부대신 인사에 관해 군부의 추천에 기대지 않을 수 없었다. 이 제도가 내각의 목숨을 좌우한다고 일컬어지는 이유다. 관제가 개정된 1913~36년 동안은 예비역·후비역 장관도 취임 가능했지만 비현역 군부대신은 한번도 탄생하지 않았다.

2) 유악상주 : 육해군통수기관의 장, 혹은 육해군대신이 국무대신의 보필을 거치지 않고 천황에 직접 상주해 재가를 청함을 말한다. 1885년부터 군사칙령의 유악상주관행이 시작되어 1907년에 군령으로 제도화되었다. 다만 예산승인을 필요로 하는 병력량의 결정 등에 관해서는 군정(국무)·군령(통수)의 혼성사항으로 여겨졌다. 미노베 다쓰키치(美濃部達吉)나 사사키 소이치(佐々木惣一) 등의 주류 헌법학자는 병력량의 결정은 국무대신의 보필에 해당한다는 해석을 취했다.

야마가타 아리토모山縣有朋는 참모본부를 통제해 육군성을 중심으로 하는 조직을 만들었고 정부와 군부의 대립이 발생할 수 있는 통수권 독립의 확대해석에도 억제적이었다.

그럼에도 2개 사단 증설문제와 우에하라 유사쿠上原勇作 육군상의 단독사직(1912)은 군부의 횡포와 정치적 강대화를 보여주는 것이라 이해할 수 있다. 다만 이 사건은 강력해진 정당 권력에 대한 육군의 방어조치라는 해석도 가능하며, 그 직후 군부대신현역무관제 개정이 실현된 점을 생각하면 오히려 정당이 우위에 있었다 할 수 있다. 그 후에도 여론의 군벌 비판은 강해 군부는 정치적 대두는커녕 후퇴하지 않을 수 없었다. 요컨대 제도의 운용실태를 중시하는 실증연구에 의해 통수권 독립이 반드시 군부의 정치적 대두를 야기하지는 않았음이 명확해진 것이다.

(2) 왜 1930년대까지 군부는 정치적으로 대두하지 않았는가

통수권 독립이라는 무기에도 불구하고 왜 1930년대까지 군부의 정치관여는 억제되었는가. 이는 여론의 지지를 받는 정당정치가 정착한 이상, 정당과 대립하기보다 협조하는 편이 군부에게 유익했기 때문이다. 육군의 군축과 장비의 근대화, 청소년훈련과 복무연한 축소는 각각 정당과 군부 양자 무승부의 산물이라 할 수 있다. 모리 야스오森靖夫나 고바야시 미치히코小林道彦가 지적하듯 군부대신은 정당내각 일원으로서의 강점을 살려 군 내부를 통제하고 참모본부에서 나오는 통수권 독립의 목소리를 억누를 수 있었다. 정당도 이를 바탕으로 군부 통제가 가능했던 것이다. 나아가 모리는 정당과의 협력은 군에게 보다 적극적인 의미가 있음을 지적한다. 장래 일어날 수 있는 총력전은 국민이 주체가 되는 이상, 제1차세계대전 전승국과 같이 문민 지도에 따른 '군민일치'의 체제, 즉 국가총동원[3] 체제를 일본도 준비해야 했기 때문이라는 것이다.

(3) 군부의 정치적 대두가 가져온 것

일련의 테러·쿠데타(미수도 포함) 사건과 만주사변은 정당내각을 매장시키고 군부의 정치적 대두를 불러왔다. 그 후 거듭된 결과를 연결해 보면 군부가 계획적으로 목표(군부독재든 간접적 정치지배든)를 달성해 간 것처럼 보인다. 그러나 시점을 달리하면 테러·쿠데타나 만주사변은 통수권 독립을 방패로 한 일부 군인의 궤도이탈이자 조직의 불상사였다. 군 수뇌가 일단 인정해버린 결과, 궤도이탈은 특히 육군에서 반복되며 군 수뇌에 의한 군부내 통제가 곤란해졌다. 아이러니하게도 통수권 독립의 확대해석은 군부의 정치적 대두를 가져온 반면, 도리어 군부를 자승자박으로 몰아 세운 것도 사실이다.

만주사변은 극동 소련군의 강화强化를 유인했고 워싱턴·런던 해군군축조약의 파기[4]에

---

3) 국가총동원: 국가의 모든 자원을 통제 운용해 전쟁을 위해 동원함을 말함. 1918년 군수공업동원법 이래, 국가총동원의 준비는 영미와 마찬가지로 문민의 우위 하에서 진행되었다. 나가타 데쓰잔(永田鐵山) 등 군부에도 찬동자가 있었지만 통수권 문민 개입에 대한 군부의 저항은 뿌리 깊었고 문민 주도에 의한 국가총동원체제의 확립은 실현되지 않았다.

4) 워싱턴·런던 해군군축조약의 파기: 일본은 워싱턴 해군군축조약(1922), 런던 해군군축조약(1930)의 파기를 각각 1934·36년에 통고했다(통고 후 2년간은 유효). 미·영·프는 제2차 런던 군축조약(1936)을 체결했지만 조약에 조인하지 않은 일본, 이탈리아에 대항해 자국의 군비제한을 완화할 수 있는 조항을 설정했기 때문에 38년 이후 각국의 건함(建艦) 경쟁은 격화되었다.

따라 열강과 건함建艦 경쟁은 격화되었다. 육해군은 스스로 초래한 국방 위기를 이유로 군확 및 이를 강력히 추진하기 위한 정치개혁 요구를 강화해 갔다. 다만 화베이 분리공작[p.465]도 중일전쟁도 육군 전체의 계획에 기반한 것은 아니었다(전쟁 확대는 바라지 않았다). 가와다 미노루川田稔는 원료 공급지로 화베이華北(중국 북부)를 붙잡아 두고 대소련 지구전에 대비(중국을 먼저 공격)하는 육군 내의 구상과 그 실현(중일전쟁)을 결부하여 생각한다. 그러나 구상, 혹은 계획과 이를 실행으로 옮기는 일은 다른 차원의 이야기다. 모리나 고바야시가 제시한 것처럼 만주사변 이래 군 수뇌가 불충분하다고는 해도 현지군의 통제를 시도한 여러 사례는 이들이 계획적이지 않았음을 명료히 이야기했다.

중일전쟁 이후 군인이 내무대신이나 문부대신까지 취임한 사례는 군부의 정치지배가 강화된 것으로도 볼 수 있다. 사실 육군은 군부대신 현역무관제를 이용해 요나이 미쓰마사米內光政 내각을 무너뜨리는 폭거에도 나섰다. 그러나 이것도 정치지배가 목적이었다기보다 중일전쟁을 해결할 수 없는 군 전체의 초조함과 군부내의 무無통제(천황이 기대했던 하타 슌로쿠畑俊六 육군상도 내각 붕괴의 의도는 없었다)에 의한 것이었다. 그 후 도조 히데키東條英機가 수상이 된 것도 천황·궁중이 대미 개전 회피를 도조에 기대했기 때문이다.

한편 해군은 육군의 대외행동에 비판적이었다. 그러나 해군도 만주사변 이후는 육군에 대항해 군령부 권한을 확대하고 육군과 함께 군확을 가속시켰다. 데시마 야스노부手嶋泰伸가 지적하듯 해군은 조직이익을 우선해 독·이·일 3국동맹이나 대미개전을 저지하고자 하지 않았다. 애초 통수권간범干犯문제5)에서 군부의 정치적 대두에 기운을 돋운 것은 해군으로 오히려 군부의 정치적 대두에 일익을 담당했다고도 볼 수 있다.

탐구 포인트

① 통수권 독립이 군부에 가져온 긍정적인 면과 부정적인 면을 정리해 보자.
② 군부는 정치적 대두에 의해 무엇을 얻었을까.
③ 육군과 해군이 정치와 맺는 관계 방식에 어떠한 차이나 공통점이 있었을까.

참고문헌

松下芳男『明治軍制史論』上·下, 有斐閣, 1956.
伊藤之雄이토 유키오『山縣有朋』文藝春秋, 2009.
森靖夫『日本陸軍と日中戰爭への道』ミネルヴァ書房, 2010.
川田稔『昭和陸軍の軌跡』中央公論新社, 2011.
手嶋泰伸『日本海軍と政治』講談社, 2015.
小林道彦『近代日本と軍部』講談社, 2020.

---

5) 통수권간범문제: 하마구치 오사치(濱口雄幸) 내각은 병력량의 결정도 국무사항에 속한다고 해석해 군령부의 반대를 억누르고 1930년에 런던 해군군축조약 조인에 착수했다. 가토 히로하루(加藤寬治) 군령부장은 반대 유악상주를 시도했지만 궁중에서 저지되었다. 군령부의 대결자세를 받아 야당인 정우회와 우익이 통수권을 간범(干犯)했다고 정부를 공격해 하마구치 수상에 대한 저격사건으로 이어졌다. 궁중측근도 이 사건을 계기로 테러의 표적이 되었다.

39. 병사의 경험
병사들은 어떻게 만들어지고 싸웠는가

이치노세 도시야一ノ瀬俊也*) 집필 / 김경옥 번역

관련항목 IV-25[p.420] IV-32[p.441] IV-40[p.465] IV-43[p.474] IV-44[p.477] IV-54[p.507]

〔논의의 배경〕

메이지유신과 신분제 해체로 일본 국민은 동등하게 병역의 의무를 지게 되었다. 이전까지의 전쟁은 무사의 일이었고 서민들과는 거의 관계없는 이야기였다. 그것이 뒤집혀 이제는 자신들도 총을 들고 전장에서 싸우고 부상을 입거나 목숨을 잃을 가능성이 생긴 것이다. 비록 전쟁이 없더라도 군대에서 수년간 훈련을 받는 것은 그간의 수입을 잃는 것으로 연결되었다.

그럼에도 많은 남성이 징병되어 병사가 되었다. 왜 사람들은 병사가 되어 싸우고 다치고 죽는 것을 받아들이게 된 것일까. 메이지 천황은 1882년의 군인칙유軍人勅諭1)에서 병사들에게 '목숨은 깃털보다 가볍다는 것을 명심해라'고 설파했다. 하지만 병사들이 목숨을 내던진 이유는 그것만이 아니었다. 전후 50년을 맞이한 1990년대부터 병사를 만들어 내는 미세한 메커니즘을 밝히는 연구가 진행되었다.

〔논점〕

(1) 어떻게 해서 병사가 되었을까

1873년 제정된 징병령2)에는 대인료代人料라고 칭하는 고액의 금전을 지불한 자와 일가의 호주戶主 등의 징집을 면제하는 규정이 있었지만, 점차 축소되어 이후 폐지되었다. 다만 당초의 군대는 규모가 작았기 때문에 많은 사람이 현역 입대를 면했다. 또한 육군은 다수의 징병과 소수의 지원병으로 필요한 병사의 수를 채웠고 비교적 적은 수의 해군은 쇼와 초기까지는 장기간 복역하는 지원병을 주체로 하고 있었다.

---

*) 사이타마대학 교양학부 교수 | 일본군사사·사회사
1) 군인칙유: 1882년 메이지 천황이 충절·예의·무용·신의·검소의 5가지 덕목을 군인들에게 직접 설파하는 형식으로 내려진 칙유. 그 목적은 군인의 정치 관여를 금하고 자유민권운동의 유입을 막는 것이었지만, 한편으로는 대원수인 천황과 군인의 밀접한 유대를 강조하여 천황 및 상관에 대한 복종이라는 규범을 절대화하는 역할을 완수했다.
2) 징병령: 이 법률로 20세 남자는 징병검사에 의한 선별과 제비뽑기를 거쳐 징집되었고 육군 보병의 경우 3년간 복무했다. 그러나 대학 등의 재학자는 징집을 유예(사실상 면제)받았기 때문에 불공평하다는 비판도 뿌리 깊었다. 1927년 병역법으로 개칭하여 복역 기간을 2년으로 단축했지만, 태평양 전쟁 중 43년의 이른바 학도 출진으로 재학자도 입대하게 되었다.

호적제도와 지방자치제가 정비되며 병역제도를 원활하게 운용할 수 있게 되었다. 각 시구정촌에는 병사계兵事係를 두고, 어느 집에 어떤 남성이 있는지에 대한 자세한 데이터를 갖추어 징병검사나 전시동원에 활용했다. 엔도 요시노부遠藤芳信는 1880년대부터 90년대에 걸쳐 전국의 각 군이나 시정촌에 상무회尙武會 등으로 불리는 징병지원단체가 설치되어 병사의 환송이나 위로를 담당함으로써 징병은 국민의 명예라는 의식을 만들어 갔음을 밝혔다.

1990년대부터 2000년대에 걸쳐 병사들의 인생에서 군대 경험의 의의에 주목하는 군사사·사회사 연구가 활발해졌다. 요시다 유타카吉田裕는 병사로서의 최고위인 상등병이 되기 위한 경쟁이나 근대화 기반으로서의 군대에 주목했다. 상등병이 되어 제대한 병사가 향리에서 그 명예를 칭송받은 것은 군대가 긍정적으로 받아들여졌기 때문이다. 징병검사 최고 등급인 갑종으로 합격하고 나서야 제 몫을 하는 남자가 된다는 의식도 특히 농촌에서 강했다. 징병을 계기로 유곽에 다니기 시작하는 사람도 있었다.

군대는 학교나 공장과 함께 사람들에게 근대적인 생활 습관을 주입하는 장소이기도 했다. 병사들은 양복을 입고 침대에서 기상하고 때로는 카레와 같은 양식을 먹은 것이다. 일부 남성에게 징병은 인생에서의 통과의례이며 큰 이벤트였다.

(2) 전장에서 어떻게 싸웠을까

병사들은 대외전쟁이 일어나면 먼 외국으로 보내졌다. 보병은 상관의 명령대로 총검을 들고 돌격하여 적진을 제압하는 훈련을 받고, 전투에서는 상관의 명령대로 일제히 돌격했다. 일본군은 병사들에게 '필승의 신념'이나 정신력의 중요성을 설파했는데, 그것은 노후화된 장비나 러일전쟁에서 드러난 낮은 정신력을 감추기 위해서였다.

후지와라 아키라藤原彰는 태평양전쟁에서 일본군 전사자의 과반수가 아사였다는 충격적인 설을 주장했고, 이후의 연구뿐만 아니라 일반 사회에서의 일본군관觀에도 큰 영향을 미쳤다. 중일전쟁 이후 중국이나 남방에서 보급을 경시한 강제적인 작전이 연이어 행해진 결과, 영양실조로 인한 사망자가 다발했다. 청일·러일전쟁에서는 백미를 공급받은 많은 병사가 각기병脚氣病3)으로 목숨을 잃었다. 그 후 보리밥이 공급되어 각기병은 줄었지만 쇼와 시대에 이르기까지 감염증의 위협은 컸다. 청일전쟁에서는 콜레라, 중일·태평양전쟁에서는 말라리아 등 다양한 감염증으로 많은 병사가 죽었다.

중일전쟁 이후 전장이 확대되며 일본군 인원도 급증했다. 고령이나 병사가 되기엔 체력이 부적합한 사람까지 다수 입대해 군대로서의 질도 떨어져 갔다. 전쟁이 장기화되어 귀환의 전망이 서지 않는 가운데 상관에 대한 반항이나 전쟁터에서의 약탈이라는 범죄가 다발해 군은 이를 단속하느라 바빴다.

---

3) 각기병 : 비타민B1 수치의 부족으로 발병해 심부전에 의한 죽음에 이를 가능성이 있는 병. 보리밥이 가지는 예방효과는 경험적으로 알려져 해군이 빵·보리밥을 도입해 환자를 줄였음에도 불구하고 육군은 백미밥을 고집해 청일·러일전쟁 중 많은 사망자를 냈다. 그 배경에는 당시 귀했던 백미밥을 동경하는 병사들의 심정도 있었다.

(3) 죽어서 어떻게 위령되었을까

죽은 병사의 위령 장소로서 일반적으로 알려진 것은 1869년에 도쿄 초혼사招魂社로 창건된 야스쿠니 신사靖國神社이다. 야스쿠니는 전쟁에서 국가를 위해 목숨을 잃은 자들만을 신으로 모시고 군대의 사기를 유지하려 했다. 그러나 그 후의 연구에서는 보다 미시적인 지역사회에서의 전사자 위령의 실상이 논의되었다.

후지이 다다토시藤井忠俊는 각 시정촌에서 성행한 전사자 장례식이나 충혼비忠魂碑[4]에 의해 전사자가 "향사鄕士의 명예"라는 위치를 부여받은 점에 주목했다. 전사자가 명예로운 존재로 여겨진 것은 그 죽음의 의의, 즉 전쟁의 정당성에 대한 비판을 어렵게 했기 때문이다.

전사자의 장례식을 지역사회 전체가 성대하게 치른 것은 뒤를 이을 젊은이들에게 본보기로 삼는 동시에 유족들의 비탄의 소리를 억제하고 전쟁이나 군에 대한 불만, 비판의 증가를 막기 위함이기도 했다. 그러나 장례식 제단에 준비하는 유골함의 내용물은 태평양전쟁기의 전쟁 국면이 악화되면서 뼈가 아니라 남겨진 머리카락이나 현지의 것으로 여겨지는 돌, 영새靈璽[5]라 칭하는 목패木牌나 지방紙榜[6]으로 바뀌어 갔다. 상자를 열어 본 유족들은 육친이 정말 죽었는지, 군이 외치는 승리가 정말 맞는지 강한 의구심을 품게 되었다.

탐구 포인트

① 지방자치와 종교에까지 널리 영향을 미친 병사 동원 구조는 어떻게 갖추어졌을까.
② 전장에서 싸우는 병사는 전쟁과 자신의 죽음을 어떻게 생각하고 있었을까.
③ 전직 병사나 유족들은 반전평화주의가 강한 전후(戰後)를 어떻게 살아왔을까.

참고문헌

遠藤芳信「1880~1890年代における徵兵制と地方行政機關の兵事事務管掌」『歷史學硏究』437, 1976.
加藤陽子가토 요코 『徵兵制と近代日本』吉川弘文館, 1996 / 박완 역 『징병제와 근대 일본』고려대학교출판문화원, 2024 [예정].
藤井忠俊후지이 다다토시 『兵たちの戰爭』朝日選書, 2000.
原田敬一하라다 게이이치 『國民軍の神話』吉川弘文館, 2001.
吉田裕요시다 유타카 『日本の軍隊』岩波書店, 2002 / 최혜주 역 『일본의 군대』논형, 2005.

---

4) 충혼비: 전사자를 모시는 비로 지역 신사나 학교 등의 부지에 세워져 많은 사람이 일상적으로 사자(死者)의 존재를 의식하고 있었다. 대부분은 청일·러일전쟁 후에 세워졌지만 반전평화사상이 고조된 제1차 세계대전 후에 세워진 것도 있었다는 사실은 충혼비가 가진 정치성을 보여준다. 현재는 그 유지관리를 누가 담당할 것인가가 문제화되고 있다.
5) [역주] 불교의 위패에 해당하는 것으로, 고인의 영이 깃든다고 하여 통상 하얀 나무로 만든다.
6) [역주] 지방 : 종잇조각에 지방문을 써서 만든 신주(神主). 일본어로는 가미후다(紙札).

40. 만주사변에서 중일전쟁으로
왜 일본의 침략은 확대되었는가

요시이 후미吉井文美*) 집필 / 김경옥 번역

관련항목 IV-35[p.450] IV-42[p.471] IV-43[p.474] IV-57[p.516]

〔논의의 배경〕

유럽이 비참한 전쟁터가 된 제1차 세계대전의 종결 후, 전쟁 억지를 위한 제도나 국제조약이 본격적으로 정비되어 갔다. 동아시아에서는 국제연맹규약이나 9개국 조약, 부전조약 등을 통해 평화유지를 위한 집단적인 체제가 만들어졌다. 이러한 틀이 존재하는 가운데 일본의 중국 침략은 왜 확대된 것일까.

〔논점〕

(1) 일본은 어떻게 해서 중국을 침략했는가

1931년 9월 류타오후 사건柳條湖事件에서 비롯된 만주사변에 의해 관동군은 만주(중국 동북부)를 제압했다. 이것은 중국의 영토보전을 정한 9개국 조약에 대한 위반행위였지만, 일본은 자위권의 발동이라고 주장해 민족자결을 논거로 '만주국'을 창출했다. 중일의 군사 충돌은 1933년 5월에 탕구塘沽 정전협정1)을 체결함으로써 정지되고, 이 협정으로부터 1936년의 쑤이위안 사건綏遠事件2)까지 중일 간에는 큰 전투는 일어나지 않았지만, 그 사이에도 일본 육군은 1935년에 화베이華北 분리공작3)을 일으키는 등 중국에 대한 개입을 심화시켜 갔다. 이 공작은 대규모의 항일운동이 중국 전역으로 확산하는 계기가 되어 공산당 토벌을 우선하는 장제스蔣介石와 대일공조를 지향하는 왕자오밍汪兆銘(왕징웨이汪精衛) 사이에 1932년 이래 진행된 국민정부의 대일

---

*) 국립역사민속박물관 준교수 | 일본 근현대사·동아시아국제관계사
1) 탕구 정전협정: 1933년 5월 31일에 허베이성 탕구에서 관동군 참모부장 오카무라 야스지(岡村寧次)와 군사위원회 베이핑분회 총참의 시옹 빈(熊斌) 사이에 체결된 정전협정. 중일의 '지방당국'군 사이에 맺은 이 협정에 의해 류타오후 사건 이래의 군사 충돌이 정지되었고, 동시에 일본의 만주 영유(領有)와 만주국의 영역이 사실상 확정되었다.
2) 쑤이위안 사건: 1936년 11월 일본 관동군의 원조 아래 쑤이위안성을 침공한 데므치그돈로브(德王)의 내몽골군이 푸줘이(傅作儀)가 이끄는 쑤이위안군에게 격퇴되어 요충지인 파이린먀오(百靈廟)를 역으로 점령당하게 된 중일 간의 국지전이다. 내몽골군의 배후에는 일본군이 있었으므로 중국에서는 대일전 승리로 대대적으로 보도되었고, 항일운동이 전국적으로 고양되었다. 동년 9월부터 개시되었던 가와고에 시게루(川越茂)·장췬(張群) 회담(중일교섭)이 중단되고 동년 12월에 시안(西安) 사건으로 이어지는 계기가 되기도 했다.
3) 화베이 분리공작: 1935년 5월 이후 관동군이나 지나 주둔군이 중심이 되어, 중국 북부의 5성 허베이(河北)·산둥(山東)·산시(山西)·차하얼(察恰爾)·쑤이위안(綏遠)을 국민정부의 지배로부터 떼어내 일본 세력 아래에 두는 것을 목표로 실시한 정치 공작. 그 배경에는 급속히 군사력을 강화하는 소련에 대한 경계감의 고조와 석탄을 비롯한 국방자원 확보의 필요성 등이 있었다.

타협노선은 한계를 맞이한다. 이후 1936년 말에 장제스는 공산당과 일치해 항일 정책 쪽으로 방향을 틀었다. 이러한 상황하에서 1937년 7월 베이핑北平 교외의 루거우차오盧溝橋에서 중일 양군의 군사 충돌이 일어나자 전투는 전면전으로 확대되었다. 당초 전선 불확대 방침을 취하고 있던 일본은 철저한 항전 자세를 관철하는 중국을 상대로 단기 결전에 실패한 후 '동아신질서' 건설을 전쟁 목적으로 내걸고 전선을 확대시켜 나갔다.

(2) 만주사변과 중일전쟁은 연속된 전쟁인가

중일 양국의 군사 충돌에 대해서는 침략 실태나 전쟁 책임의 소재를 밝히려는 문제의식을 배경으로 류타오후 사건에서 태평양전쟁 패전까지를 일괄적으로 '15년 전쟁'이라고 하는 호칭이 일찍이 사용되고 있었다. 그러나 만주사변과 중일전쟁 사이에는 군사 충돌이 정지되어 있던 시기나 양국 관계의 수복이 진행되기도 했던 시기도 있어 계속해서 전쟁상태가 지속되었던 것은 아니라는 것이 밝혀졌다. 예를 들면 이노우에 도시카즈井上壽一는 이 시기의 일본 외무성이 중일관계 개선을 시도한 것과 그 좌절 과정을 지적했다. 근년의 연구는 대체로 만주사변에서 중일전쟁으로의 흐름을 단선적으로 파악하는 것이 아니라 만주사변 이래 위기가 일시적으로 진정된다거나 국민정부에도 대일 타협노선이 있었다는 사실을 바탕으로, 중일관계가 수복되지 못한 채 전면전쟁에 이르게 된 과정을 밝히는 방향으로 나아가는 중이다.

(3) 일본의 중국침략에 국제사회는 어떻게 대응했을까

일반적으로는 1933년 3월 일본이 국제연맹 탈퇴를 표명하여 일본은 '세계의 고아'가 되었다고 가정하는 경우가 많다. 연맹 탈퇴는 확실히 국제사회에 등을 돌리는 행위였지만, 여러 외국과의 양자간 외교는 그 후도 기능하고 있어 실제로 탈퇴로 인해 일본이 국제적인 고립에 빠졌다고는 말할 수 없다.

근년에는 여러 외국의 동향을 실증적으로 밝히는 연구가 축적되어 왔다. 동아시아의 국제 정세에 큰 영향력을 가지고 있던 미국은 국제 질서를 유린하는 일본에 대해 때로 경고했지만, 중일전쟁이 시작된 이후에도 여전히 일본에 대한 중국의 항전 능력이 충분한지를 신중하게 판단하려고 했다. 중국에 막대한 경제적 이권을 가지고 있던 영국은 중국을 누가 지배할 것인가 하는 문제보다 중국에서 자국의 권익을 어떻게 지킬 것인가를 중시하는 경향이 있었다. 이처럼 동아시아 정책을 둘러싸고 역점을 달리하고 있었기 때문에 서로 불신하고 있던 미국과 영국은 1930년대 내내 함께 일본에 강경한 자세를 취할 수 없었다. 만주사변 직후 양국의 엇갈림에 대해서는 크리스토퍼 쏜Christopher G. Thorne이 밝히고 있다. 다지마 노부오田嶋信雄는 독일이 1920년대 말부터 중국에 군사고문단을 파견하는 등 오랜 기간 중국에 군사원조를 했지만, 대소전 수행을 위한 새로운 파트너로서 일본에 눈을 돌리게 되면서 1938년에 국민정부와 사실상 국교를 단절하고 1940년에 독·이·일 3국 군사동맹을 맺은 흐름을 보여줬다.

(4) 중일전쟁의 특징은 무엇인가

중일전쟁의 특징 중 하나로서 중일 양국 모두 선전포고나 최후통첩을 하지 않은 형태로 전쟁이 진전된 것을 들 수 있다(1941년 12월 태평양전쟁 개전과 함께 충칭 국민정부가 일본에 선전포고). 그 때문에 4년 이상에 걸쳐 국제법상 전쟁으로 인정되지 않는 전투가 계속되고 있었다. 이 배경에는 일본이 9개국 조약이나 부전조약 위반으로 간주되는 것을 피하려고 한 점이나, 중일 양국이 미국의 중립법中立法4) 적용을 우려한 사정 등이 있었다. 그 결과 일본은 중국 점령지에 대해서 정규의 군정을 시행할 수 없었고 새롭게 창출한 지역 정권을 통해 간접적으로 점령지를 지배했다(가토 요코加藤陽子의 지적). 일본이 창출한 지역 정권을 단순히 '괴뢰정권'으로 간주하는 경우가 많았는데, 세키 도모히데關智英는 정권의 수립이나 경영과 관련된 중국인의 주체성을 그려내고 중일전쟁기에 점령지에서 전개된 대일협력의 논리를 밝히고 있다. 요시이 후미吉井文美는 여러 외국, 특히 최대의 중국내 권익 보유국인 영국과 중화민국이 쌓아온 관계성을 지역 정권이 계승하면서, 일본이 강한 영향력으로 현지 지배를 심화하자 발생한 마찰을 묘사해 구질서를 일정 정도 계승한 형태의 점령지 지배가 어려움을 보여주었다.

탐구 포인트

① 중일 전면전쟁은 만주사변이나 루거우차오(盧溝橋) 사건의 당연한 귀결이라고는 단언할 수 없다.
② 왜 제 외국은 침략을 억지하기 위해 유효한 수단을 강구할 수 없었던 것일까.
③ 중일전쟁은 일본이 그전까지 해온 전쟁과 어떻게 다른 것이었을까.

참고문헌

井上壽一『危機のなかの協調外交』山川出版社, 1994.
クリストファー・ソーン(市川洋一譯)『滿州事變とは何だったのか』上下, 草思社, 1994.
加藤陽子가토 요코「興亞院設置問題の再檢討」服部龍二・土田哲夫・後藤春美編『戰間期の東アジア國際政治』中央大學出版部, 2007.
田嶋信雄「ドイツの外交政策と東アジア」田嶋信雄・工藤章編『ドイツと東アジア』東京大學出版會, 2017.
關智英『對日協力者の政治構想』名古屋大學出版會, 2019.
吉井文美「日本の中國支配と海關政策の展開」『日本歷史』865, 2020.

---

4) 중립법: 1935년 미국에서 제정된 법률. 대통령이 전쟁 상태에 있다고 인정한 나라에 대해서 무기나 군수자재의 수출을 금지하는 것. 몇 번의 개정을 거쳐 중일전쟁기에는 교전국에 대한 차관 금지나 교전국이 일반 물자・원재료를 미국으로부터 수입할 필요가 있는 경우, 현금에 의한 매입과 자국선으로 수송하는 의무도 부과되었다.

41. 재해와 근현대 일본
재해를 기억하고 기록한다는 것은

쓰치다 히로시게土田宏成*) 집필 / 김경옥 번역

관련항목 II-30[p.227] III-16[p.284] III-25[p.311] IV-50[p.495] IV-59[p.522] IV-60[p.525]

〔논의의 배경〕

1995년 1월 한신阪神·아와지淡路 대지진, 2011년 3월 동일본 대지진 등 막대한 피해를 일으키는 지진이 발생했다. 향후에도 유사한 지진 발생이 예측되고, 그 외에도 기후 변동에 따라 점점 심각해지는 풍수해도 염려되고 있다. 이러한 가운데 근현대 일본의 재해에도 관심이 높아지고 있다.

〔논점〕

(1) 근현대 일본의 재해와 그것을 연구하는 의의란

과거의 재해에 관해 연구하는 의의는 무엇일까. 가장 먼저 떠오르는 것은 과거의 재해에서 배우고 장래의 재해에 대비하는 것일 것이다. 과거의 재해에서 무슨 일이 있었는지를 밝히고 기록하고 기억함으로써 거기서 교훈을 도출해 향후 재해 대책에 활용한다는 것이다. 더 시야를 넓히면 재해가 사회에 어떠한 영향을 주었는가 하는 연구 테마도 성립된다. 특히 그 지리적 특성으로 각종 재해가 다발하고 그 영향을 계속해서 받아 온 일본 사회에 관해서라면 그 역사의 특징을 논하는 것이기도 하다.

메이지 이후의 재해에 관해 연구하는 경우, 가까운 시대이기 때문에 재해 시의 피해나 대응 방식이 현재의 그것과 유사하다는 점과 근대 과학에 근거해 조사·기록된 자료가 남아 있는 점 등에서 현대의 재해와 비교 대조하면서 논하기 쉽다는 장점이 있다. 근대사회에서는 과학기술의 발달로 재해 대책이 진행되는 한편, 도시화나 산업화가 피해의 확대나 새로운 재해의 발생으로 이어진 것에도 유의해야 한다.

*) 세이신(聖心)여자대학 현대교양학부 교수 | 일본근대사

(2) 피해와 연구에서 돌출되는 간토 대지진

1923년 간토 대지진關東大震災[1]에서는 지진 후의 거대 화재로 피해가 확대되어 사망자·행방불명자가 10만 5000여 명에 달했다. 정치행정과 경제산업의 중심인 수도 도쿄와 그 주변이 괴멸적인 타격을 입었다는 점에서도 심각한 재해였다. 간토 대지진은 그 규모와 영향에서 일본 근대사는 물론 일본사·세계사에서도 보기 드문 거대 재해이며 가장 유명한 재해 중 하나이다.

지진으로 인한 혼란 속에서 사실과 다른 유언비어에 근거하여 일본 군대, 경찰, 민간 자경단 등이 조선인, 중국인, 사회주의자 등을 폭행·살해한 사건도 벌어졌다. 많은 사람이 목격한 사건이었지만 당시 그 진상은 밝혀지지 않았다. 제2차 세계대전 후 근대 일본의 식민지 지배, 민족 차별, 반체제 운동에 대한 탄압을 상징적으로 보여주는 것으로서 이러한 사건의 연구가 진행되었다. 문서자료에 더해 지역의 기록이나 증언도 성심껏 모아져 사실이 규명되어 갔다.

이렇게 해서 조선인 학살사건[2]을 중심으로 간토 대지진의 역사 연구가 진전되어 왔다. 그리고 또 하나의 축으로서 도시사나 도시계획사, 건축사, 토목사의 입장에서의 제도帝都 부흥[3]사업에 관한 연구가 있다. 근년에는 문과·이과 융합형 연구가 진행되어 피해의 상세, 구호·구제救濟, 추모, 기억의 계승에 관한 연구도 진행되고 있다.

(3) 간토 대지진 이외의 재해

이와 같이 간토 대지진의 연구가 축적되어 지진 발생일인 9월 1일에는 지금도 추모 행사가 행해지고 있다. 1960년에는 정부가 9월 1일을 '방재의 날'로 지정하며 기억은 전국적으로 되살아났다. 그런데 그 밖의 재해에 관해서는 그렇지 않다. 간토 대지진의 피해와 충격이 너무나도 거대했기에 다른 재해가 사소하게 보여져 연구 대상이 되기 어려웠을지도 모른다.

그러던 중 2003년에 중앙방재회의는 과거의 대재해를 체계적으로 연구하고 그 교훈을 계승하기 위해 '재해 교훈의 계승에 관한 전문조사회'를 설치했다. 전문조사회에는 이공계·인문사회계의 전문가와 연구자들이 참가해, 2010년도의 활동 종료까지 1657년의 메이레키明曆의 대화재로부터 1990년대 전반의 운젠후겐다케雲仙普賢嶽 분화까지 재해에 관한 25권의 보고서(그 중 17권이 근현대의 재해)를 작성해 인터넷에 공개했다. 2012년에는 기타하라 이토코北原絲子 등을 편자로 하는 『일본역사 재해사전』이 완성되어 고대부터 현대까지의 지진·

---

[1] 간토 대지진: 1923년(다이쇼12) 9월 1일에 발생한 가나가와현 서부를 진원으로 하는 대지진(매그니튜드 7.9)에 의해 야기된 거대 재해. 격렬한 흔들림이나 해일에 의한 피해도 있었지만, 최대 피해는 도쿄·요코하마 등의 시가지에서 강풍에 휘말리며 동시다발적으로 발생한 화재에 의한 것이었다.

[2] 조선인 학살사건: 간토 대지진에 의해 정보통신설비는 파괴되고 주요 매스미디어였던 신문도 발행 정지되었다. 불안과 혼란 속의 재해지에서 조선인이 재해를 틈타 폭동을 일으키고 있다는, 사실과 다른 유언비어가 퍼지면서 이를 믿었던 일본인에 의해 조선인 등이 살상당하는 사건이 일어났다.

[3] 제도 부흥: 간토 대지진 후 내무대신 고토 신페이(後藤新平)를 중심으로 재해지에서는 도시계획에 근거한 새로운 거리 조성을 목표로 했다. 구획 정리에 의해 도로나 공원 용지가 확보되었고 스미다가와 강(隅田川)을 중심으로 다양한 디자인의 교량도 건설되었다. 제도 부흥사업은 1930년 3월에 거의 완료되어 도쿄는 근대 도시로 거듭났다.

해일·화산 분화·풍수해 등의 자연재해, 화재, 기근, 사고를 두루 살펴볼 수 있게 되었다.

(4) 기억의 계승과 재해를 포함한 역사 서술

이상과 같이 동일본 대지진이 발생한 2011년을 전후해 과거의 재해에 관해 폭넓게 알기 위한 문헌이 등장하고 있어 재해사 연구의 기반이 되었다. 그 후 개별 재해에 관한 연구가 축적됨과 동시에, 다른 재해와 비교하거나 상호 관계에 관한 연구도 진행되고 있다. 예를 들면 간토, 한신·아와지, 동일본의 3개 대지진의 부흥과정을 비교 분석하거나, 과거 재해의 교훈이나 경험이 그 후의 재해 대응에 어떠한 영향을 주고 있는지를 고찰한 연구이다.

재해 기억이 어떻게 계승되는지 묻는 연구도 늘고 있다. '자연재해 전승비'와 같이 재해의 기억을 미래에 전하고자 한 선인들의 노력을 발굴해 데이터를 모아 정리하고, 새롭게 계승하고자 하는 움직임도 있다.

'재해'로서 취급하는 범위를 단순히 확대하는 것은 신중해야 하지만, 최대의 인재라 할 수 있는 전쟁 재해나 감염증의 유행도 포함해서 생각해야 할 것이다. 그것들이 자연재해와 동시기에 또는 수반되어 일어나기도 한다. 취급하는 지역에 대해서는 일본 본토뿐만 아니라 식민지나 일본과 관련된 외국의 재해도 검토해야 한다. 재해의 역사 연구가 진행되어 그 성과를 통합한 역사 서술이 이루어지면 재해는 사회에 널리 기억되게 될 것이다.

탐구 포인트

① 간토 대지진 연구를 심화시킴과 동시에 그 이외의 재해 연구도 진행해야 한다.
② 자연재해를 주된 것으로 하면서, '재해'로서 다루는 범위를 어디까지 폭넓게 생각할까.
③ 재해의 기억은 어떻게 계승되어 우리 사회에 영향을 미치고 있는가.

참고문헌

北原絲子·松浦律子·木村玲歐 編『日本歷史災害事典』吉川弘文館, 2012.

越澤明『大災害と復舊·復興計劃』岩波書店, 2012.

關東大震災90周年記念行事實行委員會編『關東大震災記憶の繼承』日本經濟評論社, 2014.

土田宏成『帝都防衛』吉川弘文館, 2017.

「特集20世紀日本の防災」『史學雜誌』127(6), 2018.

42. 대동아공영권
아시아의 해방인가 지배인가

아다치 히로아키(安達宏昭*) 집필 / 안준현 번역

관련항목: IV-18[p.399] IV-35[p.450] IV-38[p.459] IV-40[p.465] IV-43[p.474] IV-44[p.477] IV-45[p.480]

〔논의의 배경〕

중일전쟁이 장기화되는 가운데 제2차 세계대전에서 1940년 4월 이후에 독일의 공세가 강해지자 일본은 동아시아뿐 아니라 동남아시아도 포함하는 '대동아공영권' 확립을 노렸다. 아시아 태평양 전쟁이 시작되자 일본 정부는 '아시아의 해방'을 슬로건으로 '대동아공영권' 건설에 착수했다. '대동아공영권'이란 대체 어떤 구상이며 실태는 어떠했을까.

〔논점〕

(1) 왜 '대동아공영권'을 주장했는가

이 용어가 처음 사용된 것은 마쓰오카 요스케(松岡洋右[1]) 외무상이 1940년 8월 1일에 행한 기자회견이었다. 그 무렵 서구의 여러 국가가 독일에게 항복하거나 고전하며 그 식민지였던 동남아시아가 정치적으로 불안정해졌다. 일본이 원하던 석유나 보크사이트 등 전략 물자가 풍부하였고, 동남아시아에는 일본과 교전중인 중국에게 구미가 물자를 지원하는 경로(원장루트援蔣ルート)가 존재했다. 일본이 동남아시아에 진출하면 중일전쟁을 해결하고 풍부한 자원을 얻어 아시아에서 패권을 쥘 수 있다고 생각되었다.

가와니시 고스케河西晃祐의 연구에 의해, 마쓰오카가 '대동아공영권'을 주장한 것은 독일·이탈리아가 '승리'하여 '강화회의'가 개최될 것을 예상하고 그 때 서구 국가들과의 전쟁에 참가하지 않은 일본이 동남아시아에의 발언권을 확보하기 위함이며, '대동아공영권'은 정책적인 준비가 없는 '외교 슬로건'이었음이 명확히 드러났다. 9월에 체결된 독일·이탈리아·일본 삼국동맹은 미국을 동서에서 견제하는 것을 조건으로 일본과 독일, 이탈리아가 각각 '대동아'와 유럽에서의 지도적 위치를 서로 승인하는 성질의 동맹이었다.

---

*) 도호쿠대학대학원 문학연구과 교수 | 일본 근현대사
[1] 마쓰오카 요스케(1880~1946) : 외교관, 정치가. 야마구치현 출생. 미국 오리건 주립대학 졸업. 외무성에 들어간 후 만철 이사가 된다. 1930년에 중의원 의원이 되어 33년 국제연맹 총회 전권위원으로서 일본의 탈퇴를 선언했다. 35년에는 만철 총재, 40년에 제2차 고노에 후미마로(近衛文麿) 내각의 외무대신에 취임, 독일·이탈리아·일본 삼국 동맹을 체결하고 이듬해에는 소련-일본 중립 조약을 체결했으나, 미일교섭에서 고노에 수상과 대립하여 내각 총사직으로 직을 떠났다.

(2) 동남아시아 점령의 노림수

그 후 '대동아공영권'은 권내 여러 민족의 해방과 공존·공영에 의해 아시아에서 신질서 건설을 꾀하는 것이라는 선전이 행해졌다. 하지만 대 영미전쟁을 시작한 1941년 12월 전후에 결정된 일본 정부의 방침들은 동남아시아 점령지에 있는 석유나 보크사이트 등 중요 국방자원의 획득을 최우선으로 삼았다. 이를 위해 일본 기업을 진출시켜 개발하도록 했다. 또 현지 주민에게는 궁핍한 생활을 강요하여 독립운동을 조기에 억누르려는 방침이었다.

일본이 1941년 7월에 실시한 프랑스령 남부 인도차이나 침공[2]에 맞서 미국 등은 석유 금수조치를 비롯한 경제 제재를 가했고 악화되고 있던 일본 경제는 난관에 빠졌다. 동남아시아 점령 초기의 노림수는 '아시아 해방'과 '대동아공영권' 건설이 아니라, 중요 국방자원을 획득하여 일본의 전시 경제를 지속시키는 것에 있었다.

(3) 계층적 질서 하에서의 '독립'

미일개전 후인 1942년 2월, 정부에 대동아건설심의회[3]가 설치되어 '대동아공영권' 건설 방책이 검토되었다. 심의회에서는 일본을 맹주로 한 불평등한 계층질서를 구상했으며, 각 민족의 민족 자결에 기반한 독립을 구상한 것은 아니었다.

1943년 5월의 어전 회의에서는 버마(현재의 미얀마)와 필리핀의 '독립'을 인정하는 한편 중요자원의 공급지였던 현재의 말레이시아나 인도네시아는 일본 영토로 할 것이 결정되었다. '독립'이 부여된 양국도 일본군이 주둔하여 군사·외교·경제·치안유지 등은 일본의 강력한 지도와 지배 하에 놓였다.

1943년 11월에 도조 히데키 내각은 도쿄에 '대동아공영권' 내의 '독립국' 수뇌를 모아 대동아회의[4]를 개최했다. 회의에서는 대동아공동선언이 채택되어 대동아 각국은 '자주독립'을 서로 존중한다, '호혜' 하에서 '제휴'하여 경제발전을 꾀한다 등의 이념이 제시되었다. 하타노 스미오波多野澄雄에 의해 밝혀진 그간의 정치적 과정은, 4월에 외무상이 된 시게미쓰 마모루重光葵가 탈식민지화의 세계적 조류나 보편성에 기반한 입장을 보일 필요성이 있었다는 관점에서 권내 여러 민족의 대등하고 자주적인 독립 등을 주장했으나 육해군의 반대로 이 구상은 크게 후퇴했고 선언도 타협을 통해 성립할 수 있었다는 것이었다. 한편 다케다 도모키武田知己나

---

2) 프랑스령 남부 인도차이나 침공 : 1941년 7월 말 일본에 의해 행해진 프랑스령 인도차이나 남부에의 진주. 6월에 일란회상(日蘭會商, 무역교섭)이 잘 이루어지지 못한 채 끝나자, 육해군이 네덜란드령 동인도에의 압력을 겸한 진주를 제안하여 6월 말에 결정되고 7월 2일 어전회의에서도 승인되었다. 7월 29일에 프랑스 본국과 의정서를 조인하여 비행장과 항만 사용, 군대 주둔을 승인시켜 무력행사 없이 진주했다.

3) 대동아건설심의회 : 1942년 2월에 정부가 '대동아공영권'을 건설하기 위해 외교와 군사를 제외한 중요사항을 조사하기 위해 설치한 심의회. 총재로는 수상이, 위원으로는 정재계의 유력자가 임명되었다. 1942·43년으로 활동 시기가 나뉘어, 제1기는 1942년 7월까지 8개의 부회가 만들어져 총회에서 답신을 결정하여 정부에 제출했다.

4) 대동아회의 : 1943년 11월 5·6월에 도쿄 제국의회의사당에서 개최된, 아시아 국가들의 수뇌로 구성된 회의. 일본에서는 도조 히데키 수상, 중화민국에서는 왕징웨이(汪精衛) 행정원 원장, 만주국에서는 장징후이(張景惠) 국무총리, 태국에서는 완 와이타야콘 친왕, 필리핀 공화국에서는 라우렐(José Laurel) 대통령, 버마국에서는 바 모(Ba Maw) 수상이 출석했고 자유인도 임시정부 수반 찬드라 보스(Subhas Chandra Bose)가 옵저버로 배석했다. 6일에 대동아공동선언을 채택했다.

가와니시는 시게미쓰의 구상에 대해 연합국에 대항하기 위한 외교적 선전 공세라는 측면을 중시하여 군부와의 대립을 과도하게 강조하지 않고 있다. 실제로는 일본의 식민지였던 조선·대만, 일본의 영토로 결정된 인도네시아·말레이시아, 프랑스의 지배를 인정하고 있던 인도차이나는 선언에서 제외되었고, 동남아시아 정치경제 실태와 동떨어진 것이었다. 오히려 가와니시에 의해 동남아시아의 각국 수뇌가 선언에 쓰여진 문구를 역이용하여 자기 주장을 시작해, 일본의 지도를 흔들게 되었다는 것이 밝혀졌다.

(4) 아시아 사람들의 생활은 어떻게 되었는가

동남아시아의 경제는 식민지 본국에 상품 작물이나 광물자원을 수출하고 본국으로부터는 공업제품 등을 수입하는 대구미무역과 역내域內에서 식량의 이동이 이루어지는 역내무역으로 이루어져 있었다. 그러나 일본의 점령으로 본국과의 무역이 끊기고 산업이 쇠퇴하여 실업자가 나왔다. 또 일본이 생활필수품을 공급할 수 없었기 때문에 물가가 급등하게 되었다. 게다가 분절적인 군사정권에 더하여 전황이 악화되어 가자 지역간의 수송 능력이 현저하게 부족해져 유통이 기능하지 않게 되고, 식량이 부족했던 지역은 식량 위기에 처했다. 쌀 산지에서도 수송력 부족때문에 베트남 북부 등지에 심한 기근이 발생했다. 물자부족 하에서 통화가 남발되자 각지에서는 하이퍼 인플레이션이 일어났다. '공빈貧권'이라고도 불리는 상황이 되어 현지의 사람들은 괴롭게 생활했다. 더욱이 일본군이 반일 행위자들을 가혹하게 탄압한 탓에 현지 사람들은 항일 운동을 전개해 나갔다.

> **탐구 포인트**
> ① 제2차 세계대전 중 구미 각국의 동향은 일본에 어떠한 영향을 주었는가.
> ② 일본이 획득한 중요국방자원은 어떠한 제품제작이나 용도로 사용되었는가.
> ③ 일본의 군정 하에서 어떠한 시책이 취해졌을까.

참고문헌

小林英夫고바야시 히데오『日本軍政下のアジア』岩波書店, 1993.
波多野澄雄하타노 스미오『太平洋戰爭とアジア外交』東京大學出版會, 1996.
武田知己『重光葵と戰後政治』吉川弘文館, 2002.
武田知己「第二次世界大戰期における國際情勢認識と對外構想」『岩波講座日本の外交1』岩波書店, 2013.
安達宏昭『「大東亞共榮圈」の經濟構想』吉川弘文館, 2013.
安達宏昭「「大東亞共榮圈」論」『岩波講座日本歷史20』岩波書店, 2015.
河西晃祐『大東亞共榮圈』講談社, 2016.
安達宏昭「大東亞共榮圈」日本植民地研究會編『日本植民地研究の論點』岩波書店, 2018.

43. 미일 개전
'대동아건설'인가 '자존자위'인가

모리 시게키森茂樹*) 집필 / 김경옥 번역

관련항목 IV-9[p.372] IV-35[p.450] IV-38[p.459] IV-40[p.465] IV-42[p.471]

〔논의의 배경〕

일반적으로 미일 '개전'이라고 말하지만, 당시 일본은 이미 4년 이상에 걸쳐 중국과 전쟁 상태에 있었다. 그래서 '왜 개전했는가'가 아니라, '왜 중일전쟁의 와중에 일부러 적을 늘리는 듯한 행위를 했는가'라고 물어야 할 것이다. 그럼 일본은 중국을 지배하고 '대동아공영권'을 건설한다는 목적 완수를 위해 일부러 대미전까지 내달린 것일까. 그렇지 않다면 아시아 지배에 영미의 승인을 받아내야 했으나 국제 정세에 휘둘려 대미전으로 내몰린 것일까.

〔논점〕

(1) 대미전쟁을 결정한 일본의 정책 결정 메커니즘

대부분의 연구가 의회의 약체나 국무대신 단독 보필,[1] 통수권[2] 독립이라는 메이지 헌법 체제의 분립구조에서 유래한 지도력의 결여를 중시해 왔다. 모리야마 유森山優에 의하면 일본의 위정자는 정부 부내의 합의 형성에 방대한 에너지와 비용을 써야했고, 이를 줄이기 위해 중대한 논점을 보류하거나 일관성이 결여된 임시방편의 결정을 반복하고 있었다. 그러나 이 폐해가 본격적으로 심각해진 것은 중일전쟁 시작에 따라 통수권이 발동되고 대본영大本營[3]이 설치되면서부터다. 이후 외교나 경제정책은 항상 육해군 통수부와의 조정을 거치지 않으면 안 되었다. 대미 개전도 중국이나 동남아시아에서 진행 중인 군사작전을 전제로 결정된 것이다.

(2) 영국과 중국의 역할

미일 간에는 청일전쟁이나 러일전쟁 때와 같은 군사력으로 결판낼 이해 대립이 없었다. 1930년대에 미국이 가장 경계한 것은 독일의 유럽내 세력 확대이며, 배후에 위치하는 동아시아에

---

*) 구루메(久留米)대학 법학부 준교수 | 일본사
1) 국무대신 단독 보필: 국무대신은 모두 대등하고 독립적으로 천황에게 조언할 수 있는 구조. 이 때문에 총리대신은 다른 국무대신을 지휘할 수 없다.
2) 통수권: 작전계획을 세우고 군을 지휘하는 천황대권. 국무대신의 보필 범위 밖에 있어 육군은 참모본부, 해군은 군령부가 작전계획을 세우고, 천황의 윤재(允裁)을 얻어 군을 움직였다.
3) 대본영: 원칙적으로 전시에 설치되어 대원수인 천황의 전쟁지도를 보좌한다. 실제로는 참모본부와 군령부가 대부분 그대로 대본영을 구성한다.

대한 개입에는 소극적이었다. 이에 반해 교전 중인 중국·동아시아에 막대한 권익을 보유한 영국은 일본과 명백히 대립했다. 호소야 지히로細谷千博 등의 국제공동연구에서는 이들 국가와 일본의 대결이 고조되어 가는 양상을 분명히 밝히고 있다.

일본 측은 미국과의 적대를 피하고 영미를 분리하려고 했다. 이노우에 도시카즈井上壽一는 일본에 의한 동아시아의 블록화 구상으로 가정되는 '동아신질서'도 미국과의 통상관계 유지나 미국 자본의 동아시아 진출을 상정하고 있었다고 지적한다. 한편 영국에 대해서는 방공防共협정 강화4)문제나 텐진天津 조계봉쇄5)사건에서 볼 수 있듯이 노골적인 압력을 가해 그 세력을 아시아로부터 쫓아내고자 한 것이다.

그렇지만 영국이 그 세계 제국을 유지하기 위해 미국과의 협조가 불가결했던 것처럼 동시에 미국도 자유무역 확대를 목표로 하는 '문호개방' 추진을 위해 영국과의 협조에서 이익을 찾고 있었다. 극동에서 영국이 일본에 굴복하는 것은 미국에게도 불편한 상황이 되었기 때문에, 39년 7월 미일통상항해조약의 폐기를 통고하고 금수禁輸를 가능하게 하여 일본에 압력을 가해 영국을 지원한 것이다.

이에 더해 1940년 5~6월, 프랑스·네덜란드가 독일에 패한 결과 힘의 공백이 생긴 동남아시아의 프랑스·네덜란드령을 독일이나 미국에 빼앗기지 않으려는 초조함에서 일본은 미국과의 대결을 의식하기에 이르렀다. 일본은 독일·이탈리아와 삼국 동맹을 체결하여 독일에 밀착했고, 미국을 동서에서 견제하여 동아시아가 일본의 세력권임을 각국에게 승인받고자 했다.

그러나 추축국과 연합국으로 세계를 양분하는 삼국 동맹은 미국의 대독 전략을 동아시아와 연동시켜 버렸다. 이에치카 료코家近亮子에 의하면, 미국을 대일전에 끌어들여 전황을 타개하려고 도모한 중국은 이를 기회로 미국으로부터 차관을 증액하고 무기 원조를 획득했다. 오타니 겐小谷賢에 의하면 영국도 1941년 초두의 2월 극동 위기6)에 즈음하여 극동에서의 영미 협조로 일본을 억제하려고 했다. 이렇게 해서 유럽을 우선하고 있던 미국은 영국이나 중국에 떠밀려 일본과 대결하게 된다.

(3) 최종국면에서 일본과 미국의 행동

1941년 6월 독소전이 발발하자 영미는 독일과 싸우는 소련의 지원에 나섰다. 미국은 독일의 동맹국인 일본의 소련에 대한 공격을 저지하기 위해 일본군의 남부 프랑스령 인도차이나 진주를 계기로 재미 일본자산 동결7)을 단행했다. 그러나 본래 의도하지 않았던 석유의 전면금수가 실행된 이유는 아직 분명하지 않다.

---

4) 방공협정 강화: 1938년 초두부터 1939년 8월에 걸쳐 행해진 독·이·일 방공협정을 군사동맹으로 재편하기 위한 교섭. 군사원조 조건으로 타협이 되지 않았으며 1939년 8월 독일·소련 불가침조약 체결로 좌절된다.
5) 텐진 조계봉쇄: 1939년 6월 14일부터 1년간에 걸쳐 일본군이 텐진의 영국과 프랑스의 조계를 봉쇄한 사건.
6) 2월 극동 위기: 1941년 1월~3월 극동에서 영일 간 긴장이 고조된 것을 가리킨다. 일본이 프랑스령 인도차이나와 타이의 국경 분쟁에 개입해 남진 거점을 확보하려 하자 영국이 경계하며 미국에 지원을 요청했다. 결국 일본은 인도차이나에서의 거점 확보를 일단 단념했다.
7) 재미 일본자산 동결: 1941년 7월 미국이 일본의 재미자산을 동결하고 수입 지불을 규제한 것. 자금 인출을 거의 허가받을 수 없어 8월에는 석유 수입이 불가능해졌다.

일본에서는 미국에 적대적인 육군이 무력 남진을 주장하고, 해군은 무력 남진이 곧 대미전을 의미하므로 예산과 물자의 우선 배분을 요구했다. 결국 육군의 요구를 해군이 받아들이고 대신 해군이 원하는 형태로 대미전 준비가 진행되었다.

일본이 대미 교섭의 기한으로 정한 11월 말에 미국으로부터 헐$^{Cordell\ Hull}$ 노트[8]가 제시되었다. 당초 추가 예정이던 3개월간의 잠정 협의안이 누락된 이 각서는 동아시아를 일본의 세력권으로 인정하지 않았고 '문호개방'을 요구하는 원칙론 일색이었기 때문에, 일본에서는 교섭 계속론이 일소되고 개전으로 정리된 것으로 본다. 그러나 11월 말 교섭 기한이 되면 자동으로 개전했을 것이라는 반론도 있다.

만약 잠정 협정이 성립된다면 일본은 극동에서 여유를 갖게 되므로 중국은 당연히 반대했다. 영국은 일단 찬성했지만 적극적이지는 않았다. 미국이 영국·중국과의 협조를 우선해 협정안을 포기했다고 생각하는 연구가 많지만, 모리야마 유森山優는 협정안 포기가 헐 국무장관의 독자적인 판단이었다고 추측했다.

일본은 미국과의 충돌을 회피하면서 동아시아를 세력권 아래 두려고 했지만, 의도했던 것과 달리 대미관계를 악화시켰다. 그래서 마치 미국에 '떠밀려'·'자존자위'를 위해 일어선 것처럼 개전한 것이다.

탐구 포인트

① 정부 내의 합의 형성이 곤란했다고 한다면, 왜 반대파의 목소리에 방해받지 않고 순조롭게 미일대립을 향해 나간 것처럼 보이는 것일까.
② 일본에는 미국과 싸워서라도 달성하고 싶은 장기적인 국가목표가 있었을까.
③ 일본의 국내 여론은 대미개전에 어떠한 영향을 주었을까.

참고문헌

入江昭$^{이리에\ 아키라}$ (篠原初枝譯)『太平洋戰爭の起源』東京大學出版會, 1991.
井上壽一「國際協調主義·新秩序」『シリーズ 日本近現代史3』岩波書店, 1993.
細谷千博·本間長世·入江昭·波多野澄雄$^{하타노\ 스미오}$ 編『太平洋 戰爭』東京大學出版會, 1993.
小谷賢「1941年2月の極東危機とイギリス情報部」『軍事史學』39(1), 2003.
加藤陽子$^{가토\ 요코}$『それでも日本人は「戰爭」を選んだ』朝日出版社, 2009 / 윤현명·이승혁 역『그럼에도 일본은 전쟁을 선택했다』서해문집, 2018.
森山優『日本はなぜ開戰に踏み切ったか』新潮社, 2012.
家近亮子『蔣介石の外交戰略と日中戰爭』岩波書店, 2012.

---

[8] 헐 노트: 1941년 4월부터 시작된 미일 양해안을 둘러싼 교섭의 최종 단계에서 제시된 헐 국무장관의 각서. 중국·인도차이나로부터의 철병, 일본군이 지원하는 왕징웨이(汪精衛) 정권 부인, 삼국 동맹의 폐기 등을 요구했다. 본래는 이와 더불어 잠정 협정안이 제시되어 일본군의 남부 프랑스령 인도차이나로부터의 철수를 대가로 3개월의 자산동결이나 금수조치가 완화될 예정이었다.

44. 전시하의 사회 변용
억압인가 평준화인가

사사키 게이(佐々木啓*) 집필 / 김정래 번역

관련항목: IV-20[p.405] IV-23[p.414] IV-28[p.429] IV-45[p.480] IV-51[p.498]

〔논의의 배경〕

중일전쟁부터 아시아·태평양전쟁까지 일본의 국가체제는 총력전[1]체제라 불린다. 총력전체제는 국가의 지배 하에 있는 인원이나 물자·사상 등 온갖 것을 전쟁에 우선적으로 투입하는 체제를 말한다. 그 아래에 수 많은 사람들은 전쟁에 동원되어 생명을 빼앗기고, 사회·경제는 심각한 타격을 받는다. 그러나 한편으로 총력전은 전후 사회에 되돌릴 수 없는 변화도 가져왔다. 총력전에 의해 사회복지정책 등이 발전하고, 계급·성별·민족 등에 기반한 격차가 축소되어 사회의 평준화[2]가 진행되었다는 것이다. 전시하의 사회 변용을 역사적으로 어떻게 평가할 것인가가 큰 논점이 된다.

〔논점〕

(1) '유사혁명'으로서의 전시체제

정치학자 마루야마 마사오는 전쟁기의 일본 국가체제를 '하향식' 파시즘[3]이라 인식하였다. 독일이나 이탈리아와 다른 전근대적 색채가 강한 일본의 파시즘은 '상향식' 운동이 아닌, 군부나 관료 등 기존 국가기구에 의한 '하향식'으로 창출되었다는 것이다. 마루야마에 의하면 파시즘의 본질은 '반혁명'이다. 파시즘은 사회주의 운동이나 노동운동, 농민운동 등 피지배계급의 해방을 목적으로 하는 운동을 억누르며, 사람들의 자발적인 활동을 해체하여 사회 전체를 강제적으로 획일화한다. 말로는 노예적 억압으로부터의 인민 해방을 제창하지만, 혁명을 거부하는 '유사혁명'에 지나지 않는다. 즉 전시하의 사회변혁은 민중을 매혹하는 표면적인

---
*) 이바라키대학 인문사회과학부 준교수 | 일본 근현대사
1) 총력전 : 국가가 보유한 인적·물적 자원을 총동원하여 수행하는 전쟁을 말한다. 역사상 최초의 총력전은 제1차 세계대전(1914~18)이었으며, 제2차 세계대전(1939~45)은 그것을 아득히 넘어서는 규모가 되어 각지에 심대한 피해를 불러옴과 동시에 참전 각국에서 사회·경제가 평준화되는 계기가 되었다.
2) 평준화 : 신분, 계급에 따른 구분과 지배관계가 고정화된 사회 양상을 바꿔, 사회 구성원간의 정치적·경제적 지위의 평등화가 진행되는 것. 평준화가 진행된 사회에서는 기존에 열세였던 대중이 발언력을 높여 전체 상황을 규정하는 힘을 가지게 되기 때문에, 대중은 '동의를 통한 지배'를 지배권력에게 요구한다.
3) 파시즘 : 제1차 세계대전 후에 등장한 정치운동·사상·체제로, 강권적인 동시에 독재적인 지배가 그 특징이다. 자유주의·공산주의·의회정치 등을 부정하며, 사람들의 권리를 억압하고, 강력하게 사람들을 동원한다. 다만 그 정의에 대해서는 많은 논의가 있으며, 일본의 전쟁시기 체제를 파시즘으로 볼 것인가 아닌가에 대해서도 견해가 나뉘고 있다.

주장에 지나지않았다는 것이다. 이러한 이해는 사람들의 가혹한 전쟁 체험에 뒷받침되며, 마르크스주의의 영향이 강한 전후 역사학에서도 공통적으로 보이는 시각이다. 이러한 연구에서는 총력전에 동반된 평준화의 존재를 인정하면서도 많은 경우 제한적이었다고 보았다.

(2) 총력전 체제가 진행시킨 평준화

한편 전시하에서의 사회 평준화를 강조하는 논의는 1980년대 이후 왕성하게 이루어졌다. 그 시작은 미타니 다이치로三谷太一郎나 쓰쓰이 기요타다筒井淸忠, 야마노우치 야스시山之內靖 등이었으나 사회의 실태에 입각하여 구체적인 역사상을 제시한 것은 아메미야 쇼이치雨宮昭一였다. 아메미야는 1920년대의 일본 사회를 농촌의 지주-소작 관계로 상징되는 공동체적 관계, 도시에서는 대기업과 중소영세기업과의 격차, 노동자의 정치적·사회적 무권리 상황, '이에家' 제도 아래 여성의 무권리 상황, 도시와 농촌의 생활양식 수준·문화의 격차 등 '격차와 불평등이 존재하는 사회'로 보았다. 그리고 그러한 사회의 혁명이 1930년대 후반부터 40년대 전반의 총력전 체제에 의한 '강제적 동질화'[4]로 실현되었다고 보았다. 전시하에서는 군수생산 담당자인 노동자의 지위가 상대적으로 향상되었고, 건강보험이나 후생연금제도 등의 사회복지 정책이 진행되었다. 또한 지주의 몫이 현저하게 줄어든 식량관리제도가 만들어져 농민의 지위가 향상되었다. 더욱이 여성이 전쟁에 동원되며 여성의 사회진출이 진행되었다. 총력전으로 변혁된 사회의 연장선 위에 전후 점령개혁이 있다는 것이 아메미야가 그리는 역사상이다.

전쟁 시기의 후생厚生정책[5]을 분석한 다카오카 히로유키高岡裕之는 이러한 아메미야의 논의를 평가하면서도 점령군에 의해 해체된 시책도 존재함을 지적한다.

(3) 평준화의 실태를 어떻게 파악할 것인가?

전쟁 시기 사회의 평준화가 일정 정도 진행되었다는 견해는 현재 넓게 받아들여지고 있지만, 총력전에 의해 일본사회가 어디까지 평준화되었는가 혹은 어떤 의미로 평준화되었는가에 대해서는 견해가 나뉜다.

예를 들면 산업보국회産業報國會에 의해 전후 직공 직원 일체의 직업별 노동조직 기초가 만들어졌다고 보는 견해가 있는 한편, 오히려 그러한 통합을 거부하고 반발해 쟁의 등으로 호소한 사람들의 주체성이 전후의 운동으로 이어졌다고 보는 견해가 있다. 여성의 사회진출에 대해서도 전쟁 동원이 남성 중심의 생산 현장에 여성 노동자를 늘리는 계기가 되어, '이에家'로부터 해방이 진행되었다고 보는 시각도 있는 한편, 여성이 숙련 노동자가 되지 못하고 임금격차가 유지된 것 등에서 남녀의 격차는 모습을 바꾸지 않고 재생산되었다고 보는 시각도 있다. 민족 차별이라는 점에서는 총력전 체제가 조선인을 비롯해 식민지 사람들 중 일부에게 강한

---

[4] 강제적 동질화(Gleichschaltung) : 총력전 체제가 전통적인 체제나 사회규범, 공동체 등을 파괴하며 온갖 집단의 자립성을 부정하는 과정을 뜻한다. 독일의 사회학자 랄프 다렌도르프(Ralf Dahrendorf)는 나치의 그러한 정책이 '의도하지 않은 결과', 곧 만인의 기회 평등이 보장되는 사회혁명으로 이어졌다고 파악하였다.

[5] 후생정책 : 인구증가·건강유지·아동보호·노동자 보호 등의 여러 시책을 뜻한다. 일본에서는 1938년 후생성 설립에 의해 특히 촉진되었다. 그 중 하나로 나치 독일의 KdF(Kraft durch Freude, 歡喜力行團)를 모방해 전국 각지에서 '건전'한 오락과 심신 단련을 추구하는 후생운동(p.511)도 전개되었다.

구심력을 발휘했음을 강조한 연구가 있는 한편, 전쟁 시기의 본질이 전시 동원의 폭력성이나 형태를 바꾸지 않는 민족 차별의 재생산에 있음을 인식한 연구도 있다. 사사키 게이는 이러한 개별적인 사회 변용의 실태를 검토함으로써 총력전에 수반되는 평준화가 아닌, 평준화의 이념과 실태의 낙차야말로 중요한 것이라 하였다. 전쟁에 대한 민중의 기억은 전후사를 크게 규정하게 되는데 이러한 낙차의 체험이야말로 그 기억의 대부분을 차지했다고도 하였다.

문제의식이나 분석하는 대상에 의해 전쟁기 사회변용의 위치는 크게 달라진다. 총력전의 기능 일반으로 사회의 복잡한 실태 전체를 설명하는 것은 어렵지만, 한편으로는 국가를 뛰어넘어 공유되는 특징도 확실하게 존재한다. 그런 의미에서 외국 사례와의 비교는 중요하다. 또한 전쟁기의 평가는 전후 개혁기나 고도경제성장기의 가치와도 깊은 관계가 있으며, 여러 역사적 성격과의 정합성을 되묻게 된다. 대체로 억압과 평준화의 여러 형태는 복잡하게 서로 뒤얽혀 있기에 구체적인 경험에 의거하여 주의 깊게 파악해 나가는 것이 필요하다.

> **탐구 포인트**
> ① 총력전체제 하에서 일본사회는 어디까지, 어떻게 평준화되었는가?
> ② 이 시기의 사회 변용은 전후 개혁기, 고도경제성장기의 그것과 어떤 관계를 맺고 있는가?
> ③ 일본의 총력전 체제는 다른 국가의 그것과 어떤 차이가 있는가?

참고문헌

丸山眞男 마루야마 마사오 『增補版 現代政治の思想と行動』未來社, 1964 / 김석근 역 『현대 정치의 사상과 행동』한길사, 1997.

山之內靖·ヴィクター·コシュマン Victor Koschmann · 成田龍一 編『總力戰と現代化』, 柏書房, 1995.

雨宮昭一 아메미야 쇼이치 『戰前戰後體制論』岩波書店, 1997.

高岡裕之『總力戰體制と「福祉國家」構想』岩波書店, 2011.

佐々木啓「總力戰の遂行と日本社會の變容」『岩波講座日本歷史18 近現代4』岩波書店, 2015.

45. 미국의 점령정책
왜 해방이라고 받아들여졌는가

모리구치 유카(森口由香*) 집필 / 강유진 번역

관련항목: IV-43[p.474] IV-44[p.477] IV-46[p.483] IV-48[p.489] IV-49[p.492] IV-50[p.495] IV-53[p.504]

〔논의의 배경〕

헌법개정과 교육개혁을 비롯한 점령기의 '민주개혁'에 관해서는 점령군에 의한 '강압'이었다는 주장과 군국주의의 구속으로부터 사람들을 '해방'시켜 평화롭고 민주적인 전후 일본의 기초를 쌓았다고 하는 견해가 지금도 대립하고 있다. 과연 점령기의 '민주개혁'은 사람들을 '해방'시킨 것일까. 또한 그것을 '해방'으로 보는 인식은 어떻게 형성된 것일까.

〔논점〕

(1) '강압'인가 '해방'인가

2003년 이라크 전쟁 후의 군사점령을 진행하며 미국 정부는 '사상 최고로 성공한 점령'인 일본 점령을 모델로 삼으려 했다. 미국 정부에게 일본 점령은 성공의 경험으로 기억된 것이다. 그 배경에는 점령군이 군국주의 밑에서 억압당하던 사람들을 '해방'시켜 평화롭고 민주적인 일본을 만들었다고 하는 자부심이 있었다. 연합국군 최고사령관 맥아더가 회고록에서 일본 여성을 '해방'시켰다고 자랑스러운 듯이 말한 것을 비롯해, 이와 비슷한 발언이 이전 점령군 관계자들에 의해 수도 없이 반복되었다. 이와 같은 미국의 자기인식이 점령이 '해방'이었다는 언설을 낳은 측면은 부정할 수 없다.

일본의 항복부터 샌프란시스코 강화조약[p.517]이 발효된 1952년 4월까지, 일본 본토는 연합국군에 의해 점령되었다. 본래의 점령 정책 실시 기관은 11개국으로 이루어진 극동위원회와 미국·영국·중국·소련이 구성한 대일對日이사회였으나, 실제로는 미국이 점령 정책의 대부분을 맡았다. 1945~47년에 걸쳐 '인권 지령'에 의한 정치범 석방, '5대 개혁 지령',[1] 헌법과 민법의 개정 등 민주화 정책이 실행되었다. 다케마에 에이지나 존 다우어를 비롯해 많은 역사가들이 지적하듯, 치안유지법으로 인해 투옥되어 있던 사람들이나 어쩔 수 없이 침묵해야 했던 교육자·문필가·종교인 등에게 있어서 종전과 점령은 문자 그대로 '해방'을 가져왔다. 또한 통제와

---

*) 교토대학대학원 인간환경학연구과 교수 | 미국사·미일관계사. aka 쓰치야 유카(土屋由香).
1) 5대 개혁 지령 : 1945년 10월 11일, 시데하라 수상과의 회담에서 맥아더가 표명했다. 참정권 부여에 따른 여성해방·노동조합 결성 장려·교육 민주화·비밀심문 재판 철폐·경제 민주화로 구성되어 있다.

공습에 지친 국민의 다수가 불탄 자리에서의 궁핍한 생활 속이기는 해도 자유롭게 행동할 수 있다는 해방감을 맛본 것도 사실이다. '해방'이라는 언설은 단순히 미국의 자화자찬이라고 한정지을 수 없다.

그러나 '민주개혁'의 배경은 복잡했다. 점령군에는 '뉴딜러'New Dealer2)라 불리는 진보적인 개혁가가 포함되어, 그들의 지원으로 노동자의 조직화 등이 진행되었다. 그러나 냉전과 함께 그들의 영향력은 후퇴하고, 공산주의의 봉쇄와 경제 부흥이 중시되었다. 초기의 개혁을 환영한 사람들은 이를 '역코스逆コース'라 부르며 비판했다. 게다가 미국에 불리한 정보를 배제하는 검열3)이나, 일본인에게 전쟁 책임을 인식시키기 위한 '전쟁 책임 프로그램War Guilt Program'4)이 민주화와 동시에 실행되었다. 그러나 이러한 제도들이 철저하게 시행되지 않았고 그다지 큰 영향력을 갖지 못했다는 사실은 가모 미치코賀茂道子의 연구에서도 밝혀진 바 있다. 오히려 미국이 CIE 영화5)·방송·전시 등을 통해 대량으로 발신한 정보는 근대적, 과학적이고 풍족한 '미국적 생활양식'이었다. 점령군이 확실히 '해방'시킨 것은, 근대성이나 과학이나 물질적 풍족함을 향한 일본인의 '욕망'이었다고 볼 수 있을지도 모른다.

(2) 전전·전중과의 연속성

냉전 종결 후의 역사학 연구에서는 전전戰前·전중戰中에서 전후까지의 연속성이 지적되어 왔다. 아메미야 쇼이치雨宮昭一에 의하면, '총력전 체제'에 의해 전중에도 다양한 사회 개혁이 진행되었으며 또 전쟁 말기가 되자 경제 자유화와 친영·친미를 신념으로 삼는 자유주의적 파벌이 다시 등장했다. 따라서 점령군에 의한 개혁은 이미 일어나고 있었던 변화를 이어받은 형태로 진행된 것이다. 이에 더해 패전 그 자체가 전시의 모든 제도를 바꿀 수밖에 없는 상황을 초래했기 때문에, 변화한 내용 전체를 점령 정책으로 귀속시키는 것은 불가능하다. 이와 같은 이해에 입각하면, 점령 정책이 '강압'인가 또는 '해방'인가 하는 물음 자체가 무효라는 사실이 분명해진다. 단 '총력전 체제'론에도 다양한 비판적 고찰이 더해져 왔다. 예컨대 연속성을 강조한 나머지 점령정책의 영향을 과소평가한다거나, 또는 전전의 페미니즘과 전후 민주주의의 차이를 경시했다는 점 등이 있다.

---

2) 뉴딜러 : 1930년대 대공황기, 프랭클린 루즈벨트 대통령은 '뉴딜 정책'을 내걸고 경제부흥에 몰두했다. 초기에는 공공 공사를 통해 기업이나 중간층을 지원하는 데 중점을 두었지만, '제2차 뉴딜'이라 불리는 후반기에는 사회복지나 문화면에서의 지원이 추진되었다. 정책 입안·실시 계획에 참여한 진보적인 젊은 관료들이나 전문가들은 '뉴딜러'라고 불렸다.
3) 검열 : 점령군은 '민간검열지대'를 설치하고 신문·잡지에서 각본까지 일체의 출판물을 '프레스 코드'(예를 들면 원폭이나 점령군에 대한 비판 등 금지사항 일람)에 따라 검열했다. 방대한 출판물을 모두 철저하게 검열하는 것은 현실적으로 어려웠으나, 검열제도의 존재로 일본인이 자기검열을 하게 되는 효과도 갖고 있었다.
4) 전쟁 책임 프로그램 : 점령 초기에 신문이나 라디오를 통해 이루어진, 일본인에게 전쟁의 '진상'을 알린다고 하는 취지의 정보 보급 활동을 가리킨다. 물론 그 '진상'은 미국 측에서 본 것이었기 때문에 이후 점령군에 의한 '세뇌' 근거로 취급되었으나, 철저하지 못한 면이나 한계도 지적되고 있다.
5) CIE 영화 : 미국 정부는 전후 미국의 문화나 제도를 그린 단편 다큐멘터리 영화(USIS 영화)를 세계 각국에서 상영했다. 일본에서는 점령군의 민간·정보교육국(CIE, Civil Information and Education Section)이 상영을 통괄했기 때문에 CIE라고 불렸다. 도도부현내 시청각 라이브러리의 협력 하에 400편 이상의 CIE 영화가 상영되었으며, 일본인은 미국의 선전이라고는 인식하지 못한 채 환영했다.

(3) 수혜자와 비수혜자

'해방'이었는지 여부와는 별개로, 많은 일본인들이 '민주개혁'의 수혜자가 되었던 것은 명확하다. 예컨대 교육 개혁으로 보다 많은 사람들이 고등교육의 기회를 얻게 되었다. 특히 그때까지 대학 입학이 원칙적으로 허용되지 않았던 여성들은 큰 혜택을 받았다. 보도·영화·출판 등의 관계자들은 체포될 걱정 없이 활동할 수 있게 되었다. 또한 점령군을 제 편으로 끌어들임으로써 개혁을 실현한 사람들도 있었다. 예를 들면 가부장제에 따라 기혼 여성의 법적 지위를 인정하지 않았던 구 가족법(메이지 민법의 친족편·상속편)을 개혁하려 한 법학자나 초기의 여성 법률가들은 점령군 측에 구 가족법의 '봉건성'을 호소해 그들의 지지를 얻었다. 미국이 내건 자유나 인권의 이상은 (반드시 본국에서 실현되고 있던 것은 아니지만) 근대화나 민주화를 추진하려 하는 일본인에게 든든한 뒷받침이 될 것이다. 그러나 그러한 혜택이 일본에 사는 모든 사람에게 다른 것은 아니다. 후쿠나가 후미오가 논한 바와 같이, 미군의 직접 점령 하에 놓인 오키나와는 본토가 경험한 '민주개혁'을 향유하지 못했다. 또한 일본의 패전과 함께 국적을 박탈당한 재일조선인도 민주화를 향유하기는 커녕 탄압의 대상이 되었다. '해방'인지 여부를 논하기 위해서는 각각의 개혁이 누구에게 어떤 영향을 가져다주었는지에 관한 다각적인 시각이 필요할 것이다.

> **탐구 포인트**
> ① 점령기의 '민주개혁'은 누구에게 어떠한 영향을 가져다주었을까.
> ② 전전·전중에서부터의 연장선상에 위치한 개혁으로는 어떤 예가 있을까.
> ③ '강압'인가 '해방'인가라는 이원론에 결여되어 있는 점은 무엇일까.

참고문헌

竹前榮治『占領戰後史』岩波書店, 2002.

ジョン・ダワー존 다우어(三浦陽一ほか譯)『敗北を抱きしめて』上・下增補版, 岩波書店, 2004 / 최은석 역『패배를 껴안고』민음사, 2009.

雨宮昭一아메미야 쇼이치『占領と改革 シリーズ日本近現代史7』岩波書店, 2008 / 유지아 역『점령과 개혁』어문학사, 2012.

楠綾子『現代日本政治史1 占領から獨立へ』吉川弘文館, 2013.

中北浩爾나카키타 고지「占領と戰後改革」『岩波講座日本歷史18 近現代4』岩波書店, 2015.

福永文夫『日本占領史1945~1952 東京·ワシントン·沖繩』中央公論新社, 2015.

賀茂道子『ウォー・ギルト・プログラム』, 法政大學出版局, 2018.

46. 상징천황제
천황은 어떻게 '상징'이 되었는가

도미나가 노조무冨永望*) 집필 / 강유진 번역

관련항목: IV-6[p.363] IV-36[p.453] IV-45[p.480] IV-47[p.486] IV-48[p.489]

〔논의의 배경〕

오늘날 일본국 헌법 하의 천황제는 상징천황제라 불리고 있다. 일본국 헌법 제1조에서 천황이 '일본국' 및 '일본 국민 통합'의 '상징'이라고 규정되어 있기 때문이다. 그러나 '상징'이 실제로 무엇을 의미하는가에 대해서는 명쾌한 정의도 공통된 이해도 존재하지 않는다. 그리고 천황의 존재 방식이 일본국 헌법 시행과 동시에 대일본제국 헌법 시행 당시의 모습에서부터 순식간에 바뀐 것은 아님을 최근의 연구들은 밝혀내고 있다.

〔논점〕

(1) 대일본제국 헌법에서 일본국 헌법으로

패전 당시 일본 정부가 마지막까지 고집하던 것은 국체[1])의 수호, 즉 천황제의 존속이었다. GHQ가 작성한 헌법개정 초안을 제시받은 일본 정부는 천황을 상징으로 규정하는 내용에 반발하기는 했어도, 천황제 존속을 위해 할 수 없이 받아들였다. 일본국 헌법 성립에 의해 천황제의 존속은 확정된 것이다.

그렇다면 '상징'은 어떻게 해석해야 할까. 상징천황제의 연구는 헌법학계에서 먼저 시작되었다. 1950년대에는 헌법 개정을 둘러싸고 보수·혁신 양측이 격렬히 맞부딪쳤는데, 보수 세력 내의 개헌파가 목표로 한 것은 천황 원수화元首化와 재군비였다. 이에 대해 비판적인 헌법학계는 '원수가 아닌 천황'이라는 의미로 '상징천황'이라는 용어를 사용하게 된다. 1960년대의 안보 투쟁을 거치며 국내의 정치적 대립을 회피하는 것으로 방침을 전환한 보수 정권은 헌법 개정을 거론하지는 않았으나, '상징천황은 원수'라고 하는 해석에 기반해 헌법을 운용함으로써 기정사실의 축적을 의도했다. 상징천황에 대한 통일된 정의를 갖지 못한 채 보수·혁신 양측이 각각 입맛에 맞게 해석하는 상황 속에서 상징천황제는 정착한 것이다.

---

*) 정치경제연구소 연구원 | 일본근현대사
1) 국체 : '천황제'는 원래 일본 공산당의 용어이며, 전전(戰前)에는 '국체'가 '천황제'를 의미했다. 점령 하에서 GHQ에 의해 공산당의 활동이 해금되며 '천황제'라는 용어가 널리 보급되었다.

(2) 미치붐과 대중천황제

정치뿐 아니라 사회적으로도 천황제의 의미는 변화했다. 1959년 아키히토 황태자와 쇼다 미치코正田美智子의 결혼식이 거행되었는데, 이는 전년의 혼약 발표 이후 미치붐ミッチーブーム이라고 불리는 사회 현상을 일으켰다. 황태자가 연애결혼을 한다는 사실이 젊은 세대를 중심으로 국민적 인기를 얻고, 언론을 흥분시킨 것이다. 정치학자 마쓰시타 게이이치松下圭一는 이 현상으로부터 대중천황제[2]라는 개념을 제시했으며, 이것이 이후 상징천황제 논의의 기본 틀이 되었다.

(3) 새로운 사료의 공개와 역사학 연구의 진전

1970년대에 들어서며 1940년대의 공문서가 미국에서 공개되자 역사학계가 전후사 연구에 착수했다. 당초에는 점령개혁 연구의 일환으로 천황제의 제도적 개혁이 고찰 대상으로 여겨지는 데 그쳤으나, 1979년 신도 에이이치進藤榮一가 이른바 '천황 메시지'[3]를 발견하며 쇼와 천황이 전후에도 정치적 활동을 하고 있었음이 밝혀졌다. 1986년에 간행된 『아시다 히토시芦田均 일기』와 1988년에 간행된 『속 시게미쓰 마모루重光葵 수기』에는 내밀한 상주內奏에 포함된 의견 교환이 생생히 묘사되어 있어, 차츰 쇼와 천황 개인이 연구대상으로 부상하는 계기가 되었다.

1989년에 쇼와 천황이 사망한 후, 1990년에 발견된 『쇼와 천황 독백록』[4]을 시작으로, 쇼와 천황과 접점이 있었던 정치가나 측근들의 일기, 쇼와 천황-맥아더 회견 공식 기록 등의 1차사료가 차례차례 공개되어 전후사 속의 쇼와 천황에 대한 정치사 연구가 활발해졌다. 점령개혁에 의해 천황이 비정치적 존재가 되었다는 종래의 평가가 뒤집어진 것이다. 또한 21세기에 들어서서는 정보 공개 제도의 발족이나 지방 공문서관의 정비에 따른 사료 상황의 호전이 천황·황족의 외유 및 외출,[p.385] 그들과 관련된 기념물, 황실의 상업적 이용 등에 주목하는 외교사·사회사 연구의 진전을 촉진시켰다.

상징천황제 연구가 다각화되는 한편, 정치사 연구는 잇따른 사료 공개가 일단락되며 잠시 정체되었으나 2014년의 『쇼와 천황 실록』 공개에 의해 또다시 활성화되었다. 실록에는 연구자에게 알려지지 않은 사료가 다수 실려 있었으며, 쇼와 천황의 일상적인 행동이 기록되어 있었다. 새로 발견된 사실은 그다지 많지 않지만, 그때까지 진행되어 왔던 쇼와 천황 연구의 내용을 입증했다 하겠다. 2019년에는 초대 궁내청 장관 다지마 미치지田島道治의 『배알기拜謁記』[5]가 발견되었고, 새로운 사료의 발견에 의해 연구의 재검토가 진전되는 순환 과정은 앞으로도

---

2) 대중천황제 : 천황제가 구 헌법 하의 절대 천황제에서, 황실의 대중화에 따라 대중의 지지를 확고히 하고 부르주아의 정치 지배를 위한 보다 세련된 구조로 변질되었다는 논의.
3) 천황 메시지 : 1947년 9월과 1948년 2월에 쇼와 천황이 데라사키 히데나리(寺崎英成) 어용괘(御用掛)를 시볼트 정치 고문에게 파견해 미군 주재에 의한 일본의 안전 보장을 요청했다. 특히 첫 메시지에서는 오키나와의 장기 점령을 제안한 것으로 알려져 있다.
4) 『쇼와 천황 독백록』: 1946년 3월부터 4월에 걸쳐 쇼와 천황이 만주 사변부터 패전에 이르기까지 자신의 행동을 회고하고 측근이 그 내용을 정리한 것. 영어판이 맥아더의 측근인 펠러스(Bonner Fellers)에게 전달되었기 때문에 도쿄 재판과 관련한 변명 목적으로 작성된 것으로 추정된다.
5) 『배알기』: 초대 궁내청 장관 다지마 미치지가 쇼와 천황을 배알했을 때의 대화 내용을 사적으로 기록한 것. 2019년 유족이 공개를 결정하고 일부가 보도를 통해 공개되었다.

계속될 것이다.

　　최근의 연구 동향으로는 상징천황제를 군주제로서 새롭게 위치짓는 논의와 상징천황제의 기원을 다이쇼 데모크라시에서 찾는 논의가 등장한 것을 들 수 있다. 또한 근대 천황제에서 황후의 역할에 주목하는 연구도 나왔으나, 젠더의 시점으로 보는 연구는 이제 막 시작되었다고 말할 수 있을 것이다.

(4)　앞으로의 상징천황제 연구

일본국 헌법 시행 후 약 70년간에 걸쳐서도, 공적 행위의 내용 등 상징천황제의 존재 방식은 조금씩 변화해왔다. 2019년에는 약 200년 만에 양위가 이루어지며 황실전범皇室典範 개정론과 관련해 오랜만에 헌법학계에서도 천황제에 대한 논의가 이루어졌다. 헤이세이平成 시대가 과거가 되었기에 아키히토 천황도 결국 연구 대상이 되겠지만, 1차 사료가 출현해 역사학의 연구 대상이 되기까지는 시간이 필요하다. 역사 연구자에게 중요한 것은 현재의 관습을 만고불변의 전통이라고 무비판적으로 받아들이는 것이 아니라, 사료에 기반해 실증적으로 규명하는 것이다.

탐구 포인트

① 대일본제국 헌법과 일본국 헌법에서 나타나는 천황의 지위·권능의 차이를 이해한다.
② 일본국 헌법의 천황 조항을 둘러싸고 다양한 해석이 있었음을 파악한다.
③ 전후 사회에서 천황은 어떻게 인식되었을까.

참고문헌

渡邊治『戰後政治史のなかの天皇制』靑木書店, 1990.
吉田裕요시다 유타카『昭和天皇の終戰史』岩波書店, 1993.
ケネス・ルオフ Kenneth James Ruoff (高橋紘 監修, 木村剛久・福島睦男 譯)『國民の天皇 戰後日本の民主主義と天皇制』The People's Emperor: Democracy and the Japanese Monarchy, 1945~1995. 共同通信社, 2003.
冨永望『象徵天皇制の形成と定着』思文閣出版, 2010.
河西秀哉 編『戰後史のなかの象徵天皇史』吉田書店, 2013.
茶谷誠一『象徵天皇制の成立』NHK出版, 2017.
吉田裕・瀨畑源・河西秀哉 編『平成の天皇制とは何か』岩波書店, 2017.
茂木謙之介『表象としての皇族』吉川弘文館, 2017.
河西秀哉『近代天皇制から象徵天皇制へ』吉田書店, 2018.
河西秀哉 編『<地域>から見える天皇制』吉田書店, 2019.
船橋正眞『「皇室外交」と象徵天皇制』吉田書店, 2019.
茶谷誠一 編『象徵天皇制のゆくえ』志學館大學出版會, 2020.

47. 55년 체제와 자민당 지배
자민당 정권은 왜 성립하고 장기화되었는가

나카키타 고지^{中北浩爾*)} 집필 / 강유진 번역

관련항목: IV-29[p.432] IV-37[p.456] IV-45[p.480] IV-51[p.498] IV-56[p.513]

〔논의의 배경〕

1955년 10월 13일 강화조약과 안보조약을 둘러싸고 좌우로 분열되어 있던 일본 사회당이 통일되고, 11월 15일에는 민주당과 자유당이 보수 통합을 실현해 자유민주당(자민당)이 결성되었다. 그 이후 1993년 8월 9일에 비非민주·비공산 여덟 당파로 구성된 호소카와 모리히로細川護熙 내각이 성립될 때까지 38년이라는 장기간에 걸쳐 자민당이 정권당, 사회당이 제1야당인 정당정치의 구조가 계속되었다. 이를 55년 체제1)라 일컫는다. 이는 어떻게 성립된 것일까. 왜 장기화되고, 붕괴한 것일까.

〔논점〕

(1) **55년 체제는 왜 성립했는가**

55년 체제의 성립 과정을 처음 실증적으로 분석한 미야자키 류지宮崎隆次는 1950년 한국전쟁의 발발을 배경으로 재군비 등 외교·안보 정책을 둘러싼 대립축이 종래의 경제 정책을 둘러싼 대립축보다 우선되고, 보수 정당(자민당)과 혁신 정당(사회당)의 양극 대립이 발생한 결과 55년 체제가 성립했다고 분석했다. 그에 반해 나카키타 고지(2002)는 한국전쟁 휴전기이던 1953년에 전개된 긴장 완화, 즉 냉전의 정착에 대응하는 체제가 55년 체제라고 논했다. 긴장 완화가 계속되는 가운데 혁신 세력을 대표하는 사회당이 비무장 중립이나 한국특수特需를 대신할 중국무역 촉진을 주장하며 통일을 추진하고, 이에 위협을 느낀 두 친미 성향 보수 정당이 사회당의 정권 획득을 저지하려 통합했다. 보수 통합을 뒤에서 밀어준 미국과 재계는 사회당이나 사회당을 지원하는 총평(일본노동조직총평의회)에 대항하며, 여러 서방 국가들과의 무역을 통한 경제 자립을 목표로 하고 같은 해 일본의 GATT(관세 및 무역에 관한 일반협정) 정식 가입이나

---

*) 히토쓰바시(一橋)대학대학원 사회학연구과 교수 | 일본정치사
1) 55년 체제 : 55년 체제라는 개념은 정치학자인 마스미 준노스케(升味準之輔)가 1964년의 논문에서 최초로 사용했다고 한다. 이 논문을 수록한『현대 일본의 정치체제』(岩波書店, 1969) 제3장에서 마스미는 '사회당 통일과 보수 통합이 현 정치 체제의 얼개를 만들었다'고 지적하고, '보수 통합은 점령 시대의 요시다=자유당 정권에 대한 보수당의 내란과 사회당의 외압의 성과라고 볼 수 있다'고 분석했다.

일본생산성본부 설립 등을 실현시켰다. 55년 체제는 자민당 일당우위정당제[2]라고 하는 정당시스템을 핵심으로 하면서도 동시에 대외관계나 노사관계에까지 걸친 정치체제로서의 성격을 갖고 있었다.

(2) 자민당 정권이 장기화된 이유는 무엇인가

자유민권운동 이후 지속되어 왔던 분열을 뛰어넘고 보수 통합이 실현된 것은 일본 정당정치사상 획기적인 일이었다. 새롭게 도입된 총재공선總裁公選 등의 관점에서 자민당의 결성을 분석하고 이를 전후에 나타난 보수 정당의 조직적 완성이라고 위치지은 것이 고미야 히토시小宮京다. 그러나 총재공선은 역설적이게도 당수黨首가 강한 권력을 갖는 중앙집권적인 조직정당 모델이 아닌 파벌 중심의 분권적인 정당 조직을 정착시켜 나간다. 똑같이 정당 조직의 시점에서 사전심사제라 불리는 정책 결정 시스템이 자민당 결성과 함께 채택·정착되어나가는 과정을 실증적으로 분석한 것이 오쿠 겐타로奧健太郎와 고노 야스코河野康子다. 사전심사제란 정부가 국회에 제출하는 법률안이나 예산안을 각의에서 결정하기 전에 자민당이 심사하는 절차인데, 이를 통해 자민당은 각 정책 분야에 정통한 족의원族議員을 매개로 관료나 업계 단체와 폭넓은 네트워크를 구축하는 데 성공했다. 사전심사제는 국회의원의 개인 후원회에 기초를 두는 이익유도정치와 긴밀한 관계를 갖는다. 사이토 준齊藤淳은 계량분석을 이용해 이익유도정치의 실태를 명확히 밝혔다. 또 다테바야시 마사히코建林正彦는 중의원의 중선거구제[3]가 이러한 자민당의 조직을 낳았음을 설득력있게 분석했다. 나아가 나카키타(2014)는 파벌, 족의원, 개인후원회에서 보이는 자민당의 분권적 정당조직을 긍정하는 일본형 다원주의 이데올로기가 1980년대의 보수 회귀를 떠받쳤다고 밝혔다.

(3) 사회당이 정권을 획득할 수 없었던 이유

자민당이 세계적으로도 이례적인 장기 정권을 수립한 것은 사회당이 정권을 획득하지 못했기 때문이기도 하다. 미일안보조약 개정 등을 둘러싼 니시오 스에히로西尾末廣 등의 탈당(1959)과 민주사회당(민사당)의 결성, 에다 사부로江田三郎를 중심으로 한 구조개혁파[4]의 패배(1964),

---

2) 일당우위정당제 : 정치학의 정당 연구에는 정당조직론에 더해 정당 간의 상호 관계를 분석하는 정당시스템론이 있으며, 현재도 조반니 사르토리(Giovanni Sartori)의 유형이 표준적이다. 사르토리는 종래의 일당제·양당제·다당제에 더해 일당우위정당제 등의 개념을 제시했다. 일당우위정당제란 복수 정당 간의 경쟁이 존재하기는 하지만 결과적으로 하나의 정당이 장기간 정권을 쥐고 있는 정당 시스템으로, 55년 체제 하의 자민당이 전형적인 예다.
3) 중선거구제와 소선거구 비례대표 병립제 : 하나의 선거구에서 대략 3~5명의 의원을 선출하는 중의원의 중선거구제는 1928년 보통선거제의 도입과 함께 채택되어 종전 직후 폐지된 뒤 1947년 총선거에서 부활했다. 단기제(單記制)로 실시되었다는 점 등으로 인해 단독 과반수를 노리는 정당은 동일 선거구에서의 후보자 간 경합(정당 내 경합)을 피할 수 없게 되었고, 이것이 파벌이나 개인후원회에서 보이는 자민당 조직의 분권적인 성격의 원인이 되었다. 1994년의 정치 개혁으로 중선거구제는 폐지되고 소선거구제와 비례대표제를 조합한 소선거구 비례대표 병립제가 도입되었다.
4) 구조개혁파 : 고도로 발달한 자본주의 국가에서 경제 구조의 변혁을 통해 사회주의로의 길을 열어젖히는 것을 목표로 하는 마르크스주의 이론으로 이탈리아 공산당으로부터 수입되었다. 민족민주혁명론에 입각한 일본 공산당에서는 부정되었으나, 마르크스주의 내에서 개혁이 차지하는 비중을 크게 보는 이론으로서 에다 사부로 등의 그룹에 의해 일본 사회당에 소개되었다. 그러나 사회주의협회 등으로부터 민사당(民社黨)과 다를 바 없는 개량주의라고 비판받아 주도권을 잃었다.

마르크스주의 정치 단체인 사회주의협회의 대두, 그 전제로서 실시된 조직 개혁(1962)과 이에 따른 활동가들의 영향력 고조 등이 중요하다. 이러한 사건들의 결과, 정권 획득을 목표로 성립했던 사회당은 좌경화되어 저항정당이 되었고, 여야 세력이 서로 비등하던 1970년대에도 유효한 야당 연합 정권 구상을 보여주지 못했다. 한편으로 냉전 하에서의 보수와 혁신 간 대립 지속, 일본 최대 노동 조합인 내셔널 센터 총평의회의 지원 등을 배경으로, 사회당은 제1야당으로 계속 존재했다. 여기서는 사회당을 통사적으로 분석한 오카다 이치로岡田一郞를 언급해둔다.

(4) 55년 체제는 어째서 붕괴했고 그 의미는 무엇인가

55년 체제가 붕괴한 이유로는 1989년의 냉전 종결, 같은 해의 연합(일본노동조합 총연합회) 결성에서 보이는 노사간 계급 대립의 이완, 더하여 1994년에 실현된 정치 개혁을 요구하는 움직임의 고조 등을 들 수 있으나 이 모두를 포괄하는 연구는 존재하지 않는다. 사회당이 제1야당의 자리를 잃었다는 점에서 1993년에 55년 체제가 붕괴한 사실은 틀림없으나, 자민당은 1993년·2009년에 하야하기는 했어도 두 번 모두 단기간에 정권을 되찾았다. 공명당과의 연립 정권인 이상 현재의 정당 시스템을 자민당 일당 우위 정당제라고 규정하는 것은 불가능하지만 그에 가까운 상황이 존재하고 있어 자민당 '일강一强' 등으로 불린다. 중의원의 소선거구 비례대표 병립제 도입, 기업 및 단체 헌금의 제한이나 정당 조성 제도의 창설을 핵심으로 한 정치 자금 제도 개혁을 거치고 이에 적응해야 했던 자민당이 어떻게 변모했는가에 대해서는 나카키타(2017)가 종합적으로 논했다.

> **탐구 포인트**
> ① 55년 체제의 개념은 자민당 일당 우위 정당제라는 정당 시스템과 동일한 것인가.
> ② 55년 체제 하에서 자민당은 어떠한 변화를 거치고 장기 정권을 계속할 수 있었던 것인가.
> ③ 사회당이 저항정당화되면서도 야당 제1당으로서의 지위를 유지할 수 있었던 것은 어째서인가.
> ④ 55년 체제 붕괴 후에도 자민당이 대부분의 기간 동안 정권을 잡은 것은 어째서인가.

참고문헌

宮崎隆次「日本における「戰後デモクラシー」の固定化」犬童一男ほか編『戰後デモクラシーの成立』岩波書店, 1988.
中北浩爾나카키타 고지『一九五五年體制の成立』東京大學出版會, 2002.
健林正彦『議員行動の政治經濟學』有斐閣, 2004.
岡田一郎『日本社會黨』新時代社, 2005.
小宮京『自由民主黨の誕生』木鐸社, 2010.
中北浩爾『自民黨政治の變容』NHK出版, 2014.
奧健太郎·河野康子編著『自民黨政治の源流』吉田書店, 2015.
中北浩爾『自民黨―「一强」の實像』中央公論新社, 2017.

48. 주일 미군 기지
왜 오키나와에 집중되었는가

노조에 후미아키(野添文彬*) 집필 / 강유진 번역

관련항목: IV-15[p.390] IV-45[p.480] IV-49[p.492] IV-56[p.513]

〔논의의 배경〕

전후 일본에서 미일안전보장조약은 외교 및 안전보장 정책의 기축으로 존재해왔다. 해당 조약의 기본적인 협력 관계는 일본이 미국에 기지를 제공하고 미국은 군대를 일본에 주재시켜 일본을 방위하는 것이다. 2019년 3월을 기준으로 일본에는 총면적 9만 8040.2헥타르, 131곳의 미군 기지가 있다.

주일 미군 기지 가운데 미국이 관리하고 오로지 주일 미군만이 사용하는 기지를 미군 전용 시설이라고 부른다. 주일 미군 전용 시설 면적의 70.3퍼센트에 해당하는 1만 8494.4헥타르가 일본 전체 면적의 0.6퍼센트에 지나지 않는 오키나와에 집중되어 있다. 그 때문에 오키나와에서는 미군에 의한 사건·사고·소음·환경 오염 등의 문제가 빈번하게 발생했다. 최근에는 오키나와현 기노완(宜野灣)시에 있는 후텐마(普天間) 비행장을 오키나와현 나고(名護)시 헤노코(邊野古)로 옮기는 것을 둘러싸고 대립이 계속되고 있다. 미군 기지는 왜, 어떻게 오키나와에 집중된 것일까. 주일 미군 기지의 역사는 현재의 문제와도 밀접히 관련되어 있는 만큼 여러 다양한 논점이 존재한다.

〔논점〕

(1) 왜 일본에 미군 기지가 설치되었는가

아시아·태평양 전쟁 패전 이후 일본은 미국 등의 연합국에 의해 점령되어 민주화 및 비군사화가 진척되었다. 그러나 1947년 이후 미소 간 냉전이 본격화되며 미국 정부는 일본의 전략적 중요성에 주목하게 된다. 1950년에 발발한 한국전쟁에서도 미군은 일본에서 출격했다.

한편 일본 정부 내에서도 냉전 하에서 자국의 안보를 위해 미군 주재가 필요하다고 생각하게 되었다. 1947년 9월에는 비참한 지상전(地上戰)을 겪고 일본 본토와는 별개로 미군 점령 하에 있었던 오키나와에 대해, 쇼와 천황은 주권은 일본이 가진 채로 미군이 점령을 계속한다는 안을 미국 측에 전달했다(천황 메시지[p.484]).

---

*) 오키나와국제대학 법학부 준교수 | 일본 외교사

1951년 9월 8일 샌프란시스코 강화조약[p.517]이 조인되고 일본은 주권을 회복하였으나, 오키나와는 여전히 미국이 통치하는 것으로 정해졌다. 같은 날 미일안보조약이 조인되어 강화 후에도 일본에 미군이 주둔하게 되었다. 이때 외교를 주도하고 강화조약이나 미일안보조약에 조인한 것은 요시다 시게루 수상이었다. 요시다 외교를 둘러싸고도, 미국의 재군비 요구를 회피하면서도 강화나 미군 주재에 의한 안전 보장을 실현한 것인지 또는 기지의 자유로운 사용이나 오키나와 지배에 대한 미국 측의 요구에 굴한 것인지에 관해 연구자들 사이에서 논쟁이 계속되고 있다.

(2) 오키나와의 미군 기지는 왜 확대되었는가

강화 직후의 일본 본토에는 거대한 미군 기지가 존재하였으나, 스나가와砂川 투쟁1) 등 각지에서 기지 반대 운동이 전개되었다. 여기에 더해 한국전쟁 휴전에 따른 미군의 재편도 진행되어, 1950년대를 거치며 주일 미군 기지는 축소되어 갔다.

이와 달리 미군 통치 하에 있었던 오키나와는 기지가 확대되었다. 강화 당시 오키나와의 미군 기지 면적은 일본 본토 미군 기지 면적의 약 8분의 1이었다. 그러나 오키나와에서는 '총검과 불도저'라 불리는 강제적인 토지 수용에 의해 기지가 확장되었고, 1960년대에는 오키나와의 미군 기지 면적와 일본 본토의 미군 기지 면적이 같아졌다.

기지 확장이라는 측면에서 특히 중요했던 것이 해병대의 오키나와 이주였다. 원래 해병대는 일본 본토의 기후岐阜나 시즈오카에 배치되어 있었으나, 한국전쟁 휴전 후의 미군 재편에 의해 1955년 이후 오키나와로 이전되었다. 오키나와의 지정학적 위치뿐 아니라 미군 통치하에서 정치적 제약이 없었다는 점도 오키나와에 해병대와 핵무기를 배치한 주된 요인이었다.

1960년의 미일안보조약 개정2)과 함께 주일 미군 기지 사용과 관련한 사전 협의 제도가 도입되었다. 이에 따라 미군은 자유로운 사용이 가능한 오키나와를 점점 중시하게 된다.

(3) 오키나와의 미군 기지는 왜 유지되고 있는가

1960년대 중반에는 미군의 베트남 전쟁 개입이 본격화됨에 따라 오키나와 기지가 미군에 출격이나 보급, 훈련을 위한 중요한 거점이 되었다. 그러나 기지 사용에 대한 반발도 존재해, 오키나와에서는 일본 복귀 운동이 고조된다. 미일 양국 정부도 미일안보조약의 기한인 1970

---

1) 스나가와 투쟁 : 도쿄의 다치카와 비행장의 활주로 확장을 둘러싸고 확장 예정지였던 스나가와초(町)에서 격한 반대 운동이 전개되었으며, 1957년 7월 8일에는 반대파가 기지 내에 침입하는 사건이 일어났다. 이 가운데 25인이 체포되고 그중 7인이 기소되었다. 재판에서는 1심에서 주일 미군의 존재를 위헌이라 보고 피고인에게 무죄를 선고했으나(伊達判決), 최고재판소는 이를 전면적으로 부인하고 미일안보조약과 같은 정치적 문제는 사법 심사를 따르지 않는다고 보아 주일 미군의 합헌성을 인정했다. 이후 미군은 1968년에 확장 공사를 중지하고, 다치카와 기지는 1977년에 반환되었다.

2) 미일안보조약 개정 : 1951년 9월 요시다 시게루 수상에 의해 조인된 미일안보조약은 일본이 미국에 기지를 제공함에도 불구하고 미국의 일본 방위 의무가 명기되어 있지 않았고, 미군은 일본의 기지를 자유롭게 사용하는 것이 가능했으며, 이에 더해 일본 국내에서 소요가 발생할 경우 미군이 개입할 수 있는 등(내란 조항) 일본 국내에서 불평등성을 비판받았다. 이에 1957년 2월 발족한 기시 노부스케 정권은 미일 관계의 '대등화'를 내걸고 미일 안보의 재검토에 착수한다. 1960년 1월 조인된 신안보조약에서는 미국의 일본 방위 의무가 명기되고 내란 조항이 삭제되었으며, 미군의 기지 사용에 관한 사전 협의 제도가 도입되었다.

년을 앞두고 미일 관계 안정화를 위해 오키나와 반환 문제 해결에 착수한다.

1969년에 진행된 미일교섭에서는 일본의 사토 에이사쿠 정권이 오키나와에서 핵무기를 철거하고 오키나와에도 미일안보조약, 특히 사전 협의 제도를 적용한다는 '핵 제거·본토 취급'[p.514]을 골자로 한 오키나와 반환을 목표로 했다. 교섭을 거쳐, 오키나와 반환은 1969년 11월에 합의되어 1972년 5월에 실현된다. 표면적으로는 '핵 제거·본토 취급' 반환이 실현된 것처럼 보였으나, 한국이나 대만에 대한 미군의 전투 작전 행동이 보증되는 등 몇 개의 밀약[3]이 맺어졌다. 이 때문에 오키나와 반환을 어떻게 평가할지에 관한 의견은 아직 모아졌다고 하기 어렵다.

최대의 문제는 오키나와 미군 기지의 대부분이 유지되었다는 것이다. 당시 베트남 전쟁 종결을 위한 미군 재편 속에서 일본 본토에서는 도쿄 근교의 미군 기지를 통합하는 '관동 계획' 등 추가적인 미군 기지 축소가 진행되었다. 반면 일본으로 복귀한 오키나와의 미군 기지 축소는 진행되지 않았다. 이렇게 오키나와 반환을 전후로 한 1970년대 전반에는 주일 미군 전용 시설의 약 7할이 오키나와에 집중되었다.

냉전 종결 후에도 미일 안보의 중요성이 재확인되어 미군 기지가 유지된다. 1995년 9월, 오키나와에서 미국 병사에 의한 소녀 폭행 사건이 발생하고 격한 반발이 확대된 결과 1996년 4월 후텐마 비행장의 반환이 합의되었다. 그러나 후텐마 비행장의 반환은 현내 이동을 전제로 한 것이었기 때문에, 일본 정부와 오키나와현의 대립은 계속되고 있다.

탐구 포인트

① 요시다 시게루 수상의 미군 주재를 통한 안전 보장이라는 선택을 어떻게 평가할 수 있을까.
② 일본 본토와 오키나와의 미군 기지의 역사에는 어떠한 차이가 있을까.
③ 오키나와 미군 기지의 정리 및 축소는 왜 진척되지 않는 것일까.

참고문헌

豊下楢彦도요시타 나라히코『安保條約の成立』岩波書店, 1996.
坂本一哉『日米同盟の絆』有斐閣, 2000.
我部政明『沖繩返還とは何だったのか』NHK出版, 2000.
ロバート・D・エルドリッヂ『沖繩問題の起源』名古屋大學出版會, 2003.
中島琢磨『沖繩返還と日米安保體制』有斐閣, 2012.
野添文彬『沖繩米軍基地全史』吉川弘文館, 2020.

---

3) 오키나와 반환과 밀약 : 오키나와 반환은 1969년 11월에 미일 간 합의가 이루어졌고, 1972년 5월 15일에 실현되었다. 오키나와 반환 실현에 이르기까지의 과정에서 국민에게 공표되지 않은 밀약이 몇 개나 맺어졌다. 핵무기에 대해서는 와카이즈미 케이(若泉敬) 교토산업대학 교수가 '밀사'로 파견되어 긴급시에는 오키나와에 핵무기를 들여온다는 '합의 의사록'이 작성되었다. 또한 오키나와 반환에 따른 막대한 재정 부담을 일본 정부가 부담한다는 밀약이나 일본의 대(對)미 섬유 수출을 자체 규제한다는 밀약도 맺어졌다.

49. 원자력과 핵
전후에 왜 원자력이 정착했는가

야마모토 아키히로^{山本明宏}*) 집필 / 강유진 번역

관련항목: IV-11^[p.378] IV-41^[p.468] IV-45^[p.480] IV-47^[p.486] IV-54^[p.507] IV-56^[p.513] IV-60^[p.525]

〔논의의 배경〕

'유일한 전쟁 피폭국'을 자인^{自認}하는 일본에서는 핵무기에 반대하는 여론이 주를 이룬다. 그러나 한편으로, 일본은 동일본 대지진이 발생한 2011년까지 54기의 원자력 발전소를 보유하는 '원자력 발전 대국'이었다. 전후 일본은 언제, 어떻게 원전이나 원자력 관련 시설을 갖게 된 것일까.

〔논점〕

(1) 전사로서의 점령기

점령기에는 GHQ가 시행하던 검열^[p.481] 제도가 있었기 때문에, 원자폭탄 피해와 관련한 언론 보도는 강도 높은 제재를 받았다. 한편 전후의 새 시대를 원자력 시대^{Atomic Age}라고 부르며 기념하는 보도나 언론 활동은 검열 대상이 아니었다. 점령 후기가 되자 미·소 냉전 구조가 고정화되는 흐름 속에서 제3차 세계대전의 위기와 함께 핵전쟁의 공포가 떠들썩하게 거론되기 시작했다. 스톡홀름 어필[1]이라고 불리는 평화 운동 및 서명 운동이 일본에서도 고조되어, 대학생들이 원폭 전시회를 개최하는 등 점령하에서도 반핵운동은 존속했다. 그러나 일본 사회에 반핵 여론이 정착해있었다고 말하기는 어려우며, 원자력의 '평화 이용' 그 자체를 의문시하는 시선은 '전혀 없었다'고 해도 좋을 정도였다.

(2) 원자력 예산

당초 점령 하에서는 원자핵으로부터 에너지를 끄집어내는 연구가 금지되어 있었으나, 점령 종결과 함께 그러한 제약이 없어졌다. 이후 과학자들 사이에서 원자력 연구의 방향성을 둘러

---

*) 고베시외국어대학 외국어학부 준교수 | 일본 근현대문화사
1) 스톡홀름 어필 : 1950년 3월에 세계평화위원회가 채택한, 핵무기 금지를 요구하는 캠페인. 해당 위원회가 스톡홀름에서 개최되었기 때문에 스톡홀름 어필이라고 불리게 되었다. 미국은 소련의 프로파간다라며 반발했고, 일본에서는 좌익 운동으로 인식되기도 했다. 그러나 서명 운동은 사상과 신조를 넘어 확대되어 일본에서도 600만 명 이상의 서명을 모았다고 한다.

싼 논의가 시작된다. 논의에 앞장선 것은 다케타니 미쓰오$^{武谷三男2)}$ 등의 물리학자들이었다. 그들에게는 군사 연구와 연결되지 않는 연구체제의 구축이 과제가 되었다. 군사 연구에 대한 거부감은 원폭 경험과 일본국 헌법을 갖고 있는 일본의 과학자들에게 널리 공유되어 있었다고 할 수 있다.

원자력에 관심을 품고 있었던 것은 과학자들뿐만은 아니었다. 정치인이나 기업들도 수면 아래서 움직이고 있었다. 이때 방향 전환의 계기가 찾아온다. 1953년 12월, 아이젠하워는 UN 총회에서 '평화를 위한 원자력$^{Atoms for Peace}$' 연설을 진행해 국제 원자력 기관의 창설과 '평화 이용' 추진의 필요성을 주장했다. 이에 따라 1954년 3월 나카소네 야스히로$^{中曾根康弘3)}$를 포함한 여러 당파의 의원들에 의해 원자력 예산안이 국회에 제출·통과되었다.

원자력 예산안의 등장은 원자력 연구 개발 체제를 만드는 과정을 가속했다. 1955년 12월의 임시 국회에서 '원자력 기본법', '원자력 위원회 설치법', '총리부 설치법의 일부를 개정하는 법률'이라는 원자력 관련 3법이 제정되었다. 이에 따라 1956년 1월 1일에 원자력 위원회가 발족하고, 위원장에 쇼리키 마쓰타로^{正力松太郎}가 취임했다.

거의 같은 시기인 1955년 12월에는 미국으로부터 농축 우라늄을 빌리기 위한 양국 간 협정인 미일 원자력 협정이 발효되었다. 또 1956년 3월에는 과학기술청 설치법이 제정되었다. 같은 해 4월에는 일본 원자력 연구소법에 따라 특수법인 원자력 연구소가 탄생하고, 원자연료공사^{公社}법도 제정되었다. 1957년 11월에는 9개의 전력회사가 출자해 일본 원자력 발전 주식회사^{原電}가 발족했다. 이로써 1954년부터 약 3년 동안 원자력 연구에 관한 법과 제도가 정비되고 주요한 조직들도 갖춰지게 되었다.

(3) 원자력 발전의 본격화

그러나 1960년대까지 원자력 연구 개발은 기나긴 준비 기간을 가졌다. 일본 최초의 연구용 원자로가 처음 임계에 도달한 것은 1957년이었다. 그 후 1963년에 미국에서 도입해온 동력시험로로 발전에 성공했다. 1966년에는 영국에서 도입해온 원자로를 소유한 도카이^{東海}발전소가 영업 운전을 개시했다. 그러나 1960년대에 가동한 상업용 원자력 발전소는 도카이 발전소뿐이었다. 1970년에는 후쿠이현에 미하마^{美濱} 발전소, 1971년 3월에는 후쿠시마현에 후쿠시마 제1 원자력 발전소가 영업 운전을 개시했으나, 1970년에 원자력 발전이 총 발전 전력량에서 점하는 비율은 1.5퍼센트에 불과했다.

원자력 발전이 본격화되고 사회에 정착하는 것은 1970년대 이후다. 1986년의 체르노빌 원자력 발전소 사고[4] 후 반원전 운동이 거세지기는 했지만, 1999년에는 총 발전 전력량에서

---

2) 다케타니 미쓰오(1911~2000) : 물리학자. 유카와 히데키 등의 '소립자론 그룹'에 속한 유일한 논객으로, 그의 독자적인 과학·기술론은 과학자가 아닌 독자들에게까지 읽혔다. 원자력에 관한 발언도 많이 했는데, 특히 방사선 피폭에 관한 '감내량($がまん量$)' 개념을 제창한 연구자 중 한 명으로 알려져 있다.
3) 나카소네 야스히로(1918~2019) : 정치인. 일본의 원자력 개발 여명기부터 원자력 행정에 관여한 소수의 정치인 중 한 명으로, 1982년부터 87년까지 내각 총리 대신을 맡았다. 1980년대에는 여섯 개 지역의 원자력 개발을 주도했다.
4) 체르노빌 원자력 발전소 사고 : 1986년 4월 구소련 우크라이나의 체르노빌 원자력 발전소에서 발생한 사고.

점하는 비율이 34.3퍼센트까지 올라갔다. 원자력 발전소의 수는 2011년 3월 11일 동일본 대지진 이전을 기준으로 54개까지 늘어났다.

(4) 3.11 이후

'3.11' 이후 외교사·과학사·기술사·사회운동사 등의 영역에서 원자력 발전소나 원자력 관련 시설의 정착 과정 및 반대 운동의 양상을 설명하는 연구가 진척되었다.

전후 일본에서 원자력 발전이 정착하고 점진적으로 성장해온 이유는 여러 가지가 있다. 우선 동서 냉전 하의 핵 군비 확장 경쟁 경험을 토대로 미국과 소련이 원자력 '평화 이용'을 가지고도 경쟁하는 국제 상황이 존재했다. 더하여 자원빈국 일본의 에너지 안보 필요라고 하는 국책 수준에서의 의지가 있었다. 지자체 위주로 살피자면, 원자력 발전소나 관련 시설 등은 거액의 세금 수입이나 보조금으로 이어지고 기술사나 작업원 등의 인구 이동을 발생시키는 경제의 활력소였다. 거기에는 전력 소비지로서의 도시 지역과 전력 생산지로서의 주변 지역 간의 불균형이라는 문제도 숨어있었다.

2021년 3월 현재 가동중인 원자력 발전소는 9기이다. 일본 국내 전력원별 발전량의 비율을 보면 2020년 1월부터 6월까지의 원자력 발전의 발전량은 전체의 6퍼센트였다. 원자력 발전 의존도는 대폭 저하되었으나, 지금도 원자력 발전소는 남아 있다. 방사성 폐기물의 관리는 미래 세대까지 장기간 계속되는 문제이다. 원자력 발전에 대한 찬반은 차치하더라도, 일본 사회는 앞으로도 원자력 발전과 그 부산물을 계속해서 마주하게 될 것이다.

> **탐구 포인트**
> ① 핵무기 보유와 원자력 발전소 보유 사이에는 어떤 관계가 있을까.
> ② 일본에서 반원전(탈원전) 운동이 거세진 것은 언제쯤이었을까.
> ③ 원자력을 응용하는 방법에는 원자력 발전 외에 어떤 것이 있었을까.

참고문헌

吉岡齊『原子力の社會史』朝日新聞社, 1999.
山崎正勝『日本の核開發－1939~1955』績文堂出版, 2011.
原子力技術史硏究會『福島事故に到る原子力開發史』

中央大學出版會, 2015.
山本昭宏 야마모토 아키히로 『核と日本人』中央公論新社, 2015 / 서동주·양지영 역 『핵과 일본인』 어문학사, 2023.
安藤丈將『脫原發の運動史』岩波書店, 2019.

동유럽이나 북유럽까지 방사능이 확산되고, 국제 원자력 평가 척도(INES)에서는 레벨 7의 초대형 원전사고로 평가되었다. 구소련은 당초 정보를 은폐했고, 이로 인해 전 세계에서 큰 비판을 받았다. 일본에서도 널리 보도되어 반원전 운동이 일어났다.

50. 재일코리안
식민지주의의 억압, 사회적 배제 속에서 어떻게 살아왔는가

도노무라 마사루^{外村大}*) 집필 / 강유진 번역

관련항목: IV-16[p.393] IV-23[p.414] IV-45[p.480] IV-57[p.516] IV-59[p.522]

〔논의의 배경〕

재일코리안이란 식민지 조선에서 일본으로 이동해 생활하게 된 사람들과 그 자손들이다. 재일코리안 연구는 20세기 말 이후 활발해져, 그 형성과정·노동·생활 혹은 그 안에서 직면한 법적·제도적·사회적 차별과 그러한 장애물을 어떻게 넘어섰는지 등이 의논되어 왔다. 이를 논할 때 어떤 요소를 중시하고 어떻게 해석하는지는 연구자에 따라 차이가 있다. 이는 재일코리안이 어떠한 존재이며, 향후 어떻게 살아야 하는지의 논의와도 관련된다.

〔논점〕

(1) 이동의 강제성과 능동성

식민지 조선에서 일본으로의 인구이동은 한국병합 후 증가했다. 이는 조선 농촌에 생겨난 빈곤층을 조선 내 도시가 흡수할 수 없었던 반면 일본에서는 저임금노동력을 필요로 하는 사업주가 있었기 때문이다. 또한 총력전 기간에는 각의에서 결정된 계획에 기반해 조선의 노동력을 일본의 탄광 등에 배치하는 노동력 동원이 시행되었다. 이것은 동시대의 문서에서도 '납치나 다름없다'고 쓰일 정도였으며, 전후에 강제연행[1]이라는 단어로 표현되었다. 이렇게 일본에 넘어간 사람까지 포함해 패전 직후 재일코리안 인구는 약 200만 명이었으며 다음 해까지 약 150만 명이 귀국했지만, 남은 사람들과 그 자손이 전후의 재일코리안 사회를 형성했다.

재일코리안 형성사에 관해서는 박경식이 강제연행의 생생한 기술도 포함된 선구적인 연구를 진행했다. 이를 이어받아 강제연행에 관한 연구들이 이어졌다. 그러나 21세기 이후 인구이동의 실태는 강제연행이 아니라 단순히 돈을 벌기 위해 타지로 향한 것이라는 주장도 나타났다. 역사적 사실을 확인해보면, 노동 동원에 의해 강제로 일본에 건너와 잔류하게

---

*) 도쿄대학대학원 총합문화연구과 교수 | 일본 근현대사·조일관계사
1) 강제연행 : 조선인에 대한 전시 동원 전반을 강제연행이라고 부르는 경우도 있으나, 통상 조선에서 일본 내지(식민지 이외의 일본 제국 영역)로의 노동 동원을 가리킨다. 약 72만 명이 보내졌다. 국가총동원법에 기반한 징용은 1944년부터 시작되나, 그 이전에도 행정 당국에 의해 본인의 의사와는 관계없는 인력 확보가 진행되었다.

사람도 있으므로 강제연행 역시 재일코리안 형성의 이유 중 하나이기는 하지만, 재일코리안 1세들 중 강제연행후 잔류한 사람은 상대적으로 소수이다.

그렇다면 어째서 강제연행이 논의되는 경우가 많은 것일까. 식민지 지배나 군국주의 폭력의 실태를 알리고자 하는 바람과 함께, 자신들을 철저히 배제하고 있는 일본 사회에 '스스로 희망해서 도일했다'고는 결코 말할 수 없는 재일코리안의 심정과 관련있다고 생각된다.

그러나 1970년대 이후에는 당사자의 구술 기록, 90년대 이후에는 한국어朝鮮語 신문자료의 발굴 및 활용이 진척되어 새로운 연구 동향이 생겨났다. 단순히 폭력에 노출된 피해자가 아니라, 혹독한 환경에서도 스스로 노력하고 서로 도와가며 일본에서의 생활을 개척하고 민족문화를 지켜나간 모습이 주목받게 된 것이다. 도노무라 마사루外村大나 미즈노 나오키水野直樹·문경수는 이러한 시각에서 재일 코리안의 역사를 정리했다. 또한 강제연행 이외의 이유로 일본에 건너간 사람들도 혹독한 차별 속에서 노동과 생활을 강요받은 점에서는 차이가 없다. 덧붙이자면 이동 자체도 일본에 의해 국가 차원에서 통제되어 자유롭지는 않았다. 재일코리안의 형성과정은 폭력적 억압구조 속에서 능동적으로 꿋꿋이 살아간 역사이며, 강제인가 혹은 선택적 이주인가라는 이원론으로 분류할 수 있는 것은 아니다.

(2) 제국의 다문화성과 전후 일본의 단일민족성

재일코리안 인구가 증가하는 과정에서는 민족적 친목 부조 단체가 탄생해 민족 사업이나 독자적인 오락, 문화 활동도 활발해졌다. 일본 패전까지의 재일코리안은 각종 공직선거에도 참가할 수 있었으며, 지방 의원뿐 아니라 중의원 의원이 된 인물도 있었다. '일본 = 단일민족 사회'라는 이미지가 있어 일본사 연구도 이를 재생산해온 경향이 있으나 실상은 다르다. 그러나 전후에 변화가 찾아온다. 1945년 12월에는 참정권 정지[2)가 결정되었으며, 1952년 4월에는 샌프란시스코 강화조약[p.517] 발효와 함께 '일본국적이탈離脫'[3) 조치가 취해지며 배제가 진행되었다. 이러한 전후 일본에 비하면, 전전 일본은 다문화를 허용한 바람직한 사회였던 것처럼 보이기도 한다.

그러나 재일코리안의 독자적인 활동은 총력전[p.477] 하의 황민화皇民化 정책에 의해 철저하게 억압되어 있었다. 또한 총력전 이전의 민족적인 활동도 어디까지나 일본 제국의 일원인 것을 부정하지 않고 일본인의 우위성을 위협하지 않는 범위 내에서 허용되었을 뿐이다. 제국 일본의 다문화성은 소수자의 자기결정권을 빼앗고 일본인 중심의 질서를 전제로 한 것으로 식민지주의와 무관하지 않다.

---

2) 참정권 정지 : 일본 패전 후에도 대만인·조선인(일본국 통치 하에서 대만 호적 또는 조선 호적에 편입되어 있던 사람)은 일본 제국 신민이었으며, 그 중 일본 내지 거주자는 참정권을 갖고 있었다. 그러나 1945년 12월에 중의원의원선거법이 개정되며 그들의 참정권을 당분간 정지하는 것이 결정되었다. 그 후 샌프란시스코 강화조약 발효와 함께 그들은 일본 국적을 잃고 참정권을 포함해 일본 국적 소지를 요건으로 하는 모든 권리로부터 배제되었다.

3) 국적이탈 : 샌프란시스코 강화조약 발효와 함께 대만인·조선인에 대해 일본국적을 이탈(박탈)한다는 법무성의 통고가 나왔다. 그러나 이에 해당하는 개개인에게 알리지 않고 본인의 국적을 선택할 기회도 부여하지 않은 채 일방적인 통고 형태로 이 같은 조치를 취한 것은 후에 문제시되었다. 또한 이때 그 대상이 된 사람과 그 자손으로서 계속 일본에 거주하는 사람에게는 1991년 특별영주권이 부여되었다.

(3) 조국 지향과 재일 지향

전후에 재일코리안이 바라고 있던 것은 조국의 국가건설 및 민주화 통일과 함께 일본에서의 생활의 안정 및 평등이 실현되는 것이었다. 이른바 조국 지향과 재일 지향이라는 과제가 존재했던 것이다. 재일코리안의 사회운동에서는 북한北朝鮮 귀국 운동[4]의 고양에서 보이듯 당초 조국 지향이 강한 영향력을 갖고 있었으나, 1970년대 이후 취업 거부나 사회 보장 제도에서의 차별 철폐 실현 등 재일 지향의 운동이 활발해졌다. 이는 귀국을 바라는 1세대로부터 거주국에서의 자기 실현을 지향하는 2세대로의 세대 교체에 동반된 변화였다. 그것은 다른 이민집단과도 공통된 현상이기도 하다.

다만 그동안 일본 국가·사회로의 귀속을 줄곧 강화시키는 것에 대한 경계의 목소리는 언제나 많았고, 이러한 목소리는 지금도 존재한다. 이 점은 과거 자국의 가해에 대한 충분한 반성을 보이지 않는 일본 사회의 상황과도 연관이 있다. 재일코리안의 역사를 생각할 때는 다른 이민과의 공통점뿐 아니라 일본의 식민지 지배나 총력전 하의 황민화 정책, 전후에도 극복되지 않은 식민지주의의 영향 등 특유의 요소를 시야에 넣을 필요가 있다.

> **탐구 포인트**
> ① 재일코리안에 대한 주목은 일본사의 틀 자체에 대한 재검토이기도 하다.
> ② 재일코리안의 형성에 영향을 준 사회경제적, 정치적 조건은 무엇일까.
> ③ 재일코리안이 일본 사회에 참가하는 데 장애물이 되었던 것은 무엇일까.
> ④ 일본 국가·일본인과 재일코리안의 관계는 변화하고, 개선되었다고 말할 수 있을까.

참고문헌

朴慶植박경식『朝鮮人强制連行の記錄』未來社, 1965 / 박경옥 역『조선인 강제연행의 기록』고즈윈, 2008.

梶村秀樹가지무라 히데키, 著作集刊行委員會編『梶村秀樹著作集6 在日朝鮮人論』明石書店, 1993.

外村大도노무라 마사루『在日朝鮮人社會の歷史學的硏究』綠陰書房, 2009 / 김인덕·신유원 역『재일조선인 사회의 역사학적 연구』논형, 2010.

田中宏다나카 히로시『在日外國人』岩波書店, 2013.

水野直樹미즈노 나오키·文京洙문경수『在日朝鮮人』岩波書店, 2015 / 한승동 역『재일조선인』삼천리, 2016.

---

4) 북한 귀국 운동 : 1958년 이후 조선민주주의인민공화국(북한)을 지지하는 재일코리안 사이에서 집단적인 귀국을 요구하는 운동이 시작되었다. 양국 적십자가 협정을 맺어 그 다음 해부터 귀국 사업이 개시되었으며, 일시적으로 두절된 시기도 있었지만 1984년까지 계속되었다. 약 9만 3000명의 재일코리안과 그 배우자인 일본인 등이 북한으로 건너갔다.

51. 고도경제성장
장기 경제성장은 어떻게 발생했으며 사회는 어떻게 변화했는가

다카오카 히로유키 高岡裕之*) 집필 / 강유진 번역

관련항목: IV-3[p.354] IV-19[p.402] IV-31[p.438] IV-44[p.477] IV-47[p.486]

〔논의의 배경〕

21세기 일본 경제는 국내총생산GDP의 평균 성장률이 1% 미만(2001~2018)을 기록해 선진국 중에서도 정체가 두드러졌다. 그러나 1950년대 중반부터 70년대 초반까지의 기간 동안 일본 경제는 연평균 약 10%라는 가파른 경제 성장을 지속하며 세계의 주목을 받았다. 이러한 장기에 걸친 고도경제성장은 대체 어째서, 어떻게 가능했던 것일까. 또한 고도경제성장 속에서 일본 사회는 어떻게 변화했을까.

〔논점〕

(1) 고도경제성장의 특징

고도경제성장기란 일반적으로 1954년 말부터 57년까지 계속되었던 진무경기神武景氣부터 73년의 제1차 석유위기까지(1955~1973)를 가리킨다. 이 시기는 세계사적으로 보아도 가파른 경제성장이 달성되었던 시대로, 앵거스 매디슨Angus Maddison은 1950년부터 1973년까지를 세계 경제의 황금시대라 불렀다. 일본의 고도경제성장도 이러한 세계 경제 성장의 일환이었으나, 그 성장률은 미국(약 4%), 서독·프랑스·이탈리아(5~6%)를 크게 상회했다. 이러한 고도경제성장을 주도한 것은 중화학 공업 부문을 중심으로 한 민간 설비 투자였다. 이를 1961년의 『경제 백서』는 '투자가 투자를 부르는 효과'라고 평했다.

일본의 GDP는 급속도로 성장해 1968년에는 서독을 제치고 자본주의 세계에서 미국을 잇는 2위로 올라섰다. 그러나 1인당 실질 GDP를 보면 1970년대의 일본은 이탈리아·독일과 간신히 어깨를 나란히 하는 단계였으며, 서독·프랑스를 능가하게 되는 것은 1980년대의 일이다.

(2) 경제성장의 조건

고도경제성장을 가능케 한 요인은 동시대부터 지금까지 커다란 쟁점으로 존재해왔다(예컨대 고사이 유타카香西泰는 8개의 학설을 비판했다). 현재 그 역사적 조건에 대해서는 아래와 같은

---

*) 간사이학원대학 문학부 교수 | 일본 근현대사

내용들이 널리 인정받고 있다. 먼저 국제적 조건으로는 냉전 구조 및 브레턴우즈 체제[1]가 창출해낸 안정된 자유무역 시스템의 존재가 있었다. 또한 국내적 조건으로는 ①메이지 시대부터 지속된 근대화의 축적, ②농지개혁을 비롯한 전후 개혁의 성과를 역사적 전제로 삼으며, ③전후 크게 증가한 높은 개인 저축율, ④1억 명이라는 인구가 제공하는 시장의 규모, ⑤풍부한 청년 노동력의 존재 등이 거론된다. 또한 중요한 것은 1960년대까지의 일본 정부가 스스로를 '중진국'이라고 인식했듯 여전히 제1차 산업 인구의 비중이 높은 후발 자본주의 국가였다는 점이다. 고도경제성장은 이러한 일본이 미국을 목표로 한 급속한 공업화를 진행함에 따라 실현된 캐치업 catch up 형 경제발전[2]이었다고 생각된다.

(3) 경제성장과 국가

고도경제성장의 요인으로서 논의가 계속되어 온 것이 국가의 역할이다. 이 문제에 대해서는 찰머스 존슨 Chalmers Johnson 으로 대표되는 통산성이나 대장성의 주도적 역할을 강조하는 논의가 존재하지만, 한편으로는 미와 요시로 三輪芳朗나 마크 램지어 Mark Ramseyer 와 같이 정부의 경제·산업 정책의 역할을 전면 부정하는 견해도 있다. 정부의 경제·산업 정책에는 많은 제약과 한계가 있고, 경제성장의 주역이 기업이었다는 점은 틀림없는 사실이다. 그러나 고도경제성장기의 정부가 경제성장을 중점 과제로 삼고 그 촉진을 위한 제도나 인프라를 정비한 것의 의의를 무시하는 것은 불가능하다. 고도경제성장기의 일본에서는 현대 국가가 갖고 있는 '복지국가'·'군사국가'·'경제국가'의 세 가지 측면 가운데 '경제국가'의 역할이 돌출되었던 것으로, 이러한 상황 속에서 형성된 현대 일본 국가의 존재 양태는 '기업국가'·'산업국가'·'개발주의국가' 등으로 불리고 있다.

(4) 일본사회의 변모

20년 가까이 지속된 고도경제성장은 일본 사회에 거대한 변화를 가져왔다. 1955년의 시점에서 취업 인구의 38%를 점하던 농업 인구는 70년에는 18%로 감소하고, 일본 사회는 본격적인 산업사회 industrial society 가 되었다. 산업사회화의 진전은 자영업자나 가업 종사자를 감소시켜, 1955년에 취업 인구의 39%였던 고용인은 70년에는 64%까지 증가했다. 이렇게 증가한 고용인은 기업별 조합이나 종신고용·연공임금으로 특징지어지는 일본형 노자 勞資 관계에 포섭되어 노동자가 기업에 강한 귀속 의식을 갖는 일본 특유의 '기업사회'[3]가 형성되었다.

---

1) 브레턴우즈 체제 : 1944년 미국 브레턴우즈에서 개최된 연합국 통화 금융 협의를 기점으로 형성된 제2차 세계대전 후의 국제 경제 시스템이다. 금 달러 본위제, IMF(국제통화기금), IBRD(국제개발은행, 통칭 '세계은행'), GATT(무역과 관세에 관한 일반협정) 등으로 구성되어 있다. 이 체제 하에서 성립된 자유무역체제와 1달러 = 360엔의 고정 환율은 고도경제성장의 중요한 전제가 되었다.
2) 캐치업형 경제발전 : 공업화를 늦게 시작한 나라는 여러 측면에서 선진 공업국보다 불리한 조건에 놓이게 된다. 그러나 1960년대 미국의 경제학자 거셴크론(Alexander Gerschenkron)이 후발국은 선진국의 기술이나 지식을 이용함으로써 급속한 공업화를 실현할 수 있다고 논했다. 거셴크론의 논의는 유럽을 염두에 둔 것이었으나, 1970년대 이후에는 일본을 선두로 한 아시아 여러 국가 및 지역들의 경제 성장이 캐치업의 전형이라고 여겨지게 되었다.
3) 기업사회 : 전후 일본의 사회과학에서는 기업별 조합이나 종신고용, 연공임금을 특징으로 하는 일본형 노자 관계가 일본 사회의 '전근대성'에 기반한 것이라고 생각되어 왔다. 그러나 고도경제성장기를 거치며 일본형 노자 관계는 견고히 존속되었고, 오히려 각종 기업 복지가 확대되었다. 1980년대에 정치학자 와타나베 오사무

산업구조의 변화는 공업화의 중심이 된 도쿄·오사카·나고야 등 3대 대도시권으로의 전에 없던 인구이동을 초래했다. 인구가 급증한 이러한 지역에서는 여러 도시 문제가 심각해졌으며, 1960년대 후반부터 혁신지자체가 등장하는 전제가 되었다. 한편 70% 이상의 도·부·현에서는 신규 졸업자를 중심으로 인구 유출이 계속되었다. 특히 에너지 혁명의 영향을 받은 석탄 생산지나 산촌 지역의 인구 유출은 격화되어 '과소過疎'[4]가 사회문제로 부상했다.

더하여 고도경제성장기에는 일상생활에서도 대중소비사회의 본격적인 성립 등 '생활혁명'이라고도 불리는 변화가 생겼다. 오카도 마사카쓰大門正克 등은 종래의 고도경제성장기에 관한 연구가 '정부와 기업사회에 너무 많은 설명을 맡겼다'고 보고, 냉전 문제와 함께 민중의 '생활세계'의 역사적 의미를 규명할 필요성을 제기하며 고도경제성장기 연구의 새로운 방향을 제시하고 있다.

탐구 포인트

① 고도경제성장을 가능케 한 조건은 무엇이었을까.
② 고도경제성장은 일본사회에 어떠한 변화를 초래했을까.
③ 일본 근현대사에서 고도경제성장기는 어떠한 역사적 위치를 점하고 있을까.

참고문헌

香西泰『高度成長の時代』日本評論社, 1981(日本經濟新聞出版, 2001).
チャーマーズ·ジョンソン찰머스 존슨(矢野俊比古監譯)『通産省と日本の奇跡』TBSブリタニカ, 1982(勁草書房, 2018).
アンガス·マディソン(金森久雄監譯)『20世紀の世界經濟』東洋經濟新報社, 1990.
吉川洋『高度成長』讀賣新聞社, 1997(央公論新社, 2012).
三輪芳郎/J·マーク·ラムザイヤー『産業政策論の誤解』東洋經濟新報社, 2002.
淺井良夫「現代資本主義と高度成長」歷史學研究會·日本史研究改編『日本史講座10 戰後日本論』東京大學出版會, 2005.
大門正克ほか編『高度成長の時代』1~3, 大月書店, 2010~11.

(渡邊治)는 이러한 일본형 노자 관계가 오히려 고도경제성장기를 거치며 형성된 현대적 성격을 지닌다는 점, 그리고 기업에 의한 노동자 조합이야말로 현대 일본의 대중 사회 통합의 핵심이라는 점을 지적하고 이러한 특징을 갖는 일본 독자의 사회적 지배 구조를 '기업 사회'라 불렀다.

4) 과소 : '과소'를 처음 공식적으로 정의한 1967년 경제심의회 지역부회 보고에 의하면, '인구 감소로 인해 일정한 생활 수준을 유지하는 것이 곤란해진 상태'를 가리킨다. 1970년대에는 10년 간 시한입법(時限立法)으로 '과소지역 대책 긴급 조치법'이 성립되었으나 통칭 '과소법'은 그 후에도 계속 갱신되어 현재에 이르고 있다.

52. 전후사회와 젠더
전후 시기에는 어떻게 변화하였는가

가와니시 히데야(河西秀哉*) 집필 / 김정래 번역

관련항목: IV-20[p.405] IV-21[p.408] IV-27[p.426] IV-45[p.480] IV-51[p.498] IV-53[p.504]

〔논의의 배경〕

아시아·태평양 전쟁 패전과 함께 다양한 제도 변화가 촉진되어 남녀가 불평등하게 규정되던 전전의 법률·제도도 개정되었고 남녀는 법적으로 평등하게 되었다. 그러나 의식은 계속해서 이어졌다. 법적인 변화와 의식적인 변화에 엇갈림이 발생한 것이다.

또한 전후 사회의 변화·경제성장 속에서 '가족'은 재생산되어 젠더 역할은 오히려 고정화되어 갔다. 전후 시기에는 무엇이 변화하였으며, 무엇이 변하지 않았는가? 그리고 현재 우리들은 어떠한 지평에 있는 것인가?

〔논점〕

(1) 패전에 의한 법적 변화와 의식의 계속

GHQ의 점령정책에 의해 남녀평등의 법적 기초가 만들어졌다. 1946년 11월 3일에 공포된 일본국 헌법에서는 제24조에 '개인의 존엄과 양성의 본질적 평등'을 규정하는 등, 당시의 국제사회에 비춰봐도 매우 선진적인 내용을 제기했다. 이에 근거하여 다음 47년에는 민법도 개정되어 이에家제도의 해체 등을 포함한 새로운 혼인·부부관계 형태의 조문으로 변화하였다. 또한 형법에서도 간통죄가 폐지되는 등, 남녀 평등에 가까워지는 방향성으로 법 개정이 진행되었다. 그렇다고는 하나 두 법에는 이른바 젠더 편향gender bias 1)을 가진 조문이 그대로 남았던 것도 사실이다. 헌법은 바뀌었다고 하나 전전부터의 의식은 계속해서 이어지고 있었다.

또한 이보다 앞서 맥아더에 의한 5대 개혁 지령[p.480]에 근거하여 1945년 12월에는 남녀 평등의 선거권이 인정되었고, 다음 46년 4월에는 39명의 여성 의원이 탄생하는 등 여성도 정치에 참가하는 권리를 획득해 나갔다. 그렇다고는 하나 그 후 여성의원은 급속하게 감소하여 90년대까지 거의 증가하지 않았다. 법적 변화 직후에는 그 임팩트에 따라 실태도 변화하였지만, 전전까지의 의식이 사회에 뿌리 깊게 남아 반동이라고도 할 수 있는 현상이 발생했던 것이다.

*) 나고야대학대학원 인문학연구과 준교수 | 일본 근현대사
1) 젠더 편향 : 민법 제73조는 결혼 가능 연령을 남성은 18세, 여성은 16세로 규정했다. 또한 제733조에는 여성은 이혼 후 100일이 지나지 않으면 재혼할 수 없다고 되어 있는 등, 남성과 여성의 차이가 있는 조문이 존재한다. 이러한 선입견을 막고자 하는 움직임은 지금까지 있었으나 아직 해결되지 않았다.

종래에는 이러한 문제가 여성사 속에서 진행되었다. 이토 야스코伊藤康子 등 여성사 연구자는 전후의 변화를 전전 여성운동의 성과로 파악하면서 점령군은 법제상의 '부인해방'을 진행한 한편 실질적 불평등을 남겼고, 이후에도 여성에 의한 불평등 해소 운동이 있었음을 소개한다.

(2) 주부의 대중화와 여성해방

고도경제성장에 의해 농촌에서 도시로의 인구이동이 촉진되면서, 공장이나 회사에 고용되어 일하는 사람들이 증가하였고 가족의 형태도 크게 변화하였다. 도시를 중심으로 부부와 그 아이들로 구성되는 핵가족이 일반화되었다. 이에 따라 가정 바깥에서 일하는 남편, 가정을 안에서 지지하는 아내라는 성별 역할 분업이 정착하게 되었다. 고도경제성장에 따른 기업형 사회의 성립으로 육아나 가사는 여성이 담당하는 전업주부라는 생활 양식이 확대되었다. 이러한 새로운 가족 형태를 정부도 지원하였다. 1961년에는 배우자 공제2)를 창설하여 아내가 가계를 지탱하는 상황을 인정하였다. 결혼한 여성은 어디까지나 보조적으로 일한다는 것을 세제 측면에서 촉진했다고도 할 수 있다. 또한 1973년도부터는 고등학교에서 가정과 4단위가 여자 완전 필수가 되었다(남자의 경우 체육). 가정생활에 대해 배우는 교과를 여성만으로 한정하고, 남성은 노동을 위해 체력을 기른다는 교육 방침은 성별 역할 분업을 고착화하는 것이었다.

이러한 경향에 대해 미국 등에서의 영향을 받아, 여성해방을 목적으로 하는 움직임이 1960년대 말부터 발생하였다. 이는 '우먼 리브'women's liberation 라 불렸으며, 그 가운데 여성의 주체화가 주장되었다. 운동 자체는 1970년대 중반에는 쇠퇴를 맞았으나 여성의 시점에서 기성 개념을 바로잡는 움직임이 발생하여 여성학이나 페미니즘 개념이 제기되었고, 1986년에는 남녀고용기회균등법3)으로 결실을 맺었다.

이 페미니즘의 개념에 근거하여 섹슈얼리티와 전후의 가족형성에 집중한 연구도 등장하였다. 점령기, 베이비 붐 도래의 한편으로 심각한 식량난을 맞이한 일본에서는 산아조정産兒調整4)의 도입이 검토되었다. 일본정부도 여론이나 미디어의 후원을 받아 우생보호법[p.426]을 제정하였다. 또한 정부는 '가족계획'의 이름 하에 수태受胎조정을 국책화해 나갔다. 정부에 의한 생식生殖 통제인 인구정책이 가정에 침투하여 전후의 '가족'이 형성되어 나갔다.

---

2) 배우자 공제 : 배우자가 일정 금액 이하의 소득을 가진 경우, 소득세 등의 공제를 받을 수 있는 제도. 이에 의해 여성은 결혼 후나 출산 후에 정규직을 퇴직하고 주부로서 양육이나 가사를 하며 파트타임으로 일하는 것이 '가정'의 모델이 되었다. 이와 같이 경제성장과 동반한 노동력 부족을 보충하는 형태로 여성 비정규직이 재고용되었다.
3) 남녀고용기회균등법 : 정식 명칭은 '고용 분야에서 남녀의 균등한 기회 및 대우 확보에 관한 법률'. 고용의 모집·채용시기에 대해 남녀 취급을 평등하게 하는 것 등을 요구한다. 벌칙규정이 없는 것에 대해 비판도 있으며, 1997년과 2007년에 개정되며 사회 변화에 대응한 성차별을 금지하는 등 보다 명확하게 규정을 정하였다.
4) 산아조정 : 다산에 따른 여성의 과중한 심리적·체력적 부담을 방지하기 위해 출산을 조정·제한하려는 움직임은 미국인 마가렛 생어(Margaret Sanger)가 제창했고, 전전 일본에 전해졌다. 전쟁 시기 '낳자, 늘리자' 슬로건이 등장면서 사라졌으나, 패전 후 GHQ의 제안을 받아 민간에서도 다시 운동으로서 전개되었다.

(3) **LGBT에 대한 주목**

1990년대에 들어서면 사회적·문화적 성별을 나타내는 젠더 개념이 일본사회에도 침투하여 역사분석에서도 사용되면서, 대상이 여성에만 한정되지 않고 마침내 근대성性·현대성이라 하는 사회적 문맥을 묻는, 지금까지와는 다른 시각을 가진 연구가 등장하였다. 여기서는 그 중에서도 LGBT에 관해 언급해두고자 한다.

동성애 개념은 1910년대에 일본으로 유입되어, 전후에 저서의 출판이나 이에 관한 언어의 창출 등을 거쳐나가면서 남성 동성애자가 일정한 층을 가진 집단으로서 인지되어 갔다. 그 후 90년대가 되면 당사자에 의한 운동 등을 통해 그 존재나 상황이 세간에 더욱 인지되었다.

그 가운데 80년대 후반부터 90년대에 걸쳐서는 텔레비전의 버라이어티나 드라마, 영화 등의 미디어에 의해 붐이라고도 불릴 현상이 만들어져 전파되었다. 이 시기는 흥미위주의 요소를 포함하였으나, 최근 LGBT에 대한 주목은 전후 젠더의 동요가 표출한 측면도 있을 것이다. 이러한 사회 상황을 근거로 해나가면서 향후 역사적인 검토가 보다 진행될 것이라 생각한다.

> **탐구 포인트**
> ① 젠더에 관한 법적·제도적 변화와 의식 변화의 어긋남을 어떻게 생각할 것인가?
> ② 섹슈얼리티와 가족 모습의 관련성은 어떠한 것인가?
> ③ 경제성장과 젠더의 관계성은 어떠한 것인가?
> ④ 전후 사회와 젠더라 하는 시점에서 LGBT에 대해 생각해보자.

참고문헌

伊藤康子『前後日本女性史』大月書店, 1974.
鹿野政直가노 마사나오『現代日本女性史』有斐閣, 2004 / 김경희 역『현대 일본 여성사』책사랑, 2006.
荻野美穂『'家族計畫'への道』岩波書店, 2008.
森山至貴『LGBTを讀み解く』筑摩書房, 2017.
落合惠美子『21世紀家族へ 第4版』有斐閣, 2019.
前田健太郎마에다 겐타로『女性のいない民主主義』岩波書店, 2019 / 송태욱 역『여성없는 민주주의』한뼘책방, 2021.

53. 전후 학교 교육의 전개
교육의 '대중화'는 무엇을 가져왔는가

오시마 히로시大島宏*) 집필 / 강유진 번역

관련항목: IV-14[p.387] IV-51[p.498]

〔논의의 배경〕

현재 고등학교 등으로의 진학률은 100%에 가까운 상태이며, 대학·단기대학 등으로의 진학률도 약 6할에 달한다. 그러나 의무교육을 마친 뒤에도 일반적으로 진학하게 된 것은 고도경제성장기 이후의 일이다. '교육의 대중화'라고도 볼 수 있는 이 동향은 무엇에 의해 시작되고 어떤 결과를 가져왔을까.

〔논점〕

(1) 전후 교육 개혁

아시아·태평양 전쟁 후의 전후 교육 개혁에 의해 교육받을 권리와 교육의 기회 균등을 보장하기 위한 학교 제도가 실현되었다. 이에 따라 복수의 학교로 분화되어 있던 구 제도의 초등후 교육기관[1]은 중학교와 고등학교로 일원화되었다.

1948년도에 발족한 고등학교는 의무교육이 아니었다. 다만 문부성은 고등학교 제도의 실시에 있어서 '희망자 전입全入'의 이념이나 고교 3원칙[2]을 내걸고 대중화를 도모했다. 또한 지자체는 설치 의무가 없음에도 불구하고 구 제도의 중등학교를 재편해 고등학교를 설치하는 동시에 전일제 과정뿐 아니라 정시제定時制 과정이나 분교까지 설치하며 고등학교 교육의 보급에 힘썼다. 그 때문에 전후의 고등학교 제도는 중등교육의 대중화를 의도한 것으로 이해되고 있다.

그러나 1950년의 고등학교 진학률은 42.5%(남자 48.0%, 여자 36.7%)에 그쳤으며, 50년대 중반까지도 50% 정도에 지나지 않았다. 이에 기반해 요네다 도시히코米田俊彦는 발족기의 고

---

*) 도카이(東海)대학 티칭퀄리피케이션센터 교수 | 일본 교육사
1) 구 제도의 초등후 교육기관 : 구 제도의 소학교 심상과(小學校尋常科, 國民學校初等科) 수료 이후에 진학하는 학교. 중등 교육 기관인 중학교·고등여학교·실업학교 외에도, 소학교(국민학교) 고등과·청년학교 등이 이에 해당한다.
2) 고교 3원칙 : 고등학교 설치에 관한 여러 원칙들 가운데 '남녀공학제'·'종합제'·'소학구제(小學區制)'를 '고교 3원칙'이라 한다.

등학교는 학교 설치나 진학률 등의 실태라는 측면에서는 전전 중등학교의 연속이며, 반드시 대중적인 학교인 것은 아니었다고 지적했다.

(2) **1950년대**

1950년대 중반에 50%를 넘어선 고등학교 진학률은 1960년에는 57.7%(남자 59.6%, 여자 55.9%)까지 상승했다. 한편으로 중학교 졸업 후에 취직하는 인구는 1950년대 내내 40%대 내에서 변동했다. 고등학교 진학자의 1할 정도는 정시제 과정 진학자였으며, 일을 계속하면서 배우는 학생도 적지 않았다. 또 1950년대에는 신규 졸업자를 대상으로 한 집단 취직이 시작되는데, 그 중 다수는 중학교 졸업자였다.

가세 가즈토시加瀬和俊는 1950년대에는 고등학교의 수용력에 한계가 있어 1950년대 후반 진학 희망자의 증가에 충분히 대응하지 못했다고 지적한다. 또한 1950년대에는 고등학교 졸업자의 취직난이 계속되어 중학교 졸업과 동시에 취직한 경우가 유리했다는 것도 지적했다. 이는 사람들의 진학 결정이 개인적인 의사뿐 아니라 사회적, 경제적 요인의 영향도 받고 있음을 시사한다.

나아가 이 시기는 청년 학급[3]이나 서클 활동 등 학교 외 장소에서의 교육 활동도 왕성하게 전개되었다. 교육이 학교에 국한된 것은 아니었음에도 유의할 필요가 있다.

(3) **고도경제성장기**

1960년에 57.5%였던 고등학교 진학률은 고도경제성장 후인 1974년에는 90.8%(남자 89.7%, 여자 91.9%)에 달했다. 한편으로 중학교 졸업자의 취직률은 10%를 밑돌아 고등학교 졸업 후의 취직이 일반화되었다.

가가와 메이香川めい 등이 지적하듯, 많은 사람들이 '적어도 고등학교까지는 다니자'라고 생각하게 되었던 제1차 베이비붐 세대[4]가 고등학교에 진학하는 1960년대 초에는, '희망자 전입'을 목표로 한 고교 전입 운동[5]이 전국적으로 전개되었다. 고등학교 정원을 증가하지 않으면 진학 희망자의 증가에 대응하는 것이 불가능하기 때문에 입학난이나 경쟁 격화를 우려하는 목소리가 존재했던 것이다.

한편으로 1950년대 후반 이후 기술 수준의 발전과 함께 산업계는 보다 높은 수준의 노동력을 요구하게 되었다. 국민 소득 배증 계획에서는 인적 능력의 향상을 도모하기 위한 교육 수준의 향상과 인재 수요의 증대에 대응하는 것을 목표로 삼았다. 지자체도 지역 산업의 근대화

---

3) 청년 학급 : 청년 학급 진흥법에 기반해 공민관 또는 학교를 실시 기관으로 삼아 시·정·촌이 개설하는 근로 청년 대상 교육 사업.
4) 제1차 베이비붐 세대 : 1947년부터 49년에 태어난 세대('단카이 세대'). 이전·이후 연도와 비교해 출생자 수가 2~3할 정도 많다.
5) 고교 전입 운동 : '완전한 중등 교육을 모두의 것으로'라는 이념 하에 고등학교 진학 희망자의 전원 입학을 목표로 전개된 운동. 1961년의 일본 모친 대회에서 고교 전입이 결의되고, 62년에는 고교 전원 입학 문제 전국 협의회가 결성되었다.

및 고도화로 인해 취업 과정을 중심으로 한 고등학교의 증설이나 정원 증가를 계획했다.

이는 고등학교의 다양화와 능력주의를 가속화하는 결과를 낳았다. 전후의 학교 교육의 전개는 경제 정책이나 산업 구조의 변화와 관련지어 이해할 필요가 있다.

(4) 고도경제성장 이후

고등학교에서 취업 교육을 중시하는 정책과는 대조적으로, 기업이 인원을 채용할 때의 능력 평가는 '일본형 고용'으로의 이행이라는 배경 속에서 직업에 필요한 개별적이고 구체적인 지식과 기능보다도 직무 수행의 기초가 되는 '훈련 가능성'으로 변화했다. 기무라 하지메木村元는 고등학교 졸업자의 전문성을 평가하지 않는 노동 시장의 확대에 따라 보통 학력이나 학력 편차치偏差値로 대표되는 일원적인 척도에 기반한 능력주의가 사람들의 교육 의식에 침투해 일반적인 보통 학력을 기준으로 한 고등학교의 서열화가 진행되었다고 지적했다.

고도경제성장을 거치며 학교의 사회적 선별 기능이 강화되는 흐름 속에서 주목된 것이 '탈학교론'[6]이다. 그 대표적 논자인 일리치Ivan Illich[7]는 저서 『학교 없는 사회』에서 '학교화' 되면 '학생은 교육받는 것과 학습하는 것을 혼동'하게 되며, '진급하는 것은 그만큼 교육을 받았다는 것'으로 곡해하게 된다고 지적한다. 고도경제성장을 거치며 일본 사회는 '학교화' 된 사회로 변질되고 '학교에서 무엇을 배웠는가'가 아닌 '학교에 진학하는 것'이나 '학교를 졸업하는 것'이 목적이 된 것은 아닐까.

탐구 포인트

① '교육의 '대중화'를 어떻게 정의해야 할까. 그 자체가 논점이다.
② 사람들의 진학 결정에 영향을 미친 요인으로는 무엇이 있을까.
③ 국가나 지자체의 교육 정책에는 어떠한 특징이 있을까.

참고문헌

門脇厚司가도와키 아쓰시・飯田浩之編 『高等學校の社會史』東信堂, 1992.
加瀬和俊 『集團就職の時代』 青木書店, 1997.
米田俊彦 「高校敎育像の史的展開に關する認識枠組み」 龜井浩明・大脇康弘編 『高校敎育像の史的展開』 日本敎育制度學會中等敎育部會, 2002.
橋本紀子 ほか編 『靑年の社會的自立と敎育』 大月書店, 2011.
香川めい・兒玉秀靖・相澤眞一 『'高校當然社會'の戰後史』 新曜社, 2014.
木村元기무라 하지메 『學校の戰後史』 岩波書店, 2015 / 임경택 역 『일본 학교의 역사』 눌민, 2023.

---

6) 탈학교론 : 학교의 기본적인 성격이나 학교의 기능이라는 시점에서 학교를 둘러싼 가치의 제도화를 비판하는 주장. 대표적인 탈학교론자로는 일리치 외에도 라이머, 프레이리 등이 있다. 일본에서는 1970년대 후반부터 주목받게 되었다.
7) 이반 일리치(1926~2002) : 빈 출생. 1951년에 뉴욕에서 가톨릭 교회 성직자가 되고 가난한 라틴아메리카계 주민의 문제에 직면하며 복지나 교육 등의 제도에 관한 문제의식을 심화시켰다. 1956년에 푸에르토리코의 가톨릭계 대학 부학장으로 취임했으나, 바티칸과 갈등을 빚었다. 산업화에 의한 가치의 제도화를 비판하여 가톨릭 급진주의라고도 불린다. 『학교 없는 사회』(1971)나 『병원이 병을 만든다』(1975) 등을 저술했다.

54. 평화운동의 전전·전후
그 논리와 담당 주체는 어떻게 바뀌었는가

구로카와 이오리黒川伊織*) 집필 / 강유진 번역

관련항목: IV-26[p.423] IV-47[p.486] IV-48[p.489] IV-49[p.492] IV-56[p.513] IV-57[p.516]

〔논의의 배경〕

평화운동이란 전쟁에 반대하고 평화를 요구하는 운동이라고 정의할 수 있다. 그러나 어떤 전쟁이든 모두 반대하는 것인지 또는 특정한 전쟁(예컨대 침략전쟁)에만 반대하는 것인지를 비롯해, 그 내용에는 의견 차가 존재한다. 또한 평화운동은 국내외 정치 정세와의 강한 긴장관계 속에서 전개되지 않을 수 없다. 러일전쟁기에 시작되어 전후에 본격적으로 전개된 일본의 평화운동은 어떠한 특징을 가질까.

〔논점〕

(1) 전전의 평화운동

근대 일본에서 처음으로 대외 전쟁에 반대한 것은 러일 간의 긴장이 고조되던 상황에서 평민사平民社(1903년 11월 결성)에 결집한 사람들이다. 평민사를 거점으로 삼은 사회주의자들은 노동자의 국제 연대라고 하는 전망에 기대어 군사주의자, 제국주의자들이 주도하는 전쟁에 반대했다. 이 입장은 제2 인터내셔널[1]의 입장과도 맞닿아 있었다.

사회주의자들은 그후 대역사건(1910) 등의 탄압에 의해 침묵을 강요받았으나, 제1차 세계대전의 발발(1914)에 즈음해서는 저널리스트 이시바시 단잔石橋湛山이 리버럴리즘의 입장에서 일본 참전을 반대했다. 후에 이시바시는 이 입장에 기반해 일본의 중국 대륙 진출 정책을 비판하게 된다.

1920년대 러시아 혁명의 영향이 미친 동아시아에서는 민족 해방 운동이 대두해, 일본에서도 그와 연대를 내걸고 일본 공산당이 성립한다(1921). 코민테른[2]의 일본 지부인 일본공산당은

---

*) 고베대학대학원 국제문화연구과 협력연구원 | 일본 사상사·사회운동사
1) 제2 인터내셔널 : 1889년에 독일 사회민주당을 중심으로 결성된 노동자 국제 연대 조직. 유럽·미국 등 19개국이 참가했으며, 제국주의 열강의 중국 진출을 비판하는 입장을 취했다. 그러나 1914년 제1차 세계대전이 발발하자 참가하던 각국 노동자들이 자국의 방위전쟁을 지지하는 입장으로 돌아서 사실상 붕괴했다.
2) 코민테른 : 1919년에 러시아 공산당을 중심으로 결성된 세계 혁명의 실현을 목표로 하는 조직. 정식 명칭은 공산주의 인터내셔널. 제2 인터내셔널에 참가했으며 세계 최초의 사회주의 혁명이 된 러시아 혁명의 주도자 레닌이 결성을 제안하고, 식민지 민족해방운동의 지원에도 나섰다. 코민테른의 지원을 받아 1921년에는 중국 공산당도 조직되었다.

프롤레타리아 국제주의 입장에서 반전·평화를 호소하고 1927년 산동 출병 시에는 '대 중국 비간섭운동對支非干涉運動'을 전개했다. 다만 공산당계 평화 운동의 논리는 어떠한 전쟁이든 모두 반대하는 절대 평화주의가 아닌, 사회주의에 적대적인 제국주의 국가의 전쟁에 반대하는 반제반전론이었다.

전전, 특히 1930년대 이후 국책에 반대해 반전·평화를 호소하는 것은 목숨을 건 행동이었으며 일본내 조직적인 반전운동은 압살당하게 된다.

(2) 평화헌법/안보체제 하의 평화운동

패전 후 연합군 점령 하에서 전쟁 포기를 강조한 일본국 헌법이 공포되었다. 그러나 1950년 6월 한국전쟁이 발발하자 실질적 재군비가 시작되고, 1951년 9월에는 샌프란시스코 강화조약[p.517]과 미일안보조약이 같은 날 체결되었다.

이 과정에서 오직 서방 국가들과만 강화 조약을 맺고(편면강화片面講和) 국제 사회에 복귀해야 할지, 동서 양 진영과 강화조약을 맺는 것(양면강화兩面講和)을 목표로 삼아 비무장 중립의 입장을 취해야 할지의 논쟁이 발생했다(강화 논쟁). 정치학자 마루야마 마사오 등이 기초한 평화문제담화회의 성명「다시 한 번 평화에 대하여三たび平和について」(1950년 12월)는 후자 입장의 기본 토대로 잘 알려져 있다. 강화 논쟁을 거친 뒤 미국과의 동맹 관계를 중시해 군비 확장을 지향하는 현실 정치에 대해, 비무장 중립·자위대 반대·미군 기지 반대를 제창하는 전후 일본의 평화운동의 기본적인 구도가 완성되었다. 후자의 입장을 지지한 총평·사회당 블록3)은 '호헌'을 표방했다.

전후 일본에서 평화운동이 국민적으로 확대되는 양상을 보였던 것은 비키니 사건4)을 계기로 한 원폭·수폭 금지 운동에서였다. 핵 개발 경쟁에 대한 위기감에 더해 식탁에 올라가는 생선이 방사능에 오염되어 있을지도 모른다는 일상 속 공포는 사상·신념의 차이를 넘어 많은 사람들의 참여로 이어졌다. 원폭·수폭 금지 운동은 평화 운동이 국민적·대중적으로 확대되는 양상을 보인 극히 드문 사례이다. 그러나 원폭·수폭 금지 운동은 국내적으로는 사회당과 공산당의 대립, 국제적으로는 중국과 소련의 대립이라는 배경 속에서 1960년대 전반에 분열되어 많은 사람들의 기대를 저버리게 되었다.

---

3) 총평·사회당 블록 : 1950년에 일본 사회당의 강력한 지지 하에 결성된 일본 최초의 노동 조합의 내셔널 센터·일본 노동 조합 총평의회(총평)이 일본 사회당과 함께 '55년 체제' 하에서 자민당의 대항 세력이 된 것을 가리킨다. 총평에는 파업권이 인정되지 않은 공공 분야의 노동자들이 결집했다.

4) 비키니 사건 : 1954년 3월 1일 미국이 마셜 제도 비키니 환초에서 진행한 수소폭탄 시험에 의해 실험 위험 지역 바깥에서 조업하고 있던 참치 어선 제5 후쿠류마루가 피폭되어 선원 1명이 사망한 사건. 이 외에도 1500척에 가까운 어선이 피폭된 사실이 최근 명확해졌다. 사건을 계기로 오염된 '피폭 참치'의 어획이 일본 각지에서 문제시되어 많은 양의 참치가 폐기되었다.

(3) '피해'에서 '가해'로, 그리고 포스트 냉전

1965년 2월 미국이 북베트남 폭격北爆을 개시했다. 북폭에 의한 베트남 전쟁5)의 본격화는 일본에서도 베트남 반전 운동을 야기했는데, 당시의 특징은 기성 정당이나 노조에 의한 반전 운동과는 별개로 개인 원리에 기반한 시민의 반전운동이 광범위하게 전개되었다는 점이다. 그 중심적인 담당 주체는 베평련(베트남에 평화를! 시민연합)이었다. '베트남에 평화를'이라는 하나의 이슈로 운동이 조직된 점, 조직 동원이 아닌 개인 원리로 담당 주체가 모인 점, 냉전의 이데올로기를 떠나 '죽이지 마라!'라는 단순한 메시지를 발신한 점, 북미의 반전 운동과 연대가 모색되고 탈주병 지원이 진행된 점에서 베평련은 평화운동의 새로운 지평을 열었고 1970년대 이후의 다양한 시민 운동의 담당 주체를 배출했다. 미치바 지카노부道場親信와 구로카와 이오리黒川伊織는 냉전 그 자체에 대한 반대에 그치지 않고 냉전과 연관된 사회 구조를 문제화하는 다양한 운동도 평화운동이라고 재정의하고, 그 담당 주체로서 시민 운동에 주목하게 되었다.

미국은 일본의 협력 없이는 베트남 전쟁을 수행할 수 없었다. 그 사실은 '전쟁은 이제 싫다'고 하는 피해자 의식에서 출발한 전후 일본의 평화 운동이 자국의 가해성을 자각하는 계기가 되었다. 예를 들면 피폭자 가운데 많은 조선인들이 포함되어 있다는 사실이 자각된 것은 이 시기 이후의 일이었고, 피폭 체험 속에서도 일본의 가해성이 중첩되어 있음이 점차 드러나게 된다.

1989년부터 91년에 걸쳐 냉전 구조가 해체되자, 걸프 전쟁을 시작으로 한 포스트 냉전형 국제 분쟁이 계속되는 가운데 주일 미군과 자위대의 일체화나 자위대의 해외 파병, 집단적 자위권을 둘러싼 헌법 해석 변경 등이 진전되었다. 냉전 구조 해체 후 30년이 지났으나, 아직 '평화'의 내실에 대한 국민적 합의는 형성되지 않았다.

> **탐구 포인트**
> ① 전전 평화운동이 그토록 심하게 탄압당한 이유는 무엇일까.
> ② 전면 강화·비무장 중립에 대해 역사적 상상력을 펼쳐보자.
> ③ 냉전 구조와 핵 병기는 전후 일본의 평화운동에서 어떠한 의미를 지녔을까.
> ④ 평화를 소망하는 것과 피해 체험·가해 체험의 관계에 대해 생각해보자.

참고문헌
道場親信『占領と平和』青土社, 2005.
酒井哲哉사카이 데쓰야 編『リーディングス戦後日本の思想水脈1 平和國家のアイデンティティ』岩波書店, 2016.
黒川伊織「反戰平和運動における抵抗と文化/抵抗の文化」『歷史學硏究』989, 2019.
平井一臣『ベ平連』有意舎, 2020.

---

5) 베트남 전쟁 : 북위 17도선에 의해 남북으로 분단된 베트남에서 북베트남의 공산당 정권이 남베트남에 영향을 미칠 것을 두려워 한 미국이 군사적으로 개입해 1965년 2월에 본격화된 전쟁. 전쟁은 장기화되었고, 미국군에 의한 주민 학살(미라이 학살)이 세상에 알려지며 국제적인 베트남 반전 운동이 고조되자 미군은 1973년 베트남에서 철수했다.

55. 전후의 문화 운동
사회운동에서 왜 문화가 중요시되었는가

가와니시 히데야(河西秀哉*) 집필 / 강유진 번역

관련항목: IV-28[p.429] IV-44[p.477] IV-51[p.498] IV-54[p.507]

〔논의의 배경〕

아시아·태평양 전쟁 후, 다양한 문화 운동이 전개되어 전에 없던 수준이라고 말해도 좋을 정도의 규모로 많은 사람들이 이에 참가했다. 패전 후 탄생한 다수의 문화 서클에서 사람들은 지식인들과 함께 문화 운동을 진행한다. 그리고 그 중 상당수는 사회운동 속에서도 전개되었다. 어째서 사회운동과 문화가 결부된 것일까.

〔논점〕

(1) 전후 문화의 태동

패전은 사람들의 의식을 크게 변화시켰다. 전쟁 말기부터 존재했던 '문화 운동에 대한 갈망'이라고도 말할 수 있는 감정이 분출해, 다양한 오락이나 문화가 탄생했다. 그리고 패전에 의한 혼란과 물자 부족 속에서 많은 사람들이 적극적으로 문화 활동에 참여해 갔다.

이처럼 열광적이라고도 할 수 있을 정도로 많은 사람들이 문화 활동에 참여한 이유로는 두 가지를 생각해 볼 수 있다. 첫째는 전전부터 계속된 미국 문화를 향한 시선이다. 제1차 세계대전 이후의 모더니즘[1] 도시 문화는 당시 세계 문화를 리드하고 있던 미국 문화가 일본에 유입되고 정착한 것이었다. 그 후 교전국이 되었어도 미국 문화에 대한 선망은 계속되었다. 그리고 패전 후 GHQ에 의한 점령이 시작되자 민주화 정책에 의해 그때까지의 통제가 철폐되고 또다시 그러한 미국 문화에 대한 시선이 표출되었다. 새로운 가치관이나 문화가 일본 사회에 넘쳐났고, 사람들은 적극적으로 그러한 새로운 문화 활동에 참여했다. 종래의 전후사 연구에서는 점령기에 나타난 미국 문화 유입의 영향을 다양한 예를 통해 면밀히 논했다.

---

*) 나고야대학대학원 인문학연구과 준교수 | 일본 근현대사
1) 모더니즘 : 제1차 세계대전 후인 1920년대 이후에 세계적으로 발생한 전위적 문화. 일본에서는 다이쇼기부터 쇼와 초기에 걸쳐 문학과 예술 등 분야에서 하나의 큰 조류를 형성했다. 또한 대중사회화가 진전되며 도쿄의 긴자나 오사카의 신사이바시 등에서는 모더니즘적인 건축물이 다수 건설되었고, 미국 문화에 영향받은 모던걸이나 모던보이가 거리를 활보했다.

둘째로는 전전 후생운동[2]의 결과라는 측면이 있다. 아카자와 시로赤澤史朗 등의 연구에 의하면, 총력전[p.477] 체제 하에서 전개된 후생운동은 위로부터 행해진 것이기는 했어도 문화 활동이 많은 사람들에게 퍼지게 되는 계기가 되었다. 합창이나 취주악吹奏樂에서는 프로 음악가가 공장 등에 나가 기술을 전수했다. 그때까지 그러한 문화 활동을 접해보지 못한 사람들이 총력전 체제로 인해 후생운동에 참가하고, 문화적인 지식을 얻게 되었다. 후생운동은 오히려 그러한 사람들을 어떻게 참가시킬지를 중요시했다. 패전이 다가오자 후생운동도 불가능할 정도의 정치 사회 상황에 빠지지만, 패전으로 다양한 억압에서 해방되자 다시금 분출될 정도로 문화의 저변은 후생운동에 의해 사회로 퍼져나갔던 것이다.

(2) 일본 공산당과 민주주의 문화 운동

문화를 원하는 거대한 에너지를 어떠한 방향으로 조직할 것인가는 패전 후 커다란 과제가 되었다. 다카오카 히로유키高岡裕之는 이러한 측면을 아래와 같이 묘사했다.

지침을 먼저 내세운 것은 패전 후에 부활한 일본 공산당이다. 일본 공산당에서는 직장에서의 문화 서클 조직 및 강화를 목표로 삼는 방향성이 제기되었는데, 이는 1930년대의 프롤레타리아 문화 운동[3]이 그 시초였다. 군국주의 풍조에 의해 탄압당하고 활동 정지를 피할 수 없었던 이 활동은, 패전 후 문화 부흥 상황 속에서 또다시 같은 방향성을 내세우며 부활한 것이다. 그런 의미에서 공산당과의 관계성 속에서 문화 운동이 이해되고 있었다고도 볼 수 있다.

이러한 동향이 나타나던 시기를 전후하여 마르크스주의자나 자유주의적 지식인들이 참가한 민주주의 문화 단체가 잇달아 설립되었다. 이 단체들을 결집하는 단체로서 일본 민주주의 문화연맹(문련)[4]은 문화인과 노동자가 협동해 서로 배우는 형태의 문화 운동을 구축해나가려 했다. 이러한 민주주의 문화 운동이 패전 후에 커다란 영향력을 지녔다. 패전 후의 문화에는 미국 문화 영향 이외의 측면이 있었던 것이다.

(3) 문화 운동 참가 – 노랫소리 운동을 중심으로

점령 정책의 하나로서 노동 조합 결성이 장려되고 조직화가 추진되자, 이들은 때로 정부의 방침에 저항하며 운동을 전개해나간다. 노동 운동사 연구는 지금까지 그러한 노동 운동의 상황 등 이른바 하드한 측면을 밝혀왔으나, 미와 야스후미三輪泰史는 그에 반해 운동 내부의 문화나

---

2) 후생운동 : 중일전쟁기에 레크리에이션 운동의 번역어로서 등장했다. 다만 일본에서는 여가 문제에 그치지 않고 체력 강화나 국민 정신 고양, 생산 효율 향상 등의 목적을 내포하며 전개되어, 대정익찬회 등에 의해 총력전 체제 구축을 위해 이용되었다. 478쪽 참조.
3) 프롤레타리아 문화 운동 : 사회주의적·공산주의적인 입장에서 문학·연극·미술·음악·영화 등 예술 문화 일반을 전개해나가고자 하는 운동. 다이쇼기부터 쇼와 초기에 걸쳐 활발하게 전개되었다. 문학에서는 고바야시 다키지의 『게공선』(박진수·황봉모 역『고바야시 다키지 선집 1』이론과 실천, 2012)이나 도쿠나가 스나오(德永直)의 『태양이 없는 거리』 등의 작품이 발표되었다. 이러한 운동은 군국주의 풍조가 고조되며 점차 탄압이 단행되어 해체되었다.
4) 일본 민주주의 문화연맹 : 1946년 2월 결성. 문학·연극·영화·음악 등의 분야별 서클 협의회를 중심으로 학술 단체 등도 더해져 조직된 단체로 약 3만명이 참여했다. 1950년 경까지 활동이 계속되었으며 공산당의 문화 정책과의 관계도 깊었다.

이에 몰두한 사람들의 의식이라는 소프트한 측면에 주목했다. 이러한 미와의 문제 제기를 수용해, 최근에는 구체적인 문화 운동 연구나 서클 운동 연구가 진척되고 있다. 그 중 하나가 노랫소리 운동うたごえ運動 연구다.

노동 조합 측은 문화 운동과 민주주의 문화 운동을 연관시켜 운동을 전개해나간다. 문련도 노동자에 의한 조직적인 음악 운동을 실시했다. 예를 들면 노동절May Day[5]에 부를 새 노동가를 공모하는 시도가 있었고, 문련뿐만 아니라 NHK나 신문사도 협력하는 등 노동과 문화를 결부시키는 운동은 폭넓은 세력에 의해 전개되었다. 그러나 이러한 활동에 적극 참여했던 음악가인 세키 아키코關鑑子[6]는 노동 조합이 원조해 서클을 만드는 스타일만으로는 대중적인 음악 활동으로 이어지지 않는다고 느끼게 되었다. 보다 자발적인 움직임에 의해 음악 활동이 계속될 필요성을 뼈저리게 느낀 것이다.

그러한 때에 일본 공산당 내부에서 코러스단이 결성되어, 세키는 지휘자로서 이 활동의 중심적 인물이 되었다. 이렇게 시작된 노랫소리 운동은 동시기에 활발히 진행되었던 사회 운동과 함께 전개되었다. 노랫소리 운동의 노래는 사회 운동을 고양시키는 효과와 사람들을 단결시키는 효과를 갖고 있었다.

한편 여러 사람들이 참가한 합창 서클의 다수는 자연 발생적으로 탄생한 것이었다. 그 때문에 순수하게 함께 노래하고 싶다는 의식을 지닌 사람들도 참여하고 있었다. 이들은 운동에 참가하는 사람들과 공존하며 똑같이 활동하고 있었던 것이다. 이는 고도경제성장기에 사람들의 취미가 다양화되기 전까지 커다란 영향력을 지녔다.

탐구 포인트

① 정치·사회·문화는 서로 관계되며 전개된다.
② 문화의 측면에서 전전과 전후는 어떻게 단절되고, 연속되는가.
③ 사회 운동에서 문화 운동은 어떻게 시작되었는가.
④ 사람들은 어떠한 의식을 갖고 문화 운동에 참여했을까.

참고문헌

高岡裕之「敗戰直後の文化狀況と文化運動」『年報日本現代史』2, 1996.

三輪泰史『日本勞働運動史序說』校倉書房, 2009.
河西秀哉『うたごえの戰後史』人文書院, 2016.
赤澤史朗『戰中·戰後文化論』法律文化社, 2020.

---

5) 노동절 : 미국에서 시작된(1886) 노동자의 제전(祭典)으로, 매년 5월 1일에 진행된다. 일본에서는 1920년(다이쇼9)에 제1회 메이데이가 실시되어 노동자들의 권리를 호소했다. 그 후 참가 인원수도 늘었으나 1935년을 마지막으로 전전에는 중단되었으며, 패전 후인 1946년에 부활했다.
6) 세키 아키코(1889~1973) : 도쿄 음악학교 졸업 후 소프라노 가수로 활약했다. 결혼 후 프롤레타리아 문화 운동에 참가하고 프롤레타리아 음악가 동맹의 위원장에 취임해 지도자로서 활동했다. 아시아·태평양 전쟁 중에는 불우한 시기를 보냈으나 패전 후에 문련 등의 결성에 참가했다. 노랫소리 운동의 지휘자 및 지도자로서 큰 인기를 얻었다.

56. 냉전 하의 외교
미일안보체제는 어떻게 일본외교를 규정했는가

나카시마 다쿠마[中島琢磨*] 집필 / 강유진 번역

관련항목: IV-45[p.480] IV-47[p.486] IV-48[p.489] IV-54[p.507] IV-57[p.516]

〔논의의 배경〕

미일안보조약에 기반한 일본과 미국 간 안보상의 제휴 관계는 미일안보체제라고 불리며 냉전 하 일본 정치의 커다란 쟁점이 되었다. 미일안보체제의 측면에서 전후의 일본 외교를 돌아보면 어떠한 논점을 짚어낼 수 있을까.

〔논점〕

(1) 미일안보조약과 행정협정의 성립 – 주일 미군과 재군비를 둘러싼 문제

패전한 일본은 미국을 중심으로 한 연합국에 점령당했으나, 그 후 미국은 소련과 대립하는 과정에서 일본 점령 종료 후에도 미군을 일본에 두고자 했다. 더하여 미국은 일본의 재군비를 요구했다. 당시 요시다 시게루 수상은 미군의 주둔 지속을 용인하는 것이 일본의 안전 보장과 조기 주권 회복의 실현 수단이 될 것이라 이해했으나, 일본의 급속한 재군비에는 반대하고 점진적인 재군비를 진행하기로 했다. 이러한 판단 하에 요시다는 1951년 9월에 대일對日 평화조약과 미일안보조약에 서명했다. 나아가 1952년 2월에 미국과 일본은 미합중국 군대의 일본 국내에서의 주둔 조건을 정한 미일행정협정에 서명했다(1952년 4월 발효).

이처럼 미일안보체제는 미일안보조약과 행정협정이라는 두 기둥으로 성립되었는데, 미일안보조약은 미군을 일본에 배치할 권리가 명시된 반면 미국의 일본 방위 의무는 쓰여있지 않다는 불평등성을 특징으로 했다. 또한 미국 병사 등의 형사재판권에 관한 규정을 비롯한 행정협정의 내용에 대해서도 비판이 거셌다. 한편 일본은 미국과의 경제 관계를 발판 삼아 부흥을 시작했으며, 1950년대 후반에 고도경제성장을 실현했다.

앞서 서술한 요시다 수상의 판단과 선택은 그 후 일본의 고도경제성장으로 이어진 측면과 남겨진 기지 문제의 심각성이라는 측면을 모두 지니며, 후세에 미친 영향이 막중하므로 요시다의 선택을 어떻게 판단해야 할지는 외교사의 중요한 논점이다.

---

*) 규슈대학대학원 법학연구원 준교수 | 일본 정치외교사

(2) 안보 개정과 오키나와 반환

　1957년 2월에 수상으로 취임한 기시 노부스케는 미국의 일본 방위 의무의 누락 등 미일안보조약상의 불평등성을 해결하기 위해 장기적으로 미일안보조약을 미일상호방위조약으로 다시 작성하고자 했다. 이를 위해서는 헌법 개정이 필요했으나, 헌법 9조의 전쟁 포기 규정은 국민의 지지를 얻고 있어 개헌은 어려웠다. 이에 기시 정권은 현행 헌법의 범위 내에서 체결할 수 있는 새로운 조약을 맺음으로써(안보 개정) 불평등 문제를 시정하고자 했다. 대미교섭의 결과 1960년에 서명한 신미일안보조약에서는 미국의 대일 방위 의무나 조약의 기한(10년)이 명기되었으며 이른바 내란 조항도 삭제되었다. 또한 미군이 핵 병기를 일본 영토에 가지고 들어올 때나 주일 미군 기지에서 외국으로 출격할 때에는 일본 정부와 사전에 협의를 진행하기로 정해졌다. 이를 사전협의제도[1]라고 한다. 미일행정협정도 미일지위협정[2]으로 다시 작성되었다. 그러나 중국이나 소련과의 관계를 중시한 사회당 등은 기시 내각의 안보 개정에 반대했으며, 국민 대중은 정부가 신미일안보조약의 국회 승인을 강제적으로 진행시켰다고 반발하는 등, 안보 투쟁이라고 불리는 전에 없던 조약 반대 운동이 일어났다.

　1960년대 후반에 사토 에이사쿠 정권이 착수한 오키나와 반환 교섭에서도 미일 안보 조약의 바람직한 존재 방식이 쟁점화되었다. 당시 오키나와에는 다양한 핵무기가 저장·배치되어 있었는데, 일본은 오키나와의 핵무기를 모두 철거시키려 했고, 반환 후 오키나와로의 핵무기 반입에 대해서는 본토와 마찬가지로 일본과 사전 협의의 대상으로 삼고자 했다. 이를 위해서는 신미일안보조약, 특히 사전 협의 제도를 반환 후의 오키나와에 전면 적용할 필요가 있었다. 그러나 미국은 이에 반대하고 역으로 유사시 미군이 오키나와에 핵무기를 반입하고 한반도로 출격할 수 있음을 특별히 문서로 보증해 인정하도록 요구했다.

　교섭 결과 미국은 일본이 요구한 오키나와의 '핵 제거·본토 취급' 반환[3]에 동의하고 신미일안보조약을 오키나와에 전면 적용한 형태로 오키나와를 반환하는 데 합의했다. 반환 합의 후 일본은 나하 군항 반환 등 미군 기지의 정리 및 통합을 요구했으나 미국 측의 거센 반대로 반환 후에도 협의가 계속되었다. 사회당과 공산당 등 야당은 미일안보조약 및 지위협정과

---

1) 사전협의제도 : 미합중국 군대의 특정한 행동에 대해 일본과 사전에 협의를 진행할 것을 정한 제도. 신미일안보조약('일본국과 미합중국 간의 상호 협정 및 안전 보장 조약') 제6조에 기반해 만들어졌다('조약 제6조의 실시에 관한 교환 공문'). ①미군의 일본국에 대한 '배치에 관한 중요한 변경'(육군 1개 사단이나 해군 1개 기동부대 정도의 일본 배치를 의미), ②'장비에 관한 중요한 변경'(핵무기나 중·장거리 미사일의 일본내 반입 등을 의미) 및 ③'일본국에서 출격하는 전투 작전 행동'(외국으로의 출격을 의미한다)을 진행하는 경우에는 일본과 미국이 사전에 협의하기로 정해졌다. ②에 의해 미국은 육상에서의 핵무기 저장과 배치를 일본의 양해 없이는 할 수 없게 되었다. 한편으로 핵무기를 탑재한 미군 함선이 일본에 기항하는 '일시적 기항'의 경우를 어떻게 처리할지에 대해서는 미일 간에 명확히 결정되지 않았다.
2) 미일지위협정 : 미군에 기지를 제공하는 것에 관한 절차나 미군 및 군속 등의 일본 입국, 일본에서의 출국, 일본 내 조세·형사재판권·민사청구권 등을 규정한 것. 미국과 일본이 운용 개선을 시도해왔으나, 형사재판권 문제 등에 대한 재검토를 요구하는 목소리가 거세다.
3) '핵 제거·본토 취급' 반환 : 오키나와 반환의 슬로건으로, '핵 제거'란 당시 오키나와에 저장 및 배치되어 있던 핵무기를 모두 철거하는 것을 의미한다. '본토 취급'이란 미국과의 교섭에서 미일안보조약 등 기존 조약과 약정을 바꾸지 않은 채 오키나와에 적용하는 것을 의미했다. 또는 핵무기 철거('핵 제거')의 의미를 포함해 '본토 취급'이라고 말하는 경우도 있다. 혹은 오키나와의 기지 부담을 본토처럼 경감한다는 의미로 이해되는 경우도 많았다. 미국은 오키나와로부터의 핵무기 철거에 합의했으나 사토 수상이 비밀리에 긴급한 상황에서의 오키나와로의 반입을 인정하는 합의 의사록에 서명했다. 오키나와의 일본 복귀는 1972년에 실현되었다.

오키나와의 미군 기지 존속을 전제로 한 오키나와의 일본 복귀에 반대했다. 이로 인해 정부 및 여당은 비핵 3원칙4)과 오키나와의 미군 기지 축소에 관한 국회에서의 결의를 조건으로 오키나와 반환 협정의 국회 승인을 얻었다. 이처럼 오키나와 반환 교섭에 관해서도, 반환의 실현 자체에 더해 미일안보조약을 변경하지 않고 오키나와에 적용해 핵무기를 철거할 수 있었다는 성과와, 계속해서 문제로 남게 된 기지 정리 및 통합 문제의 존재라고 하는 두 측면을 모두 갖고 있다.

(3) 미일안보체제를 둘러싼 논점

1970년대 일본에서는 데탕트^{détente}라는 국제 환경 속에서 방위 정책이 재검토되어 '기반적 방위력 구상'이 정책화되었다. 또한 1980년대 '신냉전' 시기에는 극동 소련군의 위협을 배경으로 미일 간 방위협력이 진전되었는데, 다른 한편으로 일본의 경제력 확대에 따라 미국의 대일무역 적자가 증대되자 불만이 쌓인 미국은 일본에 동맹국으로서 더 많은 것을 부담하라고 요구했다.

위와 같이 냉전 하의 미일안보체제를 둘러싸고 ①미일안보조약의 찬반 그 자체를 둘러싼 대립과 ②미일 안보 협력의 바람직한 존재 방식(기지의 규모나 사용 목적·미일 방위 협력의 범위 등)을 둘러싼 대립이 존재하므로, 이 두 가지 모두에 주의를 기울일 필요가 있다. 기지와 안전보장은 국민의 생명 및 생활과 직접 결부되는 정책 분야이며, '어떤 일이 있었는가'라고 하는 역사적 관심과 '어떻게 존재해야 하는가'라고 하는 현대적인 관심을 동시에 지님으로써 미일안보체제의 역사에 대한 이해를 더해나갈 수 있을 것이다.

> **탐구 포인트**
> ① 강화 교섭, 안보 개정, 오키나와 반환으로 무엇이 실현되고 무엇이 계속해서 문제로 남았을까.
> ② 미소 대립 등 국제적 요인은 일본의 안보 정책에 어떠한 영향을 미쳤을까.
> ③ 일본의 국내 정치는 미일안보체제에 어떠한 영향을 미쳤을까.

참고문헌

豊下楢彦도요시타 나라히코 『安保條約の成立』岩波書店, 1996.

中島琢磨 『沖繩返還と日米安保體制』有斐閣, 2012.

添谷芳秀소에야 요시히데 『日本の外交』筑摩書房, 2017.

吉次公介요시쯔구 고스케 『日米安保體制史』岩波書店, 2018 / 이재우 역 『미일안보체제사』어문학사, 2022.

原彬久 『戰後日本を問いなおす』筑摩書房, 2020.

---

4) 비핵 3원칙 : 1967년부터 68년에 걸쳐 사토 에이사쿠 수상이 표명한 핵무기를 '가지지 않고', '만들지 않고', '반입하게 하지 않는다'는 세 원칙이다. '반입하게 하지 않는다'에 '일시적 기항'의 경우를 포함시키는 것에 대해 미국 측의 동의를 얻는 것은 어려웠기 때문에, 입법화되지는 않고 정부의 정책으로서 유지되고 있다.

57. 동아시아의 전후처리
왜 화해는 어려운가

아사노 도요미^{淺野豊美*)} 집필 / 강유진 번역

관련항목: IV-22[p.411] IV-23[p.414] IV-40[p.465] IV-42[p.471] IV-45[p.480] IV-51[p.498] IV-56[p.513]

〔논의의 배경〕

애당초 화해란 무엇일까. 국제화해학회 초대 회장인 예나대학(구 동독 소재) 신학부의 마르틴 라이너^{Martin Leiner}는 화해의 이론적인 정의를 전쟁·학살 등의 커다란 충격적 사건 후의 관계 재정립 과정으로 보지만, 동아시아 여러 나라의 국민에게는 애초에 돌아가야 하는 이상적인 과거가 없다. 동아시아 각국의 근대적 국민 형성과 일본의 제국적 팽창, '군국주의'의 대두, 패전과 해체, 냉전 하의 국민 재형성이라는 과거의 연장선에 현대가 존재하기에, 우리는 국민 간 화해[1]라는 과제에 직면해 있다.

〔논점〕

(1) 국민 간 화해의 역사적 위치

전근대 아시아의 지식인이나 지배층을 중심으로 한 교류는 현대의 주권 평등을 전제로 하는 국민 상호 간 화해의 이상과는 다르다. 우호적 '교류'로서 자주 거론되는 에도시대의 조선통신사나 나라시대의 불교 도래승^{渡來僧}은 전후 동아시아의 정부 간 화해에 이의를 제기한다. 전근대 사회에는 엄연한 신분 질서가 각 사회 내부에 존재해, '민중'으로부터의 신뢰가 아닌 '하늘^天'이라고 하는 초월적 존재나 만세일계의 '황조황종^{皇祖皇宗}'이 정치 정통성의 기반이었다. '재정립해야 하는' 본래의 국민 간 관계, 즉 돌아가야 할 과거는 아시아에 존재하지 않는다.

넓게 보았을 때 국민 간 화해가 어려운 이유는 제각기 다른 국민적 기억이 냉전 체제 하에서, 예를 들면 전후 일본의 피해자 중심 기억처럼 일방적으로 만들어져왔기 때문이다. 더하여 정부

---

*) 와세다대학 정치경제학술원 교수 | 동아시아 국제관계사·국제정치학

1) 정부 간 화해, 국민 간 화해, 시민 간 화해 : 정부 간 화해는 국교 정상화에 의해 만들어진 정부 외교 당국자 간의 관계 부활이다. 이와 달리 국민 간 화해는 국내의 민주주의 체제를 뒷받침하는 국민이라고 하는 집단에게 공유되는 기억·가치·감정 차원에서의 관계 회복이라고 할 수 있다. 집단적 기억의 핵심에는 '번영'이나 '독립' 등의 가치가 존재하며, 국민적 의례가 확인의 장이 된다. 이와 달리 시민적 화해는 특수한 이데올로기, 직업 윤리, 청년이나 여성이라고 하는 속성에서 유래하는 국경을 넘어선 인적 네트워크의 형성·확대 그 자체로, 개개인에게 특화된 부분적 사회의 관계 회복이라고도 할 수 있다. 시민적 화해는 국민 사회 내부의 대립을 유발하는 경우도 있으나, 새로운 변화의 기점이 될 수도 있다. 냉전 하에서 각국은 식민지나 냉전의 기억을 제각기 다르게 품고 경제 부흥과 통합을 진행했으나, 민주화 이후 동아시아는 처음으로 국민 간 화해에 직면하고 있다.

간의 화해에서는 국익이나 국력을 의식해 전개되는 외교의 변수로서 타협과 같은 의미에서의 '얕은 화해'가 각종 성명 등에서 반복되어 왔다.

(2) 강화 체제 하의 전후 일본과 분단 아시아

식민지 지배와 전쟁의 기억이 아직 미성숙하고 발전 과정 중에 있었던 단계에서 국민의 감정·기억에 관해 대화를 나누는 채널만이라도 존재했더라면, 타자의 부름에 대해 깊이 성찰하면서 서로를 변화시키는 '깊은 화해'의 기초를 쌓을 기회도 있었을 것이다. 그렇게 되지 않았던 원인으로는 ①강화 회의에 한국·북한과 두 개의 '중국(중화민국·중화인민공화국)'이 초빙되지 않아 배상이나 국외 재산에 관한 논의가 깊게 이루어지지 않았으며, ②유럽과 같은 지역 통합의 필요성에 직면해 있지 않았고, ③엘리트 중심의 국교 정상화가 이루어져 대중과는 단절되었으며, ④전후 일본에서 피해자 중심의 전쟁 기억이 만들어져 가해의 기억이 금기시되었고, ⑤주변 분단국가들의 경우 경제 발전과 반공주의를 대의명분으로 삼은 개발주의적 독재체제가 만들어졌다는 점 등이 있었다.

동아시아는 미·소 냉전의 틈새에서 분열되었다. 미·소 간의 갈등은 일본의 배상, 한반도의 '적절한 절차를 걸친 독립', 지시마와 오키나와의 신탁통치, 일본인 병사의 억류와 송환 등으로 심각해졌다. 전후 점령사는 간접통치 하의 일본 정부 중심의 이야기이자 일본 열도만의 이야기로 그려지지만, 실제로는 미·소의 종전 이후 대립이 '역코스'를 낳고, 부활한 일본의 보수세력이 감정적·제도적으로 미국과 손을 잡아 샌프란시스코 강화조약[2] 체제가 탄생한 것이었다.

강화 체제는 '경배상輕賠償'을 실현하고 미일안보조약과 전후 일본의 경제 부흥 전반을 뒷받침했으나, 한국·북한 및 '중국' 대표의 배제와 미일관계 속에서 일본 사회의 가해 기억은 주변화되어 '군국주의'의 대두에 의한 탈선과 민주사회로의 복귀론이 공통인식으로 자리잡았다. 주변의 분단지역에서도 반공을 축으로 정부의 권위를 높이는 '반일'적 기억은 좋은 소재가 되었다.

---

[2] 샌프란시스코 강화조약 : 강화조약은 일본의 독립 회복 및 국제사회 복귀뿐 아니라 일본이 제국이 아니라 국민국가가 되기 위해 필요한 영토 처분 조항, 배상 조항, 구 조약 계승 절차 등을 정했다. 영토 조항에서는 특정 영역을 추상적으로 호칭(쿠릴 열도/북방 영토·조어도/센카쿠 열도·독도/다케시마 등)하며 경계를 확정하지 않고 영토 주권을 '포기'하고, 동시에 상대를 구체적으로 특정하지 않고(대만·조선) '반환'·'독립'시켰다. 그 권리 관계의 처리가 4조로, 정부 간에서의 청구권 정산 의무만이 정해져 개인 청구권 승인 절차는 배제되었다. 교전한 연합국과의 관계에서의 배상 조항이 14조로, 재일 연합국 국민 재산(15조), 연합국 국민 구 포로의 보상(18조) 등을 예외로 하고, 일본의 사유재산을 포함한 전 국외 재산권(외교와 종교 관련 제외)의 몰수 승인과 연합국 대일 배상 청구권 포기(점령기의 중간 배상은 예외)가 규정되었다.
그러나 유럽의 구 식민지인 신흥 독립국과의 양국 배상 협정 체결 교섭 의무, 재외 재산 접수 이익의 '중국'으로의 계승, 일본의 대미 점령 지역 구제 기금 책무 약 20억 달러 승인, 오키나와의 UN 신탁 통치 가능성을 전제로 하는 미국 단독 통치 승인과 일본의 잠재 주권 승인 등 전후 세계에 중요한 영향을 끼치는 조항이 교묘하게 포함되었다.

(3) 정부 간 화해로서의 국교정상화

　강화조약 체제 위에서 경제 부흥에 성공한 전후 일본과 주변 '분단국가' 간에 국교정상화 프로세스가 전개되었으나, 정부 간 정상화는 역사를 내포한 신생 국민 상호 간 정상화가 아니었다. 그리고 국민 상호 간에 제국 해체라는 공통의 사건에 대한 의미 공유를 진행해 저변의 사람들이 숙고하며 반성이나 용서할 기회를 빼앗았다. 1965년 한국과의 국교 정상화와 1972년 중국과의 국교 정상화에서, 중일전쟁 시의 가해 기억이 베트남 전쟁과 함께 되살아나기는 했지만 그 책임은 소수의 군국주의자에게 돌아갔다. 또한 식민지 책임은 개념화되지 않고 만주 사변 후에만 관심이 모였다.

　정부 간 화해는 물질적·경제적 이익이 주도했다. 양국 간 배상과 그 연장으로 이루어진 경제 부조는 일본의 경제 부흥에 비례해 많은 금액의 생산물 배상을 장래 일본에 요구할 수 있는 강화조약 14조 a항이 기원이었다. 그러나 물질이나 경제 중심이 아닌 '마음'과 마음 간 교류 원칙의 필요성은 1970년대 초부터 '개발협력'의 바람직한 방식으로 논의되어 왔다.

　냉전의 장벽을 넘어선 사람들의 교류가 1970년대부터 본격화되며 타국 국민에게 공유된 감정이나 기억이 어째서 그러한지에 대해 다양한 한탄과 때늦은 자성·가해 책임 추구 등이 개시되었으나, 1995년 무라야마村山 담화에서 공식적·추상적으로 가해에 대한 책임이 인정되자 이번에는 자학인가 자존自尊인가를 둘러싼 새로운 역사 분쟁이 일본 국내에서 발생했다.

　국경을 넘은 이념의 공유에 의한 시민 간 화해나 역사 문제와 무관한 문화·스포츠 교류는 국민 간 화해가 없는 경제협력을 어떤 의미에서 보완했다. 한편으로는 시민 교류가 극단적인 이데올로기에 지배되거나 문화 교류가 특정 사람들만의 것이 되는 사태를 낳기도 했다. 1990년대 아시아의 민주화와 냉전 종식은 일본 시민사회의 분열을 가속시키고 역사 문제를 심화시켰다. 국민적 화해의 부재는 바야흐로 역류 현상을 일으키고 있다.

탐구 포인트

① 화해의 주체는 애당초 무엇이었을까. 역사를 공유하는 것과의 관계는 무엇일까.
② 샌프란시스코 강화조약은 어떠한 전후 일본의 자화상을 낳았을까.
③ 경제 협력에서 '마음'의 교류는 어떻게 진행된 것일까.
④ 피해자 중심의 전쟁 기억에서 벗어나 가해 기억과 마주하기 위한 방책은 무엇일까.

참고문헌

渡邊昭夫와타나베 아키오·宮里政玄編『サンフランシスコ講和』東京大學出版會, 1986.
藤原歸一후지와라 기이치『戰爭を記憶する』講談社, 2001 / 이숙종 역『전쟁을 기억한다』일조각, 2003.
淺野豊美아사노 도요미『戰後賠償問題と東アジア地域再編』慈學社, 2013.
木宮正史기미야 다다시 編『朝鮮半島と東アジア』岩波書店, 2015.
淺野豊美編『和解學の試み』明石書店, 2021.

58. 공문서와 근현대사 연구
무엇이 기록·보존되는가

세바타 하지메(瀨畑源*) 집필 / 강유진 번역

관련항목: I-20[p.86] II-25[p.212] IV-37[p.456] IV-47[p.486] IV-59[p.522]

〔논의의 배경〕

최근 아시아역사자료센터 등 디지털 아카이브가 충실해지며 근대 이후의 공문서를 역사자료로서 이용할 수 있도록 환경이 개선되고 있다. 지금까지 공문서 자료는 어떻게 남겨지고 이용되어 왔을까.

〔논점〕

(1) 공문서 관리 제도의 역사

공문서란 일반적으로는 국가나 지방 공공 단체 등 공적 기관에서 직원이 직무상 작성 및 취득한 문서를 가리킨다. 근대에 국가의 역할이 증대함에 따라 관료제의 규모도 확대되며 관료들이 작성하는 공문서는 역사자료로서 중요한 의미를 갖게 되었다. 그러나 일찍이 일본 근현대사 연구자들 사이에서는 '공문서 자료는 연구에 활용할 수 없다'는 불문율이 일반적으로 통용되어 왔다.

대일본제국 헌법 하의 행정 기관은 천황을 정점으로 한 종적縱的 조직이었기 때문에 횡단적橫斷的 공문서 관리 규칙은 만들어지지 않았다. 이 때문에 공문서 관리 방법이나 보존 방법은 행정 기관마다 차이가 있었다. 각 행정 기관에서는 스스로 직무에 필요한 공문서는 남기고 불필요한 문서는 파기했다. 결정한 사항이 적힌 결재 문서는 중시되었으나 정책이 결정되기까지의 문서는 정책 수행에 불필요하다고 판단되어 경시되었다. 이로 인해 정치사 연구에서는 정책의 의도를 공문서를 통해 규명하는 것은 어려우며, 국립국회도서관 헌정자료실[1] 등에 수집된 정치가나 관료 등의 사문서를 통해 읽어내는 방법론이 사용되어 왔다.

---

*) 류코쿠(龍谷)대학 법학부 준교수 | 일본 근현대정치사
1) 국립국회도서관 헌정자료실 : 국립국회도서관 전문 도서실 중 하나. 아시아·태평양 전쟁 패전 후의 혼란 속에서 자료 소실을 막는 것을 목적으로 1949년에 국회도서관 국회 분관 도서과에 '헌정 자료 수집계'를 설치했다. 메이지의 원훈 오쿠보 도시미치의 손자인 일본 근대사 연구자 오쿠보 도시아키(大久保利謙)가 중심이 되어 구 화족과 정치인, 관료들의 자료를 수집하는 데 힘썼다. 1961년 일반에 공개되었다. 그 후 미국 국립공문서관 소장 연합국 최고 사령관 총사령부(GHQ/SCAP) 문서를 수집하는 등 일본 근현대 정치사의 역사자료 수집 기관으로서 유일무이한 기관으로 존재해왔다.

공문서의 보존 상황은 전후에 접어들어 더욱 악화되었다. 행정 기관 다수는 패전 후에도 온존되었고 공문서 관리 규칙도 계승되었다. 게다가 복사 기술의 진보나 작업량의 증대에 따른 공문서 수의 증가는 공문서를 정리하지 않고 대량으로 파기하거나 창고에 방치하는 결과로 이어졌다. 2001년 정보 공개법의 시행에 따라 심의회 자료 등의 공문서가 웹상에 공개되는 경우가 늘었으나 공문서 공개를 과도하게 두려워하는 관료들에 의해 문서를 작성하지 않는다거나 공문서가 아닌 메모로 취급하는 것, 빠르게 버리는 것 등의 방법으로 정보 공개 대상이 되는 공문서를 남기지 않는 움직임도 보이게 되었다.

2011년에 공문서 관리법[2]이 시행되어 정책 결정 과정의 문서 작성 의무나 파기할 때에 2중 확인을 거쳐야 한다는 규정이 정해지는 등 공문서 관리의 통일 기준이 법제화되었다. 그러나 그 후에도 공문서 미작성이나 파기에 의한 증거 은닉이 이따금씩 정치 문제화 되는 등 공문서 관리법 정착까지는 아직 시간이 걸릴 것으로 보인다.

(2) 역사자료의 보존과 공개

일본에서 역사자료를 보존하는 문서관(아카이브)은 고문서가 흩어지고 소실되는 것을 막고, 지자체사 편찬 과정에서 수집한 자료를 관리하기 위해 설립되었다. 1951년 문부성 사료관(현 국문학 연구 자료관)이, 지방에서는 1959년에 야마구치현 문서관이 탄생하고, 각지의 지방 공공 단체에서 문서관이 만들어지게 되었다. 그러나 현 공문서 관리 제도와의 연결성이 결여되고, 역사 애호가를 위한 기관으로 취급되는 경우가 많아 직원을 감축시키는 등의 경우도 종종 확인된다. 최근에는 공문서 관리법이 마중물이 되어 주민을 위한 설명 책임을 다하기 위해 역사적으로 중요한 공문서를 정기적으로 이관하는 시스템을 지닌 공문서관이 각지에 설립되었다.

1971년에 나라의 역사적으로 중요한 공문서를 관리하는 국립공문서관이 개관했는데, 공문서의 이관이나 선별의 권한을 가지지 않으며 행정 기관이 이관 결정한 문서를 받아 보관하는 공간으로 활용되고 있다. 역사자료로서 중요한 문서를 선별하는 데 필요한 아키비스트[archivist]의 식견은 지금도 적극적으로 쓰이고 있다고 보기 어려우며 권한 강화가 요구되고 있다. 또한 외무성과 궁내청은 외교사료관과 궁내공문서관이라는 공문서관을 별도로 설치했다.

---

2) 공문서 등의 관리에 관한 법률(공문서 관리법) : 2009년 공포, 2011년 시행. 공문서의 라이프 사이클(작성·관리·보존·이관 및 폐기·이관 후의 관리 및 공개 방법 등)을 결정했다. 후쿠다 야스오(福田康夫) 수상(2007~2008)의 강한 의지로 제정되었다. 공문서를 '건전한 민주주의의 근간을 지탱하는, 국민에게 공유되는 지적 자원'이라 보고 국가나 독립 행정 법인 등의 활동이 '현재 및 장래의 국민에게 설명할 책무를 다하도록 할 것'을 목적으로 한다. 정책 결정 과정을 검증할 수 있는 문서의 작성이 의무화되었으나, 관료가 수상에게 설명하는 자료가 내각 관방에 전혀 남아있지 않는 등 실제 운용이 이상을 따라가지 못하고 있는 것이 현 상황이다.

(3) 디지털화의 진전 속에서

국립공문서관 아시아역사자료센터[3]가 디지털 아카이브를 공개한 것을 계기로 국립공문서관·외교사료관·궁내공문서관 등에서도 데이터베이스와 자료의 웹 공개가 진행되었으며, 공문서 자료의 이용은 큰 폭으로 증가했다. 데이터베이스를 통해 지금까지 간과되어온 정보를 공문서 자료에서 발견하는 것이 가능해졌다. 또한 공문서관으로의 이관을 기다리는 것이 아니라 정보 공개 요구를 통해 공문서 자료를 수집하는 것도 가능해져, 현대사 연구의 수단 중 하나로서 확립되고 있다.

현재는 많은 사람들이 전자 기기를 이용하며, 공문서와 사문서를 가릴 것 없이 종이에 적는 사람의 수가 줄고 있다. 지금 우리가 사는 시대의 자료를 남기기 위해서는, 디지털 자료의 보존을 어떻게 할지가 급선무이다. 디지털 공문서에 대해서도 어떻게 규칙을 세워 역사자료로 남길지에 관한 방책이 요구되고 있다.

> **탐구 포인트**
> ① 역사자료로서의 공문서와 사문서에는 각각 어떤 특징이 있을까.
> ② 역사자료를 보존하는 의의를 역사에 흥미가 없는 사람에게 어떻게 설명할 수 있을까.
> ③ 디지털 아카이브를 이용하는 것의 장점과 단점은 무엇일까.

참고문헌

小池聖一『近代日本文書學硏究序說』現代史料出版, 2008.

中野目徹·熊本史雄編『近代日本公文書管理制度史料集 中央行政機關編』岩田書院, 2009.

瀨畑源『公文書をつかう』靑弓社, 2011.

久保享·瀨畑源『國家と祕密』集英社, 2014.

安藤正人·久保享·吉田裕요시다 유타카 編『歷史學が問う 公文書の管理と情報公開』大月書店, 2015.

瀨畑源『公文書管理と民主主義』岩波書店, 2019.

---

3) 국립공문서관 아시아역사자료센터: 2001년에 데이터베이스가 공개되었다. 국립공문서관·외교사료관·방위연구소에 소장되어 있는 문서의 디지털화와 데이터베이스화가 추진되었다. 전후 50주년이던 1995년 무라야마 도미이치 수상에 의해 계획되었다. 당초에는 일본 및 아시아의 여러 주변국들의 근현대사 자료 및 자료 정보를 수집하는 것을 목표로 하는 계획이었으나, 우여곡절 끝에 디지털 아카이브 제공을 추진하는 사업이 되었다. 2021년 현재 3000만 점에 가까운 화상 자료가 제공되고 있어 해외 연구자들에게도 호평받고 있다.

59. 청취·구술사
우리는 사람들의 목소리를 어떻게 들어 왔는가

야스오카 겐이치(安岡健一*) 집필 / 강유진 번역

관련항목: IV-58[p.519] IV-61[p.528]

〔논의의 배경〕

역사 연구에서 오랜 시간 실증주의의 핵심을 차지하고 있던 것은 문헌 자료였으나, 현대의 연구에서는 이용하는 자료도 다양화되었다. 사람들의 목소리를 듣고 역사 서술에 활용하는 구술청취는 역사 연구의 방법으로서 정착했다고 여겨지고 있다. 지금까지 어떤 활용 방식이 존재했고 그 과정에서 무엇이 논의되었으며 현재는 무엇이 과제로 남아있을까.

〔논점〕

(1) 역사 연구로서의 청취

사람이 스스로의 체험을 쓰거나 타자의 체험을 듣는 일은 오래전부터 행해져 왔다. 전국시대의 전쟁 경험을 정리한『조효모노가타리雜兵物語』1)를 비롯해 견문록이라 불리는 기록이 다수 존재한다. 그러나 근대적인 의미에서의 역사 연구로서 청취가 이용된 예로는 사학회가 1880년대에 기록한『구사자문록舊事諮問錄』이 중요하다. 메이지유신 이후 20년 이상 흐르고 지나간 시대가 잊혀져가던 시기에 역사회에 모인 역사학자들이 '책 밖의 사실書外の事實'2)을 정리하기 위해 구 막부 시대의 간부들에게 문헌에 기록되지 않은 집무 양식 등을 물었던 이 기록은 확실히 현대 구술사oral history의 문제 의식과 공통점을 지니고 있다.

이 밖에도 속기 기술의 발전과 함께 많은 담화록이 작성되었으나, 실증주의가 동시대의 문헌(1차자료)에 의한 사실 비정 쪽으로 기울어져 가는 과정에서 역사 연구의 방법으로서의

---

*) 오사카대학대학원 인문학연구과 준교수 | 일본 근현대사
1)『조효모노가타리』: 근세에 전국시대의 전쟁 체험을 편찬한 것이다. 이를 활용한 성과로 후지키 히사시(藤木久志)의『잡병들의 전장(雜兵たちの戰場)』, 견문록을 정리한 자료집으로『일본서민생활사료 집성』제8권이 있다.
2) 책 밖의 사실 : 19세기 후반 리스(Ludwig Riess)로부터 독일 실증사학을 수용하고 일본의 역사 연구의 원형이 만들어지던 시기에 제국대학 문과대학 사학과·국사학과 관계자들을 중심으로 '사학회(史學會)'가 창설되었다. 후에『사학잡지』가 되는 간행물에「책 밖의 사실 수집의 주의(書外之事實蒐集の注意)」가 게재되어 있다. 이에 따르면 이미 많은 고문서와 기록들이 수집되어 있으나 '책 밖의 사실을 수집하는 데 있어서는 아직 갈 길이 멀다. 이 때문에 긴요한 사실을 매몰시키는 것은 유감이지 않은가'라고 하였다. 당시의 역사 연구자들이 문헌 자료만으로는 역사상을 그릴 수 없다고 진지하게 생각했음을 알 수 있다. 청취의 성과는 후에『구사자문록』으로 정리되었다.

청취가 정교화되진 못했다. 오히려 현대를 구성하는 과거를 파악하고자 하는 민속학 분야에서 주요한 방법론으로서 채용되었다.

전후 역사 연구에서는 1950년대에 조선 근대사를 연구하는 젊은 연구자들이 수많은 구 조선 총독부 관계자들의 목소리를 청취한 기록이 있으나, 예외적인 실천이었다.

(2) 많은 학문 분과와 관계되는 청취

1960년대 이후 파묻혀 있던 역사를 발굴해내는, 보통 사람들을 대상으로 한 청취라는 방법이 서서히 역사 연구의 방법으로 자리잡게 된다. 큰 희생을 치르고 문서 자료 대다수가 소실된 오키나와 전투의 역사 서술에 착수한『오키나와현사』등 지자체사自治體史에서도 획기적인 성과가 나왔다. 전후 역사학의 조류에서는 민중사民衆史3)의 문제 제기에 응답한 나카무라 마사노리中村政則의『노동자와 농민勞働者と農民』(1976)은 구술청취로 밝혀진 주체적 행동과 사회 구조의 융합을 시도한 선구적인 실천이었다. 대표적 학회인 역사학연구회歷史學研究會가 오럴 히스토리를 내건 기획을 하는 것은 1980년대 후반이 되어서이다. 여기서는 역사 연구자와 혼다 가쓰이치本多勝一 등 저널리스트들의 대화가 시도되었으며, 당시 문제의 관심이 어디에 놓여 있는지 잘 드러나 있다.

한편 일본에서 오럴 히스토리라는 단어의 보급에 커다란 역할을 다한 것은 정치학이다. 미쿠리야 다카시御厨貴의『오럴 히스토리』(2002)가 폭넓게 읽히며 이 단어가 보급되었다. 미쿠리야가 규정한 '공인의, 전문가에 의한, 만인을 위한' 오럴 히스토리라고 하는 청취의 성격은 재야의 사람들이 보통 사람들의 목소리를 기록해온 그때까지의 청취방법론과는 거리가 있었으며, 이에 대한 비판도 존재했다. 현재는 미쿠리야 스스로가 청취를 보다 넓은 주체를 대상으로 하는 방법론이라고 보고 있으며, 무엇보다도 청취의 성과를 널리 사회에 환원한 실적에 대해서는 특기할 만한 성과를 거두었다.

전후 역사학의 조류와 정치학의 조류 모두로부터 조금 떨어진 곳에서 나온 것이 2003년에 설립된 일본 오럴 히스토리 학회이다. 사회학자나 지역 여성사의 주체가 선구자가 되어 설립된 학회는 현재 사회학·인류학·역사학 등 다양한 학문 영역의 사람들이 모이는 학회가 되었다.

일본 오럴 히스토리 학회의 설립 연도에서도 알 수 있듯 일본에서 청취가 학술적인 방법론으로 정착된 것은 결코 오래되지 않았다. 청취한 자료를 연구에서 어떻게 이용할지에 관한 문제나 보존 문제 등 다양한 과제가 존재한다. 한편으로 전후 75년이 지난 최근에는 공적 기관이 전쟁 경험을 이야기하는 사람들을 양성하려 노력하는 등 사회에서 이야기가 갖는 중요성은 점차 증대하고 있다.

---

3) 민중사 : 청취의 확대와 정착에는 미국의 일본 연구자 캐롤 글럭(Carol Gluck)이 '민족지적 전개(Ethnographic turn)'라 논한, 국제적으로 관찰되는 역사학의 변화가 연관되어 있다. 오럴 히스토리의 전개도 거대한 학문적 조류의 변화를 배경으로 한 움직임이었음을 짚어둔다.

(3) '목소리'를 통해 들을 수 있는 것

청취로 문헌에 남지 않는 과거의 사실을 밝힐 수 있다고 보는 시각이 있다. 복잡한 의도가 얽힌 정치 과정이나 자료를 남기는 수단을 충분히 갖지 못한 서민의 역사에 다가가려 할 때 그러한 유용성은 분명 존재할 것이다. 그러나 청취를 통해 알 수 있는 것은 사실관계뿐이 아니다. 최근 기억에 대한 관심이 고조되고 있는데, 청취로 사실관계가 아닌 인간의 주관적 인식까지 접근하는 것이 가능하다고 보고 있다. 이야기하는 주체가 사실과 다른 기억을 말한다고 해서 그것을 단순히 '틀린', '가치가 없는' 증언이라고 할 수 있을까. 어떤 역사적 상황에서는 사실과 다른 기억 자체에 의미가 있는 경우가 있다. 시간이 흐르며 증언이 달라지는 경우도 단순히 이야기의 애매함이 아닌, 의미가 있을 수 있는 과정으로서 논의의 대상이 된다.

몸짓을 포함한 다양한 비언어적 정보도 영상 기술의 혁신으로 기록하기 쉬워졌다. 인문학의 디지털화[4]라는 경향과 함께 다양한 신체적 표현을 동반한 이야기가 기록되었다. 이야기가 갖는 독특한 성질(오럴리티^{orality})[5]에 대한 주목은 이제까지 문서에 기록되어 온 이야기를 다시 읽는 것과도 연결되어 갈 것이다. 오럴 히스토리가 역사 연구와 관계되는 것은 근현대사에만 적용되는 이야기가 아니다. 1차자료, 2차자료라는 전통적 구분 자체가 지금 새롭게 도전받고 있는 것이다.

> **탐구 포인트**
> ① 청취라는 수단은 어떻게 역사 연구에 뿌리내려왔을까.
> ② 지금까지의 문헌 자료에서 이야기는 어떠한 형태로 포함되어 있을까.
> ③ 과거의 사실을 해명하는 것 외에 청취를 통해 알 수 있는 것은 무엇일까.
> ④ 청취를 통해 얻게 되는 이야기에 대한 자료는 어떻게 보존, 활용될까.

참고문헌

御厨貴$^{미쿠리야\ 다카시}$『オーラル・ヒストリー』中央公論新社, 2002.

蘭信三$^{아라라기\ 신조}$「オーラルヒストリーの展開と課題」『岩波講座日本歴史21』岩波書店, 2015.

大門正克『語る歴史, 聞く歴史』岩波書店, 2017.

Donald A. Ritchie, *Doing Oral History*, Third Edition, Oxford University Press, 2015.

Lynn Abrams, *Oral History Theory*, Second Edition, Routledge, 2016.

---

4) 인문학의 디지털화 : 1990년대 이후 인터넷의 폭발적 보급에 기반한 통신 환경 및 기술의 발전에 의해 자연과학 분야뿐 아니라 인문학 분야에서도 디지털화가 진전되었다. 그 과정에서 오럴 히스토리의 성과가 폭넓게 공유되었다.

5) 오럴리티 : 오럴 히스토리는 발화되는 언어에 의한 것이다. 청취를 연구 방법으로 삼을 때에는 글로 옮기고 (transcript) 정리되는 과정에서 소실되는 언어의 특성을 의식할 필요가 있다.

60. 환경문제
'문제'는 어떻게 구성되어 왔는가

하라야마 고스케原山浩介*) 집필 / 김정래 번역

관련항목: II-30[p.227] III-20[p.296] IV-41[p.468] IV-51[p.498] IV-54[p.507] IV-59[p.522]

〔논의의 배경〕

'환경문제'는 인간의 활동에 의해 '환경'이 파괴되는 행위, 혹은 그것에 의해 초래되는 다양한 문제 중, 사회문제로서 공유되는 것을 가리킨다. 그러나 이것은 인문사회과학에서 마주할 수 있는 '환경문제'의 극히 적은 부분밖에 설명하지 않는다. 먼저 언급하지 않으면 안 되는 것은 사회문제화되는 '환경문제'의 변천이다. 또한 피해자와 가해자의 권력관계나 문명론적이라고도 할 수 있는 인간과 자연의 관계 등을 각각의 시대의 정치나 산업사회와의 관계 속에서 물을 필요가 있다.

〔논점〕

(1) '공해'라 하는 문제파악

공해라 할 수 있는 것은 전근대에서도 광물의 채굴이나 철의 제련 등에서 발생하였다. 근대에 들어서면 공업화가 진행되는 과정에서 산업활동에 의한 문제가 증가하였다. 종종 인용되는 아시오 동산 광독 사건[1]과 같이 광산 개발에서 기인하는 경우가 적지 않다.

이러한 사태가 '공해'라는 용어로써 넓게 파악되는 것은 전후부터이다. 전후 부흥에서 고도경제성장기에 걸친 수많은 피해가 있었다. 이들은 쇼지 히카루庄司光·미야모토 겐이치宮本憲一의 『무서운 공해恐るべき公害』(1964) 등 동시대의 학술연구에서 다루어지고 있다.

다만 피해자가 놓인 상황에 대한 깊은 이해나 공해방지의 적극적인 대책으로는 곧바로 이어지지 못했다. 고도경제성장기의 공해를 대표하는 것으로 4대 공해병[2]이 자주 제시된다.

---

*) 니혼대학 법학부 교수 | 현대사·사회사

1) 아시오 동산 광독 사건 : 도치기현 아시오(足尾) 동광산에서 채굴·정련으로 발생한 광독에 의한 와타라세강(渡良瀨川)의 오염, 이산화황에 의한 대기 오염이 발생하였다. 광산 조업이 계속되면서 현저하게 피해를 받은 마쓰기촌(松木村)·야나카촌(谷中村) 등이 폐촌되었고, 주민이 그 땅에서 내쫓겼다. 중의원 의원 다나카 쇼조(田中正造)에 의한 의회에서의 문제제기·의원사직 후의 항의 활동과 함께 근대의 공해로서 거론되는 일이 많다. 또한 이 외에도 벳시(別子) 동광산의 대기 오염이 잘 알려져 있다.

2) 4대 공해병 : 미나마타병(水俣病, 구마모토현 미나마타시 시라누이 바다), 니가타 미나마타병(니가타현 아가노강 유역), 이타이이타이병(タイイタイ病, 도야마현 진즈강 유역), 욧카이치 천식(四日市ぜんそく, 미에현 욧카이치시)을 가리킨다. 1967~69년에 걸쳐 소송이 진행되어 모두 환자 측이 승소했다. 어느 범위까지 환자로 인정받는가라는 쟁점이 남아있고 이외에도 전국 각지에 엄청나게 많은 건수의 공해가 발생하였다는 것에

모두 1960년대 말~70년대 초두에 걸친 재판에서 다루어졌는데, 예를 들면 이타이이타이병의 피해는 이미 전전부터 소송이 있었으며 미나마타병도 1956년에 이미 환자가 공식적으로 확인된다.

고도경제성장이 공해를 필연적으로 수반한 것은 아니다. 공해가 확인됨에도 불구하고 그 발생을 회피하거나, 피해자를 구제하기 위한 비용과 노력이 불충분하여 사태는 심각성을 더해갔다.

(2) 법정비와 문제의 확산

공해에 의한 피해의 심각성을 숨길 수 없게 되면서 정부의 대응이 진행되었다. 주요한 점으로는 1967년 공해대책기본법[3]이 제정되었고, 1970년 '공해국회'를 거쳐 1971년 환경청이 발족하는 일련의 움직임이 있었다. 이에 의해 공해는 정부나 기업에게 있어서도 내버려 둘 수 없는 문제가 되었다.

1970년부터 도쿄대학에서 우이 준宇井純이 개설한 공개 자주自主 강좌 「공해원론」이 개강되었다. 이 시기에는 그 외에도 공해반대 운동과 깊은 관계를 가진 학습의 장이나 미디어가 만들어졌다. 다만 한편으로는 같은 시기에 사회문제로서의 성격은 약간 복잡하게 되었다. 그 원인은 크게 두 가지가 지적된다.

하나는 자연과 인간의 관계를 되묻는 문명론적인 시점을 포함한 형태로 '환경'이라는 용어가 쓰이기 시작한 것이다. 이는 '자연보호'나 '자연 환경'이라는 관심/용어가 자주 등장하는 것과도 관계가 있다. 그때까지의 공해와의 대치에서 발전했다기보다 오히려 해외에서 들여온 논의와의 연관성이 크다.

다른 하나는 일상생활, 다시 말해 '부엌'과 공해의 접점이 보이기 시작했다는 것이다. 부엌 세제에 의한 수질 오염 문제는 한 예로, 1960~70년대의 시가滋賀현에서 합성세제 추방 및 비누 사용을 장려하는 운동이 비와호琵琶湖 오염과 관련해 알려져 있다. 다른 한편으로는 '식품 공해'로도 불리는 잔류 농약이나 식품첨가물 등에 대한 문제 제기를 포함한 일상적인 생활에 대한 되물음도 확대되었다.

이렇게 '환경'과 '부엌'이라고 하는 이른바 거시적macro·미시적micro 관심의 확대 속에서 공해 피해자의 존재나 기업·정부의 책임이라는 생생함은, 문제의 근간에 관련하는 것으로 여겨지기보다 오히려 문제 전체의 어느 일부분을 구성하는 것에 지나지 않는 것으로 여겨지는 경향이 되었다.

주의가 필요하다.
3) 공해대책기본법 : 시즈오카현 누마즈·미시마·시미즈(沼津·三島·清水)에서의 산업단지 건설 반대 운동과 4대 공해병을 배경으로 하여 1967년 제정되었다. 제정 당초는 재계의 요망을 받아들여 법률의 목적과 환경기준에 대해 '경제의 건전한 발전과의 조화'를 도모한다는 내용이 담겨 있었다. 공해대책을 세우며 경제활동을 '배려'하는 것에 비판이 많았기에, 1970년 '공해국회'(공해에 관한 14개의 법안을 성립시켰다)에서 삭제되었다. 이 법률은 1993년 제정된 '환경기본법'에 흡수되는 형태로 폐지되었다.

(3) '지구환경' 시대의 어려움

1992년 브라질 리우데자네이루에서 지구 서밋^{summit4)}이 개최되었다. 1990년대는 실로 지구환경 시대의 개막이었으며 오존층의 파괴·지구온난화·생물다양성 등 지구 규모의 과제가 주목받게 되었다. 지구 규모의 환경 파괴에 의한 피해를 미연에 방지하는 것을 주안으로 하였으며, 그런 의미에서 이미 일어난 피해(자)에 입각한 '공해'라는 논의와 다른 방향성을 지닌다.

여기에는 자연과학적인 논의의 심화에 따른 분석의 정교함과 지구 규모의 미래를 예견하고자 하는 규모의 방대함이 있다. 그리고 합성세제나 음식의 안전성 등 일상생활 수준의 미시적 문제에 어떻게 다가갈 것인가, 혹은 공해와 반드시 함께 언급되는 피해자의 고뇌에 얼마나 다가갈 수 있는가라는 관점이 있다. 전자와 후자를 과연 어떻게 묶어야 바람직한 논의가 될 수 있는지는 다소 전망하기 어렵다. 한편 2011년 후쿠시마 제1원자력 발전소 사고와 같이 명확하게 공해로 인한 여러 수준의 피해가 일상생활이나 지구환경 각각과 관련됨에도 불구하고 문제가 대단히 심각하고 거대하기 때문에 정리하기 어려운 것도 있다.

'환경사'의 이름을 가진 연구는 많이 나오고 있다. 그러나 기반이 되고 있는 학문 분야나 지역(나라)에 의해 그 구성요소는 크게 달라진다. 일본 근현대사에서 생각해보면 '공해'·'환경'을 둘러싼 무엇이 어떻게 문제화되었는가를, 각각의 사례의 동시대적인 배경과 같이 검토하는 것이 필요하다.

탐구 포인트

① '환경문제'의 문제 설정의 변용 그 자체가 현대사적인 연구대상이다.
② 각각의 사례는 동시대적인 사회문제화의 배경과 같이 검토된다.
③ 사회학 등 인접 제 학문이 동시대에 축적한 공해·환경연구를 시야에 넣는다.

참고문헌

庄司光·宮本憲一^{미야모토 겐이치}『恐るべき公害』岩波書店, 1964.

飯島伸子『環境問題と社會史』有斐閣, 2000.

政野淳子『四大公害病』中央公論新社, 2013.

宇井純^{우이 준}, 藤林泰·宮內泰介·友澤悠季 編『宇井純セレクション』1~3, 新泉社, 2014.

友澤悠季『'問い'としての公害』勁草書房, 2014.

---

4) 지구 서밋 : '환경과 개발에 관한 국제연합회의(United Nations Conference on Environment and Development)'. 국제연합 가맹국 거의 전부가 참가하였다. 기후변화협약·생물다양성협약에 대한 서명이 개시되어 지구환경 문제를 둘러싼 논의가 전개되었고, '환경과 개발에 관한 리우데자네이루 선언' 등의 합의·선언이 이루어졌다. 다만 이미 환경 파괴를 반복하면서 성장을 이루어 온 선진국과 개발이 제약된 도상국 간의 이해가 현저한 차이를 보이는 등 여러 과제가 남아있다.

61. 미국의 일본사 연구
'근대화론'을 둘러싸고 어떤 논의가 진행되어왔는가

셸 데이비드 에릭손^{Kjell David Ericson}*) 집필 / 강유진 번역

관련항목: IV-45^[p.480] IV-51^[p.498]

〔논의의 배경〕

1950년대까지는 일본사를 전문으로 하는 학자를 고용하는 미국 대학이 적었으나, 정확히 그 즈음부터 일본사를 포함한 동아시아 연구 프로그램이 많은 대학에 설립되었다. 미국 대학에서 확대된 일본사 연구는 근대화론의 영향을 강하게 받고 있었다. 경제학자인 월트 로스토^{Walt Rostow}에 의하면 근대화론이란 전 세계 각국이 다섯 개의 발전 단계 중 하나에 속해 있으며 '전통적 사회'부터 '고도 대중 소비시대'까지의 단계를 지나며 근대화로 나아간다고 보는 이론이다. 근대화론은 전후 미국에서 일반적으로 인정된 이론이었는데, 그 배경에는 다음의 두 상황이 반영되어 있었다. 첫째는 냉전 하 미국의 세계관이었다. 로스토의 대표적 저서『경제성장의 단계』The Stages of Economic Growth(1960)의 '비공산주의 선언'이라는 부제에 드러나듯 근대화론은 공산주의를 채택한 적국 소련과는 다른, 자본주의적인 경제발전 과정으로서 제시되었다. 둘째는 1945년 이후의 탈식민지화였다. 자본주의 및 민주주의의 제1세계와 계획경제 및 공산주의의 제2세계가 대립하는 가운데, 전후 탈식민지화에 의해 탄생한 수많은 국가들의 태반은 '제3세계'에 속하는 국가들이라고 간주되었다. 이러한 상황에서 공산주의에 대항하는 경제 발전 모델이 일본에 있다고 여겨져, 일본의 근대화 과정이 이른바 제3세계의 나라들에도 응용될 수 있다고 기대되었다.

〔논점〕

(1) 냉전기 미국에서의 일본사 연구와 근대화론

5, 60년대 미국의 냉전 정책에서는 근대화론의 역할이 주목받았다. 이에 대응해 포드 재단을 비롯한 비정부기구들이 동아시아 연구 프로그램의 성립을 촉구했다. 그러던 중 미시건 대

---

*) 교토대학 학제융합교육연구추진센터·문학연구과 특정교수(特定助教) | 일본 근현대사·환경사

학의 존 휘트니 홀$^{John\ Whitney\ Hall1)}$에 의해 근대일본연구회의$^{2)}$가 1958년에 성립했으며, 포드 재단으로부터 거액의 지원을 받아 1960년대부터 수년간에 걸쳐 일본과 근대화를 테마로 삼은 학회가 매년 개최되었다. 근대화 논의는 미국의 일본사학계에만 국한된 것이 아니었다. 1960년 근대일본연구회의의 첫 모임이 하코네에서 진행되었으며, 홀과 마루야마 마사오를 포함한 30명 이상의 일본·구미권 연구자들이 근대화론에 대해 논의했다. 하코네 회의 후 일본 근대화의 역사에 관한 저서가 다수 출판되었다. 가장 잘 알려진 프린스턴 대학 출판회의 시리즈 『일본 근대화 연구 총서』*Studies in the Modernization of Japan* 전 5권에서는 다양한 분야를 근대화의 시점에서 파악한 연구들이 중심이 되었다. 제1권 『일본의 근대화 문제』*Changing Japanese Attitudes Towards Modernization*(Marius B. Jansen ed.)에서 홀은 메이지유신 이후의 근대화를 일본사에서의 근본적인 문제라고 지적했다. 60년대 고도경제성장기에 이르기까지의 역사적인 과정을 설명하기 위해 근대화론에 기반한 접근이 미국과 일본의 학계에 공통적으로 도입되었다. 이 때 전후 일본 근대화의 뿌리는 에도시대에 있었다고 해석되었지만, 특히 1931년부터 1945년까지의 15년 전쟁기는 근대화론에 쉽게 들어맞지 않았다. 이 때문에 일본의 전간기·전쟁기는 근대화를 저지한 '암흑의 골짜기$^{暗い谷間'3)}$'로 취급되는 경향이 있었다.

(2) 근대화론에 대한 비판

1970년대에 들어서부터 근대화론의 보급에 반대하는 목소리가 눈에 띄게 되었다. 대표적으로 미국의 일본사학자 존 다우어$^{John\ Dower}$는 허버트 노먼$^{Herbert\ Norman}$을 재평가하며 근대화론을 비판하는 계기로 삼았다. 선교사의 아들로 일본에서 태어나 자란 노먼은 전전^{戰前} 미국에서는 흔치 않은 일본사 박사 학위를 하버드 대학에서 취득했다. 그 후 일본사 연구 활동을 계속하며 캐나다의 외교관으로 근무했으나 소련 스파이라고 의심받아 1957년에 자살했다. 노먼의 1940년 저서 『일본에서의 근대국가 성립』*Japan's Emergence as a Modern State*이 1975년 재출간될 때 다우어가 장문의 서문을 집필했다. 다우어는 노먼을 당시 유행하던 근대화론의 틀에서 벗어난 역사관을 가진 학자로 소개하는 동시에 일본사 분야에서 근대화론이 지닌 영향을 비판했는데 그 내용은 다음과 같았다. 근대화론이란 유물론적 역사관에 대한 반론에 지나지 않으며 애초에 시야가 좁은 문제의식에서 탄생한 역사관이었다. 이에 반해 노먼은 1945년까지의 전시

---

1) 존 휘트니 홀(1916~1997): 미시건 대학과 예일 대학에서 근무한 미국의 일본사 교수. 재일선교사 가정에서 자랐다. 후에 미국 주일 대사가 된 에드윈 라이샤워 밑에서 1950년에 하버드 대학 박사 학위를 취득했다. 그 후 근대일본연구회의 등을 통해 라이샤워와 함께 근대화론을 둘러싼 1960년대 논의를 견인했다. 대학원생을 다수 지도해 '20세기 구미권에서 일본 연구가 발전하는 데 가장 공헌한 인물 중 하나'로 평가된다.
2) 근대일본연구회의: 1950년대 후반부터 60년대 전반(前半)에 걸쳐 미국의 포드 재단의 지원으로 예비 회합을 포함해 수차례 개최된 국제 회의. 당시 미시건 대학 일본사 교수였던 주최자 존 홀 외에도 미국과 일본 학계에서 다수가 참여했다. 근대화론은 미국에서 유래한 개념이라고 이해되기 쉽지만, 관료 국가에 의한 합리화(근대화)라는 베버의 개념이 이미 1950년대 이후 근대화론의 전제가 되어 있었다. 근대일본연구회의와 관련 출판물에 의해 '엄밀한 이론이나 방법론보다는 전체적인 조망'으로서의 근대화론이 새롭게 보급되었다.
3) 암흑의 골짜기: 일본어권에서 1945년 이후의 역사 서술이나 증언 수집에 나타난 일본의 전전·전쟁기를 묘사할 때 사용되는 단어. 연대 구분 방법은 통일되어 있지 않으나, 1927년 이후의 쇼와 금융 공황이나 1929년 이후의 세계 공황, 1930년대 일본에서의 정당정치 붕괴, 1931년의 만주사변 또는 1937년 이후의 중일전쟁을 각각 전환기라고 보는 패턴이 있다. 해외의 일본사 연구에서도 '암흑의 골짜기'에 기반한 해석이 유력했으나, 식민지를 포함한 전간기 제국 일본의 상황을 일률적으로, 또한 전후 시대와 연관짓지 않고 예외적인 '암흑의 골짜기'라고 파악하는 것에 대한 의문이 각지에서 부상했다.

체제를 예외적인 암흑의 골짜기로 파악하지 않고, 막말·메이지유신 시대부터 1930년대까지의 역사 전개를 종합적으로 연관시키고자 했다. 미국의 일본사학계에서 근대화론에 대한 비판적 재고에 박차를 가한 것은 1975년에 나온 다우어의 서문이었다.

(3) 그 후의 접근

1980년대에 들어서 미국의 일본사학계는 근대화론을 적극적으로 부정한다기보다, 근대화론을 언급하지 않는 태도가 일반적으로 자리잡았다고 분석된다. 이와 함께 셸든 개런^{Sheldon Garon}처럼 근대화를 반드시 진보적인 과정이 아닌 다층적 결과가 가능한 현상이라고 보는 학자가 나타났다. 동시에 일본·유럽·미국 간 역사학적 방법의 쌍방향적인 교류가 확인된다. 캐롤 글럭이 일본의 민중사 연구 동향을 소개한 것은 그 예로서 특기할 만하다. 최근에는 근대화론을 역사학적 방법으로서 취급하기보다 전후 근대화론의 시대 자체를 사상사의 관점에서 재고찰하는 경향이 있다. 유럽에서도 제바스티안 콘라트^{Sebastian Conrad}의 연구처럼 20세기 전반前半에 걸친 동아시아의 제국 식민지사 및 1945년 이후의 탈식민지화사史와 전후에 대두한 근대화론의 역사적인 관계를 재검토하는 연구도 나오게 되었다. 즉 근대화론을 과거의 역사관이라고 보더라도, 그 자취가 완전히 사라졌다고는 잘라 말하기 어려운 것이다.

> **탐구 포인트**
> ① '근대화'와 '근대화론'의 차이점은 무엇일까.
> ② 19세기부터 현재까지 '근대화'를 측정하는 기준은 어떻게 변해왔을까.
> ③ 비교사나 트랜스내셔널 히스토리[超境史] 등의 역사학적 방법은 '근대화'와 어떤 관계를 지닐까.

참고문헌

W・W・ロストウ^{Walt Whitman Rostow}(木村健康・久保まち子・村上泰亮譯)『經濟成長の諸段階』ダイヤモンド社, 1961.

マリウス・B・ジャンセン^{마리우스 젠슨} 編 (細谷千博譯)『日本における近代化の問題』岩波書店, 1968.

ジョン・W・ダワー^{존 다우어} (外岡秀俊譯)『忘却のしかた, 記憶のしかた 日本・アメリカ・戰爭』岩波書店, 2013.

Carol Gluck, "The People in History : Recent Trends in Japanese Historiography", *The Journal of Asian Studies* v.38 no.1(November 1978), pp.25-50.

Sheldon Garon, "Rethinking Modernization and Modernity in Japanese History : A Focus on State-Society Relations", *The Journal of Asian Studies* v.53 no.2(May 1994), pp.346-366.

Sebastian Conrad, "'The Colonial Ties are Liquidated' : Modernization Theory, Post-War Japan and the Global Cold war", *Past & Present* v.216 no.1(August 2012), pp.181-214.

역자 후기

이 책은 미네르바쇼보에서 2022년 간행된 『논점·일본사학』을 완역한 것이다.

국내 출판시장에서 일본역사를 다루는 책들은 현재의 한일관계의 부침과는 무관하게 꾸준히 소개되고 있다. 특히 최근에는 다양한 시대와 주제의 전문서적, 대중 역사서 등도 번역·출판되고 있는 듯하다.

다만 통사적인 관점에서 일본역사를 조망할 만한, 역사학자에 의한 책들은 좀처럼 찾을 수 없는 것 또한 현실이다. 역자가 일본사 관련 수업에서 참고교재로 주로 언급하고 있는 『새로 쓴 일본사』(아사오 나오히로 외 지음, 창비, 2003)가 나온 지 20여 년, 국내 일본사 연구자들의 역량을 모은 『아틀라스 일본사』(사계절, 2011년)가 출판된 지도 10년 이상 흘렀다. 이상의 책들은 여전히 일본사에 본격적으로 입문하려는 독자들의 기대에 부응할 만한 수준의 내용을 담고 있다고 보이지만, 이를 바탕으로 한층 심도있는 일본사 이해로 나아가기에는 아쉬운 부분도 적지 않다.

이 책은 고대에서 근현대에 이르기까지 일본사의 주요 논점들에 대한 연구 동향을 각 항목별로 간결히 정리, 개관하며 이러한 아쉬움을 해소해 준다. 국내의 다종다양한 일본사 관련 서적 가운데 전시대를 망라하면서 동시에 단순한 연대기적 서술이 아닌, 근년의 연구 성과를 포괄적으로 다루고 있는 책은 아마도 본 역서가 처음이 아닐까 한다. 일본사에 대한 기초 지식을 갖춘 독자들에게 이 책은 그 다음 단계를 향한 좋은 길잡이가 되리라 믿는다.

일본사 연구의 어려움은 현대 일본어와는 결을 달리하는 사료의 해독 문제뿐아니라 근대적인 학문으로서의 역사학 도입 이래 100년 이상이 흐르는 동안 방대하게 축적된 선행연구에 있을 것이다. 여기에 연구자 본인 전공 분야의 연구 흐름을 좇아가기에도 벅찰 정도로 세분화, 전문화된 개별 연구가 홍수처럼 쏟아지고 있다. 역자 또한 일본 근현대사 전공자로 자처하고 있지만 이번 번역 작업에 참여하면서 다른 시대사 연구는커녕 동시대사 연구에서도 미처 따라가지 못하고 있던 항목들을 적지 않게 확인했음을 고백하지 않을 수 없다.

이 책을 통독한다면 마치 독자 스스로가 선행 연구들을 독파하여 각 시대의 연구 흐름을 파악한 것과 같은 '착각'이 들기도 하는데, 이것이 책의 장점이자 단점이기도 하다. 각 항목에서 한두줄로 정리되고 있는 선행 연구들이 해당분야의 전공자에게는 넘어야 할 큰 산이거나, 적어도 해당 분야를 연구하기 위해서는 진지하게 마주하고 씨름해야 하는 주요 저작들임은 새삼 강조할 필요가 없을 것이다. 이 책은 어디까지나 길잡이 역할을 할 뿐이며 이를 바탕으로 개별 논점에 대한 탐구와 독서, 나아가 (「들어가며」에서 이야기하듯) 체계적인 일본의 역사상 구축은 결국 독자들의 몫이다.

역자 후기

　이 책의 또다른 특징이라 한다면 형식상 최소한의 통일성을 전제로 한, 다양한 스타일의 글을 음미할 수 있다는 점이다. 원서의 집필에 참여한 연구자만 150여명이다. 각 항목의 서술 방향은 필자에 따라, 주제에 따라 다양하게 갈린다. 학설상의 차이를 강조하거나 시계열적으로 연구사 흐름을 정리한 경우도 있으며, 해당 주제와 관련된 주요 연구자들을 소개하는데 주력하거나 연구 축적이 충분하지 않은 주제는 해당 주제 자체를 설명하는데 대부분을 할애하기도 했다. 이는 본문에서도 언급하고 있듯이, 경우에 따라 동일 인물에 대한 호칭법도 통일시키지 않는 등 각 항목 집필자들의 서술을 최대한 존중하는 방향으로 편집이 이뤄졌기 때문이기도 하다. 역자들 또한 이러한 원서의 의도를 존중하여 번역 작업에서도 각 항목 필자들의 문체나 어휘 선택을 최대한 훼손시키지 않도록 유의했다. 가독성을 위한 수정을 최소화하다 보니 직역에 가까운 번역이 되었고 한자를 병기하거나 긴 호흡의 문장도 곳곳에 남게 되었다. 때문에 그렇지 않아도 일본사에 대한 기초지식 없이는 소화하기 힘든 내용에, 문장마저도 불친절한 번역투가 되고 말았다. 독자들의 양해를 바란다.

　이 책을 읽는 방식은 다양하리라 본다. 앞서 말한 것처럼 이 책을 처음부터 차분히 읽어나가며 일본사 연구의 통시대적 흐름을 파악하는 것도 한가지 방법이다. 하지만 반드시 그럴 필요는 없다. 해당시대에 관한 기초지식이 없다면 필요한 주제나 시대부터 골라 읽는 것도 가능하다. 아무래도 한국사와의 관계나 시간적으로도 가까운 근현대 부분이 관심도 높고 이해하기도 더 쉽지 않을까 한다(언급되는 연구자나 서적들도 국내에 소개·번역된 경우가 다른 시대에 비해 상대적으로 많다). 또한 말미의 찾아보기를 통해 이 책을 사전처럼 활용하는 것도 가능하다. 본문에서도 개별 항목과 관련된 다른 참고 항목들은 모두 페이지를 표기하였다. 일견 번잡스러워 보이지만 이를 통해 능동적인 독서가 가능할 것이다. 책을 앞뒤로 넘기며 개별 사안들을 유기적으로 연결시키는 가운데 품고 있던 의문의 실마리를 찾거나 문제의식을 확대해 나가기를 기대한다.

　이 책의 다양한 활용법을 이야기했지만 어떻게 읽든 최소한 시대별 총론은 읽어보길 권한다. 총론 역시 시대구분과 연구사 정리라는 큰 틀의 형식을 공유하며 일본사와 세계사와의 관련성(그것이 역사 자체가 되었든, 역사학의 연구사적 조류가 되었든), 역사학에서의 전전과 전후의 연속과 단절이라는 문제를 강하게 의식해 서술하고 있다는 점에서는 공통된다. 하지만 동시에 각 시대별로 서술 스타일과 주안점에서 큰 차이가 드러나기도 한다. 이는 일차적으로 총론을 집필한 개별 필자들이 입각한 논점과 서술방식에 따른 차이라 할 수 있다. 다만 이것만으로는 설명할 수 없는 각 시대 연구(자) 특유의 분위기가 읽혀진다. 이를 염두에 두며 각 시대를 다른 시대와 구별짓게 만드는 역사상과 이를 도출하는 방법이 총론에서 어떻게 서술되고 있는지 읽어내는 것도 흥미로운 독서경험이 될 것이다.

　마지막으로 일러두기에 관한 부연설명을 하고자 한다.

　이 책의 번역 작업은 서울대학교 박훈 선생님의 사료읽기 공부모임 참여자들이 중심이 되었다. 이 모임은 박훈 선생님의 부임 직후인 2009년부터 시작되었다. 당시 석사과정생이었던 역자도 공부모임에 참여하기 시작해 일본 유학 동안의 공백기를 제외하고는 현재까지 활동을

이어가고 있다. 당초 공부모임은 대학원생들의 근세 사료 읽기 훈련을 목적으로 했으나 점차 참여자가 확대되면서 현재는 고중세사료, 근대사료, 구즈시지くずし字 해독 등 다양한 시대와 형태의 사료를 함께 읽는 모임으로 발전했다. 원년 멤버를 자부하는 역자임에도 다른 시대, 심지어 전공 시대 사료에서도 해석에 쩔쩔매는 모습을 보여 부끄러울 때도 많지만 타전공 시대의 사료를 읽고 배워나갈 수 있는 흔치 않은 귀한 자리에 늘 감사한 마음이다.

공부모임 자체는 이처럼 사료읽기가 주된 활동이기에 번역은 각 담당자들의 개별 작업으로 이루어졌다. 그러나 공부모임을 통해 번역 진척 상황이 주기적으로 업데이트되었고 번역 내용에 대한 상호 검토와 번역 용어에 대한 논의가 수시로 이루어졌음을 밝힌다. 시대별로 역할을 나누어 김현경·황수경·조국 세 사람이 전체를 다시 검토하여 혹시 있을 오류를 잡아나갔다. 따라서 본서는 개별 역자들의 결과물이자 동시에 본 공부모임의 결과물이라고도 할 수 있겠다. 또한 역자와 함께 공부모임 원년 멤버인 안재익(동북아역사재단), 현재 근대사 사료강독 간사를 맡고 있는 김민(서울대 동양사학과 박사)도 본 번역작업을 함께 시작하였으나 불가피한 사정으로 중도하차하였다. 두 사람이 작업한 결과는 개별항목에서 확인 가능하나, 옮긴이로 이름이 올라가는 것은 극구 사양하였기에 부득불 표지에서는 두 사람의 이름이 빠지게 되었다. 이 자리를 빌어 미안한 마음을 전한다. 또한 대학원생을 위해 공부모임을 만들고 다망한 와중에도 본서의 총 감수를 맡아주신 박훈 선생님께 감사드린다.

그와는 별개로 도쿄대에서 공부중인 안준현 선생은 본격적인 번역작업 시작 전에 빈서재 정철 대표에게 자신의 영역인 근세사 항목 일부를 번역해 전달하며 책의 유용함을 강조해주었다. 내용을 확인한 정철 대표는 자기에게도 공부가 되겠다며 일을 더 크게 만들기 시작했다. 대표는 당초 역자들에게 본문에서 언급되는 저서들 가운데 국내에 번역된 저서들을 단순히 병기하는 데 그치지 않고, 해당 항목과 관련된 국내의 연구 동향까지 간략히 함께 소개하자고 제안했다. 그러나 이는 역자들의 역량을 넘어서는 일이기도 하거니와, 국내에서의 일본사 연구 동향이나 흐름은 '일본의 일본사 연구'의 각주 그 이상의 의미를 지닌다고 믿기에 출판사의 기대에는 부응할 수 없었다. 국내의 대표적 일본사 학회인 한일관계사학회와 일본사학회 모두 30년 이상의 역사를 갖게 된 현재, 한국판 『논점·일본사학』이 기획되는 날도 머지않으리라 본다.

핑계 아닌 핑계가 되었으나 역자들의 못 미더운 반응에 정철 대표는 개별 항목 말미의 참고도서 저자들을 일일이 검색하는 수고를 마다하지 않았다. 그 결과 언급된 저서의 번역본이 없더라도 저자의 다른 도서가 번역되어 있는 경우에는 한글로 인명을 별도 표기하게 되었다. 참고도서의 저자 표기가 제각각인 이유인데, 덕분에 번역서의 가치가 한층 높아졌다. 이를 적극적으로 활용해 독자들이 역사학 공부와 독서의 즐거움을 배가해 간다면 역자로서 더 바랄 것이 없겠다.

역자들을 대표하여
조국

찾아보기

2·1 총파업 / 二・一スト 430
2·26 사건 / 二・二六事件 434
2개 사단 증설문제 / 二個師團增設問題 ... 460
2월 극동 위기 / 二月極東危機 475
3대 공적 / 三代功績 322
4대 공해병 / 四大公害病 525, 526
5대 개혁 지령 / 五大改革指令 480, 501
5절구 / 五節句 207
9개국 조약 / 九カ國條約 450, 465, 467
9척 2칸 / 九尺二間 284
20세기 시스템론 / 20世紀システム論 438
55년 체제 / 55年體制 486-488, 508
88경 열참 사건 / 八十八卿列參事件 334
1900년의 획기성 365

【A】
AMS / 加速器質量分析 29

【C】
CIE 영화 / CIE 映畵 481

【G】
GATT / 關稅及び貿易に關する一般協定
 .... 486, 499
GHQ / 連合國軍最高司令官總司令部
 .... 69, 447, 483, 492, 502, 510

【ㄱ】
가가와 도요히코 / 賀川豊彦 442
가나문 / 假名文 215, 216
가네사와 문고 / 金澤文庫 153
가도 / 街道 181, 247, 311
가도가 / 歌道家 198
가도노 왕 / 葛野王 66
가도마산반무라 / 門眞三番村 322
가례 / 『家禮』 276, 277
가리시키 / 刈敷 297
가마쿠라 구보 / 鎌倉公方 194, 195
가마쿠라 막부 / 鎌倉幕府 21, 119-121, 123, 126, 137, 153, 155-162, 168, 170, 182
가마쿠라 신불교 / 鎌倉新佛敎
 .... 22, 138, 143, 164
가마쿠라부 / 鎌倉府 ... 174, 178, 183, 194-196

가메오카번 / 龜岡藩 267
가모 신사 / 賀茂社 99
가문 / 家門 163
가미고료신사 / 上御靈神社 185
가미노레이제이 다메카즈 / 上冷泉爲和 ... 198
가바네 / カバネ(姓) 46, 48, 101
가부리모노 / 被り物 201
가부장적인 대경영 / 家父長的な大經營 ... 246
가부장제 / 家父長制 89, 425, 482
가부키모노 / かぶき者 303
가사 / 家事 147
가사 수령 / 家司受領 148
가스미테이 / 霞堤 299, 300
가스야노 미야케 / 糟屋屯倉 40, 47, 48
가시와데 / 膳夫 51
가시와자키 일기 / 「柏崎日記」 318
가쓰라 다로 / 桂太郞 373
가쓰라기씨 / 葛城氏 57
가쓰라-해리먼 협정 / 桂・ハリマン協定 ... 373
가쓰시카 오이 / 葛飾應爲 319
가쓰시카 호쿠사이 / 葛飾北齋 319
가야 / 加耶(加羅) 41-44
가업 / 家業 224, 226
가에이기의 조막 관계 333
가와고에 시게루 / 川越茂 465
가와라반 / かわら版・錦繪 314, 396
가와시마성터 / 革嶋城跡 222
가와타 / かわた 247
가이 겐지 / 甲斐源氏 156
가이바라 에키켄 / 貝原益軒 317
가이쇼 / 會所 249
가이토 / 垣外(番) 305-307
가정 / 「家庭」 409, 502
가족사 / 家族史 163
가치교지 / 月行事 285
가케가와번 / 掛川藩 267
가케야 / 掛屋 282
가쿠추 / 覺忠 153
가키베 / 部曲 51
가타나 / 刀 302-304
가타나가리 / 刀狩り(刀狩令) 236, 240, 302
가타노 / 交野 90

534

가타야마 센 / 片山潛	429
가타카나 / 片假名	215, 217
가토 다카아키 / 加藤高明	433, 452
가토 시즈에 / 加藤シヅエ	426
가토 히로유키 / 加藤弘之	354, 426, 427
가토 히로하루 / 加藤寬治	461
각기병 / 脚氣	463
간고지 / 元興寺	75, 77
간노의 요란 / 觀應の擾亂	170, 172, 183
간다 상수 / 神田上水	285
간무 천황 / 桓武天皇	26, 27, 90, 92, 93
간병원 / 看病院	318
간세이 개혁 / 寬政改革	306, 332
간세이 이학의 금 / 寬政異學の禁	275
간전영년사재법 / 墾田永年私財法	74, 75
간조부교 / 勘定奉行	270
간초 / 寬朝	114
간토 대지진 / 關東大震災	469
간통죄 / 姦通罪	410, 501
간행 오사카도 / 刊行大坂圖	306
감면 특약포함 정액 소작 / 減免特約付き定額小作	444
감봉 / 減封	268
감진 / 鑑眞	92, 384
갑자야화 / 甲子夜話	268
강제연행 / 強制連行	495-497
강제적 동질화 / 強制的同質化	478
개국 / 開國	253
개로왕 / 蓋鹵王	57
개발영주 / 開發領主	221
개발한 소령 / 開發所領	149
개신의 조 / 改新之詔	25, 59
개역 / 改易	242, 272
개원 / 改元	70, 189, 190, 195, 239, 255
개혼 / 皆婚	81
건곤변설 / 『乾坤辨說』	261
검전 / 檢田	96, 104
검주 / 檢注	241
게가레 / 穢(ケガレ)	53, 202
게닌 / 下人	201, 246
게시 / 下司	149, 222
게이센 / 經遷	152
게이오 2년 우치코와시 / 慶應2年打ちこわし	323, 325
게이코 천황 / 景行天皇	37
게이타이 천황 / 繼體天皇	38, 57
게히 신사 / 氣比神社	107
겐무 신정 / 建武新政	162, 163
겐쇼 천황 / 元正天皇	79
겐신 / 源信	117
겐엔 / 源延	153, 154
겟슈 / 結衆	207
격차 / 格差	31, 80, 200, 293
견당사 / 遣唐使	23, 26, 69, 92, 110, 111, 117
견성 / 見性	310
견수사 / 遣隋使	55, 56, 58
경관 복원 / 景觀復元	151
경오년적 / 庚午年籍	25, 52, 67
경직 / 京職	95
계급투쟁 / 階級鬪爭(史觀)	120, 135, 136, 155, 430
계몽사상 / 啓蒙思想	354, 408, 409
계율 부흥 / 戒律復興	165
계장 / 計帳	59
고가 구보 / 古河公方	195, 196
고가 세이리 / 古賀精里	276
고가시라 / 小頭	305, 306
고곤 상황 / 光嚴上皇	161
고교 3원칙 / 高校三原則	504
고교 전입 운동 / 高校全入運動	505
고구려 / 高句麗	21, 42-46, 55, 57, 62, 63
고금와카집 / 古今和歌集	23, 110
고기록 / 古記錄	65, 156, 212, 217
고노에 모토히로 / 近衛基熙	254
고노에 아쓰마로 / 近衛篤麿	401
고노에 후미마로 / 近衛文麿	455, 471
고닌 천황 / 光仁天皇	89, 91, 93
고다이고 천황 / 後醍醐天皇	161, 163, 170, 172
고대 가족 / 古代家族	80, 89
고도경제성장 / 高度經濟成長	212, 314, 337, 339, 340, 342, 343, 375, 387, 404, 445, 479, 498-500, 502, 504-506, 512, 513, 525, 526, 529
고등여학교 / 高等女學校	409, 504
고레무네노 다다스케 / 惟宗允亮	102
고류 신도 / 御流神道	211
고리 / 評	50, 52, 60, 83
고리야마번 / 郡山藩	267
고리키 / 強力	312
고모노나리 / 小物成	290
고모토 다이사쿠 / 河本大作	453
고묘 황후 / 光明皇后	89, 90
고바야시 깃센 / 小林橘川	436, 437
고바야시 이치조 / 小林一三	385
고벤 / 高辨	165
고분시대 / 古墳時代	20, 32-34, 36, 38-40, 61, 68, 69

고사가 상황 / 後嵯峨上皇 162
고산조 천황 / 後三條天皇 114, 115, 146
고산쿄 / 御三卿 281, 282
고세이바이시키모쿠 /『御成敗式目』.. 215, 216
고소 / 嗷訴 182
고슈류 / 甲州流 299
고시라카와 상황 / 後白河上皇 118, 155
고시로 / 子代 39, 51, 59
고시로 이궁 / 子代離宮 61
고시로노 미야케 / 子代屯倉 61
고시엔 야구 / 甲子園野球 384
고시카타나 / 腰刀 302
고야무라 / 高野村 319
고야산 입정 설화 / 高野山入定說話 144
고어습유 / 古語拾遺 57
고엔유 천황 / 後圓融天皇 171
고요다노미 / 御用賴 270, 271
고의진언종 / 古義眞言宗 258
고카메야마 천황 / 後龜山天皇 170
고케닌 / 御家人 121,
  137, 157, 159, 160, 177, 270, 284, 285
고케닌 제도 / 御家人制 157
고케이 / 皇慶 90, 153, 154
고켄 / 孝謙天皇 26, 71, 73, 89–91
고코 천황 / 光孝天皇 101, 102
고코마쓰 천황 / 後小松天皇 170, 189
고쿠진 / 國人 172, 174, 176
고쿠진 잇키 / 國人一揆 172
고쿠진영주 / 國人領主 197
고타카쿠라원 / 後高倉院 161
고토 신페이 / 後藤新平 101, 469
고토바 상황 / 後鳥羽上皇 157, 159
고토쿠 천황 / 孝德天皇 59–61
고하나조노 천황 / 後花園天皇 189
고후 / 甲府 250
고후쿠지 / 興福寺 77, 113
공가 / 公家 22, 126, 137, 140, 148,
  155, 161, 163, 168, 187, 189, 190, 193,
  200, 211, 225, 254–256, 258, 332, 334
공경 / 公卿 104,
  106, 121, 148, 162, 181, 190, 366
공공권 / 公共圈 376
공덕 / 功德 53, 310
공명당 / 公明黨 488
공문서 관리법 / 公文書管理法 520
공산주의 / 共産主義 314,
  383, 477, 481, 507, 511, 528
공손강 / 公孫康 35
공식령 / 公式令 63, 365

공역 사다메 / 公役定 115
공의 / 公儀(國家) 223,
  240, 242, 243, 248, 400
공의여론 /「公議(輿論)」........... 352, 400
공전관물율법 / 公田官物率法 104, 105
공창제도 / 公娼制度 405–407
공해대책기본법 / 公害對策基本法 526
과료 / 過料 264
과소 / 過疎 500
과역 / 課役 78, 245
과차 / 過差 201
과학 / 科學 261, 262
과학기술청 / 科學技術廳 493
관각효의록 /『官刻孝義錄』.............. 318
관동관령 / 關東管領 194, 195
관동군 / 關東軍 433, 452, 453, 465
관동류 / 關東流 299–301
관동주 / 關東州 393
관령 / 管領 171, 185, 192
관료제 / 官僚制(官僚機構) 73,
  85, 87, 116, 338, 365, 457, 519
관물 / 官物 104, 105, 150
관백 / 關白 240, 254, 255
관부 / 官符 74, 115
관사 / 官社 448
관사청부 / 官司請負 225
관심 / 觀心 116
관위 12계 / 冠位十二階 58
관위상당제 / 官位相當制 83
관음 33개소 영장 / 觀音三十三所靈場 153
관정 / 灌頂 93
관할국 / 管轄國 194
관혼상제 / 冠婚喪祭 275
광개토대왕릉비 / 廣開土王碑 42, 44
광복 / 光復 411
교겐 / 狂言 216
교도소 교화 / 監獄敎誨 421
교도직 / 敎導職 448
교역도시 / 交易都市 204
교육 경험 / 敎育經驗 389
교육령 / 敎育令 387
교육칙어 / 敎育勅語 364, 388, 447, 448
교쿠테이 바킨 / 曲亭馬琴 318
교키 / 行基 25, 77–79, 210
교토다이묘히케시 / 京都大名火消 267
교토다이칸 / 京都代官 256
교토대번역 / 京都大番役 137
교토마치부교 / 京都町奉行 256, 264
교토쇼시다이 / 京都所司代 256

교토수호직 / 京都守護職 353
교토신성 / 京都新城 223
교토어성 / 京都御城 223
교토쿠의 난 / 享德の亂 195, 196
교토후치슈 / 京都扶持衆 195
교통관계 / 交通關係 62
교호 기근 / 享保の飢饉 291
구 막신 / 舊幕臣 367
구가 가쓰난 / 陸羯南 400, 401
구고닌 / 供御人 180, 181
구나국 / 狗奴國 37
구니노미야쓰코제 / 國造制 .. 24, 40, 47-50, 52
구니슈 / 國衆 196, 197, 221
구니와케 / 國分 243, 244
구니후레가시라 / 國觸頭 258
구도 헤이스케 / 工藤平助 318
구두계약 / 口頭契約 288, 289
구라야시키 / 藏屋敷 279, 281, 282, 307
구로도도코로 / 藏人所 114
구로사와 도키 / 黑澤とき 319
구마소 / 熊襲 37
구마자와 반잔 / 熊澤蕃山 276
구메 구니타케 / 久米邦武 129, 428
구미가시라 / 組頭 294, 306
구보-관령체제 / 公方—管領體制 195
구빈사업 / 救貧事業 377
구사도센겐 / 草戸千軒 203
구사마 나오카타 / 草間直方 273
구사종 / 俱舍宗 92, 116
구사카베 왕 / 草壁王(王子, 皇子) 66, 73
구선안 / 口宣案 254
구스코의 변 / 藥子の變 93
구어문 / 口語文 216
구의 관계 / 舊誼の關係 282, 368
구제 / 御救 53
구조 미치이에 / 九條道家 162
구조 히사타다 / 九條尚忠 333
구조개혁파 / 構造改革派 487
구즈하나카노시바 유적 / 楠葉中之芝遺跡 .. 222
구지카타오사다메가키 / 公事方御定書 263
구카이 / 空海 26,
         91-94, 108, 116, 144, 145, 210, 211
구칸쇼 / 『愚管抄』 124
구호법 / 救護法 381, 383
구휼규칙 / 恤救規則 382, 383
국 부교 / 國奉行 159
국 지토 / 國地頭 158-160
국가신도 / 「國家神道」 447-449
국가의 종사 / 國家の宗祀 448

국가총동원 / 國家總動員 460, 495
국기 / 國忌 91
국내명사 / 國內名士 106
국도 / 國圖 150
국립공문서관 / 國立公文書館 343, 521
국립국회도서관 헌정자료실 /
    國立國會圖書館憲政資料室
    519
국무 / 國務 104, 141, 159
국무에 관한 사안들 / 國務條々事 105
국민 소득 배증 계획 / 國民所得倍增計畫.. 505
국민건강보험법 / 國民健康保險法 442
국민교화 / 國民敎化 448
국민국가 / 國民國家 ... 130, 133, 136, 240, 338,
         339, 343, 352, 355, 358, 361, 375, 376,
         386, 387, 399-401, 409, 419, 443, 517
국민국가론 / 國民國家論
    .... 337, 343, 344, 364, 430
국민신문 / 『國民新聞』 355, 397
국민적 종교 / 國民的宗敎 308
국민정부 / 國民政府 ... 411, 451, 454, 465-467
국민학교 / 國民學校 389, 504
국민협회 / 國民協會 370
국부 / 國府 97, 203
국사 / 國司 23, 75, 83, 93, 94, 98
국사가정상소 / 國司苛政上訴 105
국사안 / 『國史眼』 129
국산정책 / 國産政策 291, 292
국소 / 國訴 282, 298
국수주의 / 國粹主義 400, 401, 434
국아 / 國衙 104, 105
국익 / 國益 327
국적 / 國籍 395
국적이탈 / 國籍離脫 496
국제연맹 / 國際連盟 ... 394, 451, 465, 466, 471
국주회 / 國柱會 422
국청 / 國廳 121, 203
국체 / 國體 483
국체론 / 國體論 364, 365
국판 / 國判 95, 96
국풍문화 / 國風文化 110-112
군가 / 郡家 83
군령 / 郡領 85
군령부 / 軍令部 461, 474
군부대신현역무관제 / 軍部大臣現役武官制
    .... 459, 460
군사 / 郡司 23, 24
군사귀족 / 軍事貴族 121, 157
군사도시론 / 軍都論 376

군사시련 / 郡司試練	84
군사해 / 郡司解	96
군역 / 軍役	49, 267
군인칙유 / 軍人勅諭	462
군잡임 / 郡雜任	85, 105
군제 / 軍制	83, 105, 121
군중의정 / 郡中議定	324, 325
군집고분 / 群集墳	40
군충장 / 軍忠狀	218, 220
군판 / 郡判	95-97
군평논쟁 / 郡評論爭	59
군항도시론 / 軍港都市論	376
궁내대신 / 宮內大臣	364, 453
궁내성 / 宮內省	88, 355, 365
궁내청 서릉부 / 宮內廳書陵部	74, 364
궁시 / 弓矢	219, 222
권계 / 券契	149
권농 / 勸農	105
권력과 권위	141
권문재판 / 權門裁判	162
권문체제 / 權門體制(論)	22, 28, 137-139, 148, 201
권진 / 勸進	118, 154, 305
권진승 / 勸進僧	152
권청 / 勸請	109, 208
귀족원 / 貴族院	366, 369, 370, 433, 456
귀종 / 貴種	200, 201, 240
규슈탄다이 / 九州探題	175
그리스도교 / キリスト敎	143-145, 216, 357
극동위원회 / 極東委員會	480
근대 천황제 / 近代天皇制	342, 453, 454, 485
근대가족 / 「近代家族」	408-410, 425, 439
근대일본연구회의 / 近代日本研究會議	529
근대화론 / 近代化論	261, 314, 337, 342, 414-416, 528-530
근면혁명 / 勤勉革命	403, 404
근세불교 타락론 / 近世佛敎墮落論	257
근세의 여성사 연구	317
근세의 여행	311
근왕 / 勤王	327
금강지 / 金剛智	116
금광교 / 金光敎	420
금록공채증서 / 金禄公債證書	367
금리수위총독 / 禁裏守衛總督	353
금문의 변 / 禁門の變	324
금석문 / 金石文	46, 50, 52, 59, 62, 154, 214, 314
금석물어집 / 今昔物語集	104
금제 / 禁制	220, 244, 251
금중병공가중제법도 / 禁中竝公家中諸法度	255
기기 비판 / 記紀批判	50
기나이 근국 / 畿內近國	158-160, 192, 207, 224, 321
기나이 정권론 / 畿內政權論	84
기노 도모노리 / 紀友則	110
기노 쓰라유키 / 紀貫之	110
기노시타 준안 / 木下順庵	275
기능론 / 機能論	213
기도 다카요시 / 木戸孝允	340
기록소 / 記錄所	162
기류 유유 / 桐生悠々	436, 437
기리시탄 / キリシタン	216, 244, 251-253, 260, 261, 275, 322
기리시탄 자료 / キリシタン資料	216
기마무사 / 騎馬武者	218, 219
기생지주제 / 寄生地主(制)	341, 418, 445
기슈류 / 紀州流	299-301
기시 노부스케 / 岸信介	456, 490, 514
기시와다번 / 岸和田藩	289
기업사회 / 企業社會	499, 500
기와지붕 건물 / 瓦葺建物	223
기요메 / 淸目	201
기요미즈자카 / 淸水坂	202
기요미하라령 / 淨御原令	23, 25
기전도 / 紀傳道	101, 102
기진지계 장원 / 寄進地系莊園	149
기코 / 基好	153, 154
기코지 / 喜光寺	79
기키반 / 聞番	269
기타 사다키치 / 喜田貞吉	125, 128, 129, 134, 136
기후변동 / 氣候變動	229
긴메이 천황 / 欽明天皇	57

【ㄴ】

나가야 왕	87
나가야 왕가 목간 / 長屋王家木簡	86, 87
나가오카경 / 長岡宮(京)	26, 93
나가타 데쓰잔 / 永田鐵山	460
나노쓰노 미야케 / 那津宮家	40
나누시 / 名主	245, 249, 250, 285, 294
나니와노 나가라노 도요사키궁 / 難波長柄豊碕宮	60, 61
나니와노 다카쓰궁 / 難波高津宮	39
나니와노 미야케 / 難波屯倉	61
나니와노 호리에 / 難波堀江	75
나시로 / 名代	25, 39, 51, 57

나오시모노 / 直物 207
나와바리 / 繩張り 221
나이토 고난 / 內藤湖南 128, 132, 186
나카노오에 황자 / 中大兄皇子 61
나카소네 야스히로 / 中曾根康弘 493
나카토미노 가마타리 / 中臣鎌足 66
낙중낙외도 / 『洛中洛外圖』 222
난주무라 / 難澁村 292
남계 / 男系 71, 89, 225
남녀고용기회균등법 / 男女雇用機會均等法
 502
남도 / 南島 449
남도 6종 / 南都六宗 116, 168
남만계 우주론서 / 南蠻系宇宙論書 261
남만운기론 / 『南蠻運氣論』 261
남만인 / 南蠻人 169
남북조 내란 / 南北朝內亂 173, 177, 189
남송 / 南宋 118, 168, 275
남양군도 / 南洋群島 394, 395
남자보통선거제 433
남제서 / 『南齊書』 45
남카라후토 / 南樺太 390, 391
납소 / 納所 150
내각관제 / 內閣官制 365
내대신 / 內大臣 ... 255, 364, 365, 433, 453-455
내무성 / 內務省 355, 381, 396, 448, 457
내무성 신사국 / 內務省神社局 448
내선일체 / 內鮮一體 415
내셔널리즘 / ナショナリズム ... 352, 357, 358, 374, 382, 385, 392, 399-401, 415, 451
냉전 / 冷戰 28
네 개의 창구 / 四つの口 251-253, 348
네덜란드 / オランダ 251, 329, 330, 348, 413, 472, 475
네덜란드 상관 / オランダ商館 ... 252, 253, 329
네이션 / ネイション 392
노나카 겐잔 / 野中兼山 276
노동절 / メーデー 512
노동조합 / 勞働組合 429, 430, 480, 488
노랫소리 운동 / うたごえ運動 511, 512
노비평야 / 濃尾平野 37
노히닌 / 野非人 306
농경문화복합론 / 農耕文化複合論 32
농병 / 農兵 331
농지개혁 / 農地改革 404, 445, 446, 499
누카타베노 오미 / 各田ア臣(額田部臣) 51
뉴딜러 / ニューディーラー 481
니니기노미코토 / ニニギノミコト 109
니시 아마네 / 西周 354

니시다 나오지로 / 西田直二郎
 .... 127, 128, 130, 133, 137
니시오 스에히로 / 西尾末廣 487
니조성 / 二條城 223
니치렌 / 日蓮 164, 184, 310, 422
니치렌주의 / 日蓮主義 422
니치오산 / 日應山 154
니혼자시 / 二本差し 302, 303
닌나지 / 仁和寺 114
닌묘 천황 / 仁明天皇 26, 102
닌베쓰초 / 人別帳 245, 246, 275, 285
닌소쿠요세바 / 人足寄場 286
닌쇼 / 忍性 165

【ㄷ】

다나가리 / 店借 284, 286
다나카 기이치 / 田中義一 452
다나카 쇼조 / 田中正造 525
다노미마와리 / 賴廻 306, 307
다니류 / 谷流 154
다다노 마쿠즈 / 只野眞葛 318
다도 신사 / 多度神社 107
다도코로 / 田莊 59
다마가와 상수 / 玉川上水 285
다문화론 / 多文化論 32
다베 / 田部 57
다원적 보필제 / 多元的輔弼制 364
다이고지 / 醍醐寺 118, 183
다이라노 기요모리 / 平淸盛 155, 156
다이라노 도키타다 / 平時忠 156
다이라노 마사카도 / 平將門 .. 98-100, 108, 119
다이라노 사다모리 / 平貞盛 100
다이리 오반야쿠 / 內裏大番役 121
다이센 / 大山 154
다이센지 / 大山寺 153
다이쇼 데모크라시 / 大正デモクラシー
 .... 342, 433, 435, 437, 485
다이쇼 신교육 / 大正新教育 389
다이안지 / 大安寺 75, 77
다이카 개신 / 大化改新
 .... 25, 26, 50, 59-61, 68, 69
다이카쿠지통 / 大覺寺統 140, 161
다이켄몬인 / 待賢門院 113
다이호 율령 / 大寶律令 20, 23, 25, 26, 69
다이호령 / 大寶令 .. 25, 60, 63, 73, 77, 83
다자이후 / 大宰府 98, 100, 153
다지마 미치지 / 田島道治 484
다치바나노 나라마로 / 橘奈良麻呂 89
다치바나노 모로에 / 橘諸兄 90

다치바나노 히로미 / 橘廣相 102
다치우치 / 太刀打ち 218
다카노 이와사부로 / 高野岩三郎 429
다카노 후사타로 / 高野房太郎 429
다카노노 니가사 / 高野新笠 90
다카다번 / 高田藩 291
다카무코노 겐리 / 高向玄理 55
다카미쿠라 / 高御座 101
다카쓰카사 마사미치 / 鷹司政通 333, 334
다카오산지 / 高雄山寺(神護寺) 92
다카히라 고고로 / 高平小五郎 373
다카히라-루트 협정 / 高平・ルート協定 ... 373
다케시우치노 스쿠네 / 建内宿禰 56
다케치 황자 / 高市皇子 87, 88
다케코시 요사부로 / 竹越與三郎 355
다케타니 미쓰오 / 武谷三男 493
다토 / 田堵 150
단나 / 檀那 312
단나문적상승자 / 『檀那門跡相承資』..... 154
단린 / 檀林(談林) 258
담의소 / 談義所 154, 183
답가절회 / 踏歌節會 190
닷지 라인 / ドッジ=ライン 430
당나라 / 唐 24,
          55, 66, 69, 70, 74, 78, 117, 384
당대화상동정전 / 『唐大和上東征傳』...... 92
당률소의 / 『唐律疏議』.................. 70
당물 / 唐物 111, 172
당송변혁 / 唐宋變革 116, 117, 125, 127
당풍문화 / 唐風文化 110
대공황 / 世界大恐慌 481
대극전 / 大極殿 60, 91
대도 / 帶刀 302–304
대도인 / 帶刀人 303, 304
대동아건설심의회 / 大東亞建設審議會 472
대동아공영권 / 大東亞共榮圈 ... 471, 472, 474
대동아회의 / 大東亞會議 472
대만 정복 전쟁 / 臺灣征服戰爭 400
대만인 / 臺灣人 390, 392, 401, 412, 496
대반야경 / 大般若經 107, 208
대방군 / 帶方郡 21, 35
대본 / 大本 420
대본영 / 大本營 400, 474
대부금곡 / 貸付金穀 274
대승불교 / 大乘佛敎 116
대승정 / 大僧正 77
대역사건 / 大逆事件 507
대외경파 / 對外硬派 358, 359, 370
대일본국법화경험기 / 『大日本國法華經驗記』
.... 152
대일본사료 / 『大日本史料』.......... 128, 129
대일본제국 헌법 / 大日本帝國憲法
.... 483, 485, 519
대일본편년사 / 『大日本編年史』...... 128, 340
대전납 / 代錢納 179, 180
대정봉환 / 大政奉還 126, 231, 323
대정위임론 / 大政委任論 327
대중교육사회 / 大衆敎育社會 388
대중사회 논쟁 / 大衆社會論爭 424
대중소비사회 / 大衆消費社會
.... 406, 438–440, 500
대중천황제 / 大衆天皇制 484
대한민국 / 韓國(大韓民國) 414
대한제국 / 韓國帝國 414
덕정 / 德政 161, 162
데라노 후히토 오토마루 / 寺史乙丸 79
데라사키 히데나리 / 寺崎英成 484
데라우케 제도 / 寺請制度 275, 276
데라코야 / 寺子屋 319
데우스 / デウス 260
덴교의 난 / 天慶の亂 98, 99, 108
덴류지선 / 天龍寺船 172
덴메이 기근 / 天明飢饉 291, 292
덴메이의 우치코와시 / 天明の打ちこわし.. 286
덴무 천황 / 天武天皇 58, 60, 66, 87, 88
덴슈 / 天主 223
덴지 천황 / 天智天皇 25, 66
덴포 기근 / 天保飢饉 286, 291, 306, 321
도겐 / 道元 164
도교 / 道敎 117, 145
도네 / 刀禰 96, 105, 106
도네리 / 舍人 51, 66
도노미네 / 多武峰 154
도다이지 / 東大寺 22,
          75, 77, 93, 117, 118, 154, 384
도리쓰기 / 取次 174
도마리 / 泊 204
도모노미야쓰코 / 伴造 ... 24, 48, 49, 51, 52, 57
도성 / 都城 69, 78, 87, 203
도쇼 / 道昭 78
도승격 / 道僧格 78
도시 공간 / 都市空間 375
도시영주 / 都市領主 149, 177, 181
도시적인 장 / 「都市的な場」......... 204, 213
도시화 / 都市化 ... 307, 339, 409, 441, 457, 468
도야쿠 / 頭役 207
도요 / 臺與 35, 37
도요쿠니 법사 / 豊國法師 53

도요토미 평화령 / 豊臣平和令 240, 241
도요토미 히데요리 / 豊臣秀頼 243
도요토미 히데요시 / 豊臣秀吉 ... 195, 211, 223,
    239, 240, 243, 246, 255, 299, 300, 302
도이야 / 問屋 204, 307
도자마다이묘 / 外樣大名 242, 273
도적방 / 盜賊方 306
도조 히데키 / 東條英機 455, 461, 472
도지 / 東寺 93, 94, 152, 153
도쿄 재판 / 東京裁判 484
도쿄 천도 / 東京奠都 376
도쿠가와 나리아키 / 德川齊昭 ... 319, 321, 349
도쿠가와 요시무네 / 德川吉宗 263
도쿠가와 이에나리 / 德川家齊 332
도쿠가와 이에미쓰 / 德川家光 251
도쿠가와 이에야스 / 德川家康
    .... 211, 223, 239, 243, 255, 274, 320
도쿠시마번 / 德島藩 270
도쿠토미 소호 / 德富蘇峰 355
독·이·일 3국 군사동맹 / 日獨伊三國軍事同盟
    466
돌봄 / 介護 234, 317-319
동국 / 東國 21, 25, 48, 66,
    67, 98-100, 108, 120, 124, 153, 157-160
동방협회 / 東邦協會 401
동부 유라시아론 / 東部ユーラシア論 63
동성애 / 同性愛 407, 503
동아동문회 / 東亞同文會 401
동이의 소제국 / 東夷の少帝國 63
동일본 대지진 / 東日本大震災
    .... 468, 470, 492, 494
동학 / 東學 357
둔세 / 遁世 152
들깨 / 荏胡麻 180
들은 내용을 적은 글 / 聞書 216
등유 / 燈油 181

【ㄹ】
램프 망국론 / 「ランプ亡國論」........... 356
러시아 / ロシア(露) 252, 329, 330,
    348, 352, 358, 372, 373, 390, 392, 393
러시아 혁명 / ロシア革命 339, 434, 507
러일전쟁 / 日露戰爭 339, 355,
    372-374, 380, 391, 393, 397, 409, 435,
    439, 442, 448, 453, 463, 464, 474, 507
러일추가조약 / 日露追加條約 349
러일협약 / 日露協約 372
레드 퍼지 / レッド・パージ 430
레이겐 천황 / 靈元天皇 255

렌가회 / 連歌會 197, 198
렌뇨 / 蓮如 223
로주 / 老中 254
로쿠쇼 / 錄所 258
로쿠하라 / 六波羅 121, 158-160
롯카쿠씨 / 六角氏 181
료가와초 / 兩側町 249, 285
료겐 / 良源 117
루스이 / 留守居 269-271
류큐 / 琉球 34, 63, 64, 169, 251, 253, 276
류큐 처분 / 琉球處分 351, 390-392
류타오후 사건 / 柳條湖事件 452, 465, 466
류후쿠지 / 隆福寺 79
리큐하치만구 / 離宮八幡宮 180

【ㅁ】
마가렛 생어 / サンガー, マーガレット ... 502
마나본 / 眞名本 217
마루야마 마사오 / 丸山眞男
    .... 342, 400, 424, 477, 508, 529
마르크스주의 / マルクス主義 119, 135,
    233, 337, 341, 343, 363, 420, 423-425,
    430, 437, 438, 454, 456, 478, 487, 511
마르크스주의 역사학 / マルクス主義歷史學
    68,
    123, 130, 132, 134-137, 139, 314, 336-338
마쓰다이라 사다노부 / 松平定信
    .... 292, 306, 327
마쓰다이라 사다아키 / 松平定敬 353
마쓰마에번 / 松前藩 252, 390
마쓰모토번 / 松本藩 274, 291
마쓰시로번 / 松代藩 273, 291, 292
마쓰시타 게이이치 / 松下圭一 424, 484
마쓰에번 / 松江藩 273, 274
마쓰오카 요스케 / 松岡洋右 471
마쓰우라 세이잔 / 松浦靜山 268
마치부교쇼 / 町奉行所 249,
    265, 285, 305-307, 321, 322
마치부교쇼 요리키 / 町奉行所與力 270
마치부레 / 町觸 285
마치야시키 / 町屋敷 249, 284-286
마치카이쇼 / 町會所 286
마키노 노부아키 / 牧野伸顯 454
마키무쿠 유적 / 纏向遺跡 20, 36, 37
마한 / 馬韓 21, 44
막번 권력 / 幕藩權力 301, 417
막번 영주의 정치 문제 / 幕藩領主の政治問題
    321
막번제 / 幕藩制(體制) 123, 240, 257, 291

막부 정화 / 幕府正貨 282
막부법 / 幕府法 288, 289
만기친재 /「萬機親裁」システム 364
만도코로저택 / 政所屋敷 222
만세일계 / 萬世一系 364, 365, 376, 516
만주국 / 滿洲國 394, 395, 465, 472
만주사변 / 滿洲事變 433,
　　　435, 452-454, 460, 461, 465-467, 529
만철 / 南滿洲鐵道株式會社(滿鐵) ... 393, 471
만철부속지 / 滿鐵附屬地 393
말갈 / 靺鞨 64
말라리아 / マラリア 463
말법사상 / 末法思想 164
말사장 / 末寺帳 257
말의 문화사 / ことばの文化史 214
맛타 군지 / 茨田郡士 322
매권 / 賣券 95-97
메가타 다네타로 / 目賀田種太郎 373
메쓰케 / 目付 270, 306
메이로쿠 잡지 /『明六雜誌』......... 354, 396
메이로쿠샤 / 明六社 354, 396, 426
메이오의 정변 / 明應の政變 191-193
메이저 푸드 / メジャー・フード 30
메이지 14년 정변 / 明治十四年の政變 397
메이지 문화 연구 / 明治文化硏究 341, 356
메이지 민법 / 明治民法 409, 410, 419, 482
메이지 유신 / 明治維新 353
메이지 천황 / 明治天皇 388, 462
메이지 헌법 체제 / 明治憲法體制
.... 341, 342, 363, 474
면전 / 免田 23, 149, 150, 206, 207
면전·요류형 장원 / 免田·寄人型莊園 .. 150
면제영전제 / 免除領田制 104, 105
명경도 / 明經道 101, 102
명군 / 明君 326
명률 / 明律 263, 264
명법도 / 明法道 101, 102
모노노베노 아라카히 / 物部麁鹿火 47
모노노베노 오코시 / 物部尾輿 55
모더니즘 / モダニズム 510
모리 아리노리 / 森有禮 354
모리구치초 / 守口町 322
모리슨 호 / モリソン號 330
모인 / 毛人 62, 63
모즈 고분군 / 百舌鳥古墳群 39
모체보호법 / 母體保護法 426
모치히토왕 / 以仁王 155, 156
모토다 나가자네 / 元田永孚 388
모토오리 노리나가 / 本居宣長 399

목라근자 / 木羅斤資 42
목민 / 牧民 326
몬제키 / 門跡 258
몬토쿠 천황 / 文德天皇 86, 93
몽고습래 / モンゴル襲來 159, 160, 167
무가관위 / 武家官位 254
무가기도 / 武家祈禱 182, 183
무가의 동량 / 武家の棟梁 157
무가전주 / 武家傳奏 256, 333, 334
무가제법도 / 武家諸法度 244
무가지 / 武家地 248, 284
무고 / 無高 288
무논 벼농사 / 水田(稻作) 32-34, 57, 227
무라역인 / 村役人 245,
　　　　247, 291, 293-295, 318, 324, 325
무라우케 / 村請(制) 247, 295, 324
무라카미 천황 / 村上天皇 27, 111
무라카타 소동 / 村方騷動 293, 294
무로마치 막부-슈고 체제
　/ 室町幕府―守護體制 173-175
무로마치기 장원제론 / 室町期莊園制論
.... 174, 177
무로마치도노 / 室町殿 161,
　　　163, 174, 182-184, 186, 189, 222
무로마치도노 어분국 / 室町殿御分國 174
무사단 / 武士團 121, 124
무산정당 / 無産政黨 430, 433, 434, 437
무신 / 無心 324, 325
무쓰 무네미쓰 / 陸奧宗光 358, 452
무위 / 武威 232, 252, 259
무측천 / 武則天 69
문공가례 /『文公家禮』.................. 276
문관임용령 / 文官任用令 456
문련 / 日本民主主義文化連盟(文連) 512
문명개화 / 文明開化 354-356
문무이도 / 文武二道 198, 199
문서계약 / 文書契約 288
문어문 / 文語文 215, 216
문장박사 / 文章博士 101
문체 / 文體 216
문헌사료 / 文獻史料 64,
　　　86, 88, 91, 203, 212-214, 234, 235
문화사 / 文化史... 112, 127-131, 134, 136, 137,
　　　174, 214, 227, 229, 236, 237, 386, 492
문화자본 / 文化資本 316
미개 / 未開 84
미나모토노 도루 / 源融 102
미나모토노 사네토모 / 源實朝 153
미나모토노 사다미 / 源定省 101

미나모토노 요리마사 / 源賴政 156
미나모토노 요리요시 / 源賴義 157
미나모토노 요리토모 / 源賴朝
.... 120, 124-126, 155-158, 170
미나모토노 요시나카 / 源義仲 156
미나토 / 湊 204
미노국 가모군 하뉴리 / 御野國加毛郡半布里
.... 80
미노베 다쓰키치 / 美濃部達吉 435, 459
미노베 요지 / 美濃部洋次 456
미디어 / メディア 200,
    235, 345, 361, 384, 386, 396-400,
    421, 422, 431, 469, 502, 503, 526
미부노 다다미네 / 壬生忠岑 110
미신 / 迷信 421
미야자 / 宮座 77, 207, 322, 380, 486
미야케 / 屯倉(制) 40, 47, 48, 50, 52, 57, 58
미야케 세쓰레이 / 三宅雪嶺 400
미야케 세키안 / 三宅石庵 276
미야타케 가이코쓰 / 宮武外骨 341
미와류 신도 / 三輪流神道 211
미와산 / 三輪山 36, 210
미요시 나가요시 / 三好長慶 192, 240
미우라 히로유키 / 三浦周行
    .... 125, 128, 132-134, 136-138
미일수호통상조약 / 日米修好通商條約 333
미일안보조약 / 日米安保條約(舊條約, 新條約)
    .... 487, 490, 491, 508, 513-515, 517
미일지위협정 / 日米地位協定 514
미일행정협정 / 日米行政協定 513, 514
미일화친조약 / 日米和親條約 331, 348
미즈노 다다쿠니 / 水野忠邦 321
미즈노 쇼다유 / 水野正大夫 322
미치붐 / ミッチーブーム 484
미쿠다리한 / 三下り半 317
미토학 / 水戶學 129, 136, 275, 364
민간헌법 / 私擬憲法 361
민력 / 民力 323, 327, 355
민력함양운동 / 民力涵養運動 355
민력휴양 / 民力休養 369, 379
민리 / 民利 327
민본주의 / 民本主義 432, 435-437
민선의원 설립 건백서 / 民撰議院設立建白書
.... 360
민속종교 / 民俗宗敎 308
민속학 / 民俗學 129-133, 135,
    136, 204, 213, 299, 308, 410, 422, 523
민족집단 / 民族集團 392
민주사회당 / 民主社會黨(民社黨) 487

민주주의 / 民主主義 140, 236,
    344, 375, 414, 415, 430, 432, 434-437,
    447, 497, 503, 511, 512, 516, 520, 528
민주화의 한계 434
민중사 / 民衆史 305, 314, 337, 342,
    343, 355, 382, 431, 439, 443, 523, 530
민중종교 / 民衆宗敎 420, 421
밀교 / 密敎 91, 93
밀약 / 密約 491

【ㅂ】
바사라 / バサラ 172
박문관 / 博文館 397
박장령 / 薄葬令 61
반제 / 半濟 219, 294
반제령 / 半濟令 171
발해 / 渤海 63
방공협정 강화 / 防共協定强化 475
방령 / 坊令 95
방면위원제도 / 方面委員制度 377, 383
방언 / 方言 217
방형관 / 方形館 221, 222
배상 / 賠償 358, 517, 518
배세청 / 裴世淸 55
배알기 / 『拜謁記』 484
배우자 공제 / 配偶者控除 502
배찰 / 配札 312
백마절회 / 白馬節會 190
백성성립 / 百姓成立 232, 290-292
백제 / 百濟 21, 42-45, 54, 55
백제부흥전쟁 / 百濟復興戰爭 67
백촌강 전투 / 白村江の戰い 63
백홍사건 / 白虹事件 397
번 재정 / 藩財政 268,
    271-274, 280, 291, 292, 297, 321, 326
번국 / 蕃國 63
번법 / 藩法 288
번지사 / 知藩事 366
번찰 / 藩札 274, 282, 283
범하 / 凡下 201
법도 / 法度 236, 243, 244, 255
법상종 / 法相宗 92, 116, 258
법악 / 法樂 197
법역 / 法域 391
법화경 / 『法華經』 .. 92, 107, 144, 164, 208, 310
법화종 / 法華宗(日蓮宗) 184, 223
베네데토 크로체 / クローチェ, ベネディット
.... 347
베민제 / 部民制 24, 25, 48-52

543

베트남 / ベトナム 276, 374, 473, 509
베트남 전쟁 / ベトナム戦爭
　................ 342, 490, 491, 509, 518
베평련 / ベ平連................. 509
변체한문 / 變體漢文............ 215–217
변태성욕심리 / 『變態性欲心理』......... 407
변혁주체 / 變革主體.......... 233, 352, 430
별당사 / 別當寺................. 209
별소작계약 / 別小作契約............ 287
병농분리 / 兵農分離...... 240, 241, 248, 327
병농합일 / 兵農合一............... 327
병사계 / 兵事係.................. 463
병역 / 兵役(法)........ 327, 437, 462, 463
병풍 / 屛風.................... 213
보병 / 步兵............... 219, 324, 325
보시 / 施行.................... 286
보신전쟁 / 戊辰戰爭............... 353
보자 / 保子.................... 95
보장 / 保長.................... 95
보통소작계약 / 普通小作契約....... 287–289
복기령 / 服忌令.................. 277
복지의 복합체 / 福祉の複合體........... 377
본관 / 本貫.................... 96
본말관계 / 本末關係... 165, 183, 206, 257, 258
본말장 / 本末帳............... 257, 258
본말체제론 / 本末體制論............. 257
본산 / 本山................ 257, 258
본소 / 本所............. 150, 162, 257
본소재판 / 本所裁判................ 162
본적 / 本迹.................... 108
본지수적 / 本地垂迹(說)........... 109, 209
본질환원론 / 本質還元論............. 84
봉공중 / 奉公衆.................. 171
부계 / 父系......... 52, 72, 73, 89, 224, 225
부관제 / 府官制................ 45, 51
부국강병 / 富國强兵............ 327, 369
부국안민 / 富國安民............... 327
부농 / 富農.................... 324
부락사 / 部落史.................. 135
부명 / 負名.................... 105
부여 / 扶餘.................... 46
부역령 / 賦役令................ 63, 70
부인공론 / 『婦人公論』.............. 409
부전조약 / (パリ)不戰條約...... 451, 465, 467
부중 / 府中.................... 204
부현제・군제 / 府縣制・郡制........... 378
부호층 / 富豪層................ 83, 98
북경 3회 / 北京三會............... 113
북벌 / 北伐.................... 451

북송 / 北宋............... 117, 118, 275
북한 / 朝鮮民主主義人民共和國(北朝鮮).. 497
북한 귀국 운동 / 北朝鮮歸國運動......... 497
분로쿠제 / 文禄堤(太閤堤)........... 300
분부 / 分付.................... 104
분지 칙허 / 文治勅許............... 156
분할상속 / 分割相續.......... 171, 225, 246
불경사건 /「不敬」事件.............. 388
불공 / 不空.................... 94
불서 / 佛書.................... 309
불수・불입권 / 不輸・不入權............ 150
불연속제방 / 不連續堤............ 299–301
불일협정 / 日佛協約.............. 373, 374
붕어초밥 / フナズシ.............. 227, 228
브라질 / ブラジル............ 393–395, 527
브레턴우즈 체제 / ブレトンウッズ體制... 499
비료 / 肥料......... 285, 287, 296, 297, 445
비밀만다라십주심론 /『祕密曼荼羅十住心論』
　............................ 94
비젠의 시모쓰이 / 備前下津井........... 180
비키니 사건 / ビキニ事件.............. 508
비토 지슈 / 尾藤二洲............... 276
비핵 3원칙 / 非核三原則.............. 515
빈고의 미쓰노쇼 / 備後三庄........... 180
빗추의 히라야마 / 備中平山........... 180

【ㅅ】
사가 천황 / 嵯峨天皇.............. 93, 211
사가번 / 佐賀藩.................. 273
사가의 난 / 佐賀の亂................ 367
사당 / 祠堂................ 276, 277
사도승 / 私度僧................ 78, 79
사람 냄새나는 활동 / 人間臭い活動....... 271
사리 신앙 / 舍利信仰............... 143
사무라이 / 侍......... 121, 147, 200, 201, 303
사범학교 / 師範學校................ 389
사사 참배 / 寺社參詣............... 311
사사본소일원령・무가령 체제
　/ 寺社本所一圓領・武家領體制...... 171, 176
사사장 / 寺社帳.................. 259
사사전주 / 寺社傳奏................ 258
사사지 / 寺社地............... 248, 284
사사지배 / 寺社支配............. 257, 259
사사키 소이치 / 佐々木惣一............. 459
사석집 /『沙石集』................. 210
사쓰마 / 薩摩(口)............. 252, 324
사쓰마번 / 薩摩藩.............. 292, 390
사영전 / 私營田.................. 83
사와노 주안 / 澤野忠庵............... 261

사원 연기 / 寺院緣起 154
사원령 장원 / 寺領莊園 150
사원법도 / 寺院法度 257, 258
사이온지 긴모치 / 西園寺公望 433, 453
사이온지 긴모치와 정국 /『西園寺公と政局』
  454
사이초 / 最澄 26, 91-94, 108
사이토 마코토 / 齋藤實 433, 434
사적 유물론 / 唯物史觀(史的唯物論) 119
사적인 편지 / 私的消息 216
사전협의제도 / 事前協議制度 514
사절 / 使節 42, 91, 159
사족반란 / 士族反亂 367
사족수산 / 士族授産 367
사족의 상법 /「士族の商法」............. 367
사창 / 社倉 292
사창2 / 私娼 406
사카모토 겐노스케 / 坂本鉉之助 322
사카야 / 酒屋 204
사타 가이세키 / 佐田介石 356
사토 에이사쿠 / 佐藤榮作 .. 458, 491, 514, 515
사회대중당 / 社會大衆黨 434
사회발전단계설 / 社會發展段階說 29
사회사 / 社會史 65, 106, 119,
    127-130, 134-137, 165, 200, 212-214, 234,
    235, 237, 314, 343, 356, 361, 417, 422,
    426, 430, 443, 447, 462, 463, 484, 525
사회정책 / 社會政策 94,
    375, 383, 394, 424, 436, 445
사회주의 / 社會主義 343,
    383, 420, 423-425, 429, 434-
    438, 469, 477, 487, 507, 508, 511
사회주의협회 / 社會主義協會 487
사회집단론 / 社會集團論 151, 257
산노신도 / 山王神道 210, 211
산동 출병 / 山東出兵 508
산보인 문적 / 三寶院門跡 183
산성 / 山城 67, 222, 223
산아조정 / 産兒調整 502
산업보국회 / 産業報國會 478
산업조합 / 産業組合 445
산업혁명 / 産業革命 336,
    342, 351, 370, 402-404, 445
산업화 / 工業化 408, 409, 468, 506
산조 사네쓰무 / 三條實萬 333, 334
산조 사네토미 / 三條實美 340, 353
산조도노 / 三條殿 171
삼각연신수경 / 三角緣神獸鏡 36
삼공 / 三公 254, 256

삼교 / 三敎 310
삼국간섭 / 三國干涉 358
삼국동맹 / 三國同盟 455
삼국사기 /『三國史記』............... 43, 57
삼도 / 三都 248, 249
삼론종 / 三論宗 92, 116
삼부교 / 三奉行 263-265
삼신법 / 三新法 378, 379
삼재시 / 三齋市 180
삼적 / 三蹟 110
삼종 / 三從 317
삿사 도모후사 / 佐々友房 370
삿초 동맹 / 薩長同盟 352
상경 / 上卿 115, 190
상궁 쇼토쿠 법왕제설 /『上宮聖德法王帝說』
  72
상무회 / 尙武會 463
상상의 공동체 / 想像の共同體 343, 399
상인 / 上人 164
상징천황제 / 象徵天皇制 363, 483-485
상트페테부르크 조약 / 樺太千島交換條約.. 391
샌프란시스코 강화조약 /
  サンフランシスコ講和(平和)條約
  .... 391, 480, 490, 496, 508, 517, 518
생사관 / 死生觀 145
생산관계 / 生産關係 84, 119, 430
생업론 / 生業論 151
생태지역사 / 生態地域史 228
생활개선 / 生活改善 409, 439
서국 웅번 / 西國雄藩 292
서생 / 書生 105
서양사정 /『西洋事情』................. 354
서찰례 / 書札禮 216
서체 / 書體 216
서클 운동 / サークル運動 512
석고 / 石高(制) 240,
    245, 247, 266, 270, 293, 367
석대 가격 / 石代値段 278
선거권 / 選擧權 ... 378, 383, 397, 432-434, 501
선교사 / 宣敎師 216, 260, 261, 529
선무외 / 善無畏 116
선심학 / 禪心學 309, 310
선율승 / 禪律僧 165, 168
선조 제사 / 祖先祭祀 225, 275-277
선종 / 禪宗 116, 118
선종·율종 사원 / 禪律寺院 168, 169
선주민족 / 先住民族 412, 413
섭관가 / 攝關家 117, 121, 140, 141,
    146, 147, 149, 162, 168, 200, 225, 255

찾아보기

섭관가령 / 攝關家領 150
섭관기와 원정기 113
섭정 / 攝政 27, 53, 71, 113
성관 / 城館 221, 223
성명서 / 姓名書 254
성실종 / 成實宗 92, 116
성인 유골 신앙 / 聖人遺骨信仰 143, 144
성주 / 城主 222
세가에 / 瀨替え 299
세속화 / 世俗化 420
세이난 전쟁 / 西南戰爭 351, 367
세이와 겐지 / 淸和源氏 157
세이와 천황 / 淸和天皇 157
세키 아키코 / 關鑑子 512
세키 하지메 / 關一 375
세키가하라 전투 / 關ヶ原合戰(の戰い)
.... 231, 243, 244
세타 사이노스케 / 瀨田濟之助 321
세토내해 항로 / 瀨戶內海航路 180
센신도 / 洗心洞 321
센신도 차기 / 『洗心洞箚記』 321
소가노 마치 / 蘇我滿智 57
소가노 우마코 / 蘇我馬子 53, 58, 71
소가노 이나메 / 蘇我稻目 53, 55
소가마에 / 惣構 223
소가족자영층 / 小家族自營層 324
소국민 / 少國民 389
소나갈질지 / 蘇那曷叱知 42
소농자립 / 小農(自立) 239, 246, 247
소라이학 / 徂徠學 275
소련-일본 중립 조약 / 日ソ中立條約 ... 471
소방조합 / 火消組合 250
소백성 / 小百姓 245, 246
소선거구 비례대표 병립제
/ 小選擧區比例代表竝立制 487, 488
소손 183, 207
소송 / 訴訟 64, 104, 150
소식선하 / 消息宣下 190
소우기 / 『小右記』 120
소전백성 / 小前百姓 293-295
소종 / 所從 201
소토산 / 走湯山 153, 154
소토시요리 / 惣年寄 249, 250
소학교 / 小學校 ... 319, 355, 383, 387, 388, 504
소학교령 / 小學校令 387
속별당 / 俗別當 115
속인주의 / 屬人主義 350
속조몬 문화 / 續繩文文化 32, 34
송서 / 『宋書』 42, 44, 45, 62

송전 / 宋錢 168
송판대장경 / 宋版大藏經 118
송학 / 宋學 172
쇄국 / 「鎖國」 110,
    240, 251-253, 327, 330, 331, 348-351, 441
쇼다 미치코 / 正田美智子 484
쇼렌인 / 靑蓮院 153
쇼무 천황 / 聖武天皇 77
쇼무사타 / 所務沙汰 171
쇼야 / 庄屋 245, 247
쇼와 천황 / 昭和天皇 453-455, 484, 489
쇼와 천황 독백록 / 『昭和天皇獨白錄』 484
쇼와 천황 실록 / 『昭和天皇實錄』 484
쇼지 기자에몬 / 庄司儀左衛門 321
쇼코쿠지 / 相國寺 183, 186
쇼쿠호 정권 / 織豊政權 192, 239, 241
쇼토쿠 태자 / 厩戶皇子(聖德太子)
.... 58, 69, 71, 72, 92, 108
쇼헤이 일통 / 正平一統 170, 171
수공업 / 手工業 39, 40, 52, 460
수나라 / 隋 55, 56, 58
수납소 / 收納所 104
수령공과 사다메 / 受領功過定 106
수령성공 / 受領成功 148
수상 선정 / 首相選定 433
수서 / 隋書 58
수정회 / 修正會 207
수학 / 修學 92, 143, 144, 258, 309
수험 / 修驗 184
숙역 / 宿驛 245, 311
순례 / 巡禮 143, 144
순행 / 巡幸 355
슈고 / 守護 156
슈고 권력 / 守護權力 173
슈고 재경제 / 守護在京制 180, 186
슈고쇼 / 守護所 204
슈쿠 / 宿 204, 247
순조 / 俊芿 168
스가와라노 미치자네 / 菅原道眞 .. 26, 103, 110
스가와라데라 / 菅原寺 79
스가우라 / 菅浦 246
스나가와 투쟁 / 砂川鬪爭 490
스바시리무라 / 須走村 312, 313
스에무라 / 陶邑 39
스이코 천황 / 推古天皇 25, 56, 58
스즈카 / 鈴鹿 67
스즈키 아키라 / 鈴木朖 124
스즈키 우메시로 / 鈴木梅四郎 442
스진 천황 / 崇神天皇 36, 37

한국어 / 원어	페이지
스케고 / 助鄕	245
스톡홀름 어필 / ストックホルム・アピール	492
스페인 독감 / スペイン・インフルエンザ(スペイン風邪)	386, 441
스헤라의 발서 / 『スヘラの拔書』	261
슬럼 / スラム	381, 418
습유와카집 / 拾遺和歌集	111
승 묘타쓰 소생주기 / 『僧妙達蘇生注記』	153
승강 / 僧綱	77, 78
승니령 / 僧尼令	77-79
승려 민 / 旻	55
승병 / 僧兵	165
승정 / 僧正	77, 78
승조 / 僧肇	108
시가 시게타카 / 志賀重昂	400, 401
시게노 야스쓰구 / 重野安繹	129, 340
시게미쓰 마모루 / 重光葵	472, 484
시나가와 야지로 / 品川彌二郞	370
시나베 / 品部	51, 52
시노비마와리 / 忍廻	306
시데하라 기주로 / 幣原喜重郞	433, 452
시라뵤시 / 白拍子	225
시라이 고에몬 / 白井孝右衛門	322
시라카베 왕 / 白壁王	89
시라카와 천황 / 白河天皇	113, 114, 146
시마지 모쿠라이 / 島地默雷	448
시메카스 / 〆粕	297
시모고료샤 / 下御靈社	255
시무라 슈지 / 志村周次	322
시미즈 미쓰오 / 淸水三男	133, 135
시민사회 / 市民社會	376, 408, 409, 415, 424, 518
시민혁명 / 市民革命	363
시바노 리쓰잔 / 柴野栗山	276, 327
시세장 / 相場狀	280
시종 / 時宗	164
시즈키 다다오 / 志筑忠雄	251
시카쇼 / 四ケ所	305, 306
식민지 / 植民地	41, 339, 344, 351, 376, 382, 390, 391, 394, 401, 406, 411-416, 433, 434, 436, 441, 445, 449, 469-471, 473, 478, 495-497, 507, 516-518, 529, 530
식민지주의 / 植民地主義	391, 395, 495-497
식봉 / 食封	59
식부성 / 式部省	83, 84
식산흥업 / 殖産興業	367
식자율 / 識字率	314
신 중간층 / 新中間層	409
신국사상 / 神國思想	210
신궁사 / 神宮寺	107, 108, 208, 209
신기 / 神祇	77, 107, 108, 183, 209
신내림 / 神がかり	421
신다이카기리 / 身代限り	288
신도 / 神道	53
신도지령 / 神道指令	447
신라 / 新羅	21, 43, 44, 47, 49, 55, 57, 63, 66
신란 / 親鸞	78, 124, 126, 127, 164
신력 / 新曆	354
신분 집단 / 身分集團	379, 406
신분제 / 身分制(論)	200-202, 231-233, 236, 248, 282, 283, 331, 338, 352, 362, 376, 378, 382, 417, 462
신불분리 / 神佛分離	209, 447
신불습합 / 神佛習合(融合)	107, 109, 208, 209, 308
신사 비종교 / 神社非宗敎	448, 449
신사 제도 정비와 정책 / 20世紀(明治時代後期以後)の(神社)制度整備と政策	448
신사 행행 / 神社行幸	99
신사승 / 社僧	209
신사전주 / 神社傳奏	259
신사조목 / 諸社禰宜神主法度(神社條目)	259
신새 / 神璽	101
신수급여령 / 薪水給與令	349
신앙의 자유 / 信敎の自由	449
신외교 / 新外交	450
신자유주의 / 新自由主義	339, 343, 377, 423, 425
신전개발 / 新田開發	296-299
신전독경 / 神前讀經	107
신주 / 神主	276, 464
신직 / 神職	257, 259, 304
신판·후다이·도자마 / 親藩·譜代·外樣	244
신푸쿠지 / 眞福寺	153
신형 코로나 바이러스 / 新型コロナウイルス	311, 386
심상 / 心喪	277
심성사 / 心性史	135
쌀 소동 / 米騷動	397
쌀 어음 / 米切手	279
쌀 중매상 / 米仲買	279
쌀시장 / 米市場	278-280, 307
쌍계 / 雙系	52, 72
쑤이위안 사건 / 綏遠事件	465
쑨원 / 孫文	451
쓰게 우시베에 / 柘植牛兵衞	321
쓰시마 / 對馬(口)	252

쓰시마번 / 對馬藩 252
쓰카사 / 司 200
쓰키부케 / 付武家 256

【ㅇ】
아가타이나기 / 縣稻置 52
아게마이제 / 上米の制 266
아나키즘 / アナーキズム 436
아날 / アナール 135, 136
아라카와 / 荒川 276, 277, 299
아마루베성터 / 餘部城跡 222
아마테라스 / アマテラス 69, 109
아마테라스오미카미 / 天照大神 210
아미타여래 / 阿彌陀如來 310
아사리 / 阿闍梨 93
아사미 게이사이 / 淺見絅齋 275
아스카 기요미하라궁 / 飛鳥淨御原宮 .. 66
아스카데라 / 飛鳥寺 56, 78
아시가루 / 足輕 185, 186, 218, 219
아시아·태평양전쟁 / アジア·太平洋戰爭
.... 389, 477
아시아주의 / アジア主義 401
아시오 동산 광독 사건 / 足尾銅山鑛毒事件
.... 525
아시카가 다다요시 / 足利直義 .. 171, 172
아시카가 다카우지 / 足利尊氏
.... 161, 170, 172, 194
아시카가 모치우지 / 足利持氏 195
아시카가 요시마사 / 足利義政 185
아시카가 요시미 / 足利義視 185
아시카가 요시미쓰 / 足利義滿 .. 26, 161,
     163, 167, 170, 174, 179, 183, 186, 189
아시카가 요시아키 / 足利義昭 239
아시카가 요시아키라 / 足利義詮 170
아시카가 요시즈미 / 足利義澄 191
아시카가 요시타네 / 足利義稙 .. 191-193
아시카가 요시하루 / 足利義晴 .. 192, 223
아시카가 요시히사 / 足利義尙 .. 185, 191
아쓰타 신사 / 熱田社 211
아이누 / アイヌ 64,
          251, 252, 338, 390-392, 401
아이즈번 / 會津藩 324
아이타이스마시령 / 相對濟し令 .. 263, 265
아즈마카가미 / 『吾妻鏡』 .. 120, 156, 215
아즈카리테가타 / 預り手形 281, 282
아지오카 / 味岡 154
아질 / アジール 131, 220
아카오무라 / 赤尾村 294
아키히토 황태자 / 明仁皇太子 484

안국사·이생탑 / 安國寺利生塔 172
안도 쇼에키 / 安藤昌益 290
안문 / 案文 97
안보투쟁 / 安保鬪爭 430
안사의 난 / 安史の亂 94
안세이 5개국 조약 / 安政の五カ國條約
.... 349, 350
암흑의 골짜기 / 暗い谷間 529, 530
야구라 / 櫓 222
야나기타 구니오 / 柳田國男
.... 129, 130, 134, 385
야마가 소코 / 山鹿素行 275
야마가타 아리토모 / 山縣有朋
.... 327, 353, 456, 460
야마가타벌 / 山縣閥 456
야마고에 4본 상인 / 山越四本商人 .. 181
야마나 모치토요 / 山名持豊 185
야마시나 가 / 山科家 225, 226
야마시나혼간지 / 山科本願寺 223
야마자키 안사이 / 山崎闇齋 275
야마카와 히토시 / 山川均 435, 436
야마토가와 / 大和川 299
야마토노 아야씨 / 倭漢氏 56
야마토인 / 大和人 390, 391, 395
야마토토토히모모소히메노 미코토 / 倭迹迹日百
     襲姬命 36
야메 고분군 / 八女古墳群 47-49
야스쿠니 신사 / 靖國神社 447, 464
야요이 장기 편년 / 彌生長期編年 .. 33, 34
야요이시대 / 彌生時代
.... 20, 21, 29, 30, 32-34, 68
야쿠닌 / 藥仁 153
야쿠시지 / 藥師寺 77, 113
야쿠자 / ヤクザ 120
양리정치 / 良吏政治 94
양명학 / 陽明學 321, 322
양부신도 / 兩部神道 210, 211
양서 / 『梁書』 35
양이 / 攘夷 352
양제 / 煬帝 55
양조인 / 養鳥人 51
양처현모 / 良妻賢母 319, 409, 410
어류상 / 魚類相 228
어문장 / 御文章 310
어비 / 魚肥 296-298
어용 / 御用 245,
          248, 249, 275, 303, 305-307, 484
어용금 / 御用金 270, 273, 290, 294
어용을 통한 생산·유통

/ 御用を通じた生産·流通 248
어원사 / 御願寺 27, 113-115
어재회 / 御齋會 94, 113
어진영 / 御眞影 355, 388
언어적 전회 / 言語論的轉回 315
에노모토 야자에몬 / 榎本彌左衛門 ... 309, 310
에다 사부로 / 江田三郎 487
에도 막부 / 江戸幕府 221,
    222, 232, 237, 242, 244, 248, 254, 255,
    263, 266-268, 271, 275, 276, 278-
    280, 285, 286, 308, 318, 330, 378
에도성 / 江戸城 281, 285
에도성의 몬반 / 江戸城の門番 270
에드윈 라이샤워 / ライシャワー, エドウィン·
  O 529
에마키 / 繪卷 213, 235
에미시 / 蝦夷 56, 58, 62-64
에이사이 / 榮西 118,
    124, 125, 127, 153, 154, 164, 168
에이손 / 叡尊 165
에이쇼의 착란 / 永正の錯亂 192, 193
에조치 / 蝦夷地 330, 348, 390
에치가와강 / 愛知川 300
에타 / 穢多 247, 417-419
에타후나야마 고분 / 江田船山古墳 48
엔니 / 圓爾 168
엔닌 / 圓仁 117
엔데믹 / エンデミック 441
엔랴쿠지 / 延曆寺 152, 153, 181, 184
엔슈지 / 圓宗寺 113-115
엔유 천황 / 圓融天皇 113, 114
엔유지 / 圓融寺 113-115
여대학 / 『女大學』 317
여명회 / 黎明會 436
여성사 / 女性史 71,
    163, 224, 225, 317, 405, 502, 503, 523
여원 / 女院 142, 148, 149
여의보주 / 如意寶珠 144
여학잡지 / 『女學雜誌』 409
역료 / 役料 256, 294
역사도시 / 歷史都市 376
역사적 사회적 규정성 / 歷史的社會的規定性
  315
역사지리 / 歷史地理 84, 125, 129, 133, 212
역코스 / 逆コース 481, 517
역학적 전환 / 疫學的轉換 441, 442
연공 / 年貢 162,
    179, 219, 222, 232, 241, 245-247, 278,
    280-282, 290, 292, 295, 296, 326

연공미 / 年貢米(銀) 278-280, 283, 291
연공부과기준고 / 年貢賦課基準高 241
연분도자 / 年分度者 92-94
연속제방 / 連續堤 299-301
연옥 / 煉獄 144
연하사 / 年賀使 254
영가·아즈카리도코로 / 領家·預所 162
영국 / イギリス(英) 180, 196, 219, 244
영대매매 / 永代賣買 287, 288
영보임 / 永補任 258
영사재판 / 領事裁判(權) 350, 358
영세농민 / 零細農民 352
영술 / 靈術 421
영역형 장원 / 領域型莊園 23, 149-151
영일동맹 / 日英同盟 372
영전 / 榮典 192, 195
영주제론 / 領主制論 22, 24, 119, 120, 155
영지완행장 / 領知宛行狀 243
예능사 / 藝能史 134-136
예수회 / イエズス會 260, 261
예창기해방령 / 藝娼妓解放令 405
오고쇼 시대 / 大御所時代 332
오규 소라이 / 荻生徂徠 266, 275
오기마치 천황 / 正親町天皇 189
오노노 이모코 / 小野妹子 55
오닌의 난 / 應仁の亂 132,
    180, 185-189, 218, 219, 232
오다 권력 / 織田(信長)權力
  .... 126, 194, 221, 240, 241, 254
오다 노부나가 / 織田信長
  .... 189, 191, 192, 223, 239, 243
오대산 / 五臺山 117
오대십국 / 五代十國 117
오럴 히스토리 / オーラルヒストリー
  .... 523, 524
오럴리티 / オラリティ 524
오리쿠치 시노부 / 折口信夫 130, 134
오메쓰케 / 大目付 269, 270
오미하치만 / 近江八幡 249
오사카 전투 / 大坂の陣 231
오사카 환전상 / 大坂兩替商 281, 282
오사카마치부교 / 大坂町奉行(所)
  .... 250, 264, 307
오사카쿠라모토 / 大坂藏元 282
오사카평야 / 大阪平野 39
오사타케 다케키 / 尾佐竹猛 341
오산 / 五山 168, 172, 183
오섭가 / 五攝家 255, 256
오슈 전쟁 / 奧州合戰 157

찾아보기

오슈탄다이 / 奧州探題 174, 175
오스쿠이고야 / お救い小屋 286
오시 / 御師 312
오시로보즈 / 御城坊主 270
오시오 문서 / 大鹽書付 320
오시오 사건 / 大鹽事件 231, 320-322
오시오 헤이하치로 / 大鹽平八郎
 .... 306, 320-322, 324
오시오 헤이하치로 건의서 / 大鹽平八郎建議書
 321
오시코치노 미쓰네 / 凡河內躬恒 110
오쓰 왕 / 大津王 66
오쓰궁 / 大津宮 25, 66
오쓰카 선유묘소 / 大塚先儒墓所 276
오야 소이치 문고 / 大宅壯一文庫 398
오예부정관 / 汚穢不淨觀 201
오오미 / 大臣 53, 55-58
오오쿠 / 大奧 332
오와리 겐지 / 尾張源氏 156
오우 평정 / 奧羽仕置 239
오우치성터 / 大內城跡 221
오월 / 吳越 117
오진 천황 / 應神天皇 57
오카다 게이스케 / 岡田啓介 434
오카무라 야스지 / 岡村寧次 465
오쿠가키 / 奧書 153, 154
오쿠마 시게노부 / 大隈重信 452
오쿠무라 기와오 / 奧村喜和男 456
오쿠보 다다자네 / 大久保忠眞 321
오쿠보 도시미치 / 大久保利通 ... 340, 353, 519
오키나와 반환 교섭 / 沖繩返還交涉 ... 514, 515
오키나와 반환과 밀약 / 沖繩返還と密約 .. 491
오키나와 전투 / 沖繩戰 523
오키나와인 / 沖繩人 ... 390-392, 394, 395, 401
오테쓰다이후신 / お手傳い普請 242
오토노 / 大殿 162
오토모 왕자 / 大友王子 65
오토모씨 / 大伴氏 66
오후레가키슈세이 / 御觸書集成 263
온습과·보습과 / 溫習科·補習科 387
올림픽 / オリンピック 377, 384, 386
와도케이 / 和時計 261, 262
와카도시요리 / 若年寄 270
와카쓰키 레이지로 / 若槻禮次郎 452
와카이즈미 케이 / 若泉敬 491
와카키모노 / 若キ者 305
와카타케루 대왕 / ワカタケル大王 68
와키니 상법 / 脇荷商法 349
와키모토 유적 / 脇本遺跡 39

와키자시 / 脇差 302-304
와타나베 가쓰노스케 / 渡部勝之助 318
와타나베 헤이다유 / 渡部平太夫 318
와타라이 가문 / 度會氏 210
왕가령 / 王家領 150
왕권교체론 / 王權交替論 39
왕법불법상의론 / 王法佛法相依論 116
왕생요집 / 『往生要集』 117
왕위계승의례 / 王位繼承儀禮 140
왕정복고 / 王政復古 231, 352, 353
왕조국가체제론 / 王朝國家體制論 104, 106
왕통 / 王統 37, 57, 73, 93, 140
왜 5왕 / 倭の五王 20, 44, 46, 72
왜구 / 倭寇 169, 172
왜수 / 倭隋 45, 46
왜찬 / 倭讚 46
외국인 / 外國人 28,
 311, 350, 358, 370, 373, 393-395, 427
외래품 / 舶來品 355, 356
외척 / 外戚 56, 102, 146, 147
요강 / 『要綱』 261
요나이 미쓰마사 / 米內光政 461
요도가와강 / 淀川 21, 179, 299, 300
요도번 / 淀藩 267
요동 / 遼東 35, 45
요로 율령 / 養老律令 70
요류도 / 寄人 23, 150, 180
요리아이 / 寄合 269
요메이 천황 / 用明天皇 58, 71
요시노 사쿠조 / 吉野作造 341, 435
요시다 가네토모 / 吉田兼俱 211
요시다 시게루 / 吉田茂 430, 490, 491, 513
요시다가 / 吉田家 259
요시다신도 / 吉田神道(唯一神道) 211
요역 / 徭役 84
요제이 천황 / 陽成天皇 110
요카와 / 橫川 117
요코야마 겐노스케 / 橫山源之助 381
우네메 / 采女 51
우다 천황 / 宇多天皇 101-103, 114
우란분회 / 盂蘭盆會 355
우마야도 왕자 / 厩戶皇子(聖德太子) ... 53, 54
우메모토 가쓰미 / 梅本克己 424
우생보호법 / 優生保護法 426, 428, 502
우생학 / 優生學 426-428
우스키번 / 臼杵藩 267
우애회 / 友愛會 430
우에가이치 유적 / 上ヶ市遺跡 221
우에노 지즈코 / 上野千鶴子 345, 425

우에마치 대지 / 上町臺地 39
우에스기 노리아키 / 上杉憲顯 194
우에스기 신키치 / 上杉愼吉 435, 436
우에키 에모리 / 植木枝盛 361
우에하라 유사쿠 / 上原勇作 460
우주론 / 宇宙論 260, 261
우지 / ウヂ(氏) 46, 48, 54
우치가타나 / 打刀 302
우치다 긴조 / 內田銀藏 123–125, 127, 128, 136, 232, 237
우치다 료헤이 / 內田良平 437
우치무라 간조 / 內村鑑三 388
우치야마 히코지로 / 內山彦次郎 322
우타가키 / 歌垣 81
운기론 / 運氣論 261
운몽진간 / 雲夢秦簡 70
워싱턴 회의 / ワシントン會議 450
원 권력 / 院權力 147, 148
원궁왕신가 / 院宮王臣家 99
원년자 / 元年者 393
원로 / 元老 453
원문 / 願文 108, 255
원사 / 院司 148
원일절회 / 元日節會 190
원전주 / 院傳奏 162
원정 / 院政 22
원평정 / 院評定 162
원호·역의 제정 / 元號·曆の制定 255
웨스턴 임팩트 / 西洋の衝擊 326, 338, 351
위기 / 位記 254
위나라 / 魏 21, 35–37
위문서 / 僞文書 213, 315
위서 / 『魏書』 35, 45
위안소 / 慰安所 406
유게이 / 靫負 51
유골함 / 遺骨箱 464
유교 / 儒學(敎·者) 55, 141, 183, 276, 308, 388, 409
유교 의례 / 儒禮 275–277
유녀 / 遊女 204, 225, 284
유노무라 / 湯沐邑 66
유랴쿠 천황 / 雄略天皇 39, 57
유물사관 / 唯物史觀(史的唯物論) 119, 129, 130, 134, 136
유서서 / 由緒書 213
유수지 / 遊水地 299
유신정권 / 維新政權 400
유악상주 / 帷幄上奏 459, 461
유지금지령 / 流地禁止令 288

유진 반 리드 / ヴァン・リード, ユージン ..393
유카와 히데키 / 湯川秀樹 493
유행승 / 遊行僧 152
육국사 / 六國史 63, 86, 87
육도 / 六道 144
육로운송 / 陸運 180
육식 / 肉食 354
육재시 / 六齋市 180
율사 / 律師 78
율종 / 律宗 92, 116, 168
은상 / 恩賞 171, 218, 219
은상 아테오코나이 / 恩賞充行 171
을사의 변 / 乙巳の變 55, 59
음양도 / 陰陽道 211
음양오행설 / 陰陽五行說 261
읍혈여적 / 『泣血餘滴』 276, 277
의료의 사회화 / 醫療の社會化 442
의사민족 / 疑似民族 63
의심방 / 『醫心方』 105
의주 / 議奏 256
이국선 격퇴령 / 異國船打拂令 330, 331
이나리야마 고분 / 稻荷山古墳 48, 57, 62
이노우에 가오루 / 井上馨 358
이노우에 고와시 / 井上毅 356, 388
이누카이 쓰요시 / 犬養毅 433
이누카이 유적 / 犬飼遺跡 221
이당 / 吏黨 370
이레즈미 / 入墨 264
이마시로즈카 고분 / 今城塚古墳 38, 49
이반 일리치 / イリイチ, イヴァン 506
이성애 규범 / 異性愛規範 407
이세만 / 伊勢灣 37, 312
이세신궁 / 伊勢神宮 109, 210, 385
이시가미 유적 / 石神遺跡 60
이시고리원 / 石凝院 79
이시무로 / 石室 312
이시바시 단잔 / 石橋湛山 507
이시와라 간지 / 石原莞爾 433
이에누시 / 家主 284, 286
이에모치 / 家持 284, 323
이와모토 요시하루 / 巖本善治 408, 409
이와시미즈 하치만 궁 / 石淸水八幡宮 109
이와이 / 磐井 47–49
이와쿠라 도모미 / 岩倉具視 340, 353
이와쿠라 사절단 / 岩倉使節團 384, 428
이와토야마 고분 / 岩戶山古墳 47, 49
이윤 / 伊尹 102
이의약설 / 『二儀略說』 261
이이 나오타카 / 井伊直孝 270

이자와 야소베에 / 井澤彌惣兵衞......... 299
이적 / 夷狄...................... 63, 64, 352
이치바 / 市場(市庭)................... 204
이치카이소 / 一會桑.................. 353
이케다 하야토 / 池田勇人............. 458
이타가키 다이스케 / 板垣退助....... 360, 396
이토 진사이 / 伊藤仁齋............... 275
이토 히로부미 / 伊藤博文
.... 358, 359, 369, 373, 432
이항대립론 / 二項對立論.............. 139
이행 / 易行......................... 28,
    30, 31, 33, 73, 96, 158, 159, 163, 164
인권 지령 / 人權指令................. 480
인도 / インド............. 108, 116, 117
인문학의 디지털화 / 人文學のデジタル化.. 524
인민전선 사건 / 人民戰線事件........... 430
인소령 / 人掃令.................. 240, 241
인왕경 /『仁王經』................. 94, 107
인종 /「人種」.................. 419, 427
인풍일람 /『仁風一覽』................ 291
인플레이션 / インフレ............ 430, 473
일기분 / 一期分..................... 225
일당우위정당제 / 一黨優位政黨制....... 487
일란추가조약 / 日蘭追加條約.......... 349
일란화친조약 / 日蘭和親條約.......... 349
일련종 / 日蓮宗.................. 164, 184
일본 민주주의 문화연맹.............. 511
일본 오럴 히스토리 학회 / 日本オーラル・ヒス
    トリー學會..................... 523
일본공산당 / 日本共產黨....... 134, 435, 507
일본국헌법 / 日本國憲法...... 71, 432, 434
일본노동총동맹 / 日本勞働總同盟....... 430
일본어학 / 國語學.................... 214
일본영이기 /『日本靈異記』............. 78
일본유족회 / 日本遺族會.............. 447
일본인·일본 /『日本人』(雜誌)·『日本』(新聞)
.... 400
일본풍 회화 / 大和繪................. 110
일본형 화이질서 / 日本型華夷秩序(意識).. 252
일부일처형 / 一夫一妻型.............. 225
일인양명 / 壹人兩名.................. 304
임나 / 任那................... 41, 43, 63
임시잡역 / 臨時雜役............. 105, 150
임시제 / 臨時祭...................... 99
임신기 / 壬申紀................... 66, 67
임신의 난 / 壬申の亂............. 60, 65-67
임용국사 / 任用國司.......... 98, 104, 105
임제종 / 臨濟宗......... 153, 164, 172, 309
임진전쟁 / 壬辰戰爭.............. 239, 241

입당구법순례행기 /『入唐求法巡禮行記』.. 117
입신출세 / 立身出世................. 388
입장론 / 立莊論.............. 149-151, 177
입헌개진당 / 立憲改進黨.......... 369-371
입헌군주제 / 立憲君主制
.... 364, 365, 427, 454, 455
입헌동지회 / 立憲同志會.............. 432
입헌민정당 / 立憲民政黨.......... 433, 457
입헌정우회 / 立憲政友會..... 379, 432, 433
잇코 잇키 / 一向一揆................. 240
잇펜 / 一遍......................... 164

【ㅈ】

자 / 座............................ 181
자력구제 / 自力救濟............. 237, 240
자본주의 / 資本主義................ 314,
    341, 342, 344, 346, 380, 382, 394,
    399, 402-404, 409, 423-425, 427, 429,
    438, 444-446, 487, 498, 499, 528
자연 숭배 / 自然崇拜................. 209
자연신학 / 自然神學.................. 260
자연촌락 / 自然村落.................. 133
자유당 / 自由黨........ 362, 369-371, 379, 486
자유민권운동 / 自由民權運動
.... 341, 351,
355, 360-362, 367, 369, 397, 427, 443, 462, 487
자유민주당 / 自由民主黨(自民黨).... 447, 486
자이카타히닌반 / 在方非人番....... 306, 307
자재장 / 資財帳...................... 75
자타인식 / 自他認識.................. 64
잡색인 / 雜色人................. 105, 106
잡요 / 雜徭......................... 84
잡호 / 雜戶......................... 52
장가산한간 / 張家山漢簡............... 70
장도인 / 杖刀人...................... 50
장부류 / 帳簿類..................... 213
장서 / 藏書.................... 316, 398
장서인식의 과제 / 藏書認識の課題...... 316
장손무기 / 長孫無忌................... 69
장송 / 葬送........................ 202
장쉐량 / 張學良................. 451, 454
장원 / 莊園......................... 22
장원제 / 莊園制............... 21-23, 27,
    85, 104, 133, 138, 149-151, 162, 163, 171,
    174, 176-179, 183, 201, 206, 221, 240
장원조사 / 莊園調査................. 177
장제 / 葬祭.................. 275, 276, 309
장제스 / 蔣介石......... 451, 454, 465, 466
장쭤린 폭살사건 / 張作霖爆殺事件...... 453

장췬 / 張群 465
장향 지토 / 莊鄕地頭 158
재경영주 / 在京領主 174, 177
재국 / 在國 175, 198, 267
재미 일본자산 동결 / 在米日本資産凍結 . . 475
재일코리안 / 在日コリアン(在日朝鮮人)
. . . . 495-497
재지수장제 / 在地首長制 24, 48, 83-85
재지영주 / 在地領主(制) 119,
   120, 149, 155, 156, 176, 179, 206, 222
재청 / 在廳 159
재청관인 / 在廳官人 106
재허장 / 裁許狀 216, 245
저주 / 呪詛 114, 126, 219
적극주의 / 積極主義 379
적자 단독상속 / 嫡子(單獨相續) 171, 225
전구년 전쟁 / 前九年合戰 157
전국 다이묘 / 戰國大名 181,
   184, 204, 237, 240, 241, 255
전국기 슈고 / 戰國期守護 175, 197
전국영주 / 戰國領主 197
전라남도 / 全羅南道 45
전방후방분 / 前方後方墳 37
전방후원분 / 前方後圓墳(體制)
. . . . 20, 36-40, 45, 47
전봉 / 轉封 242
전사자 위령 / 戰死者慰靈 464
전석 / 殿席 244, 269
전수 / 專修 116, 144, 153, 154, 164
전신 / 電信 400
전쟁 책임 프로그램 / ウォー・ギルト・プログラム
. . . . 481
전쟁 피해 복구 / 戰災復興 377
전제정치 / 專制政治 90, 141
전조인 / 典曹人 50
전차금 / 前借金 405
전하평정 / 殿下評定 162
전향 / 轉向 424, 427, 445
전후 민주주의 / 戰後民主主義
. . . . 342, 435, 437, 481
전후 역사학 / 戰後歷史學 430
절대주의 / 絶對主義 336,
   341, 342, 363, 444, 454
절충학파 / 折衷學派 290
점령개혁 / 占領改革 478, 484
정격한문 / 正格漢文 215-217
정교분리 소송 / 政敎分離訴訟 447
정기시 / 定期市 204
정담 / 『政談』 266

정당 내각 / 政黨內閣 434, 436, 457
정당정치 / 政黨政治 432-
   434, 453, 454, 460, 487, 529
정문 / 正文 97
정보 공개법 / 情報公開法 520
정부 간 화해, 국민 간 화해, 시민 간 화해 / 政府
   間和解, 國民間和解, 市民間和解 516
정사요략 / 政事要略 102
정어리 / イワシ 289, 297, 298
정이대장군 / 征夷大將軍 156, 158, 243
정체성 / アイデンティティ
. . . . 390, 392, 399, 411
정촌제 / 町村制 418
정토신앙 / 淨土信仰 117, 145
정토종 / 淨土宗 116, 118, 153, 164, 310
정토진종 / 淨土眞宗 164, 184, 223, 448
정한론 / 征韓論 360
제1차 베이비붐 세대 / 第一次ベビーブーム
. . . . 505
제1차 석유위기 / 第一次石油危機 498
제1차 세계대전 / 第一次世界大戰 . . . 339, 355,
   380, 386, 394, 403, 406, 409, 430, 432,
   437, 439, 450, 464, 465, 477, 507, 510
제2 인터내셔널 507
제2차 세계대전 / 第二次世界大戰
. . . . 71, 110, 131, 134,
   176, 339, 394, 403, 469, 471, 473, 477, 499
제3세계 / 第三世界 528
제국 시세의 거울 / 諸國相場の鑑 278, 280
제국의회 / 帝國議會 355,
   369-371, 391, 400, 428, 434, 444, 472
제대부 / 諸大夫 121, 254
제도 부흥사업 / 帝都復興事業 469
제방 / 堤防 299-301
제사네기칸누시법도 259
제제번 / 膳所藩 267
제종사원법도 / 諸宗寺院法度 258, 259
제한선거 / 制限選擧 371, 418
젠더 / ジェンダー 225, 317
젠더사 / ジェンダー史 163, 225, 226
젠포 / 善芳 152
조 경비 / 町入用 286
조겐 / 重源 118
조넨 / 奝然 117
조닌 사회 / 町人社會 284-286
조닌지 / 町人地 248, 249, 284, 285
조다이 / 町代 249, 250
조당원 / 朝堂院 60, 66
조동종 / 曹洞宗 164

조라쿠지 / 長樂寺 153
조리 / 長吏 305-307
조리형 토지구획 / 條里型地割 221
조막관계 / 朝幕關係 256, 332
조몬시대 / 繩文時代 29-31, 33, 68
조복 / 調伏 219
조선 / 朝鮮 169, 193, 233, 251
조선인 / 朝鮮人 ... 383, 390, 392, 394, 395, 401,
414-416, 445, 469, 478, 482, 495-497, 509
조선인 학살사건 / 朝鮮人虐殺事件 469
조선총독부 / 朝鮮總督府 415
조선통신사 / 朝鮮通信使 516
조슈 정벌 / 長州征討(戰爭) 323
조슈번 / 長州藩 292, 324
조시 / 城使 269
조야군재 / 『朝野群載』..................... 105
조약 칙허 / 條約勅許 332-334
조약개정 / 條約改正 357, 359, 370
조용 / 調庸 85, 104, 106
조용조 / 租庸調 84
조카마치 / 城下町 203,
248, 249, 267, 284, 285, 290
조카이 / 帳會 269
조카이쇼 / 町會所 249
조케이 / 貞慶 165
조큐의 난 / 承久の亂 138, 159-161
조효모노가타리 / 『雜兵物語』.............. 522
존 홀 / ホール, ジョン・W 529
존호 사건 / 尊號一件 332
존황론 / 尊皇論 327
종교 부흥 / 宗敎復興 420
종교 잇키 / 宗敎一揆 184, 240
종교개혁 / 宗敎改革 124, 125
종교도시 / 宗敎都市 204
종교의식 / 宗敎儀式 140, 141
종군위안부 / 從軍慰安婦 345
좌관 / 佐官 78
주가 / 廚家 83
주권국가 / 主權國家 339, 351, 391, 394
주권자 / 主權者 140, 141
주나라 / 周 102
주라쿠 / 聚樂 223
주변적 신분 / 周緣的身分 305
주사이 / 忠濟 153, 154
주유마힐경 / 注維摩詰經 108
주일 미군 기지 / 在日米軍基地 .. 489, 490, 514
주임관 / 奏任官 83, 456
주자학 / 朱子學 233, 273, 275, 277
주장 / 主帳 85

주정 / 主政 85
주조반감령 / 酒造半減令 270
주종제적 지배권 / 主從制的支配權 170
주체성 논쟁 / 主體性論爭 424
준나 천황 / 淳和天皇 93, 94, 110
준마와리도메 / 順廻留 313
준어재회 / 准御齋會 113
중국의 율령 / 中國の律令 70
중남작물 / 中男作物 70
중립법 / 中立法 467
중생구제 / 衆生濟度 209
중선거구제 / 中選擧區制 487
중세 왕권 / 中世王權 140, 141, 147, 148
중세 촌락 / 中世村落 133, 134, 206-208
중세신도서 / 中世神道書 210
중신 / 重臣 433, 455
중앙시장 / 中央市場 278, 279, 282
중의원 / 衆議院 369-371,
397, 432, 433, 471, 487, 488, 496, 525
중일전쟁 / 日中戰爭 389,
391, 415, 430, 461, 463, 465-
467, 471, 474, 477, 511, 518, 529
중학교 / 中學校 388, 409, 504, 505
중화민국 / 中華民國 411-
413, 451, 467, 472, 517
즉위식 / 卽位式 91, 101, 103, 190
증기선 / 蒸氣船 330, 349, 384
지각변동 / 地殼變動 229
지구 서밋 / 地球サミット 527
지나이초 / 寺內町 223
지묘인통 / 持明院統 140, 161
지방 / 紙榜 464
지방 상인 / 地方商人 281, 283
지방명망가 / 地方名望家 370, 371
지방문서 / 地方文書 245-247
지방사 / 地方史 152, 370
지방시장 / 地方市場 283
지방자치단체사 / 自治體史 212, 410
지방자치제 / 地方自治制 418, 463
지배문서 / 紙背文書 105
지쇼·주에이 내란 / 治承·壽永の內亂
.... 155-157
지엔 / 慈圓 124, 127, 137, 153
지역박물관 / 地域博物館 212
지역성 / 地域性 .. 32, 33, 85, 97, 179, 217, 287
지예망어업 / 地曳網漁 297
지옥 / 地獄 144, 309
지원병 / 志願兵 462
지의 / 智顗 92

한글 / 한자	페이지
지조개정 / 地租改正	417, 444
지주제 / 地主制	233, 287, 289, 342, 444-446
지치부 사건 / 秩父事件	362
지카리 / 地借	284
지쿠고국 풍토기 / 『筑後國風土記』	47
지토직 / 地頭職	177
지행국 / 知行國	156, 159
직공의우회 / 職工義友會	429
직능론 / 職能論	119, 120
직분전 / 職分田	83
직소작계약 / 直小作契約	287-289
진구 황후 / 神功皇后	44
진나라 / 晋	35, 70
진무 천황 / 神武天皇	69
진무경기 / 神武景氣	498
진서 / 鎭西	158, 159
진수 / 鎭守	183, 206
진언종 / 眞言宗	22, 92, 94, 109, 118, 153, 168, 184, 211, 309
진한 / 辰韓	21, 44
진혼 / 鎭魂	183
질록처분 / 秩祿處分	367, 368
질보증 / 質保證	258
질지 / 質地	288, 289
집단 취직 / 集團就職	505
집촌화 / 集村化	207
집회 및 정사법 / 集會及政社法	371
징병령 / 徵兵令	462
징병제 / 徵兵制	327, 344, 354, 357, 400, 464
징용 / 徵用	495

【ち】

한글 / 한자	페이지
차제서 / 次第書	144
찰스 다윈 / ダーウィン, チャールズ	426
참근교대 / 參勤交代	242, 244, 266-268, 284
참모본부 / 參謀本部	459, 460, 474
참방률 / 讒謗律	397
참의 / 參議	102, 121, 254
참정권 / 參政權	379, 390, 400, 433, 480, 496
창씨개명 / 創氏改名	415, 416
창제 / 唱題	310
천구론 / 『天球論(De sphaera)』	261
천도위임론 / 天道委任論	327
천리교 / 天理敎	420
천민폐지령 / 賤民廢止令	417-419
천부 / 天部	108
천성령 / 天聖令	70
천정천 / 天井川	300
천조 / 踐祚	101
천태별원 / 天臺別院	152
천태산 / 天臺山	92, 117
천태종 / 天臺宗	22, 92, 93, 116-118, 152-154, 168, 184, 210, 258, 309
천하인 / 天下人	211, 240, 243
천황 메시지 / 「天皇メッセージ」	484, 489
천황가 / 天皇家	88, 109, 140-142, 168, 189, 225, 255
천황기관설 / 天皇機關說	435
천황릉 / 天皇陵	114
천황제 / 天皇制	25, 69-71, 341, 342, 356, 363-365, 385, 388, 444, 445, 454, 455, 483-485
천황제 이데올로기 / 天皇制イデオロギー	363, 376
철포 / 鐵砲	219, 231, 302
청나라 / 淸	372-374
청년 학급 / 靑年學級	505
청일전쟁 / 日淸戰爭	339, 351, 357-359, 369-371, 381, 393, 397, 400, 401, 429, 456, 463, 474
체르노빌 원자력 발전소 사고 / チェルノブイリ原發事故	493
초기 절대주의 / 初期絶對主義	239
초기 철기시대 / 初期鐵器時代	33
초등교육 / 初等敎育	387, 400
초등후 교육기관	504
초목국토실개성불 / 草木國土悉皆成佛	145
초물 / 抄物	216
촌락론 / 村落論	134, 151
총력전 / 總力戰(體制)	435, 456, 460, 477-479, 481, 495, 496, 511
총령제 / 惣領制	171
총무사령 / 惣無事令	240
총추포사 / 惣追捕使	156, 158
총평 / 總評(日本勞働組合總評議會)	430, 486, 488, 508
총평·사회당 블록 / 總評·社會黨ブロック	508
최종빙기 / 最終氷期	29
최혜국대우 / 最惠國待遇	373
추마의 무리 / 僦馬の黨	98
추밀원 / 樞密院	364, 365, 434
추선공양 / 追善供養	275
춘투 / 春鬪	430
출거 / 出擧	83, 104, 207
출산율 / 合計特殊出生率	81
출토품 / 出土品	213
충혼비 / 忠魂碑	464

취학 / 就學	383, 387
측천무후 / 則天武后	69, 90
치안유지법 / 治安維持法	133, 433, 480
치천의 군 / 治天の君	138, 146–148, 161, 162
친위왜왕 / 親魏倭王	35, 45
친일파 / 親日派	415
칠거 / 七去	317
칠석가회 / 七夕歌會	198

【ㅋ】

캐나다 / カナダ	393, 395, 529
캐치업형 경제발전 / キャッチアップ型經濟發展	499
코민테른 / コミンテルン	507
콜레라 / コレラ	441–443, 463

【ㅌ】

타계관 / 他界觀	145
탁순국 / 卓淳國	42
탈식민지화 / 脫植民地化	472, 528, 530
탈제국화 / 脫帝國化	412
탕구 정전협정 / 塘沽停戰協定	465
태금양부 / 胎金兩部	210
태상천황 / 太上天皇	27, 72, 73, 93, 141, 142, 148, 332
태정관 / 太政官(古代·近代)	74, 75, 83, 102–104, 106, 113, 115, 162, 355, 364, 405, 448
태정대신 / 太政大臣	65, 99, 101–103, 121, 147, 332
태평기 / 『太平記』	172
태평양 항로 / 太平洋航路	180
태합 / 太閤	300, 333
태합검지 / 太閤檢地(論爭)	239–241, 246
태형 / 笞	264
텐진 조계봉쇄 / 天津租界封鎖	475
토목기술 / 土木技術	299, 301
토벽 / 土壘	221–223
토호 / 土豪	183, 184
통속도덕 / 通俗道德	382, 439, 440
통수권 / 統帥權	434, 454, 459–461, 474
통신·통상 / 通信·通商	252, 253, 348–350
통치권적 지배권 / 統治權的支配權	170

【ㅍ】

파벌 / 派閥	481, 487
파시즘 / ファシズム	342, 363, 427, 445, 477
판관대 / 判官代	106
판임관 / 判任官	83

판적봉환 / 版籍奉還	366, 368
패술 / 覇術	327
패총 후기 문화 / 貝塚後期時代	32, 34
페루 / ペルー	393
페미니즘 / フェミニズム	405, 406, 424, 425, 481, 502
페이튼 호 사건 / フェートン號事件	329
편찬물 / 編纂物	120, 153, 315, 316
평균수명 / 平均壽命	80
평등화 / 平等化	375, 387, 477
평민사 / 平民社	507
평준화 / 平準化	339, 477–479
폐도령 / 廢刀令	304
폐번치현 / 廢藩置縣	274, 351, 353, 354, 366, 378
포대 / 臺場	323, 331
포스트모던 / ポストモダン	137, 314
포츠머스 조약 / ポーツマス條約	374, 391
폭력단 / 暴力團	120
표류민 구제 / 漂民撫恤	349
표준어 장려 운동 / 標準語勵行運動	391
풀산 / 草山	297
풍속 / 風俗	302, 303, 314, 355
프랑스 / フランス(佛)	135, 235, 329, 337, 374
프랑스령 남부 인도차이나 침공 / 南部佛印進駐	472
프랑스령 인도차이나 북부 점령 / 北部佛印進駐	455
프랭클린 루즈벨트 / ローズヴェルト, フランクリン·D	481
프레스 코드 / プレス·コード	481
프로이센 사절단 / プロイセン使節團	349
프롤레타리아 문화 운동 / プロレタリア文化運動	511, 512
피차별부락 / 被差別部落	355, 382, 383
필리핀 / フィリピン	373, 393, 394, 472

【ㅎ】

하극상 / 下克上	186, 187
하급관인 / 下級官人	159, 225
하기의 난 / 萩の亂	367
하니와 / 埴輪	36, 38, 39
하라 가쓰로 / 原勝郎	123, 124, 127, 131, 137, 138
하라 다카시 / 原敬	432, 452
하마구치 오사치 / 濱口雄幸	452, 461
하마마쓰번 / 濱松藩	267
하부구조 / 下部構造	139, 430

하세가와 뇨제칸 / 長谷川如是閑.........398
하세데라 / 長谷寺......................210
하시모토 주베에 / 橋本忠兵衛............322
하시하카 고분 / 箸墓古墳........20, 36, 37
하쓰모데 / 初詣........................355
하쓰호 / 初穗....................84, 312
하야시 라잔 / 林羅山.............275, 276
하야시 료사이 / 林良齋..................321
하야시 시헤이 / 林子平..................330
하야시 줏사이 / 林述齋..................321
하야시 호코 / 林鳳岡....................275
하야시야 다쓰사부로 / 林屋辰三郎...133-135
하야토 / 隼人......................63, 64
하와이 / ハワイ..................393-395
하천교통 / 河川交通....................180
하치노헤번 / 八戶藩....................297
하카타 / 博多..............159, 160, 168
하쿠초 / 白張..........................259
하타 슌로쿠 / 畑俊六....................461
하타리베 / 徼部........................95
학교 교육 / 學校敎育 ..344, 387, 389, 504, 506
학도 출진 / 學徒出陣....................462
학생소개 / 學童疎開....................389
학제 / 學制............................387
한국병합 / 韓國倂合..........414, 415, 495
한국전쟁 / 朝鮮戰爭......486, 489, 490, 508
한냐지무라 / 般若寺村..................322
한역불교 / 漢譯佛敎....................117
한원 / 『翰苑』..........................35
한일의정서 / 日韓議定書................373
한일협약 / 日韓協約....................373
한자-가나혼용문 / 漢字假名交じり文
................................215, 216
합전주문 / 合戰注文..............218, 220
합행관정 / 合行灌頂....................153
항만도시 / 港灣都市..............179-181
해국병담 / 『海國兵談』..................330
해금 / 海禁..................251-253, 314
해방 / 海防......................330, 331, 349
해운 / 海運............................180
해자 / 堀......................221-223
핵 병기 / 核兵器................509, 514
핵 제거·본토 취급 / 「核抜き·本土竝み」返還
................................491, 514
행상 / 振賣............................181
행정촌 / 行政村........................418
행행계 / 行幸(行幸啓)............364, 365
햐쿠쇼다이 / 百姓代....................294
향잡임 / 鄕雜任........................95

향장 / 鄕長........................95-97
향토애 / 鄕土愛........................399
허버트 노먼 / ノーマン, E·ハーバート...529
허버트 스펜서 / スペンサー, ハーバート..427
헌법 17조 / 憲法十七條............54, 58
헌법 개정 / 憲法改正............483, 514
헌정옹호운동 / 憲政擁護運動......432, 433
헌정의 상도 / 憲政の常道.........432, 433
헌정회 / 憲政會................433, 457
헐 노트 / ハル·ノート..................476
헤이안경 / 平安宮(京)..................90
헤이조경 / 平城宮(京)...75, 77-79, 87, 88, 91
헤이케 모노가타리 / 『平家物語』
..........................120, 155, 156, 216
혁신관료 / 革新官僚....................456
현교 / 顯敎............................116
현밀 8종 / 顯密八宗..........164, 168, 183
현밀불교 / 顯密佛敎................116-
118, 138, 139, 165, 166, 182, 208
현밀체제 / 顯密體制(論)
..........................22, 116, 138, 139, 182
현장 / 玄奘............................78
현행조약여행 / 現行條約勵行...........370
협정관세 / 協定關稅....................358
혜과 / 惠果............................116
혜사 / 慧思........................92, 108
호구 / 虎口............................222
호넨 / 法然..................124, 153, 164
호농 / 豪農(商)..........291, 292, 322, 352
호리카와 천황 / 堀河天皇..........114, 146
호법선신 / 護法善神..........107, 108, 208
호소이 헤이슈 / 細井平洲................290
호소카와 가쓰모토 / 細川勝元............185
호소카와 경조가 / 細川京兆家...191-193, 198
호소카와 마사모토 / 細川政元......191, 192
호소카와 모리히로 / 細川護熙............486
호시카 / 干鰯....................297, 298
호야쿠 선사 / 法藥禪師................153
호엔자카 유적 / 法圓坂遺跡............39
호조 야스토키 / 北條泰時..............216
호조 요시토키 / 北條義時........153, 159
호조지 / 法成寺................114, 147
호천제 / 昊天祭........................90
호코지 / 法興寺........................78
혼간지 / 本願寺........183, 184, 239, 448
혼조 에이지로 / 本庄榮治郎............129
혼토모노나리 / 本途物成................290
홋쇼지 / 法勝寺..............113, 114, 186

홋카이도 / 北海道 30, 32-
　　　34, 367, 390, 391, 393, 395, 411, 438, 445
홍수 / 洪水 99, 299
화각본 / 和刻本 276
화베이 분리공작 / 華北分離工作 461, 465
화속동자훈 /『和俗童子訓』 317
화엄종 / 華嚴宗 92, 116, 118
환경사 / 環境史 85, 151, 227-229, 527, 528
활판인쇄 / 活版印刷 367, 396
황국사관 / 皇國史觀 119,
　　　133, 188, 355, 427, 428, 430
황민화 정책 / 皇民化政策 497
황실령 / 皇室令 365
황실식미론 / 皇室式微論 188
황실전범 / 皇室典範 71, 365, 485
황족 / 皇族 59, 71, 365, 397, 484
회덕당 / 懷德堂 132, 276, 277
회미 / 廻米 291
회창 폐불 / 會昌の廢佛 117
회화사료론 / 繪画(史料論) 213
효고 기타제키 입선납장 / 兵庫北關入船納帳
　　　.............................. 180
효조쇼 / 評定所 263, 264
후가 / 後家 225
후계수반 주정방식 / 後繼首班奏請方式 ... 455
후기 왜구 / 後期倭寇 169
후나이번 / 府内藩 267
후다이다이묘 / 譜代大名 242
후레가시라 / 觸頭 258, 259
후루이치 고분군 / 古市古墳群 39
후리테가타 / 振手形 281
후생성 / 厚生省 428, 478
후생정책 / 厚生政策(厚生運動) 478
후세야 / 布施屋 94
후시미 / 伏見 189, 223, 379, 380
후와 / 不破 66, 67
후지산 분화 재해 / 富士山噴火災害 312
후지산 신앙 / 富士山信仰 312

후지와라 세이카 / 藤原惺窩 275
후지와라경 / 藤原京 24, 92, 203
후지와라궁 터 / 藤原宮跡 60
후지와라노 가네이에 / 藤原兼家 27, 147
후지와라노 나카마로 / 藤原仲麻呂 .. 26, 70, 90
후지와라노 노부타다 / 藤原陳忠 104
후지와라노 다다히라 / 藤原忠平 27, 99
후지와라노 모로자네 / 藤原師實 113
후지와라노 모토나가 / 藤原元命 104
후지와라노 모토쓰네 / 藤原基經 101, 103
후지와라노 미치나가 / 藤原道長
　　　.................... 114, 140, 147
후지와라노 센시 / 藤原詮子 142
후지와라노 스미토모 / 藤原純友 .. 98-100, 108
후지와라노 스케요 / 藤原佐世 101
후지와라노 온시 / 藤原溫子 102
후지와라노 후히토 / 藤原不比等
　　　.................... 70, 71, 87, 90
후지와라노 히데사토 / 藤原秀鄉 100
후찬와카집 / 後撰和歌集 111
후칠일어수법 / 後七日御修法 94
후쿠다 야스오 / 福田康夫 520
후쿠자와 유키치 / 福澤諭吉 354
후텐마 비행장 / 普天間飛行場 491
훈점 / 訓點 215, 217
희대승람 / 熙代勝覽 235
히노 도미코 / 日野富子 185, 186, 191
히닌 / 非人(村) 201, 202, 305-307
히라가나 / 平假名 215, 217
히라도번 / 平戸藩 253
히라이즈미 기요시 / 平泉澄
　　　.................... 125, 126, 137, 188
히라키가 / 平木家 282
히미코 / 卑彌呼 21, 35-37, 45, 68, 72
히비야 방화 사건 / 日比谷燒打ち事件 382
히에산노 / 日吉山王 210
히지리 / 聖 143, 152, 154, 164
히토제 / 人制 50, 51